Dommermuth/Linden · Steueroptimierte Altersversorgung für Gesellschafter-Geschäftsführer und Unternehmer

Zusätzliche digitale Inhalte für Sie!

Zu diesem Buch stehen Ihnen kostenlos folgende digitale Inhalte zur Verfügung:

- Online-Version ✓
- Online-Training
- Aktualisierung im Internet
- Zusatz-Downloads
- App
- Digitale Lernkarten
- WissensCheck

Schalten Sie sich das Buch inklusive Mehrwert direkt frei.

Scannen Sie den QR-Code **oder** rufen Sie die Seite **www.nwb.de** auf. Geben Sie den Freischaltcode ein und folgen Sie dem Anmeldedialog. Fertig!

Ihr Freischaltcode

BDZN-VIVS-AYSL-MNJS-BEOA-QH

www.nwb.de

Steueroptimierte Altersversorgung für Gesellschafter-Geschäftsführer und Unternehmer

Von
Prof. Dr. Thomas Dommermuth, Steuerberater
Ralf Linden, Dipl.-Betriebswirt (FH), Steuerberater

nwb

ISBN 978-3-482-**64552-5**

2. Auflage 2021

www.nwb.de

Satz: PMGi Agentur für intelligente Medien GmbH, Hamm

Druck: CPI books, Ulm

VORWORT

Der Vorsorgebedarf von Gesellschafter-Geschäftsführern und Unternehmern ist erheblich. Hohe Einkommen in Kombination mit einer niedrigen oder gar nicht vorhandenen gesetzlichen Vorsorge führen zu einem „Muss“ für die Absicherung der Risiken Alter, Invalidität und Tod. Folgerichtig findet sich bei ca. 80 % der GmbH in Deutschland eine betriebliche Altersversorgung zu Gunsten der Gesellschafter-Geschäftsführer.

Jener Personenkreis, dessen (steuer-)rechtlicher Berater und auch der Produktvertrieb werden jedoch mit immer komplizierteren Rahmenbedingungen konfrontiert. So sind für eine optimale Beratung zur betrieblichen Altersversorgung neben der Bestimmung des Versorgungsbedarfs die rechtlichen, steuerrechtlichen und produktseitigen Besonderheiten der einzelnen Durchführungswege zu durchleuchten und für den Einzelfall abzuwägen. Zudem sollten die durch die Rechtsprechung geschaffenen und von der Finanzverwaltung übernommenen Spezialvorschriften für die steuerliche Anerkennung der Gesellschafter-Geschäftsführer-Versorgung beachtet werden, um steuererhöhende verdeckte Gewinnausschüttungen und verdeckte Einlagen zu vermeiden.

Abhängig von den vorgefundenen Rahmenbedingungen des Einzelfalls kann es zudem notwendig bzw. sinnvoll sein, statt der Einrichtung einer betrieblichen Altersversorgung eine private Vorsorge oder eine Kombination beider Wege zu empfehlen, allerdings unter Berücksichtigung der gegenseitigen teilweise negativen Einflusseffekte.

Letztlich muss die für den Gesellschafter-Geschäftsführer bzw. Unternehmer optimale Beratung alle o. g. Aspekte mit einbeziehen und erfordert somit die Zusammenarbeit des steuerlichen Beraters und des Produktvertriebs. Dies gilt nicht nur im Rahmen der Ersteinrichtung der Versorgung, sondern kontinuierlich als Reaktion auf die mit Sicherheit eintretenden Änderungen der Rahmenbedingungen.

Aus diesem Grunde soll dieses Buch gleichermaßen dem steuerlichen Berater als auch dem Produktspezialisten ein praxisbezogener und lösungsorientierter Ratgeber sein. Es bietet einen umfassenden Überblick über die komplexen Fragestellungen zur Altersversorgung von Gesellschafter-Geschäftsführern und Unternehmern. Dabei werden sowohl die Einrichtung neuer als auch die „Reparatur“ bereits bestehender Versorgungszusagen in allen für die Praxis relevanten Facetten detailliert behandelt.

Aktuelle Rechtsprechung und die relevante Verwaltungsmeinung werden kritisch beleuchtet; zahlreiche Beispiele und Praxishinweise sowie Arbeitshilfen und ein umfangreiches Stichwortverzeichnis runden das Buch ab. Seit dem Erscheinen der 1. Auflage 2016 bis heute kamen zu den ohnehin sehr umfangreichen Urteilen und Erlassen zahlreiche neue hinzu; sie sind allesamt eingearbeitet, so dass Sie eine topaktuelle Lektüre zu einem hochkomplexen Bereich in der Hand halten.

Dieses Buch soll so lebendig bleiben, wie seine Thematik; für Kritik, Anmerkungen sowie Anregungen sind wir Ihnen daher dankbar.

Weiden und Oberursel im Februar 2021 Thomas Dommermuth und Ralf Linden

INHALTSVERZEICHNIS

D. BERATUNGSBEDARF BEI BESTEHENDEN DIREKTZUSAGEN

ABKÜRZUNGSVERZEICHNIS

	A
a. a. O.	am angegebenen Ort
a. F.	alte Fassung
a. A.	anderer Auffassung
Abs.	Absatz
Abschn.	Abschnitt
AG	Aktiengesellschaft
AktG	Aktiengesetz
AltEinkG	Alterseinkünftegesetz
AO	Abgabenordnung
Art.	Artikel
Aufl.	Auflage

	B
BaFin	Bundesanstalt für Finanzdienstleistungsaufsicht
BAG	Bundesarbeitsgericht
bAV	betriebliche Altersversorgung
BBG	Beitragsbemessungsgrenze
Beschl.	Beschluss
BetrAVG	Betriebsrentengesetz
BFH	Bundesfinanzhof
BFH/NV	Sammlung amtlich nicht veröffentlichter Entscheidungen des Bundesfinanzhofs (Zeitschrift)
BFHE	Amtliche Entscheidungssammlung des Bundesfinanzhofs
BGB	Bürgerliches Gesetzbuch
BGBl	Bundesgesetzblatt
BGH	Bundesgerichtshof
BilMoG	Bilanzrechtsmodernisierungsgesetz
BMF	Bundesministerium der Finanzen
bolZ	beitragsorientierte Leistungszusage
BSG	Bundessozialgericht
BT-Drucks.	Bundestagsdrucksache
Buchst.	Buchstabe
BVerfG	Bundesverfassungsgericht
BZfSt	Bundeszentralamt für Steuern
BZSt	Bundeszentralamt für Steuern
bzw.	beziehungsweise

	C
CTA	Contractual Trust Arrangement

	D
d. h.	das heißt
DB	Der Betrieb (Zeitschrift)
DBA	Doppelbesteuerungsabkommen
DepotG	Depotgesetz
ders.	derselbe
Drucks.	Drucksache
DStJG	Deutsche Steuerjuristische Gesellschaft
DStR	Deutsches Steuerrecht (ab 1962), vormals Deutsche Steuer-Rundschau (Zeitschrift)
DStZ	Deutsche Steuer-Zeitung (Zeitschrift)
DV	Direktversicherung
DZ	Direktzusage

	E
EFG	Entscheidungen der Finanzgerichte (Zeitschrift)
Erl.	Erlass
ESt	Einkommensteuer
EStDV	Einkommensteuer-Durchführungsverordnung
EStG	Einkommensteuergesetz
EStH	Einkommensteuer-Handbuch
EStR	Einkommensteuer-Richtlinien
evtl.	eventuell

	F
f., ff.	folgend, folgende
FA	Finanzamt
FG	Finanzgericht
FinMin	Finanzministerium
FinVerw	Finanzverwaltung
FKAG	Gesetz zur zusätzlichen Aufsicht über beaufsichtigte Unternehmen eines Finanzkonglomerats - Finanzkonglomerate-Aufsichtsgesetz
Fn	Fußnote
FördG	Fördergebietsgesetz
FR	Finanz-Rundschau (Zeitschrift)

	G
gem.	gemäß
GenG	Genossenschaftsgesetz
GewSt	Gewerbesteuer
GewStDV	Gewerbesteuer-Durchführungsverordnung
GewStG	Gewerbesteuergesetz
GG	Grundgesetz
GGF	Gesellschafter-Geschäftsführer
ggf.	gegebenenfalls
gl. A.	gleicher Auffassung

GmbH	Gesellschaft mit beschränkter Haftung
GmbHG	Gesetz betreffend die Gesellschaften mit beschränkter Haftung
GmbHR	GmbH-Rundschau (Zeitschrift)
grds.	grundsätzlich
GrS	Großer Senat
GRV	Gesetzliche Rentenversicherung
GStB	Gestaltende Steuerberatung (Zeitschrift)

H

HFR	Höchstrichterliche Finanzrechtsprechung (Zeitschrift)
HGB	Handelsgesetzbuch

I

i. d. F.	in der Fassung
i. d. R.	in der Regel
i. H. d.	in Höhe des
i. H. v.	in Höhe von
i. R. d.	im Rahmen der
i. S. d.	im Sinne des
i. S. v.	im Sinne von
i. V. m.	in Verbindung mit
INF	Die Information (Zeitschrift)
inkl.	inklusive
InsO	Insolvenzordnung
IStR	Internationales Steuerrecht (Zeitschrift)

J

JStG	Jahressteuergesetz

K

KAGB	Kapitalanlagegesetzbuch
KAGG	Gesetz über Kapitalanlagegesellschaften
Kap.	Kapitel
KapErhG	Gesetz über die Kapitalerhöhung aus Gesellschaftsmitteln
KapErhStG	Gesetz über steuerrechtliche Maßnahmen bei Erhöhung des Nennkapitals aus Gesellschaftsmitteln und bei Überlassung von eigenen Aktien an Arbeitnehmer (Kapitalerhöhungs-Steuergesetz)
KapESt	Kapitalertragsteuer
KG	Kommanditgesellschaft
KGaA	Kommanditgesellschaft auf Aktien
KSt	Körperschaftsteuer
KStG	Körperschaftsteuergesetz
KStRG	Körperschaftsteuerreformgesetz
KVdR	Krankenversicherung der Rentner
KVStG	Kapitalverkehrsteuer-Gesetz
KWG	Kreditwesengesetz

	L
LAG	Landesarbeitsgericht
lfd.	laufend(e)
Lfg.	Lieferung
LSt	Lohnsteuer
LStDV	Lohnsteuerdurchführungsverordnung
LStR	Lohnsteuer-Richtlinien
	M
m. w. N.	mit weiteren Nachweisen
MoMiG	Gesetz zur Modernisierung des GmbH-Rechts und zur Bekämpfung von Missbräuchen
	N
n. F.	neue Fassung
NJW	Neue Juristische Wochenschrift (Zeitschrift)
Nr.	Nummer
NV	Nichtveranlagung
NV-Bescheinigung	Bescheinigung über die Nichtveranlagung zur Einkommensteuer
NWB	Neue Wirtschafts-Briefe (Zeitschrift)
	O
o. Ä.	oder Ähnliches
o. g.	oben genannt
OFD	Oberfinanzdirektion
OHG	offene Handelsgesellschaft
OLG	Oberlandesgericht
OTC	over the counter (Schaltergeschäfte)
	P
PF	Pensionsfonds
PFDeckRV	Verordnung über Rechnungsgrundlagen für die Deckungsrückstellungen von Pensionsfonds – Pensionsfonds-Deckungsrückstellungsverordnung
PK	Pensionskasse
PSV a.G.	Pensionssicherungsverein auf Gegenseitigkeit
	R
Rev.	Revisionsverfahren
RFH	Reichsfinanzhof
RGBl	Reichsgesetzblatt
RiW	Recht der internationalen Wirtschaft (Zeitschrift)
rkr.	rechtskräftig
RStBl	Reichssteuerblatt
Rz.	Randziffer

	S
S.	Seite
s.	siehe
sog.	so genannte
SolZ	Solidaritätszuschlag
SolZG	Solidaritätszuschlaggesetz
StB	Der Steuerberater (Zeitschrift)
StBerG	Steuerberatergesetz
Stbg	Die Steuerberatung (Zeitschrift)
StbJb	Steuerberater-Jahrbuch
StEK	Steuererlasse in Karteiform
SteuerÄndG	Steueränderungsgesetz
Steuer-ReformG	Steuerreformgesetz
StMBG	Gesetz zur Bekämpfung des Missbrauchs und zur Bereinigung des Steuerrechts
Stpfl./stpfl.	Steuerpflichtige(r)/steuerpflichtig
StuW	Steuer und Wirtschaft (Zeitschrift)
StVergAbG	Steuervergünstigungsabbaugesetz
StW	Die Steuerwarte (Zeitschrift)

	U
u. a.	unter anderem
u. Ä.	und Ähnliche(s)
u. E.	unseres Erachtens
u. U.	unter Umständen
UG	Unternehmergesellschaft
UK	Unterstützungskasse
USt	Umsatzsteuer
UStAE	Umsatzsteuer-Anwendungserlass
UStG	Umsatzsteuergesetz

	V
v.	vom
v. H.	von Hundert
VAG	Versicherungsaufsichtsgesetz
VermBG	Gesetz zur Vermögensbildung der Arbeitnehmer (Vermögensbildungsgesetz)
VersAusglG	Versorgungsausgleichsgesetz
Vfg.	Verfügung
vGA	verdeckte Gewinnausschüttung
vgl.	vergleiche
VVG	Versicherungsvertragsgesetz
VZ	Veranlagungszeitraum

	W
WG	Wechsel- und Scheckgesetz
Wj	Wirtschaftsjahr

Wk	Werbungskosten
WM	Wertpapier-Mitteilungen (Zeitschrift)
WoPG	Wohnungsbauprämiengesetz
WPg	Die Wirtschaftsprüfung (Zeitschrift)

Z

z. B.	zum Beispiel
ZASt	Zinsabschlagsteuer
ZfB	Zeitschrift für das gesamte Bankwesen
zz.	zurzeit
zzgl.	zuzüglich

LITERATURVERZEICHNIS

A

Adrian/Fey, Verpflichtungsübernahme nach dem AIFM-Steuer-Anpassungsgesetz, StuB

2/2014 S. 53

Ahrend/Förster/Rößler, Steuerrecht der betrieblichen Altersversorgung, Loseblattwerk, 44. Aufl., Köln 2020

Alt/Stadlbauer, Überführung der Pensionszusage in eine Unterstützungskasse – Erwiderung auf Haas, DStR 2012 S. 987, DStR 2012 S. 1820

B

Beck'scher Bilanz-Kommentar, 12. Aufl., München 2020

Benz/Placke, Die neue gesetzliche Regelung durch das AIFM-Steuer-Anpassungsgesetz zur „angeschafften Drohverlustrückstellung" in § 4f EStG und § 5 Abs. 7 EStG, DStR 2013 S. 2653

Bertram/Brinkmann/Kessler/Müller, HGB Bilanz Kommentar, 11. Aufl. Freiburg 2020

Blomeyer/Rolfs/Otto, Betriebsrentengesetz: BetrAVG, 7. Aufl., München 2018

Bolik, BMF-Entwurf zu den Steuerfolgen der §§ 4f und 5 Abs. 7 EStG – Hebung stiller Lasten, StuB 2017 S. 156

Bolik/Selig-Kraft: Bilanzsteuerrechtliche Berücksichtigung der Schuldübernahme – Anmerkungen zum BMF-Entwurf zu § 4f und § 5 Abs. 7 EStG, DStR 2017 S. 169

Brandes, Die Rechtsprechung des Bundesgerichtshofs zum Betriebsrentengesetz, BetrAV 1990 S. 12

Briese, Fallstricke bei beitragsorientierten Pensionszusagen an beherrschende GmbH-Gesellschafter-Geschäftsführer, DB 2007 S. 2442

Briese, Übertragung von Pensionsanwartschaften und Pensionsverpflichtungen auf Pensionsfonds, DB 2006 S. 2424

Briese, Wechselwirkungen von Betriebsrentenrecht und Steuerrecht bei Pensionszusagen an Gesellschafter-Geschäftsführer, DB 2009 S. 2346

Büchele, BFH behindert die betriebliche Altersversorgung – Ein Beitrag zur Lösung von Steuerfragen auf Basis des Bilanzrechts, NWB 2020 S. 1610

Budinger/Wrobel, BGH, 9.3.2016 - XII ZB 540/14: Ausgleichswert und BilMoG-Zins, NZFam 2016 S. 420

Buttler, Einführung in die betriebliche Altersversorgung, 9. Aufl., Karlsruhe 2019

C

Centrale für GmbH (Hrsg.), GmbH-Handbuch, Köln 2016, 152. Erg.Lfg.

D

Doetsch/Lenz, Versorgungszusagen an Gesellschafter-Geschäftsführer und -Vorstände, 11. Aufl., Karlsruhe 2020

Dommermuth, BFH 23.7.2019, Pensionszusage; Abfindungsklausel und Eindeutigkeitsgebot, GmbHR 2019 S. 1297

Dommermuth, Die Riesterversorgung ist grundlegend – Sie sollte konstruktiv kritisiert, aber nicht zerredet werden, in: Riester-Sparen: Kontroverse Sichtweisen aus Wissenschaft, Politik und Wirtschaft, DIW Vierteljahreshefte zur Wirtschaftsforschung 2/2012 S. 91

Dommermuth, Direktzusage bei Umwandlung, NWB 2006 S. 418

Dommermuth/Linden, Rürup-Rente, betriebliche Altersversorgung, Vorsorgepauschale – auch nach dem BürgerentlG eine Haftungsfalle für Berater?, DB 2009 S. 2745

Dommermuth/Veh, Die Fünftelungsregelung bei Kapitalzahlungen aus betrieblicher Altersversorgung, NWB 2017 S. 1574

Dommermuth/Veh, Probezeit bei der betrieblichen Altersversorgung des Gesellschafter-Geschäftsführers, DStR 2017 S. 2249

Dornbusch/Fischermeier/Löwisch, Fachanwaltskommentar Arbeitsrecht, 9. Aufl., Köln 2019

Dötsch/Patt/Pung/Möhlenbrock, Umwandlungssteuerrecht, 7. Aufl., Stuttgart

Dudel/Ott/Werding, Maintaining One's Living Standard at Old Age: What Does that Mean? Evidence Using Panel Data from Germany. CESifo Working Paper 4223, 2013, Ruhr-Universität Bochum

E

Erdmann/Heider/Hofelich, Praxishandbuch Betriebliche Altersversorgung, Karlsruhe 2019

Ernst & Young, Verdeckte Gewinnausschüttungen und verdeckte Einlagen, Bonn

Estler, Aktuelle steuerliche Fragen in der bAV aus Sicht der Betriebsprüfung, BetrAV 2013 S. 381

F

Fleischer/Goette, Münchener Kommentar zum Gesetz betreffend die Gesellschaften mit beschränkter Haftung: GmbHG, 3. Aufl. München 2018

Frotscher/Geurts, Kommentar zum EStG, Stand 2020

Frotscher/Maas, Kommentar zum Körperschaft-, Gewerbe- und Umwandlungssteuergesetz, 154. Aufl., München 2020

Fuhrmann/Potsch, Disquotale Einlagen und verdeckte Gewinnausschüttungen im Schenkungsteuerrecht, NZG 2012 S. 681

G

Gosch, Körperschaftsteuergesetz, Kommentar, 4. Aufl., München 2020

Gosch, vGA durch Rentenzahlung gegenüber dem Gesellschafter-Geschäftsführer einer GmbH nach Eintritt des Versorgungsfalls trotz Fortführung des Dienstverhältnisses, BFH/PR 2014 S. 196

Grobshäuser/Maier/Kies, Besteuerung der Gesellschaften, 3. Aufl., Heidelberg

Grögler/Urban, Die "Befreiung" einer Kapitalgesellschaft von lästig gewordenen Pensionsverpflichtungen, DStR 2006 S. 1389

Grundmann, Beseitigung einer Pensionszusage wegen Unwirksamkeit, NWB Beilage 1/2012 S. 28

H

Haas, Überführung der Pensionszusage in eine Unterstützungskasse, DStR 2012 S. 987

Hainz, Kommentar zum BFH-Urteil v. 20.11.2019 – XI R 52/17 (Pensionsrückstellung entspricht nicht dem Past Service), BB 2020 S. 1074

Hanau/Arteaga/Rieble/Veit, Entgeltumwandlung, 3. Aufl., Köln 2014

Herrmann/Heuer/Raupach, Einkommensteuer- und Körperschaftsteuergesetz: EStG, KStG, 301. Aufl. Köln 2021

Höfer, Die Besteuerung der betrieblichen Altersversorgung von Kapitalgesellschaftern, München

Höfer, Ratenzahlungen aus unmittelbaren Versorgungszusagen – Steuer- und Arbeitsrecht, Insolvenzsicherung, BetrAV 2020 S. 295 und DB 2020 S. 861

Höfer/Küpper, Ratenweise Auszahlung einer Kapitalleistung der betrieblichen Altersversorgung, DB 2006 S. 2064

Höfer, Bilanzierung und Bewertung entgeltlich übernommener Versorgungsverpflichtungen, DB 2012 S. 2130

Höfer/de Groot/Küpper/Reich, Betriebsrentenrecht (BetrAVG) Band I: Arbeitsrecht, Loseblatt, 25. Aufl., München 2020

Höfer/Veit/Verhuven, Betriebsrentenrecht (BetrAVG) Band II: Steuerrecht/Sozialabgaben/HGB/IFRS, Loseblatt, 21. Aufl., München 2020

Huth/Wittenstein, Bedeutung der §§ 4f und 5 Abs. 7 EStG für ausgewählte Übertragungsvorgänge von Pensionsverpflichtungen Teil I:Einzelrechtsnachfolge und wirtschaftliche Verpflichtungsübernahme, DStR 2015 S. 1088

J

Jakob/Zorn, „Nichtausscheiden" als Damoklesschwert für nicht ausfinanzierte Pensionszusagen an Gesellschafter-Geschäftsführer?, DStR 2014 S. 77

Janssen, „Rentner GmbH" – neues Modell zur Beseitigung von Pensionszusagen?, NWB 2010 S. 1998

Janssen, Verdeckte Gewinnausschüttungen, 12. Aufl., Herne 2017

Janssen, Der BFH im Elfenbeinturm – Pensionsabfindung zeitgleich mit Gehaltszahlungen ist vGA!, GStB 2008 S. 228

Janssen, Verzicht auf den Future Service und kein Ende?, NWB 2012 S. 508

K

Kallmeyer, Umwandlungsgesetz, 6. Aufl., Köln 2017

Kanzler/Kraft/Bäuml/Marx/Hechtner, Einkommensteuergesetz Kommentar, 6. Aufl., Herne 2021

Keil/Prost/Schiller, Pensions- und Unterstützungskassenzusagen an GGF von Kapitalgesellschaften, S. 12, 4. Aufl., Heidelberg 2021

Kiel, Münchener Handbuch zum Arbeitsrecht, Band 2: Individualarbeitsrecht II, 4. Aufl., München 2018

Killat, Verzicht auf den Future Service – eine Geschichte ohne Ende?, DStZ 2011 S. 892

Kirchhof, Einkommensteuergesetz: EStG, Kommentar, 19. Aufl., Köln 2020

Kisters-Kölkes/Berenz/Huber/Betz-Rehme, BetrAVG, 8. Aufl., Hürth 2018

Kleffmann/Reich, Aktuelle Entwicklungen in der betrieblichen Altersversorgung beim Unternehmenskauf, BB 2009 S. 214

Korezkij, Schenkung unter Beteiligung von Kapitalgesellschaften, DStR 2012 S. 163

Kraft/Engelstädter, Berechnung der steuerlichen Rückstellung bei übertragenen Vermögenswerten – Anmerkung zum „Teilwertsplittingverfahren", BetrAV 2018 S. 461

Kreft, Insolvenzordnung, Kommentar, 7. Aufl., Heidelberg

Kurzendörfer, Einführung in die Lebensversicherung, 3. Aufl., Karlsruhe

L

Landmann, Handbuch der Berufsunfähigkeit: Die aktuellen staatlichen und privaten Leistungen im Vergleich, 2. Aufl., Bremen

Langohr-Plato, Betriebliche Altersversorgung, 7. Aufl., Heidelberg 2016

Lenz/Teckentrup, Weitere Tätigkeit des Gesellschafter-Geschäftsführers einer GmbH nach Erreichen des Pensionsalters, INF 2006 S. 907

Linden, Gesellschafter-Geschäftsführer und Pensionszusagen – Durch Einfrieren ein Lohnsteuer- und Liquiditätsfiasko?, DStR 2010 S. 582

Lishaut/Ebbers/Schmitz, Die schenkungs- und ertragsteuerliche Behandlung disquotaler Einlagen und disquotaler Gewinnausschüttungen, Ubg 2012 S. 1, 4

Littmann/Bitz/Pust, Das Einkommensteuerrecht, 147. Aufl., Stuttgart 2020

Löw, Die Rentenreform aus Sicht der Unternehmenspraxis, GmbHR 2001 R 241

M

Marian, Der Insolvenzschutz im Durchführungsweg Pensionskasse, Praxishandbuch bAV, Gruppe 4, S. 159

Mayer, Die optimale Ausgliederung von Vermögen auf eine GmbH & Co. KG nach § 24 UmwStG, GStB 2008 S. 174

Meissner/Veh, Leitfaden bAV: Die GGF-Versorgung, 5. Aufl. Köln 2018

Müller-Glöge/Preis/Schmidt, Erfurter Kommentar zum Arbeitsrecht, 21. Aufl., München 2021

Myßen/Fischer, Altersvorsorge-Verbesserungsgesetz – Basisvorsorge im Alter und Wohn-Riester, NWB 2013 S. 1977

N

Niermann, Lohnsteuerfreie Absicherung von Direktzusagen durch Contractual Trust Agreements, DB 2006 S. 2595

Niermann/Risthaus, Zwei wichtige Verwaltungsanweisungen zu den steuerlichen Änderungen bei der privaten Altersvorsorge sowie der betrieblichen Altersversorgung durch das Alterseinkünftegesetz, DB Beilage Nr. 2/2005 S. 51

Nyqvist/Vieweg/Vogel, Die Invaliditätsversorgung über die Direktzusage, NWB 2011 S. 1265

O

Oppenländer/Trölitzsch, Praxishandbuch der GmbH-Geschäftsführung, 3. Aufl., München 2020

Otto, Aktuelle Urteile des BFH zu Direktzusagen an beherrschende Gesellschafter-Geschäftsführer, GmbHR 2014 S. 617

P

Paus, Arbeitnehmerfinanzierte Pensionszusage für den Ges-GF, ein neues Gestaltungsmodell, GmbHR 2001 S. 607

Perwein, Pensionszusage und Rückdeckungsversicherung in der Insolvenz der GmbH – kann der Gesellschafter-Geschäftsführer seine Ansprüche insolvenzfest machen?, GmbHR 2007 S. 589

Pflieger/Veh, Gleichzeitiger Bezug von betrieblicher Altersversorgung und Gehalt beim Gesellschafter-Geschäftsführer, BetrAV 2020 S. 15 ff.

Potsch/Urbach, Leistungen zwischen Kapitalgesellschaften und ihren Gesellschaftern aus schenkungsteuerlicher Sicht, KÖSDI 2012 S. 17747

Pradl, Pensionszusagen an GmbH-Geschäftsführer, 4. Aufl., Herne 2019

Preißer/Pung, Die Besteuerung der Personen- und Kapitalgesellschaften, 2. Aufl., Kommentar, Weil im Schönbuch

R

Rätke, Neue BFH-Rechtsprechung zu Pensionszusagen - Anmerkungen zu den BFH-Urteilen vom 11.9.2013, 23.10.2013 und 27.11.2013, StuB 2014 S. 402

Rath, Aktuelles zur Vergütung von GmbH-Geschäftsführern, GmbHR 2013 R353 (Heft 23)

Rödder/Herlinghaus/Neumann, KStG, Köln 2015

S

Sagasser/Bula/Brünger, Umwandlungen, 3. Aufl., München 2011

Schlewing/Henssler/Schipp/Schnitker, Arbeitsrecht der betrieblichen Altersversorgung, Köln, Stand März 2020

Schiller/Veh, Entgeltumwandlung und Probezeit: Anwendbarkeit der. Grundsätze aus dem BFH-Urteil vom 7.3.2018 (I R 89/15)?, BetrAV 2020 S. 474

Schindler, Die Beschränkung der Hebung stiller Lasten auf der Seite des Übertragenden durch § 4f EStG, GmbHR 2014 S. 561

Schmidt, Einkommensteuergesetz: EStG, Kommentar, 39. Aufl., München 2020

Schothöfer/Killat, Plädoyer für eine zeitgemäße steuerrechtliche Behandlung der Pensionszusage, DB 2011 S. 896

Schulenburg, Die Bedeutung der §§ 4f und 5 Abs. 7 EStG für die Übertragung von Pensionsverpflichtungen bei Spaltungen nach dem UmwG, FR 2019 S. 996

Schulenburg/Lüder, Übernahme von Pensionsverpflichtungen: Auslegungsfragen zur Sonderbewertung nach § 5 Abs. 7 Satz 4 EStG – Eine fallstudiengestützte Analyse der bilanzsteuerrechtlichen Folgen beim neuen Arbeitgeber, FR 2019 S. 213

Skalecki, Zufluss von Tantiemen beim GGF, NWB 2014 S. 3548

T

Troll/Gebel/Jülicher, Erbschaftsteuer- und Schenkungsteuergesetz: ErbStG, Kommentar, 60. Aufl., München

U

Uckermann, Das Recht der betrieblichen Altersversorgung, Kommentar, 2. Aufl., München 2021

Uckermann/Pradl, „Baustelle" Gesellschafter-Geschäftsführer-Versorgung - Pensionsleistungen bei Bezug von Gehaltszahlungen sowie ersetzende und ergänzende Versorgungszusagen, BB 2009 S. 1331

Ulmer, GmbHG – Gesetz betreffend die Gesellschaften mit beschränkter Haftung, 2. Aufl., Tübingen 2016

V

van Lishaut/Ebbers/Schmitz, Die schenkungs- und ertragsteuerliche Behandlung disquotaler Einlagen und disquotaler Gewinnausschüttungen, Ubg 2012 S. 1

Veh, BAV beim Gesellschafter-Geschäftsführer: Arbeitgeberfinanziert oder Entgeltumwandlung?, in Praxishandbuch Betriebliche Altersversorgung, Gruppe 5, S. 17

Vieweg/Vogel, Risikoprüfung bei Rückdeckungsversicherungen für Invalidität und die Hinterbliebenenversorgung, NWB 2011 S. 3866

W

Watson Wyatt Heissmann, Betriebliche Altersversorgung 2008 – Wie geht es weiter?, Wiesbaden 2008

Wellisch/Lüken, Bilanzierung und steuerliche Gewinnermittlung bei der Auslagerung von Direktzusagen auf Pensionsfonds – Update zu BB 2010 S. 623 ff., BB 2011 S. 1131

Wessels, Umhängung und Isolierung von Pensionsverpflichtungen durch Spaltung, ZIP 2010 S. 1417

Willemsen/Hohenstatt/Schweibert/Seibt, Umstrukturierung und Übertragung von Unternehmen, 5. Aufl., München 2016

A. Grundlegende rechtliche Vorüberlegungen

I. Status Unternehmen

Der Reiz der Einrichtung einer betrieblichen Altersversorgung (bAV) für den Unternehmer[1] oder Gesellschafter besteht wohl vor allem in den angestrebten steuerlichen Effekten. Lässt die gegebene Gesellschaftsform allerdings die beabsichtigten steuerrechtlichen Vorteile für die Gesellschaft und den Versorgungsberechtigten nicht zu, ist aus Beratersicht in aller Regel der privaten Altersversorgung der Vorzug zu geben, weil diese hinsichtlich laufender Verwaltung und vorzeitigem Ausscheidens aus dem Unternehmen sowie bei späterem Verkauf der Firmenanteile einfacher zu handhaben ist. Daher ist im Vorfeld zu allererst zu prüfen, ob für die betriebliche Versorgung des Unternehmers oder Gesellschafters die vorgefundene Gesellschaftsform geeignet ist. Nachfolgend werden die in der Praxis am häufigsten eine Rolle spielenden Gesellschaftsformen in Bezug auf die mögliche und sinnvolle Einrichtung einer bAV für den Gesellschafter/Unternehmer erläutert. Dabei wird zunächst geprüft, ob die Einrichtung einer bAV zivilrechtlich möglich ist. In einem zweiten Schritt wird die steuerrechtliche Auswirkung dargestellt. 1

1. Gesellschaften mit beschränkter Haftung und die Versorgung des Gesellschafter-Geschäftsführers

a) Zivilrecht

Kapitalgesellschaften sind zivilrechtlich Körperschaften mit eigener Rechtspersönlichkeit (juristische Personen) und werden als solche getrennt von ihren Gesellschaftern gesehen.[2] Sie sind mit Eintragung in das Handelsregister Kaufleute (Formkaufmann[3]) und erlangen Rechtsfähigkeit. Im Gegensatz zu den Personengesellschaften besteht bei den Kapitalgesellschaften über alle Rechtsbereiche hinweg eine klare Trennung zwischen der Gesellschaft und der Person des Gesellschafters.[4] 2

Die Gesellschafter der Kapitalgesellschaft haben Rechte und Pflichten aus ihrer Gesellschafterstellung und können darüber hinausweitere Rechtsbeziehungen 3

1 Wir weisen darauf hin, dass wir sämtliche personenbezogenen Begriffe (z. B. Unternehmer, Gesellschafter, Arbeitnehmer) zur besseren Lesbarkeit ausschließlich in der maskulinen Form verwenden, damit aber das weibliche Geschlecht einbeziehen.

2 Vgl. Grobshäuser/Maier, Besteuerung der Gesellschaften, S. 35.

3 Vgl. Grobshäuser/Maier, Besteuerung der Gesellschaften, S. 35.

4 Vgl. Ahrend/Förster/Rößler, Steuerrecht der betrieblichen Altersversorgung, Bd. II, Teil 6 Rz. 411.

mit der Kapitalgesellschaft vereinbaren, z. B. einen zivilrechtlich wirksamen Dienstvertrag oder eine bAV. Dabei lassen sich grds. alle fünf Durchführungswege der bAV vereinbaren.

b) Steuerrecht

aa) Allgemeines

4 Steuerrechtlich wird der zivilrechtlichen Trennung von Kapitalgesellschaft und deren Gesellschaftern vollständig gefolgt. Die Besteuerung der GmbH und deren Gesellschaftern erfolgt getrennt und eigenständig.

5 Die Kapitalgesellschaft mit Sitz oder Geschäftsleitung im Inland ist als Körperschaft unbeschränkt körperschaftsteuerpflichtig.[1] Dabei bestimmt sich das zu versteuernde Einkommen nach den Vorschriften des EStG und den ergänzenden Vorschriften des KStG.[2]

6 Der Gesellschafter erzielt aus seiner Gesellschafterstellung bzw. der Beteiligung an der GmbH grds. Einkünfte aus Kapitalvermögen.[3] Offene und vGA der GmbH an Ihren Gesellschafter unterliegen der Abgeltungsteuer oder ggf. – auf Antrag – dem Teileinkünfteverfahren.[4] Bestehen zwischen der GmbH und dem Gesellschafter weitere Rechtsbeziehungen, sind diese steuerrechtlich eigenständig zu bewerten. Ist der Gesellschafter auf der Grundlage eines zivilrechtlich wirksamen Dienstvertrags zugleich Geschäftsführer der GmbH, erzielt der Gesellschafter-Geschäftsführer (GGF) hieraus Einkünfte aus nichtselbständiger Arbeit. Für die GmbH sind die Aufwendungen für die Geschäftsführertätigkeit Betriebsausgaben.

7 Zwischen der GmbH und dem GGF bestehen also mindestens zwei sowohl zivilrechtlich als auch steuerrechtlich eigenständig zu bewertende Rechtsbeziehungen:

- die Gesellschafterstellung,
- der Dienstvertrag und ggf.
- weitere Rechtsbeziehungen, wie z. B. Darlehens-, Mietvertrag etc.

8 Erhält der GGF eine Direktzusage im Rahmen einer bAV, ist diese auf der Ebene der GmbH aufwandswirksam zu berücksichtigen, indem in der Handels- und

1 § 1 Abs. 1 Nr. 1 KStG.

2 § 8 Abs. 1 Satz 1 KStG.

3 § 20 Abs. 1 Nr. 1 EStG.

4 § 32d Abs. 1 und 2 Nr. 3 EStG.

Steuerbilanz Pensionsrückstellungen zu bilden sind. Schließt die GmbH eine Rückdeckungsversicherung ab, um die zugesagten Versorgungsleistungen zu finanzieren, sind die Beiträge ebenfalls aufwands- und der Aktivwertzuwachs ertragswirksam. Es ergeben sich zunächst dieselben steuerrechtlichen Konsequenzen wie bei „normalen" Arbeitnehmern und zwar sowohl auf Gesellschafts- wie auch auf Gesellschafterebene für jeden Durchführungsweg der bAV.

bb) Streitpotenzial verdeckte Gewinnausschüttung

Im Gegensatz zum „normalen" Arbeitnehmer ergeben sich allerdings i. Z. m. 9
dem GGF Zusatzwirkungen im Steuerrecht, weil der GGF Gesellschafter und Dienstverpflichteter in Personalunion ist. Da zudem die Gesellschafterversammlung als Organ der GmbH für die Belange des GGF zuständig ist,[1] vermutet die Finanzverwaltung in den Vereinbarungen zwischen der GmbH und dem GGF regelmäßig eine außerbetriebliche – also gesellschaftsrechtliche – (Mit-)Veranlassung und demzufolge in der geleisteten Vergütung an den GGF eine vGA. Die Finanzverwaltung hegt also häufig den Pauschalverdacht, dass die Vereinbarungen zwischen der GmbH und dem GGF mit einem nicht an der GmbH beteiligten Geschäftsführer so nicht getroffen worden wären. Zur Prüfung dieses Pauschalverdachts einer fehlenden betrieblichen Veranlassung bedient sich die Finanzverwaltung der durch die Rechtsprechung des BFH entwickelten Prüfkriterien (Fremdvergleich). Die für den GGF eingerichtete bAV steht daher standardmäßig im Fokus der Betriebsprüfer. Häufig wird auch ein Fachprüfer für bAV hinzugezogen. Daher ist schon bei der Einrichtung der bAV für den GGF ein Höchstmaß an Vorsicht sowohl hinsichtlich der zivilrechtlichen als auch der steuerrechtlichen Sondervorschriften angebracht. Zu den Voraussetzungen einer steuerrechtlich anzuerkennenden Zusage auf bAV vgl. Rz. 621 ff.

cc) Anwendung der Grundsätze auf andere Kapitalgesellschaften

Die für die GmbH und den GGF dargestellten Rechtsbeziehungen und daraus 10
resultierenden steuerrechtlichen Folgen – insbesondere auch in Bezug auf eine bAV-Vereinbarung – gelten grds. ebenso für andere Kapitalgesellschaften und deren Organe, also z. B. auch für die Unternehmergesellschaft (UG, vgl. Rz. 116). Die für die AG und deren Vorstände geltenden Besonderheiten werden nachfolgend unter Rz. 16 ff. und die für die Kommanditgesellschaft auf Ak-

1 § 46 Nr. 5 GmbHG.

tien (KGaA) und deren Gesellschafter zu beachtenden steuerlichen Regelungen unter Rz. 71 ff. dargestellt.

11–15 *(Einstweilen frei)*

2. Aktiengesellschaften und die Versorgung der Vorstände

a) Zivilrecht

16 Aktiengesellschaften sind – wie GmbHs – Kapitalgesellschaften und daher Körperschaften mit eigener Rechtspersönlichkeit (juristische Personen) und als solche getrennt von ihren Aktionären. Daher wird auf die Ausführungen unter Rz. 2 verwiesen.

17 Auch der Aktionär kann – wie der der Gesellschafter einer GmbH – mit seiner AG einen zivilrechtlich wirksamen Dienstvertrag abschließen und im Zuge dessen auch eine Zusage auf bAV erhalten (vgl. Rz. 3).

b) Steuerrecht

18 Das Steuerrecht folgt der zivilrechtlichen Trennung von AG und deren Aktionären. Die Besteuerung der AG und der Aktionäre erfolgt daher – wie bei der GmbH – vollständig getrennt und eigenständig. Die Rz. 4 bis 10 gelten sinngemäß.

19 Die AG mit Sitz oder Geschäftsleitung im Inland ist als Körperschaft unbeschränkt körperschaftsteuerpflichtig.[1] Dabei bestimmt sich das zu versteuernde Einkommen nach den Vorschriften des EStG und den ergänzenden Vorschriften des KStG.[2]

20 Der Aktionär erzielt aus seiner Beteiligung an der AG grds. Einkünfte aus Kapitalvermögen.[3] Gewinnanteile (Dividenden), Ausbeuten und sonstige Bezüge aus Aktien unterliegen der speziellen Einkommensteuer- in Form der Abgeltungsteuer oder ggf. – auf Antrag bzw. bei Zufluss in ein Betriebsvermögen – dem Teileinkünfteverfahren.[4]

PRAXISHINWEIS:

Der an der AG beteiligte Vorstand ist Aktionär und Dienstverpflichteter in Personalunion und damit in gewisser Weise dem GGF einer GmbH vergleichbar. Bei letzterem vermutet die Finanzverwaltung in den Vereinbarungen zwischen der GmbH und dem GGF

1 § 1 Abs. 1 Nr. 1 KStG.

2 § 8 Abs. 1 Satz 1 KStG.

3 § 20 Abs. 1 Nr. 1 EStG.

4 § 32d Abs. 1 und 2 Nr. 3 EStG.

regelmäßig eine außerbetriebliche (Mit-)Veranlassung und demzufolge in der geleisteten Vergütung an den GGF eine vGA (vgl. Rz. 9).

Diese Grundsätze lassen sich jedoch nicht ohne weiteres auf den Vorstand(svorsitzenden) einer AG übertragen, da zwischen einer GmbH und einer AG nicht unerhebliche Strukturunterschiede bestehen. Während der GGF einer GmbH ein sog. In-sich-Geschäft vornimmt, wenn er als Mitglied der Gesellschafterversammlung z. B. einen Beschluss über die Höhe seiner Bezüge fasst, entscheidet über die Bezüge des Vorstandes der – zwingend personenverschiedene – Aufsichtsrat. Ein sog. In-sich-Geschäft ist damit bereits strukturell nicht möglich. Eine potenzielle Missbrauchsmöglichkeit bzw. ein durch die Gesellschafterposition gesteuertes Verhalten in Bezug auf die eigenen Bezüge wird nur dann vorliegen können, wenn der Vorstand den Aufsichtsrat in seinem Sinne „steuern" kann, weil er z. B. als Mehrheitsaktionär auf dessen Zusammensetzung entscheidenden Einfluss nehmen kann oder weil sich der Aufsichtsrat aus nahestehenden Personen zusammensetzt. Damit ergibt sich für einen Vorstand ein erheblich geringeres Missbrauchspotenzial in Bezug auf die Regelung seiner eigenen Belange, als beim (beherrschenden) GGF. Von einer „Steuerung" ist bei einer geringfügigen Beteiligung des Vorstands an einer börsennotierten AG im Regelfall nicht auszugehen. Aber auch bei einem Vorstand, der Mehrheitsaktionär der AG ist, müssen zusätzliche Umstände hinzutreten (wie z. B. eine Beherrschung durch nahe stehende Personen im Aufsichtsrat), die eine dem beherrschenden GGF vergleichbare Macht hervorrufen und somit die Anwendung der BFH-Grundsätze zum (beherrschenden) GGF bedingen.[1] Bei einer AG liegt eine vGA nur dann vor, wenn im Einzelfall eine vertragliche Gestaltung im Verhältnis zwischen der Gesellschaft und ihrem Vorstandsmitglied, das zugleich Mehrheitsaktionär ist, einseitig an den Interessen des Vorstandsmitglieds und nicht auf einen gerechten Ausgleich der beiderseitigen Interessen ausgerichtet ist.

(Einstweilen frei) 21–30

3. Einzelunternehmen und die Versorgung des Unternehmers

a) Zivilrecht

Das Einzelunternehmen ist nicht rechtsfähig, kann also keine Rechte ausüben 31
oder Pflichten übernehmen. Rechtssubjekt ist der Einzelunternehmer selbst. Eine bAV in Form einer Direktzusage für den Einzelunternehmer kann nicht eingerichtet werden, da aufgrund der Personenidentität von Verpflichtetem und Anspruchsberechtigtem eine zivilrechtliche Konfusion eintritt.[2] Die Einrichtung eines versicherungsförmigen Durchführungswegs ist zivilrechtlich zwar möglich, jedoch stellt diese Versorgung des Unternehmers keine bAV dar,[3] sondern ist dem Privatvermögen zuzuordnen.

1 FG Berlin-Brandenburg v. 9.11.2011 - 12 K 12174/08, EFG 2012 S. 873, rkr.

2 Vgl. Ahrend/Förster/Rößler, Steuerrecht der betrieblichen Altersversorgung, Bd. II, 6. Teil 6 Rz. 63.

3 § 17 BetrAVG.

b) Steuerrecht

32 Das Steuerrecht folgt der zivilrechtlichen Einordnung. Steuerpflichtig und somit Steuersubjekt ist der Einzelunternehmer als natürliche Person.[1] Ist die Direktzusage bereits aufgrund der zivilrechtlichen Konfusion nicht durchführbar, tritt für sämtliche mittelbaren Durchführungswege eine steuerrechtliche Wirkungslosigkeit der bAV ein. Schließt z. B. der Einzelunternehmer eine Lebensversicherung als Direktversicherung auf sein Leben ab und ist er bezugsberechtigt, stellt der Lebensversicherungsvertrag steuerrechtlich notwendiges Privatvermögen des Einzelunternehmers dar.[2] Demgemäß sind die Beiträge zum Direktversicherungsvertrag bei Verwendung betrieblicher Mittel keine Betriebsausgaben, sondern Privatentnahmen des Einzelunternehmers. Eine Förderung nach § 40b EStG a. F. oder § 3 Nr. 63 EStG wäre zudem mangels (steuerrechtlicher) Arbeitnehmerstellung nicht möglich. Da der Lebensversicherungsvertrag der Privatsphäre des Einzelunternehmers zuzuordnen ist, können die Beiträge ggf. Vorsorgeaufwendungen (Sonderausgaben) des Einzelunternehmers als natürliche Person sein.[3] Die späteren Versorgungsleistungen sind von dem Einzelunternehmer als natürliche Person als Einkünfte aus einem privaten Lebensversicherungsvertrag steuerlich zu erfassen.[4]

33–34 *(Einstweilen frei)*

4. Personengesellschaften (OHG, KG) und die Versorgung der Gesellschafter

a) Zivilrecht

35 Personenhandelsgesellschaften wie OHG und KG sind im Rechtsverkehr in weiten Bereichen rechtsfähig, können also gem. § 124 Abs. 1 HGB Rechte und Pflichten begründen[5] und zivilrechtlich wirksam Verträge – auch mit dem Gesellschafter – schließen. Neben der Gesellschafterstellung können somit zivilrechtlich wirksame Vertragsbeziehungen zwischen Gesellschaft und Gesellschafter bestehen. Eine im Rahmen eines Dienstvertrags dem Gesellschafter erteilte bAV ist auch handelsrechtlich zu berücksichtigen. Im Falle einer Direktzusage ist in der Handelsbilanz gem. § 249 HGB eine Pensionsrückstellung zu

1 §§ 15, 18 EStG, nachfolgend auf den Gewerbetreibenden bezogen.

2 Beck'scher Bilanzkommentar, § 246 HGB Rz. 60.

3 Sofern die Voraussetzungen für den Sonderausgabenabzug von Vorsorgeaufwendungen erfüllt sind.

4 § 20 Abs. 1 Nr. 6 EStG, § 22 Nr. 1 Satz 3 Buchst. a Doppelbuchst. bb EStG.

5 Vgl. Grobshäuser/Maier/Kies, Besteuerung der Gesellschaften, S. 35.

bilden. Beiträge bzw. Zuwendungen zu mittelbaren Versorgungswegen sind aufwandswirksam zu buchen.

b) Steuerrecht

Für die Ertragsteuern[1] ist die Personengesellschaft selbst nicht Subjekt der Besteuerung. Zwar wird auf Ihrer Ebene der Gewinn ermittelt und insoweit zunächst die zivilrechtliche Selbständigkeit übernommen, die Besteuerung erfolgt jedoch beim Gesellschafter. 36

Der Gesellschafter (und steuerrechtliche Mitunternehmer[2]) einer Personengesellschaft erzielt aus seiner Beteiligung Einkünfte aus Gewerbebetrieb gem. 37 § 15 Abs. 1 Satz 1 Nr. 2 Satz 1 EStG.[3] Dazu zählen neben dem offiziellen Gewinnanteil auch Einnahmen, die der Gesellschafter von der Gesellschaft aufgrund eines zivil- wie handelsrechtlich anerkannten Dienst-, Darlehens oder Mietvertrags erhält. Werden auf solchen Vertragsverhältnissen beruhende Zahlungen von der Gesellschaft als Betriebsausgaben behandelt, erfolgt letztlich spätestens durch die Betriebsprüfung steuerrechtlich eine Umwandlung in Gewinneinkünfte (Sonderbetriebseinnahmen, auch als Vorabgewinn bezeichnet) des Gesellschafters, die in dessen Sonderbilanz steuerlich erfasst werden. Ziel der Vorschrift ist die weitgehende Gleichstellung mit dem Einzelunternehmer.[4] Genauso wenig wie dieser z. B. einen Unternehmerlohn als Betriebsausgabe absetzen kann, soll der Personengesellschafter durch einen zivil- wie handelsrechtlich möglichen Dienstvertrag einen steuerrechtlichen Vorteil erlangen.

aa) Zweistufige Gewinnermittlung

Für die Einkommensteuer erfolgt die Ermittlung und Besteuerung des Gewinns somit in zwei Stufen: 38

- In der ersten Stufe erfolgt die Gewinnermittlung auf der Ebene der Personengesellschaft anhand der Handelsbilanz und einer von dieser abgeleiteten Steuerbilanz I.[5] Der ermittelte Gewinn wird den Gesellschaftern gem. deren Beteiligungsquote zugeordnet.

---

1 Ausnahme: Gewerbesteuer.

2 Nachfolgend wird für den Gesellschafter die ertragsteuerliche Mitunternehmerstellung (R 15.8 EStR) unterstellt.

3 Auch Einkünfte aus Land- und Forstwirtschaft gem. § 13 EStG und aus selbständiger Tätigkeit nach § 18 EStG sind möglich; dies wird nachfolgend vernachlässigt.

4 Vgl. Preißer/Pung, Die Besteuerung der Personen- und Kapitalgesellschaften, S. 491.

5 § 5 Abs. 6 EStG, § 5 Abs. 1 Satz 1 Halbsatz 2 EStG.

- In der zweiten Stufe wird der den Gesellschaftern zugeteilte Gewinn von diesen unter zusätzlicher Berücksichtigung der Erträge (Sonderbetriebseinnahmen) und Aufwände (Sonderbetriebsausgaben) ihrer Sonderbilanzen besteuert. Die Steuerbilanz I zuzüglich der Sonderbilanzen der Gesellschafter ergibt die letztliche Steuerbilanz II bzw. steuerliche Gesamtbilanz der Personengesellschaft.

bb) Direktzusage in der Anwartschaftsphase

39 Erhält ein Gesellschafter eine Zusage auf bAV, ist diese auf der Ebene der Gesellschaft zunächst handelsbilanziell und in der Steuerbilanz I aufwandswirksam zu berücksichtigen. Für eine Direktzusage ist in beiden Bilanzen eine Pensionsrückstellung zu bilden. Da auch die mit der Direktzusage versprochene Leistung steuerrechtlich eine Gewinnverteilung darstellt, ist die in der Steuerbilanz der Gesellschaft erfolgte Gewinnminderung durch den Ansatz eines Aktivpostens i. H. d. gebildeten Pensionsrückstellung in der Sonderbilanz des durch die Direktzusage begünstigten Gesellschafters zu neutralisieren.[1] Der Aktivposten bildet die Forderung des Gesellschafters auf seine aufgeschobene Gewinnauszahlung in Form der Pensionsleistung ab. Im Ergebnis wird die auf Gesellschaftsebene durch Bildung der Pensionsrückstellung erfolgte Gewinnminderung vom begünstigten Gesellschafter zeitgleich als Sonderbetriebseinnahme bzw. Vorabgewinn versteuert.

BEISPIEL 1: A ist Gesellschafter der A+B-OHG (Beteiligungsquote des A 60 %). A ist Geschäftsführer der OHG und besitzt einen zivilrechtlich gültigen Dienstvertrag. Zum 1.1.2021 hat A eine Direktzusage der OHG erhalten (200.000 € Kapitalzusage zum 1.1.2041). Die Pensionsrückstellung zum 31.12.2021 beträgt in der Handelsbilanz 50.000 €, in der Steuerbilanz gem. § 6a EStG 40.000 €. Der Steuerbilanzgewinn der OHG (Steuerbilanz I) beträgt unter aufwandswirksamer Berücksichtigung der Pensionsrückstellung 560.000 €.

LÖSUNG: Die Direktzusage ist in der Handelsbilanz (50.000 €) und auch in der Steuerbilanz I (40.000 €) zum 31.12.2021 durch Bildung der Pensionsrückstellung zu berücksichtigen. Aufgrund der Mitunternehmerstellung des A ist die Pensionsanwartschaft als (versprochene) Gewinnzuwendung zu werten und darf den steuerlichen Gesamtgewinn nicht mindern. Die in der Steuerbilanz I der OHG gebildete Pensionsrückstellung ist spiegelbildlich in der Sonderbilanz des Mitunternehmers A als Gewinnauszahlungsforderung (Sonderbetriebseinnahme) zu erfassen.

Steuerbilanz I OHG		Sonderbilanz A		Steuerbilanz II OHG	
	40.000 €	40.000 €		40.000 €	40.000 €

1 BFH v. 30.3.2006 - IV R 25/04, BStBl 2008 II S. 171; BMF v. 29.1.2008, BStBl 2008 I S. 317.

Der steuerliche Gesamtgewinn der OHG von 600.000 € (OHG-Steuerbilanz I + Sonderbilanz des A) wird durch die Direktzusage des A nicht gemindert. Der A hat die ihm erteilte Direktzusage steuerrechtlich als Zusage auf spätere Gewinnzuwendung schon in 2021 durch Aktivierung in seiner Sonderbilanz als Einkünfte aus Gewerbebetrieb zu versteuern.

Steuerliche Gewinnverteilung 2021		A	B
Gesamtgewinn OHG:	600.000 €		
davon Vorabgewinn A	40.000 €	40.000 €	
verbleiben	560.000 €		
Verteilung auf A + B			
gem. Beteiligungsquote			
A 60 % (von 560.000 €)		336.000 €	
B 40 % (von 560.000 €)			224.000 €
Einkünfte aus Gewerbebetrieb		376.000 €	224.000 €

Ausgangsbemessungsgrundlage zur Ermittlung des Gewerbeertrags (Gewinn aus Gewerbebetrieb[1]) sind die 600.000 € (376.000 € plus 224.000 €), so dass auch für die Berechnung der Gewerbesteuer der Aufwand aus der Pensionsrückstellungszuführung letztlich neutralisiert wird.

PRAXISHINWEIS FÜR DEN STEUERBERATER:

Die Korrektur der durch die Pensionsrückstellung verursachten Gewinnminderung in der Steuerbilanz I durch Bildung des spiegelbildlichen Aktivpostens allein in der Sonderbilanz des begünstigten Gesellschafters wurde vom BFH erst in 2006[2] entschieden. Zuvor war auch die Verteilung auf die Sonderbilanzen aller Gesellschafter oder die steuerrechtliche Erfassung nur der späteren Versorgungsleistung als möglich erachtet worden. Gemäß BMF-Schreiben v. 29.1.2008[3] ist die neue Regelung grds. in allen Wirtschaftsjahren anzuwenden, die nach dem 31.12.2007 enden. Bestand die Direktzusage schon vor dem Beginn des Wirtschaftsjahres, das nach dem 31.12.2007 endet, kann ein sich durch die Anwendung der neuen Rechtsprechung beim begünstigten Gesellschafter ergebender Gewinnsprung durch Bildung einer steuerfreien Rücklage über 15 Jahre verteilt werden.[4] Dabei ist die Rücklagenbildung auf den positiven Differenzbetrag zwischen dem Aktivposten der Sonderbilanz und der anteilig auf den begünstigten GGF entfallenden Pensionsrückstellung der Steuerbilanz der Personengesellschaft begrenzt.[5]

1 § 7 GewStG.

2 BFH v. 14.2.2006 - VIII R 40/03, BStBl 2008 II S. 182; BFH v. 30.3.2006 - IV R 25/07, BStBl 2008 II S. 171.

3 BMF v. 29.1.2008, BStBl 2008 I S. 317, Rz. 20.

4 BMF v. 29.1.2008, BStBl 2008 I S. 317; nicht bei Gesellschaftsform GmbH & Co. KG (Rz. 14), nur für ESt, nicht für GewSt zulässig (Rz. 5).

5 BMF v. 29.1.2008, BStBl 2008 I S. 317 (Rz. 5) mit Beispiel.

Alternativ konnte mit Zustimmung aller Gesellschafter ein Antrag auf Fortführung der bisher kontinuierlich angewandten abweichenden Gewinnberichtigung erfolgen. Liegen die Voraussetzungen vor und wurde der Antrag gestellt, kann für die Zusage weiterhin die Gewinnberichtigung in den Sonderbilanzen aller Gesellschafter erfolgen oder – sofern keine Rückstellungsbildung erfolgt war – erst die spätere Leistung als Gewinnverteilung behandelt werden.

cc) Direktzusage in der Leistungsphase

40 Erreicht der Gesellschafter den Altersrentenbeginn und erhält von der Personengesellschaft die in der Zusage vereinbarte Renten- oder Kapitalleistung, stellt diese für ihn gem. § 15 Abs. 1 Satz 1 Nr. 2 Satz 1 EStG Einkünfte aus Gewerbebetrieb dar. Gleichzeitig ist die Pensionsrückstellung in der Steuerbilanz I der Personengesellschaft und spiegelbildlich der in der Sonderbilanz des Gesellschafters gebildete aktive Ausgleichsposten entsprechend aufwandswirksam aufzulösen (korrespondierende Bilanzierung). Bezieht der Gesellschafter eine Kapitalleistung i. H. d. in der Steuerbilanz I der Personengesellschaft gebildeten Pensionsrückstellung (Heubeck-Barwert), die somit gleichzeitig dem in der Sonderbilanz des Gesellschafters spiegelbildlich gebildeten Ausgleichsposten entspricht, ist die Auszahlung der Versorgungsleistung für den Gesellschafter steuerneutral. Dies ist korrekt, da der Gesellschafter die Versorgungsleistung durch Aktivierung des Ausgleichspostens während der Anwartschaftsphase bereits in voller Höhe versteuert hat. Erhält der Gesellschafter jedoch eine Rentenleistung, steht dieser steuerpflichtigen Einnahme lediglich die nach versicherungsmathematischen Grundsätzen anteilige Auflösung der Pensionsrückstellung in der Steuerbilanz I bzw. des Ausgleichspostens in der Sonderbilanz gegenüber. Da der Betrag der Auflösung des Ausgleichspostens die Rentenleistung i. d. R. unterschreitet, entstehen für den Gesellschafter im Ergebnis weitere positive Einkünfte aus Gewerbebetrieb.

BEISPIEL 2: ▸ Der Gesellschafter A erhält zum 1.1.2041 die vereinbarte Kapitalleistung von 200.000 €. Dies entspricht dem Barwert der Pensionsrückstellung der Steuerbilanz I der Personengesellschaft.

LÖSUNG: ▸ Mit Auszahlung der Versorgungsleistung fallen die Verpflichtung der Personengesellschaft und gleichzeitig der Versorgungsanspruch des Gesellschafters weg. Die Pensionsrückstellung der Steuerbilanz I ist ertragswirksam, der aktive Ausgleichsposten der Sonderbilanz des Gesellschafters aufwandswirksam i. H. v.

200.000 € aufzulösen. Für den Gesellschafter gleichen sich Versorgungsleistung und aufzulösender Ausgleichsposten aus, so dass keine weitere Steuerlast entsteht.

ABWANDLUNG: Der Gesellschafter erhält eine lebenslange Altersrente. Ihm fließt in 2041 die vereinbarte Leistung von 15.000 € zu. In der Steuerbilanz I sinkt die Pensionsrückstellung zum 31.12.2041 von 200.000 € auf 193.000 €.

FOLGE: Dem Gesellschafter fließen mit der Versorgungsleistung 15.000 € Einkünfte aus Gewerbebetrieb zu. Ebenso wie die Pensionsrückstellung der Steuerbilanz I (ertragswirksam) ist auch der aktive Ausgleichsposten der Sonderbilanz des Gesellschafters (aufwandwirksam) i. H. v. 7.000 € aufzulösen. Letztlich erzielt der Gesellschafter aus der Versorgungszusage in 2041 Einkünfte aus Gewerbebetrieb von 8.000 €.

PRAXISHINWEIS FÜR DEN STEUERBERATER:

Mit Urteil v. 6.3.2014 hat der BFH[1] klargestellt, dass die korrespondierende Bilanzierung der Verpflichtung in der Steuerbilanz der Gesellschaft und der Sonderbilanz des Personengesellschafters auch dann fortzuführen ist, wenn der Versorgungsberechtigte als Gesellschafter ausscheidet. Die Versorgungsleistungen fließend dem ehemaligen Gesellschafter dann als nachträgliche Einkünfte aus Gewerbebetrieb zu.[2] Insofern ändert ein mit dem Versorgungsbeginn eventuelles Ausscheiden als Gesellschafter nichts an den oben geschilderten steuerlichen Auswirkungen.

dd) Rückdeckungsversicherung

Schließt die Personengesellschaft eine Rückdeckungsversicherung auf das Leben des Gesellschafters oder eines ihm nahestehenden Angehörigen ab (Personengesellschaft ist Versicherungsnehmer, Bezugsberechtigter und Beitragszahler), stellt der Versicherungsanspruch steuerrechtlich Privatvermögen der Gesellschafter dar und ist folglich nicht in der Steuerbilanz der Personengesellschaft auszuweisen. Die Rechtsprechung des BFH sieht dies in dem außerbetrieblichen Charakter des versicherten Risikos (Leben des Gesellschafters bzw. eines nahen Angehörigen) begründet.[3] In dem Lebensversicherungsvertrag erkennt der BFH eine Daseinsvorsorge des Gesellschafters für sich oder seine Angehörigen, die steuerrechtlich der privaten Ebene des Gesellschafters zuzuordnen ist.[4] Eine betriebliche Veranlassung ist steuerrechtlich auch dann nicht gegeben, wenn die Ansprüche aus dem Lebensversicherungsvertrag ei- 41

1 BFH v. 6.3.2014 - IV R 14/11, BStBl 2014 II S. 624.

2 § 24 Nr. 2 EStG i. V. m. § 15 Abs. 1 Satz 1 Nr. 2 Satz 2 EStG.

3 BFH v. 11.5.1989 - IV R 56/87, BStBl 1989 II S. 657; BFH v. 10.4.1990 - VIII R 63/88, BStBl 1990 II S. 1017; BFH v. 6.2.1992 - IV R 30/91, BStBl 1992 II S. 653; BFH v. 14.3.1996 - IV R 14/95, BStBl 1997 II S. 343.

4 § 12 EStG.

nem betrieblichen Zweck dienen, wie z. B. der Sicherung eines betrieblich veranlassten Darlehens.[1]

42 Einen Ausnahmefall hat der BFH in dem Abschluss einer Lebensversicherung auf das Leben der Kinder eines Gesellschafters zur Ansparung der Tilgungsleistung betrieblich veranlasster Kredite erkannt.[2] Aufgrund der in dem zu entscheidenden Fall gegebenen sehr langen Laufzeit des Versicherungsvertrags und des verhältnismäßig geringen Beitragsanteils für den Todesfallschutz sah der BFH das für Lebensversicherungen charakteristische Element der Absicherung des Todesfallrisikos gegenüber dem Zweck des Ansparvorgangs im Hintergrund.

PRAXISHINWEIS:

Da für die Entscheidung des BFH gem. der Urteilsbegründung weitere Besonderheiten des Einzelfalls wesentlich waren, sollte im Vorfeld einer entsprechenden Gestaltung eine verbindliche Auskunft eingeholt werden.

43 Die zur Rückdeckung einer Direktzusage auf das Leben des Personengesellschafters abgeschlossene Lebensversicherung stellt allerdings handelsrechtlich einen zu bilanzierenden Vermögensgegenstand dar, auch wenn steuerrechtlich eine Aktivierung aufgrund des außerbetrieblichen Charakters ausscheidet. Die Prämienzahlungen der Personengesellschaft sind aus steuerlicher Sicht Entnahmen und die Leistungen aus der Lebensversicherung an die Personengesellschaft Einlagen aller Gesellschafter.[3]

44 Die spätere Auszahlung der Versicherungsleistung in das handelsrechtliche Gesamthandsvermögen stellt steuerrechtlich eine Einlage aller Gesellschafter gem. deren Beteiligungshöhe dar. Auf der Ebene der Gesellschafter bedingt die Einlage steuerrechtlich eine Verfügung über den Versicherungsanspruch. Enthält die Versicherungsleistung steuerpflichtige Erträge, sind diese somit den Gesellschaftern gem. deren Beteiligungsquote zuzurechnen.[4] Letztlich wird der Versicherungsvertrag ertragsteuerlich wie ein gemeinsamer privater Versicherungsvertrag der Gesellschafter behandelt.

PRAXISHINWEIS FÜR DEN STEUERBERATER:

Im Gegensatz zu der steuerlichen Gewinnberichtigung bzgl. der Pensionsrückstellung für eine Direktzusage erfolgt die Berichtigung der Gewinnwirkungen einer auf das Leben eines Personengesellschafters abgeschlossenen Rückdeckungsversicherung nicht

1 BFH v. 10.4.1990 - VIII R 63/88, BStBl 1990 II S. 1017.

2 BFH v. 3.3.2011 - IV R 45/08, BStBl 2011 II S. 552.

3 BMF v. 29.1.2008, BStBl 2008 I S. 317.

4 BFH v. 28.6.2001 - IV R 41/00, BStBl 2002 II S. 726; BMF v. 29.1.2008, BStBl 2008 I S. 317; § 20 Abs. 1 Nr. 6 EStG; § 22 Nr. 1 Satz 3 Buchst. a Doppelbuchst. bb EStG.

nur bei dem begünstigten Gesellschafter. Den zivilrechtlichen Vertragsbeziehungen folgend, stellt die Direktzusage eine Forderung des begünstigten Gesellschafters, die Rückdeckungsversicherung aufgrund des der Personengesellschaft zustehenden Versicherungsnehmer- und Bezugsrechts jedoch eine Forderung der Gesellschaft und somit aller Gesellschafter dar. Gemäß Urteil des BFH v. 28.6.2001[1] und Auffassung der Finanzverwaltung[2] sind die Prämien zur Rückdeckungsversicherung als Entnahmen nicht nur dem begünstigten, sondern allen Gesellschaftern gem. ihrer Beteiligungsquote zuzurechnen. Der Rückdeckungsversicherungsvertrag ist steuerrechtlich ein von der Personengesellschaft finanzierter privater Versicherungsvertrag der Gesellschafter. Enthält der Lebensversicherungsvertrag ein Nebenrisiko (z. B. Pflege- oder Berufsunfähigkeitsschutz) hat der darauf entfallende Beitragsanteil als Vorsorgeaufwendungen des jeweiligen Gesellschafters Sonderausgabencharakter.[3]

BEISPIEL 3 (ANGELEHNT AN BEISPIEL 1): ▶ A ist Gesellschafter der A+B-OHG (Beteiligungsquote des A 60 %). A ist Geschäftsführer der OHG und besitzt einen zivilrechtlich gültigen Dienstvertrag. Zum 1.1.2021 hat A eine Direktzusage der OHG erhalten (200.000 € Kapitalzusage zum 1.1.2041). Die Pensionsrückstellung zum 31.12.2021 beträgt in der Handelsbilanz 50.000 €, in der Steuerbilanz gem. § 6a EStG 40.000 €. Die Beiträge zur zeitgleich mit der Erteilung der Direktzusage abgeschlossenen Rückdeckungsversicherung betragen ab 2021 6.000 € (1.000 € für den Berufsunfähigkeitsschutz). Zum 1.1.2041 erfolgt die Auszahlung der Erlebensfallleistung der Rückdeckungsversicherung i. H. v. 150.000 € an die A+B-OHG. Sowohl A als auch B haben zu diesem Zeitpunkt das 62. Lebensjahr vollendet.

LÖSUNG: FOLGEN BEI PRÄMIENZAHLUNG FÜR DIE RÜCKDECKUNGSVERSICHERUNG AB 2021 ▶ Der Rückdeckungsversicherungsvertrag ist steuerrechtlich ein von der OHG finanzierter privater Versicherungsvertrag der Gesellschafter A und B. Der handelsrechtlich als Aufwand der OHG verbuchte Prämienaufwand von 6.000 € zur Rückdeckungsversicherung ist somit steuerrechtlich eine Entnahme der Gesellschafter A und B gem. deren Beteiligungsquote und eine Beitragsleistung der Gesellschafter zu deren privatem Versicherungsvertrag. Dem A sind 3.600 € Entnahme zuzuordnen, dem B 2.400 €. Der Beitragsaufwand für den Berufsunfähigkeitsschutz hat als Teil der Vorsorgeaufwendungen Sonderausgabencharakter. Der A kann 600 €, der B 400 € als sonstige Vorsorgeaufwendungen[4] in der Einkommensteuererklärung für 2021 als Sonderausgaben ansetzen.[5]

FOLGEN BEI AUSZAHLUNG DER RÜCKDECKUNGSVERSICHERUNG IN 2041: ▶ Die Auszahlung der Rückdeckungsversicherung an die OHG i. H. v. 150.000 € stellt handelsrechtlich einen Ertrag, steuerrechtlich jedoch eine den Gewinn der OHG nicht erhöhende Einlage

1 BFH v. 28.6.2001 - IV R 41/00, BStBl 2002 II S. 726.

2 BMF v. 29.1.2008, BStBl 2008 I S. 317.

3 Annahme Vertragsabschluss nach dem 31.12.2004; bei Vertragsabschlüssen vor dem 1.1.2005 hat auch der Sparanteil Sonderausgabencharakter, ist aber nur zu 88 % zu berücksichtigen, § 10 Abs. 1 Nr. 3a Halbsatz 2 EStG.

4 § 10 Abs. 1 Nr. 3a. EStG.

5 Eine steuermindernde Wirkung richtet sich nach den § 10 Abs. 4 bzw. Abs. 4a EStG.

von A (60 %) und B (40 %) dar. Mit der Einlage verfügen A und B steuerrechtlich über die Versicherungsleistung. Der steuerpflichtige Ertrag der Versicherungsleistung i. H.v. 50.000 € (150.000 € Leistung – 100.000 € Sparanteil der Versicherungsbeiträge) ist dem A zu 60 % und dem B zu 40 % (jeweils im Privatvermögen) zuzurechnen. Der jeweilige Ertrag unterliegt nur zur Hälfte (zwölf Jahre Vertragslaufzeit, 62. Lebensjahr vollendet) als Einkünfte i. S. d. § 20 Abs. 1 Nr. 6 EStG dem persönlichen Steuersatz von A und B.[1]

PRAXISHINWEIS FÜR DEN STEUERBERATER:

Die Erfüllung der Pensionsverpflichtung gegenüber dem Mitunternehmer A ist ertragsteuerlich von der Leistung aus der Rückdeckungsversicherung zu trennen.

Die Auszahlung der dem A zivilrechtlich zustehenden Versorgungsleistung führt in der Steuerbilanz der OHG zu einer Betriebsausgabe und zur Auflösung der Pensionsrückstellung, in der Sonderbilanz des A spiegelbildlich zu einer Einnahme und zur Auflösung des zuvor gebildeten Aktivpostens. Im Ergebnis bleibt der Vorgang insoweit steuerrechtlich neutral, als sich die Höhe der Versorgungsleistung und des Auflösungsbetrags entsprechen. Dies ist auch korrekt, da der A in den Jahren 2021 bis 2041 die Versorgungsleistung durch kontinuierliche Bildung des Aktivpostens in seiner Sonderbilanz bereits als Einkünfte aus Gewerbebetrieb versteuert hat. Lediglich ein ggf. den Korrekturposten in der Sonderbilanz übersteigender Teil der Auszahlung führt zum steuerlichen Zufluss bei A.

Die Auszahlung der Rückdeckungsversicherung steht zivilrechtlich der GmbH zu. Ertragsteuerlich ist der Lebensversicherungsvertrag dem Mitunternehmer A in Höhe seiner Beteiligungsquote (60 %) zuzuordnen. Die Auszahlung an die GmbH führt somit zur Einlage durch den Mitunternehmer A i. H. der ihm ertragsteuerlich zustehenden Versicherungssumme. Die restliche der OHG zufließende Versicherungsleistung stellt eine Einlage des Mitunternehmers B (40 %) dar.

Wird nun der Pensionsanspruch des A von der OHG mit den Mitteln aus der RDV (teilweise) befriedigt, ändert dies nichts an den dargestellten Folgen. Die Erfüllung der vom Mitunternehmer A bereits durch Aktivierung in der Sonderbilanz versteuerten Pensionszusage ist für A erfolgsneutral. Die durch die Einlage der Versicherungsleistung aus der Rückdeckungsversicherung erhöhten Einlagekonten der Mitunternehmer A und B bleiben unberührt.

1 § 20 Abs. 1 Nr. 6 Satz 2 i. V. m. § 32d Abs. 2 Nr. 2 und § 32a EStG; bei Vertragsabschluss vor dem 1.1.2012 ist das vollendete 60. Lebensjahr Voraussetzung für den hälftigen Ertrag, bei Vertragsabschluss vor dem 1.1.2005 ist die Versicherungsleistung bei einer Vertragslaufzeit von 12 Jahren (unter Erfüllung weiterer Voraussetzungen) nicht einkommensteuerpflichtig; § 22 Nr. 1 Satz 3 Buchst. a Doppelbuchst. bb EStG: im Falle einer lebenslangen Altersrente wäre unabhängig vom Zeitpunkt des Vertragsabschlusses nur der Ertragsanteil steuerpflichtig.

Übersicht steuerrechtliche Folgen Direktzusage Personengesellschafter 45

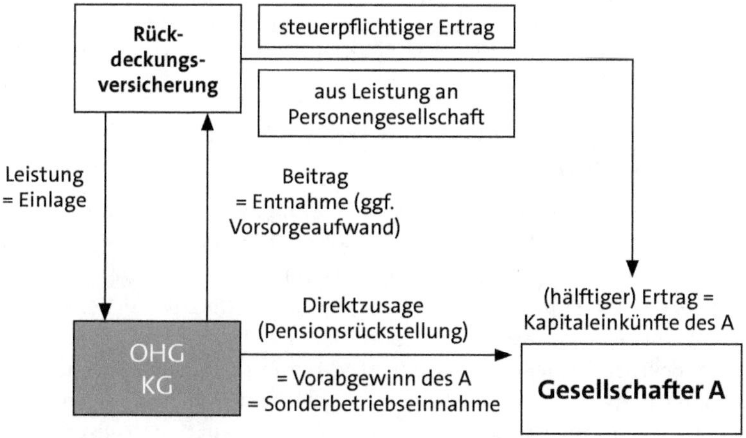

PRAXISHINWEIS:

Es ergibt sich steuerlich folgende Gesamtwirkung:

Sowohl die Pensionsrückstellungszuführungen als auch die Zahlung der Leistungen aus der bAV werden zwar auf Ebene der Gesellschaft als Aufwand und Betriebsausgabe behandelt, durch die korrespondierenden Sonderbetriebseinnahmen (Vorabgewinn) beim jeweiligen GGF jedoch exakt neutralisiert. Dabei entsteht allerdings eine steuerliche Asymmetrie, soweit die Pensionsrückstellungen/späteren Leistungen aus der bAV nicht bei allen GGF identisch sind. Am extremsten ist dies, wenn nur ein GGF eine bAV bekommt, die anderen aber nicht. Dann profitieren die anderen vom anteiligen Abzug als Betriebsausgabe in der Steuerbilanz I der Gesellschaft, während der GGF, dem die Versorgungszusage erteilt worden ist, diesen Aufwand zu 100 % als Sonderbetriebseinnahme besteuern muss. Bei Gehaltszahlungen an den GGF einer Personengesellschaft gilt dies zwar auch und zu Recht, da nur er diesen Betrag erhält, die anderen ihn aber mitfinanzieren. Hier fließt dem GGF aber auch unmittelbar Geld zu, mit dem er die Steuerlast tragen kann. Die Besteuerung der Zuführung zu der von ihm ausgelösten Pensionsrückstellung als Sonderbetriebseinnahme (Gewinnanteil) führt hingegen zu einer Mehrbelastung für jenen GGF in der Anwartschaftsphase ohne Geldzufluss, die sich erst viel später – bei Rückstellungsauflösung – in der Leistungsphase wieder ausgleicht. Das ist u. E. nicht sachgerecht. Bei Auflösung der Rückstellungen kommt es zur spiegelbildlichen Wirkung.

Die Rückdeckungsversicherung ist davon zu trennen und lässt andere steuerliche Wirkungen entstehen: In der Anwartschaftsphase stellen die Beiträge Privatentnahmen dar. Da die Personengesellschaft und damit jeder Gesellschafter jene Beiträge finanziert, werden sie auch zu Recht bei jedem einzelnen – und nicht nur bei dem von der bAV begünstigten GGF – im Rahmen seines Gewinnanteils als Entnahme erfasst. Umgekehrt muss dann später eine anteilige Qualifizierung der Leistung als Einlage bei jedem Gesellschafter erfolgen.

Diese Wirkungen lassen es als sehr fraglich erscheinen, ob eine Zusage auf bAV an den Gesellschafter einer Personengesellschaft sinnvoll ist. Schließlich versteuert er in der Ansparphase bereits (einen Großteil der) Versorgungsleistungen, ohne zu wissen, ob er die Auszahlungsphase und damit den tatsächlichen Leistungsbezug überhaupt erreichen wird oder ob er ggf. frühzeitig verstirbt.

ee) Mittelbare Zusagen

46 Das Gebot der steuerrechtlichen Neutralisierung der Aufwendungen einer Personengesellschaft für die bAV ihres Gesellschafters gilt nicht nur für die Direktzusage, sondern für alle fünf Durchführungswege der bAV. Bei Zusagen über versicherungsförmige Durchführungswege (Direktversicherung, Pensionskasse und Pensionsfonds) erschöpft sich die steuerliche Korrektur bei der Personengesellschaft jedoch in der Neutralisierung der Beiträge in der Anwartschaftsphase, da die späteren Leistungen an den Gesellschafter von der Versorgungseinrichtung erfolgen und die Personengesellschaft selbst nicht tangiert wird. Dasselbe gilt für die Zusage über eine Unterstützungskasse, sofern die Unterstützungskasse selbst die Versorgungsleistungen an den Versorgungsberechtigten erbringt. Im Ergebnis erfolgt die bAV für die Personengesellschaft unabhängig vom Durchführungsweg steuerneutral.

47 Beim Gesellschafter muss allerdings bei mittelbaren Durchführungswegen berücksichtigt werden, dass er die Beiträge in der Ansparphase durch die Vorabzurechnung aus versteuertem Einkommen erbracht hat. Folglich können die späteren Versorgungsleistungen nicht mehr in vollem Umfang der Besteuerung unterliegen.

48–55 *(Einstweilen frei)*

5. GmbH & Co. KG und die Versorgung der Kommanditisten

56 Die GmbH & Co. KG – in der Praxis finden sich auch Unternehmergesellschaft & Co. KG (vgl. Rz. 116), AG & Co. KG sowie Stiftung & Co. KG, nachfolgend wird jedoch ausschließlich die wesentlich häufiger vorkommende GmbH & Co. KG behandelt – ist eine Personengesellschaft in der Form einer Kommanditgesellschaft, bei der eine GmbH alleiniger (unbeschränkt) persönlich haftender Gesellschafter ist. Die restlichen Gesellschafter der GmbH & Co. KG sind als Kommanditisten in ihrer Haftung auf Ihre Haftungseinlage beschränkt. Die GmbH als Komplementärin haftet zwar persönlich.[1] Jedoch ist diese Haftung gegen-

1 § 161 Abs. 2 HGB i.V. m. § 128 HGB.

über den Gläubigern auf das Vermögen der GmbH beschränkt.[1] Da im Regelfall die Kommanditisten der Kommanditgesellschaft zugleich die Gesellschafter der GmbH sind (sog. typische GmbH & Co. KG), ist deren Haftung im Ergebnis auf die Haftungseinlage als Kommanditist und das (anteilige) Vermögen der GmbH beschränkt (Risikobeschränkung).

a) Zivilrecht

Zivilrechtlich gelten für die GmbH & Co. KG als Kommanditgesellschaft die gleichen Rechtsgrundsätze wie bei den Personengesellschaften (vgl. Rz. 35 ff.). Die KG ist im Rechtsverkehr in weiten Bereichen rechtsfähig, kann also Rechte und Pflichten begründen. Die GmbH ist im Zivilrecht eine Körperschaft (vgl. Rz. 2 ff.) mit eigener Rechtspersönlichkeit. Die Erteilung einer bAV für den Gesellschafter ist zivilrechtlich also sowohl durch die KG als auch durch die GmbH möglich. 57

b) Steuerrecht

Erhält der Kommanditist (als Mitunternehmer) von der KG eine Zusage auf bAV, gelten die steuerrechtlichen Ausführungen für die Personengesellschaften entsprechend (vgl. Rz. 36 ff.). Die bAV ist schon in der Anwartschaftsphase als Vorabgewinn bzw. Gewinnzusage beim Gesellschafter im Rahmen der Einkünfte aus Gewerbebetrieb zu erfassen. Eine Pensionsrückstellung in der Steuerbilanz der KG wirkt sich aufgrund des spiegelbildlich in der Sonderbilanz des begünstigten Gesellschafters zu bildenden Aktivpostens im Gesamtergebnis nicht aus. 58

Erteilt allerdings die Komplementär-GmbH ihrem GGF eine bAV, ist für die steuerrechtliche Behandlung der Zusage zu differenzieren: 59

- Ist der GGF nicht zugleich Gesellschafter (und steuerrechtlich Mitunternehmer) der KG (sog. atypische GmbH & Co. KG), ist eine bAV der GmbH für den GGF steuerrechtlich grds. möglich.
- Ist der GGF zugleich Gesellschafter der KG, ist zwischen dem Regelfall und dem Ausnahmefall zu unterscheiden.

aa) Regelfall Verwaltungs-GmbH

Im Regelfall erschöpft sich die Aufgabe der GmbH in der Geschäftsführung/Verwaltung der KG (sog. Verwaltungs-GmbH). Die GmbH hat dann keine eige- 60

1 § 13 Abs. 2 GmbHG.

ne gewichtige und klar von der Geschäftsführung der KG getrennte gewerbliche Tätigkeit. Folglich erschöpft sich auch die Tätigkeit des GGF der GmbH in der Geschäftsführung der KG. Erhält die GmbH für die Geschäftsführung und somit für die eigenen Aufwendungen für den Geschäftsführer (Gehalt, bAV) einen Aufwendungsersatz von der KG, „bezahlt" letztlich also die KG die bAV des GGF.

Im Falle einer Direktzusage hat die GmbH in der Handels- (§ 249 Abs. 1 HGB) und Steuerbilanz (§ 6a EStG) eine Pensionsrückstellung zu bilden. In gleicher Höhe ist die Forderung auf Aufwandsersatz gegenüber der KG zu erfassen. Die KG wiederum hat die Verpflichtung auf Aufwandsersatz gegenüber der GmbH (i. H. der Pensionsrückstellung) zu passivieren.[1]

PRAXISHINWEIS FÜR DEN STEUERBERATER:

Obwohl die KG für die Pensionsverpflichtung der GmbH einen Passivposten (Aufwandsersatz) zu bilden hat, ist kein Fall des § 5 Abs. 7 EStG (Übergang einer Verpflichtung im Sinne einer Schuldübernahme, eines Schuldbeitritts oder einer Erfüllungsübernahme) gegeben.

Der GGF der GmbH hat als Gesellschafter der KG die letztlich von der KG getragene Vergütung für seine Geschäftsführung der KG als Einkünfte aus Gewerbebetrieb zu versteuern.[2] Denn zu diesen zählen neben dem offiziellen Gewinnanteil auch Einnahmen, die der Gesellschafter von der Gesellschaft für die Geschäftsführung der KG erhält. Die Direktzusage ist vom begünstigten GGF in dessen Sonderbilanz in Form eines Aktivpostens zu erfassen und geht somit hinsichtlich ihrer gewollten steuerlichen Zielsetzung, der Steuerstundung genauso ins Leere, als wenn ihm die KG unmittelbar die Zusage erteilt hätte.

1 Mangels entgeltlichen Übergangs einer Versorgungsverpflichtung ist kein Fall der § 4f und § 5 Abs. 7 EStG gegeben.

2 § 15 Abs. 1 Satz 1 Nr. 2 Satz 1 Halbsatz 2 EStG, vgl. Rz. 36 ff.

Schaubild GmbH & Co. KG mit Verwaltungs-GmbH (Regelfall) 61

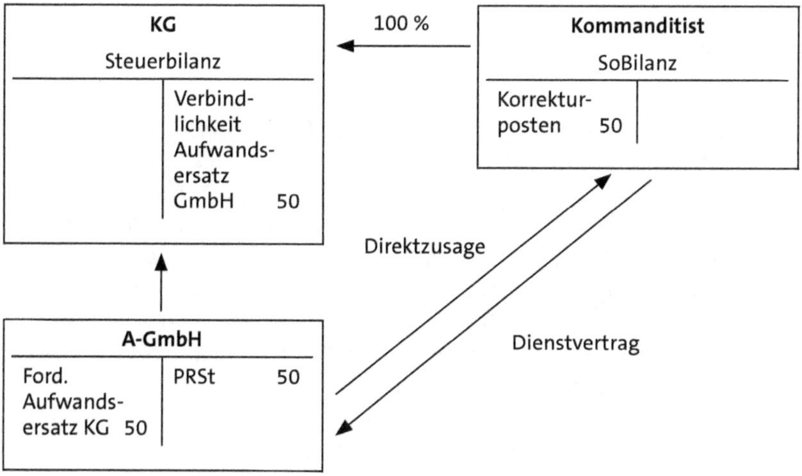

bb) Ausnahmefall eigenständige Komplementär-GmbH

Den Ausnahmefall bildet die Konstellation, dass die Komplementär-GmbH neben der Geschäftsführung der KG eine davon klar trennbare und gewichtige eigene gewerbliche Tätigkeit ausübt. Diese Tätigkeit darf nicht im Zusammenhang mit der Tätigkeit der KG stehen. Erhält der GGF für die Geschäftsführung der GmbH, die auf den von der Geschäftsführung der KG getrennten gewerblichen Bereich der GmbH entfällt, eine Vergütung in Form einer Direktzusage, unterbleibt die Korrektur in einer Sonderbilanz des GGF bei der KG. Der GGF erzielt insoweit Einkünfte aus nichtselbständiger Arbeit.[1] Lediglich der restliche Teil seiner Vergütung (für die Geschäftsführung der KG) stellt für den GGF Einkünfte aus Gewerbebetrieb dar. 62

PRAXISHINWEIS FÜR DEN VERMITTLER:

In der Praxis wird oftmals während der ersten Gespräche mit dem Gesellschafter die Frage einer bAV für den GGF der Komplementär-GmbH auftauchen. Nicht selten ist sich auch der Gesellschafter selbst in der Einordnung des Verhältnisses zwischen GmbH und KG unsicher. Ist der GGF der GmbH auch Gesellschafter der KG und sind in den Büchern (der Bilanz) der GmbH Aufwands- bzw. Auslagenersatzleistungen der KG zu finden, ist bei der typischen GmbH & Co. KG ohne den gegebenen Ausnahmefall einer gewichtigen eigenen gewerblichen Tätigkeit der GmbH steuerlich sinnvoll keine bAV für den GGF möglich.

1 § 19 Abs. 1 Satz 1 Nr. 1 EStG.

63–70 *(Einstweilen frei)*

6. Kommanditgesellschaft auf Aktien und die Versorgung der Gesellschafter

71 Die KGaA ist eine Mischform von AG und KG. Dabei haften ein oder mehrere Gesellschafter unbeschränkt, die übrigen als Kommanditaktionäre nur mit dem auf ihre Einlage entfallenden Teil am Grundkapital.[1] Die KGaA ist als Kapitalgesellschaft eine juristische Person mit eigener Rechtspersönlichkeit. Vorteil der KGaA ist die Symbiose zwischen Kapital- und Personengesellschaft. Durch die Rechtsform der AG wird die Kapitalbeschaffung auf breiter Basis erleichtert. Gleichzeitig aber übernehmen die persönlich haftenden Komplementäre die Funktion des Vorstandes einer AG, womit eine persönliche Bindung der handelnden Gesellschafter erzeugt wird. Zudem wird durch die im Vergleich zur AG geringere Einflussnahmemöglichkeit der (Kommandit-)Aktionäre auf den Vorstand bzw. die unbeschränkt haftenden Gesellschafter – unabhängig von deren Anteil am Gesamtkapital der Gesellschaft – eine (feindliche) Übernahme nahezu ausgeschlossen.[2] Daher ist die KGaA vor allem für mittelständische Unternehmen – speziell für Familienunternehmen – interessant.

a) Zivilrecht

72 Zu der KGaA gelten die Ausführungen zur Kapitalgesellschaft entsprechend (vgl. Rz. 2 ff.). Die KGaA ist mit der Eintragung in das Handelsregister Kaufmann (Formkaufmann[3]) und erlangt Rechtsfähigkeit.

73 Die Gesellschafter der KGaA können neben den Rechten und Pflichten aus der Gesellschafterstellung weitere Rechtsbeziehungen mit der Kapitalgesellschaft vereinbaren. So kann der Gesellschafter einer KGaA mit dieser einen zivilrechtlich wirksamen Dienstvertrag abschließen und eine Zusage auf bAV erhalten.

b) Steuerrecht

74 Die Ertragsbesteuerung trägt der Mischnatur der KGaA zwischen Kapital- und Personengesellschaft Rechnung.

---

1 § 278 Abs. 1 AktG.

2 § 289 Abs. 1 und Abs. 5 AktG i. V. m. § 161 Abs. 2 und § 131 Abs. 3 HGB: Ausscheiden eines Gesellschafters (hier Komplementärs) u. a. durch in der Satzung festgelegten Grund oder durch Beschluss der Gesellschafter (hier: Komplementäre); somit ist kein Ausschluss eines Komplementärs durch Aufsichtsrat und somit über Kommanditaktionäre möglich.

3 § 6 HGB.

So ist die KGaA als Kapitalgesellschaft gem. § 1 Abs. 1 Nr. 1 KStG unbeschränkt körperschaftsteuerpflichtig. Allerdings sind die Gewinnanteile und Geschäftsführervergütungen der Komplementäre bei der Einkommensermittlung abzuziehen und unterliegen nicht der Körperschaftsteuer.[1] 75

Der persönlich haftende Gesellschafter der KGaA wird ertragsteuerlich wie der Komplementär einer KG behandelt. Somit erzielt der Komplementär mit den an ihn ausgeschütteten Gewinnanteilen und auch mit Einnahmen, die er von der KGaA aufgrund eines zivil- sowie handelsrechtlich anerkannten Dienst-, Darlehens oder Mietvertrags erhält, gem. § 15 Abs. 1 Satz 1 Nr. 3 EStG Einkünfte aus Gewerbebetrieb. Folglich läuft eine Zusage auf bAV unabhängig vom Durchführungsweg wie bei der Personengesellschaft auch bei der KGaA steuerlich ins Leere (vgl. Rz. 36 ff.). 76

Die Kommanditaktionäre werden dagegen ertragsteuerlich dem Aktionär einer AG gleichgestellt und erzielen mit ihren ausgeschütteten Dividenden Einkünfte aus Kapitalvermögen.[2] Besteht zwischen der KGaA und dem Kommanditaktionär eine weitere Rechtsbeziehung, z. B. ein Arbeits- oder Mietvertrag, ist diese Rechtsbeziehung bei Fremdüblichkeit steuerlich anzuerkennen. Somit ist auch eine Zusage auf bAV steuerlich möglich (vgl. Rz. 16 f.). 77

PRAXISHINWEIS:

Mit Urteil v. 24.2.1997[3] hat der BGH insoweit Rechtssicherheit geschaffen, als eine juristische Person persönlich haftender Gesellschafter einer KGaA sein kann. Durch die Möglichkeit einer GmbH & Co. KGaA können die Vorteile der KGaA mit der im Ergebnis beschränkten Haftung des Komplementärs der GmbH verbunden werden. In dieser Form stellt die KGaA auch unter Berücksichtigung der Haftungsrisiken in der Praxis eine ernsthafte Alternative dar.

(Einstweilen frei) 78–82

7. Sonderfall atypisch stille GmbH

Die steuerliche Wirksamkeit einer Zusage auf bAV an den Unternehmer bedingt die richtige Gesellschaftsform. In der Regel wird die gewünschte steuerliche Berücksichtigung der Aufwendungen für die bAV nur bei einer Kapitalgesellschaft erreicht. Erteilt dagegen eine Personengesellschaft dem Mitunternehmer eine Zusage auf bAV, sind die Aufwendungen der Personengesell- 83

1 § 9 Abs. 1 Nr. 1 KStG, betrifft nur die Gewinnanteile, die nicht auf den Anteil am Grundkapital entfallen.

2 Annahme: Anteile im Privatvermögen, § 20 Abs. 1 Nr. 1 EStG.

3 BGH v. 24.2.1997 - II ZB 11/96, NJW 1997 S. 1923.

schaft für den Mitunternehmer ertragsteuerlich Entnahmen und als Einkünfte aus Gewerbebetrieb zu versteuern.[1]

84 Leistet der GGF eine Einlage in das Vermögen der GmbH und tritt damit nach außen hin nicht in Erscheinung (sog. stille Gesellschaft), ist zu prüfen, wie die Vergütung, die er für die stille Beteiligung erhält, steuerlich zu behandeln ist, ob eine stille Gesellschaft vorliegt, die zu Einkünften aus Kapitalvermögen führt oder ob die stille Beteiligung steuerrechtlich als atypische stille Gesellschaft zu werten ist, die zu gewerblichen Einkünften führt.[2] Die typisch stille Gesellschaft basiert auf der Annahme einer reinen Kapitalhingabe, der Einlegende erhält hierfür eine Beteiligung am Gewinn und ggf. Verlust. Für die GmbH stellt die Einlage Fremdkapital dar, Zuflüsse aus der stillen Beteiligung führen beim stillen Gesellschafter zu Einkünften aus Kapitalvermögen nach § 20 Abs. 1 Nr. 4 EStG. Dagegen ist die atypisch stille Gesellschaft eine Personengesellschaft; der atypisch stille Gesellschafter ist Mitunternehmer, da er Mitunternehmerinitiative und Mitunternehmerrisiko entfaltet. Zudem ist er i. d. R. an den stillen Reserven beteiligt. Ist der atypisch stille Gesellschafter gleichzeitig Anteilseigner der GmbH, sind die GmbH-Anteile Sonderbetriebsvermögen II der Mitunternehmerschaft des GGF. Folge ist, dass neben den Geschäftsführervergütungen auch die Aufwendungen der GmbH für die bAV des GGF für diesen Sonderbetriebseinnahmen darstellen und folglich steuerrechtlich die bAV nicht zum gewünschten steuerlichen Effekt führt (vgl. ausführlich Rz. 36 ff.).

85 Oftmals wird die GmbH & atypisch still absichtlich herbeigeführt, um die Vorteile einer Personengesellschaft mit denen einer Kapitalgesellschaft zu kombinieren.[3] So können z. B. Verluste der GmbH über die Ergebnisbeteiligung als stiller Gesellschafter in die Sphäre des GGF verlagert werden.[4] In diesem Fall sollten allerdings die negativen Folgen für die bAV mit in die Überlegungen einfließen. Ist die stille Beteiligung als reine Kapitaleinlage (typisch stille Gesellschaft) zur Erzielung von Kapitaleinkünften gedacht, sollte folgendes bedacht werden: die Prüfung, ob eine typische oder atypische stille Gesellschaft vorliegt, erfolgt im Rahmen einer Gesamtbetrachtung anhand des Gesellschaftsvertrags über die stille Gesellschaft und der darüber hinausgehenden

1 § 15 Abs. 1 Satz 1 Nr. 2 EStG, vgl. auch im Einzelnen Rz. 36 ff.

2 §§ 230 ff. HGB, handelsrechtlich wird nicht zwischen stiller und atypisch stiller GmbH unterschieden.

3 Grobshäuser/Maier/Kies, Besteuerung der Gesellschaften, S. 554.

4 Im Rahmen des § 15a EStG über § 15a Abs. 5 Nr. 1 EStG.

wirtschaftlichen und rechtlichen Beziehungen zwischen GmbH und stillem Gesellschafter.[1] Da der GGF auf der Grundlage seines Geschäftsführervertrags das Kriterium der Mitunternehmerinitiative grds. erfüllt, ist hier besondere Vorsicht geboten. Je nach Ausprägung der Mitunternehmerinitiative könnten die weiteren Tatbestandsmerkmale zur Annahme einer atypisch stillen Gesellschaft – wie z. B. die Beteiligung an den stillen Reserven – zur Annahme einer Mitunternehmerschaft in den Hintergrund treten. Dies insbesondere dann, wenn der GGF die GmbH beherrscht und alleiniger Geschäftsführer der GmbH ist.[2] In diesem Fall sollten bei Einrichtung der stillen Gesellschaft die Höhe der Vermögenseinlage im Verhältnis zum Stammkapital sowie die Höhe der Gewinnbeteiligung entsprechend defensiver gestaltet werden.[3]

PRAXISHINWEIS:

Besteht eine (ggf. nicht gewollte) atypisch stille Beteiligung des GGF an der GmbH, sind die Aufwendungen der GmbH für die bAV als Entnahmen und Einkünfte des GGF aus Gewerbebetrieb zu beurteilen und damit im Ergebnis nicht gewinnmindernd – und zwar ab Beginn der GmbH & atypisch still. Den Autoren ist ein Praxisfall bekannt, in dem die Betriebsprüfung die atypisch stille Beteiligung für die vergangen vier Jahre feststellte und die für den GGF eingerichtete Unterstützungskassenzusage steuerlich nicht anerkannte. Neben dem fehlenden Betriebsausgabenabzug der Beiträge nach § 4d Abs. 1 Satz 1 Nr. 1 EStG konnte die Unterstützungskasse der GmbH das durch die geleisteten Aufwendungen gebildete Deckungskapital des Rückdeckungsversicherungsvertrags aufgrund des körperschaftsteuerlich zwingenden Grundsatzes der Vermögensbindung nicht erstatten. Da keine über die Unterstützungskasse versorgten Arbeitnehmer vorhanden waren, konnte das angesammelte Kassenvermögen der Unterstützungskasse auch nicht für weitere Zuwendungen der GmbH verwandt werden. Letztlich sind die GmbH bzw. der versorgungsberechtigte GGF gezwungen, bis zum vereinbarten Altersrentenzeitpunkt zu warten, um das Kapital über die ihm mittelbar zugesagte Versorgungsleistung zu beziehen und als Einkünfte aus Gewerbebetrieb zu versteuern.

(Einstweilen frei) 86–88

1 Grobshäuser/Maier/Kies, Besteuerung der Gesellschaften, S. 555.

2 Vgl. BFH v. 15.10.1998 - IV R 18/98, BStBl 1999 II S. 286; BFH v. 14.10.2003 - VIII B 281/02, NWB YAAAB-13867.

3 Vgl. auch BFH v. 15.12.1992 - VIII R 42/90, BStBl 1994 II S. 702; BFH v. 31.8.1999 - VIII R 21/98, NWB FAAAA-66208; BFH v. 18.6.2001 - IV B 88/00, NWB NAAAA-67050.

II. Status des Gesellschafter-Geschäftsführers

1. Gesellschafter-Geschäftsführer einer Kapitalgesellschaft

89 Beim GGF einer Kapitalgesellschaft können sich unterschiedliche rechtliche Folgen ergeben – je nachdem ob dieser eine beherrschende Stellung innehat oder nicht. So bestimmt sich arbeitsrechtlich über diese Abgrenzung, ob das Betriebsrentengesetz (BetrAVG) – ein Arbeitnehmerschutzgesetz – Anwendung findet. Steuerrechtlich führt eine beherrschende Stellung dazu, dass bei der Prüfung, ob Vereinbarungen zwischen GGF und Gesellschaft betrieblich oder gesellschaftsrechtlich veranlasst sind, weitergehende Kriterien zu berücksichtigen sind, als beim nicht beherrschenden GGF. Und sozialversicherungsrechtlich entscheidet die Frage der Beherrschung darüber, ob Versicherungspflicht in der gesetzlichen Sozialversicherung besteht oder nicht.

90 Ob eine beherrschende Stellung vorliegt oder nicht, beurteilt sich in den unterschiedlichen Rechtsgebieten Arbeitsrecht, Steuerrecht und Sozialversicherungsrecht jedoch nicht nach einheitlichen Kriterien; die Beherrschung kann daher z. B. im Arbeitsrecht vorliegen und im Steuerrecht nicht oder umgekehrt, wodurch besondere Kollisionen entstehen können.[1] Die jeweilige Statusfeststellung bedarf daher in allen drei Bereichen einer eigenständigen und sorgfältigen Prüfung.

a) Arbeitsrechtlicher Status

91 Aus arbeitsrechtlicher Sicht ist der Geschäftsführer – unabhängig davon, ob er zugleich an der Gesellschaft beteiligt ist oder nicht –, aufgrund seiner Organstellung nicht als Arbeitnehmer anzusehen.[2] Allerdings ist darüber hinaus zu entscheiden, ob bei Erteilung einer Versorgungszusage die Regelungen des BetrAVG zur betrieblichen Altersversorgung ggf. über § 17 Abs. 1 Satz 2 BetrAVG Anwendung finden. Diese Vorschrift sieht vor, dass die §§ 1 bis 16 BetrAVG entsprechend für Personen gelten, die nicht Arbeitnehmer sind, wenn ihnen Leistungen der Alters-, Invaliditäts- oder Hinterbliebenenversorgung aus Anlass ihrer Tätigkeit für ein Unternehmen zugesagt worden sind. Allerdings ist der weite Wortlaut des § 17 Abs. 1 Satz 2 BetrAVG nach Sinn und Zweck des Gesetzes einschränkend auszulegen.[3] Erfasst sind arbeitnehmerähnliche Personen, also rechtlich Selbständige, die (fast) ausschließlich für das betreffende

1 Briese, DB 2009 S. 2346.

2 Höfer/de Groot/Küpper/Reich, Betriebsrentenrecht (BetrAVG) Bd. I Arbeitsrecht, § 17, Rz. 71, m. w. N.

3 BGH v. 1.10.2019 - II ZR 386/17, DB 2019 S. 2571, Rz. 12.

Unternehmen z. B. als Ein-Firmen-Vertreter, Ausschließlichkeitsvertreter in der Versicherungsbranche, freie Mitarbeiter der Rundfunk- und Fernsehanstalten oder Rechtsanwälte und Steuerberatertätig sind.[1] Aber auch andere Fremdunternehmer, die aus Anlass ihrer Tätigkeit für das betreffende Unternehmen Versorgungszusagen erhalten, wie z. B. Versicherungsmakler, Handwerker etc. fallen u. E. unter § 17 Abs. 1 Satz 2 BetrAVG, da der Gesetzeswortlaut über die arbeitnehmerähnlichen Personen hinausgeht.[2]

Etwas anderes gilt für denjenigen, dem das betreffende Unternehmen gehört 92
bzw. der es beherrscht und zwar unabhängig davon, ob er Einzelunternehmer oder Gesellschafter einer Personen- bzw. Kapitalgesellschaft ist. Einzelunternehmer kommen schon aus formalen Gründen nicht als Begünstigte einer bAV in Betracht, da ein synallagmatisches Rechtsgeschäft i. S. v. §§ 320 ff. BGB in ihrem Falle selbst dann nicht entstehen kann (In-sich-Geschäft), wenn sie sich eines externen Versorgungsträgers, wie z. B. eines Lebensversicherers bedienen.[3] Dasselbe gilt, aufgrund ihrer Nähe zum Einzelunternehmer, für persönlich haftende Gesellschafter, unabhängig von der Höhe ihrer Kapitalbeteiligung bzw. Stimmrechte;[4] Ausnahmen kommen für Kommanditisten in Betracht, wenn sie nicht nur KG-Gesellschafter sind, sondern auch Arbeitnehmer in einem arbeitsrechtlich anzuerkennenden Arbeitsverhältnis.[5] Hinsichtlich der Abgrenzung zwischen Unternehmer und Nichtunternehmer bei Kapitalgesellschaften herrscht Einigkeit darüber, dass der Allein-GGF und der mehrheitlich an der GmbH beteiligte GGF als Unternehmer anzusehen sind und damit aus dem Geltungsbereich des BetrAVG herausfallen.[6]

1 Vgl. Höfer/de Groot/Küpper/Reich, Betriebsrentenrecht (BetrAVG) Bd. I Arbeitsrecht, § 17, Rz. 61 ff. und Rz. 69 ff.; Blomeyer/Rolfs/Otto, Betriebsrentengesetz, 7. Aufl. § 17 Rz. 67 ff und Rz. 77 ff.

2 Vgl. Blomeyer/Rolfs/Otto, Betriebsrentengesetz, 7. Aufl. § 17 Rz. 77 ff.; Höfer/de Groot/Küpper/Reich, Betriebsrentenrecht (BetrAVG) Bd. I Arbeitsrecht, § 17, Rz. 69 ff.

3 BGH v. 28.4.1980 - II ZR 254/78, DB 1980 S. 1434 unter III.5 der Gründe; BAG v. 19.1.2010 - 3 AZR 42/08, NZA 2010 S. 1066; PSVaG, Merkblatt 300/M1/3.1, abrufbar über www.psvag.de; Blomeyer/Rolfs/Otto, Betriebsrentengesetz, 7. Aufl. § 17 Rn. 83.

4 BGH v. 9.6.1980 - II ZR 255/78, DB 1980 S. 1588 unter I.1.c der Gründe; BGH v. 9.6.1980 - II ZR 180/79, AP Nr. 4 zu § 17 BetrAVG, unter I.1 der Gründe.

5 BGH v. 28.4.1980 - II ZR 254/78, DB 1980 S. 1434, unter III.8 der Gründe; PSVaG, Merkblatt 300/M1/3.2.3.2, abrufbar über www.psvag.de; Höfer/de Groot/Küpper/Reich, Betriebsrentenrecht (BetrAVG) Bd. I Arbeitsrecht, § 17, Rz. 80 ff.

6 Vgl. Höfer/de Groot/Küpper/Reich, Betriebsrentenrecht (BetrAVG) Bd. I Arbeitsrecht, § 17, Rz. 84 ff.; Blomeyer/Rolfs/Otto, Betriebsrentengesetz, 7. Aufl. § 17 Rz. 85 ff.

In der Literatur umstritten war hingegen, ob ein mit genau 50 % an einer GmbH beteiligter GGF Unternehmer ist.[1] Der BGH stellte mit Urteil v. 1.10.2019[2] klar, dass auch der mit genau 50 % an der Gesellschaft beteiligte GGF als Unternehmer anzusehen ist und somit eine beherrschende Stellung inne hat. Bereits vor jenem Urteil ging der Pensionssicherungsverein (PSV) davon aus, dass bei einer Kapitalbeteiligung bzw. einem Stimmrecht[3] von 50 % kein gesetzlicher Insolvenzschutz besteht.[4] Halten zwei mit Versorgungszusagen begünstigte GGF an ihrer Kapitalgesellschaft jeweils 50 % der Anteile, gelten beide nach aktueller Rechtslage als Mehrheits-GGF i. S. d. Arbeitsrechts mit der Folge, dass das BetrAVG für sie nicht anwendbar ist. Kommt nur einer auf mind. 50 %, gelten nachfolgende Ausführungen.

93 Ein Minderheits-GGF, der zu weniger als 10 % beteiligt ist (unwesentlich beteiligter Minderheits-GGF), soll nach BGH-Meinung v. 2.4.1990 ausnahmslos vom BetrAVG erfasst werden.[5] In einem späteren Urteil hat der BGH in einem obiter dictum zwar Zweifel an dieser Pauschaleinbeziehung in das BetrAV erkennen lassen,[6] wollte sich jedoch in dem Judikat v. 1.10.2019 nicht auf die 10%-Grenze festlegen;[7] auch das BAG hat diese Frage schon früher offengelassen.[8] Der PSVaG wendet die 10 %-Grenze nach wie vor an.[9] Für Minderheits-GGF (Beteiligung unter 50 %), die mit mindestens 10 % an der Gesellschaft beteiligt sind

1 Bejahend Höfer/de Groot/Küpper/Reich, Betriebsrentenrecht (BetrAVG) Bd. I Arbeitsrecht, § 17, Rz. 87; Jaeger/Steinbrück in MünchKomm/GmbHG, 3. Aufl., § 35 Rz. 341; Paefgen in Ulmer, GmbHG, 2. Aufl., § 35 Rz. 272; Steinmeyer in ErfK zum Arbeitsrecht, 19. Aufl., § 17 BetrAVG Rz. 9; Brandes, Betriebliche Altersversorgung 1990, S. 12, 14; verneinend Blomeyer/Rolfs/Otto, 7. Aufl., § 17 Rz. 89; Huber in Kisters-Kölkes/Berenz/Huber/Betz-Rehme, BetrAVG, 8. Aufl., § 17 Rz. 6; Cisch in MünchHdbArbR, 4. Aufl., Bd. II, § 202 Rz. c50; Diller in Schlewing/Henssler/Schipp/Schnitker, Arbeitsrecht der betrieblichen Altersversorgung, Teil 4 B Rz. 52; Schmidt-Diemitz, DB 1985 S. 1573; Pesch, ZIP 1982 S. 135, 138.

2 BGH v. 1.10.2019 - II ZR 386/17, DB 2019 S. 2571, Rz. 15, 19, 20.

3 Bei Abweichungen ist der jeweils höhere Wert maßgebend. Nachfolgend wird vereinfacht der Begriff „Beteiligung" benutzt.

4 PSVaG, Merkblatt 300/M1/3.3.1.2, abrufbar über www.psvag.de.

5 BGH v. 2.4.1990 - II ZR 156/89, BetrAV 1990 S. 206 unter 4. der Gründe; vgl. auch: Blomeyer/Rolfs/Otto, Betriebsrentengesetz, 7. Aufl. § 17 Rz. 94; Höfer/de Groot/Küpper/Reich, Betriebsrentenrecht (BetrAVG) Bd. I Arbeitsrecht, § 17, Rz. 91.

6 BGH v. 2.6.1997 - II ZR 181/96, DB 1997 S. 1611.

7 BGH v. 1.10.2019 - II ZR 386/17, DB 2019 S. 2571, Rz. 31.

8 BAG v. 16.4.1997 - 3 AZR 869/95, DB 1997 S. 2495 unter I.2.c cc der Gründe.

9 PSVaG, Merkblatt 300/M1/3.3.1.3.c cc, abrufbar über www.psvag.de.

(wesentlich beteiligte Minderheits-GGF), gelten weitergehende Regeln: Ihre Beteiligungsquoten sind aufgrund gleichgerichteter Interessenslage zusammenzurechnen, wenn sie jeweils von ihrem Unternehmen eine bAV erhalten haben.[1] Abzustellen ist auch bei der Zusammenrechnung auf das Kapital oder die Stimmrechte, wobei bei Abweichung der höhere Wert ausschlaggebend ist. Bei einer indirekten (mittelbaren) Beteiligung muss eine Einzelfallprüfung erfolgen.[2] Ergibt jene Zusammenrechnung ihrer Anteile eine Gesamtbeteiligung von genau 50 % oder mehr, reicht dies nach aktueller BGH-Meinung aus, jeden einzelnen dieser Gruppe aus dem Anwendungsbereich des BetrAVG auszuschließen.[3]

Aus den Feststellungen des BGH v. 1.10.2019 lässt sich nicht schlussfolgern, 94
dass eine Zusammenrechnung der Beteiligungsquoten wesentlich beteiligter Minderheits-GGF, die Anwartschaften auf bAV erhalten haben, zu unterbleiben hat, wenn ein Mehrheits-GGF alleine 50 % der Anteile hält. Daher würden drei mit bAV begünstigte GGF, die 50 % und zweimal je 25 % der Anteile halten, allesamt im arbeitsrechtlichen Sinne beherrschend und damit aus dem Schutzbereich des BetrAVG auszunehmen sein. Der PSVaG hat sich dieser Auffassung mittlerweile angeschlossen und das entsprechende Merkblatt angepasst.[4] Ist einer der GGF hingegen mit mehr als 50 % beteiligt, fällt dieser aus dem Geltungsbereich des BetrAVG heraus, sämtliche Minderheits-GGF hingegen werden in den Schutzbereich des BetrAVG einbezogen.

In Bezug auf die Zusammenrechnung der Anteile wesentlich beteiligter Min- 95
derheits-GGF *wegen* gleichgerichteter Interessenslage muss nicht im Einzelnen eine gleichgerichtete Interessenslage nachgewiesen werden, sondern diese wird bei der entsprechenden Gesellschaftergruppe im Ergebnis unterstellt, weil den Mindergesellschaftern damit eine besondere Leitungsmacht zufällt, gegen die keine wesentlichen Entscheidungen in der Gesellschaft getroffen

1 PSVaG, Merkblatt 300/M1/3.3.1.3, abrufbar über www.psvag.de; Blomeyer/Rolfs/Otto, Betriebsrentengesetz, 7. Aufl. § 17 Rz. 95 ff.

2 Kisters-Kölkes in Dornbusch/Fischmeier/Löwisch, Fachanwaltskommentar Arbeitsrecht, § 17 BetrAVG Rz. 6 ff.

3 BGH v. 1.10.2019 - II ZR 386/17, DB 2019 S. 2571, Rz. 18 bis 20 und Rz. 24 ff.; vgl. auch: PSVaG, Merkblatt 300/M1/3.3.1.3.b, abrufbar über www.psvag.de.

4 PSVaG, Merkblatt 300/M1/3.3.1.3.c aa, abrufbar über www.psvag.de.

werden können.[1] Der BGH hat mit Urteil v. 1.10.2019 bestätigt, dass die grundsätzliche Möglichkeit der gemeinsamen Interessenausübung ausreichend und das tatsächliche Verhalten im Einzelfall nicht relevant ist.[2]

Schaubild Arbeitsrechtliche Einschätzung lt. Merkblatt 300/M1 des PSV:

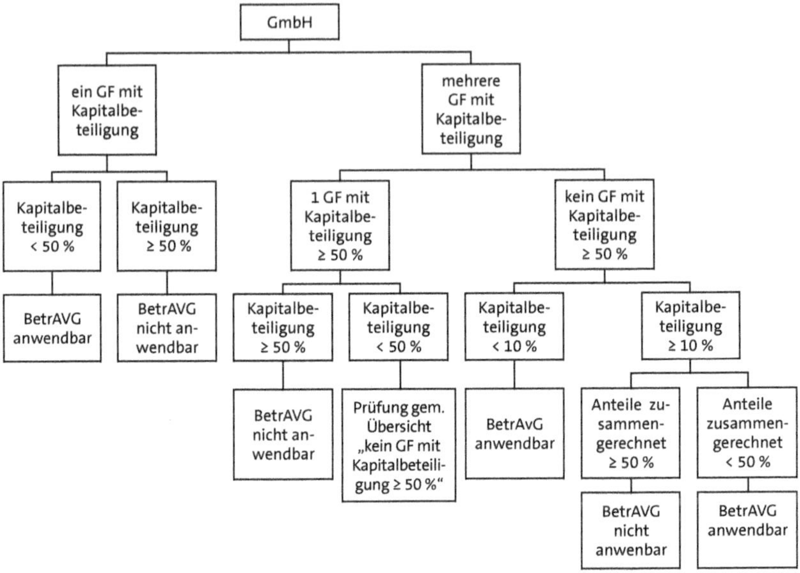

96 Folgende Beispiele bilden typische Fallgestaltungen zur arbeitsrechtlichen Beherrschung ab:

BEISPIEL 1:

GGF A 52 % der Anteile

GGF B 24 % der Anteile

GGF C 24 % der Anteile

Nur A ist arbeitsrechtlich beherrschend; B und C fallen unter den Schutzbereich des BetrAVG.

---

1 Vgl. Höfer/de Groot/Küpper/Reich, Betriebsrentenrecht (BetrAVG) Bd. I Arbeitsrecht, § 17, Rz. 89 ff. Möglicherweise abweichend – aber u. E. nicht im Einklang mit der sprachlichen Formulierung im Merkblatt des PSV – ist die Auffassung von Langohr-Plato, der ausdrücklich davon ausgeht, dass die GGF, deren Anteile zusammengerechnet werden, über gleichgerichtete Interessen verfügen müssen (vgl. Langohr-Plato, Betriebliche Altersversorgung, Rz. 1866); ebenso Watson/Wyatt/Heissmann GmbH, H-BetrAVG Teil I in 130 Sonderzusagen Rz. 19.

2 BGH v. 1.10.2019 - II ZR 386/17, DB 2019 S. 2571, Rz. 32.

BEISPIEL 2:

GGF A 10 % der Anteile

GGF B 10 % der Anteile

GGF C 10 % der Anteile

GGF D 10 % der Anteile

GGF E 10 % der Anteile

GGF F 10 % der Anteile

GGF G 40 % der Anteile

Alle GGF sind arbeitsrechtlich beherrschend und fallen nicht unter den Schutzbereich des BerAVG. Mit der Beteiligung von jeweils mindestens 10 % erfolgt eine Zusammenrechnung, die eine Gesamtbeteiligung von 100 % und damit von mehr als 50 % ergibt.

BEISPIEL 3:

GGF A 25 % der Anteile

GGF B 25 % der Anteile

GGF C 50 % der Anteile

Alle GGF sind arbeitsrechtlich beherrschend und fallen nicht unter den Schutzbereich des BetrAVG.

BEISPIEL 4:

GGF A 50 % der Anteile

GGF B 25 % der Anteile

Ges C 25 % der Anteile (ohne Geschäftsführung)

Nur GGF A ist beherrschend, da bereits eine Beteiligung von 50 % zur Beherrschung ausreicht. GGF B und auch der Gesellschafter C fallen unter den Schutzbereich des BetrAVG.

BEISPIEL 5:

GGF A 46 % der Anteile

GGF B 46 % der Anteile

GGF C 8 % der Anteile

A und B gelten als arbeitsrechtlich beherrschend (Zusammenrechnung ihrer Anteile). C fällt unter den Schutzbereich des BetrAVG; da seine Beteiligung unter 10 % liegt, wird er in die Zusammenrechnung nicht mit einbezogen.

Ändert sich der Status des GGF während der Erdienens- bzw. der Zusagedauer vom Arbeitnehmer zum Unternehmer oder in umgekehrter Richtung, ist hinsichtlich der Anwendung der Vorschriften des BetrAVG eine zeitanteilige Aufteilung geboten.[1]

---

1 Vgl. Doetsch/Lenz, Versorgungszusagen an Gesellschafter-Geschäftsführer und Vorstände, 10. Aufl. S. 20, mit weiteren Quellenangaben sowie das Merkblatt 300/M 1 des PSVaG (Abrufbar über www.psvag.de).

97 Neben der Frage der Beherrschung der Kapitalgesellschaft durch den GGF ist für die Anwendung der Regelungen des BetrAVG ebenfalls entscheidend, ob die Versorgungszusage aus Anlass der Tätigkeit für das Unternehmen zugesagt worden sind (vgl. Rz. 3) oder ob Anlass für die Zusage das Gesellschaftsverhältnis ist.

98 Besteht kein ursächlicher Zusammenhang zwischen der Versorgungszusage und dem Dienstverhältnis als GGF, erfüllt die Versorgungszusage – unabhängig von den persönlichen Beteiligungsverhältnissen des GGF – nicht den sachlichen Geltungsbereich des BetrAVG.[1]

PRAXISHINWEIS:

Sagt eine Kapitalgesellschaft nur ihren GGF eine Versorgung zu, nicht aber den übrigen Mitarbeitern, kann dies als Indiz dafür gewertet werden, dass die Versorgungszusage nicht aus Anlass des Dienstverhältnisses erfolgt ist, sondern ihre Ursache im Gesellschaftsverhältnis hat mit der Folge, dass die Schutzwirkungen des BetrAVG schon aus diesem Grund nicht greifen. Entsprechende Regelungen müssten vertraglich vereinbart werden.

b) Steuerrechtlicher Status

99 Aus steuerrechtlicher Sicht ist der GGF bezogen auf seine Geschäftsführungstätigkeit ungeachtet seiner Beteiligungshöhe als Arbeitnehmer anzusehen, wenn dies in den Vereinbarungen klar zum Ausdruck kommt, indem z. B. ein ausdrücklicher Anstellungsvertrag geschlossen wurde und praktiziert wird und der GGF nach dem Gesamtbild der Verhältnisse weisungsgebunden ist.[2] Dies gilt auch beim Allein-GGF. GmbH und Gesellschafter gelten als eigenständige Rechtssubjekte,[3] so dass diese auch Verträge miteinander schließen können – wie z. B. Anstellungsverträge und Verträge über bAV. Aufgrund der Gesellschafterstellung müssen jedoch zusätzliche Voraussetzungen beachtet werden, damit die vertraglichen Vereinbarungen nicht – ganz oder teilweise – als gesellschaftsrechtlich veranlasst beurteilt werden und damit eine vGA oder verdeckte Einlage auslösen. Aus körperschaftsteuerrechtlicher Sicht gelten insoweit strengere Rechtsgrundsätze als bei nicht beteiligten Arbeitnehmern und bezogen auf beherrschend beteiligte GGF sind weitere – insbesondere formelle – Anforderungen zu erfüllen. Dies trägt dem Umstand Rechnung, dass

1 Vgl. auch Meissner/Veh, Leitfaden bAV: Die GGF-Versorgung – Kompaktwissen für die Praxis, S. 26.

2 Vgl. § 1 Abs. 1, 2 LStDV i. V. m. BFH v. 2.12.1998 - X R 83/96, BStBl 1999 II S. 534; BFH v. 9.10.1996 - XI R 47/96, BStBl 1997 II S. 255.

3 Vgl. unter Rz. 3 ff.

Gesellschafter – je nach Beteiligungshöhe – ansonsten Möglichkeiten hätten, das steuerliche Ergebnis der Gesellschaft im Nachhinein durch Leistungen an sich selbst oder nahestehende Dritte willkürlich zu beeinflussen.

Nach Auffassung der BFH-Rechtsprechung liegt eine beherrschende Stellung 100
eines GmbH-Gesellschafters im Regelfall vor, wenn der Gesellschafter die Mehrheit der Stimmrechte besitzt und deshalb bei Gesellschafterversammlungen entscheidenden Einfluss ausüben kann.[1] Diese Voraussetzung ist i. d. R. gegeben, wenn der Gesellschafter über mehr als 50 % der Stimmrechte verfügt. Sieht die Satzung der GmbH allerdings höhere Mehrheiten vor, muss der Gesellschafter diese Mehrheiten erreichen, um als beherrschend zu gelten.[2] Dass der Gesellschafter gem. § 47 Abs. 4 GmbHG sein Stimmrecht nicht ausüben darf, wenn er durch die Beschlussfassung entlastet oder von einer Verbindlichkeit befreit werden soll oder die Beschlussfassung die Vornahme eines Rechtsgeschäfts oder die Einleitung oder Erledigung eines Rechtsstreits gegenüber dem Gesellschafter betrifft, ändert an der Annahme einer beherrschenden Stellung nichts.[3] Diese Abgrenzungen gelten auch, soweit der Gesellschafter nur mittelbar an der Gesellschaft beteiligt ist. In diesem Fall steht die mittelbare Beteiligung der unmittelbaren Beteiligung gleich.[4]

Eine Beteiligung von 50 % oder weniger reicht zur Annahme einer beherr- 101
schenden Stellung aus, wenn besondere Umstände hinzutreten, die eine Beherrschung der Gesellschaft begründen.[5] Entscheidend ist, dass der minderbeteiligte Gesellschafter seinen Willen in der Gesellschaft durchsetzen und nicht nur die Durchsetzung des Willens des/der anderen Gesellschafter(s) behindern kann. Dazu können – zusätzlich zum Anteilsbesitz – Umstände der verschiedensten Art in Betracht kommen, wie besondere Regelungen im Gesellschaftsvertrag, sonstige vertragliche Abmachungen und wirtschaftliche Gegebenheiten.

Ohne Hinzutreten besonderer Umstände ist eine beherrschende Stellung trotz 102
Minderbeteiligung anzunehmen, wenn mehrere Gesellschafter einer Kapitalgesellschaft mit gleichgerichteten Interessen zusammenwirken, um eine ihren

1 BFH v. 13.12.1989 - I R 99/87, BStBl 1990 II S. 454.

2 BFH v. 13.12.1989 - I R 45/84, NWB CAAAB-30893.

3 BFH v. 26.1.1989 - IV R 151/86, BStBl 1989 II S. 455.

4 Neumann, GmbH-Handbuch, Bd. III Steuerrecht, Rz. 1090 m. w. N.

5 BFH v. 8.1.1969 - I R 91/66, BStBl 1969 II S. 347; BFH v. 21.7.1976 - I R 227/74, BStBl 1976 II S. 734; BFH v. 23.10.1985 - I R 247/81, BStBl 1986 II S. 195.

Interessen entsprechende einheitliche Willensbildung herbeizuführen.[1] Gleichgerichtete wirtschaftliche Interessen von minderbeteiligten GGF liegen z. B. vor, wenn zeitgleich die Gehaltsbezüge dieser GGF erhöht werden[2] oder diese GGF gleichzeitig Pensionszusagen erhalten und der einzelne begünstigte GGF auf die Zustimmung des mitbegünstigten GGF angewiesen ist.[3] Das Zusammenwirken führt für Mindergesellschafter bezogen auf diesen schuldrechtlichen Vertrag möglicherweise aber auch dann zu einer anzunehmenden Beherrschung, wenn er mit einem Mehrheitsgesellschafter zusammenwirkt, um seine Interessen durchzusetzen.[4]

PRAXISHINWEIS:

Ein Zusammenwirken mit gleichgerichteten Interessen führt nicht zwangsläufig zu einer generell beherrschenden Stellung, sondern lediglich bezogen auf den konkret verhandelten schuldrechtlichen Vertrag. So kann es z. B. sein, dass die bAV eines GGF sich nach den Regelungen für beherrschende GGF richtet, während ein mit ihm abgeschlossener Mietvertrag nur nach den Regelungen für minderbeteiligte GGF zu prüfen ist.

Wirken nicht zwei minderbeteiligte GGF zusammen, die gegenseitig auf ihre Zustimmung angewiesen sind, sondern ein minderbeteiligter GGF mit einem Mehrheitsgesellschafter, sollten dennoch aus Gründen der Vorsicht die strengeren Voraussetzungen für Versorgungszusagen an beherrschende GGF auch für den Mindergesellschafter eingehalten werden, um keine Auseinandersetzungen mit der FinVerw zu riskieren und möglicherweise die steuerliche Anerkennung der Versorgungszusage in Frage zu stellen – auch wenn in der Kommentarliteratur hierzu z.T. eine großzügigere Sichtweise vertreten wird.

103 Bei sog. Zwerganteilen kann auch bei vermeintlich gleichgerichteten Interessen nicht von einer Beherrschung durch Zusammenrechnung ausgegangen werden. Der BFH[5] hat bei einem Zwerganteil das Moment der Beherrschung als nicht gewichtig genug angesehen, um die Zusammenrechnung der Anteile des Berechtigten mit denen eines die Gesellschaft beherrschenden Gesellschafters (im Streitfall der Ehegatte) zum Nachteil der steuerpflichtigen Gesellschaft zu rechtfertigen. Allerdings hat der BFH offengelassen, bis zu welcher Beteiligungshöhe von einem solchen Zwerganteil auszugehen ist. Ob man die Grenze bei einer Beteiligung von etwa 5 % am Stammkapital ziehen könne, möge dahinstehen. Auf jeden Fall erschien dem BFH eine Beteiligung

1 BFH v. 26. 7. 1978 - I R 138/76, BStBl 1978 II S. 659; BFH v. 29. 4. 1987 - I R 192/82, BStBl 1987 II S. 797; BFH v. 29.7.1992 - I R 28/92, BStBl 1993 II S. 247; BFH v. 25.10.1995 - I R 9/95, BStBl 1997 II S. 703.

2 Neumann, GmbH-Handbuch, Bd. III Steuerrecht, Rz. 1091.

3 Vgl. Höfer/de Groot/Küpper/Reich, Betriebsrentenrecht (BetrAVG) Bd. I Arbeitsrecht, § 17, Rz. 100 ff.; BFH v. 18.2.1999 - I R 51/98, NWB CAAAA-63040.

4 Vgl. BFH v. 1.4.2003 - I R 78/02, I R 79/02, NWB PAAAA-70061.

5 Vgl. BFH v. 29.7.1970 - I R 24/69, BStBl 1970 II S. 761.

i. H.v. 1,13 % nicht geeignet, eine beherrschende Stellung anzunehmen. Neumann geht – wohl in Anlehnung an das Arbeitsrecht – bei einer Beteiligung unter 10 % von einem Zwerganteil aus.[1]

Die Tatsache, dass die Gesellschafter nahe Angehörige sind, reicht allein nicht aus, um gleichgerichtete Interessen anzunehmen. Beteiligungen von Kindern sind daher nicht automatisch den Beteiligungen der Eltern hinzuzurechnen, es sei denn, der betreffende Elternteil hat das alleinige Sorgerecht. Es müssen vielmehr weitere Anhaltspunkte hinzutreten, um durch Zusammenrechnung der Anteile von nahen Angehörigen zu einer beherrschenden Stellung zu kommen. Derartige Anhaltspunkte können z. B. vorliegen, wenn Ehegatten gleichzeitig eine Sondervergütung oder eine Pensionszusage erhalten.[2] 104

PRAXISHINWEIS:

Davon abzugrenzen ist die Frage, wie die Vergütung einer nahe stehenden Person zu behandeln ist, wenn der Gesellschafter, dem die Person nahesteht, beherrschend an der GmbH beteiligt ist. Denn in diesem Fall wendet die Rechtsprechung die für den beherrschenden GGF geltenden verschärften steuerlichen Grundsätze auch auf die Vergütung der nahe stehenden Person an – und zwar unabhängig davon, ob die Voraussetzungen für eine Zusammenrechnung aufgrund gleichgerichteter Interessen vorliegen oder nicht.[3]

BEISPIEL: Die Eheleute A und B sind beide GGF (jeweils 50 % der Stimmrechte) der A+B-GmbH. Für Entscheidungen ist eine einfache Stimmenmehrheit notwendig. A und B erhalten zeitgleich eine Direktzusage.

LÖSUNG: Weder A noch B sind im steuerrechtlichen Sinne aufgrund fehlender Entscheidungsgewalt beherrschend. Hinsichtlich der Erteilung der Direktzusagen ist eine Beherrschung aufgrund gleichgerichteter Interessen zu prüfen. Da beide zeitgleich eine Direktzusage erhalten, dürfte hier von gleichgerichteten Interessen auszugehen sein mit der Folge, dass für beide GGF die Grundsätze für beherrschende GGF anzuwenden sind.

ABWANDLUNG: A besitzt 51 % der Stimmrechte, B 49 %.

LÖSUNG: A ist steuerrechtlich beherrschend. Vergütungen an die ihm nahe stehende Person B unterliegen, unabhängig von gleichgerichteten Interessen, ebenfalls verschärften steuerlichen Grundsätzen.

Für die Frage, ob eine beherrschende Stellung des GGF gegeben ist, kommt es immer auf den Zeitpunkt der vertraglichen Vereinbarung zwischen dem GGF und der GmbH an. Dies gilt auch für Änderungsvereinbarungen. So kann es 105

1 Neumann, GmbH-Handbuch, Bd. III Steuerrecht, Rz. 1093, m. w. N. zu anderen Prozentsätzen.

2 Neumann, GmbH-Handbuch, Bd. III Steuerrecht, Rz. 1094.

3 Vgl. BFH v. 22.2.1989 - I R 9/85, BStBl 1989 II S. 631.

z. B. sein, dass der GGF im Zeitpunkt der Erteilung einer Pensionszusage gar nicht oder zumindest nicht beherrschend an der GmbH beteiligt ist, dass aber bei Abschluss einer späteren Änderungsvereinbarung die verschärften Regeln für beherrschende GGF zu beachten sind.

106 Folgende Beispiele bilden typische Fallgestaltungen zur steuerrechtlichen Beherrschung ab:

BEISPIEL 1:

GGF A 33 1/3 % der Anteile

GGF B 33 1/3 % der Anteile

GGF C 33 1/3 % der Anteile

Beschlussfassung laut Satzung mit einfacher Mehrheit; alle drei erhalten gleichzeitig eine Pensionszusage.

Alle drei GGF sind beherrschend i. S. d. Steuerrechts.

BEISPIEL 2:

GGF A 33 1/3 % der Anteile

GGF B 33 1/3 % der Anteile

GGF C 33 1/3 % der Anteile

Beschlussfassung laut Satzung mit einfacher Mehrheit; nur B erhält eine Pensionszusage.

B ist nicht beherrschend i. S. d. Steuerrechts.

BEISPIEL 3:

GGF A 50 % der Anteile

GGF B 25 % der Anteile

GGF C 25 % der Anteile

Beschlussfassung laut Satzung mit einfacher Mehrheit; B und C erhalten gleichzeitig eine Pensionszusage.

B und C sind nicht beherrschend i. S. d. Steuerrechts, da sie gemeinsam keine einfache Mehrheit von mehr als 50 % erreichen.

BEISPIEL 4:

GGF A 49 % der Anteile

GGF B 25 % der Anteile

GGF C 26 % der Anteile

Beschlussfassung laut Satzung mit einfacher Mehrheit; B und C erhalten gleichzeitig eine Pensionszusage.

B und C sind beherrschend i. S. d. Steuerrechts, da sie gemeinsam eine einfache Mehrheit von mehr als 50 % erreichen.

BEISPIEL 5:

GGF A 70 % der Anteile

GGF B 30 % der Anteile

Mehrheit; A und B erhalten gleichzeitig eine Pensionszusage.

Nach Auffassung von *Höfer* ist nur A beherrschend i. S. d. Steuerrechts, da er alleine eine einfache Mehrheit von über 50 % erreicht und damit auf eine Zustimmung von B nicht angewiesen ist. B ist danach als nicht beherrschend anzusehen, da beide GGF zwar möglicherweise gleichgerichtete Interessen verfolgen, B sich aber die Zustimmung des A nicht erkaufen kann, weil A für sich allein über eine Mehrheit verfügt, um seine eigene Pensionszusage genehmigt zu bekommen. In der BFH-Rechtsprechung gibt es jedoch Tendenzen, die auch B als beherrschend ansehen würden. Daher sollte die Versorgungszusage aus Vorsichtsgründen an den Maßstäben für beherrschende GGF gemessen werden. Für B gelten auf jeden Fall die Kriterien für eine beherrschende Beteiligung, wenn B nahestehende Person von A ist.

BEISPIEL 6:

GGF EM 50 % der Anteile

GGF EF 50 % der Anteile

Beschlussfassung laut Satzung mit einfacher Mehrheit; nur EM erhält eine Pensionszusage, allerdings mit einer Witwenrentenzusage zugunsten von EF.

EM ist steuerrechtlich beherrschend, da wegen der Witwenrente gleichgerichtete Interessen mit EF bestehen, so dass die Anteile zusammenzurechnen sind.[1]

c) Sozialversicherungsrechtlicher Status

aa) Gesellschafter-Geschäftsführer

Das Sozialversicherungsrecht kennt keine ausdrücklichen Bestimmungen, die 107
den sozialversicherungsrechtlichen Status von GGF regeln. Welche Rechte und Pflichten ein GGF in diesem Bereich hat, hängt vor allem davon ab, ob er ein abhängiges Beschäftigungsverhältnis oder eine selbständige Tätigkeit ausübt. Da GGF aber u. U. im Rahmen ihrer Beschäftigung als Geschäftsführer (mit Arbeitsvertrag) auch Unternehmerfunktionen ausüben, ist häufig nicht eindeutig zu beantworten, ob sie eine abhängige Tätigkeit ausüben und damit sozialversicherungspflichtig sind oder eine selbständige Tätigkeit, die sozialversicherungsfrei sein kann. Der Abschluss eines Arbeitsvertrags allein ist jedenfalls kein Indiz für eine abhängige Beschäftigung. Maßgebend ist vielmehr, inwieweit der GGF in der Praxis am Kapital beteiligt ist, Weisungen zu befolgen hat oder unternehmerisches Risiko trägt. Die Abgrenzung erfolgt anhand der ein-

1 FG Saarland v. 10.9.1986 - I 175/84, EFG 1986 S. 619.

schlägigen Entscheidungen des Bundessozialgesetzes und der daran ausgerichteten Verwaltungsregelungen der Sozialversicherungsträger.

108 Für die Abgrenzung wird häufig zunächst die Kapitalbeteiligung herangezogen, da diese ein wesentliches Kriterium zur Beurteilung der Einflussmöglichkeiten des GGF auf die Geschicke der GmbH darstellt. Aus Sicht der Sozialversicherung ist damit ein GGF, der als Gesellschafter über mindestens 50 % des Stammkapitals verfügt und der folglich die Entscheidungen der Gesellschaft maßgeblich beeinflussen kann, nicht als Arbeitnehmer anzusehen.[1]

109 Beträgt die Beteiligung am Stammkapital weniger als 50 %, ist nicht generell im Umkehrschluss davon auszugehen, dass ein abhängiges Beschäftigungsverhältnis vorliegt. Kann der GGF aufgrund seiner Beteiligung, seiner Gesellschaftsrechte (z. B. Sperrminorität, Befreiung vom Selbstkontrahierungsverbot gem. § 181 BGB), der vertraglichen Gestaltung seiner Mitarbeit oder wegen der besonderen Verhältnisse im Einzelfall die Gesellschaft beherrschen, insbesondere einen so maßgebenden Einfluss auf die Willensbildung der Gesellschaft ausüben, dass er alle ihre Tätigkeit betreffenden Entscheidungen maßgeblich beeinflussen, insbesondere ihm nicht genehme Entscheidungen verhindern kann, ist vielmehr von einer unternehmerischen bzw. selbständigen Tätigkeit auszugehen.

110 Ein wichtiges Merkmal für die Prüfung einer abhängigen Beschäftigung ist die Weisungsgebundenheit. Kann der GGF seine Tätigkeit – zumindest in der Praxis – so frei gestalten, dass sie nicht mehr in eine von dritter Seite vorgegebene Ordnung eingebunden ist und der GGF letztlich in der GmbH eine so starke Stellung innehat, dass er ihm nicht genehme Weisungen verhindern kann, liegt auch dann keine abhängige Beschäftigung vor, wenn er von seinen Rechten tatsächlich keinen Gebrauch macht und die Entscheidungen anderen überlässt.[2] In der Praxis wird eine abhängige Beschäftigung i. d. R. verneint, wenn der GGF laut Arbeitsvertrag oder Satzung der GmbH z. B. ein Alleinvertretungsrecht hat, über eine Sperrminorität verfügt, vom Selbstkontrahierungsverbot (§ 181 BGB) befreit ist und frei über seine Arbeitszeit entscheiden kann.[3]

111 Weiteres Merkmal ist das Unternehmerrisiko. Partizipiert der Gesellschafter-Geschäftsführer in großem Maße am Betriebsergebnis, indem z. B. wesentliche Teile seiner Vergütung gewinnabhängig sind oder liegt es an ihm die wesentli-

1 BSG v. 29.10.1986 - 7 RAr 43/85, BB 1987 S. 406, GmbHR 1987 S. 351.

2 Brand, GmbH-Handbuch, Bd. IV Arbeits- und Sozialversicherungsrecht, Rz. 1298.

3 Pahlenberg, Praxishandbuch GmbH-Geschäftsführer, S 630.

chen gewinnwirksamen Betriebsabläufe (z. B. Zahlungsmodalitäten, Anschaffungen, Investitionen) zu bestimmen, ist i. d. R. von einer unternehmerischen Tätigkeit und nicht von einer abhängigen Beschäftigung auszugehen. Eine wesentliche Bestimmung der Betriebsabläufe kann z. B. auch anzunehmen sein, weil der Geschäftsführer als einziger Gesellschafter über die für die Führung des Betriebes notwendigen Branchenkenntnisse verfügt, denn in einem solchen Fall sind die übrigen Gesellschafter kaum in der Lage, dem Geschäftsführer Weisungen zu erteilen. Entsprechendes kann gelten, wenn der Geschäftsführer vor der Umwandlung in eine GmbH Alleininhaber des Unternehmens war und auch nach der Umwandlung „Kopf und Seele" des Betriebes geblieben ist.

Letztlich wird die Entscheidung immer anhand der Umstände des Einzelfalls 112 zu treffen sein, wobei vorrangig entscheidend die vertraglichen Vereinbarungen sein werden. Werden die vertraglichen Vereinbarungen in der Praxis nicht entsprechend umgesetzt, kommt es hingegen auf die tatsächliche Handhabung an.

Halten minderbeteiligte GGF einen gleich hohen bzw. annähernd gleich hohen 113 Anteil an der GmbH und leiten sie ohne Vorrechte eines Einzelnen die GmbH, war zeitweise davon auszugehen, dass die GGF unternehmerisch tätig sind, weil in diesem Fall der typische Interessensgegensatz fehlt. Allerdings wird dieses Merkmal in der neueren Rechtsprechung des BSG nicht mehr als geeignetes Abgrenzungskriterium angesehen.[1]

Innerhalb einer Familien-GmbH bestimmen die rechtlichen und nicht (wie frü- 114 her) die familiären Verhältnisse über die sozialversicherungsrechtliche Einstufung. Ausschlaggebend für die Frage, ob es sich um ein Arbeitnehmer-Arbeitsverhältnis oder um eine unternehmerische Tätigkeit handelt, ist die Rechtsmacht des GGF innerhalb der GmbH.[2]

Da folglich eine Beteiligung von unter 50 % ebenfalls zur Sozialversicherungs- 115 freiheit führen kann und die Folgen einer Fehleinschätzung erheblich sein können, erscheint es sinnvoll, in Zweifelsfällen bei der Clearingstelle der Deutschen Rentenversicherung Bund den sozialversicherungsrechtlichen Status prüfen zu lassen, sofern nicht bereits eine Antragspflicht für die Einzugsstelle besteht. Gemäß § 7a Abs. 1 Satz 2 SGB IV hat nämlich die jeweilige Einzugsstelle der Sozialversicherungsbeiträge (z. B. die aktuelle gesetzliche Krankenkasse,

1 BSG v. 4.7.2007 - B 11a AL 5/06 R, GmbHR 2007 S. 1324 und 11a AL 45/06 (Parallelentscheidung).

2 BSG v. 29.8.2012 - B 12 KR 25/10 R, DStR 2013 S. 770 und B 12 R 14/10 R.

bei privat Versicherten die letzte bekannte gesetzliche Krankenkasse) für seit dem 1.1.2005 neu begründete Arbeitsverhältnisse einen Antrag zur Klärung des sozialversicherungsrechtlichen Status zu stellen, wenn sich aus der Meldung des Arbeitgebers ergibt, dass der Beschäftigte Ehegatte, Lebenspartner oder Abkömmling des Arbeitgebers oder geschäftsführender Gesellschafter einer Gesellschaft mit beschränkter Haftung ist. Unterlässt ein Arbeitgeber die Meldung, weil er davon ausgeht, dass eine Versicherungspflicht nicht besteht, trägt er das Risiko, wenn zu einem späteren Zeitpunkt – z. B. durch die Betriebsprüfung – seine Einschätzung nicht geteilt wird.

PRAXISHINWEIS:

Um Risiken in Bezug auf die Versicherungspflicht zu vermeiden, sollte in zweifelhaften Fällen, in denen keine Antragspflicht besteht – mit Begleitung durch einen erfahrenen und zur Vertretung befugten Rechtsberater – selbst ein Antrag bei der Clearingstelle der Deutschen Rentenversicherung Bund gestellt werden. Dies gilt gleichermaßen, wenn ein obligatorisches Feststellungsverfahren nicht vorgesehen ist, weil z. B. der Geschäftsführer schon seit vielen Jahren im Unternehmen beschäftigt ist, aber erst jetzt zum GGF ernannt wird.

Gemäß § 202 SGB VI gelten Beiträge, die in der irrtümlichen Annahme der Versicherungspflicht gezahlt und deshalb beanstandet worden sind, aber nicht zurückgefordert werden, zwar als freiwillige Beiträge. Es besteht jedoch i. d. R. kein Anspruch auf Arbeitslosengeld für den Fall der Arbeitslosigkeit oder der Insolvenz der GmbH. Außerdem verliert der GGF u. U. seinen Anspruch auf Rente wegen verminderter Erwerbsfähigkeit. Denn ein solcher Anspruch setzt gem. § 43 Abs. 1 Nr. 2 und Nr. 3 bzw. Abs. 2 Nr. 2 und Nr. 3 SGB VI voraus, dass in den letzten fünf Jahren vor Eintritt der Erwerbsminderung drei Jahre Pflichtbeiträge für eine versicherte Beschäftigung oder Tätigkeit gezahlt wurden und dass vor Eintritt der Erwerbsminderung die allgemeine Wartezeit von fünf Jahren erfüllt wurde.[1]

116 Ist eine Beantragung durch die zuständige Einzugsstelle noch nicht erfolgt bzw. besteht keine Antragspflicht, kann eine Statusfeststellung sowohl durch die Kapitalgesellschaft als Arbeitgeber als auch durch den GGF als Arbeitnehmer beantragt werden. Die Beteiligten können gemeinsam, aber auch jeder allein, das Verfahren beantragen und müssen sich in der Beurteilung der Erwerbstätigkeit nicht einig sein. Der Antragsvordruck sowie weitere Erläuterungen können über die Internetseite der Deutschen Rentenversicherung Bund www.deutsche-rentenversicherung.de heruntergeladen werden. Eine bestimmte Frist für die Antragstellung ist in diesen Fällen nicht vorgesehen. Der Antrag kann folglich auch noch nach Aufnahme der Tätigkeit oder sogar nach deren Beendigung gestellt werden.

1 Für ältere GGF bestehen u. U. gem. § 240, § 241 Abs. 2 SGB VI noch weitergehende Möglichkeiten, einen Leistungsanspruch aufrechtzuerhalten.

PRAXISHINWEIS:

Die dargestellten Rechtsgrundsätze gelten in gleichem Maße für GGF von sog. Unternehmergesellschaften i. S. d. § 5a GmbHG. Seit dem 1.1.2008 besteht nach dieser Vorschrift die Möglichkeit eine Gesellschaft zu gründen, deren Stammkapital den Betrag des Mindeststammkapitals nach § 5 Abs. 1 GmbHG i. H. v. 25.000 € unterschreitet.

bb) Fremdgeschäftsführer

Fremdgeschäftsführer – also Geschäftsführer, die nicht am Stammkapital der 117 Kapitalgesellschaft beteiligt sind – sind nach der Rechtsprechung des Bundessozialgerichtes grds. abhängig und damit sozialversicherungspflichtig beschäftigt.

Nur ausnahmsweise können bei Geschäftsführern, die am Stammkapital der 118 GmbH nicht beteiligt sind, die Verhältnisse so liegen, dass ein abhängiges Beschäftigungsverhältnis zu verneinen ist. So können in Fällen einer Familien-GmbH oder in Gesellschaften, in denen familienhafte Bindungen zu Mehrheitsgesellschaftern bestehen, die Verhältnisse durchaus dafür sprechen, dass für einen Geschäftsführer ohne Kapitalbeteiligung kein abhängiges Beschäftigungsverhältnis vorliegt, wie dies auch von der Rechtsprechung des Bundesozialgerichts (BSG) bestätigt wurde. Bei der Mitarbeit in einer Familien-GmbH kann hiernach die Geschäftsführertätigkeit mehr durch familienhafte Rücksichtnahmen und ein gleichberechtigtes Nebeneinander als durch einen für ein Arbeitnehmer-Arbeitgeberverhältnis typischen Interessengegensatz gekennzeichnet sein. Die familiäre Verbundenheit kann hierbei ein Gefühl erhöhter Verantwortung füreinander schaffen und einen Einklang der Interessen bewirken.[1] Insoweit kann es an der für eine Beschäftigung unabdingbaren Voraussetzung der persönlichen Abhängigkeit fehlen, so dass der Geschäftsführer nicht für ein fremdes, sondern im „eigenen" Unternehmen weisungsfrei und somit selbständig tätig wird.[2] Verwandtschaftliche Beziehungen können nicht generell zur Ablehnung einer abhängigen Beschäftigung führen, sie werden jedoch in die Prüfung mit einbezogen,[3] wenngleich sich die Sozialversiche-

1 Brand, GmbH-Handbuch Bd. IV Arbeits- und Sozialversicherungsrecht, Rz. 1293 mit diversen Rechtsprechungsnachweisen; Gemeinsames Rundschreiben der Spitzenorganisationen der Sozialversicherungsträger v. 13.4.2010 m. w. N.

2 Gemeinsames Rundschreiben der Spitzenorganisationen der Sozialversicherungsträger v. 13.4.2010.

3 BSG v. 29.8.2012 - B 12 R 14/10 R.

rungspflicht nicht nach den familiären Bindungsverhältnissen, sondern nach den rechtlichen Verhältnissen richtet. Es ist also die Rechtsmacht nach dem GmbH-Gesellschaftsvertrag maßgebend.[1]

cc) Mitarbeitender Gesellschafter ohne Geschäftsführerfunktion

119 Für einen mitarbeitenden Gesellschafter ohne Geschäftsführungsfunktion ist ein abhängiges Beschäftigungsverhältnis von vornherein ausgeschlossen, wenn er über mehr als 50 % des Stammkapitals verfügt. Zwar ist die Dienstaufsicht und das Weisungsrecht über die Arbeitnehmer der GmbH Sache der laufenden Geschäftsführung und nicht der Gesellschafterversammlung. Ein derartiger Gesellschafter hat aber aufgrund seiner gesellschaftsrechtlichen Position letztlich auch die Leitungsmacht gegenüber dem Geschäftsführer und unterliegt damit nicht seinerseits dessen Weisungsrecht. Seine Abhängigkeit als Arbeitnehmer kann er aufgrund seiner Rechtsmacht jederzeit beenden, indem er einen ändernden Mehrheitsbeschluss herbeiführt.

120 In allen anderen Fällen ist jeweils individuell zu prüfen, ob ein abhängiges und damit sozialversicherungspflichtiges Beschäftigungsverhältnis vorliegt. Für diese Prüfung haben die Spitzenorganisationen der Sozialversicherung mit ihrem gemeinsamen Rundschreiben vom 13.4.2010 eine Entscheidungshilfe und eine Rechtsprechungsübersicht herausgegeben.[2]

121–130 *(Einstweilen frei)*

2. Gesellschafter-Geschäftsführer einer Personengesellschaft

a) Arbeits- und sozialversicherungsrechtlicher Status

131 GGF einer Personengesellschaft sind arbeits- und sozialversicherungsrechtlich im Regelfall als Mitunternehmer und nicht als Arbeitnehmer anzusehen – z. B. der persönlich haftende Gesellschafter einer GbR, einer OHG oder einer KG. Eine Ausnahme gilt für angestellte Komplementäre, wenn diese nicht oder nur ganz geringfügig am Kapital beteiligt und im Innenverhältnis von jeder persönlichen Haftung freigestellt sind. Minderbeteiligte Kommanditisten, die in

---

1 Vgl. hierzu auch BSG v. 29.8.2012 - B 12 KR 10/01 R, NJW-RR 2002 S. 758, wonach eine sog. „Schönwetter-Selbständigkeit" als sozialversicherungspflichtig eingestuft wurde, da im Fall eines familiären Zerwürfnisses für den Geschäftsführer Weisungsgebundenheit ungeachtet der bis dahin gelebten Verhältnisse besteht.

2 Das Gemeinsame Rundschreiben v. 13.4.2010 wurde mit Schreiben vom 21.3.2019 mit Wirkung zum 1.7.2019 abgelöst und elektronisch unter https://www.deutsche-rentenversicherung.de/SharedDocs/Downloads/DE/Fachliteratur_Kommentare_Gesetzestexte/summa_summarum/rundschreiben/2010/april_rs_selbstaendigkeit_pdf.html veröffentlicht.

einem Dienstverhältnis zum Unternehmen stehen, werden aus arbeitsrechtlicher Sicht grds. vom persönlichen Geltungsbereich des BetrAVG erfasst, wenn eine Versorgungszusage erteilt wurde.[1] Sie werden im Regelfall auch sozialversicherungspflichtig sein, da die Merkmale einer abhängigen Beschäftigung im Vordergrund stehen dürften.

Handelt es sich bei der Personengesellschaft um eine GmbH & Co. KG, gelten Besonderheiten. Zunächst ist zu prüfen, ob die Komplementär-GmbH einen abgrenzbaren wirtschaftlich eigenständigen Geschäftsbetrieb unterhält oder ausschließlich persönlich haftender Gesellschafter der KG ist und deren Geschäfte führt (vgl. hierzu Rz. 59 ff.). 132

Hat die GmbH einen eigenen Geschäftsbetrieb, ist für die arbeitsrechtliche Statusfeststellung des GGF ausschließlich seine Beteiligungssituation an der GmbH ausschlaggebend. Insoweit gelten die Ausführungen in Rz. 91 ff. Entsprechendes gilt für die sozialversicherungsrechtliche Statusfeststellung (vgl. Rz. 107 ff.). 133

Hat die GmbH keinen klar abgrenzbaren eigenen Geschäftsbetrieb, gelten GmbH und KG für die arbeits- und sozialversicherungsrechtliche Statusfeststellung als Einheit und zwar unabhängig davon, ob die GmbH oder die KG dem GGF die Versorgungszusage erteilt hat. Die Anteile des GGF an der GmbH und der KG werden zusammengerechnet, wobei quotal zu berücksichtigen ist, in welchem Umfang sich über die GmbH eine mittelbare Beteiligung an der KG ergibt, sofern diese nicht zu 100 % an der KG beteiligt ist.[2] 134

b) Steuerrechtlicher Status

An Gesellschafter von Personengesellschaften (sog. Mitunternehmer) gezahlte Tätigkeitsvergütungen werden steuerrechtlich nicht als Arbeitslohn, sondern als Gewinnanteil aus der Beteiligung behandelt.[3] Für den Fall, dass dennoch ein sozialversicherungspflichtiges Beschäftigungsverhältnis anzunehmen ist, bedeutet dies, dass von den Vergütungen von der Personengesellschaft zwar keine Lohnsteuer, aber ggf. Sozialversicherungsbeiträge einzubehalten sind. Der BFH hat bestätigt, dass auch der Arbeitgeberanteil zur Sozialversicherung wie die Tätigkeitsvergütung beim Mitunternehmer als Gewinnanteil zu erfas- 135

1 Kisters-Kölkes, Fachanwaltskommentar Arbeitsrecht, § 17 BetrAVG Rz. 5; Bungert, Praxishandbuch Betriebliche Altersversorgung, Gruppe 3 S. 825 ff.

2 Bungert, Praxishandbuch Betriebliche Altersversorgung, Gruppe 3 S. 825 ff unter Hinweis auf Höfer/de Groot/Küpper/Reich, Betriebsrentenrecht (BetrAVG) Bd. I Arbeitsrecht, § 17, Rz. 80 ff. und BGH v. 28.4.1980 - II ZR 254/78, DB 1980 S. 1434.

3 Vgl. unter Rz. 38 ff.

sen ist.[1] Die Steuerbefreiung für Zukunftssicherungsleistungen des Arbeitgebers gem. § 3 Nr. 62 EStG kommt allerdings nicht in Betracht.

PRAXISHINWEIS:

Die steuerrechtliche Beurteilung der Tätigkeitsvergütungen als Gewinnanteil und nicht als Arbeitslohn hat auf der anderen Seite Folgen für den Sonderausgabenabzug beim Kommanditisten: Obwohl Arbeitgeberanteile zur gesetzlichen Sozialversicherung geleistet werden, ist beim Kommanditisten der Höchstbetrag für den Sonderausgabenabzug von Vorsorgeaufwendungen nicht gem. § 10 Abs. 3 Satz 3 EStG zu kürzen. Gleiches gilt für den Vorwegabzug im Rahmen der Günstigerprüfung gem. § 10 Abs. 4a EStG.

136–140 *(Einstweilen frei)*

3. Vorstand einer Aktiengesellschaft

a) Arbeitsrechtlicher Status

141 Ein Vorstandsmitglied einer AG gilt als Organvertreter nach der herrschenden Auffassung nicht als Arbeitnehmer. Die organschaftliche Stellung im Rahmen der Gesellschaft schließt die persönliche Abhängigkeit, die den Arbeitnehmer charakterisiert, weitgehend aus. So bestimmt z. B. § 76 Abs. 1 AktG, dass der Vorstand eigenverantwortlich die Gesellschaft leitet. Die Rechte und Pflichten des Aufsichtsrats erschöpfen sich im Wesentlichen in Überwachungsfunktionen und der gelegentlichen Möglichkeit, geschäftspolitische Entscheidungen an seine Zustimmung zu binden (§ 111 Abs. 1 und 4 AktG).

142 Wie der GGF einer GmbH wird der Vorstand aufgrund des mit der AG geschlossenen Dienstvertrags jedoch von § 17 Abs. 1 Satz 2 BetrAVG erfasst, so dass eine Zusage über bAV grds. unter den Schutzbereich des BetrAVG fällt. Vgl. insoweit die Ausführungen in Rz. 117 f., die entsprechend gelten.

b) Sozialversicherungsrechtlicher Status

143 Vorstandsmitglieder einer Aktiengesellschaft sind kraft Gesetz aus dem Kreis der sozialversicherungspflichtigen Personen ausgeschlossen, weil der Gesetzgeber davon ausgeht, dass sie wegen ihrer herausragenden und starken wirtschaftlichen Stellung nicht mehr zu den Angestellten gehören und deshalb des Schutzes und der Sicherheit der Sozialversicherung nicht bedürfen (für die

1 BFH v. 8.4.1992 - XI R 37/88, BStBl 1992 II S. 812, bestätigt durch BFH v. 30.8.2007 - IV R 14/06, BStBl 2007 II S. 942.

Rentenversicherung § 1 SGB VI, für die Arbeitslosenversicherung § 27 Abs. 1 Nr. 5 SGB III).

Der Ausschluss der Renten- und Arbeitslosenversicherungspflicht gilt nicht nur für die Vorstandstätigkeit selbst, sondern auch für daneben ausgeübte weitere Beschäftigungen beim gleichen Unternehmen. Für die Beschäftigung bei anderen Unternehmen gilt die Versicherungsfreiheit nur dann, wenn diese als Konzernunternehmen i. S. d. § 18 AktG gelten. 144

Versicherungspflicht in der Kranken- und Pflegeversicherung besteht für Vorstandsmitglieder in aller Regel aufgrund ihres Einkommens nicht. Allerdings räumen die Spitzenverbände der Sozialversicherung den Vorstandsmitgliedern einen Anspruch auf Beitragszuschuss zur freiwilligen oder privaten Kranken- und Pflegeversicherung ein, da das BSG mit Urteil v. 31.5.1989[1] entschieden hat, dass Vorstandsmitglieder einer AG zwar nicht zu den Angestellten gehören, aber dennoch Arbeitnehmer sind. 145

c) Steuerrechtlicher Status

Aus steuerrechtlicher Sicht ist der Vorstand als Arbeitnehmer anzusehen und erzielt daher Einkünfte i. S. d. § 19 EStG aus seiner Vorstandstätigkeit. Dies gilt ungeachtet dessen, ob der Vorstand an der AG beteiligt ist oder nicht. AG und Aktionär gelten als eigenständige Rechtssubjekte, so dass diese auch Verträge miteinander schließen können, wie z. B. Dienstverträge und Verträge über bAV. 146

Hinsichtlich der auf Basis gesetzlicher Verpflichtung zu zahlenden Beitragszuschüsse zur Kranken- und Pflegeversicherung an Vorstandsmitglieder von AG akzeptiert die FinVerw, dass die Zuschüsse steuerfrei sind (§ 3 Nr. 62 EStG). 147

Während bei an der GmbH beteiligten GGF aus körperschaftsteuerlicher Sicht strengere Maßstäbe gelten, um betriebliche und gesellschaftsrechtliche Veranlassung von Vereinbarungen abzugrenzen, lassen sich diese Grundsätze nicht ohne weiteres auf den Vorstand einer AG übertragen. Während der GGF einer GmbH ein sog. In-sich-Geschäft vornimmt, wenn er als Mitglied der Gesellschafterversammlung z. B. einen Beschluss über die Höhe seiner Bezüge fasst, entscheidet über die Bezüge des Vorstandes der – zwingend personenverschiedene – Aufsichtsrat. Damit bestehen zwischen einer GmbH und einer AG nicht unerhebliche Strukturunterschiede. Ein sog. In-sich-Geschäft ist bei der AG bereits strukturell nicht möglich. Eine potenzielle Missbrauchsmöglich- 148

1 BSG v. 31.5.1989 - 4 RA 22/88, NZA 1990 S. 668.

keit bzw. ein durch die Gesellschafterposition gesteuertes Verhalten in Bezug auf die eigenen Bezüge wird nur dann vorliegen, wenn der Vorstand den Aufsichtsrat in seinem Sinne „steuern“ kann, weil er z. B. als Mehrheitsaktionär auf dessen Zusammensetzung entscheidenden Einfluss nehmen kann oder weil sich der Aufsichtsrat aus nahestehenden Personen zusammensetzt. In einem solchen Fall sind aber laut BFH-Rechtsprechung bei der Beurteilung der Vorstandsbezüge alle Umstände des Einzelfalls zu berücksichtigen, ob und wie der Mehrheitsaktionär bei Fragen seiner Bestellung, Abberufung und der Gestaltung seines Anstellungsvertrags Einfluss nehmen kann.[1] Aus einer Verfügung der OFD Karlsruhe v. 17.4.2001[2] lässt sich entnehmen, dass die FinVerw grds. die Grundsätze zur Angemessenheitsprüfung von GGF auch auf die Vorstandsbezüge eines Aktionärs anwendet. Dies hat der BFH uneingeschränkt nur für den Alleinaktionär bestätigt.[3]

149 Bei einer geringfügigen Beteiligung des Vorstands an einer börsennotierten AG und einer neutralen Besetzung des Aufsichtsrats dürfte jedoch im Regelfall davon auszugehen sein, dass die Bezüge des Vorstands betrieblich veranlasst sind und keine verdeckten Gewinnausschüttungen vorliegen, da sich in einem solchem Fall für einen Vorstand ein erheblich geringeres Missbrauchspotenzial in Bezug auf die Regelung seiner eigenen Belange ergibt, als beim GGF einer GmbH. Im Regelfall wird daher bei einem geringfügig an der AG beteiligten Vorstand von einer betrieblichen Veranlassung der Vergütungsvereinbarungen einschließlich der bAV auszugehen sein.

150–155 *(Einstweilen frei)*

III. Wechselwirkung zwischen betrieblicher Altersversorgung und dem Sonderausgabenabzug für private Vorsorgeaufwendungen

1. Problemstellung

156 Die Einrichtung einer bAV soll die notwendige Altersversorgung des GGF gegenüber einer privaten Absicherung insbesondere durch steuerliche Vorteile attraktiver gestalten. Aufgrund der aktuell geringen Steuerquote einer Körper-

1 BFH v. 15.12.1971 - I R 76/68, BStBl 1972 II S. 436 und Stelzer in VGA/VE Fach 4 Geschäftsführervergütungen, Rz. 20.

2 OFD Karlsruhe v. 17.4.2001, DStR 2001 S. 792.

3 BFH v. 30.7.1975 - I R 110/72, BStBl 1976 II S. 74.

schaft[1] i.V.m. der Besteuerung einer Gewinnausschüttung auf der Ebene des GGF[2] weicht die Gesamtsteuerbelastung einer bAV von der einer (offenen oder verdeckten) Gewinnausschüttung an den GGF mit anschließender privater Altersversorgung i.d.R. nicht mehr entscheidend ab. Verursacht die Anwartschaft auf bAV eine Kürzung des vom GGF genutzten Sonderausgabenabzugsvolumens für Vorsorgeaufwendungen, verringert sich der steuerliche Vorteil der bAV oder kann sogar überkompensiert werden. In einem solchen Fall ist aus steuerrechtlicher Sicht zu prüfen, ob einer Gewinnausschüttung an den GGF oder Aufstockung seiner Aktivbezüge mit anschließender privater Altersversorgung der Vorzug zu geben ist.

Das bis 2004 als Kürzung des Vorwegabzugs bekannte Problem war seit 2005 157
mit dem Alterseinkünftegesetz (AltEinkG)[3] erweitert und verkompliziert worden. Aufgrund der zu berücksichtigenden Günstigerprüfung (§ 10 Abs. 4a EStG) war neben der seit 2005 unbefristet vorzunehmenden Kürzung des Höchstbetrags für Vorsorgeaufwendungen der Basisversorgung (sog. Schicht I) i.H.v. 25.046 € bzw. 50.092 €[4] (2020) und 25.787 € bzw. 51.574 € (2021) auch weiterhin die Auswirkung einer Anwartschaft auf bAV auf den Sonderausgabenabzug für Vorsorgeaufwendungen nach Steuerrecht 2004 (Vorwegabzug) zu berücksichtigen. Mit dem Auslaufen der Günstigerprüfung entfällt die zweistufige Prüfung ab 2020, so dass ab diesem Veranlagungszeitraum nur noch die Auswirkung einer Anwartschaft auf bAV auf den Höchstbetrag für Schicht I-Aufwendungen zu berücksichtigen ist.

Dies ist eine in der Praxis sowohl vom Versicherungsvermittler als auch vom 158
steuerlichen Berater noch zu wenig beachtete Wechselwirkung. Denn nicht nur bei der Einrichtung einer betrieblichen Altersversorgung, sondern auch bei Einrichtung/Änderung eines Basisrentenvertrags[5] ist die schädliche Auswirkung einer Anwartschaft auf bAV auf das max. Sonderausgabenabzugsvolumen für Vorsorgeaufwendungen zwingend zu prüfen. Zudem ist die Veränderung der beeinflussenden Faktoren im Auge zu behalten:

---

1 § 23 Abs. 1 KStG, §§ 11, 16 GewStG, §§ 3, 4 SolZG.

2 „Abgeltungsteuer" nach § 32d Abs. 1 EStG oder bei Antragstellung gem. § 32d Abs. 2 Nr. 3 EStG Steuerfreiheit nach § 3 Nr. 40 Satz 1 Buchst. d und Satz 2 EStG und Regelbesteuerung gem. § 32a EStG.

3 AltEinkG v. 5.7.2004, BStBl 2004 I S. 554.

4 § 10 Abs. 3 Satz 1 und 2 EStG: Durch das Zollkodexanpassungsgesetz bestimmt sich der Höchstbetrag seit 2015 nach dem – jährlich angepassten – Höchstbeitrag zur knappschaftlichen Rentenversicherung (West); bei zusammenveranlagten Ehegatten verdoppelt sich der Höchstbetrag.

5 Vorsorgevertrag erfüllt die Voraussetzungen des § 10 Abs. 1 Nr. 2b EStG.

- Sozialversicherungsrechtlicher Status des GGF,
- Veränderung der Beitragsbemessungsgrenzen West und Ost (BBG),
- Veränderung des Höchstbeitrages zur knappschaftlichen Rentenversicherung,
- Beitragssatz zur gesetzlichen Rentenversicherung,
- Höhe der Schicht I-Vorsorgeaufwendungen[1] des Ehepartners.

159–165 *(Einstweilen frei)*

2. Prüfkriterien

a) Betroffener Personenkreis

166 Für rentenversicherungspflichtige Arbeitnehmer mindern bereits die Beiträge zur gesetzlichen Rentenversicherung den steuerlich wirksamen Höchstbetrag für weitere Schicht I-Vorsorgeaufwendungen.[2] Nicht rentenversicherungspflichtigen Arbeitnehmern (z. B. Vorstand einer AG, sozialversicherungsrechtlich beherrschender GGF einer GmbH – nachfolgend wird der GGF betrachtet), die grds. selbst für Ihre Altersversorgung sorgen müssen, steht mangels geleisteter Beiträge zur gesetzlichen Rentenversicherung ein ungekürzter Höchstbetrag für Schicht I-Vorsorgeaufwendungen zur Verfügung. Der Gesetzgeber sieht aber im Falle einer bestehenden Anwartschaft auf bAV, aufgrund der Beteiligung des Arbeitgebers an der Altersversorgung des nicht rentenversicherungspflichtigen Arbeitnehmers, die Notwendigkeit der Einschränkung des maximalen Sonderausgabenabzuges für Schicht I-Vorsorgeaufwendungen, um eine gewisse Gleichbehandlung mit rentenversicherungspflichtigen Arbeitnehmern herzustellen.[3] Eine schädliche Wechselwirkung zwischen einer Anwartschaft auf bAV und dem Sonderausgabenabzug für Vorsorgeaufwendungen ist daher nur bei nicht rentenversicherungspflichtigen Arbeitnehmern zu prüfen.[4]

PRAXISHINWEIS:

Die Frage der (nicht vorhandenen) Rentenversicherungspflicht ist nicht mit der Frage der beherrschenden Stellung des GGF im steuerrechtlichen und arbeitsrechtlichen Sin-

---

1 § 10 Abs. 1 Nr. 2 und Abs. 3 EStG, Beiträge zur GRV, zu landwirtschaftlichen Alterskassen und berufsständischen Versorgungseinrichtungen, die der GRV vergleichbare Leistungen erbringen sowie zu Basisrentenverträgen.

2 § 10 Abs. 3 Satz 1 i. V. m. § 10 Abs. 1 Nr. 2 EStG; § 10 Abs. 4a EStG.

3 § 10 Abs. 3 Satz 3 Nr. 2 EStG; § 10 Abs. 4a EStG i. V. m. § 10 Abs. 3 Nr. 2a, § 10c Abs. 3 Nr. 2 EStG i. d. F. bis 31.12.2004.

4 Der BFH hält jene Kürzung für verfassungskonform, vgl. Urt. v. 15.7.2014 - X R 35/12, BStBl 2015 II S. 213, Rz. 17 ff.

ne gleichzusetzen (vgl. Rz. 91 ff. und Rz. 99 ff.). Während die steuerrechtliche Beherrschung verlangt, dass der GGF Entscheidungen alleine durchsetzen kann und somit i. d. R. eine Stimmenmehrheit erfordert, bestimmt sich die Sozialversicherungspflicht nach anderen Kriterien. Hier kann schon aufgrund der im Dienstvertrag des GGF enthaltenen Regelungen (GGF bestimmt Arbeitszeit, Ort etc.) die eher unternehmerische Stellung des GGF als Voraussetzung für die fehlende Sozialversicherungspflicht begründet sein. Folglich ist auch bei arbeits- und/oder steuerrechtlich nicht beherrschenden GGF die Frage der Rentenversicherungspflicht zu klären; dies geschieht gem. § 7a Abs. 1 Satz 2 SGB IV durch Antrag der Einzugsstelle, über den gem. Satz 3 jener Vorschrift die Deutsche Rentenversicherung Bund entscheidet. Hier können im Zweifel das Unternehmen oder der GGF eine Entscheidung beantragen (§ 7a Abs. 1 Satz 1 SGB IV).

PRAXISHINWEIS FÜR DEN STEUERBERATER:

Sollte für den (nicht rentenversicherungspflichtigen) Mitunternehmer einer Personengesellschaft eine Anwartschaft auf bAV bestehen (beachte aber Rz. 36 ff. bzgl. der Nachteile), ist durch die bAV keine Auswirkung auf dessen Sonderausgabenabzugsvolumen für Vorsorgeaufwendungen gegeben. Auch wenn ein zivilrechtlich gültiger Arbeits- bzw. Dienstvertrag besteht, ist der Mitunternehmer steuerrechtlich kein Arbeitnehmer und somit von der Problematik der Kürzung seines maximalen Sonderausgabenvolumens nicht erfasst.[1]

b) Betroffene Zusagen

Den Sonderausgabenabzug des nicht rentenversicherungspflichtigen GGF tangiert nur eine Zusage des Arbeitgebers auf Altersversorgung.[2] Eine Zusage allein auf eine zeitlich begrenzte Invaliditäts- oder eine Todesfallleistung ist dagegen unschädlich. 167

c) Bezug zum Dienstverhältnis

Für die Einkommensteuer als Jahressteuer sind die Besteuerungsgrundlagen jeweils für ein Kalenderjahr zu ermitteln (Abschnittsbesteuerung).[3] Eine Kürzung des Sonderausgabenabzugsvolumens für Vorsorgeaufwendungen erfolgt demgemäß nur bei Bestehen einer Anwartschaft auf bAV aus einem in dem betreffenden Kalenderjahr aktiven Dienstverhältnis.[4] U. E. ist dabei nur eine Anwartschaft auf bAV aus dem Dienstverhältnis des GGF oder Vorstands relevant, das die fehlende Rentenversicherungspflicht begründet. Im Falle eines 168

1 Die Vorschrift der Kürzung des Höchstbetrages gem. § 10 Abs. 3 Satz 3 Nr. 1 EStG betrifft nur Arbeitnehmer i. S. d. Steuerrechts.

2 § 10 Abs. 3 Satz 3 Nr. 1 Buchst. b EStG, gilt grds. für arbeitgeber- wie arbeitnehmerfinanzierte bAV ohne Beachtung deren Höhe und für alle fünf Durchführungswege, vgl. Rz. 172 und BMF v. 24.5.2017, BStBl 2017 I S. 820, Rz. 67.

3 § 2 Abs. 7 Satz 2 EStG.

4 § 10 Abs. 3 Satz 3 Nr. 1b EStG, BMF v. 24.5.2017, BStBl 2017 I S. 820, Rz. 66 bis 68.

unterjährigen Statuswechsel vom rentenversicherungspflichtigen Arbeitnehmer zum nicht rentenversicherungspflichtigen GGF/Vorstand im Rahmen eines Arbeitgeberwechsels darf eine aus dem rentenversicherungspflichtigen Arbeitsverhältnis resultierende Anwartschaft auf bAV für das Jahr des Statuswechsels und die Kürzung des Höchstbetrages um einen fiktiven Beitrag zur gesetzlichen Rentenversicherung keine Rolle spielen.[1]

169–170 *(Einstweilen frei)*

3. Auswirkungen einer (schädlichen) Anwartschaft auf bAV auf den Sonderausgabenabzug

a) Kürzung des Höchstbetrags für Vorsorgeaufwendungen der Schicht I

171 Besteht für den nicht rentenversicherungspflichtigen GGF eine Anwartschaft auf bAV aus seinem aktuellen Dienstverhältnis, ist der steuerrechtliche Höchstbetrag für Schicht I-Vorsorgeaufwendungen[2] von 25.046 € bzw. 50.092 € (bei zusammen veranlagten Ehegatten, jeweils in 2020, vgl. Rz. 157) und 25.787 € bzw. 51.574 € (2021) um einen fiktiven GRV-Gesamtbeitrag (Arbeitgeber- und Arbeitnehmeranteil) zu kürzen. Es ist also hinsichtlich der Kürzung des Höchstbetrages für Schicht I-Vorsorgeaufwendungen so zu tun, als wäre der GGF rentenversicherungspflichtig. Dabei ist der zu Beginn des Kalenderjahres geltende Beitragssatz in der allgemeinen Rentenversicherung zugrunde zu legen; Bemessungsgrundlage sind die steuerpflichtigen Einnahmen des GGF aus seiner Tätigkeit für die GmbH, beschränkt auf die BBG Ost.[3] Die pauschale Kürzung des Höchstbetrages um einen fiktiven GRV-Beitrag erfolgt dabei unabhängig von der Höhe der bAV-Anwartschaft bzw. unabhängig von der Höhe der Aufwendungen der GmbH für die bAV.[4]

172 Zu beachten ist, dass die Kürzung des steuerrechtlichen Höchstbetrages für Schicht I-Vorsorgeaufwendungen seit dem JStG 2008 unabhängig von der Ausgestaltung der bAV erfolgt:[5] Der Durchführungsweg, die Finanzierungart (Ent-

1 Bestätigend BFH v. 26.2.2004 - XI R 54/03, BStBl 2004 II S. 720 für die Günstigerprüfung: Kürzung des Vorwegabzugs nur um 16 % des Arbeitslohns aus dem Beschäftigungsverhältnis mit erbrachten Zukunftssicherungsleistungen.

2 § 10 Abs. 1 Nr. 2 und Abs. 3 EStG, Beiträge zur GRV, zur landwirtschaftlichen Alterskasse und berufsständischen Versorgungseinrichtungen, die der GRV vergleichbare Leistungen erbringen sowie zu Basisrentenverträgen.

3 Vgl. BMF v. 24.5.2017, BStBl 2017 I S. 820, Rz. 63 f.: einheitliche Anwendung der BBG Ost auf alle betroffenen Personen, unabhängig von Bundeslandzugehörigkeit.

4 Vgl. BMF v. 24.5.2017, BStBl 2017 I S. 820, Rz. 67.

5 Vgl. BMF v. 24.5.2017, BStBl 2017 I S. 820, Rz. 67 f.

geltumwandung oder arbeitgeberfinanziert), die Höhe oder ein Anwachsen der Zusage und auch die Frage einer durch die bAV im betreffenden Kalenderjahr für die GmbH eingetretenen Gewinnminderung sind irrelevant. Vor allem erfolgt keine Differenzierung danach, ob der GGF die bAV, z. B. im Wege der Entgeltumwandlung, wirtschaftlich selbst finanziert hat. Besteht in einem Kalenderjahr eine Anwartschaft auf bAV aus einem in diesem Jahr zumindest zeitweise vorhandenen und die fehlende Versicherungspflicht des GGF begründenden Dienstverhältnis, tritt die pauschale fiktive Kürzung des Höchstbetrages ein.

Eine bestehende Anwartschaft auf bAV aus einem schon vor dem Kalenderjahr beendeten Dienstverhältnis oder eine vom GGF im kompletten Kalenderjahr privat fortgeführte versicherungsförmige bAV (betr. Direktversicherung oder Pensionskasse) haben dagegen keine Bedeutung für die Kürzung des Sonderausgabenabzugsvolumens.[1] Zu beachten ist, dass eine von der GmbH erteilte und beitragsfrei gestellte versicherungsförmige Zusage auf bAV als Anwartschaft aus dem aktuellen Dienstverhältnis zu einer Kürzung des Höchstbetrages führt.[2]

BEISPIEL 1: Der ledige GGF A ist nicht rentenversicherungspflichtig. Aus seinem Dienstverhältnis erzielt er in 2020 lohnsteuerpflichtige Einnahmen von 180.000 €. Von der GmbH hatte der GGF A in 1993 eine Direktversicherungszusage (Entgeltumwandlung, 50 DM Monatsbeitrag) erhalten, die 2004 beitragsfrei gestellt wurde.

Folge für den Höchstbetrag für Schicht I-Vorsorgeaufwendungen:

Für den nicht rentenversicherungspflichtigen GGF A besteht eine Anwartschaft auf bAV aus seinem in 2020 aktiven Dienstverhältnis zur GmbH. Die Finanzierungsform der Entgeltumwandlung und die Beitragsfreistellung seit 2004 spielen keine Rolle.

Der Höchstbetrag von 25.046 € ist um einen fiktiven GRV-Beitrag zu kürzen. Die lohnsteuerpflichtigen Einnahmen des GGF A sind zur Berechnung auf die BBG Ost (in 2020: 77.400 €) zu beschränken.

Kürzungsbetrag: 77.400 € x 18,6 % = 14.396 €

Verbleibender steuerrechtlicher Höchstbetrag für Schicht I-Vorsorgeaufwendungen:

25.046 € – 14.396 € = 10.650 €

Übersteigen Schicht I-Vorsorgeaufwendungen des GGF den Betrag von 10.650 €, sind diese insoweit in 2020 steuerrechtlich nicht als Sonderausgaben abziehbar.

PRAXISHINWEIS:

Treten die Voraussetzungen für die Kürzung des Höchstbetrages für Schicht I-Vorsorgeaufwendungen um einen fiktiven GRV-Beitrag durch den Statuswechsel (vom rentenversicherungspflichtigen GF zum nicht rentenversicherungspflichtigen GGF ohne

1 Vgl. BMF v. 24.5.2017, BStBl 2017 I S. 820, Rz. 68.

2 Vgl. BMF v. 24.5.2017, BStBl 2017 I S. 820, Rz. 67 Satz 2.

Wechsel des Dienstverhältnisses) im Laufe eines Kalenderjahres ein, stellt sich die Frage der Berechnung des Kürzungsbetrages. U. E. ist für die Berechnung des fiktiven GRV-Beitrages, analog zum tatsächlich entrichteten GRV-Beitrag, auf eine monatliche Betrachtungsweise abzustellen. Folglich sollten als Bemessungsgrundlage für die Kürzung des Höchstbetrages um den fiktiven GRF-Beitrag die erzielten steuerpflichtigen Einnahmen aus der maßgebenden Tätigkeit, höchstens jedoch bis zum monatlichen Betrag der jeweils gültigen BBG-Ost berücksichtigt werden. Wurden in dem betreffenden Kalenderjahr zudem Beiträge zur GRV entrichtet, ist zusätzlich die Kürzung des Höchstbetrages in Höhe dieser Beiträge vorzunehmen.

Mit Schreiben v. 1.11.2012 an den Gesamtverband der Deutschen Versicherungswirtschaft e.V. hat das BMF auf Anfrage jedoch hierzu eine ablehnende Haltung eingenommen. Mit Bezugnahme auf die pauschalierende und typisierende Sichtweise der Kürzungsregelung sei eine Berücksichtigung von regelungsbedürftigen Erwerbsbiographien und somit ein Abweichen von der jährlichen Betrachtungsweise nicht vorgesehen. Bemessungsgrundlage für den Kürzungsbetrag um fiktive GRV-Beiträge seien die Bezüge als nicht rentenversicherungspflichtiger GGF im jeweiligen Kalenderjahr.

Welche Sichtweise sich auf Dauer durchsetzt, wird wohl die Gerichtsbarkeit klären müssen.

BEISPIEL 2: Der bisherige ledige Fremd-Geschäftsführer A (Wohnsitz Köln) erwirbt zum 1.11.2020 40 % der Anteile an der GmbH. Sein Aktivgehalt von 10.000 € pro Monat bleibt unverändert, genau wie seine bestehende Direktversicherungszusage der GmbH. Die erfolgte Statusprüfung bestätigt die fehlende Sozialversicherungspflicht des GGF A ab dem 1.11.2020.

Folge für den Höchstbetrag für Schicht I-Vorsorgeaufwendungen

Schon die GRV-Beiträge für die Monate Januar – Oktober (100.000 €, max. mtl. BBG West 6.900 € x 10 x 18,6 % = 12.834 €) minimieren den Höchstbetrag von 25.046 € für weitere Schicht I-Vorsorgeaufwendungen. Da der GF A ab dem 1.11.2020 nicht rentenversicherungspflichtiger Arbeitnehmer ist und eine Anwartschaft auf bAV aus seinem aktuellen Dienstverhältnis zur GmbH besitzt, ist zur Gleichstellung mit rentenversicherungspflichtigen Arbeitnehmern der (verbleibende) Höchstbetrag um einen fiktiven Beitrag zur GRV zu kürzen. Nach Auffassung des BMF[1] ist diese Kürzung des Höchstbetrages aus Vereinfachungsgründen im Rahmen einer Jahresbetrachtung vorzunehmen: Aktivgehalt November – Dezember 2020 = 20.000 €, max. BBG Ost (in 2020: 77.400 €), x 18,6 % = 3.720 €. In Summe wäre der Höchstbetrag nach Auffassung des BMF daher um 16.554 € zu kürzen. Bezieht der GGF z. B. eine monatliche Vergütung von 35.000 €, würde der Kürzungsbetrag der fiktiven GRV-Beiträge von 13.020 € (70.000 € x 18,6 %) zusammen mit den tatsächlich entrichteten GRV-Beiträgen von 12.834 € (insgesamt: 25.854 €) sogar zu einem Überschreiten des Höchstbetrages führen. In diesem Fall wären 808 € (25.854 € - 25.046 €) der geleisteten Pflichtbeiträge des A zur GRV nicht steuerwirksam. Folglich kann durch die Sichtweise des BMF das objektive Nettoprinzip verletzt werden, da durch die Ver-

1 Unveröffentlichtes Schreiben an den GDV v. 1.11.2012 vgl. Praxishinweis zu obigem Beispiel 1.

sagung des Sonderausgabenabzugs und der trotzdem erfolgenden nachgelagerten Besteuerung der Leistungen eine Zweifachbesteuerung eintreten kann.[1]

U. E. kann dieser Auffassung des BMF nicht gefolgt werden. Sinn der Vorschrift des § 10 Abs. 3 Satz 3 EStG ist ja gerade die pauschalierende Gleichstellung von rentenversicherungspflichtigen mit nicht rentenversicherungspflichtigen Arbeitnehmern (die eine Anwartschaft auf bAV der GmbH besitzen) hinsichtlich des Sonderausgabenabzugsvolumens für Schicht I-Aufwendungen. Wie das obige Beispiel zeigt, würde jedoch für den Veranlagungszeitraum des unterjährigen Statuswechsels durch das jährliche Berechnungsverfahren des BMF für den GGF ein nicht unerheblicher Nachteil erwachsen. Bis hin zu einer verfassungswidrigen Zweifachbesteuerung. Daher ist auch die Kürzung des Höchstbetrags um die fiktiv gezahlten GRV-Beiträge auf monatlicher Berechnungsbasis durchzuführen. Für den Zeitraum November bis Dezember 2020 ist Bemessungsgrundlage die Aktivvergütung des nicht rentenversicherungspflichtigen GGF A von 10.000 € mtl., max. die mtl. BBG Ost von 6.450 € (= 12.900 €). Der fiktive GRV-Beitrag beträgt folglich 2.399 €. Insgesamt ergibt sich somit eine Kürzung des Höchstbetrages für Schicht I-Aufwendungen um tatsächlich und fiktiv entrichtete GRV-Beiträge von 15.233 € (12.834 € + 2.399 €). Da das BMF-Schreiben v. 24.5.2017[2] hier Auslegungen zulässt und die Aussage des BMF an den GDV v. 1.11.2012 gerade nicht aufgenommen wurde, sollte in der Praxis u. E. die monatliche Betrachtungsweise angewendet werden.

PRAXISHINWEIS AN DEN VERMITTLER/STEUERBERATER:

Während Leistungen aus Riester-Verträgen und versicherungsförmigen Zusagen der bAV (Direktversicherungs- Pensionskassen- und Pensionsfondszusagen) nur insoweit nachgelagert zu besteuern sind, als die der Leistung zugrunde liegenden Beitragsleistungen steuerlich oder mittels Zulagen entlastet wurden,[3] ist dies für die Besteuerung von Leistungen aus Basisrentenverträgen der Schicht I irrelevant. Entstammt die spätere Leistung aus einem Vorsorgevertrag, der die Voraussetzungen einer Basisrente qualitativ erfüllt, tritt die Folge der nachgelagerten Besteuerung auch insoweit ein, wie Beiträge nicht steuerlich entlastet worden sind.[4]

Ergebnis dieser, gem. Gesetzesbegründung des AltEinkG,[5] „Vereinfachungsregelung" kann ein Haftungsproblem für den Vermittler und den steuerlichen Berater sein. Sind die Basisrentenbeiträge aufgrund Überschreitens des gekürzten Höchstbetrages steuer-

1 Vgl. auch Kulosa in Herrmann/Heuer/Raupach, § 10 Anm. 335 und 340 ff. zu der Frage der Verfassungswidrigkeit des Höchstbetrages für Schicht I-Aufwendungen selbst.

2 BMF v. 24.5.2017, BStBl 2017 I S. 820.

3 § 22 Nr. 5 Satz 1 EStG.

4 § 22 Nr. 1 Satz 3 Buchst. a Doppelbuchst. aa Satz 1 EStG, § 10 Abs. 1 Nr. 2b EStG.

5 Gesetzesentwurf zum Alterseinkünftegesetz, BT-Drucks. 15/2150 v. 9.12.2013 S. 40.

lich nicht abzugsfähig, erleidet der Kunde durch die trotzdem erfolgende nachgelagerte Besteuerung der Leistung einen steuerlich bedingten Vermögensschaden.[1]

FORTSETZUNG VON BEISPIEL 1: ► Der ledige GGF A ist nicht rentenversicherungspflichtig. Aus seinem Dienstverhältnis erzielt der GGF A in 2020 lohnsteuerpflichtige Einnahmen von 180.000 €. Von der GmbH hatte der GGF A in 1993 eine Direktversicherungszusage (Entgeltumwandlung, 50 DM Monatsbeitrag) erhalten, die 2004 beitragsfrei gestellt wurde. Im Dezember 2020 schließt der GGF einen Basisrentenvertrag mit Versicherungsbeginn 1.12.2020 ab (Ablauf zum 1.12.2040) und entrichtet noch im gleichen Monat den Jahresbeitrag von 25.046 €.

FOLGEN IN 2020: ► Von dem Jahresbeitrag 2020 von 25.046 € sind nur 10.650 € steuerlich als Sonderausgaben zu berücksichtigen. 14.396 € „verpuffen" einkommensteuerrechtlich. Der Beitragsteil von 14.396€ hätte sich ohne bAV-Anwartschaft in 2020 zu 90 % steuermindernd ausgewirkt (12.956 €). Der GGF A erleidet einen Vermögensverlust i. H. v. 5741 €[2] (ESt: 12.956 € x 42 % = 5.442 €, Solidaritätszuschlag: 5.442 € ESt x 5,5 % = 299 €).

FOLGEN IN 2020 BIS 2039 ► Erfolgt keine Änderung der Vertragsverhältnisse, wird der steuerliche Nachteil in den Folgejahren ansteigend fortgeführt. Der Steuernachteil steigt mit der wachsenden Berücksichtigung der Basisrentenbeiträge bis 2025 (jährlich 2 %) an und bleibt danach bis 2039 konstant. Dabei werden im Beispiel aus Vereinfachungsgründen ein die Situation noch verschärfendes wahrscheinliches Ansteigen von BBG und Beitragssatz außer Acht gelassen.

Der GGF A erleidet durch die bestehende Anwartschaft in den Jahren 2020 bis 2039 einen Vermögensnachteil von 125.664 € (ESt 119.113 €, Solidaritätszuschlag 6.551 €).

FOLGEN AB 2040 ► Die ab 2040 erfolgenden Leistungen aus der Basisrentenversicherung sind trotz des Vermögensnachteils aus den Veranlagungszeiträumen 2020 bis 2039 in voller Höhe einkommensteuerpflichtig.

HINWEIS FÜR DEN VERMITTLER:

Sowohl bei Einrichtung einer bAV als auch bei Einrichtung eines Basisrentenvertrags oder im Falle eines Beitritts zu einem Versorgungswerk ist die Auswirkung im Hinblick auf die Kürzung des steuerrechtlichen Höchstbetrages für jedes Kalenderjahr im Auge zu behalten. Liegt die Höhe des Basisrenten- bzw. Versorgungswerkbeitrages unterhalb des um einen fiktiven GRV-Beitrag gekürzten Höchstbetrages (für 2020: mindestens 10.650 €), ist für das betreffende Kalenderjahr die Gefahr eines steuerlichen Verlustes gebannt. In den Folgejahren ist aufgrund

- einer i. d. R. steigenden BBG
- eines i. d. R. steigenden Höchstbeitrages zur knappschaftlichen Rentenversicherung

1 Vgl. auch Kulosa in Herrmann/Heuer/Raupach, § 10 Anm. 340 ff., der in dem Höchstbetrag für Schicht I-Aufwendungen und der davon losgelösten nachgelagerten Besteuerung der Leistungen einen Verstoß gegen den allgemeinen Gleichheitsgrundsatz erkennt.

2 Annahme: ESt-Belastung 42 %, keine Kirchensteuerpflicht.

- eines i. d. R. steigenden Beitragssatzes zur allgemeinen Rentenversicherung
- der bei zusammenveranlagten Ehegatten ggf. eintretenden Veränderungen beitragspflichtiger Einnahmen des Ehepartners

eine jährliche Kontrolle des Basisrenten- bzw. Versorgungwerkbeitrages notwendig. Daher sollte aus Sicherheitsgründen ein entsprechend niedrigerer laufender Beitrag vereinbart (Sicherheitspuffer) und dieser ggf. zum Jahresende mittels Zuzahlungen ergänzt werden.

b) Kürzung des Vorwegabzugs

Seit Inkrafttreten des AltEinkG[1] in 2005 erfolgte bis einschließlich 2019 für die steuerliche Berücksichtigung von Vorsorgeaufwendungen ein Vergleich des aktuellen Steuerrechts mit dem Sonderausgabenabzug gem. dem Steuerrecht 2004 (Günstigerprüfung[2]). Führte die Anwendung des Steuerrechts 2004 für den Steuerpflichtigen zu einem höheren Sonderausgabenabzug für Vorsorgeaufwendungen, als nach geltendem Recht, wurde dieser Betrag berücksichtigt. Dabei wurde seit dem Jahr 2012 der im Sonderausgabenabzugsrecht 2004 enthaltene Vorwegabzug jedes Jahr um 300 € abgeschmolzen, so dass die Günstigerprüfung fortlaufend an Bedeutung verlor.[3] 173

Aufgrund des Auslaufens der Günstigerprüfung mit dem Veranlagungszeitraum 2019 wird in der 2. Auflage auf ihre Darstellung verzichtet. In der 1. Auflage ist eine ausführliche Darstellung in den Rz. 173 bis 190 enthalten.

c) Lösung von bereits eingetretenen Problemfällen

Ist das Kind bereits in den Brunnen gefallen, sprich besteht eine Anwartschaft des nicht rentenversicherungspflichtigen GGF auf bAV gegenüber der GmbH und parallel eine Basisrentenversorgung, deren Beiträge den gekürzten Höchstbetrag für Schicht I-Aufwendungen überschreiten, kann die Lösung des Problems auf zwei Wegen erfolgen: 174

(1) Kürzung der künftigen jährlichen Beitragsleistung zur Basisrentenversorgung auf die steuerlich abzugsfähige Höhe;

(2) Abfindung der Versorgungsanwartschaft auf bAV im laufenden Dienstverhältnis oder alternativ Verzicht auf die Anwartschaft durch den GGF.

1 AltEinkG v. 5.7.2004, BStBl 2004 I S. 554.
2 § 10 Abs. 4a EStG.
3 § 10 Abs. 4a EStG.

Die Kürzung der künftigen jährlichen Beitragsleistung zur Basisrentenversorgung sollte immer dann zur Anwendung kommen, wenn die Anwartschaft auf bAV in jedem Falle bestehen bleiben soll oder die jährliche Beitragsleistung zur Basisrentenversorgung den gekürzten Höchstbetrag für Schicht I-Aufwendungen nur geringfügig überschreitet.

Die Abfindung der Anwartschaft auf bAV kann sinnvoll sein, wenn die jährliche Beitragsleistung zur Basisrentenversorgung den gekürzten Höchstbetrag für Schicht I-Aufwendungen nicht nur geringfügig überschreitet und die Anwartschaft auf bAV als mittelbare Zusage über eine Direktversicherung, eine Pensionskasse oder einen Pensionsfonds eingerichtet ist und im Vergleich zur Basisrentenversorgung nur eine unwesentliche Bedeutung hat.

Besteht z. B. für einen ledigen, nicht rentenversicherungspflichtigen GGF mit einem Aktivgehalt mindestens in Höhe der BBG Ost bereits seit Jahren die Versorgung über eine Basisrente mit einem Jahresbeitrag von mittlerweile 25.046 € p. a. (2021: 25.787 €) und wurde – in Unkenntnis der steuerlichen Auswirkung – erst im vorangegangenen Kalenderjahr eine Zusage auf bAV über eine Direktversicherung mit einem mtl. Beitrag von 200 € eingerichtet, könnte die Abfindung im lfd. Dienstverhältnis durchaus sinnvoll sein. Denn alternativ müsste der Beitrag zur Basisrentenversorgung um 14.396 € (2021: 14.954 €) gekürzt werden, um ein „Verpuffen" dieser Beitragshöhe im steuerlichen Sinne zu vermeiden. Dabei stellt die Abfindung im lfd. Dienstverhältnis u. E. keine vGA dar. Denn zum einen ist unklar, ob die Rechtsprechung des BFH zur Abfindung einer unmittelbaren Versorgungsanwartschaft im lfd. Dienstverhältnis auf eine Direktversicherung übertragen werden kann (vgl. Rz. 1189 ff.). Zudem wäre auch aus Sicht eines Fremd-Geschäftsführers (Doppelter Fremdvergleich, vgl. Rz. 756, 829) die Abfindung im lfd. Dienstverhältnis arbeitsrechtlich möglich und könnte in der gegebenen Situation auch (vor allem im Falle der Entgeltumwandlung) steuerlich sinnvoll sein. Aber auch, wenn eine gesellschaftsrechtliche Veranlassung unterstellt wird, entsteht für die Kapitalgesellschaft durch die Abfindung der Anwartschaft in der Weise, dass das Versicherungsunternehmen die Leistung unmittelbar an den GGF auszahlt, keine Vermögensminderung oder verhinderte Vermögensmehrung, sodass es an der Grundvoraussetzung einer vGA i. S.v. R 8.5 Abs. 1 KStR 2015 mangelt. Die Vereinbarung zwischen der GmbH und dem GGF sollte dabei eindeutig als Abfindung und nicht als rückwirkende Aufhebung der Anwartschaft auf bAV definiert und dem Versicherungsunternehmen auch derart angezeigt werden.[1] Die Leistung des Versicherungsunternehmens an den GGF ist für diesen eine sonstige Einnahme nach § 22 Nr. 5 EStG. Enthält der Versicherungsvertrag aufgrund der Kürze der Laufzeit noch keinen Rückkaufs- bzw. Vertragswert, könnte der GGF – mangels Werthaltigkeit ohne die Folge einer verdeckten Einlage – alternativ auf die Anwartschaft verzichten (vgl. Rz. 1061 ff.).

(Einstweilen frei) 175–190

4. Folgen für die Beratung und Checkliste

Die Beratung eines GGF erfordert zwingend die Feststellung, ob dieser der Versicherungspflicht in der allgemeinen Rentenversicherung unterliegt oder nicht – i. d. R. per Statusfeststellungsverfahren. Ist der GGF nicht rentenversicherungspflichtig, müssen sowohl der steuerliche Berater als auch der Versicherungsvermittler bei Einrichtung einer bAV oder einer Basisrentenversorgung vorrangig die Auswirkung einer Anwartschaft auf bAV auf den Höchstbetrag für Schicht I-Vorsorgeaufwendungen beachten. 191

Checkliste

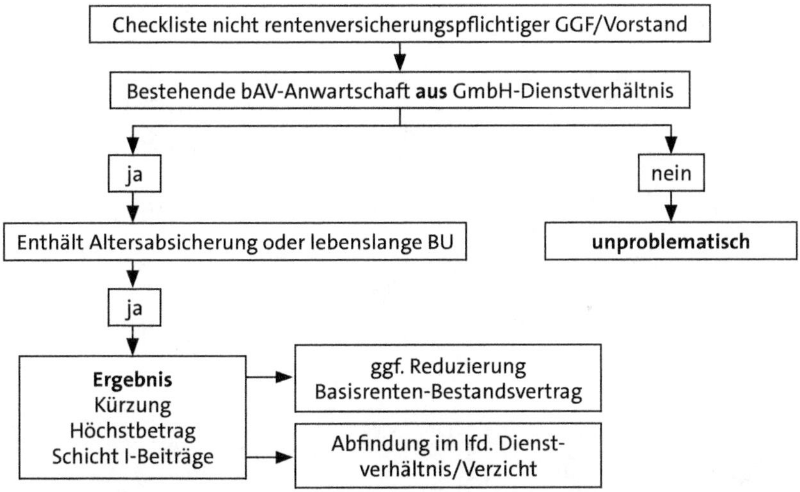

(Einstweilen frei) 192–215

1 BMF v. 6.12.2017, BStBl 2018 I S. 147.

B. Grundlegendes zum Versorgungsbedarf

I. Einführung in die Thematik

Es muss hier nicht besonders erwähnt werden, dass ein GGF grds. einen besonders hohen Bedarf an Alters-, Invaliditäts- und Hinterbliebenenversorgung hat. Dies gilt insbesondere für jene GGF, die von der gesetzlichen Sozialversicherungspflicht befreit sind und die auch keine (weiteren) freiwilligen Beiträge in die gesetzliche Rentenversicherung, die landwirtschaftliche Alterskasse oder in ein berufsständisches Versorgungswerk einzahlen. Der Bedarf hat in den letzten Jahren sogar zugenommen, da einerseits die Lebenserwartung weiter deutlich anstieg, andererseits aber die laufenden Erträge am Kapitalmarkt sanken.[1] 216

Der Versorgungsbedarf eines GGF ist selten Gegenstand einer Beratung; auch das Schrifttum widmet diesem Punkt wenig Aufmerksamkeit.[2] Ob die beabsichtigte bAV für den betreffenden GGF daher überhaupt notwendig bzw. überdimensioniert oder zu knapp bemessen ist, wird häufig nicht diskutiert; das ist wohl einer der Gründe dafür, dass zwischen den Aktivbezügen von GGFs und ihren vereinbarten Betriebsrenten nicht selten eine erhebliche Lücke klafft.[3] Andererseits scheint die pauschale Meinung zu dominieren, die bAV sei ein Vorsorge-Muss für diese Personengruppe, insbesondere weil man damit besonders viel Steuern sparen könne. Dies hängt sicher damit zusammen, dass Direktzusagen an den GGF einer Kapitalgesellschaft die Steuerlast des Unternehmens in der Anwartschaftsphase aufgrund der steuerbilanziellen Rückstellungszuführungen reduzieren können, ohne dass dazu Liquiditätsbelastungen zugunsten irgendeiner Rückdeckungsform erforderlich sind. Jenen Steuervorteilen der Anwartschaftsphase stehen jedoch u.U. erhebliche Nachteile gegenüber,[4] die teilweise aus der mangelnden Ausfinanzierung einer solchen, rein oder vorwiegend als Steuersparmodell konzipierten „bAV" resultieren. „Steuern sparen" alleine ist in diesem Zusammenhang kein guter Ratgeber. Es wäre sinnvoll, wenn die Betroffenen und ihre Berater verstärkt realisieren würden, dass Vorsorge – auch die bAV eines GGF – letztlich eine Investition ist, welche einen Geldeinsatz erfordert. 217

1 Vgl. Pradl, Pensionszusagen an GmbH-Geschäftsführer, S. 53 bis 61.

2 Vgl. z. B. Höfer/Veit/Verhuven, Betriebsrentenrecht (BetrAVG) Kommentar Bd. II Steuerrecht/Sozialabgaben, HGB/IFRS, Kap. 44, Rz. 5 ff.; Pradl, Pensionszusagen an GmbH-Geschäftsführer, S. 74 f. und 500 ff.

3 Vgl. Pradl, Pensionszusagen an GmbH-Geschäftsführer, S. 72 bis 79.

4 Vgl. Rz. 296.

218 Damit diese Investition zielgerichtet und effizient erfolgen kann, müssen sowohl in der Beratung als auch in der Literatur eingangs die Fragen gestellt werden,

- ob der GGF überhaupt noch eine zusätzliche Versorgung benötigt und, wenn ja,
- ob die bAV ein Teil davon sein sollte, denn es ist denkbar, dass private Vorsorgeformen in bestimmten Fällen besser abschneiden.

Beantwortet man nach eingehender Analyse auch die zweite Frage mit ja, so ist weiter zu entscheiden, welcher der fünf Durchführungswege der bAV einzurichten ist und ob sogar eine Kombination mehrerer Durchführungswege Sinn macht. In der Vergangenheit wurde für GGF die Direktzusage mit Abstand am häufigsten realisiert. Dies hing offenbar besonders mit dem Verständnis dieses Durchführungsweges als reines Steuersparmodell ohne Liquiditätsbelastung des Unternehmens zusammen,[1] es finden sich in Fachgesprächen immer noch zahlreiche Steuerberater, die diese Praxis unterstützen. Allerdings ist man sich heute mehr darüber bewusst, dass eine derartige Handhabung erhebliche Probleme mit sich bringen kann, z. B. bezüglich der Unternehmensbonität, beim späteren Verkauf der Anteile an der Gesellschaft durch den GGF, aber auch bei der Höhe der Steuervergünstigungen im Vergleich zu Alternativen (vgl. Kapitel C.II). Daher stehen auch die Unterstützungskasse und die versicherungsförmigen Durchführungswege (Direktversicherung, Pensionskasse und Pensionsfonds) für den GGF zur Disposition.

219 Nur eine intensive Analyse des Versorgungsbedarfs kann alle diese Fragen beantworten:

Schritt 1: Feststellen des Versorgungsbedarfs des GGF[2]

- Art[3] der Leistungen (Alters-, Invaliditäts- und/oder Todesfallleistungen)
- Form[4] der Leistungen (wiederkehrende Leistungen – Leibrente, Zeitrente, Auszahlungsplan und unendliche Rente, wie z. B. Mieteinnahmen – oder Kapitalleistungen, letztere ggf. in Form von Ratenzahlung)
- Zeitpunkt des jeweiligen Leistungsbeginns.

---

1 Vgl. Pradl, Pensionszusagen an GmbH-Geschäftsführer, S. 51 bis 53.

2 Vgl. zum besseren Verständnis das Beispiel in Rz. 229.

3 Vgl. zum Begriff der Leistungsarten in der Altersversorgung z. B. Höfer/de Groot/Küpper/Reich, Betriebsrentenrecht (BetrAVG) Bd. I Arbeitsrecht, Kap. 2, Rz. 11 ff; Dommermuth in Herrmann/Heuer/Raupach, Einkommensteuer- und Körperschaftsteuergesetz Kommentar, § 6a Anm. 37.

4 Vgl. zum Begriff der Leistungsformen in der Altersversorgung z. B. Höfer/de Groot/Küpper/Reich, Betriebsrentenrecht (BetrAVG) Bd. I Arbeitsrecht, Kap. 2, Rz. 25 ff.

Schritt 2: Bereits vorhandene Versorgungsformen des GGF[1]
Zu beachten sind gegenüber Schritt 1 abweichende

- Leistungszeitpunkte (z. B. ist für den Beginn der Altersleistung nach Schritt 1 das vollendete 62. Lebensjahr gewünscht, die bereits vorhandene Altersversorgung beginnt jedoch erst mit 65; in Schritt 3 müssen daher Leistungen für drei Jahre zusätzlich gedeckt werden),
- Leistungsformen (z. B. wird in Schritt 1 eine Leibrente als Hinterbliebenenleistung gewünscht, die bislang vorhandene Versorgung gewährt jedoch bei Eintritt des Todes eine Kapitalleistung; das voraussichtlich gewährte Kapital ist daher in eine Leibrente umzurechnen) und
- Leistungsbedingungen (z. B. der GGF möchte seine neue Lebensgefährtin bei Eintritt seines Todes absichern, der bestehende Vertrag leistet jedoch nur an Ehegatten).

Schritt 3: noch zu vereinbarende Versorgungsformen
Hierfür stehen zur Verfügung:

- die bAV (mit potenziell sämtlichen fünf Durchführungswegen, wobei zu klären ist, ob das Unternehmen die Zusage finanziert oder/und eine Entgeltumwandlung praktiziert wird),
- die klassische private Altersversorgung (grds. Schicht 1[2] – Basis- bzw. Rürup-Rente – und Schicht 3, welche auch die selbstgenutzte Immobilie beinhaltet; bei Förderfähigkeit i. S. d. § 10a Abs. 1 EStG[3] auch die Riesterversorgung gem. Schicht 2) und
- zusätzliche Investitionen mit Wertsteigerungs-, Ertrags- bzw. Einsparpotenzial (z. B. Rohstoffe und die energetische Gebäudesanierung, deren Einsparpotenzial bei Berücksichtigung künftiger Energiepreisszenarien gegenüber der Investition inkl. staatlicher (KfW-)Förderung u. U. nicht unerhebliche Renditen mit sich bringt).

Welche der konkreten Möglichkeiten aus jenen drei Bereichen tatsächlich gewählt wird, hängt mit ihrer jeweiligen Bewertung zusammen. Diese ergibt sich aus einem berechneten Wert der jeweils möglichen Maßnahme (hard-fact – das kann die Rendite, aber auch der Kapitalwert sein) und der subjektiven

---

1 Vgl. zum besseren Verständnis das Beispiel in Kapitel II.1, Rz. 14 ff.

2 Vgl. zu dem Begriff der Schichten in der Altersversorgung: Bericht der Sachverständigenkommission zur Neuordnung der steuerrechtlichen Behandlung von Altersvorsorgeaufwendungen und Altersbezügen (sog. Rürup-Kommission), Abschlussbericht 2003, in: www.bundesfinanzministerium.de/Content/DE/Downloads/Abt_4/Bericht_Ruerup_Kommission.html 2003: S. 18 bis 22.

3 Vgl. ausführlich: BMF v. 21.12.2017, BStBl 2018 I S. 93, Rz. 1 ff.

Bewertung qualitativer Faktoren durch den GGF (soft-facts – das können sein: Flexibilität bei der Beitragsgestaltung und dem Alter des Leistungsbeginns oder die Möglichkeit, Personen abzusichern, die nicht unter den engen Hinterbliebenenbegriff[1] fallen).

220 Dabei empfiehlt es sich, zunächst die jeweiligen hard-facts sämtlicher Alternativen des Schrittes 3 aus Rz. 219 zu berechnen und diese dann nach der Ausprägung ihrer hard-facts zu ordnen. Würde sich demnach z. B. bei Verwendung der Nachsteuer-Rendite (hard-fact), d. h. der Rendite, die sich nach Einbeziehung der Steuerersparnisse in der Anwartschafts- und der Steuerbelastungen in der Leistungsphase ergibt, die Reihenfolge

1. Direktversicherung (Rendite: 3,2 %)

2. Unterstützungskasse (Rendite: 3,0 %)

3. Basisrente (Rendite: 2,6 %) und

4. Rentenversicherung mit Kapitalwahlrecht der Schicht 3 (Rendite: 1,7 %)

ergeben, müsste der GGF die Frage beantworten, ob ihm die Flexibilität (soft-fact) bei der Rentenversicherung der Schicht 3 (z. B. bei der Hinterbliebenenversorgung oder dem Beginn der Altersleistung) oder andere soft-facts so wichtig sind, dass er diese Versorgungsform von der vierten an die dritte, zweite oder gar erste Stelle setzen würde. Mit den anderen Alternativen ist ebenso zu verfahren.

Nach Festlegung der endgültigen Reihenfolge unter Einbeziehung der soft-facts erfolgt die Realisierung: Als erstes die Nummer eins, dann die Nummer zwei etc. bis der komplette restliche Versorgungsbedarf (Bedarf nach obigem Schritt 3) gedeckt ist bzw. das gesamte Beitragsvolumen den möglichen Finanzierbarkeitsrahmen übersteigt.

221 Die in den beiden vorangegangenen Rz. 219 und Rz. 220 skizzierte Versorgungsanalyse ist ein Überblick und erfordert die Klärung zahlreicher Details. Dies erfolgt kurz in den nachfolgenden Ausführungen. Dazu gehört auch die Klärung der Frage, ob die Vereinbarung einer bAV für den GGF mit Konsequenzen für sein Volumen steuerlich abzugsfähiger Vorsorgeaufwendungen (Sonderausgaben i. S. d. § 10 Abs. 1 Nr. 2, 3 und 3a EStG) hinsichtlich des Höchstbetrages gem. § 10 Abs. 3 EStG bzw. – bis 2019 – des Vorwegabzugs (§ 10 Abs. 3 Nr. 2 EStG 2004) ist (vgl. Rz. 156 ff.).

1 Vgl. ausführlich: BMF v. 6.12.2017, BStBl 2018 I S. 147, Rz. 4 f.

Der Beginn jeder Versorgungsanalyse eines GGF, die Feststellung seines Versorgungsbedarfs gem. Schritt 1 (vgl. Rz. 219) wird in Rz. 229 in Form eines Beispiels skizziert. Die gesamte Analyse (Schritte 1 bis 3 gem. Rz. 219) sollte in regelmäßigen Abständen wiederholt werden. Je jünger der GGF im Zeitpunkt der Erstanalyse ist, desto länger der Planungszeitraum und desto unschärfer fallen Prognosen und damit die Ergebnisse aus. Mit fortschreitender Zeitdauer nimmt der Präzisionsgrad in den Folgeanalysen zu. 222

Über die in Rz. 219 in den Schritten 1 bis 3 dargestellte Versorgungsanalyse hinaus sind natürlich häufig weitere Untersuchungen der Versorgungssituation des GGF notwendig (Sonderanalysen), bei denen die bereits bestehende bAV (aber auch die private Versorgung) auf ihre Sinnhaftigkeit, rechtliche Aktualität, Auswirkung auf die Bonität und die Kosten des Unternehmens, ihre Konsequenzen bei beabsichtigtem Verkauf der Unternehmensanteile etc. hin überprüft wird. Hierzu finden sich Ausführungen im Kapitel D. 223

(Einstweilen frei) 224–226

II. Schritt 1: Ermittlung des Versorgungsbedarfs des Gesellschafter-Geschäftsführers

1. Bedarf an Altersversorgungsleistungen

Unter Rz. 216 ff. wurde bereits darauf hingewiesen, dass eine sorgfältige Versorgungsanalyse für GGF in der Praxis häufig zu kurz kommt. Gerade der gut verdienende Mittelstand ist nach einem zeitaufwändigen Berufsleben, während dessen die genaue Planung künftiger Ruhestandsbezüge oft verdrängt und – angesichts der guten Einkünfte – ein hoher Lebensstandard mit bedeutenden Geldabflüssen und unterdrückter Ersparnisbildung praktiziert wird, nicht selten erstaunt angesichts der großen Diskrepanz zwischen dem letzten, vor Ruhestandsbeginn verfügbaren Einkommensstrom und den nach diesem Zeitpunkt zufließenden Mitteln. Auch wird der spätere Erlös aus dem künftigen Firmenverkauf mitunter deutlich überschätzt. Darüber hinaus wird den Folgen einer Invalidität und des Ablebens nicht immer die erforderliche Aufmerksamkeit geschenkt. Die sorgfältige Feststellung des Versorgungsbedarfs ist daher eine wichtige Zielgröße für jeden GGF. 227

Als Versorgungsbedarf im Sinn dieser Ausführungen sind zu verstehen: 228

- Bedarf an Altersversorgung ab einem vom GGF definierten Versorgungsalter,

- Bedarf an Invaliditätsversorgung ab dem Eintritt des vom GGF definierten Invaliditätsauslösers und
- Bedarf an Todesfallversorgung.

Dabei ist auch, wie in Rz. 220 beschrieben, eine Aussage über die erwünschte(n) Form(en) der Leistungen zu treffen (wiederkehrende Leistungen oder Kapitalleistungen, letztere ggf. in Form von Ratenzahlung).

229 Die in Rz. 220 beschriebene Übersicht zur Versorgungsanalyse eines GGF beginnt in Schritt 1 mit dem Feststellen des Versorgungsbedarfs des GGF. Dieser ist grds. mit dem verfügbaren Einkommen des GGF unmittelbar vor Rentenbeginn verknüpft, d. h. dem Bruttoeinkommen abzgl. Steuern und ggf. Sozialabgaben. Jenes verfügbare Einkommen nämlich bestimmt grds. den Lebensstandard des GGF vor Rentenbeginn. Nachfolgend wird angenommen, dass der betreffende GGF auch im Rentenalter jenen Lebensstandard beibehalten möchte.

In der Literatur wird der Versorgungsbedarf eines GGF i. d. R. pauschal aus seinem Bruttoeinkommen abzgl. seiner auf Pauschalannahmen beruhenden Steuer- und – sofern nicht beherrschend im Sinne der gesetzlichen Sozialversicherung – Sozialabgabenbelastung ermittelt; daraus bestimmt man dann seine Versorgungslücke, indem die pauschalierte verfügbare gesetzliche Rente abgezogen wird.[1] Dies ist sinnvoll, um eine allgemeine Vorstellung über die Dimensionen zu vermitteln, um die es geht, nach dem Motto: „Lieber ungefähr richtig liegen als exakt falsch.“ Auf diese Weise kommen *Höfer* et al. zu dem Schätzergebnis, dass bei einer unterstellten gesetzlichen Jahresrente von 18.500 €, einem Mangel an weiteren bisherigen Vorsorgemaßnahmen und einem Jahresbruttoaktiveneinkommen des GGF unmittelbar vor Rentenbeginn von 100.000 € eine Jahresbruttobetriebsrente i. H.v. 67.000 € (67 % des Jahresbruttoaktiveneinkommens) zugesagt werden sollte, um die Versorgungslücke zu schließen. Bei einem Jahresbruttoaktiveneinkommen von 150.000 € (200.000 €) seien rd. 77 % (ca. 83 %) Rentenzusage erforderlich.[2]

Jene Schätzung bietet dem Leser eine Vorstellung von den Größenordnungen, um die es geht. Für die Beratungspraxis hingegen sind derartige Pauschalaussagen nur bedingt hilfreich. Bei den individuellen Einkommens- und Vermögensverhältnissen und Konsumgewohnheiten wohlhabender Menschen,

1 Vgl. z. B. Höfer/Veit/Verhuven, Betriebsrentenrecht (BetrAVG) Kommentar Bd. II Steuerrecht/Sozialabgaben, HGB/IFRS, Kap. 44, Rz. 5 bis 7.

2 Vgl. z. B. Höfer/Veit/Verhuven, Betriebsrentenrecht (BetrAVG) Kommentar Bd. II Steuerrecht/Sozialabgaben, HGB/IFRS, Kap. 44, Rz. 8.

wie z. B. zahlreichen GGF, sollte vor der Vereinbarung einer bAV grds. eine persönliche Analyse des Versorgungsbedarfs durchgeführt werden.

Ausgangspunkt für jene persönliche Analyse, die, wie bereits erwähnt,[1] regel- 230
mäßig zu wiederholen ist, sollte das unmittelbar vor Rentenbeginn verfügbare Einkommen sein, da der zu diesem Zeitpunkt vorhandene Lebensstandard des GGF grds. im Wesentlichen darauf beruht.

Da das unmittelbar vor Rentenbeginn verfügbare Einkommen zum Zeitpunkt der persönlichen Analyse noch nicht bekannt ist, sollte es aus dem zum Analysezeitpunkt vorfindbaren verfügbaren Einkommen hochgerechnet werden. Aufgrund des progressiven Einkommensteuertarifs ist jene Hochrechnung in Bezug auf das Bruttoeinkommen zu empfehlen, von dem dann die voraussichtliche Steuerbelastung des unmittelbar vor Rentenbeginn liegenden Veranlagungszeitraums abzuziehen ist. Werden voraussichtlich weitere Abgaben anfallen, z. B. Sozialversicherungsbeiträge, so sind auch diese zu berücksichtigen. In Ermangelung der Kenntnis künftiger Steuer- und Sozialversicherungsbeitragssätze empfiehlt es sich, von den zum Analysezeitpunkt rechtlich feststehenden Größen auszugehen.

Das auf diese Weise auf den Zeitpunkt des Rentenbeginns hochgerechnete 231
verfügbare Einkommen determiniert jedoch nur dann den Versorgungsbedarf des GGF,[2] wenn der künftige Bedarf des GGF dem heutigen entspricht; davon geht das Schrifttum grds. aus.[3] Dies ist jedoch regelmäßig gerade nicht der Fall. Der finanzielle Altersversorgungsbedarf im Rentenalter erwächst aus den dann erforderlichen Aufwendungen des GGF zzgl. seiner dann noch gewünschten Ersparnisbildung. Die Abschätzung des Versorgungsbedarfs kann in drei Blöcken erfolgen:

Block 1		Block 2		Block 3
Belastungen und Ersparnisse, die heute anfallen <u>und</u> im Rentenalter	minus	Belastungen und Ersparnisse, die heute anfallen, jedoch <u>nicht mehr</u> im Rentenalter	plus	Belastungen und Ersparnisse, die heute <u>noch nicht</u> anfallen, <u>jedoch</u> im Rentenalter

1 Vgl. Rz. 220.

2 Vgl. Rz. 220.

3 Vgl. z. B. Höfer/Veit/Verhuven, Betriebsrentenrecht (BetrAVG) Kommentar Bd. II Steuerrecht/Sozialabgaben, HGB/IFRS, Kap. 44, Rz. 8.

Beispiele dafür: Nahrung, Kleidung, Wohnen (Miete bzw. Renovierung und Nebenkosten), Urlaub, Freizeit und Kultur, sonstige alltägliche Aufwendungen (Zeitung, Vereinsbeiträge etc.), Kurz- und mittelfristiges Sparen, Sach-, Risiko- und Krankenversicherungsbeiträge		**Beispiele dafür:** Zinsen für Immobiliendarlehen, Tilgung für Immobiliendarlehen, Langfristige Ersparnisbildung, Beiträge für Altersversorgung, Unterhalt für die Kinder, Kosten der Berufsausübung		**Beispiele dafür:** Finanzierung eines eigenen Autos (im Erwerbsleben konnte man den Dienstwagen nutzen), Kosten aufgrund von Krankheit, die nicht von der Krankenkasse bzw. -versicherung gedeckt werden, Zuwendungen an Enkelkinder, Kosten aufgrund von Reisen und Kultur über Block 1 hinaus (weil der GGF nun endlich Zeit hat), typische Aufwendungen von Senioren (z. B. Zugehfrau, sofern nicht schon unter Block 1, Kosten für Einbau eines Treppenliftes etc.)

Entscheidend bei dieser differenzierten Betrachtung ist, in welchem Verhältnis die Belastungen der Blöcke 2 und 3 zueinander stehen:

- Überwiegt der Block 3, so liegt der Versorgungsbedarf bei über 100 % des heutigen und auf das Rentenbeginnalter hochgerechneten verfügbaren Einkommens.
- Schlägt hingegen der Block 2 stärker als der Block 3 zu Buche, unterschreitet der Versorgungsbedarf 100 % jenes hochgerechneten Einkommens.

Für die Masse der Arbeitnehmer wurde seit der Reform der gesetzlichen Rente 1957 ein Rentenniveau i. H.v. 70 % des letzten verfügbaren Einkommens vor Rentenbeginn als ausreichend angesehen;[1] damit sollte ein Aufrechterhalten

1 Vgl. Dudel/Schmied/Werding, Sicherungsziele für die Rente: empirische Messung und Ergebnisse, Wirtschaftsdienst 3/2020 S. 185; Dommermuth, Die Riesterversorgung ist grundlegend – Sie sollte konstruktiv kritisiert, aber nicht zerredet werden, in: Riester-Sparen: Kontroverse Sichtweisen aus Wissenschaft, Politik und Wirtschaft, DIW Vierteljahreshefte zur Wirtschaftsforschung 2/2012, S. 91 (92); Dudel/Ott/Werding, Maintaining One's Living Standard at Old Age, Studie der Uni Bochum 2013.

des erreichten Lebensstandards möglich sein. Jenen 70 % liegt daher die pauschale Auffassung zugrunde, dass in der Rentenphase vom Block 1 (100 %) ca. 30 % (Block 2) wegfallen werden. Block 3 ging und geht in diese Betrachtung nicht ein.

Gerade bei wohlhabenden Menschen und damit auch bei den meisten GGF spielt Block 3 jedoch eine große Rolle, denn sie sind im Rentenalter tendenziell noch besonders rüstig und wollen dann – meist kostspielige – Dinge erleben oder unternehmen, die sie in der Erwerbsphase mangels Zeit nicht realisieren konnten. Der relevante Prozentsatz vom verfügbaren Einkommen vor Rentenbeginn sollte daher bei einem GGF nicht pauschal mit z. B. 70 % festgelegt, sondern der Einschätzung des GGF überlassen werden; dies betätigt eine aktuelle Studie der Universität Bochum, welche für ehemalige Arbeitnehmer einen Bedarf von durchschnittlich 87 % feststellt.[1] Der GGF sollte sich in der Beratung artikulieren, in welchem Verhältnis die Blöcke 2 und 3 bei ihm subjektiv zueinander stehen.

(Einstweilen frei) 232–245

2. Bedarf an Invaliditätsleistungen

a) Grundlegendes zur Invaliditätsversorgung

Das Risiko, aus gesundheitlichen Gründen aus dem Beruf ausscheiden zu müssen, ist nicht vernachlässigbar. Ein signifikanter Anteil der Angestellten muss seine beruflichen Aktivitäten aufgrund von Invalidität bereits vor Eintritt des Lebensabends beenden.[2] Dies gilt auch für Menschen, die vorwiegend leitende Funktionen ausüben, also auch für GGF; die Hauptursachen für eine (teilweise) Arbeitsunfähigkeit entstehen hier durch psychische Krankheiten, Rückenleiden und andere Erkrankungen des Bewegungsapparates, Krebs sowie schwere Herz-Kreislauf-Erkrankungen.[3] 246

1 Vgl. Dudel/Ott/Werding, Maintaining One's Living Standard at Old Age, Studie der Uni Bochum 2013.

2 Gemäß Stiftung Warentest, Private Altersvorsorge, S. 22 scheidet jeder fünfte Angestellte aus Gründen der Invalidität vorzeitig aus dem Berufsleben aus. Die Wahrscheinlichkeit für einen heute 30jährigen bzw. 40jährigen Mann (eine 30jährige bzw. 40jährige Frau) bis zum Alter 65 berufsunfähig zu werden liegt gem. statista (http://de.statista.com/themen/251/berufsunfaehigkeit).

3 Vgl. Stiftung Warentest, Private Altersvorsorge, S. 22. Die Swiss Life weist in ihrer „BU-Broschüre" 2013 für Ende 2012 einen Anteil der psychischen Erkrankungen in Höhe von 30,9 % an allen Fällen der Berufsunfähigkeit ihrer Kunden aus.

Die finanzielle Absicherung des Invaliditätsrisikos ist daher auch und vielleicht sogar – aufgrund ihrer nicht selten sehr hohen Arbeits- und nervlichen Belastung – gerade für GGF von erheblicher Bedeutung. Dies gilt umso mehr, als ein GGF häufig keine oder nur relativ geringe Anwartschaften auf Invaliditätsleistungen aus der gesetzlichen Rentenversicherung aufweist.[1]

Fehlt eine solche Absicherung beim GGF und kommt es zur Invalidität, so entsteht regelmäßig schon heute und nicht erst zu Beginn des Lebensabends eine ganz erhebliche Versorgungslücke. Somit sollte in Schritt 1[2] der Versorgungsbedarf auch für den Fall der Invalidität festgestellt werden. Dabei ist allerdings im Gegensatz zu einem normalen Arbeitnehmer grds. zu berücksichtigen, dass der GGF auch im Falle einer invaliditätsbedingten Beendigung seiner Erwerbstätigkeit als Anteilseigner seines Unternehmens ggf. noch Anspruch auf Ausschüttungen hat und einen Erlös aus dem Verkauf seiner Unternehmensanteile erzielen kann. Dies verändert allerdings nicht seinen Versorgungsbedarf, sondern ist lediglich Teil der Bedarfsdeckung.[3]

b) Möglichkeiten der rechtlichen Ausgestaltung der Invaliditätsversorgung

aa) Allgemeine Ausführungen

247 Bevor in Kapitel bb zum Versorgungsbedarf der Höhe nach bei Invalidität konkrete Aussagen gemacht werden, ist zu diskutieren, welche Art der Invaliditätsversorgung der GGF vereinbaren sollte: Absicherung der Berufsunfähigkeit, der Erwerbsunfähigkeit oder der Erwerbsminderung? Während die gesetzliche Rentenversicherung grds.[4] nur noch eine Erwerbsminderungsrente gewährt, können im Rahmen der bAV und der privaten Versorgung auch weiterhin Verträge im Gesamtspektrum abgeschlossen werden, welches von der Absicherung bei Berufsunfähigkeit bis zur Erwerbsunfähigkeit reicht.[5] Jenseits der gesetzlichen Invalidenrente kann der GGF daher zwischen Leistungen bei Berufsunfähigkeit, Erwerbsunfähigkeit oder Erwerbsminderung wählen; auch die

---

1 Vgl. dazu auch BVerfG v. 23.10.2006 - 1 BvR 2027/02, Rz. 39.

2 Vgl. Kapitel I, Rz. 220.

3 Vgl. dazu Kapitel III.

4 Eine gesetzliche Berufsunfähigkeitsrente können nur jene Personen beantragen, die vor dem 2.1.1961 geboren sind; allerdings erhalten sie dann lediglich eine halbe Erwerbsminderungsrente und zwar auch dann, wenn sie noch in der Lage sind, irgendeine andere Tätigkeit auszuüben (§ 240 Abs. 1 SGB VI). Die ursprüngliche gesetzliche Berufsunfähigkeitsrente, wie sie vor der Reform 2001 bestand, können hingegen nur jene beanspruchen, die bereits vor 2001 eine gesetzliche Berufsunfähigkeitsrente bezogen haben (§ 302b Abs. 1 Satz 1 SGB VI).

5 Vgl. Nyqvist/Vieweg/Vogel, Die Invaliditätsversorgung über die Direktzusage, NWB 2011 S. 1265.

sog. Funktionelle Invaliditätsversicherung ist eine Alternative. Die Entscheidung bleibt ihm überlassen; nachfolgend sollen allerdings Entscheidungshilfen gegeben werden.

Zulässig ist diese Bandbreite jenseits der gesetzlichen Rentenversicherung, 248
weil der Begriff der Invalidität sowohl im Arbeits- als auch im Versicherungsrecht weitgehend eine Vertragsfreiheit ermöglicht.[1] Sowohl in der bAV als auch im Rahmen der Privatversorgung können die Vertragsparteien daher regeln, wie sie den Begriff der Invalidität verstehen.[2] Unterbleibt eine derartige Konkretisierung, geht das BAG für die bAV davon aus, dass die feststehenden Begriffe des Sozialversicherungsrechts durch Auslegung zu übernehmen sind.[3] Auch eine Übernahme der sozialversicherungsrechtlichen Definition der Invalidität in die konkrete bAV bzw. der Verweis auf jene Begriffe und Rechtsquellen ist möglich. Darüber hinaus ist auch der Transfer des Invaliditätsbegriffes aus anderen Rechtsgebieten bzw. der Verweis auf diese Rechtsquellen zulässig, z. B. aus dem Beamtenrecht, dem Recht des öffentlichen Dienstes oder der berufsständischen Versorgungswerke.[4]

Die erwähnte Vertragsfreiheit erlaubt es den Parteien, das Invaliditätsrisiko einzugrenzen, z. B. auf Arbeitsunfälle oder typische Berufskrankheiten oder ganz auszuschließen, z. B. bei Sportunfällen,[5] was allerdings bei GGF i. d. R. wenig zweckmäßig sein dürfte.

Jenseits der erwähnten klassischen Invaliditätsabsicherungen gegen Berufsunfähigkeit, Erwerbsunfähigkeit, Erwerbsminderung bzw. Funktionelle Invalidität existieren ähnliche Absicherungsformen, wie z. B. Dread-Disease-, Grundfähigkeit-, Unfallinvaliditäts- oder Pflegeabsicherung. Sie leisten jedoch nur in sehr begrenzten Fällen, wie z. B. bei in der Police exakt definierten Krankheiten, bei Verlust der Grundfähigkeit (bspw. Erblinden) oder Unfällen oder stellen lediglich einen bestimmten Einmalbetrag zur Verfügung und sind zu den klassischen Invaliditätsabsicherungen lediglich Ergänzungen oder – bei Ablehnung in der Gesundheitsprüfung – ein nicht vollwertiger Ersatz. Nachfolgend sollen sie daher nicht weiter dargestellt werden.

---

1 Vgl. Nyqvist/Vieweg/Vogel, Die Invaliditätsversorgung über die Direktzusage, NWB 2011 S. 1265.

2 Vgl. BAG v. 14.12.1999 - 3 AZR 742/98, DB 2001 S. 823.

3 Vgl. BAG v. 14.12.1999 - 3 AZR 742/98, DB 2001 S. 823; v. 24.6.1998 - 3 AZR 288/97, BB 1998 S. 2529.

4 Vgl. Nyqvist/Vieweg/Vogel, Die Invaliditätsversorgung über die Direktzusage, NWB 2011 S. 1265.

5 Vgl. Nyqvist/Vieweg/Vogel, Die Invaliditätsversorgung über die Direktzusage, NWB 2011 S. 1265.

PRAXISHINWEIS:

Insbesondere bei Direktzusagen muss die vertragliche Definition des Invaliditätsrisikos exakt sein, da ansonsten für das Unternehmen ein unerwünschtes Risiko entstehen kann. Unklar ist, ob die erwähnte Rechtsprechung des BAG und somit die Übernahme der im Sozialversicherungsrecht feststehenden Begriffe auch auf die betriebliche Invaliditätsversorgung eines im arbeitsrechtlichen Sinne beherrschenden GGF Anwendung finden kann. Dies ist u. E. zulässig, da das Sozialversicherungsrecht in diesem Fall lediglich eine Leitbildfunktion hat. Allerdings ist denkbar, dass steuerrechtlich eine vGA vorliegt, weil keine klare und eindeutige Vereinbarung i. S. v. R 8.5 Abs. 2 Satz 1 KStR getroffen wurde.

Eine im Vorfeld der Detailschilderung wichtige und grds. Frage ist, ob man eine Invaliditätsabsicherung überhaupt über die bAV realisieren oder nicht besser privat regeln sollte. Hierzu gibt es im Vertrieb unterschiedliche Meinungen:

Die einen raten von einer betrieblichen Invaliditätsversorgung generell mit dem Argument ab, bei Eintritt des Versorgungsfalles würden die nachgelagerte Besteuerung und ggf. die Belastung mit Sozialabgaben die verfügbare Leistung im Vergleich zur privaten Alternative, welche bei Rentenzahlung grds. nur mit der Ertragsanteilsbesteuerung belastet ist, unrentabel machen.

Das andere Lager rät hingegen zur betrieblichen Variante, weil die Beiträge dort – im Gegensatz zur privaten Form – steuer- und ggf. sozialabgabenfrei wären; käme es nicht zum Versorgungsfall, so würde sich, ex post betrachtet, die betriebliche Invaliditätsversorgung schließlich als die bessere Variante erweisen.

Beiden Sichtweisen kann nicht uneingeschränkt zugestimmt werden. U. E. muss anders argumentiert werden.

Der Fehler, den beide skizzierten Lager begehen ist, entweder nur die Beiträge oder nur die Leistungen zu sehen, ohne beide ganzheitlich zu betrachten. Bezieht man beides in die Betrachtung ein und geht man zunächst davon aus, dass der Beitrag für eine Invaliditätsversorgung identisch ist, egal, ob über die betriebliche oder die private Schiene realisiert, so ergibt sich rein formal folgender Zusammenhang:

Eine private Invaliditätsversorgung würde den Beitrag B erfordern. Würde ein nicht sozialversicherungspflichtiger GGF dieselbe Nettobelastung über die bAV anstreben, so könnte er sich einen betrieblichen Beitrag i. H. v. B/(1-s) leisten, wobei s sein relevanter Steuersatz, bestehend aus Einkommen- und ggf. Kirchensteuer sowie SolZ ist. Ein konfessionsloser GGF, der dem höchsten Einkommensteuersatz (45 %) unterliegt, kommt daher auf s = 47,475 %.

Unter den Annahmen, dass es sich bei der privaten Variante nicht um eine Versicherung i. S. d. § 10 Abs. 1 Nr. 2 Buchst. b Doppelbuchst. bb EStG (Basis- oder Rürup-Rentenversicherung) handelt und eine Abzugsfähigkeit des Beitrags wegen Überschreitens der Höchstgrenze i. S. d. § 10 Abs. 4 EStG nicht möglich ist, kann dieser nicht steuermindernd abgesetzt werden. Jener private Beitrag in Höhe B belastet den Versicherungsnehmer daher mit B.

Würde man denselben Vertrag über die bAV-Schiene vereinbaren, entstünde im Falle s = 47,475 % dieselbe Belastung, nämlich B, wenn der Beitrag für die betriebliche Invaliditätsversicherung B/(1-0,47475) = 1,9039 B beträgt; ein Beitrag i. H. v. 1,9039 B nämlich, der – wie bei Direktzusagen und Unterstützungskassen – nicht steuerbar ist oder – wie bei den versicherungsförmigen Durchführungswegen – steuerbar, aber gem. § 3 Nr. 63 Satz 1 EStG steuerfrei, bewirkt bei s = 47,475 % eine Steuerersparnis von genau 0,9039 B (= 1,9039 B x 47,475 %) und daher eine effektive Belastung nach Abzug jener Steuerersparnis wie bei der privaten Absicherung i. H. v. B (1,9039 B x (1 – 0,47475) = B).

Ist der betriebliche Beitrag somit das 1,9039fache von B, so fällt auch die Invaliditäts-Leistung (L) um 90,39 % höher aus als bei der privaten Variante, wenn man unterstellt, dass der Vertrag mit identischen anteiligen Kosten kalkuliert ist. Während also die private Versicherung eine Rente in Höhe von L leistet, zahlt die betriebliche Variante 1,9039 L.

Da die effektive Beitragsbelastung bei bAV und privater Invaliditätsabsicherung nach obigen Ausführungen identisch ist, nämlich B, hängt nun alles von der Steuerbelastung in der Leistungsphase ab: Ist der relevante Steuersatz dann genau 47,475 %, so beträgt die verfügbare betriebliche Invalidenrente nach Steuerabzug exakt L (= 1,9039 L x (1- 0,47475)); dies gilt für jede Höhe des Steuersatzes (s), wenn dieser in Beitrags- und Leistungsphase identisch ist. Da die private Variante der Invalidenrente mit ihrem Ertragsanteil gem. § 22 Nr. 1 Satz 3 Buchst. a Doppelbuchst. bb EStG steuerpflichtig ist, fällt die verfügbare private Invalidenrente nach Abzug von Steuern daher immer geringer aus als die nach Steuerabzug verfügbare betriebliche. Dies gilt umso mehr, wenn der Steuersatz der Rentenphase (s_L) den der Beitragsphase (s_B) unterschreitet, was meistens der Fall ist (Progressionseffekt). Lediglich im – sehr seltenen – umgekehrten Fall ($s_L > s_B$) kann es sein, dass die verfügbare private Invalidenrente höher ausfällt als die betriebliche.

Bezieht man noch den Zinseffekt auf die Steuerersparnis in der Beitragsphase ein, schneidet die betriebliche Invaliditätsabsicherung noch besser ab. Im Ergebnis ist die Invaliditätsabsicherung im Rahmen der bAV ihrem privaten Pendant immer überlegen, wenn $s_L \leq s_B$. Und selbst bei $s_L > s_B$ kann diese Rangfolge gelten, wenn der Unterschied zwischen beiden Steuersätzen nicht zu groß ist.

Allerdings sind folgende Wirkungen bei dieser rein rechnerischen Betrachtung noch nicht berücksichtigt:

- Es ist fraglich, ob ein Versicherer bereit ist, die im Vergleich zur privaten Variante 1,9039fache Leistung über die bAV abzusichern. Häufig scheitert dies an der Obergrenze, die sich im Verhältnis zum Einkommen des GGF ergibt.
- Bei betrieblichen Invaliditätsversicherungen sind – im Gegensatz zu ihren privaten Pendants – wegfallende bzw. erleichterte Gesundheitsprüfungen möglich.
- Kostendegressionseffekte und Rabatte im Rahmen von Kollektivtarifen könnten die betriebliche Variante noch besser gestalten; ob sie gewährt werden und in welcher Höhe, hängt von der Anzahl der versorgten Mitarbeiter ab.
- Ist künftig mit gesetzlichen Steuererhöhungen (-senkungen) zu rechnen, könnte die betriebliche Variante auch schlechter (besser) ausfallen als die private.

Außerdem bleibt bei obiger Betrachtung die Seite des Unternehmens außen vor. Diese darf jedoch nicht vernachlässigt werden, wenn die Invaliditätsversorgung über eine rückgedeckte Direktzusage eingerichtet werden soll; bei Eintritt des Versorgungsfalles kommt es nämlich zu einer Aktivierung des Deckungskapitals der Invaliditätsversicherung in Form eines erheblichen Bilanzsprunges, der sich in der GuV verhältnismäßig stark gewinnerhöhend auswirkt. Zwar findet der Bilanzsprung auch bei den Pensionsrückstellungen in der Steuerbilanz statt, jedoch in Folge der künstlichen Niedrigbewertung durch § 6a EStG in wesentlich geringerem Umfang als die aktivwertbedingte Ertragsbuchung. Die Folge ist eine i. d. R. erhebliche Steuermehrbelastung im Jahr des Versorgungsfalles (vgl. Beispiel 4 Rz. 592).

PRAXISHINWEIS:

Die Vereinbarung einer Invaliditätsversorgung über die bAV ist rechnerisch auch unter Berücksichtigung der Leistungsphase fast ausnahmslos besser als die private Variante; dies gilt umso mehr, wenn ein Kollektivtarif zur Anwendung kommt und eine Gesundheitsprüfung im Gegensatz zur privaten Variante nicht erforderlich ist. Allerdings ist zu beachten, dass das dazu in der bAV erforderliche höhere Volumen teilweise nicht realisiert werden kann, weil die Vertragsbedingungen des Versicherers dies u. U. nicht zulassen. Außerdem können auf Seiten des Unternehmens im Falle einer Rückdeckungsversicherung bei Eintritt des Versorgungsfalles unerwünschte steuerliche Wirkungen auftreten, weil das Deckungskapital der Versicherung zu aktivieren ist und es dadurch zum Bilanzsprung mit meist erheblicher Gewinn- und Steuererhöhung kommt.

bb) Arten der Invaliditätsversorgung

(1) Berufsunfähigkeitsabsicherung

Am weitesten geht die Absicherung der Berufsunfähigkeit, da sie am ehesten 249
von allen vier Versorgungsfällen[1] eintreten kann. Dementsprechend ist sie grds. auch die teuerste Variante der Invaliditätsabsicherung. Eine private Berufsunfähigkeitsabsicherung kann seit 1.1.2014 – neben selbständigen Erwerbsminderungsversicherungen, vgl. Kapitel (4) – als eigenständige Basisrentenversicherung mit lebenslanger Rentenleistung i. S. v. § 10 Abs. 1 Nr. 2 Buchst. b, Doppelbuchst. bb EStG abgeschlossen werden.

Als berufsunfähig gilt gem. § 172 Abs. 2 VVG, „wer seinen zuletzt ausgeübten Beruf, so wie er ohne gesundheitliche Beeinträchtigung ausgestaltet war, infolge Krankheit, Körperverletzung oder mehr als altersentsprechendem Kräfteverfall ganz oder teilweise voraussichtlich auf Dauer nicht mehr ausüben kann". Fast immer wird gem. § 172 Abs. 3 VVG zusätzlich vereinbart, dass „die versicherte Person auch keine andere Tätigkeit ausübt oder ausüben kann, die zu übernehmen sie aufgrund ihrer Ausbildung und Fähigkeiten in der Lage ist und die ihrer bisherigen Lebensstellung entspricht". Jene gesetzliche Definition und Erweiterungsmöglichkeit verhindern nicht, dass am Markt zahlreiche unterschiedliche Vertragsgestaltungen existieren, da jeder Versicherer eine eigene Risikobeschreibung verwenden kann, wenn er damit nicht gegen die Grundsatzdefinition des § 172 Abs. 2 VVG verstößt.

PRAXISHINWEIS:

Berufsunfähigkeit ist daher nicht gleich Berufsunfähigkeit. Es lohnt sich für die Kapitalgesellschaft bzw. für ihren GGF nicht nur, Beiträge miteinander zu vergleichen, sondern auch die unterschiedlichen Leistungen und die gesundheitlichen Voraussetzungen und darüber hinaus die jeweiligen Gesundheitsprüfungen.[2] Viele Versicherungen erbringen die volle vertragliche Leistung bei einem Wegfall der Berufsfähigkeit aus gesundheitlichen Gründen zu mindestens 50 %; allerdings sind auch Teilleistungen üblich, wenn die Person nur zu einem bestimmten Grad erkrankt ist.[3] Häufig fordern die Versicherungsbedingungen, dass die Berufsunfähigkeit infolge ärztlich nachzuweisender Krankheit,

1 Gemeint sind Berufsunfähigkeit, Erwerbsunfähigkeit, Erwerbsminderung und Funktionelle Invalidität.

2 Vgl. dazu Rz. 26.

3 Vgl. Landmann, Handbuch der Berufsunfähigkeit, S. 4.

Körperverletzung oder Kräfteverfalls voraussichtlich für die Dauer von mindestens drei Jahren[1] – bei Premiumtarifen: sechs Monaten[2] – (Prognosezeitraum) bestehen muss.

Die größten Unterschiede ergeben sich bei der Berufsunfähigkeitsabsicherung allerdings durch unterschiedliche **Verweisklauseln**. Drei Gruppen von Angeboten können hier unterschieden werden:

- Keine Verweisung: Sieht der betreffende Vertrag eine Verweisung nicht vor, erhält der GGF die Invaliditätsleistung auch dann, wenn er seine bisherige Tätigkeit als Geschäftsführer zwar nicht mehr ganz oder teilweise ausüben kann, jedoch dafür einen anderen Beruf, auch wenn dieser seiner Ausbildung, Erfahrung, Fähigkeit und bisherigen Lebensstellung bezüglich sozialer Wertschätzung und Vergütung entspricht.
- **Konkrete Verweisung** (entspricht § 172 Abs. 3 VVG): Enthält der Versicherungsvertrag eine konkrete Verweisklausel, darf der Versicherer die Leistung verweigern, wenn der GGF aus gesundheitlichen Gründen zwar nicht mehr als Geschäftsführer tätig sein kann, jedoch einen anderen Beruf **tatsächlich ausübt**, der – entsprechend den vereinbarten Versicherungsbedingungen – seiner Ausbildung, Erfahrung, Fähigkeit und bisherigen Lebensstellung bezüglich sozialer Wertschätzung und Vergütung entspricht. Eine derartige Klausel findet sich häufig in neueren Versicherungsverträgen, abgeschlossen nach 2000.
- **Abstrakte Verweisung** (entspricht ebenfalls § 172 Abs. 3 VVG): Die meisten älteren, vor 2001 abgeschlossenen Verträge verweigern die Leistung, wenn der GGF auf einen anderen Beruf verwiesen wird, der seiner bisherigen Lebensstellung bezüglich sozialer Wertschätzung und Vergütung entspricht und den er aufgrund seiner Ausbildung, Erfahrung und Fähigkeit ausüben kann, egal, ob der ihn tatsächlich ergreift oder nicht.

Enthält der betreffende Vertrag eine Verweisklausel und ist der gesundheitlich beeinträchtigte GGF immer noch imstande, einen Beruf auszuüben, kann der Versorgungsfall Berufsunfähigkeit somit nur dann eintreten, wenn es sich dabei nicht um die (volle) Geschäftsführer-Tätigkeit und auch nicht um einen Verweisungsberuf handelt.

PRAXISHINWEIS:

Eine abstrakte Verweisung (s. die obige Definition) fällt dem betreffenden Versicherer in der Praxis grds. leichter als eine konkrete und verhindert dadurch häufiger die Leis-

1 Die Voraussetzung „...voraussichtlich auf Dauer..." des § 172 Abs. 2 VVG wird daher durch einen Prognosezeitraum von z. B. jenen drei Jahren erfüllt.

2 Ein kürzerer Prognosezeitraum erleichtert die ärztliche Feststellung der Berufsunfähigkeit.

tungspflicht; allerdings kann sich der Versicherer nicht beliebige abstrakte Verweisungsberufe ausdenken.[1] Tritt eine gesundheitliche Beeinträchtigung nach der Definition des betreffenden Versicherungsvertrags tatsächlich ein, ist ein Vertrag ohne Verweisklausel naturgemäß am beliebtesten, da der Versicherer seine Leistung dann nicht verweigern kann. Jedoch sind die Beiträge und die Hürden der Gesundheitsprüfung hier i. d. R. auch am höchsten; dies gilt umso mehr, je älter der GGF bereits ist. Allerdings ist fraglich, ob ein solcher Vertrag überhaupt Sinn macht, denn die Ratio der Invaliditätsabsicherung besteht letztlich ja darin, die gesundheitsbedingt eingetretene Versorgungslücke zu schließen und nicht darin, sich eine zusätzliche Einkommensquelle zu verschaffen. Der GGF sollte sich daher genau überlegen, welche der o. g. drei Gruppen er anstrebt. Die konkrete Verweisung sollte in der Praxis der Regelfall sein.

Auch die unterschiedlichen Versicherungsbedingungen verschiedener Anbieter und das konkrete Verhalten jedes Anbieters im konkreten Leistungsfall – gilt der jeweilige Anbieter eher oder weniger als kulant – sollten vor Vertragsabschluss miteinander verglichen bzw. eruiert werden.

Die empfohlenen Analysen im Vorfeld des Abschlusses einer Berufsunfähigkeitsversicherung werden beim GGF nicht dadurch obsolet, dass man die Absicherung der Berufsunfähigkeit nach den Wunschvorstellungen des GGF in eine Direktzusage integriert, bei der dann das Unternehmen sehen soll, wie es mit dem Leistungsfall fertig wird. Unabhängig von der möglichen steuerlichen Beanstandung einer unüblichen Vertragsgestaltung im Rahmen einer verdeckten Gewinnausschüttung[2] muss dann nämlich die eigene Firma die u. U. erheblichen Lasten einer derart definierten Invalidität tragen. 250

Besonders problematisch wird es, wenn der Wortlaut der Direktzusage des Unternehmens in Bezug auf die Absicherung der Berufsunfähigkeit nicht mit den vertraglichen Bedingungen einer entsprechenden Rückdeckungsversicherung identisch ist. Dann nämlich kann es vorkommen, dass das Unternehmen bei Invalidität seines GGF nach der Definition der Direktzusage leisten muss, während der Versicherer seine Rückdeckung aufgrund von der Direktzusage abweichenden Versicherungsbedingungen verweigert. Insoweit hätte die Firma die Prämien im Leistungsfall umsonst bezahlt und müsste die grds. erhebliche Leistung allein erbringen. Sämtliche Bestandteile in beiden Verträgen – Direktzusage und Rückdeckungsversicherung – sollten daher aufeinander abgestimmt sein; in Bezug auf die Definition der Invalidität kann die Direktzusage auch auf den Versicherungsvertrag verweisen[3] und ihn auf diese Weise insoweit zum Vertragsbestandteil machen.

1 Vgl. OLG Karlsruhe v. 6.12.2012 - 12 U 93/12, rkr.

2 Vgl. Rz. 793 ff. zur Finanzierbarkeit.

3 Vgl. Nyqvist/Vieweg/Vogel, Die Invaliditätsversorgung über die Direktzusage, NWB 2011 S. 1265.

PRAXISHINWEIS:

Die betriebliche Versorgungszusage sollte auch regeln, wie die Invalidität nachzuweisen ist; dies kann durch ein amtsärztliches Attest oder – bei GGF mit Anwartschaften auf Invaliditätsleistungen aus der gesetzlichen Rentenversicherung – die Vorlage der Rentenbewilligung des Sozialversicherungsträgers geschehen.[1] Im Falle eines Arbeitnehmers gilt der Nachweis auch dann als erbracht, wenn der Arbeitgeber die Invalidität selbst nicht bestreitet.[2] Ob dies auch für einen im arbeitsrechtlichen Sinne beherrschenden GGF gilt, ist u. E. zweifelhaft, da dieser in der Kapitalgesellschaft seinen Willen grds. durchsetzen kann. Besteht eine Rückdeckungsversicherung, sind ohnehin die diesbezüglichen Anforderungen des Versicherers zu erfüllen, um deren Leistungen zu erhalten. Auch hier sollte eine Abstimmung zwischen Direktzusage und Versicherungsvertrag erfolgen.

251 Soll die Berufsunfähigkeitsabsicherung unmittelbar zugesagt (Direktzusage) und bei einem Versicherer rückgedeckt oder über einen mittelbaren Durchführungsweg der bAV realisiert werden, spielt die Risikoprüfung eine große Rolle, egal ob eine selbständige Berufsunfähigkeitsrisikoversicherung oder eine Zusatzversicherung zu einer Renten- oder Kapitallebensversicherung intendiert ist.

Berufsunfähigkeitsversicherungen bzw. -zusatzversicherungen erfordern grds. individuelle Risikoprüfungen der jeweiligen Einzelperson; bei erhöhtem individuellem Risiko reagiert der Versicherer mit Beitragszuschlägen, Leistungsreduzierungen oder Ablehnung. Die Anzahl der abgelehnten Anträge liegt nach Angabe des GDV gegenwärtig jährlich im sechsstelligen Bereich. Im Rahmen der bAV ermöglichen Kollektivversicherungen für Gruppen von i. d. R. mindestens 100 Personen vereinfachte Risikoprüfungen; bei hinreichend großen Gruppen kann die individuelle Risikoprüfung durch eine Erklärung des Arbeitgebers ersetzt werden (Dienstobliegenheitserklärung).[3] Auch GGF sind hier einbeziehbar, wodurch Prämien und Hürden einer Gesundheitsprüfung reduziert werden können.[4]

(2) Erwerbsunfähigkeitsabsicherung

252 Im Gegensatz zur Berufsunfähigkeit ist die Erwerbsunfähigkeit von dem zuletzt ausgeübten Beruf oder einem Verweisungsberuf unabhängig. Bei der Er-

1 Vgl. Nyqvist/Vieweg/Vogel, Die Invaliditätsversorgung über die Direktzusage, NWB 2011 S. 1265.

2 Vgl. BAG v. 14.12.1999 - 3 AZR 742/98, DB 2001 S. 823.

3 Vgl. Kurzendörfer, Einführung in die Lebensversicherung, S. 222.

4 Vgl. Vieweg/Vogel, Risikoprüfung bei Rückdeckungsversicherungen für Invalidität und die Hinterbliebenenversorgung, NWB 2011 S. 3866.

werbsunfähigkeitsversicherung tritt der Versorgungsfall daher erst dann ein, wenn die komplette Erwerbsunfähigkeit festgestellt wird, der Versicherte also aus gesundheitlichen Gründen keinerlei Erwerb – unabhängig von seinem zuletzt ausgeübten Beruf oder Verweisungsberuf – mehr nachgehen kann.[1] Dementsprechend geringer als bei der Berufsunfähigkeit sind daher die Hürden für eine Gesundheitsprüfung bei einer Erwerbsunfähigkeitsversicherung. Auch die Prämien fallen bei letzterer regelmäßig niedriger, teilweise deutlich niedriger aus als bei ersterer.

Die Erwerbsunfähigkeitsversicherung ist nach den Aussagen vieler Versicherer vor allem für Menschen in Handwerksberufen und für jene gedacht, für die ein Berufsunfähigkeitsschutz nur zu sehr hohen Beiträgen möglich wäre. Dennoch kann sie auch für den GGF in Betracht kommen, wenn dieser für Berufsunfähigkeit gar nicht versicherbar ist.

PRAXISHINWEIS:

Kann das Berufsunfähigkeitsrisiko hingegen von einem Versicherer zu akzeptablen Prämien getragen werden, sollte der GGF diese Absicherungsform einer Erwerbsunfähigkeitsabsicherung vorziehen. Nicht richtig ist die mitunter verbreitete pauschale ‚Weisheit', „man müsse schon den Kopf unterm Arm tragen, um als GGF berufsunfähig zu sein". Insbesondere sind es nämlich psychische Probleme, die bei jener Berufsgruppe regelmäßig eine Berufsunfähigkeit auslösen können, während sie noch nicht zu einer Erwerbsunfähigkeit führen würden.

(3) Funktionelle Invaliditätsabsicherung

Eine Art von Kompromisslösung zwischen Berufs- und Erwerbsunfähigkeits- 253
absicherung stellt die Funktionelle Invaliditätsabsicherung dar; sie kann auch über die bAV vereinbart werden. Entstanden ist diese Versicherungsform dadurch, dass in den letzten Jahren immer mehr Personen nur zu erschwerten Bedingungen oder gar nicht in einer Berufsunfähigkeitsversicherung angenommen werden, gleichzeitig aber eine Erwerbsunfähigkeitsversicherung nicht gewünscht ist, weil sie nur im Extremfall leistet.

Eine Funktionelle Invaliditätsabsicherung ist eine Kombination der klassischen Unfallinvaliditätsversicherung, die nur bei Folgen eines Unfalls leistet, mit bestimmten Deckungselementen aus der Dread-Disease-Versicherung, die auch

1 Gemäß § 44 SGB VI (i. d. F. bis 31.12.2000) galten jene Personen als i. S. d. gesetzlichen Rentenversicherung erwerbsunfähig, die wegen Krankheit oder Behinderung auf nicht absehbare Zeit außerstande waren, eine Erwerbstätigkeit in gewisser Regelmäßigkeit auszuüben oder Arbeitsentgelt oder Arbeitseinkommen zu erzielen. Wie bei der gesetzlichen Berufsunfähigkeitsrente (vgl. Rz. 22) können nur jene eine gesetzliche Erwerbsunfähigkeitsrente beanspruchen, die eine solche bereits vor 2001 bezogen haben (§ 302b Abs. 1 Satz 2 SGB VI).

krankheitsbedingt greifen. Im Unterschied zur Berufsunfähigkeit sind die Leistungsauslöser jedoch nicht berufsabhängig, sondern werden anhand objektiver, medizinischer Krankheitskriterien definiert, die auch bei der ärztlichen Diagnose üblicherweise festgestellt werden; tritt diese Krankheit tatsächlich ein, entsteht Leistungspflicht, auch wenn eine Berufstätigkeit noch möglich wäre. Die häufigsten Ursachen für eine Berufsunfähigkeit, wie z. B. Einschränkungen des Bewegungsapparats, Herz-Kreislauf-Erkrankungen und psychische Krankheiten sind über die funktionelle Invaliditätsabsicherung allerdings grds. nicht absicherbar. Ob sie dann für den betreffenden GGF noch interessant ist, muss im Einzelfall entschieden werden.

PRAXISHINWEIS:

Kann der GGF ohne drastisch erschwerte Bedingungen in eine Berufsunfähigkeitsabsicherung aufgenommen werden, sollte er sich auch für diese Absicherungsform entscheiden. Andernfalls kann eine Kombination aus Erwerbsunfähigkeitsabsicherung und Funktioneller Invaliditätsabsicherung eine Lösung sein. Die eine leistet bei Verlust der Fähigkeit einen Beruf ausüben zu können, die andere bei unfallbedingtem Verlust körperlicher oder geistiger Fähigkeiten oder bei Eintritt einer vertraglich definierten schweren Krankheit. Die Summe der Beiträge für jene Kombination liegt nach eigener Recherche regelmäßig unter denjenigen einer Berufsunfähigkeitsversicherung.

(4) Erwerbsminderungsabsicherung

254 Außer der Absicherung gegen Berufs- und Erwerbsunfähigkeit ist bei privaten und betrieblichen Versorgungen auch die Vereinbarung einer Erwerbsminderungsleistung möglich. Diese ist aus der gesetzlichen Rente wegen Erwerbsminderung (§§ 43 und 241 SGB VI) abgeleitet, welche zum 1.1.2001 eingeführt worden ist.[1]

Die private Erwerbsminderungsabsicherung (auch: Absicherung gegen verminderte Erwerbsfähigkeit) kann seit 1.1.2014[2] – neben selbständigen Berufsunfähigkeitsversicherungen, vgl. Kapitel (2) – als eigenständige Basisrentenversicherung mit lebenslanger Rentenleistung i. S. v. § 10 Abs. 1 Nr. 2 Buchst. b, Doppelbuchst. bb EStG abgeschlossen werden. Ihre Definition des Versorgungsfalles „Erwerbsminderung" orientiert sich am sozialversicherungsrechtlichen Gesetzesbegriff (§ 43 SGB VI). Danach sind Versicherte „voll (teilweise) erwerbsgemindert, die wegen Krankheit oder Behinderung auf nicht absehbare Zeit außerstande sind, unter den üblichen Bedingungen des allgemeinen

1 Gesetz zur Reform der Renten wegen verminderter Erwerbsfähigkeit v. 20.12.2000 (BGBl 2000 I S. 1827).

2 Gesetz zur Verbesserung der steuerlichen Förderung der privaten Altersvorsorge (Altersvorsorge-Verbesserungsgesetz – AltvVerbG) v. 24.6.2013.

Arbeitsmarktes mindestens drei (sechs) Stunden täglich erwerbstätig zu sein".[1] Bei teilweiser Erwerbsminderung kann lediglich die halbe Leistung beansprucht werden.

Trotz der diesbezüglichen Initiative des Gesetzgebers gibt es gegenwärtig jedoch keinen Anbieter einer privaten oder betrieblichen Erwerbsminderungsversicherung. Diejenigen, die den Schritt eines Angebotes wagten, haben ihr Produkt mit der Begründung wieder zurückgezogen, es sei schlichtweg zu wenig Nachfrage vorhanden gewesen und jener Tarif habe sich daher als unrentabel erwiesen. Gegenwärtig ist unklar, wie sich die Angebotssituation künftig entwickeln wird.

PRAXISHINWEIS:

Für einen GGF ist die Erwerbsminderungsabsicherung daher gegenwärtig kein Thema. Dies hängt auch damit zusammen, dass die o.g. Definition jenes Versicherungstyps sich an dem zeitlichen Potenzial des ehemaligen GGF orientiert, dem Arbeitsmarkt auch nach der gesundheitlichen Beeinträchtigung noch zur Verfügung zu stehen. Dies bedeutet eine implizite abstrakte Verweisung auch auf Berufe, die weit unterhalb seiner bisherigen Lebensstellung bezüglich sozialer Wertschätzung und Vergütung liegen.

(5) Fazit

Als erstes sollte sich der GGF überlegen, ob er die Invaliditätsversorgung überhaupt über sein Unternehmen regeln oder besser privat abschließen will. Die Vereinbarung einer Invaliditätsversorgung über die bAV ist aus Sicht des GGF rechnerisch auch unter Berücksichtigung der Leistungsphase insbesondere aus steuerlichen Gründen besser als die private Variante; Kollektivtarife können diesen Vorsprung noch vergrößern. Allerdings ist zu beachten, dass das dazu in der bAV erforderliche höhere Leistungsvolumen oft nicht realisiert werden kann, weil die Vertragsbedingungen des Versicherers dies nicht zulassen. Außerdem können auf Seiten des Unternehmens bei Eintritt des Versorgungsfalles unerwünschte steuerliche Wirkungen auftreten, wenn die Invaliditätsversorgung über eine rückgedeckte Direktzusage gestaltet wird. 255

Ein GGF sollte u. E. eine Berufsunfähigkeitsabsicherung als Invaliditätsversorgung wählen. Die Gestaltung über eine nicht rückgedeckte Direktzusage allein bürdet bei Eintritt des Versorgungsfalles die komplette Last dem Unternehmen des GGF auf. Will man daher das Berufsunfähigkeitsrisiko durch einen externen Versorgungsträger absichern und

1 Vgl. Myßen/Fischer, Altersvorsorge-Verbesserungsgesetz – Basisvorsorge im Alter und Wohn-Riester, NWB 2013 S. 1977.

- scheitert die Aufnahme des GGF an der Hürde der Gesundheitsprüfung oder
- sollen nicht akzeptable Leistungseinschränkungen oder -ausschlüsse vorgenommen werden oder
- ist die Absicherung nur bei Vereinbarung inakzeptabler Beitragszuschläge möglich,

sollte der GGF an Stelle einer Berufsunfähigkeitsabsicherung eine Absicherung der Erwerbsunfähigkeit anstreben. Erst, wenn dieses Ziel scheitern sollte, ist eine Funktionelle Invaliditätsabsicherung zu empfehlen. Sinnvoll erscheint allerdings die Kombination aus Erwerbsunfähigkeitsabsicherung und Funktioneller Invaliditätsabsicherung, da sich beide ergänzen und dem Volumen der Risikoabdeckung der Berufsunfähigkeit nahekommen, jedoch ihre Beitragssumme regelmäßig geringer ausfällt als bei einer Berufsunfähigkeitsversicherung.

Im Falle einer rückgedeckten Direktzusage ist darauf zu achten, dass deren Vertragsbestandteile mit den Bedingungen des gewählten Vertrags der Invaliditätsversicherung identisch sind.

cc) Ermittlung der Höhe des Bedarfs an Invaliditätsversorgung

256 Der Bedarf an Invaliditätsleistungen ergibt sich, wie bei den Altersleistungen,[1] aus den drei in Rz. 231 dargestellten Blöcken.

Zur Bestimmung des Volumens von Block 1 sollte sich der GGF am heutigen verfügbaren Einkommen orientieren.

257–270 *(Einstweilen frei)*

3. Bedarf an Hinterbliebenenleistungen

271 Bei Ableben des GGF in der Anwartschaftsphase entsteht ein Versorgungsbedarf für sämtliche im Haushalt befindliche Hinterbliebene, der dem bei Invalidität[2] ähnlich ist: Das Erwerbseinkommen des dann verstorbenen GGF fällt weg und die dadurch entstehende Lücke ist zu schließen.

Im Vergleich zur Invalidität ergeben sich jedoch folgende Änderungen bei der Ermittlung des Vorsorgebedarfs:

- Ein mögliches Restgehalt des GGF ist nicht mehr vorhanden.

---

1 Vgl. Rz. 227 ff.

2 Vgl. Rz. 246 ff.

- Die Anzahl der Haushaltsmitglieder reduziert sich um eine Person, den Verstorbenen. Dadurch verringert sich i. a. auch der finanzielle Bedarf.
- Vermögen des Verstorbenen könnte aufgrund erbrechtlicher Regelungen an Personen außerhalb der Familie fallen.

Der Bedarf an Hinterbliebenenleistungen ergibt sich, wie bei den Alters- und Invaliditätsleistungen,[1] aus den drei in Rz. 231 dargestellten Blöcken.

Zur Bestimmung des Volumens von Block 1 ist wie folgt vorzugehen:

Stufe 1: Berechnung des heutigen verfügbaren Einkommens

Stufe 2: Berücksichtigung der Reduzierung der Haushaltsgröße infolge des Todes des GGF.

Stufe 3: Einbeziehung von Vermögensübertragungen auf erbberechtigte Personen außerhalb der Familie.

Am schwierigsten sind die finanziellen Wirkungen des Ausscheidens des Ver- 272
storbenen aus dem Haushaltsverbund in Bezug auf den Versorgungsbedarf gem. Stufe 2 zu quantifizieren. Selbst, wenn der Haushalt vor dem Tod aus zwei Personen, dem GGF und seiner Ehegattin/Ehegatte bzw. Lebenspartnerin/Lebenspartner, bestand, halbiert sich durch das Ableben der Bedarf nicht, da zahlreiche Fixkosten in derselben Höhe wie vor dem Tod weiterlaufen (z. B.: Schuldendienst für das Eigenheim, wenn es weiter vom Hinterbliebenen genutzt wird, laufende Kosten des Eigenheims, bestimmte Aufwendungen des Alltags wie z. B. die Tageszeitung, Fernsehgebühren etc.). Für jeden Einzelfall lässt sich der Bedarf ermitteln, indem man zwischen variablen Aufwendungen, die durch den Tod wegfallen, und den Fixaufwendungen unterscheidet, die voraussichtlich weiter in derselben Höhe anfallen werden.

Um aufwändiges Rechnen zu vermeiden, empfiehlt sich als „Praktiker-Methode" eine Multiplikation der relevanten Bemessungsgrundlage (B) mit 65 %. Sind neben dem überlebenden Ehe- bzw. Lebenspartner weitere Personen im Haushalt, macht es Sinn, jene 65 % durch Multiplikation mit einem Faktor zu erhöhen, der sich aus der Summe von 1 plus bei einer Zusatzperson (Z) 0,1, bei zwei Zusatzpersonen 0,2 etc. errechnet.

Es ergibt sich daher folgende einfache Formel, wobei H der Bedarf an Hinterbliebenenversorgung ist:

$H = B \;\; 0{,}65 \;\; (1+Z)$

Nebenbedingung: Das Produkt aus 0,65 (1+Z) darf maximal 1 ergeben.

1 Vgl. Rz. 249.

Hinterlässt der GGF im Falle seines Todes eine Frau und drei Kinder, so sollte nach dieser „Praktiker-Methode" eine Multiplikation der relevanten Bemessungsgrundlage (B) mit 65 % 1,3, d. h. 84,5 % erfolgen.

273–285 *(Einstweilen frei)*

III. Schritt 2: Bereits vorhandene Versorgungen des Gesellschafter-Geschäftsführers

286 Die bereits zum heutigen Zeitpunkt vorhandenen Versorgungsformen des GGF sind dem in Schritt 1[1] berechneten Versorgungsbedarf gegenüber zu stellen. Dabei kommt es, wie beim Versorgungsbedarf, auf die bereits vertraglich vereinbarten bzw. konkret beabsichtigten künftigen verfügbaren Mittel an, d. h. voraussichtliche Steuer-, Sozialabgaben- und sonstige Belastungen sind abzuziehen.

287 Wie in Kapitel I unter Rz. 220 erwähnt, sind bei der Gegenüberstellung jener bereits vorhandenen Versorgungsformen des GGF die Leistungsarten, -zeitpunkte, -formen und -bedingungen zu berücksichtigen.

288 Zunächst ist zu entscheiden, ob die neu zu vereinbarenden Versorgungsleistungen über die bAV oder die private Schiene abzuschließen sind. Trotz nachgelagerter Besteuerung ist es über die bAV i. d. R. günstiger, da Stundungs- und Progressionseffekte diese Form im Vergleich zur privaten Versorgung begünstigen. Allerdings ist dies im Einzelfall zu überprüfen, da eine private Basisrente konkurrenzfähig sein kann, wenn die Personen das 50. Lebensjahr deutlich überschritten haben; dann nämlich besteht die Möglichkeit, dass der gem. § 22 Nr. 1 Satz 3 Buchst. a Doppelbuchst. aa EStG steuerpflichtige Rententeil geringer ausfällt als der gem. § 10 Abs. 3 EStG steuerfreie Beitragsteil.

289 Allerdings sind die Beiträge zugunsten einer Basisrente gem. § 10 Abs. 3 Sätze 1 und ggf. 2 EStG lediglich bis zum Höchstbeitrag zur knappschaftlichen Rentenversicherung (2020: 25.046 €, bei Zusammenveranlagung von Ehegatten 50.092 € bzw. 2021: 25.787 €/51.574 €) steuerlich begünstigt. Diese Höchstgrenze reicht grds. nicht aus, den Gesamtbedarf an Altersversorgung zu finanzieren, so dass die bAV den Rest zu decken hat. In diesem Falle ist jedoch zu beachten, dass bei Erteilung einer Anwartschaft auf bAV an den nicht rentenversicherungspflichtigen GGF im Rahmen seines aktuellen Dienstverhältnisses

1 Vgl. Kapitel II.

jener steuerrechtliche Höchstbetrag für Schicht I-Vorsorgeaufwendungen[1] um einen fiktiven GRV-Gesamtbeitrag (Arbeitgeber- und Arbeitnehmeranteil) zu kürzen ist (vgl. Rz. 171 und Rz. 157). Dabei ist der zu Beginn des Kalenderjahres geltende Beitragssatz in der allgemeinen Rentenversicherung zugrunde zu legen; Bemessungsgrundlage sind die steuerpflichtigen Einnahmen des GGF aus seiner Tätigkeit für die GmbH, beschränkt auf die BBG-Ost (vgl. Rz. 171).[2]

Soweit bAV vereinbart wird, ist auch zu entscheiden, welche Durchführungs- 290
wege eingerichtet werden. Da das Volumen der versicherungsförmigen Durchführungswege aufgrund § 3 Nr. 63 EStG sehr begrenzt ist, sind Direktzusage oder Unterstützungskasse erforderlich.

Die Vereinbarung einer Invaliditätsversorgung über die bAV ist gem. den Aus- 291
führungen in Rz. 248 auch unter Berücksichtigung der Leistungsphase meist besser als die private Variante. Allerdings ist zu beachten, dass das dazu in der bAV erforderliche höhere Volumen oft nicht realisiert werden kann, weil die Vertragsbedingungen des Versicherers dies nicht zulassen. Ein erweiterter Berufsunfähigkeitsschutz kann allerdings auch über die Basisrente gem. § 10 Abs. 1 Nr. 2 Buchst. b Doppelbuchst. bb EStG abgeschlossen werden.

Die Ausführungen zur Invaliditätsversorgung gelten entsprechend für die Hin- 292
terbliebenenleistung.

Abschließend sei erwähnt, dass bei Einrichtung einer arbeitgeberfinanzierten 293
bAV die Grenze zur Überversorgung (75 %-Grenze) gem. BMF-Schreiben v. 3.11.2004[3] nicht überschritten werden darf, wenn nicht abziehbare Betriebsausgaben auf der Seite des Unternehmens vermieden werden sollen.

(Einstweilen frei) 294–319

1 § 10 Abs. 1 Nr. 2 und Abs. 3 EStG, Beiträge zur GRV, zur landwirtschaftlichen Alterskasse und berufsständischen Versorgungseinrichtungen, die der GRV vergleichbare Leistungen erbringen sowie zu Basisrentenverträgen.

2 Vgl. BMF v. 24.5.2017, BStBl 2017 I S. 820, Rz. 63 f.: einheitliche Anwendung der BBG Ost auf alle betroffenen Personen, unabhängig von Bundeslandzugehörigkeit.

3 BStBl 2004 I S. 1045.

C. Einrichtung einer neuen betrieblichen Altersversorgung für den GGF

Zwar ist für GGF, die im arbeitsrechtlichen Sinne als beherrschend gelten,[1] das 320
Betriebsrentengesetz nicht unmittelbar anwendbar. Dennoch ist dieses Gesetz in Bezug auf die einzelnen Durchführungswege der bAV, deren Zusagearten (Leistungszusage, beitragsorientierte Leistungszusage oder Beitragszusage mit und ohne Mindestleistung), Leistungsarten[2] (Alters-, Invaliditäts- und/oder Todesfallleistungen), Leistungsformen[3] (Leibrente, Zeitrente, Auszahlungsplan oder Kapitalleistung), Finanzierungsarten (arbeitgeberfinanziert, Entgeltumwandlung oder Mischform) und die allgemeine Definition der bAV auch für jenen Personenkreis Rechtsgrundlage, auf die das Steuerrecht aufbaut. Bevor daher in Kapitel C.III die steuerrechtlichen Prüfungsschritte bei Neueinrichtung der bAV eines GGF besprochen werden, stellt nachfolgendes Kapitel C.I die grundlegenden Voraussetzungen für die Neueinrichtung der bAV eines GGF dar, die ihre Wurzel in anderen Rechtsgebieten haben, jedoch auch auf das Steuerrecht ausstrahlen; außerdem geht das Kapitel auf wichtige Gestaltungsparameter ein, die bei der Neueinrichtung der bAV eines GGF beachtet werden sollten, so z. B. auch die Frage, ob Rückdeckung bei einer Direktzusage betrieben werden sollte und, wenn ja, in welcher Form. Kapitel C.II widmet sich der Frage, welche Durchführungswege der bAV für den GGF am besten geeignet sind.

I. Allgemeine Voraussetzungen und wichtige Gestaltungsparameter für die Neueinrichtung einer betrieblichen Altersversorgung

1. Absicherung biometrischer Risiken

Betriebliche Altersversorgung liegt nach der gesetzlichen Definition im Be- 321
triebsrentengesetz vor, wenn dem Arbeitnehmer anlässlich seines Arbeitsverhältnisses vom Arbeitgeber Leistungen zur Absicherung mindestens eines biometrischen Risikos

1 Vgl. dazu ausführlich Rz. 91 ff. mit Beispielen in Rz. 96 ff.

2 Vgl. zum Begriff der Leistungsarten in der Altersversorgung z. B. Höfer/de Groot/Küpper/Reich, Betriebsrentenrecht (BetrAVG) Bd. I Arbeitsrecht, Kap. 2, Rz. 11 ff; Dommermuth in Herrmann/Heuer/Raupach, EStG und KStG Kommentar, § 6a EStG Anm. 37.

3 Vgl. zum Begriff der Leistungsformen in der Altersversorgung z. B. Höfer/de Groot/Küpper/Reich, Betriebsrentenrecht (BetrAVG) Bd. I Arbeitsrecht, Kap. 2, Rz. 25 ff.

- Alter,
- Tod oder
- Invalidität,

zugesagt werden und die Leistungen erst mit dem Eintritt des biologischen Ereignisses fällig werden (§ 1 BetrAVG).[1] Die dargestellten Anforderungen gelten grds. unabhängig vom gewählten Durchführungsweg und unabhängig davon, ob die bAV arbeitgeberfinanziert ist, vom Arbeitnehmer über eine Entgeltumwandlung i. S. d. § 1 Abs. 2 Nr. 3 BetrAVG oder über Eigenbeträge i. S. d. § 1 Abs. 2 Nr. 4 BetrAVG finanziert wird.

a) Biometrisches Risiko „Alter“

322 Biometrisches Risiko ist bei der Altersversorgung das altersbedingte Ausscheiden aus dem Arbeitsverhältnis. Als Untergrenze für Altersleistungen gilt für vor dem 1.1.2012 erteilte Versorgungszusagen die Vollendung des 60., für nach dem 31.12.2011 gewährte bAV des 62. Lebensjahres.[2] Ausnahmen sind nur denkbar, wenn Versorgungsleistungen aufgrund berufsspezifischer Ausnahmefälle schon vor dem 60./62. Lebensjahr üblich sind (z. B. bislang bei Piloten).[3] Ob solche Ausnahmefälle vorliegen, ergibt sich aus einem Gesetz, einem Tarifvertrag oder einer Betriebsvereinbarung (= abschließende Aufzählung). Bei einzelvertraglichen Vereinbarungen, die eine Auszahlung vor dem 60./62. Lebensjahr vorsehen, handelt es sich folglich nicht um bAV.[4]

PRAXISHINWEIS:

Damit sind berufsspezifische Ausnahmefälle, die eine Inanspruchnahme der bAV vor Vollendung des 60./62. Lebensjahres erlauben, beim GGF rechtlich unzulässig, da er weder unter Tarifverträge noch unter Betriebsvereinbarungen fällt.

323 Unschädlich ist nach der BFH-Rechtsprechung, wenn der Arbeitnehmer im Zeitpunkt der Auszahlung der Versorgungsleistungen das 60./62. Lebensjahr erreicht, seine berufliche Tätigkeit aber noch nicht beendet hat.[5] Die FinVerw hat diese Sichtweise im BMF-Schreiben vom 18.9.2017[6] für sämtliche Durch-

1 Vgl. BT-Drucks. 7/1281 S. 22; Merkblatt PSVaG 300/M4/3.02 unter 1; Höfer/de Groot/Küpper/Reich, Betriebsrentenrecht (BetrAVG), Bd. I, Arbeitsrecht, Kap. 2 Rz. 1 ff.

2 BMF v. 6.12.2017, BStBl 2018 I S. 147, Rz. 3.

3 BMF v. 6.12.2017, BStBl 2018 I S. 147, Rz. 3. Allerdings ist aufgrund des EuGH v. 13.9.2011 - C-447/09 und Prigge, BetrAV 2011 S. 643, NJW 2011 S. 3209, zweifelhaft, ob eine frühere berufsspezifische Grenze künftig unter Diskriminierungsgesichtspunkten noch haltbar ist. Damit könnte die Möglichkeit der Inanspruchnahme betrieblicher Versorgungsleistungen vor Vollendung des 60. Lebensjahres auf den Prüfstand kommen.

4 BMF v. 6.12.2017, BStBl 2018 I S. 147, Rz. 3.

5 BFH v. 5.3.2008 - I R 12/07, BStBl 2015 II S. 409 für alle fünf Durchführungswege, bestätigt durch BFH v. 23.10.2013 - I R 60/12, BStBl 2015 II S. 413.

6 BStBl 2017 I S. 1293.

führungswege übernommen[1] und beanstandet dort auch für Direkt- und Unterstützungskassenzusagen, die zwar vertraglich die Vollendung des vereinbarten Pensionsalters voraussetzen, nicht jedoch das Ausscheiden des Begünstigten aus dem Betrieb, die bilanzsteuerrechtliche Behandlung der Rückstellungszuführungen und Unterstützungskassenzuwendungen als Betriebsausgaben nicht.[2]

In der Auszahlungsphase der Pension allerdings führt die parallele Zahlung von Geschäftsführergehalt und Betriebsrente aus einer Direktzusage nach einheitlicher Auffassung von Rspr. und FinVerw sowohl bei beherrschenden als auch bei nicht beherrschenden GGF zu einer verdeckten Gewinnausschüttung (vGA), soweit das Aktivgehalt nicht auf die Pensionsleistung aus der Direktzusage angerechnet wird (vgl. ausführlich Rz. 855).[3] Bei den versicherungsförmigen Durchführungswegen hingegen kann das Problem der vGA im Falle der Nichtanrechnung der Aktivbezüge auf die Betriebsrente nicht entstehen, da es im Jahr der Betriebsrentenzahlung an der Vermögensminderung bzw. verhinderten Vermögensmehrung i. S. v. R 8.5 Abs. 1 Satz 1 KStR auf Gesellschaftsebene und damit der Grundvoraussetzung für eine vGA mangelt. 324

PRAXISHINWEIS:

Vgl. zur automatischen vGA bei Betriebsrentenbezug ohne Anrechnung auf das parallel bezogene Gehalt und zum Verzicht auf die Betriebsrente den Praxishinweis in Rz. 856.

Eine Besonderheit ergibt sich bei Unterstützungskassen: Soweit eine Unterstützungskasse pauschal dotiert, also nicht rückgedeckt ist, muss zwischen der Dotierung zu Gunsten von Leistungsanwärtern und Leistungsempfängern unterschieden werden, da für letztere wesentlich höhere Beträge in Form des Deckungskapitals vom Trägerunternehmen an die Unterstützungskasse zugewendet werden können. Allerdings ist jene Deckungskapitalzuwendung gem. § 4d Abs. 1 Satz 1 Nr. 1 Satz 1 Buchst. a EStG nur für jene Leistungsempfänger zulässig, bei denen es sich um „ehemalige Arbeitnehmer des Trägerunternehmens" handelt; sie müssen daher zum Zuwendungszeitpunkt bereits aus dem Dienstverhältnis zum Trägerunternehmen ausgeschieden sein (vgl. Rz. 714).[4] 325

1 BMF v. 6.12.2017, BStBl 2018 I S. 147, Rz. 3.

2 Vor Veröffentlichung jenes BMF-Schreibens v. 18.9.2017 vertrat die FinVerw in H 6a Abs. 1 EStH und dem BMF-Schreiben v. 11.11.1999 (BStBl 1999 I S. 959, Rz. 2) noch die Auffassung, Pensionsrückstellungen dürfen nicht gebildet (und Unterstützungskassenzuwendungen nicht als Betriebsausgaben abgezogen) werden, wenn der Ausscheidepassus in der Direkt- oder Unterstützungskassenzusage fehle.

3 BFH v. 5.3.2008 - I R 12/07, BStBl 2015 II S. 409, unter II.2.a der Gründe; v. 23.10.2013 - I R 60/12, BStBl 2015 II S. 413, Rz. 12 bis 15; BMF v. 18.9.2017, BStBl 2017 I S. 1293, Rz. 10.

4 Vgl. auch BMF-Schreiben v. 18.9.2017, BStBl 2017 I S. 1293, Rz. 6.

326 Eine weitere Besonderheit ist die Satzung der Unterstützungskasse: Sie enthält gegenwärtig auch bei den meisten real existierenden rückgedeckten Unterstützungskassen die Voraussetzung, dass das Dienstverhältnis zum Trägerunternehmen beendet sein muss, damit die Zahlung der Leistung an den ehemaligen Arbeitnehmer jenes Unternehmens erfolgen kann (Unterstützungskassen der Kategorie 1). Dies hängt mit der in Rz. 323 (letzte Fußnote) aufgezeigten alten Rechtslage zusammen, nach der die Finanzverwaltung vor Veröffentlichung des BMF-Schreibens v. 18.9.2017[1] das Bestehen des Ausscheidepassus in der bAV-Zusage als Voraussetzung für die steuerrechtliche Anerkennung als bAV forderte. Nur wenige am Markt existierende Unterstützungskassen haben sich bisher von dieser Leistungsvoraussetzung in ihrer Satzung getrennt (Unterstützungskassen der Kategorie 2). Allerdings sind etliche Unterstützungskassen der Kategorie 1 bislang erfinderisch, wenn Arbeitnehmer über die Altersgrenze oder den Eintritt der Invalidität hinaus weiterarbeiten wollen (sog. „technischer Rentner", solange die Betriebsrente in dieser Phase noch nicht gezahlt wird): Im Falle einer Kapitalleistung schieben sie deren Auszahlung bis zum tatsächlichen Ausscheidetermin auf. Bei Rentenleistung hingegen ist es mit dem Aufschieben nicht getan, weil der Anspruch des technischen Rentners auf die bis zum Ausscheiden entstandenen Renten bis zu diesem Zeitpunkt satzungsgemäß nicht entstanden war und danach nicht mehr entstehen kann, so dass es sich hierbei um eine verfallene Rente handelt; diese verfallene Rente lässt freies Kassenvermögen bei der Unterstützungskasse entstehen. Unterstützungskassen der Kategorie 1 finanzieren die Beiträge zur Rückdeckungsversicherung für einen oder mehrere andere Arbeitnehmer (= Leistungsanwärter) desselben Trägerunternehmens in Höhe jenes freien Kassenvermögens und ersparen dem jeweiligen Trägerunternehmen damit entsprechende Zuwendungen an die Unterstützungskasse. Jene ersparten Zuwendungen kann das jeweilige Trägerunternehmen zur Zahlung derjenigen verfallenen Renten an den betreffenden – aus Sicht der Unterstützungskasse – technischen Rentner[2] verwenden, die die Unterstützungskasse an diese Person satzungsgemäß nicht auszahlen darf.

1 BStBl 2017 I S. 1293.

2 Ein solcher Mitarbeiter ist eigentlich kein technischer Rentner, da er seine Betriebsrente tatsächlich vom Trägerunternehmen erhält; aus Sicht der Unterstützungskasse der Kategorie 1 jedoch ist der Begriff des „technischen Rentners" gerechtfertigt, da diese die Betriebsrente nicht unmittelbar an ihn zahlen darf.

PRAXISHINWEIS:

Vgl. zu Problemen bei Unterstützungskassen der Kategorie 1 den Praxishinweis in Rz. 858.

Unklar ist allerdings bei GGF, ob das in Rz. 324 für die Direktzusage geschilderte Problem der vGA im Falle der Nichtanrechnung der Aktivbezüge auf die Betriebsrente auch bei Unterstützungskassenzusagen entstehen kann. 327

Bei Unterstützungskassen der Kategorie 1 ist dies wohl zu bejahen, sofern das Trägerunternehmen selbst die ersparten Zuwendungen als „Quasi-Betriebsrente" an den GGF zahlt.[1] Bei Unterstützungskassen der Kategorie 2 ist dies auf den ersten Blick nicht möglich, wenn die Rentnerverwaltung inklusive der Auszahlung der Versorgungsleistungen unter den Voraussetzungen des § 38 Abs. 3a EStG auf die Unterstützungskasse übertragen worden ist, da es im Jahr der an den technischen Rentner erfolgenden Betriebsrentenzahlung an der Vermögensminderung bzw. verhinderten Vermögensmehrung i. S. v. R 8.5 Abs. 1 Satz 1 KStR 2015 auf Gesellschaftsebene des Trägerunternehmens und damit an der Grundvoraussetzung für eine vGA mangelt. Begründung: Die Betriebsrente wird von der Unterstützungskasse unmittelbar an den GGF gezahlt, so dass eine Vermögensminderung beim Trägerunternehmen insoweit nicht eintritt. Auf den zweiten Blick jedoch könnte dennoch eine vGA gegeben sein, weil u. U. eine verhinderte Vermögensmehrung vorliegt: Hätte nämlich die Unterstützungskasse der Kategorie 2 jene Betriebsrente nicht über die Alters- bzw. Invaliditätsgrenze hinaus an den für das Trägerunternehmen tätigen GGF ausgezahlt und sich stattdessen wie eine Unterstützungskasse der Kategorie 1 verhalten, hätte sie dem Trägerunternehmen im Falle von vorhandenen Leistungsanwärtern dieses Trägerunternehmens bei dieser Unterstützungskasse Zuwendungen in genau dieser Höhe erspart und damit dessen Vermögen vermehrt; zu dieser Vermögensmehrung kann es nun nicht mehr kommen. Die Zahlung der Betriebsrente einer Unterstützungskasse der Kategorie 2 an jenen GGF könnte daher vom zuständigen Finanzamt als verhinderte Vermögensmehrung und damit als vGA interpretiert werden.

(Einstweilen frei) 328–329

b) Biometrisches Risiko „Tod"

Die Hinterbliebenenversorgung im Bereich der bAV darf Leistungen an die Witwe des verstorbenen Arbeitnehmers oder den Witwer der verstorbenen Arbeit- 330

1 Vgl. Rz. 326.

nehmerin, seinen bzw. ihren früheren Ehegatten, die steuerlich zu berücksichtigenden Kinder[1] und an den Lebensgefährten bzw. die Lebensgefährtin des Arbeitnehmers bzw. der Arbeitnehmerin umfassen. Sie ist damit großzügiger als im Bereich der staatlich geförderten privaten Altersabsicherung (Riester-Versorgung und Basisrente) oder im Bereich der gesetzlichen Rentenversicherungen, wo gem. § 10 Abs. 1 Nr. 2 Buchst. b Doppelbuchst. aa Satz 2 i.V. m. § 2 Abs. 8 EStG und § 1 Abs. 1 Satz 1 Nr. 2 AltZertG nur der aktuelle Ehegatte und steuerlich zu berücksichtigende Kinder sowie der Lebenspartner hinterbliebenenleistungsfähig sind. Eine freie Vererbbarkeit der Leistungen aus der bAV ist grundsätzlich nicht zulässig.[2] Etwas anderes gilt für den Fall dass an Stelle einer lebenslangen Leibrente ein einmaliges Alterskapital zugesagt ist und das Ableben des begünstigten GGF nach Fälligkeit jener Kapitalleistung eintritt, da es sich dann nicht mehr um eine Versorgungsleistung der bAV handelt, sondern um einen normalen Teil des Nachlasses.[3]

331 Handelt es sich um eine nicht eheliche Lebensgemeinschaft, muss zwecks Anerkennung als begünstigte Hinterbliebenenversorgung neben der namentlichen Benennung des Lebensgefährten gegenüber dem Arbeitgeber auch versichert werden, dass eine gemeinsame Haushaltsführung besteht. Ausreichend ist in diesen Fällen, wenn spätestens zu Beginn der Auszahlungsphase der Hinterbliebenenleistung eine Versicherung des Arbeitnehmers in Textform vorliegt, in der neben der namentlichen Benennung auch eine gemeinsame Haushaltsführung bestätigt wird.[4]

332 Als Hinterbliebene können auch Kinder begünstigt sein, die in den Haushalt des Arbeitnehmers auf Dauer aufgenommen sind, in einem Obhut- und Pflegeverhältnis zu ihm stehen, bei denen die Voraussetzungen des § 32 EStG nur beim ebenfalls im Haushalt des Arbeitnehmers lebenden Ehegatten oder Lebenspartner erfüllt sind und die in der Versorgungsvereinbarung namentlich genannt sind (Pflegekind/Stiefkind, faktisches Stiefkind) und zwar unabhängig davon, ob zu dem anderen leiblichen Elternteil ggf. noch ein Obhut- oder Pflegeverhältnis besteht. Entsprechendes gilt für auf Dauer in den Haushalt der Großeltern aufgenommene Enkelkinder.[5]

---

1 Bei Versorgungszusagen, die vor dem 1.1.2007 erteilt worden sind, ist auf das 27. Lebensjahr abzustellen, bei Versorgungszusagen, die nach dem 31.12.2006 erteilt werden, auf das 25. Lebensjahr; die Höhe der eigenen Einkünfte und Bezüge des Kindes ist unmaßgeblich; vgl. BMF v. 6.12.2017, BStBl 2018 I S. 147, Rz. 4.

2 Vgl. BMF-Schreiben v. 18.9.2017, BStBl 2018 I S. 147.

3 Vgl. Rz. 382.

4 BMF v. 6.12.2017, BStBl 2018 I S. 147, Rz. 4.

5 BMF v. 6.12.2017, BStBl 2018 I S. 147, Rz. 4.

PRAXISHINWEIS 1:

Die genannten Einschränkungen hinsichtlich des Personenkreises gelten nicht bei der Hinterbliebenenversorgung über eine Direktversicherung, die im Rahmen des § 40b EStG pauschalversteuert wird.[1] Hier kann eine beliebige Person als Bezugsberechtigter für den Fall des Todes des Arbeitnehmers benannt werden,[2] was sich insbesondere bei ledigen Arbeitnehmern ohne Partner und ohne Kinder als vorteilhaft erweisen kann.

PRAXISHINWEIS 2:

Die Hinterbliebenenversorgung kann in der Versorgungszusage individuell – d. h. namentlich bezogen auf den Ehe-/Lebenspartner im Zusagezeitpunkt – vereinbart werden oder kollektiv – d. h. der im Zeitpunkt des Todes mit dem Versorgungsberechtigten in rechtsgültiger Ehe-/Lebensgemeinschaft lebende Partner soll begünstigt sein. Bei der Entscheidung, welche Form der Hinterbliebenenversorgung gewählt wird, sollten jedoch die unterschiedlichen Wirkungen in bestimmten Bereichen mit bedacht werden. So kann z. B. die individuell vereinbarte Hinterbliebenenversorgung im Rahmen einer Direktzusage in Form einer Einzelzusage bei der Rückstellungsbewertung zu exakteren Ergebnissen führen als die Berücksichtigung kollektiver Verheiratungswahrscheinlichkeiten, was bei Ehen/Lebensgemeinschaften mit erheblichem Altersunterschied zu spürbaren Differenzen führen kann. Allerdings ist im Gegenzug abzuwägen, dass eine individuelle Hinterbliebenenversorgung mit Tod des begünstigten Partners bzw. bei einer Scheidung/Trennung vom begünstigten Partner endet. Soll später ein neuer Partner begünstigt werden, ist beim GGF die Erdienbarkeitsfrist bei der individuellen Variante erneut einzuhalten. Außerdem kann nach Vollendung des 60. Lebensjahres des GGF bei individueller Vereinbarung kein neuer Partner mehr für die Hinterbliebenenversorgung berücksichtigt werden (vgl. hierzu unter Rz. 788).

c) Biometrisches Risiko „Invalidität"

Hinsichtlich der Festlegung, wann Invalidität mit einem Anspruch auf Versorgungsleistungen vorliegt, existiert keine allgemeingültige Definition.[3] Es muss ausdrücklich und klar in der Versorgungsvereinbarung definiert werden, wann Anspruch auf eine Invalidenrente besteht. Diesbezüglich kann z. B. eine Bezugnahme auf einen entsprechenden Leistungsanspruch aus der gesetzlichen Rentenversicherung erfolgen oder – bei einem versicherungsförmigen Durchführungsweg oder Abschluss einer Rückdeckungsversicherung – ein Verweis auf die konkreten versicherungsvertraglichen Tarifbestimmungen. Auf den Invaliditätsgrad kommt es nicht an.[4] 333

1 Hiervon können nur Direktversicherungen profitieren, die auf einer vor dem 1.1.2005 erteilten Versorgungszusage basieren.

2 BMF v. 6.12.2017, BStBl 2018 I S. 147, Rz. 5.

3 Vgl. ausführlich Rz. 246 ff.

4 BMF v. 6.12.2017, BStBl 2018 I S. 147, Rz. 3.

PRAXISHINWEIS:

Wichtig ist bei der Definition der Invalidität in der Versorgungsvereinbarung, dass die Anspruchsvoraussetzungen bei den versicherungsförmigen Durchführungswegen mit den Tarifbestimmungen der Pensionskasse, des Pensionsfonds oder der Direktversicherung übereinstimmen, denn für die Einstandspflicht des Arbeitgebers i. S. v. § 1 Abs. 1 Satz 3 BetrAVG maßgebend ist immer die Definition der Versorgungszusage. Stimmen die Tarifvereinbarungen des eingeschalteten Versorgungsträgers damit nicht überein, läuft der Arbeitgeber Gefahr, unabhängig vom Versorgungsträger leisten zu müssen. Entsprechendes gilt in Bezug auf eine Rückdeckungsversicherung, die zur Finanzierung einer Direktzusage oder einer rückgedeckten Unterstützungskassenzusage abgeschlossen wurde.

d) Weitere Anforderungen

334 Die Vereinbarung über eine bAV ist mit ihren einzelnen Komponenten grds. als Einheit anzusehen. Werden mehrere der vorstehenden biometrischen Risiken (Alter, Tod, Invalidität) abgesichert, ist die gesamte Vereinbarung nicht mehr als bAV anzuerkennen, wenn auch nur für eines dieser Risiken die jeweiligen Vorgaben nicht beachtet werden.[1] Eine getrennte Beurteilung der einzelnen abgesicherten Risiken kommt allenfalls in Betracht, wenn es sich nicht um eine einheitliche, sondern um mehrere Teil-Versorgungszusagen handelt. Anhaltspunkt hierfür ist die (gleichzeitige) Absicherung der einzelnen biometrischen Risiken in verschiedenen Durchführungswegen (z. B. Alter über Direktversicherung und Tod über Pensionskasse). Entsprechendes gilt bei vollkommen getrennt voneinander finanzierten Versorgungsblöcken.[2]

335 Keine bAV liegt vor, wenn über die Regelungen zur Hinterbliebenenversorgung (vgl. Rz. 330 ff.) hinaus zwischen Arbeitnehmer und Arbeitgeber die Vererblichkeit von Anwartschaften vereinbart ist. Das gilt auch, wenn bei einer vereinbarten Rentengarantiezeit die Auszahlung an Personen, die nicht zum Kreis der steuerlich Begünstigten bei der Hinterbliebenenversorgung gehören, vorgesehen ist. Lediglich die Möglichkeit, ein einmaliges angemessenes Sterbegeld (bis zu 8.000 €[3] – in Anlehnung an § 2 Abs. 1 KStDV, der für rechtsfähige Pensions- und Sterbekassen, die dem Leistungsempfänger einen Rechtsanspruch gewähren, ein Sterbegeld bis zu 7.669 € vorsieht) an eine beliebige Person zu zahlen, führt nicht zur Versagung der Anerkennung der bAV.[4] Ist die

1 BMF v. 6.12.2017, BStBl 2018 I S. 147, Rz. 1.

2 Gl. A. Niermann/Risthaus, DB Beilage Nr. 2/2005 S. 51.

3 Grundlage ist das Schreiben der BaFin an den GDV v. 3.8.2005, in dem ein Sterbegeld i. H. v. 8.000 € auch für den Fall der nachgelagerten Besteuerung als das Maximum anerkannt wird.

4 BMF v. 6.12.2017, BStBl 2018 I S. 147, Rz. 5.

Auszahlung der garantierten Leistungen nach dem Tod des Berechtigten hingegen ausschließlich an steuerlich anerkannte Hinterbliebene i. S. v. Rz. 330 ff. vereinbart, ist eine Rentengarantiezeit nach Auffassung der FinVerw ausnahmsweise unschädlich – und zwar auch dann, wenn keine lebenslange Rentenleistung erfolgt.[1] Aus der Sicht der FinVerw ist es im Fall der Witwe/des Witwers oder der Lebensgefährtin/des Lebensgefährten nicht zu beanstanden, wenn anstelle der Zahlung der garantierten Rentenleistung in unveränderter Höhe das im Zeitpunkt des Todes des Berechtigten noch vorhandene „Restkapital" ausnahmsweise lebenslang verrentet wird.[2]

Auch Vereinbarungen, nach denen Arbeitslohn gutgeschrieben und ohne Ab- 336
deckung eines biometrischen Risikos zu einem späteren Zeitpunkt (z. B. bei Ausscheiden aus dem Arbeitsverhältnis) ggf. mit Wertsteigerung ausgezahlt werden soll, sind nicht dem Bereich der bAV zuzuordnen – und zwar auch dann nicht, wenn sie formal in eine Versorgungsvereinbarung gekleidet werden.[3]

PRAXISHINWEIS:

Betriebliche Altersversorgung liegt ebenfalls nicht vor, wenn der Arbeitgeber oder eine Versorgungseinrichtung einem nicht bei ihm beschäftigten Ehegatten des Arbeitnehmers eigene Versorgungsleistungen zur Absicherung seiner biometrischen Risiken (Alter, Tod, Invalidität) verspricht. Es liegt insoweit keine Versorgungszusage aus Anlass eines Arbeitsverhältnisses zwischen dem Arbeitgeber und dem Ehegatten vor (§ 1 BetrAVG).[4] Etwas anderes gilt nur, wenn die Anwartschaft des nicht beschäftigten Ehegatten im Rahmen eines Versorgungsausgleichs durch interne Teilung entstanden ist. Hier bestimmt § 12 Versorgungsausgleichsgesetz (VersAusglG) ausdrücklich, dass der ausgleichsberechtigte Ehegatte im Hinblick auf die Versorgungsansprüche wie ein ausgeschiedener Arbeitnehmer zu behandeln ist.

(Einstweilen frei) 337–345

2. Finanzierung der betrieblichen Altersversorgung – arbeitgeberfinanziert oder Entgeltumwandlung?

a) Arbeitgeberfinanzierung

Wird die bAV durch den Arbeitgeber finanziert, bedeutet dies, dass der Arbeit- 346
geber dem Arbeitnehmer zusätzlich zu den bereits bestehenden Lohn- oder Gehaltsansprüchen und ggf. Sachleistungen eine Zusage über betriebliche

1 BMF v. 6.12.2017, BStBl 2018 I S. 147, Rz. 5.
2 BMF v. 6.12.2017, BStBl 2018 I S. 147, Rz. 5.
3 BMF v. 6.12.2017, BStBl 2018 I S. 147, Rz. 6.
4 BMF v. 6.12.2017, BStBl 2018 I S. 147, Rz. 2.

Versorgungsleistungen im Alter, bei Tod oder bei Invalidität erteilt und die Finanzierung sicherstellt. D. h. im Ergebnis, dass sich die Gesamtansprüche des Arbeitnehmers dadurch erhöhen. Ob es dadurch allerdings zu einem zusätzlichen Lohnzufluss kommt, hängt vom gewählten Durchführungsweg ab. Jene Grundsätze gelten ebenso für die GGF von Kapital- und Personengesellschaften.[1]

b) Entgeltumwandlung

347 Eine durch Entgeltumwandlung finanzierte bAV liegt nach dem BetrAVG vor, wenn Arbeitgeber und Arbeitnehmer vereinbaren, künftige Arbeitslohnansprüche des Arbeitnehmers in eine wertgleiche Anwartschaft auf Versorgungsleistungen umzuwandeln (§ 1 Abs. 2 Nr. 3 BetrAVG).[2] Dabei ist es steuerlich zulässig, die erforderliche Wertgleichheit außerhalb versicherungsmathematischer Grundsätze zu berechnen und festzustellen.[3] Steuerlich wird eine Entgeltumwandlung von Arbeitslohn (laufender Arbeitslohn, Einmal- und Sonderzahlungen) zugunsten bAV auch dann anerkannt, wenn durch die Umwandlungsvereinbarung bereits erdiente, aber noch nicht fällig gewordene Anteile des Arbeitslohns umgewandelt werden; dies gilt auch dann, wenn eine Einmal- oder Sonderzahlung einen Zeitraum von mehr als einem Jahr betrifft.[4]

348 Der in § 1a Abs. 1 BetrAVG verankerte Rechtsanspruch auf Entgeltumwandlung gilt grundsätzlich auch für GGF, jedoch lediglich für diejenigen, die nicht beherrschend im arbeitsrechtlichen Sinne sind, d. h. unter den Schutz des Betriebsrentengesetzes fallen,[5] und gem. § 17 Abs. 1 Satz 3 BetrAVG in der gesetzlichen Rentenversicherung pflichtversichert sind.[6] Diejenigen GGF, die diesen gesetzlichen Rechtsanspruch auf Entgeltumwandlung nicht haben, dürfen dennoch Entgeltumwandlung zu Gunsten der bAV im Einvernehmen mit ihrem Unternehmen betreiben und zwar im Rahmen aller fünf Durchführungswege; die Finanzverwaltung erkennt eine derartige Entgeltumwandlung auch steuerrechtlich grundsätzlich an.

PRAXISHINWEIS:

Hält man sich allerdings vor Augen, dass bei Entgeltumwandlung die steuerrechtlichen Hürden teilweise niedriger sind als bei arbeitgeberfinanzierter bAV – z. B. im Zusam-

1 Vgl. Kapitel A.II.

2 BMF v. 6.12.2017, BStBl 2018 I S. 147, Rz. 9.

3 BMF v. 6.12.2017, BStBl 2018 I S. 147, Rz. 11.

4 BMF v. 6.12.2017, BStBl 2018 I S. 147, Rz. 12.

5 Vgl. Rz. 91 ff., 131 ff. und 141 f.

6 Vgl. Rz. 107 ff.

menhang mit der Überversorgung[1] oder der Erdienbarkeit[2] –, wird man verstehen, dass die Finanzämter im Falle einer behaupteten Entgeltumwandlung eines GGF besonders intensiv hinschauen, insbesondere, wenn es sich um einen im steuerrechtlichen Sinne beherrschenden GGF[3] handelt, der die Geschicke seines Unternehmens maßgeblich (mit-)bestimmt. Kann ein solcher GGF eine bestimmte Mindesthöhe seiner Aktivbezüge über einen hinreichend langen Zeitraum nachweisen, bevor er diese mittels Entgeltumwandlung zu Gunsten einer bAV tatsächlich herabsetzt, und liegt auch eine schriftliche Entgeltumwandlungsvereinbarung am besten mit Gesellschafterbeschluss vor, wird es im Rahmen der Betriebsprüfung grundsätzlich keine Probleme geben. Reduziert jedoch ein im Unternehmen neuer GGF sein Gehalt in engem zeitlichem Zusammenhang nach dessen erstmaliger Festlegung durch eine Entgeltumwandlung,[4] muss man sich darauf einstellen, dass das zuständige Finanzamt diese Aktion nicht als echte Entgeltumwandlung anerkennt, sondern als eine „verkappte" arbeitgeberfinanzierte bAV einstuft; dasselbe wird nach einem Statuswechsel vom Arbeitnehmer zum GGF gelten, wenn das Gehalt zunächst auf GGF-Niveau angehoben und zeitnah mittels „Entgeltumwandlung" herabgesetzt wird.[5]

Der gem. § 26a BetrAVG frühestens ab 1.1.2019 vom Unternehmen bei Entgeltumwandlung zu zahlende gesetzliche Arbeitgeberzuschuss i. S.v. § 1a Abs. 1a BetrAVG gilt dem Grunde nach lediglich für jene GGF, die – wie in Rz. 348 beschrieben – unter den Schutz des Betriebsrentengesetzes fallen und in der gesetzlichen Rentenversicherung pflichtversichert sind, soweit sie ihre Entgeltumwandlung im Rahmen eines Pensionsfonds, einer Pensionskasse oder einer Direktversicherung betreiben. Sind diese Voraussetzungen erfüllt, beträgt jener gesetzliche Arbeitgeberzuschuss maximal 15 % des umgewandelten Entgelts; ist die durch diese Entgeltumwandlung auf Seiten des Unternehmens eingetretene Ersparnis an Sozialversicherungsbeiträgen im Monat des Entstehens der Beitragsansprüche geringer als jene 15 %, beschränkt sich 349

1 Vgl. Rz. 674 ff.

2 Vgl. Rz. 780ff.

3 Auch im steuerrechtlichen Sinne nicht beherrschende GGF können arbeitsrechtlich beherrschend oder zumindest in der gesetzlichen Rentenversicherung nicht pflichtversichert sein, z. B. Vorstände von Aktiengesellschaften, vgl. Rz. 90 ff.

4 Hier sind allerdings die Grundsätze der Probezeit zu beachten, vgl. Rz. 760 ff.

5 Vgl. Veh, BAV beim Gesellschafter-Geschäftsführer: Arbeitgeberfinanziert oder Entgeltumwandlung?, in Praxishandbuch Betriebliche Altersversorgung, Gruppe 5, S. 17 (18, 23, 24).

der gesetzliche Zuschuss auf die Ersparnis.[1] Übersteigt das sozialversicherungspflichtige Arbeitsentgelt des GGF die Beitragsbemessungsgrenze zur allgemeinen gesetzlichen Rentenversicherung und wird diese Grenze durch jene Entgeltumwandlung zu Gunsten der versicherungsförmigen Durchführungswege nicht unterschritten, entfällt ein gesetzlicher Arbeitgeberzuschuss daher auch für jene GGF, die unter § 1a Abs. 1a BetrAVG fallen. Die allermeisten GGF kommen daher nicht in den Genuss jenes gesetzlichen Zuschusses, da sie entweder nicht berechtigt sind oder ihr Einkommen zu hoch ausfällt. Allerdings sind bei diesen Personen natürlich freiwillige Arbeitgeberzuschüsse neben der Entgeltumwandlung zulässig und werden auch steuerrechtlich anerkannt.

350 Verwendet der Arbeitnehmer das Wertguthaben seines Zeitwertkontos vor Fälligkeit ganz oder teilweise zugunsten von bAV, ist dies steuerlich ebenfalls als Entgeltumwandlung anzuerkennen. Als Fälligkeitstag des Wertguthabens eines Zeitwertkontos gilt dabei die planmäßige Auszahlung während der Freistellungsphase des Arbeitnehmers. Die Ausbuchung der Beträge aus dem Zeitwertkonto führt in diesen Fällen nicht automatisch zum Zufluss von Arbeitslohn. Ob die Umwandlung zum Zufluss führt oder nicht, richtet sich danach, zugunsten welchen Durchführungswegs die Beträge verwendet werden.

PRAXISHINWEIS:

Bei GGF sowie Fremd-Geschäftsführern und Vorständen erkannte die FinVerw Zeitwertkonten bislang steuerlich nicht an und zwar unabhängig davon, ob sie in beherrschender Stellung tätig sind oder nicht; daher kam aus Sicht des Fiskus insoweit auch keine Umwandlung in bAV in Betracht.[2] Die Rechtsprechung sieht dies mittlerweile anders: Zunächst haben einige Finanzgerichte entschieden, dass sich der steuerliche Zufluss im Veranlagungszeitraum der Zuführung zum Wertguthaben auch für Fremd-Geschäftsführer, Vorstände und GGF nach den für sonstige Arbeitnehmer geltenden Grundsätzen des § 11 EStG richtet,[3] wodurch im Zuführungsjahr insoweit keine Steuerbarkeit entstand. Der GGF erlange nach deren Meinung durch die Gutschrift lediglich einen Anspruch gegen den Arbeitgeber, dass ihm das Guthaben in der Freistellungsphase ausgezahlt werde; dies sei jedoch noch keine steuerbare Verfügungsmacht. Ein solcher An-

1 Vgl. Schreiben der Spitzenverbände der Sozialversicherungsträger v. 21.11.2018, Abschnitt 4.4, S. 24. Zu den betreffenden Sozialversicherungsbeiträgen zählen nach Auffassung der Sozialversicherungsträger neben den Arbeitgeberanteilen am Gesamtsozialversicherungsbeitrag zur gesetzlichen Kranken-, Pflege-, Renten- und Arbeitslosenversicherung auch der Arbeitgeberzuschuss zur Rentenversicherung an berufsständische Versorgungseinrichtungen sowie zur freiwilligen bzw. privaten Kranken- und Pflegeversicherung und Pauschalbeiträge für geringfügig entlohnt Beschäftigte. Umlagen zur Unfallversicherung und nach dem Aufwendungsausgleichsgesetz sowie Insolvenzgeldumlagen zählen hingegen nicht zu den betreffenden Sozialversicherungsbeiträgen, vgl. Abschnitt 4.4, S. 24.

2 BMF v. 17.6.2009, BStBl 2009 I S. 1286, unter A.IV.2.b und c.

3 Vgl. Niedersächsisches FG v. 16.2.2012 - 14 K 202/11, EFG 2012 S. 1397; FG Düsseldorf v. 21.3.2012 - 4 K 2834/11 AO, EFG 2012 S. 1400; Hessisches FG v. 19.1.2012 - 1 K 250/11, EFG 2012 S. 1243; FG Münster v. 13.3.2013 - 12 K 3812/10 E, EFG 2013 S. 1026, jeweils nrkr.

spruch begründe daher keinen gegenwärtigen Zufluss von Arbeitslohn. Dieser sei erst mit der Erfüllung des Anspruchs in der Freistellungsphase gegeben. Jene, in Fn. 3 der vorangegangenen Seite aufgeführten FG-Urteile wurden inzwischen vom BFH im jeweiligen Revisions-Verfahren aufgrund formaler Fehler aufgehoben.[1] Das Urteil des FG Baden-Württemberg v. 22.6.2017,[2] welches den Zufluss von Arbeitslohn bei den o. g. Organen ebenfalls verneint und darüber hinaus auch die Übertragung eines Zeitwertkonto-Guthabens bei Arbeitgeberwechsel als nicht steuerbar ansieht, wurde vom BFH bestätigt.[3] Auch in seinem Urteil v. 22.2.2018 bestätigt der BFH die Ansichten jener Finanzgerichte für den Fremd-Geschäftsführer und damit auch den Fremd-Vorstand;[4] da er in Rz. 44 explizit lediglich den beherrschenden GGF von dieser Sichtweise ausnimmt, ist daraus u. E. zu folgern, dass nicht beherrschende GGF hinsichtlich der beim GGF nicht steuerbaren Zuführung zu Zeitwertkonten (ZWK), deren ebenfalls nicht steuerbaren Übertragung auf andere Unternehmen und der Umwandlung von Zeitwertkonten in bAV wie sonstige Arbeitnehmer zu behandeln sind (vgl. ausführlich: Rz. 1556 ff.). Mittlerweile hat die FinVerw die Rechtsprechung des BFH mit dem Schreiben v. 8.8.2019[5] bestätigt. Danach ergibt sich für die Beratung folgende steuerrechtliche Einstufung:

1. Fremd-GF: ZWK möglich
2. Nicht beherrschende GGF: ZWK möglich, vGA-Prüfung nach allgemeinen Grundsätzen
3. Beherrschende GGF: ZWK nicht möglich.

(Einstweilen frei) 351–361

3. Art der Zusageerteilung

Für die Feststellung, für welche Leistungen der Arbeitgeber im Zeitpunkt des Versorgungsfalls gem. § 1 Abs. 1 Satz 3 BetrAVG einstehen muss, ist zunächst entscheidend, welche Zusage er dem Beschäftigten erteilt hat, 362

- eine reine Leistungszusage (§ 1 Abs. 1 BetrAVG),
- eine beitragsorientierte Leistungszusage (§ 1 Abs. 2 Nr. 1 BetrAVG) oder eine
- Beitragszusage (§ 1 Abs. 2 Nr. 2 und 2a BetrAVG).

1 Vgl. BFH jeweils v. 27.2.2014 - VI R 19/12, BFH/NV 2014 S. 1370; VI R 26/12, BFH/NV 2014 S. 1372; VI R 23/13, BStBl 2014 II S. 894 und v. 8.11.2012 - VI R 25/12, BFH/NV 2013 S. 235.

2 12 K 1044/15, EFG 2017 S. 1585.

3 BFH v. 4.9.2019 - VI R 39/17, BFH/NV 2020 S. 85 = NWB GAAAH-37569.

4 VI R 17/16, BFH/NV 2018 S. 768; BFHE 260 S. 532.

5 BMF v. 8.8.2019, BStBl 2019 I S. 834.

a) Beitragszusage

363 § 1 Abs. 2 Nr. 2 BetrAVG definiert die Beitragszusage mit Mindestleistung als bAV, bei der sich der Arbeitgeber verpflichtet, Beiträge an einen Pensionsfonds, eine Pensionskasse oder eine Direktversicherung zu zahlen und als Leistung diese Beiträge und die daraus erzielten Erträge, mindestens aber die Summe der zugesagten Beiträge, soweit sie nicht rechnungsmäßig für einen biometrischen Risikoausgleich verbraucht wurden, zur Verfügung zu stellen. Bei dieser, auch für GGF, die nicht durch das Betriebsrentengesetz geschützt sind,[1] anwendbaren Zusageart, geht der Arbeitgeber daher weder biometrische, noch kapitalanlagebedingte Risiken ein, wenn die spätere Leistung bei Eintritt des Versorgungsfalles mindestens die bis dahin gezahlte Summe der zugesagten Beiträge abzgl. der rechnungsmäßig für einen biometrischen Risikoausgleich verbrauchten Beitragsteile erreicht. Da diese Zusageart nach dem Gesetzeswortlaut allerdings lediglich für die versicherungsförmigen Durchführungswege der bAV anwendbar ist und diese aufgrund ihres durch § 3 Nr. 63 Satz 1 i.V.m. § 52 Abs. 4 Satz 15 EStG[2] bzw. § 40b EStG a. F./§ 52 Abs. 40 EStG[3] auf 8 % der Beitragsbemessungsgrenze in der allgemeinen Rentenversicherung bzw. 1.752 € Jahresbeitrag stark eingeschränkten Volumens für GGF meist nur eine Nebenversorgung darstellen, wird auf diese Art der Zusage nicht weiter eingegangen. Dies gilt umso mehr, als der Gesetzestext in § 1 Abs. 2 Nr. 2 BetrAVG nur von Leistungen zur Altersversorgung spricht, während z. B. bei der beitragsorientierten Leistungszusage in § 1 Abs. 2 Nr. 1 BetrAVG ausdrücklich von Anwartschaften auf Alters-, Invaliditäts- und Hinterbliebenenversorgung die Rede ist. Daraus muss u. E. wohl gefolgert werden, dass Invaliditäts- und Hinterbliebenenversorgung auf gesetzlicher Grundlage nicht in Form einer Beitragszusage mit Mindestleistung zugesagt werden können,[4] sondern dass hierfür nur eine reine Leistungszusage oder eine beitragsorientierte Leistungszusage in Betracht kommen.[5]

364 Die in § 1 Abs. 2 Nr. 2a BetrAVG definierte und erstmals ab 1.1.2018 anwendbare reine Beitragszusage, bei der dem Arbeitgeber die in § 1 Abs. 1 Satz 3

1 Vgl. Rz. 91 ff., 131 ff. und 141 f.

2 BMF v. 6.12.2017, BStBl 2018 I S. 147, Rz. 23 bis 42.

3 BMF v. 6.12.2017, BStBl 2018 I S. 147, Rz. 85 bis 99.

4 So auch Höfer/de Groot/Küpper/Reich, Betriebsrentenrecht (BetrAVG), Bd. I, Arbeitsrecht, § 1 Rz. 48.

5 Langohr-Plato, Betriebliche Altersversorgung, Rz. 311 f, geht davon aus, dass eine Beitragszusage mit Mindestleistung zumindest auf vertraglicher Basis auch in Bezug auf Invaliditäts- und Todesfallschutz vereinbart werden kann. Allerdings besteht insoweit kein gesetzlicher Insolvenzschutz.

BetrAVG enthaltene Einstandspflicht nicht aufgebürdet wird, hat für GGF ohnehin keine Bedeutung, da sie lediglich durch einen Tarifvertrag oder gem. § 24 BetrAVG auf Basis eines einschlägigen Tarifvertrages im Rahmen einer Betriebs- oder Dienstvereinbarung festgelegt werden kann.

b) Leistungszusage

Während die beiden Beitragszusagen lediglich den für GGF weniger wichtigen versicherungsförmigen Durchführungswegen vorbehalten sind, stehen die in § 1 Abs. 1 Satz 1 BetrAVG enthaltene Leistungszusage und die ab Rz. 369 behandelte beitragsorientierte Leistungszusage auch für Direkt- und Unterstützungskassenzusagen zur Verfügung. Bei der Leistungszusage verspricht der Arbeitgeber dem Beschäftigten eine konkrete Kapitalleistung oder eine Rente.[1] Dabei trägt er sämtliche biometrischen und Kapitalanlagerisiken. 365

Jene Leistungszusage kann in Form 366

- einer die Einbußen der gesetzlichen Rente ausgleichenden Gesamtversorgungszusage mit Anrechnung bzw. Limitierung,
- einer Festrenten- oder -kapitalleistungszusage oder
- einer gehaltsabhängigen Zusage (abhängig vom Endgehalt, Durchschnittsgehalt oder einer speziellen Leistungsformel) erfolgen.

PRAXISHINWEIS:

Aus der Sicht des Arbeitnehmers ist eine Gesamtversorgungszusage zwar sehr positiv zu bewerten, da sie ihm für das Alter eine kalkulierbare Absicherung bietet. Für den Arbeitgeber kann die Erteilung einer Gesamtversorgungszusage jedoch nicht (mehr) empfohlen werden. Da nicht absehbar ist, in welchem Umfang der Gesetzgeber in der Zukunft weiter in die gesetzlichen Rentenversicherungssysteme eingreifen wird, birgt sie für ihn ein zu großes Kalkulationsrisiko, da jede Absenkung der gesetzlichen Rentenansprüche durch eine Aufstockung der betrieblichen Versorgung aufgefangen werden müsste.

Für den beherrschenden GGF ist die Gesamtversorgungszusage mangels Sozialversicherungspflicht nicht praktikabel.

Erteilt der Arbeitgeber dem Versorgungsberechtigten eine Festleistungszusage, sagt er ihm eine feste monatliche Rente oder eine einmalige Kapitalleistung zu, die dieser bei Erreichen der vereinbarten Altersgrenze erhalten wird. Gegebenenfalls kann diese Festleistungszusage dienstzeitabhängige Steigerungsbeträge enthalten (z. B. monatliche Altersrente i. H. v. 1.000 € ggf. zuzüglich monatlicher Rentensteigerungsbeträge i. H. v. 50 € für jedes anrechnungs- 367

1 Vgl. Rz. 381.

fähige Dienstjahr). Festleistungszusagen gewähren sowohl dem Arbeitnehmer als auch dem Arbeitgeber eine verlässliche Kalkulationsgrundlage.

PRAXISHINWEIS:

Zu berücksichtigen ist allerdings, dass eine reine Festrentenzusage nicht inflationsgesichert ist. Sofern die Versorgungsvereinbarung keine Klausel enthält, wonach bereits während der Ansparphase eine Anpassung z. B. an den Lebenshaltungskostenindex oder die Lohnentwicklung erfolgt, steht die Rente u. U. bei Erreichen der Altersgrenze in krassem Missverhältnis zum letzten Aktivgehalt.

Dieser Tatsache sollten sich Arbeitgeber und Versorgungsberechtigter bei Abschluss der Versorgungszusage bewusst sein und ggf. eine inflationsausgleichende Anpassungsvereinbarung vorsehen. Diese führt natürlich zu einem entsprechend höheren Finanzierungsaufwand, der bereits in der Ansparphase mit kalkuliert werden sollte.

368 Vermieden werden kann ein inflationsbedingtes Missverhältnis von zugesagter Leistung und letztem Aktivgehalt durch eine gehaltsabhängige Zusage. Bei einer solchen Leistungszusage bedarf es in der Versorgungsvereinbarung einer genauen Festlegung, an welchen Eckdaten sich die spätere Versorgung orientieren soll. So muss z. B. festgelegt werden, ob sich die Rente oder Kapitalleistung an dem letzten Aktivgehalt vor Eintritt des Versorgungsfalls orientieren soll oder an einem Durchschnittsgehalt während der Dienstzeit und ob ggf. weitere Eckdaten wie anrechnungsfähige Dienstzeit oder individuelle Verdienstrelation bei der Ermittlung der Versorgungsleistung eine Rolle spielen sollen. Außerdem muss festgelegt werden, welche Gehaltsbestandteile in die Bemessungsgrundlage einzubeziehen sind (z. B. nur das monatliche Festgehalt oder auch Sachbezüge, Zuschüsse, Gratifikationen, Tantiemen, Dienstwagen etc.) und ob z. B. ein Wechsel in die Teilzeit bei einer endgehaltsabhängigen Versorgungszusage zu einer entsprechenden Kürzung des Versorgungsanspruchs führen soll.

PRAXISHINWEIS:

Die gehaltsabhängige Versorgungszusage bietet insbesondere für den GGF eine gute Gestaltungsmöglichkeit, da z. B. durch die Koppelung an das Gehalt eine Überversorgung und Verstöße gegen das Nachzahlungsverbot oder die Erdienbarkeit durch einen späteren Inflationsausgleich vermieden werden können.[1]

Der Arbeitgeber sollte jedoch darauf achten, sich rechtzeitig um den durch die Anpassung entstehenden Nachfinanzierungsbedarf zu kümmern und bestehende Rückdeckungsinstrumente anzupassen. Außerdem sollte beachtet werden, dass eine auf das Durchschnittsgehalt abstellende Versorgungszusage mit hohem administrativem Aufwand verbunden ist, da über die gesamte Ansparphase hinweg die Gehälter dokumentiert werden müssen.

1 Zu Überversorgung vgl. Rz. 674 ff. und zu Erdienbarkeit bzw. Nachzahlungsverbot vgl. Rz. 780 ff. und 863 ff.

c) Beitragsorientierte Leistungszusage

Hier verpflichtet sich der Arbeitgeber, „Beiträge in eine Anwartschaft auf Alters-, Invaliditäts- oder Hinterbliebenenversorgung umzuwandeln" (§ 1 Abs. 2 Nr. 1 BetrAVG). Wie bei der ab Rz. 365 beschriebenen Leistungszusage wird also auch hier die zu erwartende Versorgungsleistung (Anwartschaft) festgelegt; zusätzlich wird aber auch der zu erbringende Aufwand vertraglich vereinbart. Sinn dieser Zusageart ist es daher, zunächst den Beitrag (z. B. fester Betrag oder Prozentsatz bezogen auf das Gehalt) verbindlich zu fixieren und daraus auf Basis eines fest definierten (fiktiven) Zinssatzes oder durch Koppelung an die Wertentwicklung eines bestimmten Rückdeckungsinstrumentes (z. B. eines Investmentfonds) oder nach versicherungsmathematischen Grundsätzen (z. B. in Anlehnung an einen Versicherungstarif) eine Versorgungsleistung bei Eintritt des Versorgungsfalles zu ermitteln. Die definierten Beiträge müssen nicht laufend sein; es kann sich auch um einen oder mehrere jährlich neu definierbare Einmalbeiträge handeln, mit denen jeweils Versorgungsbausteine ermittelt werden. Damit lässt sich sicherstellen, dass sich Gehaltssteigerungen nur für künftige Versorgungsbausteine auswirken. Mit Vollendung des vereinbarten Pensionsalters oder bei Eintritt von Invalidität oder Tod erhält der Versorgungsberechtigte bzw. sein begünstigter Hinterbliebener dann – je nach Vereinbarung – die Summe der erworbenen Versorgungsbausteine als Rente oder als Kapitalzahlung.[1] Durch die jährliche Festschreibung der erworbenen Versorgungsbausteine ist die beitragsorientierte Leistungszusage für beide Seiten gut kalkulierbar und der Arbeitgeber kann die Ausfinanzierung z. B. durch eine kongruente Rückdeckungsversicherung sicherstellen. 369

PRAXISHINWEIS:

In der Praxis ist allerdings Vorsicht geboten, wenn dem beherrschenden GGF eine beitragsorientierte Leistungszusage gegen arbeitgeberfinanzierten Einmalbeitrag erteilt werden soll. Denn es entsteht dadurch aufgrund der Regelung in § 2 Abs. 5a BetrAVG im Fall des vorzeitigen Ausscheidens aus dem Dienstverhältnis ein zu hoher unverfallbarer Anspruch. Bei einer beitragsorientierten Leistungszusage, die durch laufende Beiträge finanziert wird bzw. bei einer Einmalbeitragszahlung aus Entgeltumwandlung bestehen diese Probleme nicht, da das umgewandelte Entgelt bereits betrieblich veranlasst war und durch die Umwandlung nicht in eine gesellschaftsrechtliche Veranlassung rutschen kann.[2]

Die beitragsorientierte Leistungszusage ermöglicht es dem Unternehmen, das Kapitalanlagerisiko im Gegensatz zu der ab Rz. 365 beschriebenen reinen Leis- 370

1 Vgl. Rz. 381.

2 Vgl. weitere Ausführungen in Rz. 802 ff. zur Unverfallbarkeit und Briese, DB 2007 S. 2442.

tungszusage zu reduzieren, indem die bei Eintritt des Versorgungsfalles zu erbringende Leistung an ein real existierendes Rückdeckungsinstrument gekoppelt wird. Das Kapitalanlagerisiko verlagert sich dann auf den Arbeitnehmer bzw. GGF, wodurch das Unternehmen entlastet wird. Gleichzeitig kann die Saldierung des § 246 Abs. 2 Satz 2 HGB für die Handelsbilanz und damit einhergehend eine Verbesserung der Eigenkapitalquote des Unternehmens genutzt werden – § 5 Abs. 1a Satz 1 EStG verbietet eine derartige Nutzung für die Steuerbilanz –, wenn es sich bei dem Rückdeckungsvermögen um Zweckvermögen handelt und der privatrechtliche Insolvenzschutz z. B. durch Verpfändung oder CTA hergestellt worden ist.[1] Allerdings muss das Unternehmen bei derartigen wertpapiergebundenen bzw. rückdeckungsversicherungsgebundenen Pensionszusagen[2] bestimmte Rechtsgrundsätze beachten, wenn es das Kapitalanlagerisiko komplett auszuschließen will. Für diese rechtlichen Rahmenbedingungen sorgen die FinVerw, die im BMF-Schreiben v. 17.12.2002[3] die Bildung einer steuerbilanziellen Pensionsrückstellung dem Grunde und der Höhe nach von der vertraglichen Vereinbarung einer garantierten Mindestleistung abhängig macht, und das BAG, welches in seinen Urteilen v. 30.8.2016[4] nicht nur ebenfalls eine derartige garantierte Mindestleistung fordert, sondern darüber hinaus jenen Rückdeckungsprodukten eine deutliche Absage erteilt, die selber keine Mindestleistung garantieren (z. B. Investmentfonds) oder zwar ein Versicherungsprodukt sind, jedoch nicht der deutschen BaFin-Aufsicht unterliegen.[5] Daher wird eine vollständige Eliminierung des Anlagerisikos beim Unternehmen nur gelingen, wenn als Rückdeckungsinstrument eine Versicherung eingesetzt wird, die eine Garantieleistung in Höhe der vom Unternehmen versprochenen Mindestleistung gewährt oder man sich der kongruent rückgedeckten Unterstützungskasse oder versicherungsförmiger Durchführungswege mit Garantieleistungen bedient; die zitierten BAG-Urteile haben Auswirkung auch für GGF, da bei Verstoß gegen die o. g. Voraussetzungen keine (beitragsorientierte) Leistungszusage und damit weder eine Direktzusage noch eine Unterstützungskasse vorliegen können,[6] wodurch die nachgelagerte Besteuerung hinfällig wäre. Die somit erforderlichen Garantien lassen die bAV in Zeiten niedrigster Zinsen allerdings aufwändig werden, wenn der GGF eine be-

1 Vgl. IDW RS HFA 30, WPg 2017 S. 68, Rz. 22 ff.

2 Vgl. § 253 Abs. 1 Satz 3 HGB sowie IDW RS HFA 30, WPg 2/2017 S. 68, Rz. 71 ff.

3 BStBl 2002 I S. 1397.

4 BAG v. 30.8.2016 - 3 AZR 361/15, BetrAV 2017 S. 96, Rz. 30 ff.

5 Vgl. ausführlich Langohr-Plato, BetrAV 2018 S. 444 (449 bis 452).

6 3 AZR 361/15, BetrAV 2017 S. 96 und 3 AZR 362/15, juris datenbank.

stimmte Leistung anstrebt, wodurch die durch die beitragsorientierte Leistungszusage bewirkte Risikobegrenzung[1] teuer erkauft wird.

(Einstweilen frei) 371–380

4. Form der Leistung – Rente oder Kapital?

Mit der beitragsorientierten Leistungszusage lässt sich das Kapitalanlagerisiko 381
des Unternehmens reduzieren.[2] Soll darüber hinaus auch das biometrische Risiko verringert oder sogar ganz vermieden werden, empfiehlt es sich, an Stelle der häufig in der bAV anzutreffenden lebenslangen Leibrente eine einmalige Kapitalleistung zu vereinbaren (reine Kapitalzusage),[3] die bei den versicherungsförmigen Durchführungswegen, Direktversicherung, Pensionskasse und Pensionsfonds, nicht zulässig ist,[4] jedoch bei Direkt- und Unterstützungskassenzusagen.[5] Die Zahlung lebenslanger Leibrenten an ehemalige GGF belastet das Unternehmen bis zum Tode des Empfängers und, bei Einschluss einer Hinterbliebenenrente, sogar über diesen hinaus; ist z. B. bei vereinbarter Witwenrente die überlebende Ehefrau deutlich jünger als der verstorbene GGF, können u. U. weit mehr als 50 Jahre vergehen, bis ab Beginn der Altersrente alle Verpflichtungen des Unternehmens gegenüber seinem ehemaligen GGF bzw. seinen Hinterbliebenen erlöschen. Die Situation hat sich in den letzten Jahren weiter verschärft, da die statistische Lebenserwartung kontinuierlich deutlich – um über ein Jahr pro Jahrzehnt – zugenommen hat. Eine einmalige Kapitalleistung an Stelle einer lebenslangen Leibrente verhindert die Entstehung derartiger biometrischer Risiken für das Unternehmen. Finanziert die Firma ihre

1 Vgl. ausführlich Pradl, Pensionszusagen an GmbH-Geschäftsführer, 4. Aufl. Herne 2019, Rz. 695 ff.

2 Vgl. Rz. 370.

3 Vgl. Rz. 365. Zu den Leistungsformen vgl. Rz. 219.

4 Da § 3 Nr. 63 Satz 1 EStG eine Auszahlung der zugesagten Alters-, Invaliditäts- oder Hinterbliebenenversorgungsleistungen von Pensionsfonds, Pensionskassen oder Direktversicherungen i. S. v. § 82 Abs. 2 Satz 2 EStG fordert, sind die lebenslange Leibrenten oder die Ratenzahlungen im Rahmen eines Auszahlungsplans mit einer anschließenden Teilkapitalverrentung ab spätestens dem 85. Lebensjahr Grundvoraussetzungen für die versicherungsförmigen Durchführungswege; lediglich eine Kapitaloption ist nach Maßgabe der Rz. 34 des BMF-Schreibens v. 6.12.2017 (BStBl 2018 I S. 147) zulässig, wenn die Ausübung des Wahlrechtes nicht außerhalb des letzten Jahres vor dem altersbedingten Ausscheiden aus dem Erwerbsleben möglich ist.

5 Die reine Kapitalzahlung bei Direktzusagen und Unterstützungskassen ist sowohl arbeitsrechtlich zulässig (vgl. Höfer/de Groot/Küpper/Reich, Betriebsrentenrecht (BetrAVG), Bd. I, Arbeitsrecht, Kap. 2 Rz. 26 bis 29, m. w. N. zur Rspr.) als auch steuerrechtlich (§ 6a Abs. 1 Nr. 1 EStG – „einmalige oder laufende Pensionsleistungen" – und § 4d Abs. 1 Satz 1 Nr. 1 Satz 7 EStG; vgl. auch BMF v. 6.12.2017, BStBl 2018 I S. 147, Rz. 147); Dommermuth in Herrmann/Heuer/Raupach, EStG und KStG Kommentar, § 6a EStG Anm. 10 und 29; Dommermuth in Herrmann/Heuer/Raupach, EStG und KStG Kommentar, § 4d EStG Anm. 131.

Leistungsverpflichtungen aus der Direktzusage oder Unterstützungskasse über eine kongruente Rückdeckung, sind die Beiträge für den reinen Sparprozess ebenfalls niedriger als für eine entsprechende Rentenversicherung, da auch hier das biometrische Risiko nicht abzudecken ist. Darüber hinaus können mit der reinen Kapitalzusage weitere Vor-, aber auch Nachteile für das Unternehmen und den begünstigten GGF verbunden sein. Diese werden in Rz. 383 tabellarisch gegenübergestellt.

382 Zuvor sei erwähnt, dass bei Zahlung einer einmaligen Kapitalleistung bei Erreichen der Altersgrenze (Alterskapital) die Hinterbliebenenleistung insoweit integriert ist, als dieses Kapital bzw. derjenige Teil, der bei Ableben des GGF davon noch übrig ist, nach dessen Fälligkeit vom GGF im Falle seines Todes frei vererbt werden kann, da es sich dabei nicht um eine originäre Hinterbliebenen-,[1] sondern um die verbliebene Altersleistung handelt und diese Teil seines Nachlasses ist. Dem steht auch das BMF-Schreiben v. 18.9.2017[2] nicht entgegen, welches im Zusammenhang mit der bilanzsteuerrechtlichen Berücksichtigung der bAV die Vererblichkeit von Versorgungsleistungen in Rz. 11 auf den engen Hinterbliebenenbegriff gem. Rz. 4 des BMF-Schreibens v. 6.12.2017[3] einschränkt, da es sich nach Fälligkeit des Alterskapitals nicht mehr um eine Versorgungsleistung der bAV handelt, sondern um einen normalen Teil des Nachlasses.[4] Dies gilt auch für die Streckung der einmaligen Kapitalleistung in Form von Ratenzahlungen – entweder planmäßig oder als Option, die bis zur Fälligkeit des Kapitals auszuüben ist – über einen bestimmten Zeitraum von z. B. zehn Jahren in Bezug auf die bei Tod noch ausstehenden Raten, nach Fälligkeit der ersten Rate.[5] Allerdings ergibt sich in diesem Falle durch das BMF-Schreiben v. 18.9.2017[6] eine Besonderheit für die bilanzsteuerrechtliche Bewertung: Soweit der Anspruch auf die noch ausstehenden Raten nicht an o. g. Hinterbliebene „im engeren Sinne" vererbt wird, ist § 6 EStG für die bilanzsteuerrechtliche Bewertung dieser noch ausstehenden Raten maßgebend, ansonsten § 6a EStG.[7] Davon zu unterscheiden ist die Leistung bei Tod des GGF in der

1 Vgl. Rz. 330.

2 BStBl 2017 I S. 1293, Rz. 11.

3 BStBl 2018 I S. 147.

4 Vgl. OLG Hamm v. 18.4.2018 - 8 U 68/17, NWB EAAAG-87240; ebenso Estler, BetrAV 2013 S. 381 (384).

5 Vgl. Estler, BetrAV 2013 S. 381 (384); Höfer/Küpper, DB 2006 S. 2064.

6 BStBl 2017 I S. 1293, Rz. 11.

7 A. A. Pradl, Pensionszusagen an GmbH-Geschäftsführer, 4. Aufl. 2019, der in Rz. 765 das Zusammenspiel der Aussagen beider in Fn. 97 und 191 zitierten BMF-Schreiben so deutet, dass eine bAV nicht gegeben ist, wenn Dritte, d. h. Personen, die dem engen Hinterbliebenenbegriff nicht entsprechen, den Anspruch auf die noch ausstehenden Raten erben können.

Anwartschaftsphase: Sieht die Direkt- oder Unterstützungskassenzusage in dieser Zeitspanne ein einmaliges oder ratenweise auszuzahlendes Todesfallkapital vor, ist dies – so wie eine Hinterbliebenenrente – eine originäre Hinterbliebenenleistung, so dass eine freie Vererbung jenes Betrages nach steuerrechtlichen Regeln nicht möglich ist,[1] sondern lediglich Hinterbliebenen „im engeren Sinne" gem. Rz. 4 und 5 des BMF-Schreibens v. 6.12.2017[2] als Bezugsberechtigte eingesetzt werden dürfen.

Aus Sicht des Unternehmens bietet eine reine Kapitalzusage zu Gunsten eines GGF im Vergleich zur lebenslangen Leibrente folgende Vorteile: 383

Kriterium	Vorteil
Planbarkeit künftiger Belastungen	Bei einmaliger Kapitalzahlung stehen deren genaue Höhe und Fälligkeit fest, bei lebenslanger Leibrente nicht, da das gesamte Belastungsvolumen und die Zahlungszeitpunkte von der tatsächlichen Lebensdauer des GGF abhängen. Mit kongruenter Rückdeckung lässt sich auch bei lebenslanger Leibrente eine Planbarkeit erreichen, sie erfordert jedoch einen erheblichen Beitragsaufwand in der Anwartschaftsphase (vgl. unten „Rückdeckung der Leistungen").
Verpflichtungsumfang bei Eintritt des Versorgungsfalles hinsichtlich der Primär- und Sekundärverpflichtungen	Im Gegensatz zur lebenslangen Leibrente sind mit der einmaligen Kapitalzahlung alle Verpflichtungen des Unternehmens beendet. Dies gilt auch für die Sekundärverpflichtungen, d. h. diejenigen Belastungen, die sich aus der Verwaltung der Versorgung für das Unternehmen ergeben, wie z. B. Kosten eines versicherungsmathematischen Gutachtens oder PSV-Beiträge im Falle von GGF, die unter das Betriebsrentengesetz fallen.
Überprüfung, ob der Begünstigte noch am Leben ist	Nach erfolgter Kapitalzahlung ist eine weitere biometrische Überprüfung des ehemaligen GGF nicht erforderlich.
Rückdeckung der Leistungen	Finanziert das Unternehmen die Leistungsverpflichtung gegenüber dem GGF bereits in der Anwartschaftsphase durch Rückdeckungsinstrumente, erfordert die Dotierung von Leibrentenleistungen zusätzliche Beiträge zur Abdeckung des biometrischen Risikos der Langlebigkeit des GGF. Diese Zusatzbeiträge sind bei reiner Kapitalzusage nicht erforderlich.

1 Auch das BAG äußert an einer derartigen Vererbung Zulässigkeitszweifel, vgl. BAG v. 18.2.2003 - 3 AZR 313/02, BAGE 105 S. 240.

2 BStBl 2018 I S. 147.

Kriterium	Vorteil
Anpassungen an die Lebenshaltungskosten	Rentenleistungen sind gem. § 16 BetrAVG an die Lebenshaltungskosten anzupassen, wenn der GGF unter das Betriebsrentengesetz fällt. Renten an im arbeitsrechtlichen Sinne beherrschende GGF erfordern zwar keine gesetzliche Dynamisierung, werden aber aufgrund vertraglicher Regelung häufig angepasst, um eine Realwertminderung der Betriebsrente zu vermeiden. Diese im Lauf der Jahre erhebliche Zusatzbelastung spart sich das Unternehmen bei reiner Kapitalleistung.
Hinterbliebenenversorgung	Lebenslange Altersrenten enden bei Tod des GGF. Sollen Hinterbliebene versorgt werden, ist dazu eine zusätzliche Hinterbliebenenleistung zu vereinbaren, die i. d. R. erhebliche Mittel erfordert. Eine reine Kapitalzusage enthält eine Hinterbliebenenleistung nach Fälligkeit des Alterskapitals nicht, da der bei Tod des ehemaligen GGF noch vorhandene Teil dieses Kapitals in den Nachlass des Verstorbenen fällt.[1] Das Unternehmen spart dadurch erhebliche Aufwände. Allerdings sollte für den Fall des Todes in der Anwartschaftsphase eine einmalige Hinterbliebenenleistung zu Gunsten der Hinterbliebenen „im engeren Sinne“[2] mit Fälligkeit zum Todeszeitpunkt vereinbart werden, da diese Personen ansonsten überhaupt keine Leistung aus der bAV des GGF erhalten würden.[3]
Flexibilität bei der Rückdeckung	Sieht die Direktzusage zu Gunsten des GGF eine lebenslange Leibrente vor, sollte als Rückdeckungsinstrument eine entsprechende Rentenversicherung dienen, die das biometrische Risiko auf den Versicherer überwälzt. Zwar sind in diesem Falle auch eine reine Kapitalversicherung oder ein Ansparprodukt, wie z. B. ein Investmentfonds, deren Erlös bei Eintritt des Versorgungsfalles in eine Versicherung mit Einmalbeitrag und sofort beginnender Rente zu zahlen ist, denkbar; diese künftig zu zahlende Einmalprämie wird jedoch aufgrund in der Zwischenzeit eventuell geänderter versicherungsmathematischer Rechnungsgrundlagen u. U. erheblich teurer als sie bei damaligem Rentenversicherungsabschluss und laufender Beitragszahlung gewesen

1 Vgl. Rz. 382.

2 Vgl. Rz. 382.

3 Hätten die Hinterbliebenen nämlich Anspruch auf das Alterskapital zu dem dafür vorgesehenen Zeitpunkt trotz Todes des GGF in der Anwartschaftsphase, würde es sich in Ermangelung der Abdeckung biometrischer Risiken (vgl. Rz. 321 ff.) nicht um bAV handeln.

Kriterium	Vorteil
	wäre.[1] Bei reiner Kapitalzusage kann dieses Problem nicht eintreten. Auch in der Wahl des Rückdeckungsinstrumentes ist man flexibel und kann z. B. Investmentfonds einsetzen, die aufgrund der Regelungen im InvStG steuerlich i. d. R. interessanter sind als die zum Aktivwert zu bilanzierenden und daher den Gewinn und die Steuerlast in der Anwartschaftsphase erhöhenden Versicherungen. Allerdings ist bei beitragsorientierter Leistungszusage zu beachten, dass die Rechtsprechung mittlerweile Beschränkungen bei der Anlageform des Rückdeckungsinstrumentes formuliert hat.[2]
Wirkungen auf die Handelsbilanz	Folgende Vorteile können sich durch reine Kapitalzusagen auf die Handelsbilanz ergeben: Da der Verpflichtungsumfang gem. obigen Ausführungen nach Zahlung der Kapitalleistung beendet ist, wird die Pensionsrückstellung am darauffolgenden Abschlussstichtag gem. § 249 Abs. 2 Satz 2 HGB aufgelöst. Im Falle einer lebenslangen Leibrente erfolgt die Auflösung erst, wenn keinerlei Rentenverpflichtung mehr besteht, wodurch die Rückstellung das Bilanzbild des Unternehmens häufig sehr viel länger belastet. Die Zusage einer einmaligen Kapitalleistung ermöglicht die Vereinbarung einer wertpapiergebundenen Pensionszusage, welche es gem. § 253 Abs. 1 Satz 3 HGB erlaubt, die Pensionsrückstellungen hierfür zum beizulegenden Zeitwert dieser Wertpapiere anzusetzen, soweit dieser einen garantierten Mindestbetrag übersteigt, und damit, weil die Wertpapiere gem. § 253 Abs. 1 Satz 4 HGB ebenfalls mit ihrem Zeitwert zu bewerten sind, eine exakte Saldierung gem. § 246 Abs. 2 Satz 2 HGB herbeizuführen, wenn die Voraussetzungen dafür erfüllt sind.[3] Bei Zusage lebenslanger Leibrenten gelingt diese perfekte Saldierung meist nur bei Dotierung mit einer leistungskongruenten Rückdeckungsversicherung,[4] welche insbesondere in Zeiten niedriger Zinsen hohe Beitragsaufwände erfordert.

1 Vgl. Rz. 428.

2 Vgl. Rz. 370.

3 Vgl. Rz. 370.

4 Vgl. IDW RS HFA 30, WPg 2017 S. 68, Rz. 74.

Kriterium	Vorteil
	Ist eine lebenslange Leibrente vereinbart, so wird der künftige Rentenstrom neben der Gewichtung mit versicherungsmathematischen Wahrscheinlichkeiten, die regelmäßig auf Basis der Heubeck-Richttafeln[1] ermittelt werden, mit dem Abzinsungssatz i. S.v. § 253 Abs. 2 Sätze 2 bis 4 HGB diskontiert. Dieser wird von der Deutschen Bundesbank nach Maßgabe der RückAbzinsV monatlich ermittelt und bekannt gegeben. Seit seiner Einführung zu Beginn des Jahres 2010 reduzierte sich der pauschale Satz i. S.v. § 253 Abs. 2 Satz 2 HGB kontinuierlich von 5,25 % auf aktuell 2,90 %. Diese Zinsschmelze, die sich in den nächsten Jahren aufgrund der Durchschnittswertermittlung aus den vergangenen zehn Geschäftsjahren[2] unstreitig selbst dann fortsetzen wird, wenn das Marktzinsniveau wieder steigen sollte, wirkt sich auf den Rentenstrom aufgrund der langen Rentenphase stärker rückstellungssteigernd aus als auf die einmalige Kapitalleistung, da die Abzinsung bei letzterer nur in der Anwartschaftsphase stattfindet, bei ersterer jedoch auch in der Rentenphase. Dieser auf das Handelsbilanzbild belastend wirkende Effekt bei Vereinbarung von Leibrente wird noch verstärkt, wenn Rentenanpassungen einzubeziehen sind, was bei den unter das Betriebsrentengesetz fallenden GGF aufgrund von § 16 BetrAVG und den anderen GGF bei vertraglich vereinbarter Rentendynamik erfolgen muss.
Wirkungen auf die Steuerbilanz	Folgende Vorteile können sich durch reine Kapitalzusagen auf die Steuerbilanz ergeben: Erhält ein nicht vom Betriebsrentengesetz geschützter GGF, der z. B. im Alter von 35 Jahren zum 1.1.2005 als Geschäftsführer in die X-GmbH eintrat, von dieser zum 1.1.2010 eine Direktzusage über eine lebenslange Altersrente zum Pensionsalter 65[3] in Höhe von monatlich 5.000 € ohne Invaliden- und Hinterbliebenenleistung, so beläuft sich die steuerbilanzielle Pensionsrückstellung zum 31.12.2021 auf 230.000 € bei Anwendung der Heubeck-Richttafeln 2018G.[4]

1 Vgl. ausführlich: Höfer/Veit/Verhuven, Betriebsrentenrecht (BetrAVG) Bd. II Steuerrecht/Sozialabgaben/HGB/IFRS, Kap. 2, Rz. 530 ff.

2 § 253 Abs. 2 Satz 1 HGB.

3 Gemäß Rz. 9 des BMF-Schreibens v. 9.12.2016 (BStBl 2016 I S. 1427) ist bei zum 9.12.2016 bereits bestehenden Pensionszusagen zu Gunsten beherrschender GGF eine vertragliche Altersgrenze von mindestens 65 Jahren nicht zu beanstanden.

4 Gemäß Rz. 2 des BMF-Schreibens v. 19.10.2018 (BStBl 2018 I S. 1107) dürfen die „Richttafeln 2005 G" letztmals für das Wirtschaftsjahr verwendet werden, das vor dem 30.6.2019 endet.

Kriterium	Vorteil
	Bis zum Zeitpunkt des Rentenbeginns, 1.1.2036, wird die Rückstellung bei Annahme der Fortgeltung der gegenwärtigen nach § 6a EStG zulässigen versicherungsmathematischen Grundlagen und des in § 6a Abs. 3 Satz 3 EStG kodifizierten Rechnungszinsfußes auf 690.000 € angewachsen sein; dieser Betrag stellt den Rentenbarwert auf Basis steuerrechtlicher Bewertung dar. Der nach Marktgesichtspunkten zu ermittelnde und zur zugesagten Rente wertäquivalente Versichererbarwert zum Zeitpunkt des Rentenbeginns wird nach heutiger Datenlage voraussichtlich bei ca. 1,5 Mio. €, der Rentenbarwert nach dem HGB bei ca. 1,3 Mio. € liegen.
	Hätte die X-GmbH dem GGF statt der lebenslangen Rente eine Kapitalzusage in Höhe jenes Versichererbarwertes und fällig zum 1.1.2036 gegeben, würde sich die steuerbilanzielle Pensionsrückstellung zum 31.12.2035 auf jene 1,5 Mio. € belaufen statt auf 690.000 € im Rentenfall, da ja tatsächlich 1,5 Mio. € in einer Summe zu zahlen sind. Auch der Rückstellungsverlauf wäre bei der reinen Kapitalzusage ein ganz anderer als bei Rente: statt der 230.000 € würden zum 31.12.2021 500.000 € zu Buche schlagen und die Steuerstundungswirkungen bis zum Rentenbeginn wären in jedem Jahr ungefähr doppelt so hoch wie bei der Rentenzusage. Der Grund dafür ist einfach: Der Rentenbarwert gem. § 6a EStG zum 31.12.2035 (690.000 €) wird durch Abzinsung der Renten mit gegenwärtig 6 % berechnet[1], der Versichererbarwert mit dem fast bei Null liegenden Zins des Versicherers. Zwar erfolgt die Abzinsung zwecks Berechnung der steuerbilanziellen Pensionsrückstellungen innerhalb der Anwartschaftsphase in beiden Fällen – Renten- und Kapitalzusage – mit jeweils 6%, die Ausgangsgrößen für diese jeweilige Abzinsung (Rentenbarwert gem. § 6a EStG bzw. Versichererbarwert) weisen jedoch eine ganz erhebliche Differenz auf.

1 Vgl. § 6a Abs. 3 Satz 3 EStG. Jener gesetzlich festgelegte Rechnungszinsfuß ist gegenwärtig um Welten vom Marktzins entfernt. Daher hat das FG Köln mit Urteil v. 12.10.2017 (10 K 977/17, FR 2018 S. 24) dem BVerfG (2 BvL 22/17) die Frage nach der Verfassungsmäßigkeit des § 6a Abs. 3 Satz 3 EStG vorgelegt; vgl. dazu ausführlich: Dommermuth in Herrmann/Heuer/Raupach, EStG und KStG Kommentar, § 6a EStG Anm. 3.

Kriterium	Vorteil
	Bei Zusage einer lebenslangen Leibrente schneidet eine kongruent rückgedeckte Direktzusage aus steuerlichem Blickwinkel deutlich schlechter ab als ihr wertgleiches Pendant über eine kongruent rückgedeckte Unterstützungskasse, was einerseits an der Abzinsung des künftigen laufenden Rentenstroms mit jenem Rechnungszinsfuß von 6 % bei der Direktzusage und andererseits an der laufenden Besteuerung des Zuwachses des Aktivwertes der Rückdeckungsversicherung liegt, die bei der steuerbefreiten Unterstützungskasse nicht stattfindet. [1] Wird jedoch statt Rente eine einmalige Kapitalleistung oder Ratenzahlung zugesagt, nähern sich beide Alternativen unter Vorteilhaftigkeitsgesichtspunkten einander an, besonders, wenn steuerlich begünstigte Aktienfonds als Rückdeckungsinstrument eingesetzt werden.
Verkauf der Unternehmensanteile	Beabsichtigt der GGF, die Anteile an seinem Unternehmen zu verkaufen, z. B. aus Altersgründen, lehnen potenzielle Käufer einen Erwerb häufig sogar dann ab, wenn die die lebenslange Leibrente gewährende Direktzusage kongruent ausfinanziert ist. Der Grund besteht in dem mit der Direktzusage verbundenen Verwaltungsaufwand, den vorhandenen Risiken, wie z. B. mögliche biometrische und Bilanzsprungrisiken und den laufenden Auswirkungen auf das handelsrechtliche Bilanzbild, die erst nach dem Tode des GGF bzw. seiner Hinterbliebenen beendet sind; bis dahin können ab dem Übertragungsstichtag Jahrzehnte vergehen. Ist die Pensionsverpflichtung unterfinanziert, vergrößert sich die Aversion der potenziellen Käufer. Die Zusage einer einmaligen Kapitalleistung reduziert diese Aversionen der potenziellen Erwerber, da bei Fälligkeit der Kapitalleistung jene sämtlichen Belastungen des Unternehmens beendet sind.

1 Vgl. ausführlich Rz. 591 ff.

Aus Sicht des Unternehmens kann eine Kapitalzusage zu Gunsten eines GGF im Vergleich zur lebenslangen Leibrente folgende Nachteile bewirken:

Kriterium	Nachteil
Bereitstellung der Kapitalleistung	Eine einmalige Kapitalzahlung muss zum Zeitpunkt ihrer Fälligkeit bereitgestellt werden. Da es sich zu Gunsten von GGF meist um hohe Beträge handelt, kann die Finanzierung schwerfallen. Allerdings lässt sich der Betrag über ein Rückdeckungsinstrument mit laufender Beitragszahlung sukzessive ansparen.

Aus Sicht des begünstigten GGF bewirkt eine reine Kapitalzusage im Vergleich zur lebenslangen Leibrente folgende Vorteile:

Kriterium	Vorteil
Dispositionsfreiheit	Die einmalige Kapitalzahlung gibt dem GGF größere finanzielle Flexibilität als lebenslange Rentenzahlungen. Er kann das Kapital anlegen, daraus einen Strom wiederkehrender Zahlungen entnehmen und damit eine Rente nachbilden, er hat aber auch die Möglichkeit, größere Anschaffungen mit dem Kapital zu finanzieren, z. B. den Erwerb einer Immobilie.
Vererbung	Wie bereits in Rz. 382 erwähnt, ermöglicht eine reine Kapitalzusage die Vererbung des bei Tod des GGF in der Leistungsphase noch vorhandenen Restkapitals an beliebige Personen; bei Zusage einer lebenslangen Leibrente ist dies nicht möglich.[1]

Aus Sicht des GGF kann eine Kapitalzusage im Vergleich zur lebenslangen Leibrente folgende Nachteile bewirken:

Kriterium	Nachteil
Keine biometrische Absicherung	Während der GGF eine lebenslange Leibrente bis zum Tode erhält, ist eine einmalige Kapitalzahlung u. U. bereits vorher aufgebraucht. Bei frühem Tod allerdings kann das erhaltene Kapital die Summe der bis dahin gezahlten alternativen Renten deutlich übersteigen, wenn im Falle der Rente keine Rentengarantiezeit oder

1 Vgl. ausführlich Rz. 382.

Kriterium	Nachteil
	keine Hinterbliebenenrente vereinbart ist; es kommt daher auf den Todeszeitpunkt und die konkrete Ausgestaltung der Rentenalternative an.
Verleitung zu übermäßigem Konsum	Besitzt der GGF keine ausreichende Ausgabendisziplin, kann ihn die einmalige Kapitalzahlung zu übermäßigem Konsum verleiten, so dass das Geld unnötig schnell aufgebraucht ist.
Steuerliche Nachteile	Bezieht der GGF aus dem Beispiel in erster obiger Tabelle unter Punkt „Wirkungen auf die Steuerbilanz" eine lebenslange Leibrente aus seiner Direktzusage von z. B. monatlich 5.000 € ab dem 1.1.2036, wird er mit seinem Ehegatten zusammen zur Einkommensteuer veranlagt, erzielt das Ehepaar noch weitere steuerpflichtige Einkünfte im Veranlagungszeitraum 2036 in Höhe von 40.570 € und sind von der Summe der Einkünfte i. S.v. § 2 Abs. 3 EStG in Höhe von 100.000 € der Altersentlastungsbetrag gem. § 24a EStG, Sonderausgaben und andere Abzugsbeträge in Höhe von insgesamt 20.000 € abzuziehen, so entfällt auf das zu versteuernde Einkommen in Höhe von 80.000 €, bei dem der Versorgungsfreibetrag gem. § 19 Abs. 2 EStG und der Werbungskosten-Pauschbetrag gem. § 9a Nr. 1 Buchst. b EStG berücksichtigt wurden, eine Einkommensteuer von insgesamt 16.905 €, wenn man den Tarif 2020 zugrunde legt. Dies entspricht einem Durchschnittssteuersatz im Jahr 2036 in Höhe von 16,91% auf die Summe der Einkünfte ohne Abzug des Versorgungsfreibetrages. Im Falle einer einmaligen Kapitalleistung in Höhe des in obiger Tabelle genannten Versichererbarwertes von 1,5 Mio. € beträgt der Durchschnittssteuersatz im Jahr 2036 trotz Anwendung der Fünftelungsmethode i. S.v. § 34 Abs. 1 EStG 37,81 %, also wesentlich mehr als bei Rentenzahlung. Dieser erhebliche Wermutstropfen kann durch Vereinbarung einer Ratenzahlung, z. B. über 10 Jahre, deutlich abgemildert werden.

384–385 (*Einstweilen frei*)

5. Unverfallbarkeit

a) Unverfallbarkeit dem Grunde nach

Endet das Arbeits- bzw. Beschäftigungsverhältnis vor Eintritt des Versorgungsfalls, stellt sich die Frage, ob dem Versorgungsberechtigten die zugesagten Versorgungsleistungen ganz oder teilweise erhalten bleiben, denn zwischen Erteilung der Versorgungszusage und Eintritt des Versorgungsfalls besteht lediglich eine Versorgungsanwartschaft mit aufschiebend bedingtem Versorgungsanspruch.[1] 386

§ 1b Abs. 1 und Abs. 5 BetrAVG regeln diesbezüglich für Versorgungsberechtigte, die unter den Schutzbereich dieses Gesetzes fallen (vgl. Rz. 91 ff.), gesetzliche Mindeststandards, die danach differenzieren, ob die bAV durch den Arbeitgeber oder durch Entgeltumwandlung bzw. Eigenbeiträge finanziert wird. Soweit die unterschiedlichen Durchführungswege bei der Arbeitgeberfinanzierung einzelner Sonderregelungen bedürfen, sind diese in den Absätzen 2 bis 4 geregelt. 387

Darüber hinaus bleibt es den Vertragsparteien unbenommen, für den Arbeitnehmer günstigere vertragliche Regelungen zur Unverfallbarkeit zu treffen, indem z. B. die gesetzliche Unverfallbarkeitsfrist i. S. v. § 1b Abs. 1 Satz 1 und ggf. § 30f BetrAVG verkürzt wird oder ganz entfällt oder die Höhe der gesetzlichen unverfallbaren Versorgungsleistungen i. S. v. § 2 BetrAVG verbessert wird. Einschränkungen der gesetzlichen Mindeststandards sind nicht zulässig und würden von der Rechtsprechung nicht anerkannt. 388

PRAXISHINWEIS:

Da der Begünstigte die Beweislast für das Vorliegen einer vertraglichen Verbesserung trägt, sollte eine solche vertragliche Vereinbarung auf jeden Fall schriftlich erfolgen, auch wenn in der Literatur z. T. die Auffassung vertreten wird, dass die günstigere Regelung nicht ausdrücklich getroffen werden muss, sondern auch durch Auslegung der Vereinbarung ermittelt werden kann.[2]

Beim GGF sollte in Bezug auf weitergehende Regelungen zudem genau geprüft werden, ob steuerliche Sonderregelungen dem entgegenstehen mit der Folge, dass die Vereinbarung ggf. gesellschaftsrechtlich veranlasst ist und vGA nach sich zieht.[3]

Greifen die gesetzlichen Regelungen zur Unverfallbarkeit nicht, weil der Versorgungsberechtigte – z. B. der beherrschende GGF – nicht unter den Schutz- 389

1 Vgl. auch Langohr-Plato, Betriebliche Altersversorgung, Rz. 372.

2 Vgl. Höfer/de Groot/Küpper/Reich, Betriebsrentenrecht (BetrAVG), Bd. I, Arbeitsrecht, § 1b Rz. 22 und 56 f.

3 Vgl. Rz. 802 ff.

bereich des BetrAVG fällt, müssen zwingend vertragliche Regelungen zur Unverfallbarkeit getroffen werden, da die Anwartschaften nach Auffassung des BFH ansonsten bis zum Eintritt des Versorgungsfalls nicht unverfallbar werden.[1] Und da beim beherrschenden GGF klare und eindeutige Vereinbarungen erforderlich sind, gibt es hier wohl auch keine Alternative zur schriftlichen Vereinbarung im Zusammenhang mit der Versorgungszusage. Um die steuerrechtliche Anerkennung der Versorgungszusage nicht zu gefährden, sollte sich diese sinnvollerweise an den gesetzlichen Standards orientieren,[2] sofern nicht für vergleichbare Fremdarbeitnehmer i. d. R. abweichende vertragliche Besserstellungen vorgesehen sind. So ist z. B. die sofortige ratierliche Unverfallbarkeit beim Fremdgeschäftsführer oder bei Mitarbeitern des Managements durchaus üblich und wird von der FinVerw auch für den (beherrschenden) GGF anerkannt.[3]

PRAXISHINWEIS:

Vertragliche Besserstellungen bzw. Vereinbarungen hinsichtlich der Unverfallbarkeit binden nur den zusagenden Arbeitgeber, nicht hingegen den Pensionssicherungsverein. Soll insoweit eine Absicherung des Arbeitnehmers auch für den Fall der Insolvenz erreicht werden, muss ergänzend für vertraglichen Insolvenzschutz gesorgt werden (vgl. Rz. 550 ff.). Außerdem muss beim GGF geprüft werden, ob Besserstellungen ggf. eine gesellschaftsrechtliche Veranlassung haben und daher zu verdeckten Gewinnausschüttungen führen (vgl. Rz. 780 ff. und Rz. 802 ff.). Außerdem ist zu beachten, dass abweichend vom Arbeitnehmer bzw. Fremdgeschäftsführer und steuerlich nicht beherrschenden GGF bei steuerlich beherrschenden GGF die unverfallbare Anwartschaft nicht ab Diensteintritt berechnet werden darf, sondern erst ab Zusagedatum.[4]

aa) Arbeitgeberfinanzierte Versorgungszusage

390 Finanziert der Arbeitgeber die bAV, hat die zugesagte Versorgungsanwartschaft beim vorzeitigen Ausscheiden des Arbeitnehmers nach den gesetzlichen Bestimmungen in § 1b und § 30f BetrAVG nur Bestand, wenn der Versorgungsberechtigte nach Erteilung der Zusage noch eine bestimmte Zeit dem Betrieb angehört und bestimmte Altersgrenzen überschreitet.

391 Soweit arbeitgeberfinanzierte Leistungen der bAV nach dem 31.12.2017 zugesagt worden sind, bleibt die Anwartschaft bei Beendigung des Arbeitsverhält-

1 BFH v. 30.1.2002 - I R 56/01, NWB BAAAA-68120.

2 Aufgrund der Einschränkungen, die sich aus dem beim beherrschenden GGF zu beachtenden Nachzahlungsverbot ergeben, vgl. hinsichtlich der zu treffenden vertraglichen Vereinbarung auch die Ausführungen unter Rz. 863 ff.

3 Vgl. BMF v. 9.12.2002, BStBl 2002 I S. 1393.

4 Vgl. BMF v. 9.12.2002, BStBl 2002 I S. 1393 und BFH v. 20.8.2003 - I R 99/02, NWB IAAAB-15368.

nisses vor Eintritt des Versorgungsfalles erhalten, wenn der Arbeitnehmer im Zeitpunkt des Ausscheidens das 21. Lebensjahr vollendet und die Versorgungszusage zu diesem Zeitpunkt mindestens drei Jahre bestanden hat. Dies gilt für sämtliche Durchführungswege der bAV.

Sind arbeitgeberfinanzierte Leistungen der bAV vor dem 1.1.2018 zugesagt 392
worden, gelten gem. der Übergangsregelung des § 30f BetrAVG und gestaffelt nach dem Zeitpunkt der Zusageerteilung ein höheres Mindestalter und eine längere Unverfallbarkeitsfrist, wie in nachfolgender Tabelle dargestellt:

Zusage wurde erteilt	Mindestalter	Unverfallbarkeitsfrist
Vor 1.1.2018 und nach 31.12.2008	25	5 Jahre
Vor 1.1.2009 und nach 31.12.2000	30	5 Jahre
Vor 1.1.2001	35	10 Jahre oder 3 Jahre bei mind. 12jähriger Betriebszugehörigkeit

Gleichzeitig regelt der § 30f BetrAVG in den Abs. 1 Satz 1 Halbsatz 2 sowie Abs. 2 und 3 jeweils Halbsatz 2 eine Verkürzung der jeweiligen Unverfallbarkeitsfrist für den Fall, dass die Zusageerteilung im jeweiligen Übergangszeitraum stattgefunden hat; dabei ist der jeweilige Übergangszeitraum die Zeitspanne vor dem Zeitpunkt des Inkrafttretens der neuen Regelung (1.1.2009 bzw. 1.1.2018), die sich errechnet, indem man von der bis dahin geltenden Unverfallbarkeitsfrist (zehn bzw. fünf Jahre) die neue Frist (fünf bzw. drei Jahre) subtrahiert; im Falle der Reduzierung des Mindestalters von 30 auf 25 Jahre beginnt der Übergangszeitraum fünf Jahre vor dem 1.1.2009.

Zusage wurde erteilt	Übergangszeitraum	Mindestalter	Unverfallbarkeitsfrist
Nach 31.12.2015 und vor 1.1.2018	1.1.2016 bis 31.12.2017	21	Zeitraum ab Zusageerteilung plus 3 Jahre
Nach 31.12.1995 und vor 1.1.2001	1.1.1996 bis 31.12.2000	30	Zeitraum ab Zusageerteilung plus 5 Jahre

Beispiele: Wurde die arbeitgeberfinanzierte Leistung der bAV am 1.1.2017 (1.1.2000) zugesagt, gilt eine Unverfallbarkeitsfrist von vier (sechs) und ein Mindestalter von 21 (30) Jahren.

Wurde die Zusage vor dem 1.1.2009 und nach dem 31.12.2000 erteilt, gibt es aufgrund § 30f Abs. 2 BetrAVG keinen Übergangszeitraum bzgl. der Unverfallbarkeitsfrist, jedoch in Bezug auf das Mindestalter: Ab 1.1.2014 kommt dann nämlich das Mindestalter von 25 Jahren zur Anwendung.

393 Anwartschaften, die im Zeitpunkt des Ausscheidens aus dem Dienstverhältnis die geltenden Fristen und das jeweilige Mindestalter nicht erfüllen, werden vom BetrAVG nicht geschützt. Sie entfallen ersatzlos und zwar unabhängig davon, ob der Arbeitgeber oder der Arbeitnehmer das Dienstverhältnis gekündigt hat oder ob dies im Einvernehmen erfolgt ist.[1]

394 Für den Beginn der Fristen und Übergangszeiträume ist die Erteilung der Versorgungszusage durch den Arbeitgeber maßgebend. Dies ist bei einer Einzelzusage und bei Gesamtzusagen der Zeitpunkt des Zugangs des Versorgungsversprechens beim Arbeitnehmer, da der Versorgungsvertrag gem. § 151 BGB bereits ohne die ausdrückliche Annahmeerklärung des Arbeitnehmers zustande kommt.[2]

395 Beruht der Anspruch auf Versorgungsleistungen auf einer kollektivrechtlichen Vereinbarung (Betriebsvereinbarung, Tarifvertrag), so ist grds. deren Inkrafttreten für den Fristbeginn maßgebend, frühestens jedoch der Beginn des Arbeitsverhältnisses des versorgungsberechtigten Arbeitnehmers.

PRAXISHINWEIS 1:

Beim GGF und beim Management wird die Versorgungszusage i. d. R. auf einer Einzelzusage beruhen. Dies macht auch Sinn, da zumindest beim GGF eine betriebliche Veranlassung der Versorgungszusage nur dann gegeben ist, wenn über die Vereinbarungen bei einem Fremdarbeitnehmer hinaus weitergehende Regelungen z. B. zur Probezeit und ggf. zur Unverfallbarkeit berücksichtigt werden (vgl. Rz. 760 ff. und Rz. 802 ff.).

PRAXISHINWEIS 2:

In der Praxis ist immer wieder festzustellen, dass dem GGF im Laufe des Dienstverhältnisses mehrere Versorgungszusagen erteilt werden, die z. T. nicht zweifelsfrei erkennen lassen, ob es sich um eine Änderung der bereits bestehenden oder um eine neue – zusätzliche – Zusage handelt.[3] Ungeachtet dessen, dass dies mangels Klarheit und Ein-

1 Zur Auflösung des Dienstverhältnisses im Rahmen eines Kündigungsschutzprozesses vgl. Höfer/de Groot/Küpper/Reich, Betriebsrentenrecht (BetrAVG), Bd. I, Arbeitsrecht, § 1b Rz. 30.

2 Vgl. Langohr-Plato, Betriebliche Altersversorgung, Rz. 382; Höfer/de Groot/Küpper/Reich, Betriebsrentenrecht (BetrAVG), Bd. I, Arbeitsrecht, § 1b Rz. 55 ff.

3 Zur Abgrenzung vgl. Langohr-Plato, Betriebliche Altersversorgung, Rz. 387 ff.

deutigkeit zu einer gesellschaftsrechtlichen Veranlassung der Zusagen und damit zu verdeckten Gewinnausschüttungen führen kann, hat die Deutung auch Auswirkungen auf die Unverfallbarkeit. Ist die später erteilte Zusage keine Änderungsvereinbarung zur ursprünglichen Zusage, beginnt die Unverfallbarkeitsfrist für die später erteilte Zusage neu zu laufen. Nur wenn es sich um eine Änderung der ursprünglichen Zusage handelt, gilt der Grundsatz der Einheit der Versorgungszusage, der keine neue Unverfallbarkeitsfrist in Gang setzt. Allerdings ist in diesem Fall zu beachten, dass nicht gegen die Erdienbarkeit (vgl. Rz. 780 ff.) und das Nachzahlungsverbot (vgl. Rz. 863 ff.) verstoßen wird.

bb) Arbeitnehmerfinanzierte Versorgungszusage

Trägt der Arbeitnehmer durch Entgeltumwandlung oder Eigenbeiträge zur Finanzierung der betrieblichen Versorgungszusage bei, gilt für Zusagen, die nach dem 31.12.2000 erteilt worden sind, gem. § 1b Abs. 5 BetrAVG eine sofortige gesetzliche Unverfallbarkeit. 396

Für Zusagen, die vor dem 1.1.2001 erteilt worden sind, gilt die gleiche Regelung wie für entsprechende arbeitgeberfinanzierte Zusagen (§ 30f Abs. 1 BetrAVG), denn insoweit galten auch für durch Entgeltumwandlung finanzierte Zusagen die allgemeinen gesetzlichen Unverfallbarkeitsfristen. Die gesetzliche Neuregelung in § 1b Abs. 5 BetrAVG findet gem. ausdrücklichen Ausschlusses in § 30f Abs. 1 Satz 2 BetrAVG auf Altzusagen keine Anwendung. 397

Zu beachten ist allerdings, dass das BAG bereits in 1993 entschieden hat, dass bei Entgeltumwandlung i. d. R. davon auszugehen sei, dass der Arbeitgeber dem Arbeitnehmer eine von vornherein unentziehbare Rechtsposition einräumen und damit die Unverfallbarkeit der Anwartschaft vertraglich zusagen wollte. Die Verfallbarkeit einer Versorgungsanwartschaft, die auf einer Entgeltumwandlung beruhe, entspreche nicht der Billigkeit, da ein Arbeitnehmer, der sich für die Entgeltumwandlung entscheide, nicht schlechter gestellt werden dürfe, als derjenige, der stattdessen das Gehalt wähle.[1] Damit ist für Zusagen, die vor dem 1.1.2001 erteilt worden sind, zumindest für den Fall des vorzeitigen Ausscheidens aus dem Dienstverhältnis vertragliche Unverfallbarkeit gesichert, wenngleich dies nicht auf den gesetzlichen Insolvenzschutz durchschlägt. 398

In § 1b Abs. 5 Satz 1 Halbsatz 2 und Satz 2 BetrAVG hat der Gesetzgeber darüber hinaus Sonderbedingungen für Zusagen über eine Direktversicherung, eine Pensionskasse oder einen Pensionsfonds festgelegt; darüber hinaus kodifizieren die Abs. 2 bis 4 des § 1b BetrAVG weitere Sonderregelungen für mittel- 399

1 BAG v. 8.6.1993 - 3 AZR 670/92, DB 1993 S. 2538.

bare Durchführungswege der bAV, auf die hier nicht weiter eingegangen wird.[1]

b) Unverfallbarkeit der Höhe nach

400 Scheidet ein Versorgungsberechtigter vor Erreichen des Versorgungsfalls mit einer dem Grunde nach unverfallbaren Versorgungsanwartschaft aus dem Arbeitsverhältnis aus, stellt sich die weitere Frage, in welcher Höhe die zugesagten Versorgungsleistungen unverfallbar sind. Das Gesetz gewährt nicht die vollen zugesagten Leistungen, sondern konsequenterweise nur eine Teilleistung, die im Hinblick auf die zurückgelegte Dienstzeit angemessen (erdient) ist.

401 Für den nicht beherrschenden GGF berechnet sich die Höhe seiner unverfallbaren Anwartschaft nach dem Gesetz (vgl. dazu die nachfolgenden Rz. 402 ff.), sofern die Zusage auf bAV keine günstigere Regelung beinhaltet. Zusagen an im arbeitsrechtlichen Sinne beherrschende GGF, für die das Betriebsrentengesetz nicht gilt, erfordern jedoch aus steuerrechtlichen Gründen eine ausdrückliche vertragliche Regelung der Höhe der unverfallbaren Anwartschaft. Fehlt sie, kann diese Regelungslücke zwar im Wege der ergänzenden Vertragsauslegung geschlossen werden; jedoch mangelt es der Zusage auf bAV dann am Eindeutigkeitsgebot und dem Schriftformerfordernis[2] des § 6a Abs. 1 Nr. 3 und des § 4d Abs. 1 Satz 1 Nr. 1 Satz 1 Buchst. b Sätze 2 und 5 EStG, so dass steuerbilanzielle Pensionsrückstellungen nicht gebildet werden dürfen bzw. bereits gebildete aufzulösen oder/und Zuwendungen an Unterstützungskassen insoweit nicht als Betriebsausgabe beim Trägerunternehmen abzugsfähig sind. Da das für die Kapitalgesellschaft des GGF zuständige Finanzamt im Rahmen der Prüfung verdeckter Gewinnausschüttungen auch einen Fremdvergleich durchführt und damit die Üblichkeit der bAV des GGF analysiert,[3] empfiehlt es sich, die Unverfallbarkeit der Höhe nach beim im arbeitsrechtlichen Sinne beherrschenden GGF an den nachfolgend dargestellten gesetzlichen Regelungen auszurichten;[4] dies gilt auch nach Meinung der FinVerw.[5]

1 Vgl. ausführlich Höfer/de Groot/Küpper/Reich, Betriebsrentenrecht (BetrAVG) Bd. I Arbeitsrecht, § 1b, Rz. 337 ff.

2 Vgl. Höfer/Veit/Verhuven, Betriebsrentenrecht (BetrAVG) Bd. II Steuerrecht/Sozialabgaben/HGB/IFRS, Kap. 44, Rz. 154.

3 Vgl. Doetsch/Lenz, Versorgungszusagen an Gesellschafter-Geschäftsführer und Vorstände, 11. Aufl., S. 97 bis 99.

4 Vgl. Höfer/Veit/Verhuven, Betriebsrentenrecht (BetrAVG) Bd. II Steuerrecht/Sozialabgaben/HGB/IFRS, Kap. 44, Rz. 154.

5 Vgl. BMF-Schreiben v. 9.12.2002, BStBl 2002 I S. 1393, unter 1.

Hinsichtlich der Berechnung der Höhe der erdienten unverfallbaren Anwartschaft gibt § 2 BetrAVG für die unterschiedlichen Durchführungswege der betrieblichen Altersversorgung zwingende gesetzliche Berechnungsgrundlagen vor, die als Mindeststandards zu verstehen sind. Abweichende Vereinbarungen zwischen Arbeitgeber und Versorgungsberechtigtem, die zu höheren Ansprüchen führen, sind zulässig.[1] 402

aa) Direktzusage und Unterstützungskassenzusage

Scheidet der Versorgungsberechtigte mit einer unverfallbaren Direktzusage oder Unterstützungskassenzusage vor Eintritt des Versorgungsfalls aus dem Arbeitsverhältnis aus, hat er gem. § 2 Abs. 1 BetrAVG Anspruch auf einen ratierlichen Anteil, der nach dem sog. „pro rata temporis-Verfahren" – auch als „m/n-tel-Verfahren" oder „Quotierungsverfahren" bezeichnet – berechnet wird. Nach diesem Verfahren wird die bis zum Ausscheiden tatsächlich zurückgelegte Dienstzeit zu der bis zur vertraglich normierten festen Altersgrenze möglichen Dienstzeit ins Verhältnis gesetzt. Grundsätzlich erfolgt diese Berechnung taggenau. Allerdings akzeptiert die Rechtsprechung auch eine Berechnung der Dienstzeit nach vollen Monaten.[2] Eine Berechnung nach Jahren ist nicht zulässig.[3] 403

Das Quotierungsverfahren setzt folglich zwei Berechnungsschritte voraus: 404

- Zunächst muss die Leistung ermittelt werden, die dem Versorgungsberechtigten zustehen würde, wenn er bei Eintritt des Versorgungsfalles noch im Unternehmen tätig wäre. Es wird also für die Berechnung fiktiv unterstellt, dass das Arbeitsverhältnis mit dem Versorgungsberechtigten bis zum Eintritt des Versorgungsfalls weiter fortbestanden hätte, wobei sich der Versorgungsfall „Alter" dabei an dem Zeitpunkt orientiert, zu dem die zugesagte Altersversorgungsleistung fällig werden soll.
- In einem zweiten Schritt ist dann der Quotient aus tatsächlicher und möglicher Betriebszugehörigkeit zu ermitteln und die im ersten Schritt ermittelte Leistung entsprechend zu kürzen.[4]

1 Gl. A. Langohr-Plato, Betriebliche Altersversorgung, Rz. 411, mit Nachweisen zur entsprechenden BAG-Rechtsprechung.

2 BAG v. 22.2.1983 - 3 AZR 546/80, DB 1983 S. 2254.

3 BAG v. 4.10.1994 - 3 AZR 215/94, BB 1995 S. 881.

4 BAG v. 12.11.1991 - 3 AZR 520/90, DB 1992 S. 638.

(1) Tatsächliche Betriebszugehörigkeit

405 Tatsächliche Betriebszugehörigkeit in diesem Sinne ist der Zeitraum, in dem das Arbeitsverhältnis tatsächlich rechtlich bestanden hat. Unerheblich ist, ob das Arbeitsverhältnis während der Bestandsdauer ruhte[1] oder ob dem Versorgungsberechtigten bereits mit Beginn der Betriebszugehörigkeit eine Zusage erteilt worden ist. Abzustellen ist dabei grds. auf den zusagenden Arbeitgeber. So sind z. B. Ausbildungszeiten mit zu berücksichtigen, wenn der Arbeitnehmer anschließend eine Festanstellung in dem gleichen Unternehmen erhält. Ist das Arbeitsverhältnis gem. § 613a BGB oder § 324 UmwG auf einen neuen Rechtsträger übergegangen, sind auch die Zeiten beim vorherigen Arbeitgeber zu berücksichtigen.[2] Daneben können aufgrund gesetzlicher oder vertraglicher Regelungen Vor- oder Nachdienstzeiten zu berücksichtigen sein.[3] Bei Arbeitsverhältnissen im Konzern gilt: es sind grds. die unterschiedlichen Konzerngesellschaften als eigenständige Unternehmen zu behandeln mit der Folge, dass keine Zusammenrechnung von Dienstzeiten in Betracht kommt. Allerdings besteht die Möglichkeit eine Konzernrahmenvereinbarung zu treffen, die ausdrücklich eine Anrechnung von Vordienstzeiten bei einer anderen Konzerngesellschaft für Fragen der Unverfallbarkeit vorsieht.[4]

(2) Mögliche Betriebszugehörigkeit

406 Die mögliche Betriebszugehörigkeit orientiert sich neben dem tatsächlichen Beginn des Arbeitsverhältnisses grds. an einer in der Versorgungsvereinbarung festgelegten festen Altersgrenze (frühestens an der Vollendung des 60./62. Lebensjahres[5]). Sieht die Versorgungsvereinbarung keine feste Altersgrenze vor oder eine feste Altersgrenze, die das 65. Lebensjahr unterschreitet, war bis einschließlich 2007 die Vollendung des 65. Lebensjahres (damalige Regelaltersgrenze in der gesetzlichen Rentenversicherung) maßgebend und zwar unabhängig davon, ob der Arbeitnehmer zu diesem Zeitpunkt tatsächlich ausgeschieden wäre oder ggf. noch weitergearbeitet hätte und ob sich bei Weiterarbeit ggf. seine Ansprüche noch hätten erhöhen können.

1 BAG v. 15.2.1994 - 3 AZR 708/93, DB 1994 S. 1479.

2 BAG v. 8.2.1983 - 3 AZR 229/81, DB 1984 S. 301.

3 Zu Einzelheiten vgl. Kisters-Kölkes in Dornbusch/Fischermeier/Löwisch, Fachanwaltskommentar Arbeitsrecht, § 2 BetrAVG Rz. 9 f.

4 Gl. A. Kisters-Kölkes in Dornbusch/Fischermeier/Löwisch, Fachanwaltskommentar Arbeitsrecht, § 2 BetrAVG Rz. 8.

5 BMF v. 6.12.2017, BStBl 2018 I S. 147, Rz. 3.

Hinsichtlich der durch das RV-Altersgrenzenanpassungsgesetz v. 20.4.2007[1] eingeführten dynamischen Altersgrenze (für Geburtenjahrgänge ab 1947 schrittweise Anhebung bis auf die Vollendung des 67. Lebensjahres) stellte sich zunächst die Frage, ob die Anhebung auch Auswirkungen auf die Unverfallbarkeit in der bAV hat. Mit Urteil v. 15.5.2012[2] hat das BAG zu einer Gesamtversorgungszusage diesbezüglich entschieden, dass vor 2008 errichtete Versorgungsordnungen, die für den Eintritt des Versorgungsfalles auf die Vollendung des 65. Lebensjahres abstellen, regelmäßig dahingehend auszulegen sind, dass damit für Geburtsjahrgänge ab 1947 auf die seit 2008 angehobene individuelle Regelaltersgrenze für die Mitarbeiter in der gesetzlichen Rentenversicherung Bezug genommen wird. Damit gelten – sofern der Arbeitgeber nicht eine anderweitige Auslegung der Versorgungsordnung festschreibt – bei Kollektivzusagen auch für die Berechnung einer unverfallbaren Versorgungsanwartschaft die individuellen Altersgrenzen in der gesetzlichen Rentenversicherung mit der Folge, dass sich die unverfallbare Anwartschaft für Geburtenjahrgänge ab 1947 vermindern kann. Es bleibt dem Arbeitgeber jedoch unbenommen, weiterhin für alle Arbeitnehmer – ungeachtet des Geburtsjahrgangs – die Vollendung des 65. Lebensjahres zugrunde zu legen und die Kollektivzusage entsprechend anzupassen. 407

PRAXISHINWEIS:

Vgl. zur Berechnung der tatsächlichen und möglichen Betriebszugehörigkeit beim beherrschenden GGF die Ausführungen in Rz. 772 ff. und Rz. 864, denn hier gelten aus steuerrechtlicher Sicht Besonderheiten hinsichtlich der m/n-tel-Methode, die nicht auf den Diensteintritt abstellen, sondern auf den Zusagezeitpunkt.

(3) Berechnungsgrundsätze

Bei der Berechnung der Leistung, die dem Versorgungsberechtigten zustehen würde, wenn er bei Eintritt des Versorgungsfalles noch im Unternehmen tätig wäre, sind die Berechnungsgrundlagen im Zeitpunkt des Ausscheidens zu berücksichtigen. Änderungen der Berechnungsgrundlagen, die erst nach dem Ausscheiden des Versorgungsberechtigten eintreten, bleiben ebenso unberücksichtigt, wie Änderungen der Versorgungsregelung selbst.[3] Bei einer endgehaltsabhängigen Zusage ist folglich das im Ausscheidezeitpunkt maßgeb- 408

1 BGBl 2007 I S. 554.

2 BAG v. 15.5.2012 - 3 AZR 11/10, DB 2012 S. 1756, BetrAV 2012 S. 524.

3 BAG v. 21.3.2006 - 3 AZR 374/05, DB 2006 S. 2354.

liche ruhegeldfähige Entgelt maßgebend.[1] Entsprechendes gilt für einen Durchschnittsgehaltsplan, so dass sich in beiden Fällen die dynamische Versorgungsanwartschaft in einen statischen unverfallbaren Anwartschaftswert umwandelt. Bei einer dienstzeitabhängigen Versorgungsformel hingegen ist die unverfallbare Anwartschaft auf der Basis der bis zum vereinbarten Pensionsalter erdienbaren Versorgungsleistung zu berechnen, wobei mögliche, aber erst nach dem Ausscheiden einsetzende Steigerungsbeträge (z. B. dienstzeitabhängig gestaffelte Steuerungsbeträge) mit einzubeziehen sind; der Versorgungsberechtigte partizipiert also in diesem Fall an der entsprechenden Dynamik.[2]

PRAXISHINWEIS:

Gesamtversorgungszusagen und Versorgungszusagen mit Höchstbegrenzungsklauseln sind in der GGF-Versorgung nicht sehr verbreitet.[3]

409 Da die dargestellten Berechnungsgrundsätze nicht nur für die Ermittlung der unverfallbaren Anwartschaft auf Altersversorgungsleistungen anzuwenden sind, sondern auch für die Ermittlung unverfallbarer Anwartschaften auf Invaliditäts- und Hinterbliebenenleistungen, enthält § 2 Abs. 1 Satz 2 BetrAVG eine Begrenzungsregelung, um mit unverfallbarer Anwartschaft ausgeschiedene Mitarbeiter nicht besser zu stellen als einen Mitarbeiter, der bis zum Eintritt des Versorgungsfalls im Unternehmen verbleibt.[4] Danach ist im Rahmen einer Parallelrechnung zu berechnen, wie hoch die Erwerbsminderungs- oder Todesfallleistung wäre, wenn zum Zeitpunkt des Ausscheidens der Versorgungsfall eingetreten wäre. Ist diese – nicht quotierte – Leistung geringer als die Leistung, die sich nach dem Quotierungsverfahren ergibt, steht dem mit unverfallbarer Anwartschaft ausgeschiedenen Arbeitnehmer bzw. seinen begünstigten Hinterbliebenen nur die Leistung zu, die sich zum Zeitpunkt des Ausscheidens bei Eintritt des Versorgungsfalls ergeben hätte.[5]

1 Gl. A. Kisters-Kölkes in Dornbusch/Fischermeier/Löwisch, Fachanwaltskommentar Arbeitsrecht, § 2 BetrAVG Rz. 28.

2 Gl. A. Langohr-Plato, Betriebliche Altersversorgung, Rz. 415.

3 Weitergehende Informationen hierzu vgl.: Kisters-Kölkes in Dornbusch/Fischermeier/Löwisch, Fachanwaltskommentar Arbeitsrecht 9. Aufl. 2019, § 2 BetrAVG Rz. 31 ff.; Langohr-Plato, Betriebliche Altersversorgung, 7. Aufl. 2018, Rz. 416 ff.

4 Vgl. BT-Drucks. 7/1281, Teil B zu § 2 BetrAVG, S. 25.

5 Gl. A. Kisters-Kölkes in Dornbusch/Fischermeier/Löwisch, Fachanwaltskommentar Arbeitsrecht, § 2 BetrAVG Rz. 27; Langohr-Plato, Betriebliche Altersversorgung, Rz. 420; Blomeyer/Rolfs/Otto, § 2 BetrAVG Rz. 120 f; Höfer/de Groot/Küpper/Reich, Betriebsrentenrecht (BetrAVG), Bd. I, Arbeitsrecht, § 2 Rz. 102 ff.; Ahrend/Förster/Rößler Teil 10B Rz. 820.

bb) Direktversicherung, Pensionskasse und Pensionsfonds

Über die Regelungen in § 2 Abs. 2 Satz 1, Abs. 3 Satz 1 und Abs. 3a BetrAVG hat der Gesetzgeber bestimmt, dass das Quotierungsverfahren auch für die externen Durchführungswege zur Anwendung kommt. Bleibt die Leistung des externen Versorgungsträgers hinter der quotierten Leistung zurück, greift ergänzend die Einstandspflicht des Arbeitgebers. Er muss im Versorgungsfall den Differenzbetrag an den Versorgungsberechtigten zahlen. 410

Um eine solche – ansonsten bei den Durchführungswegen Direktversicherung und Pensionskasse – i. d. R. eintretende Einstandspflicht zu vermeiden, hat der Gesetzgeber für diese beiden Durchführungswege – nicht hingegen für den Pensionsfonds – eine sog. „versicherungsförmige Lösung" als Alternative zugelassen. Liegen die in § 2 Abs. 2 Sätze 2 und 3 sowie Abs. 3 Satz 2 BetrAVG kodifizierten Voraussetzungen – auch als soziale Auflagen bezeichnet – vor, kann der Versorgungsberechtigte auf Verlangen des Arbeitgebers auf die vertragsgemäß zu erbringende Leistung der Versorgungseinrichtung verwiesen werden.[1] Es besteht insoweit kein Mitbestimmungsrecht oder gar eine Zustimmungspflicht. 411

Bisher musste der Arbeitgeber innerhalb einer Frist von drei Monaten seit Ausscheiden des Arbeitnehmers die Inanspruchnahme der versicherungsförmigen Lösung sowohl gegenüber dem Ausgeschiedenen als auch gegenüber dem Versorgungsträger ausdrücklich erklären. Diese Willenserklärung zur Anspruchsbegrenzung ist mit dem am 23.6.2020 in Kraft getretenen 7. SGB IV-ÄndG[2] nicht mehr erforderlich, womit die versicherungsförmige Lösung im Fall des vorzeitigen Ausscheidens des Arbeitnehmers zum Regelfall wird. Dies soll nach der Gesetzesbegründung[3] ohne Übergangsregelung auch für bereits vor dem Inkrafttreten der Neuregelung ausgeschiedene Arbeitnehmer gelten. Diese Gültigkeit dieser Rückwirkung wird von den Bundesarbeitsgerichten zu entscheiden sein. Voraussetzung für die Anspruchsbegrenzung bleibt aber weiterhin die Erfüllung der sog. sozialen Auflagen (§ 2 Abs. 2 bzw. Abs. 3 BetrAVG). 412

1 Vgl. ausführlich: Höfer/de Groot/Küpper/Reich, Betriebsrentenrecht (BetrAVG) Bd. I Arbeitsrecht, § 2, Rz. 167 ff und 261 ff.

2 Siebtes Gesetz zur Änderung des Vierten Buches Sozialgesetzbuch und anderer Gesetze v. 12.6.2020, BGBl Nr2020 I Nr. 28 v. 23.6.2020, S. 1248; BT-Drucks. 19/17586.

3 BT-Drucks. 19/17586.

cc) Besonderheiten bei Entgeltumwandlung oder beitragsorientierter Leistungszusage

413 Wird die betriebliche Versorgungszusage über eine Entgeltumwandlung finanziert oder hat der Arbeitgeber eine beitragsorientierte Leistungszusage erteilt, schreibt § 2 Abs. 5 BetrAVG für die vor, dass die unverfallbare Anwartschaft nicht nach dem Quotierungsverfahren ermittelt wird, sondern dass die aus den geleisteten bzw. vereinbarten Finanzierungsanteilen erreichte Anwartschaft (= finanzierte Anwartschaft) maßgebend ist, wenn die Zusage gem. § 30g Abs. 2 Satz 1 BetrAVG nach dem 31.12.2000 erteilt worden ist, es sei denn es wird die versicherungsförmige Lösung (vgl. Rz. 411 f.) im Falle einer Direktversicherung oder Pensionskasse angewandt. Das Quotierungsverfahren wird also zwingend durch die Sonderregelung verdrängt. Für ältere Zusagen kann die Anwendung der Sonderregelung nach § 2 Abs. 5 BetrAVG gem. § 30g Abs. 2 Satz 2 BetrAVG einzelvertraglich zwischen Arbeitgeber und Arbeitnehmer vereinbart werden, was aufgrund des Zustimmungserfordernisses lediglich von theoretischer Bedeutung ist.

414 Die finanzierte Anwartschaft ist grds. der versicherungsförmigen Lösung wirtschaftlich vergleichbar. Folglich dürfte sie auch voraussetzen, dass die Beiträge vereinbarungsgemäß gezahlt worden sind. Ist der Arbeitgeber z. B. bei der beitragsorientierten Leistungszusage gegenüber der Vereinbarung im Rückstand, ist auf die bis zum Ausscheiden geschuldeten Beiträge abzustellen.[1]

dd) Besonderheiten bei der Beitragszusage mit Mindestleistung

415 Für Beitragszusagen mit Mindestleistung, die gem. § 1 Abs. 2 Nr. 2 BetrAVG lediglich für die versicherungsförmigen Durchführungswege, Pensionsfonds, Pensionskasse und Direktversicherung vorgesehen sind, sieht § 2 Abs. 6 BetrAVG eine eigenständige Sonderregelung vor, die unabhängig davon zur Anwendung kommt, ob die betriebliche Versorgungszusage durch den Arbeitgeber oder durch den Arbeitnehmer finanziert wird. § 2 Abs. 6 BetrAVG ist also lex specialis gegenüber der versicherungsförmigen Lösung in § 2 Abs. 2 und 3 BetrAVG (vgl. Rz. 411 f.), gegenüber § 2 Abs. 3a BetrAVG für die Pensionsfonds-

1 Gl. A. Blomeyer/Rolfs/Otto, § 2 BetrAVG Rz. 473; Hanau/Arteaga/Rieble/Veit, Entgeltumwandlung, Rz. 571; Langohr-Plato, Betriebliche Altersversorgung, Rz. 454.

zusage und gegenüber § 2 Abs. 5 BetrAVG für den Fall der Entgeltumwandlung oder der beitragsorientierten Leistungszusage (vgl. Rz. 413 f.).[1]

Scheidet der Arbeitnehmer in den Fällen einer Beitragszusage mit Mindestleis- 416
tung vorzeitig aus dem Arbeitsverhältnis aus, wird gem. § 2 Abs. 6 BetrAVG diejenige Anwartschaft aufrecht erhalten, die sich aus dem planmäßig zuzurechnenden Versorgungskapital auf der Grundlage der bis zum Ausscheiden des Arbeitnehmers geleisteten Beiträge und der bis zum Eintritt des Versorgungsfalls erzielten Erträge ergibt, mindestens die Summe der bis dahin zugesagten Beiträge, soweit sie nicht rechnungsmäßig für einen biometrischen Risikoausgleich verbraucht wurden.

Da die Höhe der Leistung durch die Erträge mitbestimmt wird, die bis zum Ein- 417
tritt des Versorgungsfalls erzielt werden, kann die tatsächliche Höhe der unverfallbaren Anwartschaft auch erst bei Eintritt des Versorgungsfalls endgültig bestimmt werden. Lediglich die Mindestleistung kann bereits im Zeitpunkt des Ausscheidens ermittelt werden.

PRAXISHINWEIS:

Bislang ist rechtlich nicht geklärt, ob bei einer Direktversicherungs- oder Pensionskassenzusage in der Form einer Beitragszusage mit Mindestleistung die Möglichkeit besteht, im Fall des vorzeitigen Ausscheidens des Arbeitnehmers einen Versicherungsnehmerwechsel durchzuführen und damit die versicherungsförmige Lösung (vgl. Rz. 411 f.) zu praktizieren.[2] Vor diesem Hintergrund sollte in der Praxis sicherlich eher eine beitragsorientierte Leistungszusage empfohlen werden, die rechtlich so gestaltet werden kann, dass im Fall des vorzeitigen Ausscheidens die versicherungsförmige Lösung (vgl. Rz. 411 f.) verbunden mit dem Versicherungsnehmerwechsel gewählt werden kann, die den Arbeitgeber anschließend endgültig von der Haftung freistellt.

ee) Besonderheiten bei der reinen Beitragszusage

Für die in Rz. 364 angesprochenen reinen Beitragszusagen, die gem. § 1 Abs. 2 418
Nr. 2a BetrAVG ausschließlich bei Pensionsfonds, Pensionskassen oder Direktversicherungen anwendbar sind, gilt § 2 Abs. 6 BetrAVG nicht, da der Gesetzeswortlaut seine Anwendung eindeutig auf Beitragszusagen mit Mindestleistung beschränkt. Liegt eine Direktversicherung oder eine Pensionskasse zu-

1 Soweit § 2 Abs. 5 BetrAVG auch Regelungen zu entgeltumwandlungsfinanzierten Versorgungszusagen über eine Direktzusage oder eine Unterstützungskassenzusage enthält, kommt § 2 Abs. 5 BetrAVG keine praktische Bedeutung zu, da eine Beitragszusage mit Mindestleistung gem. § 1 Abs. 2 Nr. 4 BetrAVG für diese Durchführungswege nicht zulässig ist. A. A.: Höfer/de Groot/Küpper/Reich, Betriebsrentenrecht (BetrAVG), Bd. I, Arbeitsrecht, § 2 Rz. 484 ff.

2 Vgl. hierzu Langohr-Plato, Betriebliche Altersversorgung, Rz. 467 ff.; Kisters-Kölkes in Dornbusch/Fischermeier/Löwisch, Fachanwaltskommentar Arbeitsrecht, § 2 BetrAVG Rz. 72; Höfer/de Groot/Küpper/Reich, Betriebsrentenrecht (BetrAVG) Bd. I Arbeitsrecht, § 2, Rz. 497.

grunde, kann daher die in Rz. 411 f. beschriebene versicherungsförmige Lösung praktiziert werden, wenn die in Rz. 411 erwähnten sozialen Auflagen erfüllt werden. Ist dies nicht der Fall und bei Pensionsfonds, für die die versicherungsförmige Lösung nicht greift, gilt im Falle der Entgeltumwandlung der in Rz. 413 f. beschriebene § 2 Abs. 5 BetrAVG; in Ermangelung einer eigenständigen Regelung jenseits der versicherungsförmigen Lösung ist § 2 Abs. 5 BetrAVG u. E. auch auf arbeitgeberfinanzierte reine Beitragszusagen anzuwenden.

6. Rückdeckung in der bAV und privatrechtlicher Insolvenzschutz

419 Der Begriff Rückdeckung wird in der bAV ausschließlich für die Durchführungswege Direktzusage und Unterstützungskasse verwendet, da nur diese beiden vom Arbeitgeber selbst durchgeführt werden. Bei der Direktzusage ist der Arbeitgeber der Versorgungsträger. Im Falle der Unterstützungskasse bedient er sich zwar einer externen rechtsfähigen Versorgungseinrichtung (§ 1b Abs. 4 Satz 1 BetrAVG), errichtet und betreibt diese jedoch selbst oder nimmt die Dienste einer entsprechenden Gruppenunterstützungskasse in Anspruch für die er Trägerunternehmen ist. Da die Unterstützungskasse jedoch auf ihre Leistungen gem. § 1b Abs. 4 Satz 1 BetrAVG im Gegensatz zu den versicherungsförmigen Durchführungswegen, Direktversicherung, Pensionskasse und Pensionsfonds, keinen Rechtsanspruch gewähren darf,[1] wird sie zum verlängerter Arm des Trägerunternehmens und damit zu einer „Direktzusage anderer Art“,[2] obwohl das BAG in gesetzesändernder Rechtsfortbildung für die Versorgungsbegünstigten einen Rechtsanspruch auf die Unterstützungskassen-Leistungen feststellt (auch bei Ausscheiden aus dem Arbeitsverhältnis mit unverfallbarer Anwartschaft), der sich zunächst gegen die Unterstützungskasse, im Weiteren auch gegen das Trägerunternehmen richtet.[3] Die Unterstützungskasse, egal ob Einzel- oder mit mehreren Trägerunternehmen ausgestattete Gruppenunterstützungskasse,[4] ist grundsätzlich – wie das Trägerunternehmen (= Arbeit-

1 Diese in § 1b Abs. 4 Satz 1 BetrAVG enthaltene Voraussetzung ist – wie die eigene Rechtspersönlichkeit – konstitutives Tatbestandsmerkmal einer Unterstützungskasse und wird auch durch H 4d Abs. 1 EStH 2017 „Unterstützungskasse“ (mit Verweis auf BetrAVG und BFH-Rspr.) aufgegriffen.

2 Vgl. Dommermuth in Herrmann/Heuer/Raupach, EStG und KStG Kommentar, § 4d EStG Anm. 21.

3 Vgl. BAG v. 5.5.1977 - 3 AZR 34/76, BB 1977 S. 1251; BAG v. 5.7.1979 - 3 AZR 60/78, BB 1979 S. 1605; BAG v. 18.4.1989 - 3 AZR 299/87, DB 1989 S. 1876 = BB 1989 S. 1984, unter B.1 der Entscheidungsgründe.

4 Vgl. zu den verschiedenen Arten von Unterstützungskassen: Dommermuth in Herrmann/Heuer/Raupach, EStG und KStG Kommentar, § 4d Anm. 21.

geber) selbst – frei in der Wahl der Finanzierung ihrer aus der Zusage auf bAV resultierenden Leistungsverpflichtung: Sie kann die dafür erforderlichen Mittel in typische Bankprodukte inkl. Wertpapiere, Immobilien, geschlossene Fonds, Rohstoffe, Versicherungen (Rückdeckungsvermögen) o. Ä. investieren; so wie der Arbeitgeber im Falle der Direktzusage selbst unterliegt sie dabei gem. § 3 Abs. 1 Nr. 1 VAG nicht der aufsichtsbehördlichen Kontrolle der BAFin. Soweit dabei die Voraussetzungen des § 4d Abs. 1 Satz 1 Nr. 1 Satz 1 Buchst. c EStG erfüllt werden, handelt es sich um eine „rückgedeckte Unterstützungskasse", die ausschließlich in Versicherungen[1] investieren darf (vgl. Rz. 489 ff.); soweit jene Voraussetzungen nicht erfüllt sind und die Unterstützungskasse daher völlig frei in Rückdeckungsvermögen investieren darf, liegt eine „pauschaldotierte oder reservepolsterfinanzierte Unterstützungskasse" vor.

420 Unter „Rückdeckung" wird daher die Finanzierung der aus der bAV resultierenden Leistungsverpflichtungen des Arbeitgebers oder der Unterstützungskasse verstanden, die jener Arbeitgeber oder jene Unterstützungskasse – mit Ausnahme der rückgedeckten Unterstützungskasse – jeweils freiwillig praktizieren kann, nicht hingegen muss, und bei deren Art des Investments sie vollständig frei sind. Bei den versicherungsförmigen Durchführungswegen – Direktversicherung, Pensionskasse und Pensionsfonds – findet der Begriff Rückdeckung keine Anwendung, da ein derartiges freiwilliges Investment hier nicht stattfindet und darüber hinaus nicht der Arbeitgeber bzw. sein „verlängerter Arm" (Unterstützungskasse) die spätere Leistung erbringt, sondern der Versorgungsträger selbst und der Begünstigte (ehemalige Arbeitnehmer) diesem gegenüber – im Gegensatz zur Unterstützungskasse – einen festen Rechtsanspruch besitzt. Schließlich ist der Begriff Rückdeckung auch mit Freiwilligkeit auf Seiten des Arbeitgebers bzw. der (pauschaldotierten) Unterstützungskasse verbunden, die bei den versicherungsförmigen Durchführungswegen nicht existiert: bei Letzteren muss ein Beitrag gezahlt und daher ein entsprechendes Investment aufgebracht werden.

a) Motive für Rückdeckung

421 Wie in den Rz. 419 f. erwähnt, können der Arbeitgeber bzw. die pauschaldotierte Unterstützungskasse im Einvernehmen mit dem betreffenden Trägerunternehmen nicht nur selbst entscheiden, ob sie überhaupt Rückdeckung betreiben; sie sind darüber hinaus in der Wahl des Rückdeckungsvermögens völlig frei. Wählt der Arbeitgeber (das Trägerunternehmen) hingegen eine rück-

1 Vgl. zu den zulässigen Arten von Rückdeckungsversicherungen bei Unterstützungskassen: Dommermuth in Herrmann/Heuer/Raupach, EStG und KStG Kommentar, § 4d EStG Anm. 96.

gedeckte Unterstützungskasse (vgl. Rz. 419 und Rz. 489 ff.), legt er sich auf eine Rückdeckung mit Lebens- oder Rentenversicherungen[1] fest.

422 Betreibt ein Arbeitgeber bzw. Trägerunternehmen einer pauschaldotierten Unterstützungskasse keine Rückdeckung, so kann dies auf einer rationalen Entscheidung beruhen, nämlich derjenigen, in der Anwartschaftsphase auf präventive Liquiditätsabflüsse zur Finanzierung der aus der bAV resultierenden Leistungsverpflichtungen bewusst zu verzichten, um dem eigentlichen Unternehmenszweck keine finanziellen Mittel zu entziehen, und dabei gleichzeitig die steuerlichen Vorteile aus den bei Erfüllung der Voraussetzungen des § 6a EStG resultierenden Zuführungen zu den steuerbilanziellen Pensionsrückstellungen nutzen zu können. Diese Vorteile können ebenfalls bei pauschaldotierten Unterstützungskassen – allerdings nur in nach § 4d Abs. 1 Satz 1 Nr. 1 Satz 1 Buchst. b EStG durch das sog. „Reservepolster" stark gedeckelter Form[2] – beansprucht werden, in dem man jener Versorgungseinrichtung die gem. § 4d Abs. 1 Satz 1 Nr. 1 Satz 1 Buchst. b und Abs. 1 Satz 1 Nr. 1 Satz 2 EStG maximal zulässigen Zuwendungen gewährt und diese im selben Augenblick in Form einer Darlehensverbindlichkeit liquiditätsmäßig zurückbekommt.[3] Anders ausgedrückt: Bei dieser Motivationslage will das (Träger-)Unternehmen bewusst keine Rückdeckung betreiben, weil es in der Direktzusage bzw. pauschaldotierten Unterstützungskasse ein reines Steuersparmodell sieht (vgl. Rz. 217 f.) oder den Ansparprozess anstatt über eine externe Rückdeckungsquelle lieber über das eigene, u. U. höher rentablere Unternehmen bewerkstelligen will.

PRAXISHINWEIS:

(Träger-)Unternehmen die im Rahmen der ihrem GGF direkt (vgl. Rz. 473 ff.) oder über eine pauschaldotierte Unterstützungskasse (vgl. Rz. 485 ff.) gewährten Zusage auf bAV keinerlei Rückdeckung betreiben wollen, sollten nicht übersehen, dass

- eine derartige bAV mit dem Ziel eines reinen Steuersparmodells[4] erhebliche Risiken für das Unternehmen aber auch den GGF birgt, da

1 Vgl. zu den zulässigen Arten von Rückdeckungsversicherungen bei Unterstützungskassen: Dommermuth in Herrmann/Heuer/Raupach, EStG und KStG Kommentar, § 4d EStG Anm. 96.

2 Vgl. ausführlich: Dommermuth in Herrmann/Heuer/Raupach, EStG und KStG Kommentar, § 4d EStG Anm. 73.

3 Vgl. Dommermuth in Herrmann/Heuer/Raupach, EStG und KStG Kommentar, § 4d EStG Anm. 11 und 21.

4 In Bezug auf ein Steuersparmodell sei noch erwähnt, dass die gesamte Steuerlast einer Kapitalgesellschaft bei den real existierenden gewerbesteuerlichen Hebesätzen aktuell zwischen 22,825 % und ca. 33 % liegt. In den 1980er Jahren betrug die steuerliche Belastung einer Kapitalgesellschaft hingegen mit ca. 60 % fast das Doppelte. Der Preis für die Steuervorteile in Form jener genannten Risiken ist daher heutzutage vergleichsweise hoch, zumal das biometrische Risiko des langen Lebens ganz erheblich zugenommen hat.

- die Firma biometrische Leistungen erbringen muss und daher neben ihren geschäftstypischen Risiken zusätzliche atypische Risiken eingeht,
- sich durch die Rückstellungen bzw. Verbindlichkeit gegenüber der Unterstützungskasse das Bilanzbild des Unternehmens und u. U. seine Bonität verschlechtert,
- potenzielle Käufer bei später anstehendem Verkauf der Unternehmensanteile regelmäßig vor einem Erwerb zurückschrecken, wenn biometrische Risiken bestehen bzw. nicht kongruent rückgedeckt sind und
- der im arbeitsrechtlichen Sinne beherrschende GGF[1] keinen Insolvenzschutz hat und dass
- die gegenwärtige Eigenkapitalrendite des Unternehmens nur eine Momentaufnahme ist (so wie die Momentangeschwindigkeit eines Radrennfahrers), es für die Ansparung der Leistungsverpflichtungen aus der bAV jedoch auf eine gute durchschnittliche Rendite bis zum Eintritt des Versorgungsfalles (hohe Durchschnittsgeschwindigkeit des Radrennfahrers bis zum Ziel des Rennens) ankommt; gerät ein ursprünglich gut gehendes Unternehmen vor dem Versorgungsfall in eine schwierige wirtschaftliche Lage, könnte die an den GGF zu leistende Betriebsrente die Firma überfordern, wenn kein externes Kapital angespart worden ist.

In der Praxis lassen sich insbesondere folgende Motive zur Rückdeckung von 423
an GGF gewährte Direktzusagen und Zusagen über pauschaldotierte Unterstützungskasse finden:

- Übertragung der biometrischen Risiken auf externe Träger,
- Ansparung des späteren Liquiditätsbedarfs im Rahmen von Zweckvermögen (plan assets), um in wirtschaftlich schwierigen Zeiten die versprochene Betriebsrente dennoch zahlen zu können,
- Verbindung des Ansparprozesses mit der beitragsorientierten Leistungszusage,
- Gewährung einer wertpapier- oder versicherungsgebundenen Versorgungszusage,
- Verbesserung des handelsrechtlichen Bilanzbildes und des Unternehmensratings und
- privatrechtlicher Insolvenzschutz.

In den nachfolgenden Kapiteln werden jene einzelnen Motive untersucht. Anschließend geht Rz. 442 ff. auf die steuerlichen Folgen der Rückdeckung ein.

1 Vgl. Rz. 91 ff.

b) Arten der Rückdeckung

aa) Kongruente Rückdeckung

424 Kongruente Rückdeckung liegt bei Identität der vom (Träger-)Unternehmen zugesagten Versorgungsleistung mit der Garantieleistung aus dem Rückdeckungsvermögen vor.[1] Die zugesagte Leistung wird in diesem Fall grundsätzlich vollständig über das Rückdeckungsvermögen finanziert, sofern die Prämien bzw. erforderlichen Anschaffungskosten vertragsgemäß bezahlt werden; dies gilt für Alters-, Hinterbliebenen- und/oder Invaliditätsleistungen. Da die kongruente Rückdeckung somit eine Garantieleistung erfordert, kommen Vermögensgegenstände ohne Garantieleistung nur dann in Betracht, wenn eine wertpapiergebundene Versorgungszusage ohne Mindestleistung vereinbart worden ist. Dies ist jedoch nicht realistisch, da zum einen steuerbilanzielle Pensionsrückstellungen bei wertpapiergebundenen Versorgungszusage gem. BMF-Schreiben v. 17.12.2002[2] nur insoweit gebildet werden können, wie sie sich auf eine vereinbarte Mindestleistung beziehen und zum zweiten das BAG in seinen Urteilen v. 30.8.2016[3] für beitragsorientierte Leistungszusagen ebenfalls eine derartige garantierte Mindestleistung fordert und jenen Rückdeckungsprodukten eine Absage erteilt, die selber keine Mindestleistung garantieren (z. B. Investmentfonds) oder zwar ein Versicherungsprodukt sind, jedoch nicht der deutschen BaFin-Aufsicht unterliegen[4] (vgl. Rz. 370). Über den Fremdvergleich könnte die Meinung des BAG auch für im arbeitsrechtlichen Sinne beherrschende GGF analog anzuwenden sein. Bei pauschaldotierten Unterstützungskassen kommt die kongruente Rückdeckung nicht vor, da die Reservepolster-Höchstgrenze des § 4d Abs. 1 Satz 1 Nr. 1 Satz 1 Buchst. b EStG ihren Einsatz verhindert. Anders ist dies bei einer rückgedeckten Unterstützungskasse, die, wenn sie von einem Versicherer im Rahmen einer Gruppen-Unterstützungskasse angeboten wird, regelmäßig als kongruent rückgedeckte Unterstützungskasse ausgestaltet ist, damit der Arbeitgeber nicht über § 1 Abs. 1 Satz 3 BetrAVG in Subsidiärhaftung genommen werden muss.

1 Vgl. Dommermuth in Herrmann/Heuer/Raupach, EStG und KStG Kommentar, § 4d EStG Anm. 93.

2 BStBl 2002 I S. 1397, Tz. 1.

3 BAG v. 30.8.2016 - 3 AZR 361/15, BetrAV 2017 S. 96, Rz. 30 ff.

4 Vgl. ausführlich Langohr-Plato, BetrAV 2018 S. 444 (449 bis 452).

bb) Partielle Rückdeckung

Im Gegensatz zur kongruenten gewährt die partielle Rückdeckung keine oder eine Garantieleistung, die geringer bemessen ist als das Volumen der Direktzusage oder der im Rahmen einer pauschaldotierten Unterstützungskasse gewährten Zusage. Jede Rückdeckung einer pauschaldotierten Unterstützungskasse ist partiell (vgl. Rz. 424). Bei der Direktzusage wird eine partielle Rückdeckung praktiziert, wenn man keine Garantieleistung vereinbaren – z. B. um Aktienfonds ihrer Chancenorientierung nicht zu berauben – oder nicht die für eine kongruente Rückdeckung typische hohe Beitragslast tragen möchte. Beispielsweise würde man die Beiträge dann bei einer Rückdeckungsversicherung derart kalkulieren, dass deren Gesamtleistung inkl. der nicht garantierbaren Überschüsse die im Rahmen der Direktzusage versprochene Leistung erreicht; fallen jene Überschüsse letztlich geringer aus als ursprünglich prognostiziert, ist die Direktzusage bei Eintritt des Versorgungsfalles unterdotiert und das zusagende Unternehmen muss die Differenz aus eigenen Mitteln decken. Partielle Rückdeckung erfordert somit weniger finanziellen Einsatz als kongruente, ist jedoch dadurch auch mit Nachdotierungsrisiken verbunden. 425

c) Arten der kongruenten Rückdeckung

aa) Strukturkongruente Rückdeckung

Strukturkongruenz in der Rückdeckung erfordert Leistungsidentität (z. B. lebenslange Leibrente aus Rückdeckungsversicherung deckt lebenslange Leibrente der Direktzusage) und Zahlungszeitpunktidentität (Leistung aus der Rückdeckung muss bei Fälligkeit der vom [Träger-]Unternehmen zugesagten bAV-Leistung vorliegen). Die Rückdeckung einer Rentenzusage mit einem einmaligen Kapitalbetrag – egal aus welchem Rückdeckungsvermögen resultierend – oder umgekehrt ist daher nicht strukturkongruent. Allerdings lässt sich die Rentenzusage auch wertkongruent mit einer einmaligen Kapitalleistung rückdecken (vgl. Rz. 427), was hingegen umgekehrt für die Kapitalzusage mit einer Rentenrückdeckung keinen Sinn macht. Will das (Träger-)Unternehmen im Rahmen einer Direkt- oder einer rückgedeckten Unterstützungskassenzusage z. B. das „Risiko des langen Lebens" ihres GGF auf einen Versicherer vollständig übertragen, ist Strukturkongruenz unerlässlich.[1] Der HFA des IDW fordert sie sogar für kongruent rückgedeckte Direktzusagen, wenn deren handelsbilanzielle Pensionsrückstellungen, wie bei einer wertpapiergebundenen Ver- 426

1 Vgl. Dommermuth in Herrmann/Heuer/Raupach, EStG und KStG Kommentar, § 4d EStG Anm. 93.

sorgungszusage, mit dem Zeitwert der Rückdeckungsversicherung gem. § 253 Abs. 1 Satz 3 HGB bewertet werden sollen[1]. Jene Unerlässlichkeit der Strukturkongruenz gilt u. E. besonders für die Rückdeckung vorzeitiger biometrischer Risiken, d. h. Invalidität und Tod, da der durch sie ausgelöste Versorgungsfall nicht wie eine Altersgrenze planbar ist.

bb) Wertkongruente Rückdeckung

427 Wertkongruenz in der Rückdeckung erfordert lediglich Wertidentität ohne Leistungs- und Zahlungszeitpunktidentität. Wie bereits in Rz. 426 erwähnt, lässt sich eine Rentenzusage auch wertkongruent mit einer einmaligen Kapitalleistung rückdecken, indem der garantierte Kapitalbetrag aus dem Rückdeckungsinstrument dem Barwert der zugesagten Rentenleistung entspricht und bei Rentenbeginn ganz oder zumindest teilweise zur Verfügung steht. Eine Direktzusage lässt sich auch wertkongruent rückdecken, wenn man nicht, wie in Rz. 426 dargestellt, den Zeitwert des Rückdeckungsinstrumentes als handelsbilanzielle Pensionsrückstellung gem. § 253 Abs. 1 Satz 3 HGB ansetzen will. Auch für die rückgedeckte Unterstützungskasse reicht eine Wertkongruenz aus.[2] Allerdings entstehen bei einer wertkongruenten Rückdeckung naturgemäß zwei Probleme: Erstens ist unklar, welcher Rechnungszinsfuß zur Abzinsung zu verwenden ist. Für die rückgedeckte Unterstützungskasse schreibt die FinVerw vor – im Falle der Direktzusage gibt es keine diesbezügliche Vorschrift –, dass bei der Berechnung des Barwertes und der Kapitalleistung der Versicherung „die gleichen Rechnungsgrundlagen zu verwenden" sind, d. h. die Ermittlung des Barwertes erfolgt unter Anwendung identischer Sterbetafeln und „mit einem Zinsfuß, der dem Rechnungszinsfuß entspricht, der bei der Kalkulation der Rückdeckungsversicherung verwendet wurde".[3] Dies macht u. E. auch im Fall einer Direktzusage Sinn. Zweitens jedoch wird selbst bei dieser sehr konservativen Kalkulation die wertkongruente Kapitalleistung in der Praxis immer von der Summe der aufgrund der Direktzusage an den GGF tatsächlich zu zahlenden Betriebsrenten abweichen, weil dessen Ableben nur rein zufällig zum statistischen Mittelwert der benutzten Sterbetafel erfolgen wird. Resultat: Die wertkongruente Rückdeckung stellt entweder zu viel oder zu wenig Kapital bereit. Hätte das Unternehmen ein sehr großes Kollektiv zu versorgen, könnten sich derartige Abweichungen ausgleichen; im Falle eines

1 Vgl. IDW RS HFA 30, WPg 2/2017, Rz. 74.

2 Vgl. BMF v. 28.11.1996 - IV B 2 - S 2144 c - 44/96, BStBl 1996 I S. 1435, unter C.; Höfer/Veit/Verhuven, BetrAVG, Bd. II, Kap. 9 Rz. 273; Ahrend/Förster/Rössler, Steuerrecht, 3. Teil Rz. 364.

3 Vgl. BMF v. 28.11.1996 - IV B 2 - S 2144 c - 44/96, BStBl 1996 I S. 1435, unter C.

oder weniger GGF hingegen mangelt es an einem derartigen Ausgleichseffekt. Will das (Träger-)Unternehmen biometrische Risiken ihres GGF im Rahmen einer Direkt- oder rückgedeckten Unterstützungskassenzusage vollständig auf einen Versicherer übertragen, ist Wertkongruenz unzureichend und daher Strukturkongruenz unerlässlich; dies gilt insbesondere für die vorzeitigen biometrischen Risiken Invalidität und Tod (vgl. Rz. 426).

cc) Kombination aus struktur- und wertkongruenter Rückdeckung

In der Praxis werden Wert- und Strukturkongruenz bei Altersleibrentenleistun- 428
gen gewährenden Direktzusagen mitunter wie folgt kombiniert: Das Unternehmen investiert zunächst in kostengünstiges und oftmals kapitalmarktorientiertes Rückdeckungsvermögen (z. B. Investmentfonds), welches lediglich eine Kapitalleistung gewährt oder diese durch späteren Verkauf erlöst, und zahlt diese unmittelbar nach Fälligkeit und vor altersbedingtem Rentenbeginn in eine Rückdeckungsversicherung gegen Einmalbeitrag und mit sofort beginnender lebenslanger Leibrente. Auf diese Weise versucht ein solches Unternehmen in der Anspar- und Anwartschaftsphase von den Chancen des Kapitalmarktes mit hohen Renditeerwartungen und günstiger Kostenstruktur zu profitieren und gleichzeitig durch den Switch in die spätere Rentenversicherung die biometrischen Risiken auf einen Versicherer zu verlagern. Die Konstruktion kann tatsächlich Sinn machen, zumal Investmentfonds und auch zahlreiche andere Arten von Rückdeckungsvermögen im Vergleich zu Deckungskapital ansammelnden Lebens- oder Rentenversicherungen steuerliche Stundungseffekte im Betriebsvermögen eines bilanzierenden Unternehmens bewirken können (vgl. Rz. 454). Allerdings ist dabei zu bedenken, dass das Unternehmen die angepeilten hohen Renditechancen regelmäßig mit einem grundsätzlich höheren Risiko als im Versicherungsbereich erkaufen muss und die späteren Kosten für die Absicherung der biometrischen Risiken mittels der Rentenversicherung gegen Einmalbeitrag (deutlich) höher ausfallen können als im Falle eines sofortigen Versicherungsabschlusses. Beispielsweise hat die für Lebensversicherer bindende und für Rentenversicherungen ab 1.1.2005 bis heute geltende DAV-Sterbetafel 2004R[1] aufgrund der im Vergleich zur vorher geltenden DAV-Sterbetafel 1994R zu einer biometrisch bedingten Beitragserhöhung bei Rentenversicherungen von ca. 10 % geführt. Hätte also ein Unternehmen eine Rentenrückdeckungsversicherung mit Garantieleistung vor 2005 abgeschlossen, wären die Beiträge auf Basis der DAV-Sterbetafel 1994R kalkuliert wor-

1 Vgl. Fachgrundsatz der Deutschen Aktuarvereinigung e.V., Herleitung der DAV-Sterbetafel 2004R für Rentenversicherungen, Richtlinie v. 24.1.2018.

den; bei vorübergehendem „Parken" des Ansparprozesses z. B. in einem Investmentfonds und späterem Rentenversicherungsabschluss nach 2004 hätte der Fonds die durch die DAV-Sterbetafel 2004R verursachten biometrischen Mehrkosten zusätzlich erwirtschaften müssen. Da in absehbarer Zeit eine Aktualisierung der DAV-Sterbetafel 2004R ansteht und die Lebenserwartung seit 2005 erneut deutlich angestiegen ist,[1] wird sich dieser Effekt aufgrund der langen Anwartschaftszeiträume sicher wiederholen.

429 Darüber hinaus kommt es nicht selten zu folgender Kombination: Strukturkongruente Rückdeckung wird i. Z. m. den vorzeitigen biometrischen Risiken, Invalidität und Tod (vgl. Rz. 426), betrieben und die wertkongruente Variante für Altersleistungen. Bei letzterer lässt sich zusätzlich noch eine Kombination, wie sie in Rz. 428 dargestellt ist, durchführen. Die Entscheider haben daher bei der Rückdeckung erhebliches Gestaltungspotenzial und sollten dabei insbesondere Chancen, Risiken, Kosten, biometrische Wirkungen und steuerliche Effekte (vgl. Rz. 451 ff. und insbesondere Beispiel 4 in Rz. 592) abwägen.

d) Formen des Rückdeckungsvermögens

430 Soweit eine Unterstützungskasse rückgedeckt ist, weil sie die Voraussetzungen des § 4d Abs. 1 Satz 1 Nr. 1 Satz 1 Buchst. c EStG erfüllt, darf sie ausschließlich in Versicherungen investieren (vgl. Rz. 419). Zur Rückdeckung von Direktzusagen und Zusagen über pauschaldotierte Unterstützungskassen hingegen dürfen grundsätzlich sämtliche Vermögensgegenstände verwendet werden. Zur Rückdeckung von Altersleistungen eignen sich Wirtschaftsgüter am besten, die langfristig nutzbar und werthaltig sind sowie ein Wertsteigerungspotenzial und Fungibilität aufweisen. Laufende Erträge, wie Zinsen, Dividenden, Mieteinnahmen und Renten, sind sinnvoll, wenn die Zusage auf bAV regelmäßig wiederkehrende Leistungen beinhaltet. Richtet sich die Zusage (auch) auf die vorzeitigen biometrischen Risiken, Invalidität und Tod, macht der Einsatz entsprechender Risikoversicherungen Sinn; dabei sollte die schuldrechtliche Zusage die Versicherungsbedingungen identisch abbilden, damit es nicht zu Fällen kommt, in denen eine Leistungspflicht des Unternehmens gegenüber dem GGF entsteht, der Versicherer aber selbst nicht leistungsverpflichtet ist.

---

1 Aktuell gilt noch immer die DAV-Sterbetafel 2004R, vgl. Fachgrundsatz der Deutschen Aktuarvereinigung e.V., Herleitung der DAV-Sterbetafel 2004R für Rentenversicherungen, Richtlinie v. 24.1.2018. Die „Heubeck-Richttafeln 2005 G" hingegen wurden bereits erstmals für das Ende des Wirtschaftsjahres durch die „Heubeck-Richttafeln 2018 G" ersetzt, das nach dem 20.7.2018 (Tag der Veröffentlichung der neuen Richttafeln) endet (vgl. BMF v. 19.10.2018, BStBl 2018 I S. 1107, Rz. 1 und 2).

Es versteht sich von selbst, dass sich zur Rückdeckung nur solches Vermögen eignet, welches kein notwendiges Betriebsvermögen i.S.v. R 4.2 Abs. 1 Satz 1 EStR 2012 darstellt, da ansonsten eine Verwendung für Zwecke, die nicht eigenbetrieblich sind, nämlich die Zahlung der bAV-Leistung, gar nicht möglich ist. Soll daher z. B. eine Rückdeckung mittels eines für die Firmenproduktion zwingend notwendigen bebauten Grundstücks erfolgen und werden mit dieser Liegenschaft auch keinerlei Miet- oder Pachteinnahmen erzielt, die man für die Zahlung der bAV-Leistung verwenden könnte, scheidet jene Immobilie als Rückdeckungsvermögen aus faktischen Gründen aus. Will das Unternehmen das Rückdeckungsvermögen auch zur handelsbilanziellen Saldierung gem. § 246 Abs. 2 Satz 2 HGB nutzen, scheidet der Einsatz von betriebsnotwendigem Anlagevermögen, das durch den Bilanzierenden selbst genutzt wird, auch aus rechtlichen Gründen aus, weil dieses nicht Zweckvermögen i. S. d. Vorschrift darstellt.[1] Das IdW sieht Vermögensgegenstände dann als betriebsnotwendig an, wenn sie nicht frei veräußert werden können, ohne dass davon die eigentliche Unternehmensaufgabe berührt wird.[2] 431

Als ideales Rückdeckungsvermögen kommen daher insbesondere in Betracht: Risikoversicherungen, Kapitallebens- und Rentenversicherungen mit oder ohne Kapitalwahlrecht, Fest- und Termingelder, Aktien, festverzinsliche Wertpapiere, Zertifikate und andere Wertpapiere inkl. Finanzinnovationen, Investmentfonds, Rohstoffe, wie z. B. Gold in physikalischer Form, Immobilien mit oder ohne Miet- bzw. Pachteinnahmen und geschlossene Fonds. Pensionskassenverträge (auch Pensionsfondsverträge sind möglich) werden in der Praxis mitunter ebenfalls als Rückdeckungsvermögen eingesetzt; i. Z. m. rückgedeckten Unterstützungskassen jedoch entfällt dadurch die Steuerbefreiung der Pensionskasse i. S.v. § 5 Abs. 1 Nr. 3 KStG.[3] Formen des Rückdeckungsvermögen können auch kombiniert werden, um z. B. verschiedene Ziele zu verfolgen (vgl. Rz. 428 f.) oder/und Risiken zu streuen. Bei der Entscheidung für eine konkrete Form sollten die am Ende von Rz. 429 erwähnten Kriterien Beachtung finden. Darüber hinaus sind die Fungibilität, der privatrechtliche Insolvenzschutz (vgl. Rz. 434 ff.) und die in Rz. 431 thematisierte Saldierungsfähigkeit in der Handelsbilanz unbedingt zu beachten. 432

1 Vgl. IDW RS HFA 30, WPg 2017, Rz. 28.
2 Vgl. IDW RS HFA 30, WPg 2017, Rz. 29.
3 Vgl. BMF v. 16.7.1998 - IV B 2 - S 2144 c - 30/98, HaufeIndex 50223, unter 5.

e) Rechtlicher Rahmen des Rückdeckungsvermögens

433 Rückdeckungsvermögen ist ein Finanzierungsinstrument des Arbeitgebers bzw. der Unterstützungskasse, kein Durchführungsweg der bAV. Daher sind der Arbeitgeber bzw. die Unterstützungskasse auch der Versicherungsnehmer, Inhaber, (wirtschaftliche) Eigentümer oder Nießbraucher; darüber ist der Arbeitgeber im Falle von Versicherungen, Wertpapieren, Konten oder/und laufenden Miet-, Renten- und ähnlichen Einnahmen der Bezugsberechtigte. Anders bei der Direktversicherung, der Pensionskasse und dem Pensionsfonds – soweit die beiden letzteren nicht als Rückdeckungsinstrument eingesetzt sind (vgl. Rz. 432) –, wo es sich jeweils um einen Durchführungsweg der bAV handelt und der Arbeitnehmer der Bezugsberechtigte ist. Der Arbeitnehmer hat beim Rückdeckungsvermögen grundsätzlich keine rechtliche Funktion, mit Ausnahme von Versicherungen, wo er – wie bei den versicherungsförmigen Durchführungswegen – als versicherte Person dient.

f) Privatrechtlicher Insolvenzschutz durch Rückdeckungsvermögen

434 Im Falle der Insolvenz des Arbeitgebers bzw. Trägerunternehmens ist die aus Direktzusagen und Unterstützungskassen resultierende Betriebsrente grundsätzlich verloren. Die §§ 7 bis 15 BetrAVG kodifizieren daher in bestimmten Fällen eine Absicherung über den gem. § 14 Abs. 1 BetrAVG gesetzlichen Träger der Insolvenzsicherung in Deutschland, den durch die BAFin kontrollierten Pensions-Sicherungs-Verein, PSV a.G. für Arbeitnehmer und arbeitnehmerähnliche Versorgungsberechtigte i. S. d. § 17 Abs. 1 Satz 2 BetrAVG. Neben Direkt- und Unterstützungskassenzusagen zählen auch der Pensionsfonds und, in Ausnahmefällen, Direktversicherungen zu den gesetzlich insolvenzgeschützten Durchführungswegen (vgl. ausführlich Rz. 541 bis 549);[1] eine bestehende Rückdeckung spielt dabei keine Rolle. Die Sicherung umfasst gem. § 7 Abs. 1 BetrAVG die volle laufende Betriebsrente oder Kapitalleistung, begrenzt auf die in Rz. 435 genannten Beträge und die bis zum Eintritt des Sicherungsfalles[2] gem. § 7 Abs. 2 BetrAVG erdienten Anwartschaften auf jene bAV-Leistungen (Past Service).

435 Allerdings greift der gesetzliche Insolvenzschutz nicht in allen Fällen: Im arbeitsrechtlichen Sinne beherrschende GGF (vgl. Rz. 91 ff.) werden durch das Betriebsrentengesetz nicht geschützt und genießen daher überhaupt keinen

1 Vgl. außerdem ausführlich: Doetsch/Lenz, Versorgungszusagen an Gesellschafter-Geschäftsführer und Vorstände, 11. Aufl., S. 25 f.

2 Zu den Fällen für die gesetzliche Insolvenzsicherung gem. § 7 Abs. 1 Sätze 1 und 4 BetrAVG vgl. ausführlich Rz. 541 ff.

PSV-Schutz. In diesem Sinne nicht beherrschende GGF erhalten zwar Leistungen des PSV, jedoch gem. § 7 Abs. 3 Satz 1 BetrAVG begrenzt auf das Dreifache der monatlichen Bezugsgröße gem. § 18 SGB IV (für 2021 monatlich: 9.870 € [West] und 9.345 € [Ost]); bei einmaligen Kapitalleistungen gelten gem. § 7 Abs. 3 Satz 2 BetrAVG 10 % derselben als Jahresbetrag einer laufenden Leistung. Übersteigen die laufenden bzw. als laufend geltenden Betriebsrenten aus den in Rz. 544 f. genannten Durchführungswegen bzw. der bis zum Sicherungsfall erdiente Past Service der Anwartschaften jene Grenzen, sind die übersteigenden Teile nicht gesetzlich insolvenzgesichert. Im arbeitsrechtlichen Sinne beherrschende, aber auch mitunter nicht beherrschende GGF brauchen somit einen nicht gesetzlichen, d. h. vertraglichen Insolvenzschutz.

Vertraglicher Insolvenzschutz erfordert Rückdeckungsvermögen und ist, je 436
nach der Art dieses Vermögens, unterschiedlich auszugestalten. Werden Versicherungen, Wertpapiere, Investmentfonds, Rohstoffe oder Rechte eingesetzt, sind die Verpfändung i. S. v. §§ 1204 bis 1296 BGB oder die aufschiebend bedingte Abtretung (§§ 398 bis 413 BGB) zu Gunsten des GGF probate Mittel (vgl. ausführlich: Rz. 550 ff.). Bei Grundbesitz kommen Dienstbarkeiten i. S. v. §§ 1018 bis 1093 BGB in Betracht, insbesondere die Grundschuld (§§ 1018 bis 1093 BGB) oder der Nießbrauch (§ 1048 BGB). Insbesondere bei größeren Unternehmen und insbesondere zum Zwecke der Bilanzoptimierung haben sich in den letzten Jahren als Paket-Sicherung verschiedener Arten von Rückdeckungsvermögen die Treuhandkonstruktionen des CTA (Contractual Trust Arrangement) herausgebildet (vgl. ausführlich Rz. 556 ff.).

Naturgemäß erschöpft sich der Schutz aus derartigen vertraglichen Kautelen 437
durch den Wert des Sicherungsinstrumentes: Unterschreitet z. B. in der Anwartschaftsphase der Rückkaufswert einer Versicherung den bis zur Insolvenz des Unternehmens erdienten Past Service des GGF sehr deutlich, weil der Vertragsbeginn erst wenige Jahre zurückliegt, ist dieser Schutz u. U kaum etwas wert. Sollte andererseits der Wert des Sicherungsinstrumentes, z. B. bei einem Grundstück, die bAV-Ansprüche des GGF übersteigen, kann der Insolvenzverwalter insoweit zugreifen. Wichtig ist, dass das Sicherungsrecht zivilrechtlich wirksam ist, wozu bei GGF auch die Zustimmung der Gesellschafterversammlung bzw. – bei Aktiengesellschaften – des Aufsichtsrates gehört.[1]

1 Vgl. OLG Düsseldorf v. 23.4.2009 - I-6 U58/08, ZInsO 2009 S. 1599; Doetsch/Lenz, Versorgungszusagen an Gesellschafter-Geschäftsführer und Vorstände, 11. Aufl., S. 33 f.: dies gilt nicht für die Zusage über eine Unterstützungskasse, das die Verpfändung hier über die Unterstützungskasse selbst erfolgt.

438 Eine Besonderheit ergibt sich durch den zum 1.1.2018 durch das Betriebsrentenstärkungsgesetz[1] eingeführten § 8 Abs. 3 BetrAVG für jene GGF, die nicht beherrschend im arbeitsrechtlichen Sinne sind (vgl. Rz. 91 ff.) und daher unter das Betriebsrentengesetz fallen. Nach dieser neuen Vorschrift erhält der Arbeitnehmer im Insolvenzfall des Arbeitgebers das Recht, eine für ihn abgeschlossene Rückdeckungsversicherung im Rahmen einer beitragsorientierten Leistungszusage oder Beitragszusage mit Mindestleistung – andere Formen von Rückdeckungsvermögen fallen nicht unter diese Vorschrift – fortzusetzen. Macht der Arbeitnehmer von diesem Recht Gebrauch, entsteht bei ihm ein zu besteuernder geldwerter Vorteil aus dem aktiven Beschäftigungsverhältnis, was zu diesem Zeitpunkt dem Grundgedanken der nachgelagerten Besteuerung widerspricht. Der Erwerb solcher Ansprüche aus einer Rückdeckungsversicherung im Insolvenzfall wird daher gem. § 3 Nr. 65 Satz 1 Buchst. d EStG steuerfrei gestellt; dies gilt auch für Ansprüche, die auf nach Eröffnung des Insolvenzverfahrens erbrachten Beiträgen beruhen. Sämtliche späteren Versorgungsleistungen aus einer solchen Rückdeckungsversicherung werden gem. § 3 Nr. 65 Satz 5 erster Halbsatz EStG als sonstige Einkünfte i. S. d. § 22 Nr. 5 Satz 1 EStG der Besteuerung unterworfen. Eine gesonderte Aufteilung in Einkünfte aus nichtselbständiger Arbeit und sonstige Einkünfte ist daher entbehrlich. Der Versicherer muss daher, im Gegensatz zu einer Liquidationsversicherung i. S. v. § 4 Abs. 4 BetrAVG und § 3 Nr. 65 Satz 1 Buchst. b EStG (vgl. Rz. 1351 ff.) keinen Lohnsteuerabzug durchführen, sondern lediglich – wie in anderen Fällen sonst auch – eine Rentenbezugsmitteilung an die zentrale Stelle übermitteln. Gemäß Rz. 54 des BMF-Schreibens v. 6.12.2017 ist die Steuerfreistellung nach § 3 Nr. 65 Buchst. d EStG auch für im arbeitsrechtlichen Sinne beherrschende GGF einschlägig, sofern sich der arbeitsrechtlich beherrschende GGF für die analoge Anwendung des § 8 Abs. 3 BetrAVG entscheidet.

g) Beeinflussung der Handelsbilanz durch Rückdeckungsvermögen

439 Beim Rating und der Bonitäts- und Kreditwürdigkeitsprüfung von Unternehmen spielen u. a. die Bilanzstruktur und dabei auch die vertikale Eigenkapitalquote eine bedeutende Rolle (vgl. Rz. 580). Seit der Reform des HGB durch das Bilanzrechtsmodernisierungsgesetz[2] für Geschäftsjahre, die nach dem 31.12.2009 begannen,[3] kodifiziert § 246 Abs. 2 Satz 2 HGB ein Saldierungs-

1 Gesetz zur Stärkung der betrieblichen Altersversorgung und zur Änderung anderer Gesetze (Betriebsrentenstärkungsgesetz) v. 17.8.2017, BGBl 2017 I S. 3214.

2 Gesetz zur Modernisierung des Bilanzrechts (Bilanzrechtsmodernisierungsgesetz – BilMoG) v. 25.5.2009, BGBl 2009 I S. 1102.

3 Vgl. Art. 66 Abs. 5 EGHGB.

gebot von Pensionsrückstellungen und Rückdeckungsvermögen, wenn Letzteres dem Zugriff aller übrigen Gläubiger entzogen ist und ausschließlich der Erfüllung von Schulden aus Altersversorgungsverpflichtungen dient (vgl. Rz. 576 f.). Durch die Saldierung tritt eine Bilanzverkürzung ein, die die vertikale Eigenkapitalquote ansteigen lässt; auf diese Weise erhöht sich z. B. die vertikale Eigenkapitalquote bei Siemens um fast ein Drittel (vgl. Rz. 439). Pensionsrückstellungen, die in der Handelsbilanz gem. § 249 Abs. 1 Satz 1 HGB bei Direktzusagen und pauschaldotierten Unterstützungskassenzusagen, die nach Auslagerung von Direktzusagen entstanden sind,[1] gebildet werden müssen, belasten ohne jene Saldierung das Bilanzbild des Arbeitgebers unbestritten, da ihre (jährliche) Zuführung als Aufwand den Jahresüberschuss und damit das Eigenkapital (Rücklagen) reduziert und gleichzeitig der Rückstellungsbetrag eine Bilanzverkürzung verhindert. Im Vergleich zu einem mittelbaren Durchführungsweg ohne Rückstellungspflicht, z. B. der rückgedeckten Unterstützungskasse, hätte die an die Unterstützungskasse gezahlte Zuwendung zwar auch eine entsprechende Jahresüberschuss- und damit Eigenkapitalreduzierung bewirkt, der entsprechende Zahlungsmittelabfluss auf der Aktivseite hätte jedoch in Ermangelung einer Rückstellungsbildung zur Bilanzverkürzung und damit – im Vergleich zur Rückstellungspassivierung – zur Erhöhung der vertikalen Eigenkapitalquote geführt (vgl. dazu ausführlich: Rz. 579 bis 586). Leidet das betreffende Unternehmen nicht an einer niedrigen Eigenkapitalquote, weil sein Eigenfinanzierungsanteil hoch ist, stellt diese rückstellungsbedingte Verschlechterung des handelsrechtlichen Bilanzbildes u. U. kein Problem dar. Für die Mehrzahl der Unternehmen jedoch geht eine Pensionsrückstellungsbildung mit einer Verschlechterung der Kreditwürdigkeit und daher eventuell sogar einer Erhöhung ihrer bankbedingten Finanzierungskosten einher.

Die in Rz. 439 erwähnte Saldierung i. S. v. § 246 Abs. 2 Satz 2 HGB bedeutet für 440
derartige Unternehmen eine spürbare Entlastung. Eine derartige Saldierung erfordert jedoch ausreichend dimensioniertes Rückdeckungsvermögen, welches die in Rz. 576 f. enthaltenen Voraussetzungen erfüllen muss. Im Falle einer pauschaldotierten Unterstützungskassenzusage hingegen ist eine derartige Saldierung nicht möglich. Wie bereits in Rz. 439 erwähnt, muss das Trägerunternehmen in einem solchen Falle zwar weiterhin eine Pensionsrückstellung für den durch die Unterstützungskasse unterdotierten Teil bilden, wenn diese

1 Bei pauschaldotierten Unterstützungskassen ist die aufgrund § 4d Abs. 1 Satz 1 Nr. 1 Satz 1 Buchst. a und b EStG zwangsweise entstehende Unterdotierung durch entsprechende Pensionsrückstellung zu passivieren, vgl. IDW RS HFA 30, WPg 2017 Rz. 46 f.

Unterstützungskassenzusage nach Auslagerung einer Direktzusage entstanden ist; ging eine derartige Auslagerung nicht voraus, darf das Trägerunternehmen eine entsprechende Pensionsrückstellung gem. Art. 28 Abs. 1 Satz 2 EGHGB bilden, muss aber nicht. Unterbleibt die Rückstellungsbildung, ist die Belastung gem. Art. 28 Abs. 2 EGHGB im Anhang der Kapitalgesellschaft anzugeben. Im Falle der Rückstellungsbildung verbietet sich jedoch die Saldierung i. S. v. § 246 Abs. 2 Satz 2 HGB, weil sich u. U. gebildetes Rückdeckungsvermögen im (wirtschaftlichen) Eigentum der Unterstützungskasse und nicht des Arbeitgebers befindet.

441 Fazit aus der Sicht der Handelsbilanz bei Direktzusagen mit Rückdeckungsvermögen, welches die Voraussetzungen aus Rz. 576 f. erfüllt: Das rückdeckende Unternehmen wird durch eine Verbesserung seines Bilanzbildes und damit seiner Bonität belohnt.

h) Steuerliche Einflüsse des Rückdeckungsvermögens

aa) Steuerliche Wirkungen bei der Kapitalgesellschaft

(1) Wirkungen des Rückdeckungsvermögens und seiner Erträge

442 Die steuerlichen Wirkungen des Rückdeckungsvermögens sind, je nach dessen Art, sehr unterschiedlich. Am einfachsten fallen sie bei nicht abnutzbaren Wirtschaftsgütern des Anlagevermögens aus, die keine Versicherungen und Investmentfonds sind und auch keine laufenden Erträge erzeugen, wie z. B. Rohstoffe. Hat die Kapitalgesellschaft des GGF, die gem. § 140 AO bilanzierungspflichtig ist, z. B. in Gold investiert, werden die Anschaffungskosten gem. § 6 Abs. 1 Nr. 2 Satz 1 EStG erfolgsneutral aktiviert. Eine Saldierung mit den steuerbilanziellen Pensionsrückstellungen, die gem. § 6a EStG gebildet und bewertet sind, scheidet – anders als in der Handelsbilanz (vgl. Rz. 439) – aufgrund des Verrechnungsverbotes des § 5 Abs. 1a Satz 1 EStG aus. Wertzuwächse des Goldes bleiben wegen des Realisationsprinzips, welches als GoB gem. § 5 Abs. 1 Satz 1 EStG auch auf die Steuerbilanz durchschlägt, so lange unbeachtlich, wie diese stillen Reserven nicht durch Veräußerung o. Ä. realisiert und damit aufgedeckt werden. Übersteigt der Erlös im Wirtschaftsjahr der Veräußerung den bis dahin bilanzierten Buchwert, erhöht die positive Differenz automatisch den steuerpflichtigen Gewinn und damit die Belastung mit Gewerbesteuer, Körperschaftsteuer und SolZ; auf den Zeitpunkt des Geldeingangs kommt es nicht an. Eine entsprechende Wertminderung reduziert den steuerlichen Gewinn und die Steuerlast. Der Buchwert ist identisch mit den Anschaffungskosten, es sei denn, es kam in der Zwischenzeit bei voraussicht-

lich dauernder Wertminderung zu einer freiwilligen Teilwertabschreibung i. S.v. § 6 Abs. 1 Nr. 2 Satz 2 EStG ohne eine anschließende Wertaufholung gem. Satz 3 jener Vorschrift bis zu den Anschaffungskosten. Laufende Kosten, die beim Halten des Wirtschaftsgutes (hier: Goldes) entstehen, sind im Wirtschaftsjahr ihrer Entstehung gewinn- und steuermindernd gem. § 4 Abs. 4 EStG abziehbar.

Dieselben Wirkungen, wie für einen Rohstoff, wie z. B. Gold, in Rz. 442 dar- 443
gestellt, ergeben sich im Falle eines unbebauten Grundstücks, das keine laufenden Erträge erzielt. Werden hingegen laufende Miet- oder Pachtzinsen von der Kapitalgesellschaft vereinnahmt, erhöhen diese den steuerpflichtigen Gewinn und die Steuerlast in dem Wirtschaftsjahr, dem sie gem. § 252 Abs. 1 Nr. 5 HGB zuzurechnen sind. Handelt es sich um ein bebautes Grundstück kommen noch die laufenden Abschreibungen des Gebäudes hinzu, welche für ein volles Wirtschaftsjahr gem. § 7 Abs. 4 Satz 1 Nr. 2 Buchst. a EStG 2 %,[1] bei Erfüllung der Voraussetzungen der Nr. 1 jener Vorschrift 3 % betragen.

Geschlossene Fonds gelten nach § 1 Abs. 3 und 5 KAGB als sog. geschlossene 444
alternative Investmentfonds (AIF). Da sie regelmäßig als Kommanditgesellschaft, meist GmbH & Co. KG, konzipiert werden, ist ein Anteilseigner gleichzeitig Mitunternehmer (i. d. R. Kommanditist). Ein Börsenhandel sowie eine turnusmäßige Preisfeststellung mit verbundener Rückgabemöglichkeit an die Gesellschaft wie bei einem Investmentfonds sind aufgrund der Ausgestaltung nicht möglich. Die Besteuerung erfolgt nach den allgemeinen Regeln für Mitunternehmerschaften gem. § 15 Abs. 1 Nr. 2 EStG, wobei die bei den einzelnen Mitunternehmern gesondert gem. § 180 Abs. 1 Satz 1 Nr. 2a AO und einheitlich gem. § 179 Abs. 2 Satz 2 AO festgestellten Einkünfte, unabhängig vom Tätigkeitsgebiet des geschlossenen AIF, bei der Kapitalgesellschaft gem. § 8 Abs. 2 KStG ausschließlich solche aus Gewerbebetrieb sind. Besonderheiten und damit eine günstigere Gewinnermittlung ergeben sich bei Schiffsfonds aufgrund der sog. Tonnage-Besteuerung gem. § 5a Abs. 1 und 2 EStG, wenn die Geschäftsleitung der Reederei ihren Sitz im Inland hat, die Bereederung der Handelsschiffe im Inland durchgeführt wird und überwiegend auf den Betrieb von Handelsschiffen im internationalen Verkehr entfällt. Geschlossene AIF können darüber hinaus zur günstigeren Besteuerung im Inland führen, wenn sie – wie z. B. geschlossene Immobilienfonds mit Auslandsimmobilien – Doppelbesteuerungsabkommen nutzen, welche die aus ihnen resultierenden Erträge im Inland von der Ertragsbesteuerung freistellen und nur im Ausland besteuern;

1 Bei Fertigstellung vor dem 1.1.1925 sind es gem. § 7 Abs. 4 Satz 1 Nr. 2 Buchst. b EStG 2,5 %.

der bei natürlichen Personen dann regelmäßig im Inland eintretende Progressionsvorbehalt gem. § 32b Abs. 1 Satz 1 Nr. 3 EStG entfällt bei Kapitalgesellschaften.

445 Festverzinsliche Wertpapiere werden grundsätzlich wie die in Rz. 442 dargestellten Rohstoffe behandelt, so dass stille Reserven bzw. Lasten erst bei Veräußerung aufgedeckt werden und Teilwertabschreibungen bei voraussichtlich dauernder Wertminderung schon vorher zulässig sind. Die (positiven) Zinsen sind bei Fälligkeit gewinn- und steuererhöhend zu erfassen. Aktien und ihre Dividenden werden bei der Kapitalgesellschaft steuerbilanziell genauso behandelt, erfahren jedoch außerhalb der steuerlichen GuV eine Sonderbehandlung durch § 8b KStG (steuerfreie Einnahmen), die gem. § 7 Satz 1 GewStG grundsätzlich auch auf die Gewerbesteuer durchschlägt: Veräußerungsgewinne[1] der Aktien sind gem. § 8b Abs. 2 und 3 KStG zu 95 % körperschaftsteuerfrei.[2] Für Dividenden gilt dies gem. § 8b Abs. 1 und 5 KStG ebenfalls, jedoch gem. Abs. 4 Satz 1 jener Vorschrift nur, wenn die Beteiligung zu Beginn des Kalenderjahres unmittelbar nicht weniger als 10 % des Grund- oder Stammkapitals betragen hat; Dividenden aus Streubesitzaktien unterliegen daher der vollen Belastung mit Körperschaftsteuer und SolZ, während Gewinne aus der späteren Veräußerung derartiger Wertpapiere nur zu 5 % körperschaftsteuerpflichtig sind. Dies gilt hinsichtlich der Veräußerungsgewinne von Aktien auch für die Gewerbesteuer; für Dividenden enthält § 8 Nr. 5 Satz 1 mit Verweis auf § 9 Nr. 2a Satz 1 GewStG jedoch die Sonderregel, dass die Beteiligung zu Beginn des Erhebungszeitraums mindestens 15 % des Grund- oder Stammkapitals betragen muss, um auch von der Gewerbesteuer zu 95 % befreit[3] zu sein.

446 Wertpapiere oder nicht wertpapiermäßig verbriefte Sparanlageformen, die keine laufenden Erträge gewähren, deren Anschaffungskosten jedoch niedriger sind als der bei späterer Fälligkeit gezahlte Einlösungsbetrag, werden anders behandelt, als die in Rz. 442 dargestellten Rohstoffe, da ihre künftigen Erträge, mit Ausnahme von Kursgewinnen oder Verlusten im Falle vorzeitiger Veräußerung, bereits feststehen. Typisches diesbezügliches Konstrukt im Falle von Wertpapieren ist der Zerobond. Für ihn und die anderen ähnlichen Spar-

1 Definiert in § 8b Abs. 2 Satz 2 KStG.

2 Dies gilt gem. § 8b Abs. 2 Satz 4 KStG nicht, soweit der Veräußerungsgewinn auf eine frühere Teilwertabschreibung entfällt und diese Gewinnminderung nicht durch eine Wertaufholung ausgeglichen worden ist.

3 Da § 9 Nr. 2a Satz 4 GewStG die fiktive nicht abziehbare Betriebsausgabe in Höhe von 5 % nicht dem Gewinn i. S. v. Satz 1 dieser Vorschrift zurechnet, bleibt es auch bei der Gewerbesteuer bei der 95 %-Befreiung.

formen ist es ohne Bedeutung, ob er als Aufzinsungsanleihe (Nennbetrag = Ausgabebetrag) oder als Abzinsungsanleihe (Nennbetrag = Einlösungsbetrag) ausgestaltet wird. In beiden Fällen ist der in den Ausgabebedingungen anstelle einer Zinsvereinbarung festgelegte Unterschiedsbetrag zwischen Ausgabe- und Einlösungspreis das Entgelt für die Überlassung des Kapitals während der Laufzeit der Anleihe.[1] Dieser Unterschiedsbetrag ist im Jahr des Erwerbs jenes Rückdeckungsinstrumentes als passiver Rechnungsabgrenzungsposten neben seinen Anschaffungskosten zu bilanzieren und bis zur Fälligkeit des Anlagemediums jährlich gewinn- und damit steuererhöhend aufzulösen; die Auflösungen erhöhen gleichzeitig den Buchwert des Anlageproduktes.[2] Die Berechnung jenes Unterschieds- und des jährlichen Auflösungsbetrages erfolgt unter Berücksichtigung des Zinseszinseffektes[3] und nicht, wie unverzinsliche Verbindlichkeiten, mit dem steuerlichen Zinssatz gem. § 6 Abs. 1 Nr. 3 EStG von 5,5 %, sondern unter Zugrundlegung der Emissionsrendite gem. BMF-Schreiben v. 24.1.1985.[4] Wird jenes Rückdeckungsvermögen, z. B. der Zerobond, vor Fälligkeit des Einlösungsbetrages veräußert, wirkt sich der dabei realisierte Gewinn- bzw. Verlust – d. h. die Differenz zwischen Veräußerungspreis und zu diesem Zeitpunkt bestehender Buchwert – steuererhöhend bzw. –mindernd aus. Für Teilwertabschreibungen gelten die in Rz. 442 gemachten Bemerkungen.

Rückdeckungsversicherungen (RDV) erfahren eine besondere steuerliche Behandlung beim Arbeitgeber. Dabei muss allerdings zwischen fondsgebundenen RDVen und anderen (hier als „klassische RDVen" bezeichnet) unterschieden werden. Zunächst werden die klassischen RDVen behandelt. Darunter fallen Sparanteile bildende Kapitallebens- und Rentenversicherungen mit oder ohne Kapitalwahlrecht ebenso wie reine Risikoversicherungen (z. B. Todesfallrisiko-, Berufsunfähigkeits- oder Unfallversicherungen ohne Beitragsrückgewähr), die keinen Fondssparplan im Versicherungsmantel i. S. v. § 124 Abs. 2 Satz 2 Nr. 1 VAG (fondsgebundene Versicherung) darstellen. Auch Pensionskassen-[5] und Pensionsfondsverträge können als RDVen eingesetzt werden (vgl. Rz. 432). 447

Die Kapitalgesellschaft des GGF ist Versicherungsnehmerin, Beitragszahlerin und Bezugsberechtigte der RDV. Der GGF ist versicherte Person (vgl. Rz. 433); 448

---

1 Vgl. BMF v. 5.3.1987, BStBl 1987 I S. 394.

2 Vgl. FinMin Berlin v. 29.5.2018, HaufeIndex 11844593, Tz. 1.b.

3 Vgl. FinMin Berlin v. 29.5.2018, HaufeIndex 11844593, Tz. 1.b.

4 BStBl 1985 I S. 77, Tz. 2, mit umfangreichem Beispiel in Tz. 3.

5 Vgl. Höfer/Veit/Verhuven, Betriebsrentenrecht (BetrAVG) Bd. II Steuerrecht/Sozialabgaben/HGB/IFRS, Kap. 6, Rz. 1.

gem. § 150 Abs. 2 Satz 1 Halbsatz 2 VVG muss er seine schriftliche Einwilligung nicht erteilen.[1] Die steuerrechtliche Behandlung der RDV bei der Kapitalgesellschaft hat Ähnlichkeiten mit den in Rz. 446 dargestellten Zerobonds: Die im Laufe der Anwartschaftsphase erwirtschafteten, dem Vertrag zugeordneten und nicht mehr entziehbaren Erträge erhöhen den bilanzierungspflichtigen Wert (Aktivwert) der Versicherung, ohne dass ein entsprechender Geldzufluss bereits stattgefunden hat; dadurch kommt es bei stetigem Aktivwertzuwachs zu jährlichen Gewinn- und Steuerhöhungen ohne entsprechende Bestandserhöhungen auf Zahlungsmittelkonten. Nach Meinung des BFH besteht darin kein Verstoß gegen das Realisations- und damit Anschaffungskostenprinzip (GoB), da zu den Anschaffungskosten einer RDV – egal, ob per Einmalbeitrag oder gegen laufende Beiträge – nicht nur der jeweilige Sparanteil in der Prämie, sondern auch sämtliche Verzinsungen dieser Sparanteile, die vertraglich garantiert werden, und darüber hinaus die dem Vertrag gutgeschriebenen Überschüsse zählen.[2] Unerheblich sei dabei, dass der Verlauf der steuerbilanziellen Pensionsrückstellungen gem. § 6a EStG und des Aktivwertes der RDV völlig unterschiedlich sei und letzterer bei kongruenter Rückdeckung (vgl. Rz. 424 und Rz. 426 ff.) ersteren weit übersteige, wodurch es zu einer erheblichen Scheingewinnbesteuerung kommt; dies sei konsequenter Ausfluss des in § 5 Abs. 1a Satz 1 EStG enthaltenen steuerbilanziellen Saldierungsverbotes.[3] Da ein Versicherungsbeitrag aus Spar-, Risiko- und Verwaltungskostenanteil besteht und nur der Sparanteil Teil der Anschaffungskosten darstellt, müssen die beiden anderen Teile im Wirtschaftsjahr ihrer Fälligkeit aufwandswirksam werden und den steuerlichen Gewinn und damit die Steuerlast mindern.[4] Die dementsprechende Zuordnung zu Anschaffungskosten (Sparanteil) und Aufwand (Risiko- und Verwaltungskostenanteil) ist sehr aufwändig, da sich diese Anteile bei laufenden Beiträgen im Zeitablauf ändern. Deshalb werden die Prämien der RDV verwaltungsvereinfachend im Wirtschaftsjahr ihrer Fälligkeit[5]

1 Die Vorschrift wurde zum 1.1.2018 durch das Gesetz zur Stärkung der betrieblichen Altersversorgung und zur Änderung anderer Gesetze (Betriebsrentenstärkungsgesetz) v. 17.8.2017 (BGBl 2017 I S. 3214) dahingehend reformiert, dass der Begriff „Kollektivlebensversicherungen" durch „Lebensversicherungen" ersetzt wurde. Damit wird das bisherige Erfordernis der Zustimmung bei Einzelversicherungen der bAV (vgl. ausführlich: Höfer/de Groot/Küpper/Reich, Betriebsrentenrecht (BetrAVG) Bd. I Arbeitsrecht, Kap. 3, Rz. 53 ff.) hinfällig.

2 Vgl. BFH v. 25.2.2004 - I R 54/02, BStBl 2004 II S. 654, unter II.2.a der Entscheidungsgründe.

3 Vgl. ebenda unter II.1.b der Entscheidungsgründe.

4 Vgl. ebenda unter II.1.a der Entscheidungsgründe.

5 Weicht das Versicherungsjahr vom Wirtschaftsjahr der Kapitalgesellschaft ab, beanstandet die FinVerw den Verzicht auf eine entsprechende Rechnungsabgrenzung nicht, vgl. FinMin NRW, Erlass v. 22.2.1963, BStBl 1963 II S. 47 unter (4); Höfer/Veit/Verhuven, Betriebsrentenrecht (BetrAVG) Bd. II Steuerrecht/Sozialabgaben/HGB/IFRS, Kap. 6, Rz. 24.

vollständig als Aufwand und damit gem. § 4 Abs. 4 EStG als gewinnmindernde Betriebsausgabe behandelt und der zum Bilanzstichtag durch Gutachten des Versicherers nachgewiesene Aktivwertzuwachs, welcher den Sparanteil dieses Wirtschaftsjahres zzgl. aller garantierten und gutgeschriebenen Zinsen und Überschüsse enthält, als Ertrag gegenübergestellt. Übersteigt jener Aktivwertzuwachs die Prämie im betreffenden Wirtschaftsjahr, was je nach Tarif regelmäßig spätestens ab dem dritten Versicherungsjahr der Fall ist, stellt dies den tatsächlichen Wertzuwachs der RDV dar, der in jedem Jahr der Anwartschaftsphase zu einer Steuerbelastung führt. Die Steuerwirkung bei der späteren Zahlung der Versicherungsleistung ist unterschiedlich: Eine Kapitalzahlung führt lediglich in Höhe der Differenz zwischen diesem Kapital und dem Aktivwert des vorangegangenen Wirtschaftsjahres zu einer Gewinn- und damit Steuererhöhung, da der bereits in früheren Jahren besteuerte Aktivwert aufgrund der Beendigung der RDV komplett ausgebucht wird. Renten sind in voller Höhe Betriebseinnahmen, die jedoch um die sukzessive gewinnmindernde Aktivwertminderung des betreffenden Wirtschaftsjahres reduziert wird.

Der Aktivwert ist nach Auffassung der ständigen Rechtsprechung und der FinVerw identisch mit dem Deckungskapital des RDV-Vertrages.[1] Das Deckungskapital abzgl. des Stornoabschlages bei Kündigung – bei älteren Verträgen i. d. R. 5 % bis 10 % des Deckungskapitals – ergibt den Rückkaufswert der RDV (vgl. § 169 Abs. 2 und 3 VVG). Beim Deckungskapital handelt es sich daher um den Wert der RDV zum jeweiligen Bilanzstichtag unter der Annahme, dass eine Kündigung nicht stattgefunden hat. Es ist um den Stornoabschlag höher als der Rückkaufswert und wird per Gutachten vom Versicherer mitgeteilt. Nur wenn ernsthaft mit der Auflösung der RDV am Bilanzstichtag gerechnet werden kann, darf der niedrigere Rückkaufswert als Aktivwert angesetzt werden.[2] Seit der Reform des VVG zum 1.1.2008[3] erfolgt gem. § 169 Abs. 3 Satz 1 Halbsatz 1 VVG zur Ermittlung des Rückkaufswertes eine gleichmäßige Verteilung der Abschluss- und Vertriebskosten auf die ersten fünf Vertragsjahre; dadurch wurde die von der FinVerw vorgeschriebene Fünftelung[4] des sog. gezillmerten Deckungskapitals,[5] welches sich zum Ende des fünften Versicherungsjahres er- 449

1 Vgl. BFH v. 25.2.2004 - I R 54/02, BStBl 2004 II S. 654, unter II.2.b der Entscheidungsgründe m. w. N; BMF v. 19.11.1993 - IV B 2 -S 2176- 66/93, BB 1994 S. 112.

2 Vgl. BMF v. 19.11.1993 - IV B 2 -S 2176- 66/93, BB 1994 S. 112. Höfer/Veit/Verhuven, Betriebsrentenrecht (BetrAVG) Bd. II Steuerrecht/Sozialabgaben/HGB/IFRS, Kap. 6, Rz. 16 m. w. N.

3 Gesetz zur Reform des Versicherungsvertragsrechts v. 23.11.2007, BGBl 2007 I S. 2631.

4 Vgl. FinMin NRW, Erlass v. 22.2.1963, BStBl 1963 II S. 47 unter (3). Siehe das Beispiel bei Höfer/Veit/Verhuven, Betriebsrentenrecht (BetrAVG) Bd. II Steuerrecht/Sozialabgaben/HGB/IFRS, Kap. 6, Rz. 19.

5 Vgl. zum Begriff der Zillmerung in KKB/Dommermuth, § 100 EStG Rz. 56.

rechnete, hinfällig. Im Beispiel 1, Rz. 592, wird der Verlauf des Aktivwertes einer RDV deutlich.

450 Eine Besonderheit stellen, wie in Rz. 447 erwähnt, fondsgebundene Lebens- und Rentenversicherungen ohne jegliche Garantieleistung dar, da das Deckungskapital bei ihnen gem. § 169 Abs. 4 Satz 1 VVG mit ihrem Zeitwert identisch und somit permanenten Schwankungen unterworfen ist.[1] Ihre Bewertung in der Handels- und Steuerbilanz muss daher nach den allgemeinen Grundsätzen erfolgen, wie sie auch für reine Investmentfonds gelten: Die Anschaffungskosten beinhalten daher keine Wertsteigerungen, wie in Rz. 448 für die klassischen RDVen beschreiben, sondern lediglich die Sparanteile in den Beiträgen und die dem Vertrag gutgeschriebenen laufenden (ordentlichen) Erträge wie Zinsen, Dividenden und Mieteinnahmen. Voraussichtlich dauernde Wertminderungen[2] dürfen gem. § 6 Abs. 1 Nr. 2 Satz 2 EStG als Teilwertabschreibungen gewinn- und steuermindernd angesetzt werden, Wertaufholungen müssen gem. § 6 Abs. 1 Nr. 2 Satz 3 EStG bis zu den Anschaffungskosten erfolgen (vgl. Rz. 442).[3] Der Aktivwertverlauf einer fondsgebundenen RDV ist daher häufig weniger steil ansteigend als bei einer klassischen RDV. Außerdem ist der Ertrag nicht voll, sondern gem. § 15, § 20 Abs. 8 und § 20 Abs. 1 Nr. 6 Satz 9 EStG i. V. m. § 8 Abs. 1 KStG nur zu 85 % steuerpflichtig.[4]

451 Reine Risikoversicherungen (z. B. bei Invalidität oder Tod) bilden i. d. R. kein Deckungskapital, weshalb ein Aktivwert für sie grundsätzlich nicht zu bilden ist. Vor Eintritt des ihnen zugrundeliegenden Versorgungsfalles sind die Beiträge daher als Betriebsausgaben abzugsfähig (vgl. Rz. 448), ohne dass die daraus resultierende Gewinn- und Steuerminderung durch einen Aktivwertzuwachs beeinträchtig wird. Tritt allerdings der Versorgungsfall ein, kommt es zu einem ganz erheblichen gewinn- und steuererhöhenden Bilanzsprung auf der Aktivseite.

PRAXISHINWEIS:

Ist im Falle vorzeitiger biometrischer Risiken, wie Invalidität und/oder Tod in der Direktzusage Rentenzahlung vereinbart und leistet auch die (kongruente) Risiko-RDV Renten, sind die steuerlichen Probleme, die aus jenem Aktivwertsprung im Wirtschaftsjahr des Eintritts des Versorgungsfalles entstehen oftmals gewaltig. Dies hängt damit zusammen, dass

1 Vgl. hierzu BMF v. 1.10.2009, BStBl 2009 I S. 372, Rz. 31 bis 34.

2 Vgl. hierzu BMF v. 25.2.2000, BStBl 2000 I S. 372, Rz. 11.

3 Vgl. ausführlich mit Beispiel: Höfer/Veit/Verhuven, Betriebsrentenrecht (BetrAVG) Bd. II Steuerrecht/Sozialabgaben/HGB/IFRS, Kap. 6, Rz. 20 f.

4 Vgl. hierzu BMF v. 29.9.2017, BStBl 2017 I S. 1314, Rz. 64c bis 64g; BT-Drucks. 18/8045 S. 133 „zu Buchstabe b".

- der eingangs von Rz. 451 geschilderte Aktivwertsprung bei GGF nicht selten hohe sechsstellige Summen beträgt, ohne dass es bei Rentenzahlung – anders im Falle alternativer Kapitalleistung – zu einem entsprechenden Geldzufluss kommt,
- jedoch der gleichzeitige Passivwertsprung durch die deutliche Erhöhung der steuerbilanziellen Pensionsrückstellung vom normalen Teilwert i. S. v. § 6a Abs. 3 Satz 2 Nr. 1 EStG auf den Barwert gem. Nr. 2 jener Vorschrift aufgrund der Andersbewertung des § 6a Abs. 3 Satz 3 EStG – insbesondere aufgrund des unrealistischen Rechnungszinsfußes von 6 %[1] – wesentlich geringer ausfällt.

Dadurch kommt es im Wirtschaftsjahr des Versorgungsfalles nicht selten zu einer Steuerbelastung in sechsstelliger Höhe (Scheingewinnbesteuerung), die erst später, im Laufe der Rentenzahlung sukzessive abgebaut werden kann (vgl. ausführlich Beispiel 4 in Rz. 592).

Diese Wirkungen gelten natürlich auch insoweit, wie derartige Risikoversicherungen als Zusatzversicherungen in eine Lebens- oder Rentenversicherung integriert sind.

Es ist daher sehr zu überlegen, ob man vorzeitige biometrische Risiken, wie Invalidität und/oder Tod in eine Direktzusage einbaut oder diese nicht alternativ durch eine Direktversicherung bzw. Pensionskasse oder eine private Versorgung des GGF abdeckt, deren Beiträge man ihm bzw. ihr durch eine Gehaltserhöhung o. Ä. zuwendet.

Investmentfonds als Rückdeckungsvermögen bewirken dieselben Effekte in der Steuerbilanz, wie in Rz. 450 und Rz. 442 beschrieben: Es gilt das Realisations- und Anschaffungskostenprinzip, wobei Ausgabeaufschläge keine sofort abzugsfähigen Betriebsausgaben, sondern Anschaffungsnebenkosten darstellen.[2] Im Gegensatz zur klassischen RDV stellen sich daher, wie bei fondsgebundenen RDV ohne jegliche Garantieleistung, Steuerstundungseffekte ein. Durch das InvStG ergeben sich jedoch noch Zusatzwirkungen, wobei zwischen Spezial-Investmentfonds und Publikums-Investmentfonds zu unterscheiden ist. Nachfolgend werden ausschließlich die Wirkungen aus Publikums-Investmentfonds (nachfolgend: „Investmentfonds") analysiert, da Spezial-Investmentfonds grundsätzlich nur institutionellen Anlegern vorbehalten sind. Seit 2018[3] gilt ein völlig neues System der Besteuerung von Investmentfonds: Während bis 2017 inländische Investmentfonds gem. § 11 Abs. 1 Satz 2 InvStG 2017 auf Fondsebene von der Körperschaft- und Gewerbesteuer befreit waren und die Einkünfte lediglich auf Ebene der Anleger versteuert wurden, unterliegen ab 2018 inländische und ausländische Investmentfonds auf Fondsebene mit bestimmten inländischen Einkünften gem. § 6 Abs. 2 InvStG 2018 der Körper- 452

1 Vgl. dazu Rz. 383 in erster Tabelle unter „Wirkungen auf die Steuerbilanz".

2 Vgl. Leinen in Bertram/Brinkmann/Kessler/Müller, Haufe HGB Bilanz Kommentar, HGB § 255 Rz. 59.

3 Vgl. Gesetz zur Reform der Investmentbesteuerung (Investmentsteuerreformgesetz – InvStRefG) v. 19.7.2016, BGBl 2016 I S. 1730.

schaftsteuer und dem SolZ, nicht jedoch der Gewerbesteuer.[1] Als Ausgleich für die steuerliche Vorbelastung der Einkünfte auf Fondsebene werden die Einkünfte des Anlegers (hier der rückdeckenden Kapitalgesellschaft) i. S. v. § 16 Abs. 1 InvStG 2018 gem. § 20 InvStG 2018 teilweise von den Ertragsteuern befreit. Diese Teilfreistellung soll eine Doppelbelastung durch die Besteuerung des gleichen Ertrags sowohl auf der Fonds- als auch auf der Anlegerebene vermeiden. Die Teilfreistellung erfolgt mit pauschalen Sätzen, wobei sich deren Höhe nach dem Anlageschwerpunkt des jeweiligen Investmentfonds bestimmt.

453 Ist Anlegerin des Investmentfonds eine Kapitalgesellschaft, gelten gem. § 20 Abs. 1 Satz 3 sowie Abs. 2, 3 und 5 InvStG 2018 folgende Teilfreistellungssätze:[2]

Anlageschwerpunkt des Investmentfonds § 2 Abs. 6 Satz 1 und Abs. 7 Satz 1 InvStG 2018	Teilfreistellungssatz bei Kapitalgesellschaften § 20 Abs. 1 Satz 3, Abs. 2, Abs. 3 und Abs. 5 InvStG 2018	
	Körperschaftsteuer/ SolZ	Gewerbesteuer
Aktienfonds (Kapitalbeteiligungsquote[3] > 50 %)	80 %	40 %
Mischfonds (Kapitalbeteiligungsquote ≥ 25 % ≤ 50 %)	40 %	20 %
Immobilienfonds (Immobilienquote > 50 %)	60 %	30 %
Immobilienfonds (Auslandsimmobilienquote > 50 %)	80 %	40 %
sonstige Investmentfonds	0 %	0 %

454 Drei Quellen aus einem Investmentfonds sind es, die zu steuerpflichtigen Einkünften beim Anleger gem. § 16 Abs. 1 InvStG 2018 führen können: Ausschüt-

1 § 15 Abs. 2 Satz 1 InvStG 2018, wenn die dort und in Abs. 3 jener Vorschrift enthaltenen Voraussetzungen erfüllt sind.

2 Erste Fragen zur Teilfreistellung beantwortet das BMF-Schreiben v. 14.6.2017 - IV C 1 - S 1980 - 1/16/10010 :001, HaufeIndex 10967637.

3 Der Begriff „Kapitalbeteiligungen" ist in § 2 Abs. 8 InvStG 2018 definiert und beinhaltet insbesondere zum amtlichen Handel an einer Börse zugelassene oder auf einem organisierten Markt notierte Anteile an einer Kapitalgesellschaft, aber auch Anteile an anderen Investmentfonds mit einer bestimmten Mindesthöhe.

tungen des Fonds inkl. Kapitalertragsteuer i. S.v. § 43 Abs. 4 und § 43a EStG i.V.m. § 8 Abs. 1 KStG (§ 2 Abs. 11 InvStG 2018),[1] Vorabpauschalen (§ 18 InvStG 2018) und Gewinne aus der Veräußerung der Fondsanteile durch den Anleger (Veräußerungsgewinne gem. § 19 InvStG 2018). Alle drei Einkunfts-Quellen unterliegen der in Rz. 452 f. dargestellten Teilfreistellung, die auch in die Berechnung der Kapitalertragsteuer gem. § 43a Abs. 2 EStG i.V.m. § 8 Abs. 1 KStG Eingang findet; die Teilfreistellung gilt gem. § 2 Abs. 14 InvStG 2018 auch bei Veräußerungsverlusten, d. h. Veräußerungsverluste aus einem Aktienfonds sind nur mit 20 % bei der Körperschaft- und mit 60 % bei der Gewerbesteuer zu berücksichtigen. Diese Teilfreistellung bei Verlusten gilt gem. § 21 InvStG 2018 auch für laufende Kosten i. Z. m. den Fondsanteilen (z. B. direkt zuordenbare Depotgebühren) und Betriebsvermögensminderungen in Form der in Rz. 442 und 450 erwähnten Teilwertabschreibungen. Erzielt somit eine Kapitalgesellschaft bei Verkauf eines Aktienfonds i. S.v. § 2 Abs. 6 Satz 1 InvStG 2018 einen Veräußerungsgewinn in Höhe von 1.000 €, so erhöhen lediglich 200 € ihr zu versteuerndes Einkommen gem. § 7 Abs. 1 KStG und 600 € ihren Gewerbeertrag gem. § 7 Satz 1 und § 10 GewStG. Zwar ist der Veräußerungsgewinn vor Abzug der Teilfreistellung gem. § 19 Abs. 1 Sätze 3 und 4 InvStG 2018 grundsätzlich um die während der Besitzzeit angesetzten vollen Vorabpauschalen zu vermindern. Vorabpauschalen sind jedoch gem. § 16 Abs. 2 Satz 2 Nr. 1 InvStG 2018 nicht anzusetzen, wenn die Investmentanteile im Rahmen der bAV nach dem Betriebsrentengesetz gehalten werden; dies gilt nach der Gesetzesbegründung für alle fünf Durchführungswege und damit auch für die Rückdeckung von Direktzusagen durch Investmentfonds.[2] Vorabpauschalen sind daher im Falle der Rückdeckung durch Investmentfonds sowohl bei Direktzusagen als auch bei pauschaldotierten Unterstützungskassen unbeachtlich. Investiert die Kapitalgesellschaft des GGF daher z. B. in einen thesaurierenden Aktienfonds, sind bei ihr ausschließlich Veräußerungsgewinne i. S.v. § 19 Abs. 1 Sätze 3 und 4 InvStG 2018 zu 20 % körperschaft- und zu 60 % gewerbesteuerpflichtig und zwar erst im Wirtschaftsjahr der Veräußerung. Hätte das Unternehmen stattdessen in eine klassische RDV investiert, wäre der Ertrag gem. den Ausführungen in Rz. 448 nicht nur zu 100 % körperschaft- und gewerbesteuerpflichtig gewesen, sondern die Steuern hätten auch noch in jedem Wirtschaftsjahr der Anwartschaftszeit sukzessive beglichen werden müssen.

1 Besonderheiten, die hier nicht analysiert werden sollen, gelten gem. § 17 InvStG 2018 für Investmentfonds in der Liquidationsphase.

2 Vgl. BT-Drucks. 18/8045 S. 86 „zu Nr. 1".

PRAXISHINWEIS:

Investmentfonds weisen gegenüber klassischen RDVen und fondsgebundene RDV mit Garantieleistungen steuerliche Vorteile auf (vgl. Rz. 454 letzter Satz); diese resultieren aus der unterschiedlichen steuerbilanziellen Behandlung (Rz. 448 und 452), dem Wegfall der Vorabpauschalen-Besteuerung (Rz. 454) und insbesondere der Teilfreistellungen i. S. v. § 20 InvStG 2018 auf Ebene der Kapitalgesellschaft (vgl. Rz. 454). Dies gilt auch für den Vergleich der Investmentfonds mit fondsgebundenen Versicherungen ohne Garantieleistungen, bei denen die Teilfreistellung lediglich 15 % beträgt. Andere Formen von Rückdeckungsvermögen können steuerlich ebenfalls interessant sein, weil sie z. B. – wie Gebäude – Abschreibungen trotz Werterhaltung ermöglichen oder Wertsteigerungen erst bei Veräußerung besteuern. Keine Form des Rückdeckungsvermögens ist jedoch auf den ersten Blick derart steuerlich begünstigt wie Aktienfonds (vgl. Rz. 454), sind sie doch mit einer Teilfreistellung bei der Kapitalgesellschaft in Höhe von 80 % bei der Körperschaft- bzw. 40 % bei der Gewerbesteuer verbunden, während klassische RDV zu 100 % steuerpflichtig sind.

(2) Verdeckte Gewinnausschüttungen oder Einlagen bei Rückdeckungsvermögen

455 Verdeckte Gewinnausschüttungen oder verdeckte Einlagen im Rahmen der Direktzusage haben nicht notwendigerweise Auswirkungen auf das Rückdeckungsvermögen (vgl. Rz. 481).

(3) Wirkungen der privatrechtlichen Insolvenzsicherung

456 Verpfändungen, aufschiebend bedingte Abtretungen, Grundpfandrechte, CTA und andere in Rz. 436 dargestellte privatrechtliche Insolvenzsicherungsformen bewirken keinerlei Steueränderungen beim Unternehmen im Zeitpunkt ihrer Vereinbarung. Erst, wenn die Bedingung der Insolvenz eintritt und in diesem Zusammenhang das Rückdeckungsgut auf den GGF übertragen wird, kommt es zu einer Minderung des Gewinns bzw. Erhöhung des Verlustes des Unternehmens. Regelmäßig liegen dann jedoch erhebliche Verluste und Verlustvorträge vor, die bei insolvenzbedingter Zerschlagung des Unternehmens nicht mehr steuermindernd genutzt werden können. Im Falle einer Unterstützungskasse entsteht überhaupt keine Auswirkung auf Gewinn bzw. Verlust des Trägerunternehmens, da sich das Sicherungsvermögen bei der Unterstützungskasse befindet.

bb) Steuerliche Einflüsse beim GGF

457 Weder der Erwerb des Rückdeckungsvermögens, noch die Einrichtung der privatrechtlichen Insolvenzsicherung führen zu steuerbaren Einkünften beim GGF, da sie ausschließlich auf der Ebene der Kapitalgesellschaft abspielen.

Kommt es hingegen zum Eintritt der in Rz. 456 erwähnten Bedingung, Insolvenz des (Träger-)Unternehmens und Übertragung der Rückdeckungsversicherung auf den GGF, ist der beim GGF entstehende Vermögenszuwachs als Sachbezugswert steuerbar gem. § 19 Abs. 1 bzw. – bei Erfüllung der Voraussetzungen in Abs. 2 Satz 2 – Abs. 2 EStG und grundsätzlich auch steuerpflichtig. Eine Ausnahme bildet der zum 1.1.2018 durch das Betriebsrentenstärkungsgesetz[1] eingeführte § 3 Nr. 65 Buchst. d EStG, der den Erwerb von Ansprüchen durch den Arbeitnehmer im Zusammenhang mit dem Eintritt in eine RDV nach § 8 Abs. 3 BetrAVG im Zeitpunkt jenes Erwerbes steuerfrei stellt (vgl. ausführlich auch zur späteren Besteuerung bei Zahlung der Leistungen Rz. 438).

(Einstweilen frei) 458–470

II. Prüfschema für den richtigen Durchführungsweg

1. Steuerliche Auswirkungen der verschiedenen Durchführungswege

Die steuerlichen Auswirkungen in der Anwartschaftsphase und in der Leistungsphase stellen sich in allen fünf Durchführungswegen sehr unterschiedlich dar, da für alle Durchführungswege unterschiedliche rechtliche Rahmenbedingungen bzgl. Fördermöglichkeiten, Betriebsausgabenabzug und Besteuerung in der Leistungsphase gelten. Dies beeinflusst zum einen die steuerliche Behandlung auf der Ebene der Gesellschaft, zum anderen aber auch auf der Ebene des Versorgungsberechtigten. 471

Nachfolgend werden die steuerlichen Auswirkungen für die fünf unterschiedlichen Durchführungswege im Überblick dargestellt. Insbesondere detaillierte Einzelheiten zum Betriebsausgabenabzug bei der Gesellschaft ergeben sich aus den Ausführungen in Rz. 473 ff. 472

a) Ebene der GmbH

aa) Direktzusage ohne Rückdeckung

Die Direktzusage ohne Rückdeckungsversicherung verschafft dem Arbeitgeber in der Anwartschaftsphase grds. Liquidität in Form ersparten Lohnaufwands, da dem GGF keine Beträge zufließen und keine Beiträge an einen Versorgungsträger zu erbringen sind. 473

1 Gesetz zur Stärkung der betrieblichen Altersversorgung und zur Änderung anderer Gesetze (Betriebsrentenstärkungsgesetz) v. 17.8.2017, BGBl 2017 I S. 3214.

474 Darüber hinaus kann in der Steuerbilanz gewinnmindernd eine Pensionsrückstellung gebildet werden, wenn die Voraussetzungen des § 6a Abs. 1 Nr. 1 bis 3 EStG vorliegen (vgl. hierzu Rz. 641 ff.). Die Versorgungsverpflichtung darf im Zeitpunkt der Zusage nicht in voller Höhe passiviert werden. Vielmehr muss die Rückstellung über die gesamte Anwartschaftsphase bis zum Eintritt des Versorgungsfalls aufgebaut werden. Sie darf am Schluss des jeweiligen Wirtschaftsjahres grds. nur mit dem Teilwert (spezieller Teilwert, der nicht der allgemeinen Definition des § 6 EStG bzw. § 10 BewG entspricht) angesetzt werden, wobei ein Rechnungszinsfuß von 6 %[1] und die anerkannten Regeln der Versicherungsmathematik anzuwenden sind (§ 6a Abs. 3 Satz 3 EStG). Die Teilwertberechnung erfolgt dabei – auch bei steuerlich beherrschenden GGF – immer bezogen auf den Diensteintritt. Das hat zur Folge, dass ein entsprechend hoher Liquiditätsvorteil durch die Erstrückstellung entsteht, wenn die Zusage erst nach Ableistung einer längeren Dienstzeit erteilt wird. In den folgenden Jahren bis zum Renteneintritt wird die Rückstellung dann sukzessive weiter aufgebaut und ist nur noch mit den Zuführungsbeträgen gewinnwirksam. Bei der Bewertung der steuerlichen Pensionsrückstellungen können die Richttafeln 2018 G von *Prof. Klaus Heubeck* verwendet werden.[2] Außerdem setzt die Bildung von Pensionsrückstellungen grds. voraus, dass der Arbeitnehmer, dem die Zusage erteilt worden ist, ein bestimmtes Mindestalter erreicht hat, welches sich gem. § 6a Abs. 2 Nr. 1 EStG nach dem Datum der Erteilung der Direktzusage richtet.

475 Ist der versorgungsberechtigte GGF arbeitsrechtlich als nicht beherrschend anzusehen,[3] fällt also unter den Schutzbereich des BetrAVG, ist der Arbeitgeber verpflichtet, für die Versorgungszusage Beiträge an den PSV a.G. zu zahlen. Zwecks Beitragsfestsetzung durch den PSV a.G. hat jeder beitragspflichtige Arbeitgeber spätestens bis zum 30.9. eines jeden Kalenderjahrs die Höhe des nach § 10 Abs. 3 Nr. 1 BetrAVG für die Bemessung des Beitrages maßgebenden Betrages (wird bei unmittelbaren Versorgungszusagen durch ein versicherungsmathematisches Kurztestat ermittelt; entspricht dem Wert nach § 6a EStG) mitzuteilen; die Bemessungsgrundlage ist zum Schluss des Wirtschafts-

1 Jener gesetzlich festgelegte Rechnungszinsfuß ist gegenwärtig um Welten vom Marktzins entfernt. Daher hat das FG Köln mit Urteil v. 12.10.2017 (10 K 977/17, FR 2018 S. 24) dem BVerfG (2 BvL 22/17) die Frage nach der Verfassungsmäßigkeit des § 6a Abs. 3 Satz 3 EStG vorgelegt; vgl. dazu ausführlich: Dommermuth in Herrmann/Heuer/Raupach, EStG und KStG Kommentar, § 6a EStG Anm. 3.

2 Gemäß Rz. 2 des BMF-Schreibens v. 19.10.2018 (BStBl 2018 I S. 1107) dürfen die „Richttafeln 2005 G" letztmals für das Wirtschaftsjahr verwendet werden, das vor dem 30.6.2019 endet.

3 Vgl. Rz. 91 ff.

jahres zu ermitteln, das im abgelaufenen Kalenderjahr geendet hat.[1] Die durch den PSV a.G. festgesetzten Beiträge sind beim Arbeitgeber als Betriebsausgaben abziehbar.

Tritt der GGF, dem die Direktzusage erteilt worden ist, in die Leistungsphase ein, erhält er durch den Arbeitgeber die zugesagte Leistung – entweder in Form einer Kapitalleistung oder in Form einer monatlichen Betriebsrente (vgl. Rz. 381 ff.). Die gezahlten Leistungen sind für den Arbeitgeber Betriebsausgaben. Allerdings muss er im Gegenzug die Pensionsrückstellung in jedem Wirtschaftsjahr i. H. d. Unterschiedsbetrags zwischen dem versicherungsmathematischen Barwert der künftigen Pensionsleistungen am Schluss des Wirtschaftsjahres und am Schluss des vorangegangenen Wirtschaftsjahres gewinnerhöhend auflösen, so dass der Liquiditätsvorteil, den er in der Anwartschaftsphase in Anspruch nehmen konnte, jetzt wieder zurückgeführt wird, indem tatsächliche Aufwendungen (d. h. die gezahlten Leistungen) sich im Ergebnis nicht in voller Höhe als Betriebsausgaben auswirken. Bei Zahlung einer monatlichen Betriebsrente erfolgt die Auflösung sukzessive, bei einer Kapitalauszahlung ist die Pensionsrückstellung im Zeitpunkt der Leistungserbringung in voller Höhe aufzulösen. Folglich kommt es in diesem Fall – wenn Rückstellung und Kapitalleistung sich betragsmäßig entsprechen – nicht mehr zu einer gewinnmindernden Auswirkung im Leistungszeitpunkt, da diese Gewinnwirkungen durch die in früheren Wirtschaftsjahren gebildeten Rückstellungen bereits vorweggenommen worden sind. Der Arbeitgeber muss sicherstellen, dass bei Eintritt der Versorgungsverpflichtung entsprechende Mittel zur Verfügung stehen, um die Versorgungsleistungen erbringen zu können. 476

Da die Versorgungsleistungen beim GGF gem. § 19 Abs. 1 Satz 1 Nr. 2 EStG zu den Einkünften aus nichtselbständiger Arbeit gehören, ist der Arbeitgeber – auch bei einer Kapitalauszahlung – verpflichtet, für Rechnung des Arbeitnehmers Lohnsteuer einzubehalten und an das Betriebsstättenfinanzamt abzuführen (§§ 38 ff. EStG). Er muss sich daher vom GGF weiterhin die für den Lohnsteuereinbehalt notwendigen Daten vorlegen lassen. 477

bb) Direktzusage mit Rückdeckung

Da der Arbeitgeber bei der Direktzusage in eigener Verantwortung sicherstellen muss, dass bei Eintritt des Versorgungsfalls genügend Liquidität zur Zahlung der Versorgungsleistungen zur Verfügung steht und dieses Kapital durch 478

1 Beispiel: Wirtschaftsjahr endet am 30.6. eines Kalenderjahres. Somit ist bis zum 30.9.2020 die Bemessungsgrundlage zum 30.6.2019 mitzuteilen.

die Rückstellungsbildung allein nicht in ausreichendem Maße gebildet werden kann, schließt der Arbeitgeber vielfach auf das Leben des Arbeitnehmers, dem die bAV zugesagt worden ist, eine Lebens- oder Rentenversicherung oder andere Formen der Rückdeckung[1] ab.[2] In diesem Fall stellt der Versicherer, der Investmentfonds o.Ä. dem Arbeitgeber bei Eintritt des Versorgungsfalls das vertraglich geschuldete Kapital oder die Rente zur Verfügung.

479 Die Rückdeckungsversicherung muss von der Direktversicherung abgegrenzt werden, denn bei einer Rückdeckungsversicherung erlangt der Arbeitnehmer keinen Rechtsanspruch gegenüber dem Versicherer. Die Rechtsbeziehungen bestehen vielmehr nur zwischen Arbeitgeber und Versicherer. Der Arbeitgeber ist Versicherungsnehmer, Beitragszahler und Bezugsberechtigter. Der Arbeitnehmer ist lediglich versicherte Person.

480 Neben den Zuführungen zur Pensionsrückstellung wirken sich bei einer rückgedeckten Direktzusage zusätzlich die Versicherungsbeiträge gewinnmindernd aus. Die Zuführungen zum Aktivwert der Rückdeckungsversicherung erhöhen den Gewinn (vgl. Rz. 448 ff.).

481 Liegt eine zivilrechtlich wirksame Direktzusage vor, ist es für die Beurteilung der Rückdeckungsversicherung unerheblich, ob die Direktzusage steuerrechtlich anerkannt oder ggf. ganz oder teilweise als vGA qualifiziert wird. Die Gesellschaft trägt auf jeden Fall das finanzielle Risiko der Versorgungszusage, weil diese zivilrechtlich wirksam ist. Die Absicherung dieses Risikos durch Abschluss einer Rückdeckungsversicherung liegt somit grds. im betrieblichen Interesse.[3] Die Rückdeckungsversicherung teilt folglich nicht zwingend das Schicksal der Direktzusage; sie ist weder dem Grunde, noch der Höhe nach in eine vGA einzubeziehen.[4] Ergibt sich zu einem späteren Zeitpunkt die Notwendigkeit, die Rückdeckungsversicherung aufzustocken, ist dies im Regelfall ebenfalls betrieblich veranlasst und führt nicht zu einer vGA.

482 Für arbeitsrechtlich nicht beherrschende GGF besteht Beitragspflicht gegenüber dem PSV a.G. (vgl. Rz. 475) trotz der Rückdeckung, auch wenn das Rückdeckungsinstrument gegenüber dem GGF privatrechtlich insolvenzgesichert ist (vgl. ausführlich Rz. 434 ff.).

---

1 Vgl. ausführlich Rz. 430 ff.

2 Vgl. zu den Motiven ausführlich Rz. 421 ff.

3 Vgl. BFH v. 5.6.1962, BStBl 1962 III S. 416 und v. 4.4.1963, HFR 1963 S. 298.

4 Vgl. OFD Chemnitz v. 9.8.1999 - S 2742 - 68/4 - St 33, bestätigt durch BFH v. 7.8.2002 - I R 2/02, BStBl 2004 II S. 131.

Tritt der Arbeitnehmer, dem die rückgedeckte Direktzusage erteilt worden ist, in die Leistungsphase ein, ist bei Auszahlung der Versicherungsleistung aus der Rückdeckungsversicherung an die GmbH zunächst die Differenz zwischen ausgezahlter Versicherungsleistung und aktiviertem Wert gewinnerhöhend zu verbuchen, falls der ausgezahlte Betrag den aktivierten Anspruch übersteigt. Die Zahlung der Versorgungsleistungen an den Arbeitnehmer stellt Betriebsausgaben dar und unterliegt dem Lohnsteuerabzug. Auch bei der rückgedeckten Direktzusage kommt es zur (sukzessiven) Auflösung der gebildeten Pensionsrückstellung. 483

Alternativ zur Rückdeckungsversicherung sind zahlreiche andere Formen von Rückdeckungsvermögen möglich und zweckmäßig. Sie unterscheiden sich erheblich hinsichtlich der potenziellen Rendite, Anlagechancen und -risiken, Fungibilität, Kosten, abgedeckten biometrischen Risiken, Auswirkungen auf das handelsrechtliche Bilanzbild, Fähigkeit zum privatrechtlichen Insolvenzschutz und steuerlichen Konsequenzen (vgl. ausführlich Rz. 421 bis 457). 484

cc) Pauschaldotierte Unterstützungskasse

Die pauschaldotierte Unterstützungskasse finanziert sich durch **freiwillige** Zuwendungen des Arbeitgebers als Träger der Versorgungszusage. Sie ist grds. völlig frei bei der Entscheidung, wie sie ihr Vermögen anlegt. Um Missbräuche zu vermeiden, hat der Gesetzgeber daher in § 4d EStG die Möglichkeiten, der Unterstützungskasse steuerwirksam Beträge zuzuführen, eingeschränkt. Eine Ausfinanzierung der Versorgungszusage während der Anwartschaftszeit ist daher i. d. R. nicht möglich. Es können lediglich in der Höhe begrenzte Zuwendungen zum Deckungskapital für bereits laufende Leistungen (§ 4d Abs. 1 Satz 1 Nr. 1 Buchst. a EStG) und Zuwendungen zum Reservepolster für die Leistungsanwärter (§ 4d Abs. 1 Satz 1 Nr. 1 Buchst. b EStG) steuerwirksam zugewendet werden, sofern sie nicht zu einer Überdotierung der Unterstützungskasse führen. Die Zuwendung zum Reservepolster für die Leistungsanwärter setzt zudem grds. voraus, dass der Arbeitnehmer, dem eine – schriftliche – Zusage erteilt worden ist, ein bestimmtes Mindestalter erreicht hat. Sonderregelungen für durch Entgeltumwandlung finanzierte Versorgungszusagen – wie bei der Bildung von Pensionsrückstellungen in den Fällen der Direktzusage – sind wohl im Hinblick auf das pauschale Kapitaldeckungsverfahren nicht vorgesehen. 485

Für die Zusage über eine Unterstützungskasse hat der BFH in 2016 erstmals klargestellt, dass über die Norm des § 4d Abs. 1 Satz 1 EStG bereits die gesellschaftsrechtliche Veranlassung der Zusage (unabhängig von den weiteren Vo- 486 raussetzungen einer vGA) bereits zur Versagung des Betriebsausgabenabzuges führt (vgl. auch Rz. 704).[1]

487 Ist der versorgungsberechtigte GGF arbeitsrechtlich als nicht beherrschend anzusehen gelten die Ausführungen in Rz. 475 sinngemäß. Die Bemessungsgrundlage für die Berechnung der PSV-Beiträge richtet sich nach § 10 Abs. 3 Nr. 3 BetrAVG.

488 Die Ausführungen in Rz. 477 zur Lohnsteuerpflicht auf Versorgungsleistungen gelten sinngemäß. Die Unterstützungskasse kann die entsprechenden Arbeitgeberpflichten unter den Voraussetzungen des § 38 Abs. 3a Sätze 2 ff. EStG und R 38.5 LStR übernehmen (vgl. Praxishinweis am Ende von Rz. 591).

dd) Rückgedeckte Unterstützungskasse

489 Eine rückgedeckte Unterstützungskasse liegt vor, wenn die Unterstützungskasse die einem Leistungsempfänger oder einem Leistungsanwärter zugesagten Leistungen ganz oder teilweise durch den Abschluss einer Versicherung abgesichert hat. Die Unterstützungskasse ist in diesem Fall Versicherungsnehmer und Bezugsberechtigter, der Leistungsanwärter ist lediglich versicherte Person. Folglich hat der Leistungsanwärter keinen Rechtsanspruch auf die Leistungen aus der Versicherung und sie sind auch nicht in der Bilanz des Arbeitgebers auszuweisen. Vielmehr gehört die Versicherung zum Kassenvermögen der Unterstützungskasse.

490 Für die gewinnwirksame Zuwendung an eine rückgedeckte Unterstützungskasse gelten Sonderregelungen. Verschafft sich die Unterstützungskasse die Mittel für ihre Versorgungsleistungen, die der Leistungsanwärter oder Leistungsempfänger nach den Verhältnissen am Schluss des Wirtschaftsjahres der Zuwendung erhalten kann, durch Abschluss einer Versicherung, kann der Arbeitgeber – wenn auch die übrigen Voraussetzungen des § 4d Abs. 1 Satz 1 Nr. 1 Buchst. c EStG vorliegen (vgl. hierzu unter Rz. 720 ff.) – der Kasse den Betrag des Beitrags gewinnwirksam zuwenden, den die Kasse an einen Versicherer zahlt. Werden die zugesagten Leistungen vor Eintritt des Versorgungsfalles rückgedeckt, sind nur Zuwendungen zur Finanzierung von Versicherungsbeiträgen zur Absicherung der zugesagten Invaliditäts- oder Hinterbliebenenversorgung unabhängig vom Alter des Leistungsanwärters als Betriebsausgaben abziehbar. Dienen die Zuwendungen der Finanzierung von Versicherungsbeiträgen zur Absicherung der zugesagten Altersversorgungsleistungen, muss der Leistungsanwärter ein bestimmtes Mindestalter erreicht haben oder die

1 BFH v. 20.7.2016 - I R 33/15, BStBl 2017 II S. 66.

Leistungsanwartschaft muss bereits vor Erreichen dieses Mindestalters unverfallbar sein (z. B. in den Fällen der Entgeltumwandlung).

Für die Zusage über eine Unterstützungskasse hat der BFH in 2016 erstmals klargestellt, dass über die Norm des § 4d Abs. 1 Satz 1 EStG bereits die gesellschaftsrechtliche Veranlassung der Zusage (unabhängig von den weiteren Voraussetzungen einer vGA) bereits zur Versagung des Betriebsausgabenabzuges führt (vgl. auch Rz. 704).[1] 491

Ist der versorgungsberechtigte GGF arbeitsrechtlich als nicht beherrschend anzusehen gelten die Ausführungen in Rz. 475 sinngemäß. Die Bemessungsgrundlage für die Berechnung der PSV-Beiträge richtet sich – wie bei der pauschal dotierten Unterstützungskasse (vgl. Rz. 487) – nach § 10 Abs. 3 Nr. 3 BetrAVG. 492

Die Ausführungen in Rz. 477 und Rz. 488 zur Lohnsteuerpflicht auf Versorgungsleistungen gelten sinngemäß. 493

ee) Kapitalgedeckte Pensionskasse

Der Arbeitgeber kann als Trägerunternehmen Zuwendungen an die Pensionskasse als Betriebsausgaben abziehen, soweit sie auf einer in der Satzung oder im Geschäftsplan der Kasse festgelegten Verpflichtung oder auf einer Anordnung der Versicherungsaufsichtsbehörde beruhen oder der Abdeckung von Fehlbeträgen bei der Kasse dienen (§ 4c EStG).[2] 494

Der Betriebsausgabenabzug kommt sowohl für laufende als auch für einmalige Zuwendungen in Betracht. Ein Betriebsausgabenabzug scheidet hingegen aus, soweit die Leistungen der Kasse, wenn sie vom Trägerunternehmen selbst erbracht würden, bei diesem nicht betrieblich veranlasst wären. Wäre die von der GmbH über die Pensionskasse versprochene Versorgungsleistung als unmittelbare Versorgungsleistung der GmbH an den GGF gesellschaftsrechtlich veranlasst, ist der Beitrag an die Pensionskasse insoweit nicht als Betriebsausgabe abzugsfähig.[3] 495

Zuwendungen an eine Pensionskasse sind nach R 4c Abs. 2 Satz 3 EStR auch abziehbar, wenn die Kasse ihren Sitz oder ihre Geschäftsleitung im Ausland hat. Hierbei ist allerdings zu berücksichtigen, dass ein inländischer Arbeitgeber seine Versorgungszusagen durch eine im Ausland ansässige Pensionskasse nur 496

1 BFH v. 20.7.2016 - I R 33/15, BStBl 2017 II S. 66.

2 Vgl. ausführlich: KKB/Dommermuth, § 4c EStG Rz. 16 ff.

3 Vgl. ausführlich Rz. 623 und Rz. 704 ff. zur Unterstützungskasse.

dann durchführen kann, wenn die ausländische Pensionskasse versicherungsaufsichtsrechtlich zur Ausübung ihrer Tätigkeit zugunsten von Arbeitnehmern in deutschen Betriebsstätten befugt ist. Dies bedeutet, dass die ausländische Pensionskasse die gleichen Voraussetzungen wie eine inländische Pensionskasse erfüllen muss.

497 Auch wenn der versorgungsberechtigte GGF arbeitsrechtlich als nicht beherrschend anzusehen ist mit der Folge, dass er unter den Schutzbereich des BetrAVG fällt, ist der Arbeitgeber nicht verpflichtet, für die Versorgungszusage Beiträge an den PSV a.G. zu zahlen, denn die bAV über eine kapitalgedeckte Pensionskasse unterliegt nicht der gesetzlichen Insolvenzsicherung. Aufgrund der strengen Auflagen des Versicherungsaufsichtsrechts geht der Gesetzgeber davon aus, dass die Versorgung über eine kapitalgedeckte Pensionskasse im Fall der Insolvenz des zusagenden Arbeitgebers nicht verlustig gehen kann und dass es daher eines gesetzlichen Insolvenzschutzes nicht bedarf. Da für Pensionskassen gem. § 221 Abs. 1 und Abs. 2 Satz 1 VAG keine Pflichtmitgliedschaft im gesetzlichen Sicherungsfonds (§§ 221 ff. VAG) besteht,[1] können allerdings Probleme bei wirtschaftlicher Notlage der Pensionskasse entstehen.[2]

498 Die Auszahlung der Versorgungsleistungen an den Versorgungsberechtigten in der Leistungsphase erfolgt durch die Pensionskasse. Der Arbeitgeber wird folglich in der Auszahlungsphase mit der Abwicklung der bAV nicht mehr belastet. Eine Pflicht zur Einbehaltung der Lohnsteuer besteht nicht, da die Versorgungsleistungen einer Pensionskasse zu den sonstigen Einkünften i. S. d. § 22 Nr. 5 EStG gehören, die keinem Steuerabzug unterliegen. Die Sicherstellung der Besteuerung der Leistung erfolgt durch eine Rentenbezugsmitteilung der Pensionskasse an die Deutsche Rentenversicherung Bund (Zentrale Stelle i. S. v. § 81 EStG) gem. § 22a EStG, die die Daten an die FinVerw weitergibt.

ff) Pensionsfonds

499 Der Arbeitgeber kann als Trägerunternehmen Beiträge an den Pensionsfonds als Betriebsausgaben abziehen, soweit sie auf einer festgelegten Verpflichtung beruhen oder der Abdeckung von Fehlbeträgen bei dem Fonds dienen (§ 4e EStG).[3] Ein Betriebsausgabenabzug scheidet jedoch aus, soweit die Leis-

1 Vgl. zur aktuellen Liste der Pensionskassen-Mitglieder: https://www.protektor-ag.de/en/wp-content/uploads/sites/4/2018/08/2018-08-15_Internet_SF_Mitglieder_Pensionskassen.pdf.

2 Vgl. Marian, Der Insolvenzschutz im Durchführungsweg Pensionskasse, Praxishandbuch bAV, Gruppe 4, S. 159 ff.

3 Vgl. ausführlich: Dommermuth in Herrmann/Heuer/Raupach, EStG und KStG Kommentar, § 4e EStG Anm. 10 ff.

tungen des Fonds, wenn sie vom Trägerunternehmen selbst erbracht würden, bei diesem nicht betrieblich veranlasst wären. Nicht betrieblich veranlasst wären z. B. Leistungen an den Inhaber (Unternehmer, Mitunternehmer) des Trägerunternehmens oder seine Angehörigen, wenn kein anzuerkennendes Arbeitsverhältnis vorliegt. Wäre die von der GmbH über die Pensionskasse versprochene Versorgungsleistung als unmittelbare Versorgungsleistung der GmbH an den GGF gesellschaftsrechtlich veranlasst, ist der Beitrag an die Pensionskasse insoweit nicht als Betriebsausgabe abzugsfähig.[1]

Ist der versorgungsberechtigte GGF arbeitsrechtlich als nicht beherrschend an- 500
zusehen gelten die Ausführungen in Rz. 475 sinngemäß. Die Bemessungsgrundlage für die Berechnung der PSV-Beiträge richtet sich nach § 10 Abs. 3 Nr. 4 BetrAVG und beträgt 20 % des für die alternative Direktzusage geltenden Wertes.

Für die Auszahlung der Versorgungsleistungen an den Versorgungsberechtig- 501
ten gilt Rz. 498 sinngemäß.

gg) Direktversicherung

Die Beiträge zu einer Direktversicherung sind beim Arbeitgeber sofort abzieh- 502X
bare Betriebsausgaben und zwar unabhängig vom Alter des versicherten Arbeitnehmers und unabhängig von der Dauer der Versorgungszusage (§ 4b EStG).[2]

Führt die Beitragszahlung an das Direktversicherungsunternehmen zugunsten 503
eines GGF einer GmbH zu einer verdeckten Gewinnausschüttung, weil die Versorgungszusage gesellschaftsrechtlich veranlasst ist, stellt dies ihre betriebliche Veranlassung u. E. jedoch nicht in Frage. Die Zuwendungen sind zunächst als Betriebsausgaben abziehbar, außerbilanziell als vGA aber wieder zu korrigieren (dritter Schritt der dreistufigen Prüfung zur steuerlichen Abzugsfähigkeit).[3]

Ist der versorgungsberechtigte GGF arbeitsrechtlich als nicht beherrschend an- 504
zusehen, fällt also unter den Schutzbereich des BetrAVG, ist der Arbeitgeber bei einer Direktversicherungszusage grds. nicht verpflichtet, für die Versorgungszusage Beiträge an den PSV a.G. zu zahlen. Steht dem Versorgungsberechtigten – wie bei einer Direktversicherung üblich – ein unwiderrufliches Bezugsrecht zu, so ist wie bei der Pensionskasse davon auszugehen, dass aufgrund der strengen Auflagen des Versicherungsaufsichtsrechts die Versorgung

1 Vgl. ausführlich Rz. 701 ff. zur Unterstützungskasse.
2 Vgl. ausführlich KKB/Dommermuth, § 4b EStG Rz. 16 ff.
3 Vgl. ausführlich Rz. 701 ff. zur Unterstützungskasse.

im Fall der Insolvenz des zusagenden Arbeitgebers nicht verlustig gehen kann und dass es daher eines gesetzlichen Insolvenzschutzes nicht bedarf. Sind die Versicherungsansprüche jedoch an den Arbeitgeber abgetreten oder durch ihn beliehen worden, gilt auch bei einer Direktversicherungszusage der gesetzliche Insolvenzschutz. Zwecks Beitragsfestsetzung durch den PSV a.G. hat der beitragspflichtige Arbeitgeber in einem solchen Fall spätestens bis zum 30.9. eines jeden Kalenderjahrs die Höhe des nach § 10 Abs. 3 Nr. 2 BetrAVG für die Bemessung des Beitrages maßgebenden Betrages (bei Direktversicherungszusagen durch eine Bescheinigung des Versicherers ermittelt) mitzuteilen. Die durch den PSV a.G. festgesetzten Beiträge sind beim Arbeitgeber als Betriebsausgaben abziehbar.

505 Der Versicherungsanspruch aus einer Direktversicherung ist nicht zu bilanzieren, soweit am Schluss des Wirtschaftsjahres hinsichtlich der Leistungen des Versicherers der Arbeitnehmer, auf dessen Leben die Versicherung abgeschlossen worden ist oder seine Hinterbliebenen – widerruflich oder unwiderruflich – bezugsberechtigt sind. Daran ändert sich auch in den Fällen der Abtretung oder Beleihung der Ansprüche aus dem Versicherungsvertrag nichts, wenn sich der Arbeitgeber der bezugsberechtigten Person gegenüber verpflichtet hat, sie bei Eintritt des Versicherungsfalls so zu stellen, als ob die Abtretung oder Beleihung nicht erfolgt wäre (§ 4b EStG).[1]

506 Sind der GGF oder seine Hinterbliebenen nur für bestimmte Versicherungsfälle (bei ledigen Arbeitnehmern kann z. B. für den Todesfall dem Arbeitgeber das Bezugsrecht zustehen) oder nur hinsichtlich eines Teils der Versicherungsleistungen bezugsberechtigt (rechtlich ist ein gespaltenes Bezugsrecht möglich, wonach z. B. der GGF nur die garantierten Leistungen aus der Versicherung bekommen soll und der Arbeitgeber die Überschüsse), so sind die Ansprüche aus der Direktversicherung insoweit zu aktivieren, als der Arbeitgeber bezugsberechtigt ist.[2]

507 Macht der Arbeitgeber von seinem Widerrufsrecht Gebrauch, ist der Versicherungsanspruch grds. mit dem Deckungskapital des Versicherers zu aktivieren zuzüglich eines etwa vorhandenen Guthabens aus Beitragsrückerstattungen. Bei fondsgebundenen oder indexierten Direktversicherungen i. S. v. § 124 Abs. 2 Satz 2 VAG tritt an die Stelle des Deckungskapitals der nach § 169 Abs. 4 VVG berechnete Zeitwert (R 4b Abs. 3 EStR).

508 Für die Auszahlung der Versorgungsleistungen an den Versorgungsberechtigten gilt Rz. 498 sinngemäß.

1 Vgl. ausführlich KKB/Dommermuth, § 4b EStG Rz. 66 ff. und Rz. 91 ff.

2 Vgl. KKB/Dommermuth, § 4b EStG Rz. 66 und Rz. 71.

b) Ebene des Gesellschafter-Geschäftsführers

aa) Direktzusage und Unterstützungskassenzusage

Da der Arbeitnehmer durch eine Direktzusage (mit oder ohne Rückdeckung) oder eine Zusage über eine (pauschaldotierte oder rückgedeckte) Unterstützungskasse keinen Rechtsanspruch auf Versorgungsleistungen gegenüber einem externen Versorgungsträger erhält, stellt die Einräumung eines Anspruchs auf die spätere Versorgung beim GGF noch keinen geldwerten Vorteil dar (nicht steuerbar). Es kommt folglich in der Anwartschaftsphase mangels Zuflusses nicht zur Lohnversteuerung. Die Beiträge, die der Arbeitgeber an den PSV a.G. zahlt, sind aus der Sicht des Arbeitnehmers bzw. nicht beherrschenden GGF gem. § 3 Nr. 62 Satz 1 EStG lohn- und einkommensteuerfrei. 509

Haben Arbeitgeber und Arbeitnehmer z. B. bereits bei Abschluss des Anstellungsvertrags zugunsten eines (höheren) Versorgungslohns niedrigere Aktivbezüge festgelegt oder haben sie später die bestehenden Vergütungsabreden entsprechend modifiziert (sog. deferred compensation oder Entgeltumwandlung), unterliegt das Gehalt i. H. d. Herabsetzungsbetrags nicht mehr der Besteuerung. Eine Begrenzung des Herabsetzungsbetrages auf einen Höchstbetrag ist – im Gegensatz zur gesetzlichen Sozialversicherung (vgl. Rz. 511) – nicht vorgesehen. Zu beachten ist jedoch die bestehende Problematik beim GGF bezüglich der Überversorgung (vgl. hierzu unter Rz. 674 ff.), die allerdings die Ebene des Unternehmens betrifft. 510

Unterliegt der GGF der Sozialversicherungspflicht, gehören Arbeitgeberbeiträge zur Finanzierung einer Direktzusage oder einer Unterstützungskassenzusage nicht zum beitragspflichtigen Entgelt. Erfolgt die Finanzierung der Versorgungszusage durch Entgeltumwandlung, wird diese – sofern es sich um Bezüge unterhalb der Beitragsbemessungsgrenze handelt – nur bis zu 4 % der Beitragsbemessungsgrenze anerkannt (§ 14 Abs. 1 Satz 2 SGB IV). 511

Die späteren Versorgungsleistungen sind – unabhängig davon, ob eine Kapitalauszahlung, eine Ratenzahlung oder eine regelmäßige Rentenzahlung erfolgt – beim Arbeitnehmer Versorgungsbezüge i. S. d. § 19 Abs. 1 Satz 1 Nr. 2 EStG, für die der Versorgungsfreibetrag und der Zuschlag zum Versorgungsfreibetrag nach der Tabelle in § 19 Abs. 2 Satz 3 EStG und der Werbungskosten-Pauschbetrag nach § 9a Satz 1 Nr. 1 Buchst. b EStG i. H. v. 102 € gewährt werden. Für Versorgungsbezüge aufgrund Erreichens der Altersgrenze kommen die Freibeträge und der Werbungskosten-Pauschbetrag nach § 9a Satz 1 Nr. 1 Buchst. b EStG jedoch erst ab Vollendung des 63. Lebensjahres bzw. bei Schwerbehinderung ab Vollendung des 60. Lebensjahres in Betracht. Liegen 512 diese Voraussetzungen nicht vor, wird (nur) der Werbungskostenpauschbetrag nach § 9a Satz 1 Nr. 1 Buchst. a EStG i. H. v. 1.000 € gewährt.

513 Die Tarifermäßigung nach § 34 Abs. 1 EStG (sog. „Fünftelung") ist auf einmalige Kapitalleistungen aus Direkt- oder Unterstützungskassenzusagen anzuwenden.[1]

bb) Kapitalgedeckte Pensionskasse

514 Beiträge des Arbeitgebers aus dem ersten Dienstverhältnis an eine Pensionskasse zum Aufbau einer kapitalgedeckten bAV, bei der eine Auszahlung der zugesagten Alters-, Invaliditäts- oder Hinterbliebenenversorgungsleistungen in Form einer Rente oder eines Auszahlungsplans unter den Voraussetzungen des § 82 Abs. 2 Satz 2 EStG vorgesehen ist, sind seit dem 1.1.2002 steuerfrei gem. § 3 Nr. 63 EStG, soweit sie insgesamt im Kalenderjahr 4 % (seit 1.1.2018: 8 %[2]) der Beitragsbemessungsgrenze in der allgemeinen Rentenversicherung nicht übersteigen. Dies entspricht in 2020 6.624 € und gilt unabhängig davon, ob es sich um arbeitgeberfinanzierte Beiträge, gesetzliche Arbeitgeberzuschüsse i. S. v. § 1a Abs. 1a (vgl. Rz. 349) und/oder § 23 Abs. 2 BetrAVG oder um Beiträge aus einer Entgeltumwandlung handelt. Jener Höchstbetrag verringert sich gem. § 52 Abs. 4 Satz 15 EStG um Zuwendungen an Pensionskassen und/oder Direktversicherungen, auf die § 40b Abs. 1 und 2 Satz 1 und 2 EStG 2004 angewendet wird.

515 Voraussetzung für die Steuerfreiheit ist somit, dass keine reine Kapitalauszahlung vorgesehen ist. Unschädlich ist lediglich eine Einmalkapitalauszahlung i. H. v. 30 % zu Beginn der Auszahlungsphase (§ 82 Abs. 2 Satz 2 Nr. 1 Buchst. a EStG) und die Vereinbarung eines Kapitalwahlrechts, welches gem. § 82 Abs. 2 Satz 2 Nr. 1 Buchst. b EStG nicht außerhalb des letzten Jahres vor dem vertraglich vorgesehenen Beginn der laufenden Altersversorgungsleistung ausgeübt wird. Weiter ist Voraussetzung, dass der Kreis der begünstigten Hinterbliebenen auf den überlebenden Ehegatten, die Kinder i. S. d. § 32 Abs. 3 und 4 Satz 1 Nr. 1 bis 3 EStG, den früheren Ehegatten oder die Lebensgefährtin/den Lebensgefährten beschränkt ist.[3] Sieht die Versorgungszusage für den Fall des Todes andere Personen als Begünstigte vor, ist dies schädlich in Bezug auf die Inanspruchnahme der Steuerfreiheit nach § 3 Nr. 63 EStG.

1 Vgl. BMF v. 6.12.2017, BStBl 2018 I S. 147, Rz. 147.

2 Geändert durch Gesetz zur Stärkung der betrieblichen Altersversorgung und zur Änderung anderer Gesetze (Betriebsrentenstärkungsgesetz) v. 17.8.2017, BGBl 2017 I S. 3214.

3 Vgl. BMF v. 6.12.2017, BStBl 2018 I S. 147, Rz. 4.

Erfolgt die Finanzierung der Pensionskassenbeiträge über eine Entgeltumwandlung i. S. d. § 1a Abs. 1 BetrAVG (vgl. Rz. 347 ff.), besteht die Möglichkeit, die Steuerfreiheit der Beiträge „abzuwählen“, um stattdessen die Altersvorsorgezulage („Riester“-Zulage) nach Abschnitt XI EStG bzw. den Sonderausgabenabzug nach § 10a EStG in Anspruch zu nehmen (§ 3 Nr. 63 Satz 2 EStG). Für arbeitgeberfinanzierte Beiträge kommt das Wahlrecht aufgrund des eindeutigen Gesetzeswortlauts hingegen nicht in Betracht. 516

Pensionskassenbeiträge können alternativ bis zu 1.752 € pro Jahr mit 20 % pauschal besteuert werden, wenn gem. § 52 Abs. 40 EStG[1] vor dem 1.1.2018 für den betreffenden Arbeitnehmer mindestens ein Beitrag nach § 40b Abs. 1 und 2 EStG 2004 pauschal besteuert wurde (personenbezogene Voraussetzung). Gemäß dem BMF[2] besteht seit dem Veranlagungszeitraum 2018, sofern die jeweilige Zusage bzw. der Pensionskassenvertrag die Voraussetzungen der Vorschrift erfüllt, ein Wahlrecht zwischen der Steuerfreistellung nach § 3 Nr. 63 Satz 1 EStG und der pauschalen Lohnbesteuerung nach § 40b Abs. 1 und 2 Satz 1 und 2 EStG 2004. Somit können auch Neuzusagen in den Genuss des § 40b EStG 2004 kommen, wenn jene personenbezogene Voraussetzung erfüllt wird, z. B. weil der gem. § 40b EStG 2004 pauschal besteuerte Altvertrag des betreffenden Arbeitnehmers beitragsfrei gestellt wurde. Dies gilt sogar nach einem Arbeitgeberwechsel.[3] Zu beachten ist jedoch, dass jeder im betreffenden Veranlagungszeitraum tatsächlich gem. § 40b EStG 2004 pauschal besteuerte Beitrag die Höchstgrenze des § 3 Nr. 63 Satz 1 EStG mindert (vgl. Rz. 514); somit erhöht sich das steuerlich begünstigte Gesamtvolumen aus § 3 Nr. 63 und § 40b EStG 2004 de facto nicht. 517

Beiträge, die den dargestellten Rahmen übersteigen, sind individuell zu versteuern. Es kommt bei Vorliegen der übrigen Voraussetzungen für pflichtversicherte Arbeitnehmer oder für mittelbar Zulageberechtigte (§ 79 Satz 2 EStG) die Inanspruchnahme der Altersvorsorgezulage nach Abschnitt XI EStG und ggf. der Sonderausgabenabzug nach § 10a EStG in Betracht. 518

BEISPIEL: Der Arbeitgeber entrichtet aufgrund einer Versorgungszusage, die vor dem 1.1.2005 erteilt worden ist, im Jahr 2020 für seinen Arbeitnehmer im Rahmen eines ersten Dienstverhältnisses jährliche Beiträge an eine Pensionskasse i. H. v. 7.000 €.

1 Eingeführt zum 1.1.2018 durch Gesetz zur Stärkung der betrieblichen Altersversorgung und zur Änderung anderer Gesetze (Betriebsrentenstärkungsgesetz) v. 17.8.2017, BGBl 2017 I S. 3214.

2 BMF v. 6.12.2017, Rz. 86 ff.; kritisch hinsichtlich des gesetzlich verankerten Vorrangs von § 3 Nr. 63 Satz 1 EStG Linden in Leitfaden bAV: Betriebsrentenstärkungsgesetz (BRSG): Ein Kurzkommentar, Stand 1.3.2019, S. 148.

3 Vgl. BMF v. 6.12.2017, BStBl 2018 I S. 147, Rz. 86 ff.

Die Voraussetzungen des § 3 Nr. 63 Satz 1 EStG und des § 40b Abs. 1 und 2 Satz 1 und 2 EStG 2004 sind erfüllt.

LÖSUNG: Innerhalb des für 2020 gem. § 3 Nr. 63 Satz 1 EStG gegebenen Fördervolumens von 6.624 € können Arbeitgeber und Arbeitnehmer die Anwendung von § 3 Nr. 63 Satz 1 EStG und § 40b Abs. 1 und 2 Satz 1 und 2 EStG 2004 frei festlegen. Sollen z. B. 1.752 € pauschal besteuert werden, sind die verbleibenden Beiträge bis zur verbleibenden Höchstgrenze von 4.872 € gem. § 3 Nr. 63 Satz 1 EStG steuerfrei.[1] Der übersteigende Betrag i. H. v. 376 € ist individuell nach den Merkmalen der vom Arbeitnehmer vorgelegten Lohnsteuerkarte I bis V lohnzuversteuern. Hierfür kann der Arbeitnehmer und der GGF jedoch ggf. – bei Vorliegen der weiteren Voraussetzungen der §§ 79 ff. EStG – die Altersvorsorgezulage nach Abschnitt XI EStG bzw. den Sonderausgabenabzug nach § 10a EStG in Anspruch nehmen.

519 Laufende Rentenleistungen oder Auszahlungsplanraten gem. § 1 Abs. 1 Satz 1 Nr. 5 AltZertG aus Pensionskassen werden im Zeitpunkt der Auszahlung als sonstige Einkünfte nach § 22 Nr. 5 EStG besteuert. Der Besteuerungsgrad der zu versteuernden Bezüge richtet sich danach, wie die Beiträge in der Anwartschaftsphase steuerlich behandelt worden sind. Soweit sie auf Beitragsleistungen beruhen, die gem. § 3 Nr. 63 EStG, § 3 Nr. 63a EStG steuerfrei gestellt oder nach Abschnitt XI EStG und/oder mit Sonderausgabenabzug nach § 10a EStG gefördert worden sind, unterliegen die Versorgungsleistungen in vollem Umfang gem. § 22 Nr. 5 Satz 1 EStG der nachgelagerten Besteuerung. Soweit die späteren Versorgungsleistungen auf pauschal nach § 40b EStG 2004 oder individuell nach den Merkmalen der vorgelegten Lohnsteuerkarte versteuerten Beitragsleistungen (ohne Förderung) beruhen, wird über § 22 Nr. 5 Satz 2 Buchst. a EStG sichergestellt, dass Rentenleistungen insoweit nur mit dem Ertragsanteil i. S. d. § 22 Nr. 1 Satz 3 Buchst. a Doppelbuchst. bb EStG besteuert werden.

520 Sieht die Versorgungsvereinbarung eine Kapitalauszahlung vor, muss hinsichtlich der Besteuerung ebenfalls danach differenziert werden, wie die Beiträge in der Anwartschaftsphase steuerlich behandelt worden sind. Soweit die Kapitalauszahlung auf Beiträgen beruht, die nach § 3 Nr. 63 von der Besteuerung freigestellt oder nach Abschnitt XI EStG und/oder Sonderausgabenabzug nach § 10a EStG gefördert wurden, unterliegt die Ablaufleistung in voller Höhe der Besteuerung nach § 22 Nr. 5 Satz 1 EStG. Ansonsten gilt § 22 Nr. 5 Satz 2 Buchst. b EStG mit der Folge der Besteuerung des Unterschiedsbetrags zwischen der Leistung und der Summe der auf sie entrichteten Beiträge in entsprechender Anwendung des § 20 Abs. 1 Nr. 6 Satz 1 EStG. Sind die Vorausset-

1 Der Höchstbetrag von 6.816 € p. a. (für 2019) wird um die pauschal besteuerten 1.752 € reduziert.

zungen des § 20 Abs. 1 Nr. 6 Satz 2 (Mindestalter 62[1] und Laufzeit 12 Jahre) erfüllt, erfolgt in entsprechender Anwendung dieser Vorschrift nur die Besteuerung des hälftigen Ertrags. Beruhen die Versorgungsleistungen sowohl auf steuerfreien/geförderten als auch auf (pauschal-)versteuerten Beiträgen, sind die laufenden Leistungen bzw. die Kapitalauszahlung durch die Pensionskasse aufzuteilen.

Die Tarifermäßigung nach § 34 Abs. 1 EStG kommt nach Auffassung von Recht- 521
sprechung und FinVerw – im Gegensatz zu einmaligen Kapitalleistungen aus Direkt- oder Unterstützungskassenzusagen (vgl. Rz. 513) – nicht in Betracht, da diese es ablehnen, die Kapitalauszahlung als außerordentliche Einkünfte anzusehen; es liege weder eine Entschädigung noch eine Vergütung für eine mehrjährige Tätigkeit vor.[2]

cc) Pensionsfonds

Die Steuerfreiheit der Beiträge nach § 3 Nr. 63 EStG gilt nicht nur für Pensions- 522
kassen- (vgl. Rz. 514 ff.), sondern – unter den gleichen Voraussetzungen – auch für Pensionsfondsbeiträge. Die dortigen Ausführungen gelten entsprechend. Die Begrenzung auf 8 % der Beitragsbemessungsgrenze in der allgemeinen gesetzlichen Rentenversicherung gilt jedoch nicht für jeden Durchführungsweg separat, sondern für die Gesamtbeiträge aus Pensionsfonds, Pensionskasse und Direktversicherung im ersten Dienstverhältnis zusammen.

Zu beachten ist, dass bei Pensionsfondsbeiträgen keine Pauschalierung nach 523
§ 40b EStG 2004 in Betracht kommt. Den Steuerfreistellungsrahmen nach § 3 Nr. 63 Satz 1 EStG übersteigende Beiträge sind vielmehr insgesamt individuell zu versteuern.

Hinsichtlich der Besteuerung der Versorgungsleistungen aus Pensionsfonds 524
gelten die Ausführungen zu den Pensionskassen ebenfalls entsprechend (vgl. hierzu unter Rz. 522).

dd) Direktversicherung

Beiträge des Arbeitgebers an eine Direktversicherung zugunsten des Arbeit- 525
nehmers waren in die Steuerfreistellung nach § 3 Nr. 63 EStG zunächst nicht mit einbezogen worden. Seit dem 1.1.2005 sind allerdings auch Beiträge des Arbeitgebers zugunsten eines Direktversicherungsvertrags zur Absicherung

1 § 52 Abs. 28 Satz 7 EStG.

2 Vgl. BFH v. 20.9.2016 - X R 23/15, BStBl 2017 II S. 347; BMF v. 6.12.2017, BStBl 2018 I S. 147, Rz. 149.; kritisch: Dommermuth/Veh, NWB 2017 S. 1574 bis 1582.

des Arbeitnehmers vorrangig nach § 3 Nr. 63 EStG steuerfrei und zwar unter den gleichen Voraussetzungen wie bei Pensionsfonds und Pensionskassen.

526 Liegen die Voraussetzungen für die Steuerfreiheit nach § 3 Nr. 63 vor, stand dem Arbeitnehmer für Direktversicherungs-Altzusagen (Versorgungszusagen, die der Arbeitgeber vor dem 1.1.2005 erteilt hat) ein Wahlrecht zu: Wenn er spätestens bis zum 30.6.2005 gegenüber seinem Arbeitgeber auf die Anwendung des § 3 Nr. 63 EStG verzichtet hatte, können die Beiträge zur Direktversicherung weiterhin bis zur Höhe von 1.752 € jährlich nach § 40b EStG in der am 31.12.2004 geltenden Fassung mit 20 % pauschal besteuert werden.

527 Ansonsten gelten die Darstellungen der Rz. 522 und 514 bis 518 in Bezug auf die steuerliche Behandlung der Beiträge analog.

528 Hinsichtlich der Besteuerung der laufenden oder einmaligen Leistungen aus Direktversicherungen gelten die Ausführungen zu den Pensionskassen ebenfalls entsprechend (vgl. hierzu unter Rz. 519 ff.).

529–540 *(Einstweilen frei)*

2. Insolvenzschutz

a) Gesetzlicher Insolvenzschutz

541 Betriebliche Altersversorgung stellt für den Arbeitnehmer – und auch für den GGF – nur dann eine verlässliche Vorsorge für das Alter, für den Fall der Invalidität oder des Todes dar, wenn die zugesagten Leistungen auch im Fall der Insolvenz des Arbeitgebers gesichert sind. Aus diesem Grund hat der Gesetzgeber für Arbeitnehmer und arbeitnehmerähnliche Versorgungsberechtigte i. S. d. § 17 Abs. 1 Satz 2 BetrAVG in §§ 7 bis 15 BetrAVG in bestimmten Fällen von Gesetzes wegen eine Absicherung über den PSV a.G. vorgesehen. Der PSV a.G. ist gem. § 14 Abs. 1 BetrAVG der gesetzliche Träger der Insolvenzsicherung in Deutschland in Form einer privatrechtlich organisierten Selbsthilfeeinrichtung der Wirtschaft in Form eines Versicherungsvereins auf Gegenseitigkeit, der der Aufsicht durch die BaFin unterliegt.

542 Versicherungsschutz besteht gem. § 7 Abs. 1 BetrAVG in folgenden Fällen:

- Eröffnung des Insolvenzverfahrens über das Vermögen des Arbeitgebers,
- Abweisung des Antrags auf Eröffnung des Insolvenzverfahrens mangels Masse,
- außergerichtlicher Vergleich (Stundungs-, Quoten- oder Liquidationsvergleich) des Arbeitgebers mit seinen Gläubigern zur Abwendung eines Insolvenzverfahrens, wenn ihm der Träger der Insolvenzsicherung zustimmt,

- vollständige Beendigung der Betriebstätigkeit im Geltungsbereich des BetrAVG, wenn ein Antrag auf Eröffnung des Insolvenzverfahrens nicht gestellt worden ist und ein Insolvenzverfahren offensichtlich mangels Masse nicht in Betracht kommt.

Wird ein Unternehmen hingegen freiwillig aufgelöst, liegt kein Sicherungsfall 543
vor. In diesem Fall müssen die bestehenden Zahlungsverpflichtungen erfüllt werden, bevor das Unternehmen liquidiert werden kann. Gegebenenfalls müssen bestehende Versorgungsverpflichtungen auf einen externen Versorgungsträger ausgelagert werden, um das Unternehmen endgültig beenden zu können (§ 4 Abs. 4 BetrAVG i.V.m. § 3 Nr. 65 Buchst. b EStG; vgl. hierzu unter Rz. 1366 ff.).

Da der Arbeitgeber bei Direktzusagen oder Unterstützungskassenzusagen un- 544
mittelbar gegenüber dem Arbeitnehmer zur Zahlung von Versorgungsleistungen verpflichtet ist und eine Rückdeckung nicht vorgeschrieben ist, ist die Mitgliedschaft des Arbeitgebers im PSV a.G. bei den internen Durchführungswegen obligatorisch (§ 10 Abs. 1 BetrAVG) und zwar unabhängig davon, ob der Arbeitgeber eine Rückdeckung vorgenommen hat oder nicht.

Bei den externen Durchführungswegen besteht ein gesetzlicher Insolvenz- 545
schutz über den PSV a.G. nur bei Pensionsfonds und in bestimmten Fällen bei Direktversicherungen. Pensionsfonds sind in den gesetzlichen Insolvenzschutz einbezogen worden, weil eine größere Freiheit bei der Vermögensanlage besteht als bei Pensionskassen. Um höhere Renditen erwirtschaften zu können und die Effizienz der bAV weiter zu verstärken, sollen sie ein internationalen Standards entsprechendes Anlagemanagement einrichten können. Um die Sicherheit der angelegten Gelder zu gewährleisten, werden zwar Geschäftsbetrieb und Ausstattung mit Eigenkapital (Solvabilität) durch die BaFin überwacht; gleichwohl kann sich aber durch die stärkere Orientierung an Substanzwerten wie Aktien und anderen Beteiligungswerten in erheblich größerem Umfang ein Nachschussrisiko des Arbeitgebers und damit ein Ausfallrisiko im Fall der Insolvenz des Arbeitgebers ergeben. Die Beiträge an den PSV a.G. sind in diesem Fall jedoch um 80 % niedriger als bei einer Direktzusage oder einer Unterstützungskassenzusage.

Pensionskassen wurden aus dem gesetzlichen Insolvenzschutz ausgeklam- 546
mert, weil man davon ausgeht, dass hier ein Leistungsausfall durch Insolvenz des Arbeitgebers nicht eintreten kann. Die Versorgungszusagen werden durch regelmäßige Beitragszahlung finanziert und die Anlage des Vermögens bei der Pensionskasse unterliegt den strengen aufsichtsrechtlichen Regelungen der BaFin. Vor diesem Hintergrund geht man davon aus, dass Leistungsausfälle

durch die Insolvenz des Arbeitgebers bezüglich der bis dahin erworbenen Anwartschaften nicht zu befürchten sind. Eventuelle Nachschusspflichten des Arbeitgebers dürfte es im Regelfall nicht geben. Ausgeschlossen sind sie jedoch nicht, wenn z. B. eine regulierte Pensionskasse von ihrem satzungsmäßigen Recht Gebrauch macht, Fehlbeträge durch Herabsetzung ihrer Leistungen auszugleichen. Aufgrund aktueller Rechtsprechung des BAG hat in diesem Fall der Arbeitgeber aus dem arbeitsrechtlichen Grundverständnis für die Leistungskürzung einzustehen.[1]

547 Bei Direktversicherungen muss differenziert werden. Sie unterliegen nur dann der gesetzlichen Insolvenzschutzverpflichtung, wenn dem Arbeitnehmer zwar ein gesetzlich unverfallbarer Anspruch, aber nur ein widerrufliches Bezugsrecht zusteht bzw. die Ansprüche beliehen oder abgetreten wurden. Besteht hingegen ein unwiderrufliches Bezugsrecht des Arbeitnehmers, besteht keine Insolvenzsicherungspflicht über den PSV a.G.

548 Ist das Bezugsrecht des Arbeitnehmers widerruflich oder wurde das Recht beliehen oder abgetreten, fallen Ansprüche aus der Direktversicherung im Fall der Insolvenz des Arbeitgebers in die Insolvenzmasse. Der Insolvenzverwalter kann folglich den Rückkaufswert der Versicherung zur Insolvenzmasse einziehen und die bestehende Versorgungszusage widerrufen.

549 Besteht hingegen ein unwiderrufliches Bezugsrecht des Arbeitnehmers, ist ein Ausfall der Versorgungsleistungen für den Arbeitnehmer im Regelfall nicht zu befürchten, da die Direktversicherungen – wie Pensionskassen – bezüglich der Anlage ihres Kapitals den Bestimmungen des VAG und der Versicherungsaufsicht durch die BaFin unterliegen.

b) Vertraglicher Insolvenzschutz

550 Da der gesetzliche Insolvenzschutz betraglich auf das Dreifache der monatlichen Bezugsgröße gem. § 18 SGB IV (für 2021 monatlich: 9.870 € [West] und 9.345 € [Ost]) begrenzt ist und für aus arbeitsrechtlicher Sicht als beherrschend anzusehende GGF gar nicht zur Anwendung kommt (diese fallen nicht unter den Anwendungsbereich des BetrAVG, vgl. Rz. 434 f.), bedarf die gesetzliche Insolvenzsicherung in vielen Fällen einer vertraglichen Ergänzung (vgl. Rz. 436 ff.). Entsprechendes gilt, wenn im Laufe des Berufslebens eine Änderung eintritt, indem ein Wechsel zwischen der Arbeitnehmerposition bzw. der

1 Vgl. BAG v. 19.6.2012 - 3 AZR 408/10, BetrAV 2012 S. 710. Zur Unterscheidung von regulierter und deregulierter Pensionskasse vgl. Erdmann/Heider/Hofelich, Betriebliche Altersversorgung, Karlsruhe 2019, S. 122. Grundsätzlich sind Pensionskassen gem. § 118b Abs. 1 VAG dereguliert.

arbeitnehmerähnlichen Position und der des beherrschenden GGF stattfindet. In diesem Fall besteht nur anteilig Insolvenzschutz über den PSV a.G., soweit die Anwartschaft oder die Leistung auf den Zeitraum entfällt, für den der Versorgungsberechtigte unter den Schutzbereich des BetrAVG fällt.

PRAXISHINWEIS:

Sofern die bAV für den betroffenen Personenkreis über die Durchführungswege Direktzusage und Unterstützungskassenzusage, ggf. über einen nicht versicherungsförmigen Pensionsfonds durchgeführt wird, sollte über einen (ergänzenden) vertraglichen Insolvenzschutz nachgedacht werden.

Hierzu bieten sich unterschiedliche Möglichkeiten an. Gängige Praxis ist die Verpfändung einer Rückdeckungsversicherung. In letzter Zeit werden aber vielfach auch sog. doppelseitige Treuhand-Modelle zur Insolvenzsicherung eingesetzt (z. B. Contractual Trust Arrangement). Damit im Fall der Fälle ein sicherer Schutz für den Versorgungsberechtigten besteht, müssen jedoch gewisse „Spielregeln" beachtet werden (vgl. Rz. 550 ff.).

Der vertragliche Insolvenzschutz ist in den Fällen auch notwendig, um bei einer Direktzusage die Saldierung von Rückdeckungsmitteln und Pensionsrückstellung in der Handelsbilanz gem. § 246 Abs. 2 HGB zu erreichen (vgl. Rz. 439 und Rz. 579 ff.).

aa) Rückdeckungsversicherung

Häufig schließt der Arbeitgeber zur Rückdeckung einer Pensionszusage eine 551
Rückdeckungsversicherung ab. Die Ansprüche daraus können an den GGF aufschiebend bedingt abgetreten bzw. ihm verpfändet werden (vgl. Rz. 436 ff.). Eine solche Abtretung bzw. Verpfändung wird grds. sowohl vom BGH[1] als auch von der FinVerw[2] anerkannt.

Insolvenzrechtlich führt das Pfandrecht zu einem unmittelbaren Absonde- 552
rungsrecht.[3] Der Insolvenzverwalter darf dann im Fall der Insolvenz des Arbeitgebers erst tätig werden, wenn der Arbeitnehmer als Pfandgläubiger innerhalb einer ihm gesetzten Frist zur Verwertung der Rückdeckungsversicherung nicht tätig geworden ist. Innerhalb dieser Frist kann der GGF verlangen, dass ihm der Insolvenzverwalter die Rechte aus der Versicherung in Höhe seiner bis zum Insolvenzzeitpunkt entstandenen Ansprüche abtritt.

PRAXISHINWEIS:

Es ist allerdings zu beachten, dass der BGH mit Urteil v. 7.4.2005[4] entschieden hat, dass der Insolvenzverwalter – für den Fall, dass dem GGF neben der Verpfändung nur ein

1 Vgl. BGH v. 10.7.1997 - IX ZR 161/96, GmbHR 1997 S. 936.

2 Vgl. R 40b.1 Abs. 3 Satz 2 Nr. 3 Satz 2 LStR.

3 § 50 InsO.

4 IX ZR 138/04, NJW 2005 S. 2231.

widerrufliches Bezugsrecht auf die Leistung der Rückdeckungsversicherung eingeräumt worden ist – den Rückversicherungsvertrag ohne Zustimmung des GGF kündigen und die Auszahlung des Rückkaufswerts zur Masse verlangen darf. Dies hat für den GGF u.U. erhebliche Nachteile. Zwar steht damit der Rückkaufswert nicht zur Verteilung an die Insolvenzgläubiger zur Verfügung, aber der GGF erhält letztlich im Wege der abgesonderten Befriedigung gem. §§ 50, 170 InsO Pensionszahlungen nur bis der Rückkaufswert aufgebraucht ist.

Wird hingegen im Zusammenhang mit der Pfandrechtsbestellung vereinbart, dass die Versicherung nur mit Zustimmung des GGF als Pfandgläubiger gekündigt werden kann, kann zumindest erreicht werden, dass die Rückdeckungsversicherung im Fall der Insolvenz gem. § 174 VVG auf eine prämienfreie Versicherung umgestellt wird. Die prämienfreie Ablaufleistung dürfte in jedem Fall höher sein, als der Rückkaufswert.[1]

553 Da bei einer anzuerkennenden Rückdeckungsversicherung nur der Arbeitgeber, nicht aber der Arbeitnehmer Ansprüche gegen die Versicherung erlangt, kommt es insoweit durch die Verpfändung nicht zu einem Lohnzufluss beim Arbeitnehmer, weil dieser bei einer Verpfändung gegenwärtig keine Rechte erwirbt, die ihm einen Zugriff auf die Versicherung und die darin angesammelten Werte ermöglichen würden. Entsprechendes gilt für eine aufschiebend bedingte Abtretung des Rückdeckungsanspruchs, da die Abtretung rechtlich erst wirksam wird, wenn die Bedingung eintritt[2] (Liquidation oder Vollstreckung in die Versicherungsansprüche durch Dritte). Auch die Einräumung der Kündigungsmöglichkeit für den GGF führt u. E. nicht zur Annahme einer Direktversicherung und folglich nicht zu einem lohnsteuerrechtlichen Zufluss. Denn die Kündigungsmöglichkeit führt nicht dazu, dass der GGF im Fall der Insolvenz über die Versicherung verfügen kann. Leistungen erhält er auch in diesem Fall erst, wenn die Voraussetzungen zum Bezug der zugesagten Versorgungsleistungen vorliegen.

PRAXISHINWEIS:

Aus steuerlicher Sicht ist darauf hinzuweisen, dass neben der Verpfändung auf die Einräumung unwiderruflicher, aber auch widerruflicher Bezugsrechte zugunsten des Versorgungsberechtigten verzichtet werden sollte, denn gem. R 40b.1 Abs. 3 Satz 2 Nr. 3 Satz 1 LStR ist für die Annahme einer Rückdeckungsversicherung in Abgrenzung zur „lohnsteuerpflichtigen" Direktversicherung erforderlich, dass nur der Arbeitgeber, nicht aber der Arbeitnehmer Ansprüche gegen die Versicherung erlangt. Derartige Rechte hätten zum einen zur Folge, dass die Versicherungsleistung in der Bilanz der GmbH nicht als Forderung auszuweisen ist. Zum anderen unterlägen die Versicherungsbeiträge dem Lohnsteuerabzug. Vor dem von *Perwein*[3] aufgezeigten „Königsweg" Verpfändung mit Kündigungsrecht beim Pfandgläubiger verbunden mit einem widerruflichen

1 Vgl. hierzu Perwein, GmbHR 2007 S. 589.

2 § 158 Abs. 1 BGB.

3 GmbHR 2007 S. 589.

Bezugsrecht kann vor diesem Hintergrund aufgrund der steuerrechtlichen Folgewirkungen nur gewarnt werden.

Zu bedenken ist, dass auch eine verpfändete Rückdeckungsversicherung möglicherweise keinen umfassenden Schutz des GGF bietet. Tritt nämlich die Insolvenz der GmbH in einem frühen Stadium der Ansparphase ein, ist das bis dahin gebildete Deckungskapital erheblich geringer als die zugesagten Pensionsleistungen. Und da spätestens ab diesem Zeitpunkt auch keine Beiträge an die Versicherung mehr entrichtet werden, verbleibt beim GGF eine Versorgungslücke, die ggf. anderweitig geschlossen werden muss. 554

Entscheidend ist auch, an welchem Wert sich eine Rückdeckungsversicherung orientiert. Liegen der Kalkulation die sog. Richttafeln von Prof. Dr. Klaus Heubeck (Heubeckbarwert) zugrunde, führt dies nicht zur vollständigen Ausfinanzierung der späteren Versorgungsleistungen, da für die Barwertermittlung in diesem Fall die steuerrechtlichen Rahmendaten für die Pensionsrückstellung und damit eine Verzinsung von 6 % zugrunde gelegt werden. Je geringer die prognostizierten Überschüsse der Rückdeckungsversicherung oder die Erträge der ausgewählten Kapitalanlage ausfallen, desto größer fällt die Finanzierungslücke aus. Orientiert sich die Rückdeckung an dem Einmalbeitrag, der im Zeitpunkt der Pensionierung zur Finanzierung einer sofort beginnenden Rentenzahlung erforderlich wäre, dürfte die Ausfinanzierungsquote deutlich höher ausfallen. Auch hier verbleibt allerdings das Risiko, dass einkalkulierte Überschüsse des Versicherers geringer ausfallen als prognostiziert. 555

PRAXISHINWEIS:

Weiter ist darauf zu achten, dass nicht nur die Verpfändung als solche insolvenzsicher ist, sondern auch die zugrunde liegende Versorgungszusage. Enthält die Versorgungszusage z. B. Vorbehalte, dass die zugesagte Leistung gekürzt werden kann, wenn sich die wirtschaftliche Lage des Unternehmens nachhaltig und wesentlich verschlechtert,[1] kann dies dazu führen, dass der Insolvenzverwalter versucht, die Zusage zu widerrufen. Die Verpfändung der Rückdeckungsversicherung würde dann aufgrund ihrer Akzessorietät ins Leere laufen.

Auch muss die zugrunde liegende Versorgungszusage betrieblich veranlasst sein. Ist diese – ggf. teilweise – im Rahmen einer verdeckten Gewinnausschüttung gesellschaftsrechtlich veranlasst, dürfte der Insolvenzverwalter auch insoweit gewisse Störfeuer entfachen.

Nicht zuletzt sollte natürlich darauf geachtet werden, dass die Verpfändung auch zivilrechtlich ordnungsgemäß zustande kommt. Dies setzt zum einen voraus, dass darüber ein wirksamer Gesellschafterbeschluss gefasst wird, aber auch dass die Verpfändung

1 Derartige Vorbehalte stehen einer Rückstellungsbildung nach § 6a EStG nicht entgegen – vgl. R 6a Abs. 4 EStR.

dem Versicherungsunternehmen angezeigt und von diesem ausdrücklich bestätigt wird.

bb) Contractual Trust Arrangement

556 In letzter Zeit sichern Arbeitgeber die Ansprüche ihrer Arbeitnehmer aus einer Direktzusage häufig über sog. Treuhandkonstruktionen zusätzlich privatrechtlich ab (sog. Contractual Trust Arrangement – CTA-Modell). Klassische Contractual Trust Arrangement beinhalten eine doppelseitige Treuhand, bei der zwischen Verwaltungstreuhand und Sicherungstreuhand unterschieden wird.

557 Der Arbeitgeber überträgt dabei als Treugeber Vermögenswerte auf den Treuhänder, bleibt aber wirtschaftlich weiterhin Eigentümer dieser Vermögenswerte. Der Treuhänder wird aufgrund eines Treuhandvertrags verpflichtet, das Treuhandvermögen als Treuhänder zu halten und nach den Vorgaben des Arbeitgebers zu verwalten bzw. verwalten zu lassen. Das gebildete Treuhandvermögen darf ausschließlich zum Zweck der Erfüllung der Verpflichtungen des Arbeitgebers aus der Direktzusage verwendet werden. Soweit der Arbeitgeber Versorgungsverpflichtungen erfüllt, kann er eine Erstattung aus dem Treuhandvermögen verlangen. Alternativ kann dem Treuhänder auch die Aufgabe zugewiesen werden, aus dem Treuhandvermögen – als Zahlstelle – fällige Versorgungsansprüche zu erfüllen.

558 Neben der Verwaltungstreuhand wird durch einen Vertrag zugunsten der versorgungsberechtigten Arbeitnehmer bzw. deren begünstigten Hinterbliebenen eine treuhänderische Verpflichtung des Treuhänders gegenüber den Versorgungsberechtigten begründet. Der Treuhänder verpflichtet sich, bei der Verwaltung des Treuhandvermögens immer auch die Sicherungsinteressen der versorgungsberechtigten Arbeitnehmer zu wahren. Aus dem Sicherungstreuhandverhältnis lässt sich für den Versorgungsberechtigten bei Eintritt des Sicherungsfalls ein Anspruch gegen den Treuhänder ableiten. Jeder Versorgungsberechtigte kann ab Eintritt des Sicherungsfalls vom Treuhänder Befriedigung seiner Versorgungsansprüche gegenüber dem Arbeitgeber fordern, allerdings nur nach Maßgabe der erteilten Versorgungszusage, also erst ab Eintritt des Versorgungsfalls.[1]

559 Fraglich war zunächst, ob dem Arbeitnehmer im Insolvenzfall i. H. d. beim Treuhänder gebildeten Deckungskapitals ein steuerpflichtiger geldwerter Vorteil zufließt, da mit Eintritt der Insolvenz der zunächst aufschiebend bedingte

1 Vgl. Niermann, DB 2006 S. 2595.

Anspruch gegen den Treuhänder zum Vollrecht erstarkt. Schließlich erlangt der Arbeitnehmer im Zeitpunkt der Insolvenz einen unentziehbaren Rechtsanspruch auf die späteren Versorgungsleistungen gegen einen Dritten. Die Situation ist damit vergleichbar mit der betrieblichen Altersabsicherung über einen Pensionsfonds, eine Pensionskasse oder eine Direktversicherung, wo der Beitragszahlung an den externen Versorgungsträger der Lohnzufluss beim Arbeitnehmer vorangeht. Eine steuerliche Belastung setzt in diesen Fällen nur insoweit nicht ein, als die Steuerfreiheit des § 3 Nr. 63 EStG greift.

Da die Lohnversteuerung zu Liquidationsproblemen führen kann, weil dem Ar- 560
beitnehmer im Zeitpunkt der Insolvenz effektiv keine Leistungen zufließen, hat der Gesetzgeber im Rahmen des JStG 2007 in § 3 Nr. 65 Satz 1 Buchst. c Halbsatz 1 EStG klargestellt, dass das Einstehen eines Dritten für die Erfüllung von Ansprüchen aufgrund bestehender Versorgungsverpflichtungen oder Versorgungsanwartschaften im Fall der Eröffnung des Insolvenzverfahrens oder in den Fällen des § 7 Abs. 1 Satz 4 BetrAVG für den Arbeitnehmer und ggf. dessen Hinterbliebene steuerfrei ist. Infolge dieser Steuerfreistellung, mit der im Ergebnis zum Ausdruck gebracht werden soll, dass die Insolvenzsicherung nicht zu neuen oder höheren Ansprüchen führt, sondern nur die bereits vorhandenen Ansprüche für den Fall der Insolvenz des Arbeitgebers schützt, bleiben die später zufließenden Versorgungsbezüge weiterhin nach § 19 EStG steuerpflichtig und unterliegen dem Lohnsteuerabzug, der dann vom Treuhänder vorzunehmen ist.

Schaubild Contractual Trust Arrangement

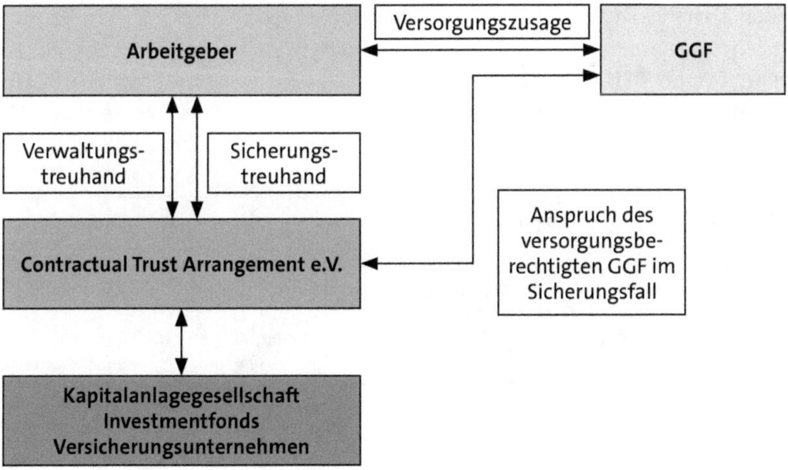

561–570 *(Einstweilen frei)*

3. Direktversicherung/Pensionskasse – ein Muss?

571 In der Praxis wird in aller Regel als erster Schritt der bAV des GGF die Zusage über eine Direktversicherung oder Pensionskasse (nachfolgend wird stellvertretend die Direktversicherung analysiert) eingerichtet. Diese Entscheidung ist aus folgenden Gründen nachvollziehbar:

- kein Probezeiterfordernis,[1]
- keine Bilanzberührung,[2]
- keine Beiträge zum PSV a.G.,[3]
- einfache Handhabung.

572 Allerdings sollte in folgenden Fällen die Einrichtung einer Direktversicherung kritisch geprüft und ggf. davon abgesehen werden:

Fall 1:
Die bAV bewirkt in der Anwartschaftsphase keine Einsparung von Sozialversicherungsbeiträgen und der GGF ist im Rentenalter (voraussichtlich) Mitglied der KVdR (Krankenversicherung der Rentner) wodurch die spätere Leistung aus der bAV (voraussichtlich) der gesetzlichen Kranken- und Pflegeversicherungsverbeitragung unterliegen wird.
Dies ist der Fall, wenn der GGF in der Anwartschaftsphase nicht sozialversicherungspflichtig ist, soweit sein Beitrag den in § 1 Abs. 1 Satz 1 Nr. 9 SvEV enthaltenen sozialversicherungsbeitragsfreien Höchstbetrag von 4 % der Beitragsbemessungsgrenze in der allgemeinen Rentenversicherung übersteigt oder wenn dessen Aktivvergütung über die Beitragsbemessungsgrenzen[4] hinauskommt, er (freiwillig) gesetzlich krankenversichert und im Rentenalter Mitglied der KVdR ist. In diesem Fall unterliegen sowohl Rentenleistungen als

1 Vgl. Rz. 760 ff.; u. E. ist aufgrund der auch bei Fremdgeschäftsführern üblichen sofortigen Erteilung von Direktversicherungszusagen und des sofortigen lohnsteuerlichen Zuflusses der Beiträge keine Probezeit erforderlich; ebenso Dommermuth/Veh, DStR 42/2017 S. 2249 bis 2256 (2253); Doetsch/Lenz, Versorgungszusagen an Gesellschafter-Geschäftsführer und Vorstände, 11. Aufl., S. 87.

2 Zu den Voraussetzungen siehe § 4b EStG sowie KKB/Dommermuth, § 4b EStG Rz. 16 ff.

3 Die Direktversicherungszusage ist nur dann insolvenzsicherungspflichtig, wenn bei unverfallbaren Ansprüchen ein widerrufliches Bezugsrecht besteht oder nach Eintritt der Unverfallbarkeit die Ansprüche des Direktversicherungsvertrags bei einem unwiderruflichen Bezugsrecht abgetreten, verpfändet oder beliehen sind, vgl. Rz. 504.

4 BBG der gesetzlichen Rentenversicherung/Arbeitslosenversicherung bzw. der gesetzlichen Kranken- bzw. Pflegeversicherung.

auch eine Kapitalleistung der Direktversicherung der Beitragspflicht in der KVdR.[1] Es ist dann zu erwarten, dass die steuerlichen Vorteile der bAV (günstigerer Steuersatz im Rentenalter, Zinsvorteil auf in der Anwartschaftsphase in Anspruch genommene Steuervorteile) durch die Kranken- und Pflegeversicherungsbeiträge überlagert werden. Die steuerlichen Vorteile in der Anwartschaftsphase könnten in einem solchen Fall – ohne Beitragspflicht in der KVdR in der Leistungsphase – auch über eine private Altersversorgung (Basis- oder ggf. Riesterrente) erreicht werden.[2]

PRAXISHINWEIS:

Ist der GGF im Rentenalter freiwillig gesetzlich krankenversichert, entsteht durch eine Direktversicherungszusage kein Nachteil zu einer privaten Altersversorgung, da auch die Leistungen einer privaten Altersvorsorge der Beitragspflicht unterliegen. Der Status der freiwilligen Mitgliedschaft tritt allerdings nur dann ein, wenn der GGF keine Rente aus der gesetzlichen Rentenversicherung bezieht oder in der zweiten Hälfte seines Erwerbslebens zu mehr als 10 % nicht Mitglied einer gesetzlichen Krankenkasse war,[3] sondern Mitglied einer privaten Krankenversicherung.

Fall 2:
Die (ggf. geplanten) Beiträge zu einer Basisrentenabsicherung übersteigen den durch die Anwartschaft auf bAV gekürzten Höchstbetrag für Schicht I-Aufwendungen. In diesem Fall müsste der (geplante) Beitrag zur Basisrentenversicherung entsprechend gekürzt werden, um einen steuerlich bedingten Vermögensschaden zu vermeiden (vgl. ausführlich Rz. 171 f.). Für 2020 bzw. 2021 beträgt der maximale Kürzungsbetrag 14.396 € bzw. 14.955 € (vgl. Rz. 172 Beispiel 1), so dass die isolierte Einrichtung einer Direktversicherungszusage eine erhebliche Einschränkung des möglichen Beitragsvolumens für eine nachgelagerte versicherungsförmige Altersversorgung bewirkt. Dieser Nachteil könnte erst durch zusätzliche Einrichtung einer entsprechend hohen Direkt- oder Unterstützungskassenzusage korrigiert werden, da hierdurch erreicht werden könnte, dass die Anwartschaften auf bAV insgesamt den Nachteil der geringeren möglichen Schicht I -Versorgung ausgleichen bzw. übertreffen.

(Einstweilen frei) 573–575

1 § 229 Abs. 1 Satz 1 Nr. 5 und Satz 3 SGB V.

2 Vgl. § 229 SGB VI, Leistungen aus privaten Lebens- oder Rentenversicherungen sind keine Versorgungsbezüge im Sinne der Vorschrift.

3 §§ 5 Abs. 1 Nr. 11, 240 SGB V; 90 % der zweiten Hälfte des Erwerbslebens als Pflichtmitglied, freiwilliges Mitglied oder Familienversicherter ist ausreichend.

4. Direktzusage oder Unterstützungskasse?

a) Handelsbilanzielle Aspekte

576 Durch das BilMoG vom 25.5.2009[1] wurde mit § 246 Abs. 2 Satz 2 HGB für unmittelbare Pensionszusagen erstmals für Geschäftsjahre, die nach dem 31.12.2009 beginnen[2] ein Saldierungsgebot in der Handelsbilanz kodifiziert. Demnach müssen „Vermögensgegenstände, die dem Zugriff aller übrigen Gläubiger entzogen sind und ausschließlich der Erfüllung von Schulden aus Altersversorgungsverpflichtungen oder vergleichbaren langfristig fälligen Verpflichtungen dienen, „mit diesen Schulden" verrechnet werden.[3]

Das Saldierungsgebot greift allerdings nur dann, wenn (vgl. Rz. 439 ff.)

- die Vermögensgegenstände (Rückdeckungsvermögen) ausschließlich der Erfüllung von Schulden aus Altersversorgungsverpflichtungen dienen (Zweckexklusivität) und
- dem Zugriff aller übrigen Gläubiger (also aller Gläubiger, außer dem GGF) entzogen sind (Insolvenzsicherheit), was bei einem Contractual Trust Arrangement (CTA) und auch der Verpfändung eines Wertpapierdepots oder einer Rückdeckungsversicherung erfüllt werden kann.[4]

577 Sind beide Voraussetzungen erfüllt, tritt die Saldierung, i. H. d. geringeren der beiden Werte ein. Beträgt also z. B. die handelsbilanzielle Pensionsrückstellung gem. § 253 Abs. 2 Satz 2 HGB 100.000 € und der Zeitwert des zweckexklusiven aktiven Rückdeckungsvermögens (auch Planvermögen oder plan assets genannt) zum Bilanzstichtag gem. § 253 Abs. 1 Satz 4 HGB 80.000 €, so führt die Saldierung zu einer Verringerung der Aktiv- und der Passivseite der Handelsbilanz um je 80.000 €, so dass eine Restrückstellung für Altersversorgungsverpflichtungen i. H. v. 20.000 € verbleibt. Entfallen hingegen die 100.000 € auf das Rückdeckungsvermögen und die 80.000 € auf die Pensionsrückstellung, ist ein „Aktiver Unterschiedsbetrag aus der Vermögensverrechnung" gem. § 266 Abs. 2 Buchst. E HGB i. H. v. 20.000 € zu bilden.

578 Für die Steuerbilanz gilt gem. § 5 Abs. 1a Satz 1 EStG nach wie vor ein Saldierungsverbot mit der Folge, dass nach wie vor Rückdeckungsvermögen und Verpflichtung in voller Höhe auf der Aktiv- bzw. Passivseite der Bilanz auszuweisen sind.

---

1 BGBl 2009 I S. 1102.

2 Vgl. Art. 66 Abs. 5 EGHGB.

3 Vgl. zu Details IDW RS HFA 30, WPg 2/2017, Rz. 22 ff.

4 Vgl. IDW RS HFA 30, WPg 2/2017, Rz. 24.

Die Einführung des handelsbilanziellen Saldierungsgebotes entlastet die Handelsbilanz im Fall unmittelbarer rückgedeckter Direktzusagen. Ohne Saldierung tritt nämlich – im Vergleich zur identischen Zusage über eine Unterstützungskasse – eine Bilanzverlängerung und daher eine verringerte vertikale Eigenkapitalquote des Unternehmens ein (vgl. Rz. 439). 579

BEISPIEL 1 (HANDELSBILANZIELLE DARSTELLUNG VOR BILMOG): ▸ Geht man zunächst von einer nicht rückgedeckten Direktzusage einer Kapitalgesellschaft an ihren GGF mit einer handelsbilanziellen Erst-Rückstellung – die Direktzusage ist in dem betreffenden Geschäftsjahr erteilt worden – i. H.v. 30 aus, ergibt sich unter Einbeziehung der übrigen Bilanzwerte die nachfolgend dargestellte vertikale Eigenkapitalquote i. H.v. 15 %:

Handelsbilanz mit nicht rückgedeckter Direktzusage			
Aktiva		Passiva	
Anlagevermögen	25	Eigenkapital	**15**
Sachanlagen Finanzanlagen Rückdeckung	25 **0**	PensRSt	**30**
		Verbindlichkeiten	55
Umlaufvermögen	75		
	100		100
		EK-Quote	**15 %**

Hätte man alternativ die Direktzusage aus vorhandenem Aktivvermögen rückgedeckt und wären Aktivwert der Rückdeckung und Pensionsrückstellung identisch, so hätte sich vor Inkrafttreten des BilMoG dieselbe vertikale Eigenkapitalquote (15 %) ergeben:

Handelsbilanz mit rückgedeckter Direktzusage vor BilMoG			
Aktiva		Passiva	
Anlagevermögen	55	Eigenkapital	**15**
Sachanlagen Finanzanlagen Rückdeckung	25 **30**	PensRSt	**30**
		Verbindlichkeiten	55
Umlaufvermögen	45		
	100		100
		EK-Quote	**15 %**

Der Grund für diese Identität der Eigenkapitalquoten in beiden Alternativen besteht darin, dass sich auf der Passivseite der Bilanz durch die Rückdeckung nichts ändert, während auf der Aktivseite lediglich ein Aktivtausch – Umlaufvermögen fließt ab, Finanzanlagevermögen wird aktiviert – stattfindet.

Wäre allerdings die bis zu jenem Bilanzstichtag gezahlte Beitragssumme höher als der Aktivwert des Rückdeckungsinstrumentes – dies kommt insbesondere bei gezillmerten Versicherungstarifen in den ersten Versicherungsjahren regelmäßig vor –, hätte die Rückdeckung bis zu jenem Bilanzstichtag i. H. d. Differenz zwischen Beitragssumme und Aktivwert zu einer Gewinnminderung und damit zu einem jene 15 unterschreitenden Eigenkapital geführt; dann wäre die Eigenkapitalquote vor Inkrafttreten des BilMoG bei Rückdeckung sogar geringer als ohne dieselbe.

BEISPIEL 2 (HANDELSBILANZIELLE DARSTELLUNG AB BILMOG): ▶ Hätte man die Rückdeckung hingegen zu einem Zeitpunkt eingerichtet, an dem das BilMoG bereits in Kraft getreten war, wären Aktivwert und Pensionsrückstellung jeweils 30 und würde die Rückdeckung die beiden o. g. Attribute der Zweckexklusivität und Insolvenzsicherheit erfüllen, ergäbe sich aufgrund der Saldierung gem. § 246 Abs. 2 Satz 2 HGB folgendes Bild:

Handelsbilanz mit rückgedeckter Direktzusage mit Saldierung			
Aktiva		Passiva	
Anlagevermögen	25	Eigenkapital	**15**
Sachanlagen Finanzanlagen Rückdeckung	25 **0**	PensRSt	**0**
		Verbindlichkeiten	55
Umlaufvermögen	45		
	70		70
		EK-Quote	**21 %**

Die vertikale Eigenkapitalquote liegt nun aufgrund der Saldierung bei 21 % und ist gegenüber dem Ausgangswert (15 %) um mehr als ein Drittel angestiegen. Auch bei bedeutenden Unternehmen der deutschen Wirtschaft macht sich die Saldierung erheblich bemerkbar: So hört man aus dem Hause des Siemens-Konzerns, dass die vertikale Eigenkapitalquote des Geschäftsjahres 2017/2018 ohne Saldierung i. S. v. § 246 Abs. 2 Satz 2 HGB nicht bei 35 %, sondern lediglich bei 26 % gelegen hätte. Bei KMU kann der Unterschied noch deutlich größer ausfallen.

580 Die Eigenkapitalquote ist für die Kreditwürdigkeit eines Unternehmens eine bedeutende Kennzahl, da diese das Rating bestimmt. Die Ratingagenturen berücksichtigen in ihren Analysen die Tatsache, dass aus einem hohen Verschuldungsgrad (Verhältnis der bilanziellen Rückstellungen und Verbindlichkeiten zum bilanziellen Eigenkapital) auch ein hohes finanzielles Risiko resultiert. In der Bonitätsprüfung eines Unternehmens durch das Kreditinstitut im Rahmen des Basel-III-Prozesses spielen die vertikale Eigenkapitalquote und der Verschuldungsgrad ebenfalls eine ganz bedeutende Rolle bei der Frage, ob das Unternehmen überhaupt noch kreditwürdig ist und, wenn ja, wie hoch der Zins für Kredite an jenen Betrieb dann ausfällt.

581 Hätte das Unternehmen im obigen Beispiel die Pensionszusage an ihren GGF hingegen nicht unmittelbar, sondern mittelbar über eine kongruent rückgedeckte Unterstützungskasse erteilt, wäre folgende Wirkung entstanden:

Es wäre weder eine Rückstellung zu passivieren, noch eine Rückdeckung zu aktivieren gewesen. Beim zusagenden Unternehmen hätte lediglich ein Geldabfluss i. H. d. Zuwendung an die Unterstützungskasse stattgefunden, der als volle Gewinnminderung das Eigenkapital und die Bilanzsumme reduziert hätte. 582

BEISPIEL 3 (HANDELSBILANZIELLE DARSTELLUNG BEI UNTERSTÜTZUNGSKASSENZUSAGE): Sachverhalt entsprechend Beispiel 1, nur statt Direktzusage wurde eine Unterstützungskassenzusage erteilt. Zur Erläuterung der Wirkungen in der Bilanz des zusagenden Unternehmens soll zunächst die Bilanz vor Einrichtung der bAV gezeigt werden:

Handelsbilanz vor Einrichtung einer bAV			
Aktiva		Passiva	
Anlagevermögen	25	Eigenkapital	**45**
Sachanlagen	25	Verbindlichkeiten	55
Umlaufvermögen	75		
	100		70
		EK-Quote	**45 %**

Die Eigenkapitalquote ohne bAV hätte somit 45 % betragen. Wäre stattdessen eine Erst-Zuwendung an eine Unterstützungskasse i. H. v. 30 im betreffenden Geschäftsjahr zu zahlen gewesen, wäre folgendes Bilanzbild eingetreten:

Handelsbilanz nach Zuwendung an eine Unterstützungskasse			
Aktiva		Passiva	
Anlagevermögen	25	Eigenkapital	**15**
Sachanlagen	25	Verbindlichkeiten	55
Umlaufvermögen	**45**		
	70		70
		EK-Quote	**21 %**

Der Abfluss der Zuwendung i. H. v. 30 (Aktiv-Passiv-Verminderung) hätte somit Bilanzsumme und Eigenkapital gleichermaßen reduziert. Die Eigenkapitalquote wäre ebenso hoch wie bei einer rückgedeckten Direktzusage mit Saldierung und der Identität der Werte von Planvermögen und Pensionsrückstellung.

Das bis 2009 in der Beratungsbranche der bAV sehr dominante Thema der Auslagerung von Direktzusagen zur Entlastung der Handelsbilanz ist daher nach der HGB-Reform durch das BilMoG von geringerer Bedeutung. Außerdem hat die Einführung des Saldierungsgebotes dazu geführt, dass Rückdeckung von Direktzusagen und damit solides Handeln bei der Ausfinanzierung von Pensionsverpflichtungen durch eine verbesserte Bonität des Unternehmens belohnt wird. 583

584 Allerdings kann es sein, dass eine Saldierung, z. B. wegen fehlender Insolvenzsicherheit, nicht oder nicht vollständig möglich ist. Außerdem lebt eine bislang komplett saldierte Pensionsrückstellung in der Handelsbilanz (teilweise) wieder auf, wenn – z. B. bei Fonds – der Wert des Rückdeckungsgutes am Bilanzstichtag unter den Wert der handelsbilanziellen Rückstellung sinkt. Das würde bei einer mittelbaren Pensionszusage über einen externen Versorgungsträger wie die Unterstützungskasse bzw. bei einer entsprechenden Auslagerung der Direktzusage grds. nicht geschehen. Bei einem kapitalmarktorientierten, liquiditätsschonenden Pensionsfonds würde bei schlechtem Renditeverlauf ohne Nachschuss des Arbeitgebers auf eine versicherungsförmige, gekürzte Leistung umgestellt mit der Folge, dass die Differenz der Zusage wieder an den Arbeitgeber fallen würde und von diesem ebenfalls in der Bilanz ausgewiesen werden müsste.

585 Andererseits kann es auch im Falle einer Auslagerung auf eine Unterstützungskasse zu Pensionsrückstellungen und damit zu einer verringerten Eigenkapitalquote kommen, wenn die Pensionszusage z. B. über eine pauschal dotierte Unterstützungskasse abgewickelt wird und diese aufgrund der Reservepolstervorschriften des § 4d Abs. 1 Satz 1 Nr. 1 Satz 1 Buchst. b Doppelbuchst. bb EStG im Laufe der Anwartschaftszeit chronisch unterdotiert ist. Gemäß Art. 28 Abs. 1 Satz 2 bzw. Abs. 2 EGHGB ist dann entweder eine entsprechende Rückstellung in der Handelsbilanz zu bilden oder – bei Kapitalgesellschaften – der nicht bilanzierte Rückstellungsbetrag im Anhang zum Jahresabschluss anzugeben. Eine Saldierung gem. § 246 Abs. 2 Satz 2 HGB ist für eine derartige „mittelbare" Pensionsrückstellung nicht möglich, da das tatsächliche Kassenvermögen der Unterstützungskasse keine Betriebsvermögen der GmbH und folglich kein Zweckvermögen i. S. v. § 246 Abs. 2 Satz 2 HGB darstellt.

PRAXISHINWEIS:

In der Steuerbilanz bleibt es jedoch dabei, dass auch bei Unterdotierung der Unterstützungskasse weiterhin ein Passivierungsverbot gilt.

586 Häufig führt die Saldierung gem. § 246 Abs. 2 Satz 2 HGB sogar zu einer besseren Eigenkapitalquote als die Auslagerung. Dies hängt damit zusammen, dass die handelsbilanzielle Pensionsrückstellung, obwohl i. d. R. deutlich höher als die steuerbilanzielle i. S. d. § 6a EStG, spürbar kleiner ist als der Versicherer-Barwert, nach dem die Beiträge für eine Rückdeckungsversicherung kalkuliert sind.[1]

1 Der Abzinsungszinssatz gem. § 253 Abs. 2 HGB zum 31.12.2020 zur Berechnung der handelsbilanziellen Rückstellung betrug z. B. 2,30 %, während der Versicherer die Beiträge aktuell mit einem Rechnungszins von 0,9 % kalkuliert.

BEISPIEL 4: Modifiziert man das Beispiel 1 dahingehend, dass die Erst-Rückstellung 20 statt bisher 30 beträgt, die Erst-Zuwendung an die Unterstützungskasse und der Erst-Beitrag zur Rückdeckungsversicherung bei Direktzusage hingegen jeweils die bisherigen 30, so stellt sich bei Erfüllung der Zweckexklusivität und der Insolvenzsicherheit folgendes Handelsbilanzbild bei rückgedeckter Direktzusage ein:

Zunächst wieder die Bilanz vor Einrichtung einer bAV:

Handelsbilanz vor Einrichtung einer bAV			
Aktiva		Passiva	
Anlagevermögen	25	Eigenkapital	**45**
Sachanlagen	25	Verbindlichkeiten	55
Umlaufvermögen	75		
	100		100
		EK-Quote	**45 %**

Nun die Bilanz nach Abschluss der Rückdeckungsversicherung mit einem Beitrag i. H.v. 30 und der Bildung der Pensionsrückstellung i. H.v. 20:

Handelsbilanz mit rückgedeckter Direktzusage mit Saldierung			
Aktiva		Passiva	
Anlagevermögen	35	Eigenkapital	**25**
Sachanlagen Aktiver Unterschiedsbetrag aus der Vermögensverrechnung gem. § 266 Abs. 2 Buchst. e HGB	25 **10**	PensRSt Verbindlichkeiten	**0** 55
Umlaufvermögen	45		
	80		80
		EK-Quote	**31 %**

Während somit – wie in Beispiel 3 dargestellt – die Eigenkapitalquote des zusagenden (Träger-)Unternehmens im Falle der Auslagerung auf eine Unterstützungskasse bei 21 % liegt, beträgt sie bei einer rückgedeckten Direktzusage im Falle der Saldierung gem. § 246 Abs. 2 Satz 2 HGB 31 %, weil die handelsbilanzielle Erst-Pensionsrückstellung mit 20 geringer ausfällt als die Erst-Zuwendung an die Unterstützungskasse bzw. der Erst-Beitrag zugunsten der Rückdeckungsversicherung.

Die Chance, dass jene Konstellation eintritt, ist umso höher, je stärker das Volumen der Rückdeckung ausgeprägt ist. Auch trägt die Steigerung des Aktivwertes einer Rückdeckungsversicherung im Zeitablauf, welche i. d. R. stärker ausfällt als die Dynamik der Pensionsrückstellungen, zu jener Wirkung bei.

Bei leistungskongruenter Versicherungs-Rückdeckung und bei wertpapiergebundenen Direktzusagen liegt hingegen ein Sonderfall vor, da die Pensionsrückstellungen hierfür gem. § 253 Abs. 1 Satz 3 HGB zum beizulegenden Zeitwert (Aktivwert) des Rückdeckungsgutes anzusetzen sind und damit Identität 587 beider Werte besteht; dabei bedeutet „leistungskongruent" eine Deckungsgleichheit der vom Unternehmen zugesagten und der von der Rückdeckung finanzierten Leistungen der Höhe und den Zahlungszeitpunkten nach.[1]

PRAXISHINWEIS:

Damit kann folgendes Fazit gezogen werden:

Seit Inkrafttreten des Saldierungsgebotes gem. § 246 Abs. 2 Satz 2 HGB für Geschäftsjahre, die nach dem 31.12.2009 beginnen, ist die Auslagerung einer Direktzusage auf externe Durchführungswege der bAV aus handelsbilanziellen Gründen kaum noch ein Thema, da das Problem der verringerten Eigenkapitalquote und des verschlechterten Verschuldungsgrades durch eine ausreichende Rückdeckung vermieden werden kann.

Im Vergleich mit einer Auslagerung erfordert eine solche Maßnahme grds. keine zusätzliche Liquidität, da auch die Auslagerung eine entsprechende Ausfinanzierung erfordert; würde man hingegen eine unterfinanzierte pauschal dotierte Unterstützungskasse als Instrument der Auslagerung wählen, könnte man aufgrund Art. 28 EGHGB – i. H. d. Unterdotierung – eine Pensionsrückstellungsbildung in Bilanz oder Anhang nicht vermeiden. Ist die Rückdeckung nicht leistungskongruent, kann die Saldierung sogar ein besseres Bilanzbild bewirken als die Auslagerung einer Direktzusage auf eine Unterstützungskasse.

b) (Steuer-)rechtliche Wirkungen

aa) (Steuer-)rechtliche Wirkungen auf Seiten des Gesellschafter-Geschäftsführers

588 In Bezug auf die steuerrechtlichen Wirkungen ist es auf Seiten des GGF ohne Bedeutung, ob die bAV über eine Direktzusage oder eine Unterstützungskasse abgewickelt wird:

- Während der Anwartschaftsphase entsteht beim GGF – im Gegensatz zu den versicherungsförmigen Durchführungswegen – kein steuerbares Einkommen, da die Direktzusage – wie eine Beamtenversorgung – in diesem Zeitabschnitt mangels Zuflusses weder steuerbare Beiträge noch anderweitige Sachbezüge entstehen lässt. Dasselbe gilt auch im Falle einer Unterstützungskasse, da diese dem GGF keinen Rechtsanspruch gewährt und daher die Zuwendungen an die Unterstützungskasse diesem nicht zufließen und demzufolge bei ihm nicht zu steuerbaren Einnahmen führen. Folglich gilt diesbezüglich auch keine Höchstgrenze. Anders ist dies bei den versicherungsförmigen Durchführungswegen. Hier wird durch die Versorgungszusage und die darauf basierende Beitragszahlung des Arbeitgebers an den Versorgungsträger beim GGF ein unmittelbares Bezugsrecht gegen-

1 Vgl. IDW RS HFA 30, WPg 2017, Rz. 74.

über dem jeweiligen Versorgungsträger begründet, das zu steuerbaren Einnahmen i. S. d. § 8 EStG i. V. m. § 19 EStG führt. Dass diese bis zu den Höchstgrenzen des § 3 Nr. 63 EStG steuerfrei bleiben, steht dem Zufluss nicht entgegen – ja setzt diesen steuersystematisch sogar voraus. Denn nur dort, wo Einnahmen zufließen, bedarf es einer Steuerfreistellungsnorm.

- Auch in der Leistungsphase ergeben sich keine Unterschiede zwischen Direktzusage und Unterstützungskassenzusage, da sowohl wiederkehrende als auch einmalige Leistungen aus diesen beiden Durchführungswegen jeweils Einnahmen aus nichtselbständiger Arbeit i. S. d. § 19 EStG darstellen. Unter den Voraussetzungen des § 19 Abs. 2 Satz 2 EStG werden sie in beiden Fällen den Versorgungsbezügen zugeordnet und sind dann – im Vergleich zu den versicherungsförmigen Durchführungswegen – gem. § 19 Abs. 2 Satz 3 EStG durch den Versorgungsfreibetrag und den Zuschlag zum Versorgungsfreibetrag einkommensteuerlich nicht unwesentlich begünstigt, wenn das Jahr des Versorgungsbeginns vor 2040 liegt. Auch die sog. „Fünftelregelung" gem. § 34 Abs. 1 EStG ist bei beiden Durchführungswegen anwendbar (vgl. Rz. 513).

Wenn daher auch die steuerrechtlichen Parameter auf Seiten des GGF keine 589
Unterschiede zwischen Direktzusage und Unterstützungskasse mit sich bringen, so gibt es doch einige rechtliche Differenzen zwischen beiden Durchführungswegen, deren Ursprünge in Vorschriften liegen, die zwar den Arbeitgeber betreffen, die aber auf den GGF ausstrahlen können:

- **Beitragsschwankungen, Baustein-Zusagen und Tantieme:**
  § 4d Abs. 1 Satz 1 Nr. 1 Satz 1 Buchst. c Satz 2 EStG macht bei rückgedeckten Unterstützungskassenzusagen den Betriebsausgabenabzug für das Trägerunternehmen davon abhängig, dass die von der Unterstützungskasse an die Rückdeckungsversicherung gezahlten Beiträge der Höhe nach gleich bleiben oder steigen. Eine Beitragsreduzierung bzw. -änderung ist nur in den engen Grenzen von R 4d Abs. 9 EStR möglich. Bei Entgeltumwandlung ist die FinVerw gem. Satz 8 dieser Vorschrift großzügiger als bei arbeitgeberfinanzierter bAV. Dennoch verhindert jene Rechtslage schwankende Zuwendungen an die Unterstützungskasse und Einmalbeiträge in der Anwartschaftsphase. Dadurch können z. B. Baustein-Zusagen, wie sie auch bei einer Entgeltumwandlung von Tantiemen gerne von einem GGF über seine Kapitalgesellschaft bei Bedarf vereinbart werden, bei einer Unterstützungskasse nicht oder nur unter sehr unvollkommenen Bedingungen realisiert werden. Zwar gab und gibt es Modellideen in der Praxis, dieses Problem mit einer Unterstützungskasse zu lösen, indem z. B. die Tantieme noch

nicht zugesagt, sondern zunächst in eine Zeitrentenversicherung eingebracht wird, aus der dann – über die Zeitrenten – laufende Zuwendungen an die Unterstützungskasse finanziert und die Tantieme auf diese Weise zeitlich gestreckt wird. Derartige Konstrukte sind jedoch nur mit Vorbehalt zu empfehlen.

Anders ist dies bei einer Direktzusage, wo an den GGF rechtlich problemlos unregelmäßige Renten-Bausteine zugesagt und Einmalbeiträge an den Anbieter der Rückdeckung gezahlt werden können.

- **Vererbung:**
  Keine bAV liegt vor, wenn zwischen GGF und seiner Gesellschaft die Vererblichkeit von Anwartschaften vereinbart ist.[1] Die Möglichkeit, andere Personen als die Witwe oder den Witwer, die Kinder i. S. d. § 32 Abs. 3 und Abs. 4 Satz 1 Nr. 1 bis 3 und Abs. 5 EStG, den früheren Ehegatten oder die Lebensgefährtin/den Lebensgefährten als Begünstigte für den Fall des Todes des GGF zu benennen, führt zu einer Vererblichkeit der Anwartschaften und daher zu einer Verneinung einer bAV.[2] Dies gilt grds. für alle Durchführungswege und damit auch für die Direktzusage und die Unterstützungskasse.

PRAXISHINWEIS:

Eine Direktzusage ermöglicht jedoch in diesem Zusammenhang einen legalen Trick, der sich über eine Unterstützungskasse nicht realisieren lässt:

Stirbt der GGF und leistet das Rückdeckungsinstrument eine Todesfallleistung bzw. Beitragsrückgewähr an das zusagende Unternehmen, so kann der Erbe der Gesellschafts-Anteile über die Gesellschafterstellung in den Genuss jener Leistung kommen, auch wenn er nicht zum Kreis der Hinterbliebenen i. S. d. BMF-Schreibens v. 6.12.2017[3] gehört. Dies ist möglich, da die Rückdeckung selbst nur eine Finanzierungsform des Arbeitgebers ist und nicht der Durchführungsweg der bAV. Damit ist eine Rückzahlung für den Fall des Todes der versicherten Person des GGF an das Unternehmen nicht ausgeschlossen. Da der GGF keinen Rechtsanspruch auf die Auszahlungen aus der Rückdeckungsversicherung hat, sondern nur einen Rechtsanspruch auf Zahlung der zugesagten Versorgungsleistungen, gilt das für die Durchführungswege geltende Verbot der Vererblichkeit nicht für das Rückdeckungsinstrument. Und der bei späterer Ausschüttung an die Erben erfolgende Zufluss der zurückgezahlten Versicherungsleistungen ist in diesem Fall Ausfluss der Gesellschafterstellung und nicht Ausfluss der Pensionsvereinbarung mit dem GGF.

Über die Unterstützungskasse ist dieser legale Trick nicht möglich, da diese dem Erben, der nicht zum engen Hinterbliebenenkreis gehört, keine Leistung zuwenden darf und

1 Vgl. BMF v. 6.12.2017, BStBl 2018 I S. 147, Rz. 4.

2 Vgl. BMF v. 6.12.2017, BStBl 2018 I S. 147, Rz. 5.

3 BStBl 2018 I S. 147.

im Todesfall des GGF keine Rückgewähr gezahlter Beiträge bzw. Todesfallleistungen ins Vermögen der Gesellschaft zulässig ist.

Keine Unterschiede zwischen Direktzusage und Unterstützungskassenzusage ergeben sich auf Seiten des GGF in Zusammenhang mit folgenden rechtlichen Fragestellungen: 590

- **Überversorgung** (auch „75 %-Grenze", vgl. Rz. 677): Rz. 6 des BMF-Schreibens v. 3.11.2004[1] wendet jenes Rechtsinstitut auf beide Durchführungswege gleichermaßen an. Ein Verstoß gegen die Überversorgung wirkt sich im Übrigen nur beim (Träger-)Unternehmen in Bezug auf Einschränkungen des Betriebsausgabenabzugs aus, nicht hingegen beim GGF.
- **„88:8:4-Regel"** des § 3 Nr. 3 i. V. m. § 2 KStDV: Sofern es sich bei der Unterstützungskassenzusage um eine ausreichend große Gruppenunterstützungskasse handelt, bei der der GGF Teil des gesamten, auch anderen Trägerunternehmen zuzuordnenden Kollektivs der Unterstützungskasse wird, können für ihn – wie bei der Direktzusage – unbeschränkt hohe Leistungen gem. § 2 Abs. 2 Satz 2 KStDV gewährt werden.

bb) (Steuer-)rechtliche Wirkungen auf Seiten der Gesellschaft

Unterschiede in der steuerlichen Behandlung von Direktzusage und Unterstützungskassenzusage ergeben sich regelmäßig insbesondere aus der unterschiedlichen Struktur der Aufwands- und Ertragsbuchungen. Darüber hinaus sind (erhebliche) materielle Unterschiede aus steuerrechtlichen Tatbeständen möglich, die fallweise eintreten können. Dazu gehören sämtliche Sachverhalte, die im Nachhinein zu einer Nichtanerkennung der betrieblichen Veranlassung führen. Nachfolgend einige Beispiele für Unterschiede in der steuerlichen Behandlung: 591

- **Überversorgung (vgl. ausführlich Rz. 674 ff.):**
  Ein Verstoß gegen die Überversorgung i. S. d. BMF-Schreibens v. 3.11.2004[2] liegt auch dann vor, wenn die Direkt- bzw. Unterstützungskassenzusage der Höhe nach zunächst korrekt war, die 75 %-Grenze aber später aufgrund einer nachträglichen und zeitlich unbefristeten Reduzierung der Aktivbezüge überschritten wird.[3] Während es in diesem Fall bei der Unterstützungskassenzusage in Bezug auf die Überversorgung zu nicht abziehbaren Be-

1 BStBl 2004 I S. 1045.

2 BMF v. 3.11.2004, BStBl 2004 I S. 1045.

3 Vgl. BFH v. 20.12.2016 - I R 4/15, BStBl 2017 II S. 678, Rz. 17 und 26; BFH v. 27.3.2012 - I R 56/11, BStBl 2012 II S. 665.

triebsausgaben beim Trägerunternehmen erstmals ab dem Wirtschaftsjahr kommt, in dem die Aktivbezüge reduziert wurden, ist bei der Direktzusage eine bereits gebildete Pensionsrückstellung insoweit aufzulösen und weitere Rückstellungszuführungen dürfen in den Folgejahren insoweit nicht gebildet werden. Auf diese Weise werden bei der Direktzusage Rückstellungsteile, die in der Vergangenheit gebildet wurden und die auf die Überversorgung entfallen, ertragswirksam aufgelöst und beim Unternehmen nachversteuert, während sich bei der Unterstützungskassenzusage lediglich die im Wirtschaftsjahr der Gehaltsreduzierung und in künftigen Wirtschaftsjahren eintretenden nicht abziehbaren Betriebsausgaben steuererhöhend auswirken.

► **Mindestpensionsalter (vgl. auch Rz. 669 und ausführlich Rz. 861 ff.):** Das BMF hat das in R 6a Abs. 8 Satz 1 letzter Teilsatz und Satz 5 EStR 2012 vorgegebene geburtsjahrabhängige Mindestpensionsalter (Vollendung des 65., 66. oder 67., bei Schwerbehinderung 60., 61. oder 62. Lebensjahres), welches lediglich für die Berechnung von Pensionsrückstellungen für beherrschende GGF von Kapitalgesellschaften galt, wenn das tatsächlich vereinbarte Pensionsalter darunter lag, aufgrund des BFH-Urteils v. 11.9.2013[1] mittlerweile aufgegeben.[2] Demnach ist nun bei der bilanzsteuerrechtlichen Bewertung von Pensionsrückstellungen nach § 6a EStG auch bei im steuerrechtlichen Sinne beherrschenden GGF grundsätzlich das Pensionsalter maßgebend, das in der jeweiligen Versorgungszusage festgeschrieben wurde[3]; ist dies z. B. das Alter 63,[4] so muss die steuerbilanzielle Pensionsrückstellung für die Altersleistung nun auf Basis diese Alters berechnet werden. Die bisherige o. g. Regelung in R 6a Abs. 8 EStR führte zu einer geringeren Maximalhöhe der steuerbilanziellen Pensionsrückstellungen und einer flacheren Steigung, wenn das tatsächliche Pensionsalter den Mindestwert unterschritt, und damit zur jährlichen Scheingewinnbesteuerung; damit ist nun aus bilanziellem Blickwinkel Schluss. Das BMF hat sich dem BFH allerdings nur auf der Ebene des Bilanzsteuerrechts untergeordnet und verlagert seine bisherige, steuererhöhende Auffassung nun in den dem Steuerbilanzrecht nachgeordneten Bereich (vgl. Rz. 862) der vGA und ändert

1 Vgl. BFH 11.9.2013 - I R 72/12, BStBl 2016 II S. 1008, Rz. 14.

2 Vgl. BMF, Schreiben v. 9.12.2016, BStBl 2016 I S. 1427, Rz. 1 und 5.

3 Vgl. BFH v. 11.9.2013 - I R 72/12, BStBl 2016 II S. 1008, Rz. 14; BMF, Schreiben v. 9.12.2016, BStBl 2016 I S. 1427, Rz. 1.

4 Natürlich ist das Mindestalter 62 (bei vor dem 1.1.2012 erteilten Direktzusagen: 60) zu beachten, da ansonsten keine bAV vorliegt, vgl. BMF v. 6.12.2017, BStBl 2018 I S. 147, Rz. 3.

gleichzeitig die Mindestalter-Bandbreite ein wenig ab:[1] Unterschreitet das tatsächliche Pensionsalter eines steuerrechtlich beherrschenden GGF (vgl. Rz. 99 ff.) das neue Mindestalter 67 (bei vor dem 10.12.2016 erteilten Direktzusagen: 65), berechnet die Betriebsprüfung die im Vergleich zu jenem Mindestalter jährlich auftretende Rückstellungsdifferenz und setzt sie im betreffenden Veranlagungs- bzw. Erhebungszeitraum als vGA an (vgl. dazu kritisch Rz. 669). Eine Unterstützungskassenzusage wird von derlei scheingewinnbesteuernden Spitzfindigkeiten verschont, da der BFH und das BMF ihre Feststellungen in beiden genannten Rechtsquellen ausschließlich auf § 6a EStG und damit auf die Direktzusage beschränken.

- **Rückstellungen und Zuwendungen:**
  Bei der Direktzusage sind steuerbilanzielle Pensionsrückstellungen i. S. d. § 6a EStG zu bilden (Aufwand in der GuV) bzw. – insbesondere ab Leistungsbeginn – aufzulösen (Ertrag in der GuV), deren Verlauf ein völlig anderer ist, als der der Zuwendungen an eine Unterstützungskasse. Kommt es zum Eintritt außerplanmäßiger Versorgungsfälle (Invalidität oder Tod), muss die Rückstellung auf den Leistungsbarwert gem. § 6a Abs. 3 Satz 2 Nr. 2 EStG aufgestockt werden, was zu einer erheblichen Aufwandsbuchung und damit verbundenen Steuerwirkung für das Unternehmen führen kann. Ist die Direktzusage rückgedeckt, können außerplanmäßige Versorgungsfälle (Invalidität bzw. Tod) zu einer derart hohen Aktivwertzuführung der Rückdeckungsversicherung führen, dass es trotz des o. g. Rückstellungssprunges zu einer erheblichen Scheingewinnbesteuerung kommen kann (vgl. Rz. 451 und nachfolgenden Punkt „Rückdeckung durch Versicherungen").
  Bei der Höhe der steuermindernd absetzbaren Zuwendungen an eine Unterstützungskasse i. S. d. § 4d EStG (Aufwand in der GuV) spielt es eine Rolle, ob bzw. inwieweit die Zusage i. S. d. § 4d Abs. 1 Satz 1 Nr. 1 Satz 1 Buchst. c EStG rückgedeckt ist oder nicht und in welcher Phase (Anwartschafts- oder Leistungszeitraum) diese sich befindet. Soweit die Zusage über die Unterstützungskasse rückgedeckt wird, darf das Trägerunternehmen Zuwendungen i. H. d. Beiträge zahlen, die die Unterstützungskasse an den Versicherer leistet; ab Leistungsbeginn sind dann grds. keine Zuwendungen mehr erforderlich. Soweit die Zusage nicht rückgedeckt wird, darf das Trägerunternehmen lediglich das Reservepolster i. S. d. § 4d Abs. 1 Satz 1 Nr. 1 Satz 1 Buchst. b EStG zuwenden, ab Leistungsbeginn dann das Deckungskapital gem. § 4d Abs. 1 Satz 1 Nr. 1 Satz 1 Buchst. a EStG. Zusätzlich

1 Vgl. BMF-Schreiben v. 9.12.2016, BStBl 2016 I S. 1427, Rz. 9 f.

sind die Vorschriften zur Überversicherung gem. § 4d Abs. 1 Satz 1 Nr. 1 Satz 1 Buchst. c Satz 1 EStG und zum Verhältnis von tatsächlichem zu zulässigem Kassenvermögen gem. § 4d Abs. 1 Satz 1 Nr. 1 Satz 2 EStG zu beachten (vgl. hierzu im Einzelnen Rz. 600).

- **Rückdeckung durch Versicherungen:**
  Die in den Rz. 447 bis 451 ausführlich beschriebene steuerliche Behandlung von Rückdeckungsversicherungen (RDV) führt innerhalb der Anwartschaftsphase zu einer Vorausbesteuerung des Wertzuwachses der RDV ab dem Wirtschaftsjahr, in dem die Aktivwertzuführung (Betriebseinnahme) erstmals den Beitrag (Betriebsausgabe) übersteigt. Der übersteigende Betrag ist daher gewinn- und steuererhöhend zu erfassen, (lange) bevor der Geldzufluss an die Kapitalgesellschaft des GGF erfolgt. Dem der Kapitalgesellschaft bei (Kapitalleistung) bzw. ab (Rentenleistung) Eintritt des Versorgungsfalles vom Versicherer zufließenden Geldbetrag (Betriebseinnahme) steht die Aktivwertauflösung (Betriebsausgabe) gegenüber, so dass es in Höhe der Differenz zu einer erneuten Gewinn- und damit Steuererhöhung bei der Kapitalgesellschaft kommt; im Falle einer Kapitalleistung tritt keine derartige Steuererhöhung ein, da Geldzufluss und Aktivwertauflösung sich im selben Jahr ausgleichen. Somit kommt es bei der Direktzusage unterm Strich zu einer über die gesamte Anwartschaftsphase verteilten Vorabbelastung mit Steuern bei der Kapitalgesellschaft, die bei Einsatz einer (rückgedeckten) Unterstützungskasse aufgrund ihrer Steuerbefreiung gem. § 5 Abs. 1 Nr. 3 KStG nicht eintreten kann. Zwar gleicht die Weiterleitung der Leistung an den GGF diese Negativwirkungen bei der Kapitalgesellschaft bei oder ab Eintritt des Versorgungsfalles exakt aus, die Vorabbesteuerung muss jedoch erst einmal liquiditätsmäßig verkraftet werden. Besonders negative Liquiditätseffekte treten auf, wenn außerplanmäßige biometrische Risiken (Invalidität und/oder Tod) rückgedeckt sind (vgl. Rz. 451 im Praxishinweis); bei der (rückgedeckten) Unterstützungskasse können diese nicht entstehen.

- **Rückdeckung durch Investmentfonds:**
  Erfolgt die Rückdeckung durch thesaurierende Investmentfonds, sind Wertzuwächse aufgrund des Verbotes der Besteuerung von Vorabpauschalen erst dann steuerlich zu erfassen, wenn sie durch Veräußerung realisiert worden sind (vgl. Rz. 452 bis 454). Dadurch entsteht im Vergleich zur RDV, die im vorangegangenen Punkt behandelt ist, ein Liquiditätsvorteil. Über die gesamte Betrachtungszeit bis zum Eintritt des Versorgungsfalls gesehen ist die Vorteilhaftigkeit von vielen Faktoren, u. a. dem Anteil inländi-

scher Dividenden und inländischer Immobilienerträge an den Gesamterträgen des Investmentfonds, abhängig (vgl. Rz. 454).

- **Rückdeckung über eine Unterstützungskasse:**
  Über eine Unterstützungskasse rückzudecken bedeutet, dass im Trägerunternehmen keinerlei Auswirkungen auf steuerliche Bilanz und GuV eintreten, da die Rückdeckung aus den bereits an die Unterstützungskasse geleisteten Zuwendungen finanziert wird; und bei der gem. § 5 Abs. 1 Nr. 3 KStG steuerbefreiten Unterstützungskasse sind die Erträge aus dem Rückdeckungsvermögen im Gegensatz zur Direktzusage nicht steuerpflichtig. Dies gilt für sämtliche Formen i. S. d. § 4d Abs. 1 Satz 1 Nr. 1 EStG. Um nicht abziehbare Betriebsausgaben zu vermeiden, muss das Trägerunternehmen allerdings sämtliche Voraussetzungen des § 4d EStG einhalten; dies gilt auch für den Erhalt der Steuerfreiheit der Unterstützungskasse gem. § 5 Abs. 1 Nr. 3 Buchst. e KStG.

- **Zahlung der Versorgungsleistungen:**
  Versorgungleistungen aus Direktzusagen sind in voller Höhe als Aufwand in der GuV des verpflichteten Unternehmens zu erfassen. Im Gegenzug ergibt sich, wie bereits oben erwähnt, aus der (anteiligen) Rückstellungsauflösung ein Ertrag in der GuV bzw. eine Betriebseinnahme. Ist die Direktzusage rückgedeckt, ergeben sich weitere Wirkungen, die bereits oben beschrieben wurden. Bei kongruenter Rückdeckung stellen sich insgesamt folgende Wirkungen ein: Aufwand aus Rente bzw. Kapitalleistung an den Betriebsrentner (ehemaligen GGF) und Ertrag aus Zufluss der Rückdeckungsleistung saldieren sich (zu Null). Auswirkungen auf die GuV und die Bilanz ergeben sich aus der Auflösung der Rückstellung (Ertrag bzw. Betriebseinnahme) und des Aktivwertes der Rückdeckungsversicherung (Aufwand bzw. Betriebsausgabe).
  Soweit eine Unterstützungskasse rückgedeckt und die Rentenverwaltung auf die Unterstützungskasse übertragen worden ist, hat die Leistungserbringung durch die Unterstützungskasse an den Betriebsrentner (ehemaligen GGF) keinerlei Auswirkung beim Trägerunternehmen. In der Leistungsphase finden grds. keine Transfers zwischen Trägerunternehmen und Unterstützungskasse mehr statt. Ist die Unterstützungskasse nicht rückgedeckt, müssen Deckungskapitalzahlungen durch das Trägerunternehmen vorgenommen werden, um der Unterstützungskasse die finanziellen Mittel zu verschaffen, die ihr in der Anwartschaftsphase durch die Begrenzung i. H. d. Reservepolsters nicht betriebsausgabenwirksam zugeführt werden konnten. Die Höhe des Betriebsausgabenabzugs für die Deckungskapitalzahlungen ergibt sich ebenfalls aus § 4d EStG (vgl. im Einzelnen Rz. 713).

PRAXISHINWEIS:

Soll die Leistungserbringung durch die Unterstützungskasse erfolgen, ist § 38 Abs. 3a Satz 2 ff. EStG zu beachten. Danach ist die Auslagerung der Arbeitgeberpflichten (Einbehalt und Abführung der Lohn- und Annexsteuern, ggf. Sozialversicherungsbeiträge) auf einen Dritten, also z. B. die Unterstützungskasse bzw. einen zwischengeschalteten Dienstleister, nur mit Zustimmung sowohl des Betriebsstätten- als auch des Wohnsitzfinanzamtes möglich. Gemäß R 38.5 Satz 2 LStR 2015 kann die Zustimmung nur unter der Voraussetzung erteilt werden, dass der Dritte für den gesamten Arbeitslohn des Arbeitnehmers die Lohnsteuerabzugsverpflichtung übernimmt. Bezieht der GGF also neben der Unterstützungskassenleistung von der GmbH weiteren Arbeitslohn, z. B. Aktivbezüge oder Versorgungsbezüge aus einer Direktzusage, ist die separate Übertragung der Arbeitgeberpflichten nur für die Unterstützungskassenleistungen auf einen Dritten nicht gestattet.

592 In den nachfolgenden Beispielen sollen die unterschiedlichen Steuerwirkungen einer rückgedeckten Direktzusage im Vergleich zu einer rückgedeckten Unterstützungskasse quantifiziert werden:

BEISPIEL 1 ZUR DIREKTZUSAGE: ► Ein im Jahr 2020 nicht beherrschender 55jähriger GGF hatte von seiner GmbH eine Direktzusage auf reine Altersrente mit Rentenbeginn 65[1] i. H. v. 5.000 € monatlich erhalten. Der GGF hatte 2020 sein bisheriges Einzelunternehmen, welches er vorher über zehn Jahre betrieben hatte, in die GmbH eingebracht, so dass es einer Probezeit gem. BMF v. 14.12.2012[2] nicht bedurfte.

Die GmbH wählte eine teilgezillmerte Rückdeckungsversicherung, die inkl. Überschussbeteiligung exakt 5.000 € monatliche Leibrente leistet. Rentenzahlung an den GGF und Renteneinnahme vom Versicherer saldieren sich annahmegemäß jedes Jahr zu Null, so dass eine Berücksichtigung in nachfolgendem Finanzplan nicht erforderlich ist. Es wird angenommen, dass der GGF bei Vollendung seines 85. Lebensjahres verstirbt.

Nachfolgende Tabelle enthält:

- die Zuführungen (+) und Auflösungen (-) der Pensionsrückstellungen in Spalte 3;
- den Beitrag zur Rückdeckungsversicherung (Geldabfluss) über zehn Jahre hinweg jährlich vorschüssig in Spalte 4;
- die Zuführungen (+) und Auflösungen (-) des Aktivwertes der Rückdeckungsversicherung in Spalte 5;
- die Auswirkungen auf die GuV in Spalte 6:
  - Anwartschaftsphase: Beitrag (Aufwand), Aktivwertzuwachs (Ertrag) und Rückstellungszuführung (Aufwand) ergeben insgesamt jeweils eine Gewinnminderung,

1 Da der GGF steuerrechtlich nicht beherrschend ist, entsteht keine vGA i. Z. m. der Altersgrenze unter 67 gem. BMF v. 9.12.2016, BStBl 2016 I S. 1427 Rz. 9 f., die Zusage enthält keine Möglichkeit der Inanspruchnahme einer vorzeitigen Altersrente.

2 BStBl 2013 I S. 58.

- Leistungsphase: Aktivwertauflösung (Aufwand) und Rückstellungsauflösung (Ertrag) ergeben insgesamt jeweils eine Gewinnminderung;

- sämtliche Gewinnminderungen führen zu einer Steuerersparnis in Spalte 7 – dabei errechnet sich der Steuersatz bei einem gewerbesteuerlichen Hebesatz von 400 %, 15 % Körperschaftsteuer und 5,5 % Solz;
- die Liquiditätswirkung in Spalte 8 errechnet sich, indem man die Steuerwirkung vom Beitrag abzieht. Sie ist in der Anwartschaftsphase wegen des zu zahlenden Beitrags negativ, in der Rentenphase hingegen positiv, da außer der Steuerersparnis, welche dadurch entsteht, dass die Aktivwertauflösung (Aufwand) die Rückstellungsauflösung (Ertrag) übersteigt, keine weitere Liquiditätswirkung mehr entsteht (zu zahlende Rente und vom Versicherer eingenommene Rente saldieren sich annahmegemäß jeweils zu Null).

Hebesatz GewSt Altersrente monatlich				400 % 5.000 €	Alter im Jahr 2020 Pensionsalter		55 65
Barwert Spalte 8 (Rechnungszins 2 %) – 535.672 €							
1	2	3	4	5	6	7	8
Jahr	Alter	PensRst-Änderungen	Beitrag	Aktivwert-Änderungen	Gewinn-Änderungen	Steuer 29,825 %	Liquiditäts-Änderungen
2020	55	41.340 €	-79.307 €	78.339 €	-42.308 €	12.618 €	-66.689 €
2021	56	44.109 €	-79.307 €	79.655 €	-43.761 €	13.052 €	-66.255 €
2022	57	47.104 €	-79.307 €	81.058 €	-45.353 €	13.527 €	-65.780 €
2023	58	50.354 €	-79.307 €	82.548 €	-47.113 €	14.051 €	-65.256 €
2024	59	53.884 €	-79.307 €	84.134 €	-49.057 €	14.631 €	-64.676 €
2025	60	57.730 €	-79.307 €	94.891 €	-42.146 €	12.570 €	-66.737 €
2026	61	61.926 €	-79.307 €	98.669 €	-42.564 €	12.695 €	-66.612 €
2027	62	66.523 €	-79.307 €	102.626 €	-43.204 €	12.886 €	-66.421 €
2028	63	71.560 €	-79.307 €	106.783 €	-44.084 €	13.148 €	-66.159 €
2029	64	77.085 €	-79.307 €	111.126 €	-45.266 €	13.501 €	-65.806 €
2030	65	83.153 €		12.729 €	-70.424 €	21.004 €	21.004 €
2031	66	-14.149 €		-24.059 €	-9.910 €	2.956 €	2.956 €
2032	67	-14.429 €		-24.135 €	-9.706 €	2.895 €	2.895 €
2033	68	-14.724 €		-24.522 €	-9.798 €	2.922 €	2.922 €
2034	69	-15.035 €		-24.935 €	-9.900 €	2.953 €	2.953 €
2035	70	-15.367 €		-24.725 €	-9.358 €	2.791 €	2.791 €
2036	71	-15.717 €		-24.901 €	-9.184 €	2.739 €	2.739 €
2037	72	-16.085 €		-25.247 €	-9.162 €	2.733 €	2.733 €
2038	73	-16.464 €		-25.549 €	-9.085 €	2.710 €	2.710 €

2039	74	-16.845 €		-25.805 €	-8.960 €	2.672 €	2.672 €
2040	75	-17.214 €		-26.092 €	-8.878 €	2.648 €	2.648 €
2041	76	-17.559 €		-26.000 €	-8.441 €	2.518 €	2.518 €
2042	77	-17.851 €		-26.137 €	-8.286 €	2.471 €	2.471 €
2043	78	-18.086 €		-26.075 €	-7.989 €	2.383 €	2.383 €
2044	79	-18.253 €		-25.907 €	-7.654 €	2.283 €	2.283 €
2045	80	-18.348 €		-25.607 €	-7.259 €	2.165 €	2.165 €
2046	81	-18.357 €		-25.179 €	-6.822 €	2.035 €	2.035 €
2047	82	-18.271 €		-24.617 €	-6.346 €	1.893 €	1.893 €
2048	83	-18.082 €		-23.928 €	-5.846 €	1.744 €	1.744 €
2049	84	-17.793 €		-23.122 €	-5.329 €	1.589 €	1.589 €
2050	85	-336.139 -€		-456.016 €	-119.877 -€	35.753 €	35.753 €
Summe		0 €		0 €		236.533 €	-556.537 €

Die Liquiditätsabflüsse in Spalte 8 saldieren sich zu 556.537 €. Berechnet man den Barwert aller Liquiditätsabflüsse zu Beginn des Jahres 2020 mit einem langfristig gültigen Rechnungszins von 2 %, so ergibt dies 535.672 €. Dies ist die komplette Belastung der GmbH in einer Summe abgezinst auf das Jahr 2020.

BEISPIEL 2 ZUR UNTERSTÜTZUNGSKASSENZUSAGE: ▶ Würde derselbe GGF alternativ von seiner GmbH eine Zusage über eine rückgedeckte Unterstützungskasse i. H. v. 5.000 € monatlicher Altersrente erhalten, ergäben sich, bei Verwendung desselben Rückdeckungsversicherungstarifes und ohne Ansatz von Verwaltungskosten der Unterstützungskasse in den Zuwendungen folgende Werte:

Hebesatz GewSt Altersrente monatlich			400 % 5.000 €	Alter 2020 Pensionsalter	55 65
Barwert Spalte 6 (Rechnungszins 2 %) – 509.912 €					
1	2	3	4	5	6
Jahr	Alter	Beitrag	Gewinn-Änderungen	Steuer 29,825 %	Liquiditäts-Änderungen
2020	55	-79.307 €	-79.307 €	23.653 €	-55.654 €
2021	56	-79.307 €	-79.307 €	23.653 €	-55.654 €
2022	57	-79.307 €	-79.307 €	23.653 €	-55.654 €
2023	58	-79.307 €	-79.307 €	23.653 €	-55.654 €
2024	59	-79.307 €	-79.307 €	23.653 €	-55.654 €
2025	60	-79.307 €	-79.307 €	23.653 €	-55.654 €
2026	61	-79.307 €	-79.307 €	23.653 €	-55.654 €
2027	62	-79.307 €	-79.307 €	23.653 €	-55.654 €

2028	63	-79.307 €	-79.307 €	23.653 €	-55.654 €
2029	64	-79.307 €	-79.307 €	23.653 €	-55.654 €
2030	65			0 €	0 €
2031	66				0 €
2032	67				0 €
2033	68				0 €
2034	69				0 €
2035	70				0 €
2036	71				0 €
2037	72				0 €
2038	73				0 €
2039	74				0 €
2040	75				0 €
2041	76				0 €
2042	77				0 €
2043	78				0 €
2044	79				0 €
2045	80				0 €
2046	81				0 €
2047	82				0 €
2048	83				0 €
2049	84				0 €
2050	85				0 €
Summe				236.533 €	-556.537 €

Die Summen der Steuervorteile (Spalte 5) und der Liquiditätsabflüsse (Spalte 6) sind dieselben wie bei der alternativen Direktzusage. Dies ist logisch, weil sich Zuführung und Auflösung von Pensionsrückstellungen und Aktivwerten im Falle der Direktzusage über die gesamte Zeitdauer bis zum Tode jeweils zu Null addieren (vgl. Spalten 3 und 5 der Tabelle zu Beispiel 1).

Allerdings sind die Zahlungsstrukturen jener Liquiditätswirkungen völlig unterschiedlich: Da die steuerbilanziellen Pensionsrückstellungen gem. § 6a EStG deutlich niedriger sind als die vergleichbaren Zuwendungen an die Unterstützungskasse, ist die Steuerersparnis im Falle der Unterstützungskasse in den ersten Jahren wesentlich höher als bei der Direktzusage. Dieser Effekt wird noch dadurch verstärkt, dass der Aktivwertzuwachs der Rückdeckungsversicherung steuerpflichtig ist, während derselbe Aktivwertzuwachs in der Unterstützungskasse unversteuert bleibt. Daher summiert sich die Steuerersparnis bei der Unterstützungskassenzusage bis zum

Ende der Anwartschaftszeit auf insgesamt 236.533 €, während sie im Falle der Direktzusage in jener Zeitspanne lediglich 153.682 € erreicht.

PRAXISHINWEIS:

Die Wirkungen sind ähnlich wie im Falle von Abschreibungen: Über die degressive Abschreibung (AfA) gem. § 7 Abs. 2 EStG, die für bewegliche Wirtschaftsgüter gilt, welche vor 2011 oder innerhalb 2020 bzw. 2021 angeschafft oder hergestellt worden sind, werden über die gesamte betriebsgewöhnliche Nutzungsdauer eines Wirtschaftsgutes in der Summe 100 % der Anschaffungs- bzw. Herstellungskosten abgeschrieben – ebenso viel wie bei der linearen AfA gem. § 7 Abs. 1 EStG. Die degressive AfA verlagert jedoch Abschreibungsbeträge zeitlich vor und erzielt dadurch Steuerstundungs- und somit Liquiditäts- und Zinseffekte. Dasselbe passiert bei der Unterstützungskassenzusage im Vergleich zur Direktzusage: Erstere erzielt Steuervorteile schneller; innerhalb der Anwartschaftszeit bewirkt die Unterstützungskassenzusage 82.851 € (= 236.533 € - 153.682 €) mehr Steuervorteil als bei der Direktzusage. In der Leistungsphase holt die Direktzusage jenen Nachteil exakt wieder auf.

Da sich diese Wirkungen jedoch über sehr lange Zeiträume ergeben, sind die Zinswirkungen entsprechend hoch: Zinst man die Liquiditätsbelastungen der Unterstützungskassenzusage (Spalte 6) mit dem langfristig orientierten Rechnungszins von angenommen 2 % p. a. ab, errechnet sich ein Belastungsbarwert über die gesamte Anwartschafts- und Rentenphase i. H. v. 509.912 €; mit der Direktzusage geht eine höhere abgezinste Belastung einher (535.672 €). Die Differenz i. H. v. 25.670 €, um die die Unterstützungskassenzusage günstiger ausfällt, sind reine Zinswirkungen, errechnet mit 2 % Rechnungszins zum Beginn des Planungszeitraums. Hierfür sind die bereits genannten zwei Ursachen verantwortlich:

- Die steuerbilanziellen Pensionsrückstellungen gem. § 6a EStG sind im Vergleich zu einem marktorientierten Wert, erheblich zu niedrig.
- Der Aktivwert der Rückdeckungsversicherung wird bei der Direktzusage in der Anwartschaftsphase besteuert (in der Rentenphase führt seine sukzessive Auflösung zu entsprechenden Steuervorteilen), ist aber innerhalb der Unterstützungskasse steuerfrei.

Über die Zinswirkung von 25.670 € hinaus, welche aus der Steuerstundung bei der Unterstützungskassenzusage im Vergleich zur Direktzusage entsteht, sind außerdem echte bleibende Steuerwirkungen möglich, wenn sich Steuersätze im Zeitablauf ändern sollten. In obigen Berechnungen sind derartige Steuerwirkungen nicht enthalten, da unterstellt ist, dass sämtliche relevanten Steuersätze (Gewerbesteuer, Körperschaftsteuer und SolZ) über Anwartschafts- und Rentenphase hinweg konstant sind. Würde jedoch z. B. der relevante Hebesatz der Gewerbesteuer in der Rentenphase gesenkt, würde dies die Direktzusage gegenüber der Unterstützungskassenzusage zusätzlich benachteiligen.

Die errechnete Zinswirkung (25.670 €) ist trotz des relativ geringen Rechnungszinsfußes von 2 % nicht unerheblich, da die Unterschiede in der Liquiditätsbelastung beider Durchführungswege in der Anwartschaftszeit bedeutend sind und es um lange Zeiträume geht. Dies zeigt sich bereits, wenn man sich das Jahr 2020 anschaut: Der Jahresbeitrag zur Rückdeckungsversicherung (79.307 €) und die erste Aktivwertzuführung (78.339 €) saldieren sich fast zu Null. Die gesamte Gewinnminderung dieses Jahres (42.308 €) entfällt daher fast vollständig auf die Rückstellungszuführung (41.340 €).

Bei der Unterstützungskassenzusage sind hingegen 79.307 € an Zuwendungen steuermindernd abzugsfähig, also fast das Doppelte (!) wie im Falle der Direktzusage. Daher ist die Steuerersparnis bei der Unterstützungskassenzusage im Jahr 2020 mit 23.653 € auch fast doppelt so hoch wie bei der Direktzusage oder anders ausgedrückt: Die Zuwendungen an die Unterstützungskasse sind jeweils komplett steuerfrei, während die Beiträge an die Rückdeckungsversicherung der Direktzusage aus teilweise versteuertem Einkommen finanziert werden müssen. In den Folgejahren steigen die Rückstellungszuführungen bei der Direktzusage zwar an, werden jedoch von den Erhöhungen der Aktivwertzuführungen zunächst fast kompensiert, ab dem Jahr 2025 sogar überkompensiert.

Insgesamt summieren sich die stundungsbedingten Vorteile der Unterstützungskassenzusage während der gesamten Anwartschaftsphase – wie bereits erläutert – auf 82.851 €.

BEISPIEL 3 VARIATION VON PARAMETERN: Variiert man nun Annahmen, die im Ausgangs-Beispiel 1 beschrieben worden sind, ergeben sich folgende Änderungen:

- **Berücksichtigung einer Vordienstzeit:**
  Im Ausgangsbeispiel erhielt der GGF seine Zusage auf bAV im Jahr der Gründung der GmbH und damit zu Beginn seiner Dienstzeit, da die Dienstzeit im Vorgängerunternehmen auf die Probezeit angerechnet wurde. Wäre die GmbH bereits seit längerem existent gewesen und der GGF im Jahr 2020 in das Unternehmen eingetreten ohne dass eine entsprechende Tätigkeit bei einem anderen Unternehmen vorgelegen hätte, hätte die Probezeit von maximal drei Jahren beachtet werden müssen.[1]
  Im Falle einer z. B. dreijährigen Vordienstzeit (Zeit vor dem Zusagezeitpunkt) hätte die GmbH in 2020 eine höhere Erstrückstellung bilden dürfen, da das Teilwertverfahren des § 6a EStG unterstellt, dass die Pensionszusage zum Diensteintritt erteilt worden ist.[2]
  Die Summe aller Liquiditätsabflüsse ändert sich dadurch im Vergleich zu Beispiel 1 (556.537 €) nicht. Der Barwert hingegen, berechnet mit dem Rechnungszins von 2 %, sinkt von 535.672 € auf 532.731 €, ist jedoch immer noch deutlich schlechter als derjenige der Unterstützungskassenzusage (509.912 €) und zwar um 22.819 €.
  Selbst bei einer sehr langen Vordienstzeit von 20 Jahren reduziert sich der Barwert der Liquiditätsabflüsse auf nicht weniger als 527.376 €, so dass die Unterstützungskassenzusage selbst in diesem extremen Fall noch um 17.464 € besser ausfällt.
  Auch sehr lange Vordienstzeiten können daher den steuerbedingten Vorteil der Unterstützungskassenzusage nicht in einen Nachteil verkehren.
- **Verlängerung der Anwartschaftszeit:**
  In Beispiel 2 wurde festgestellt, dass die Unterstützungskassenzusage innerhalb der Anwartschaftszeit in der Summe 82.851 € mehr an Steuervorteilen erzielt

1 Vgl. BMF v. 14.12.2012, BStBl 2013 I S. 58.

2 Vgl. § 6a Abs. 3 Satz 2 Nr. 1 Satz 2 und 3 EStG; Dommermuth in Herrmann/Heuer/Raupach, EStG und KStG Kommentar, § 6a EStG Anm. 100.

als die Direktzusage. Der Gesamtvorteil der Unterstützungskassenzusage errechnet als Barwert mit 2 % Rechnungszins belief sich auf 25.670 €.
Fällt die Anwartschaftszeit länger aus, da der GGF bei Zusagebeginn jünger ist, erhöht sich der Vorteil auf Seiten der Unterstützungskassenzusage, obwohl die Pensionsrückstellungszuführungen aufgrund des Generationenprinzips (Einrechnung der im Zeitablauf steigenden Lebenserwartung) höher zu Buche schlagen. Da das Generationenprinzip gleichzeitig aber auch Beitragssumme und Aktivwerte der Rückdeckungsversicherung im Vergleich zum älteren GGF (überproportional) anwachsen lässt, erhöhen sich die Summe der Steuervorteile innerhalb der Anwartschaftszeit und der als Barwert (mit 2 % Rechnungszins) ausgedrückte Gesamtvorteil der Unterstützungskassenzusage noch weiter. Bei denselben Leistungen wie im Beispiel 1 steigt jener Bartwertvorteil von 25.670 € auf 31.278 € an, wenn der GGF bei Zusageerteilung 45 statt – wie in Beispiel 1 – 55 Jahre ist. Die Vergrößerung des Vorteils ist neben der verstärkten Aktivwerterhöhung auch darauf zurückzuführen, dass die ab Beginn der Leistungsphase eintretenden Steuervorteile der Direktzusage (vgl. Tabelle in Beispiel 1 ab Alter 66) nun über einen längeren Zeitraum abgezinst werden müssen.

- **Veränderung der Rentenbezugszeit:**
  Eine Verkürzung (Verlängerung) der Rentenbezugszeit im Vergleich zu Beispiel 1 und 2 führt zu einer Verringerung (Erhöhung) des Gesamtvorteils der Unterstützungskassenzusage. Würde der GGF nicht wie in beiden o. g. Beispielen mit 84, sondern bereits mit Vollendung des 67. Lebensjahres versterben, würde der in Beispiel 2 als Barwert mit 2 % Rechnungszins berechnete Gesamtvorteil der Unterstützungskassenzusage von 25.670 € auf 12.546 € sinken.
  Der Grund dafür liegt darin, dass die Steuerwirkungen der Direktzusage in der Leistungsphase günstiger sind die der Unterstützungskassenzusage (vgl. die Ausführungen in Beispiel 2), was sich aus Spalte 8 der Tabelle in Beispiel 1 und Spalte 6 der Tabelle in Beispiel 2 gut erkennen lässt. Treten diese für die Direktzusage positiven Steuerwirkungen bei frühem Ableben schneller (später) ein, als in Beispiel 2 dargestellt, wirkt sich dies positiv (negativ) auf den Belastungsbarwert aus.
  Selbst bei Tod mit 67 kurz nach Rentenbeginn (mit 65) ist der Gesamtvorteil der Unterstützungskasse jedoch immer noch erheblich. Erst wenn man eine sehr lange Vordienstzeit und den frühen Todesfall in der Leistungsphase miteinander kombiniert, ist der Gesamtvorteil der Unterstützungskassenzusage relativ unbedeutend: Bei einer Vordienstzeit von 20 Jahren und einem Ableben mit 67 würde der ursprüngliche Barwertvorteil von 25.670 € auf nur noch 4.340 € sinken.
  Ist hingegen eine Hinterbliebenenrente zugesagt, muss ein früher Tod nicht zu einer Schmälerung des Gesamtvorteils der Unterstützungskassenzusage führen, da sich die zugunsten der Direktzusage auswirkenden Steuervorteile dann wieder über einen längeren Zeitraum hinziehen können.

- **Änderung der Rückdeckung:**
  Wählt man für die Direktzusage eine andere Form der Rückdeckung als eine Versicherung, so ergeben sich auch andere Steuerwirkungen auf Seiten der Direktzusage. Vergleicht man eine alternativ rückgedeckte Direktzusage mit einer rückgedeckten Unterstützungskasse, so vergleicht man allerdings Äpfel mit Birnen, denn letzterer Durchführungsweg darf andere Rückdeckungsformen als die der

Rückdeckungsversicherung nicht betreiben. Daher ist ein derartiger Vergleich betriebswirtschaftlich eigentlich nicht sauber. Wollen die Entscheidungsträger jedoch bewusst im Falle der Direktzusage eine alternative Rückdeckung einsetzen (z. B. um sich unter Inkaufnahme eines höheren Risikos ein höheres Rendite-Potenzial zu erschließen), könnten sie im Vergleich dazu bei einer rückgedeckten Unterstützungskassenzusage durchaus eine gesetzlich erzwungene konservative Rückdeckung akzeptieren, weil sie sich dadurch grds. günstigere Steuerwirkungen erschließen würden. Die Direktzusage könnte in einem solchen Fall erst dann vorteilhaft sein, wenn die Rendite der alternativen Rückdeckungsform – im Vergleich zur Rückdeckungsversicherung der Unterstützungskasse – um so viel höher ausfällt, dass der Steuervorteil der Unterstützungskassenzusage überkompensiert wird. Dies ist bei alternativer Rückdeckung jedoch ex ante ungewiss, da sie i. d. R. keine Garantien bietet.

Zusätzlich ist dabei zu beachten, dass

- die alternative Rückdeckung der Direktzusage grds. nicht mit der Rückdeckung der rückgedeckten Unterstützungskasse risikoäquivalent ist und
- bei späterem Verkauf der alternativen Rückdeckung und Transfer des Erlöses in eine Leibrentenversicherung mit sofort beginnender Rente der dann bei Anwendung neuer Sterbetafeln u. U. ungünstigere Rentenfaktor zu verkraften ist (vgl. Rz. 428), während bei der rückgedeckten Unterstützungskassenzusage grds. ein von Anfang an „harter" Rentenfaktor zur Anwendung kommt.
  Eine alternativ rückgedeckte Direktzusage muss daher, um gegenüber einer rückgedeckten Unterstützungskassenzusage konkurrenzfähig zu sein, eine derart hohe Rendite erwirtschaften, dass sie zwei Nachteile ausgleichen kann:
  - den Gesamtsteuernachteil der Direktzusage, der sich aus § 6a EStG ergibt und
  - den Nachteil des in der Zwischenzeit möglicherweise veränderten Rentenfaktors.

► **Unterschiedliche Wirkungen bei Zusage von Invaliditäts- oder/und Hinterbliebenenleistungen:**
In Rz. 248, 429 und 451 wurde bereits die Frage aufgeworfen, ob eine Invaliditätsleistung zugunsten des GGF über die bAV oder besser über die private Altersversorgung vereinbart werden sollte. Aus der Sicht des GGF kann dabei die Begrenzung des Volumens durch den bAV-Versicherer zugunsten der Privatversorgung ausschlagegebend sein.
Bezieht man nun die Unternehmensebene mit ein, ergeben sich zusätzlich Argumente für einen Privatabschluss von Invaliditäts- und Hinterbliebenenversorgung, wenn alternativ eine rückgedeckte Direktzusage für die Absicherung jener vorzeitigen biometrischen Risiken zur Diskussion steht. Grund dafür ist der steuerliche Bilanzsprung, der im Falle des Eintritts des vorzeitigen Versorgungsfalles ausgelöst wird.

BEISPIEL 4 INVALIDITÄTSLEISTUNG BEI EINER DIREKTZUSAGE: ► Würde die Direktzusage aus obigem Beispiel 1 neben der Altersrente mit Rentenbeginn 65 i. H.v. 5.000 € monatlich auch eine ebenso hohe Berufsunfähigkeitsrente mit Altersrentenübergang und eine

60 %ige kollektive Witwenrente vorsehen, und wäre der GGF im Jahr 2021 tatsächlich invalide geworden, wäre die steuerbilanzielle Pensionsrückstellung zum 31.12.2021 von 103.070 € (höher als im Beispiel 1, da inkl. Invaliden- und Witwenrente) auf 784.643 € und der Aktivwert der Rückdeckungsversicherung von 157.994 € auf 1.527.499 € gestiegen.

Daraus resultiert in der steuerlichen GuV des Wirtschaftsjahres 2021

- eine Rückstellungszuführung i. H.v. 681.573 € (gewinnmindernd),
- eine Aktivwertzuführung i. H.v. 1.369.505 € (gewinnerhöhend),
- ein Rentenzufluss aus der Versicherung i. H.v. 60.000 € (gewinnerhöhend) und
- ein Rentenabfluss an den GGF i. H.v. 60.000 € (gewinnmindernd).
  In der Summe erhöhen jene Wirkungen den Gewinn des Jahres 2021 daher um 687.932 €, obwohl dem Unternehmen keine zusätzliche Liquidität zufließt. Auch wenn sich diese Vorversteuerung in späteren Jahren wieder exakt ausgleicht (vgl. die Tabelle in Beispiel 1), so muss das Unternehmen die Steuererhöhung des Jahres 2021, die aus der Gewinnerhöhung i. H.v. 687.932 € resultiert, erst einmal verkraften.

PRAXISHINWEIS:

Wüssten Mandant und Steuerberater im Vorfeld, welche vorübergehenden Liquiditätsbelastungen bei Direktzusagen aus den Aktivwerten von Rückdeckungsversicherungen im Fall vorzeitiger Invalidität oder bei Tod resultieren können, würden sie häufig derartige Versorgungsformen nicht in eine Direktzusage des GGF integrieren, sondern dem GGF eine private Absicherung empfehlen.

c) Flexibilität

593 Geht es um die Einrichtung von bAV beim GGF, stehen bei der Entscheidung zwischen den Durchführungswegen Direkt- und Unterstützungskassenzusage meist nur die „hard facts“, insbesondere die unterschiedliche handelsbilanzielle und steuerliche Behandlung, im Vordergrund. Diese Faktoren sollten jedoch nicht die einzigen Bewertungsparameter sein. Unter dem Kapitel der „Flexibilität“ werden weitere Einflüsse untersucht.

aa) Laufende Finanzierung

594 Für die Direktzusage besteht keine unmittelbare Verpflichtung zur separaten Finanzierung bzw. Rückdeckung der Zusage. Folglich ist auch keine Art der Finanzierung vorgeschrieben. Zur Verbesserung des Handelsbilanzbildes (vgl. Rz. 439 ff.), zur Einrichtung eines privatrechtlichen Insolvenzschutzes für den GGF (vgl. Rz. 434 ff.) und für die steuerliche Anerkennung Finanzierbarkeit[1] kann eine Rückdeckung einer Direktzusage zwar von Vorteil sein, ist aber bei

1 Vgl. Rz. 536.

ausreichender handelsbilanzieller Stärke der GmbH nicht zwingend notwendig. Entschließt sich die Kapitalgesellschaft allerdings zu der wirtschaftlich meist sinnvollen Ausfinanzierung der Direktzusage, sind Form des Rückdeckungsvermögens (vgl. Rz. 430 ff.), Rückdeckungsgrad (0 – 100 % der zugesagten Leistung), Beitragshöhe und Dauer allein ihre Entscheidung. Ebenso kann die eingegangene Rückdeckung flexibel erhöht, verringert oder auch eingestellt werden. Allerdings muss bei nicht ausreichender Rückdeckung die spätere Versorgungsleistung insoweit aus dem sonstigen bestehenden Cashflow der Kapitalgesellschaft bestritten werden.

Die Zusage über eine rückgedeckte Unterstützungskassenzusage zeichnet sich 595 dagegen dadurch aus, dass die Unterstützungskasse zur Sicherstellung der Versorgungsleistungen Rückdeckungsversicherungen abschließen – andere Rückdeckungsformen sind bei der rückgedeckte Unterstützungskassenzusage unzulässig – und die Kapitalgesellschaft als Trägerunternehmen Zuwendungen an die Unterstützungskasse in Höhe der Versicherungsbeiträge leisten muss; dabei sind fondsgebundene Rückdeckungsversicherungen unzulässig, wenn sie keine Garantieleistung bieten.[1] Durch die erzwungene (kongruente) Rückdeckung der Versorgungsleistungen sind diese aus Sicht des Trägerunternehmens zwar ausreichend finanziert. Allerdings müssen zum Erhalt des Betriebsausgabenabzuges nach § 4d Abs. 1 Satz 1 Nr. 1 Satz 1 Buchst. c Satz 2 EStG hohe laufende, gleichbleibende oder steigende Beiträge geleistet werden, so dass die sichere Ausfinanzierung der versprochenen Leistung und die steuerliche Absetzbarkeit der Zuwendungen bei der Kapitalgesellschaft durch eine unflexible Finanzierung erkauft werden müssen.[2]

bb) Finanzierungshöhe

Die Kapitalgesellschaft kann das Volumen der Rückdeckung einer Direktzusage 596 völlig frei bestimmen; auch die Entscheidung über partielle oder kongruente sowie über struktur- oder wertkongruente Rückdeckung oder deren Kombination obliegt ihr (vgl. Rz. 424 ff.).

Dagegen ist bei einer Zusage über eine vollständig rückgedeckte Unterstüt- 597 zungskasse durch die von der Unterstützungskasse abzuschließende (kongruente) Rückdeckungsversicherung automatisch der Versicherer-Barwert die

1 Vgl. BMF v. 11.5.2000 - IV C 2 - S 2144c - 2/00, HaufeIndex 630933; BMF v. 28.11.1996 - IV B 2 - S 2144 c - 44/96, BStBl 1996 I S. 1435, unter C.

2 Vgl. Rz. 721.

rechtlich erforderliche Finanzierungshöhe;[1] eine nur teilweise Ausfinanzierung ist nicht möglich.

cc) Erhalt von Kapital im Todesfall

598 In der Beratung des GGF ist der Fokus naturgemäß auf die Alters-, Invaliditäts- und Hinterbliebenenabsicherung des GGF gerichtet. Vernachlässigt wird allerdings oft das Schicksal des angesparten Altersrentenkapitals im Todesfall des GGF, sofern dieses nicht für die Hinterbliebenenversorgung verwendet werden kann. Dies ist z. B. der Fall, wenn keine Hinterbliebenen im steuerlichen Sinne[2] vorhanden sind, weil die Kinder bereits das 25. Lebensjahr überschritten haben und ein versorgungsberechtigter Ehegatte/Lebenspartner nicht vorhanden ist. Wird das Thema jedoch angesprochen, ist der GGF eigentlich immer an einem Erhalt des Kapitals, im Idealfall für seine Erben, interessiert.

599 Bei der Direktzusage ist dieser Wunsch des GGF durch die der Kapitalgesellschaft frei zustehenden Art und Gestaltung der Finanzierung leicht zu erfüllen. Im Falle einer Rückdeckungsversicherung kann ein Tarif gewählt werden, der bei Tod des GGF eine einmalige Todesfallleistung an die Kapitalgesellschaft als Bezugsberechtigter zahlt; diese Leistung kann auch, um Risikobeiträge einzusparen, in der Auszahlung des Deckungskapitals oder des Rückkaufswertes (vgl. zu den Begriffen Rz. 449) bestehen. Wird ein anderes Finanzierungsinstrument gewählt, z. B. Wertpapiere, Investmentfonds, verbleiben diese bei Tod des GGF ohne weitere notwendige Gestaltung im Vermögen der Kapitalgesellschaft. Ist der GGF alleiniger Gesellschafter des Unternehmens, kommt der Wert dieser Rückdeckungsmittel somit über den Wert der Gesellschafts-Anteile allein den gesetzlich oder testamentarisch bestimmten Erben des GGF zugute. Eine derartige Konstruktion stellt die Abzugsfähigkeit der von der Kapitalgesellschaft vor Eintritt des Todes gezahlten Versicherungsbeiträge als Betriebsausgabe nicht in Frage, da die Versicherungsleistung dem Unternehmen zusteht und daher die Beitragszahlung gem. § 4 Abs. 4 EStG betrieblich veranlasst ist (vgl. Rz. 480 f.).

600 Die vom Arbeitgeber über eine Unterstützungskasse zugesagte Leistung bei Tod des GGF ist an den engen Hinterbliebenenbegriff (vgl. Rz. 598) gebunden; eine Vererbung ist insoweit nicht möglich (vgl. Rz. 598). Wie bei der Direktzusage (vgl. Rz. 599) kann allerdings auch bei der (kongruent) rückgedeckten Unterstützungskasse durch Wahl eines entsprechenden Tarifes der Rück-

1 Vgl. BMF v. 11.5.2000 - IV C 2 - S 2144c - 2/00, HaufeIndex 630933.
2 Vgl. BMF v. 6.12.2017, BStBl 2018 I S. 147, Rz. 4 f.

deckungsversicherung erreicht werden, dass im Todesfall des GGF der Versicherer den Rückkaufswert oder das Deckungskapital an die Unterstützungskasse leistet. Dieses Kapital steht dann zur Verrechnung von Zuwendungen für weitere Versorgungsberechtigte des Trägerunternehmens zur Verfügung; jedoch befindet sich das Kapital noch nicht in dessen Vermögen. Da die am Markt befindlichen rückgedeckten Gruppen-Unterstützungskassen in aller Regel körperschaft- und gewerbesteuerbefreit sind, gilt für diese Unterstützungskassen das Gebot der Vermögensbindung.[1] Danach darf die Kasse das mittels der Zuwendungen gebildete Kassenvermögen nur für die satzungsgemäßen Zwecke verwenden, also für die festgelegten Versorgungsleistungen. Eine Ausschüttung an das Trägerunternehmen ist nur ausnahmsweise und insoweit möglich, als das tatsächliche Kassenvermögen das zulässige Kassenvermögen um mehr als 25 % überschreitet (Überdotierung) und das darauf entfallende Einkommen der Kasse insoweit durch diese Überdotierung steuerpflichtig geworden ist.[2]

PRAXISHINWEIS:

Für die Auskehrung an das Trägerunternehmen ist es also notwendig, dass die Kasse zu mehr als 25 % überdotiert ist. Für die Frage und Berechnung der Überdotierung ist vor allen anderen Faktoren wesentlich, ob die Prüfung der körperschaftsteuerlichen Kriterien der Steuerfreiheit (vor allem das Verhältnis von Unternehmern/Gesellschaftern und deren Angehörigen[3] zu den Arbeitnehmern, die zulässige Höhe der Versorgungsleistungen[4] und eben die maximal 25 %-ige Überdotierung) bezogen auf das einzelne Trägerunternehmen oder übergreifend auf die gesamte Unterstützungskasse und somit alle Trägerunternehmen zu erfolgen hat.[5] Während für die steuerliche Abzugsfähigkeit der Beiträge nach § 4d EStG eine segmentierte, also auf das einzelne Trägerunternehmen zu beziehende Sicht, vorgegeben ist, ist hinsichtlich der körperschaftsteuerlichen Prüfung der Steuerfreiheit einer Gruppen-Unterstützungskasse eine unsegmentierte Sichtweise geboten[6] als auch von den einzelnen Finanzämtern unterschiedlich bewertet wird, teilen sich in Deutschland die steuerbefreiten rückgedeckten Gruppen-Unterstützungskassen in körperschaftsteuerlich segmentierte und unsegmentierte Unterstützungskassen auf, wobei nach Kenntnis der Autoren die unsegmentierte Betrachtungsweise klar überwiegt.

1 § 5 Abs. 1 Nr. 3c KStG; vgl. Dommermuth in Herrmann/Heuer/Raupach, EStG und KStG Kommentar, § 4d EStG Anm. 11.

2 § 5 Abs. 1 Nr. 3e, § 6 Abs. 5, 6 KStG; vgl. Dommermuth in Herrmann/Heuer/Raupach, EStG und KStG Kommentar, § 4d EStG Anm. 11.

3 § 1 Nr. 1 KStDV.

4 § 3 Nr. 3 i. V. m. § 2 KStDV.

5 Vgl. Rz. 1475.

6 Vgl. BFH v. 26.11.2004 - I R 37/13, BStBl 2015 II S. 813; BFH v. 18.8.2015 - I R 66/13, BFH/NV 2016 S. 67 Nr. 1.

Unabhängig von der Frage einer körperschaftsteuerlich (un-)segmentierten Sichtweise steigt das tatsächliche Kassenvermögen im Vergleich zum zulässigen Kassenvermögen durch den Tod des GGF an, da sich die Altersversorgungsverpflichtung und somit das zulässige Kassenvermögen mindert, während das Vermögen der Unterstützungskasse bei Leistung der Rückdeckungsversicherung (je nach Tarif z. B. eingezahlte Beiträge, Rückkaufswert, Deckungskapital) insoweit erhalten bleibt. Hinsichtlich der Frage einer hierdurch ausgelösten, mehr als 25 %-igen Überdotierung ergeben sich je nach körperschaftsteuerlicher Sichtweise eklatante Unterschiede. Bei unsegmentierter Betrachtungsweise ist die Gruppen-Unterstützungskasse i. d. R. nicht überdotiert, da die Differenz zwischen tatsächlichem und zulässigem Kassenvermögen (Leistung aus Rückdeckungsversicherung) über alle Trägerunternehmen und somit die gesamte Unterstützungskasse gesehen nur marginal ist. Bei segmentierter Betrachtungsweise sieht dies jedoch anders aus. Nur die GmbH des verstorbenen GGF als Trägerunternehmen betrachtend, kann sehr wohl eine mehr als 25 %ige Überdotierung des zulässigen Kassenvermögens vorliegen. Ist der GGF z. B. der einzige Versorgungsberechtigte und ist keine Hinterbliebenenversorgung gegeben bzw. bleiben keine steuerlich anerkannten Hinterbliebenen zurück, kann das komplette Kapital der Rückdeckungsversicherung ausgeschüttet werden, da das zulässige Kassenvermögen 0 € beträgt.

Mit Urteil v. 26.11.2014 hat sich der I. Senat des BFH klar für die unsegmentierte körperschaftsteuerliche Betrachtungsweise ausgesprochen. Es ist davon auszugehen, dass die beiden noch ausstehenden Urteile zu der Fragestellung, insbesondere die ausstehende 2. Entscheidung des I. Senates, ebenso ausfallen werden. Daher ist zukünftig auch von einer entsprechenden einheitlichen Sichtweise der FinVerw auszugehen.[1] Die Auskehrung des Kassenvermögens an die GmbH als Trägerunternehmen scheidet somit aufgrund der einzuhaltenden Vermögensbindung auch bei Tod des GGF aus.

dd) Vorzeitiges Ausscheiden des Gesellschafter-Geschäftsführers

601 Im Falle des vorzeitigen Ausscheidens aus den Diensten der Kapitalgesellschaft verbleibt dem GGF der gem. Zusage unverfallbar erdiente Teil der Anwartschaft. Im Falle einer Leistungszusage ist dies der m/n-tel-Wert (anteilige Anwartschaft im Verhältnis der ab Diensteintritt bis zum Ausscheiden abgeleisteten Dienstzeit einerseits und der ab Diensteintritt bis zu der in der Pensionszusage vorgesehenen Altersgrenze andererseits) bzw. bei steuerrechtlich beherrschenden GGF (vgl. Rz. 99 ff.) i. d. R. der s/t-tel – Wert (anteilige Anwartschaft im Verhältnis der ab Erteilung der Pensionszusage bis zum Ausscheiden abgeleisteten Dienstzeit einerseits und der ab Erteilung der Pensionszusage bis zu der in der Pensionszusage vorgesehenen Altersgrenze andererseits), im Falle einer beitragsorientierten Leistungszusage die zum Ausscheidezeitpunkt

1 BFH v. 26.11.2014 - I R 37/13, BStBl 2015 II S. 813 (Vorinstanz FG Nürnberg v. 16.4.2013 - 1 K 1741/10, EFG 2013 S. 1258, für eine segmentierte Betrachtung); für eine unsegmentierte Betrachtung FG Münster v. 4.7.2013 - 9 K 1013/11 K, EFG 2013 S. 1876, Rev., Az. des BFH: I R 66/13, FG Rheinland-Pfalz v. 31.7.2012 - 6 K 1581/09, EFG 2012 S. 1993, Rev., BFH: X R 30/12.

durch die entrichteten Beiträge finanzierten (beitragsfreien) Versicherungsleistungen (vgl. im einzelnen Rz. 400 ff.).

Dies kann speziell hinsichtlich der Invaliditäts- und Hinterbliebenenabsicherung problematisch sein. Da der GGF sich zum Zeitpunkt des Ausscheidens oftmals bereits in einem „reiferen" Alter befindet, ist die Absicherung des Differenzbetrages zur vor dem Ausscheiden bestehenden Anwartschaft am Versicherungsmarkt je nach Alter und Gesundheitszustand des GGF schwierig bis unmöglich. Erhält der GGF am Versicherungsmarkt keinen entsprechenden Versicherungsschutz oder nicht zu akzeptablen Bedingungen, entsteht oft der Wunsch, die im Rahmen der Direktzusage oder Unterstützungskassenzusage eingerichtete Rückdeckungsversicherung, meist im Rahmen einer Abfindung der Versorgungsanwartschaft, zu übernehmen und durch (private) Entrichtung der Folgebeiträge den Versicherungsschutz aufrecht zu erhalten. 602

Bei einer Direktzusage ist die Übernahme der Rückdeckungsversicherung, ggf. im Rahmen der Abfindung der Versorgungsanwartschaft, durch den GGF rechtlich nur teilweise problemlos möglich: Ist der GGF alleiniger oder steuerrechtlich beherrschender Gesellschafter (vgl. Rz. 99 f.), kann er die Übertragung der Rückdeckungsversicherung durch Versicherungsnehmer- und Bezugsrechtswechsel im Rahmen des Ausscheidens selbst durchsetzen oder mit dem evtl. Übernehmer der Gesellschaftsanteile vereinbaren. Beim arbeitsrechtlich nicht beherrschenden GGF greift im Rahmen einer Abfindung, die im Zusammenhang mit dem Ausscheiden des GGF steht, jedoch das Abfindungsverbot des § 3 BetrAVG. 603

PRAXISHINWEIS 1:

Der Wert der Rückdeckungsversicherung (Deckungskapital) wird nur für den Fall einer beitragsorientierten Versorgungszusage mit dem Abfindungswert der erdienten Anwartschaft des GGF übereinstimmen. Im Falle einer Festrentenzusage ist darauf zu achten, dass die Differenz zwischen dem Abfindungswert der Versorgungsanwartschaft (i. d. R. Heubeck-Anwartschaftsbarwert) und dem meist niedrigeren Wert der Rückdeckungsversicherung durch einen zusätzlichen Abfindungsbetrag an den GGF ausgeglichen wird. Ansonsten droht spätestens mit der nächsten Betriebsprüfung die Qualifizierung dieses Teilverzichtes auf die Versorgungsanwartschaft als verdeckte Einlage, deren Höhe sich jedoch nicht nach dem anteiligen Heubeck-Anwartschaftsbarwert sondern den i. d. R. deutlich höheren Wiederbeschaffungskosten bemisst.[1] Ist der Wert der Rückdeckungsversicherung höher als der Heubeck-Anwartschaftsbarwert der Zusage, liegt insoweit möglicherweise eine vGA vor.

1 Vgl. Rz. 1071 ff.

PRAXISHINWEIS 2:

Bei Ausscheiden des beherrschenden GGF ist das Arbeitsrecht einer Abfindung zwar nicht im Wege, steuerrechtlich steht sie jedoch mittlerweile auf wackeligen Füßen (vgl. Rz. 1186 ff.).

604 Bei einer Zusage über eine rückgedeckte Unterstützungskasse steht der Übertragung der RDV auf den GGF die für die Körperschaftsteuer- und Gewerbesteuerfreiheit der Unterstützungskasse grds. die einzuhaltende Vermögensbindung im Weg.[1] Danach darf das durch Zuwendungen der Trägerunternehmen gebildete Vermögen der Unterstützungskasse nur für die satzungsgemäßen Versorgungsleistungen verwendet und nur im Ausnahmefall einer mehr als 25 %igen Überdotierung an das Trägerunternehmen ausgekehrt werden.[2] Die Abfindung bei vorzeitigem Ausscheiden stellt nur für den Fall keinen Verstoß gegen das Gebot der Vermögensbindung dar, dass der Abfindungsbetrag die Grenzen des § 3 Abs. 2 BetrAVG nicht übersteigt oder soweit unverfallbare Anwartschaften über den gesetzlichen Umfang hinaus vertraglich zugesichert wurden.[3] Über die in R 5.4 Abs. 3 Satz 3 Nr. 1 Satz 2 KStR 2015 normierte Sonderregelung können vollständig vertraglich unverfallbare Anwartschaften beherrschender GGF bei vorzeitigem Ausscheiden ohne Verletzung der Vermögensbindung abgefunden werden. Da die Abfindung auch in Form der Übertragung der Rückdeckungsversicherung geschehen kann, hat der GGF im Wege der privaten Fortführung des Rückdeckungsversicherungsvertrages die Möglichkeit der Aufrechterhaltung aller im Vertrag abgesicherten vorzeitigen Risiken. Allerdings muss der GGF den Steuerzufluss auf den ihm zufließenden Lohn in Höhe des Deckungskapitals des Rückdeckungsversicherungsvertrages stemmen können.

605 Da Zusagen über rückgedeckte Unterstützungskassen i. d. R. als beitragsorientierte Leistungszusagen konzipiert sind, stellt im Falle von gesetzlich unverfallbaren Anwartschaften nicht beherrschender GGF die fehlende Abfindungsmöglichkeit insoweit ein möglicherweise gravierendes Problem dar, als die Invaliditätsabsicherung des GGF auf die mit dem Ausscheiden verbleibende beitragsfreie Versicherungssumme der Rückdeckungsversicherung begrenzt ist. Denn die aufgrund der Vermögensbindung nicht mögliche Abfindung der Versorgungsanwartschaft schließt die Übertragung der Rückdeckungsversicherung mit ein. Kann der GGF aus gesundheitlichen Gründen am Versicherungs-

1 § 5 Abs. 1 Nr. 3e, § 6 Abs. 5, 6 KStG.

2 Vgl. auch Rz. 600 ff.

3 R 5.4 Abs. 3 Satz 3 Nr. 1 KStR 2015.

markt keinen adäquaten Schutz erhalten, steht er ohne ausreichenden Invaliditätsschutz dar.

BEISPIEL: Der nicht beherrschende GGF A besitzt eine Zusage über eine rückgedeckte Unterstützungskasse im Wege einer beitragsorientierten Leistungszusage. Inhalt der Zusage ist u. a. eine Berufsunfähigkeitsrente von 5.000 € monatlich. Mit Alter 53 scheidet der GGF A aus den Diensten der GmbH aus. Zu diesem Zeitpunkt beträgt bei Beitragsfreistellung des Rückdeckungsversicherungsvertrags die BU-Rente nur noch 2.000 €.

LÖSUNG: Mit dem Ausscheiden des GGF A beschränkt sich dessen Anwartschaft auf die Leistungen der Unterstützungskasse bzw. des Rückdeckungsversicherungsvertrags, die aus den bis zu diesem Zeitpunkt geleisteten Zuwendungen gebildet werden konnten. Da weder die GmbH noch der GGF A selbst die Unterstützungskasse und somit die Rückdeckungsversicherung weiter mit Zuwendungen dotieren können, beschränkt sich der BU-Schutz des A auf 2.000 €. Eine Übertragung der Rückdeckungsversicherung auf den GGF zwecks privater Fortführung ist der Unterstützungskasse aufgrund der Vermögensbindung nicht möglich.

PRAXISHINWEIS FÜR DEN VERMITTLER:

Verliert der GGF bei vorzeitigem Ausscheiden einen Teil seiner Invaliditätsabsicherung, weil die Rückdeckungsversicherung durch die Unterstützungskasse nicht auf ihn übertragen werden kann, sollte beim Versicherer angefragt werden, ob der im Rahmen der Beitragsfreistellung der Rückdeckungsversicherung geminderte Versicherungsschutz über einen separaten neu abzuschließenden Versicherungsvertrag des GGF ohne erneute Gesundheitsprüfung ausgeglichen werden kann. Erfahrungsgemäß lassen sich manche Versicherungsunternehmen darauf ein, wenngleich kein Anspruch auf eine solche Lösung besteht. Schlechte Aussichten bestehen auf jeden Fall dann, wenn der beitragsfrei gestellte Tarif für das Neugeschäft nicht mehr zur Verfügung steht und der Versicherer den Differenzschutz nur über einen Tarif mit besseren Bedingungen anbieten könnte.

ee) Verzicht (auf Teile der Versorgungszusage)

Realisiert der GGF während der Anwartschaftsphase – oftmals erst kurz vor dem Altersrentenbeginn – dass die Rückdeckung der Direktzusage nicht ausreichend ist und will er die Kapitalgesellschaft nicht mit der Finanzierung des Fehlbetrages belasten, tritt das Thema des Verzichts auf den nicht dotierten Teil der Versorgung in den Vordergrund. 606

Hinsichtlich des Future Service ist durch die FinVerw[1] klargestellt worden, dass ein Verzicht in Form des Einfrierens der Zusage keine verdeckte Einlage auslöst. Oftmals ist jedoch auch der erdiente Teil der Zusage nicht ausreichend rückgedeckt. Der Verzicht auf den bereits erdienten Teil der Zusage bewirkt je- 607

1 BMF v. 14.8.2012, BStBl 2012 I S. 874.

doch – sofern dadurch nicht eine (drohende) insolvenzrechtliche Überschuldung verhindert wird – gleichsam den lohnsteuerlichen Zufluss und eine Erhöhung der Anschaffungskosten der GmbH-Anteile i. H. d. Wiederbeschaffungskosten der erdienten Rentenanwartschaft.[1]

608 Im Falle einer beitragsorientierten Unterstützungskassenzusage ist der Past Service der Zusage zu jedem Zeitpunkt ausfinanziert, so dass mit dem Einfrieren der Versorgungszusage bzw. dem Verzicht auf den Future Service keine weiteren Dotierungen geleistet werden müssen. Auch der Verzicht auf den Past Service stellt nach Auffassung der Autoren steuerrechtlich mangels eines bestehenden formellen rechtlichen Anspruches des GGF auf die Versorgungszusage keine verdeckte Einlage dar.[2]

Checkliste		
	Direktzusage	**rückgedeckte Unterstützungskasse**
laufende Dotierung notwendig	nein	ja
Mindest-Finanzierunghöhe	Heubeck-Barwert	Versicherer-Barwert
Erhalt Altersrentenkapital für die Erben im Todesfall möglich	ja	nein
Übernahme der Rückdeckungsversicherung bei vorzeitigem Ausscheiden möglich	ja	nur bei vertraglich unverfallbaren Anwartschaften
Verzicht möglich	nein	ja

609–620 *(Einstweilen frei)*

1 Vgl. Rz. 1071 ff.

2 Vgl. Ahrend/Förster/Rößler, Steuerrecht der betrieblichen Altersversorgung, Bd. II, Teil 6, Rz. 836; mit Verweis darauf, dass der arbeitsrechtliche Verschaffungsanspruch gegen den Arbeitgeber steuerrechtlich kein Wirtschaftsgut begründet.

III. Dreistufige Prüfung einer Pensionszusage: Zivilrechtliche Wirksamkeit – Bilanzierung bzw. Betriebsausgabenabzug – gesellschaftsrechtliche Veranlassung

Die Ausführungen in Kapitel C.II. zeigen, dass die Direktzusage bzw. die Unterstützungskassenzusage im Bereich der bAV beim GGF in vielen Fällen eine entscheidende Rolle spielt, da die steuerlichen Fördermöglichkeiten im Bereich der versicherungsförmigen Durchführungswege nicht ausreichen, um eine dem Aktivgehalt angemessene Versorgung für das Alter, für den Fall der Invalidität oder den Todesfall in der Ansparphase steuerunbelastet sicherzustellen. 621

Vor diesem Hintergrund gilt es gerade bei diesen beiden nicht versicherungsförmigen Durchführungswegen, ein über die allgemeinen Voraussetzungen zur Einrichtung einer bAV[1] hinausgehendes, besonderes Augenmerk auf die steuerliche Anerkennung des Betriebsausgabenabzugs für die Rückstellungsbildung (Direktzusage) oder die Zuwendungen an die Unterstützungskasse zu werfen. Denn die maßgebenden Vorschriften des § 6a EStG bzw. § 4d EStG enthalten eine Vielzahl von Reglementierungen für den Betriebsausgabenabzug auf der Ebene der GmbH. Liegen die entsprechenden Voraussetzungen nicht vor, ist schon der steuerliche Betriebsausgabenabzug hinsichtlich der Zuführungen zur Pensionsrückstellung bzw. hinsichtlich der Zuwendungen an die Unterstützungskasse zu versagen. Trotz zivilrechtlich wirksamer Zusage (Prüfschritt 1, vgl. Rz. 625 ff.) und bestehender späterer Einstandspflicht der GmbH würde sich dennoch in einem solchen Fall die Versorgungszusage in der Ansparphase in der steuerlichen Gewinnermittlung nicht mindernd auswirken. Bei den versicherungsförmigen Durchführungswegen stellen sich vergleichbare „Schwierigkeiten" i. d. R. nicht. 622

Nur wenn diese Hürde (Prüfschritt 2, vgl. Rz. 641 ff.) gemeistert, der Betriebsausgabenabzug also zu bejahen ist, geht es abschließend in einem dritten Prüfungsschritt um die Frage, ob darüber hinaus die Zusage ggf. ganz oder teilweise gesellschaftsrechtlich veranlasst und ggf. zusätzlich steuerlich insoweit als vGA einzustufen ist. Dies hätte für die Direktzusage zur Folge, dass die in der Steuerbilanz gebildete Rückstellung oder die spätere Zahlung der Versorgungsleistungen außerhalb der Bilanz und der Gewinn- und Verlust-Rechnung durch eine Gewinnhinzurechnung oder -minderung wieder zu korrigieren ist.[2] 623

1 Vgl. unter Rz. 321 ff.
2 Vgl. hierzu unter Rz. 751 ff.

Für die Zusage über eine Unterstützungskasse hat der BFH in 2016 erstmals klargestellt, dass über die Norm des § 4d Abs. 1 Satz 1 EStG bereits die gesellschaftsrechtliche Veranlassung der Zusage (unabhängig von den weiteren Voraussetzungen einer vGA) bereits zur Versagung des Betriebsausgabenabzuges führt (vgl. auch Rz. 704).[1]

624 Daraus ergibt sich für die Ansparphase zunächst folgender Prüfungsweg:

1. Schritt	► Wurde die Zusage zivilrechtlich wirksam erteilt? - wenn nein: keine Berücksichtigung in der Handelsbilanz- und der Steuerbilanz
2. Schritt	► Liegen die Voraussetzungen des § 6a EStG, des § 4d EStG bzw. des § 4 Abs. 4 EStG vor? - wenn nein: keine Berücksichtigung in der Steuerbilanz
3. Schritt	► Direktzusage: Ist die Zusage gesellschaftsrechtlich veranlasst und zieht eine verdeckte Gewinnausschüttungen nach sich? - wenn ja: außerbilanzielle Gewinnhinzurechnung ► Unterstützungskasse: Ist die Zusage gesellschaftsrechtlich veranlasst? - wenn ja: kein Betriebsausgabenabzug

1. Zivilrechtliche Wirksamkeit (1. Schritt)

625 Mangelt es bei einer Versorgungszusage bereits an einer zivilrechtlichen Wirksamkeit, ist diese weder handelsrechtlich noch steuerrechtlich anzuerkennen. Dies hat zur Folge, dass weder in der Handelsbilanz noch in der Steuerbilanz bzw. der entsprechenden Gewinnermittlung ein Ausweis der Pensionsverpflichtung bzw. ein Betriebsausgagenabzug für die entsprechenden Zuwendungen (Unterstützungskasse) bzw. Beiträge (versicherungsförmige Durchführungswege) in Betracht kommt. Allerdings besteht mangels zivilrechtlicher Wirksamkeit auch keine Zahlungsverpflichtung der GmbH gegenüber ihrem „versorgungsberechtigten" GGF.

626 Im Umkehrschluss aus § 125 BGB, der die Nichtigkeit eines Rechtsgeschäfts definiert, ergibt sich, dass Rechtsgeschäfte die durch das Gesetz vorgegebene Form einhalten müssen, um zivilrechtlich wirksam und nicht nichtig zu sein. In Bezug auf vertragliche Vereinbarungen zwischen Kapitalgesellschaften und ih-

1 BFH v. 20.7.2016 - I R 33/15, BStBl 2017 II S. 66.

ren GGF bedeutet dies, dass neben den Regelungen des BGB auch die vom GmbH-Gesetz vorgegebenen Regelungen einzuhalten sind.

Damit eine zivilrechtlich wirksame Versorgungszusage mit dem GGF abgeschlossen werden kann, muss dieser zunächst durch entsprechende Vereinbarung im Gesellschaftsvertrag/in der Satzung und durch Eintragung im Handelsregister vom Selbstkontrahierungsverbot gem. § 181 BGB befreit werden. Alternativ kann die Gesellschafterversammlung ermächtigt werden, den GGF entsprechend zu befreien. Erst dann kann er rechtswirksame Verträge schließen, die seine Geschäftsführertätigkeit – und damit auch seine Versorgung – betreffen. Für den Allein-GGF ist dies zusätzlich über § 35 Abs. 3 GmbHG geregelt. Außerdem gilt hier gem. § 35 Abs. 3 Satz 2 GmbHG zwingend noch die Protokollierungspflicht (i. d. R. wohl schriftlicher Gesellschaftsbeschluss). 627

PRAXISHINWEIS:

Wird die Befreiung vom Selbstkontrahierungsverbot gem. § 181 BGB erst nach Abschluss von sog. In-Sich-Geschäften in der Satzung geregelt und im Handelsregister eingetragen, werden die Verträge allerdings als nachträglich genehmigt angesehen. Das steuerliche Rückwirkungsverbot steht dem nicht entgegen, wenn den In-Sich-Geschäften klare und eindeutige und von vornherein abgeschlossene Vereinbarungen zugrunde liegen.[1]

Darüber hinaus hat der BGH in Auslegung von § 46 Nr. 5 GmbHG für alle GGF bestimmt, dass die Gesellschafterversammlung einer GmbH auch für Änderungen des Dienstvertrags eines Geschäftsführers (einschließlich seiner sämtlichen Bezüge, also auch der Versorgungszusagen, ungeachtet des Durchführungswegs) sowie für dessen vertragliche Aufhebung zuständig ist, soweit nach Gesetz oder Satzung keine anderweite Zuständigkeit bestimmt ist.[2] Vertragliche Vereinbarungen, die nicht vom zuständigen Organ vorgenommen worden sind, sind nach dem BGH-Urteil zivilrechtlich nicht wirksam zustande gekommen. Die FinVerw hat sich dieser Sichtweise angeschlossen.[3] 628

PRAXISHINWEIS:

Bei einer mitbestimmten GmbH ist nach § 31 GmbHG i. V. m. § 84 AktG der Aufsichtsrat zuständig.

Die Abhaltung einer form- und fristgerecht einberufenen Gesellschafterversammlung[4] setzt dabei grds. die Abhaltung einer Versammlung voraus. Es sei 629

1 BFH v. 17.9.1992 - I R 89-98/91, BStBl 1993 II S. 141; BFH v. 23.10.1996 - I R 71/95, BStBl 1999 II S. 35.

2 BGH v. 25.3.1991 - II ZR 169/90, DB 1991 S. 1065.

3 BMF v. 16.5.1994, BStBl 1994 I S. 868.

4 Vgl. §§ 48 ff. GmbHG.

denn sämtliche Gesellschafter erklären sich in Textform mit der zu treffenden Bestimmung oder mit der schriftlichen Abgabe der Stimmen einverstanden. Befinden sich alle Geschäftsanteile der Gesellschaft in der Hand eines Gesellschafters oder daneben in der Hand der Gesellschaft, so muss der Gesellschafter unverzüglich nach der Beschlussfassung eine Niederschrift aufnehmen und unterschreiben, um einen wirksamen Gesellschafterbeschluss herbeizuführen.

PRAXISHINWEIS:

Um Diskussionen mit dem Betriebsprüfer über die zivilrechtliche Wirksamkeit einer Zusage auf bAV des GGF zu vermeiden, sollte jede Erteilung oder Änderung der Versorgungszusage Gegenstand einer Gesellschafterversammlung sein und zeitnah der Gesellschafterbeschluss schriftlich protokolliert werden. Dies gilt unabhängig vom Durchführungsweg der bAV. Im Falle einer rückgedeckten Direktzusage sollte der Gesellschafterbeschluss zusätzlich die Verpfändung der Rückdeckungsversicherung an den GGF erfassen, da der Gesellschafterbeschluss nach einem Urteil des OLG Düsseldorf Voraussetzung für das wirksame Zustandekommen der Verpfändung ist.[1]

630 Eine schriftliche Pensionsvereinbarung ist aus Gründen der zivilrechtlichen Wirksamkeit nicht zwingend geboten, da insbesondere § 1 BetrAVG keine Schriftform voraussetzt. Eine Pensionszusage kann grds. auch mündlich erteilt werden. Entscheidend ist, dass ein Rechtsbindungswille vorhanden ist und nicht lediglich Versorgungsleistungen unverbindlich in Aussicht gestellt werden.[2] Der schriftlichen Erteilung einer Pensionszusage kommt folglich aus rein zivilrechtlicher Sicht kein konstitutiver Charakter zu, sondern lediglich ein deklaratorischer. Die Schriftform dient also insoweit „nur" Beweiszwecken in Bezug auf den Inhalt des Vertrages. Dies wird auch untermauert durch die Regelung in § 2 Abs. 1 Nr. 6 des Gesetzes über den Nachweis der für ein Arbeitsverhältnis geltenden wesentlichen Bedingungen (NachwG). Zwar ist der Arbeitgeber hiernach verpflichtet, dem Arbeitnehmer eine Niederschrift über die Erteilung der Pensionszusage auszuhändigen. Dieser Vorgang begründet jedoch nicht die Wirksamkeit der Pensionszusage, sondern setzt diese vielmehr voraus. Abgesehen davon fordert das NachwG keine schriftliche Erklärung des Arbeitnehmers. Dass das Entstehen einer wirksamen Pensionsverpflichtung von einer solchen Erklärung abhängt, lässt sich mithin aus den zivilrechtlichen Vorgaben nicht ableiten.[3]

1 Vgl. Rz. 551 ff. zur rechtwirksamen Verpfändung einer Rückdeckungsversicherung; OLG Düsseldorf v. 23.4.2009 - I-6 U 58/08, 6 U 58/08, ZInsO 2009 S. 1599.

2 Vgl. Kisters-Kölkes in Dornbusch/Fischermeier/Löwisch, Fachanwaltskommentar Arbeitsrecht, 2010, § 1 BetrAVG Rz. 9.

3 Vgl. in diesem Sinne auch BFH v. 27.4.2005 - I R 75/04, BStBl 2005 I S. 702 und Dommermuth in Herrmann/Heuer/Raupach, EStG und KStG Kommentar, § 6a EStG Anm. 35.

Prüfungsschritt 1 enthält also folgende Punkte (vgl. die Definition der Prüfungsschritte in Rz. 621 ff.): 631

1. Schritt

- **Zivilrechtlich wirksame Zusage**
- Befreiung vom Selbstkontrahierungsverbot beim GGF durch Regelung in Gesellschaftsvertrag/Satzung und Eintragung im Handelsregister
- (protokollierter) Gesellschafterbeschluss über die erteilte Pensionszusage nach Abhaltung einer form- und fristgerecht einberufenen Gesellschafterversammlung

---

(Einstweilen frei) 632–640

2. (Bilanz-)steuerrechtliche Anerkennung (2. Schritt)

a) Direktzusage: Voraussetzungen des § 6a EStG

PRAXISHINWEIS: 641

Die Analyse der (bilanz-)steuerrechtlichen Anerkennung im vorliegenden Kapitel durch die Betriebsprüfung (BP) hat, wenn sie zu Beanstandungen führt, gewinn- und damit steuererhöhende Wirkung, so wie die Entdeckung einer vGA durch die BP im 3. Schritt (vgl. Rz. 751 ff.). Dennoch wirken sich beide Rechtsinstitute auf eine Direktzusage sehr unterschiedlich wie folgt aus:

Auswirkung	Verstoß gegen 2. Schritt	Vorliegen einer vGA im 3. Schritt
Bei natürlichen Personen	Betrifft sämtliche aus der Direktzusage Begünstigten, d. h. nicht nur den GGF, sondern auch Fremd-Geschäftsführer, Vorstände, Arbeitnehmer und Personen i. S. v. § 17 Abs. 1 Satz 2 BetrAVG.	Betrifft nur Gesellschafter einer Kapitalgesellschaft und damit auch GGF.
Bei Unternehmen	Betroffen sind alle Rechtsformen.	Betroffen sind gem. § 8 Abs. 3 Satz 2 KStG sowie R 8.7 KStR ausschließlich Kapitalgesellschaften.

Auswirkung	Verstoß gegen 2. Schritt	Vorliegen einer vGA im 3. Schritt
Wirkung auf Bilanz und GuV	Der Verstoß wirkt sich auf Steuerbilanz und steuerliche GuV aus und damit auf den Steuerbilanzgewinn i. S. v. § 4 Abs. 1 EStG.	Die vGA bewirkt keine Änderungen in Steuerbilanz und steuerlicher GuV, sondern erhöht lediglich den dem Steuerbilanzgewinn nachgelagerten Gewinn aus Gewerbebetrieb i. S. v. § 15 EStG/§ 7 GewStG, der außerbilanzielle Wirkungen erfasst, wie z. B. nicht abziehbare Betriebsausgaben.[1]
Gewinnerhöhung	Im Falle der Direktzusage führt ein Verstoß gegen § 6a EStG zum (teilweisen) Verbot der Rückstellungsbildung oder zur (teilweisen) Auflösung bereits gebildeter Rückstellungen. In letzterem Fall werden daher, weil Rückstellungen stichtagsbezogene Bestandsgrößen sind, Rückstellungen aufgelöst, die u. U. schon viele Jahre vorher – auch in Jahren, die schon längst materiell bestandskräftig[2] sind – gebildet wurden, selbst wenn die Festsetzungsverjährungsfrist des § 169 Abs. 2 Nr. 2 und § 170 Abs. 2 Satz 1 Nr. 2 AO bereits abgelaufen ist. Die Gewinnerhöhung ist somit nicht, wie die vGA, auf noch offene Be-	Eine vGA kann sich entspr. ihrer Definition in R 8.5 Abs. 1 KStR 2015 als „Vermögensminderung oder verhinderte Vermögensmehrung" nur auf den nachgelagerten Gewinn aus Gewerbebetrieb eines betreffenden Veranlagungszeitraums (VZ) auswirken, nicht auf die Bestandsgröße „Rückstellung". Die Auswirkung kann nur Steuerbescheide und folglich Gewinnminderungen durch Rückstellungszuführungen der VZ betreffen, die noch nicht materiell bestandskräftig und damit noch offen sind. Hat die BP daher z. B. in den VZ 2017 bis 2019 eine vGA i. Z. m. einer Pensions-

1 Nicht abziehbare Betriebsausgaben (z. B. gem. § 4 Abs. 5 EStG), steuerfreie Betriebseinnahmen (z. B. § 3 Nr. 40 EStG), vGA (§ 8 Abs. 3 Satz 2 KStG) und verdeckte Einlagen (§ 8 Abs. 3 Satz 3 KStG) haben eines gemeinsam: Sie sind nicht gem. § 4 Abs. 4 EStG steuermindernd absetzbar bzw. steuererhöhend anzusetzen, führten jedoch zu einem Liquiditäts- bzw. Wirtschaftsgüterab- bzw -zufluss. Auf diese Weise mindert z. B. eine Bewirtung im Restaurant den Gewinn in der steuerlichen GuV und damit das Eigenkapital in der Steuerbilanz zu 100 %, darf den nachgelagerten Gewinn aus Gewerbebetrieb gem. § 4 Abs. 5 Satz 1 Nr. 2 EStG jedoch nur zu 70 % mindern, so dass 30 % außerhalb der GuV wieder hingerechnet werden. Dasselbe passiert bei der vGA, da diese liquiditätsmäßig und als Aufwand in der GuV bereits abgeflossen ist, jedoch den Gewinn nicht mindern darf.

2 Unter „materieller Bestandskraft" versteht man die Unabänderbarkeit eines Steuerbescheides.

Auswirkung	Verstoß gegen 2. Schritt	Vorliegen einer vGA im 3. Schritt
	scheide begrenzt, denn sie findet bei (teilweiser) Auflösung der Rückstellung komplett in dem Wirtschaftsjahr statt, in dem aufgelöst wird (vgl. hierzu auch das Beispiel im Praxishinweis von Rz. 756).	rückstellung erkannt, die die frühere BP übersehen hat, kann sich diese vGA auf VZ und die Gewinnminderungen durch Rückstellungszuführungen vor 2017 nicht mehr auswirken (vgl. hierzu auch das Beispiel im Praxishinweis von Rz. 756).
Wirkung bei den Gesellschaftern	Keine unmittelbare Auswirkung, da es lediglich auf der Ebene des Unternehmens zu einer Gewinnerhöhung kommt. Lediglich indirekt jedoch wirkt sich diese über höhere Steuerzahlung, damit verringertes Eigenkapital und somit reduziertes Ausschüttungs- bzw. Entnahmepotenzial auf alle Gesellschafter aus.	Unmittelbare Auswirkung im Leistungsfall, da die vGA zu den Einkünften aus Kapitalvermögen i. S. v. § 20 Abs. 1 Nr. 1 Satz 2 EStG gehört. Dadurch wird sie gem. § 32d Abs. 1 Sätze 1 und 4 EStG dem Einkommensteuer-Sondertarif von 25 % unterworfen oder, wenn die Voraussetzungen des § 32d Abs. 2 Nr. 3 EStG erfüllt sind, gem. § 3 Nr. 40 Buchst. d EStG zu 60 %iger Steuerpflicht mit dem Normaltarif gem. § 32a EStG besteuert. Somit bewirkt diese Umqualifizierung der Einkünfte in Höhe der vGA – vorher § 19 jetzt § 20 EStG – beim betroffenen Gesellschafter i. d. R. eine steuerliche Begünstigung. Die anderen Gesellschafter werden indessen schlechter gestellt, da die vGA-bedingte Steuererhöhung das Ausschüttungspotenzial der Gesellschaft mindert.

§ 6a Abs. 1 EStG normiert zunächst eine Reihe formeller Voraussetzungen, die eine Direktzusage erfüllen muss, damit in der Steuerbilanz überhaupt eine Pensionsrückstellung gebildet werden darf. So ist Voraussetzung, dass die Pensionszusage

- eindeutige Angaben zu Art, Form, Voraussetzungen und Höhe der in Aussicht gestellten künftigen Leistungen enthält,
- schriftlich erteilt ist und der Pensionsberechtigte einen Rechtsanspruch auf einmalige oder laufende Pensionsleistungen hat,
- keine Pensionsleistungen in Abhängigkeit von künftigen gewinnabhängigen Bezügen vorsieht und
- keinen Vorbehalt enthält, dass die Pensionsanwartschaft oder die Pensionsleistung gemindert oder entzogen werden kann, oder ein solcher Vorbehalt sich nur auf Tatbestände erstreckt, bei deren Vorliegen nach allgemeinen Rechtsgrundsätzen unter Beachtung billigen Ermessens eine Minderung oder ein Entzug der Pensionsanwartschaft oder der Pensionsleistung zulässig ist.

§ 6a Abs. 2 EStG enthält sodann Vorgaben, ab wann eine Pensionsrückstellung gebildet werden darf und § 6a Abs. 3 EStG zur Höhe der möglichen Pensionsrückstellung.

642 Liegen die Voraussetzungen des § 6a Abs. 1 und Abs. 2 EStG vor, gilt nach Auffassung der FinVerw und der herrschenden Meinung in der Literatur aufgrund der Passivierungspflicht in der Handelsbilanz für Zusagen, die nach dem 31.12.1986 erteilt worden sind, auch für die Steuerbilanz eine Passivierungspflicht (grds. Maßgeblichkeit der Handelsbilanz für die Steuerbilanz). Hieran hat sich auch nach Inkrafttreten des BilMoG nichts geändert. Die lex-specialis-Regelung des § 6a EStG führt nur dann zur Durchbrechung des Maßgeblichkeitsgrundsatzes gem. § 5 Abs. 1 Satz 1 Halbsatz 1 EStG, wenn die Voraussetzungen des § 6a Abs. 1 EStG nicht erfüllt sind. Für die Anwendung des Maßgeblichkeitsgrundsatzes kommt es nicht darauf an, dass in der Handelsbilanz eine zutreffende Rückstellung tatsächlich gebildet worden ist, sondern nur darauf, ob die Rückstellung nach den Grundsätzen ordnungsgemäßer Buchführung zu bilden gewesen wäre. Ist in der Handelsbilanz eine Rückstellungsbildung zu Unrecht unterblieben, ist die Pensionsrückstellung in der Steuerbilanz dennoch anzusetzen.[1]

643 Für Zusagen, die vor dem 1.1.1987 erteilt worden sind, sieht das Handelsrecht ein Passivierungswahlrecht vor. Unterlässt die Kapitalgesellschaft eine (ausreichende) Passivierung, muss allerdings gem. Art. 28 Abs. 1 Satz 1 EGHGB eine entsprechende Angabe im Anhang zur Handelsbilanz erfolgen. Da durch das

1 Vgl. BFH v. 13.6.2006 - I R 58/05, BStBl 2006 II S. 928, unter II.1.b und c der Gründe; Dommermuth in Herrmann/Heuer/Raupach, EStG und KStG Kommentar, § 6a EStG Anm. 16, mit Hinweis auf abweichende Mindermeinungen.

Inkrafttreten des BilMoG allerdings die formelle Maßgeblichkeit der Handelsbilanz für die Steuerbilanz aufgehoben worden ist, kann für Geschäftsjahre, die nach dem 31.12.2009 beginnen, das Wahlrecht gem. § 5 Abs. 1 Satz 1 Halbsatz 2 EStG für diese Altzusagen in Handels- und Steuerbilanz unabhängig voneinander ausgeübt werden.[1] Es kann also z. B. in der Handelsbilanz auf die Bilanzierung verzichtet und nur die Anhangangabe gewählt werden, in der Steuerbilanz darf dennoch nach § 5 Abs. 1 Satz 1 Halbsatz 2 EStG i. V. m. § 6a EStG eine Rückstellung ausgewiesen werden. Für Geschäftsjahre, die vor dem 1.1.2010 beginnen, wird die Auffassung vertreten, dass das handelsrechtliche Passivierungswahlrecht nicht automatisch zu einem steuerlichen Passivierungsverbot[2] führt.[3] Ob das steuerliche Passivierungswahlrecht allerdings völlig unabhängig von der Ausübung des handelsrechtlichen Passivierungswahlrechts ist, oder ob zwingend in der Handelsbilanz eine entsprechende Rückstellung zu bilden ist, wenn in der Steuerbilanz eine Rückstellung gewünscht ist, ist in der Literatur umstritten.[4] Die Regelung in R 6a Abs. 20 Satz 2 EStR deutet auf letztere Sichtweise hin, wenngleich die Aussage nicht speziell diesen Fall klarstellt.[5]

aa) Form und Inhalt der Versorgungszusage

Das Schriftformerfordernis dürfte in unmittelbarem Zusammenhang mit der Forderung eindeutiger Angaben zu Art, Form, Voraussetzungen und Höhe der in Aussicht gestellten künftigen Leistungen zu sehen sein. Denn auch die FinVerw bestimmt in R 6a Abs. 7 EStR, dass für die nach § 6a Abs. 1 Nr. 3 EStG vorgeschriebene Schriftform jede schriftliche Festlegung in Betracht kommt, aus der sich der Pensionsanspruch nach Art und Höhe ergibt, z. B. Einzelvertrag, Gesamtzusage (Pensionsordnung), Betriebsvereinbarung, Tarifvertrag, Gerichtsurteil, wobei bei einer Gesamtzusage eine schriftliche Bekanntmachung in geeigneter Form nachzuweisen ist, z. B. durch ein Protokoll über den Aushang im Betrieb. Im Zusammenhang mit Direktzusagen an GGF wird i. d. R. eine durch Einzelvertrag zustande gekommene Zusage vorliegen. 644

Die Schriftform muss am jeweiligen Bilanzstichtag vorliegen (R 6a Abs. 7 Satz 3 EStR 2012). Ist dies nicht der Fall, darf die steuerliche Rückstellung zu diesem 645

1 Vgl. BMF v. 12.3.2010, BStBl 2010 I S. 239, Rz. 16.

2 Vgl. BFH v. 3.2.1969 - GrS 2/68, BStBl 1968 II S. 291, zu den Gründen II.3.

3 Vgl. Dommermuth in Herrmann/Heuer/Raupach, EStG und KStG Kommentar, § 6a EStG Anm. 16.

4 Vgl. Dommermuth in Herrmann/Heuer/Raupach, § 6a EStG Anm. 16, mit Hinweis auf abweichende Meinungen.

5 Ebenso BMF v. 12.3.2010, BStBl 2010 I S. 239, Rz. 9 ff.

Zeitpunkt nicht gebildet werden. Wird die Schriftform später nachgeholt, kann die Rückstellung zum dann folgenden Bilanzstichtag in voller Höhe gebildet werden, ohne dass ein Verstoß gegen das Nachholungsverbot des § 6a Abs. 4 Satz 1 EStG vorliegen würde, da der BFH entschieden hat, dass die Rechtsfolge des § 6a Abs. 4 Satz 1 EStG nicht ausgelöst wird, soweit der Versorgungsverpflichtete aus Rechtsgründen an der Bildung einer Rückstellung gehindert war.[1]

646 Die „schriftliche Erteilung" einer Pensionszusage i. S. d. § 6a Abs. 1 Nr. 3 EStG setzt nach Auffassung des BFH keine sowohl vom Pensionsberechtigten als auch vom Pensionsverpflichteten unterzeichnete schriftliche Erklärung voraus. Es genüge vielmehr, dass der Versorgungsverpflichtete eine schriftliche Erklärung mit dem in § 6a Abs. 1 Nr. 3 EStG geforderten Inhalt abgebe und dass der Versorgungsberechtigte das darin liegende Angebot nach den Regeln des Zivilrechts annehme. Dazu reiche insbesondere eine mündliche Erklärung des Pensionsberechtigten aus. Das folge schon aus dem Wortlaut der Vorschrift, der besage, dass die Pensions„zusage" schriftlich „erteilt" sein müsse; eine schriftliche Pensions„vereinbarung" – und damit auch eine vom Pensionsberechtigten abgegebene schriftliche Erklärung – fordere das Gesetz mithin nicht.[2] Künftige Änderungen der Pensionszusage bedürfen ebenfalls der Schriftform.[3] Zahlungsbelege allein erfüllen das Schriftformerfordernis gem. R 6a Abs. 7 Satz 6 EStR 2012 nicht.

PRAXISHINWEIS:

Ein Gesellschafterbeschluss ersetzt die Schriftform nicht, ein Mangel an Inhalt in der Pensionszusage kann nicht durch einen Gesellschafterbeschluss geheilt werden; dies gilt auch für spätere Änderungen der Zusage.[4]

647 Dem Eindeutigkeitserfordernis wird Genüge getan, wenn klare, ggf. auch auslegungsbedürftige und -fähige, nicht aber mehrdeutige Vereinbarungen[5] über Art, Form, Voraussetzungen und Höhe der in Aussicht gestellten künftigen Leistungen getroffen werden.

1 BFH v. 8.10.2008 - I R 3/06, BStBl 2010 II S. 186; vgl. Dommermuth in Herrmann/Heuer/Raupach, EStG und KStG Kommentar, § 6a EStG Anm. 36.

2 BFH v. 27.4.2005 - I R 75/04, BStBl 2005 II S. 702.

3 BFH v. 31.5.2017 – I R 91/15, BFH/NV 2018, 16 unter III.1.a der Entscheidungsgründe; BFH v. 12.10.2010 - I R 17, 18/10, BFH/NV 2011 S. 452, unter II.1.b.aa der Entscheidungsgründe.

4 BFH v. 12.10.2010 - I R 17, 18/10, BFH/NV 2011 S. 452; vgl. Dommermuth in Herrmann/Heuer/Raupach, § 6a EStG Anm. 36.

5 Vgl. Gosch in Kirchhof, EStG, § 6a Rz. 10.

Leistungsart bezeichnet hierbei die unterschiedlichen denkbaren betrieblichen Versorgungsleistungen gem. § 1 Abs. 1 Satz 1 BetrAVG für den Fall der Invalidität, des Todes oder das Erreichen eines bestimmten Pensionsalters, die einzeln, aber auch kumulativ zugesagt werden können. 648

Leistungsform definiert, ob die Leistungen als lebenslange oder zeitlich begrenzte laufende (Renten)Leistungen zu erbringen sind oder als einmalige Kapitalleistung und ob ggf. ein (einseitiges) Kapitalwahlrecht besteht. 649

Hinsichtlich der Leistungsvoraussetzungen ist festzulegen, nach welchen Kriterien eine Leistungsverpflichtung des Arbeitgebers begründet werden soll, also z. B. ab welchem Alter (vorgezogene) Altersleistungen fällig werden, wie eine leistungsbegründende Invalidität festzustellen ist (z. B. entsprechend der Kriterien in der gesetzlichen Rentenversicherung, entsprechend der Versicherungsbedingungen einer abgeschlossenen Rückdeckungsversicherung), wer zum Kreis der begünstigten Hinterbliebenen gehören soll (nur der Ehegatte oder auch der Lebensgefährte). Sofern der Versorgungsberechtigte unter den Schutzbereich des BetrAVG fällt (vgl. hierzu Rz. 91 ff.), müssen Regelungen z. B. zur Unverfallbarkeit bei frühzeitigem Ausscheiden aus dem Dienstverhältnis, zum Insolvenzschutz oder zur Rentenanpassungsverpflichtung nicht ausdrücklich getroffen werden, wenn nur der gesetzliche Rechtsanspruch, aber keine vertragliche Besserstellung vereinbart werden soll. 650

PRAXISHINWEIS:

Zu den Besonderheiten beim beherrschenden GGF vgl. Rz. 772.

Die Leistungshöhe definiert sich über die Art der gegebenen Zusage – Leistungszusage oder beitragsorientierte Leistungszusage[1] –, die hinsichtlich ihrer konkreten Bemessungsgrundlagen festzulegen sind. So ist z. B. bei einer Leistungszusage zu bestimmen, ob es sich um eine statische, betragsmäßig konkret bestimmte Leistung handeln soll oder um eine dynamische Leistung (z. B. gehaltsabhängige Zusage, Zusage fester Steigerungsraten nach vorbestimmten Parametern). Bei einer beitragsorientierten Leistungszusage, wo die Versorgungshöhe im Ergebnis durch den jährlichen Versorgungsaufwand definiert wird, der vom Zusagezeitpunkt bis zum Eintritt des Versorgungsfalls bzw. bis zu einem festgelegten Endzeitpunkt aufzubringen ist, ist festzulegen nach welchen konkreten versicherungsmathematischen Berechnungsgrundlagen sich daraus welche Versorgungsbausteine ergeben sollen. 651

1 Die Beitragszusage mit Mindestleistung kommt bei der Direktzusage nicht in Betracht; vgl. unter Rz. 415.

bb) Rechtsanspruch des Versorgungsberechtigten

652 Die getroffene Vereinbarung muss dem Versorgungsberechtigten bereits in der Anwartschaftsphase einen – aufschiebend bedingten – Rechtsanspruch einräumen.[1] Die FinVerw geht insoweit von einer rechtsverbindlichen Verpflichtung des Versorgungsverpflichteten aus, wenn eine solche nach arbeitsrechtlichen Grundsätzen vorliegt.[2] Folglich kann auf die Definition in § 194 BGB zurückgegriffen werden. Danach besteht ein Rechtsanspruch immer dann, wenn der Versorgungsberechtigte berechtigt ist, ein bestimmtes Verhalten – die Erbringung der zugesagten Versorgungsleistungen – vom Versorgungsverpflichteten zu fordern, nötigenfalls einzuklagen.[3]

653 Dies setzt nicht zwingend voraus, dass ein solcher Rechtsanspruch in der Versorgungszusage ausdrücklich eingeräumt wird, denn es wird insoweit von einer stillschweigenden Vereinbarung ausgegangen. Ob ein Rechtsanspruch besteht, muss im Einzelfall durch Auslegung ermittelt werden. Hierbei ist insbesondere festzustellen, ob die Zusage ernsthaft gemeint ist und beabsichtigt ist, die Leistungen tatsächlich zu erbringen.[4]

cc) Verbot der Gewinnabhängigkeit

654 § 6a Abs. 1 Nr. 2 Halbsatz 1 EStG sieht vor, dass die Direktzusage keine Pensionsleistungen in Abhängigkeit von künftigen gewinnabhängigen Bezügen vorsehen darf. In der Literatur wurde dabei das Tatbestandsmerkmal „künftig" i. d. R. auf den jeweils zu beurteilenden Bilanzstichtag bezogen, so dass daraus der Schluss gezogen wurde, dass eine direkte oder indirekte Abhängigkeit der Pensionsleistungen von am Gewinnermittlungsstichtag bereits entstandenen Gewinnen nicht zu einem Rückstellungsverbot führt.[5]

655 Allerdings hat der BFH mit Urteil v. 3.3.2010 - I R 31/09[6] entschieden, dass „künftige" gewinnabhängige Bezüge i. S. des § 6a Abs. 1 Nr. 2 Halbsatz 1 EStG

1 Vgl. ausführlich Dommermuth in Herrmann/Heuer/Raupach, EStG und KStG Kommentar, § 6a EStG Anm. 25 bis 29.

2 Vgl. R 6a Abs. 2 Satz 3 EStR.

3 Gl. A. Höfer/Veit/Verhuven, Betriebsrentenrecht (BetrAVG) Bd. II Steuerrecht/Sozialabgaben, HGB/IFRS, Kap. 2, Rz. 97 ff.; Rau, Kommentar zum BetrAVG § 6a EStG Rz. 34 f.; ähnlich Ahrend/Förster/Rößler, Steuerrecht der betrieblichen Altersversorgung, Bd. II, Teil 2, Rz. 296 f.

4 Zur Frage der Ernsthaftigkeit einer Versorgungszusage insbesondere beim Gesellschafter-Geschäftsführer vgl. unter Rz. 717.

5 In diesem Sinne z. B. Dommermuth in Herrmann/Heuer/Raupach, EStG und KStG Kommentar, § 6a EStG Anm. 30; Höfer/Veit/Verhuven, Betriebsrentenrecht (BetrAVG) Bd. II Steuerrecht/Sozialabgaben, HGB/IFRS, Kap. 2, Rz. 113 f.

6 BFH v. 3.3.2010 - I R 31/09, BStBl 2013 II S. 781.

solche Bezüge sind, welche nach Erteilung der Direktzusage entstehen, nicht aber solche, welche nach dem jeweiligen Bilanzstichtag entstehen. Zweck der durch das Jahressteuergesetzes 1997[1] eingeführten Regelung sei es gewesen, eine Entscheidung des BFH v. 9.11.1995 - IV R 2/93[2] außer Kraft zu setzen und künftige gewinnabhängige Gehaltsbestandteile für die Zukunft von der steuerlichen Anerkennung auszuschließen, um insbesondere ein gewinnabsaugendes Schwanken der Pensionsrückstellung zu verhindern. Dieser Regelungszweck würde indessen unterlaufen, würde man nach wie vor auf den jeweiligen Bilanzstichtag abstellen und alle gewinnabhängigen Vergütungsbestandteile bis zu diesem Zeitpunkt für die Rückstellung berücksichtigen. Denn bei der Berücksichtigung von am Bilanzstichtag entstandenen Gewinnen drohten im Ergebnis gerade jene Schwankungen der Rückstellungen, die durch die Regelung verhindert werden sollten.

PRAXISHINWEIS:

Die FinVerw hat erst in 2013 entschieden, das Urteil des BFH v. 3.3.2010 im Bundessteuerblatt zu veröffentlichen. Allerdings wendet sie es über den entschiedenen Einzelfall hinaus nur mit Einschränkungen an. Im BMF-Schreiben v. 18.10.2013[3] vertritt sie die Auffassung, dass am Bilanzstichtag bereits feststehende gewinnabhängige Pensionsleistungen bei der Bewertung einzubeziehen sind, wenn und soweit sie dem Grunde und der Höhe nach eindeutig bestimmt sind und die Erhöhung der Versorgungsleistungen schriftlich durch eine Ergänzung der Pensionszusage gem. § 6a Abs. 1 Nr. 3 EStG festgeschrieben wurde. Unabhängig vom maßgebenden Gewinnentstehungsjahr könnten die zusätzlichen Versorgungsleistungen wegen des Schriftformerfordernisses nach § 6a Abs. 1 Nr. 3 EStG erstmals an dem der schriftlichen Festschreibung folgenden Bilanzstichtag bei der Rückstellungsbewertung berücksichtigt werden.

Aus Vertrauensschutzgründen beanstandet die FinVerw es nicht, wenn die bis zum Tag der Veröffentlichung des Schreibens im Bundessteuerblatt feststehenden und entstandenen gewinnabhängigen Pensionsleistungen, die an bereits zum jeweiligen Bilanzstichtag erwirtschaftete und zugeteilte Gewinne gebunden sind, bis spätestens zum 31.12.2014 schriftlich zugesagt wurden.

dd) (Un)zulässige Widerrufsvorbehalte

Gemäß § 6a Abs. 1 Nr. 2 Halbsatz 2 Alt. 1 EStG führt ein in der Direktzusage enthaltener Vorbehalt, nach dem „die Pensionsanwartschaft oder die Pensionsleistung gemindert oder entzogen werden kann“, zum Verbot der Rückstellungsbildung. Allerdings gilt dies nicht für jeden Vorbehalt (auch Widerrufs- 656

1 BGBl 1996 I S. 2049, BStBl 1996 I S. 1523.

2 BFH v. 9.11.1995 - IV R 2/93, BStBl 1995 II S. 589; hierin ließ der BFH eine Gewinnabhängigkeit insoweit zu.

3 BMF v. 18.10.2013, BStBl 2013 I S. 1268.

vorbehalt genannt), sondern nur für solche, die nach freiem Ermessen möglich sind.[1] § 6a Abs. 1 Nr. 2 Halbsatz 2 Alt. 2 EStG enthält eine Ausnahme zu jenem Verbot, wenn der Widerrufsvorbehalt bestimmte Voraussetzungen erfüllt. Diese erfordern, dass ein Widerruf der Pensionszusage nur nach billigem,[2] nicht jedoch nach freiem Ermessen des Arbeitgebers möglich ist. Es muss daher zwischen zwei Arten von Widerrufsvorbehalten unterschieden werden: den schädlichen und den unschädlichen.

657 R 6a Abs. 3 Satz 1 EStR 2012 definiert, dass ein schädlicher Vorbehalt vorliegt, wenn der Arbeitgeber die Pensionszusage nach freiem Belieben, d. h. nach seinen eigenen Interessen ohne Berücksichtigung der Interessen des Pensionsberechtigten, widerrufen kann. Darüber hinaus zitiert sie Grundsätze, aus der Rechtsprechung des BAG, die zwar zu arbeitsrechtlich zulässigen Vorbehalten führen, aber die steuerliche Rückstellungsbildung ausschließen sollen. Diese arbeitsrechtlichen Rechtsgrundsätze sind jedoch längst überholt. Ein Widerruf nach freiem Ermessen des Arbeitgebers ist gar nicht mehr zulässig. Nach der ständigen und aktuellen Rechtsprechung des BAG sind Widerrufsvorbehalte nur noch nach billigem Ermessen zulässig, d. h. unter verständiger Abwägung der berechtigten Interessen des Pensionsberechtigten einerseits und des Unternehmens andererseits.[3] Im Hinblick darauf, dass der Arbeitgeber bei Widerruf nach freiem Ermessen – trotz Widerrufsvorbehalt – leistungspflichtig bleibt, müsste allerdings auch die Rückstellung anzuerkennen sein. Obwohl aus rechtspolitischer Sicht nicht vertretbar, hält die FinVerw dennoch an einer eigenständigen steuerrechtlichen Sichtweise fest. Zur Abfindungsvereinbarung als schädlicher Widerruf vgl. Rz. 1190.[4]

658 R 6a Abs. 4 EStR legt unter Aufgriff der aktuellen arbeitsrechtlichen Sichtweise fest, dass ein unschädlicher Vorbehalt vorliegt, wenn der Arbeitgeber den Widerruf der Pensionszusage bei geänderten Verhältnissen nur nach billigem Ermessen aussprechen kann. Dies gelte i. d. R. für die Vorbehalte, die eine Anpassung der zugesagten Pensionen an nicht voraussehbare künftige Entwicklungen oder Ereignisse, insbesondere bei einer wesentlichen Verschlechterung der wirtschaftlichen Lage des Unternehmens, einer wesentlichen Änderung

1 BMF v. 6.4.2005 - IV B 2 - S 2176 - 10/05, BStBl 2005 I S. 619, unter 1.

2 Vgl. zum Begriff Rz. 657 und Dommermuth in Herrmann/Heuer/Raupach, EStG und KStG Kommentar, § 6a EStG Anm. 33.

3 Vgl. Dommermuth in Herrmann/Heuer/Raupach, EStG und KStG Kommentar, § 6a EStG Anm. 32.

4 Grundlage dafür ist BMF v. 6.4.2005 - IV B 2 - S 2176 - 10/05, BStBl 2005 I S. 619. Vgl. hierzu und zu anderen Sonderformen steuerunschädlicher Widerrufsvorbehalte: Dommermuth in Herrmann/Heuer/Raupach, EStG und KStG Kommentar, § 6a EStG Anm. 34.

der Sozialversicherungsverhältnisse oder der Vorschriften über die steuerliche Behandlung der Pensionsverpflichtungen oder bei einer Treuepflichtverletzung des Arbeitnehmers vorsehen. R 6a Abs. 4 Satz 3 EStR formuliert dann beispielhaft einen zulässigen allgemeinen Vorbehalt sowie spezielle Vorbehalte.

Der Vorbehalt, dass der Pensionsanspruch erlischt, wenn das Unternehmen 659
veräußert wird oder aus anderen Gründen ein Wechsel des Unternehmers eintritt (sog. Inhaberklausel), ist steuerlich schädlich und führt dazu, dass keine Pensionsrückstellung gebildet werden darf. Entsprechendes gilt für Vorbehalte oder Vereinbarungen, nach denen die Haftung aus einer Pensionszusage auf das Betriebsvermögen beschränkt wird, es sei denn, es gilt eine gesetzliche Haftungsbeschränkung für alle Verpflichtungen gleichermaßen, wie z. B. bei Kapitalgesellschaften.

PRAXISHINWEIS:

Bei einer neu zu erteilenden Versorgungszusage sollte heute sehr sorgfältig überlegt werden, ob die Aufnahme von Vorbehalten überhaupt Sinn macht. Denn zum einen ist zu beachten, dass insbesondere bei den Versorgungszusagen, die nicht dem gesetzlichen Insolvenzschutz unterliegen, der Insolvenzverwalter im Fall der Insolvenz des Unternehmens möglicherweise versuchen wird, der Versorgungszusage trotz verpfändeter Rückdeckungsversicherung die Grundlage zu entziehen, wenn eine Kürzung oder Einstellung der Versorgungsleistungen für den Fall vorgesehen ist, dass sich die wirtschaftliche Lage des Unternehmens nachhaltig so wesentlich verschlechtert hat, dass dem Arbeitgeber die Aufrechterhaltung der zugesagten Leistungen nicht mehr zugemutet werden kann (vgl. hierzu unter Rz. 555). Andererseits wird die FinVerw – sofern noch keine (drohende) insolvenzrechtliche Überschuldung gegeben ist – insbesondere beim beherrschenden GGF den Widerruf trotz Widerrufsvorbehalt vielfach als gesellschaftsrechtlich veranlasst bewerten, so dass sich verdeckte Einlagen mit den entsprechenden – u. U. für den GGF negativen – steuerlichen Folgen ergeben (vgl. hierzu Rz. 1134 f.). Erfolgt der Verzicht des GGF auf die Versorgungsanwartschaft dagegen zur Vermeidung einer insolvenzrechtlichen Überschuldung, ist unabhängig von einer in der Zusage enthaltenen Widerrufsklausel die betriebliche Veranlassung gegeben (vgl. Rz. 1134 ff.). Aufgrund des lediglich deklaratorischen Charakters eines entsprechenden Widerrufsvorbehaltes[1] sollte – zur Vermeidung von unerwünschten Folgen im Insolvenzfall – auf diese verzichtet werden.

Sinn macht u. E. eigentlich nur der unschädliche Vorbehalt in R 6a Abs. 4 Satz 3 Nr. 2 Buchst. d EStR, wonach ein Widerruf vorbehalten wird für den Fall, dass der Pensionsberechtigte Handlungen begeht, die in grober Weise gegen Treu und Glauben verstoßen oder zu einer fristlosen Entlassung berechtigten würden.

Sollen Vorbehalte aufgenommen werden, sollten sich diese jedoch – am besten wortwörtlich – an den Formulierungen der FinVerw orientieren, um die steuerliche Anerkennung der Rückstellung nicht zu gefährden.

---

1 Vgl. Doetsch/Lenz, Versorgungszusagen an Gesellschafter-Geschäftsführer und Vorstände, 11. Aufl., S. 37 f., m. w. N.

ee) Erstmalige Bildung einer Pensionsrückstellung

660 Für die Frage, ab wann nach Erteilung einer Direktzusage, die die Voraussetzungen des § 6a Abs. 1 EStG erfüllt, eine Pensionsrückstellung erstmals gebildet werden darf, ist danach zu unterscheiden, ob der Versorgungsfall bereits eingetreten ist oder nicht. Vor Eintritt des Versorgungsfalls muss der Pensionsberechtigte bei erstmals nach dem 31.12.2017 zugesagten Pensionsleistungen bis zur Mitte des Wirtschaftsjahres das 23. Lebensjahr vollendet haben (§ 6a Abs. 2 Nr. 1 Buchst. a EStG).[1] Alternativ muss die Pensionsanwartschaft im Verlauf des Wirtschaftsjahres gem. den Vorschriften des Betriebsrentengesetzes unverfallbar werden. Tritt der Versorgungsfall ein, ohne dass es zuvor zur Bilanzierung einer Pensionsrückstellung gekommen ist, ist erstmals für das Wirtschaftsjahr eine Pensionsrückstellung zu bilden, in dem der Versorgungsfall eintritt.

661 Unmaßgeblich für die Bildung der Pensionsrückstellung sind ggf. in der Pensionszusage vorgesehene Warte- oder Vorschaltzeiten. Diese schieben die Rückstellungsbildung nicht hinaus, können sich jedoch gem. § 6a Abs. 3 Satz 1 Nr. 1 Satz 5 EStG bei der Höhe der Pensionsrückstellung auswirken, wenn es sich um echte Wartezeiten handelt, innerhalb derer der Eintritt des Versorgungsfalls noch keine Leistungspflicht auslöst.[2]

ff) Höhe der zulässigen Pensionsrückstellung

662 § 6a Abs. 3 EStG enthält eine spezielle Bewertungsvorschrift für Pensionsrückstellungen. Diese dürfen nur mit dem in der Vorschrift näher definierten speziellen Teilwert angesetzt werden, der allerdings nicht mit dem allgemeinen Teilwert i. S. d. § 6 Abs. 1 EStG/§ 10 BewG verwechselt werden darf.

(1) Arbeitgeberfinanzierte Versorgungsanwartschaft vor Ausscheiden

663 Ausgangsgröße ist bei einer arbeitgeberfinanzierten Versorgungszusage der Barwert der künftigen Pensionsleistungen, der sich aus der Sicht des Bilanzstichtags ergibt. Dies ist der – aus steuerlicher Sicht – mit 6 % auf den Bilanzstichtag abgezinste Wert der vollen Pensionsansprüche (Past Service und Future Service), wobei vor der Abzinsung der künftigen Leistungen eine Gewichtung der jeweiligen Leistungen mit der statistischen Wahrscheinlichkeit ihrer

1 Gemäß § 6a Abs. 2 Nr. 1 Buchst. b bis d EStG gilt: Für vor dem 1.1.2001 erstmals erteilte Zusagen ist das 30. Lebensjahr maßgebend, für Zusagen vom 1.1.2001 bis einschl. 31.12.2008 das 28. Lebensjahr und für Zusagen vom 1.1.2009 bis einschl. 31.12.2017 das 27. Lebensjahr.

2 Vgl. Dommermuth in Herrmann/Heuer/Raupach, EStG und KStG Kommentar, § 6a EStG Anm. 53 und 117.

Inanspruchnahme vorgenommen wird – i.d.R. anhand der versicherungsmathematischen Rechnungsgrundlagen in den sog. Richttafeln von Prof. *Klaus Heubeck*. Das Ergebnis dieser Berechnung wird auch Anwartschaftsbarwert oder Heubeckbarwert genannt.

Für Versorgungsberechtigte, deren Arbeitsverhältnis noch nicht beendet ist, 664
darf allerdings nicht der volle Anwartschaftsbarwert als Pensionsrückstellung ausgewiesen werden, sondern dieser ist zu mindern um den sich auf denselben Zeitpunkt ergebenden Barwert betragsmäßig gleichbleibender Jahresbeträge – den sog. Prämienbarwert. Der Prämienbarwert repräsentiert dabei jene künftigen Ansprüche, die am Bilanzstichtag noch nicht realisiert sind (Future Service). Damit steckt hinter der Pensionsrückstellung die Vorstellung eines virtuellen Lebens- oder Rentenversicherungsvertrags mit fiktivem Deckungskapital und fiktiver laufender Beitragszahlung.[1]

Für die Berechnung des Prämienbarwerts gilt § 6a Abs. 3 Satz 2 Nr. 1 Satz 3 665
EStG. Demnach sind der Anwartschaftsbarwert der künftigen Leistungen und der Prämienbarwert am Beginn des Wirtschaftsjahres, in dem das Dienstverhältnis begonnen hat, identisch; die Rückstellung startet daher logischerweise bei Null. Bereits zum Ende dieses ersten Jahres ist der Prämienbarwert um einen Jahresbetrag gemindert, da sich die Anwartschaftszeit um ein Jahr verkürzt hat, und die Pensionsrückstellung daher um einen Jahresbetrag erhöht. So schmilzt über die gesamte Zeit zwischen Diensteintritt und Eintritt des Versorgungsfalls der Prämienbarwert gleichmäßig auf Null und die Pensionsrückstellung erreicht in gleichmäßigen Schritten den vollen Anwartschafts- und damit Rentenbarwert.

1 Vgl. Dommermuth in Herrmann/Heuer/Raupach, EStG und KStG Kommentar, § 6a EStG Anm. 102.

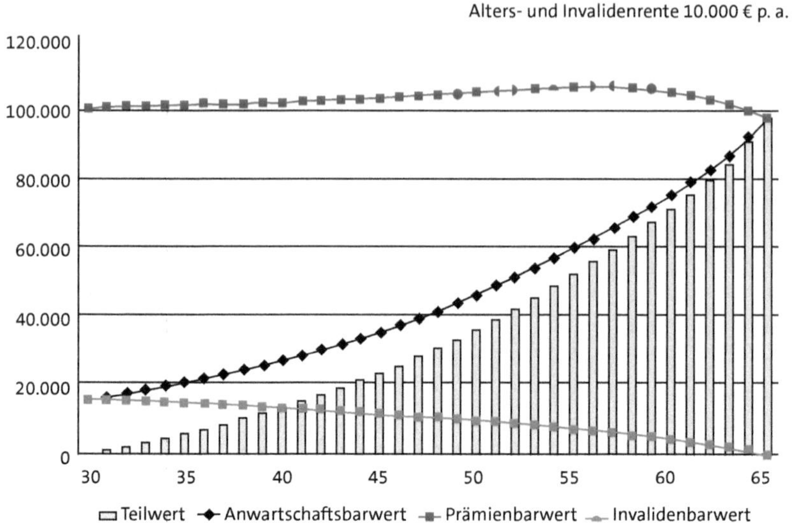

Fallen Diensteintritt und Zusagezeitpunkt, wie bei GGF infolge der sog. Probezeit (vgl. Rz. 760 ff.) üblich, auseinander, startet die steuerbilanzielle Pensionsrückstellung im ersten Wirtschaftsjahr ihrer Bildung, d. h. dem Wirtschaftsjahr der Zusageerteilung bzw. der in Rz. 660 dargestellten Mindestaltererreichung, aufgrund des Zusammenspiels von Anwartschafts- und Prämienbarwert mit demjenigen Wert, den sie im Falle ihrer erstmaligen Bildung im Wirtschaftsjahr des Diensteintrittes nun bereits erreicht hätte. Wäre also der GGF bereits im Alter 30 in sein Unternehmen eingetreten, muss im Wirtschaftsjahr der Zusageerteilung (z. B. Vollendung seiner 40. Lebensjahres) die erste steuerbilanzielle Pensionsrückstellung in der Höhe ausgewiesen werden, die der Balken oberhalb der Zahl 40 in obigem Schaubild symbolisiert.

666 Hinsichtlich des Zeitpunkts des Eintritts des Versorgungsfalls ist bzgl. der Altersleistungen grds. das vertraglich vereinbarte Pensionsalter zugrunde zu legen (R 6a Abs. 11 Satz 1 EStR und Rz. 591).[1] Wurden lediglich Invaliditätsleistungen zugesagt, ist der letztmögliche Eintritt des Versorgungsfalls maßgebend (z. B. die Vollendung des 63. Lebensjahres, wenn die Invaliditätsanwartschaft mit diesem Zeitpunkt endet). Wurden lediglich Hinterbliebenenleistungen zugesagt, ohne dass diese auf einen letztmaligen Beginnzeitpunkt

1 BMF, Schreiben v. 9.12.2016, BStBl 2016 I S. 1427, Rz. 1 und 5.

beschränkt sind, ist auf den Zeitpunkt des altersbedingten Ausscheidens des Arbeitnehmers aus dem Dienstverhältnis abzustellen. Liegt eine Kombination unterschiedlicher Leistungen vor, gilt grds. insgesamt das vertraglich vereinbarte Pensionsalter. Enden jedoch die Zusagen auf Invaliditäts- oder Hinterbliebenenversorgung vorher, ist für diese Teile des Prämienbarwerts der abweichende Zeitraum anzusetzen.[1]

Im Hinblick auf die flexiblen Altersgrenzen in den gesetzlichen Absicherungs- 667
systemen sieht die FinVerw für die Bildung der Pensionsrückstellung in der Steuerbilanz Wahlrechte vor. So kann unter bestimmten Voraussetzungen ein höheres als das vertraglich vereinbarte Pensionsalter zugrunde gelegt werden (erstes Wahlrecht), aber auch ein niedrigeres (zweites Wahlrecht).

Ist bei einem Arbeitnehmer damit zu rechnen, dass er über das vertraglich ver- 668
einbarte Pensionsalter hinaus tätig sein wird, kann der Prämienbarwert bei Zusage von Altersversorgungsleistungen gem. R 6a Abs. 11 Satz 2 EStR über den längeren Zeitraum verteilt werden (sog. „erstes Wahlrecht" gem. R 6a Abs. 11 Satz 2 EStR). Das Ende dieses Zeitraums wird dann als sog. „rechnungsmäßiges Pensionsalter" bezeichnet.[2] Damit wächst die Pensionsrückstellung langsamer an, wenn der längere Erdienenszeitraum nicht zu einer Leistungserhöhung führt.

PRAXISHINWEIS:

Das erste Wahlrecht kann – wegen der Einzelbewertung personenbezogen – aufgrund einer ausdrücklichen Regelung in R 6a Abs. 11 Satz 7 EStR nur in der Bilanz des Wirtschaftsjahres ausgeübt werden, in dem mit der Bilanzierung der Pensionsrückstellung begonnen wird. Es ist damit wenig praxisgerecht, da zu diesem Zeitpunkt eine Verlängerung des Dienstverhältnisses häufig noch nicht absehbar ist. Außerdem ist zu berücksichtigen, dass der Versorgungsberechtigte – wenn das Dienstverhältnis später tatsächlich über das vertraglich vereinbarte Pensionsalter hinaus fortgesetzt und die Pensionszahlung aufgeschoben wird – als sog. „technischer Rentner" zu beurteilen ist. Dies hat zur Konsequenz, dass sich die Pensionsrückstellung, die mit Erreichen des vertraglichen Pensionsalters ihren Höchststand erreicht hat, ab dem folgenden Bilanzstichtag aufgrund Absinkens der Lebenserwartung reduziert, obwohl es tatsächlich nicht zur Zahlung von Versorgungsleistungen kommt. Gegebenenfalls kann es zu Kompensationen kommen, wenn die längere Dienstzeit zu einer Leistungserhöhung führt.

1 Vgl. Höfer/Veit/Verhuven, Betriebsrentenrecht (BetrAVG) Bd. II Steuerrecht/Sozialabgaben, HGB/IFRS, Kap. 2, Rz. 229.

2 Vgl. ausführlich: Dommermuth in Herrmann/Heuer/Raupach, EStG und KStG Kommentar, § 6a EStG Anm. 112; Höfer/Veit/Verhuven, Betriebsrentenrecht (BetrAVG) Bd. II Steuerrecht/Sozialabgaben, HGB/IFRS, Kap. 2, Rz. 300 und 309 ff.

669 Steht dem Versorgungsberechtigten das Recht zu, bereits zu einem Zeitpunkt vor Eintritt des vertraglichen Pensionsalters laut Pensionszusage eine vorgezogene Altersrente aus der gesetzlichen Rentenversicherung in Anspruch zu nehmen und hat er damit gem. § 6 BetrAVG auch einen arbeitsrechtlichen Anspruch auf vorzeitige Inanspruchnahme der bAV, so kann der Berechnung der Pensionsrückstellung auch dieser Zeitpunkt der frühestmöglichen Inanspruchnahme der Altersversorgung zugrunde gelegt werden (sog. „zweites Wahlrecht" gem. R 6a Abs. 11 Satz 3 EStR[1]). Voraussetzung ist lediglich, dass in der Pensionszusage festgelegt ist, in welcher Höhe Versorgungsleistungen von diesem Zeitpunkt an gewährt werden. Ob der Versorgungsberechtigte tatsächlich die Voraussetzungen für die vorzeitige Inanspruchnahme der gesetzlichen Altersrente erfüllt, muss nicht geprüft werden. Wurde der Bildung der Pensionsrückstellung einmal das frühestmögliche Pensionsalter zugrunde gelegt, bleibt der Arbeitgeber daran gebunden. Für beherrschende GGF von Kapitalgesellschaften darf das zweite Wahlrecht nach Auffassung der FinVerw nicht in Anspruch genommen werden.[2]

PRAXISHINWEIS 1:

Für die Bewertung der Pensionsrückstellung beim beherrschenden GGF hatte die FinVerw in R 6a Abs. 8 Satz 1 letzter Teilsatz und Satz 5 EStR 2012 Sonderregelungen vorgesehen, wonach das rechnungsmäßige Pensionsalter jahrgangsabhängig auf mindestens 65, 66 oder 67 (bei Schwerbehinderung: 60, 61 oder 62) festgelegt wurde, wenn das tatsächlich vereinbarte Pensionsalter darunter lag. Mit BMF-Schreiben vom 9.12.2016[3] wurde diese Sonderbehandlung bzgl. der Berechnung der steuerbilanziellen Pensionsrückstellung im Rahmen des 2. Schrittes der steuerrechtlichen Prüfung (vgl. Rz. 641) aufgrund des BFH-Urteils v. 11.9.2013[4] aufgehoben und in den 3. Schritt, die Prüfung verdeckter Gewinnausschüttungen (vgl. Rz. 751 ff.), verschoben (vgl. ausführlich Rz. 591 unter „Mindestpensionsalter"); deshalb wird sie dort in Rz. 861 ff. ausführlich behandelt. Wie in Rz. 591 beschrieben, nimmt die FinVerw beim beherrschenden GGF pauschal eine vGA an, wenn eine tatsächliche Altersgrenze von weniger als 67 (bei Zusageerteilung vor dem 10.12.2016: 65) vereinbart worden ist; die Höhe der dann jährlichen vGA berechnet sich aus den Differenzen der Rückstellungen für das tatsächlich vereinbarte und jenes rechnungsmäßige Mindestalter.

Gemäß Rz. 11 jenes BMF-Schreibens ist bzgl. der Anwendbarkeit jener Grundsätze grundsätzlich auf die Verhältnisse bei Erteilung der Zusage abzustellen. Ein Statuswechsel vom nicht beherrschenden zum beherrschenden GGF begründet demnach für sich alleine regelmäßig noch keinen Anlass zur Prüfung, ob das in der Zusage vereinbar-

1 Vgl. ausführlich: Dommermuth in Herrmann/Heuer/Raupach, EStG und KStG Kommentar, § 6a EStG Anm. 112; Höfer/Veit/Verhuven, Betriebsrentenrecht (BetrAVG) Bd. II Steuerrecht/Sozialabgaben, HGB/IFRS, Kap. 2, Rz. 300 und 313 ff.

2 BMF v. 9.12.2016 - IV C 6 - S 2176/07/10004:003, BStBl 2016 I S. 1427 Rz. 5.

3 BStBl 2016 I S. 1427, Rz. 5.

4 I R 72/12, NWB HAAAE-60362.

te Pensionsalter tatsächlich zu einer o. g. vGA führt. Dies gilt jedoch nicht, wenn weitere Anhaltspunkte für eine mögliche Veranlassung durch das Gesellschaftsverhältnis hinzutreten (z. B. eine zeitliche Nähe von Erteilung der Zusage und Erwerb der beherrschenden Stellung). Wird die Zusage wesentlich geändert, ist stets auch im Hinblick auf das vereinbarte Pensionsalter erneut zu prüfen, ob die Pensionszusage durch das Gesellschaftsverhältnis veranlasst ist.

PRAXISHINWEIS 2:

Außerdem ist bzgl. der Altersgrenzen zu beachten, dass die Bemessung des notwendigen Erdienenszeitraums bei der Prüfung der Erdienbarkeit auf den gem. der Zusage frühestmöglichen Altersrentenbeginn der vorgezogenen Altersrente erfolgen sollte (vgl. Rz. 780 ff.).

Ungeachtet des beim beherrschenden GGF zu beachtenden Nachzahlungsverbots (vgl. Rz. 863 ff.), welches z. B. für die Berechnung seiner unverfallbaren Anwartschaft im Falle des Ausscheidens vor Eintritt des Versorgungsfalles wichtig ist (vgl. Rz. 601 und Rz. 815), gilt für die Bewertung der Pensionsrückstellung als Beginn des Dienstverhältnisses der Eintritt in das Unternehmen als Arbeitnehmer; der Zeitpunkt der konkreten Zusageerteilung ist dafür unerheblich.

Für den Fall des vorzeitigen Ausscheidens aus dem Dienstverhältnis ist folglich zu beachten, dass sich die Ermittlung der unverfallbaren Anwartschaft i. d. R. nach anderen Kriterien richten muss als die Rückstellungsbildung, um vGA zu vermeiden (vgl. hierzu Rz. 601 und Rz. 815).

(2) Arbeitnehmerfinanzierte Versorgungszusage vor Ausscheiden

Beruht die Versorgungszusage auf einer Entgeltumwandlung, so gilt für die 670
Bewertung der Pensionsrückstellung grds. ebenfalls, dass vom Anwartschaftsbarwert der Wert des Prämienbarwerts in Abzug zu bringen ist. Ergänzend hat der Gesetzgeber in § 6a Abs. 3 Satz 2 Nr. 1 Satz 1 Halbsatz 2 EStG aber geregelt, dass mindestens der Barwert der unverfallbaren künftigen Pensionsleistungen am Schluss des Wirtschaftsjahres anzusetzen ist. Dieser richtet sich nach den Regelungen zur Ermittlung unverfallbarer Anwartschaften im Fall des vorzeitigen Ausscheidens aus dem Dienstverhältnis (vgl. hierzu Rz. 413 ff.). Entsprechendes gilt über § 6a Abs. 3 Satz 2 Nr. 1 Satz 6 Halbsatz 2 EStG, wenn das Dienstverhältnis schon vor Vollendung des 23. Lebensjahres begonnen hat[1] und ein Teilwert auf der Basis des Anwartschaftsbarwerts abzüglich Prämienbarwert noch nicht zulässig ist, aufgrund der Entgeltumwandlung aber bereits unverfallbare Anwartschaften bestehen.

1 Für vor dem 1.1.2001 erstmals erteilte Zusagen ist das 30. Lebensjahr maßgebend, für Zusagen vom 1.1.2001 bis einschl. 31.12.2008 das 28. Lebensjahr und für Zusagen vom 1.1.2009 bis einschl. 31.12.2017 das 27. Lebensjahr. Für vor dem 1.1.2001 erteilte Zusagen scheidet die Sonderregelung gem. R 6a Abs. 12 Satz 1 EStR aus.

PRAXISHINWEIS:

Gemäß R 6a Abs. 12 Satz 4 EStR gilt die Sonderregelung in § 6a Abs. 3 Satz 2 Nr. 1 Satz 6 Halbsatz 2 EStG nicht für Pensionsverpflichtungen, soweit diese aufgrund einer vertraglichen Vereinbarung unverfallbar sind. Damit ist fraglich, ob auf der Basis dieser Sonderregelung vor der Vollendung des 27. Lebensjahres eine Pensionsrückstellung für eine arbeitnehmerfinanzierte Versorgungszusage an den beherrschenden GGF gebildet werden darf. Da dieser nicht unter den Schutzbereich des BetrAVG fällt, kommt bei ihm nur eine vertragliche Unverfallbarkeitsregelung in Betracht.

(3) Nach Ausscheiden aus dem Dienstverhältnis

671 Wird das Dienstverhältnis mit dem Versorgungsberechtigten unter Aufrechterhaltung der Versorgungsanwartschaft vorzeitig beendet oder ist der Versorgungsfall eingetreten, ist die Pensionsrückstellung mit dem Barwert der künftigen Pensionsleistungen am Schluss des Wirtschaftsjahres zu bewerten (§ 6a Abs. 3 Satz 1 Nr. 2 EStG).

672 Für den Fall, dass der Versorgungsberechtigte vor Eintritt des Versorgungsfalls mit einer unverfallbaren Anwartschaft ausgeschieden ist, muss folglich neu ermittelt werden, in welcher Höhe sich gem. § 2 BetrAVG bzw. aufgrund abweichender vertraglicher Vereinbarungen in der Versorgungszusage eine unverfallbare Anwartschaft ergibt (bis zum Ausscheiden erdienter Teil der Versorgungszusage). In Höhe dieses Barwerts darf dann die Pensionsrückstellung gebildet werden (voller Anwartschaftsbarwert). Anders als vor dem Ausscheiden aus dem Dienstverhältnis ist dieser nicht mehr um einen Prämienbarwert zu kürzen.

673 Bei einem ausgeschiedenen Versorgungsberechtigten mit unverfallbarer Anwartschaft bzw. bei Eintritt des Versorgungsfalls entspricht die Pensionsrückstellung im Ergebnis einem fiktiven Versicherungsvertrag mit fiktiver Einmalprämie unter Verwendung der Rechnungsgrundlagen (Sterbetafel, Rechnungszins) des § 6a EStG.[1]

gg) Überversorgung und ungewisse Einflussgrößen

(1) Ungewisse Erhöhungen oder Verminderungen der Pensionsleistungen

674 § 6a Abs. 3 Satz 1 Nr. 1 Satz 4 EStG enthält die Einschränkung, dass Erhöhungen oder Verminderungen der Pensionsleistungen nach dem Schluss des Wirtschaftsjahres, die hinsichtlich des Zeitpunktes ihres Wirksamwerdens oder ih-

1 Vgl. Dommermuth in Herrmann/Heuer/Raupach, EStG und KStG Kommentar, § 6a EStG Anm. 119.

res Umfangs ungewiss sind, bei der Berechnung steuerlichen Pensionsrückstellung erst zu berücksichtigen sind, wenn sie eingetreten sind (Stichtagsprinzip).[1]

Ungewiss sind solche Fakten, die am Bilanzstichtag hinsichtlich ihres Zeitpunktes oder ihres Ausmaßes noch nicht feststehen. Daher ist z. B. die jeweilige Rückstellung bei Zusagen, die sich prozentual auf das letzte Gehalt vor der Pensionierung beziehen, auf der Basis des Gehalts zum jeweiligen Bilanzstichtag zu bewerten, da das künftige letzte Gehalt aus der Sicht dieses Bilanzstichtages noch ungewiss ist. Wurde hingegen in der Versorgungsvereinbarung geregelt, dass sich die zugesagte Versorgungsleistung während der Anwartschaftsphase oder in der Rentenphase um jährlich einen gewissen Prozentsatz erhöht, handelt es sich um eine sichere Erhöhung, die bei der Rückstellungsbewertung zu berücksichtigen ist.[2] 675

PRAXISHINWEIS:

Mögliche künftige Anpassungen gem. § 16 BetrAVG sind steuerbilanziell nicht rückstellungsfähig, da sie hinsichtlich ihres Ausmaßes und ihres Zeitpunkts ungewiss sind. Verpflichtet sich der Arbeitgeber hingegen nachweislich zu einer jährlichen Anpassung der laufenden Versorgungsleistungen um mindestens 1 % (§ 16 Abs. 3 Nr. 1 BetrAVG), handelt es sich insoweit um eine sichere Erhöhung, die bei der Bewertung der Pensionsrückstellung zu berücksichtigen ist.[3]

(2) Überversorgung durch Überschreitung der 75 %-Grenze

Unter Bezugnahme auf BFH-Rechtsprechung[4] hat die FinVerw mit BMF-Schreiben v. 3.11.2004[5] festgelegt, dass Versorgungszusagen steuerlich nicht berücksichtigt werden können, soweit sie gem. § 6a Abs. 3 Satz 1 Nr. 1 Satz 4 EStG künftige Einkommens- und Lohnentwicklungen vorwegnehmen. Ob eine unzulässige Vorwegnahme künftiger Einkommensentwicklungen durch überdurchschnittlich hohe betriebliche Versorgungszusagen vorliegt, richtet sich nach den Umständen des jeweiligen Einzelfalles. 676

1 Vgl. BFH v. 20.12.2016 - I R 4/15, BStBl 2017 II S. 678, Rz. 19.
2 Vgl. BFH v. 17.5.1995 - I R 105/94, BStBl 1996 II S. 423; v. 25.10.1995 - I R 34/95, BStBl 1996 II S. 403.
3 Vgl. BFH v. 17.5.1995 - I R 105/94, BStBl 1996 II S. 423.
4 Vgl. BFH v. 17.5.1995 - I R 16/94, BStBl 1996 II S. 420 und v. 31.3.2004 - I R 70/03 und I R 79/03, BStBl 2004 II S. 937, 940.
5 BMF v. 3.11.2004, BStBl 2004 I S. 1045.

677 Basierend auf der BFH-Rechtsprechung[1] kann von einer möglichen Vorwegnahme künftiger Einkommensentwicklungen regelmäßig ausgegangen werden, wenn bei einer endgehaltsunabhängigen Versorgungszusage die sog. 75 %-Grenze überschritten wird. Danach kann eine Vorwegnahme künftiger Einkommenstrends anzunehmen sein, soweit die insgesamt zugesagten Leistungen der bAV aus allen fünf Durchführungswegen zusammen mit einer zu erwartenden Rente aus der gesetzlichen Rentenversicherung höher sind als 75 % der Aktivbezüge (vgl. zum Begriff Rz. 681) des Versorgungsberechtigten am Bilanzstichtag und zwar ungeachtet dessen, ob der Versorgungsverpflichtete für die Verpflichtung eine Rückdeckungsversicherung abgeschlossen oder die Ansprüche aus der Rückdeckungsversicherung an den Berechtigten verpfändet hat.[2] Diese Grundsätze gelten für Arbeitnehmer und GGF gleichermaßen.

678 Das FG Berlin-Brandenburg sieht die pauschale Anwendung einer 75 %igen Überversorgungsgrenze nicht durch den Gesetzeswortlaut gedeckt.[3] Darüber hinaus orientiere sich die Rechtsprechung des BFH zur Überversorgung nach Meinung des Gerichts an unzutreffenden Prämissen und nutze für die Berechnung unklare Parameter; auch sei es für die Beurteilung einer Überversorgung entgegen dem Urteil des BFH v. 12.12.2013 von erheblicher Bedeutung, ob eine Kürzung der Versorgung nach arbeitsrechtlichen Maßgaben überhaupt zulässig ist oder nicht. Schließlich hält der erkennende Senat den Versorgungsgrad von 75% für zu niedrig und stellt fest, dass Unklarheit darüber bestehe, welche Gehaltsbestandteile zum sog. Aktivbezug gehörten.[4] Der BFH hat sich im Revisions-Urteil v. 20.12.2016[5] anders entschieden und an dem Konstrukt der Überversorgung festgehalten.

PRAXISHINWEIS:

Liegt eine Überversorgung vor, darf die Pensionsrückstellung insoweit nicht gebildet werden bzw. ist insoweit aufzulösen, wie sie auf die Überversorgung entfällt. Ist also z. B. bei einem GGF die bereits gebildete steuerbilanzielle Pensionsrückstellung zum 31.12.2020 bei Überversorgung (Verhältnis Betriebsrente zu Aktivbezüge [vgl. zum Begriff Rz. 681] am Bilanzstichtag: 90 %) 120.000 €, beträgt die nach Meinung der FinVerw zulässige Rückstellung (Verhältnis Betriebsrente zu Aktivbezüge am Bilanzstichtag: 75 %) 100.000 €; die Betriebsprüfung für 2020 löst daher 20.000 € der Rück-

1 Vgl. BFH v. 17.5.1995 - I R 16/94, BStBl 1996 II S. 420 und v. 31.3.2004 - I R 70/03 und I R 79/03, BStBl 2004 II S. 937, 940.

2 BMF v. 3.11.2004, BStBl 2004 I S. 1045, Rz. 7.

3 Vgl. FG Berlin-Brandenburg v. 2.12.2014 - 6 K 6045/12, EFG 2015 S. 321, nrkr.; vgl. auch: Dommermuth in Herrmann/Heuer/Raupach, EStG und KStG Kommentar, § 6a EStG Anm. 115.

4 Vgl. FG Berlin-Brandenburg v. 2.12.2014 - 6 K 6045/12, EFG 2015 S. 321, nrkr.

5 I R 4/15, BStBl 2017 II S. 678, Rz. 17 ff., insbes. Rz. 18.

stellung auf. Grundlage für die anteilige Auflösung der Pensionsrückstellung ist der Verstoß gegen das Stichtagsprinzip gem. § 6a Abs. 3 Satz 2 Nr. 1 Satz 4 EStG. Danach darf sich die zum Bilanzstichtag bildende Pensionsrückstellung nur nach zu diesem Zeitpunkt bereits feststehenden Bemessungsgrundlagen richten. Bei einer Überversorgung wird unterstellt, dass die im Verhältnis zur Aktivvergütung zu hohe Versorgung in Erwartung einer erst in späteren Jahren höheren Vergütung „im Voraus" so hoch erteilt wird und damit Aufwand der Zukunft bilanziell vorgezogen werden soll. Diese Vorwegnahme der zukünftigen Einkommensentwicklung führt nach dieser Auffassung insoweit zum Verstoß gegen das Stichtagsprinzip des § 6a EStG.[1]

Da bei gehaltsabhängigen Zusagen mit steigender Vergütung die Versor- 679
gungszusage gleichermaßen steigt („mitwächst"), kann in diesen Fällen keine Vorwegnahme künftiger Einkommensentwicklungen und somit keine Verletzung des Stichtagsprinzips des § 6a EStG unterstellt werden, denn es ist davon auszugehen, dass die Vertragsparteien die Quote bewusst gewählt haben und daher genau die vereinbarte Versorgung gemessen an dem heutigen Gehalt beabsichtigt haben; dies gilt auch dann, wenn die Quote der Versorgungsleistungen mehr als 75 % beträgt mit der Folge, dass in diesen Fällen die Pensionsrückstellung in vollem Umfang betriebsausgabenwirksam gebildet werden darf.[2] Handelt es sich ausschließlich um beitragsorientierte Leistungszusagen i. S. d. § 1 Abs. 2 Nr. 1 BetrAVG, liegt ein Verstoß gegen das Stichtagsprinzip nach § 6a Abs. 3 Satz 2 Nr. 1 Satz 4 EStG ebenfalls nicht vor. Auch soweit die Versorgungsleistungen auf Entgeltumwandlungen beruhen, können die umgewandelten Entgelte und die diesen entsprechenden Versorgungsleistungen bei der Berechnung der 75 %-Grenze unberücksichtigt bleiben. Jene Ausnahmen gelten für alle Anwärter, d. h. Arbeitnehmer und GGF gleichermaßen.

PRAXISHINWEIS:

Die nach Auffassung der Verfasser recht konstruiert erscheinende Überversorgungsprüfung nach § 6a Abs. 3 Satz 1 Nr. 1 Satz 4 EStG (unmittelbare Pensionszusage) bzw. § 4d Abs. 1 Satz 1 Nr. 1 Satz 1 Buchst. c Satz 1 EStG (Zusage über eine Unterstützungskasse) aufgrund der Annahme einer Vorwegnahme künftiger Einkommensentwicklungen ist nur bei Festrentenzusagen möglich. Bei

a) gehaltsabhängigen Zusagen
b) beitragsorientierten Leistungszusagen nach § 1 Abs. 2 Nr. 1 BetrAVG
c) Entgeltumwandlung

ist eine Versagung der Rückstellungsbildung in der Steuerbilanz oder des Betriebsausgabenabzuges der Zuwendungen aufgrund einer Überversorgung nicht eröffnet.[3]

1 Kritisch zur Überversorgung: Dommermuth in Herrmann/Heuer/Raupach, EStG und KStG Kommentar, § 6a EStG Anm. 115.

2 BMF v. 3.11.2004, BStBl 2004 I S. 1045, Rz. 16.

3 Vgl. BMF, Schreiben v. 3.11.2004, Rz. 16, BStBl 2004 I S. 1045.

680 Soweit bei diesen Zusagearten die Versorgung oberhalb der 75 %-Grenze liegt, wird in Teilen der Literatur die Auffassung vertreten, dass beim GGF insoweit eine gesellschaftsrechtliche Veranlassung der Zusage gegeben und die Zuführungen zur Pensionsrückstellung im dritten Schritt der Prüfung als vGA außerbilanziell zu korrigieren bzw. im Fall der Zusage über eine Unterstützungskasse der Betriebsausgabenabzug der Zuwendungen gem. § 4d Abs. 1 Satz 1 EStG zu versagen sei. Grundlage dieser Sichtweise ist die Annahme, dass eine derartige Versorgung in Höhe der Überversorgung unüblich ist und gegen den Fremdvergleich verstößt.[1] Dem kann nach Auffassung der Verfasser, auch mit Verweis auf die uneinheitliche neuere Rechtsprechung,[2] nicht (mehr) gefolgt werden (vgl. Rz. 816 ff.). Die Zweifel an jener Auffassung sind zudem noch stärker geworden, seitdem der BFH dem Erfordernis der Erdienbarkeit (vgl. Rz. 790 ff.) bei Entgeltumwandlung eine Absage erteilt hat. Soll in der Praxis auf Nummer Sicher gegangen werden, ist allerdings auch bei den o. g. Zusagearten auf die Einhaltung der 75 %-Grenze zu achten (vgl. Rz. 816 ff.).

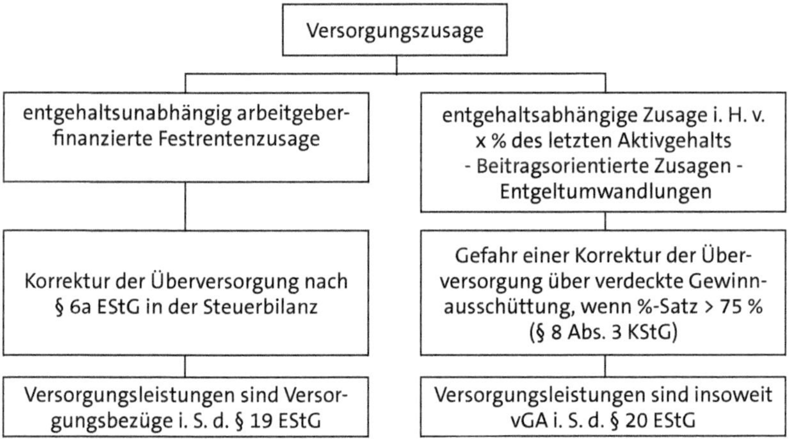

681 Für die Prüfung der 75 %-Grenze sind gem. dem BMF-Schreiben v. 3.11.2004 folgende Bezugsgrößen maßgebend:

1 Vgl. Doetsch/Lenz, Versorgungszusagen an Gesellschafter-Geschäftsführer und Vorstände, 11. Aufl., S. 57 und auch die Auffassung in der 1. Auflage dieses Werkes.

2 Vgl. BFH v. 20.12.2016 - I R 4/15, BStBl 2017 II S. 678 und BFH v. 23.8.2017 - VI R 4/16, Rz. 32, BStBl 2018 II S. 208 (Rz. 25) mit weiteren Verweisen; FG Rheinland-Pfalz v. 30.11.2016 - 1 K 1730/14, rkr.

Personenbezogenheit:
Innerhalb des betreffenden Unternehmens ist wegen des GoB der Einzelbewertung jeder Anwärter gesondert zu betrachten, so dass Überschreitungen der 75%-Grenze bei einem bestimmten Arbeitnehmer nicht durch Unterschreitungen bei anderen Personen ausgleichbar sind.[1]

Stichtag:
Für die Höhe der insgesamt zugesagten Versorgungsleistungen und der Bezüge des Berechtigten sind die Verhältnisse am Bilanzstichtag im Wirtschaftsjahr der Zusageerteilung maßgebend.[2] Hat sich zu einem späteren Bilanzstichtag der Umfang der Stichtagsbezüge und/oder die Höhe der Ansprüche auf bAV geändert, sind die geänderten Bezugsgrößen für diesen Bilanzstichtag zu berücksichtigen. Haben sich beispielsweise die laufenden Gehaltsansprüche des Berechtigten gemindert, gilt dies grds. unabhängig davon, welche Gründe für die Minderung dieser Ansprüche ausschlaggebend waren.

Einbeziehung versicherungsförmiger Durchführungswege:

Zwar sind alle fünf Durchführungswege der bAV in die Prüfung der Überversorgung einzubeziehen, so wie Anwartschaften auf gesetzliche Rente auch,[3] jedoch ist bei einer bAV, die ausschließlich aus einer Pensionskasse, einem Pensionsfonds oder/und einer Direktversicherung und gleichzeitig keiner Direkt- oder/und Unterstützungskassenzusage besteht, eine derartige Prüfung nicht vorzunehmen.[4] Die Prüfung kommt daher nur in Betracht, wenn das betreffende Unternehmen eine Direkt- oder/und Unterstützungskassenzusage gegeben hat.

Aktivbezüge:
Es sind sämtliche Aktivbezüge des Versorgungsberechtigten am o. g. Bilanzstichtag mit Ausnahme der Entgeltumwandlungen zugunsten der bAV zu berücksichtigen. Diese entsprechen dem Arbeitslohn i. S. d. § 2 LStDV und umfassen sämtliche Bruttobezüge (z. B. einschließlich Sachzuwendungen und Zukunftssicherungsleistungen) und zwar unabhängig davon, ob die Bestandteile steuerpflichtig oder aufgrund einer Steuerbefreiungsnorm steuerfrei sind; die

---

1 Vgl. Dommermuth in Herrmann/Heuer/Raupach, EStG und KStG Kommentar, § 6a EStG Anm. 115.

2 BMF v. 3.11.2004, BStBl 2004 I S. 1045, Rz. 8.

3 BMF v. 3.11.2004, BStBl 2004 I S. 1045, Rz. 7.

4 BMF v. 3.11.2004, BStBl 2004 I S. 1045, Rz. 2; Höfer/Veit/Verhuven, BetrAVG Bd. II, Kap. 2 Rz. 411.

Arbeitgeberanteile zur gesetzlichen Sozialversicherung sollen jedoch unsystematischer Weise nicht einzubeziehen sein.[1] Nicht steuerbare Teile (z. B. Zuwendungen an eine Unterstützungskasse) sind auszuklammern; dies gilt auch für die fiktive Jahresnettoprämie der Direktzusage.[2] Soweit variable Gehaltsbestandteile (z. B. Tantiemen, Boni, Sachzuwendungen) einzubeziehen sind, ist der Durchschnitt dieser Bezüge aus den letzten fünf Jahren maßgebend.[3]

Versorgungsleistungen:
Für die Prüfung der 75 %-Grenze sind nach Meinung des BMF sämtliche am Bilanzstichtag vertraglich zugesagten betrieblichen Altersversorgungsansprüche aus sämtlichen Durchführungswegen des betreffenden Begünstigten ab dem rechnerischen Pensionsalter[4] einschließlich der zu erwartenden Rente aus der gesetzlichen Rentenversicherung[5] maßgebend und zwar unabhängig davon, ob sie aus dem aktuellen oder einem früheren Arbeitsverhältnis resultieren; dabei sind Anwartschaften aus der gesetzlichen Rentenversicherung jedoch nur insoweit einzubeziehen, wie sie nicht aus freiwillig gezahlten Beiträgen des Versicherten resultieren.[6] Die Anpassung laufender Leistungen i. S.v. § 16 BetrAVG bleibt dabei ausnahmslos außer Betracht; dies gilt auch für eine fest zugesagte Erhöhung dieser Ansprüche während der Rentenlaufzeit als Besserstellung gegenüber § 16 BetrAVG oder für arbeitsrechtlich beherrschende GGF (vgl. Rz. 91 ff.), soweit die jährlichen Steigerungsraten 3 % nicht übersteigen.[7] Ob diese Grundsätze auch für die Invaliditäts- und Hinterbliebenenversorgung gelten, ist unklar; Rz. 12 letzter Satz jenes BMF-Schreibens scheint diese Ausdehnung wohl zu beabsichtigen.[8] Bei Beitragszusagen mit Mindestleistung i. S.v. § 1 Abs. 2 Nr. 2 BetrAVG ist auf die Mindestleistung im rechneri-

1 Vgl. Höfer/Veit/Verhuven, BetrAVG Bd. II, Kap. 2 Rz. 416, mit Verweis auf BFH v. 31.3.2004 - I R 70/03, BStBl 2004 II S. 937, unter II.2.a der Gründe.

2 BFH v. 31.3.2004 - I R 70/03, BStBl 2004 II S. 937, unter II.4 der Gründe.

3 Vgl. BFH v. 20.12.2016 - I R 4/15, BStBl 2017 II S. 678, Rz. 27; BMF v. 3.11.2004, BStBl 2004 I S. 1045, Rz. 11, mit Beispiel.

4 Gemeint ist wohl das rechnungsmäßige Pensionsalter, vgl. Rz. 668.

5 Es ist nicht zu beanstanden, wenn die Höhe der zu erwartenden Rente aus der gesetzlichen Rentenversicherung nach dem steuerlichen Näherungsverfahren zur Berücksichtigung von Sozialversicherungsrenten bei der Bewertung von Pensionsverpflichtungen und bei der Ermittlung der als Betriebsausgaben abzugsfähigen Zuwendungen an Unterstützungskassen berechnet wird. Unabhängig davon kann im Einzelfall die nachgewiesene Höhe der zu erwartenden Sozialversicherungsrente angesetzt werden.

6 BFH v. 31.3.2004 - I R 79/03, BStBl 2004 II S. 940, unter II.2.b.aa der Gründe.

7 BFH v. 31.3.2004 - I R 79/03, BStBl 2004 II, S. 940, unter II.2.b.bb der Gründe; BFH v. 31.7.2018 - VIII R 6/15, BStBl 2019 II S. 197; BMF v. 3.11.2004, BStBl 2004 I S. 1045, Rz. 12.

8 A. A. offenbar: Höfer/Veit/Verhuven, BetrAVG Bd. II, Kap. 2 Rz. 418.

schen Pensionsalter abzustellen;[1] da reine Beitragszusagen i. S. v. § 1 Abs. 2 Nr. 2a BetrAVG keine derartige Mindestleistung bieten, sind ihre Leistungen u. E. aus der Prüfung der Überversorgung ganz auszuklammern. Sieht die Versorgungszusage an Stelle von lebenslänglich laufenden Leistungen eine einmalige Kapitalleistung vor, gelten 10 % der Kapitalleistung als Jahresbetrag einer lebenslänglich laufenden Leistung.[2] Diese 10 %-Regel ist § 4d Abs. 1 Satz 1 Nr. 1 Satz 7 EStG in Analogie entnommen, jedoch absolut nicht zeitgemäß; bei der aktuell und langfristig geltenden Zins- und Biometriesituation wären 5 % realistisch.

Entgeltumwandlung und beitragsorientierte Leistungszusagen:

Soweit die Versorgungsleistungen auf Entgeltumwandlungen beruhen, können die umgewandelten Entgelte und die diesen entsprechenden Versorgungsleistungen bei der Berechnung der 75 %-Grenze unberücksichtigt bleiben; dasselbe gilt für beitragsorientierte Leistungszusagen.[3] Das obige BMF-Schreiben enthält in Rz. 18 ein umfangreiches Zahlenbeispiel, welches eine arbeitgeber- und gleichzeitig per Entgeltumwandlung finanzierte Direktzusage enthält.

PRAXISHINWEIS 1: 682

Bei normalen Arbeitnehmern kommt es in der Praxis äußerst selten zu einem Verstoß gegen die Überversorgung, da deren Betriebsrenten kaum über die 75 %-Grenze hinausgehen.[4] Das Thema ist daher fast ausschließlich bei GGF relevant und hier ganz besonders bei dauerhaften Gehaltsabsenkungen meist mit dem Motiv finanzieller Entlastung der GmbH;[5] eine derartige Reduzierung der Bezüge wird von der Zivilrechtsprechung in der Krise sogar gefordert.[6] Verringert der GGF dabei nicht nur seine Aktivbezüge, sondern auch seine Versorgungsanwartschaften, führt dies im Falle einer Direktzusage zu gewinnerhöhenden bzw. verlustmindernden Rückstellungsauflösungen, die grundsätzlich zu einer gerade in dieser Phase (bei Reduzierung von Verlustvorträgen früher eintretenden) unerwünschten Steuerbelastung bei der Kapitalgesellschaft führen oder sogar eine verdeckte Einlage (vgl. unten Praxishinweis 3 und Rz. 1073 f.) bewirken können; derartige Effekte sind regelmäßig nicht gewollt, sodass dem GGF im Zuge der Gehaltsabsenkung nicht auch noch zur Reduzierung seiner Versorgungsanwartschaften geraten werden kann. Bei einer nur vorübergehenden betriebsbedingten Gehaltsabsenkung

1 BMF v. 3.11.2004, BStBl 2004 I S. 1045, Rz. 13.

2 BMF v. 3.11.2004, BStBl 2004 I S. 1045, Rz. 14, mit Verweis auf § 4d Abs. 1 Satz 1 Nr. 1 Satz 7 EStG analog.

3 BMF v. 3.11.2004, BStBl 2004 I S. 1045, Rz. 16 und 18; kritisch zur Ausnahme bei beitragsorientierter Leistungszusage: Höfer/Veit/Verhuven, BetrAVG Bd. II, Kap. 2 Rz. 415.

4 Vgl. Höfer/Veit/Verhuven, BetrAVG Bd. II, Kap. 2 Rz. 425.

5 Vgl. Dommermuth in Herrmann/Heuer/Raupach, EStG und KStG Kommentar, § 6a EStG Anm. 115.

6 Vgl. OLG Köln v. 6.11.2007 - 18 U 131/07, DStR 2008 S. 1298.

muss es allerdings nicht zwingend zu einer Überversorgung im Falle der Beibehaltung der zugesagten Versorgungshöhe kommen.[1] Voraussetzung für deren Vermeidung ist in diesen Fällen nach Meinung des BFH, dass die Gehaltsabsenkung vereinbarungsgemäß, d. h. schriftlich befristet sein muss[2] – u. E. sind dafür max. fünf Jahre zulässig – und durch eine wirtschaftliche Krise verursacht ist. Wie lange eine solche Krise dauern darf, ohne dass die Betriebsprüfung eine Überversorgung feststellt, ist einzelfallabhängig.

PRAXISHINWEIS 2:

Erfolgt die Herabsetzung der Bezüge entgegen der Empfehlung in Praxishinweis 1 nicht zeitlich befristet und kommt es dadurch zur Überversorgung nach den obigen Grundsätzen, darf dabei nach der aktuellen BFH-Meinung jedoch nicht außer Betracht bleiben, dass die Überversorgung im Einzelfall erst infolge der Herabsetzung eingetreten ist, vorher also noch nicht vorhanden war.[3] Dann aber muss durch eine zeitanteilige Aufteilung gewährleistet werden, dass die Bewertungsbegrenzung nicht in einen Anwartschaftsteil hineinwirkt, der zu den früheren Stichtagen jeweils nicht „überversorgend" war.[4] Zwar trägt das o. g. BMF-Schreiben diesem Grundsatz in Rz. 19 Rechnung, jedoch nur für den Fall, dass von einem Vollzeit- in ein Teilzeitbeschäftigungsverhältnis (mit einer Änderung des Gehaltsniveaus) gewechselt und dabei ein besonderer prozentualer Grenzwert gebildet wird. Der BFH hält diese Modifizierung des Stichtagsbezugs für gerechtfertigt;[5] allerdings komme es diesbezüglich bei GGF mit Blick auf ihr Aufgabenbild[6] nicht auf den Beschäftigungsgrad, sondern auf die Vergütungshöhe an.[7] Wie der BFH jene „zeitanteilige Aufteilung" angewendet haben möchte, hat er nicht konkret ausgeführt. Sie muss auf jeden Fall logisch und plausibel sein; u. E. könnte jene „zeitanteilige Aufteilung", abweichend von der vom BMF in Rz. 19 des o. g. Schreibens praktizierten Formel wie folgt berechnet werden:

Kommt es im Falle einer zeitlich nicht befristeten Gehaltsherabsetzung eines GGF zur Überversorgung dergestalt, dass die Aktivbezüge z. B. fünf Jahre vor der betrieblich vereinbarten Altersgrenze von 120.000 € p. a. auf 60.000 € p. a. reduziert werden, bleibt die Betriebsrente unverändert bei 60.000 € p. a. und bestehen keine anderweitigen Anwartschaften auf bAV und auch nicht auf gesetzliche Rente, sind folgende Rechenverfahren denkbar, wenn bei jenem Fall 20 Jahre lang keine Überversorgung vorlag und nun lediglich für die letzten fünf Jahre eine solche eintritt:

1 Vgl. BFH v. 20.12.2016 - I R 4/15, BStBl 2017 II S. 678, Rz. 23; BFH v. 27.3.2012 - I R 56/11, BStBl 2012 II S. 665, Rz. 13; vgl. auch: BFH v. 8.11.2000 - I R 70/99, BStBl 2005 II S. 653, unter II.4.b dd der Gründe; BMF v. 24.8.2005 - IV B 2 – S 2176 – 65/05, HaufeIndex 1543113.

2 Vgl. Dommermuth in Herrmann/Heuer/Raupach, EStG und KStG Kommentar, § 6a EStG Anm. 115.

3 Vgl. BFH v. 20.12.2016 - I R 4/15, BStBl 2017 II S. 678, Rz. 26; BFH v. 23.8.2017 - VI R 4/16, BStBl 2018 II S. 208, Rz. 25.

4 Vgl. BFH v. 20.12.2016 - I R 4/15, BStBl 2017 II S. 678, Rz. 26. In diesem Sinne auch: BFH v. 23.8.2017 - VI R 4/16, BStBl 2018 II S. 208, Rz. 25.

5 Vgl. BFH v. 20.12.2016 - I R 4/15, BStBl 2017 II S. 678, Rz. 26.

6 Vgl. BFH v. 11.11.2015 - I R 26/15, BStBl 2016 II S. 489.

7 Vgl. BFH v. 20.12.2016 - I R 4/15, BStBl 2017 II S. 678, Rz. 26.

- Methode 1: Zeitanteilige Berechnung der Überversorgung bemessen an den herabgesetzten Aktivbezügen
  Nach erfolgter Herabsetzung ergeben sich Aktivbezüge von 60.000 €. Davon 75 % sind 45.000 €. Die Überversorgung beträgt somit 15.000 €, allerdings nur noch für 5 von insgesamt 25 Jahren Anwartschaftszeit, woraus sich eine zeitanteilige Überversorgung von 3.000 € ergibt. Für die restlichen Jahre darf die Rückstellung daher nicht mehr für 60.000 € Jahresrente berechnet werden, sondern nur noch für 57.000 €.
- Methode 2: Zeitanteilige Berechnung des Grenzwertes
  Geht man vereinfachend davon aus, dass die Aktivbezüge vor Herabsetzung 20 Jahre lang 120.000 € betrugen, so errechnet sich ein Grenzwert von 120.000 € x 0,75 x 20/25 + 60.000 € x 0,75 x 5/25 = 81.000 €. Hier tritt keine Überversorgung ein. Wäre die Herabsetzung der Aktivbezüge schon nach 5 (von insgesamt wieder 25) Jahren erfolgt, hätte sich ein Grenzwert von 54.000 € errechnet und es wäre eine Überversorgung von 6.000 € eingetreten.

Methode 1 erscheint uns „realistischer" zu sein, da in den letzten fünf Jahren tatsächlich eine Überversorgung eintritt, diese jedoch mit dem Faktor 5/25 zu Recht gering gewichtet wird. Darüber würde Methode 2 in der Realität die Einbeziehung jährlich i. d. R. veränderter Aktivbezüge in den im Beispiel ersten 20 Jahren erfordern, was die Berechnung im Vergleich zu Methode 1 deutlich verkompliziert.

PRAXISHINWEIS 3:

Kommt es in einer Krisensituation zu einer Gehaltsreduzierung eines GGF, warnt Praxishinweis 1 aus zwei Gründen vor einer gleichzeitigen Reduzierung der Versorgungsanwartschaft:

- Erstens bewirkt die damit verbundene teilweise Rückstellungsauflösung im Falle der Fortführung des Unternehmens eine in dieser Phase meist problematische (früher eintretende) Steuerbelastung auf Ebene des Unternehmens, die im Falle einer lediglich befristet vereinbarten Gehaltsreduzierung in Ermangelung der Überversorgung nicht eingetreten wäre.
- Zweitens bewirkt der Verzicht auf bereits erdiente Anwartschaftsteile (Past Service) einer zum Verzichtszeitpunkt werthaltigen Versorgungsanwartschaft i. d. R. eine verdeckte Einlage i. S. v. § 8 Abs. 3 Satz 3 KStG (vgl. Rz. 1073 f.) und damit neben den in H 8.9 EStH unter „Verzicht auf Pensionsanwartschaftsrechte" geschilderten Folgen steuerpflichtigen Lohnzufluss auf Ebene des GGF,[1] auf den als kleines Trostpflaster die Fünftelung gem. § 34 Abs. 1 EStG anzuwenden ist.[2] Daran ändert auch die Absicht der Entscheidungsträger nichts, mit jener Verzichtsmaßnahme die negativen Folgen einer Überversorgung verhindern zu wollen,[3] da die Überversorgung nach obigen Ausführungen ein aus § 6a EStG resultierendes Rechtsinstitut im Bereich des Bilanzsteuerrechts (Kapitel 2, 2. Schritt) ist, das alle Arbeitnehmer inkl. GGF betrifft, und die verdeckte Einlage der dazu nachgeordneten gesellschaftsrechtlichen Veranlassung (Kapitel 3, 3. Schritt) zugeordnet wird (sog. Fremdver-

1 Vgl. BFH v. 23.8.2017 - VI R 4/16, BStBl 2018 II S. 208, Rz. 24 f. und 33.

2 Vgl. BFH v. 23.8.2017 - VI R 4/16, BStBl 2018 II S. 208, Rz. 34.

3 Vgl. BFH v. 23.8.2017 - VI R 4/16, BStBl 2018 II S. 208, Rz. 32.

gleich), die nur für Gesellschafter von Kapitalgesellschaften gilt (vgl. auch die Tabelle in Rz. 641). Denn selbst wenn die Absenkung der Aktivvergütung zu einer teilweisen Auflösung der bisherigen Pensionsrückstellung beim Arbeitgeber gemäß § 6a EStG führte, nähme dies ein fremder Arbeitnehmer nicht zum Anlass, den bereits erdienten Teil der Versorgungsanwartschaft aufzugeben, zumal auch der Verzicht auf die Versorgungsanwartschaft ebenfalls zur Auflösung der hierfür gebildeten Rückstellung führt.[1]

Das sinnvollste Mittel zur Vermeidung unerwünschter Steuerwirkungen ist daher die zeitlich befristete Gehaltsreduzierung (vgl. Praxishinweis 1). Soll die noch werthaltige Zusage zur Vermeidung einer Überversorgung trotzdem reduziert werden, ist daher zunächst ein (teilweiser) Verzicht auf den Future Service in Betracht zu ziehen, um eine verdeckte Einlage zu vermeiden. Wichtig ist dabei die korrekte Formulierung des Teilverzichts als Einfrieren auf die erdienten Anwartschaften, um ungewollte Spätfolgen zu vermeiden (vgl. Rz. 1099 ff.).

PRAXISHINWEIS 4:

Als Prävention zum Thema bilanzielle Überversorgung und damit zur Vermeidung des erheblichen, in den Rz. 674 bis 682 dargestellten Stresses, empfiehlt sich bei Einrichtung der für den GGF konzipierten Direktzusage die Vereinbarung einer beitragsorientierten Leistungszusage oder einer Entgeltumwandlung (vgl. jeweils Rz. 681 letzter Punkt), denn damit wird die mögliche Rechtsfolge der bilanziellen Überversorgung selbst bei unbefristeter Gehaltsreduzierung vollständig vermieden. Die Entgeltumwandlung, die auch mit anderen Vorzügen einhergeht (vgl. Rz. 348), darf jedoch in den Augen der FinVerw nicht als „verkappte Entgeltumwandlung“ erscheinen; daher sollte sie nicht in engem zeitlichem Zusammenhang mit dem Diensteintritt des GGF als Geschäftsführer, einem Statuswechsel oder einer Erhöhung fester Aktivbezüge einhergehen (vgl. Rz. 348). Auch eine Entgeltumwandlungsvereinbarung (vgl. den Praxishinweis in Rz. 348) ist zusätzlich zur Versorgungszusage und dem Gesellschafterbeschluss (vgl. Rz. 625 ff.) einzurichten.[2] Vor allem im Falle der Entgeltumwandlung ist nach Auffassung der Autoren auch keine Verletzung der 75 %-Grenze auf der 2. Gewinnermittlungsstufe (vGA) gegeben (vgl. Rz. 679).

683 Tritt später der Versorgungsfall ein, sind bei einer gehalts**un**abhängigen Zusage nach eindeutiger Auffassung von Rechtsprechung[3] und FinVerw[4] eine gem. BMF-Schreiben v. 3.11.2004 aufgelöste Rückstellung nachholend wieder zu passivieren und der steuerliche Gewinn nachträglich zu mindern,[5] denn eine Vorwegnahme künftiger Entwicklungen kann insoweit nicht mehr vorliegen, wenn der Versorgungsfall bereits eingetreten ist. Gegebenenfalls ist jedoch beim GGF in einem weiteren Schritt zu prüfen, ob eine in der Anwartschafts-

1 Vgl. BFH v. 23.8.2017 - VI R 4/16, BStBl 2018 II S. 208, Rz. 25.

2 An der Entgeltumwandlungsvereinbarung mangelte es offenbar in dem dem BFH v. 23.8.2017 (VI R 4/16, BStBl 2018 II S. 208) zugrunde liegenden Sachverhalt, vgl. dort Rz. 3 und 4.

3 BFH v. 28.4.2010 - I R 78/08, BStBl 2013 II S. 41, Rz. 23.

4 BMF v. 3.11.2004, BStBl 2004 I S. 1045, Rz. 6 letzter Satz.

5 BMF v. 3.11.2004, BStBl 2004 I S. 1045, Rz. 6 letzter Satz.

phase erfolgte Überschreitung der 75 %-Grenze nunmehr aufgrund gesellschaftsrechtlicher Veranlassung zu einer außerbilanziellen Hinzurechnung führt, weil eine vGA anzunehmen ist (vgl. Rz. 816 ff.).[1]

(3) Überversorgung durch Nur-Pensionszusage

Rechtsprechung und FinVerw haben zur steuerlichen Beurteilung einer arbeitgeberfinanzierten sog. Nur-Pensionszusage (neben der Versorgungszusage bezieht der GGF keine Aktivvergütung), die in der Praxis wahrscheinlich in erster Linie beim beherrschenden GGF anzutreffen sein dürfte, lange keine einheitliche Meinung vertreten (vgl. auch Rz. 821 ff.). Mit BMF-Schreiben v. 13.12.2012[2] wird nunmehr einheitlich von einer für die Bildung der Pensionsrückstellung schädlichen Überversorgung i. S. d. BMF-Schreibens v. 3.11.2004[3] ausgegangen. Die Rechtsprechung war bereits seit 2005 der Auffassung, dass eine arbeitgeberfinanzierte Nur-Pensionszusage zu einer Überversorgung im Sinne einer Vorwegnahme künftiger Lohn- und Einkommensentwicklungen führt und damit gegen die Regelungen des § 6a EStG verstößt mit der Folge, dass eine Pensionsrückstellung nicht gebildet werden darf.[4] Die FinVerw hatte die Bilanzierung in der Steuerbilanz hingegen zugelassen und war stattdessen von einem gesellschaftsrechtlich veranlassten Verstoß der Versorgungszusage gegen den Fremdvergleich ausgegangen, hatte also den Aufwand aus der Bildung der Pensionsrückstellung außerhalb der Bilanz als vGA wieder korrigiert.[5] Nachdem der BFH mit Urteil v. 28.4.2010[6] erneut entschieden hatte, dass die arbeitgeberfinanzierte Nur-Pensionszusage an den GGF zu einer Überversorgung führt, hat sich die FinVerw mit BMF-Schreiben v. 13.12.2012[7] angeschlossen. 684

PRAXISHINWEIS:

BFH und FinVerw haben ausdrückliche Entscheidungen nur zur arbeitgeberfinanzierten Nur-Pensionszusage getroffen. Konkrete Entscheidungen zur Nur-Pensionszusage, die auf einer wirksamen Entgeltumwandlungsvereinbarung beruhen, liegen hingegen

1 Kritisch dazu: Dommermuth in Herrmann/Heuer/Raupach, § 6a EStG Anm. 115 letzter Abs.; vgl. zudem die uneinheitliche Rechtsprechung: BFH v. 20.12.2016 - I R 4/15, BStBl 2017 II S. 678 und BFH v. 23.8.2017 - VI R 4/16, Rz. 32, BStBl 2018 II S. 208, Rz. 25, mit weiteren Verweisen; FG Rheinland-Pfalz v. 30.11.2016 - 1 K 1730/14, rkr.

2 BMF v. 13.12.2012, BStBl 2013 I S. 35.

3 BMF v. 3.11.2004, BStBl 2004 I S. 1045.

4 BFH v. 9.11.2005 - I R 89/04, BStBl 2008 II S. 523; zur Rechtsentwicklung vgl. Killat, DB 2013 S. 195.

5 BMF v. 16.6.2008, BStBl 2008 I S. 681, unter Bezugnahme auf BMF v. 3.11.2004, BStBl 2004 II S. 1045, zur Überversorgung und auf BMF v. 28.1.2005, BStBl 2005 II S. 387, zur Annahme einer vGA.

6 I R 78/08, NWB SAAAD-27160.

7 BMF v. 13.12.2012, BStBl 2013 I S. 35.

nicht vor. Allerdings enthalten mehrere Urteile[1] und das BMF-Schreiben v. 3.11.2004[2] zur Überversorgung deutliche Hinweise darauf, dass eine auf einer Entgeltumwandlung beruhende Nur-Pensionszusage bilanzsteuerrechtlich anzuerkennen und die Bildung einer Pensionsrückstellung nach § 6a EStG in einem solchen Fall nicht zu versagen ist (vgl. auch Rz. 682 Praxishinweis 4). Sofern eine echte Entgeltumwandlung gegeben ist (es wurde insbesondere nicht kurz zuvor das Gehalt festgesetzt und anschließend in gleicher Höhe eine Entgeltumwandlung vorgenommen und eine Entgeltumwandlungsvereinbarung mit entsprechendem Gesellschafterbeschluss liegen vor, vgl. Rz. 682 und Praxishinweis 4 sowie Rz. 348) und möglichst eine kongruente – an den GGF verpfändete – Rückdeckung vorhanden ist, dürften darüber hinaus auch die Annahme einer gesellschaftsrechtlichen Veranlassung und daran anknüpfende vGA auszuschließen sein.[3]

Dies wird für bestehende Nur-Pensionszusagen möglicherweise wenig hilfreich sein, da die Entgeltumwandlung in der GGF-Versorgung bislang keine entscheidende Rolle gespielt hat und i. d. R. keine rechtswirksamen Entgeltumwandlungsvereinbarungen getroffen worden sind. Allerdings bietet die Entgeltumwandlung jedoch für künftig gewünschte Nur-Pensionszusagen an GGF ein Gestaltungspotenzial, wenn die in Rz. 9 ff. des BMF-Schreibens v. 6.12.2017[4] genannten Bedingungen für eine Entgeltumwandlung eingehalten werden und das ursprünglich vereinbarte Gehalt insgesamt angemessen ist.[5] Fallen Diensteintritt und Zusagezeitpunkt, wie bei GGF infolge der sog. Probezeit (vgl. Rz. 760 ff.) üblich, auseinander, erhöht sich die Erstrückstellung (vgl. dazu Rz. 665) auch aufgrund einer unentgeltlich geleisteten Vordienstzeit.[6]

685–686 (*Einstweilen frei*)

hh) Nachholverbot

687 Um willkürliche Gewinnverschiebungen zu vermeiden, hat der Gesetzgeber in § 6a Abs. 4 Satz 1 EStG ein grds. Nachholverbot bestimmt. Eine Pensionsrückstellung darf danach in einem Wirtschaftsjahr höchstens um den Unterschied zwischen dem Teilwert der Pensionsverpflichtung am Schluss des Wirtschaftsjahres und am Schluss des vorangegangenen Wirtschaftsjahres erhöht werden. Eine Nachholung an sich zulässiger, bislang aber unterbliebener Zuführungen, ist somit ausgeschlossen.

688 Das Nachholverbot gilt nach Auffassung des BFH auch dann, wenn die Zuführung zur Pensionsrückstellung in früheren Wirtschaftsjahren aus Rechts-

1 Z. B. BFH v. 9.11.2005 - I R 89/04, BStBl 2008 II S. 523; vgl. hierzu die Ausführungen unter Rz. 797 ff.

2 BMF v. 3.11.2004, BStBl 2004 II S. 1045, Rz. 18.

3 Vgl. auch BFH v. 7.3.2018 - I R 89/15, BStBl 2019 II S. 70.

4 BStBl 2018 I S. 147.

5 Weitere Hinweis hierzu vgl. Killat, DB 2013 S. 195.

6 Vgl. BFH v. 26.6.2013 - I R 39/12, BStBl 2014 II S. 174, Rz. 16 und 18; Dommermuth in Herrmann/Heuer/Raupach, EStG und KStG Kommentar, § 6a EStG Rz. 116, letzter Satz.

unkenntnis oder wegen Irrtums unterblieben ist oder die Pensionsrückstellung aufgrund einer zulässigen Bewertungsmethode niedriger als möglich bewertet worden ist.[1] Zwar solle das Nachholverbot grds. dem Zweck dienen, willkürliche Gewinnverschiebungen zu verhindern. Indes komme dieser Zweck in § 6a Abs. 4 Satz 1 EStG allenfalls in typisierter Weise zum Ausdruck. Die Regeln und Auswirkungen der Aktivierung einer Rückdeckungsversicherung werden vom Nachholverbot nicht berührt.[2]

PRAXISHINWEIS:

Der Zeitpunkt der Erteilung bei nachträglichen Erhöhungen von Pensionszusagen ist von großer Bedeutung im Zusammenhang mit dem Nachholverbot. Gemäß R 6a Abs. 17 Satz 3 EStR 2012 „sind Erhöhungen von Anwartschaften und laufenden Renten, die nach dem Bilanzstichtag eintreten, in die Rückstellungsberechnung zum Bilanzstichtag einzubeziehen, wenn sowohl ihr Ausmaß als auch der Zeitpunkt ihres Eintritts am Bilanzstichtag feststehen". Wird eine Erhöhung z. B. per Nachtrag zur Pensionszusage v. 20.12.2019 „mit Wirkung ab 1.1.2020" vereinbart, ist jene Erhöhung zivilrechtlich am Bilanzstichtag 31.12.2019 zwar noch nicht wirksam, muss jedoch gem. R 6a Abs. 17 Satz 3 EStR 2012 zu diesem Bilanzstichtag bereits in der Rückstellungsberechnung berücksichtigt werden. Wird die Berücksichtigung unterlassen, liegt gem. jener Vorschrift ein Verstoß gegen das Nachholverbot vor. Dies gilt auch bei Neueinrichtung einer Direktzusage für einen Arbeitnehmer oder GGF. Nicht selten ist die steuerbilanzielle Rückstellungsbildung im ersten Wirtschaftsjahr (z. B. 2019 wie im obigen Beispiel) unterblieben, weil das Datum der Zusage zwar vor dem Bilanzstichtag (hier: 20.12.2019) liegt, die Zusage nach ihrem Wortlaut jedoch erst nach dem Bilanzstichtag (hier: 1.1.2020) in Kraft tritt. Unterbleibt die steuerbilanzielle Rückstellungsbildung im Beispiel zum 31.12.2019 mit dem – falschen – Argument, der Ansatz sei ein Verstoß gegen das Stichtagsprinzip, so darf die unterlassene erste Rückstellungszuführung bis zum Wirtschaftsjahr des vorzeitigen Ausscheidens des Pensionsberechtigten mit unverfallbarer Anwartschaft oder des Eintritts des Versorgungsfalls (§ 6a Abs. 4 Satz 5 Halbsatz 1 EStG) nicht nachgeholt werden; wird dieser Zeitpunkt abermals versäumt, ist eine spätere Nachholung nicht mehr möglich.[3]

Anders verhält es sich allerdings, wenn der richtige Pensionsansatz auf Betreiben der FinVerw unterblieben ist,[4] sowie in den Fällen, in denen die Bildung einer Pensionsrückstellung nach Grund und/oder Höhe in der Vergangenheit 689

1 Vgl. BFH v. 10.7.2002 - I R 88/01, BStBl 2003 II S. 936; BMF v. 11.12.2003, BStBl 2003 I S. 746; Dommermuth in Herrmann/Heuer/Raupach, § 6a EStG Rz. 151; Gosch in Kirchhof, § 6a Rz. 47; Weber-Grellet in Schmidt, EStG, § 6a Rz. 61; a. A. Höfer/Veit/Verhuven, Betriebsrentenrecht (BetrAVG) Bd. II, Steuerrecht/Sozialversicherungsrecht, HGB/IFRS, Kap. 2 Rz. 585 und 615; Ahrend/Förster/Rößler, Steuerrecht der betrieblichen Altersversorgung, Bd. I, Teil 2, Rz. 948; Stuhrmann in Bordewin/Brandt, EStG, § 6a Rz. 197; Weiland in Lademann, EStG, § 6a Rz. 324; Büchele, DB 1999 S. 67.

2 BFH v. 13.2.2008 - I R 44/07, BStBl 2008 II S. 673, unter II.2 der Gründe.

3 Vgl. Dommermuth in Herrmann/Heuer/Raupach, EStG und KStG Kommentar, § 6a EStG Rz. 153.

4 BFH v. 14.1.2009 - I R 5/08, BStBl 2009 II S. 457.

nicht zulässig gewesen ist.[1] Außerdem gilt eine Ausnahme zum Schluss des Wirtschaftsjahres, in dem das Dienstverhältnis mit einer unverfallbaren Anwartschaft endet oder in dem der Versorgungsfall eintritt. Hier darf die Pensionsrückstellung ungeachtet eines Nachholverbots auf den Barwert der künftigen Pensionsleistungen aufgestockt werden – wahlweise verteilt über einen Dreijahreszeitraum (§ 6a Abs. 4 Satz 5 EStG).

PRAXISHINWEIS:

Das Nachholverbot des § 6a Abs. 4 EStG ist nicht zu verwechseln mit dem Nachzahlungsverbot (vgl. Rz. 863 ff.), wonach es zu gesellschaftsrechtlich veranlassten verdeckten Gewinnausschüttungen führt, wenn dem im steuerrechtlichen Sinne beherrschenden GGF nachträglich Vergütungen zugesagt werden (z. B. rückwirkende Pensionszusagen).

ii) Auflösung der Pensionsrückstellung

690 Nach dem Zeitpunkt des vertraglich vorgesehenen Eintritts des Versorgungsfalls – bei Ausübung des zweiten Wahlrechts (vgl. Rz. 667) nach dem Zeitpunkt des gewählten früheren Zeitpunkts – muss die Pensionsrückstellung im Falle von Altersrentenleistungen an jedem folgenden Bilanzstichtag sukzessive ertragswirksam wieder aufgelöst werden. Maßgebend für die Auflösung ist der Unterschiedsbetrag zwischen dem versicherungsmathematischen Barwert der künftigen Pensionsleistungen am Schluss des Wirtschaftsjahres und der am Schluss des vorangegangenen Wirtschaftsjahres passivierten Pensionsrückstellung. Die an den Versorgungsberechtigten gezahlten Versorgungsleistungen sind im Gegenzug als Betriebsausgaben abziehbar.

691 Die FinVerw ist allerdings der Auffassung, dass die Pensionsrückstellung auch dann bereits sukzessive aufzulösen ist, wenn der Versorgungsberechtigte über das vertraglich vereinbarte oder frühestmögliche Pensionsalter hinaus gegen Entgelt tätig bleibt, die vereinbarten Pensionsleistungen noch nicht bezieht (sog. „technischer Rentner") und nicht das erste Wahlrecht ausgeübt worden ist, wonach die Pensionsrückstellung auf der Basis eines höheren als des vertraglich vereinbarten Pensionsalters berechnet wird. Die niedrigere Rückstellungshöhe ist in diesen Fällen auf die sinkende Lebenserwartung zurückzuführen, die geringere Barwerte zur Folge hat.

1 BFH v. 8.10.2008 - I R 3/06, BStBl 2010 II S. 186.

jj) Schaubild Prüfungsschritt 2 (Direktzusage)

Zusammenfassen enthält Prüfungsschritt 2 für die steuerbilanzielle Behandlung der Direktzusage insbesondere folgende Punkte (vgl. die Definition der Prüfungsschritte in Rz. 624): 692

2. Schritt	► **Voraussetzungen des § 6a EStG**
§ 6a Abs. 1	► Formvorschriften eingehalten? ► Rechtsanspruch des Versorgungsberechtigten eingeräumt? ► Verbot der Gewinnabhängigkeit beachtet? ► keine unzulässigen Widerrufsvorbehalte vereinbart?
§ 6a Abs. 2	► Regelungen zur erstmaligen Bildung der Pensionsrückstellung beachtet (Vollendung 27. Lj. oder Eintritt des Versorgungsfalls)?
§ 6a Abs. 3 und 4	► Regelungen zur Bewertung der Pensionsrückstellung beachtet (Nettoprämienwert während der aktiven Beschäftigungszeit, Anwartschaftsbarwert bei Ausscheiden mit unverfallbarer Anwartschaft bzw. nach Eintritt des Versorgungsfalls? ► kein Verstoß gegen Nachholungsverbot, Überversorgung?

(Einstweilen frei) 693–700

b) Unterstützungskassenzusage: Voraussetzungen des § 4d EStG

aa) Grundvoraussetzung „betriebliche Veranlassung“

Für Zuwendungen des Arbeitgebers an eine Unterstützungskasse enthält § 4d EStG Einschränkungen bzgl. des Betriebsausgabenabzugs. Eine wesentliche Einschränkung ergibt sich bereits aus § 4d Abs. 1 Satz 1 EStG, denn dort heißt es, dass Zuwendungen an eine Unterstützungskasse vom Trägerunternehmen nur als Betriebsausgaben abgezogen werden dürfen, soweit die Leistungen der Kasse, wenn sie vom Trägerunternehmen unmittelbar erbracht würden, bei diesem betrieblich veranlasst wären. Dies bedeutet, dass eine entsprechende, dem Versorgungsberechtigten an Stelle der Unterstützungskassenzusage erteilte Direktzusage, betrieblich veranlasst sein müsste. 701

Damit muss der Versorgungsberechtigte folglich zunächst zum Kreis derjenigen gehören, denen gem. § 17 BetrAVG betriebliche Versorgungsleistungen zugesagt werden können (z. B. pflichtversicherter Arbeitnehmer, aber auch minderbeteiligter oder beherrschender GGF, Vorstand, nicht hingegen Einzelunter- 702 nehmer). Beim Mitunternehmer einer Personengesellschaft ist insoweit eine Besonderheit zu beachten. Dieser kann zwar unter bestimmten Voraussetzungen unter den Schutzbereich des BetrAVG fallen (vgl. Rz. 131 ff.) und damit Anspruch auf bAV haben. Außerdem ist nach der neueren Rechtsprechung und Verwaltungsmeinung eine Direktzusage an den als Geschäftsführer tätigen Mitunternehmer einer Personengesellschaft bilanzsteuerrechtlich anzuerkennen mit der Folge, dass in der Gesamthandsbilanz der Personengesellschaft eine Pensionsrückstellung nach § 6a EStG zu bilden ist[1] (hinsichtlich der Korrektur über die Sonderbilanz vgl. Rz. 38). Die FinVerw schließt jedoch für Versorgungszusagen an Mitunternehmer über eine Unterstützungskasse per Erlass den Betriebsausgabenabzug nach § 4d EStG ungeachtet der neueren Sichtweise zur Direktzusage weiterhin aus.[2]

703 Ob die für den Betriebsausgabenabzug der Zuwendungen an die Unterstützungskasse erforderliche betriebliche Veranlassung auch bedeutet, dass im Fall einer fiktiven unmittelbaren Versorgungszusage ebenfalls die speziellen Voraussetzungen des § 6a EStG erfüllt sein müssten oder ob es ausreichen würde, dass die Voraussetzungen für den Betriebsausgabenabzug nach § 4 Abs. 4 EStG erfüllt wären, lässt sich dem Gesetz nicht zweifelsfrei entnehmen. Der BFH hat mit Urteil v. 19.6.2007[3] lediglich entschieden, dass die für die Bemessung von Pensionsrückstellungen geltenden sog. Überversorgungsgrundsätze (vgl. Rz. 674 ff.) auch auf Zuwendungen eines Trägerunternehmens an eine Unterstützungskasse nach § 4d EStG anzuwenden sind. Aus § 4d Abs. 1 Satz 1 Nr. 1 Buchst. b EStG ergibt sich, dass eine schriftliche Versorgungszusage vorliegen muss, wenn Zuführungen zum Reservepolster einer pauschaldotierten Unterstützungskasse als Betriebsausgaben abgezogen werden sollen.

704 Darüber hinaus stellt sich die Frage, ob im Fall einer gesellschaftsrechtlich veranlassten Versorgungszusage an den GGF einer Kapitalgesellschaft, welche gem. R 8.5 bzw. 8.7 KStR grds. zu einer verdeckten Gewinnausschüttung führt, betriebsausgabenwirksam Zuwendungen an die Unterstützungskasse erbracht werden können, da § 4d Abs. 1 Satz 1 EStG fordert, dass eine vergleichbare fiktive Direktzusage „betrieblich veranlasst" wäre.

Diese Frage hat der I. Senat des BFH erstmals in 2016 für den Fall einer nicht erdienbaren Unterstützungskassenzusage eines beherrschenden GGF ent-

1 BFH v. 2.12.1997 - VIII R 15/96, BStBl 2008 II S. 174; v. 14.2.2006 - VIII R 40/03, BStBl 2008 II S. 182; v. 30.3.2006 - IV R 25/04, BStBl 2008 II S. 171; BMF v. 29.1.2008, BStBl 2008 I S. 317.

2 BMF v. 28.11.1996, BStBl 1996 I S. 1435.

3 BFH v. 19.6.2007 - VIII R 100/04, BStBl 2007 II S. 930.

schieden.[1] Danach führt die gesellschaftsrechtliche Veranlassung der fiktiven, anstatt von der Unterstützungskasse von der GmbH zu erbringenden, unmittelbaren Versorgungsleistung gem. § 4d Abs. 1 Satz 1 EStG bereits zu einer Versagung des Betriebsausgabenabzugs der Zuwendungen an die Unterstützungskasse (vgl. auch Rz. 623). Zu beachten ist, dass die gesellschaftsrechtliche Veranlassung der fiktiv unmittelbar von der GmbH erbrachten Versorgungsleistung ausreichend ist. Die im Fall einer Direktzusage notwendigen weiteren Voraussetzungen einer vGA, z. B. die Eignung der Vermögensminderung oder der verhinderten Vermögensmehrung, beim Gesellschafter einen Vorteil auszulösen, sind keine Tatbestandsmerkmale des § 4d Abs. 1 Satz 1 EStG.

(Einstweilen frei) 705–708

bb) Differenzierung des Betriebsausgabenabzugs nach Leistungsart und Dotierung

Im Übrigen unterscheidet der Gesetzgeber bzgl. der Höhe der betriebsausga- 709
benwirksamen Zuwendungen danach, ob die Unterstützungskasse lebenslänglich laufende Leistungen oder nur zeitlich befristete Leistungen gewährt. Gewährt die Unterstützungskasse lebenslänglich laufende Leistungen, ist weiter danach zu differenzieren, ob der Versorgungsberechtigte bereits Leistungen bezieht oder bislang lediglich Anwartschaften hat. Bei den Anwartschaften ist dann weiter zu unterscheiden, ob es sich um eine sog. pauschaldotierte Unterstützungskasse oder um eine rückgedeckte Unterstützungskasse handelt.

Zu den lebenslänglich laufenden Leistungen gehören alle laufenden (wieder- 710
kehrenden) Leistungen, soweit sie nicht von vornherein nur für eine bestimmte Anzahl von Jahren oder bis zu einem bestimmten Lebensalter des Leistungsberechtigten vorgesehen sind, also z. B. die lebenslange Altersrente oder die lebenslange Hinterbliebenenrente. Vorbehalte, nach denen Leistungen an den überlebenden Ehegatten bei einer Wiederverheiratung oder Invaliditätsrenten bei Wiederaufnahme einer Arbeitstätigkeit wegfallen, berühren die Eigenschaft der Renten als lebenslänglich laufende Leistungen nicht. Dasselbe gilt, wenn eine Invaliditätsrente bei Erreichen einer bestimmten Altersgrenze von einer Altersrente der Unterstützungskasse abgelöst wird.[2]

1 Vgl. BFH v. 20.7.2016 - I R 33/15, BStBl 2017 II S. 66.

2 R 4d Abs. 2 Sätze 7 bis 9 EStR.

PRAXISHINWEIS:

In der Regel entspricht die Höhe einer lebenslang zugesagten Altersrente der einer zuvor gezahlten abgekürzten Invaliditätsrente. Dies ist aber für das Vorliegen einer lebenslänglich laufenden Leistung nicht erforderlich.[1] Folglich steht in der Beratung auch über die Unterstützungskasse die Möglichkeit offen, den GGF bedarfsgerecht zu beraten und ggf. eine der Invaliditätsrente folgende niedrigere lebenslange Altersrentenleistung zu vereinbaren.[2] Dabei ist keine Mindesthöhe bzw. keine zur Invaliditätsrente einzuhaltende prozentuale Mindesthöhe der Altersrente notwendig. In der Praxis dürfte die nominale Mindesthöhe der Altersrente durch die Tarifbedingungen des Rückdeckungsversicherers vorgegeben werden. Die maximale Höhe der Invaliditätsversorgung wird lediglich durch die Überversorgungsgrenze (75 %) bestimmt.

BEISPIEL: Der GGF A interessiert sich für die bAV über eine Unterstützungskasse. Eine Bedarfsanalyse zeigt, dass der A 5.000 € Invaliditätsrente (bis zum Alter 65) benötigt. Als Altersrentenleistung genügt dem A aufgrund bereits ausreichend vorhandener privater Altersvorsorge eine Altersrente von 1.000 €. Die mtl. Aktivvergütung des A beträgt 8.000 €. Die gewünschte Versorgung ist über die rückgedeckte Unterstützungskasse darstellbar. Der Leistungsplan mit abgekürzter Invaliditätsrente von 5.000 € und anschließender lebenslanger Altersrente von 1.000 € stellt eine lebenslänglich laufende Leistung dar. Ebenso verletzt die Höhe der Invaliditätsversorgung nicht die Überversorgungsgrundsätze (5.000/8000 = 62,5 %) und ist damit betrieblich veranlasst.

711 Keine lebenslänglich laufenden Leistungen sind z. B. Überbrückungszahlungen für eine bestimmte Zeit, Waisenrenten, abgekürzte Invaliditätsrenten und zeitlich von vornherein begrenzte Leistungen an den überlebenden Ehegatten.[3]

712 Einmalige Kapitalleistungen oder Kapitalabfindungen stellen vom Wortlaut her zwar keine lebenslänglich laufenden Leistungen dar. Gleichwohl besteht in der Literatur Einigkeit, dass der Betriebsausgabenabzug nach § 4d Abs. 1 Satz 1 Nr. 1 EStG nicht zu versagen ist, wenn der Leistungsplan der Kasse von vornherein nur einmalige Kapitalleistungen vorsieht oder dem Versorgungsberechtigten die Wahl zwischen einer einmaligen Kapitalzahlung und einer lebenslänglich laufenden Leistung ermöglicht.[4] Hergeleitet wird diese Auffassung aus der Regelung in § 4d Abs. 1 Satz 1 Nr. 1 Satz 7 EStG, wo der Gesetzgeber im Zusammenhang mit der Definition des zulässigen Kassenvermögens die Aussage

1 BFH v. 15.6.1994 - II R 77/91, BStBl 1995 II S. 21; danach existiert keine nominale Mindesthöhe einer Altersleistung für die Annahme einer lebenslänglich laufenden Leistung; vgl. auch Ahrend/Förster/Rößler, Steuerrecht der betrieblichen Altersversorgung, Bd. 2, Teil 3, Rz. 165.

2 Vgl. auch Rz. 256 ff.

3 R 4d Abs. 2 Satz 10 EStR.

4 Vgl. Höfer/Veit/Verhuven, Betriebsrentenrecht (BetrAVG), Bd. II Steuerrecht/Sozialabgaben, HGB/IFRS, Kap. 9, Rz. 75 ff., m. w. N.

trifft, dass 10 % der Kapitalleistung als Jahresbetrag einer lebenslänglich laufenden Leistung gilt, wenn die Unterstützungskasse an Stelle von lebenslänglich laufenden Leistungen eine einmalige Kapitalleistung gewährt. Diese Regelung würde keinen Sinn machen, wenn Kapitalleistungen nicht generell zulässig wären. Ob allerdings auch Kapitalleistungen begünstigt sind, die auf mehrere Jahre aufgeteilt – also zeitlich gestreckt ausgezahlt – werden, ist in der Literatur umstritten.[1]

cc) Lebenslänglich laufende Leistungen an Leistungsbezieher bei pauschal dotierter Unterstützungskasse (Zuwendungen zum Deckungskapital)

713 Der Betriebsausgabenabzug gestaltet sich am unkompliziertesten, wenn der Versorgungsberechtigte schon Leistungsempfänger ist. In diesem Fall darf das Trägerunternehmen der Unterstützungskasse gem. § 4d Abs. 1 Satz 1 Nr. 1 Buchst. a EStG im Wirtschaftsjahr des Leistungsbeginns oder später, in einer Summe oder verteilt das notwendige Deckungskapital zur Verfügung stellen. Das Trägerunternehmen kann das Wahlrecht, wann die Zuführung erfolgen soll für jeden Versorgungsempfänger individuell ausüben. Der Betriebsausgabenabzug ist damit erheblich flexibler als die Rückstellungsbildung nach § 6a EStG für eine Direktzusage, setzt allerdings in dieser Form auch erst in der Leistungsphase und nicht schon in der Ansparphase ein. Für die Zuführungen zum Deckungskapital ist weder eine Gleichmäßigkeit erforderlich, noch gilt ein Nachholungsverbot. Es gilt nur die Einschränkung, dass bislang unterlassene Zuführungen zum Deckungskapital nach dem Tod des Versorgungsberechtigten nicht nachgeholt werden können.

714 Die Berechnung des Deckungskapitals unterscheidet sich von dem einer Pensionskasse oder einer Direktversicherung, denn der Gesetzgeber hat eine pauschale Vervielfältigertabelle aufgestellt, die je nach Alter des Leistungsempfängers im Zeitpunkt des Leistungsbeginns und je nach Geschlecht unterschiedlich hohe Vervielfältiger festlegt, die auf den Jahresbetrag der laufenden Leistung anzuwenden sind.[2] Da der Tabelle weder eine aktuelle Sterbetafel noch ein am Markt orientierter Zins zugrunde liegt, dürfte das danach errechnete Deckungskapital deutlich von einem erforderlichen Einmalversicherungs-

1 Gegen eine Begünstigung Höfer/Veit/Verhuven, Betriebsrentenrecht (BetrAVG), Bd. II Steuerrecht/Sozialabgaben, HGB/IFRS, Kap. 9, Rz. 78, m. w. N.; für eine Begünstigung Dommermuth in Herrmann/Heuer/Raupach, EStG und KStG Kommentar, § 4d EStG Anm. 52, m. w. N.

2 Die Tabelle ist als Anlage 1 zum Einkommensteuergesetz veröffentlicht.

beitrag abweichen – und zwar nach unten.[1] Im Übrigen ist zu beachten, dass bei der Anwendung des Vervielfältigers auch nicht danach differenziert wird, ob es sich um eine reine Altersversorgung handelt oder ob auch Risikoabsicherungen vorliegen. Bei den Vervielfältigern für männliche Leistungsempfänger sind pauschal Witwenanwartschaften i. H. v. 60 % der Altersrente eingerechnet, bei weiblichen Leistungsempfängerinnen hingegen nicht.[2] Kommt es später zur Zahlung einer Hinterbliebenenleistung, darf allerdings das gesamte Deckungskapital zugewendet werden und zwar unabhängig davon, ob bereits das volle Deckungskapital für die Altersrente zugewandt wurde und unabhängig davon, ob die Hinterbliebenenleistung darin pauschal mit berücksichtigt war.[3]

PRAXISHINWEIS:

Hat der Arbeitnehmer oder der GGF nach dem Leistungsplan der Unterstützungskasse grds. einen fälligen Anspruch, macht diesen jedoch noch nicht geltend, weil er weiter für das Trägerunternehmen tätig ist (sog. „technischer Rentner") ist eine steuerwirksame Zuwendung des Deckungskapitals an die Unterstützungskasse noch nicht möglich, da gem. § 4d Abs. 1 Satz 1 Nr. 1 Satz 2 EStG für die betriebsausgabenwirksame Dotierung erforderlich ist, dass der Leistungsempfänger ehemaliger Arbeitnehmer ist (vgl. Rz. 325).[4] Diese Voraussetzung ist bei technischen Rentnern noch nicht erfüllt. Eine Dotierung der Unterstützungskasse in Form jenes Deckungskapitals kann folglich erst nach dem tatsächlichen Ausscheiden aus dem Dienstverhältnis erfolgen – mit dem dann maßgebenden Vervielfältiger.[5]

dd) Lebenslänglich laufende Leistungen an Leistungsanwärter (Zuwendungen zum Reservepolster)

715 Befindet sich der Versorgungsberechtigte noch nicht in der Leistungsphase, so sind nach den Regelungen in § 4d Abs. 1 Satz 1 Nr. 1 Buchst. b EStG grds. nur Zuwendungen zum sog. Reservepolster zulässig, die betragsmäßig eher gering gehalten sind. Damit soll eine steuerwirksame Gewinnverlagerung in die Un-

1 Die Vervielfältiger sind seit 1974 nicht mehr aktualisiert worden und der Rechnungszins liegt bei 5,5 %; vgl. Dommermuth in Herrmann/Heuer/Raupach, EStG und KStG Kommentar, § 4d EStG Anm. 57.

2 Vgl. Dommermuth in Herrmann/Heuer/Raupach, EStG und KStG Kommentar, § 4d EStG Anm. 57.

3 R 4d Abs. 3 EStR; zu beachten ist allerdings, dass das tatsächliche Kassenvermögen das zulässige Kassenvermögen nicht übersteigt (§ 4d Abs. 1 Satz 2 ff. EStG).

4 Vgl. auch BMF v. 18.9.2017, BStBl 2017 I S. 1293, Rz. 6.

5 Vgl. Dommermuth in Herrmann/Heuer/Raupach, EStG und KStG Kommentar, § 4d EStG Anm. 59; Dommermuth: Ausscheiden als Voraussetzung für den Erhalt der Leistung aus Direktzusagen und Unterstützungskassen insbesondere bei GGF, in Praxishandbuch Betriebliche Altersversorgung, Gruppe 5, S. 143 bis 156 (146).

terstützungskasse vermieden werden, denn diese unterliegt keinerlei Anlagebeschränkungen und kann die Gelder folglich auch darlehensweise dem Trägerunternehmen wieder zur Verfügung stellen.

Die Zuwendungen zum Reservepolster können wahlweise nach den jährlichen Versorgungsleistungen bemessen werden, welche der jeweilige Leistungsanwärter im letzten Zeitpunkt der Anwartschaft, spätestens im Zeitpunkt des Erreichens der Regelaltersgrenze der gesetzlichen Rentenversicherung, nach dem Leistungsplan der Unterstützungskasse erhalten kann. Maßgebend sind die dem jeweiligen Leistungsanwärter jeweils schriftlich zugesagten erreichbaren Leistungen nach den Verhältnissen am Ende des Wirtschaftsjahres der Unterstützungskasse. Änderungen, die erst nach dem Bilanzstichtag wirksam werden, sind nur zu berücksichtigen, wenn sie am Bilanzstichtag bereits feststehen.[1] Stattdessen kann auch vom Durchschnittsbetrag der von der Kasse im Wirtschaftsjahr tatsächlich gewährten lebenslänglich laufenden Leistungen ausgegangen werden. Zur Vereinfachung kann statt einer genaueren Berechnung als Durchschnittsbetrag der Betrag angenommen werden, der sich ergibt, wenn die Summe der im Wirtschaftsjahr von der Unterstützungskasse tatsächlich gezahlten lebenslänglich laufenden Leistungen durch die Zahl der am Ende ihres Wirtschaftsjahrs vorhandenen berücksichtigungsfähigen Leistungsempfänger geteilt wird. An die getroffene Wahl zur Ermittlung der Bemessungsgrundlage ist das Trägerunternehmen grds. fünf Wirtschaftsjahre lang gebunden.[2] 716

Auf den gewählten Betrag sind dann die in § 4d Abs. 1 Satz 1 Nr. 1 Buchst. b EStG genannten Prozentsätze anzuwenden und zwar 717

- je 6 %, wenn die Unterstützungskasse nur Invaliditätsversorgung oder nur Hinterbliebenenversorgung gewährt und
- 25 %, wenn die Unterstützungskasse Altersversorgung mit oder ohne Einschluss von Invaliditätsversorgung oder Hinterbliebenenversorgung gewährt.

Bei Wahl der Durchschnittsberechnung ist das Ergebnis noch mit der Anzahl der berücksichtigungsfähigen Leistungsanwärter zu vervielfältigen.

Zum Kreis der Leistungsanwärter gehören grundsätzlich alle Arbeitnehmer und ehemaligen Arbeitnehmer des Trägerunternehmens, die von der Unterstützungskasse schriftlich zugesagte Leistungen erhalten können und soweit 718

1 R 4d Abs. 4 EStR.

2 R 4d Abs. 4 EStR.

sie nicht bereits Empfänger lebenslänglich laufender Leistungen sind. Wurde ausschließlich eine Hinterbliebenenversorgung ohne Altersversorgung zugesagt, gilt dennoch der Arbeitnehmer, bei dessen Ableben die Hinterbliebenenversorgung einsetzt, als Leistungsanwärter und zwar ungeachtet dessen, ob tatsächlich begünstigte Hinterbliebene vorhanden sind. Personen, die mit einer unverfallbaren Anwartschaft aus dem Trägerunternehmen ausgeschieden sind, gehören zu den Leistungsanwärtern, solange die Kasse mit einer späteren Inanspruchnahme zu rechnen hat, was grds. erst nach Erreichen der Altersgrenze geprüft zu werden braucht.[1]

719 Darüber hinaus ist erforderlich, dass der Leistungsanwärter ein bestimmtes Mindestalter erreicht hat. Wählt das Trägerunternehmen die anwartschaftsorientierte Zuwendung und wurde die Zusage durch den Arbeitgeber nach dem 31.12.2017 erteilt, muss der Leistungsanwärter am Schluss des Wirtschaftsjahres der Unterstützungskasse,[2] in dem die Zuwendung erfolgt, gem. § 4d Abs. 1 Satz 1 Nr. 1 Satz 1 Buchst. b Satz 2 EStG das 23. Lebensjahr vollendet haben.[3]

ee) Lebenslänglich laufende Leistungen bei rückgedeckter Unterstützungskasse

720 Hat die Unterstützungskasse die einem Leistungsempfänger oder einem Leistungsanwärter zugesagten Leistungen ganz oder teilweise durch den Abschluss einer Versicherung abgesichert, liegt eine sog. rückgedeckte Unterstützungskasse vor (vgl. Rz. 419 und Rz. 489 ff.). Für den Fall, dass die in § 4d Abs. 1 Satz 1 Nr. 1 Buchst. c EStG genannten besonderen Voraussetzungen eingehalten werden, darf das Trägerunternehmen den Betrag als Betriebsausgaben abziehen, den die Unterstützungskasse als Beitrag für die Rückdeckungsversicherung zu erbringen hat. Werden die Voraussetzungen nicht eingehalten, verbleibt es beim Betriebsausgabenabzug wie bei einer pauschaldotierten Unter-

1 R 4d Abs. 5 EStR.

2 Für den Fall, dass das Wirtschaftsjahr der Unterstützungskasse nicht mit dem Wirtschaftsjahr des Trägerunternehmens übereinstimmt, vgl. Höfer/Veit/Verhuven, Betriebsrentenrecht (BetrAVG), Bd. II Steuerrecht/Sozialabgaben, HGB/IFRS, Kap. 9, Rz. 112 ff.

3 Gemäß § 4d Abs. 1 Satz 1 Nr. 1 Satz 1 Buchst. b Satz 2 EStG gilt darüber hinaus: Bei Zusagen zwischen dem 1.1.2009 und dem 31.12.2017 gilt die Vollendung des 27., zwischen dem 1.1.2001 und dem 31.12.2008 die Vollendung des 28. und für Zusagen vor dem 1.1.2001 die Vollendung des 30. Lebensjahres. Bei der leistungsempfängerorientierten Zuwendung (Durchschnittsberechnung) sind gem. § 4d Abs. 1 Satz 1 Nr. 1 Satz 1 Buchst. b Satz 4 EStG nur die Arbeitnehmer oder ehemaligen Arbeitnehmer des Trägerunternehmens als Leistungsanwärter zu berücksichtigen, die am Schluss des Wirtschaftsjahres, in dem die Zuwendung erfolgt, das 50. Lebensjahr vollendet haben.

stützungskasse nach § 4d Abs. 1 Satz 1 Nr. 1 Buchst. a und Buchst. b EStG. Werden die zugesagten Leistungen nur teilweise über eine Rückdeckungsversicherung abgesichert, können daneben noch Zuwendungen zum Deckungskapital nach § 4d Abs. 1 Satz 1 Nr. 1 Buchst. a EStG (für Leistungsempfänger) bzw. zum Reservepolster nach § 4d Abs. 1 Satz 1 Nr. 1 Buchst. b EStG (für Leistungsanwärter) als Betriebsausgaben abgezogen werden, allerdings nur in dem Verhältnis, in dem keine Rückdeckung vorliegt. Die Beurteilung ist insoweit für jeden Versorgungsberechtigten einzeln vorzunehmen.

Für Leistungsanwärter, die ein bestimmtes Mindestalter erreicht haben,[1] kann eine Rückdeckung bereits in der Anwartschaftsphase erfolgen, aber auch erst in der Leistungsphase. Werden die zugesagten Leistungen erst nach Eintritt des Versorgungsfalls rückgedeckt, können hierfür Einmalprämien mit steuerlicher Wirkung zugewendet werden.[2] Erfolgt die Rückdeckung hingegen bereits für Leistungsanwärter, kann das Trägerunternehmen den für den einzelnen Leistungsanwärter an die Unterstützungskasse zugewendeten Betrag der Versicherungsprämie nur dann nach § 4 Abs. 1 Satz 1 Nr. 1 Buchst. c EStG als Betriebsausgabe geltend machen, wenn die Unterstützungskasse laufende gleichbleibende oder steigende Prämien zu entrichten hat und zwar in jedem Jahr zwischen Vertragsabschluss und dem Zeitpunkt, für den erstmals Leistungen der Altersversorgung vorgesehen sind, mindestens jedoch bis zu dem Zeitpunkt, an dem der Leistungsanwärter das 55. Lebensjahr vollendet hat. Jährlich heißt allerdings nicht zwingend, dass nur einmal jährlich Beiträge entrichtet werden dürfen. Ebenso begünstigt sind monatliche oder vierteljährliche Beiträge. Werden Leistungen der Invaliditäts- oder Hinterbliebenenversorgung rückversichert, muss die abgeschlossene Versicherung eine Mindestlaufzeit bis zu dem Zeitpunkt haben, in dem der Leistungsanwärter sein 55. Lebensjahr vollendet. Eine Versicherung mit kürzerer Laufzeit ist nur begünstigt, wenn feststeht, dass im Anschluss an die Laufzeit des Versicherungsvertrags eine Zusage auf Altersversorgung besteht.[3] 721

Die FinVerw hat Regelungen getroffen, unter welchen Voraussetzungen abweichend vom reinen Wortsinn gleichbleibende Prämien vorliegen.[4] So liegt eine gleichbleibende Prämie auch vor, wenn die von der Unterstützungskasse jährlich zu zahlende Prämie mit Gewinngutschriften aus dem Versicherungsvertrag verrechnet wird. In diesen Fällen kann der Unterstützungskasse dann 722

1 Insoweit gelten die gleichen Regelungen wie bei der Pauschaldotierung – vgl. Rz. 719.

2 R 4d Abs. 7 EStR.

3 R 4d Abs. 8 EStR.

4 R 4d Abs. 9 EStR.

nur noch der verbleibende Restbetrag steuerbegünstigt zugewendet werden (Netto-Prämie). Ebenso kann nur die Netto-Prämie steuerbegünstigt zugewendet werden, wenn die Gewinngutschriften durch die Kasse nicht mit fälligen Prämien verrechnet, aber auch nicht zur Erhöhung der Rückdeckungsquote hinsichtlich der bestehenden Zusage verwendet werden.

723 Das Erfordernis jährlich gleichbleibender oder steigender laufender Beitragsleistungen lässt grds. kein Sinken der Beitragshöhe zu. Beruht eine Verminderung der Beiträge jedoch auf einer Änderung der Versorgungszusage oder auf der Änderung einer Entgeltumwandlungsvereinbarung (auch auf Verlangen des Arbeitnehmers und unabhängig vom Grund der Minderung), sind die Zuwendungen weiterhin als Betriebsausgaben abzugsfähig, wenn die Prämien nach der Vertragsänderung mindestens in konstanter Höhe bis zum Eintritt des Versorgungsfalles weiter zu zahlen sind. Sinkende Beiträge an eine rückgedeckte Unterstützungskasse führen auch dann (ausnahmsweise) nicht zu einer Versagung des Betriebsausgabenabzuges, wenn sich die Beitragsminderung aus gesetzlich vorgegebenen Faktoren ergibt (z. B. aus der Erhöhung der Beitragsbemessungsgrenzen in der gesetzlichen Rentenversicherung) und die Prämienzahlungen nach der Minderung mindestens in konstanter Höhe bis zum Eintritt des Versorgungsfalles zu leisten sind.

PRAXISHINWEIS:

Wird beim GGF eine arbeitgeberfinanzierte Versorgungszusage angepasst, sollte darauf geachtet werden, dass der Gesellschafterbeschluss so gefasst wird, dass nicht der Verdacht entstehen kann, dass die zunächst höheren Beiträge einer von vornherein geplanten Vorfinanzierung dienten, die steuerrechtlich nicht zulässig wäre. Es sollte daher im Gesellschafterbeschluss genau dargelegt werden, welche veränderten Rahmenbedingungen zu der Anpassung geführt haben, um z. B. im Rahmen einer Betriebsprüfung entsprechende Nachweise vorlegen zu können.

724 Die laufenden gleichbleibenden oder steigenden Prämien sind nur insoweit als Betriebsausgaben abziehbar, als sie für die Finanzierung der erteilten Versorgungszusage notwendig sind, d. h. es darf bezogen auf den einzelnen Versorgungsberechtigten keine Überdeckung vorliegen.

PRAXISHINWEIS:

Auch wenn der Grundsatz der Einzelbewertung für jeden Versorgungsberechtigten gilt und folglich keine Verrechnung von überdotierten mit unterdotierten Versorgungszusagen erfolgen darf, gestattet die FinVerw, dass zu hohe Überschüsse aus der Rückdeckungsversicherung eines Versorgungsberechtigten zugunsten einer zu niedrigen Versicherung eines anderen Versorgungsberechtigten berücksichtigt werden.[1]

1 BMF v. 28.11.1996, BStBl 1996 I S. 1435.

Hinsichtlich der Herstellung von Deckungsgleichheit von Versorgungszusage und Versicherungsleistung bestehen zwei Optionen zur kongruenten Rückdeckung und zwar 725

- eine Strukturkongruenz oder
- eine Wertkongruenz (vgl. zu beiden ausführlich Rz. 426 ff.).

Strukturkongruenz liegt vor, wenn Leistungs- und Zahlungszeitpunktidentität gegeben ist, eine Rentenzusage also z. B. mit einer Rentenversicherung und eine Kapitalzusage mit einer Kapitalversicherung rückgedeckt ist. Eine Wertkongruenz ist hingegen bereits dann erfüllt, wenn die Unterstützungskasse aus der Rückdeckungsversicherung im Zeitpunkt des Leistungsbeginns eine Kapitalleistung i. H. d. Rentenanwartschaft erhält. In beiden Fällen wird von einer Rückdeckungsquote von 100 % ausgegangen, auch wenn bei der Wertkongruenz das Langlebigkeitsrisiko nicht mit abgedeckt ist. 726

PRAXISHINWEIS:

Wurde dem Versorgungsberechtigten eine Leistungszusage erteilt, besteht bei Abschluss einer kongruenten Rückdeckungsversicherung das Risiko einer Überdeckung, wenn die – nicht planbaren – Überschüsse nicht mit den Beiträgen verrechnet werden sollen (was die Höhe des Betriebsausgabenabzugs mindert – vgl. Rz. 722). In diesen Fällen kann es sich anbieten, die Versorgungszusage entsprechend aufzustocken. Beim (beherrschenden) GGF kann sich eine solche Aufstockung jedoch im Hinblick auf das Nachzahlungsverbot und die Erdienbarkeit als problematisch erweisen. Sinnvoller erscheint es hier, die Erhöhung der Leistungszusage gem. der entstehenden Überschussanteile von vorneherein im Leistungsplan festzulegen oder eine beitragsorientierte Leistungszusage zu wählen und auf diesem Wege die Zusage von Beginn an an den Leistungen aus der Rückdeckungsversicherung zu orientieren.

Ob eine Versicherung vorliegt, richtet sich nach versicherungsrechtlichen Grundsätzen – also nach den Regelungen des Versicherungsaufsichtsgesetzes (VAG). Damit dürfen dem Grunde nach nicht nur Kapitallebensversicherungen auf den Todes- oder Erlebensfall, sowie Rentenversicherungen, sondern auch fondsgebundene Lebens- oder Rentenversicherungen als Rückdeckungsversicherung eingesetzt werden. 727

Allerdings fordert die FinVerw für eine fondsgebundene Rückdeckungsversicherung eine garantierte Versicherungsleistung. Andernfalls versagt sie den Betriebsausgabenabzug nach § 4d Abs. 1 Satz 1 Nr. 1 Buchst. c EStG. Ohne garantierte Versicherungsleistung steht nach ihrer Auffassung der zugesagten Versorgungsleistung keine ausreichend bestimmbare Versicherungsleistung gegenüber. Eine garantierte Versicherungsleistung ist nicht gegeben, wenn sich die Versicherungsleistung insgesamt nur auf das im Zeitpunkt der Fälligkeit vorhandene Fondsvermögen bezieht oder fiktiv unterstellt wird, dass sich das mittels Beitragsleistung gebildete Fondsvermögen nach den Erfahrungen der Vergangenheit in einem bestimmten Umfang entwickeln wird (z. B. auf der Basis einer geschätzten Verzinsung).[1] Die Art der abzugebenden Garantie hat die FinVerw nicht festgelegt, so dass sowohl eine Beitragsgarantie (brutto oder netto bezogen auf den Sparanteil) in Betracht kommt, als auch eine Garantie auf den Sparanteil einschließlich garantiertem Mindestzins.

Nach Auffassung der Verfasser ist diese restriktive Sichtweise der FinVerw hinsichtlich fondsgebundener Rückdeckungsversicherungen nur bei reinen Leistungszusagen (Festrentenzusagen) nach § 1 Abs. 1 BetrAVG einschlägig. Im Falle von Beitragsorientierten Leistungszusagen nach § 1 Abs. 2 Nr. 1 BetrAVG ist dagegen nach Auffassung der Verfasser kein Verstoß gegen § 4d EStG erkennbar.

Gemäß § 4d Abs. 1 Nr. 1 Buchst. c Satz 1 EStG kann das Trägerunternehmen abzugsfähige Zuwendungen in Höhe der Beiträge leisten, die eine Unterstützungskasse an einen Versicherer zahlt, soweit sich die Unterstützungskasse die Mittel für ihre Versorgungsleistungen, die der Leistungsanwärter oder Leistungsempfänger nach den Verhältnissen am Schluss des Wirtschaftsjahres der Zuwendungen erhalten kann, durch den Abschluss einer Versicherung verschafft.

Um eine Überdeckung oder eine nur partielle Rückdeckung der Versorgungsleistungen durch die gesetzliche „soweit-Regelung" zu vermeiden, ist eine kongruente Rückdeckungsversicherung notwendig. Das bedingt, dass die im Leistungsplan definierten Versorgungsleistungen art- und wertmäßig voll auf die Versicherungsleistungen abgestimmt werden. Diese Strukturgleichheit sorgt dafür, dass sämtliche Versorgungsleistungen zeitgleich durch gleich hohe Versicherungsleistungen abgedeckt werden. Und diese Strukturkongruenz ist im Falle einer versicherungsgebundenen beitragsorientierten Leistungszusage i. S. v. § 1 Abs. 2 Nr. 1 BetrAVG gegeben.

Bei solchen Zusagen besteht ein direkter Zusammenhang zwischen dem festgelegten Finanzierungsbeitrag und der Höhe der daraus resultierenden Leistung. Bereits mit der Umwandlung der Finanzierungsbeiträge in eine Anwartschaft auf Alters- und Hinterbliebenenversorgung steht fest, welche Höhe die aus den Beiträgen resultierende Leistung im Versorgungsfall mindestens hat. Deshalb bestimmt sich bei der versicherungsgebundenen beitragsorientierten Leistungszusage die Höhe der Versorgungsanwartschaft bei planmäßiger Beitragszahlung bis zum vorgesehenen Altersrentenbeginn bzw. bis zu einem

1 BMF v. 11.5.2000 - IV C 2 - S 2144C - 2/00.

Vorversterbenszeitpunkt nach der garantierten (Mindest-)Versicherungsleistung. Bei Eintritt des Versorgungsfalls schuldet der Versicherer die dem Versicherungsvertrag immanente endfällige Garantie unter planmäßiger Verwendung des gesamten Zeitwertes des Versicherungsvertrages.

Zudem sind damit das zulässige und das tatsächliche Kassenvermögen nach § 4d Abs. 1 Satz 1 Nr. 1 Sätze 3 bis 6 EStG zum Schluss des jeweiligen Wirtschaftsjahres gleich hoch, so dass die Zuwendungen in Höhe des festgelegten Finanzierungsbeitrags betriebsausgabenwirksam werden.

Beitragsorientierte Leistungszusagen sind erst mit dem Rentenreformgesetz 1999 in das Betriebsrentengesetz aufgenommen worden. Bis dahin wurden über die Unterstützungskasse in der Regel Leistungszusagen nach § 1 Abs. 1 Betriebsrentengesetz erteilt. Bei dieser Zusageform steht die Leistung der Unterstützungskasse im Vordergrund (sog. Leistungsprimat). Nur soweit diese Leistungen versicherungsmäßig – also durch garantierte Versicherungsleistungen – rückgedeckt werden, ist im Hinblick auf die soweit Regelung nach § 4d Abs. 1 Nr. 1 Buchst. c Satz 1 EStG der Finanzierungsaufwand in Form der Versicherungsbeiträge abzugsfähig. Eine fondsgebundene Rückdeckungsversicherung mit zum Bilanzstichtag nicht der garantierten Versicherungsleistung zugehörigen Zeitwertanteilen würde insoweit nicht zulässiges Kassenvermögen produzieren und letztlich über § 4d Abs. 1 Nr. 1 Buchst. c Satz 1 EStG zu nicht abzugsfähigen Zuwendungen führen. Offensichtlich hat sich das BMF in den relevanten Schreiben[1] zu fondsgebundenen Versicherungen nur auf Leistungszusagen bezogen, so dass eine beitragsorientierte Versorgungszusage mit fondsgebundener Rückdeckungsversicherung auch nach den veröffentlichen Vorgaben des BMF nicht gegen die Vorgaben des § 4d EStG verstößt.

PRAXISHINWEIS:

Die Auffassung, dass die BMF-Schreiben aus 1998 und 2000 auf versicherungsgebundene beitragsorientierte Leistungen keine Anwendung finden, ist bisher weder von der FinVerw offiziell bestätigt worden noch in der Praxis allgemein vorherrschend. Trotzdem bieten immer mehr auch Gruppen-Unterstützungskassen beitragsorientierte Leistungszusagen mit fondsgebundenen Rückdeckungsversicherungen an. Nach Auffassung der Autoren sollte ist hier Vorsicht geboten. Den für die vollständige steuerliche Anerkennung der Zusage ist sowohl die positive Sichtweise des Betriebsstättenfinazamtes des Trägerunternehmens als auch des Betriebsstättenfinanzamtes der Unterstützungskasse notwendig. Um nicht im Rahmen einer Betriebsprüfung eine böse

1 Vgl. BMF, Schreiben v. 13.5.1998 - IV B 2 -S 2144c -12/98 und IV B 2 – S 2144c – 15/98 in FR 1998 S. 667; BMF-Schreiben v. 11.12.1998 - IV C 2 -S 2144c -4/98, DB 1999 S. 25 und BMF v. 11.5.2000 - IV C 2 - S 2144C - 2/00.

Überraschung zu erleben, sollte hier im Vorfeld der Zusageeinrichtung Gewissheit geschaffen werden.

728 Hat der Leistungsanwärter das notwendige Mindestalter (vgl. Rz. 719) noch nicht vollendet, verfügt er aber über bereits unverfallbare Anwartschaften (Invalidität, Alter Todesfall), dürfen gem. § 4d Abs. 1 Satz 1 Nr. 1 Buchst. c Satz 3 EStG dennoch Beiträge für eine (kongruente) Rückdeckungsversicherung als Betriebsausgaben abgezogen werden. Unverfallbare Anwartschaften können in diesem Fall vorliegen, wenn der Arbeitgeber die entsprechende Zusage vertraglich unverfallbar gestellt hat oder soweit der Versorgungsberechtigte die Versorgungszusage durch Entgeltumwandlung finanziert.

729 Während die FinVerw in Bezug auf Direkt- und Unterstützungskassenzusagen zunächst der Auffassung war, dass ohne einen Ausscheidepassus in der Pensionsordnung keine bAV vorliege (vgl. Abschnitt H 6a Abs. 1 „Abgrenzung bei Arbeitsfreistellung" EStH 2016 mit Hinweis auf Rz. 2 des BMF-Schreibens v. 11.11.1999[1]) und deshalb insoweit eine Rückstellung nach § 6a EStG nicht gebildet und eine Zuwendung an eine Unterstützungskasse nicht als Betriebsausgabe nach § 4d EStG steuermindernd abgezogen werden dürfe, hat sie diese Meinung im BMF-Schreiben v. 18.9.2017[2] für alle noch offenen Fälle revidiert (vgl. Rz. 323).[3]

PRAXISHINWEIS:

Da dieses BMF-Schreiben erst vor kurzem veröffentlicht wurde, enthalten die Satzungen der meisten real existierenden rückgedeckten Unterstützungskassen nach wie vor die Voraussetzung, dass das Dienstverhältnis zum Trägerunternehmen beendet sein muss, damit die Zahlung der Leistung an den ehemaligen Arbeitnehmer jenes Unternehmens erfolgen kann (vgl. ausführlich Rz. 326 ff.). Dadurch entstehen in der Praxis gegenwärtig erhebliche Probleme und Verärgerung auf Seiten der betroffenen Arbeitnehmer und GGF, wenn diese über die Altersgrenze hinaus weiterarbeiten und gleichzeitig ihre Betriebsrente beanspruchen wollen. Zur Lösung dieser Probleme vgl. Rz. 326 f.

730 Letztlich ist noch zu beachten, dass die Rückdeckungsversicherung nicht zur Sicherung eines Darlehens eingesetzt werden darf (§ 4d Abs. 1 Satz 1 Nr. 1 Buchst. c Satz 4 EStG). Auch wenn die Rückdeckungsversicherung insoweit nur teilweise verpfändet oder abgetreten wird, führt dies für die Dauer der Sicherung zur vollständigen Nichtabziehbarkeit der Versicherungsprämie. Das De-

1 BStBl 1999 I S. 959, Rz. 2.

2 BStBl 2017 I S. 1293, Rz. 4 und 6.

3 Vgl. auch H 6a Abs. 1 „Pensionsleistungen ohne Ausscheiden aus dem Dienstverhältnis" EStH 2017, der auf jenes neue BMF-Schreiben verweist.

ckungskapital der Rückdeckungsversicherung soll nach Auffassung des Gesetzgebers ausschließlich der Versorgung des Berechtigten zugutekommen und nicht teilweise dem Zugriff Dritter ausgesetzt sein.[1]

PRAXISHINWEIS:

Unschädlich für den Betriebsausgabenabzug nach § 4d Abs. 1 Satz 1 Nr. 1 Satz 1 Buchst. c EStG ist es allerdings, wenn die Ansprüche aus der Rückdeckungsversicherung an den Versorgungsberechtigten verpfändet werden, um z. B. einen privatrechtlichen Insolvenzschutz zu bewirken. Eine solche Verpfändung beeinträchtigt die Ansprüche des Versorgungsberechtigten – anders als die Besicherung eines Darlehens – nicht und führt auch nicht zu einer vorzeitigen Verfügungsmöglichkeit. Zu beachten ist allerdings, dass nur eine Verpfändung der Rückdeckungsversicherung zum gewünschten Ziel führt. Wird hingegen eine Abtretung vereinbart, führt dies zu einem sofortigen Zufluss beim Versorgungsberechtigten und konterkariert somit die eigentlich beabsichtigte nachgelagerte Besteuerung der Versorgungszusage.[2]

ff) Zeitlich befristete Leistungen

Gewährt die Unterstützungskasse keine lebenslänglich laufenden Leistungen, sondern lediglich zeitlich befristete Leistungen, schränkt § 4d Abs. 1 Satz 1 Nr. 2 EStG den Betriebsausgabenabzug auch dann auf eine Reservepolsterfinanzierung ein, wenn eine entsprechende Rückdeckungsversicherung abgeschlossen worden ist. Betriebsausgabenwirksam dürfen in diesem Fall lediglich 0,2 % der Lohn- und Gehaltssumme des Trägerunternehmens für jedes Wirtschaftsjahr zugewendet werden, mindestens der Betrag, der von der Kasse in einem Wirtschaftsjahr erbrachten Leistungen, soweit dieser Betrag höher ist als die in den vorangegangenen fünf Wirtschaftsjahren vorgenommenen Zuwendungen abzüglich der in dem gleichen Zeitraum erbrachten Leistungen. Bei der Berechnung der maßgebenden Lohn- und Gehaltssumme des Trägerunternehmens müssen Löhne und Gehälter von Personen, die von der Kasse keine nicht lebenslänglich laufenden Leistungen erhalten können, ausgeschieden werden. D. h. im Umkehrschluss, dass nur die Löhne und Gehälter derjenigen Personen berücksichtigt werden dürfen, denen tatsächlich vom Trägerunternehmen zeitlich befristete Leistungen zugesagt worden sind. Zur Lohn- und Gehaltssumme gehören alle Arbeitslöhne der genannten Personen i. S. d. § 19 Abs. 1 Satz 1 Nr. 1 EStG, soweit sie nicht von der Einkommensteuer befreit sind. Zuschläge für Mehrarbeit und für Sonntags-, Feiertags- und Nachtarbeit 731

1 Vgl. BT-Drucks. 12/1108 S. 53 und BMF v. 8.1.1992, DB 1992 S. 300.

2 Vgl. Dommermuth in Herrmann/Heuer/Raupach, EStG und KStG Kommentar, § 4d EStG Anm. 102.

gehören allerdings auch insoweit zur Bemessungsgrundlage, als sie steuerbefreit sind.[1]

732 Gewährt eine Unterstützungskasse lebenslänglich laufende und zeitlich befristete Leistungen, so gelten die Regelungen des § 4d Abs. 1 Satz 1 Nr. 1 und des § 4d Abs. 1 Satz 1 Nr. 2 EStG nebeneinander. Die entsprechend begünstigten Zuwendungsmöglichkeiten sind folglich zu addieren, soweit dadurch das zulässige Kassenvermögen nicht überschritten wird.

733 Schließt die Unterstützungskasse eine Rückdeckungsversicherung ab, mit der gleichermaßen lebenslänglich laufende Altersversorgungsleistungen und Invaliditäts- und/oder Hinterbliebenenleistungen finanziert werden, lässt die FinVerw im Wege einer Billigkeitsregelung insgesamt den Betriebsausgabenabzug nach § 4d Abs. 1 Satz 1 Nr. 1 Buchst. c EStG zu.[2]

gg) Abhängigkeit des Betriebsausgabenabzugs vom Kassenvermögen

734 Zuwendungen nach § 4d Abs. 1 Satz 1 Nr. 1 und Nr. 2 EStG dürfen – über die bereits dargestellten Voraussetzungen hinaus – vom Trägerunternehmen der Unterstützungskasse nur dann als Betriebsausgaben abgezogen werden, wenn das tatsächliche Kassenvermögen das zulässige Kassenvermögen nicht übersteigt. Diese Überprüfung ist zum Schluss jeden Wirtschaftsjahres durchzuführen. Stimmt das Wirtschaftsjahr der Unterstützungskasse nicht mit dem Wirtschaftsjahr des Trägerunternehmens überein, ist das Wirtschaftsjahr der Kasse maßgebend, das vor dem Ende des Wirtschaftsjahres des Trägerunternehmens endet.[3]

735 Tatsächliches Kassenvermögen in diesem Sinne ist das Reinvermögen der Unterstützungskasse ohne Berücksichtigung der künftigen Versorgungsleistungen und zwar ungeachtet dessen, ob es durch Zuführungen zum Deckungskapital, zum Reservepolster, durch Beitragszuwendungen oder durch Erträge entstanden ist. Bei einer rückgedeckten Unterstützungskassenzusage entspricht das tatsächliche Kassenvermögen somit dem kompletten Anspruch aus dem Rückdeckungsvertrag, folglich dem geschäftsplanmäßigen Deckungskapital zuzüglich des Guthabens aus Beitragsrückerstattung, alternativ dem Zeitwert. Unerheblich ist auch, ob die Zuwendungen in der Vergangenheit als Betriebs-

1 R 4d Abs. 12 EStR.

2 BMF v. 21.4.1998 - IV B 2 – S 2144c – 16/98, NWB MAAAA-22074.; das Schreiben ist gem. BMF v. 11.3.2020 nicht in der Positivliste enthalten und somit für Steuertatbestände, die nach dem 31.12.2018 verwirklicht werden, aufgehoben. Die Aufhebung dient der Eindämmung der Normenflut und bedeutet allerdings nicht die Aufgabe der bisherigen Rechtsauffassung.

3 R 4d Abs. 13 Satz 3 EStR.

ausgaben abziehbar waren oder nicht. § 4d Abs. 1 Satz 1 Nr. 1 Satz 3 EStG enthält Regelungen, wie in diesem Zusammenhang bestimmte Vermögenswerte zu bewerten sind.

Gewährt eine Unterstützungskasse lebenslänglich laufende Leistungen, ist das zulässige Kassenvermögen die Summe aus dem Deckungskapital für alle am Schluss des Wirtschaftsjahres laufenden Leistungen – berechnet nach der Tabelle für die Errechnung des Deckungskapitals gem. der dem Einkommensteuergesetz als Anlage 1 beigefügten Tabelle – und dem Achtfachen der nach § 4d Abs. 1 Satz 1 Nr. 1 Satz 1 Buchst. b EStG abzugsfähigen Zuwendungen. 736

Verschafft sich die Kasse die Mittel für ihre Leistungen durch Abschluss einer Versicherung und sind die Voraussetzungen für den Abzug des Beitrages nach § 4d Abs. 1 Satz 1 Nr. 1 Satz 1 Buchst. c EStG erfüllt, bestimmt sich das zulässige Kassenvermögen nach dem Wert des geschäftsplanmäßigen Deckungskapitals[1] aus der Versicherung am Schluss des Wirtschaftsjahres. Guthaben aus Beitragsrückerstattung (Überschüsse), die nicht zur Erhöhung der Leistung verwendet wurden, zählen nicht zum geschäftsplanmäßigen Deckungskapital und gehören somit nicht zum zulässigen Kassenvermögen. Gehört die Berechnung des Deckungskapitals nicht zum Geschäftsplan, tritt an die Stelle des geschäftsplanmäßigen Deckungskapitals der nach § 176 Abs. 3 VVG a. F. zu bestimmende Zeitwert, jedoch ohne Berücksichtigung des Guthabens aus Beitragsrückerstattung.[2] 737

PRAXISHINWEIS:

Da das Guthaben aus Beitragsrückerstattung zwar zum tatsächlichen, nicht aber zum zulässigen Kassenvermögen gehört, ist es bei Leistungszusagen nach § 1 Abs. 1 BetrAVG wichtig, im Leistungsplan der Unterstützungskasse die Verwendung des Guthabens aus Beitragsrückerstattung zur Leistungserhöhung zu vereinbaren oder von vornherein die Beitragsverrechnung vorzusehen.

Gewährt eine Unterstützungskasse anstelle von lebenslänglich laufenden Leistungen eine einmalige Kapitalleistung, so gelten 10 % der Kapitalleistung als Jahresbetrag einer lebenslänglich laufenden Leistung. Gewährt die Unterstützungskasse zeitlich befristete Leistungen, beträgt das zulässige Kassenvermögen grds. 1 % der durchschnittlichen Lohn- und Gehaltssumme der letzten drei Jahre. Hat die Unterstützungskasse bereits zehn Jahre bestanden, darf das 738

1 Diese Bewertung trifft nur noch für konventionelle Versicherungsverträge mit Vertragsabschluss vor dem 29.7.1994 zu.

2 Für Versicherungsverträge mit Versicherungsabschluss ab dem 29.7.1994 ist der Zeitwert der Versicherung maßgebend.

zulässige Kassenvermögen zusätzlich die Summe der in den letzten zehn Wirtschaftsjahren gewährten Leistungen nicht übersteigen.

739 Bei Unterstützungskassen, die sowohl lebenslänglich laufende als auch zeitlich befristete Leistungen gewähren, ist sowohl das tatsächliche als auch das zulässige Kassenvermögen für beide Gruppen von Leistungen gemeinsam festzustellen.[1]

hh) Zeitpunkt des Betriebsausgabenabzugs

740 § 4d Abs. 2 Satz 1 EStG bestimmt, dass Zuwendungen, die die Voraussetzungen des § 4d Abs. 1 EStG erfüllen in dem Jahr vom Trägerunternehmen als Betriebsausgaben abgezogen werden können, in dem sie geleistet werden. Wann eine Zuwendung geleistet worden ist, richtet sich bei Unternehmen, die ihren Gewinn nach § 4 Abs. 3 EStG richten, nach § 11 EStG.

741 Bei bilanzierenden Unternehmen kommt es darauf an, wann die Zuwendung fällig wird. Erfolgt die tatsächliche Zahlung später, ist ggf. ein Rechnungsabgrenzungsposten in der Bilanz zu bilden. Für den Fall, dass die Unterstützungskasse dem Trägerunternehmen das entsprechende Kassenvermögen als Darlehen zur Verfügung stellt, richtet sich der Betriebsausgabenabzug nach dem Zeitpunkt, zu dem die Darlehensvereinbarung wirksam wird, das Trägerunternehmen also eine entsprechende Verbindlichkeit und die Unterstützungskasse eine entsprechende Forderung in der Bilanz auszuweisen hat.

742 Für die Steuerbilanz enthält § 4d Abs. 2 Satz 2 EStG darüber hinaus noch eine Sonderregelung, wonach Zuwendungen, die bis zum Ablauf eines Monats nach Aufstellung oder Feststellung der Handelsbilanz des Trägerunternehmens für den Schluss eines Wirtschaftsjahres geleistet werden, vom Trägerunternehmen noch für das abgelaufene Wirtschaftsjahr durch eine Rückstellung gewinnmindernd berücksichtigt werden können. Als Aufstellung der Bilanz wird im Allgemeinen die Unterzeichnung durch die Geschäftsleitung, als Feststellung die Genehmigung durch die jeweiligen Organe gesehen. In der Handelsbilanz dürfte eine entsprechende Rückstellung nicht zulässig sein, da nachträglich vorgenommene Zuwendungen weder unter § 249 Abs. 1 HGB zu subsumieren sind, noch unter Art. 28 Abs. 1 EGHGB.[2]

743 Übersteigen die in einem Wirtschaftsjahr geleisteten Zuwendungen die nach § 4d Abs. 1 EStG abzugsfähigen Beträge, können die übersteigenden Beträge

1 R 4d Abs. 13 Satz 4 EStR.

2 Vgl. auch Dommermuth in Herrmann/Heuer/Raupach, EStG und KStG Kommentar, § 4d EStG Anm. 172; Höfer/Veit/Verhuven, BetrAVG Bd. II, Kap. 9, Rz. 486.

gem. § 4d Abs. 2 Satz 3 EStG in der Steuerbilanz im Wege der Rechnungsabgrenzung auf die folgenden drei Wirtschaftsjahre vorgetragen und im Rahmen der für diese Wirtschaftsjahre abzugsfähigen Beträge als Betriebsausgaben behandelt werden. Das geschieht, indem der aktive Rechnungsabgrenzungsposten in den drei folgenden Wirtschaftsjahren im Rahmen des Zulässigen beliebig erfolgswirksam (= gewinnmindernd) wieder aufgelöst wird. Entsteht innerhalb dieses Dreijahreszeitraums erneut ein übersteigender Betrag, so beginnt für diesen ab dem darauffolgenden Wirtschaftsjahr ein neuer Dreijahreszeitraum, der sich folglich mit einem noch laufenden überlappen kann. Kann der aktive Rechnungsabgrenzungsposten innerhalb des Dreijahreszeitraums nicht oder nicht vollständig aufgelöst werden, muss dieser gewinnneutral aufgelöst werden. Der Betriebsausgabenabzug geht damit für diesen Betrag endgültig verloren.

PRAXISHINWEIS:

Bevor über den Durchführungsweg Unterstützungskasse für den GGF eine Versorgung eingerichtet wird, sind neben den Voraussetzungen für den Betriebsausgabenabzug allerdings weitere Kriterien zu berücksichtigen. Siehe hierzu Rz. 576 ff. – Direktzusage oder Unterstützungskasse? – sowie Rz. 751 ff. – Gesellschaftsrechtliche Veranlassung bei GGF.

ii) Schaubild Prüfungsschritt 2 (Unterstützungskassenzusage)

Prüfungsschritt 2 enthält für die Unterstützungskassenzusage also insbeson- 744
dere folgende Punkte (vgl. hier die Definition der Prüfungsschritte in Rz. 624):

2. Schritt	► **Voraussetzungen des § 4d EStG**
§ 4d Abs. 1	► Grundvoraussetzung betriebliche Veranlassung ► Differenzierung des Betriebsausgabenabzugs nach Leistungsart und Dotierung
§ 4d Abs. 1 Nr. 1 Satz 2	► Abhängigkeit des Betriebsausgabenabzugs vom Kassenvermögen
§ 4d Abs. 2	► Zeitpunkt des Betriebsausgabenabzugs

c) Versicherungsförmige Durchführungswege: Voraussetzungen für den Betriebsausgabenabzug

745 Die Vorschriften des § 4c und § 4e EStG regeln den Betriebsausgabenabzug der Beiträge an eine Pensionskasse oder einen Pensionsfonds. So dürfen Zuwendungen an eine Pensionskasse gem. § 4c Abs. 1 EStG vom Unternehmen, das die Zuwendungen leistet (Trägerunternehmen), als Betriebsausgaben abgezogen werden, soweit sie auf einer in der Satzung oder im Geschäftsplan der Kasse festgelegten Verpflichtung oder auf einer Anordnung der Versicherungsaufsichtsbehörde beruhen oder der Abdeckung von Fehlbeträgen bei der Kasse dienen. Beiträge an einen Pensionsfonds i. S. d. § 236 VAG dürfen gem. § 4e Abs. 1 EStG von dem Unternehmen, das die Beiträge leistet (Trägerunternehmen), als Betriebsausgaben abgezogen werden, soweit sie auf einer festgelegten Verpflichtung beruhen oder der Abdeckung von Fehlbeträgen bei dem Fonds dienen.

746 § 4c Abs. 2 EStG und § 4e Abs. 2 EStG regeln einschränkend, dass die Zuwendungen bzw. Beiträge nicht abgezogen werden dürfen, soweit die Leistungen der Kasse, wenn sie vom Trägerunternehmen unmittelbar erbracht würden, bei diesem nicht betrieblich veranlasst wären. Damit gelten die Ausführungen in Rz. 704 zur Unterstützungskassenzusage entsprechend.

747 Für Beiträge an ein Direktversicherungsunternehmen existiert hinsichtlich des Betriebsausgabenabzugs keine ausdrückliche Sonderregelung. Dieser richtet sich nach der allgemeinen Vorschrift des § 4 EStG, was aber im Ergebnis zu einem den Sondervorschriften der § 4c und § 4e EStG entsprechenden Ergebnis führt. § 4b EStG regelt allerdings hinsichtlich des Versicherungsanspruchs aus einer aus betrieblichem Anlass abgeschlossenen Direktversicherung, dass dieser dem Betriebsvermögen des Steuerpflichtigen nicht zuzurechnen ist, soweit am Schluss des Wirtschaftsjahres hinsichtlich der Leistungen des Versicherers die Person, auf deren Leben die Lebensversicherung abgeschlossen ist, oder ihre Hinterbliebenen bezugsberechtigt sind. Das gilt auch, wenn der Steuerpflichtige die Ansprüche aus dem Versicherungsvertrag abgetreten oder beliehen hat, sofern er sich der bezugsberechtigten Person gegenüber schriftlich verpflichtet, sie bei Eintritt des Versicherungsfalls so zu stellen, als ob die Abtretung oder Beleihung nicht erfolgt wäre.

Prüfungsschritt 2 enthält für die versicherungsförmigen Durchführungswege also insbesondere folgende Punkte (vgl. hier die Definition der Prüfungsschritte in Rz. 624): 748

2. Schritt	► **Voraussetzungen für den Betriebsausgabenabzug**
§ 4c	► **Pensionskasse:** Beiträge, die auf einer in der Satzung oder im Geschäftsplan der Kasse festgelegten Verpflichtung oder auf einer Anordnung der Versicherungsaufsichtsbehörde beruhen oder der Abdeckung von Fehlbeträgen bei der Kasse dienen
§ 4e	► **Pensionsfonds:** Beiträge, die auf einer festgelegten Verpflichtung beruhen oder der Abdeckung von Fehlbeträgen beim Fonds dienen
§ 4, § 4b	► **Direktversicherung:** Beiträge, die auf einer festgelegten Verpflichtung beruhen ► grds. kein Ausweis des Versicherungsanspruchs in der Bilanz des Unternehmens

(Einstweilen frei) 749–751

3. Gesellschaftsrechtliche Veranlassung beim Gesellschafter-Geschäftsführer – Prüfung verdeckter Gewinnausschüttungen (3. Schritt)

Die Beanstandung (bilanz-)steuerrechtlicher Sachverhalte nach dem 2. Schritt in Kapitel 2 hat ähnliche Auswirkungen auf die Steuerbelastung des Unternehmens wie die Einstufung als vGA im vorliegenden 3. Schritt. Dennoch sind beide völlig unterschiedliche Rechtsinstitute mit stark voneinander abweichenden Detaileffekten; diese Unterschiede sind in der Tabelle in Rz. 641 ausführlich dargestellt und helfen bei der Einordnung der materiellen Konsequenzen einer vGA. 752

a) Abgrenzung der Prüfungsschritte

Um Beratungsrisiken und steuerlich unerwünschte Folgewirkungen in Bezug auf Versorgungszusagen an den GGF zu vermeiden, ist es wichtig, die drei unterschiedlichen Prüfschritte (vgl. Rz. 624) sorgfältig zu differenzieren. Denn je nachdem, ob ein Verstoß gegen die zivilrechtliche Wirksamkeit (Kapitel 1, 753

1. Prüfungsschritt, Rz. 625 ff.) oder gegen die maßgebende Vorschrift für den Betriebsausgabenabzug (Kapitel 2, 2. Prüfungsschritt, Rz. 641 ff.) gegeben oder ob die Zusage ganz oder teilweise gesellschaftsrechtlich veranlasst ist (Kapitel 3, 3. Prüfungsschritt, Rz. 751 ff.), ergeben sich unterschiedliche steuerrechtliche Folgewirkungen (vgl. dazu ausführlich die Tabelle in Rz. 641). Nachfolgende Ausführungen betreffen den 3. Prüfungsschritt und damit das Thema vGA. Im Gegensatz zu den beiden ersten Prüfungsschritten, die für bAV zu Gunsten von Arbeitnehmern ebenso wie von GGF gelten, betrifft dieses Thema ausschließlich Gesellschafter und damit GGF. Dabei kommt es gem. R 8.5 Abs. 1 KStR auf die sog. „gesellschaftsrechtliche Veranlassung" an, d. h. dass dem GGF von seiner Kapitalgesellschaft ein Vorteil im Rahmen der bAV nur deshalb gewährt wurde, weil zu dieser Person ein gesellschaftsrechtliches Verhältnis besteht; ein Fremdgeschäftsführer hätte diese Begünstigung nicht erhalten (Fremdvergleich).

b) Gesellschaftsrechtlich veranlasste Versorgungszusage

754 Ist der GGF, dem eine Versorgungszusage erteilt werden soll, an der GmbH beteiligt, sind – anders als beim Fremdgeschäftsführer oder Fremdarbeitnehmer – weitere Voraussetzungen zu beachten. Es ist zu prüfen, ob die Versorgungszusage betrieblich oder gesellschaftsrechtlich veranlasst ist. Ausgangspunkt dafür ist die Vorschrift des § 8 Abs. 3 Satz 2 KStG, die besagt, dass vGA das Einkommen der GmbH nicht mindern dürfen. Die FinVerw definiert vGA in R 8.5 Abs. 1 KStR 2015 als Vermögensminderung oder verhinderte Vermögensmehrung, die durch das Gesellschaftsverhältnis veranlasst ist, sich auf den Gewinn auswirkt und nicht auf einem den gesellschaftsrechtlichen Vorschriften entsprechenden Gewinnverteilungsbeschluss beruht. Eine Veranlassung durch das Gesellschaftsverhältnis ist auch dann gegeben, wenn die Vermögensminderung oder verhinderte Vermögensmehrung bei der Körperschaft zugunsten einer nahe stehenden Person des GGF erfolgt.

755 Ist eine Versorgungszusage an den GGF oder an eine dem GGF nahe stehende Person also zivilrechtlich wirksam und auch als Betriebsausgabe in der Bilanz bzw. Gewinn- und Verlustrechnung der GmbH gewinnmindernd zu berücksichtigen (vgl. Rz. 752), ist in einem 3. Schritt zu prüfen, ob die gesellschaftsrechtliche Stellung des GGF für den aus der bAV resultierenden Aufwand verantwortlich ist und somit eine Gewinnausschüttung nur als Betriebsausgabe „getarnt" wurde. In diesem Fall ist das Einkommen der GmbH durch eine Korrektur außerhalb von steuerrechtlicher Bilanz und GuV zu erhöhen (vgl. die Tabelle in Rz. 641).

Die Prüfung, ob die bAV des GGF gesellschaftsrechtlich veranlasst ist, wird zunächst im Rahmen des konkreten internen Fremdvergleichs mit einem im Unternehmen tatsächlich beschäftigten Fremdgeschäftsführer oder – wenn dieser nicht vorhanden – leitenden Angestellten vorgenommen; sind beide nicht existent, vergleicht die Betriebsprüfung mit Geschäftsführern vergleichbarer Unternehmen in der Region (konkreter externer Fremdvergleich). Gibt es für beide Arten des konkreten Fremdvergleichs keine Anhaltspunkte, kommt es zum hypothetischen oder fiktiven Fremdvergleich mit einem gedachten, ordentlichen und gewissenhaften Geschäftsleiter.[1] Hätte dieser in seiner Funktion als Vertreter der Kapitalgesellschaft in Bezug auf die dem GGF tatsächlich gewährten Leistungen auf bAV dem Grunde und der Höhe nach ebenso entschieden? Ist diese Frage zu verneinen, wird von einer vGA ausgegangen. Diese Folge tritt in einigen Sonderfällen auch dann ein, wenn der gedachte, ordentliche und gewissenhafte Geschäftsleiter zwar die Entscheidung zu Gunsten des GGF als Vertreter der Kapitalgesellschaft gebilligt hätte, der fiktive Fremdgeschäftsführer die Zusage auf bAV oder deren Änderung in der gegebenen Form als Betroffener jedoch nicht akzeptiert hätte (sog. „doppelter Fremdvergleich“).[2] 756

PRAXISHINWEIS:

Ob der Aufwand aus der Rückstellungsbildung einer Direktzusage schon in der Bilanz nicht anerkannt (2. Schritt, Rz. 641 ff.) oder erst wegen gesellschaftsrechtlicher Veranlassung als vGA (3. Schritt) außerbilanziell dem Gewinn wieder hinzugerechnet wird, hat für die Steuerlast solange keine Bedeutung, als die betroffenen Veranlagungszeiträume alle noch verfahrensrechtlich geändert bzw. berichtigt werden können (offene Steuerbilanzen, vgl. die Tabelle in Rz. 641 ff.). Ist dies jedoch nicht der Fall, kann also die Veranlagung eines vergangenen Jahres verfahrensrechtlich nicht mehr geändert bzw. berichtigt werden, greift die bilanzielle Korrektur weiter als die außerbilanzielle Gewinnberichtigung aufgrund einer vGA. Grund ist, dass eine nicht korrekte Pensionsrückstellung (Verstoß im 2. Schritt) in der ersten noch offenen Steuerbilanz vollständig richtig zu stellen ist, während bei einer vGA nur die in den offenen Veranlagungsjahren erfolgten Zuführungen zur Pensionsrückstellung außerbilanziell berichtigt werden können.

BEISPIEL: Der GGF A hat am 30.7.2020 eine Direktzusage erhalten

a) mit schädlichem Widerrufsvorbehalt,

b) sofort nach Bestellung zum GGF.

1 Vgl. Höfer/Veit/Verhuven, BetrAVG Bd. II, Kap. 44, Rz. 139 f.

2 Vgl. BFH v. 15.9.2004 - I R 62/03, BStBl 2005 II S. 176 unter II.2.c.bb der Gründe; BFH v. 17.5.1995 - I R 147/93, BStBl 1996 II S. 204 unter II.B.2 der Gründe; Höfer/Veit/Verhuven, BetrAVG Bd. II, Kap. 44, Rz. 141.

Die Pensionsrückstellungen der Steuerbilanz betragen:

zum 31.12.2020	100.000 €
zum 31.12.2021	105.000 €
zum 31.12.2022	111.000 €
zum 31.12.2023	118.000 €

In 2025 erfolgt eine Betriebsprüfung für die Jahre 2021 bis 2023, deren Bescheide unter dem Vorbehalt der Nachprüfung stehen. Das Jahr 2020 unterlag bereits einer Betriebsprüfung und ist bestandskräftig. Eine Beanstandung der Zusage erfolgte für 2020 bislang nicht.

LÖSUNG: ▸ Im Fall a) erfüllt die Direktzusage nicht die Voraussetzungen des § 6a EStG. Eine Pensionsrückstellung hätte daher in der Steuerbilanz nicht gebildet werden dürfen – diese ist folglich fehlerhaft. Der Bilanzposten Pensionsrückstellung ist in der ersten noch offenen Bilanz 2021 richtig zu stellen, indem er mit 0 € ausgewiesen wird. Der Bilanzgewinn steigt dadurch für das Jahr 2021 um 105.000 €. In den Bilanzen zum 31.12.2022 und zum 31.12.2023 ist die Pensionsrückstellung ebenfalls mit 0 € auszuweisen (Gewinnauswirkung in 2022 i. H.v. 6.000 €, in 2023 i. H.v. 7.000 €).

Im Fall b) ist der Ausweis der Pensionsrückstellungen in den Steuerbilanzen der jeweiligen Jahre zu Recht erfolgt. Die Direktzusage ist allerdings wegen Verletzung der Probezeit gesellschaftsrechtlich veranlasst. Der Gewinn des Jahres 2021 kann außerbilanziell allerdings nur um die in 2021 erfolgte Zuführung zur Pensionsrückstellung i. H.v. 5.000 € berichtigt werden, ebenso die Jahre 2022 und 2023 um 6.000 € bzw. 7.000 €. Der Aufwand aus der steuermindernden Erstrückstellung des Jahres 2010 i. H.v. 100.000 € kann mangels verfahrensrechtlicher Änderungs- bzw. Berichtigungsmöglichkeit außerbilanziell nicht mehr dem Gewinn hinzugerechnet werden.

757 Da weder die Vorschrift des § 8 Abs. 3 Satz 2 KStG noch die Verwaltungshinweise unter R 8.5 KStR konkrete Ansatzpunkte dafür enthalten, wann eine gesellschaftsrechtliche Veranlassung gegeben ist, eine Versorgungszusage also gegen den Fremdvergleichsgrundsatz verstößt, haben sich im Laufe der Jahrzehnte durch die Rechtsprechung des BFH und der Finanzgerichte Kriterien herausgebildet, anhand derer die gesellschaftsrechtliche oder betriebliche Veranlassung eines Aufwandes für die bAV des GGF (oder der ihm nahe stehenden Person) zu prüfen ist. Dabei besitzen diese Kriterien – da nicht gesetzlich festgelegt – jeweils nur Indiziencharakter und sind für den jeweiligen Einzelfall auf deren Bedeutung hin zu untersuchen und zu gewichten. Im Einzelnen handelt es sich um folgende Prüfungskriterien, die nachfolgend detailliert beschrieben werden (vgl. u. a. R 8.7 Satz 6 KStR):

- Ernsthaftigkeit
- Probezeit
- Erdienbarkeit
- Finanzierbarkeit

- Unverfallbarkeit
- Angemessenheit
- Bezug von Gehalt und Betriebsrente gleichzeitig.

Ausschließlich bei beherrschenden GGF können folgende Sonderthemen gesellschaftsrechtlich veranlasst sein:

- rechnungsmäßiges Pensionsalter
- Nachzahlungsverbot.

c) Ernsthaftigkeit

Das BMF-Schreiben v. 9.12.2016[1] bestimmt in Rz. 8, dass bei Direktzusagen, 758
die nach dem 9.12.2016 erteilt werden, und eine vertragliche Altersgrenze von weniger als 62 Jahren vereinbart haben keine Ernsthaftigkeit vorliegt und die jeweils komplette Pensionsrückstellungszuführung daher zu einer vGA führt (vGA dem Grunde nach); dasselbe gilt bei zum 9.12.2016 bereits bestehenden Direktzusagen, wenn die Altersgrenze von 60 Jahren (R 38 Satz 8 KStR 2004) unterschritten wird.

Jene Feststellung der FinVerw erstaunt, da das BMF in Rz. 1 und 3 seines 759
Schreibens v. 6.12.2017[2] bestimmt, dass die Absicherung des biometrischen Risikos „Alter" eine Mindestaltersgrenze von 60 (für Versorgungszusagen, die nach dem 31.12.2011 erteilt werden, 62) erfordert, so dass bei deren Unterschreitung eine bAV aus steuerrechtlicher Sicht nicht vorliege. In Ermangelung einer bAV aber handelt es sich bereits um einen Verstoß gegen den 2. Prüfungsschritt (vgl. Rz. 752), so dass es gar nicht erst zu der Vermögensminderung (vgl. Rz. 754) kommt, die nötig ist, um einen Verstoß gegen den 3. Prüfungsschritt (vgl. Rz. 752) und damit eine vGA hervorzurufen. Die in Rz. 758 wiedergegebene Aussage des BMF v. 9.12.2016 macht somit nur dann Sinn, wenn bei bestimmten Berufsgruppen die Altersgrenze von 60 bzw. 62 unterschritten werden darf, ohne dass eine bAV verneint wird. Dies ist tatsächlich z. B. bei Piloten der Fall, die ihre bAV üblicherweise schon vor Vollendung des 60. bzw. 62. Lebensjahres aufgrund tarifvertraglicher Regelung beziehen können.[3] Sind Vertreter jener Berufsgruppen GGF, so liegt bei Unterschreitung der Altersgrenze von 60 bzw. 62 zwar kein Verstoß gegen den 2. Prüfungsschritt vor, jedoch kommt es in voller Höhe zu einer vGA, da gegen Rz. 8 des BMF-Schreibens v. 9.12.2016 verstoßen wird. Darüber hinaus ist „Ernsthaftigkeit"

1 BStBl 2016 I S. 1427.
2 BStBl 2018 I S. 147.
3 BMF v. 6.12.2017, BStBl 2018 I S. 147, Rz. 3.

ein Begriff, der noch weiter interpretiert werden kann als nur in Bezug auf die Mindestaltersgrenze und daher der Betriebsprüfung i. R. d. R 8.7 Satz 6 KStR 2015 weitreichende Spielräume zur Erkennung einer vGA i.V.m. bAV einräumt.

d) Probezeit

760 Die Erteilung einer Pensionszusage an den GGF unmittelbar nach dessen Anstellung oder unmittelbar nach Gründung der GmbH ist nach Auffassung der Rechtsprechung und der FinVerw sowohl beim beherrschenden als auch beim nicht beherrschenden GGF in aller Regel nicht betrieblich, sondern durch das Gesellschaftsverhältnis veranlasst.[1] Dem liegt die Annahme zugrunde, dass dem fiktiven Fremdgeschäftsführer (vgl. Rz. 756) eine Zusage erst nach ausreichender Erprobung der Fähigkeiten des Geschäftsführers (personenbezogene Probezeit) bzw. erst nach erstarkten Erkenntnissen über die zukünftige Ertragskraft der GmbH (unternehmensbezogene Probezeit) erteilt werden würde.[2] Für die betriebliche Veranlassung einer Zusage sind die personenbezogene und die unternehmensbezogene Probezeit kumulativ zu erfüllen. Der Begriff Probezeit bezeichnet dabei den Zeitraum zwischen Dienstbeginn und der erstmaligen Vereinbarung einer schriftlichen Pensionszusage (zusagefreie Zeit). Der Zeitraum zwischen der Erteilung einer Zusage über bAV und der erstmaligen Anspruchsberechtigung (versorgungsfreie Zeit) zählt nicht zur Probezeit.[3]

aa) Personenbezogene Probezeit

761 Die FinVerw sieht regelmäßig eine Erprobung der Fähigkeiten und der Eignung des GGF von zwei bis drei Jahren als ausreichend an (personenbezogene Probezeit).[4]

---

1 BFH v. 16.12.1992, BStBl 1993 II S. 455, für den beherrschenden GGF und BFH v. 28.4.2010 - I R 78/08, BStBl 2013 II S. 41 für den nicht beherrschenden GGF; BMF v. 14.12.2012, BStBl 2013 I S. 58.

2 Vgl. zur Entwicklung der Rechtsprechung und Verwaltungspraxis ausführlich Dommermuth/Veh, Probezeit bei der betrieblichen Altersversorgung des Gesellschafter-Geschäftsführer, DStR 42/2017 S. 2249 bis 2256 (2250 f.).

3 Das Arbeitsrecht spricht hier auch häufig von Wartezeit als versorgungsfreie Zeit; vgl. z. B. Höfer/de Groot/Küpper/Reich, Betriebsrentenrecht (BetrAVG) Bd. I Arbeitsrecht, Kap. 7, Rz. 45. Um Verwechslungen zu vermeiden, wird hier für die steuerliche Probezeit, also die zusagefreie Zeit ausschließlich der Begriff der Probezeit verwendet, wenngleich auch der Begriff der Wartezeit durchaus üblich ist.

4 BMF v. 14.5.1999, BStBl 1999 I S. 512; nunmehr ersetzt durch BMF v. 14. 12. 2012, BStBl 2013 I S. 58 Tz.1.

Unter Umständen reicht aber auch bereits ein Zeitraum von nur einem Jahr aus, z. B. wenn das Unternehmen von seinen bisherigen leitenden Angestellten aufgekauft worden ist und in Form einer neu gegründeten Kapitalgesellschaft fortgeführt wird (sog. Management-buy-out).[1] 762

Bei entsprechenden Vortätigkeiten des GGF ist eine Probezeit nicht in allen Fällen erforderlich. So bedarf es z. B. keiner erneuten Probezeit, wenn ein Einzelunternehmen in eine Kapitalgesellschaft umgewandelt oder eingebracht wird und der bisherige, bereits erprobte Geschäftsleiter des Einzelunternehmens als Geschäftsführer der Kapitalgesellschaft das Unternehmen fortführt.[2] Dies gilt ebenso, wenn die GmbH im Rahmen einer Betriebsaufspaltung entsteht und der bereits erprobte Geschäftsführer des bisherigen Unternehmens der Geschäftsführer der Betriebskapitalgesellschaft wird.[3] 763

Ebenso scheint eine Probezeit insoweit entbehrlich, als die GmbH die Eignung, Befähigung und fachliche Leistung des Geschäftsführers aufgrund dessen mehrjähriger Tätigkeit in einem anderen, zumindest gleichwertigen Unternehmen (Umsatz, Mitarbeiterzahl) mit zumindest gleichwertiger Tätigkeit (vor allem Verantwortungsumfang) derselben bzw. ähnlichen Branche bereits hinreichend deutlich abschätzen kann.[4] Mangels einer diese Auffassung eindeutig bestätigenden Rechtsprechung sollte diese Argumentation gut unterlegt und im Zweifel mit einer Anfrage auf verbindliche Auskunft abgesichert werden. 764

bb) Unternehmensbezogene Probezeit

Bei einer neu gegründeten Kapitalgesellschaft ist darüber hinaus zu berücksichtigen, dass ein ordentlicher und gewissenhafter Geschäftsleiter einem gesellschaftsfremden Geschäftsführer erst dann eine Pension zusagen wird, wenn er die künftige wirtschaftliche Entwicklung und damit die künftige wirtschaftliche Leistungsfähigkeit der Kapitalgesellschaft zuverlässig abschätzen kann (unternehmensbezogene Wartezeit). Als ausreichend für das Abschätzen der künftigen wirtschaftlichen Entwicklung aufgrund der bisherigen unternehmerischen Tätigkeit und somit als ausreichend zusagefreie Zeit erachtet die FinVerw i. d. R. eine Dauer von wenigstens fünf Jahren.[5] 765

1 BFH v. 24.4.2002 - I R 18/01, BStBl 2002 II S. 670; BMF v. 14.12.2012, BStBl 2013 I S. 58, Tz. 1 letzter Abs.

2 BFH v. 29.10.1997, BStBl 1999 II S. 318; BMF v. 14.12.2012, BStBl 2013 I S. 58, Tz. 1 letzter Abs.

3 BFH v. 18.8.1999 - I R 10/99, NWB AAAAC-21168; BMF v. 14.12.2012, BStBl 2013 I S. 58, Tz. 1 letzter Abs.

4 BFH v. 18.2.1999 - I R 51/98, NWB CAAAA-63040.

5 Vgl. BMF v. 14.12.2012, BStBl 2013 I S. 58, Tz. 1, 2. Abs.

766 Liegt aber z. B. eine Betriebsaufspaltung vor oder ist die Kapitalgesellschaft durch Umwandlung eines Einzelunternehmens entstanden, kann die Betriebszeit der Vorgesellschaft berücksichtigt werden und die wirtschaftliche Entwicklung möglicherweise unabhängig von einer weiteren unternehmensbezogenen Probezeit eingeschätzt werden, so dass eine solche verzichtbar ist.[1] In diesen Fällen reicht es i. d. R. also aus, wenn zwischen dem Gründungszeitpunkt der Vorgesellschaft und der Einrichtung der Versorgungszusage mindestens fünf Jahre liegen.[2]

767 Mit Urteil v. 3.12.2013[3] hat das FG Berlin-Brandenburg – rechtskräftig – einen weiteren Fall ohne Einhaltung einer persönlichen und unternehmensbezogenen Probezeit anerkannt und zwar wenn eine neu gegründete GmbH „wirtschaftlich" die Geschäfte einer insolventen Gesellschaft fortführt, bei der die GGF zuvor als Geschäftsführer tätig waren. Die neu gegründete GmbH könne sich die persönliche Probezeit der GGF bei der insolventen GmbH zurechnen lassen. Die unternehmensbezogene Probezeit sei eingehalten worden, da die neue GmbH durch die wirtschaftliche Fortsetzung der Tätigkeit der insolventen GmbH ihre wirtschaftliche Entwicklung so habe einschätzen können, als sei sie schon mehrere Jahre am Markt tätig gewesen.

PRAXISHINWEIS:

Sowohl die personen- als auch die unternehmensbezogene Probezeit besitzen für die Bestimmung einer gesellschaftsrechtlichen Veranlassung zwar nur Indiziencharakter und sind für den jeweiligen Einzelfall individuell zu gewichten. Allerdings ist ein Unterschreiten der durch die Rechtsprechung bestimmten Standard-Mindestnormen (zwei bis drei Jahre personenbezogene Probezeit, fünf Jahre unternehmensbezogene Probezeit) nur dann zu empfehlen, wenn aufgrund der im Einzelfall vorliegenden nachweisbaren Umstände die Bezugnahme auf einen der oben beschriebenen Sonderfälle und die zugrundeliegenden begünstigenden Entscheidungen des BFH (vgl. Rz. 762 bis 764) klar begründbar ist. Dies dürfte in Umwandlungsfällen und bei Fällen der Betriebsaufspaltung ohne Probleme möglich sein. In allen anderen Fällen (z. B. sog. Management-buy-out[4] oder Geschäftsführertätigkeit in einem anderen Unternehmen) sollte der Nachweis der Erfüllung der wesentlichen Kriterien der BFH-Entscheidungbzw. die jeweilige Argumentation gut vorbereitet sein.

1 BFH v. 18.2.1999 - I R 51/98, NWB CAAAA-63040; BMF v. 14.12.2012, BStBl 2013 I S. 58, Tz. 1 letzter Abs.

2 FG Rheinland-Pfalz v. 13.8.2002, rkr., EFG 2003 S. 184.

3 FG Berlin-Brandenburg 3.12.2013 - 6 K 6326/10, EFG 2014 S. 482.

4 BFH v. 24.4.2002 - I R 18/01, BStBl 2002 II S. 670.

cc) Rechtsfolgen bei Verstoß gegen die Probezeit

Fraglich ist, welche konkreten Rechtsfolgen sich ergeben, wenn ein Verstoß gegen die personenbezogene und/oder unternehmensbezogene Probezeit vorliegt. Nach Auffassung der FinVerw führte ein Verstoß gegen die Probezeit zunächst nur bis zum Ablauf der angemessenen Probezeit zur Annahme verdeckter Gewinnausschüttungen; d.h. eine Pensionszusage konnte im Zeitablauf aus der gesellschaftsrechtlichen Veranlassung herauswachsen mit der Folge, dass anschließende Zuführungen zur Pensionsrückstellung ohne außerbilanzielle Korrektur erfolgen konnten.[1] Auch die späteren Versorgungsleistungen waren dann insgesamt betrieblich veranlasst. 768

Allerdings hat der BFH mit Urteil v. 28.4.2010[2] entschieden, dass eine im Zusagezeitpunkt gesellschaftsrechtlich veranlasste Zusage auf Dauer gesellschaftsrechtlich veranlasst bleibt. Damit sind sämtliche Zuführungen zur Pensionsrückstellung bis zum Erreichen des Pensionsalters und anschließend sämtliche Versorgungsleistungen als vGA zu beurteilen. 769

Die FinVerw ist jener Auffassung des BFH für nach dem 29.7.2010 erteilte Versorgungszusagen gefolgt und bezieht auch spätere Erhöhung der Anwartschaften bzw. laufenden Leistungen in die Behandlung als vGA ein.[3] Da in der Praxis bei der Überprüfung von Versorgungszusagen immer wieder Verstöße gegen die Probezeit festzustellen sind, gilt es daher im Hinblick auf die nunmehr eingetretene Verschärfung der Rechtslage ein besonderes Augenmerk auf die Einhaltung der Probezeiten zu werfen, um vGA zu vermeiden. 770

dd) Handlungsoptionen bei Verstoß gegen die Probezeit

Für Zusagen, die vor dem 30.7.2010 erteilt wurden, ist aufgrund der mittlerweile erfüllten personen- wie unternehmensbezogenen Probezeit und dem „Hineinwachsen" der Zusage in die betriebliche Veranlassung kein Handlungsbedarf gegeben. Anzumerken ist aber, dass der auf die Zeit vor Erfüllung der Probezeitkriterien entfallende Teil der Zusage gesellschaftsrechtlich veranlasst bleibt. Somit bleibt es dabei, dass die Rückstellungszuführungen insoweit außerbilanziell dem Gewinn wieder hinzuzurechnen sind. Auch die spätere Leistung an den GGF, die rechnerisch auf diesen kurzen Zeitraum entfällt, ist insoweit eine vGA. 771

1 BMF v. 14.5.1999, BStBl 1999 I S. 512.
2 I R 78/08, BStBl 2013 II S. 41.
3 Vgl. BMF v. 14.12.2012, BStBl 2013 I S. 58, Tz. 2.

772 Hinsichtlich der nach dem 29.7.2010 erteilten Zusagen weist die FinVerw zwar darauf hin, dass bei einem Verstoß gegen die Probezeit die Möglichkeit einer Aufhebung der ursprünglichen und des Abschlusses einer neuen Pensionszusage nach Ablauf einer angemessenen Probezeit unberührt bleibt.[1] Dies kann allerdings nicht als dauerhafter „Rettungsanker" verstanden werden, denn die FinVerw äußert sich nicht weiter zu den damit verbundenen Konsequenzen. Fakt ist, dass in einem solchen Fall die erste Pensionszusage zwar gesellschaftsrechtlich veranlasst, ungeachtet dessen jedoch zivilrechtlich wirksam ist. Folglich muss hinsichtlich der Erteilung einer Neuzusage zunächst geprüft werden, ob diese vom GGF überhaupt noch erdient werden kann (vgl. dazu Rz. 780 ff.). Außerdem ist hinsichtlich der Folgen einer Aufhebung wie folgt zu differenzieren:

- **Steuerlich nicht beherrschender GGF**
  Sofern der nicht beherrschende GGF das 60. Lebensjahr noch nicht vollendet, aber voraussichtlich noch mindestens drei Jahre Dienstzeit bis zum Beginn der vereinbarten Betriebsrente vor sich hat und dann, d. h. bei Leistungsbeginn insgesamt eine Betriebszugehörigkeit von zwölf Jahren erreicht haben wird (vgl. zu diesen Voraussetzungen Rz. 81), kann die bestehende Zusage aufgehoben und nach Ablauf der personenbezogenen und unternehmensbezogenen Probezeit eine neue – gleichlautende – Zusage erteilt werden. Da beide Zusagen arbeitsrechtlich und steuerrechtlich auf den Diensteintritt zurückwirken, entsprechen die nach der neuen Zusage erdienten Ansprüche exakt denen, die nach der ursprünglichen Zusage erdient waren. Auch die Pensionsrückstellung ist gleich hoch (vgl. Rz. 665), so dass sich in der Steuerbilanz und der steuerlichen GuV infolge des kompletten Ausgleichs von Rückstellungsauflösung und -zuführung keine Gewinnwirkung aus dem Ersetzen der Zusage ergibt.
  Hat der nicht beherrschende GGF das 60. Lebensjahr bereits vollendet, ist die Neuerteilung einer Zusage nicht mehr möglich, da die Erdienbarkeit nicht mehr gegeben ist (vgl. Rz. 781 ff.).
- **Steuerlich beherrschender GGF**
  Hat ein beherrschender GGF das 60. Lebensjahr noch nicht vollendet und wird er im Zeitpunkt der Neuerteilung der Versorgungszusage noch eine Dienstzeit von voraussichtlich zehn Jahren bis zur frühestmöglichen Inanspruchnahme der zuzusagenden Altersversorgung (vgl. zu diesen Voraussetzungen Rz. 781) ableisten, kann nach Ablauf der personenbezogenen und unternehmensbezogenen Probezeit eine neue – gleichlautende Zusage

1 Vgl. BMF v. 14.12.2012, BStBl 2013 I S. 58, Tz. 2.

erteilt werden. Da die Versorgungszusage an einen beherrschenden GGF hinsichtlich der unverfallbaren Ansprüche für den Fall des vorzeitigen Ausscheidens aus den Diensten der GmbH allerdings nur auf den Zusagezeitpunkt abstellen darf (vgl. Rz. 601), nicht hingegen auf den Zeitpunkt des Diensteintritts, verliert der GGF im Fall des vorzeitigen Ausscheidens einen Teil seiner vorherigen Anwartschaft. Wird in der Zusage dennoch auf den ursprünglichen Zusagezeitpunkt bzw. den Diensteintritt abgestellt und werden im Fall des vorzeitigen Ausscheidens die zivilrechtlich erdienten Ansprüche als erdient festgeschrieben, führt dies ab Auszahlung der Versorgungsleistungen zu verdeckten Gewinnausschüttungen soweit der zivilrechtlich erdiente Anteil den steuerrechtlich zulässigen Anteil übersteigt. Wird im Fall des vorzeitigen Ausscheidens nur der steuerrechtlich zulässige Teil festgeschrieben, liegt bzgl. der Differenz zum zivilrechtlich erdienten Anteil möglicherweise ein gesellschaftsrechtlich veranlasster Verzicht mit der Folge einer verdeckten Einlage vor.

Auch beim beherrschenden GGF entspricht die Pensionsrückstellung jedoch der aus der ersten Zusage, so dass sich bis zu einem evtl. vorzeitigen Ausscheiden in der Bilanz keine Gewinnwirkung aus dem Ersetzen der Zusage ergibt – und zwar unabhängig davon, ob die Zusage zivilrechtlich auf den Diensteintritt oder den Zusagezeitpunkt abstellt, denn für die Bildung der Pensionsrückstellung ist immer der Dienstbeginn maßgebend.[1]

Hat der beherrschende GGF das 60. Lebensjahr bereits vollendet, ist die Neuerteilung einer Zusage – wie beim nicht beherrschenden GGF – mangels Erdienbarkeit nicht mehr gegeben (vgl. Rz. 780 ff.).

PRAXISHINWEIS 1:

Aufgrund der neueren Rechtsprechung des BFH zu gesellschaftsrechtlich veranlassten Abfindungszahlungen[2] und der hierin vorgegebenen geschäftsvorfallbezogenen Betrachtungsweise besteht das Risiko, dass der nach Ablauf der Probezeit erfolgende Ersatz der Altzusage durch eine wertgleiche Neuzusage – trotz fehlender bilanzieller Auswirkung auf Seiten der GmbH – in zwei Geschäftsvorgänge zerlegt wird, nämlich den Verzicht auf die erste Zusage (Geschäftsvorfall 1) und die Erteilung der Neuzusage (Geschäftsvorfall 2). Dabei würde der Verzicht zu einer verdeckten Einlage i. H. d. Wertes des bereits erdienten und werthaltigen Past Service der Erstzusage führen (vgl. Rz. 682 Praxishinweis 3 und Rz. 993 ff.), zumindest für den Fall, dass die Anwartschaft aus der Erstzusage bereits unverfallbar geworden war. In diesem Fall würde dem GGF hinsichtlich des bis zum Verzichtszeitpunkt bereits erdienten Teils der Direktzusage ein fiktiver Lohnzufluss (Fünftelung gem. § 34 Abs. 1 EStG ist anwendbar) unter gleichzeitiger Erhö-

1 Vgl. R 6a Abs. 8 EStR.

2 BFH v. 11.9.2013 - I R 28/13, BStBl 2014 II S. 726 und v. 23.10.1013 - I R 89/12, BStBl 2014 II S. 729.

hung der Anschaffungskosten seiner GmbH-Anteile i. S. d. § 17 EStG zugerechnet (vgl. dazu ausführlich Rz. 1028 ff.).

PRAXISHINWEIS 2:

Ist die ersatzweise Erteilung einer Neuzusage noch nicht (Probezeit noch nicht erfüllt) bzw. nicht mehr (Erdienbarkeit nicht mehr gegeben) möglich bzw. aufgrund der Gefahr einer verdeckten Einlage nicht erwünscht, ist die Möglichkeit der Schadensbegrenzung im Wege des Einfrierens der Versorgungszusage (Verzicht auf den Future Service, vgl. dazu ausführlich Rz. 1099 ff.) zu prüfen. Hierdurch kann zumindest die Höhe der außerbilanziellen Korrekturen in der Ansparphase (Zuführungen zur Pensionsrückstellung) und in der Auszahlungsphase (Zahlung der Versorgungsleistungen) begrenzt werden. Ist die Erteilung einer Neuzusage noch möglich, der Verzicht auf den Past Service der Altzusage aufgrund der Gefahr einer verdeckten Einlage aber nicht erwünscht, ist neben dem Einfrieren der Altzusage die Erteilung einer Neuzusage i. H. d. wegfallenden Differenzwertes realisierbar.

PRAXISHINWEIS 3:

Alle nach dem 29.7.2010 getroffenen – und damit von der Verschärfung der Verwaltungsauffassung betroffenen – Versorgungszusagen an GGF sollten zeitnah daraufhin überprüft werden, ob die Probezeit eingehalten worden ist. Liegt ein Verstoß gegen die personenbezogene und/oder unternehmensbezogene Probezeit vor, sollte geprüft werden, wie der Schaden behoben oder zumindest begrenzt werden kann.

In der Literatur wird vereinzelt empfohlen, die ursprüngliche Pensionszusage einfach aus der Bilanz auszubuchen, da die gesellschaftsrechtliche Veranlassung (mit der Folge der vGA) zu einer Unwirksamkeit der Zusage führe mit der Folge, dass eine Ausbuchung ohne die Folgen einer verdeckten Einlage erfolgen könne.[1] U. E. sollte dieser Vorschlag jedoch nicht aufgegriffen werden, denn die gesellschaftsrechtliche Veranlassung einer Pensionszusage, die gegen die Probezeit verstößt, ist nicht nur zivilrechtlich wirksam, sondern auch steuerrechtlich, was sich schon daran zeigt, dass die Pensionsrückstellung gem. § 6a i.V. m. § 5 Abs. 1 Satz 1 EStG gebildet werden muss. Sie wird lediglich aus körperschaftsteuerlicher Sicht in eine Ausschüttung umgedeutet und damit außerhalb der Bilanz wieder korrigiert (vgl. ausführlich die Tabelle in Rz. 641). Damit wendet aber der GGF der Gesellschaft bei einem späteren Verzicht einen einlagefähigen Vermögensvorteil zu, der wiederum gesellschaftsrechtlich veranlasst ist und daher zu einer verdeckten Einlage mit allen Konsequenzen führt.

PRAXISHINWEIS 4:

Im Zusammenhang mit Unterstützungskassen (zur Frage, ob jener Durchführungsweg überhaupt in die Probezeitprüfung einzubeziehen ist, vgl. Rz. 774 ff.) sei darauf hingewiesen, dass sogar bei Probezeitverstößen im Rahmen von Unterstützungskassen-Zusagen, die vor dem 30.7.2010 erteilt wurden, ein „Herauswachsen" aus dem Problem nach weit verbreiteter Meinung in der FinVerw und – aus Vorsichtgründen auch bei allen Versicherern, die Rückdeckungsversicherungen für rückgedeckte Unterstützungskassen anbieten – nicht möglich ist. Dies hängt damit zusammen, dass die mangelnde betriebliche Veranlassung i. S. d. § 4d Abs. 1 Satz 1 EStG in der Probezeit ausreicht, um künftige Zuwendungen des Trägerunternehmens an die Unterstützungskasse vom Be-

1 Vgl. Grundmann, NWB Beilage 1 zu 12/2012 S. 28.

triebsausgabenabzug auszuschließen, weil das tatsächliche Kassenvermögen das zulässige Kassenvermögen nach jener Meinung dauerhaft übersteigt und somit ein Verstoß gegen § 4d Abs. 1 Satz 1 Nr. 1 Satz 2 EStG (R 4d Abs. 13 Satz 1 EStR 2012) vorliegt.[1]

ee) Probezeit bei Entgeltumwandlung?

Die Ausführungen der Rechtsprechung und der FinVerw beziehen sich alle auf eine – wohl arbeitgeberfinanzierte – Direktzusage. U. E. kommt es auf eine personenbezogene und unternehmensbezogene Probezeit nicht an, wenn der GGF die bAV durch echte Entgeltumwandlung[2] (vgl. dazu Rz. 348) finanziert, denn in diesem Fall verwendet er angemessene Gehaltsbestandteile zur Finanzierung der bAV.[3] Ein zusätzlicher Aufwand für die Kapitalgesellschaft entsteht somit durch die bAV nicht. Die Prüfung der „Eignung, Befähigung und fachlichen Leistung eines Geschäftsführers als Voraussetzung für die Erteilung einer Pensionszusage“[4] an diesen GGF ist bei Entgeltumwandlung ohne Zweifel nicht erforderlich. Die FinVerw beurteilt dies bisher vielfach anders. Allerdings sind die Zweifel an jener Auffassung der FinVerw stärker geworden, seitdem der BFH dem Erfordernis der Erdienbarkeit (vgl. Rz. 790 ff.) bei Entgeltumwandlung eine Absage erteilt hat.[5] 773

ff) Probezeit bei mittelbaren Durchführungswegen?

Sowohl die BFH-Entscheidungen als auch die Äußerungen der FinVerw zur Probezeit beziehen sich immer nur auf die Direktzusage, die dem GGF einen unmittelbaren Rechtsanspruch gegen die GmbH einräumt. Fraglich ist, ob die Argumentation aus Sicht des BFH und der FinVerw in gleichem Maße für die mittelbaren Durchführungswege (Unterstützungskasse, Pensionskasse, Pensionsfonds, Direktversicherung) gilt. 774

1 Vgl. Dommermuth/Veh, Probezeit bei der betrieblichen Altersversorgung des Gesellschafter-Geschäftsführer, DStR 42/2017 S. 2249 bis 2256 (2252).

2 Vgl. BFH v. 10.6.2008 - VIII R 68/06, BStBl 2008 II S. 973; bei einem dem Fremdvergleich entsprechenden Ehegatten-Arbeitsverhältnis ist bei einer Entgeltumwandlung eine Überversorgung nicht zu prüfen. Hinsichtlich der Definition einer echten Entgeltumwandlung vgl. Rz. 2, Durch Entgeltumwandlung finanzierte Nur-Pensionszusage, S. 85); vgl. auch ausführlich: Veh, BAV beim Gesellschafter-Geschäftsführer: Arbeitgeberfinanziert oder Entgeltumwandlung?, in Praxishandbuch Betriebliche Altersversorgung, Gruppe 5, S. 17 (18, 23, 24).

3 Vgl. Höfer/Veit/Verhuven, BetrAVG Bd. II, Kap. 44, Rz. 167, m. w. N.

4 Vgl. BFH v. 15.10.1997 - I R 42/97, BStBl 1999 II S. 316, unter 8. der Entscheidungsgründe.

5 BFH v. 7.3.2018 - I R 89/15, BStBl 2019 II S. 70; vgl. auch ausführlich Veh, BAV beim Gesellschafter-Geschäftsführer: Arbeitgeberfinanziert oder Entgeltumwandlung?, in Praxishandbuch Betriebliche Altersversorgung, Gruppe 5, S. 17 (18, 23, 24).

775 Für die pauschaldotierte Unterstützungskasse wird man dies wohl bejahen müssen, da diese für die GmbH mit vergleichbaren und nicht exakt kalkulierbaren finanziellen Risiken verbunden ist, wie die Direktzusage. Folglich sollte hier bei Neuzusagen sicherheitshalber darauf geachtet werden, dass die personenbezogene und die unternehmensbezogene Probezeit eingehalten werden.

776 Für rückgedeckte Unterstützungskassenzusagen und Zusagen über eine Pensionskasse, einen Pensionsfonds oder eine Direktversicherung muss u. E. jedoch differenziert werden. Hier ist zumindest die unternehmensbezogene Probezeit wohl i. d. R. anders zu beurteilen. Denn die Frage, ob sich die GmbH die zugesagte Versorgung auch leisten kann, dürfte sich hier nicht stellen, da bei allen genannten Durchführungswegen konkret vereinbarte Dotierungen vorgeschrieben sind. Wählt die GmbH die rückgedeckte Unterstützungskasse oder einen versicherungsförmigen Durchführungsweg, so müssen ab dem Zusagezeitpunkt Beiträge zur Finanzierung der zugesagten Versorgungsleistungen erbracht werden. Eine solche Verpflichtung wird die GmbH nur eingehen, wenn sie auch tatsächlich zur regelmäßigen Beitragszahlung in der Lage ist. Hier dürfte ein Verstoß gegen die unternehmensbezogene Probezeit folglich wohl nur anzunehmen sein, wenn die Beitragszahlung aus den Erträgen der GmbH tatsächlich nicht finanzierbar ist.

777 Für die Einhaltung einer personenbezogenen Probezeit, wo ja die zusätzliche Entlohnung des GGF für seine Dienste die entscheidende Rolle spielt, könnte über den Zeitpunkt des steuerlichen Zuflusses differenziert werden. Wird die Versorgungszusage über eine Pensionskasse, einen Pensionsfonds oder ein Direktversicherungsunternehmen durchgeführt, führen die Beitragszahlungen an diese Versorgungsträger beim GGF bereits im Zeitpunkt der Beitragszahlung zu einem lohnsteuerlichen Zufluss und werden damit messbarer Bestandteil der aktuellen Aktivvergütung.[1] Da diese Aktivvergütung eigenen Prüfkriterien für eine angemessene und damit betrieblich veranlasste Entlohnung unterliegt, bedarf es u. E. keiner zusätzlichen Prüfung einer personenbezogenen Probezeit für die Versorgungszusage. Eine rückgedeckte Unterstützungskassenzusage führt hingegen – wie auch die Direktzusage oder die pauschaldotierte Unterstützungskassenzusage – erst bei Zahlung der Versorgungsleistungen zu einem steuerlichen Zufluss beim GGF, so dass hier wohl die Prüfung einer personenbezogenen Probezeit erforderlich ist.

1 Vgl. ausführlich Dommermuth/Veh, Probezeit bei der betrieblichen Altersversorgung des Gesellschafter-Geschäftsführer, DStR 42/2017 S. 2249 bis 2256 (2253 f.).

gg) Probezeit bei ersetzenden Zusagen?

Mit Urteil v. 28.1.2004[1] erkennt der BFH eine an einen GGF gewährte Direktzusage bereits während der Probezeit insoweit an, wie sie den Wert einer fehlenden Anwartschaft auf gesetzliche Rentenleistungen ersetzt und aus anderweitig ersparten gesetzlichen Arbeitgeberbeiträgen gespeist wird (ersetzende Direktzusage). In seinem Beschluss v. 17.3.2010[2] muss derselbe Senat des BFH auf diese Frage zwar nicht eingehen, erwähnt jedoch in Rz. 16, dass die Vorinstanz die durch die Probezeitverletzung eingetretene vGA um die ersparten Arbeitgeberbeiträge zur gesetzlichen Rentenversicherung gekürzt und das Finanzamt hiergegen keine Revision eingelegt hat. Somit ist davon auszugehen, dass eine zugunsten eines GGF innerhalb der Probe- bzw. Karenzzeit erteilte Direkt- oder Unterstützungskassenzusage insoweit keine vGA auslöst, wie sie sich auf die beim GGF ersparten Arbeitgeberbeiträge zur gesetzlichen Rentenversicherung beschränkt. Dies ist somit nur möglich, wenn der GGF auch tatsächlich von der gesetzlichen Rentenversicherungspflicht befreit ist; für im sozialversicherungsrechtlichen Sinne nicht beherrschende GGF kann eine ersetzende Direkt- bzw. Unterstützungskassenzusage keine Anwendung finden. Zum Nachweis des für die Direkt- bzw. Unterstützungskassenzusage verwendeten Beitrages empfiehlt es sich, eine beitragsorientierte Leistungszusage zu wählen und in der Zusage auf den ersetzenden und, sofern die Zusage die ersetzende Höhe überschreitet, den gewollten ergänzenden Charakter hinzuweisen.[3] Ob die beim GGF ersparten Arbeitnehmerbeiträge zur gesetzlichen Rentenversicherung jene Direkt- oder Unterstützungskassenzusage per Entgeltumwandlung steuerunschädlich auf das doppelte Volumen aufstocken dürfen, ist u. E. angesichts der aktuellen Rechtsentwicklung zu bejahen (vgl. Rz. 773 letzter Satz). Die Einhaltung der Probezeit wird von Teilen der Literatur[4] bei sog. ersetzenden Zusagen an nicht rentenversicherungspflichtige GGF für nicht notwendig erachtet. 778

PRAXISHINWEIS:

Ist bei der Neueinrichtung der bAV für einen gesetzlich nicht pflichtversicherten GGF eine ersetzende Zusage geplant, sollte u. E. allerdings nicht ohne weiteres davon aus-

1 I R 21/03, BStBl 2005 II S. 841 unter II.3.d,bb der Entscheidungsgründe sowie BFH v. 15.7.1976 - I R 124/73, BStBl 1977 II S. 112.

2 I R 19/09, BFH/NV 2010 S. 1310.

3 Vgl. auch Doetsch/Lenz, Versorgungszusagen an Gesellschafter-Geschäftsführer und Vorstände, 11. Aufl., S. 83 f., m. w. N.

4 Vgl. Doetsch/Lenz, Versorgungszusagen an Gesellschafter-Geschäftsführer und Vorstände, 11. Aufl., S. 68 und 83 f., m. w. N.; Dommermuth/Veh, Probezeit bei der betrieblichen Altersversorgung des Gesellschafter-Geschäftsführer, DStR 42/2017 S. 2249 bis 2256 (2252 f.); Höfer/Veit/Verhuven, BetrAVG Bd. II, Kap. 44, Rz. 164 ff., m. w. N.

gegangen werden, dass die Probezeit und auch weitere Prüfkriterien für den Fremdvergleich nicht zu beachten sind. Der BFH hat die ersetzende Zusage in einem im BStBl. veröffentlichten Urteil für den Arbeitgeberanteil zur gesetzlichen Rentenversicherung zwar anerkannt, das BMF ist jedoch in seinem o. g. Schreiben v. 14.12.2012 nicht ausdrücklich gefolgt. Es erscheint daher aufgrund der geschilderten Tragweite (vgl. Rz. 768 ff. und Rz. 771 ff.) sinnvoll, dies zunächst im Rahmen einer verbindlichen Auskunft vom zuständigen Finanzamt rechtsverbindlich bestätigen zu lassen.

hh) Kritik am Rechtsinstitut der Probezeit

779 Abschließend muss man u. E. ausdrücklich in Frage stellen, ob die Auffassung von Rechtsprechung und FinVerw in Bezug auf eine personenbezogene Probezeit überhaupt noch praxis- und zeitgemäß ist.[1] Führt man sich vor Augen, dass die Forderung nach einer personenbezogenen Probezeit darauf zurückzuführen ist, dass die Versorgungszusage an den GGF dem Fremdvergleich standhalten soll, so muss letztlich auch eine Feststellung dazu getroffen werden, was heute bei Fremdgeschäftsführern bzw. leitenden Angestellten von Unternehmen üblich ist. Wird auch ihnen eine Zusage auf bAV erst einige Jahre nach Diensteintritt zugesagt, weil sie sich zunächst erproben und ihre Fähigkeiten unter Beweis stellen müssen oder ist es nicht vielmehr üblich, dass auch über die bAV bereits mit Abschluss des Anstellungsvertrags verhandelt wird? U. E. ist vielfach letzteres der Fall. Soll mit der Zusage erreicht werden, dass der Arbeitnehmer an das Unternehmen gebunden wird, wird möglicherweise eine bestimmte versorgungsfreie Zeit vereinbart, aber keine Probezeit. Häufig wird es aber so sein, dass die Zusage auf bAV ein Vergütungsbestandteil ist, der in die Kalkulation der Gesamtbezüge mit einfließt. Gelten in einer Branche derartige Fremdvergleichsmaßstäbe, kann u. E. auch beim GGF keine personenbezogene Probezeit gefordert werden – und zwar in allen fünf Durchführungswegen nicht.

ii) Zusammenfassendes Schaubild

Durchführungsweg	unternehmensbezogene Probezeit	personenbezogene Probezeit
Direktzusage	ja	ja
pauschaldotierte U-Kasse	ja	ja

1 Vgl. ausführlich: Höfer/Veit/Verhuven, BetrAVG Bd. II, Kap. 44, Rz. 164 ff., m. w. N.

Durchführungsweg	unternehmensbezogene Probezeit	personenbezogene Probezeit
rückgedeckte U-Kasse	nein	ja
Pensionskasse	nein	nein
Pensionsfonds	nein	nein
Direktversicherung	nein	nein
Entgeltumwandlung	u. E. nein	u. E. nein
ersetzende Zusage	nein	nein

e) Erdienbarkeit

aa) Notwendiger Erdienenszeitraum

Zur Vermeidung von verdeckten Gewinnausschüttungen muss die Versorgungszusage so rechtzeitig vereinbart werden, dass die zugesagten Versorgungsleistungen während der verbleibenden aktiven Beschäftigungszeit noch erdient werden können (vgl. R 8.7 Satz 6 KStR 2015). Da die bAV eine Gegenleistung des Arbeitgebers für die Betriebstreue des Arbeitnehmers darstellt,[1] wird der gedachte Geschäftsleiter (vgl. Rz. 756) nach Meinung der Rechtsprechung die erhebliche finanzielle Verpflichtung, die dem Unternehmen mit dem Versorgungsversprechen auferlegt wird, nur dann eingehen, wenn er die Gegenleistung voraussichtlich noch für einen hinreichend langen Zeitraum erhält.[2] Zwar hat das Kriterium der Erdienbarkeit nur eine Indizwirkung für die gesellschaftsrechtliche Veranlassung der Zusage;[3] ist aufgrund der Gegebenheiten des Einzelfalls anderweitig sichergestellt, dass mit der Zusage die künftige Arbeitsleistung des Geschäftsführers abgegolten werden soll, ist eine erdienbare Zusage auch dann anzunehmen, wenn die besagten Zeiträume nicht erreicht werden.[4] Die Rechtsprechung des BFH hat jedoch gezeigt, dass mit Ausnahme bestimmter Sonderfälle die Verletzung des Kriteriums Erdienbarkeit zur Versagung der betrieblichen Veranlassung der Zusage führt. Dabei 780

1 Vgl. Uckermann in Uckermann, Das Recht der betrieblichen Altersversorgung, 2021, Kap. 2 Rz. 42.

2 Vgl. BFH v. 7.3.2018 - I R 89/15, BStBl 2019 II S. 70, Rz. 20.

3 Vgl. BFH v. 7.3.2018 - I R 89/15, BStBl 2019 II S. 70, Rz. 16; BFH v. 11.9.2013 - I R 26/12, NWB HAAAE-60349, Rz. 14, 18 und 20.

4 Vgl. BFH v. 7.3.2018 - I R 89/15, BStBl 2019 II S. 70, Rz. 16.

macht der BFH die Erdienbarkeit von den zwei kumulativ zu erfüllenden Voraussetzungen abhängig:

- spätest mögliches Zusagealter und
- Mindestdauer der noch ausstehenden Dienstzeit.

Wird eine von beiden Voraussetzungen nicht erfüllt, ist die Erdienbarkeit der Zusage nicht gegeben.

Hat der GGF bei Zusageerteilung das 60. Lebensjahr bereits vollendet, ist die Zusage nach Auffassung der Rechtsprechung generell als gesellschaftsrechtlich veranlasst anzusehen mit der Folge, dass die Zuführungen zur Pensionsrückstellung außerhalb der Bilanz als vGA wieder zu korrigieren sind. Der BFH geht in diesen Fällen davon aus, dass die zugesagten Versorgungsleistungen – unabhängig von der vereinbarten verbleibenden aktiven Beschäftigungszeit – nicht mehr erdient werden können. Nach der Lebenserfahrung sei ab diesem Alter nur noch mit einer begrenzten Dienstzeit zu rechnen, zumal mit steigendem Alter das Risiko einer vorzeitigen Inanspruchnahme der Versorgungsleistungen in nicht mehr zu kalkulierender Weise steige.[1] Der BFH hat in 2013 klargestellt, dass die Voraussetzung „Zusageerteilung vor Vollendung des 60. Lebensjahres" sowohl für steuerlich beherrschende als auch für steuerlich nicht beherrschende GGF zu erfüllen ist;[2] die Anhebung der Regelaltersgrenze auf 67 Jahre gemäß § 35 Satz 2 SGB VI[3] verbunden mit der Anhebung des Mindestalters für bAV von 60 auf 62[4] führt nach dieser Auffassung nicht zu einer parallelen Erhöhung der Höchstaltersgrenze für die Erdienbarkeit; auch bei Schwerbehinderung gilt das Höchstalter 60.

781 Hinsichtlich der Mindestdauer der zum Zusagezeitpunkt bis zum Beginn der Altersleistung noch ausstehenden Dienstzeit für den Fall, dass das Lebensalter 60 bei Zusageerteilung noch nicht überschritten sind, gelten allerdings Unterschiede zwischen dem beherrschenden und dem nicht beherrschenden GGF:

1 BFH v. 20.5.1992, NWB NAAAB-33010, v. 10.3.1993, BFH/NV 1994 S. 827, v. 5.4.1995, BStBl 1995 II S. 478; OFD Münster v. 12.1.1998 - S 2742 - 1 - St 13 - 31; zuletzt bestätigt durch BFH v. 11.9.2013 - I R 26/12, NWB HAAAE-60349.

2 BFH v. 11.9.2013 - I R 26/12, NWB HAAAE-60349.

3 I. d. F. des Gesetzes zur Anpassung der Regelaltersgrenze an die demografische Entwicklung und zur Stärkung der Finanzierungsgrundlagen der gesetzlichen Rentenversicherung (RV-Altersgrenzenanpassungsgesetz) v. 20.4.2007, BGBl 2007 I S. 554.

4 Vgl. BMF v. 6.12.2017, BStBl 2018 I S. 147, Rz. 3.

- Beim nicht beherrschenden GGF führt die Zusage zu keiner vGA, wenn der Zeitraum zwischen dem Zeitpunkt der Zusageerteilung der Pension und dem vorgesehenen Zeitpunkt des Eintritts in den Ruhestand
  - mindestens drei Jahre beträgt und
  - der GGF dem Betrieb zu diesem Zeitpunkt mindestens 12 Jahre angehört.[1]
- Beim beherrschenden GGF führt die Zusage zu keiner vGA, wenn der Zeitraum zwischen dem Zeitpunkt der Zusage der Pension und dem vorgesehenen Zeitpunkt des Eintritts in den Ruhestand mindestens zehn Jahre beträgt.[2]

Die Länge des Erdienenszeitraums lehnt sich damit an die alten Unverfallbarkeitsfristen der § 1b Abs. 1 und § 30f Abs. 1 Satz 1 Halbsatz 1 BetrAVG an,[3] obwohl sie damit überhaupt nichts zu tun hat.[4]

782 Für die Einhaltung eines steuerrechtlich ausreichenden Erdienenszeitraums ist auf den für den GGF frühestmöglichen Altersrentenbeginn abzustellen.[5] Ist in der Zusage für den GGF die Möglichkeit der Beanspruchung eines vorgezogenen Altersruhegeldes enthalten, ist daher dieser Zeitpunkt für die Berechnung des Mindest- Erdienenszeitraums zu berücksichtigen.

PRAXISHINWEIS:

Da in den meisten Musterzusagen die vorgezogene Altersrente ab der Vollendung des 62. Lebensjahres[6] möglich ist, ist für beherrschende GGF eine solche Musterzusage nur bei Zusageerteilung vor dem vollendeten 52. Lebensjahr ohne steuerliche Risiken vereinbar. Ist der GGF bei Zusageerteilung bereits älter, sollte die Möglichkeit der vorgezogenen Altersrente entsprechend nach hinten geschoben oder gestrichen werden, um die betriebliche Veranlassung der Zusage nicht zu gefährden (vgl. zum Mindestalter aus Sicht des Bilanzsteuerrechts allerdings die Ausführungen in Rz. 591 und Rz. 669); selbst die vorzeitige Kündigungsmöglichkeit des Dienstvertrags durch die Kapitalgesellschaft vor Ablauf der jeweiligen Erdienbarkeitsfrist kann bereits einen Verstoß gegen

1 H 8.7 KStH 2015 „Erdienbarkeit"; BFH v. 24.1.1996, BStBl 1997 II S. 440 und BMF v. 7.3.1997, BStBl 1997 I S. 637; der BFH geht in seinem Urteil davon aus, dass die zwölfjährige Betriebszugehörigkeit bereits im Zeitpunkt der Zusage erfüllt sein muss, wodurch sich insgesamt eine notwendige Betriebszugehörigkeit von 15 Jahren ergibt, was das BetrAVG nicht hergibt. Es dürfte ausreichen, wenn insgesamt eine zwölfjährige Betriebszugehörigkeit erreicht wird. So auch Gosch, FR 1997 S. 438.

2 H 8.7 KStH 2015 „Erdienbarkeit"; BFH v. 21.12.1994, BStBl 1995 II S. 419 und BMF v. 1.8.1996, BStBl 1996 I S. 1138.

3 Vgl. BMF v. 9.12.2002, BStBl 2002 I S. 1393, unter Tz. 2.

4 Vgl. Gosch in Gosch, KStG Kommentar, 4. Aufl., § 8 Rz. 1098.

5 BFH v. 28.6.2005 - I R 25/04, NWB AAAAB-66973; v. 21.12.1994, BStBl 1995 II S. 419.

6 Vgl. BMF v. 6.12.2017, BStBl 2018 I S. 147, Rz. 3.

die Erdienbarkeit darstellen[1] (vgl. Rz. 784 Praxishinweis 2). Um Fehler zu vermeiden, kann in die Zusage auch der Passus aufgenommen werden, dass eine vorgezogene Altersrente unter der Bedingung der Einhaltung des steuerlich maßgebenden Erdienenszeitraums steht.

BEISPIEL: Wird dem beherrschenden GGF z. B. im Alter von 59 Jahren eine Altersversorgung zugesagt, die er ab Vollendung des 65. Lebensjahres beanspruchen kann, ist die Zusage steuerlich nicht anzuerkennen und die Zuführungen zur Pensionsrückstellung führen vollständig zu einer vGA, da die Versorgung nicht mehr erdient werden kann.

Andererseits kann eine Pensionszusage dem Grunde nach steuerlich anerkannt werden, die kurz vor Vollendung des 60. Lebensjahres versprochen wird, wenn der GGF aber noch zur Arbeitsleistung bis zur Vollendung des 70. Lebensjahres ernstlich verpflichtet ist. Die Möglichkeit einer vorgezogenen Altersrente sollte in diesem Fall allerdings nicht in die Zusage aufgenommen werden.[2]

783 Da die ursprünglichen Unverfallbarkeitsfristen des § 1b Abs. 1 BetrAVG mehrfach abgesenkt worden sind (vgl. § 30f BetrAVG), stellte sich seinerzeit die Frage, ob diese Anpassung auch Auswirkungen auf den Erdienenszeitraum beim GGF hat. Die FinVerw hat allerdings entschieden, die genannten Fristen für den Erdienenszeitraum unverändert beizubehalten und ein Unterschreiten als Indiz dafür anzusehen, dass die Zusage ihre Ursache im Gesellschaftsverhältnis hat.[3] Diese Sichtweise wird im Ergebnis darauf gestützt, dass der BFH in seiner bisherigen Rechtsprechung zu diesem Thema lediglich festgestellt hat, dass die Unverfallbarkeitsfristen in § 1b Abs. 1 BetrAVG als Maßstab für die Arbeitszeit heranzuziehen seien, die dem begünstigten GGF verbleiben müsse, um die ihm zugesagte Versorgung erdienen zu können. Es ging lediglich darum, den ansonsten konturenarmen Begriff des Erdienenszeitraums durch Anleihe im BetrAVG zu quantifizieren. Da das Betriebsrentengesetz aber zumindest auf den beherrschenden GGF einer Kapitalgesellschaft keine Anwendung findet, könne die Orientierung an den Unverfallbarkeitsfristen nur einen Anhaltspunkt liefern.[4] Sie sei keine streng anzuwendende Regel.

1 Vgl. BFH v. 25.6.2014 - I R 76/13, BStBl 2015 I S. 665, Rz. 18.

2 Vgl. BFH v. 25.6.2014 - I R 76/13, BStBl 2015 I S. 665, Rz. 18, wonach schon die vorzeitige Kündigungsmöglichkeit des Dienstvertrags durch die GmbH die Ernsthaftigkeit des höheren Pensionsalters in Frage stellt; BFH v. 28.6.2005 - I R 25/04, BFH/NV 2005 S. 2252.

3 BMF v. 9.12.2002, BStBl 2002 I S. 1393.

4 So ausdrücklich BFH v. 4.5.1998 - I B 131/97, NWB BAAAB-39670.

bb) Nichteinhaltung des Erdienenszeitraums

Der BFH hat aber auch entschieden, dass die Nichteinhaltung des maßgebenden Erdienenszeitraum nicht notwendig zur Annahme einer vGA führt. Allerdings ging es um besonders gelagerte Einzelfälle – z. B. dass der GGF anderweitig keine angemessene Altersversorgung aufbauen konnte,[1] weil aufgrund des Wirtschaftssystems in der ehemaligen DDR die Möglichkeit fehlte, eine Altersversorgung aufzubauen. Diese Fallkonstellation dürfte so mittlerweile nicht mehr gegeben sein. In einem anderen Fall[2] ging es um die Unterbrechung eines Dienstverhältnisses mit anschließender Neueinstellung. Zwar war von der ursprünglichen Zusage an gerechnet der Erdienenszeitraum zu erfüllen, nicht jedoch nach der Neueinstellung. In beiden entschiedenen Fällen war jedoch aufgrund der Gegebenheiten des Einzelfalls anderweitig sichergestellt, dass mit der Zusage die künftige Arbeitsleistung des Geschäftsführers abgegolten werden sollte. Hierauf hat der BFH entscheidungserheblich abgestellt, um keine vGA anzunehmen. 784

PRAXISHINWEIS 1:

Für die Praxis kann jedoch nicht empfohlen werden, auf die Großzügigkeit der Rechtsprechung oder der FinVerw zu setzen, denn in dem zweiten zitierten BFH-Verfahren konnte keine endgültige Beendigung des ersten Dienstverhältnisses festgestellt werden; damit dürfte es sich in dem entschiedenen Fall um eine Sonderfallgestaltung gehandelt haben, aus der keine allgemeinverbindlichen Schlüsse gezogen werden können.

PRAXISHINWEIS 2:

Ist die Einhaltung des notwendigen Erdienenszeitraums kritisch und wird daher z. B. ein höheres Pensionsalter als die Regelaltersgrenze vereinbart, sollte gerade hier sichergestellt sein, dass die Versorgungszusage keine Regelung enthält, die es dem GGF ermöglicht, die Altersrente vorzeitig in Anspruch zu nehmen oder früher als vertraglich vorgesehen in den Ruhestand zu gehen. Beides könnte ansonsten dazu führen, dass die FinVerw die Versorgungszusage als gesellschaftsrechtlich veranlasst beurteilt.[3] Ebenso sollte die Ernsthaftigkeit des höheren Pensionsalters dargestellt werden können. So sollte der Dienstvertrag des GGF unbefristet sein bzw. eine enthaltene Altersbegrenzung mindestens dem Pensionsalter der Zusage entsprechen.[4]

Sollte eine Versorgungszusage gesellschaftsrechtlich veranlasst sein, weil der Erdienenszeitraum mit den bisherigen Vereinbarungen nicht erreicht wird, lässt die Rechtsprechung es allerdings zu, dass nachträgliche Anpassungen vorgenommen werden,

1 BFH v. 24.4.2002 - I R 43/01, BStBl 2003 II S. 416.

2 BFH v. 30.1.2002 - I R 56/01, NWB BAAAA-68120.

3 BFH v. 28.6.2005 - I R 25/04, NWB AAAAB-66973.

4 BFH v. 25.6.2014 - I R 76/13, BStBl 2015 II S. 665, Rz. 18, wonach schon eine der GmbH zustehende Kündigungsmöglichkeit vor dem Pensionsalter die Ernsthaftigkeit der Zusage in Frage stellt.

mit denen der Versorgungsbeginn hinausgeschoben wird. Voraussetzung ist allerdings, dass die Anpassung vor Vollendung des 60. Lebensjahres erfolgt und dass der Zeitpunkt der erstmaligen Inanspruchnahme nicht über das 70. Lebensjahr hinausgeschoben wird.[1] Es sollte darauf geachtet werden, dass es im Zuge einer solchen Anpassung nicht zur Erhöhung zugesagter Leistungen kommt, da diese u. U. wiederum einen eigenen Erdienenszeitraum auslösen.[2] Außerdem ist wohl davon auszugehen, dass die Änderung bzgl. des Erdienenszeitraums erst ex nunc wirksam wird. Das heißt, dass die Zuführungen zur Pensionsrückstellung bis zum Erreichen des Erdienenszeitraums weiterhin zu vGA führen.[3]

cc) Nachträgliche Erhöhung der Zusage

785 Erfüllt die Versorgungszusage das Kriterium der Erdienbarkeit, stellt sich bei einer nachträglichen Erhöhung der Zusage die Frage, ob für den Erhöhungsbestandteil eine eigenständige neue Prüfung der Erdienbarkeit zu erfolgen hat und ob dies abhängig von der Größe der prozentualen Erhöhung ist. Der BFH hat diese Frage dahingehend beantwortet, dass grds. jedwede Erhöhung der Pensionszusage analog einer Neuzusage, eigenständig zu prüfen ist.[4]

786 Einen Ausnahmefall stellt die Erhöhung einer Festrentenzusage zur Anpassung an die seit dem Zusagezeitpunkt gestiegenen Lebenshaltungskosten dar.[5] Voraussetzung ist eine nicht nur unerhebliche Steigerung der Lebenshaltungskosten (mindestens 20 %). Die Anpassung einer Festrentenzusage an die Teuerungsrate kann während der Zusagedauer auch mehrfach vorgenommen werden ohne gegen das Kriterium des Erdienenszeitraums zu verstoßen. Wesentlich ist, dass die Teuerungsrate der Lebenshaltungskosten seit der letzten Anpassung wiederum die 20 %-Marke erreicht.

787 Im Falle einer gehaltsabhängigen Zusage sind Erhöhungen der Zusage durch Steigerungen der bemessungsrelevanten Aktivbezüge grds. der Ursprungszusage zuzuordnen und nicht neu auf die Erdienbarkeit hin zu prüfen. Jedoch ist in den Jahren vor dem Altersrentenbeginn bei erheblicher Erhöhung der Aktivvergütung Vorsicht geboten.[6] Im Hinblick auf den Fremdvergleichsgrundsatz ist zu hinterfragen, ob auch einem Fremdgeschäftsführer kurz vor dem Alters-

1 BFH v. 19.5.1998 - I R 36/97, BStBl 1998 II S. 689.

2 BFH v. 23.9.2008 - I R 62/07, BStBl 2013 II S. 39.

3 Neumann, GmbH-Handbuch Bd. III Steuerrecht, Rz. 6728, mit Hinweis auf BFH v. 23.7.2003 - I R 80/02, BStBl 2003 II S. 926.

4 Vgl. BFH v. 7.3.2018 - I R 89/15, BStBl 2019 II S. 70, Rz. 15; BFH v. 23.9.2008 - I R 62/07, BStBl 2013 II S. 39.

5 BFH v. 23.9.2008 - I R 62/07, BStBl 2013 II S. 39; v. 6.4.1979 - I R 39/76, BStBl 1979 II S. 687; v. 22.3.1972 - I R 117/70, BStBl 1972 II S. 501.

6 Vgl. Gosch, KStG Kommentar, 4. Aufl., § 8 Rz. 1098, 1099.

rentenbeginn eine erhebliche Gehaltserhöhung gewährt werden würde, die zudem noch eine – lebenslange – Erhöhung der Altersrentenverpflichtung der GmbH auslöst. Beim BFH[1] war ein Revisionsverfahren anhängig, in dem einem nicht beherrschenden GGF ca. zwei Jahre vor dem Altersrentenbeginn eine Erhöhung der Aktivvergütung um 41,5 % und folglich eine indirekte Erhöhung der Versorgungsbezüge im gleichen Maße gewährt wurde, wobei die Gesamtausstattung der Vergütung noch angemessen war. Die Vorinstanz[2] hatte die Prüfung der Erdienbarkeit für notwendig erachtet und einen Verstoß festgestellt. Sie war der Auffassung, dass auch solche „indirekten" Anwartschaftserhöhungen jedenfalls dann an den Erdienbarkeitsgrundsätzen zu messen sind, wenn die Gehaltssteigerung zu einer „spürbaren Anhebung der Anwartschaftszusage zum Ende des Berufslebens des Geschäftsführers" führt. Weil im Streitfall die erforderliche Zusagedauer von drei Jahren bis zum Beginn der möglichen vorgezogenen Altersrente nicht erfüllt war, hat das Finanzgericht Düsseldorf die Erhöhung als gesellschaftsrechtlich veranlasst gewertet. Ein Ausnahmefall wie z. B. die Anpassung an die Teuerungsrate der Lebenshaltungskosten bzw. an das allgemeine Vergütungsniveau war nicht gegeben.

Der BFH hat dies bestätigt. Eine derart wechselwirkende Zusageerhöhung müsse sich an dem orientieren, was auch ansonsten üblich sei. Übersteige sie dieses Maß – infolge ihrer Abhängigkeit von einer sprunghaft und fremdunüblich ansteigenden laufenden Vergütung –, dann sei auch die Versorgungszusage bei isolierter Betrachtung nicht mehr als angemessen anzusehen und zwar auch dann nicht, wenn der „Gehaltssprung" auf eine gestiegene Verantwortung oder eine Änderung der Funktionen des Geschäftsführers zurückzuführen sei. Aber selbst dann, wenn sich die Gehaltsaufstockung als solche als angemessen darstelle, und unabhängig davon könne die damit einhergehende Erhöhung der Versorgungsanwartschaft bei einer endgehaltsabhängig ausgestalteten Pensionszusage an dem Erdienbarkeitserfordernis zu messen sein, wenn sie dadurch einer Neuzusage gleichkomme.

PRAXISHINWEIS:

Infolge der Entscheidung des BFH sollte bei einer nicht nur unerheblichen Erhöhung des ruhegeldrelevanten Aktivgehaltes des GGF kurz vor dem Altersrentenbeginn bzw. dem Beginn einer für den GGF möglichen vorzeitigen Altersrente die Einhaltung des erforderlichen Erdienenszeitraums geprüft werden.

Soll die Zusage des GGF erhöht werden, hat der GGF aber das 60. Lebensjahr bereits vollendet oder ist kein ausreichender Erdienenszeitraum bis zum Altersrentenbeginn bzw. dem Beginn einer für den GGF möglichen vorzeitigen Altersrente gegeben, ist die

1 BFH v. 20.5.2015 - I R 17/14, BStBl 2015 II S. 1022.

2 FG Düsseldorf v. 9.12.2013 - 6 K 1754/10 K G, EFG 2104 S. 860.

Möglichkeit einer partiellen Erhöhung der Zusage im Wege einer wertgleichen Umrechnung der Gesamtzusage zu prüfen. Benötigt der GGF z. B. eine höhere Altersversorgung, während der Hinterbliebenenschutz mittlerweile nicht mehr im Vordergrund steht, kann die Altersversorgung in dem Maße erhöht werden, in dem die Hinterbliebenenversorgung gemindert wird. Maßstab für die steuerlich wertgleiche Umrechnung ist der Anwartschaftsbarwert der Zusage (Heubeck-Barwert). Für den Fall der wertgleichen Umrechnung der Zusage ist mangels wertmäßiger Erhöhung der Gesamtzusage die Prüfung der Erdienbarkeit obsolet.

dd) Hinterbliebenenversorgung und Erdienenszeitraum

788 Ebenso Vorsicht geboten ist im Hinblick auf die Erdienbarkeit bezüglich der Vereinbarung einer individuellen Hinterbliebenenversorgung. Hierzu hat der BFH mit Urteil v. 27.11.2013[1] entschieden, dass die Zusage einer Hinterbliebenenversorgung zugunsten eines neuen Lebenspartners des GGF einer GmbH nach dem Tode der bis dahin begünstigten Ehefrau des GGF eine Neuzusage darstellt. Dies hat beim beherrschenden GGF zur Folge, dass die Hinterbliebenenversorgung nicht mehr erdienbar ist, wenn ihm bis zum voraussichtlichen Eintritt des frühestmöglichen Altersrentenbeginns weniger als zehn Dienstjahre zur Verfügung stehen. Die Zuführungen zur Pensionsrückstellung sind damit – soweit sie die Hinterbliebenenversorgung betreffen – als vGA zu beurteilen.

PRAXISHINWEIS:

Um zu verhindern, dass ein neuer Lebenspartner ohne Hinterbliebenenversorgung dasteht, weil diese durch den GGF ggf. im Zusagezeitpunkt nicht mehr erdient werden kann, kann nur angeraten werden, Versorgungszusagen von GGF in der Praxis daraufhin zu überprüfen, ob sie eine individuelle oder eine kollektive Hinterbliebenenversorgung vorsehen und ggf. zugunsten einer kollektiven Hinterbliebenenversorgung zu ändern. Bei einer kollektiven Hinterbliebenenversorgung fällt die Versorgung bei Tod des zunächst begünstigten Ehegatten nämlich nicht ersatzlos weg, sie ruht vielmehr. Schließt der GGF dann später eine neue Lebensgemeinschaft/Ehe lebt die alte – bereits erdiente – Hinterbliebenenversorgung wieder auf und es handelt sich dann nicht um eine Neuzusage.

Allerdings ist zu beachten, dass die Vereinbarung einer kollektiven Hinterbliebenenversorgung bei einer Direktzusage ggf. zu einer geringeren oder höheren Pensionsrückstellung führen kann, da die Hinterbliebenenversorgung in diesem Fall nicht mit konkreten Daten des begünstigten Partners berechnet wird, sondern hinsichtlich der Verheiratungswahrscheinlichkeit des GGF im Todeszeitpunkt sowie hinsichtlich des Altersunterschieds der Partner auf biometrische Wahrscheinlichkeiten zurückgegriffen wird, die von den tatsächlichen Verhältnissen abweichen können. Bei größeren Kollektiven relativiert sich das, bei kleinen Beständen bzw. Einzelzusagen an GGF jedoch nicht.[2]

1 BFH v. 27.11.2013 - I R 17/13, NWB XAAAE-60348.

2 Vgl. Ahrend/Förster/Rößler, Steuerrecht der betrieblichen Altersversorgung, 2. Teil Rz. 557.

Außerdem sollte darauf geachtet werden, dass aus der Formulierung deutlich wird, dass der Ehegatte/Lebenspartner begünstigt ist, mit dem der Versorgungsberechtigte im Zeitpunkt des Todes verheiratet war bzw. mit dem eine entsprechende Lebensgemeinschaft bestand. Damit dürfte dann ausreichend deutlich gemacht werden, dass der letzte Partner begünstigt sein soll und nicht (nur) der, mit dem der Versorgungsberechtigte im Zusagezeitpunkt verheiratet war bzw. eine Lebensgemeinschaft hatte.

ee) Vorzeitiges Ausscheiden vor Ablauf des Erdienenszeitraums

Mit Urteil v. 25.6.2014 hat der BFH[1] die Praxis schwer verunsichert: Er hat für 789
die Beurteilung eines für den beherrschenden GGF ausreichenden Erdienenszeitraums nicht (nur) auf den Zusagezeitpunkt und die voraussichtliche Erdienenszeit abgestellt, sondern hat rückblickend zudem noch einmal auf die tatsächlich geleistete Dienstzeit abgestellt. Danach soll gelten: Scheidet der steuerrechtlich beherrschende GGF (vgl. Rz. 99 ff.) vorzeitig – vor Ablauf von zehn Jahren ab Zusage – aus den Diensten der GmbH aus und liegen keine betrieblichen Gründe für die Nichteinhaltung der geplanten (ausreichenden) Erdienenszeit vor, führt die tatsächliche Unterschreitung zur gesellschaftsrechtlichen Veranlassung der Zusage (vgl. auch Rz. 784 Praxishinweis 2). Als Resultat sind für noch nicht bestandskräftige Veranlagungen die zugeführten Pensionsrückstellungen außerbilanziell zur berichtigen. U. E. ist diese Ansicht des BFH äußerst kritisch zu beurteilen. Wesentlich für die Bestimmung einer gesellschaftsrechtlichen Veranlassung anhand des Kriteriums Erdienbarkeit sollte der Zusagezeitpunkt sein.[2] Wird hier ein ausreichender Erdienenszeitraum vereinbart und ist aus der Sicht des Zusagezeitpunkts die vorgegebene Dienstzeit realistisch, sollte unabhängig von einem späteren vorzeitigen Ausscheiden grds. das Erfordernis der Erdienbarkeit erfüllt sein. Allerdings hat die FinVerw das Urteil im Bundesteuerblatt veröffentlicht und damit für allgemein anwendbar erklärt.

ff) Erdienbarkeit bei Entgeltumwandlung

Auf die Erdienbarkeit kann es nicht ankommen, wenn der GGF die bAV durch 790
echte Entgeltumwandlung (vgl. dazu ausführlich Rz. 348 unter Praxishinweis

1 BFH v. 25.6.2014 - I R 76/13, BStBl 2015 II S. 665.

2 BFH v. 28.6.2005 - I R 25/04, NWB AAAAB-66973, wonach sogar ein zusagegemäßes vorzeitiges Ausscheiden des GGF während des notwendigen Erdienenszeitraums mit ratierlich erdienter Anwartschaft unschädlich ist, sofern die Leistung erst zum ursprünglich vereinbarten Pensionsalter fällig wird.

und Rz. 682 unter Praxishinweis 4) finanziert, denn in diesem Fall verwendet er angemessene Gehaltsbestandteile zur Finanzierung der bAV.[1] Ein zusätzlicher Aufwand für die Kapitalgesellschaft entsteht somit durch die bAV nicht. Allerdings beurteilte die FinVerw dies zumindest in einzelnen Bundesländern[2] – ohne schlüssige Begründung –anders. Mittlerweile hat der BFH mit Urteil v. 7.3.2018[3] der Erdienbarkeit insoweit eine eindeutige und vom Durchführungsweg der bAV unabhängige Absage erteilt, wie die zugrunde liegende bAV durch Entgeltumwandlung finanziert wird. Allerdings muss die Entgeltumwandlungsvereinbarung als solche den Anforderungen des sog. formellen Fremdvergleichs genügen.[4]

gg) Erdienbarkeit bei mittelbaren Durchführungswegen

791 Bezüglich der Erdienbarkeit bei mittelbaren Durchführungswegen ist u. E. – analog zur personenbezogenen Probezeit (vgl. Rz. 774 ff.) – über den Zeitpunkt des steuerlichen Zuflusses zu differenzieren. Wird die Pensionszusage über eine Pensionskasse, einen Pensionsfonds oder ein Direktversicherungsunternehmen durchgeführt, führen die Beitragszahlungen an diese Versorgungsträger beim GGF bereits im Zeitpunkt der Beitragszahlung zu einem lohnsteuerlichen Zufluss und werden damit messbarer Bestandteil der aktuellen Aktivvergütung. Da diese Aktivvergütung eigenen Prüfkriterien für eine angemessene und damit betrieblich veranlasste Entlohnung unterliegt, bedarf es u. E. keiner zusätzlichen Prüfung der Erdienbarkeit für die versicherungsförmigen Durchführungswege. Eine Unterstützungskassenzusage führt hingegen – wie auch die Direktzusage erst bei Zahlung der Versorgungsleistungen zu einem steuerlichen Zufluss beim GGF, so dass hier die Prüfung der Erdienbarkeit erforderlich ist. Der BFH vertritt in Bezug auf die Unterstützungskasse dieselbe Auffassung,[5] auch dann, wenn es sich um eine rückgedeckte Unterstützungskasse handelt.

1 BFH v. 10.6.2008 - VIII R 68/06, BStBl 2008 II S. 973; bei einem dem Fremdvergleich entsprechenden Ehegatten-Arbeitsverhältnis ist bei einer Entgeltumwandlung eine Überversorgung nicht zu prüfen. Hinsichtlich der Definition einer echten Entgeltumwandlung vgl. Rz. 797 ff. Vgl. ausführlich: Veh, BAV beim Gesellschafter-Geschäftsführer: Arbeitgeberfinanziert oder Entgeltumwandlung?, in Praxishandbuch Betriebliche Altersversorgung, Gruppe 5, S. 17 bis 24; Paus, NWB 29/2018 S. 2088.

2 OFD Niedersachsen v. 15.8.2014, NWB IAAAE-71943.

3 I R 89/15, BStBl 2019 II S. 70, Rz. 11, 14, 17, 19 und 21.

4 Ebenda Rz. 19.

5 Vgl. BFH v. 7.3.2018 - I R 89/15, BStBl 2019 II S. 70, Rz. 14; BFH v. 20.7.2016 - I R 33/15, BStBl 2017 II S. 66, Rz. 17.

hh) Erdienbarkeit bei Wechsel des Durchführungsweges

Bis zum Urteil des BFH v. 20.7.2016[1] kam niemand auf die Idee, dass die wertgleiche Umwandlung einer Direktzusage in einen anderen Durchführungsweg eine erneute Prüfung der Erdienbarkeit erfordern könne. Der erkennende I. Senat hat die Fachwelt allerdings eines Besseren belehrt. In dem dem Judikat zugrundeliegenden Sachverhalt wurde der Future Service einer Direktzusage auf eine kongruent rückgedeckte Unterstützungskasse ausgelagert und dabei die ehemalige Renten- gleichzeitig in eine reine Kapitalleistung umgewandelt; diese Umwandlung wurde im Nachtrag zur ursprünglichen Direktzusage als „wertgleiche Übertragung" bezeichnet[2] und deshalb die Garantieleistung der von der Unterstützungskasse abgeschlossenen Rückdeckungsversicherung (RDV) mit dem ausgelagerten Future Service gleichgestellt. Allerdings erhöhte sich das Versorgungskapital der RDV bis zur Fälligkeit noch um ihre betragsmäßig nicht garantierte Überschussbeteiligung, welche in Ermangelung der Verrechnung mit den Prämien (R 4d Abs. 9 EStR 2012) ihrerseits die zugesagte Leistung der Unterstützungskasse steigerte.[3] Der BFH erblickte in dem auf die Unterstützungskasse ausgelagerten Teil eine Neuzusage, die sich aus der Zusammenballung von neuem Vertragspartner des GGF in Form der Unterstützungskasse, Verlust der Direktzusage in Höhe des Future Service und der durch die Überschussanteile bewirkten Zusageerhöhung mit entsprechender vollständiger Ausfinanzierung ergab.[4] Aufgrund der Einstufung des auf die Unterstützungskasse ausgelagerten Future Services als Neuzusage kam der BFH zu dem Ergebnis, die Erdienbarkeit müsse insoweit erneut geprüft werden,[5] was in der Literatur zu erheblicher Kritik geführt hat.[6] In seinem anschließenden Urteil kommt derselbe Senat zu dem Ergebnis, dass die Bewertung des ausgelagerten Future Services als Neuzusage insbesondere der insoweit gleichzeitig stattgefundenen Zusageerhöhung geschuldet war.[7] Eine erneute Prüfung der Erdienbarkeit der Versorgungszusage sei jedoch nicht gerechtfertigt, wenn eine bereits bestehende Versorgungszusage ohne finanzielle Mehrbelastung 792

1 BFH v. 20.7.2016 - I R 33/15, BStBl 2017 II S. 66.

2 BFH v. 20.7.2016 - I R 33/15, BStBl 2017 II S. 66. Rz. 3.

3 Vgl. Dommermuth in Herrmann/Heuer/Raupach, § 4d EStG, Anm. 123.

4 Vgl. BFH v. 20.7.2016 - I R 33/15, BStBl 2017 II S. 66, Rz. 21.

5 Vgl. ebenda Rz. 23.

6 Vgl. z. B. Manhart/Mische, BB 2016 S. 2791; Selig-Kraft, Steuern und Bilanzen 2017 S. 63; Briese, GmbHR 2016 S. 1277.

7 Vgl. BFH v. 7.3.2018 - I R 89/15, BStBl 2019 II S. 70, Rz. 29 f.

für das Unternehmen geändert, indem sie z. B. auf eine Unterstützungskasse ausgelagert wird (wertgleiche Umstellung).[1]

f) Finanzierbarkeit

793 Im Rahmen der Erteilung einer Pensionszusage an den steuerlich beherrschenden oder nicht beherrschenden GGF oder bei einer wesentlichen Zusageverbesserung ist auch die Frage der Finanzierbarkeit zu prüfen. Entsprechendes gilt u. E. bei einer wesentlichen Verschlechterung der wirtschaftlichen Verhältnisse der Kapitalgesellschaft. Ist die Erfüllung des Versorgungsversprechens für die GmbH wirtschaftlich nicht (mehr) möglich, so ist grds. von einer gesellschaftsrechtlichen Veranlassung auszugehen mit der Folge, dass die Versorgungszusage nicht (mehr) gewinnmindernd berücksichtigt werden darf und zu verdeckten Gewinnausschüttungen führt (vgl. aber Praxishinweis in Rz. 801).

aa) Alle Durchführungswege betroffen?

794 Die Finanzierbarkeit ist über den Verlauf der Anwartschaftsphase wohl grds. nur im Zusammenhang mit einer dem GGF erteilten Direktzusage zu prüfen. Die versicherungsförmigen Durchführungswege führen grds. weder bei frühzeitigem Eintritt eines Versorgungsfalls (Invalidität, Tod), noch bei Erreichen der Altersgrenze zur Leistungspflicht des Arbeitgebers, sondern der entsprechenden Versorgungseinrichtung. Folglich kann sich in diesen Fällen eine Nichtfinanzierbarkeit nur dann ergeben, wenn die Gesellschaft nicht in der Lage ist, die vereinbarten Beiträge dauerhaft an das Versorgungsunternehmen zu erbringen mit der Folge, dass es aufgrund der Einstandspflicht (Subsidiärhaftung) des Arbeitgebers zu einer insolvenzrechtlichen Überschuldung kommt, die als Indiz der Nichtfinanzierbarkeit angesehen wird. Entsprechendes gilt, wenn der Arbeitgeber bei einer Beitragszusage mit Mindestleistung finanziell nicht in der Lage ist, einer Nachschussverpflichtung nachzukommen, die sich aus einer negativen Kapitalanlagerendite beim Versorgungsträger ergeben kann. Allerdings kann eine insolvenzrechtliche Überschuldung in diesem Zusammenhang wohl erst eintreten, wenn sich die Verpflichtung der GmbH so konkretisiert, dass es zu einem zwingenden bilanziellen Ausweis der Nachschussverpflichtung oder der Einstandspflicht kommen müsste. Entsprechendes muss wohl auch bei einer nicht vollständig rückgedeckten Unterstützungskassenzusage gelten. Denn auch hier kommt es erst bei Eintritt des Ver-

1 Vgl. ebenda Rz. 30 f.

sorgungsfalls zu einer Bilanzierungspflicht des Trägerunternehmens für den Fall, dass mangels ausreichender Dotierung der Unterstützungskasse die Subsidiärhaftung greift.

Konkrete Regelungen der FinVerw zur Frage der Finanzierbarkeit existieren nur 795
zur Direktzusage und der damit zusammenhängenden Pensionsrückstellung nach § 6a EStG. Für die Frage der Finanzierbarkeit ist die Pensionsverpflichtung danach nicht als einheitliches Wirtschaftsgut anzusehen, sondern es ist zwischen Altersabsicherung, Hinterbliebenenversorgung[1] und Invaliditätsabsicherung[2] zu differenzieren. Deckt eine Direktzusage mehrere Risiken ab, ist nach Auffassung des BFH, der sich die FinVerw angeschlossen hat,[3] für jeden Versorgungsbestandteil der Veranlassungszusammenhang mit dem Gesellschaftsverhältnis gesondert zu prüfen. Denn gegenüber einem fremden Dritten würde ein ordentlicher und gewissenhafter Geschäftsleiter nicht allein deshalb, weil die Gesellschaft z. B. das Invaliditätsrisiko nicht tragen kann, von jeglicher Versorgungszusage absehen. Es liege vielmehr nahe, dass er in einem solchen Fall eine weniger belastende Zusage erteilen, also z. B. an Stelle einer Abdeckung aller Risiken nur eine – finanzierbare – Altersversorgung oder für das betreffende Risiko eine finanzierbare geringere Rente versprechen würde. Unter diesem Gesichtspunkt könne eine Versorgungszusage u. U. zu einem Teil steuerlich anerkannt werden. Eine vGA liege dann nur in derjenigen Zuführung zur Pensionsrückstellung, die sich auf den nicht finanzierbaren Teil der Pensionsverpflichtung beziehe.[4]

bb) Bewertung der übernommenen Risiken

Außerdem muss nach Auffassung des BFH ein ordentlicher Kaufmann im Hin- 796
blick auf die Finanzierbarkeit nicht immer von der ungünstigsten aller denkbaren Entwicklungen ausgehen. Es entspreche vielmehr dem Verhalten eines ordentlichen Kaufmanns, wenn bei der Abgabe der Versorgungszusage diejenigen Risiken berücksichtigt würden, die nach den Regeln der Versicherungsmathematik (§ 6a Abs. 3 Satz 3 EStG) in den Barwert der konkret entstehenden Pensionsverpflichtung eingingen.

1 BFH v. 15.10.1997 - I R 42/97, BStBl 1999 II S. 316.

2 Vgl. z. B. BFH v. 8.11.2000 - I R 70/99, BStBl 2005 II S. 653 und v. 24.1.2001 - I R 14/00, NWB SAAAA-66717.

3 BMF v. 6.9.2005, BStBl 2005 I S. 875.

4 BFH v. 20.12.2000 - I R 15/00, BStBl 2005 II S. 657; v. 28.11.2001 - I R 86/00, NWB KAAAA-68130 und v. 7.11.2001 - I R 79/00, BStBl 2005 II S. 659.

797 Auch bei der Beurteilung der Finanzierbarkeit einer im Invaliditätsfall eintretenden Versorgungsverpflichtung sei daher nur deren im Zusagezeitpunkt gegebener versicherungsmathematischer Barwert i. S. d. § 6a Abs. 3 Satz 2 Nr. 2 EStG anzusetzen. Entgegen der früheren Auffassung der FinVerw sei nicht von demjenigen Wert auszugehen, der sich bei einem Eintritt des Versorgungsfalls ergeben würde. Der sog. Anwartschaftsbarwert enthalte die Summe aller möglichen Versorgungsleistungen, wobei diese abgezinst und mit der statistisch ermittelten Wahrscheinlichkeit der Inanspruchnahme angesetzt würden. Damit spiegele sich in dem Barwert die tatsächliche wirtschaftliche Belastung des Unternehmens durch die Direktzusage wider. Mit einem größeren Risiko als dem hiernach bestehenden müsse ein ordentlicher und gewissenhafter Kaufmann nicht rechnen. Eine Versorgungszusage sei folglich immer dann als finanzierbar anzusehen, wenn eine Passivierung des gegenwärtigen Barwerts der Versorgungsverpflichtung nicht zu einer Überschuldung der Gesellschaft führen würde. Der darüber hinausgehenden Berücksichtigung eines „Bilanzsprungrisikos" bedürfe es nicht.[1]

798 Ausnahmsweise kann etwas Anderes gelten, wenn bekanntermaßen – z. B. wegen einer bereits bestehenden schweren Erkrankung des Zusageempfängers – die Wahrscheinlichkeit der vorzeitigen Inanspruchnahme der zugesagten Versorgungsleistungen außergewöhnlich hoch ist. In einem solchen Fall wird ein ordentlicher und gewissenhafter Geschäftsleiter allerdings i. d. R. keine Zusage erteilen, auch wenn diese für die Gesellschaft finanzierbar wäre.[2]

cc) Überschuldung im insolvenzrechtlichen Sinne

799 Ansatzpunkt für die Überschuldungsprüfung ist eine Überschuldung im insolvenzrechtlichen Sinne. Laut BFH-Rechtsprechung und FinVerw[3] ist zu prüfen, ob aus insolvenzrechtlicher Sicht ein Insolvenzantrag im Hinblick auf eine positive Fortführungsprognose entbehrlich sei. In diesem Zusammenhang seien insbesondere die im Zusagezeitpunkt gegebene Ertragslage und die weiteren Ertragsaussichten der Gesellschaft von Bedeutung. Nur wenn auch unter Berücksichtigung dieses Gesichtspunkts die Passivierung des Anwartschaftsbarwerts zur Insolvenzreife der Gesellschaft führe, könne und müsse die Pensions-

---

1 BFH v. 20.12.2000 - I R 15/00, BStBl 2005 II S. 657 und v. 24.1.2001 - I R 14/00, NWB SAAAA-66717.

2 BFH v. 28.11 2001 - I R 86/00, NWB KAAAA-68130.

3 Die FinVerw hat mit BMF v. 6.9.2005, BStBl 2005 I S. 875 ihre frühere Auffassung aufgegeben, wonach bereits eine bilanzielle Überschuldung ausreichte, um die Finanzierbarkeit zu verneinen.

verpflichtung als nicht finanzierbar angesehen werden.[1] Seit Ergehen der BFH-Rechtsprechung hat sich das Insolvenzrecht bzgl. der Überschuldungsfrage weiterentwickelt (zu den Einzelheiten vgl. Rz. 1041 ff.), indem gem. § 19 Abs. 2 Satz 1 InsO eine Überschuldung erst dann vorliegt, wenn das Vermögen des Schuldners die bestehenden Verbindlichkeiten nicht mehr deckt und als zusätzliches Tatbestandsmerkmal eine Fortführung des Unternehmens nach den Umständen nicht überwiegend wahrscheinlich ist (negative Fortführungsprognose). Zuvor hatte eine positive Fortführungsprognose nur die Bewertung der Aktiva zu Liquidations- oder Verkehrswerten beeinflusst. Nunmehr kann also der Fall eintreten, dass das Vermögen der GmbH die bestehenden Verbindlichkeiten nicht mehr deckt, dass aber die Fortführungsprognose positiv ist. Insolvenzrechtlich liegt damit keine Überschuldung mehr vor, die die Insolvenzantragstellung erforderlich macht, möglicherweise aber eine drohende insolvenzrechtliche Überschuldung. Weder FinVerw noch Rechtsprechung haben sich bisher dazu geäußert, ob der abgeschwächte Überschuldungsbegriff nunmehr auch für die Frage der Finanzierbarkeit einer Versorgungszusage an den GGF maßgebend ist. U. E. ist diese Frage wohl zu bejahen, da der BFH mit seiner älteren Rechtsprechung auf die insolvenzrechtliche Überschuldung abgestellt hat. Ändern sich diesbezüglich die Rahmendaten, muss dies auch für die Prüfung der Finanzierbarkeit gelten.

PRAXISHINWEIS:

Letztlich ist also bei Zusageerteilung an den GGF nur darauf zu achten, dass der Anwartschaftsbarwert für die GmbH nicht zur (drohenden) Insolvenzreife führt.

Schließt die GmbH eine strukturkongruente Rückdeckungsversicherung (vgl. zum Begriff Rz. 426) zur Versorgungszusage ab, reduziert sich die Finanzierbarkeitsprüfung darauf, dass die GmbH dauerhaft in der Lage ist, die Beiträge zur Rückdeckungsversicherung zu finanzieren.[2]

dd) Verschlechterung der wirtschaftlichen Verhältnisse der GmbH

War eine Direktzusage zunächst finanzierbar und verschlechtern sich die wirtschaftlichen Verhältnisse der Gesellschaft später, können Zuführungen zur Pensionsrückstellung nach Auffassung des BFH nur dann als vGA gewertet werden, wenn eine Anpassung der Zusage möglich ist und die Gesellschaft diese aus im Gesellschaftsverhältnis liegenden Gründen unterlässt. Ist die Gesellschaft hingegen aus Rechtsgründen nicht in der Lage, gegen den Willen ihrer Gesellschafter deren Pensionen zu kürzen, so kann in der unveränderten 800

1 BFH v. 7.11.2001 - I R 79/00, BStBl 2005 II S. 659.
2 BFH v. 8.11.2000 - I R 70/99, BStBl 2005 II S. 653.

Beibehaltung der Zusagen keine vGA gesehen werden. In diesem Fall sind die Zuführungen zur Pensionsrückstellung lediglich die zwangsläufige Folge einer unternehmerischen Fehleinschätzung, was ihren ursprünglichen Veranlassungszusammenhang unberührt lässt.[1]

801 Die FinVerw hat mit BMF-Schreiben v. 6.9.2005[2] die Anwendung auch dieses Rechtsgrundsatzes der BFH-Rechtsprechung beschlossen und ihre bis dahin zum Teil anders lautende Rechtsauffassung aufgegeben.[3]

PRAXISHINWEIS:

Fraglich ist, wann eine Anpassung der dem GGF erteilten Zusage rechtlich möglich ist mit der Folge, dass sie auch durchgeführt werden muss, um die Annahme vGA zu vermeiden. Denn nutzt der Geschäftsführer eine Möglichkeit nicht, die Gesellschaft von Zahlungsverpflichtungen zu befreien, handelt er nicht wie ein ordnungsgemäßer und gewissenhafter Geschäftsleiter mit der Folge, dass die unveränderte Aufrechterhaltung der Versorgungszusage gesellschaftsrechtlich veranlasst ist.

Eine Anpassung wird u. U. möglich – und daher auch zwingend – sein, wenn die erteilte Versorgungszusage nach § 6a EStG zulässige Vorbehalte enthält, wonach die Zusage gekürzt oder widerrufen werden kann, wenn sich die wirtschaftliche Lage der Gesellschaft derart verschlechtert, dass ihr die unveränderte Aufrechterhaltung der Zusage nicht mehr zuzumuten ist (zur Problematik von Widerrufsvorbehalten vgl. Rz. 656 ff.). U. E. wird sich die Prüfung der Unzumutbarkeit an der besonderen Sorgfaltspflicht des GGF[4] orientieren müssen und nicht daran, ob ein entsprechender Verzicht auch gegenüber einem Dritten (nicht Geschäftsführer) durchsetzbar wäre. Folglich kann auch eine allgemeine Gläubigerquote nicht maßgebend sein für die Feststellung der Höhe eines notwendigen Verzichts. Vielmehr ist der GGF aus seiner Fürsorgepflicht gegenüber der GmbH insoweit zum Verzicht auf die Pensionsanrechte verpflichtet – und die GmbH kann den Verzicht in Form der Anpassung der Zusage fordern – als die GmbH (drohend) insolvenzrechtlich überschuldet ist (vgl. Rz. 1054 ff.).

Enthält die Zusage keine Vorbehalte, besteht bei einer individuellen Versorgungszusage die Möglichkeit, diese jederzeit durch Änderungsvertrag anzupassen, wobei arbeitsrechtlich keinerlei Besitzstände zu wahren sind.[5] Allerdings bedeutet „Änderungsvertrag", dass die Anpassung nur mit Zustimmung des Versorgungsberechtigten erfolgen kann. Erteilt er die Zustimmung nicht, bleiben die Zuführungen zur Pensionsrückstellung daher trotz fehlender Finanzierbarkeit weiterhin betrieblich veranlasst und führen nicht zu vGA. Bei der Erteilung einer Zustimmung durch den GGF ist hingegen Vorsicht geboten: Erteilt er seine Zustimmung zur Kürzung oder zum Widerruf der Versorgungszusage, ist diese Zustimmung nur dann betrieblich veranlasst, wenn auch ein vergleich-

1 BFH v. 8.11.2000 - I R 70/99, BStBl 2005 II S. 653. Fraglich ist allerdings, ob der BFH ausreichend gewürdigt hat, dass eine individuelle Versorgungszusage jederzeit durch Änderungsvertrag geändert werden kann; BFH v. 23.8.2017 - VI R 4/16, BStBl 2005 II S. 208, Rz. 25.

2 BMF v. 6.9.2005, BStBl 2005 I S. 875.

3 Zur früheren Rechtsauffassung vgl. BMF v. 14.5.1999, BStBl 1999 I S. 512, Tz. 2.

4 Siehe § 43 GmbHG.

5 BAG v. 21.1.2003 - 3 AZR 30/02, DB 2003 S. 782.

barer Geschäftsführer mit einer vergleichbaren Einzelzusage aufgrund der einem Geschäftsführer obliegenden besonderen Fürsorgepflicht eine entsprechende Zustimmung erteilt hätte. Ist dies nicht der Fall, führt die Zustimmung des GGF zur Kürzung oder zum Widerruf der Versorgungszusage i. H. d. werthaltigen, bereits erdienten Anteils zu einer verdeckten Einlage verbunden mit einem Zufluss von Arbeitslohn in entsprechender Höhe. Daher gilt auch hier, dass der GGF aus seiner Fürsorgepflicht gegenüber der GmbH insoweit zum Verzicht auf die Pensionsrechte verpflichtet ist – und die GmbH den Verzicht in Form der Anpassung der Zusage fordern kann – als die GmbH (drohend) insolvenzrechtlich überschuldet ist.

g) Besonderheiten zur Unverfallbarkeit

Hinsichtlich der Frage, wann – und ob – Anwartschaften aus der bAV beim GGF unverfallbar werden, muss zunächst danach differenziert werden, ob der GGF arbeitsrechtlich beherrschend ist oder nicht (vgl. Rz. 91 ff.) und beim nicht beherrschenden GGF weiterhin nach der Finanzierung der Versorgungszusage (Arbeitgeberfinanzierung oder Entgeltumwandlung). 802

Gesetzliche Regelungen zur Unverfallbarkeit ergeben sich aus § 1b BetrAVG mit der Folge, dass diese nur für den im arbeitsrechtlichen Sinne nicht beherrschenden GGF (vgl. Rz. 91 ff.) zur Anwendung kommen; der beherrschende GGF fällt als Unternehmer nicht unter den Schutzbereich dieses Gesetzes (vgl. Rz. 386 ff.). 803

Eine Versorgungszusage zugunsten des arbeitsrechtlich beherrschenden GGF muss daher zwingend vertragliche Regelungen zur Unverfallbarkeit enthalten, um vor Eintritt in das Rentenalter – z. B. für den Fall der vorzeitigen Beendigung des Arbeitsverhältnisses – eine solche zu erreichen. Fehlt eine vertragliche Regelung, wird die Versorgungszusage nach Auffassung des BFH bis zum Erreichen des Pensionsalters nicht unverfallbar mit der Folge, dass bei vorzeitiger Beendigung des Arbeitsverhältnisses keine Anwartschaften erhalten bleiben.[1] 804

Auch beim arbeitsrechtlich nicht beherrschenden GGF sind allerdings vertragliche Regelungen zur Unverfallbarkeit zulässig, wenn sie mindestens den Regelungen des BetrAVG entsprechen. Die Regelungen können aber auch zugunsten des Versorgungsberechtigten über die gesetzlichen Ansprüche hinausgehen. Um vGA zu vermeiden, sind jedoch im Hinblick auf vertragliche Regelungen zur Unverfallbarkeit sowohl beim beherrschenden als auch beim nicht beherrschenden GGF gewisse Regeln zu beachten (vgl. Rz. 813 ff.). 805

1 BFH v. 30.1.2002 - I R 56/01, NWB BAAAA-68120.

806–807 (*Einstweilen frei*)

aa) Gesetzliche Unverfallbarkeit einer arbeitgeberfinanzierten Versorgungsanwartschaft

808 Finanziert der Arbeitgeber die bAV, hat die zugesagte Versorgungsanwartschaft beim vorzeitigen Ausscheiden des arbeitsrechtlich nicht beherrschenden GGF nur Bestand, wenn der GGF nach Erteilung der Zusage noch eine bestimmte Zeit dem Betrieb angehört und bestimmte Altersgrenzen überschreitet.

809 Die Fristen und Mindestalter sind in § 1b und § 30f BetrAVG geregelt und wurden seit 2001 mehrfach geändert, vgl. dazu ausführlich mit Übergangsregeln: Rz. 392.

bb) Gesetzliche Unverfallbarkeit einer arbeitnehmerfinanzierten Versorgungsanwartschaft

810 Stammen die Beiträge aus einer Entgeltumwandlung des arbeitsrechtlich nicht beherrschenden GGF, ist die Versorgungsanwartschaft sofort gesetzlich unverfallbar, wenn die Zusage nach dem 31.12.2000 erteilt worden ist oder erteilt wird (§ 1b Abs. 5 Satz 1 i.V. m. § 30f BetrAVG) vgl. Rz. 396 ff.

811 Für Altzusagen, die vor diesem Zeitpunkt erteilt worden sind, galten grds. die gesetzlichen Unverfallbarkeitsfristen und die Übergangsregelungen wie bei arbeitgeberfinanzierten Anwartschaften.[1] Allerdings mussten durch Entgeltumwandlung finanzierte Anwartschaften aufgrund der Rechtsprechung des BAG[2] vertraglich unverfallbar gestellt werden.

PRAXISHINWEIS:

Die zum 1.1.2001 eingeführte gesetzliche Unverfallbarkeitsregelung hat jedoch Bedeutung im Hinblick auf den Insolvenzschutz, denn nur gesetzlich unverfallbare Anwartschaften unterliegen dem Insolvenzschutz durch den PSV a.G. Bei vertraglich unverfallbaren Anwartschaften muss auch der Insolvenzschutz vertraglich hergestellt werden.

812 Die Unverfallbarkeitsfristen haben nur Bedeutung, wenn der Arbeitnehmer frühzeitig aus dem Unternehmen ausscheidet. Dann entscheidet die Unverfallbarkeitsfrist darüber, ob er bereits Anwartschaften erdient hat, die ihm trotz Beendigung des Arbeitsverhältnisses erhalten bleiben oder nicht. Tritt hingegen bei fortbestehendem Arbeitsverhältnis noch vor Ablauf der Unverfall-

1 Vgl. Buttler, Einführung in die betriebliche Altersversorgung, S. 33 f.

2 BAG v. 8.6.1993 - 3 AZR 670/92, DB 1993 S. 2538.

barkeitsfrist der Versorgungsfall ein, hat der Arbeitnehmer dennoch einen Rechtsanspruch auf die zugesagten Leistungen.

cc) Vertragliche Regelungen zur Unverfallbarkeit

Vertragliche Regelungen zur Unverfallbarkeit sehen häufig – abweichend von den Regelungen im BetrAVG – eine sofortige Unverfallbarkeit der zugesagten Ansprüche vor. Damit stellt sich jedoch sowohl beim steuerlich beherrschenden als auch beim nicht beherrschenden GGF die Frage, ob die vertragliche Regelung – insbesondere eine sofortige volle Unverfallbarkeit – als betrieblich oder gesellschaftsrechtlich veranlasst anzusehen ist. 813

Die FinVerw differenziert hier nach der Finanzierung der Versorgungsanwartschaft. Finanziert der GGF die zugesagten Versorgungsleistungen durch Entgeltumwandlung, indem er zugunsten der bAV auf einen Teil seiner – insgesamt angemessenen – Aktivbezüge verzichtet, spricht nichts gegen eine sofortige Unverfallbarkeit, da der GGF seine Versorgungsleistungen im Ergebnis selbst bezahlt. Die Gesellschaft wendet ihm gar keinen zusätzlichen Vermögensvorteil zu, der im Hinblick auf eine zu prüfende Erdienbarkeit zu einer verdeckten Gewinnausschüttung führen könnte.[1] Beim nicht beherrschenden GGF ergibt sich die sofortige Unverfallbarkeit in diesen Fällen unmittelbar aus § 1b Abs. 5 BetrAVG. Aber auch für den beherrschenden GGF geht die FinVerw insoweit nicht von einer verdeckten Gewinnausschüttung aus, wenn sich die Unverfallbarkeit nach § 2 Abs. 5a BetrAVG richtet, also auf die vom Zeitpunkt der Zusage auf bAV bis zum Ausscheiden des Arbeitnehmers erreichte Anwartschaft auf Leistungen aus den bis dahin umgewandelten Entgeltbestandteilen. Damit gelten vom Grundsatz her beim steuerlich nicht beherrschenden und beim beherrschenden GGF gleiche Regelungen. 814

Finanziert die Gesellschaft die zugesagten Versorgungsleistungen, indem diese zusätzlich zum Aktivgehalt zugesagt werden, könnte zumindest die sofortige volle Unverfallbarkeit gesellschaftsrechtlich veranlasst sein, da der Anspruch gar nicht erdient werden kann, wenn der GGF während des Erdienenszeitraums vorzeitig ausscheidet. Da allerdings auch bei Fremdgeschäftsführern in der Praxis vom BetrAVG abweichende kürzere Unverfallbarkeitsfristen durchaus üblich sind, teilweise sogar sofortige Unverfallbarkeit vereinbart 815

1 Gl. A. Paus, Arbeitnehmerfinanzierte Pensionszusage für den Ges-GF, ein neues Gestaltungsmodell, GmbHR 2001 S. 607; Wichmann, Stbg 2002 S. 278; bestätigt durch BFH v. 7.3.2018 - I R 89/15, BStBl 2019 II S. 70, Rz. 11, 14, 17, 19 und 21.

wird, wäre es nicht vertretbar, beim GGF strengere Maßstäbe anzulegen.[1] Vor diesem Hintergrund hat die FinVerw sowohl für den steuerlich beherrschenden als auch für den nicht beherrschenden GGF entschieden, in der sofortigen Unverfallbarkeit der zugesagten Ansprüche dann keine Veranlassung durch das Gesellschaftsverhältnis zu sehen, wenn es sich um eine sofortige ratierliche Unverfallbarkeit handelt.[2] Die Höhe der ratierlichen unverfallbaren Anwartschaft richtet sich nach den Regeln des § 2 BetrAVG.

PRAXISHINWEIS:

Damit kann die Höhe der unverfallbaren Anwartschaft beim steuerlich beherrschenden und beim nicht beherrschenden GGF dennoch unterschiedlich ausfallen, wenn der Zusagezeitpunkt – wie i. d. R. aufgrund der notwendigen Probezeit üblich – nicht mit dem Dienstantritt übereinstimmt. Denn beim nicht beherrschenden GGF ist für die Berechnung des unverfallbaren Anspruchs das Verhältnis zwischen Dienstantritt (vorzeitigem Ausscheiden und Diensteintritt) und Pensionsalter maßgebend und beim beherrschenden GGF das Verhältnis zwischen Zusagezeitpunkt (vorzeitigem Ausscheiden und Zusagezeitpunkt) und Pensionsalter.[3]

BEISPIEL: Der GGF A ist im Alter von 30 Jahren in die GmbH eingetreten, im Alter von 40 Jahren hat er seine Pensionszusage erhalten. In der Zusage wurde ein Altersrentenbeginn mit 65 Jahren vereinbart. Der GGF scheidet allerdings mit 50 Jahren vorzeitig aus der GmbH aus.

Der unverfallbare Altersrentenanspruch beträgt 20/35 des Vollanspruchs, wenn der GGF A steuerlich nicht beherrschend ist und 10/25 des Vollanspruchs, wenn er beherrschend ist.

Sieht die Pensionszusage z. B. einen Vollanspruch i. H.v. 10.000 € Monatsrente und bei Ausscheiden im Alter von 50 Jahren eine unverfallbare Leistung i. H.v. 5.000 € vor, so erhält der steuerlich beherrschende GGF 1.000 € mehr als die FinVerw erlaubt (10/25 mal 10.000 € = 4.000 €). 20 % (= 1.000 €/5.000 €) der zum Ausscheidezeitpunkt gebildeten Pensionsrückstellung sind daher vGA.

Weicht die getroffene vertragliche Unverfallbarkeitsregelung von den durch die FinVerw akzeptierten Regelungen ab, kommt es u. U. auch vor einem vorzeitigen Ausscheiden bereits zur Annahme einer vGA, wenn ein Verstoß gegen das Nachzahlungsverbot vorliegt (vgl. Rz. 863).

1 Vgl. hierzu Höfer, Die Besteuerung der betrieblichen Altersversorgung von Kapitalgesellschaften, 1996, Rz. 87 ff.

2 Bestätigt durch BFH v. 22.1.2002 - I B 75/01, NWB ZAAAA-68083 und v. 5.3.2008 - I R 12/07, BStBl 2015 II S. 409.

3 BFH v. 20.8.2003 - I R 99/02, NWB IAAAB-15368; BMF v. 9.12.2002, BStBl 2002 I S. 1393, bestätigt durch BFH v. 5.3.2008 - I R 12/07, BStBl 2015 II S. 409.

h) Angemessenheit der Versorgungszusage

aa) Überversorgung im 3. Prüfungsschritt

Überdurchschnittlich hohe Versorgungszusagen sind für die Rückstellungsbildung in der Steuerbilanz grds. nur anzuerkennen, soweit die Zusagen dem Grunde nach betrieblich veranlasst sind (z. B. nicht gegeben bei der Versorgung von Einzelunternehmern) und arbeitsrechtlich keine Reduzierung der Versorgungszusagen aufgrund planwidriger Überversorgung möglich ist.[1] Zwischen Aktivbezügen und Versorgungsleistungen muss dabei ein angemessenes Verhältnis bestehen (vgl. R 8.7 Satz 6 KStR 2015). Ein angemessenes Verhältnis zwischen Aktivbezügen und Versorgungsleistungen wird bejaht, wenn die Versorgungsleistungen 75 % der tatsächlich gezahlten letzten Aktivbezüge nicht übersteigen.[2] Das heißt, die insgesamt zugesagten Leistungen der bAV (Direktzusage, Unterstützungskassenzusage, Pensionsfonds, Pensionskasse, Direktversicherung) dürfen zusammen mit einer ggf. zu erwartenden Rente aus der gesetzlichen Rentenversicherung nicht höher sein, als 75 % der letzten Aktivbezüge des Versorgungsberechtigten. 816

Die Annahme einer Überversorgung hat für gehaltsunabhängige Zusagen (Festrentenzusagen) zur Folge, dass nach dem einschlägigen BMF-Schreiben v. 3.11.2004[3] – nicht nur für GGF, sondern auch für Fremdarbeitnehmer – die Pensionsrückstellung innerhalb der Steuerbilanz insoweit nicht gebildet werden darf bzw. wieder aufzulösen ist, weil bzgl. der Überversorgung eine Vorwegnahme künftiger Entwicklungen gesehen wird, die am Bilanzstichtag noch nicht berücksichtigt werden darf. 817

PRAXISHINWEIS:

Grund für die Auflösung der Pensionsrückstellung i. H. d. Überversorgung ist der Verstoß gegen das Stichtagsprinzip gem. § 6a Abs. 3 Satz 2 Nr. 1 Satz 4 EStG. Danach darf sich die zum Bilanzstichtag zu bildende Pensionsrückstellung nur nach zu diesem Zeitpunkt bereits feststehenden Bemessungsgrundlagen richten. Bei einer Überversorgung wird unterstellt, dass die im Verhältnis zur Aktivvergütung zu hohe Versorgung in Erwartung einer erst in späteren Jahren höheren Aktivvergütung „im Voraus" so hoch erteilt wird. Diese Vorwegnahme der zukünftigen Einkommensentwicklung führt insoweit zum Verstoß gegen das Stichtagsprinzip des § 6a EStG.

Da bei gehaltsabhängigen Zusagen mit steigender Vergütung die Versorgungszusage gleichermaßen steigt („mitwächst"), kann eine die 75 %-Grenze verletzende Zusage keine Vorwegnahme künftiger Einkommensentwicklungen und somit keine Verletzung

1 BMF v. 3.11.2004, BStBl 2004 I S. 1045; vgl. hierzu ausführlich Rz. 634 ff.

2 BFH v. 8.10.1986 - I R 220/82, BStBl 1987 II S. 205; gilt gem. BFH v. 19.6.2007 - VIII R 100/04, BStBl 2007 II S. 930, auch für Zusagen über Unterstützungskassen.

3 BMF v. 3.11.2004, BStBl 2004 I S. 1045.

des Stichtagsprinzips des § 6a EStG bewirken. Daher betrifft das BMF-Schreiben v. 3.11.2004 und die darin geregelte bilanzsteuerrechtliche Berichtigung zu hoher Zusagen nur Direkt- und Unterstützungskassenzusagen, die feste Altersleistungen vorsehen. Gehaltsabhängige Zusagen werden davon ebensowenig erfasst wie beitragsorientierte Leistungszusagen und Leistungszusagen im Wege der Entgeltumwandlung.

Jedoch könnte die FinVerw bei diesen Zusagearten, deren Quote 75 % der Aktivbezüge übersteigt, i. H. d. Überversorgung i. d. R. pauschal eine gesellschaftsrechtliche Veranlassung als gegeben ansehen und die Gewinnauswirkung aus der Bildung der Pensionsrückstellung insoweit außerbilanziell auf der 2. Stufe der Gewinnermittlung korrigieren.[1] U. E. ist dies recht fragwürdig, denn um zu einer gesellschaftsrechtlichen Veranlassung zu kommen, müsste im Einzelfall nachgewiesen werden, dass eine derartige Zusage nicht fremdüblich ist. Erst wenn zweifelsfrei feststeht, dass einem vergleichbaren Fremdarbeitnehmer eine solche Zusage nicht erteilt worden wäre, könnte man die betriebliche Veranlassung verneinen.

Zur unterschiedlichen Behandlung von gehaltsunabhängigen und gehaltsabhängigen Zusagen vgl. auch das Schaubild in Rz. 679.

818 Tritt bei gehaltsunabhängigen Festrentenzusagen später der Versorgungsfall ein, ist nach eindeutiger Auffassung von Rechtsprechung[2] und FinVerw[3] eine zwischenzeitlich aufgrund Überversorgung aufgelöste Rückstellung nachholend wieder zu passivieren und der steuerliche Gewinn nachträglich zu mindern, denn eine Vorwegnahme künftiger Entwicklungen kann insoweit nicht mehr vorliegen, wenn der Versorgungsfall bereits eingetreten ist.

819 In der Praxis ist allerdings festzustellen, dass einige Finanzämter mit der nachholenden Passivierung der Pensionsrückstellung – zumindest beim beherrschenden GGF nicht einverstanden sind. Sie konstruieren pauschal eine vGA (z. B. i. H. d. nachzuholenden Rückstellungszuführung) mit der Folge, dass der steuerliche Gewinn innerhalb der Gewinnermittlung der GmbH zwar reduziert wird, außerhalb der Bilanz jedoch durch Hinzurechnung zur steuerlichen Bemessungsgrundlage eine Neutralisierung erfolgt. Außerdem kommt es zu einer kapitalertragsteuerpflichtigen Zurechnung von verdeckten Gewinnausschüttungen beim beherrschenden GGF.

820 Begründet wird die Sichtweise mit einem äußerst fragwürdigen und pauschalierten Fremdvergleich: Das Finanzamt geht davon aus, dass ein ordentlicher und gewissenhafter Geschäftsführer im Zeitpunkt der Rückstellungskürzung zur Vermeidung einer Überversorgung auf seine Pensionszusage teilweise ver-

1 Vgl. Doetsch/Lenz, Versorgungszusagen an Gesellschafter-Geschäftsführer und Vorstände, 11. Aufl., S. 57 und auch die Auffassung in der 1. Aufl. dieses Werkes.

2 BFH v. 28.4.2010 - I R 78/08, BStBl 2013 II S. 41, Rz. 23.

3 BMF v. 3.11.2004, BStBl 2004 I S. 1045, Rz. 6 letzter Satz.

zichtet und damit die Überversorgung vermieden hätte. Leistet er diesen Verzicht nicht, verstoße er gegen den Fremdvergleich. Zwar sei nach Auffassung des BFH und der FinVerw die Rückstellung nachholend zuzuführen und der Gewinn zu mindern, der Fremdvergleichsverstoß führe jedoch zu einer entsprechenden verdeckten Gewinnausschüttung. Gerechtfertigt wird diese äußerst fragwürdige Handhabung mit dem Hinweis auf eine unveröffentlichte Niederschrift über die länderübergreifende Besprechung der Fachprüfer für bAV vom 9. bis 10.6.2009.

PRAXISHINWEIS:

Reagiert das zuständige Finanzamt in dieser Weise, kann Einspruch eingelegt und ggf. der Klageweg beschritten werden. Ob die Versorgungszusage der Höhe nach angemessen ist oder nicht, ist nicht rückwirkend betrachtet, sondern bezogen auf das Jahr des Rentenbeginns zu ermitteln und hier gilt weder nach der Rechtsprechung noch nach Verwaltungsanweisungen eine typisierende 75 %-Grenze. Außerdem ist auf das aktuelle Gehaltsgefüge und nicht auf das im Zeitpunkt der Feststellung der Überversorgung i. S. d. § 6a EStG abzustellen. Da die ursprüngliche Überversorgungsprüfung nur die Bildung der Pensionsrückstellung betrifft und nicht eine Frage der gesellschaftsrechtlichen Veranlassung ist, ist auch die Wiederzuführung zur Pensionsrückstellung allein auf dieser Ebene und damit innerhalb der Steuerbilanz zu würdigen; sie hat nichts mit dem Rechtsinstitut der verdeckten Gewinnausschüttung zu tun. Die Rechtsprechung hierzu ist uneinheitlich. Während das Finanzgericht Rheinland-Pfalz mit dem rechtskräftigen Urteil v. 30.11.2016[1] und der VI. Senat des BFH dieser Meinung der FinVerw eine Abfuhr erteilt[2] bestätigt der I. Senat des BFH[3] die grundsätzliche gesellschaftsrechtliche Veranlassung der Überversorgung und folglich insoweit die vGA in der Leistungsphase.

bb) Nur-Pensionszusage im 3. Prüfungsschritt

Im Zusammenhang mit Pensionszusagen an GGF von Kapitalgesellschaften 821
beschäftigen sich Rechtsprechung und FinVerw von Zeit zu Zeit auch mit der Frage, ob die Zusage einer sog. Nur-Pension (neben der Versorgungszusage bezieht der GGF keine Aktivvergütung) steuerrechtlich anzuerkennen ist oder nicht. In diesem Zusammenhang sind in der Ansparphase im Ergebnis zwei Entscheidungen zu treffen:

Zunächst ist zu entscheiden, ob die Voraussetzungen für die Bildung einer Pensionsrückstellung in der Steuerbilanz gegeben sind oder ob die Nur-Pension zu einer Überversorgung im Sinne einer Vorwegnahme künftiger Lohn- und

1 1 K 1730/14, EFG 2017 S. 1819 unter 2.b.dd der Entscheidungsgründe.

2 BFH v. 23.8.2017 - VI R 4/16, BStBl 2018 II S. 208, Rz. 32.

3 Vgl. BFH v. 20.12.2016 - I R 4/15, BStBl 2017 II S. 678, Rz. 31.

Einkommensentwicklungen führt und damit gegen die Regelungen des § 6a EStG verstößt.

Wird eine solche Überversorgung verneint, ist in einem zweiten Schritt zu prüfen, ob die Nur-Pensionszusage betrieblich veranlasst ist und dem Fremdvergleich standhält oder aufgrund gesellschaftsrechtlicher Veranlassung zu einer verdeckten Gewinnausschüttung führt mit der Konsequenz, dass die Zuführungen zur Pensionsrückstellung außerhalb der Steuerbilanz wieder zu korrigieren sind.

822 Diesbezüglich haben Rechtsprechung und FinVerw lange keine einheitliche Meinung vertreten. So war die Rechtsprechung bereits seit 2005 der Auffassung, dass eine arbeitgeberfinanzierte Nur-Pensionszusage zu einer Überversorgung im Sinne einer Vorwegnahme künftiger Lohn- und Einkommensentwicklungen führt und damit gegen die Regelungen des § 6a EStG verstößt mit der Folge, dass eine Pensionsrückstellung nicht gebildet werden darf.[1] Die FinVerw hat die Bilanzierung in der Steuerbilanz hingegen zugelassen und ist stattdessen von einem gesellschaftsrechtlich veranlassten Verstoß der Versorgungszusage gegen den Fremdvergleich ausgegangen, hat also den Aufwand aus der Bildung der Pensionsrückstellung außerhalb der Bilanz als vGA wieder korrigiert[2] (bzgl. der Bedeutung der unterschiedlichen Auswirkungen s. Praxishinweis Rz. 641). Nachdem der BFH mit Urteil v. 28.4.2010[3] erneut entschieden hat, dass die arbeitgeberfinanzierte Nur-Pensionszusage an den GGF zu einer Überversorgung führt, hat sich die FinVerw dem mit BMF-Schreiben v. 13.12.2012[4] in allen noch offenen Fällen angeschlossen und hat das BMF-Schreiben vom 16. 6. 2008[5] aufgehoben (vgl. auch Rz. 674 ff.).

823 Aus der BFH-Rechtsprechung und auch aus dem o. g. BMF-Schreiben v. 13.12.2012 wird deutlich, dass hinsichtlich der steuerrechtlichen Beurteilung von Nur-Pensionszusagen wohl zwischen arbeitgeberfinanzierten und durch Entgeltumwandlung finanzierten Pensionszusagen unterschieden werden muss. Jedenfalls beziehen sich die Aussagen in den Urteilen und im Erlass der FinVerw ausdrücklich nur auf arbeitgeberfinanzierte Versorgungszusagen.

1 BFH v. 9.11.2005 - I R 89/04, BStBl 2008 II S. 523.

2 BMF v. 16.6.2008, BStBl 2008 I S. 681, unter Bezugnahme auf BMF v. 3.11.2004, BStBl 2004 II S. 1045, zur Überversorgung und auf BMF v. 28.1.2005, BStBl 2005 I S. 387, zur Annahme einer vGA.

3 BFH v. 28.4.2010 - I R 78/08, BStBl 2013 II S. 41.

4 BMF v. 13.12.2012, BStBl 2013 I S. 35.

5 BMF v. 16.6.2008, BStBl 2008 I S. 681.

Folglich ist auch hinsichtlich der Rechtsfolgen und der offenen Fragen insoweit zu differenzieren.

(1) Arbeitgeberfinanzierte Nur-Pensionszusage

Hinsichtlich der arbeitgeberfinanzierten Nur-Pensionszusagen gehen nun BFH und FinVerw einheitlich davon aus, dass eine Pensionsrückstellung nach § 6a EStG in der Steuerbilanz nicht gebildet werden darf, weil die Nur-Pensionszusage einen Verstoß gegen die Vorschrift des § 6a Abs. 3 Satz 2 Nr. 1 Satz 4 EStG darstellt, wonach Werterhöhungen oder Verminderungen der Pensionsleistungen nach dem Schluss des Wirtschaftsjahres, die hinsichtlich des Zeitpunkts ihres Wirksamwerdens oder ihres Umfanges ungewiss sind, bei der Berechnung des Barwerts der künftigen Pensionsleistungen und der Jahresbeträge erst zu berücksichtigen sind, wenn sie eingetreten sind (Vgl. Rz. 674). U. E. trägt diese Begründung im Ergebnis nicht. Denn Fakt ist, dass – soweit damit nicht gegen tarifvertragliche oder sozialgesetzliche Regelungen verstoßen wird – zwischen Arbeitgeber und Arbeitnehmer das Entgelt für die Zurverfügungstellung der Arbeitsleistung frei vereinbart werden kann. Ein solcher Verstoß ist beim GGF, der als Organ der Kapitalgesellschaft keinem Tarifvertrag und i. d. R. auch keinen sozialgesetzlichen Regelungen unterliegt, nicht denkbar. Damit ist eine Nur-Pensionszusage also rechtlich zulässig. Da die Höhe der späteren Versorgungsleistungen durch die Versorgungszusage klar bestimmt ist, liegen folglich auch keine Werterhöhungen oder Verminderungen der Pensionsleistungen nach dem Schluss des Wirtschaftsjahres vor, die hinsichtlich des Zeitpunkts ihres Wirksamwerdens oder ihres Umfanges ungewiss wären. Ein Verstoß gegen die Vorschrift des § 6a Abs. 3 Satz 2 Nr. 1 Satz 4 EStG ist damit – wie die FinVerw im BMF-Schreiben v. 16.6.2008[1] zutreffend dargestellt hatte – nicht gegeben. Da sie allerdings die systematisch zutreffende Sichtweise mit BMF-Schreiben v. 13.12.2012[2] aufgegeben hat und die vorliegende BFH-Rechtsprechung keine Hoffnung lässt, dass auf dem Rechtsweg eine zutreffende steuerliche Beurteilung erwirkt werden kann, bleibt für die Praxis wohl nur die Akzeptanz der geänderten Sichtweise. 824

Dabei stellt sich jedoch – da das BMF-Schreiben in allen noch offenen Fällen anzuwenden ist, ohne für bereits bestehende Versorgungszusagen eine Übergangsregelung zu normieren – die Frage, ob nur zukünftige Zuführungen zur Pensionsrückstellung ausgeschlossen sind oder ob die bereits gebildete Pensi- 825

1 BMF v. 16.6.2008, BStBl 2008 I S. 681.

2 BStBl 2013 I S. 35.

onsrückstellung im ersten noch offenen Veranlagungszeitraum ertragswirksam aufzuheben ist. U. E. kann das BMF-Schreiben mangels ausdrücklicher Übergangsregelung nur so verstanden werden, dass die bereits gebildete Pensionsrückstellung in voller Höhe ertragswirksam aufzuheben ist.

826 Allerdings kann insoweit nicht unberücksichtigt bleiben, dass das Finanzamt – bei Befolgung der bislang geltenden Verwaltungsauffassung – in der Vergangenheit hinsichtlich der Zuführungen zur Pensionsrückstellung vGA angenommen haben dürfte. Folglich sind im Zusammenhang mit der Auflösung der Pensionsrückstellung in der Steuerbilanz die Regelungen in Rz. 7 ff. des BMF-Schreibens v. 28.5.2002[1] zu beachten. Danach ist – soweit noch nicht erfolgt – für die zurückliegenden Jahre in einer Nebenrechnung zunächst ein Teilbetrag I zu bilden, der die Höhe der verdeckten Gewinnausschüttungen seit Beginn der Rückstellungsbildung ausweist, wobei es nicht darauf ankommt, ob auch in voller Höhe ein entsprechender Betrag im Rahmen der Einkommensermittlung dem Einkommen der GmbH hinzugerechnet worden ist. Ergänzend ist festzuhalten, in welchem Umfang der Teilbetrag I bei der Einkommensermittlung dem Steuerbilanzgewinn tatsächlich hinzugerechnet worden ist (Teilbetrag II). Gemäß Rz. 9 des genannten BMF-Schreibens sind die beiden Teilbeträge mit gewinnwirksamer Auflösung der Pensionsrückstellung infolge des BMF-Schreibens v. 13.12.2012[2] ebenfalls aufzulösen mit der Folge, dass die Gewinnerhöhung, die sich durch die Auflösung der Pensionsrückstellung in der Steuerbilanz ergibt, bis zur Höhe des aufzulösenden Teilbetrags II außerhalb der Steuerbilanz vom Steuerbilanzgewinn zur Vermeidung einer doppelten Erfassung abzuziehen ist.

827 Wurden bislang keine verdeckten Gewinnausschüttungen erfasst, führt die nunmehr vorzunehmende Auflösung der Pensionsrückstellung hingegen in vollem Umfang zu einem steuerpflichtigen Ertrag.

828 Mit Erreichen des Pensionsalters muss die Pensionsrückstellung dann in voller Höhe wieder neu gebildet werden, denn zu dem Zeitpunkt kommt eine Vorwegnahme von Aufwand nicht mehr in Betracht. Mit Zahlung von Versorgungsleistungen an den beherrschenden GGF – schließlich ändert die Sichtweise des BFH und der FinVerw zur Bildung der Pensionsrückstellung nichts daran, dass die Nur-Pensionszusage zivilrechtlich wirksam ist – ist dann aber die Frage zu beantworten, ob diese Zahlungen gegen den Fremdvergleich verstoßen und damit zu verdeckten Gewinnausschüttungen führen.

1 BStBl 2002 I S. 603.
2 BStBl 2013 I S. 35.

Vor dem Hintergrund des BFH-Urteils v. 28.4.2010[1] muss wohl angenommen werden, dass ein Verstoß gegen den Fremdvergleich und damit eine vGA anzunehmen ist, wenn die Nur-Pensionszusage nicht (kongruent) rückgedeckt ist. Dem liegt der Gedanke zugrunde, dass ein nicht beteiligter Geschäftsführer eine Pensionszusage als einzigen Vergütungsbestandteil nur unter den Voraussetzungen einer entsprechenden Absicherung seiner Anwartschaft gegen die Insolvenz des Arbeitgebers akzeptieren würde (doppelter Fremdvergleich, vgl. Rz. 756). Damit sind die sukzessive Auflösung der Pensionsrückstellung und der Aufwand aus der Pensionszahlung außerhalb der Bilanz wieder zu korrigieren. Da – für den Fall, dass vor 2013 bereits in der Ansparphase vGA angenommen worden sind – die Teilbeträge I und II schon im Zeitpunkt der Rückstellungsauflösung „verbraucht" worden sind, sind in der Rentenphase hieraus keine Gegenrechnungen mehr vorzunehmen. 829

Möglicherweise ist in der Auszahlungsphase eine vGA im Hinblick auf die gezahlten Versorgungsleistungen zu verneinen, wenn die GmbH eine (kongruente) Rückdeckung abgeschlossen hat und die Ansprüche an den GGF verpfändet sind (z. B. in Form einer Rückdeckungsversicherung oder durch ein CTA). Denn der Rechtsprechung des BFH sind entsprechende Hinweise zu entnehmen, dass die Sichtweise diesbezüglich möglicherweise eine andere wäre, wenn der GmbH in der Ansparphase durch die Finanzierung der Versorgungszusage ein entsprechender Aufwand entstanden ist und nicht nur die steuermindernde Bildung einer Pensionsrückstellung beabsichtigt gewesen ist. 830

PRAXISHINWEIS:

Allerdings hat der BFH keine ausdrückliche Entscheidung zu dieser Fragestellung getroffen und die FinVerw hat sich zum möglichen Verstoß gegen den Fremdvergleich bislang gar nicht geäußert. Folglich existiert insoweit keine verlässliche Rechtslage. Dem steht jedoch u. E. nicht entgegen, in Fällen mit (kongruenter) Rückdeckung eine seitens der FinVerw vorgenommene Korrektur des Gewinns bzgl. der Pensionsleistungen durch vGA rechtlich anzufechten.

Sollten GmbH und GGF im Hinblick auf die fehlende Gewinnwirksamkeit der Pensionszahlung zu dem Ergebnis kommen, dass der GGF auf die gesellschaftsrechtlich veranlasste Pensionszusage verzichtet, stellt sich die Frage, welche Folgerungen die FinVerw daraus zu ziehen gedenkt. 831

Unterstellt, dass die notwendigen Formvorschriften eingehalten wurden, ist die erteilte Versorgungszusage zivilrechtlich wirksam und damit von der Gesellschaft zu erfüllen. Damit besteht u. E. die Gefahr, dass die FinVerw den Ver- 832

1 BFH v. 28.4.2010 - I R 78/08, BStBl 2013 I S. 41.

zicht auf die Pensionszusage – ungeachtet dessen, dass es sich um eine Versorgungszusage handelt, die gegen den Fremdvergleichsgrundsatz verstößt und folglich im Kern gesellschaftsrechtlich veranlasst ist – als verdeckte Einlage wertet. Es ist schwer vorstellbar, dass die FinVerw den Verzicht auf eine gesellschaftsrechtlich veranlasste Versorgungszusage als betrieblich veranlasst wertet und damit hinsichtlich der steuerlichen Folgen auf sich bewenden lässt. Hinsichtlich eines gesellschaftsrechtlich veranlassten Verzichts hat die FinVerw allerdings mit BMF-Schreiben v. 14.8.2012[1] unter Bezugnahme auf die einschlägige BFH-Rechtsprechung gerade ausgeführt, dass dieser bei Werthaltigkeit der Pensionsanwartschaft gegenüber der Kapitalgesellschaft zu einer verdeckten Einlage nach § 8 Abs. 3 Satz 3 KStG in die Kapitalgesellschaft und zu einem Zufluss von Einnahmen aus Kapitalvermögen beim GGF i. H. d. Wiederbeschaffungskosten für den erdienten Anteil führt. Damit würde ein Verzicht folglich doppelte gesellschaftsrechtliche Folgewirkungen (verdeckte Einlage und vGA) nach sich ziehen, was zugegebenermaßen recht widersinnig, aber nicht ausgeschlossen erscheint.[2]

833 Ist die Nur-Pensionszusage ggf. nicht gesellschaftsrechtlich veranlasst, da eine kongruente Rückdeckung besteht und die Ansprüche aus der Rückdeckungsversicherung an den GGF verpfändet sind, führt der Verzicht auf die erdiente Anwartschaft allerdings ebenso zu einer verdeckten Einlage und für den GGF zum Zufluss von Arbeitslohn, wenn auf bereits erdiente Anwartschaften verzichtet wird und keine insolvenzrechtliche Überschuldung gegeben ist bzw. der Verzicht nicht der Vermeidung einer drohenden Überschuldung dient.

PRAXISHINWEIS:

Eine arbeitgeberfinanzierte Nur-Pension kann in der Steuerbilanz aufgrund Überversorgung nicht berücksichtigt werden. Zusätzlich droht – trotz ggf. bestehender kongruenter Rückdeckungsversicherung – u. U. die Gefahr einer außerbilanziellen Gewinnkorrektur der späteren Versorgungsleistungen auf der Grundlage des sog. doppelten Fremdvergleiches[3]. Verzichtet der GGF auf zivilrechtlich bereits erdiente Anwartschaften aus der Nur-Pension, droht außerdem noch eine verdeckte Einlage. Aufgrund dieser steuerlich denkbaren Folgewirkungen ist in der Praxis von der Erteilung einer arbeitgeberfinanzierten Nur-Pension abzuraten.

1 BMF v. 14.8.2012, BStBl 2012 I S. 874.

2 Das mögliche Nebeneinander von verdeckter Einlage und vGA wurde bestätigt durch BFH v. 11.9.2013 - I R 28/13, BStBl 2014 II S. 726 für den Fall einer nicht durch die Zusage gedeckten Abfindung (vGA) bei gleichzeitigem Verzicht auf die Anwartschaftsrechte (verdeckte Einlage).

3 Vgl. Rz. 820 und BFH v. 20.12.2016 - I R 4/15, BStBl 2017 II S. 678 und BFH v. 23.8.2017 - VI R 4/16, Rz. 32, BStBl 2018 II S. 208 (Rz. 25) mit weiteren Verweisen; FG Rheinland-Pfalz v. 30.11.2016 - 1 K 1730/14, rkr.

(2) Durch Entgeltumwandlung finanzierte Nur-Pensionszusage

Betrachtet man die vorliegenden Entscheidungen des BFH und die dazu ergangenen Verwaltungsanweisungen, bleibt festzuhalten, dass ausdrückliche Entscheidungen nur zur arbeitgeberfinanzierten Nur-Pensionszusage getroffen worden sind. Konkrete Entscheidungen zur Nur-Pensionszusage, die auf einer wirksamen Entgeltumwandlungsvereinbarung beruhen, liegen hingegen nicht vor. Allerdings enthalten mehrere Urteile[1] und das BMF-Schreiben v. 3.11.2004[2] zur Überversorgung deutliche Hinweise darauf, dass eine auf einer Entgeltumwandlung beruhende Nur-Pensionszusage bilanzsteuerrechtlich anzuerkennen und die Bildung einer Pensionsrückstellung nach § 6a EStG in einem solchen Fall nicht zu versagen ist. Sofern eine echte Entgeltumwandlung gegeben ist (keine der Entgeltumwandlung entsprechende kurz zuvor erfolgende Gehaltservereinbarung) und eine entsprechende an den GGF verpfändete kongruente Rückdeckung vorhanden ist, dürften darüber hinaus auch die Annahme einer gesellschaftsrechtlichen Veranlassung und daran anknüpfende vGA auszuschließen sein. 834

PRAXISHINWEIS:

Dies wird für bestehende Nur-Pensionszusagen möglicherweise wenig hilfreich sein, da die Entgeltumwandlung in der GGF-Versorgung bislang keine entscheidende Rolle gespielt hat und i. d. R. keine rechtswirksamen Entgeltumwandlungsvereinbarungen getroffen worden sind.

Möglicherweise bietet die Entgeltumwandlung jedoch für künftige Nur-Pensionszusagen an GGF ein Gestaltungspotenzial.

Zunächst ist festzuhalten, dass der arbeitsrechtlich beherrschende GGF, der nicht unter den Geltungsbereich des Betriebsrentengesetzes (BetrAVG) fällt, zwar keinen Rechtsanspruch auf Entgeltumwandlung[3] hat. Gleichwohl ist eine solche rechtlich zulässig und steuerrechtlich anzuerkennen, wenn die Kapitalgesellschaft mit dem GGF eine wirksame Entgeltumwandlungsvereinbarung trifft.[4] Allerdings sollte sorgfältig darauf geachtet werden, dass die in Rz. 9 ff. des BMF-Schreibens v. 6.12.2017[5] genannten Bedingungen für eine Entgeltumwandlung eingehalten werden und dass das ursprünglich vereinbarte Gehalt insgesamt angemessen ist, da eine Entgeltumwandlung nur in Betracht kommt, soweit das umzuwandelnde Gehalt betrieblich veranlasst ist. Zudem 835

1 Vgl. hierzu Rz. 684 ff.

2 BMF v. 3.11.2004, BStBl 2004 II S. 1045.

3 Seit 2002 haben Versorgungsberechtigte, die unter den Schutzbereich des BetrAVG fallen gem. § 1a BetrAVG einen Rechtsanspruch auf Entgeltumwandlung.

4 Jedenfalls ist dies soweit bekannt nie angezweifelt worden.

5 BStBl 2018 I S. 147.

sollte das Gehalt nicht kurz vor der Entgeltumwandlung in gleicher Höhe vereinbart worden sein, um der Annahme eines Gestaltungsmissbrauchs vorzubeugen (echte Entgeltumwandlung). Um eine klare, eindeutige und im Vorhinein getroffene Vereinbarung bei Bedarf nachweisen zu können, sollte die Vereinbarung auf jeden Fall schriftlich erfolgen.

836 Liegt eine wirksame Entgeltumwandlung zugunsten einer Direktzusage vor, so können für die Feststellung einer möglichen Überversorgung im Sinne einer Vorwegnahme künftiger Einkommensentwicklungen durch überdurchschnittlich hohe betriebliche Versorgungszusagen gem. R. 18 des BMF-Schreibens v. 3.11.2004 die umgewandelten Entgelte und die diesen entsprechenden Versorgungsleistungen bei der Berechnung einer möglichen Überversorgung außen vor bleiben mit der Folge, dass der Bildung einer Pensionsrückstellung in der Steuerbilanz gem. § 6a EStG insoweit nichts entgegensteht.

837 Gegen die gesellschaftsrechtliche Veranlassung einer solchen Vereinbarung spricht, dass dem GGF jederzeit das Recht zusteht, die getroffene Entgeltumwandlungsvereinbarung zu widerrufen mit der Folge, dass die Gesellschaft ab dem Widerrufszeitpunkt rechtlich und tatsächlich verpflichtet wäre, ihm wieder das ursprünglich vereinbarte – angemessene und dem Fremdvergleich standhaltende – laufende Gehalt zu zahlen. Damit stellt die Nur-Pensionsvereinbarung aus der Sicht der GmbH nicht nur eine auf eine ungewisse Zukunft verschobene Zahlungsverpflichtung in Form der zugesagten Versorgungsleistungen dar, sondern es besteht jederzeit die „Gefahr", dass der GGF zur laufenden Gehaltszahlung zurückkehrt und damit für die GmbH wieder eine sofortige Zahlungsverpflichtung besteht, wie sie auch bei einem fremden Arbeitnehmer zu erbringen wäre.

838 Im Ergebnis wird die Zahlungsverpflichtung im Grunde gar nicht unterbrochen, wenn die Gesellschaft mit der Zusage Verpflichtungen für eine entsprechende Rückdeckung der zugesagten Versorgungsleistungen eingeht, indem sie z. B. eine (kongruente) Rückdeckungsversicherung abschließt. Aufgrund der Beitragszahlung an die Rückdeckungsversicherung kommt es trotz der Entgeltumwandlung weiterhin zu einer wirtschaftlichen Belastung der Gesellschaft mit tatsächlichem Mittelabfluss. Damit wird besonders deutlich, dass die GmbH die Versorgungszusage nicht als (reines) Steuersparmodell ansieht, sondern von Beginn an als ernsthafte Verpflichtung, die im Fälligkeitszeitpunkt – wie vereinbart – erfüllt werden muss. Wird nunmehr auch noch die Rückdeckung rechtswirksam an den versorgungsberechtigten GGF verpfändet, dürfte auch der früheren Argumentation des BFH der Boden entzogen sein,

dass ein fremder Dritter einer solch unsicheren Versorgungszusage anstelle eines laufenden Gehalts nicht zugestimmt hätte.

PRAXISHINWEIS:

U. E. gelten die vorgebrachten Argumente nicht nur bei der Nur-Pensionszusage, sondern bieten auch Argumentationsansätze, wenn neben dem laufenden Gehalt eine ergänzende Pensionszusage erteilt werden soll, die allerdings – ggf. zusammen mit anderen Versorgungsbausteinen – die durch nichts gerechtfertigte, aber sowohl von der Rechtsprechung als auch der FinVerw angewandte Überversorgungsgrenze i. H. v. 75 % überschreitet.

Da sich allerdings weder die Rechtsprechung noch die FinVerw ausdrücklich zur durch Entgeltumwandlung finanzierten Pensionszusage beim GGF geäußert haben,[1] besteht indes keine Rechtssicherheit, dass sich die FinVerw der hier dargelegten Argumentation anschließen würde. Dies gilt insbesondere vor dem Hintergrund, dass mit dem BMF-Schreiben v. 13.12.2012[2] zwar der Nichtanwendungserlass v. 16.6.2008[3] aufgehoben wurde, nicht hingegen das BMF-Schreiben v. 28.1.2005[4] zur Anwendung des BFH-Urteils v. 17.5.1995, mit dem die FinVerw ungeachtet der Finanzierung der Versorgungszusage durch die Gesellschaft oder durch Entgeltumwandlung zur Annahme einer vGA kam. Vor dem Hintergrund sollte in einschlägigen Fällen vor Abschluss der Direktzusage und der Entgeltumwandlungsvereinbarung eine verbindliche Auskunft beim Finanzamt beantragt werden, um Rechtssicherheit zu erhalten.

i) Angemessenheit der Gesamtvergütung

aa) Allgemeine Grundsätze

Auch wenn die Versorgungszusage des steuerlich beherrschenden oder nicht beherrschenden GGF für sich genommen den Kriterien des Fremdvergleiches standhält, muss für deren steuerrechtliche Anerkennung auch die Gesamtvergütung des GGF unter Berücksichtigung der Versorgungszusage noch angemessen hoch sein. Führt die Einrichtung der Versorgungszusage bzw. deren Erhöhung[5] zu einer unangemessenen Gesamtvergütung, wird der Zusage u.U. insoweit die steuerliche Anerkennung versagt mit der Folge, dass der Betriebsausgabenabzug außerbilanziell durch Gewinnhinzurechnung verdeckter Gewinnausschüttungen wieder korrigiert wird. 839

1 Mit Ausnahme des BFH-Urteils v. 7.3.2018 - I R 89/15, BStBl 2019 II S. 70, Rz. 11, 14, 17, 19 und 21.

2 BStBl 2013 I S. 35.

3 BStBl 2008 I S. 681.

4 BStBl 2005 I S. 387.

5 Vgl. BFH v. 28.6.1989 - I R 69/85, BStBl 1989 II S. 854, relevanter Zeitpunkt für die Prüfung der Angemessenheit ist der Zeitpunkt der Einrichtung bzw. Erhöhung der Zusage.

bb) Prüfungsschema

840 Da sich die Vergütung des Gesellschafter-Geschäftsführers im Regelfall aus mehreren Bestandteilen zusammensetzt, sind in einem ersten Schritt alle vereinbarten Vergütungsbestandteile einzeln danach zu beurteilen, ob sie dem Grunde nach als durch das Gesellschaftsverhältnis veranlasst anzusehen sind. Ist dies der Fall, führt die Vermögensminderung, die sich durch die Vereinbarung des betreffenden Vergütungsbestandteils ergibt, in vollem Umfang zu einer verdeckten Gewinnausschüttung.

841 In einem zweiten Schritt sind die verbleibenden Vergütungsbestandteile wiederum einzeln danach zu beurteilen, ob sie der Höhe nach als durch das Gesellschaftsverhältnis veranlasst anzusehen sind. Soweit die gesellschaftsrechtliche Veranlassung reicht, führt dies zu verdeckten Gewinnausschüttungen.

842 Im dritten Schritt ist bezogen auf die verbliebenen nicht durch das Gesellschaftsverhältnis veranlassten Vergütungsbestandteile zu prüfen, ob sie in der Summe als angemessen angesehen werden können. Soweit diese Vergütungsbestandteile die Grenze der Angemessenheit übersteigen, führen sie zu einer verdeckten Gewinnausschüttung.

PRAXISHINWEIS:

Sind die einzelnen Vergütungsbestandteile nicht zeitgleich vereinbart worden und übersteigt die Vergütung die Angemessenheitsgrenze, ist der unangemessene Betrag i. d. R. dem bzw. den zuletzt vereinbarten Bestandteilen zuzuordnen. Sind die einzelnen Vergütungsbestandteile zeitgleich vereinbart worden, ist der die Angemessenheitsgrenze übersteigende Betrag nach sachgerechten Kriterien (z. B. quotal) auf die einzelnen Vergütungsbestandteile zu verteilen.

cc) Angemessenheit der Einzelvergütungsbestandteile

843 Rechtsprechung und FinVerw sehen für bestimmte Vergütungsbestandteile bestimmte Einzelregelungen vor. So ist beispielsweise die Vereinbarung von Überstundenvergütungen nicht mit dem Aufgabenbild eines Geschäftsführers vereinbar.[1] Zeitlich unbefristete Nur-Tantiemezusagen führen ebenso in vollem Umfang zu verdeckten Gewinnausschüttungen,[2] wie Pensionszusagen, die z. B. gegen die Grundsätze der Probezeit verstoßen.

844 Bei überdurchschnittlich hohen Festrentenzusagen und bei arbeitgeberfinanzierten „Nur-Pensionszusagen" kommt es hingegen bereits auf der Stufe der steuerlichen Gewinnermittlung zu einer Korrektur, indem die Pensionsrück-

1 BFH v. 19.3.1997, BStBl 1997 II S. 577 und v. 27.3.2001, BStBl 2001 II S. 655.

2 BMF v. 1.2.2002, BStBl 2002 I S. 219.

stellung nur gebildet werden darf, soweit die Zusagen betrieblich veranlasst sind, arbeitsrechtlich keine Reduzierung der Versorgungszusagen aufgrund planwidriger Überversorgung möglich ist und keine Vorwegnahme künftiger Einkommensentwicklungen gegeben ist.[1] Damit kommt es hinsichtlich des überhöhten Teils der Pensionszusage gar nicht erst zum Betriebsausgabenabzug auf der Ebene der GmbH, der durch eine vGA außerhalb der Bilanz wieder korrigiert werden müsste. Das bedeutet aber nicht automatisch, dass die überdurchschnittlich hohe Versorgungszusage und die „Nur-Pensionszusage" auch gesellschaftsrechtlich veranlasst sind mit der Folge, dass bei der Prüfung der Einzelvergütungsbestandteile die Zusage u.U. grds. insgesamt als betrieblich veranlasst zu werten ist und damit in vollem Umfang in die Prüfung der Angemessenheit der Gesamtvergütung eingeht.

PRAXISHINWEIS:

Zur betrieblichen oder gesellschaftsrechtlichen Veranlassung von „Nur-Pensionszusagen" und von Überversorgung vgl. Rz. 684 ff. und Rz. 821 ff.

dd) Angemessenheit der Gesamtvergütung

Soweit nach den ersten beiden Prüfungsschritten dem Grunde und der Höhe nach betrieblich veranlasste Vergütungsbestandteile übriggeblieben sind, ist zu prüfen, ob sie in der Summe als angemessen angesehen werden können. Soweit die Vergütung die Grenze der Angemessenheit übersteigt, führt dies – ggf. zu einer weiteren – verdeckten Gewinnausschüttung. Die Zusage auf bAV ist dabei in die Prüfung der Angemessenheit der Gesamtbezüge mit der tatsächlich gezahlten Versicherungsprämie einzubeziehen, soweit die bAV über einen Pensionsfonds, eine Pensionskasse oder eine Direktversicherung erfolgt und mit der (fiktiven) Jahresnettoprämie, die der GGF seinem Alter nach im Zeitpunkt der Zusage selbst für eine entsprechende Versicherung zu zahlen hätte, abzüglich etwaiger Abschluss- und Verwaltungskosten, soweit die bAV über eine Direktzusage oder eine rückgedeckte bzw. pauschal dotierte Unterstützungskasse erfolgt.[2] Die Zuführung zur Pensionsrückstellung nach § 6a EStG, der tatsächlich aufgewendete Beitrag zu einer Rückdeckungsversicherung sowie die Zuwendungen an eine pauschal dotierte Unterstützungskasse sind unmaßgeblich. Folglich kommt es auch bei betrieblich veranlassten überdurchschnittlich hohen Festrentenzusagen und arbeitgeberfinanzierten „Nur-Pensionszusagen" nicht darauf an, ob oder in welchem Umfang diese gem. 845

1 BMF v. 3.11.2004, BStBl 2004 I S. 1045.

2 Vgl. H 8.7 „Angemessenheit" KStH 2015; BFH v. 12.3.2020 - V R 5/17, DStR 2020 S. 1837 Nr. 34, Leitsatz 2 und Rz. 72.

§ 6a EStG bilanziert werden dürfen. In die Ermittlung der angemessenen Gesamtvergütung ist die (fiktive) Jahresnettoprämie einzubeziehen, die für die volle Zusage aufzubringen wäre.

PRAXISHINWEIS 1:

Das für steuerlich beherrschende GGF geltende Nachzahlungsverbot führt zur Berechnung der fiktiven Jahresnettoprämie vom Zusagezeitpunkt bis zum vorgesehenen Altersrentenbeginn. Dies gilt für die ursprüngliche Erteilung der Direktzusage ebenso wie für eine nachträgliche Erhöhung der Zusage. Erhält der GGF eine hohe Direktzusage und/oder ist der GGF zum Zusagezeitpunkt bereits nahe dem unter Berücksichtigung des notwendigen Erdienenszeitraums möglichen Rentenaltersbeginn, kann die Erteilung bzw. Erhöhung der Direktzusage leicht zur Verletzung der Angemessenheit der Gesamtvergütung führen. Hier sollte vor Erteilung der Zusage bzw. vor der Erhöhung vom Steuerberater die Angemessenheit der Gesamtvergütung geprüft werden, um unerwünschte steuerliche Folgen in Form von verdeckten Gewinnausschüttungen zu vermeiden.

PRAXISHINWEIS 2:

Ist für den GGF in dessen Dienstvertrag die Lohnfortzahlung im Krankheitsfall über die für sozialversicherungspflichtige Fremdarbeitnehmer üblichen sechs Wochen hinaus vereinbart worden (in der Praxis werden bis zu zwölf Monate steuerlich anerkannt) und hat die GmbH eine entsprechende Rückdeckungsversicherung (Krankentagegeldversicherung) abgeschlossen, ist u. E. auch die fiktive Jahresnettoprämie der Krankentagegeldversicherung in die Prüfung der Angemessenheit der Gesamtbezüge mit aufzunehmen.

846 Ergibt die Überprüfung, dass die Gesamtbezüge unangemessen sind, ist der übersteigende Teil als gesellschaftsrechtlich veranlasst anzusehen mit der Folge der Annahme einer verdeckten Gewinnausschüttung.[1]

BEISPIEL: Die GmbH hat mit ihrem GGF ein Festgehalt (F) von 350.000 € vereinbart. Zusätzlich hat er eine für sich genommen angemessene Direktzusage erhalten. Die fiktive Jahresnettoprämie für eine vergleichbare Zusage über eine Versicherung beträgt nach Abzug von Abschluss- und Verwaltungskosten 100.000 € (J). Die angemessene Gesamtausstattung beträgt

a) 450.000 € und

b) 400.000 €.

Lösung zu a):

350.000 € (F) + 100.000 € (J) =	450.000 €
angemessene Gesamtausstattung:	450.000 €

Folge: keine vGA

1 Vgl. hierzu auch BMF v. 14.10.2002, BStBl 2002 I S. 972.

LÖSUNG ZU B)

350.000 € (F) + 100.000 € (J) =	450.000 €
angemessene Gesamtausstattung:	400.000 €
vGA:	50.000 €

Sofern Gehalt und Versorgungszusage gleichzeitig erteilt worden sind, entfällt die vGA prozentual auf beide Gehaltsbestandteile. Sollte die Versorgungszusage erst später erteilt worden sein, entfällt die vGA vollumfänglich auf die Versorgungszusage.

Ist eine Versorgungszusage an den GGF nach den vorstehenden Grundsätzen ganz oder teilweise als vGA zu beurteilen, so zieht sich diese Beurteilung über die gesamte Laufzeit der Versorgungszusage durch (Anspar- und Auszahlungsphase). Damit es dabei nicht zu doppelten Besteuerungen kommt, sind umfangreiche Grundsätze zu beachten, die die FinVerw im BMF-Schreiben v. 28.5.2002[1] zusammengestellt hat. Hier finden sich auch Beispiele zur Pensionszusage, die teilweise als vGA behandelt wurde. 847

Eine feste Obergrenze für eine angemessene Gesamtvergütung existiert im Einzelfall nicht. Vielmehr gibt die BFH-Rechtsprechung vor, im Wege der Schätzung die Bandbreite einer angemessenen Gesamtvergütung zu ermitteln, innerhalb derer die Vergütung des GGF betrieblich veranlasst ist. Beurteilungskriterien für die Ermittlung der Bandbreite einer angemessenen GGF-Vergütung sind Art und Umfang der Tätigkeit, die künftigen Ertragsaussichten des Unternehmens, das Verhältnis des Geschäftsführergehalts zum Gesamtgewinn und zur verbleibenden Kapitalverzinsung sowie Art und Höhe der Vergütungen, die gleichartige Betriebe ihren Geschäftsführern für entsprechende Leistungen gewähren.[2] Art und Umfang der Tätigkeit werden vorrangig durch die Größe des Unternehmens bestimmt. Je größer ein Unternehmen ist, desto höher kann das angemessene Gehalt des Geschäftsführers liegen, da mit der Größe eines Unternehmens auch Arbeitseinsatz, Anforderung und Verantwortung steigen. Die Unternehmensgröße ist vorrangig anhand der Umsatzhöhe und der Beschäftigtenzahl zu bestimmen. 848

Hinsichtlich der Ertragsaussichten der Gesellschaft ist für die Angemessenheitsprüfung vor allem das Verhältnis der Gesamtausstattung des Geschäftsführergehalts zum Gesamtgewinn der Gesellschaft und zur verbleibenden Eigenkapitalverzinsung maßgebend. Ein ordentlicher und gewissenhafter Geschäftsleiter würde bei der Festlegung der Gesamtbezüge des Geschäftsfüh- 849

1 BMF v. 28.5.2002, BStBl 2002 I S. 603.

2 BFH v. 5.10.1994 - I R 50/94, BStBl 1995 II S. 549 und BMF v. 14.10.2002, BStBl 2002 I S. 972.

rers sicherstellen, dass der Gesellschaft auch nach Zahlung der Bezüge mindestens eine angemessene Eigenkapitalverzinsung verbleibt. Die angemessene Verzinsung des Eigenkapitals ist dabei aus dem gesamten von der Gesellschaft eingesetzten Eigenkapital zu ermitteln. Wird nahezu der gesamte Gewinn einer Kapitalgesellschaft durch die Gesamtvergütung „abgesaugt", stellt dies ein wesentliches Indiz für die Annahme einer unangemessenen Gesamtvergütung dar. Die Einhaltung der Mindestverzinsung des eingesetzten Eigenkapitals rechtfertigt es z. B. bei sehr ertragsstarken Gesellschaften allerdings nicht, darüberhinausgehende Beträge in vollem Umfang als Geschäftsführergehalt auszukehren.

PRAXISHINWEIS 1:

Auch eine defizitäre, Verluste erzielende GmbH würde einem Fremdgeschäftsführer trotz negativer Eigenkapitalverzinsung ein marktübliches Gehalt zahlen müssen. Daher ist für die Ermittlung der Angemessenheitsgrenze vorwiegend der interne bzw. externe Fremdvergleich maßgebend. Sofern in der Gesellschaft neben dem GGF ein Fremdgeschäftsführer (keine dem GGF nahe stehende Person) beschäftigt ist, ist die Vergütung des Fremdgeschäftsführers ein starkes Indiz für die Angemessenheit auch der Vergütung des GGF. Ansonsten ist im Rahmen des externen Betriebsvergleichs die für einen fiktiven Fremdgeschäftsführer angemessene Bandbreite der Gesamtvergütung zu ermitteln.[1] Hierfür sind Gehaltsstruktur-Untersuchungen oder zur groben Orientierung auch die von den Finanzämtern bundesweit i. d. R. anerkannten Werte der sog. Karlsruher Tabelle[2] zugrunde zu legen. Dabei wird anhand der Branchengruppe und der Unternehmensgröße (Umsatz, Mitarbeiter) die Bandbreite einer angemessenen Vergütung ermittelt. Die Ertragslage und das Verhältnis der Gesamtvergütung des GGF zum Ertrag und zur verbleibenden Eigenkapitalverzinsung der GmbH sind vielmehr Indizien dafür, ob die angemessene Vergütung des GGF eher am oberen oder am unteren Rand der anhand der Unternehmensgröße zu ermittelnden Bandbreite der angemessenen Gesamtvergütung anzusiedeln ist. Nur bei sehr ertragsstarken Kapitalgesellschaften ist eine Überschreitung der oberen Grenze der Bandbreite gerechtfertigt.

BEISPIEL: Der GGF A bespricht mit seinem Steuerberater im Rahmen einer geplanten Direktzusage die für ihn angemessene Gesamtvergütung. Der Steuerberater hat anhand der Branche und Unternehmensgröße gem. der Karlsruher Tabelle eine Bandbreite von 214.000 € bis 284.000 € ermittelt. Die GmbH erzielt

a) seit Jahren Verluste

b) seit Jahren hohe Gewinne. Der Überschuss vor Abzug der Geschäftsführervergütung beträgt aktuell 700.000 €

1 BMF v. 14.10.2002, BStBl 2002 I S. 972, Rz. 19 ff.

2 Von der OFD Karlsruhe veröffentlichte Tabelle mit angemessenen Geschäftsführer-Vergütungen, abhängig von Branche, Umsatz und Mitarbeiterzahl; die aus dem Jahr 2017 stammenden Werte sind ab dem Jahr 2018 nicht mehr, wie vor 2017, jährlich um 3 % zu erhöhen.

Für den GGF A ist eine Gesamtvergütung zwischen 214.000 € und 284.000 € möglich, wobei im Fall a) eine Orientierung an der unteren Grenze erfolgen sollte. Im Fall b) kann hingegen auch man sich auch an der oberen Grenze orientieren. Aufgrund der guten Ertragslage dürfte auch ein Überschreiten der oberen Grenze möglich sein, wobei die Hälfte des Überschusses vor Abzug der Geschäftsführervergütung (350.000 €) nicht überschritten[1] werden und im Zweifel eine Abstimmung mit dem zuständigen Finanzamt erfolgen sollte.

ee) „Angemessenheitspuffer"

Überschreitet die Gesamtvergütung des GGF die Angemessenheitsgrenze um 850
weniger als 20 %, liegt aufgrund dieser geringfügigen Überschreitung noch keine vGA vor.[2] Wird die Angemessenheitsgrenze allerdings um 20 % oder mehr überschritten, ist der gesamte die Angemessenheitsgrenze übersteigende Betrag eine vGA (20% = Freigrenze).

ff) Bestellung mehrerer Gesellschafter-Geschäftsführer bei der GmbH

In Fällen, in denen sich zwei oder mehrere Geschäftsführer die Verantwortung 851
für die Kapitalgesellschaft teilen ist die Mehrfachgeschäftsführung hinsichtlich der Angemessenheit der Vergütung des einzelnen Geschäftsführers i. d. R. mindernd zu berücksichtigen. Die im externen Fremdvergleich ermittelte, als angemessen anzusehende Gesamtausstattung bezieht sich regelmäßig auf die Gesamtgeschäftsführung. Vor allem bei kleineren Gesellschaften ist, auch wenn sie ertragsstark sind, in diesen Fällen für die Ermittlung der angemessenen Vergütung des einzelnen Geschäftsführers ein Abschlag gerechtfertigt. Hier kann unterstellt werden, dass Anforderungen und Arbeitseinsatz des einzelnen Geschäftsführers geringer sind als bei einem Alleingeschäftsführer und dass von dem einzelnen Geschäftsführer im Regelfall deshalb auch solche Aufgaben wahrgenommen werden, die bei vergleichbaren Gesellschaften von Nichtgeschäftsführern erledigt werden.[3] Im Einzelfall kann es laut BFH auch sachgerecht sein, die als angemessen anzusehende Gesamtausstattung der Gesamtgeschäftsführung durch die Zahl der Geschäftsführer zu dividieren. Ein solches Vorgehen hält der BFH insbesondere dann für geboten, wenn die Kapitalgesellschaft in oder nahe der Verlustzone operiert. Zudem sei allerdings nach den konkreten Umständen zu prüfen, ob die so gefundene Aufteilung der Geschäftsführerbezüge auf die einzelnen Geschäftsführer im Hinblick auf

1 BMF v. 14.10.2002, BStBl 2002 I S. 972, Rz. 16.

2 BFH v. 28.6.1989, BStBl 1989 II S. 854; BMF v. 14.10.2002, BStBl 2002 I S. 972, Rz. 23.

3 BFH v. 11.12.1991, BStBl 1992 II S. 690 und v. 4.6.2003 - I R 38/02, BStBl 2004 II S. 139 und BMF v. 14.10.2002, BStBl 2002 I S. 972, Rz. 13.

besondere Aufgaben oder Qualifikationen des jeweiligen Geschäftsführers zu korrigieren sei.[1]

PRAXISHINWEIS:

Das Finanzgericht Berlin-Brandenburg hat mit rechtskräftigem Urteil v. 16.1.2008[2] entschieden, dass für den Fall, dass zwei Geschäftsführer beschäftigt werden, die in der Karlsruher Tabelle ausgewiesenen Werte nicht etwa auf beide Geschäftsführer in der Weise aufzuteilen sind, dass jeder der Geschäftsführer lediglich die Hälfte der in der Tabelle ausgewiesenen Beträge verdienen dürfe. Vielmehr seien in diesen Fällen die Tabellenwerte mit der Anzahl der Geschäftsführer zu multiplizieren, und von dem so gefundenen Wert sei wegen der Verteilung der Geschäftsführerfunktion auf mehrere Köpfe ein angemessener Abschlag vorzunehmen. Für diesen Abschlag gebe es keine feste Größe, er sei ebenso wie die angemessene Vergütung als solche unter Berücksichtigung der konkreten Umstände des Einzelfalles zu schätzen. Bei der Bemessung des Abschlages sei zu berücksichtigen, dass einerseits durch die Aufgabenteilung eine gewisse Entlastung eines jeden der beiden Geschäftsführer eintrete, andererseits aber diese Entlastung nicht etwa zu einer Halbierung des Arbeitseinsatzes beider Geschäftsführer führe.

Auch diese Entscheidung zeigt, dass immer im Einzelfall geschaut werden muss, welche Möglichkeiten der Sachverhalt bietet. Es zeigt sich aber auch, dass eine sorgfältige Sachverhaltsdokumentation erforderlich ist, um ggf. bei einer späteren Betriebsprüfung argumentativ gerüstet zu sein, denn es ist nicht unüblich, dass die FinVerw die GGF-Vergütung u. U. erst viele Jahre nach Abschluss der Vereinbarung problematisiert.

Die Karlsruher Tabelle ist übrigens eine Tabelle mit angemessenen Geschäftsführergehältern für den externen Fremdvergleich in unterschiedlichen Branchen. An dieser Tabelle orientieren sich aber häufig nicht nur die Finanzämter in Baden-Württemberg, sondern – wie das Urteil aus Berlin-Brandenburg zeigt – auch Finanzämter aus anderen Bundesländern, wenngleich es sich nicht um eine bundeseinheitlich abgestimmte Weisung handelt. Bei Streitigkeiten mit der FinVerw kann sich die GmbH also nicht zwingend auf die Karlsruher Tabelle berufen. Vielmehr sind dann Gehaltsstruktur-Untersuchungen hinzuzuziehen.

gg) Mehrfache unternehmerische Tätigkeit des Gesellschafter-Geschäftsführers

852 Übt der GGF außerhalb seiner Geschäftsführerfunktion bei der zu beurteilenden GmbH anderweitige unternehmerische Tätigkeiten aus (z. B. als Einzelunternehmer, in einer Personengesellschaft oder einer anderen Kapitalgesellschaft), ist diese Mehrfachtätigkeit bei der Prüfung der Angemessenheit der Gesamtbezüge i. d. R. ebenfalls mindernd zu berücksichtigen, da der GGF in diesem Fall nicht seine gesamte Arbeitskraft der Kapitalgesellschaft zur Ver-

1 BFH v. 9.2.2011 - I B 111/10, NWB RAAAD-86105.

2 FG Berlin-Brandenburg v. 16.1.2008 - 12 K 8312/04 B, EFG 2008 S. 717.

fügung stellen kann.[1] Von der mindernden Berücksichtigung der anderen Tätigkeit sieht der BFH jedoch ab, wenn die anderweitige Tätigkeit für die Gesellschaft Vorteile mit sich bringt, die den Verlust an zeitlichem Einsatz des GGF ausgleichen.[2]

Nach Auffassung der FinVerw soll sich die Angemessenheitsgrenze mit dem Umfang decken, in dem der GGF jeweils für die konkrete Gesellschaft tätig ist.[3] Das bedeutet aber, dass sich die Angemessenheitsgrenze linear zum verminderten Arbeitseinsatz für die betreffende Gesellschaft mindert. Arbeitet der GGF also zu 70 % für die GmbH und zu 30 % bei einer anderen Gesellschaft, wäre bei der Prüfung der angemessenen Geschäftsführerbezüge bei der GmbH ein Abschlag i. H.v. 30 % vorzunehmen. Dabei bleibt jedoch unberücksichtigt, dass der GGF durch seine Organstellung ungeachtet des nur zeitlich eingeschränkten Einsatzes dennoch das dem Geschäftsführer eigene Erfolgsrisiko und dessen Verantwortung übernimmt, was sich bei der Ermittlung der angemessenen Bezüge für die jeweilige Geschäftsführertätigkeit eigentlich betragserhöhend auswirken muss.[4] 853

PRAXISHINWEIS:

Für die Bemessung der angemessenen Bezüge eines GGF gibt es keine festen Regeln. Der angemessene Betrag ist vielmehr im Einzelfall durch Schätzung zu ermitteln. Dabei ist zu berücksichtigen, dass häufig nicht nur ein bestimmtes Gehalt als angemessen angesehen werden kann, sondern der Bereich des Angemessenen sich auf eine gewisse Bandbreite von Beträgen erstreckt. Unangemessen im Sinne einer verdeckten Gewinnausschüttung sind dann nur die Bezüge, die den oberen Rand dieser Bandbreite übersteigen.[5] Wo im konkreten Einzelfall die hiernach zu bestimmende (Ober-)Grenze zwischen (noch) angemessenen oder (schon) unangemessenen Gesamtbezügen verläuft, ist eine Frage der Abwägung, welchen Kriterien der Vorrang zur Beurteilung der Angemessenheit der Geschäftsführervergütung im Einzelfall beizumessen ist. Damit ist es letztlich eine Frage der Einigung mit der FinVerw, da es den zutreffenden Betrag nicht gibt, sondern immer eine Schätzung und Abwägung erforderlich ist.

1 BFH v. 27.2.2003 - I R 46/01, BStBl 2004 II S. 132.

2 BFH v. 26.5.2004 - I R 101/03, NWB UAAAB-27388; v. 15.12.2004 - I R 61/03, NWB EAAAB-52794; v. 15.12.2004 - I R 79/04, NWB GAAAB-52014.

3 BMF v. 14.10.2002, BStBl 2002 I S. 972, Rz. 12.

4 Vgl. Stelzer, VGA/VE Teil 4 Geschäftsführervergütung, Rz. 36.

5 BFH v. 27.2.2003 - I R 46/01, BStBl 2004 II S. 132 und I R 80, 81/01, NWB TAAAA-70064; v. 4.6.2003 - I R 24/02, BStBl 2004 II S. 136 und I R 38/02, BStBl 2004 II S. 139; v. 26.5.2004 - I R 92/03, NWB DAAAB-35835, jeweils m. w. N.

hh) Checkliste für die Prüfung der Angemessenheit der Gesamtvergütung

854 Folgende Schritte sind erforderlich, um die Angemessenheit der Gesamtvergütung des GGF zu prüfen:

1. Gesamtvergütung des GGF feststellen (Summe der betrieblich veranlassten Vergütungsbestandteile)
2. Bandbreite der angemessen Vergütung anhand Branche, Umsatz und Mitarbeiteranzahl der GmbH feststellen (Gehaltsstrukturuntersuchungen, Karlsruher Tabelle 2017)
   - GmbH erzielt geringe Gewinne oder Verluste: unterer Wert der Bandbreite maßgeblich
   - GmbH erzielt normale oder hohe Gewinne: oberer Wert der Bandbreite maßgeblich
   - GmbH ist sehr ertragsstark: Geschäftsführervergütung bis zur Höhe der Hälfte des Jahresüberschuss vor Steuern und Geschäftsführervergütung möglich (Halbteilungsgrundsatz), insoweit Überschreiten der oberen Bandbreite möglich, aber nicht unbegrenzt
3. Zuschlag von bis zu 20 % möglich („Geringfügigkeitspuffer“)
4. Ggf. einzelfallabhängiger Abschlag bei mehreren Geschäftsführern oder wenn der GGF für mehrere GmbHs tätig ist
5. Vergleichbarer Fremdgeschäftsführer vorhanden: dessen Vergütung ist ein starkes Indiz für die angemessene Gesamtvergütung des GGF.

j) Bezug von Betriebsrente ohne Ausscheiden des GGF aus der Kapitalgesellschaft

855 Unschädlich ist nach der BFH-Rechtsprechung für die Anerkennung einer bAV, wenn die Versorgungszusage den Versorgungsfall Alter bzw. die Altersleistungen nicht von dem Ausscheiden des GGF aus dem Dienstverhältnis abhängig macht.[1] Die FinVerw hat diese Sichtweise im BMF-Schreiben v. 18.9.2017[2] für sämtliche Durchführungswege übernommen[3] und beanstandet dort auch für Direkt- und Unterstützungskassenzusagen, die zwar vertraglich die Vollendung des vereinbarten Pensionsalters voraussetzen, nicht jedoch das Aus-

1 BFH v. 5.3.2008 - I R 12/07, BStBl 2015 II S. 409 für alle fünf Durchführungswege, bestätigt durch BFH v. 23.10.2013 - I R 60/12, BStBl 2015 II S. 413.

2 BStBl 2017 I S. 1293.

3 BMF v. 6.12.2017, BStBl 2018 I S. 147, Rz. 3.

scheiden des Begünstigten aus dem Betrieb, die bilanzsteuerrechtliche Behandlung der Rückstellungszuführungen und Unterstützungskassenzuwendungen als Betriebsausgaben nicht (vgl. Rz. 323).[1]

In der Auszahlungsphase der Pension allerdings führt die parallele Zahlung 856
von Geschäftsführergehalt und Betriebsrente aus einer Direktzusage nach einheitlicher Auffassung von Rspr. und FinVerw sowohl bei beherrschenden als auch bei nicht beherrschenden GGF zu einer verdeckten Gewinnausschüttung (vGA), soweit das Aktivgehalt nicht auf die Pensionsleistung aus der Direktzusage angerechnet wird (vgl. dazu ausführlich Rz. 324).[2] Bei den versicherungsförmigen Durchführungswegen hingegen kann das Problem der vGA im Falle der Nichtanrechnung der Aktivbezüge auf die Betriebsrente nicht entstehen, da es im Jahr der Betriebsrentenzahlung an der Vermögensminderung bzw. verhinderten Vermögensmehrung i. S.v. R 8.5 Abs. 1 Satz 1 KStR auf Gesellschaftsebene und damit der Grundvoraussetzung für eine vGA mangelt.

PRAXISHINWEIS:

Enthält die Direktzusage den Ausscheidepassus, führt jede Betriebsrentenzahlung, die trotz Weiterarbeit des GGF in dieser Kapitalgesellschaft gewährt wird, automatisch zu einer vGA, da gegen die vertragliche Vereinbarung verstoßen wird. Fehlt hingegen der Ausscheidepassus, bewirkt die trotz Weiterarbeit erfolgte Betriebsrentenzahlung zwar keine Vertragsverstoß, hat jedoch nach Meinung des BFH trotzdem eine vGA zur Folge, allerdings nur in Höhe derjenigen Aktivbezüge, die nicht auf die Betriebsrente angerechnet werden; übersteigen jene nicht angerechneten Aktivbezüge die erhaltene Betriebsrente, entsteht folglich eine vGA in Höhe der vollständigen Rente.

Verzichtet der GGF bei fehlendem Ausscheidepassus daher auf die Betriebsrente in der Phase der Weiterarbeit, vermeidet er zwar die vGA, setzt sich jedoch der Gefahr aus, dass das Finanzamt dies als verdeckte Einlage i. S.v. § 8 Abs. 3 Satz 3 KStG mit fiktivem Lohnzufluss bewertet. [3]

Abhilfe kann hier das Ausscheiden als Geschäftsführer mit der Vereinbarung eines Beratervertrages schaffen. Die zuständigen Finanzämter prüfen allerdings meist sehr genau, ob das Beratungsverhältnis in irgendeiner Weise der bisherigen Geschäftsführertätigkeit ähnelt. Ist dies aus Sicht des Betriebsprüfers der Fall, wird der Wechsel vom Geschäftsführer zum Berater steuerrechtlich nicht anerkannt und das Problem der vGA lebt wieder auf. Darüber hinaus fordern Finanzämter häufig, dass der ehemalige GGF

1 Vor Veröffentlichung jenes BMF-Schreibens v. 18.9.2017 vertrat die FinVerw in H 6a Abs. 1 EStH und dem BMF-Schreiben v. 11.11.1999 (BStBl 1999 I S. 959, Rz. 2) noch die Auffassung, Pensionsrückstellungen dürfen nicht gebildet (und Unterstützungskassenzuwendungen nicht als Betriebsausgaben abgezogen) werden, wenn der Ausscheidepassus in der Direkt- oder Unterstützungskassenzusage fehle.

2 BFH v. 5.3.2008 - I R 12/07, BStBl 2015 II S. 409, unter II.2.a der Gründe; v. 23.10.2013 - I R 60/12, BStBl 2015 II S. 413, Rz. 12 bis 15; BMF v. 18.9.2017, BStBl 2017 I S. 1293, Rz. 10.

3 Vgl. R 8.9 KStR 2015 und H 8.9 „Verzicht auf Pensionsanwartschaftsrechte" KStH 2015.

im Zuge der Vereinbarung der Beraterfunktion auch seine Gesellschafterstellung aufgibt, da sie ansonsten die Beratertätigkeit nicht als ernsthaft ansehen.

Eine andere Lösung des Problems kann darin bestehen, dass der GGF neben seinem laufenden Gehalt in dem einen Dienstverhältnis Altersbezüge aus einem anderen Dienstverhältnis bezieht, denn in diesem Falle kommt es nicht zur vGA.[1] Er könnte demnach aus der ersten Kapitalgesellschaft ausscheiden, von dieser seine Betriebsrente beziehen und in einer zweiten, an der er ebenfalls Anteile hält, als Geschäftsführer weiterbeschäftigt sein. Hier stellt sich allerdings die Frage: Wenn das steuerunschädlich möglich ist, warum nicht im Falle einer Weiterbeschäftigung bei der ersten Gesellschaft?

857 Eine Besonderheit ergibt sich bei Unterstützungskassen: Soweit eine Unterstützungskasse pauschal dotiert, also nicht rückgedeckt ist, muss zwischen der Dotierung zu Gunsten von Leistungsanwärtern und Leistungsempfängern unterschieden werden, da für letztere wesentlich höhere Beträge in Form des Deckungskapitals vom Trägerunternehmen an die Unterstützungskasse zugewendet werden können. Allerdings ist jene Deckungskapitalzuwendung gem. § 4d Abs. 1 Satz 1 Nr. 1 Satz 1 Buchst. a EStG nur für jene Leistungsempfänger zulässig, bei denen es sich um „ehemalige Arbeitnehmer des Trägerunternehmens“ handelt; sie müssen daher zum Zuwendungszeitpunkt bereits aus dem Dienstverhältnis zum Trägerunternehmen ausgeschieden sein (vgl. Rz. 325).[2]

858 Eine weitere Besonderheit ist die Satzung der Unterstützungskasse: Sie enthält gegenwärtig auch bei den meisten real existierenden rückgedeckten Unterstützungskassen die Voraussetzung, dass das Dienstverhältnis zum Trägerunternehmen beendet sein muss, damit die Zahlung der Leistung an den ehemaligen Arbeitnehmer jenes Unternehmens erfolgen kann (Unterstützungskassen der Kategorie 1). Dies hängt mit der in Rz. 855 (letzte Fußnote) aufgezeigten alten Rechtslage zusammen, nach der die Finanzverwaltung vor Veröffentlichung des BMF-Schreibens v. 18.9.2017[3] das Bestehen des Ausscheidepassus in der bAV-Zusage als Voraussetzung für die steuerrechtliche Anerkennung als bAV forderte. Nur wenige am Markt existierende Unterstützungskassen haben sich bisher von dieser Leistungsvoraussetzung in ihrer Satzung getrennt (Unterstützungskassen der Kategorie 2). Allerdings sind etliche Unterstützungskassen der Kategorie 1 bislang erfinderisch, wenn Arbeitnehmer über die Altersgrenze oder den Eintritt der Invalidität hinaus weiterarbeiten wollen (sog. „technischer Rentner“, solange die Betriebsrente in dieser Phase noch nicht gezahlt wird): Im Falle einer Kapitalleistung schieben sie deren Aus-

1 BFH v. 23.10.2013 - I R 60/12, BFHE 244 S. 256, Rz. 13.

2 Vgl. auch BMF-Schreiben v. 18.9.2017, BStBl 2017 I S. 1293, Rz. 6.

3 BStBl 2017 I S. 1293.

zahlung bis zum tatsächlichen Ausscheidetermin auf. Bei Rentenleistung hingegen ist es mit dem Aufschieben nicht getan, weil der Anspruch des technischen Rentners auf die bis zum Ausscheiden entstandenen Renten bis zu diesem Zeitpunkt satzungsgemäß nicht entstanden war und danach nicht mehr entstehen kann, so dass es sich hierbei um eine verfallene Rente handelt; diese verfallene Rente lässt freies Kassenvermögen bei der Unterstützungskasse entstehen. Unterstützungskassen der Kategorie 1 finanzieren die Beiträge zur Rückdeckungsversicherung für einen oder mehrere andere Arbeitnehmer (= Leistungsanwärter) desselben Trägerunternehmens in Höhe jenes freien Kassenvermögens und ersparen dem jeweiligen Trägerunternehmen damit entsprechende Zuwendungen an die Unterstützungskasse. Jene ersparten Zuwendungen kann das jeweilige Trägerunternehmen zur Zahlung derjenigen verfallenen Renten an den betreffenden – aus Sicht der Unterstützungskasse – technischen Rentner[1] verwenden, die die Unterstützungskasse an diese Person satzungsgemäß nicht auszahlen darf.

PRAXISHINWEIS:

Ein Problem ergibt sich bei Unterstützungskassen der Kategorie 1, wenn neben dem technischen Rentner keine oder nicht ausreichende Leistungsanwärter des betreffenden Trägerunternehmens (mehr) vorhanden sind. Das freie Kassenvermögen jener Unterstützungskasse kann dann nicht bzw. nicht vollständig mit Zuwendungen des betreffenden Trägerunternehmens verrechnet werden, die Unterstützungskasse darf aber mangels Überdotierung i. S. v. § 6 Abs. 1 Satz 1 KStG nicht an jenes Trägerunternehmen auskehren. Nicht selten führt dies in der Praxis zu einem Streitfall, besonders bei GGF-Versorgungen ohne weitere Leistungsanwärter des betreffenden Trägerunternehmens, da sich die Versorgungsberechtigten bzw. die betreffenden Trägerunternehmen betrogen fühlen und die steuerrechtlich bedingte harte Haltung der Unterstützungskasse nicht nachvollziehen können.

Den Unterstützungskassen der Kategorie 1 sei nach Inkrafttreten der neuen, oben geschilderten Rechtslage abschließend geraten, ihre Satzung schnellstmöglich dahingehend zu ändern, dass sie ihre Leistungen bei Erreichen der Altersgrenze oder der Invaliditätsvoraussetzung auch an technische Rentner zahlen dürfen und damit zu Unterstützungskassen der Kategorie 2 werden. Ein weiterer Vorteil: Die Unterstützungskasse ist dann nicht mehr in der Verpflichtung, das Tatbestandsmerkmal des Ausscheidens des betreffenden über die Alters- bzw. Invaliditätsgrenze hinaus weiterarbeitenden Arbeitnehmers zu prüfen.

Unklar ist allerdings bei GGF, ob das in Rz. 856 für die Direktzusage geschilder- 859
te Problem der vGA im Falle der Nichtanrechnung der Aktivbezüge auf die Be-

1 Ein solcher Mitarbeiter ist eigentlich kein technischer Rentner, da er seine Betriebsrente tatsächlich vom Trägerunternehmen erhält; aus Sicht der Unterstützungskasse der Kategorie 1 jedoch ist der Begriff des „technischen Rentners" gerechtfertigt, da diese die Betriebsrente nicht unmittelbar an ihn zahlen darf.

triebsrente auch bei Unterstützungskassenzusagen entstehen kann. Bei Unterstützungskassen der Kategorie 1 ist dies wohl zu bejahen, sofern das Trägerunternehmen selbst die ersparten Zuwendungen in Form einer „Quasi-Betriebsrente" an den GGF zahlt.[1] Bei Unterstützungskassen der Kategorie 2 ist eine vGA auf den ersten Blick nicht möglich, wenn die Rentnerverwaltung unter den Voraussetzungen des § 38 Abs. 3a EStG auf die Unterstützungskasse übertragen worden ist, da es im Jahr der an den technischen Rentner erfolgenden Betriebsrentenzahlung an der Vermögensminderung bzw. verhinderten Vermögensmehrung i. S. v. R 8.5 Abs. 1 Satz 1 KStR 2015 auf Gesellschaftsebene des Trägerunternehmens und damit an der Grundvoraussetzung für eine vGA mangelt. Begründung: Die Betriebsrente wird von der Unterstützungskasse unmittelbar an den GGF gezahlt, sodass eine Vermögensminderung beim Trägerunternehmen insoweit nicht eintritt. Auf den zweiten Blick jedoch könnte dennoch eine vGA gegeben sein, weil u. U. eine verhinderte Vermögensmehrung vorliegt: Hätte nämlich die Unterstützungskasse der Kategorie 2 jene Betriebsrente nicht an den über die Alters- bzw. Invaliditätsgrenze hinaus für das Trägerunternehmen tätigen GGF ausgezahlt, hätte sie dem Trägerunternehmen im Falle von vorhandenen Leistungsanwärtern dieses Trägerunternehmens bei dieser Unterstützungskasse Zuwendungen in genau dieser Höhe erspart und damit dessen Vermögen vermehrt; zu dieser Vermögensmehrung kann es nun nicht mehr kommen. Die Zahlung der Betriebsrente einer Unterstützungskasse der Kategorie 2 an jenen GGF könnte daher vom zuständigen Finanzamt als verhinderte Vermögensmehrung und damit als vGA interpretiert werden.

k) Sonderfälle der verdeckten Gewinnausschüttung bei beherrschenden GGF

860 Die folgenden beiden Sonderthemen gesellschaftsrechtlicher Veranlassung sind ausschließlich für im steuerlichen Sinne beherrschende GGF relevant (vgl. die Übersicht am Ende von Rz. 757).

aa) Rechnungsmäßiges Pensionsalter

861 Das BMF hat das in R 6a Abs. 8 Satz 1 letzter Teilsatz und Satz 5 EStR 2012 vorgegebene geburtsjahrabhängige Mindestpensionsalter (Vollendung des 65., 66. oder 67., bei Schwerbehinderung 60., 61. oder 62. Lebensjahres), welches lediglich für die Berechnung von Pensionsrückstellungen für beherrschende GGF von Kapitalgesellschaften galt, wenn das tatsächlich vereinbarte Pensi-

---

1 Vgl. Rz. 326.

onsalter darunter lag, aufgrund des BFH-Urteils v. 11.9.2013[1] mittlerweile aufgegeben.[2] Demnach ist nun bei der bilanzsteuerrechtlichen Bewertung von Pensionsrückstellungen nach § 6a EStG auch bei im steuerrechtlichen Sinne beherrschenden GGF grundsätzlich das Pensionsalter maßgebend, das in der jeweiligen Versorgungszusage festgeschrieben wurde;[3] ist dies z. B. das Alter 63,[4] so muss die steuerbilanzielle Pensionsrückstellung für die Altersleistung nun auf Basis diese Alters berechnet werden. Die bisherige o. g. Regelung in R 6a Abs. 8 EStR führte zu einer geringeren Maximalhöhe der steuerbilanziellen Pensionsrückstellungen und einer flacheren Steigung, wenn das tatsächliche Pensionsalter den Mindestwert unterschritt, und damit zur jährlichen Scheingewinnbesteuerung; damit ist nun aus bilanziellem Blickwinkel Schluss.

Das BMF hat sich dem BFH allerdings nur auf der Ebene des Bilanzsteuerrechts untergeordnet und verlagert seine bisherige, steuererhöhende Auffassung nun in den dem Steuerbilanzrecht nachgeordneten Bereich (vgl. Rz. 591) der vGA und ändert gleichzeitig die Mindestalter-Bandbreite ein wenig ab[5]: Unterschreitet das tatsächliche Pensionsalter eines steuerrechtlich beherrschenden GGF (vgl. Rz. 99 ff.) das neue Mindestalter 67 (bei vor dem 10.12.2016 erteilten Direktzusagen: 65), berechnet die Betriebsprüfung die im Vergleich zu jenem Mindestalter jährlich auftretende Rückstellungsdifferenz und setzt sie im betreffenden Veranlagungs- bzw. Erhebungszeitraum als vGA an (vgl. dazu kritisch Rz. 669). Eine Unterstützungskassenzusage wird von derlei scheingewinnbesteuernden Spitzfindigkeiten verschont, da der BFH und das BMF ihre Feststellungen in beiden genannten Rechtsquellen ausschließlich auf § 6a EStG und damit auf die Direktzusage beschränken. 862

bb) Nachzahlungsverbot

Die Rechtsprechung hat wiederholt entschieden, dass rückwirkende Vereinbarungen zwischen der Gesellschaft und dem steuerlich beherrschenden GGF steuerrechtlich unbeachtlich sind.[6] Damit soll verhindert werden, dass der GGF unter Ausnutzung seiner beherrschenden Stellung den Gewinn der Gesellschaft willkürlich nach seinen Wünschen beeinflussen kann. Vereinbarun- 863

1 Vgl. BFH 11.9.2013 - I R 72/12, BStBl 2016 II S. 1008, Rz. 14.

2 Vgl. BMF-Schreiben v. 9.12.2016, BStBl 2016 I S. 1427, Rz. 1 und 5.

3 Vgl. BFH v. 11.9.2013 - I R 72/12, BStBl 2016 II S. 1008, Rz. 14; BMF-Schreiben v. 9.12.2016, BStBl 2016 I S. 1427, Rz. 1.

4 Natürlich ist das Mindestalter 62 (bei vor dem 1.1.2012 erteilten Direktzusagen: 60) zu beachten, da ansonsten keine bAV vorliegt, vgl. BMF v. 6.12.2017, BStBl 2018 I S. 147, Rz. 3.

5 Vgl. BMF-Schreiben v. 9.12.2016, BStBl 2016 I S. 1427, Rz. 9 f.

6 Vgl. u. a. BFH v. 23.9.1970 - I R 116/66, BStBl 1971 II S. 64.

gen, die gegen das Nachzahlungsverbot verstoßen, werden daher grds. der gesellschaftlichen Ebene zugerechnet. Der Grundsatz des Nachzahlungsverbots ist auch im Zusammenhang mit der Erteilung von Pensionszusagen an steuerlich beherrschende GGF zu beachten. Er hat insbesondere zur Folge, dass für den Erdienenszeitraum nur Zeiten ab Erteilung der Versorgungszusage berücksichtigt werden dürfen und dass die unverfallbare Versorgungsanwartschaft im Fall des vorzeitigen Ausscheidens oder für die Teilung im Rahmen des Versorgungsausgleichs ebenfalls erst ab dem Zusagezeitpunkt und nicht rückwirkend ab dem Diensteintritt in die Berechnung der unverfallbaren Anwartschaft einbezogen werden dürfen.

864 Soweit Direktzusagen an beherrschende GGF für die Ermittlung unverfallbarer Ansprüche nicht an den Zeitpunkt der Erteilung der Pensionszusage, sondern an einen früheren Zeitpunkt der Betriebszugehörigkeit – in einem vorherigen Dienstverhältnis – anknüpfen, ist der auf der Berücksichtigung dieser Vordienstzeiten beruhende höhere Rückstellungsbetrag nach § 6a Abs. 3 Satz 2 Nr. 1 Satz 2 und 3 EStG nach Auffassung des BFH durch den Ansatz einer verdeckten Gewinnausschüttung außerbilanziell zu korrigieren. Dem Ansatz einer verdeckten Gewinnausschüttung stehe dabei nicht entgegen, wenn das Dienstverhältnis bis zum Eintritt des Versorgungsfalls aufrechterhalten werde und damit die auf dem Gesellschaftsverhältnis beruhenden Abreden über den Beginn des Dienstverhältnisses und die daran anknüpfenden Leistungen im Fall eines vorgezogenen Ausscheidens aus dem Dienstverhältnis nicht zum Tragen kommen.[1]

PRAXISHINWEIS:

Die Entscheidung des BFH erlangt nur Bedeutung, wenn für den beherrschenden GGF im Fall der Beendigung und des Abschlusses eines neuen Dienstvertrags für die Unverfallbarkeit vertraglich der Einbezug der Vordienstzeiten des vorherigen Dienstverhältnisses vereinbart wird. Der Rückstellungsbetrag nach § 6a Abs. 3 Satz 2 Nr. 1 Satz 2 und 3 EStG fällt in diesem Fall nämlich höher aus, als wenn auf den Abschluss des neuen Dienstvertrags abgestellt würde. In Höhe der Differenz der beiden Rückstellungsbeträge sieht der BFH einen Verstoß gegen das Nachzahlungsverbot, der über eine außerbilanzielle Hinzurechnung korrigiert werden muss.

Die Entscheidung des BFH hat keine Auswirkung auf den „Normalfall". Wird innerhalb ein und desselben Dienstverhältnisses für die Vereinbarung der unverfallbaren Anwartschaften auf den Dienstbeginn abgestellt, liegt hierin solange kein Verstoß gegen das Nachzahlungsverbot, wie das Dienstverhältnis nicht vorzeitig beendet wird, denn der Rückstellungsbetrag nach § 6a Abs. 3 Satz 2 Nr. 1 Satz 2 und 3 EStG wird dadurch nicht erhöht. Erst wenn es zu einem vorzeitigen Ausscheiden kommt, konkretisiert sich die

1 BFH v. 26.6.2013 - I R 39/12, BStBl 2014 II S. 174.

gesellschaftsrechtliche Veranlassung einer zu hohen erdienten Anwartschaft mit der Folge verdeckter Gewinnausschüttungen.

Das Nachzahlungsverbot ist auch zu beachten, wenn nachträglich Anpassungen an der Versorgungszusage vorgenommen werden. Das bedeutet, dass z. B. nachträgliche Erhöhungen der Pensionsleistungen oder nachträglich vereinbarte Dynamisierungsklauseln ab dem Zeitpunkt der Änderungsvereinbarung noch erdient werden müssen – der Erdienenszeitraum fängt diesbezüglich also i. d. R. neu an zu laufen und die Änderungsvereinbarung muss i. d. R. vor der Vollendung des 60. Lebensjahres abgeschlossen werden.[1] 865

Der BFH wertet allerdings Pensionserhöhungen ohne erneute Beachtung des Erdienenszeitraums dann nicht als gesellschaftsrechtlich veranlasst, wenn die Erhöhung eine Anpassung an die erhebliche Steigerung der Lebenshaltungskosten darstellt. Im entschiedenen Urteilsfall sah der BFH eine Teuerung von 20 % seit der Pensionszusage bzw. der letzten Anpassung als ausreichend an, wenn auch die Versorgungszusagen der übrigen Arbeitnehmer – so vorhanden – entsprechend angepasst werden.[2] Beträgt die Steigerung der Lebenshaltungskosten hingegen deutlich mehr – im Urteilsfall 35 % bis 40 % – erfüllt die Gesellschaft mit der Anpassung eine sich aus allgemeinen zivilrechtlichen Grundsätzen ergebende Verpflichtung zur Anpassung, so dass in einem solchen Fall die steuerliche Anerkennung nicht voraussetzt, dass auch Versorgungszusagen anderer Mitarbeiter angepasst werden.[3] 866

PRAXISHINWEIS:

Kommt es beim beherrschenden GGF zur Erhöhung seiner Versorgungszusage, ohne dass es sich um eine Anpassung an die gestiegenen Lebenshaltungskosten handelt, bemisst sich der zu einem bestimmten Zeitpunkt der Anwartschaftsphase (z. B. vorzeitiges Ausscheiden, Verzicht auf den Future-Service, Auslagerung des Past-Service auf den Pensionsfonds) zu bemessende steuerlich erdiente Anspruch des steuerrechtlich beherrschenden GGF (vgl. Rz. 99 ff.) zwingend nach der sog. s/t-tel-Methode ab dem jeweiligen Zusagezeitpunkt. Es ist also zwingend eine Baustein-Rechnung vorzunehmen, wobei für die Erstzusage und die jeweilige Erhöhung separat die s/t-tel-Berechnung vorzunehmen und anschließend zusammen zu rechnen ist.

BEISPIEL: Der Allein-GGF A erhält im Alter von 42 eine Direktzusage über 3.000 € Altersrente zum Pensionsalter 67. Zum Alter 52 wird die Zusage auf 5.000 € erhöht

1 Vgl. Rz. 785 und BFH v. 23.9.2008 - I R 62/07, BStBl 2013 II S. 39.

2 BFH v. 22.3.1972 - I R 117/70, BStBl 1992 II S. 501.

3 BFH v. 27.7.1988 - I R 68/84, BStBl 1989 II S. 57.

(Steigerung Lebenshaltungskosten in den zehn Jahren 18 %). Bestimmung des steuerlich erdienten Anspruches im Alter 62?

LÖSUNG: ▸ Da der GGF A steuerrechtlich beherrschend (vgl. Rz. 99 ff.) ist, bemisst sich die steuerlich erdiente Anwartschaft nach der s/t-tel-Methode. Der Erhöhungsbestandteil muss mangels Anpassung der Zusage an die gestiegenen Lebenshaltungskosten separat ab dem Erhöhungszeitpunkt erdient werden. Zum Alter 60 ermittelt sich die steuerlich erdiente Anwartschaft wie folgt:

Erstzusage 3.000 € x 20/25 =	2.400 €
Erhöhungsbestandteil 2.000 € x 10/15 =	1.333 €
erdiente Anwartschaft	3.733 €

PRAXISHINWEIS:

Die Höhe der steuerlich erdienten Anwartschaft ist folglich unabhängig von einer ggf. abweichenden Regelung in der Zusage (z. B. m/n-tel auf Dienstbeginn bzw. s/t-tel insgesamt auf den originären Zusagezeitpunkt). Damit der zivilrechtlich geschuldete Anspruch nicht von der steuerlich zulässigen Anwartschaft abweicht, sollte bei einer nachträglichen Erhöhung der Zusage – wenn keine Anpassung an die gestiegenen Lebenshaltungskosten vorliegt – darauf geachtet werden, dass eine Unverfallbarkeitsregelung getroffen wird, die für die Anpassung auf den Erhöhungszeitpunkt abstellt. Der Frage, ob eine Anpassung an die gestiegenen Lebenshaltungskosten vorliegt oder nicht, kommt damit eine besondere Bedeutung zu.

867 Abschließend geklärt ist inzwischen die Frage, ob bei einer endgehaltsabhängigen Zusage eine erhebliche Erhöhung des Gehalts innerhalb der Angemessenheitsgrenzen kurz vor der Pensionierung zu einer betrieblichen oder einer gesellschaftsrechtlichen Veranlassung der damit einhergehenden Erhöhung der Pensionsansprüche führt. Das Finanzgericht Düsseldorf hatte mit Urteil v. 9.12.2013[1] entschieden, dass von einer nachträglichen Zusage auszugehen ist, die eigenständig auf ihre Erdienbarkeit zu prüfen ist, wenn die Versorgungszusage nur mittelbar durch Erhöhung der bemessungsrelevanten Aktivbezüge verändert wurde und die Gehaltssteigerung zu einer spürbaren Anhebung der Anwartschaftszusage zum Ende des Berufslebens des Geschäftsführers führt. Der BFH hat dies inzwischen für Gehaltserhöhungen bestätigt, die einer Neuzusage gleichkommen (vgl. Rz. 787).[2]

1 FG Düsseldorf v. 9.12.2013 - 6 K 1754/10 K, G, EFG 2014 S. 860.
2 BFH v. 20.5.2015 - I R 17/14, BFH/NV 2015 S. 1521.

l) Schenkungsteuerliche Auswirkungen einer verdeckten Gewinnausschüttung

Der BFH hatte mit Urteil v. 7.11.2007[1] klargestellt, dass eine vGA an eine dem Gesellschafter nahe stehende Person keine Schenkung des Gesellschafters an die nahe stehende Person beinhaltet. Die FinVerw hatte daraufhin ihre gegenteilige Auffassung aufgegeben.[2] Allerdings hatte der BFH in der Urteilsbegründung mangels Verfahrenserheblichkeit (obiter dictum) offen gelassen, ob eine Schenkung der GmbH an die nahe stehende Person gegeben sein kann. Die FinVerw[3] hatte die Anmerkung des BFH zum Anlass genommen, hinsichtlich folgender ertragsteuerlich als vGA zu bewertender Vorgänge eine schenkungsteuerliche Folgewirkung festzustellen: 868

aa) Zahlung einer überhöhten Vergütung an eine dem Gesellschafter nahe stehende Person, die selbst nicht Gesellschafter ist

Mit der überhöhten Vergütung an die nahe stehende Person fließt dem ihr nahestehenden Gesellschafter i. H. d. unangemessenen Teils der Vergütung ertragsteuerlich eine vGA zu, die bei der GmbH zu einer außerbilanziellen Einkommenskorrektur und beim Gesellschafter zu Einkünften aus Kapitalvermögen führt.[4] Die FinVerw[5] erkennt in der Vergütung eine gemischt freigebige Zuwendung und somit in dem überhöhten Teil der Vergütung eine Schenkung der GmbH an die nahe stehende Person. Hinsichtlich Steuerklasse und Freibetrag wird für Schenkungen nach dem 13.12.2011 auf das persönliche Verhältnis zwischen der nahe stehenden Person und dem ihr nahestehenden Gesellschafter abgestellt.[6] 869

Mit drei nahezu inhaltsgleichen Urteilen[7] hat der II. Senat die dem Urteil v. 7.11.2007[8] zugrunde liegende Sichtweise einer gemischt freigebigen Zuwendung der GmbH an die dem Gesellschafter nahe stehende Person aufgegeben. Die einer verdeckten Gewinnausschüttung zugrunde liegende gesellschaftsrechtliche Veranlassung schließe eine freigebige Zuwendung aus.[9] Vielmehr

1 BFH v. 7.11.2007 - II R 28/06, BStBl 2008 II S. 258.

2 R 18 Abs. 8 Satz 2 ErbStR a. F.

3 Gleichl. Ländererlass v. 14.3.2012, BStBl 2012 I S. 331.

4 § 8 Abs. 3 Satz 2 KStG, § 20 Abs. 1 Nr. 1 Satz 2 EStG.

5 Gleichl. Ländererlass v. 14.3.2012, BStBl 2012 I S. 331, Tz. 2.6.1.

6 § 15 Abs. 4 ErbStG.

7 Vgl. BFH Urteile v. 13.9.2017 - II R 54/15, BStBl 2018 II S. 292; II R 32/16, BStBl 2018 II S. 296 und II R 42/16, BStBl 2018 II S. 299.

8 BFH v. 7.11.2007 - II R 28/06, BStBl 2008 II S. 258.

9 Vgl. BFH v. 30.1.2013 – II R 6/12, BStBl 2013 II S. 930.

erkennt der BFH – wieder in Form eines obiter dictum – für den Fall überhöhter vertraglicher Entgelte der GmbH an die einem Gesellschafter der GmbH nahe stehende Person – unter Mitwirkung dieses Gesellschafters an der zugrunde liegenden Vereinbarung – eine schenkungsteuerliche Leistung dieses Gesellschafters an die ihm nahestehende Person i. S. des § 7 Abs. 1 Nr. 1 ErbStG, die lediglich im Wege des abgekürzten Zahlungsweges über die GmbH erfolgt.

Es bleibt abzuwarten, ob die FinVerw die nochmalige Kehrtwende des BFH nun in der Praxis stringent anwendet und im Ländererlass v. 14.3.2012 umsetzen wird.[1]

bb) Zahlung einer überhöhten Vergütung an einen Gesellschafter, soweit diese über seine Beteiligungsquote hinausgeht

870 Zahlt die GmbH dem GGF überhöhte Vergütungen, fließt dem GGF der überhöhte Teil der Vergütung ertragsteuerlich als vGA zu. Ist der GGF nicht Alleingesellschafter, stellt die vGA nach Auffassung der FinVerw[2] insoweit eine Schenkung der GmbH an den GGF dar, als dieser über seine Beteiligungsquote hinaus begünstigt wird. Hinsichtlich Steuerklasse und Freibetrag wird für Schenkungen nach dem 13.12.2011 auf das persönliche Verhältnis zwischen dem begünstigen Gesellschafter und seinen Mitgesellschaftern abgestellt.[3]

BEISPIEL: Der GGF A (40 % Beteiligungsquote) erhält eine Tantieme, die i. H. v. 100.000 € gesellschaftsrechtlich veranlasst ist. Die weiteren Gesellschafter B (35 % Beteiligungsquote, Bruder des A, kein Geschäftsführer) und C (25 % Beteiligungsquote, nicht mit A verwandt, kein Geschäftsführer) erhalten keine Tantieme.

Ertragsteuerlich ist die Tantieme für A insoweit eine vGA. Nach Auffassung der FinVerw stellt die Tantieme i. H. v. 60.000 € (Anteil der gesellschaftsrechtlich veranlassten Tantieme, die nicht auf die Beteiligung des A entfällt und aus wirtschaftlicher Sicht von B und C getragen wird) eine Schenkung der GmbH an A dar. Für die Ermittlung der Steuerklasse und des Freibetrages ist eine fiktive Schenkung von B (35/60) und C (25/60) an A anzunehmen. Somit beträgt für die Schenkung der GmbH an A (60.000 €)

- der persönliche Freibetrag 20.000 € (35/60 B an A x 20.000 + 25/60 C an A x 20.000)[4]

---

1 Gleichl. Ländererlass v. 14.3.2012, BStBl 2012 I S. 331., Tz. 2.6.1.

2 Gleichl. Ländererlass v. 14.3.2012, BStBl 2012 I S. 331, Tz. 2.6.2.

3 § 15 Abs. 4 ErbStG.

4 § 16 Abs. 1 Nr. 5, § 15 Abs. 1 Nr. 2 ErbStG: auch für Schenkungen unter Geschwistern bleibt nur ein Betrag von 20.000 € steuerfrei.

- der Steuersatz für 35.000 € (35/60 B an A) 15 %, für 25.000 € (25/60 C an A) 30 %[1]
- die Schenkungsteuer somit 8.500 € (B an A: 35.000 € - 11.667 € Freibetrag (35/60 von 20.000 €) x 15 % = 3.5000 €; C an A: 25.000 € - 8.333 € Freibetrag (25/60 von 20.000 €) x 30 % = 5.000 €)

Die FinVerw bestimmt diese schenkungsteuerliche Folgewirkung explizit für den Fall einer überhöhten Vergütung an den GGF bzw. die einem Gesellschafter nahestehende Person. Allerdings dürfte diese schenkungsteuerliche Folgewirkung in allen Fällen einer gesellschaftsrechtlich veranlassten Leistung an den GGF (sofern kein Alleingesellschafter) bzw. an die nahestehende Person eines Gesellschafters gegeben sein. Somit auch bei Leistungen der bAV, soweit diese gesellschaftsrechtlich veranlasst sind. 871

Der BFH[2] hat mit Urteil v. 30.1.2013 schenkungsteuerliche Folgen einer verdeckten Gewinnausschüttung verneint und widerspricht ausdrücklich der Auffassung der FinVerw. Im Wesentlichen beruht die ablehnende Haltung des BFH auf dem einer verdeckten Gewinnausschüttung fehlenden Tatbestandsmerkmal einer freigebigen Zuwendung. Folglich habe eine vGA lediglich ertragsteuerliche aber keine schenkungsteuerlichen Folgen. Das FG Münster[3] und ihm folgend der BFH im anschließenden Revisionsverfahren[4] bestätigen diese Rechtsauffassung für die vGA an eine dem Gesellschafter nahe stehende Person, während das FG München[5] sich für diesen Fall der Auffassung der FinVerw anschließt. 872

Die FinVerw hatte auf das Urteil des BFH v. 30.1.2013 mit einem Nichtanwendungserlass reagiert.[6] Allerdings ist das neuere BFH-Urteil v. 27.8.2014 im BStBl veröffentlicht worden, ohne den Nichtanwendungserlass aufzuheben. Somit ist derzeit nicht ganz klar, ob die FinVerw in vergleichbaren Fällen weiterhin Schenkungsteuerfestsetzungen vornehmen wird. Sollte dies der Fall sein, sollte die Schenkungsteuerfestsetzung angefochten werden, um auf dem Rechtsweg die Anwendung der BFH-Rechtsprechung zu erreichen. 873

(Einstweilen frei) 874–890

---

1 § 19 Abs. 1, § 15 Abs. 1 ErbStG.

2 BFH v. 30.1.2013 - II R 6/12, BStBl 2013 II S. 930.

3 FG Münster v. 24.10.2013 - 3 K 103/13, EFG 2014 S. 301; Rev. BFH v. 27.8.2014 - II R 44/13.

4 BFH v. 27.8.2014 - II R 44/13, BStBl 2015 II S. 249.

5 FG München v. 30.5.2012 - 4 K 689/09, EFG 2012 S. 1721; NZB als unzulässig verworfen (BFH v. 10.5.2013 - II R 5/13, NWB RAAAE-40427).

6 Gleichl. Ländererlass v. 5.6.2013, BStBl 2013 I S. 1465.

4. Tabellarische Übersicht zur dreistufigen Prüfung einer Pensionszusage

891 Die in den vorangegangenen Kapiteln C. III. 1 bis 3 enthaltene „dreistufige Prüfung einer Pensionszusage" sollte bei jeder Gestaltung und Änderung einer Pensionszusage Berücksichtigung finden, um

- Verstöße gegen geltendes Zivilrecht und damit die Nichtigkeit der bAV,
- Verstöße gegen die §§ 6a oder 4d und damit Bilanzkorrekturen oder nicht abziehbare Betriebsausgaben sowie
- Verstöße gegen die betriebliche Veranlassung aufgrund von verdeckten Gewinnausschüttungen und damit außerbilanzielle Erhöhungen des steuerpflichtigen Gewinns

zu vermeiden.

892 Nachfolgend werden die Inhalte jener Abschnitte zu einer kompakten Übersicht verdichtet.[1] Dabei wird u. a. zwischen beherrschenden und nicht beherrschenden GGF sowie arbeitgeberfinanzierter bAV und Entgeltumwandlung unterschieden.

1 In ähnlicher Weise auch: Meissner/Veh, Leitfaden bAV: Die GGF-Versorgung Kompaktwissen für die Praxis, S. 67.

	Zu prüfender Sachverhalt	Zivilrechtliche Wirksamkeit relevant	Verstoß gegen § 6a (PensRSt), § 4d (UK) oder §§ 4b, 4c bzw. 4e (DV, PK, PF)	Verdeckte Gewinnausschüttung	betroffene Personen: alle (GGF und ArbN) bzw. nur GGF	Betroffene Durchführungswege (DFW)	Art der Finanzierung der bAV
1	**Gesellschafterbeschluss zur Neueinrichtung bzw. Änderung der bAV vorhanden?**	erforderlich, da ansonsten nichtig	erforderlich, da ansonsten auch keine steuerrechtliche Anerkennung		nur GF und GGF: sowohl beherrschend als auch nicht beherrschend	alle fünf DFW	sowohl arbeitgeberfinanziert als auch Entgeltumwandlung (EntgUmw)
2	**Gesellschafterbeschluss zur Verpfändung des Rückdeckungsinstrumentes?**	erforderlich, da Verpfändung ansonsten nichtig			nur GF und GGF: sowohl beherrschend als auch nicht beherrschend	Direktzusagen (DZ)	sowohl arbeitgeberfinanziert als auch EntgUmw
3	**Voraussetzungen der §§ 6a und 4d: Schriftform, keine Einbeziehung von gewinnabhängigen Bezügen, Mindestalter 23**		erforderlich bei §§ 6a und 4d		alle	DZ und UK	sowohl arbeitgeberfinanziert als auch EntgUmw; Besonderheit allerdings bei DZ: kein Mindestalter bei EntgUmw
4	**Voraussetzungen des § 6a: keine schädlichen Widerrufsvorbehalte, kein Verstoß gegen das Nachholverbot**		erforderlich bei § 6a		alle	DZ	sowohl arbeitgeberfinanziert als auch Entgeltumwandlung

	Zu prüfender Sachverhalt	Zivilrechtliche Wirksamkeit relevant	Verstoß gegen § 6a (PensRSt), § 4d (UK) oder §§ 4b, 4c bzw. 4e (DV, PK, PF)	Verdeckte Gewinnausschüttung	betroffene Personen: alle (GGF und ArbN) bzw. nur GGF	Betroffene Durchführungswege (DFW)	Art der Finanzierung der bAV
5	**Verbot von Gehalt und Rente gleichzeitig**			BFH ist gem. Urt. v. 23.10.2013 (I R 60/12 und I R 89/12) anderer Auffassung: Verstoß führt zur vGA, rel. demnach lediglich bei GGF FinVerw hat sich mit Schreiben v. 18.9.2017 angeschlossen	nur GGF (beherrschend und nicht beherrschend)	DZ und UK, sofern die GmbH die Versorgungsleistung auszahlt	sowohl arbeitgeberfinanziert als auch Entgeltumwandlung
6	**Alter zur Berechnung der PensRSt**			nach Auffassung des BFH jedoch ggf. vGA, sofern Mindestalter unterschritten (obiter dictum BFH v. 11.9.2013 – I R 72/12) BMF v. 9.12.2016	nur rel. für steuerrechtlich beherrschende GGF	DZ	sowohl arbeitgeberfinanziert als auch EntgUmw

	Zu prüfender Sachverhalt	Zivilrechtliche Wirksamkeit relevant	Verstoß gegen § 6a (PensRSt), § 4d (UK) oder §§ 4b, 4c bzw. 4e (DV, PK, PF)	Verdeckte Gewinnausschüttung	betroffene Personen: alle (GGF und ArbN) bzw. nur GGF	Betroffene Durchführungswege (DFW)	Art der Finanzierung der bAV
7	Überversorgung (75 %-Grenze bei endgehaltsunabhängiger Zusage)		betrifft den Betriebsausgabenabzug auf ArbG-Seite nach §§ 6a und 4d (BMF v. 3.11.2004)		alle	DZ und UK (vgl. BMF v. 3.11.2004, Rn. 7)	nur arbeitgeberfinanziert (BMF v. 3.11.2004, Rn. 18); gilt allerdings auch bei unbefristeter Gehaltsreduzierung (vgl. BFH v. 27.3.2001 - I R 56/11)
8	Unüblichkeit der Höhe der Zusage (75 %-Grenze bei endgehaltsabhängiger Zusage)			die Grundsätze zur Überversorgung (7) sind nach Auffassung der FinVerw. für gehaltsabhängige Zusagen wg. Unüblichkeit körperschafsteuerlich anzuwenden	beh. und nicht beherrschende GGF	DZ und UK	sowohl arbeitgeberfinanziert als auch EntgUmw.; unserer Auffassung nach nur arbeitgeberfinanziert
9	Nur-Pension		ist nach Auffassung des BFH (v. 28.4.2010 - I R 78/08) automatisch eine Überversorgung i. S. d. Nr. 7	die FinVerw war lange Zeit anderer Meinung (vgl. BMF v. 16.6.2008, BStBl. I 2008 S. 681) und ging von einer vGA aus, hat sich jedoch mittlerweile der Auffassung des BFH angeschlossen (vgl. BMF v. 13.12.2012, BStBl I 2013 S. 35)	alle (nach aktueller Rspr. des BFH)	DZ und UK	nur arbeitgeberfinanziert (BMF v. 3.11.2004, Rn. 18)

	Zu prüfender Sachverhalt	Zivilrechtliche Wirksamkeit relevant	Verstoß gegen § 6a (PensRSt), § 4d (UK) oder §§ 4b, 4c bzw. 4e (DV, PK, PF)	Verdeckte Gewinnausschüttung	betroffene Personen: alle (GGF und ArbN) bzw. nur GGF	Betroffene Durchführungswege (DFW)	Art der Finanzierung der bAV
10	**Angemessenheit der späteren bAV-Leistung**			Richtet sich ebenfalls nach der Grenze i. H. v. 75 % der Aktivbezüge (BFH v. 8.10.1986 - I R 220/82)	GGF	DZ und UK	sowohl arbeitgeberfinanziert als auch EntgUmw.; unserer Auffassung nach nur arbeitgeberfinanziert
11	**Angemessenheit der Gesamtvergütung**			zusätzlich zur isolierten Prüfung der Angemessenheit der gesamten bAV ist in einem zweiten Schritt die Angemessenheit der Gesamtheit aller Vergütungen zu prüfen; dabei treten die fiktive Jahresnettoprämie, die Zuwendungen bzw. Beiträge zu den übrigen Aktivbezügen hinzu (vgl. BMF vom 14.10.2002, BStBl I 2002 S. 972)	GGF	alle	sowohl arbeitgeberfinanziert als auch EntgUmw
12	**Ernsthaftigkeit**			eine vGA ist gegeben, wenn keine ausreichende Wahrscheinlichkeit besteht, dass die Gesellschaft aus der Versorgungszusage auch tatsächlich in Anspruch genommen wird	GGF	DZ	sowohl arbeitgeberfinanziert als auch EntgUmw

	Zu prüfender Sachverhalt	Zivilrechtliche Wirksamkeit relevant	Verstoß gegen § 6a (PensRSt), § 4d (UK) oder §§ 4b, 4c bzw. 4e (DV, PK, PF)	Verdeckte Gewinnausschüttung	betroffene Personen: alle (GGF und ArbN) bzw. nur GGF	Betroffene Durchführungswege (DFW)	Art der Finanzierung der bAV
13	**Probezeit**			Verstoß führt zur vGA; gem. BMF v. 14.12.2012 (BStBl I 2013 S. 58) und BFH v. 28.4.2010 - I R 78/08 liegt auch nach Ende der Probezeit weithin eine vGA vor; ein „Herauswachsen" ist für nach dem 29.7.2010 erteilte Zusagen nicht mehr möglich	GGF	unklar, nach Auffassung der FinVerw wohl alle DFW, u. E. ist eine Anwendung bei DV, PK, PF nicht gerechtfertigt; bei einer rückged. UK nur personenbezogene Probezeit	unklar, FinVerw wendet vGA tlw. sowohl bei arbeitgeberfinanziert als auch bei EntgUmw an; u. E. ist die Probezeit bei echter EntgUmw nicht anzuwenden
14	**Erdienbarkeit**			vGA bei Verstoß; gilt auch bei Hinterbliebenenversorgung (BFH v. 27.11.2013 - I R 17/13)	GGF • beherrschende GGF: 10-Jahres-Zeitraum • nicht beherrschende GGF: 3 Jahre, wenn bereits 12 Jahre Dienstzeit	unklar, nach Auffassung der FinVerw wohl alle DFW, u. E. ist eine Anwendung bei DV, PK, PF nicht gerechtfertigt	unklar, FinVerw wendet vGA tlw. sowohl bei arbeitgeberfinanziert als auch bei EntgUmw an; u.E. ist die Erdienbarkeit bei echter EntgUmw nicht zu prüfen
15	**Finanzierbarkeit**			vGA liegt vor, wenn die Bilanzierung des Anwartschaftsbarwerts zur insolvenzrechtlichen Überschuldung führt	GGF	wohl nur bei DZ	sowohl arbeitgeberfinanziert als auch EntgUmw

	Zu prüfender Sachverhalt	Zivilrechtliche Wirksamkeit relevant	Verstoß gegen § 6a (PensRSt), § 4d (UK) oder §§ 4b, 4c bzw. 4e (DV, PK, PF)	Verdeckte Gewinnausschüttung	betroffene Personen: alle (GGF und ArbN) bzw. nur GGF	Betroffene Durchführungswege (DFW)	Art der Finanzierung der bAV
16	**Unverfallbarkeit**			vGA kann nur entstehen, wenn der Betroffene tatsächlich vor Eintritt des Versorgungsfalles aus dem Unternehmen ausscheidet und seine rechtlich unverfallbare Anwartschaft größer ist als die aus steuerlicher Sicht oder wenn verfallbare Ansprüche ausgezahlt werden	nicht beherrschende GGF (nbGGF): hier gilt das „m/n-tel"-Verf. gem. § 2 Abs. 1 BetrAVG oder die Regeln des § 2 Abs. 5 bzw. 6 BetrAVG; beherrschende GGF: es gilt das „s/t-tel"-Verf., sodass die Anwartschaft geringer ist als beim nbGGF; ein Problem entsteht, wenn der GGF steuerrechtlich beherrschend (s/t-tel) arbeitsrechtlich aber nicht beherrschend (zwingend m/n-tel) ist	alle	sowohl arbeitgeberfinanziert als auch EntgUmw
17	**Nachzahlungsverbot**			bei Verstoß: vGA, soweit gegen das Nachzahlungsverbot verstoßen wurde	nur beherrschende GGF gem. R 36 Abs. 2 KStR	alle	sowohl arbeitgeberfinanziert als auch EntgUmw

893–900 *(Einstweilen frei)*

D. Beratungsbedarf bei bestehenden Direktzusagen

I. Reparaturbedarf

Ist die Versorgungszusage erst einmal eingerichtet, gerät diese im Rahmen der alltäglichen sonstigen Aufgaben des GGF schnell in Vergessenheit. Auch Versicherungsexperten und Steuerberater sind oftmals durch neu anstehende Aufgaben ausgelastet und vernachlässigen die bereits eingerichtete Versorgungszusage. Dabei ergeben sich im Zeitverlauf zwischen Zusageerteilung und Leistungsbeginn i. d. R. sowohl notwendige als auch zu empfehlende Änderungen der Versorgungszusage (und ggf. der Rückdeckung). 901

1. Anpassung an geänderte steuerrechtliche/rechtliche Vorschriften

Die optimale Beratung des GGF bei der Einrichtung der Versorgungszusage bedingt die Berücksichtigung der zu diesem Zeitpunkt gültigen rechtlichen und steuerrechtlichen Vorschriften. Dies reicht für die Gewährleistung der dauerhaften steuerlichen Anerkennung der Versorgungszusage allerdings nicht aus. Grund sind zum einen die sich ändernde Steuergesetzgebung, viel mehr aber die Auswirkungen der fortlaufenden finanzgerichtlichen Rechtsprechung sowie der Erlasse der FinVerw, die eine stetige Überprüfung der Versorgungszusage notwendig machen. Die langfristige steuerliche Anerkennung der Zusage kann folglich nur durch eine regelmäßige Überprüfung der Zusage sichergestellt werden. Ergibt eine solche turnusmäßige Überprüfung der Zusage einen Anpassungsbedarf, sollten Finanz- und Steuerberater in Zusammenarbeit sowohl die Zusage als auch ggf. die Rückdeckung entsprechend aktualisieren. 902

a) Unverfallbarkeitsregelung bei steuerrechtlich beherrschenden Gesellschafter-Geschäftsführern

Die steuerliche Wirksamkeit der Direktzusage des GGF erfordert – neben der Einhaltung der allgemeinen rechtlichen und steuerrechtlichen Voraussetzungen – auch die Berücksichtigung der von der finanzgerichtlichen Rechtsprechung anhand des Fremdvergleiches entwickelten besonderen körperschaftsteuerlichen Bedingungen für eine betriebliche Veranlassung (vgl. Rz. 754 ff.). Für steuerrechtlich beherrschende GGF kann neben der Verletzung des Fremdvergleichsgrundsatzes zusätzlich der Verstoß gegen das Nachzahlungs- bzw. Rückwirkungsverbot zu einer verdeckten Gewinnausschüttung führen. Auf- 903 grund der einem steuerrechtlich beherrschenden GGF möglichen alleinigen Entscheidungsgewalt fordert die Rechtsprechung für die steuerliche Wirksamkeit von Vereinbarungen zwischen der GmbH und dem beherrschenden GGF, dass diese im Vorhinein klar und eindeutig getroffen werden und nicht zurückwirken dürfen.

904 Hinsichtlich der Regelung der Unverfallbarkeit der Versorgungsanwartschaft in der Direktzusage des GGF hat die FinVerw mit koordiniertem Ländererlass v. 9.12.2002[1] Konsequenzen aus dem Nachzahlungs- bzw. Rückwirkungsverbot gezogen. Zunächst stellt das BMF klar, dass eine von § 1b Abs. 1 Satz 1 BetrAVG (die Versorgungsanwartschaft ist grds. erst nach fünf Jahren Betriebszugehörigkeit unverfallbar) abweichende sofortige Unverfallbarkeit der Versorgungsanwartschaft eines GGF nur insoweit betrieblich veranlasst ist, als diese im Zeitablauf ratierlich erdient wird (m/n-tel). Weiter führt das BMF aus, dass für steuerrechtlich beherrschende GGF aufgrund des Nachzahlungs- bzw. Rückwirkungsverbotes die Berechnung der unverfallbaren Anwartschaft für den Fall des vorzeitigen Ausscheidens nur auf den Zusagezeitpunkt zurückwirken darf (s/t-tel). Wirkt die Unverfallbarkeitsregelung bei vorzeitigem Ausscheiden des GGF dagegen auf den vor dem Zusagezeitpunkt liegenden Dienstbeginn zurück, ist i. H. d. Differenzbetrags (s/t-tel auf Zusagezeitpunkt zu m/n-tel auf Dienstbeginn) aufgrund der Verletzung des Nachzahlungs- bzw. Rückwirkungsverbotes und der damit verbundenen gesellschaftsrechtlichen Veranlassung der Unverfallbarkeitsregelung eine vGA gegeben. Insbesondere mit Urteilen v. 20.8.2003[2] und 5.3.2008[3] hat der BFH die Auffassung der FinVerw bestätigt.

PRAXISHINWEIS:

Diese durch das BMF und den BFH für die Einhaltung des Nachzahlungs- bzw. Rückwirkungsverbots für steuerrechtlich beherrschende GGF für notwendig erklärte Bezugnahme der Unverfallbarkeitsregelung auf den Zusagezeitpunkt gilt nur für die steuerrechtliche Betrachtung. Zivilrechtlich behält eine davon abweichende, auf den Dienstbeginn abstellende, Unverfallbarkeitsregelung im Fall des vorzeitigen Ausscheidens des GGF ihre Gültigkeit. Folglich steht dem GGF bei entsprechend vereinbarter Unverfallbarkeitsregelung im Falle des vorzeitigen Ausscheidens zivilrechtlich der auf den Dienstbeginn berechnete Anteil seiner Pensionsanwartschaft zu. Steuerrechtlich wird jedoch nur der auf den Zusagezeitpunkt berechnete s/t-tel Wert anerkannt. Für den Fall, dass die Zusage nachträglich erhöht worden ist und die Erhöhungsbeträge neu zu erdienen sind (keine Anpassung an gestiegene Lebenshaltungskosten), ist zu berücksichtigen, dass der steuerrechtlich beherrschende GGF den Erhöhungsbestandteil steuerlich erst

1 BMF v. 9.12.2002, BStBl 2002 I S. 1393.

2 BFH v. 20.8.2003 - I R 99/02, NWB IAAAB-15368.

3 BFH v. 5.3.2008 - I R 12/07, BStBl 2015 II S. 409.

ab dem Erhöhungszeitpunkt erdienen kann. Somit ist für die Bestimmung der steuerlichen s/t-tel-Anwartschaft zwingend eine Baustein-Rechnung vorzunehmen. Dabei sind für die Erstzusage und die jeweiligen Erhöhungen die s/t-tel-Berechnungen separat vorzunehmen und anschließend zusammenzurechnen.

Der Differenzbetrag stellt keine Lohnanwartschaft dar, sondern ein Anrecht des GGF auf Auszahlung eines (verdeckten) Gewinnanteiles. Diese Begünstigung des GGF kommt jedoch nur bei dessen vorzeitigem Ausscheiden zum Tragen. Denn aufgrund des für die Steuerbilanz gem. § 6a EStG zwingend anzuwendenden und auf den Dienstbeginn rechnenden Teilwertverfahrens wirkt sich die Begünstigung des GGF nur bei dessen vorzeitigem Ausscheiden in Form einer zu diesem Zeitpunkt zu hohen Pensionsrückstellung bilanziell aus. Die Gewinnminderung durch die zu hohe Pensionsrückstellung ist allerdings bei der GmbH als vGA außerbilanziell durch eine entsprechende Hinzurechnung zum GmbH-Gewinn zu korrigieren. Für den GGF stellt erst die zum Versorgungszeitpunkt zufließende Leistung aus der Direktzusage i. H. d. Differenzbetrages Einkünfte aus Kapitalvermögen dar.

Um die damit verbundenen negativen Auswirkungen auf den Gewinn der GmbH zu vermeiden, sollten Zusagen an steuerrechtlich beherrschende GGF, die eine Unverfallbarkeitsregelung für das vorzeitige Ausscheiden mit Bezugnahme auf den Dienstbeginn beinhalten, insoweit geändert werden. Bestehende Direktzusagen sollten daher wie folgt geprüft und ggf. angepasst werden:

- steuerrechtliche Statusfeststellung des GGF zum Zusage- bzw Erhöhungszeitpunkt, da nur steuerrechtlich beherrschende GGF vom Nachhol- bzw. Rückwirkungsverbot betroffen sind (vgl. Rz. 99 ff.),
- sofern der GGF zum Zusage- bzw. Erhöhungszeitpunkt steuerrechtlich beherrschend war, Prüfung, ob sich die Höhe der unverfallbaren Anwartschaft bei vorzeitigem Ausscheiden auf einen vor dem Zusage- bzw. Erhöhungszeitpunkt liegenden Zeitpunkt berechnet,
- Gesellschafterbeschluss und Änderung der Unverfallbarkeitsregelung der Direktzusage in s/t-tel.

Die Anpassung der Unverfallbarkeitsregelung der Direktzusage an die steuerlich zulässigen Rahmenbedingungen bewirkt für den GGF im Falle des vorzeitigen Ausscheidens auch eine Minderung der ihm zivilrechtlich zustehenden Anwartschaft. Fraglich ist daher, ob die Zustimmung des GGF zu dieser Reduzierung seiner Rechte für den Fall des vorzeitigen Ausscheidens eine verdeckte Einlage (vgl. Rz. 1023 ff.) darstellt. Hierfür ist die gesellschaftsrechtlich bedingte Zuwendung eines einlagefähigen Vermögensvorteils durch den GGF notwendig. Zu berücksichtigen ist, dass die Zusageänderung erst im Fall des vorzeitigen Ausscheidens des GGF die für einen einlagefähigen Vermögensvorteil notwendige Vermögensmehrung[1] der GmbH bewirkt. Zuvor hat die Änderung der Unverfallbarkeitsregelung aufgrund des unverändert auf den Dienst- 905

1 H 8.9 „Einlagefähiger Vermögensvorteil" KStH 2015.

beginn wirkenden Teilwertverfahrens des § 6a EStG keine Auswirkung auf die Höhe der Pensionsrückstellung. Erst im Falle des Ausscheidens des GGF führt die geänderte, auf den Zusagezeitpunkt wirkende, Unverfallbarkeitsregelung zu einer verminderten Anwartschaft des GGF und somit zu einer niedrigeren verbleibenden Pensionsrückstellung.

906 Zudem ist neben der Einlage eines einlagefähigen Vermögensvorteils die gesellschaftsrechtliche Veranlassung der Verzichtshandlung unabdingbare Voraussetzung für eine verdeckte Einlage. Veranlassung für das Einverständnis des steuerrechtlich beherrschenden GGF zur Änderung der Unverfallbarkeitsregelung ist jedoch nicht das Gesellschaftsverhältnis, sondern die Auffassung der FinVerw und des BFH zu den steuerrechtlichen Folgen des Nachzahlungs- bzw. Rückwirkungsverbotes. Stimmt der GGF der Änderung der Direktzusage nicht zu, führt dies im Falle des vorzeitigen Ausscheidens bezogen auf den durch die m/n-tel-Regelung auf den Diensteintritt zusätzlich verbleibenden Anwartschaftsteil zwangsläufig zu einer verdeckten Gewinnausschüttung. Vor diesem Hintergrund kann dem GGF u. E. keine gesellschaftsrechtliche Veranlassung unterstellt werden, wenn er durch ein Verhalten gerade eine gesellschaftsrechtlich veranlasste Zahlung an ihn verhindert und damit letztlich so handelt, wie es von einem Geschäftsführer erwartet wird, der den ihm als ordentlichen Geschäftsführer obliegenden Sorgfaltspflichten[1] nachkommt, indem er seine Versorgungszusage an die maßgebenden steuerrechtlichen Vorschriften anpasst.

PRAXISHINWEIS:

Auch für die Zusage einer bAV an eine dem steuerrechtlich beherrschenden GGF nahestehende Person ist die Einhaltung des Nachzahlungs- bzw. Rückwirkungsverbotes grds. zu berücksichtigen.[2] Grund ist die dem GGF mögliche Einflussnahme auf die Vergütung und somit die bAV der ihm nahestehenden Person. Folglich wäre auch hier für die bAV das Erdienen von Anwartschaften und dem folgend die Unverfallbarkeitsregelung auf den Zusagezeitpunkt zu begrenzen. Dem steht jedoch für arbeitsrechtlich nicht beherrschende Arbeitnehmer die Vorschrift des § 2 Abs. 1 Satz 1 BetrAVG entgegen, die für den Fall des Ausscheidens die Berechnung der Höhe der unverfallbaren Anwartschaft auf den Dienstbeginn vorschreibt. Da diese Regelung des BetrAVG nicht rechtswirksam zuungunsten des Arbeitnehmers eingeschränkt werden kann, ist in diesen Fällen aus der Unverfallbarkeitsberechnung auf den Dienstbeginn selbst im Rahmen des Fremdvergleichs keine gesellschaftsrechtliche Veranlassung zu folgern. Vielmehr ist darauf zu achten, dass die Erteilung der bAV dem Grunde nach einem internen und ggf. externen Fremdvergleich standhält.

1 § 43 Abs. 1 GmbHG; siehe auch R 6a Abs. 4 Nr. 2 Buchst. c EStR.

2 R 8.5 Abs. 1 Satz 3 und Abs. 2 KStR 2015.

b) (Fehlende) Abfindungsklauseln

Besitzt der GGF aus einer Direktzusage die Anwartschaft auf eine lebenslange Altersrente und soll diese ggf. zum späteren Rentenbeginn oder sogar in der Anwartschaftsphase abgefunden werden, ist ein Blick in die Zusage unerlässlich. Mit Urteil v. 11.9.2013 hat der I. Senat des BFH[1] die Praxis hinsichtlich der Kapitalabfindung von Rentenanwartschaften (steuerrechtlich beherrschender) GGF stark verunsichert. Der BFH sieht im Falle einer in der Zusagevereinbarung fehlenden Abfindungsklausel eine im laufenden Dienstverhältnis erfolgende Abfindung nicht als Leistung im Sinne der Zusage und wertet sie daher als vGA. Die in der Urteilsbegründung folgenden Ausführungen stellen ebenso die Abfindung bei vorzeitigem Ausscheiden und zum Rentenbeginn in Frage, sofern keine Abfindungsklausel vorhanden ist. Zudem verunsichert der BFH hinsichtlich der für eine betriebliche Veranlassung der Abfindung notwendigen Beweggründe. 907

Soll als Reaktion auf die neue BFH-Rechtsprechung eine Abfindungsklausel (nachträglich) in die Zusage aufgenommen werden, müssen bei der Ausgestaltung der Abfindungsklausel allerdings bestimmte Mindestvoraussetzungen eingehalten werden, um die Rückstellungsbildung in der Steuerbilanz nicht zu gefährden. Die Einhaltung dieser Mindestvoraussetzungen wiederum würde bei Abfindung der Anwartschaft des GGF bei vorzeitigem Ausscheiden zur teilweise gesellschaftsrechtlichen Veranlassung der Abfindung führen. Zudem muss die nachträgliche Aufnahme einer Abfindungsklausel für die Abfindung zum Rentenbeginn rechtzeitig vor dem frühestmöglichen Rentenbeginn erfolgen, um eine gesellschaftsrechtliche Veranlassung auszuschließen. Hinsichtlich der für die verschiedenen Abfindungsmöglichkeiten (im laufenden Dienstverhältnis, bei vorzeitigem Ausscheiden, zum Rentenbeginn) im Detail zu berücksichtigenden Faktoren und möglicher Schlussfolgerungen für die Praxis s. Rz. 1176 ff. 908

c) Rechtswirksame Verpfändung einer Rückdeckungsversicherung

Das OLG Düsseldorf hat mit einer Entscheidung v. 23.4.2009[2] sowohl Steuerberater als auch bAV-Vermittler in Unruhe versetzt. Die zivilrechtliche Wirksamkeit der Verpfändung einer Rückdeckungsversicherung zu einer Direktzusage an den Geschäftsführer setzt danach voraus, dass die Gesellschafter- 909

1 BFH v. 11.9.2013 - I R 28/13, BStBl 2014 II S. 726.

2 OLG Düsseldorf v. 23.4.2009 - I 6 U 58/08, ZInsO 2009 S. 1599.

versammlung der GmbH der Verpfändung der Rückdeckungsversicherung zugestimmt hat.

910 Mit Urteil v. 25.3.1991[1] hatte der BGH bereits klargestellt, dass die Gesellschafterversammlung einer GmbH grds. für die Begründung, jegliche Änderung und die Aufhebung des Dienstvertrags des Geschäftsführers zuständig ist. Das BMF[2] führte darauf aufbauend aus, dass die zivilrechtliche Wirksamkeit der Vergütungsvereinbarung des Geschäftsführers unabdingbare Voraussetzung für deren steuerliche Anerkennung ist. Da die Einrichtung oder Änderung eine Versorgungszusage auch eine Änderung des Anstellungsvertrags des GGF darstellt, ist folglich auch die Erteilung oder Änderung einer Direktzusage für den Geschäftsführer von der Gesellschafterversammlung über einen Beschluss zu genehmigen. Nach Auffassung des OLG Düsseldorf[3] trifft dies ebenso auf die Verpfändung der Rückdeckungsversicherung zu. Grund sei eine durch die Verpfändung der Rückdeckungsversicherung erzielte Insolvenzsicherung und somit gesteigerte Qualität der Versorgungszusage selbst. Dadurch habe die Verpfändung einen über die Versorgungszusage als solche hinausgehenden Entgeltcharakter.

911 In Folge des Urteils des OLG Düsseldorf sind bestehende Verpfändungen von Rückdeckungsversicherungen zu einer Direktzusage auf einen gültigen Gesellschafterbeschluss hin zu prüfen – dies insbesondere bei arbeitsrechtlich beherrschenden GGF aufgrund des fehlenden gesetzlichen Insolvenzschutzes (s. Rz. 91 ff.). Oftmals umfasst die zur Erteilung der Direktzusage ergangene Zustimmung der Gesellschafterversammlung auch den Abschluss und die Verpfändung der Rückdeckungsversicherung. Ist dies nicht der Fall, ist die zivilrechtliche Wirksamkeit der Verpfändung durch einen zusätzlichen Beschluss der Gesellschafterversammlung sicherzustellen.

912 Durch die Sicherstellung der rechtswirksamen Verpfändung der Rückdeckungsversicherung wird neben der Insolvenzsicherung der Pensionsansprüche des GGF auch die handelsrechtliche Saldierungsfähigkeit der Rückdeckungsversicherung mit der Pensionsrückstellung sichergestellt.[4]

913 Die Verpfändung einer Rückdeckungsversicherung zu einer Unterstützungskassenzusage des Geschäftsführers einer GmbH ist von der Entscheidung des

1 BGH v. 25.3.1991 - II ZR 169/90, DB 1991 S. 1065.

2 BMF v. 16.5.1994, BStBl 1994 I S. 868; ergänzt durch FinMin NW S 2742 42 V B 4 (koordinierter Ländererlass) v. 21.12.1995, BStBl 1996 I S. 50.

3 Vom 23.4.2009, a. a. O.

4 § 246 Abs. 2 Satz 2 HGB; IDW HFA RS 30, WPg 2/2017 S. 68, Rz. 22 und 23.

OLG dagegen nicht betroffen. Zwar muss die Zusage selbst als Voraussetzung für ihre zivil- wie steuerrechtliche Wirksamkeit zuvor von der Gesellschafterversammlung beschlossen werden. Die Rückdeckungsversicherung jedoch wird von der Unterstützungskasse, nicht von der GmbH abgeschlossen. Die Gesellschafterversammlung der GmbH ist hier nicht zuständig.

PRAXISHINWEIS:

Oftmals wird davon ausgegangen, dass das Urteil des OLG Düsseldorf nur für den GGF Bedeutung hat. Anders als bei der Frage einer verdeckten Gewinnausschüttung geht es hier jedoch nicht um die gesellschaftsrechtliche Veranlassung, sondern um die zivilrechtliche Wirksamkeit. Die Zuständigkeit der Gesellschafterversammlung einer GmbH erstreckt sich folglich auf die Belange des Organs, also des Geschäftsführers. Ob der Geschäftsführer zugleich Gesellschafter der GmbH ist, ist irrelevant. Folglich ist auch bei Geschäftsführern, die nicht zugleich Gesellschafter der GmbH sind, auf die Zuständigkeit der Gesellschafterversammlung hinsichtlich (einer Änderung) der Versorgungszusage oder der Verpfändung der Rückdeckungsversicherung zu einer Direktzusage zu achten.

(Einstweilen frei) 914–919

2. Gestaltungsfehler beheben

a) Zeitgleicher Bezug von Gehalt und Pension

Die Thematik ist in der Praxis von erheblicher Bedeutung, weil nicht wenige 920
GGF über die in der Pensionszusage vorgesehene Altersgrenze oder die eingetretene Invalidität hinaus für ihr Unternehmen weiterarbeiten. Die Gründe dafür sind vielfältig: Nicht loslassen können gehört ebenso dazu wie Nachfolge-Probleme, die Unterdotierung der vereinbarten Direktzusage bzw. der Zusage über eine pauschaldotierte Unterstützungskasse oder schlichtweg der Mangel an typischen privaten Renten-, Wertpapier- oder Vermietungseinkünften. Dabei stellt sich die Frage ob die Pensionsordnung bzw. der Leistungsplan bzw. ein späterer Nachtrag zusätzlich zum Erreichen der Altersgrenze bzw. des Invaliditätsereignisses das Ausscheiden aus dem Dienstverhältnis fordern sollten oder nicht, da je nach Existenz oder Mangel eines solchen Ausscheidepassus unterschiedliche zivil- und steuerrechtliche Folgen eintreten. In diesem Zusammenhang geht es in steuerrechtlicher Hinsicht um die Behandlung der bAV im Jahresabschluss, aber auch um das mögliche Entstehen einer vGA oder einer verdeckten Einlage. Dabei spielt der gewählte Durchführungsweg ebenso eine Rolle wie die konkrete Formulierung der Vereinbarungen. Die Sache ist sehr komplex und erfordert daher eine ausführliche Würdigung. Diesem Bereich wurde deshalb das gesamte Kapitel XI gewidmet, auf das i. Z. m. mit jener Problematik verwiesen wird.

b) Verschiebung der Fälligkeit der Versorgungsleistung

921 In der Mehrzahl der Direktzusagen tritt der Versorgungsfall „Alter" mit Vollendung des 65. Lebensjahres und Ausscheiden aus den Diensten der GmbH (Ausscheidepassus) ein. Mit Eintritt des Versorgungsfalles wird die Versorgungsleistung fällig, sofern kein anderer Fälligkeitstermin vereinbart ist. Somit fließt die Versorgungsleistung dem GGF steuerrechtlich i. d. R. in einem Veranlagungszeitraum zu, in dem noch weitere Aktivbezüge aus der Geschäftsführertätigkeit bezogen werden. Dies führt bereits bei laufenden, besonders aber im Falle von Kapitalleistungen bzw. einer Kapitalabfindung, zusammen mit weiteren Einkünften des GGF und ggf. der Einkünfte seiner mit ihm zusammenveranlagten Ehefrau, zu einer erheblichen Ertragsteuerbelastung der Versorgungsbezüge. Unter Berücksichtigung der meist hohen Aktivbezüge des GGF reichen insbesondere im Jahr einer einmaligen Kapitalzahlung wenige Monate aktiver Tätigkeit aus, um schon den ersten Euro der Kapitalleistung der Versorgungsbezüge mit dem Spitzensteuersatz von 42 % bzw. 45 % zu belegen. Als weiterer negativer Aspekt tritt bei einmaligen Leistungen hinzu, dass die Fünftelregelung,[1] die aufgrund der Bündelung der Versorgungsbezüge für eine Progressionsglättung sorgen soll, dann häufig ins Leere läuft.

922 Dem kann entgegengewirkt werden, indem der GGF bei Bestehen des Ausscheidepassus bis zum 1.1. des Folgejahres in den Diensten der Gesellschaft verbleibt und somit den Versorgungsfall ins nächste Jahr schiebt. Ist dies nicht gewünscht, z. B. weil der Verkauf der GmbH-Anteile noch im aktuellen Jahr durchgeführt werden soll und der Erwerber die GmbH zwingend zuvor von der Versorgungsverpflichtung befreit wissen möchte, ist diese Möglichkeit nicht gegeben. Zudem würde durch das spätere Ausscheiden des GGF aus den Diensten der GmbH der Barwert der Rentenansprüche und folglich der mögliche Abfindungsbetrag sinken.

923 Hier eröffnet das BFH-Urteil v. 11.11.2009[2] eine Gestaltungsmöglichkeit zur Verringerung der Ertragsteuerbelastung des Abfindungsbetrages. Nach Auffassung des VI. Senats führt die Verschiebung des Fälligkeitszeitpunktes einer Lohnforderung selbst nicht zum Zufluss derselben, solange die Vereinbarung vor der eigentlichen Fälligkeit der Lohnforderung erfolgt. Der BFH führt in der Urteilsbegründung aus, dass die für den steuerlichen Zufluss notwendige wirtschaftliche Verfügungsmacht so lange nicht gegeben ist, solange der Gläubiger (GGF) nicht ohne weiteres Zutun des Schuldners (der GmbH) die Möglich-

1 § 34 Abs. 1 i. V. m. § 34 Abs. 2 Nr. 4 EStG.

2 BFH v. 11.11.2009 - IX R 14/09, NWB MAAAD-41340.

keit hat, den Leistungserfolg herbeizuführen. So stellt auch die in beiderseitigem Einvernehmen erfolgende Verschiebung der Fälligkeit der Versorgungsleistung keine Verfügung des GGF über seine Pensionsanwartschaft dar.

Ein Gestaltungsmissbrauch i. S. d. § 42 AO sei auch nicht gegeben, da die steu- 924
erlich motivierte unterschiedliche Terminierung von Versorgungsfall und Fälligkeit auch schon bei Zusageerteilung möglich und statthaft ist. Daher könne die diesbezügliche spätere, im beidseitigen Einvernehmen erfolgende, Änderung der ursprünglichen Zusage ebenso keinen Gestaltungsmissbrauch darstellen. Die steuerrechtliche Gültigkeit der Fälligkeitsverschiebung einer Tantieme bestätigt der VI. Senat des BFH[1] und weist darauf hin, dass zivilrechtlich gültige Regelungen in einem Anstellungsvertrag zwischen einem beherrschenden GGF und „seiner" GmbH grds. auch im Steuerrecht gültig sind.

Für die Versorgungsanwartschaft aus einer Direktzusage bedeutet dies, dass 925
GmbH und GGF bis kurz vor Fälligkeit des Versorgungsanspruches die Fälligkeit der Lohnforderung ins nächste Kalenderjahr schieben können. Der Wegfall der Aktivbezüge im Folgejahr führt zu einer Reduzierung der restlichen, ohne Berücksichtigung der Abfindung, vorhandenen Einkünfte des GGF. Können diese Einkünfte auf diesem Wege und ggf. durch weitere Gestaltungsmöglichkeiten außerhalb der Pensionsanwartschaft so weit reduziert werden, dass der letzte Euro mit einem Steuersatz unterhalb des Spitzensteuersatzes von 42 % bzw. 45 % belegt wird, kommt die Fünftelungsregelung für die Kapitalabfindung zum Tragen.

BEISPIEL: GGF A, verheiratet, (12.000 € mtl. Festgehalt) vollendet am 1.11.2020 sein 65. Lebensjahr und scheidet aus den Diensten der A-GmbH aus. Um seinen Sohn als Nachfolger nicht über Gebühr zu belasten, übt er die in seiner Direktzusage enthaltene Kapitaloption i. H. v. 200.000 € aus. Sein Steuerberater muss ihm leider mitteilen, dass aufgrund von Aktiveinkünften (Gehalt bis Oktober 2020) i. H. v. 120.000 €, Einkünften aus Vermietung und Verpachtung i. H. v. 72.000 € und einer gesetzlichen Rente seiner Ehefrau i. H. v. 10.000 € (steuerpflichtiger Anteil 8.000 €) trotz annahmegemäß 16.102 € an Sonderausgaben gem. § 10 EStG und Werbungskostenpauschalen gem. § 9a EStG die Fünftelungsregelung auf seine Abfindung keine Auswirkung hat (Belastung der Kapitalabfindung mit Einkommensteuer 42 % und Solidaritätszuschlag = 88.620 €).

HANDLUNGSEMPFEHLUNG: Der Steuerberater des GGF A rät im Vorfeld des Ausscheidens, per Gesellschafterbeschluss und Ergänzung der Zusage die Fälligkeit der Ver-

1 BFH v. 3.2.2011 - VI R 66/09, BStBl 2014 II S. 491.

sorgungsleistung auf den 1.1.2021 zu verlegen. Daraus ergeben sich folgende steuerlichen Konsequenzen im Jahr 2021:[1]

		ESt + SolZ
Einkünfte aus VuV	72.000 €	
gesetzliche Rente Ehefrau	8.000 €	
Einkünfte	80.000 €	
abzgl. Sonderausgaben und Werbungskosten	16.102 €	
zu versteuerndes Einkommen ohne Kapitalleistung bzw. Steuer	63.898 €	12.217 €
+ 1/5 Kapitalabfindung	40.000 €	
zu versteuerndes Einkommen	103.898 €	27.238 €
Einkommensteuer auf 1/5 Kapitalabfindung		15.021 €
x 5 = **Steuerbelastung Kapitalabfindung nur mit ESt**		**75.105 €**
Gesamtsteuerbelastung Einkommensteuer und SolZ		**87.322 €**

Durch die Fälligkeitsverlegung spart der GGF A 13.515 € Einkommensteuer und SolZ (88.620 € minus 75.105 €).

926 Egal, ob die Fünftelregelung, wie im obigen Beispiel, durch die Fälligkeitsverlegung steuermindernd auf die Kapitalabfindung wirkt oder trotz Fälligkeitsverlegung das zu versteuernde Einkommen hierfür noch zu hoch ist, ergibt sich durch den Abschluss einer Basisrentenversicherung i. S. v. § 10 Abs. 1 Nr. 2 Buchst. b EStG eine weitere Gestaltungsmöglichkeit, um Steuervorteile zu erzielen und zudem die Altersversorgung des GGF zu verbessern – zumal die für die Altersversorgung des GGF ursprünglich geplante lebenslange Altersrente aus der Versorgungszusage durch die Kapitalabfindung weggefallen ist.

927 Der Beitrag zu einer Basisrentenversicherung ist i. H. d. absetzbaren Teils[2] als Sonderausgaben bei der Ermittlung des zu versteuernden Einkommens abzuziehen. Für den Veranlagungszeitraum 2020 (2021) sind 90 % (92 %) des Beitrages abziehbar. Dabei ist jedoch zwingend zu beachten, dass der Höchstbetrag für alle Schicht-I-Aufwendungen nicht überschritten wird (Betrag i. H. d. Höchstbeitrags zur knappschaftlichen Rentenversicherung für Ledige und i. H. d. doppelten Betrags für zusammen veranlagte Ehegatten).

1 Annahme: Keine Veränderung der Einkünfte und steuerrelevanten Abzugsbeträge zu 2020.
2 § 10 Abs. 3 Sätze 3 bis 7 EStG.

PRAXISHINWEIS:

Die Einhaltung des Höchstbetrages für die Basisrentenbeiträge sollte durch den Berater aus Haftungsgründen zwingend beachtet werden, denn anders als bei den Regelungen für Direktversicherung, Pensionskasse, Pensionsfonds oder Riesterrente führen steuerlich ungeförderte Beiträge nicht zu einer entsprechend gemilderten Besteuerung der Leistung (vgl. Rz. 172). Diese sind vielmehr ungeachtet der tatsächlichen Förderung mit dem Besteuerungsanteil gem. § 22 Nr. 1 Satz 3 Buchst. a Doppelbuchst. aa EStG steuerpflichtig.

Der steuerlich abziehbare Teil des Basisrentenbeitrages mindert das sonstige 928
(ohne Berücksichtigung der Kapitalabfindung) zu versteuernde Einkommen nochmals, so dass auch das diesem sonstigen Einkommen fiktiv hinzuzurechnende Fünftel der Kapitalabfindung entsprechend dem progressiven Einkommensteuertarif[1] niedriger besteuert wird. Der Durchschnittssteuersatz auf dieses Fünftel der Kapitalabfindung sinkt. Da nun zur Bemessung der Steuerbelastung der Kapitalabfindung die auf das fiktive Fünftel entfallende Einkommensteuer mal fünf multipliziert wird, verfünffacht sich der durch die Abzugsfähigkeit des Basisrentenbeitrages normalerweise zu erzielende Steuervorteil. Je geringer die sonstigen Einkünfte des GGF sind, desto stärker greift dieser Effekt der Fünftelregelung. Daher sollten alle weiteren möglichen Maßnahmen zur Reduzierung des zu versteuernden Einkommens in diesem Jahr genutzt werden.

Zu berücksichtigen ist ein weiterer Zusammenhang zwischen der Fälligkeits- 929
verschiebung der Kapitalabfindung und der Höhe des steuerlich abziehbaren Basisrentenbeitrages. Zur Gleichstellung mit rentenversicherungspflichtigen Personen, für die der Höchstbetrag für Schicht-I-Beiträge (Betrag i. H. d. Höchstbeitrags zur knappschaftlichen Rentenversicherung für Ledige und i. H. d. doppelten Betrags für zusammen veranlagte Ehegatten) bereits durch die auch vom Arbeitgeber mitfinanzierten Beiträge zur gesetzlichen Rentenversicherung belegt ist, wird der Höchstbetrag für nicht rentenversicherungspflichtige GGF, die in dem zu betrachtenden Veranlagungszeitraum eine Anwartschaft auf bAV der GmbH besitzen, um einen fiktiven Beitrag zur gesetzlichen Rentenversicherung gekürzt. Dabei ist die Bemessungsgrundlage das Aktivgehalt des GGF, begrenzt auf die BBG Ost (77.400 € in 2020).[2]

Durch die Fälligkeitsverlegung der Kapitalabfindung passiert im obigen Bei- 930
spielsfall aus Rz. 925 Folgendes:

1 § 32a Abs. 1 EStG.

2 § 10 Abs. 3 Satz 3 Nr. 1 Buchst. b EStG; BMF v. 24.5.2017, BStBl 2017 I S. 820, Rz. 63.

FORTFÜHRUNG DES BEISPIELS AUS RZ. 925: ▸ Der GGF ist in 2020 aus den Diensten der GmbH ausgeschieden, besitzt also in 2021 kein Dienstverhältnis mehr mit der GmbH.

Die Anwartschaft auf bAV wurde in 2020 durch die Vereinbarung einer Kapitalleistung (fällig in 2021) abgefunden. Es besteht also in 2021 auch keine Anwartschaft auf bAV mehr, sondern nur noch eine Auszahlungsforderung des GGF.

Folglich sind in 2021 die Tatbestandsmerkmale für die Kürzung des Höchstbetrages für Schicht-I-Aufwendungen nicht mehr gegeben. Der GGF kann den vollen steuerlichen Höchstbetrag in die Basisrente investieren.

Ohne Verlegung der Fälligkeit der Auszahlung der Kapitalabfindung ins Jahr 2021 wäre nicht nur die Fünftelregelung wirtschaftlich gesehen ins Leere gegangen, sondern dem GGF hätte auch nur ein um 14.954 € geringerer Höchstbetrag zum Abzug von Basisrentenbeiträgen im Bereich der Sonderausgaben zur Verfügung gestanden (80.400 € x 18,6 % = 14.954 €).

ERWEITERUNG BEISPIEL ▸ Der GGF A schließt 2021 eine Basisrentenversicherung mit einem Einmalbeitrag von 51.574 € ab. Es ergibt sich folgende Auswirkung auf die Einkommensteuer des Ehepaares A in 2021.[1]

		ESt + SolZ
Einkünfte aus VuV:	72.000 €	
GRV Ehefrau steuerpflichtig (Annahme: keine Rentenanpassung gegenüber 2020)	8.000 €	
Einkünfte	80.000 €	
abzgl. Sonderausgaben und Werbungskosten	16.102 €	
abzgl. Basisrentenbeitrag 51.574 €[2] x 92 %	47.448 €	
zu versteuerndes Einkommen	16.450 €	0 €
+ 1/5 Kapitalabfindung	40.000 €	
zu versteuerndes Einkommen	56.450 €	9.816 €
Einkommensteuer + SolZ auf 1/5 Kapitalabfindung		9.816 €
x 5 = **Steuerbelastung Kapitalabfindung**		**49.080 €**
Gesamtsteuerbelastung		**49.080 €**
Steuervorteil durch Basisrente (87.322 zu 52.825)		**38.242 €**

1 Annahme: Keine Veränderung der Einkünfte und steuerrelevanten Abzugsbeträge zu 2020.

2 Es ist davon auszugehen, dass der Basisrentenbeitrag in 2020 den Betrag des Höchstbeitrags zur knappschaftlichen Rentenversicherung nicht übersteigt.

c) Gestaltung eines Kapitalwahlrechts mit Ratenzahlung

Zusagen auf bAV über eine Direktzusage oder eine Unterstützungskasse bieten dem Versorgungsberechtigten als Altersversorgung häufig eine lebenslange Rentenleistung mit der Option auf eine einmalige Kapitalleistung. Für die versicherungsförmigen Durchführungswege ist die lebenslange Rentenleistung oder ein Auszahlungsplan mit anschließender Teilkapitalverrentung ab spätestens dem 85. Lebensjahr als originäre Leistung zwingend,[1] nur über eine Direkt- oder Unterstützungskassenzusage ist auch eine reine Kapitalzusage möglich. Ist bei einer Direktzusage von Anfang an bzw. zum Rentenbeginn eine Einmalkapitalauszahlung gewünscht, kann dies eine hohe ertragsteuerliche Belastung mit sich bringen, und zwar insbesondere dann, wenn die zu hohen sonstigen Einkünfte des GGF im Jahr der Kapitalleistung keine Progressionsglättung durch die Fünftelregelung des § 34 Abs. 1 EStG zulassen. 931

In diesem Fall kann ein in der Zusage enthaltenes Wahlrecht zur Auszahlung der Kapitalleistung in Raten steuerlich von Vorteil sein.[2] Dabei wird neben der vereinbarten Möglichkeit der Einmalauszahlung der Kapitalleistung das optionale Recht des GGF vereinbart, die Auszahlung des Kapitals in X Raten zu erhalten. Zusätzlich kann in der Versorgungszusage eine marktgerechte Verzinsung des in der Ratenzahlungsphase jeweils noch ausstehenden Restkapitals vereinbart werden. Wesentlich für die arbeitsrechtliche und steuerrechtliche Beurteilung ist, dass das Recht des GGF auf die Kapitalleistung zu Beginn der Ratenzahlungsphase in voller Höhe erdient und als unbedingter Anspruch erstarkt ist. Lediglich die Fälligkeit der Kapitalleistung entsteht mit Ausübung der Option ratierlich zum jeweiligen Ratenzahlungszeitpunkt. Folglich stehen im Todesfall des GGF während der Ratenzahlungsphase die noch ausstehenden Raten den gesetzlichen Erben des GGF zu. 932

Weder im Falle einer schon in der Direktzusage fest vereinbarten Ratenzahlung noch im Falle der Wahl der Ratenzahlung (kurz) vor Rentenbeginn fließt dem GGF der Kapitalwert der Zusage zu Beginn der Ratenzahlungsphase steuerlich zu. Ist die Ratenzahlung in der Zusage fest vereinbart, stehen dem GGF von vornherein erst die jeweils fällig werden Ratenzahlungen zu. Ein steuerlicher Zufluss ist mangels wirtschaftlicher Verfügungsmöglichkeit über die aus- 933

1 § 3 Nr. 63 Satz 1 mit Verweis auf § 82 Abs. 2 Satz 2 EStG; BMF v. 6.12.2017, BStBl 2018 I S. 147, Rz. 34, wonach die Zusage neben der lebenslangen Rente bzw. dem Auszahlungsplan auch die Möglichkeit eines 100 %-igen Kapitalwahlrechts, welches nicht außerhalb des letzten Jahres vor dem vertraglich vorgesehenen Beginn der Altersversorgungsleistung ausübbar ist, vorsehen kann.

2 Vgl. Pradl, Pensionszusagen an GmbH-Geschäftsführer, 4. Aufl. 2019, Rz. 731 ff.

stehenden Raten nicht gegeben. Auch im Falle der Ausübung der Option Ratenzahlung vor Rentenbeginn und somit vor Fälligkeit der ersten Rentenzahlung stellt diese Veränderung der Auszahlungsform der Altersleistung keine steuerlich relevante Verfügung über die dem GGF zustehende Anwartschaft, sondern eine steuerlich zulässige Fälligkeitsverschiebung dar.[1]

934 Dass in der Ratenzahlungsphase keine auf einem biometrischen Risiko beruhende Ungewissheit der Leistungsverpflichtung mehr gegeben ist, tangiert den Charakter der bAV in der Anwartschaftsphase nicht. Das für die bAV erforderliche biometrische Risiko liegt aus Sicht des Arbeitsrechts wie des Steuerrechts in dem Erleben des Altersrentenbeginns.[2] Verstirbt der GGF im Falle einer fest vereinbarten Ratenzahlung während der Ratenzahlungsphase, bleibt der Charakter der bAV bis zu diesem Zeitpunkt arbeitsrechtlich bestehen.[3] Die Weiterzahlung der ausstehenden Raten an die gesetzlichen Erben des GGF ist lediglich der Fälligkeitsregelung der Kapitalleistung geschuldet. Mangels einer Hinterbliebenenversorgung ist das Erfordernis einer Auszahlung der Raten an den engen Hinterbliebenenkreises somit obsolet. Auf diese Weise können daher auch Personen in den Genuss der nach dem Tod des ehemaligen GGF noch vorhandenen Restraten kommen, die nicht dem in Rz. 4 des BMF-Schreibens v. 6.12.2017[4] definierten engen Hinterbliebenenkreis angehören, wie z. B. Geschwister, Nichten und Neffen sowie Cousinen und Cousins.

PRAXISHINWEIS:

Ist in der bestehenden Direktzusage des GGF bisher nur das Kapitalabfindungswahlrecht bzw. die Kapitaloption der lebenslangen Altersrente enthalten, sollte die nachträgliche Vereinbarung einer Ratenzahlungsoption geprüft werden. Diese macht immer dann Sinn, wenn der GGF voraussichtlich von dem Recht zur Kapitalabfindung bzw. Kapitaloption Gebrauch machen wird und die darauf entfallende Ertragsteuerbelastung unter Berücksichtigung der Fünftelregelung höher ist als bei einem Zufluss über die gewählte Ratenzahlungsdauer. Hierbei spielen die weiteren Einkünfte des GGF während der Ratenzahlungsdauer eine entscheidende Rolle. Daneben ist der gestreckte Liquiditätszufluss für den GGF zu beachten. Zusätzlich sollte zumindest für nicht dem BetrAVG unterliegende GGF für eine Insolvenzsicherung der Ratenzahlungen gesorgt werden. Hierzu kann neben der Verpfändung eines ausreichend werthaltigen vorhandenen Vermögensgegenstandes (z. B. Immobilie, Depot) auch der Abschluss einer Zeitrenten-

1 BFH v. 11.11.2009 - IX R 14/09, NWB MAAAD-41340; BFH v. 3.2.2011 - VI R 66/09, BStBl 2014 II S. 491, BAG, Urteil v. 18.3.2003 - 3 AZR 313/02, NWB JAAAB-93875, 4.c.

2 BAG, Urteil v. 18.3.2003 - 3 AZR 313/02, NWB JAAAB-93875, 4.c.

3 Vgl. Höfer in BetrAV 4/2020 S. 295 ff. für den Fall einer fest vereinbarten Ratenzahlung mit Verweis auf BAG v. 18.3.2003 - 3 AZR 313/02, NWB JAAAB-93875. Danach endet mit dem Tod des GGF und der freien Vererblichkeit der Leistung wohl der bAV-Charakter und folglich auch die Insolvenzsicherungspflicht.

4 BStBl 2018 I S. 147.

versicherung bei einem Versicherungsunternehmen in Erwägung gezogen werden. Auf diesem Wege kann neben der notwendigen Liquidität für die Ratenzahlungen auch eine Verpfändung sichergestellt werden.

Sowohl die Auszahlung der Raten an den GGF als auch in dessen Todesfall an die gesetzlichen Erben führt zu Einkünften aus nichtselbständiger Tätigkeit, von denen die GmbH die Lohnsteuer nebst Annexsteuern und ggf. Sozialversicherungsbeiträgen einzubehalten hat.[1] Eine Anwendung der Fünftelregelung ist mangels Zusammenballung der Altersleistungen in einem Veranlagungszeitraum nicht möglich. Nach Eintritt des Versorgungsfalles ist die Bewertung der Altersversorgungsverpflichtung für die Steuerbilanz umstritten: U. E. muss die einzelne Versorgungsverpflichtung ab dann als Verbindlichkeit mit dem Barwert der mit 5,5 % abgezinsten Raten gem. § 6 Abs. 1 Nr. 3 Satz 1 EStG bewertet werden, weil die Ungewissheit bezüglich der künftigen Zahlungen und damit die Kernvoraussetzung einer Rückstellung nicht mehr besteht.[2] Dabei hat die Barwertermittlung unter Abzinsung der vereinbarten Raten nur dann zu erfolgen, wenn in der Versorgungszusage keine Verzinsung des in der Ratenzahlungsphase jeweils noch ausstehenden Restkapitals vereinbart worden ist. Wurde dagegen in der Versorgungszusage eine Verzinsung vereinbart, hat gem. Satz 2 dieser Vorschrift keine Abzinsung der Raten zur Ermittlung des Barwertes zu erfolgen. Eine andere Meinung will die Bewertung nach § 6a EStG mit dem Rechnungszinsfuß von 6 % mit der Begründung fortführen,[3] es liege zwar keine ungewisse Verpflichtung des Arbeitgebers mehr vor, allerdings gehe § 6a EStG für die immer noch vorliegende bAV der Bewertung nach § 6 Abs. 1 Nr. 3 EStG vor.[4] 935

(Einstweilen frei) 936–945

II. Umwandlung einer GmbH in eine GmbH & Co. KG

1. Motive oder Gründe für eine Umwandlung

Für die Umwandlung einer GmbH in eine GmbH & Co. KG kann es unterschiedliche Motive oder Gründe geben. So kann sich z. B. im Laufe der Zeit herausstellen, dass die gewählte Rechtsform der Kapitalgesellschaft nicht die richtige 946

1 § 19 Abs. 1 Satz 1 Nr. 2 EStG, für die gesetzlichen Erben i. V. m. § 24 Nr. 2 EStG als Rechtsnachfolger.

2 Vgl. auch: Höfer, DB 2020 S. 861; Höfer, BetrAV 2020 S. 295 (296).

3 Vgl. Estler, BZfSt, Bonn, aba-Forum Steuerrecht, Mannheim, 11.4.2013, BAV 05/2013.

4 Ebenso Höfer/Küpper, DB 38/2006 S. 2064 ff; Estler, BZfSt, Bonn, aba-Forum Steuerrecht, Mannheim, 11.4.2013, BetrAV 05/2013.

ist, weil die Verlustverrechnungsmöglichkeiten nicht optimal sind. Erzielt das Unternehmen fortlaufend geringe Gewinne oder hat der Gesellschafter private Verlustverrechnungsmöglichkeiten, kann mit der Rechtsform einer Personengesellschaft eine niedrigere Gesamtsteuerbelastung[1] als mit der Kapitalgesellschaft erreicht werden. Erwirtschaftet das Unternehmen Verluste, ist bei Kapitalgesellschaften neben einem einjährigen Verlustrücktrag nur eine Verrechnung mit zukünftigen Gewinnen möglich. Zudem besteht das Risiko des (teilweisen) Untergangs der Verlustvorträge in Folge eines Gesellschafterwechsels.[2] Dagegen können Verluste der Personengesellschaft von den Mitunternehmern mit anderen positiven Einkünften verrechnet werden und somit unmittelbar zu einer Steuerentlastung führen.[3] Zudem können, abhängig vom Einzelfall, gewerbesteuerliche Vorteile oder eine beabsichtigte Unternehmensnachfolge Gründe für die Wahl einer Personengesellschaft als Rechtsform sein. Stehen die haftungsrechtlichen Vorteile der Gesellschaftsform GmbH zudem weiterhin im Fokus, ist die GmbH & Co. KG oftmals der bevorzugte Lösungsweg.

947–948 *(Einstweilen frei)*

2. Umwandlungsrechtliche Grundlagen

949 Umwandlungsrechtlich ist die Umwandlung einer GmbH in eine GmbH & Co. KG im Wege des Formwechsels möglich.[4] Der Formwechsel[5] beschränkt sich auf die Änderung der Rechtsform des Rechtsträgers unter Wahrung der rechtlichen Identität, ohne dass zivilrechtlich eine Vermögensübertragung stattfindet (Wechsel des Rechtskleids).[6] Folglich bleiben zivilrechtlich vertragliche Beziehungen zu Dritten ebenso bestehen, wie der Dienstvertrag des GGF sowie dessen Vereinbarungen zur bAV. Im Zuge des Formwechsels wird der GGF der umzuwandelnden GmbH i. d. R. Kommanditist der KG und Geschäftsführer der im Zuge der Umwandlung gegründeten Komplementär-GmbH, die die Geschäfte der KG führt.

950–951 *(Einstweilen frei)*

1 Unter Berücksichtigung der Ausschüttung an den Gesellschafter.

2 § 8c KStG.

3 Innerhalb der Verlustverrechnungsgrenzen des § 15a EStG.

4 Besteht bereits eine Personengesellschaft, kann die Umwandlung einer GmbH in eine GmbH & Co. KG auch im Wege der Verschmelzung erfolgen, §§ 2 bis 59 UmwG.

5 §§ 190 bis 213, 226, 228 bis 237 UmwG.

6 Umwandlungssteuererlass v. 11.11.2011, BStBl 2011 I S. 1314, Rz. 01.11.

3. Steuerrechtliche Grundlagen

Für den Formwechsel sind aus steuerrechtlicher Sicht die §§ 3 bis 10 UmwStG maßgeblich, da der Formwechsel steuerrechtlich wie eine Umwandlung mit Vermögensübertragung behandelt wird. Die umzuwandelnde GmbH hat zum steuerlichen Übertragungsstichtag eine Übertragungsbilanz, die KG eine Eröffnungsbilanz zu erstellen. Dabei darf der Übertragungsstichtag in der Vergangenheit liegen, maximal aber acht Monate vor der Anmeldung des Formwechsels zur Eintragung in ein öffentliches Register. Grundsätzlich sind die Wirtschaftsgüter in der Übertragungsbilanz der GmbH mit dem gemeinen Wert (inkl. stiller Reserven) anzusetzen, auf Antrag mit dem Buchwert (ohne Aufdeckung stiller Reserven) oder mit einem Zwischenwert. Die KG hat den gewählten Bewertungsansatz in ihrer Eröffnungsbilanz zu übernehmen. Für Pensionsrückstellungen ist in jedem Fall der Wert gem. § 6a EStG anzusetzen, ein Wahlrecht zum Ausweis stiller Lasten besteht nicht.[1] Erfolgt die Bilanzierung zu Buchwerten, erfolgt die Umwandlung somit steuerneutral. 952

(Einstweilen frei) 953–954

4. Steuerrechtliche Folgen für die betriebliche Altersvorsorge des Gesellschafter-Geschäftsführers

Mit Ablauf des steuerlichen Übertragungsstichtages wird der Rechtsformwechsel steuerlich vollzogen und es tritt ein Wechsel der Besteuerungssystematik ein. Während die GmbH als Körperschaft zivilrechtlich eine eigenständige Rechtspersönlichkeit war und auch steuerrechtlich wirksam mit dem GGF Verträge eingehen konnte (vgl. Rz. 2 ff.), ist die GmbH & Co. KG als Personengesellschaft im Rechtsverkehr zwar in weiten Bereichen rechtsfähig. Steuersubjekt sind aber die Gesellschafter bzw. Mitunternehmer. Demgemäß sind Ausgaben aus Dienst-, Darlehens oder Mietverträgen der GmbH & Co. KG mit dem einzelnen Gesellschafter steuerlich kein Aufwand, sondern Entnahmen des Gesellschafters, die dieser als Einkünfte aus Gewerbebetrieb zu versteuern hat (vgl. Rz. 36 ff.). Folglich sind auch die Aufwendungen der GmbH & Co. KG für die bAV des Gesellschafters, die nach dem steuerlichen Übertragungsstichtag erdiente Anwartschaften betreffen, letztlich steuerlich nicht gewinnmindernd. 955

Dabei spielt es für die steuerrechtliche Berücksichtigung der bAV des Gesellschafters der KG keine Rolle, dass die bAV nicht von der KG i. d. R. selbst, sondern in aller Regel von der Komplementär-GmbH für deren Geschäftsführung 956

1 Umwandlungssteuererlass v. 11.11.2011, BStBl 2011 I S. 1314, Rz. 03.07.

übernommen wird. Im typischen Fall der GmbH & Co. KG erschöpft sich die Tätigkeit der GmbH in der Führung der Geschäfte der KG (Verwaltungs-GmbH, zum Ausnahmefall vgl. Rz. 62 ff.). Für alle Ausgaben der Komplementär-GmbH entsteht in gleicher Höhe ein Aufwandsersatzanspruch gegen die KG, so dass sowohl die GuV als auch die Bilanz der Komplementär-GmbH ausgeglichen sind und sich die bAV des GGF dort steuerlich nicht auswirkt. Die KG wiederum hat die Verpflichtung zur Leistung des Aufwandsersatzes zu passivieren, so dass letztlich die KG aus der betrieblichen Altersversorgung des GGF der Komplementär-GmbH wirtschaftlich belastet wird. Diese Belastung ist allerdings als Vergütung des Gesellschafters der KG über die Sonderbilanz des Gesellschafters zu neutralisieren.

a) Versicherungsförmige Durchführungswege

957 Hatte die GmbH dem GGF eine bAV über einen versicherungsförmigen Durchführungsweg erteilt, konnte sie die aufgewendeten Beiträge als Betriebsausgaben geltend machen. Aus der Sicht des GGF flossen die Beiträge diesem als Entgelt für die Geschäftsführertätigkeit zu – bei Neuzusagen ab dem 1.1.2005 im Rahmen des § 3 Nr. 63 EStG steuerfrei und bei Altzusagen pauschalversteuert im Rahmen des § 40b EStG a. F. Mit Ablauf des steuerlichen Übertragungsstichtages stellen die Beiträge der GmbH & Co. KG zu Direktversicherungs-, Pensionskassen- oder Pensionsfondszusagen eines Gesellschafters jedoch Entnahmen und somit Einkünfte aus Gewerbebetrieb des begünstigten Gesellschafters der GmbH & Co. KG dar. Mangels eines steuerrechtlich anzuerkennenden Arbeitsverhältnisses und mangels steuerrechtlichen Arbeitslohns ist ab diesem Zeitpunkt keine Steuerfreistellung des Beitrages nach § 3 Nr. 63 EStG bzw. keine Pauschalbesteuerung mehr möglich.[1] Die externe Versorgungseinrichtung hat im Leistungsfall eine Aufteilung der Leistungen vorzunehmen, um eine doppelte Besteuerung zu vermeiden. Der Anteil der Leistung, der auf während der Zeit als GGF der GmbH nach § 3 Nr. 63 EStG steuerfrei gestellte Beiträge entfällt, ist in voller Höhe nachgelagert als sonstige Leistung i. S. d. § 22 Nr. 5 Satz 1 EStG einkommensteuerpflichtig. Dagegen ist der Anteil der Leistung, der auf die bereits versteuerten Beiträge der Zeit als Ge-

1 Vgl. Bayerisches Landesamt für Steuern, Verfügung v. 23.10.2009 - S 1978a.1.-2/9 St31/St32, DB 2009 S. 2404; OFD Niedersachsen v. 19.1.2010, NWB OAAAD-40418, danach geht das Dienstverhältnis im steuerlichen Sinne nicht unter, wandelt sich aber von einem Arbeitsverhältnis i. S. d. § 19 EStG zu einem Mitunternehmerverhältnis.

sellschafter der GmbH & Co. KG entfällt, gem. § 22 Nr. 5 Satz 2 EStG nur i. H. d. in der Leistung enthaltenen Erträge steuerpflichtig.[1]

BEISPIEL: A ist Gesellschafter der A+B-GmbH (Beteiligungsquote des A 60 %). A ist Geschäftsführer der GmbH und hat seit dem 1.1.2012 auf der Grundlage seines Dienstvertrags eine Direktversicherungszusage. Der Beitrag von 200 € pro Monat wird von der Lohnbuchhaltung der GmbH ordnungsgemäß nach § 3 Nr. 63 Satz 1 EStG steuerfrei gestellt. Mit Handelsregisterantrag vom 1.7.2020 wurde die GmbH handelsrechtlich zum 1.1.2020 im Wege des Formwechsels in eine GmbH & Co. KG umgewandelt. A wird GGF der Komplementär-GmbH, die lediglich die Geschäfte der KG führt. Die Beiträge zur Direktversicherung werden von der Komplementär-GmbH bis zum 31.12.2030 i. H. v. 200 € monatlich weiter entrichtet. Zum 1.1.2031 erhält A (dann 65 Jahre alt) die von ihm gewählte Kapitalleistung aus der Direktversicherungszusage von 62.000 €. Von der Leistung beruhen 26.100 € auf den vor dem Formwechsel entrichteten Beiträgen und 35.900 € auf der Beitragsleistung der Komplementär-GmbH.

LÖSUNG: Mit Ablauf des steuerlichen Umwandlungsstichtages 31.12.2019 führen die Beiträge der Komplementär-GmbH für die Direktversicherung zu Sonderbetriebseinnahmen, die der Mitunternehmer A im Rahmen seiner Einkommensteuererklärung als Einkünfte aus Gewerbebetrieb (§ 15 Abs. 1 Satz 1 Nr. 2 EStG) zu versteuern hat. Mangels Arbeitslohncharakters der Beiträge ist ab 2020 keine Steuerfreistellung nach § 3 Nr. 63 EStG mehr möglich. Im Jahr der Auszahlung ist die gesamte Kapitalleistung aus der Direktversicherung für A eine sonstige Leistung gem. § 22 Nr. 5 EStG. Dabei sind jedoch 26.100 € gem. § 22 Nr. 5 Satz 1 EStG in voller Höhe nachgelagert steuerpflichtig und 35.900 € gem. § 22 Nr. 5 Satz 2 Buchst. b i. V. m. § 20 Abs. 1 Nr. 6 EStG nur i. H. d. darin enthaltenen steuerpflichtigen Ertrages. Da der Versicherungsvertrag zum Leistungszeitpunkt bereits eine Laufzeit von zwölf Jahren erreicht und A das 62. Lebensjahr vollendet hat, ist nur der hälftige Ertrag steuerpflichtig.

Ertrag analog § 20 Abs. 1 Nr. 6 Satz 1 EStG:

Leistung	35.900 €
./. darauf entrichtete Beiträge	26.400 €
=	9.500 €

Hälftiger Ertrag analog § 20 Abs. 1 Nr. 6 Satz 2 EStG:

9.500 € x $^1/_2$	4.750 €

Somit hat A in 2031 steuerpflichtige sonstige Einkünfte nach § 22 Nr. 5 EStG i. H. v. 30.850 € (26.100 + 4.750).

Hätte der Lebensversicherungsvertrag zum Auszahlungszeitpunkt nicht zwölf Jahre Vertragslaufzeit erreicht oder der A noch nicht das 62. Lebensjahr vollendet, wäre

1 Gemäß § 22 Nr. 5 Satz 2 Buchst. a EStG bei lebenslangen Altersrentenleistungen bzw. Berufsunfähigkeits-, Erwerbsminderungs- und Hinterbliebenenrenten i. H. d. Ertragsanteils, gem. § 22 Nr. 5 Satz 2 Buchst. b bei Kapitalleistungen i. H. d. gem. § 20 Abs. 1 Nr. 6 EStG zu ermittelnden Ertrages.

gem. § 22 Nr. 5 Satz 2 Buchst. b EStG unter entsprechender Anwendung von § 20 Abs. 1 Nr. 6 Satz 1 EStG der volle Ertrag von 9.500 € einkommensteuerpflichtig. Zudem wäre, da § 20 Abs. 1 Nr. 6 EStG gem. § 22 Nr. 5 Satz 2 Buchst. b EStG zwar entsprechend anzuwenden ist, gem. § 20 Abs. 8 EStG aber keine Kapitaleinkünfte vorliegen, die Abgeltungsteuer i. H. v. 25 % nicht einschlägig,[1] so dass zwingend die individuelle tarifliche Einkommensteuerbelastung des Mitunternehmers A zum Tragen käme.

b) Unterstützungskasse

958 Hatte die GmbH dem GGF eine bAV über eine Unterstützungskasse zugesagt, konnte sie die Zuwendungen an die Unterstützungskasse im Rahmen des § 4d EStG als Betriebsausgaben geltend machen. Da Zuwendungen für die Versorgung des GGF an eine Unterstützungskasse nach § 4d Abs. 1 Satz 1 EStG (die Vorschrift ist lex specialis zu § 4 Abs. 4 EStG) nur insoweit als Betriebsausgaben abgezogen werden dürfen, als die versprochenen Leistungen bei einer unmittelbaren Zusage (Direktzusage) grds. betrieblich veranlasst wären (vgl. Rz. 702 und 704), kommt nach dem steuerlichen Übertragungsstichtag bei der GmbH & Co. KG ein Betriebsausgabenabzug für die Zuwendungen an die Unterstützungskasse nicht mehr in Betracht. Eine GmbH & Co. KG kann ihrem Gesellschafter mangels steuerlich anzuerkennenden Dienstverhältnisses keine steuerlich wirksame Versorgungszusage erteilen, daher mangelt es der Versorgungszusage über die Unterstützungskasse ab dem Zeitpunkt an einer betrieblichen Veranlassung. Die späteren Leistungen der Unterstützungskasse sind für den begünstigten Gesellschafter aufzuteilen in Einkünfte aus Gewerbebetrieb und Einkünfte aus nichtselbständiger Tätigkeit. Sofern der Gesellschafter die Anwartschaft als GGF der GmbH erworben hat, handelt es sich in voller Höhe um lohnsteuerpflichtige Versorgungsbezüge i. S. d. § 19 EStG. Soweit die Versorgungsleistungen aufgrund der Mitunternehmerstellung bei der GmbH & Co. KG erdient wurden, liegen nachträgliche Einnahmen aus der Mitunternehmerstellung i. S. d. § 15 Abs. 1 Nr. 2 i. V. m. § 24 Nr. 2 EStG vor. U. E. kann die in der Anwartschaftsphase bereits als Sondervergütung erfasste Beitragssumme in Abzug gebracht werden (vgl. Rz. 963 und das Beispiel zur Direktzusage).

c) Direktzusage

959 Eine unmittelbare Versorgungszusage der GmbH an den GGF ist – sofern die Zusage zivilrechtlich wirksam ist und die Voraussetzungen des § 6a EStG er-

1 § 32d Abs. 1 Satz 1 EStG bezieht sich nur auf Einkünfte aus Kapitalvermögen, nicht auf sonstige Einkünfte nach § 22 EStG.

füllt sind – in der Steuerbilanz der GmbH in Form einer Pensionsrückstellung zu passivieren. Erfüllt die Zusage zudem die besonderen Kriterien für die betriebliche Veranlassung einer Zusage an den GGF (vgl. Rz. 754 ff.), mindert die Zusage den Gewinn der GmbH. Beim GGF sind erst die späteren Versorgungsleistungen, die die GmbH an ihn zahlt, als Einkünfte aus nichtselbständiger Arbeit steuerpflichtig.

Durch den Formwechsel einer GmbH in eine GmbH & Co. KG wird die zivil- 960
rechtliche Wirksamkeit der Pensionszusage des GGF nicht tangiert. Daher ist die Pensionsrückstellung in der Handelsbilanz und auch in der Steuerbilanz der GmbH & Co. KG nicht gewinnerhöhend aufzulösen. Aufgrund des fortbestehenden Dienstverhältnisses und des Erdienens weiterer Anwartschaften ist die Pensionsrückstellung vielmehr fortzuführen.[1]

Obwohl das Dienstverhältnis als Geschäftsführer der GmbH sich aus ertrag- 961
steuerlicher Sicht mit dem Formwechsel zu einer Personengesellschaft von einem Dienstverhältnis nach § 19 EStG zu einem Mitunternehmerverhältnis i. S. d. § 15 EStG wandelt, geht die FinVerw für die Berechnung der Pensionsrückstellung der Steuerbilanz von einem fortbestehenden Dienstverhältnis aus. Damit ist für die GmbH Co. KG die Pensionsrückstellung mit dem Teilwert nach § 6a Abs. 3 Satz 2 Nr. 1 EStG fortzuführen.[2] Diese Auffassung wurde von der FinVerw erst nach Inkrafttreten des SEStEG[3] eingenommen und ist nicht unumstritten.[4] Bis dahin ging die FinVerw von einer Beendigung des Dienstverhältnisses aus, wodurch die Pensionsrückstellung mit dem Anwartschaftsbarwert der erdienten Leistung nach § 6a Abs. 3 Satz 2 Nr. 2 EStG anzusetzen war, der i. d. R. niedriger ist als der Teilwert nach § 6a Abs. 3 Satz 2 Nr. 1 EStG der gesamten Anwartschaft. Aufgrund der geänderten Sichtweise der FinVerw und der Bewertung der Pensionsrückstellung mit dem Teilwert entsteht zwischen der Rückstellung vor und nach Umwandlung kein Differenzbetrag und folglich auch kein Übernahmefolgegewinn.

Allerdings dürfen weitere Zuführungen zur Pensionsrückstellung nach dem 962
steuerlichen Übertragungsstichtag den steuerlichen Gesamtgewinn der KG

1 BFH v. 22.6.1977 - I R 8/75, BStBl 1977 II S. 798; Umwandlungssteuererlass v. 11.11.2011, BStBl 2011 I S. 1314, Rz. 06.04.

2 Umwandlungssteuererlass v. 11.11.2011, BStBl 2011 I S. 1314, Rz. 06.05; ebenso Bayerisches Landesamt für Steuern v. 23.10.2009 - S 1978a.1.-2/9 St31/St32, DB 2009 S. 2404.

3 Gesetz über steuerliche Begleitmaßnahmen zur Einführung der Europäischen Gesellschaft und zur Änderung weiterer steuerrechtlicher Vorschriften v. 7.12.2006, BGBl 2007 I S. 2782 (Nr. 57) S. 68; Geltung ab 13.12.2006.

4 FG Münster v. 18.3.2011 - 4 K 343/08 F, BB 2011 S. 1904; BFH v. 22.6.1977 - I R 8/75, BStBl 1977 II S. 798.

nicht mindern, soweit sie für Anwartschaften anfallen, die der Versorgungsberechtigte erst als Gesellschafter der KG erdient. Sie gelten vielmehr als Gewinnverteilung an den begünstigten Gesellschafter. Da in der Gesamthandsbilanz der KG aufgrund des fortbestehenden Dienstverhältnisses des Mitunternehmers der Teilwert der Pensionsrückstellung zwingend fortzuführen ist, hat dies zur Folge, dass diese Zuführungen durch einen spiegelbildlichen Aktivposten in der Sonderbilanz des durch die Zusage begünstigten Gesellschafters zu neutralisieren sind.[1] Nur soweit die Zuführungen auf die Verzinsung der Rückstellung entfallen, die den zum steuerlichen Übertragungsstichtag bereits erdienten Teil der Anwartschaft betrifft, ist eine betriebliche Veranlassung gegeben und keine Korrektur über die Sonderbilanz des begünstigten Gesellschafters vorzunehmen.[2] Der steuerliche Gesamtgewinn aus Gesamthandsbilanz (Steuerbilanz der KG und Ergänzungsbilanzen) und Sonderbilanz des begünstigten Gesellschafters wird somit durch das Erdienen weiterer Anwartschaften nicht gemindert.

BEISPIEL: ▸ A ist Gesellschafter der A+B-GmbH (Beteiligungsquote des A 60 %) und hat als Geschäftsführer der GmbH seit dem 1.1.2014 eine Direktzusage. Die Pensionsrückstellung (Teilwert nach § 6a Abs. 3 Satz 2 Nr. 1 EStG) betrug zum 31.12.2019 100.000 €. Mit Handelsregisterantrag v. 1.7.2020 wurde die GmbH handelsrechtlich zum 1.1.2020 im Wege des Formwechsels in eine GmbH & Co. KG umgewandelt. A ist GGF der Komplementär-GmbH, die lediglich die Geschäfte der KG führt. Die Pensionsrückstellung zum 31.12.2020 beträgt 115.000 €. Von der Zuführung entfallen 5.000 € auf die lfd. Verzinsung des zum 31.12.2019 bereits erdienten Teils der Anwartschaft.

LÖSUNG: ▸ Nach Ablauf des steuerlichen Übertragungsstichtages zum 1.1.2020 hat die Komplementär-GmbH bzw. hat die KG über die zu bilanzierende Aufwandsersatzverpflichtung die Pensionsrückstellung des A aufgrund des weitergeltenden Dienstvertrags mit dem Teilwert der Pensionsverpflichtung nach § 6a Abs. 3 Satz 2 Nr. 1 EStG i. H. v. 115.000 € fortzuführen. Der Anteil der Zuführungen von 15.000 € in 2020, der die in 2020 als Gesellschafter der KG erdienten Anwartschaften betrifft (10.000 €), führt für A zu steuerpflichtigen Einkünften aus Gewerbebetrieb (Ausweis in seiner Sonderbilanz als Aktivposten). In das steuerliche Gesamtergebnis der KG gehen somit für 2020 nur 5.000 € Aufwand aus der Zuführung zur Pensionsrückstellung ein. Dies ist korrekt, da dieser Anteil der Zuführung die Verzinsung der Pensionsrückstellung der bereits zu GmbH-Zeiten erdienten Anwartschaft des A betrifft.

---

1 Umwandlungssteuererlass v. 11.11.2011, BStBl 2011 I S. 1314, Rz. 06.06 mit Verweis auf das BMF v. 29.1.2008, BStBl 2008 I S. 317; BFH v. 30.3.2006 - IV R 25/04, BStBl 2008 II S. 171.

2 Vgl. Dötsch/Patt/Pung/Möhlenbrock, Umwandlungssteuerrecht, § 4 UmwStG, Rz. 72 mit Verweis auf FG Köln v. 22.5.2007 - 8 K 1874/06, EFG 2008 S. 871; Gosch, § 8 KStG Rz. 470; ebenso Dommermuth, Direktzusage bei Umwandlung, NWB 2006 S. 418.

BILANZIELLE DARSTELLUNG:

Steuerbilanz I OHG

	PRSt 115.000

Sonderbilanz A

10.000	

Steuerbilanz II OHG

	PRst 105.000

GuV OHG

Zuf. 15.000	

GuV Sobi A

	10.000

GUV StB II OHG

Zuf. 5.000	

PRAXISHINWEIS:

Die für die Steuerbilanz nach § 6a Abs. 3 Satz 2 Nr. 1 EStG nach dem Teilwertverfahren zu berechnende Pensionsrückstellung bezieht sich immer auf den Eintritt des Versorgungberechtigen in die Dienste der GmbH. Ist der GGF der GmbH im steuerlichen Sinne beherrschend, ist aus steuerlicher Sicht aufgrund des geltenden Nachzahlungsverbots das Erdienen der Anwartschaften erst ab dem Zusagezeitpunkt möglich und entsprechend in der Zusage zu vereinbaren. Fallen Diensteintritt und Zusageerteilung auseinander, was aufgrund der Probezeit die Regel sein dürfte, stimmen folglich die laut Pensionsrückstellung und die laut Zusage erdienten Anwartschaften nicht überein. Somit ist der Teilwert zum Übertragungsstichtag, der die Tätigkeit für die GmbH abbildet, entsprechend zu hoch bzw. bildet zum Teil bereits die für die GmbH & Co. KG künftig zu leistende Tätigkeit ab. U. E. ist der Differenzbetrag zum Übertragungsstichtag nicht in der Sonderbilanz des begünstigten Gesellschafters zu berichtigen, da die Anwendung der Rückstellungsberechnung nach § 6a EStG zwingend vorgeschrieben ist.[1] Zudem würde ansonsten ein noch nicht realisierter Gewinn ausgewiesen.[2]

d) Auszahlung der Versorgungsleistungen

Bezieht der versorgungsberechtigte Gesellschafter der KG zum Zeitpunkt des 963
in der Direktzusage vereinbarten Versorgungsfalls die Versorgungsleistungen (vorzeitiger Versorgungsfall oder Altersrentenleistung), sind die Leistungen entsprechend der vor und nach der Umwandlung erdienten Anwartschaften aufzuteilen.[3] Durch die Tätigkeit als GGF für die ehemalige GmbH erdiente Anwartschaften führen im Leistungsfall zu Versorgungsbezügen nach § 19 Abs. 1 Satz 1 Nr. 2 EStG.[4] Dagegen zählen die als Gesellschafter der KG erdienten Anwartschaften im Leistungsfall zu den gewerblichen Einkünften nach § 15

1 § 3 Abs. 1 Satz 2, § 4 Abs. 1 Satz 1 UmwStG; für den Formwechsel über § 9 Abs. 1 Satz 1 UmwStG.

2 Ebenso Dötsch/Patt/Pung/Möhlenbrock, Umwandlungssteuerrecht, § 4 UmwStG Rz. 72.

3 Vgl. Dötsch/Patt/Pung/Möhlenbrock, Umwandlungssteuerrecht, § 4 UmwStG Rz. 72.

4 FG Nürnberg v. 26.6.2002 - V 229/98, DStRE 2002 S. 1292; mit Verweis auf BFH v. 8.1.1975 - I R 142/72, BStBl 1975 II S. 437.

Abs. 1 Nr. 2 EStG. Diesen gewerblichen Einkünften steht die hierauf entfallende Auflösung des Aktivpostens der Sonderbilanz gegenüber. Da dieser Betrag bereits vom Gesellschafter versteuert wurde, ist für den Gesellschafter der KG im Leistungszeitpunkt lediglich noch die Differenz steuerpflichtig.

FORTSETZUNG DES BEISPIELS AUS RZ. 962: ▸ Zum 1.1.2031 scheidet A (dann 65 Jahre alt) aus den Diensten der KG bzw. Komplementär-GmbH aus und erhält die ihm lt. Zusage zustehende Kapitalabfindung i. H. d. Barwertes der Versorgung (nach Rechnungsgrundlagen § 6a EStG) von 300.000 €. In der Sonderbilanz des A beträgt der Aktivposten zum 1.1.2031 160.000 €.

LÖSUNG: ▸ Die Leistung aus der Pensionszusage ist gem. der erdienten Anwartschaften aufzuteilen

a) als GGF der umgewandelten GmbH erdient: 6/17 v. 300.000 € = 105.882 €

b) als GF der KG bzw. Kompl.-GmbH erdient: 11/17 v. 300.000 € = 194.118 €

A hat i. H. v. 105.882 € Einkünfte aus nichtselbständiger Arbeit nach § 19 Abs. 1 Satz 1 Nr. 2 EStG zu versteuern. Die Komplementär-GmbH hat die Lohnsteuer nebst Annexsteuern einzubehalten und abzuführen.[1] Hierbei ist aufgrund der Vergütung für eine mehrjährige Tätigkeit die Fünftelregelung anzuwenden.[2]

In Höhe von 194.118 € entstehen bei A Einkünfte aus Gewerbebetrieb gem. § 15 Abs. 1 Nr. 2 EStG bzw. bei Ausscheiden aus den Diensten der Komplementär-GmbH nachträglich bezogene gewerbliche Einkünfte (§ 24 Nr. 2 EStG). Allerdings ist mit Erhalt der Leistung der bereits als Einkünfte aus Gewerbebetrieb versteuerte Aktivposten in der Sonderbilanz des A (160.000 €) aufwandswirksam aufzulösen, so dass in 2031 im Ergebnis bei A nur 34.118 € der Einkommensteuer unterliegen.

e) Teilweise gesellschaftsrechtlich veranlasste Zusage

964 Ist die Direktzusage eines GGF teilweise gesellschaftsrechtlich veranlasst, hatte dies in der Zeit, in der er für die GmbH tätig war zur Folge, dass die Zuführungen zur Pensionsrückstellung bei der GmbH außerhalb der Bilanz in Form von verdeckten Gewinnausschüttungen wieder zu korrigieren waren, sich also letztlich auf den Gewinn nicht auswirken durften. Beim GGF hingegen kam es nicht zum Zufluss von Einkünften aus Kapitalvermögen, da Leistungen aus einer Direktzusage erst in der Auszahlungsphase zum Zufluss führen. Zum steuerlichen Übertragungsstichtag ist die nach den Grundsätzen des § 6a EStG von der GmbH bilanzierte Pensionsrückstellung von der GmbH & Co. KG fortzuführen.[3] Zuführungen nach dem steuerlichen Übertragungsstichtag, die auf die

1 § 38 Abs. 3 Satz 1, § 39b, § 41a EStG.

2 § 34 Abs. 1, Abs. 2 Nr. 4 EStG.

3 Vgl. Dötsch/Patt/Pung/Möhlenbrock, Umwandlungssteuerrecht, § 4 UmwStG, Rz. 100.

Verzinsung der Rückstellung zum steuerlichen Übertragungsstichtag entfallen und den gesellschaftsrechtlich veranlassten Teil der Anwartschaft betreffen, sind u. E. bereits in der Gesamthandsbilanz der GmbH & Co. KG zu korrigieren.[1] Weitere Korrekturen von verdeckten Gewinnausschüttungen finden bei der Personengesellschaft nicht statt, da der Aufwand aus der Bildung der Pensionsrückstellung bei der Personengesellschaft über die Zurechnung von Sonderbetriebseinnahmen beim begünstigten Gesellschafter neutralisiert wird. Mangels vorzeitiger Realisation durch Entnahme erfolgt zu diesem Zeitpunkt kein steuerlicher Zufluss beim versorgungsberechtigten Gesellschafter bezüglich der verdeckten Gewinnausschüttungen aus der Zeit bei der GmbH.[2] Erst zum späteren Leistungszeitpunkt wirkt sich die (teilweise) gesellschaftsrechtliche Veranlassung der Zusage (wieder) aus. Soweit der Aufwand aus der Bildung der Pensionsrückstellung seinerzeit bei der GmbH außerhalb der Bilanz als vGA korrigiert worden ist, darf der Ertrag aus der Auflösung der Pensionsrückstellung in der Steuerbilanz der GmbH & Co. KG nicht der Besteuerung unterliegen, damit es nicht zu einer doppelten Besteuerung kommt. Entsprechend darf der gesellschaftsrechtlich veranlasste Teil der Versorgungsleistungen, soweit er auf die während der Tätigkeit des GGF für die GmbH erdienten Anwartschaften entfällt, bei der GmbH & Co. KG nicht als Betriebsausgabe abgezogen werden. Der versorgungsberechtigte Gesellschafter der GmbH & Co. KG erzielt entsprechend des gesellschaftsrechtlich veranlassten und während seiner Tätigkeit für die GmbH erdienten Teils der Zusage Einkünfte aus Kapitalvermögen gem. § 20 Abs. 1 Nr. 1 Satz 2 EStG. Hierauf ist die Abgeltungsteuer oder auf Antrag das Teileinkünfteverfahren anzuwenden, soweit der Gewinn der GmbH seinerzeit außerbilanziell erhöht worden ist.[3]

PRAXISHINWEIS:

Scheidet der GGF vor dem steuerlichen Umwandlungszeitpunkt als Gesellschafter und Geschäftsführer aus, ist die Fortführung der Pensionsrückstellung soweit sie die erdiente Pension betrifft (Verzinsung), nach einem Urteil des FG Münster[4] im Falle einer ursprünglich gesellschaftsrechtlich veranlassten Direktzusage bereits in der Gesamthandsbilanz der KG zu korrigieren. Gemäß der Auffassung des FG hat sich der ursprüngliche gesellschaftsrechtliche Veranlassungszusammenhang durch die Umwandlung nicht geändert. Eine Berichtigung des Gewinns über Sonderbetriebseinnahmen des be-

1 FG Münster v. 20.11.2014 - 12 K 3758/11, NWB TAAAE-82225, Rev. BFH: IV R 48/14, wurde nach Rücknahme eingestellt (Beschluss des BFH v. 17.3.2015).

2 Vgl. Dötsch/Patt/Pung/Möhlenbrock, Umwandlungssteuerrecht, § 4 UmwStG Rz. 103.

3 § 3 Nr. 40 Buchst. d Satz 2 EStG, § 32d Abs. 2 Nr. 4 EStG; vgl. zu den Einzelheiten der Korrektur einer verdeckten Gewinnausschüttung innerhalb und außerhalb der Steuerbilanz BMF v. 28.5.2002, BStBl 2002 I S. 603.

4 FG Münster v. 20.11.2014 - 12 K 3758/11, NWB TAAAE-82225, Rev. BFH: IV R 48/14, wurde nach Rücknahme eingestellt (Beschluss des BFH v. 17.3.2015).

günstigen ehemaligen Gesellschafters der GmbH sei schon mangels Mitunternehmerstellung nicht möglich. Dem ehemaligen Gesellschafter fließen steuerlich lediglich die späteren Leistungen als (ehemalige) Einkünfte aus Kapitalvermögen[1] zu.

f) Steuerrechtliche Folgen für die Rückdeckungsversicherung

965 Hatte die GmbH für die Rückdeckung der Versorgungszusage des GGF eine Rückdeckungsversicherung abgeschlossen, waren die vor der Umwandlung geleisteten Prämienleistungen (Beiträge) der GmbH betrieblich veranlasst und zwar auch für den Fall, dass die Zusage ganz oder teilweise gesellschaftsrechtlich veranlasst ist.[2] Wesentlich ist, dass die GmbH Versicherungsnehmer, Prämienzahler und aus dem Versicherungsvertrag bezugsberechtigt ist.[3] Die Forderung gegenüber dem Versicherungsunternehmen war in Handels- und Steuerbilanz i. H. d. Anschaffungskosten (Deckungskapital des Versicherungsvertrags) als Aktivvermögen auszuweisen.[4]

966 Dagegen ist für einen Lebensversicherungsvertrag, der von einer Personengesellschaft auf das Leben eines Mitunternehmers abgeschlossen wird, nach Handels- und Steuerrecht zu unterscheiden. Da der Versicherungsanspruch der Personengesellschaft als Versicherungsnehmer und Bezugsberechtigtem zusteht, gehört dieser zum handelsrechtlichen Gesamthandsvermögen und steht folglich allen Mitunternehmern gem. deren Beteiligungsquote zu. Steuerrechtlich allerdings ist der Versicherungsanspruch nach Auffassung der FinVerw aufgrund des außerbetrieblichen Charakters (vgl. Rz. 41 ff.), versichertes Risiko ist das Leben eines Gesellschafters) dem Privatvermögen der Gesellschafter zuzuordnen und nicht bilanzierungsfähig. Die Beitragsleistungen der Personengesellschaft sind danach Entnahmen aller Gesellschafter und diesen steuerrechtlich gem. deren Beteiligungsquote als Einkünfte aus Gewerbebetrieb zuzuordnen.[5]

967 Für den Fall der Umwandlung einer GmbH in eine GmbH & Co. KG ist folglich zu hinterfragen, wie die Beiträge zur Rückdeckungsversicherung und die Fortentwicklung des Rückdeckungsanspruches in der Steuerbilanz nach dem steuerlichen Übertragungsstichtag zu behandeln sind.

1 § 24 Nr. 2; § 20 Abs. 1 Nr. 1 Satz 2 EStG.
2 BFH v. 7.8.2002 - I R 2/02, BStBl 2004 II S. 131.
3 R 6a Abs. 23 EStR.
4 BFH v. 25.2.2004 - I R 54/02, BStBl 2004 II S. 654.
5 BFH v. 28.6.2001 - IV R 41/00, BStBl 2002 II S. 726.

Legt man defensiv die Auffassung der FinVerw zur generellen Behandlung der Rückdeckungsversicherung bei der Personengesellschaft zugrunde,[1] stellen die Beiträge zur Rückdeckungsversicherung nach dem steuerlichen Übertragungsstichtag generell Privatentnahmen aller Mitunternehmer dar. Demgemäß ist der Versicherungsanspruch, der aus diesen Beiträgen resultiert, in der Steuerbilanz nicht zu berücksichtigen, sondern steuerliches Privatvermögen der Mitunternehmer. Lediglich der Anteil des jährlich entstehenden zusätzlichen Versicherungsanspruchs, der auf der Verzinsung des zum Übertragungsstichtag bereits bestehenden Versicherungsanspruchs und folglich auf betrieblich veranlassten Beiträgen der früheren GmbH beruht, ist dem steuerlichen Betriebsvermögen der GmbH & Co. KG zuzuordnen.[2] 968

PRAXISHINWEIS:

Dieser Anteil kann durch Anfrage beim jeweiligen Versicherungsunternehmen ermittelt werden. Allerdings ist u. E. auch eine näherungsweise Ermittlung in der Art vertretbar, dass der der GmbH-Zeit zuzuordnende Versicherungsanspruch jährlich um den Prozentsatz steigt, um den der Versicherungsanspruch eines Jahres insgesamt, ohne Berücksichtigung der Beitragsleistung, gestiegen ist.[3]

FORTSETZUNG DES BEISPIELS AUS RZ. 962: ▸ Das von der Versicherungsgesellschaft mitgeteilte Deckungskapital der Rückdeckungsversicherung beträgt zum steuerlichen Übertragungsstichtag 31.12.2019 100.000 €. Die Rückdeckungsversicherung wird auch nach dem steuerlichen Übertragungsstichtag mit einer Prämie von 6.000 € jährlich fortgeführt. Zum 31.12.2020 teilt die Versicherungsgesellschaft ein Deckungskapital von 110.000 € mit.

LÖSUNG: ▸ Der Versicherungsanspruch zum steuerlichen Übertragungsstichtag 31.12.2019 von 100.000 € ist allein der zu GmbH-Zeiten erfolgten Beitragsleistung zuzuordnen und somit auch steuerlich Betriebsvermögen der GmbH & Co. KG. Ebenso ist die zukünftige Verzinsung dieses Anspruches steuerlich dem Betriebsvermögen der GmbH & Co. KG zuzuordnen, während der Versicherungsanspruch, der aus der Beitragsleistung der GmbH & Co. KG in 2020 von 6.000 € resultiert, steuerlich Privatvermögen der Gesellschafter A und B gem. deren Beteiligung ist.

Näherungsweise Ermittlung des fortzuführenden Versicherungsanspruchs:

Wert zum 1.1.2020:	100.000 €
Wert zum 1.1.2021 (inkl. Beitragsleistung von 6.000 €):	110.000 €
Beitragsleistung 2020:	6.000 €

1 BMF v. 29.1.2008, BStBl 2008 I S. 317: nur generelle Aussage zur Personengesellschaft, nicht zum Fall der Umwandlung einer Kapitalgesellschaft in eine Personengesellschaft.

2 Vgl. Dötsch/Patt/Pung/Möhlenbrock, Umwandlungssteuerrecht, § 4 UmwStG Rz. 72; ebenso Estler, BZfSt, Bonn, aba-Forum Steuerrecht, Mannheim, 11.4.2013, BetrAV 2013 S. 381.

3 Vgl. Estler, BZfSt, Bonn, aba-Forum Steuerrecht, Mannheim, 11.4.2013, BetrAV 2013 S. 381.

$$\frac{110.000\,€}{100.000\,€ + 6.000\,€} - 1 = 3{,}77\,\%$$

Fortzuführender Rückdeckungsversicherungsanspruch im Betriebsvermögen der GmbH & Co. KG: 100.000 € x 1,0377 = 103.770 €.

969 Eine offensivere aber u. E. richtige und vertretbare Auffassung wird durch das FG Köln[1] gestützt, das davon ausgeht, dass die Beiträge zur Rückdeckungsversicherung nach dem steuerlichen Übertragungsstichtag steuerlich abzugsfähig bleiben und der Versicherungsanspruch steuerliches Betriebsvermögen der GmbH & Co. KG bildet, soweit der Versicherungsanspruch die zu GmbH-Zeiten erdienten Anwartschaften abdeckt. Auch die Fachprüfer bAV der FinVerw haben sich dieser Auffassung angeschlossen.[2]

ABWANDLUNG DES BEISPIELS AUS RZ. 968: Das von der Versicherungsgesellschaft mitgeteilte Deckungskapital der Rückdeckungsversicherung beträgt zum steuerlichen Übertragungsstichtag 31.12.2019 80.000 €. Die Rückdeckungsversicherung wird auch nach dem steuerlichen Übertragungsstichtag mit einer Prämie von 6.000 € jährlich fortgeführt. Zum 31.12.2020 teilt die Versicherungsgesellschaft ein Deckungskapital von 89.000 € mit.

LÖSUNG: Da der Rückdeckungsversicherungsanspruch zum 31.12.2020 die zu GmbH-Zeiten erdiente Anwartschaft von 100.000 € nicht überschreitet, ist der Beitrag der GmbH & Co. KG in 2020 von 6.000 € Betriebsausgabe und nicht über die Sonderbilanzen der Gesellschafter zu korrigieren. Der Versicherungsanspruch zum 31.12.2020 ist i. H. v. 89.000 € dem steuerlichen Betriebsvermögen der KG zuzuordnen.

970–975 *(Einstweilen frei)*

5. Gestaltungsvorschlag: Einfrieren der Versorgungszusage zum Übertragungsstichtag und ggf. Beitragsfreistellung der Rückdeckungsversicherung

976 Wird der GGF der GmbH im Falle der Umwandlung in eine GmbH & Co. KG Geschäftsführer der Komplementär-GmbH und Mitunternehmer der KG, führen die ab dem steuerlichen Übertragungsstichtag erdienten Anwartschaften auf bAV für den Mitunternehmer zu Einkünften aus Gewerbebetrieb mit der Folge, dass weder auf Seiten der GmbH & Co. KG noch auf Seiten des versorgungsberechtigten Gesellschafters die gewünschten steuerlichen Vorteile eintreten. Daher sollte u. E. die Pensionsanwartschaft des GGF zum steuerlichen

1 FG Köln v. 22.5.2007 - 8 K 1874/06, EFG 2008 S. 871, rkr.

2 Vgl. Estler, BetrAV 2013 S. 381.

Übertragungsstichtag auf die zu diesem Zeitpunkt erdienten Anwartschaften eingefroren werden. Die FinVerw erkennt den Verzicht auf den Future Service seit 2012 an mit der Folge, dass keine verdeckte Einlage verbunden mit einem fiktiven – und lohnsteuerpflichtigen – Lohnzufluss mehr drohen[1] (vgl. auch Rz. 1099 ff.).

977 Daneben sollte die Beitragsfreistellung der Rückdeckungsversicherung zum Ablauf des Versicherungsjahres geprüft werden, in dem die versicherte Leistung die zu GmbH-Zeiten erdiente Versorgungsanwartschaft des ehemaligen GGF erreicht.

978–980 *(Einstweilen frei)*

III. Umwandlung eines Tantieme-Anspruchs in eine Anwartschaft auf betriebliche Altersversorgung

1. Angemessene Tantieme-Zusage

981 Die Vereinbarung einer Tantieme ist oftmals als anreizorientierte Vergütung Bestandteil der Gesamtvergütung des GGF. Dabei ist eine Umsatztantieme – mit Ausnahme von Sonderfällen[2] – aufgrund der Unabhängigkeit von der Ertragslage der GmbH schon im Grundsatz als vGA zu werten.[3] Gewinnabhängige Tantiemezusagen sollten sowohl im Verhältnis zu der Festvergütung als auch zum Jahresüberschuss der GmbH angemessen sein. Im Verhältnis zu den Festbezügen als angemessen sieht der BFH im Grundsatz eine wenigstens zu 75 % aus einem festen und höchstens zu 25 % aus einem gewinnabhängigen Anteil bestehende Vergütung an. Wird die 25 %-Quote überschritten, muss die betriebliche Veranlassung grundsätzlich nachgewiesen werden.[4] Allerdings liege in der Abweichung vom Regelverhältnis 75/25 kein vGA-Indiz, wenn eines der nachfolgenden Kriterien erfüllt sei: Zu erwartende sprunghafte Gewinnentwicklung, starke Ertragsschwankungen, keine rekonstruierbare Gewinnprognose.[5] Zusätzlich sollte die Tantieme 50 % des handelsrechtlichen Jahresüberschusses der GmbH vor Abzug von Tantieme und Ertragsteuern nicht

1 BMF v. 14.8.2012, BStBl 2012 I S. 874.

2 Gesellschaft im Aufbau, ausschließlich im Vertrieb tätige Gesellschafter-Geschäftsführer.

3 BFH v. 20.8.1997 - I B 128/96, NWB GAAAB-38773; v. 9.9.1998 - I R 104/97, NWB HAAAA-62344. Vgl. ausführlich m. w. N.: Neumann in Rödder/Herlinghaus/Neumann, KStG, § 8 Rz. 1149 f.

4 BFH v. 27.2.2003 - I R 46/01, BStBl 2004 II S. 132.

5 OFD Düsseldorf/Köln v. 17.6.2004 - S 2742 A - St 13, S 2742 - 88 - St 131 - K, DStR 2004 S. 1386.

übersteigen.[1] Bei der Bemessung des maßgeblichen Jahresüberschusses geht der BFH von einer Prognose-, die FinVerw von einer ex-post-Betrachtung aus.

982 Zuflüsse aus einer steuerlich angemessenen Tantieme-Zusage führen beim GGF zu Einkünften aus nichtselbständiger Arbeit (§ 19 EStG). Die Anwendung der progressionsmindernden Fünftelregelung (§ 34 Abs. 1 EStG) ist u. E. nur möglich, wenn die Tantieme für mehrere Wirtschaftsjahre gewährt wird. Wird die Tantieme für den Erfolg eines Jahres gewährt, ist mangels Zusammenballung von Einkünften bzw. mangels Vorliegens einer Vergütung für eine mehrjährige Tätigkeit keine Progressionsglättung möglich.[2]

983–984 *(Einstweilen frei)*

2. Gestaltungsmodell Tantieme-Umwandlung in bAV

a) Direktzusage oder Unterstützungskasse

985 Soll der lohnsteuerpflichtige Zufluss einer Tantieme auf Seiten des GGF hinausgeschoben werden, kann die Umwandlung des Vergütungsanspruches in eine Anwartschaft auf bAV eine Lösung darstellen. Dabei wird regelmäßig der Weg über eine Direktzusage gewählt, da versicherungsförmige Durchführungswege aufgrund der betraglich begrenzten Steuerfreistellung der Beiträge nach § 3 Nr. 63 EStG keinen entscheidenden Steuervorteil ermöglichen.

986 Soll eine Bilanzberührung auf der Passivseite der Bilanz durch Bildung der mit einer Direktzusage einhergehenden Pensionsrückstellung vermieden werden, ist am Markt vereinzelt die Lösung der Tantieme-Umwandlung zugunsten einer beitragsorientierten Leistungszusage über eine Unterstützungskasse vorzufinden. Dabei wird der Tantieme-Anspruch des GGF vor Fälligkeit per Entgeltumwandlungsvereinbarung in eine beitragsorientierte Versorgungsanwartschaft gewandelt. Da eine Unterstützungskasse in der Anwartschaftsphase jedoch gem. § 4d Abs. 1 Satz 1 Nr. 1 Buchst. c Satz 2 EStG betriebsausgabenwirksam nur mit gleichbleibenden oder steigenden laufenden Zuwendungen dotiert werden kann, nicht hingegen mit einem Einmalbeitrag, muss zur Bemessung der beitragsorientierten Leistungszusage der Tantieme-Anspruch unter Berücksichtigung eines festen Zinssatzes über die Laufzeit der Anwartschaftsphase verteilt werden. Hierfür kann der Wert des Tantieme-Anspruchs in einem Wertdepot oder in einem Bausparvertrag „geparkt" und mittels einer über die Laufzeit garantierten Verzinsung in einen gleichbleibenden Entnah-

1 BFH v. 1.2.2006 - I B 112/05, NWB MAAAB-81260.

2 § 34 Abs. 1, Abs. 2 Nr. 4 EStG.

mebetrag umgerechnet werden. Alternativ steht der GmbH die Möglichkeit des Abschlusses einer Zeitrentenversicherung offen. Die gleichbleibenden Entnahmebeträge bzw. die Zeitrenten stellen die Bemessungsgrundlage für die Ermittlung der beitragsorientierten Leistungszusage und die Höhe der laufenden Dotierung der Unterstützungskasse gem. § 4d Abs. 1 Satz 1 Nr. 1 Buchst. c EStG dar.

Streng abzugrenzen ist die Umwandlung des Tantieme-Anspruches des GGF in 987
eine Anwartschaft auf bAV von der Anlage des Wertes der Tantieme durch die GmbH. Die Umwandlung des Tantieme-Anspruches beruht auf einer Vereinbarung zwischen dem versorgungsberechtigten GGF und der GmbH, die zur Vermeidung eines lohnsteuerlichen Zuflusses vor Fälligkeit der Tantieme-Zahlung erfolgen muss. Mit rechtlich wirksam zustande gekommener Umwandlungsvereinbarung erlischt jeglicher Anspruch des GGF auf die Tantieme, dafür erstarkt die Anwartschaft auf bAV. Die parallel erfolgende Anlage des Wertes der Tantieme in einem Wertdepot, einem Bausparvertrag oder einer Zeitrentenversicherung erfolgt allein durch die GmbH und stellt für diese einen reinen Aktivtausch (Anlageform an Bank) dar. Kontoinhaber bzw. bezugsberechtigt ist die GmbH. Somit resultiert weder aus der Umwandlung des Tantieme-Anspruches noch aus der Wertanlage der GmbH für den GGF ein steuerlicher Zufluss. Auch ist durch die Tantieme-Umwandlung in einen Anspruch auf bAV vor Fälligkeit der Tantieme kein den steuerlichen Zufluss auslösender Verzicht bzw. kein „Parken" der Tantieme durch den GGF gegeben.[1]

b) Unverfallbarkeit

Aufgrund der einer Tantieme-Umwandlung zugrunde liegenden Entgelt- 988
umwandlung muss die betriebliche Versorgungszusage in voller Höhe sofort vertraglich unverfallbar sein. Im Falle eines dem BetrAVG unterliegenden GGF ergibt sich dies unmittelbar über § 1b Abs. 5 BetrAVG. Bei arbeitsrechtlich beherrschenden GGF ergibt sich dies aus den Grundsätzen zum Fremdvergleich. Nur wenn die Vereinbarung dem entspricht, was bei einem vergleichbaren fremden Dritten vereinbart würde, kann eine gesellschaftsrechtliche Veranlassung der Vereinbarung und damit eine vGA vermieden werden. Dies bedeutet, dass sich die Unverfallbarkeit beim aus arbeitsrechtlicher Sicht beherrschenden GGF unter Fremdvergleichsgesichtspunkten an den Regelungen des § 1b Abs. 5 BetrAVG orientieren muss.

1 Vgl. Skalecki, Zufluss von Tantiemen beim GGF, NWB 2014 S. 3548.

PRAXISHINWEIS:

Scheidet der GGF bei einer beitragsorientierten Versorgungszusage über eine Unterstützungskasse, die laufend über die Ansparphase bis zum Erreichen des Pensionsalters über eine Entgeltumwandlung aus Tantiemeansprüchen z. B. mit Wertdepot finanziert wird, vorzeitig aus den Diensten der GmbH aus, muss die GmbH die vereinbarten Zuwendungen an die Unterstützungskasse dennoch bis zum Versorgungsfall weitererbringen, da diese durch den GGF durch die Tantieme-Umwandlung bereits erdient wurden, er also trotz des vorzeitigen Ausscheidens, Anspruch auf die insgesamt zugesagten Leistungen hat.

c) Verpfändung von Rückdeckungsversicherungen

989 Damit die Ansprüche des GGF aus der Tantieme-Umwandlung auch für den Fall der Insolvenz der GmbH gesichert sind, sollten die durch die GmbH bzw. die Unterstützungskasse abgeschlossene Rückdeckungsversicherung, sowie ein ggf. bestehendes Wertdepot bzw. ein Bausparvertrag wirksam an den GGF verpfändet werden.[1] In diesem Fall steht dem GGF dann im Fall der Insolvenz der GmbH im Leistungszeitpunkt das Deckungskapital des Rückdeckungs(versicherungs)vertrags zu. Zusätzlich erhält der versorgungsberechtigte GGF für den Fall der Insolvenzeröffnung über das Vermögen der GmbH bzw. Abweisung eines Insolvenzantrags mangels Masse in der Ansparphase einen sofort fälligen Anspruch auf den Restwert des Bausparvertrags bzw. des Depots. Soweit die Beitragszahlung aus dem Depot bzw. Bausparvertrag an die Unterstützungskasse jedoch planmäßig bis zum Ende der Ansparphase fortgeführt wird kommt es u. E. nicht zum lohnsteuerlichen Zufluss beim GGF.[2]

d) Bilanzielle Folgen einer Tantieme-Umwandlung in bAV

990 Während im Falle der Umwandlung des Tantieme-Anspruches in eine Direktzusage durch die daraus resultierende Bildung der Pensionsrückstellung noch im Jahr der Umwandlung eine entsprechende Minderung des steuerlichen Gewinns erfolgt, sind im Fall einer Unterstützungskassenzusage lediglich die laufenden Dotierungen Betriebsausgaben. Denn die Einzahlung des Betrages der Tantieme in ein Depot oder einen Bausparvertrag stellt für die GmbH lediglich einen gewinnneutralen Aktivtausch dar. Da i. d. R. die Verpflichtung zur Auszahlung der Tantieme per Rückstellung oder Verbindlichkeit bereits aufwandswirksam passiviert wurde und dieser Bilanzposten mit Umwandlung in eine Versorgungszusage gewinnerhöhend aufzulösen ist, wird die Streckung des

1 Zu den Voraussetzungen einer wirksamen Verpfändung vgl. Rz. 551 ff. und Rz.909 ff.

2 Analoge Anwendung der § 3 Nr. 65 Buchst. c EStG.

Betriebsausgabenabzugs deutlich. Neben der Notwendigkeit einer arbeits- und insolvenzrechtlich sauberen Gestaltung des Leistungsplanes ist in dieser unterschiedlichen steuerlichen Auswirkung auch der mitteilungspflichtige „Hinkefuß" des Modells der Tantieme-Umwandlung in die Zusage über eine Unterstützungskasse zu sehen. Die spätere, nachgelagerte Besteuerung der Versorgungsleistung für den GGF wird in diesem Fall durch den gestreckten Betriebsausgabenabzug erkauft.

(Einstweilen frei) 991–993

IV. Motive für eine Auslagerung und mögliche Zielerreichung mittels der einzelnen Auslagerungsarten

1. Motive für eine Auslagerung und Alternativen

Die Direktzusage ist in Deutschland im Rahmen der GGF-Versorgung der am 994
häufigsten vorzufindende Durchführungsweg der bAV.[1] Grund hierfür ist wohl neben der größtmöglichen Gestaltungsfreiheit der Zusage, vor allem die Verlockung des Steuerstundungseffektes durch die auf den Dienstbeginn rückwirkende Erstrückstellungbildung im Veranlagungszeitraum der Zusageerteilung.

In den letzten Jahren ist jedoch bei bestehenden Zusagen eine vermehrte Akti- 995
vität hin zur Auslagerung dieser unmittelbaren Versorgungsverpflichtungen festzustellen. Ein Grund mag in der inzwischen verminderten ertragsteuerlichen Auswirkung der Rückstellungsbildung in Folge der gesunkenen Körperschaftsteuer- und Gewerbesteuerbelastung der Unternehmen zu finden sein. Schwerer scheint jedoch der durch das BilMoG[2] notwendige realitätsnähere Ausweis der Pensionsverpflichtung in der Handelsbilanz zu wiegen. Denn aufgrund des gem. § 253 Abs. 1 Satz 2 und Abs. 2 HGB zu bilanzierenden Erfüllungsbetrages, unter Berücksichtigung von Gehalts- und Rentenanpassungstrends sowie eines im Vergleich zu § 6a EStG niedrigeren Rechnungszinses, steigt die zu bilanzierende Pensionsrückstellung in Einzelfällen im Vergleich zur Rechtslage vor Inkrafttreten des BilMoG erheblich an; dies gilt umso mehr, als sich der auf Basis des § 253 Abs. 2 Satz 4 HGB und der RückAbzinV von der Deutschen Bundesbank monatlich zu ermittelnde Abzinsungssatz seit seinem

1 Vgl. Pradl, Pensionszusagen an GmbH-Geschäftsführer, 4. Aufl. 2019, S. 5, wonach mind. 500.000 Geschäftsführer von Kapitalgesellschaften in Deutschland eine Direktzusage besitzen.

2 Bilanzrechtsmodernisierungsgesetz v. 25.5.2009, BGBl 2009 I S. 1102; zwingend für Wirtschaftsjahre mit Beginn ab 2010.

Beginn 2010 im freien Fall befindet und dadurch die handelsbilanziellen Pensionsrückstellungen überproportional aufgebläht werden. Folge kann eine sinkende Eigenkapitalquote[1] und somit eine Verschlechterung des Unternehmensratings und der Bedingungen für die Fremdkapitalbeschaffung sein.

996 Zudem scheuen die Unternehmen die Gefahr des Eintritts der unmittelbar übernommenen biometrischen Risiken, wie dem Berufsunfähigkeitsrisiko oder dem Langlebigkeitsrisiko einer Altersrentenverpflichtung. Neben der Liquiditätsbelastung durch die zu erbringenden Leistungen spielen hier – bei Eintritt von Invalidität oder Tod – auch die Bilanzsprungrisiken eine Rolle und zwar sowohl für die Passivseite, bei ausreichender Rückdeckung aber auch für die Aktivseite der Bilanz. Auch ein im Vergleich zur Direktzusage niedrigerer Insolvenzsicherungsbeitrag zum Pensionssicherungsverein ist oft ein Anreiz für die Auslagerung der Pensionsverpflichtung. Nicht zuletzt erfordert die Liquidation der GmbH oder in der Praxis regelmäßig auch die beabsichtigte Veräußerung des Unternehmens bzw. der GmbH-Anteile – rechtlich oder faktisch – die vorherige Entledigung der Versorgungsverpflichtung.

997 Bevor in der Praxis der unter steuerrechtlichen Gesichtspunkten optimale Lösungsweg für die Auslagerung ermittelt wird, sollte die Alternative der Beibehaltung der Direktzusage unter gleichzeitig erfolgender ausreichender Ausfinanzierung/Rückdeckung der eingegangenen Risiken in Erwägung gezogen werden. Denn sowohl die durch das BilMoG i. d. R. sinkende Eigenkapitalquote als auch die Gefahr schwer kalkulierbarer Folgen biometrischer Risiken können durch eine passende und ausreichende Rückdeckung eliminiert werden. Und dies bei weiterhin verbleibenden Verfügungs- und Gestaltungsvorteilen einer unmittelbaren Zusage (vgl. Rz. 563 ff.). Allerdings ist im Zuge einer Optimierung der Rückdeckung vorzeitiger biometrischer Risiken, vor allem des Berufsunfähigkeitsrisikos, die Gefahr einer Ertragsteuer- und somit Liquiditätsbelastung im Leistungsfall für die GmbH aufgrund des eintretenden Aktivwertüberhangs zu berücksichtigen (vgl. Praxishinweis zu Rz. 562 ff.).

998 Erst wenn unter Prüfung dieser Alternative die Entscheidung zur Auslagerung der Versorgungsverpflichtung gefällt wird, ist unter Berücksichtigung der Motive und der steuerrechtlichen Auswirkungen der optimale Lösungsweg zur Auslagerung der Direktzusage des GGF zu ermitteln.

999–1000 *(Einstweilen frei)*

1 Verhältnis Eigenkapital zu Bilanzsumme.

2. Rechtliche versus wirtschaftliche Enthaftung

Steht der Wunsch des Unternehmens zur Auslagerung der Versorgungsverpflichtung im Raum, ist der Begriff „Auslagerung" – vorrangig vor der Berücksichtigung steuerrechtlicher Konsequenzen – zur Klärung der Zielsetzung zu definieren. Will sich das Unternehmen nur wirtschaftlich der Verpflichtung entledigen, oder soll die Verpflichtung auch rechtlich schuldbefreiend auf einen Dritten übergehen? 1001

PRAXISHINWEIS:

In der Praxis wird bei der Verwendung des Begriffs Auslagerung meist nicht zwischen wirtschaftlicher und rechtlicher Enthaftung unterschieden. Dabei entledigt sich das Unternehmen nur durch die Abfindung oder die rechtlich schuldbefreiende Übertragung auf einen Dritten tatsächlich endgültig von der Versorgungsverpflichtung. In allen anderen Fällen verbleibt dem Unternehmen eine zumindest mittelbare Einstandspflicht, so dass auf diesem Wege z. B. die Liquidation des Unternehmens nicht ermöglicht werden kann.

Ist die rechtliche Befreiung von der Versorgungsverpflichtung geplant, ist zuvor zwingend die arbeitsrechtliche Stellung des GGF zu prüfen. Ist der GGF im arbeitsrechtlichen Sinne nicht beherrschend, dessen Versorgungsanwartschaft bereits gesetzlich unverfallbar und wurde § 4 BetrAVG nicht wirksam abbedungen,[1] unterliegt die Zusage den Übertragungsbeschränkungen des § 4 BetrAVG. Die Zusage des GGF kann in diesem Fall arbeitsrechtlich wirksam nur im Rahmen eines Arbeitgeberwechsels auf einen neuen Arbeitgeber oder zur Ermöglichung der Liquidation der GmbH auf einen Lebensversicherer oder eine Pensionskasse übertragen werden. Erfolgt die Auslagerung wider die Restriktionen des § 4 BetrAVG, ist die Übertragung der Versorgungsverpflichtung arbeitsrechtlich unwirksam. Im Leistungsfall besteht somit die Gefahr, dass die GmbH trotz zuvor vermeintlich erfolgter Auslagerung die Versorgungsleistung an den GGF erbringen muss. 1002

Unterliegt der GGF bzw. dessen Versorgungszusage nicht den Vorschriften des BetrAVG oder wurde § 4 BetrAVG wirksam abbedungen, kommen die Beschränkungen des § 4 BetrAVG zur Übertragung einer Versorgungsverpflichtung nicht zum Tragen, es sei denn die Vertragsparteien haben die analoge Anwendung des § 4 BetrAVG ausdrücklich in der Versorgungszusage vereinbart. Folglich kann die Versorgungsverpflichtung per schuldrechtlichem Über- 1003

1 BAG v. 21.4.2009 - 3 AZR 285/07, NWB VAAAD-29570 wonach bei Organmitgliedern juristischer Personen die Regelungen des Betriebsrentengesetzes regelmäßig insoweit ausgeschlossen werden können, wie Einschränkungen nach § 17 Abs. 3 BetrAVG durch einen Tarifvertrag möglich wären. Ob das Organmitglied auch Anteile an der Gesellschaft besitzt, ist dabei unerheblich.

nahmevertrag grds. von jedem Dritten mit einer für die GmbH schuldbefreienden Wirkung übernommen werden. Daher kann auch im Falle eines Durchführungswegwechsels grds. neben einem wirtschaftlichen auch ein schuldbefreiender Übergang der Pensionsverpflichtung vereinbart werden. Jedoch ist zu beachten, dass gem. den Standardvereinbarungen der Versorgungseinrichtungen – Pensionsfonds und Unterstützungskasse – das Fortbestehen eines Trägerunternehmens Bedingung ist, so z. B. für den Fall einer möglichen Nachfinanzierungsverpflichtung der GmbH. Nur wenn hier per Vertrag zwischen GmbH, GGF und Versorgungseinrichtung ausdrücklich auch der für die GmbH rechtlich schuldbefreiende Übergang der Versorgungsverpflichtung geregelt wird, geht der Durchführungswegwechsel für die GmbH über die wirtschaftliche Enthaftung hinaus. Folglich führt auch ein Durchführungswegwechsel von der Direktzusage zu einem anderen Durchführungsweg der bAV i. d. R. nicht zu einer endgültigen rechtlichen Enthaftung der GmbH.

1004 Steht die wirtschaftliche Enthaftung im Vordergrund, ist zu klären, ob diese endgültig sein soll oder unter Risikogesichtspunkten zur Minderung der erstmaligen Liquiditätsbelastung eine Nachschusspflicht in Kauf genommen werden kann. Weiterhin ist zu klären, ob die mit der Direktzusage abgesicherte originäre Altersversorgung des GGF (i. d. R. lebenslange Rentenleistungen) weiterhin im Vordergrund stehen soll oder eine Änderung der Versorgung möglich ist. Wie wichtig sind dem Unternehmen und dem GGF Verfügungs- und Änderungsmöglichkeiten, wie z. B. die Abfindung oder die Kapitalisierung der Rentenanwartschaft? Welche Prioritäten hat für die GmbH die Verfügbarkeit der investierten Mittel im Todesfall des GGF? Wichtig ist zudem, die finanziellen Spielräume des Unternehmens abzustecken.

1005 Eine Möglichkeit zur wirtschaftlichen Auslagerung der unmittelbaren Versorgungsverpflichtung ist der Wechsel des Durchführungsweges von der Direktzusage hin zu einem anderen Durchführungsweg der bAV. Grundsätzlich kann jeder der fünf Durchführungswege der bAV durch einen jeweils anderen substituiert werden.[1] Ebenso kann durch den Schuldbeitritt eines Dritten die originär verpflichtete GmbH wirtschaftlich von der Versorgungsverpflichtung befreit werden – dies jedoch nur im Innenverhältnis. Schuldner der Versorgung gegenüber dem Versorgungsberechtigten bleibt die GmbH.[2]

1 Vgl. Höfer/Veit/Verhuven, Betriebsrentenrecht, 20. Aufl. 2019, Bd. II Steuerrecht/Sozialabgaben, HGB/IFRS, Kap. 38, Rz. 4.

2 Bzgl. der unterschiedlichen Auffassungen über die bilanziellen Folgen vgl. BFH v. 14.12.2011 - I R 72/10, NWB GAAAE-03246; v. 26.4.2012 - IV R 43/09, NWB QAAAE-10991; v. 12.12.2012 - I R 69/11, DStR 2013 S. 570; v. 12.12.2012 - I R 28/11, DStR 2013 S. 575 und BMF v. 16.12.2005, BStBl 2005 I S. 1052 und die mit dem AIFM-Steueranpassungsgesetz eingeführten § 4f, § 5 Abs. 7 EStG; vgl. Rz. 1196 ff.

Für den Fall des Durchführungswegwechsels hin zu einer versicherungsförmigen Zusage ist jedoch zu beachten, dass mit der Erteilung einer bAV an einen arbeitsrechtlich nicht beherrschenden GGF die Vorschriften des BetrAVG zu berücksichtigen sind. 1006

So übernimmt die GmbH, unabhängig vom gewählten mittelbaren Durchführungsweg, zumindest eine gesetzlich bestimmte (mittelbare) Erfüllungspflicht. Im Falle einer Direktzusage ist die GmbH unmittelbar zur Erfüllung der Versorgungszusage verpflichtet. Im Falle eines mittelbaren Durchführungsweges trifft die GmbH über § 1 Abs. 1 Satz 3 BetrAVG in Form einer Einstandspflicht eine Subsidiärhaftung. Kann die zwischengeschaltete primär versorgungsverpflichtete Versorgungseinrichtung die Versorgungsverpflichtung nicht erfüllen, ist die GmbH zur Nachfinanzierung oder zur Erbringung des nicht von der mittelbaren Versorgungseinrichtung erbrachten Teils der Versorgung verpflichtet. 1007

Bei ausreichender Dotierung bzw. Erfüllung der mit der Versorgungseinrichtung vereinbarten Beitragszahlung ist der Arbeitgeber zwar zunächst wirtschaftlich enthaftet. Denn die Versorgungsreinrichtung kann in diesem Falle sowohl die vorzeitigen Risiken (Invalidität, Tod) als auch das Langlebigkeitsrisiko einer zugesagten lebenslangen Altersrente abdecken. Im Falle eines versicherungsförmigen Durchführungsweges ist die GmbH zudem nicht Versorgungsschuldner bzw. auszahlende Stelle und spart somit die Aufwendungen der Rentenverwaltung.[1] Letztlich verbleibt aber die mittelbare Einstandspflicht bestehen, so dass über einen Durchführungswegwechsel keine endgültige rechtlich schuldbefreiende Auslagerung der Versorgungsverpflichtung erreicht werden kann. 1008

PRAXISHINWEIS:

Ist die rechtlich schuldbefreiende Auslagerung (Übertragung) einer unmittelbaren Verpflichtung gegenüber dem GGF geplant, ist zuvor der arbeitsrechtliche Status des GGF zwingend zu prüfen. Ist der GGF im arbeitsrechtlichen Sinne nicht beherrschend und wurde § 4 BetrAVG nicht wirksam abbedungen, verhindert diese Vorschrift außerhalb des Arbeitgeberwechsels und der Liquidation der Kapitalgesellschaft die arbeitsrechtlich wirksame und somit rechtlich enthaftende Auslagerung der Versorgungsverpflichtung, z. B. durch Übertragung auf eine andere Kapitalgesellschaft. Wird dennoch die Auslagerung vollzogen, droht im späteren Leistungsfall trotz vermeintlicher Entledi-

1 Die Versorgungsleistungen werden erst in der Veranlagung des Versorgungsberechtigten steuerlich erfasst. Die Versorgungseinrichtung ist gem. § 22a EStG zu einer Rentenbezugsmitteilung an die zentrale Stelle (Deutsche Rentenversicherung Bund) verpflichtet.

gung von der Versorgungsverpflichtung die Leistungspflicht gegenüber dem Versorgungsverpflichteten. Im Falle einer geplanten Veräußerung der Kapitalgesellschafts-Anteile könnte diese latente Gefahr der Inanspruchnahme ein Verkaufshindernis darstellen. Ein Durchführungswegwechsel verschafft hier aufgrund der weiterhin bestehenden Subsidiärhaftung der Kapitalgesellschaft zwar keine rechtliche Enthaftung von der Versorgungsverpflichtung, wird aber aus diesem Grunde auch nicht von den Beschränkungen des § 4 BetrAVG erfasst. Abhängig von den Zielen des potenziellen Erwerbers und der zumindest wirtschaftlichen Entledigung von der Versorgungsverpflichtung sollte dieser alternative Lösungsweg ins Auge gefasst werden.

1009–1011 *(Einstweilen frei)*

3. Übersicht über die Auslagerungsformen, deren Wirkung und die mögliche Zielerreichung

1012 **Auslagerungsarten der unmittelbaren Versorgungsverpflichtung gegenüber dem GGF**

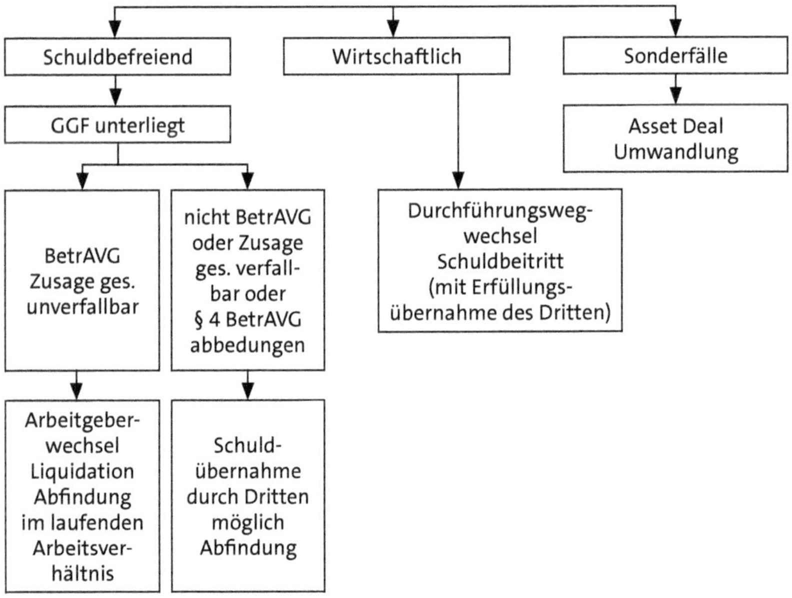

Übersicht über die Wirkung der unterschiedlichen Auslagerungsformen:

Auslagerung	**wirtschaftliche Auslagerung**	**rechtlich schuldbefreiende Auslagerung**	**Auslagerung der Rentnerverwaltung**	**Steuerbefreiung vorhanden?**
Abfindung	ja	ja	ja	nein
Pensionsfonds	Versicherungsförmige Variante: ja liquiditätsschonende Variante: nur bedingt	i. d. R. nein	ja	ja
Unterstützungskasse	Leistungsempfänger und volle Dotierung UK: ja Anwärter und lfd. Dotierung UK: nur bedingt	i. d. R. nein	nein	mangels Zuflusses nicht notwendig
Liquidationsdirektversicherung	ja	ja	ja	ja
Schuldübernahme durch Dritten	ja	ja	ja	mangels Zuflusses nicht notwendig
Schuldbeitritt mit Erfüllungsübernahme	ja	nein	nein[1]	mangels Zuflusses nicht notwendig

1 Der Versorgungsberechtigte kann die Leistung von beiden fordern; wendet er sich an die ursprünglich verpflichtete GmbH, bleibt diese für die Rentnerverwaltung weiterhin zuständig, kann aber die Mittel vom Schuldbeitretenden zurückfordern.

Übersicht über die Motive für eine Auslagerung und die mögliche Zielerreichung mit der jeweiligen Auslagerungsform:

Auslagerungsform/Ziel	**Befreiung HB von Pensionsrückstellung**	**Vermeidung Beitrag PSV**	**Ermöglichung Verkauf GmbH-Anteil**	**Ermöglichung Liquidation**
Abfindung	ja	ja	ja	ja
Pensionsfonds	soweit das Deckungsvermögen des PF die bisherige Pensionsrückstellung der Handelsbilanz abdeckt	zu 80 %	ggf. bei versicherungsförmiger Lösung	i. d. R nein
Rückgedeckte Unterstützungskasse	soweit Deckungsvermögen der UK die bisherige Pensionsrückstellung der Handelsbilanz abdeckt	nein	einzelfallabhängig	i. d. R. nein
Liquidationsdirektversicherung	ja	ja	nein	ja
Schuldübernahme durch Dritten	ja	ja	ja	ja
Schuldbeitritt mit Erfüllungsübernahme	ja	nein	einzelfallabhängig	nein

1013–1014 *(Einstweilen frei)*

V. (Teilweiser) Verzicht auf eine Direktzusage

1. Motivation für einen Verzicht und rechtliche Grundlagen

1015 Viele – vor allem in den achtziger und neunziger Jahren eingerichtete Direktzusagen – sind teilweise massiv unterfinanziert. Grund für die meist unzureichende Rückdeckung der Versorgungszusagen ist i. d. R. ein fehlendes Bewusstsein für die Ernsthaftigkeit der eingegangenen Verpflichtung. Die Motivation für die Einrichtung der Direktzusage waren zumeist vorrangig die steuerlichen Effekte. Denn die Einrichtung einer Direktzusage führt noch im Jahr der Erteilung und in der Höhe rückwirkend auf den Dienstbeginn[1] zu einer u.U. hohen Erstrückstellung in der Steuerbilanz.

Mitverantwortlich für die Unterfinanzierung der Pensionsverpflichtungen sind zudem die veränderten wirtschaftlichen Rahmenbedingungen und die gestiegene Lebenserwartung. So haben die aufgrund der schlechten Kapitalmarktsituation stetig gesunkenen Überschüsse der Lebensversicherer für schmerzliche Abweichungen zwischen ursprünglichen Ablaufprognosen und tatsächlich zu erwartenden Auszahlungsbeträgen gesorgt. 1016

Wird schließlich die wirtschaftlich notwendige aber für das Unternehmen finanziell kaum tragbare Nachfinanzierung der Versorgungszusage bewusst, suchen die GmbH bzw. der GGF nach Lösungen. Eine Lösungsmöglichkeit ist der einvernehmliche und ohne Gegenleistung erfolgende (teilweise) Verzicht des GGF auf seine Pensionsrechte, etwa durch Erlasserklärung,[2] Abtretung[3] des GGF, einen Schuldaufhebungsvertrag zwischen GmbH und GGF oder durch Widerruf der Versorgungszusage durch die GmbH. Folge ist in jedem Fall der entschädigungslose Wegfall der Versorgungsverpflichtung für die GmbH. 1017

PRAXISHINWEIS:

Oftmals setzt der GGF seinen Versorgungsanspruch mit der vorhandenen Rückdeckungsversicherung gleich und erklärt sich mit der Übertragung der Rückdeckungsversicherung als Abfindung seiner (vollen) Pensionsrechte einverstanden. Dies führt jedoch häufig nicht zu einem vollständigen Ausgleich. Der GGF sollte daher zunächst über die notwendige Differenzierung zwischen der ihm laut Versorgungszusage zustehenden Versorgungsanwartschaft auf der einen Seite und den der GmbH zustehenden Ansprüchen aus der Rückdeckungsversicherung andererseits aufgeklärt werden. Zudem sollte im Falle der Abfindung der Pensionsanwartschaft durch Übertragung der Rückdeckungsversicherung auf den GGF (Wechsel Versicherungsnehmerstellung und Bezugsberechtigung) das Vorliegen eines Verzichts oder einer verdeckten Gewinnausschüttung geprüft werden. Ist der Deckungskapitalwert der Rückdeckungsversicherung geringer als der sich aus der Pensionszusage bzw. dem BetrAVG ergebende Abfindungsanspruch, ist ein Verzicht gegeben. Ist der Deckungskapitalwert höher als der Abfindungsanspruch, liegt eine vGA i. H. d. den Abfindungsanspruch übersteigenden Deckungskapitalwertes vor. Darüber hinaus muss noch geprüft werden, unter welchen Voraussetzungen eine Abfindung überhaupt zulässig ist (vgl. Rz. 1176 ff.).

Ein (teilweiser) Verzicht des (ehemaligen) im arbeitsrechtlichen Sinne beherrschenden GGF auf seine Betriebsrentenanwartschaft bzw. -ansprüche ist rechtlich grundsätzlich unbedenklich. Bei dem in diesem Sinne nicht beherrschenden GGF jedoch kann der Verzicht gegen das Abfindungsverbot des § 3 1018

1 § 6a Abs. 3 Satz 2 Nr. 1 Satz 2 EStG.

2 § 397 BGB.

3 § 398 BGB.

BetrAVG verstoßen, wenn dieser zum Verzichtszeitpunkt bereits mit unverfallbarer Anwartschaft oder aufgrund des Versorgungsfalles aus dem Dienstverhältnis ausgeschieden war.[1]

Ein bedingter Forderungsverzicht, bei dem der GGF sich verpflichtet hat, seinen Anspruch gegen seine Gesellschaft nicht geltend zu machen, solange und soweit die Ertragslage des Unternehmens dessen Befriedigung nicht erlaubt, ist rechtlich kein Verzicht;[2] dasselbe gilt für einen Rangrücktritt.[3]

1019–1020 *(Einstweilen frei)*

2. Folgen des Verzichts auf eine Direktzusage

1021 Durch den rechtswirksamen (Teil-)Verzicht des GGF auf seine Versorgungsanwartschaft fällt für die GmbH in jedem Fall die Versorgungsverpflichtung (teilweise) weg, wodurch die Pensionsrückstellung in Handels- und Steuerbilanz[4] insoweit ertragswirksam aufzulösen ist. Hierin hat sich bis zur Entscheidung des BFH v. 9.6.1997[5] die bilanzielle und auch steuerliche Konsequenz des Verzichts für die GmbH und den GGF erschöpft.

1022 Mit der Entscheidung des Großen Senats[6] haben sich die Auswirkungen des Verzichts des GGF auf seine Pensionsrechte gegenüber der früheren Rechtsprechung[7] des BFH jedoch stark erweitert und machen die Entscheidung für oder gegen den Verzicht von mehreren Faktoren abhängig.

1023 Denn der BFH sieht in einem auf dem Gesellschaftsverhältnis beruhenden Verzicht auf eine werthaltige Direktzusage eine Verfügung des GGF über seine gegenüber der GmbH bestehende Lohnforderung und eine verdeckte Einlage dieser Lohnforderung des GGF in die GmbH. Erfüllt der Verzicht des GGF diese Voraussetzungen, hat dies weitreichende Folgen:

1 BAG v. 22.9.1987 - 3 AZR 194/86, DB 1988 S. 656, unter I.3.c der Gründe. Vgl. auch ausführlich Höfer/de Groot/Küpper/Reich, Betriebsrentenrecht, 24. Aufl. 2019, Band I, § 3 Rz. 26 ff.

2 BFH v. 20.10.2004 - I R 11/03, BStBl 2005 II S. 581.

3 Vgl. Höfer/Veit/ Verhuven, Betriebsrentenrecht (BetrAVG), Band II, Kap. 44, Rz. 355.

4 § 249 Abs. 2 Satz 2 HGB; § 5 Abs. 1 Satz 1; § 6a Abs. 1 Satz 1 Nr. 1 EStG; R 6a Abs. 21 Satz 1 EStR.

5 BFH v. 9.6.1997 - GrS-1/94, BStBl 1998 II S. 307.

6 BFH v. 9.6.1997 - GrS-1/94, BStBl 1998 II S. 307.

7 BFH v. 19.5.1993 - I R 34/92, BStBl 1993 II S. 804.

a) Folgen des Verzichts auf eine Direktzusage für die GmbH

aa) Folgen des Verzichts in Handelsbilanz und Steuerbilanz

Durch den Verzicht ist die Versorgungsverpflichtung der GmbH weggefallen. 1024
Insoweit ist der jeweilige zum letzten Bilanzstichtag gebildete Pensionsrückstellungswert gewinnerhöhend aufzulösen.

bb) Außerbilanzielle Korrektur des steuerlichen Gewinns

Ist der Verzicht auf die Versorgungsanwartschaft gesellschaftsrechtlich ver- 1025
anlasst und stellt daher eine verdeckte Einlage des GGF in die GmbH dar, muss der steuerliche Gewinn außerbilanziell, d. h. bei der Ermittlung des zu versteuernden Einkommens der Gesellschaft, um den Wert der verdeckten Einlage gemindert werden.[1] Ob sich das steuerliche Ergebnis der GmbH durch die verdeckte Einlage erhöht oder mindert, ist folglich davon abhängig, ob der Wert der verdeckten Einlage höher oder niedriger ist als die durch den Verzicht in der Steuerbilanz aufzulösende Pensionsrückstellung. Ist die verdeckte Einlage höher als die Pensionsrückstellung, ergibt sich im Ergebnis eine Gewinnminderung; ist die verdeckte Einlage geringer als die Pensionsrückstellung, ergibt sich im Ergebnis eine Gewinnerhöhung.

b) Folgen des Verzichts auf eine Direktzusage für den GGF

Eine betrieblich veranlasste Direktzusage stellt für den GGF eine Forderung 1026
auf (späteren) Arbeitslohn dar. Arbeitslohn fließt einkommensteuerrechtlich in dem Moment zu, in dem der GGF wirtschaftlich über ihn verfügen kann.[2] Für den steuerrechtlich beherrschenden GGF wird die wirtschaftliche Verfügungsmacht bereits mit Eintritt der Fälligkeit der Forderung unterstellt.[3] Somit fließt dem GGF die Lohnforderung „Pensionsanwartschaft" im Normalfall einkommensteuerlich erst mit Fälligkeit bzw. Auszahlung der Versorgungsleistung in Form einer Renten, Kapital- oder Ratenzahlung zu.

Durch den Verzicht auf die werthaltige Pensionsanwartschaft gegenüber sei- 1027
ner Kapitalgesellschaft verfügt der GGF aber nach Auffassung des BFH bereits vor dem vereinbarten Leistungszeitpunkt über seine Lohnforderung. Da durch den Verzicht das Vermögen der GmbH steigt, steigt auch der Wert der GmbH-Anteile des GGF. Durch diesen Vermögenstausch Lohnforderung gegen Wert-

1 R 8.9 Abs. 1 KStR 2015 und H 8.9 „Verzicht auf Pensionsanwartschaftsrechte" Satz 3 EStH 2015.

2 § 11 Abs. 2 EStG; H 11 EStH – Allgemeines, Zufluss von Einnahmen.

3 BFH v. 8.5.2007 - VIII R 13/06, NWB DAAAC-62186.

steigerung der GmbH-Anteile soll dem GGF im Moment des Verzichts steuerrechtlich der Wert seiner Lohnforderung zufließen.[1]

1028 Dieser fiktive steuerrechtliche Zufluss aus einer betrieblich veranlassten Direktzusage führt für den auf der Grundlage eines Dienstvertrags tätigen GGF zu Einkünften aus nichtselbständiger Arbeit i. S. d. § 19 Abs. 1 Satz 1 Nr. 1 EStG. Da die fiktiv zugeflossene Pensionsanwartschaft eine Vergütung für eine mehrjährige Tätigkeit des GGF darstellt, ist die Fünftelregelung gem. § 34 Abs. 1 und Abs. 2 Nr. 4 EStG bei der Ermittlung der Lohn- und Einkommensteuer anzuwenden.[2]

PRAXISHINWEIS 1 FÜR DEN STEUERLICHEN BERATER:

Bei strenger Auslegung des § 38 Abs. 4 Satz 1, 2 EStG hat der Arbeitgeber auch von dieser fiktiven Lohnauszahlung unter Berücksichtigung der Fünftelungsregelung Lohnsteuer einzubehalten.[3] Hierzu muss der Arbeitgeber die ggf. vorhandenen Barbezüge des GGF einbehalten. Da diese i. d. R. nicht ausreichen und der GGF den Restbetrag meist nicht zur Verfügung stellen kann, muss die GmbH dies zur eigenen Enthaftung dem Betriebsstättenfinanzamt anzeigen.[4]

PRAXISHINWEIS 2 FÜR DEN STEUERLICHEN BERATER:

War die Pensionsanwartschaft ganz oder teilweise nicht betrieblich veranlasst und wurde die Pensionsrückstellung daher auf Seiten der GmbH als vGA behandelt, musste auf Seiten der GmbH für jedes betroffene Jahr eine Nebenrechnung zur Gewinnermittlung mit Teilbetrag I und Teilbetrag II geführt werden.[5] Als Teilbetrag I wurde der gesellschaftsrechtlich veranlasste Anteil der Zuführung zur Pensionsrückstellung festgehalten, der außerbilanziell zu korrigieren ist. Als Teilbetrag II wurde der Betrag vom Teilbetrag I festgehalten, der tatsächlich bei der Steuerfestsetzung der GmbH Berücksichtigung gefunden hat.[6]

Führt nun der Verzicht zu einer gewinnwirksamen Auflösung der Pensionsrückstellung, darf diese den Gewinn nur insoweit erhöhen, als die Bildung der Pensionsrückstellung nicht außerhalb der Bilanz durch einen Teilbetrag II bereits korrigiert worden ist. Soweit ein Teilbetrag II vorliegt, ist der Gewinn der GmbH im Jahr der (Teil-)Auflösung der Pensionsrückstellung aufgrund des Verzichts ebenfalls außerhalb der Bilanz wieder entsprechend zu mindern, damit es nicht zu einer doppelten steuerlichen Erfassung kommt.

---

1 Vgl. hierzu kritisch Killat, Verzicht auf den Future Service – eine Geschichte ohne Ende?, DStZ 2011 S. 892.

2 BFH v. 23.8.2017 - VI R 4/16, BStBl 2018 II S. 208, Rz. 34. Vgl. auch: Höfer/Veit/Verhuven, Betriebsrentenrecht (BetrAVG), Band II, Kap. 44, Rz. 375, m. w. N.

3 H 38.2 „Zufluss von Arbeitslohn" LStH.

4 § 38 Abs. 4 EStG.

5 BMF v. 28.5.2002, BStBl 2003 I S. 648.

6 Wurde die gesellschaftsrechtliche Veranlassung erst Jahre nach der Zusage durch die FinVerw festgestellt, können möglicherweise nicht alle Jahre ab der Zusage verfahrensrechtlich noch korrigiert werden, so dass der Teilbetrag II für die festsetzungsverjährten Jahre oder für Jahre für die keine verfahrensrechtliche Änderungsvorschrift greift, mit 0 € festzuhalten ist.

Dem GGF fließt i. H. d. nicht betrieblich veranlassten Teils der Versorgungszusage eine vGA und somit Einkünfte aus Kapitalvermögen i. S. d. § 20 Abs. 1 Nr. 1 Satz 2 EStG zu. Die GmbH hat auf die vGA die Kapitalertragsteuer i. H. v. 25 % einzubehalten.[1] Ob die vGA beim GGF dem Teileinkünfteverfahren bzw. der Abgeltungsteuer unterliegt, ist davon abhängig, ob diesbezüglich in der Nebenrechnung der GmbH Teilbeträge II erfasst worden sind.[2] Soweit die vGA dem Gewinn der GmbH nicht hinzugerechnet werden konnte (Differenz zwischen Teilbetrag I und Teilbetrag II) wird für den GGF keine Tarifvergünstigung gewährt und der fiktive Zufluss ist in voller Höhe mit seinem individuellen Steuersatz zu versteuern. Die Anwendung der Fünftelregelung kommt nicht in Betracht, da aufgrund der gesellschaftsrechtlichen Veranlassung kein Arbeitslohn für eine mehrjährige Tätigkeit vorliegt.

Infolge des Verzichtes auf die werthaltigen Pensionsanwartschaftsrechte zu- 1029
gunsten einer Steigerung des GmbH-Vermögens entstehen für den GGF nachträgliche Anschaffungskosten seiner GmbH-Anteile i. H. d. Wertes der verdeckten Einlage, die bei Veräußerung der GmbH-Anteile einen steuerpflichtigen Veräußerungsgewinn mindern.[3] Veräußert der GGF nicht zeitgleich mit der verdeckten Einlage auch die GmbH-Anteile, entfalten die nachträglichen Anschaffungskosten im Zeitpunkt des Verzichts keine einkommensteuerliche Wirkung, so dass die Lohnsteuerbelastung für den GGF zunächst nicht kompensiert wird.

BEISPIEL: Der GGF verzichtet entschädigungslos und ohne betriebliche Veranlassung zum Rentenbeginn auf die ihm erteilte Direktzusage durch Aufhebungsvertrag mit der finanziell gut ausgestatteten GmbH. Die Pensionsrückstellung betrug zum letzten Bilanzstichtag vor dem Verzicht

- in der Handelsbilanz 300.000 €
- in der Steuerbilanz 250.000 €.

Der Wert der verdeckten Einlage beträgt 350.000 €. Eine Veräußerung der GmbH-Anteile erfolgt nicht.

LÖSUNG: Durch den Wegfall der Versorgungsverpflichtung für die GmbH ist die Rückstellung in Handels- und Steuerbilanz gewinnerhöhend aufzulösen. In der Handelsbilanz ergibt sich somit ein Ertrag von 300.000 €. Für die Steuerbilanz und die steuerliche GuV entsteht ein Ertrag von 250.000 €. Der steuerliche Gewinn ist jedoch außerbilanziell, d. h. im Rahmen der außerhalb der steuerlichen GuV zu vollziehenden Ermittlung des zu versteuernden Einkommens i. S. v. § 7 Abs. 1 KStG um die verdeckte Einlage i. H. v. 350.000 € zu kürzen, so dass sich der Verzicht für die GmbH

1 § 43 Abs. 1 Satz 1 Nr. 1, § 43a Abs. 1 Satz 1 Nr. 1 EStG.

2 § 3 Nr. 40d Satz 2 EStG, § 32d Abs. 2 Nr. 4 EStG.

3 § 6 Abs. 6 Satz 2, § 17 Abs. 2 EStG.

steuerlich in einer Reduzierung des zu versteuernden Einkommens[1] von 100.000 € niederschlägt.

Für den GGF führt die Verfügung über seine Pensionsrechte im Wege der verdeckten Einlage zu einem Lohnzufluss von 350.000 €. In gleicher Höhe entstehen für den GGF nachträgliche Anschaffungskosten seiner GmbH-Anteile,[2] die mangels im Veranlagungszeitraum des Verzichts erfolgender Veräußerung der GmbH-Anteile erst bei einer späteren Anteilsübertragung ihre steuermindernde Wirkung entfalten können.

Letztlich wird durch die verdeckte Einlage eine fiktive Auszahlung des Wertes der Lohnforderung durch die GmbH an den GGF mit anschließender Einlage dieses Wertes durch den GGF in die GmbH ertragsteuerrechtlich nachgebildet.

1030–1032 *(Einstweilen frei)*

3. Wann führt der Verzicht zu einer verdeckten Einlage?

1033 Bis zur Entscheidung des Großen Senats des BFH in 1997[3] erschöpfte sich die Auswirkung eines Verzichts auf die werthaltige Pensionsanwartschaft durch den GGF in der gewinnerhöhenden Auflösung der Pensionsrückstellung in der Handels- und Steuerbilanz der GmbH. Führe die Zusage einer Pension zu keinem Zufluss, so trete ein solcher auch nicht durch einen Verzicht auf die Zusage ein. Einen Zufluss könne allenfalls der Verzicht auf eine unbedingt entstandene und fällige Forderung des GGF gegenüber der GmbH bewirken.[4]

1034 Der Große Senat hat dann die Rechtslage in 1997 insofern verschärft, als dass er entschieden hat, dass ein auf dem Gesellschaftsverhältnis beruhender Verzicht eines Gesellschafters auf seine nicht mehr vollwertige Forderung gegenüber seiner Kapitalgesellschaft bei ihm zu einer verdeckten Einlage i. H. d. Teilwerts der Forderung führt. Der Verzicht des Gesellschafters oder einer nahestehenden Person auf eine Forderung gegenüber der Kapitalgesellschaft im Wege der verdeckten Einlage führe zum Zufluss des noch werthaltigen Teils der Forderung. Bei der Kapitalgesellschaft sei der Wegfall der zuvor passivierten Verbindlichkeit steuerrechtlich durch Abzug einer verdeckten Einlage zu korrigieren, wenn der Gesellschafter den Erlass im Hinblick auf das Gesellschaftsverhältnis gewährt habe. Mit der Direktzusage erlange der Gesellschafter ein Anwartschaftsrecht, das einen Bestandteil seines Vermögens bilde.

1 Vgl. zur Ermittlung des zu versteuernden Einkommens das Schema in R 7.1 Abs. 1 Satz 2 KStR 2015. Die verdeckte Einlage ist dort unter Punkt 9 zu finden.

2 H 8.9 „Verzicht auf Pensionsanwartschaftsrechte" Satz 5 EStH 2015.

3 BFH v. 9.6.1997 - GrS 1/94, BStBl 1998 II S. 307.

4 Vgl. BFH v. 19.5.1993 - I R 34/92, BStBl 1993 II S. 804.

Die verschärften Folgen einer verdeckten Einlage treten gem. der Entscheidung 1035
des Großen Senats des BFH also dann ein, wenn

- der Verzicht auf die Pensionsanwartschaft gesellschaftsrechtlich veranlasst und
- die Pensionsanwartschaft werthaltig und damit ein einlagefähiges Wirtschaftsgut ist.

a) Gesellschaftsrechtliche oder betriebliche Veranlassung?

Eine gesellschaftsrechtliche Veranlassung liegt dann vor, wenn die Ursache für 1036
den Verzicht auf die Pensionsrechte in der Stellung als Gesellschafter begründet liegt. Dies ist sowohl gem. BFH als auch nach Auffassung der FinVerw[1] dann gegeben, wenn ein Nichtgesellschafter bei Anwendung der Sorgfalt eines ordentlichen Kaufmanns der Gesellschaft den Vermögensvorteil nicht eingeräumt hätte. Eine betriebliche Veranlassung liegt spiegelbildlich dann vor, wenn auch ein Fremdgeschäftsführer der Gesellschaft den Vermögensvorteil aufgrund seiner Sorgfaltspflicht eingeräumt hätte.[2] Dies kann nur in seltenen Ausnahmefällen angenommen werden; denn selbst wenn sich die wirtschaftliche Lage der Kapitalgesellschaft nach Zusage des Ruhegehalts wesentlich verschlechtert, wird ein fremder Geschäftsführer regelmäßig nur dann auf eine bereits erdiente (werthaltige) Pensionsanwartschaft verzichten, wenn die Versorgungszusage eine Widerrufsmöglichkeit für diesen Fall vorsieht oder die Kapitalgesellschaft aus anderen Gründen einen Anspruch auf Anpassung der Versorgungszusage auch für die Vergangenheit hat.[3] Zur Prüfung eines betrieblich oder gesellschaftsrechtlich veranlassten Verzichts sind also die Grundsätze des Fremdvergleiches heranzuziehen.

Die Frage der betrieblichen Veranlassung und somit die Frage, wann ein 1037
Fremdgeschäftsführer sich zum Verzicht auf seine Anwartschaftsrechte bereit erklärte hätte, machen BFH und FinVerw[4] an den Kriterien der Finanzierbarkeit einer Direktzusage fest. Hintergrund ist, dass, wenn die Erfordernisse der Finanzierbarkeit einer Versorgungszusage zum Zeitpunkt des Verzichtes nicht mehr gegeben sind, auch ein Fremdgeschäftsführer aufgrund der ihm oblie-

1 R 8.9 Abs. 3 KStR 2015.

2 § 43 Abs. 1 GmbHG.

3 BFH v. 23.8.2017 – VI R 4/16, BStBl 2018 II S. 208, Rz. 24; v. 8.11.2000 - I R 70/99, BStBl 2005 II S. 653.

4 OFD Hannover v. 15.12.2006, DStR 2007 S. 394, m. w. N. zur BFH-Rspr.

genden Treue- bzw. Sorgfaltspflicht zur Rettung der GmbH insoweit auf seine Pensionsanwartschaft verzichten müsse (vgl. Rz. 759).[1]

1038 Mit dem BMF-Schreiben v. 6.9.2005[2] sind verschärfte Kriterien für die fehlende Finanzierbarkeit und somit für den betrieblich veranlassten Verzicht zu berücksichtigen. Bis zu diesem Zeitpunkt war Auffassung der FinVerw,[3] dass eine Direktzusage dann nicht mehr finanzierbar sei und mit betrieblicher Veranlassung auf sie verzichtet werden könne, sobald unter Berücksichtigung einer bestehenden Rückdeckungsversicherung der Barwert der künftigen Pensionsleistungen zu einer bilanziellen Überschuldung führen würde. Dabei sei für den zu berücksichtigenden Barwert der Pensionsverpflichtung ein fiktiver Versorgungsfall nachzubilden (sog. Bilanzsprungrisiko). War unter Anwendung dieses „worst case scenario" eine bilanzielle Überschuldung nachzuweisen, konnte insoweit ohne die Folgen einer verdeckten Einlage auf die Pensionsanwartschaft verzichtet werden.

1039 Mit dem Schreiben v. 6.9.2005 berücksichtigte das BMF die in den Vorjahren zahlreich ergangenen Urteile des BFH zur Finanzierbarkeit einer Direktzusage[4] und änderte seine Auffassung in zwei wesentlichen Punkten:

- Für die Überschuldungsprüfung ist der Wert der Versorgungsverpflichtung nicht mehr mittels eines fiktiven vorzeitigen Versorgungsfalls zu ermitteln, es ist vielmehr der mit Wahrscheinlichkeiten gewichtete versicherungsmathematische Anwartschaftsbarwert[5] der Versorgungsverpflichtung zu berücksichtigen.
- Eine Versorgungszusage ist insoweit nicht mehr finanzierbar, als die Passivierung dieses Anwartschaftsbarwerts der Pensionsverpflichtung zu einer Überschuldung der Gesellschaft im insolvenzrechtlichen Sinne führt.

1040 Hinsichtlich der wesentlichen Frage eines betrieblich oder gesellschaftsrechtlich veranlassten Verzichts führt dies zu folgender Auffassung der FinVerw:[6]

1 BGH v. 15.6.1992 - II ZR 88/91, mit Bezugnahme auf die auch dem Fremdgeschäftsführer gem. § 43 Abs. 1 GmbHG obliegenden Treuepflicht und Verweis auf die ebenso dem Vorstand einer AG obliegenden Pflicht gem. § 87 Abs. 2 AktG.

2 BMF v. 6.9.2005, BStBl 2005 I S. 875.

3 BMF v. 14.5.1999, BStBl 1999 I S. 512.

4 BFH v. 8.11.2000 - I R 70/99, BStBl 2005 II S. 653; v. 20.12.2000 - I R 15/00, BStBl 2005 II S. 657; v. 7.11.2001 - I R 79/00, BStBl 2005 II S. 659; v. 4.9.2002 - I R 7/01, BStBl 2005 II S. 662; v. 31.3.2004 - I R 65/03, BStBl 2005 II S. 664.

5 § 6a Abs. 3 Satz 1 Nr. 2 EStG.

6 Bayerisches Landesamt für Steuern v. 15.2.2007 - S 2742-26 St 31 N, DStR 2007 S. 993; OFD Hannover v. 15.12.2006, DB 2007 S. 135.

Eine Direktzusage ist nicht mehr finanzierbar und es kann mit betrieblicher Veranlassung insoweit auf diese verzichtet werden, sobald

- die GmbH insolvenzrechtlich überschuldet ist oder
- die insolvenzrechtliche Überschuldung droht, der GGF weitere Maßnahmen zur Vermeidung der Überschuldung (z. B. Gehaltsreduktion) ergreift und sich auch ein Fremdgeschäftsführer zum Verzicht auf seine Pensionszusage bereit erklärt hätte.

b) Insolvenzrechtliche Überschuldung

Die insolvenzrechtliche Überschuldung ist neben der Zahlungsunfähigkeit 1041
Grundlage und Voraussetzung für die Eröffnung des Insolvenzverfahrens einer GmbH.[1] Ist die insolvenzrechtliche Überschuldung eingetreten, hat der Geschäftsführer bzw. haben die Geschäftsführer gem. § 15a Abs. 1 Satz 1 InsO ohne schuldhaftes Zögern, spätestens aber drei Wochen nach Eintritt der Zahlungsunfähigkeit oder Überschuldung, die Eröffnung des Insolvenzverfahrens zu beantragen. Die Missachtung dieser Pflicht bedeutet für den Geschäftsführer Haftungsrisiken.[2] Andererseits bildet aber auch erst der Tatbestand der (drohenden) insolvenzrechtlichen Überschuldung die Grundlage, im Rahmen der Sanierung der GmbH insoweit betrieblich veranlasst und somit keine verdeckte Einlage auslösend auf die bereits erdiente Pensionsanwartschaft zu verzichten.

Für die Prüfung einer insolvenzrechtlichen Überschuldung ist das zum jeweili- 1042
gen Zeitpunkt des Verzichts geltende Insolvenzrecht maßgeblich. Hier haben sich in den letzten Jahren wesentliche Tatbestandsmerkmale geändert, die eine chronologische Übersicht und die Darstellung der jeweiligen Schlussfolgerungen für die in diesem Zeitraum erfolgten Verzichtshandlungen bedingen.

aa) Verzicht vor dem 18.10.2008 bzw. vor Wirksamwerden des Finanzmarktstabilisierungsgesetzes[3]

Eine insolvenzrechtliche Überschuldung gem. § 19 Abs. 2 InsO war gegeben, 1043
wenn gem. einer nach insolvenzrechtlichen Grundsätzen erstellten Überschuldungsbilanz die Verbindlichkeiten die Aktiva überstiegen. Dabei waren die

1 §§ 16, 17 Abs. 1 und 19 Abs. 1 InsO; gilt nach § 19 Abs. 3 Satz 1 InsO auch für Gesellschaften ohne Rechtspersönlichkeit, bei der kein persönlich haftender Gesellschafter eine natürliche Person ist (z. B. GmbH & Co. KG).

2 Gemäß § 43 Abs. 1, 2 GmbHG gegenüber der GmbH; Gegenüber Außenstehenden vgl. § 823 BGB, § 15a InsO, §§ 266a, 283, 283c StGB, §§ 34, 69, 71 AO.

3 Finanzmarktstabilisierungsgesetz v. 17.10.2008, BGBl 2008 I S. 1982.

Wirtschaftsgüter grds. zu Liquidationswerten anzusetzen, also dem Wert, der im Falle der Auflösung der GmbH für das einzelne Wirtschaftsgut am Markt zu erzielen wäre. War allerdings hinsichtlich des Fortbestehens der GmbH eine positive Prognose gegeben, erfolgte die Bewertung der Wirtschaftsgüter unter der Prämisse eines fortlebenden Unternehmens und der wertmäßigen Bedeutung der Wirtschaftsgüter für die Weiterführung des Unternehmens (going concern – Bewertung). Die positive Fortführungsprognose erlaubte also, die Aktiva insolvenzrechtlich mit Verkehrswerten i. S.v. Fortführungswerten anzusetzen. Für eine positive Fortführungsprognose muss neben dem subjektiven Willen zur Fortführung, auch ein Finanz- und ggf. Ertragsplan mit einem schlüssigen und realisierbaren Unternehmenskonzept für einen angemessenen Prognosezeitraum nachgewiesen werden, nach dem das Unternehmen zahlungsfähig und somit wirtschaftlich lebensfähig ist.[1]

1044 Dies kann wohl unterstellt werden, wenn die Finanzierung und somit die Zahlungsfähigkeit des Unternehmens für das laufende und das folgende Geschäftsjahr gesichert ist.[2] Die Beweislast für die positive Fortführungsprognose liegt dabei auf Seiten der GmbH.[3]

1045 Überstiegen – unter Berücksichtigung der für die Bewertung wesentlichen Fortführungsprognose – die Verbindlichkeiten die Aktiva der insolvenzrechtlichen Überschuldungsbilanz, war eine insolvenzrechtliche Überschuldung gegeben. Der GGF konnte insoweit ohne die Folge einer verdeckten Einlage auf seine Pensionsanwartschaft verzichten.

bb) Verzicht nach dem 17.10.2008 bzw. nach Wirksamwerden des Finanzmarktstabilisierungsgesetzes

1046 In Hinblick auf die weltweite Finanzmarktkrise und die exportlastige und deshalb stark kreditgestützte deutsche Wirtschaft hatte der Gesetzgeber zur Vermeidung von massenhaften Insolvenzen den Überschuldungsbegriff mit dem Finanzmarktstabilisierungsgesetz[4] abgeschwächt. Es sollte verhindert werden, dass finanziell eigentlich gesunde Unternehmen, die nur durch die Finanzmarktkrise erhebliche Wertverluste erlitten hatten – z. B. Wertverluste bei Aktien oder Immobilien – einen Insolvenzantrag stellen mussten. Nach der neuen Formulierung des § 19 Abs. 2 Satz 1 InsO liegt eine Überschuldung erst vor,

1 BGH v. 18.10.2010 - II ZR 151/09, DStR 2011 S. 130; BGH v. 24.5.2010 - IX ZR 123/04, DB 2005 S. 1923.

2 Vgl. Kirchhof, Heidelberger Kommentar zur Insolvenzordnung, § 19, Rz. 12, m. w. N.

3 BGH v. 18.10.2010 - II ZR 151/09, DStR 2011 S. 130.

4 Finanzmarktstabilisierungsgesetz v. 17.10.2008, BGBl 2008 I S. 1982.

wenn das Vermögen des Schuldners die bestehenden Verbindlichkeiten nicht mehr deckt und eine Fortführung des Unternehmens nach den Umständen nicht überwiegend wahrscheinlich ist. Die Fortführungsprognose beeinflusst also nicht nur die Bewertung der Aktiva zu Liquidations- oder Verkehrswerten, sondern ist zusätzlich zu einer durchzuführenden Überschuldungsprüfung ein kumulativ zu erfüllendes Tatbestandsmerkmal der insolvenzrechtlichen Überschuldung. Ohne negative Fortführungsprognose kann folglich unabhängig vom Schiefstand der Bilanz keine insolvenzrechtliche Überschuldung eintreten.

Bei der o. g. Definition einer insolvenzrechtlichen Überschuldung sollte es sich 1047
ursprünglich nur um eine Übergangsregelung handeln. Zum 1.1.2014[1] sollte die Änderung des § 19 Abs. 2 InsO wieder durch die bis zum 17.10.2008 geltende, alte Fassung ersetzt werden.[2] Im Rahmen des Gesetzes „Zur Einführung einer Rechtsbehelfsbelehrung im Zivilprozess und zur Änderung anderer Vorschriften" wurde die Befristung des abgeschwächten Überschuldungsbegriffes jedoch mit Wirkung zum 12.12.2012 aufgehoben.[3] Per Pressemitteilung des Bundesjustizministeriums v. 9.11.2012 wurde die Entfristung des abgeschwächten Überschuldungsbegriffs mit einem bewiesenen Praxisnutzen begründet. Zudem bringe die dauerhafte Entfristung mehr Rechtssicherheit für Unternehmen.

PRAXISHINWEIS:

Sowohl die Entfristung des geltenden Überschuldungsbegriffes als auch die frühzeitige Wirkung der Entfristung waren für viele Unternehmen existenziell. Hätte mit Auslaufen der Übergangsregelung zum 1.1.2014 trotz positiver Fortführungsprognose und Bewertung der Aktiva zu Verkehrswerten eine negative Überschuldungsbilanz vorgelegen, hätte Insolvenzantragspflicht bestanden. Zudem hätte sich spätestens in 2013 die Frage gestellt, ob die in 2014 wegfallende Übergangsregelung nicht schon zum Betrachtungszeitpunkt in 2013 zu einer negativen Fortführungsprognose und folglich einer Insolvenzantragspflicht geführt hätte.

Für die Frage eines möglichen betrieblich veranlassten (teilweisen) Verzichts 1048
auf die Pensionsanwartschaft ist darauf abzustellen, wann die Verzichtshandlung erfolgt(e).

1 Der abgeschwächte Überschuldungsbegriff sollte ursprünglich bis zum 31.12.2010 gelten, die Gültigkeitsdauer wurde dann aber mit dem Gesetz zur Erleichterung der Sanierung von Unternehmen bis zum 31.12.2013 verlängert, BGBl 2011 I S. 2582.

2 Vgl. Art. 7 Abs. 2 und Art. 6 Abs. 3 des Finanzmarktstabilisierungsgesetzes.

3 Gesetz zur Einführung einer Rechtsbehelfsbelehrung im Zivilprozess und zur Änderung anderer Vorschriften v. 5.12.2012, Art. 18c – BGBl 2012 I S. 2418: durch Aufhebung des Art. 6 Abs. 3 des Finanzmarktstabilisierungsgesetzes wird die Befristung des geschwächten Überschuldungsbegriffes beendet.

cc) Verzicht vor dem 12.12.2012

1049 Die als zeitlich begrenzt geltende Erleichterungsregelung, nach der bei positiver Fortführungsprognose keine insolvenzrechtliche Überschuldung eintreten kann, durfte für die Ermittlung eines betrieblich oder gesellschaftlich motivierten Verzichts auf die Pensionsanwartschaft im Zeitraum 18.10.2008 bis einschließlich 11.12.2012 aufgrund der zu erwartenden zeitlichen Begrenzung der Regelung keine Rolle spielen. Denn die zeitlich begrenzte Sonderregelung sollte allein die durch die Finanzmarktkrise und deren Auswirkungen kurzfristig ausgelösten Insolvenzen vermeiden. Nicht jedoch sollten hiermit notwendige und auch betrieblich veranlasste Sanierungsmaßnahmen verhindert werden. Ein ordentlicher und gewissenhafter Geschäftsleiter würde notwendige Sanierungsmaßen unabhängig von einer nur zeitlich begrenzten Erleichterungsregelung durchführen.

1050 Dies vor allem aus dem Grund, dass nach damals geltender Gesetzeslage mit Auslaufen der Erleichterungsregelung zum 31.12.2013 und nicht erfolgter Sanierungshandlungen sofort ein Insolvenzantrag zu stellen gewesen wäre.

1051 Wies im o. g. Zeitraum zum Zeitpunkt des (geplanten) Verzichts eine erstellte Überschuldungsbilanz ein negatives Eigenkapital aus, und hätte ohne Beachtung der Sonderregelung des Finanzmarktstabilisierungsgesetzes der Insolvenzantrag gestellt werden müssen, war insoweit ein Verzicht auf die Pensionsanwartschaft durch den GGF mit betrieblicher Veranlassung möglich – und zwar auch bei positiver Fortführungsprognose.

dd) Verzicht nach dem 11.12.2012

1052 Zu diesem Zeitpunkt konnte bzw. kann der GGF von einer zeitlich unbeschränkten Gültigkeit des entschärften Überschuldungsbegriffes ausgehen und eine positive Fortführungsprognose als Ausschlusskriterium einer insolvenzrechtlichen Überschuldung ansehen. Folglich ist ein betrieblich veranlasster Verzicht zur Vermeidung einer bereits eingetretenen insolvenzrechtlichen Überschuldung nicht möglich, solange eine positive Fortführungsprognose besteht.

PRAXISHINWEIS:

Um aufgrund einer bereits eingetretenen insolvenzrechtlichen Überschuldung betrieblich veranlasst die Versorgungszusage des GGF reduzieren zu können, muss aktuell also neben einer negativen Überschuldungsbilanz zusätzlich eine negative Fortführungsprognose gegeben sein. Allerdings ist nach Auffassung der FinVerw[1] auch die drohende insolvenzrechtliche Überschuldung (vgl. Rz. 1014 ff.) für einen betrieblich veranlassten Verzicht ausreichend, sofern der GGF weitere Maßnahmen zur Vermeidung der Überschuldung (z. B. Gehaltsreduktion) ergreift und sich auch ein Fremdgeschäftsführer zum Verzicht auf seine Direktzusage bereit erklärt hätte. Auf dieser Grundlage kann u. E. auch bei (drohender) negativer Überschuldungsbilanz aber noch positiver Fortführungsprognose ein betrieblich veranlasster Eingriff in bereits erdiente Anwartschaften ins Auge gefasst werden. Dies insbesondere dann, wenn der Verzicht auf die Pensionsanwartschaft als Grundlage bzw. Bestandteil der positiven Fortführungsprognose dargelegt werden kann. In der Praxis sollten sowohl die zum Verzichtszeitpunkt (drohende) negative Überschuldungsbilanz als auch die drohende negative Fortführungsprognose im Prüfungsfall (Veranlagung, Betriebsprüfung) dargelegt werden können, um die Sorgfaltspflicht des GGF als Grundlage für die Minderung seiner Pensionsanwartschaft zu belegen. Zur Absicherung kann eine verbindliche Auskunft beantragt werden.

PRAXISHINWEIS:

Mit dem Corona-Insolvenz-Aussetzungsgesetz[2] (CorInsAG) hat der Gesetzgeber auf die wirtschaftlichen Einschränkungen der Corona-Krise reagiert und die Insolvenzantragspflicht unter gewissen Voraussetzungen bis zum 31.12.2020 suspendiert. Dabei bleiben die Insolvenzgründe in Kraft, allerdings wird die Pflicht zur Antragstellung temporär ausgesetzt. Diese gesetzliche Ausnahmeregelung hat auf die Bewertung eines betrieblich oder gesellschaftsrechtlich veranlassten Verzichts u. E. keine Bedeutung.

Für die Erstellung der insolvenzrechtlichen Überschuldungsbilanz sind Ausgangsbasis grds. die handelsbilanziellen Werte, die um ggf. vorhandene stille Reserven der Aktiva/Passiva zu ergänzen sind. Der BFH[3] verweist zwar in seinen Urteilen zur Prüfung der Finanzierbarkeit der Direktzusage aus Vereinfachungsgründen in erster Linie auf den steuerlichen Anwartschaftsbarwert und nur wahlweise und bei Nachweis durch den Steuerpflichtigen auf den ggf. niedrigeren handelsrechtlichen Bar- bzw. Teilwert. Dieser Verweis stammt aber noch aus Zeiten, zu denen für den Ausweis der Pensionsrückstellung in der Handelsbilanz der Steuerbilanzwert übernommen werden durfte. Da dies auch regelmäßig erfolgte, war für die GmbH und die FinVerw i. d. R. kein abweichender handelsrechtlicher Barwert der Pensionsverpflichtung zu bestimmen. Aufgrund der Regelungen des BilMoG[4] ist heute zwingend ein handelsrechtlicher Wert zu ermitteln. Für eine insolvenzrechtliche Überschuldungs- 1053

1 Vgl. Bayerisches Landesamt für Steuern v. 15.2.2007, DStR 2007 S. 993; OFD Hannover v.15.12.2006, DB 2007 S. 135.

2 Zunächst Aussetzung Insolvenzantragspflicht bis zum 30.9.2020 (BGBl 2020 I S. 569), verlängert nur für den Fall des Insolvenzantragsgrundes der Überschuldung v. 1.10.2020 bis 31.12.2020 (BGBl 2020 I S. 2016).

3 BFH v. 4.9.2002 - I R 7/01, BStBl 2005 II S. 662.

4 BilMoG v. 25.5.2009, BGBl 2009 I S. 1102.

bilanz ist somit der handelsrechtliche Teil- bzw. Anwartschaftsbarwert die Ausgangsbasis für die Überprüfung der insolvenzrechtlichen Überschuldung.

PRAXISHINWEIS:

Sieht sich der GGF aufgrund der wirtschaftlichen und finanziellen Lage der GmbH verpflichtet, auf seine Pensionsanwartschaftsrechte zu verzichten, ist zuvor zwingend eine Überschuldungsbilanz zu erstellen und die positive Fortführungsprognose zu prüfen. In die Überschuldungsbilanz ist die Versorgungsverpflichtung i. H. d. handelsrechtlichen Teil- bzw. Anwartschaftsbarwertes einzustellen. Ergibt sich danach eine negative Überschuldungsbilanz und ist keine positive Fortführungsprognose gegeben, liegt eine insolvenzrechtliche Überschuldung vor. In diesem Fall kann mit betrieblicher Veranlassung allerdings nur insoweit auf die Pensionsrechte verzichtet werden, als dies notwendig ist, um in der Überschuldungsbilanz Aktiva und Passiva auszugleichen bzw. eine positive Fortführungsprognose zu erreichen. (s. Rz. 1074). Ein über den Ausgleich der insolvenzrechtlichen Überschuldung hinausgehender Verzicht, der folglich zu einem Aktivüberhang in der insolvenzrechtlichen Überschuldungsbilanz führt, ist insoweit aufgrund der Werthaltigkeit der Pensionsanwartschaft als verdeckte Einlage zu werten.

c) Drohende insolvenzrechtliche Überschuldung

1054 In der Praxis stellt sich die Frage eines möglichen betrieblich veranlassten Verzichts meist vor dem Eintritt der insolvenzrechtlichen Überschuldung. Oftmals taucht nach einigen Jahren mit negativem Betriebsergebnis der Wunsch auf, sich im Rahmen eines Sanierungskonzeptes von der Direktzusage (teilweise) zu befreien oder im Rahmen einer Fremdkapitalbeschaffung die Eigenkapitalquote zu verbessern. Ist noch keine insolvenzrechtliche Überschuldung eingetreten, stellt sich folglich die Frage, ob und ab wann der GGF zur Vermeidung einer drohenden insolvenzrechtlichen Überschuldung Maßnahmen ergreifen und seine Versorgung reduzieren kann.

1055 Die FinVerw hat hierzu zwar Stellung genommen,[1] mit Ihren Ausführungen aber Fragen offengelassen und somit keine Sicherheit in der Umsetzung geschaffen.

1056 Danach ist ein (teilweiser) Verzicht auf die Pensionsrechte betrieblich veranlasst, sofern

- er der Vermeidung einer drohenden insolvenzrechtlichen Überschuldung dient,
- mit weiteren die Überschuldung vermeidenden Maßnahmen erfolgt und
- sich auch ein Fremdgeschäftsführer zu dem Verzicht bereit erklärt hätte.

1 Bayerisches Landesamt für Steuern v. 15.2.2007, DStR 2007 S. 993; OFD Hannover v. 15.12.2006, DB 2007 S. 135.

Wie knapp die Aktiva einer zu erstellenden insolvenzrechtlichen Überschuldungsbilanz die Passiva noch übersteigen dürfen, um von einer drohenden insolvenzrechtlichen Überschuldung auszugehen, ist ungewiss. Sicher dürfte sein, dass einige ertragsschwache Jahre oder das negative Eigenkapital der Handelsbilanz nicht ausreichen, sofern die Aktivwerte noch ausreichend stille Reserven enthalten. Da für die betriebliche Veranlassung des Verzichts im Rahmen des Fremdvergleiches nur die insolvenzrechtliche Überschuldung maßgeblich ist, müsste hier wohl eine kontinuierliche Verschlechterung und ein Annähern an den insolvenzrechtlichen Überschuldungsstatus nachgewiesen werden. 1057

Als weitere begleitende notwendige Maßnahme zur Vermeidung der insolvenzrechtlichen Überschuldung nennt die FinVerw die Absenkung der Aktivvergütung. Die Aktivbezüge des GGF sollten zeitgleich mit und zumindest im gleichen Maße wie die Versorgungszusage reduziert werden. 1058

Dass sich unter Berücksichtigung des Fremdvergleiches auch ein Fremdgeschäftsführer im Vorfeld einer insolvenzrechtlichen Überschuldung auf die Reduzierung eingelassen hätte bzw. diese hätte akzeptieren müssen, ist schwer nachweisbar. Die Rechtsprechung des BFH zur Finanzierbarkeit einer Direktzusage nimmt hierzu keine Stellung. Es wird vielmehr ausgeführt, dass erst der Eintritt der insolvenzrechtlichen Überschuldung eine gesetzlich vorgegebene Grenze sei, die mit Rücksicht auf die ansonsten bestehende (damalige) Konkursantragspflicht gem. § 64 Abs. 1 Satz 1 und 2 GmbHG (nach Inkrafttreten des MoMiG[1] Insolvenzantragspflicht nach § 15a InsO) i.V.m. der Sorgfaltspflicht des GGF[2] eine betriebliche Veranlassung für den Verzicht begründe. Da auch die FinVerw zu dieser Frage keine näheren Ausführungen hat folgen lassen, ist eine verlässliche Aussage nicht zu treffen. Letztlich ist in der Praxis das „Ansteuern" einer insolvenzrechtlichen Überschuldung ausreichend zu belegen, um die Notwendigkeit der Reduzierung der Pensionsanwartschaft auf der Grundlage der Sorgfaltspflicht des Geschäftsführers untermauern zu können. 1059

Ist Rechtssicherheit gewünscht, sollte der Verzicht auf bereits erdiente Pensionsanwartschaften des GGF zur Vermeidung einer drohenden (noch nicht eingetretenen) insolvenzrechtlichen Überschuldung nur nach vorheriger verbind- 1060

1 Gesetz zur Modernisierung des GmbH-Rechts und zur Bekämpfung von Missbräuchen v. 23.10.2008, BGBl 2008 I S. 2026.

2 § 43 Abs. 1 GmbHG.

licher Auskunft des zuständigen Betriebsstätten-Finanzamtes durchgeführt werden.

PRAXISHINWEIS:

Da nach der mittlerweile geltenden Insolvenzordnung eine insolvenzrechtliche Überschuldung zwingend das Tatbestandsmerkmal einer negativen Fortführungsprognose bedingt, erlangt der Verzicht aufgrund drohender insolvenzrechtlicher Überschuldung eine neue wesentliche Bedeutung. Denn die bisherige Rechtsprechung[1] verneint die Finanzierbarkeit einer Direktzusage lediglich bei Vorliegen der insolvenzrechtlichen Überschuldung der GmbH, also aktuell nur bei negativer Überschuldungsbilanz nebst negativer Fortführungsprognose. U. E. ist der durch die FinVerw[2] eröffnete betrieblich veranlasste Verzicht aufgrund drohender insolvenzrechtlicher Überschuldung bereits dann möglich, wenn die Überschuldungsbilanz einen negativen Saldo ausweist, die Fortführungsprognose aber noch positiv ist. Dies insbesondere dann, wenn der Verzicht auf die Pensionsanwartschaft als Grundlage bzw. Bestandteil der positiven Fortführungsprognose dargelegt werden kann (s. auch Beispiel in Rz. 1074).

d) Einlagefähiger Vermögensgegenstand

1061 Der Verzicht auf die Pensionsanwartschaft führt nur dann zu einer verdeckten Einlage, wenn der Wegfall der Pensionsrechte für den GGF gleichzeitig auch zu einer Stärkung seiner Gesellschaftsrechte, also zu einer werthaltigen Steigerung seiner GmbH-Anteile führt.[3] Hierfür ist Voraussetzung, dass der Verzicht zur Einlage eines Vermögensvorteils in die GmbH führt. Die Frage des einlagefähigen Vermögensvorteils bestimmt sich dabei nach dem Bilanzsteuerrecht.[4] Somit können nur bilanzierungsfähige Wirtschaftsgüter einlagefähig sein.[5]

1062 Das betrieblich veranlasste Versprechen der GmbH an den GGF, für dessen Dienste als Geschäftsführer Alters-, Invaliden- und Hinterbliebenenleistungen zu erhalten, stellt für den GGF eine Lohnforderung dar.

1063 Die Lohnforderung ist bilanzsteuerrechtlich erst dann entstanden, wenn die Gegenleistung des GGF gem. dem Schuldverhältnis Arbeits- bzw. Dienstvertrag erbracht ist. Für den arbeitsrechtlich nicht beherrschenden GGF bestimmt

1 BFH v. 8.11.2000 - I R 70/99, BStBl 2005 II S. 653; v. 20.12.2000 - I R 15/00, BStBl 2005 II S. 657; v. 7.11.2001 - I R 79/00, BStBl 2005 II S. 659; v. 4.9.2002 - I R 7/01, BStBl 2005 II S. 662; v. 31.3.2004 - I R 65/03, BStBl 2005 II S. 664.

2 Bayerisches Landesamt für Steuern v. 15.2.2007, DStR 2007 S. 993; OFD Hannover v. 15.12.2006, DB 2007 S. 135.

3 BFH v. 9.6.1997 - GrS-1/94, BStBl 1998 II S. 307.

4 BFH v. 23.8.2017 - VI R 4/16, BStBl 2018 II S. 208, Rz. 22; BFH v. 24.5.1984 - I R 1667/8, BStBl 1984 II S. 747.

5 BFH v. 23.8.2017 - VI R 4/16, BStBl 2018 II S. 208, Rz. 22.

§ 2 BetrAVG ergänzend, dass die Lohnforderung ratierlich im Verhältnis der bereits geleisteten zu der insgesamt zu leistenden Arbeitszeit entsteht. Für den arbeitsrechtlich beherrschenden GGF enthält die Versorgungszusage i. d. R. eine entsprechend formulierte m/n-tel- bzw. s/t-tel-Regelung.

Folglich stellt das Pensionsrecht aus der Direktzusage nur insoweit eine einlagefähige Lohnforderung dar, als diese gem. den Regelungen des BetrAVG oder der Direktzusage gesetzlich bzw. schuldrechtlich bereits entstanden ist.[1] Für die Pensionsanwartschaft beschränkt sich der einlagefähige Vermögensvorteil somit auf den zum Verzichtszeitpunkt bereits erdienten Teil (s. Rz. 1068 ff.). 1064

PRAXISHINWEIS:

Arbeitsrechtlich beherrschende und somit nicht den Regelungen des BetrAVG unterliegende GGF können im steuerrechtlichen Sinne sowohl beherrschend als auch nicht beherrschend sein. Insoweit besteht nicht zwingend Deckungsgleichheit (vgl. Rz. 89 ff.). Ist der GGF (auch) steuerrechtlich beherrschend, gilt für ihn das Nachzahlungs- bzw. Rückwirkungsverbot.[2] Die m/n-tel-Regelung darf in diesem Fall nicht zurück auf den Dienstbeginn wirken, sondern nur den Zeitraum ab dem Zusagezeitpunkt erfassen (sog. s/t-tel-Regelung).[3]

e) Verdeckte Einlage auch bei Verzicht zur Vermeidung einer Überversorgung

Die Annahme einer verdeckten Einlage ist nicht deshalb ausgeschlossen, weil der (Teil-)Verzicht auf die Betriebsrentenanwartschaft eine steuerliche Überversorgung, die nach einer Reduzierung der Aktivbezüge des GGF eintreten kann, vermeiden soll (vgl. Rz. 682).[4] Diese Klarstellung des BFH ist folgerichtig, da sich der steuerrechtliche Maßstab der sog. Überversorgung ausschließlich auf die aus § 6a EStG abzuleitende steuerbilanzielle Passivierung bezieht (vgl. Rz. 676 ff.), was auch bei einem Versorgungsversprechen einer Kapitalgesellschaft an ihren GGF keine der verdeckten Einlage zugrunde liegende Frage der Veranlassung aus dem Gesellschaftsverhältnis (vgl. Rz. 754 ff.) gem. § 8 Abs. 3 Sätze 2 ff. KStG ist.[5] 1065

1 BFH v. 23.8.2017 - VI R 4/16, BStBl 2018 II S. 208, Rz. 20. Vgl. auch: Linden, Gesellschafter-Geschäftsführer und Pensionszusagen – Durch Einfrieren ein Lohnsteuer- und Liquiditätsfiasko?, DStR 2010 S. 582.

2 R 8.5 Abs. 2 KStR 2015.

3 BMF, Schreiben v. 14.8.2012, BStBl 2012 I S. 874, Rz. 3.

4 BFH v. 23.8.2017 - VI R 4/16, BStBl 2018 II S. 208, Rz. 24 f. und 32. Vgl. auch: Briese, GmbHR 2015 S. 635 (639).

5 BFH v. 20.12.2016 - I R 4/15, BStBl 2017 II S. 678, Rz. 20. Vgl. auch: Briese, GmbHR 2015 S. 635 (635).

Darüber hinaus macht es auch gar keinen Sinn, eine drohende steuerliche Überversorgung und die damit verbundenen Folgen der teilweisen Auflösung bereits gebildeter steuerbilanzieller Pensionsrückstellungen durch die Betriebsprüfung dadurch vermeiden zu wollen, dass man im vorauseilenden Gehorsam ex ante dieselbe Rückstellung durch eigenen Verzicht auflöst. Wesentlich sinnvoller ist es vielmehr, sowohl die drohende steuerliche Überversorgung zu vermeiden, als auch den Verzicht nicht zu praktizieren. Da es nämlich bei einer nur vorübergehenden betriebsbedingten Gehaltsabsenkung nicht zwingend zu einer steuerlichen Überversorgung kommt[1] (vgl. Rz. 682 mit beiden Praxishinweisen), kann die schriftlich vereinbarte zeitliche Begrenzung der Gehaltsreduzierung eine derartige Überversorgung trotz Verletzung der in Rz. 676 ff. definierten 75 %-Grenze vermeiden.

1066–1070 *(Einstweilen frei)*

4. Höhe der verdeckten Einlage

1071 Stellt der Verzicht dem Grunde nach eine verdeckte Einlage dar, führt dies für die GmbH und den GGF zu den bereits dargelegten Konsequenzen. Auf Seiten der GmbH wird die gewinnerhöhend aufzulösende Pensionsrückstellung i. H. d. verdeckten Einlage außerbilanziell steuerlich neutralisiert; der GGF hat in identischer Höhe einen fiktiven Lohnzufluss zu versteuern und nachträgliche Anschaffungskosten auf seine GmbH-Beteiligung.

1072 Der die Tragweite des Verzichts bestimmende Faktor ist die Bewertung der verdeckten Einlage, denn bei der Bewertung des Verzichts auf die Pensionsrechte kommt es nicht auf den Wert der gewinnerhöhend aufzulösenden Pensionsrückstellung an. Der BFH[2] stellt vielmehr auf die Bewertung der Forderung selbst ab und bemisst sie mit dem Teilwert gem. § 6 Abs. 1 Nr. 5 EStG. Teilwert meint dabei die Wiederbeschaffungskosten der Lohnforderung aus Sicht des GGF. Welchen Betrag hätte der GGF als Privatperson zum Zeitpunkt des Verzichts aufwenden müssen, um eine vergleichbare Pensionsanwartschaft gegen einen vergleichbaren Schuldner zu erwerben? Dabei sind zwingend die Bonität der GmbH und die Unverfallbarkeitsregelungen der Direktzusage mit einzubeziehen.

1073 Die Ermittlung der angemessenen Wiederbeschaffungskosten ist somit für jeden Einzelfall von den vorgegebenen Rahmenbedingungen abhängig. Im Falle

1 BFH v. 27.3.2012 - I R 56/11, BStBl 2012 II S. 665.

2 BFH v. 9.6.1997 - GrS-1/94, BStBl 1998 II S. 307; BFH v. 15.10.1997 - I R 58/93, BStBl 1998 II S. 305.

einer Rentenzusage ist der Einmalbeitrag, den ein Lebensversicherer oder Pensionsfonds[1] für die Übernahme der Versorgungsverpflichtung fordern würde, ein wesentlicher Orientierungspunkt für die Ermittlung der angemessenen Wiederbeschaffungskosten. Dies aus dem einfachen Grund, dass nur ein Lebensversicherungs- oder Pensionsfondsunternehmen lebenslange Rentenverpflichtungen darstellen kann. In die Ermittlung der Wiederbeschaffungskosten des Pensionsanspruches sollten folgende Kriterien mit einfließen:

Die Angebote der Versicherungs-/Pensionsfondsunternehmen beinhalten unterschiedliche Kosten/Gewinnaufschläge. Es sollte der Mittelwert mehrerer Angebote verwendet werden. Dabei ist u. E. in die Ermittlung des Einmalbeitrages auch die Überschussbeteiligung des Lebensversicherungsunternehmens mit einzubeziehen, da es sich bei der Ermittlung des Teilwertes um eine Stichtagsbetrachtung handelt.

Die vom BFH[2] vorgegebene Berücksichtigung der Bonität des Schuldners der Versorgungsverpflichtung erfordert einen Abschlag vom ermittelten Einmalbeitrag. Während der Anspruch gegenüber einem Versicherungsunternehmen einem äußerst geringen Insolvenzrisiko ausgesetzt ist, ist die Bonität und Insolvenzsicherheit der GmbH wesentlich schwieriger zu bewerten. Dies insbesondere vor dem Hintergrund, dass eine Pensionsanwartschaft aus Sicht des Bewertungszeitpunktes oft noch viele Jahre bestehen wird und sich somit die Bewertung der Bonität der GmbH nicht nur in einer Momentaufnahme erschöpfen kann. Gerade diese Frage der langfristigen Sicherheit der Pensionsrechte birgt in der Praxis hohes Diskussionspotenzial mit der FinVerw bzw. vor den Finanzgerichten. Denn je niedriger der Wert der Pensionsrechte aufgrund fehlender langfristig gesicherter Bonität der GmbH zu bewerten ist, desto höher ist der prozentuale Abschlag vom Vergleichswert „Einmalbeitrag an ein Versicherungsunternehmen“.

Ein weiterer Anhaltspunkt zur Bewertung der verdeckten Einlage ist der handelsrechtliche Wert der Pensionsrückstellung. Gemäß BilMoG soll die Bewertung der Pensionsrückstellung in der Handelsbilanz realitätsnah erfolgen und den nach vernünftiger kaufmännischer Beurteilung zutreffenden Wert der Verpflichtung widerspiegeln. Der handelsbilanzielle Wertansatz der Pensionsrückstellung stellt zwar keinen „Marktwert“ dar, kann jedoch eine gewichtige Rolle für die Bewertung der verdeckten Einlage spielen.

1 Versicherungsförmige Pensionsfondsvariante.

2 BFH v. 15.10.1997 - I R 58/93, BStBl 1998 II S. 305.

Ebenso eine starke Rolle für die Bewertung der verdeckten Einlage spielt zudem die Unverfallbarkeit der Pensionsanwartschaft. Sind die Pensionsrechte bereits gesetzlich oder vertraglich unverfallbar, ist das Pensionsrecht insoweit erstarkt. Eine Wertminderung aufgrund des Risikos eines späteren Ausscheidens des GGF kann insoweit nicht berücksichtigt werden.

Sind die Pensionsrechte noch nicht unverfallbar, ist der Wert der Pensionsanwartschaft gleich Null. Würde der GGF nämlich z. B. mit dem Verzicht oder kurz nach dem Verzicht auf die Pensionsrechte aus den Diensten der GmbH ausscheiden, würde er seine gesamte Pensionsanwartschaft verlieren.[1]

Liegt eine unverfallbare Anwartschaft vor, hat eine rechtswirksam an den Gesellschafter verpfändete Rückdeckungsversicherung ebenfalls Einfluss auf die Bewertung der verdeckten Einlage. Ist der fiktive notwendige Einmalbeitrag an ein Lebensversicherungsunternehmen zur Ermittlung der Wiederbeschaffungskosten ermittelt, ist i. H. d. zum Verzichtszeitpunkt vorhandenen Deckungskapitals des Rückdeckungsversicherungsvertrags ein Mindestwert der verdeckten Einlage gegeben. Insoweit ist kein Sicherheitsabschlag zur Berücksichtigung der geringeren Bonität der GmbH vorzunehmen, da im Insolvenzfall der erdiente Anspruch gesichert und der Verfügung des Insolvenzverwalters entzogen ist.

Erfolgt der Verzicht auf die Versorgungsanwartschaft im Zusammenhang mit der Veräußerung der GmbH-Anteile und ist die aufgrund des Verzichts erzielte Steigerung des Verkaufserlöses klar ersichtlich und nachweisbar (z. B. in Form einer vertraglichen Vereinbarung oder von Verhandlungsprotokollen), dürfte dieser Mehrpreis ein kaum zu widerlegendes Argument für den Teilwert der Anwartschaft sein.

Kein Abschlag vom ermittelten Einmalbeitrag an ein Versicherungsunternehmen/einen Pensionsfonds ist zudem vorzunehmen, soweit die Pensionsanwartschaft des arbeitsrechtlich nicht beherrschenden GGF der Höhe nach über den Pensionssicherungsverein (PSV) insolvenzrechtlich gesichert ist.

BEISPIEL: Verzicht auf werthaltige Pensionsansprüche zum Altersrentenbeginn ohne gleichzeitigen Verkauf der GmbH-Anteile

Der am 1.10.1955 geborene GGF A ist im arbeitsrechtlichen und steuerrechtlichen Sinne beherrschend (100 % der Stimmrechte). Er besitzt eine betrieblich veranlasste Direktzusage seiner GmbH auf mtl. 5.000 € Alters- und Invalidenrente sowie 3.000 € Witwenrente mit einer jeweils 2 %-igen Anpassung laufender Rentenleistungen. In der Direktzusage ist ein Kapitalabfindungsrecht (i. H. d. zum Abfindungszeitpunkt ak-

1 BFH v. 8.6.2011 - I R 62/10, NWB HAAAD-93378.

tuellen Heubeck-Barwertes) enthalten. Kurz vor dem Altersrentenbeginn zum 1.10.2020 (= Bilanzstichtag der GmbH) wird klar, dass die bestehende Rückdeckungsversicherung (400.000 € Ablaufleistung[1]) nicht ausreicht, um die Versorgungsansprüche des A zu erfüllen. Die Anfrage bei verschiedenen namhaften Versicherungsgesellschaften hat ergeben, dass im Durchschnitt ein Einmalbeitrag von 2.298.278 € notwendig wäre, um die vollständige Versorgung auszulagern. Die Werte im Einzelnen zum Altersrentenbeginn 1.10.2020 auf Basis der Heubeck-Richttafeln 2018 G:

- Pensionsrückstellung Handelsbilanz 1.419.799 €
- Heubeck-Barwert Steuerbilanz 918.865 €
- Deckungskapital (Aktivwert) Rückdeckungsversicherung 375.000 €
- Versicher-Barwert Gesamtverpflichtung 2.298.278 €

Da der GGF A aus den Diensten der GmbH ausscheidet und seinen Sohn als neuen Geschäftsführer einsetzen und diesem keine nicht rückgedeckte Rentenverpflichtung auferlegen möchte, beschließt A sich trotz guter Eigenkapitalausstattung der GmbH (EK-Quote 30 %) i. H. d. Ablaufleistung der Rückdeckungsversicherung abfinden zu lassen und auf den restlichen Teil seines Versorgungsanspruches zu verzichten. Die GmbH-Anteile möchte A in absehbarer Zeit noch nicht veräußern.

LÖSUNG: Lt. Zusage hat die Abfindung i. H. d. Heubeck-Barwertes zu erfolgen. Somit sind mit der Abfindung (400.000 €) von der Gesamtverpflichtung (Heubeck-Barwert gesamt 918.865 €) 43,53 % erfüllt. Auf den restlichen Teil seiner Versorgungsansprüche (56,47 %) verzichtet A. Der Verzicht ist gesellschaftsrechtlich veranlasst, da die GmbH nicht (drohend) insolvenzrechtlich überschuldet ist. Es ist eine verdeckte Einlage des GGF A i. H. d. Wiederbeschaffungskosten seiner verbleibenden Rentenansprüche gegeben. Die verdeckte Einlage ist gem. R 7.1 Abs. 1 Satz 1 Nr. 9 KStR 2015 vom Steuerbilanzgewinn außerbilanziell wieder abzuziehen. Die Wiederbeschaffungskosten sind unter Orientierung an dem notwendigen Einmalbeitrag an ein Versicherungsunternehmen zur Übernahme der Rentenverpflichtung zu ermitteln. Von dem angebotenen Einmalbeitrag von 2.298.278 € für die Gesamtverpflichtung ist aufgrund der dauerhaft höher einzuschätzenden Bonität einer Versicherungsgesellschaft ein Abschlag gerechtfertigt (im Beispiel werden 20 % unterstellt). Die angemessenen Wiederbeschaffungskosten für die Gesamtverpflichtung betragen somit 1.838.622 €.

GMBH Handelsbilanz

Gewinnerhöhende Auflösung der Pensionsrückstellung:	+ 1.419.799 €
Einnahme Rückdeckungsversicherung	+ 400.000 €
Ausbuchung Aktivwert Rückdeckungsversicherung	- 375.000 €
Auszahlung Abfindung	- 400.000 €
Handelsbilanzielle Gewinnauswirkung	+ 1.044.799 €

1 Inkl. Schlussüberschussanteil und Anteil an den Bewertungsreserven i. H. v. insgesamt 25.000 €, die nicht im bilanziellem Aktivwert enthalten sind.

Steuerbilanz	
Gewinnerhöhende Auflösung der Pensionsrückstellung davon entfallen auf die Abfindung 400.000 € (43,53 %) davon entfallen auf den Verzicht 518.865 € (56,47 %)	+ 918.865 €
Einnahme Rückdeckungsversicherung	+ 400.000 €
Ausbuchung Aktivwert Rückdeckungsversicherung	- 375.000 €
Auszahlung Abfindung	- 400.000 €
Gewinnauswirkung Steuerbilanz	+ 543.865 €
außerbilanzielle Gewinnberichtigung verdeckte Einlage	
Wiederbeschaffungskosten gesamte Versorgung 1.838.622 €	
Anteil Verzicht (56,47 %)	- 1.038.270 €
Auswirkung auf den Gewinn der GmbH	- 494.405 €

Das steuerliche Ergebnis der GmbH sinkt um 494.405 €. Bei einem angenommenen Steuersatz von 29,83 % sinkt die Steuerbelastung der GmbH in 2020 um 147.481 €.

GGF ▸ Sowohl die Abfindung als auch der fiktive Zufluss i. H. d. Wiederbeschaffungskosten für den Pensionsrechtsverzicht (verdeckte Einlage) stellen für A Einnahmen aus nichtselbständiger Arbeit dar.

Abfindung	400.000 €
verdeckte Einlage	1.038.270 €
Einnahmen aus nichtselbständiger Tätigkeit	+ 1.438.270 €

Unter der Annahme eines sonstigen zu versteuernden Einkommen des verheirateten A von 300.000 € und unter Berücksichtigung der Fünftelregelung[1] gem. § 34 Abs. 1 und Abs. 2 Nr. 4 EStG ergibt sich für den Zufluss aus Abfindung + verdeckter Einlage eine Steuerbelastung (ESt + SolZ) von 639.930 €.

Die GmbH hat sowohl von der Abfindung als auch von dem fiktiven Lohnzufluss des GGF A (verdeckten Einlage Lohnforderung) die LSt nebst Zuschlagsteuern (hier SolZ) einzubehalten (vgl. Rz. 1028, Praxishinweis 1 für Steuerberater). Da die Barbezüge des GGF A aus der Abfindung nur 400.000 € betragen, ist der Differenzbetrag von 239.930 € letztlich unmittelbar vom GGF A zu zahlen.

Für den GGF A entstehen i. H. d. verdeckten Einlage von 1.038.270 € nachträgliche Anschaffungskosten auf seine GmbH-Beteiligung, die sich allerdings erst beim späteren Verkauf seiner GmbH-Anteile oder bei Liquidation der GmbH steuermindernd auswirken könnten. Kommt es zu einer solchen Auswirkung, entlastet sie den (ehemaligen) GGF i. d. R. erheblich. Handelt es sich um Anteile i. S. v. § 17 EStG, so ist § 3 Nr. 40 Satz 1 Buchst. a EStG (Teileinkünfteverfahren) zwangsweise anzuwenden, so dass 60 % jener verdeckten Einlage (622.962 €) den steuerpflichtigen Veräußerungs-

1 BFH v. 23.8.2017 - VI R 4/16, BStBl 2018 II S. 208, Rz. 34.

gewinn reduzieren, wodurch sich eine Verringerung der Steuerbelastung des GGF im Veranlagungszeitraum des Verkaufs i. H. v. 295.751 € inkl. SolZ ergibt, wenn gem. § 32a Abs. 1 i. V. m. § 32d Abs. 1 Satz 1 und § 20 Abs. 8 EStG der aktuell höchste Einkommensteuersatz (45 %) greift.

Es wird ersichtlich, dass der Verzicht auf einen werthaltigen lebenslangen Ren- 1074
tenanspruch aufgrund der dem GGF fiktiv zufließenden hohen Wiederbeschaffungskosten steuerlich gegenüber einer vollständigen Abfindung i. H. d. niedrigeren Heubeck-Barwertes nachteilig ist, da die Steuerbelastung den Wert der tatsächlich erhaltenden Abfindung bei weitem übersteigt. Grund ist, dass die FinVerw eine Abfindung der Versorgungsansprüche mit dem Heubeck-Barwert – wenn auch mittlerweile vermehrt unter Anwendung eines Rechnungszinsfußes unter 6 % – akzeptiert, im Zusammenhang mit einem Verzicht für die Besteuerung aber auf die – i. d. R. deutlich höheren – Wiederbeschaffungskosten abstellt. Die außerbilanzielle Gewinnminderung auf Seiten der GmbH macht dies – aufgrund der im Vergleich zur Einkommensteuerbelastung des GGF niedrigeren Unternehmenssteuerbelastung – nicht wett. Die durch die verdeckte Einlage für den GGF entstehenden nachträglichen Anschaffungskosten der GmbH-Anteile wirken sich mangels erfolgender Veräußerung der GmbH-Anteile (noch) nicht aus.

PRAXISHINWEIS:

Um die steuerlichen Folgen eines Verzichts in vergleichbaren Fällen zumindest abzumildern, könnte es sich als vorteilhaft erweisen, wenn der GGF zunächst das bestehende Kapitalwahlrecht ausübt. Denn in diesem Fall wären die Wiederbeschaffungskosten der Pensionsanwartschaft auf den lt. Zusage zu zahlenden Abfindungswert i. H. d. Heubeck-Barwertes begrenzt gewesen.

ABWANDLUNG DES BEISPIELS IN RZ. 1033: Die GmbH A ist zum Zeitpunkt des Altersrentenbeginnes des GGF A bilanziell überschuldet (ohne Berücksichtigung stiller Reserven). Aus Angst vor einer Insolvenzverschleppung hat der GGF A eine insolvenzrechtliche Überschuldungsbilanz erstellen lassen, der folgende Werte zu entnehmen sind. Die Abfindung des GGF i. H. d. Rückdeckungsversicherung (400.000 €) ist bereits erfolgt:

Bilanzielle Überschuldung gem. Handelsbilanz	500.000 €
Stille Reserven Aktivseite	120.000 €
Stille Lasten Passivseite	0 €
Insolvenzrechtliche Überschuldung (neg. EK)	380.000 €

Unter Berücksichtigung der verbleibenden Rentenverpflichtung aus der Direktzusage des GGF ist zudem keine positive Fortführungsprognose gegeben.

In diesem Fall ist ein Verzicht des A auf seine restlichen Pensionsansprüche insoweit betrieblich veranlasst, als der Verzicht notwendig ist, um die insolvenzrechtliche Überschuldung zu verhindern.

Berechnung:

negatives Eigenkapital gem. Überschuldungsbilanz	380.000 €
In Überschuldungsbilanz eingeflossener handelsrechtlicher Barwert der Direktzusage nach Abfindung	
(56,47 % v. 1.419.799)	801.761 €
= 47,40 %	

Der Verzicht auf den nach der Abfindung verbleibenden Versorgungsanspruch des A ist also zu 47,40 % betrieblich veranlasst, da mit dem Verzicht insoweit eine insolvenzrechtliche Überschuldung verhindert wird.

Die Abfindung und der teilweise betrieblich veranlasste Verzicht hätte für die GmbH und den GGF dann folgende Auswirkungen:

GMBH ▸ Handelsbilanz (bleibt gleich)

Gewinnerhöhende Auflösung der Pensionsrückstellung:	+ 1.419.799 €
Einnahme Rückdeckungsversicherung	+ 400.000 €
Ausbuchung Aktivwert Rückdeckungsversicherung	- 375.000 €
Auszahlung Abfindung	- 400.000 €
Handelsbilanzielle Gewinnauswirkung	+ 1.044.799 €

Steuerbilanz (bleibt gleich)

Gewinnerhöhende Auflösung der Pensionsrückstellung davon entfallen auf die Abfindung 400.000 (43,53 %) davon entfallen auf den Verzicht 518.865(56,47 %)	+ 918.865 €
Einnahme Rückdeckungsversicherung	+ 400.000 €
Ausbuchung Aktivwert Rückdeckungsversicherung	- 375.000 €
Auszahlung Abfindung	- 400.000 €
Gewinnauswirkung Steuerbilanz	+ 543.865 €

außerbilanzielle Gewinnberichtigung verdeckte Einlage

Wiederbeschaffungskosten gesamte Versorgung	1.838.622 €
Anteil Verzicht (56,47 %)	1.038.270 €
davon betrieblich veranlasst 47,40 %	492.140 €
davon gesellschaftsrechtlich veranlasst 52,60 %	546.130 €
Gewinnberichtigung	- 546.130 €
Auswirkung auf den Gewinn der GmbH	+ 2.265 €

Das steuerliche Ergebnis der GmbH steigt um 2.265 €. Bei einem angenommenen Steuersatz von 29,83 % steigt die Steuerbelastung der GmbH in 2020 um 676 €.

GGF ▸ Sowohl die Abfindung als auch der fiktive Zufluss der restlichen Pensionsrechte durch die verdeckte Einlage stellen für A Einnahmen aus nichtselbständiger Arbeit dar.

Abfindung	400.000 €
Verdeckte Einlage	546.130 €
Einnahmen aus nichtselbständiger Tätigkeit	+ 946.130 €

Unter der Annahme eines sonstigen zu versteuernden Einkommens des verheirateten A von 300.000 € und unter Berücksichtigung der Fünftelregelung ergibt sich für den Zufluss aus Abfindung + verdeckter Einlage isoliert eine Steuerbelastung von 419.225 €.

Im Vergleich zum vollständig gesellschaftsrechtlich veranlassten Verzicht ist durch den teilweise betrieblich veranlassten Verzicht die Steuerentlastung der GmbH um 146.805 € gesunken (147.481 € auf 676 €). Die Steuerlast des GGF ist allerdings um 220.705 € gesunken (639.930 € auf 419.225 €).

Auch im modifizierten Fall entstehen für den GGF A i. H. d. verdeckten Einlage von 546.130 € nachträgliche Anschaffungskosten auf seine GmbH-Beteiligung, die sich allerdings erst beim späteren Verkauf seiner GmbH-Anteile oder bei Liquidation der GmbH steuermindernd auswirken könnten. Kommt es zu einer solchen Auswirkung, entlastet sie den (ehemaligen) GGF i. d. R. erheblich. Handelt es sich um Anteile i. S. v. § 17 EStG, so ist § 3 Nr. 40 Satz 1 Buchst. a EStG (Teileinkünfteverfahren) i. V002E mit § 3c Abs. 2 EStG zwangsweise anzuwenden, so dass 60 % jener verdeckten Einlage (327.678 €) den steuerpflichtigen Veräußerungsgewinn reduzieren, wodurch sich eine Verringerung der Steuerbelastung des GGF im Veranlagungszeitraum des Verkaufs in Höhe von 155.565 € inkl. SolZ ergibt, wenn gem. § 32a Abs. 1 i. V. m. § 32d Abs. 1 Satz 1 und § 20 Abs. 8 EStG der aktuell höchste Einkommensteuersatz (45 %) greift.

(Einstweilen frei) 1075–1078

5. Sonderfälle

a) Verzicht auf bilanziell noch nicht erfasste Lohnforderungen

Eine verdeckte Einlage erfordert den Verzicht des GGF auf ein bilanzierungs- 1079
fähiges Wirtschaftsgut. Dies trifft beim Verzicht des GGF auf dessen Pensionsrechte nur auf die bereits erdienten Anwartschaften als bereits bestehende Lohnforderung zu. Durch die verdeckte Einlage wird das Vermögen der GmbH erhöht und somit die GmbH-Beteiligung des GGF im Wert gesteigert. Dieser Ausgleich des Lohnverzichts des GGF begründet die verdeckte Einlage mit Lohnzufluss und nachträglichen Anschaffungskosten der GmbH-Anteile.

1080 Mit Urteil v. 3.2.2011[1] – bestätigt durch Urteil v. 15.5.2013[2] – verneint der BFH eine verdeckte Einlage für den Fall des Verzichts auf eine zwar bereits rechtlich entstandene, aber von der GmbH zum Verzichtszeitpunkt bilanziell und aufwandstechnisch noch nicht berücksichtigte Lohnforderung des GGF. Die GmbH hatte das dem GGF geschuldete Weihnachtsgeld über mehrere Jahre nicht ausgezahlt und auch nicht als Verbindlichkeit gebucht. Der BFH verweist in seiner Begründung auf die bilanzsteuerrechtliche Sichtweise. Da mangels Buchung eines Aufwandes bzw. Ausweises einer Verbindlichkeit ein Bilanzausweis der Lohnverpflichtung nicht erfolgt sei, sei aufgrund des anschließend erfolgten Verzichtes des GGF auch kein Passivposten weggefallen. Das Vermögen der GmbH sei aus bilanzsteuerrechtlicher Sicht durch den Verzicht nicht vermehrt worden. Somit sei für den GGF durch den Verzicht keine Werterhöhung seiner GmbH-Beteiligung eingetreten. Mangels Werterhöhung der GmbH-Anteile sei der Verzicht des GGF auf die Lohnforderung ohne Ausgleich erfolgt, wodurch er eine echte Vermögenseinbuße erlitten habe. Somit seien keine verdeckte Einlage und kein Lohnzufluss gegeben.

1081 Die Bezugnahme des BFH auf die bilanzsteuerrechtliche Sichtweise ist zwar korrekt, allerdings nicht im Fall einer unrichtigen Bilanz bzw. eines unrichtigen Bilanzansatzes. In beiden Streitfällen ist der BFH davon ausgegangen, dass die Lohnforderung zum jeweils streitigen Bilanzstichtag aufgrund eines konkludenten Verzichts des GGF schon nicht mehr bestand und daher auch nicht bilanziert werden musste. Geht man aber davon aus, dass zum Bilanzstichtag eine Lohnforderung des GGF noch existiert hat, hätte diese von der GmbH bei nicht erfolgter Auszahlung zum jeweiligen Bilanzstichtag als Verbindlichkeit ausgewiesen werden müssen. Bilanzen ohne den Bilanzansatz „Lohnverbindlichkeit" wären dann fehlerhaft gewesen und hätten berichtigt werden müssen. In einem solchen Fall müsste der Verzicht des GGF auf eine Lohnforderung, trotz von der GmbH nicht erfolgter Passivierung, zu einer verdeckten Einlage führen.

1082 Gestützt wird diese Auffassung durch das BFH-Urteil v. 24.5.1984.[3] Hier bestätigt der BFH im Falle des Verzichts auf bereits entstandene Darlehenszinsen zur Prüfung einer verdeckten Einlage zwar auch die bilanzsteuerrechtliche Sichtweise und somit den notwendigen Ansatz bzw. die Erhöhung eines Aktivpostens bzw. die Minderung oder den Wegfall eines Passivpostens. Allerdings wird zur Prüfung der bereits entstandenen Zinsverbindlichkeiten auf die (fik-

1 BFH v. 3.2.2011 - VI R 4/10, BStBl 2014 II S. 493.

2 Vgl. BFH v. 15.5.2103 - VI R 24/12, BStBl 2014 II S. 495, m. w. N.

3 BFH v. 24.5.1984 - I R 166/78, BStBl 1984 II S. 747.

tiv) zu erstellende Bilanz zum Zeitpunkt des Verzichts verwiesen. In der Urteilsbegründung führt der BFH aus:

„Im Streitfall ist damit entscheidend, inwieweit im Zeitpunkt der ausgesprochenen Verzichte Zinsverbindlichkeiten in eine Bilanz hätten eingestellt werden müssen, die zum Zeitpunkt des Verzichts erstellt worden wäre.“

Folglich ist im Falle des Verzichts zur Prüfung einer verdeckten Einlage der relevante Bilanzposten zum Zeitpunkt des Verzichts zu ermitteln. Dass dazu ein zuvor unrichtiger Bilanzansatz fortgebildet wird, kann nicht gemeint sein. Es ist vielmehr davon auszugehen, dass für die Prüfung des Wegfalls bzw. der Minderung eines Passivpostens ein nach Handels- und Steuerrecht korrekter Bilanzansatz unterstellt wird.

Das BMF hat mit seinem Schreiben v. 12.5.2014[1] klargestellt, dass für die Frage 1083
der verdeckten Einlage von Lohnforderungen entscheidend ist, ob der Verzicht vor oder nach Entstehen der Forderung (bei beherrschenden GGF bereits vor oder nach Fälligkeit) erfolgt. Verzichtet der GGF auf die bereits entstandene Forderung, kommt es für die Frage einer verdeckten Einlage nicht darauf an, ob in der Bilanz der GmbH der Passivposten tatsächlich gebucht bzw. gebildet wurde und durch den Verzicht eine Auflösung erfolgt. Maßgeblich ist, inwieweit der Passivposten in der Bilanz der GmbH hätte gebildet werden müssen, die zum Zeitpunkt des Verzichts erstellt worden wäre.

PRAXISHINWEIS:

Wird der Verzicht auf (vermeintlich) werthaltige bereits erdiente Pensionsanwartschaften in Erwägung gezogen, sollte untersucht werden, ob die Anwartschaft zivilrechtlich überhaupt rechtswirksam zustande gekommen ist. Ist dies nicht der Fall, weil für die Direktzusage z. B. kein Gesellschafterbeschluss oder keine Befreiung des Geschäftsführers vom Selbstkontrahierungsverbot nach § 181 BGB nachgewiesen werden kann, ist ein Verzicht des GGF obsolet, da die Direktzusage mangels Rechtsgrunds gar nicht wirksam ist. Die gebildete Pensionsrückstellung ist in der ersten noch berichtigungsfähigen Bilanz gewinnwirksam aufzulösen. Eine außerbilanzielle Korrektur aufgrund einer verdeckten Einlage ist ebenso wenig gegeben, wie ein fiktiver Lohnzufluss beim GGF.

b) Verzicht gegen Besserungsschein

Will der GGF seine GmbH unter Berücksichtigung der aktuellen finanziellen 1084
Lage von der Belastung der Pensionsverpflichtung befreien, aber im Fall einer Besserung der finanziellen Situation die Zusage wieder aufleben lassen, ist ein Verzicht gegen Besserungsschein möglich.

1 BMF v. 12.5.2014, BStBl 2014 I S. 860.

1085 Zu beachten ist aber, dass die FinVerw im Falle einer werthaltigen Pensionsanwartschaft auch bei einem Verzicht gegen Besserungsschein eine gesellschaftsrechtliche Veranlassung und damit eine verdeckte Einlage mit den entsprechenden Folgen annimmt.[1] Ein Instrument zur Umgehung der verdeckten Einlage stellt der Verzicht mit Besserungsschein somit nicht dar, da die FinVerw aus dem Besserungsschein allein keine betriebliche Veranlassung herleitet. Eine betriebliche Veranlassung könnte – wie auch beim Verzicht ohne Besserungsschein – nur erreicht werden, wenn die GmbH insolvenzrechtlich überschuldet ist oder der Verzicht bei drohender insolvenzrechtlicher Überschuldung neben weiteren Sanierungsmaßnahmen zur Rettung der Gesellschaft beitragen soll.

1086 Mit Eintritt des vereinbarten Besserungsfalles tritt die auflösende Bedingung[2] des Verzichts ein. Der frühere Rechtsstand der bestehenden Pensionsanwartschaft des GGF lebt wieder auf. Alle Regelungen der ursprünglichen Zusage treten wieder in Kraft, so auch die bei beherrschenden GGF auf den Zusagezeitpunkt zurückwirkende Unverfallbarkeitsregelung. Ist in der Verzichtsvereinbarung für den Eintritt des Besserungsfalls das auf den Zeitpunkt der ursprünglichen Zusage rückwirkende Aufleben der Verpflichtung klar und eindeutig vereinbart,[3] liegt auch bei steuerrechtlich beherrschenden GGF kein Verstoß gegen das Nachzahlungsverbot[4] vor. Auch greift hinsichtlich der wiederauflebenden Rückstellungsbildung nach § 6a EStG kein Nachholverbot,[5] da in der Zeit bis zum Besserungsfall mangels wirksamer Zusage keine Rückstellungsmöglichkeit bestand. Mit Eintritt des Besserungsfalls ist die Pensionsrückstellung in der Höhe aufwandswirksam so einzustellen, als wenn der Verzicht nicht erfolgt wäre. Wurde der Verzicht gegen Besserungsschein zur Vermeidung einer insolvenzrechtlichen Überschuldung ausgeübt, ist auch der in dem Zeitraum der Krise erdiente Anteil der Zusage durch das rückwirkende Aufleben des ursprünglichen Veranlassungszusammenhangs betrieblich veranlasst. Da keine neue Zusage erteilt wird, sind weder die Finanzierbarkeit noch die Erdienbarkeit der Zusage neu zu prüfen.

1087 Wurde auf eine werthaltige Pensionsanwartschaft gegen Besserungsschein verzichtet, gilt die zum Verzichtszeitpunkt angenommene verdeckte Einlage mit dem Besserungseintritt als zurückgewährt. U. E. hat dies zur Folge, dass

1 BMF v. 2.12.2003, BStBl 2003 I S. 648.

2 § 158 Abs. 2 BGB.

3 § 159 BGB.

4 R 8.5 Abs. 2 KStR 2015.

5 § 6a Abs. 4 Satz 1 EStG.

i. H. d. zurückgewährten verdeckten Einlage (damalige Wiederbeschaffungskosten) für den GGF negative Einkünfte aus nichtselbständiger Arbeit entstehen.[1] Ebenso werden die durch den damaligen Verzicht entstandenen nachträglichen Anschaffungskosten in gleiche Höhe wieder gemindert. Bei der GmbH ist neben der Wiedereinbuchung der Pensionsrückstellung in die Steuerbilanz der Gewinn außerbilanziell i. H. d. zurückgewährten verdeckten Einlage zu korrigieren.

Wurde auf eine nicht werthaltige Pensionsanwartschaft gegen Besserungs- 1088
schein verzichtet und verzichtet der GGF trotz Eintritt des Besserungsfalles auf das Wiederaufleben des Pensionsanspruches, liegt ein gesellschaftsrechtlicher Verzicht vor, der als verdeckte Einlage auf Seiten des GGF zum Lohnzufluss führt. Dies unabhängig davon, ob die GmbH die Pensionsrückstellung zuvor wieder bilanziert hatte.[2]

Da der Verzicht mit Besserungsschein kein Gestaltungsmittel zu Vermeidung 1089
einer verdeckten Einlage und deren Folgen ist, sollte dieser Weg nur im Falle einer (drohenden) insolvenzrechtlichen Überschuldung und nur dann beschritten werden, wenn

- bei Eintritt der genau definierten verbesserten Lage tatsächlich die Pension (rückwirkend) wieder aufleben soll und auch finanziert werden kann und
- die spätere Erteilung einer (neuen) Direktzusage an den GGF aufgrund des dann ggf. fortgeschrittenen Alters ggf. nicht mehr erdient werden könnte.

Zudem könnte der Verzicht mit Besserungsschein ein Gestaltungsmittel zur 1090
Vermeidung einer Schenkungsteuerbelastung darstellen. Denn nach dem 13.12.2011 erfolgende Verzichtshandlungen sind auf schenkungsteuerliche Folgen gem. § 7 Abs. 8 Satz 1 ErbStG hin zu untersuchen (vgl. Rz. 1141 ff.). Führt der Verzicht des GGF zu einer disquotalen Einlage, gilt die darauf beruhende Wertsteigerung der GmbH-Anteile der Mitgesellschafter grds. als Schenkung des verzichtenden Gesellschafters an die Mitgesellschafter gem. deren Beteiligungsquote. Gemäß Rz. 3.3.7 des koordinierten Ländererlasses v. 14.3.2012[3] gilt dies nicht im Falle des Verzichtes mit Besserungsschein.

1 Ebenso Weber-Grellet in Schmidt, EStG, § 5 Rz. 550; anders Grögler/Urban, DStR 32/2006 S. 1389 bis 1436, die den Eintritt des Besserungsfalles als nicht steuerbare Einlagen-Rückgewähr bewerten.

2 Vgl. BMF v. 12.5.2014, BStBl 2014 I S. 860 und Rz. 1039 ff. (Verzicht auf bilanziell noch nicht erfasste Lohnforderungen).

3 Koordinierter Ländererlass v. 14.3.2012, BStBl 2012 I S. 337.

c) Verzicht auf eine Unterstützungskassenzusage

1091 Im Gegensatz zu einer Direktzusage führt die Zusage über eine Unterstützungskasse für den GGF nicht zu einem Rechtsanspruch in Form einer Lohnforderung gegenüber der GmbH.[1]

1092 Mangels einer unmittelbar bestehenden Lohnforderung und somit mangels eines einlagefähigen Vermögensgegenstandes entsteht durch den Verzicht auf die mittelbare Zusage steuerlich kein Zufluss von Arbeitslohn und keine verdeckte Einlage eines Wirtschaftsgutes in die GmbH.

1093 Zwar kann der Verzicht auf die mittelbare Zusage nach Satzung der Unterstützungskasse für das Trägerunternehmen zu einem Anspruch auf Rückübertragung von überdotiertem Kassenvermögen[2] führen oder dem Trägerunternehmen die Verrechnung mit fälligen Zuwendungen weiterer Versorgungsverpflichteter eröffnen. Mangels einlagefähiger Forderung des GGF stellen diese Vorteile des Trägerunternehmens jedoch keine verdeckte Einlage dar.[3]

d) Verzicht auf eine Pensionsfondszusage

1094 Hat die GmbH dem GGF eine mittelbare Zusage über einen Pensionsfonds erteilt, führt die Beitragszahlung für die GmbH ertragsteuerlich zu Betriebsausgaben. Bilanziell ist die Pensionsfondsverpflichtung nicht auszuweisen.[4] Verzichtet der GGF auf die ihm erteilte Pensionsfondszusage, bestimmen sich die ertragsteuerlichen und bilanziellen Folgen für die GmbH nach den vertraglichen Bestimmungen zwischen Pensionsfonds und Trägerunternehmen für den Fall der Kündigung des Pensionsfondsvertrags. In der Regel wird die Rückzahlung des verfügbaren Kapitals vereinbart sein. In Höhe des der GmbH zufließenden Betrags kommt es folglich zu einer Erhöhung des Aktivvermögens. Damit liegt eine Vermögensmehrung vor, die eine verdeckte Einlage des GGF nach sich zieht.[5]

PRAXISHINWEIS 1:

Zur Minimierung des Einmalbeitrages beim Durchführungswegwechsel von einer Direktzusage zu einer Pensionsfondszusage kann es auch hilfreich sein, keine versiche-

1 § 5 Abs. 1 Nr. 3 KStG.

2 § 6 Abs. 6 KStG 2004, allerdings ist gem. BFH v. 26.11.2014 - I R 37/13, BStBl 2015 II S. 813, die Auskehrung von Kassenvermögen nur bei Überdotierung des kassenübergreifenden Vermögens möglich.

3 A. A. Ahrend/Förster/Rößler, 6. Teil Rz. 836 ff.; a. A. Blomeyer/Rolfs/Otto, Rz. 398 ff.

4 Art. 28 Abs. 1 Satz 2 EGHGB.

5 Anders als bei einer Direktzusage erfolgt nicht die Einlage einer Lohnforderung, sondern eines Guthabens aus dem Pensionsfondsvertrag, auf das der GGF ein Bezugsrecht hat.

rungsförmige, sondern eine mit einem höheren Zielrechnungszins ausgestattete, liquiditätsschonende kapitalmarktorientierte Variante der Pensionsfondszusage zu wählen (vgl. Rz. 1422 ff.). Dies kann zur Folge haben, dass der Pensionsfonds gem. dem Pensionsfondsvertrag auf eine Variante mit versicherungsförmig garantierten Leistungen wechseln muss, wenn er den anvisierten Rechnungszins nicht erzielt und das Trägerunternehmen seiner Nachschussverpflichtung nicht nachkommt. Aufgrund des dann maximalen Rechnungszinses von aktuell 0,90 %[1] sinkt die Leistung abhängig vom Höchstzinssatz der zuvor bestehenden liquiditätsschonenden Variante in nicht unerheblichem Maße. Diese Folge wird in der Praxis teilweise dazu genutzt, mittels nicht erfolgendem Nachschusses einen „kalten" mittelbaren Verzicht auf die bereits erdiente Anwartschaft des GGF durchzuführen. Dies ist u. E. nicht ungefährlich. Ist die GmbH aus dem Pensionsfondsvertrag zum Nachschuss verpflichtet, muss bei Nichterfüllung in Handels- wie Steuerbilanz eine entsprechende Verbindlichkeit gebildet werden. Und welcher Fremdgeschäftsführer würde sich zu einem Durchführungswegwechsel mit liquiditätsschonender Variante bereit erklären, wenn die GmbH sich nicht verpflichtet, einen ggf. später fällig werdenden Nachschuss zu finanzieren – es sei denn, die GmbH ist im Auslagerungszeitpunkt (drohend) insolvenzrechtlich überschuldet. Ist der GGF dann später – ggf. stillschweigend – damit einverstanden, dass die GmbH einen erforderlichen Nachschuss nicht an den Pensionsfonds leistet, entsteht insoweit auf Seiten der GmbH eine gesellschaftsrechtlich veranlasste Vermögensmehrung, die sehr wohl die Folgen einer verdeckten Einlage mit sich bringen kann. Dies gilt auch für den Fall, dass die GmbH – fälschlicherweise – die Nachschussverpflichtung nicht passiviert hat bzw. der Verzicht auf den Nachschuss bereits im Jahr des Entstehens der Nachschussverpflichtung erfolgt. Denn für die Prüfung einer verdeckten Einlage ist die fiktive Bilanz zugrunde zu legen, die zum Verzichtszeitpunkt ordnungsgemäß zu erstellen gewesen wäre.[2]

(Einstweilen frei) 1095–1098

6. Verzicht auf den sog. Future Service (Einfrieren der Versorgungszusage)

Erkennt der GGF, dass die ihm erteilte Direktzusage von der GmbH nicht mit den notwendigen Mitteln unterlegt wurde und erscheint die Nachfinanzierung in der verbleibenden Restdauer bis zum Rentenbeginn wirtschaftlich schwierig bis unmöglich, ist guter Rat teuer. Liegt keine finanzielle Notlage in Form einer (drohenden) insolvenzrechtlichen Überschuldung vor, ist seit der Entscheidung des BFH v. 9.6.1997[3] der entschädigungslose Verzicht auf den bereits erdienten Teil der Direktzusage, aufgrund der weitreichenden steuerli- 1099

1 § 22 Abs. 1 der Pensionsfonds-Aufsichtsverordnung (PFAV) v. 18.4.2016, BGBl 2016 I S. 842 (Nr. 18); zuletzt geändert durch Artikel 2 v. 7.7.2020, BGBl 2020 I S. 1688.

2 Vgl. BMF v. 12.5.2014, BStBl 2014 I S. 860 und Rz. 1039 ff. (Verzicht auf bilanziell noch nicht erfasste Lohnforderungen).

3 BFH v. 9.6.1997 - GrS-1/94, BStBl 1998 II S. 307.

chen Folgen der daraus entstehenden verdeckten Einlage, meist keine Alternative. Dies zumindest für den Fall, dass der Verzicht auf die Versorgungsanwartschaft und die Veräußerung der GmbH-Anteile nicht im gleichen Veranlagungszeitraum erfolgen (s. Rz. 1073 (Beispiel) und Rz. 1074 ff).

1100 In der Praxis stellt daher das Einfrieren der Direktzusage auf die erdienten Anwartschaftsrechte eine beliebte Lösung dar, die Nachfinanzierungsproblematik zu vermindern, ohne die Folgen einer verdeckten Einlage auszulösen.

a) Definition des Einfrierens – Abgrenzung zur Kürzung der Gesamtzusage

1101 Für arbeitsrechtlich nicht beherrschende GGF bestimmt § 2 Abs. 1 BetrAVG den im Fall des Ausscheidens aus den Diensten GmbH verbleibenden erdienten Teil der Anwartschaft (sog. Past Service), für arbeitsrechtlich beherrschende GGF ist die Unverfallbarkeitsregelung der Pensionszusage rechtlich maßgebend.

1102 Reduziert der GGF im laufenden Dienstverhältnis (teilweise) seine Gesamtzusage, werden die bereits vom GGF erdiente Anwartschaft (Past Service) und auch die noch zu erdienende Anwartschaft (Future Service) im gleichen Verhältnis gekürzt (vgl. aber b) Umgang der FinVerw mit dem Verzicht auf den Future-Service). Wird hingegen ausdrücklich ein Einfrieren der Pensionsanwartschaft vereinbart, bleibt der bereits erdiente Teil unangetastet erhalten. Der GGF verzichtet lediglich darauf, sich über die bereits erdienten Anwartschaften hinaus weitere Rechte (den sog. Future Service) erdienen zu können. Die Pensionsanwartschaft wächst also ab dem Einfrieren nicht weiter an.

1103 Die Unterscheidung des Einfrierens – also des Verzichts auf den Future Service – zur Kürzung der Gesamtzusage ist von entscheidender Bedeutung. Wird die Verzichtsvereinbarung unsauber formuliert und ist sie damit als Kürzung der Gesamtzusage zu werten, wird die Zusage insgesamt (erdienter und noch nicht erdienter Teil) um einen einheitlichen Prozentsatz gekürzt. In diesem Fall bleibt zudem der (gekürzte) Future-Service erhalten, so dass bei späterem vorzeitigen Ausscheiden erneut nach der in der Zusage enthaltenen Unverfallbarkeitsregelung zu kürzen ist.

BEISPIEL:[1] Der beherrschende GGF A hat im Alter 40 eine Direktzusage seiner GmbH auf eine Altersrente von 1.000 € zum Alter 65 erhalten. Für den Fall des Ausscheidens aus den Diensten der GmbH ist geregelt, dass die Pensionsanwartschaft i. H. d. Anteils bestehen bleibt, der dem Verhältnis der ab dem Zusagezeitpunkt geleisteten

1 Vgl. Linden, Gesellschafter-Geschäftsführer und Pensionszusage – Durch „Einfrieren" ein Lohnsteuer- und Liquiditätsfiasko, DStR 2010 S. 582.

Dienstzeit zu der ab dem Zusagezeitpunkt bis zum vereinbarten Leistungsbeginn möglichen Dienstzeit entspricht. Zum Alter 55 des GGF wird vereinbart, dass

a) der GGF sich ab diesem Zeitpunkt keine weiteren Anwartschaften mehr erdient.

b) die Altersrentenzusage des GGF A auf 600 € reduziert wird.

Ab dem Verzichtszeitpunkt beträgt in beiden Fällen die Altersrentenzusage zum 65. Lebensjahr 600 €. Jedoch wird in Variante a) nur auf die Möglichkeit verzichtet, ggf. weitere Anwartschaften erdienen zu können (Einfrieren der Zusage). Die bereits erdiente Anwartschaft wird nicht berührt. In Variante b) werden sowohl die erdienten als auch die noch erdienbaren Anwartschaften um 40 % reduziert (Kürzung der Gesamtzusage). Dies hat im Fall b) bei einer vorzeitigen Beendigung des Dienstverhältnisses zur Folge, dass die Zusage dann erneut nach der s/t-tel-Methode bezogen auf den Zusagezeitpunkt gekürzt wird – wie in der Vereinbarung für den Fall des vorzeitigen Ausscheidens geregelt.

PRAXISHINWEIS:

Mit BMF-Schreiben v. 14.8.2012[1] beschränkt die FinVerw das Prüfkriterium für ein Einfrieren auf den erdienten Teil der Pensionsanwartschaft auf den Barwertvergleich. Nur wenn der Barwert der bis zum Verzichtszeitpunkt bereits erdienten Versorgungsleistungen des GGF den Barwert der nach dem Teilverzicht noch verbleibenden Versorgungsleistungen übersteigt, ist insoweit ein Verzicht gegeben, der eine verdeckte Einlage nach sich zieht.

Demnach kommt es, sofern die Regeln zum Barwertvergleich eingehalten werden, nicht auf die korrekte Formulierung der Änderungsvereinbarung als Einfrieren auf die erdiente Versorgungsleistung oder als Kürzung der Gesamtzusage an. Diese Definition des Einfrierens und weitere in diesem Schreiben durch das BMF getroffene Aussagen sollten jedoch mit Vorsicht angewendet und der Teilverzicht auf die Pensionsanwartschaft weiterhin als Einfrieren definiert werden, wenn für den Fall des vorzeitigen Ausscheidens aus den Diensten der GmbH eine weitere Kürzung vermieden werden soll (s. Rz. 1112 ff.).

Durch das Einfrieren ist es also möglich, die Nachfinanzierungsproblematik zu 1104
mindern, ohne die Folgen einer verdeckten Einlage in Kauf nehmen zu müssen. Allerdings ist in diesem Zusammenhang zu beachten, dass sowohl im Falle der Reduzierung der Gesamtzusage (also auch des erdienten Teils) als auch im Falle des Einfrierens auf den erdienten Teil die Pensionsrückstellung gleichermaßen teilweise aufgelöst werden muss. Denn in beiden Fällen erfolgt die Berechnung der Pensionsrückstellung unter Fortführung des Dienstverhältnisses weiterhin nach § 6a Abs. 3 Nr. 1 EStG, also jeweils bezogen auf den verbleibenden Zusagewert.[2] Da sich nach den Grundsätzen des § 6a EStG die Pensions-

1 BMF v. 14.8.2012, BStBl 2012 I S. 874.

2 Bestätigend OFD Hannover v. 11.8.2009, DB 2009 S. 2461.

rückstellung vom Dienstbeginn bis zum vertraglichen Pensionsalter[1] gleichmäßig aufbaut, muss die Pensionsrückstellung durch eine Verringerung der Zusagehöhe im selben Verhältnis sinken.

1105–1107 *(Einstweilen frei)*

b) Umgang der Finanzverwaltung mit dem Verzicht auf den Future Service

1108 Mit dem BMF-Schreiben v. 14.8.2012[2] hat die FinVerw bundeseinheitlich abgestimmt den Verzicht auf den Future Service rechtssicher gemacht.

1109 Zunächst bestätigt das BMF, das bei vollständigem Verzicht auf die Pensionszusage nur der Verzicht auf den erdienten Teil der Pensionsanwartschaft zu einer verdeckten Einlage führt. Damit wird zugleich klargestellt, dass eine Pensionsanwartschaft in einen erdienten und einen noch zu erdienenden Teil aufzuteilen ist.

1110 Im Falle eines teilweisen Verzichts liegt nach Auffassung des BMF nur dann eine verdeckte Einlage vor, wenn nach einer Änderung der Zusage der Barwert der verbliebenen Zusage kleiner ist als der Barwert der zum Verzichtszeitpunkt erdienten Anwartschaft. Dabei soll es nach Auffassung des BMF keine Rolle spielen, ob gem. Änderungsvereinbarung auf den Future-Service verzichtet oder die Gesamtzusage reduziert wird. Entscheidend soll der Barwert-Vergleich der verbleibenden mit der vor der Änderung erdienten Anwartschaft sein.

1111 Diese Sichtweise vereinfacht die Praxis auf den ersten Blick insoweit, als die Änderungsvereinbarung kein Einfrieren zum Inhalt haben muss. Entscheidend ist, dass der Barwert der geänderten Zusage nicht kleiner ist, als der Barwert der erdienten Anwartschaft vor dem Verzicht.

1112 U. E. sollte die Änderungsvereinbarung dennoch im Regelfall eindeutig als Verzicht auf den Future Service formuliert werden und zwar aus folgenden Gründen:

Wird per Änderungsvereinbarung die Gesamtzusage reduziert, bleiben rechtlich nicht nur die erdienten Anwartschaften erhalten. Die Reduzierung der Gesamtzusage reduziert vertraglich prozentual gleichermaßen den bereits erdienten und den noch nicht erdienten Teil der Zusage. Im Falle einer finanzge-

1 Für steuerrechtlich beherrschende GGF ist gem. R 6a Abs. 8 EStR aktuell noch je nach Geburtsjahrgang ein Mindestpensionsalter zu unterstellen, vgl. aber Rz. 591 – Mindestpensionsalter – und Rz. 609 – Praxishinweis 1.

2 BMF v. 14.8.2012, BStBl 2012 I S. 874.

richtlichen Prüfung könnte dies hinsichtlich des Verzichts auf den bereits erdienten Teil der Anwartschaft, zur Annahme einer verdeckten Einlage führen.

Im Falle einer schlichten Reduzierung der Gesamtzusage beziehen sich weiterhin alle in der Direktzusage enthaltenen Regelungen auf den nach der Änderung verbleibenden Zusagewert. Scheidet der GGF nun in der Folgezeit vorzeitig aus den Diensten der GmbH aus, ist der nach Kürzung der Gesamtzusage verbleibende Zusagewert nochmals gem. der unverändert in der Zusage enthaltenen m/n-tel bzw. s/t-tel-Regelung zu kürzen. In Höhe des nochmaligen Kürzungsbetrages ist in Zusammenhang mit der zuvor ohne Anpassung der Unverfallbarkeitsregelung erfolgten Reduzierung der Gesamtzusage die Gefahr einer verdeckten Einlage gegeben.

BEISPIEL: Die Direktzusage des GGF A (2.000 € Altersrente) soll 2020 rechtswirksam auf den Barwert der zu 50 % erdienten Anwartschaft eingefroren werden. Gemäß dem BMF-Schreiben v. 14.8.2012 erfolgt die Änderungsvereinbarung jedoch im Wege der Reduzierung der Gesamtzusage ohne Änderung der Unverfallbarkeitsregelung. Es verbleibt eine Altersrente von 1.000 €. Folglich entspricht der Barwert der verbleibenden Zusage dem Barwert des zum Verzichtszeitpunkt erdienten Zusageteils. 2026 scheidet der GGF A vorzeitig aus den Diensten der GmbH aus. Zu diesem Zeitpunkt hat er gem. Unverfallbarkeitsregelung (m/n-tel) 75 % der Zusage erdient.

LÖSUNG: Mangels in 2020 erfolgtem Einfrierens der bereits erdienten Anwartschaften incl. Anpassung der Unverfallbarkeitsregelung greift die in der Direktzusage weiterhin unverändert enthaltene m/n-tel-Regelung mit dem Ausscheiden des A in 2026 auf die verbliebene Zusage von 1.000 € Altersrente. Dem GGF A verbleibt mit Ausscheiden aus den Diensten der GmbH in 2026 ein Anwartschaftsrecht über 750 € Altersrente. Die m/n-tel-Kürzung um 250 € Altersrente in 2026 ist letztlich der in 2020 ohne Anpassung der Unverfallbarkeitsregelung erfolgten Reduzierung der Gesamtzusage zuzuordnen. Die Vereinfachungsregelung des BMF-Schreibens v. 14.8.2012 in Form eines ausreichenden pauschalen Barwertvergleiches ohne Differenzierung zwischen Kürzung der Gesamtzusage und Einfrieren der erdienten Anwartschaften wirkt sich bei vorzeitigem Ausscheiden des GGF nachträglich aus. Ein Fremdgeschäftsführer hätte sich wohl nicht zur Reduzierung bereits erdienter Anwartschaften im Falle des Ausscheidens bereit erklärt. Folglich hätte sich ein Fremdgeschäftsführer auch nicht mit einer barwertneutralen Reduzierung seiner bereits erdienten Anwartschaften einverstanden erklärt, sofern dieses Vorgehen bei späterem vorzeitigem Ausscheiden zu einer nochmaligen Reduzierung seiner Anwartschaften führen würde. Es besteht in 2026 die Gefahr einer verdeckten Einlage i. H. d. zu bestimmenden Wiederbeschaffungskosten für 250 € Altersrente.

In einem Aufsatz v. 3.9.2012 führt Janssen[1] zwar aus, dass diese Schlussfolgerung nicht der Intention des BMF-Schreibens v. 14.8.2012 entspricht. Es mag richtig sein, dass der im Falle des späteren Ausscheidens des GGF entstehende 1113

1 Janssen, Verzicht auf den Future Service und kein Ende?, NWB 2012 S. 508.

Verzicht vom BMF nicht bedacht wurde. Dies hilft jedoch in der Praxis nicht weiter. Wird die Zusage nicht eingefroren, sondern die Gesamtzusage gekürzt, ist gem. Regelung der Zusage bei vorzeitigem Ausscheiden eine nochmalige Kürzung auf den m/n-tel- bzw. bei steuerlich beherrschenden GGF auf den s/t-tel-Wert der Zusage vorzunehmen. Wer sich nicht darauf verlassen möchte, dass die FinVerw daraus keine gesellschaftsrechtlich veranlassten Konsequenzen in Form verdeckter Einlagen zieht, benötigt eine wirksame und klare Vereinbarung – und zwar aus Sicht des steuerlichen Beraters – auch aus Haftungsgesichtspunkten. Zudem wird auch wirtschaftlich spätestens dann, wenn sich vor dem Ausscheiden des GGF die Beteiligungsverhältnisse in der GmbH so geändert haben, dass der GGF keine Stimmrechtsmehrheit mehr besitzt, die rechtliche Würdigung der Zusage an Bedeutung gewinnen. Auch die von Janssen ins Spiel gebrachte Herausnahme der Unverfallbarkeitsvereinbarung aus der Zusage ist meist keine Lösung. Denn der arbeitsrechtlich (zumeist) beherrschende GGF besitzt ohne entsprechende Vereinbarung einer Quotierung der Versorgungsanwartschaft in der Zusage bei vorzeitigem Ausscheiden überhaupt keinen Rechtsanspruch auf eine Leistung.

FORTFÜHRUNG DES BEISPIELS AUS RZ. 1112: ▶ Hätte man die Zusage in 2020 per Änderungsvereinbarung auf die erdienten Anwartschaften eingefroren, würde ein Ausscheiden des A in 2026 die erdienten Anwartschaften nicht berühren. Dem A würden auch im Falle des vorzeitigen Ausscheidens weiterhin 1.000 € Altersrente verbleiben. Spielraum für eine verdeckte Einlage wäre in diesem Fall nicht gegeben.

c) Reduzierung der Gesamtzusage und Umwandlung einer GmbH in eine Personengesellschaft

1114 Wird gem. dem BMF-Schreiben v. 14.8.2012 die Gesamtzusage barwertneutral pauschal reduziert, ist dies im Falle der Umwandlung einer GmbH in eine Personengesellschaft, z. B. eine GmbH & Co. KG, kritisch zu sehen. Die gegenüber dem bisherigen (Gesellschafter-)Geschäftsführer der GmbH bestehende Direktzusage ist ab dem steuerlichen Umwandlungsstichtag nicht mehr betrieblich veranlasst. Zuführungen zur Pensionsrückstellung, die auf nach dem steuerlichen Übertragungsstichtag erdienten Pensionsanwartschaftsrechten beruhen, betreffen Vergütungen der Personengesellschaft an Ihren Gesellschafter i. S. d. § 15 Abs. 1 Satz 1 Nr. 2 EStG. Dieser Anspruch des begünstigten Mitunternehmers ist in dessen Sonderbilanz spiegelbildlich zu aktivieren[1] (vgl. Rz. 962 ff.). Da sich ab dem steuerlichen Umwandlungsstichtag ein Erdienen weiterer Anwartschaften im Endergebnis nicht mehr steuerlich auswirkt, wird

1 Umwandlungssteuererlass v. 11.11.2011, BStBl 2011 I S. 1314, Rz. 06.06.

die Direktzusage in der Praxis oftmals zum Umwandlungsstichtag eingefroren. Folge ist, dass nur die während der GmbH-Zeit erdiente Pensionsanwartschaft bestehen bleibt. Nur die Fortbildung (Verzinsung) der auf diesen Teil der Pensionsanwartschaft entfallenden Pensionsrückstellung ist auch für die Personengesellschaft betrieblich veranlasst.

Erfolgt die Reduzierung der Pensionsanwartschaft im Wege der gem. dem BMF-Schreiben v. 14.8.2012 möglichen Kürzung der Gesamtzusage, würde die verbleibende Zusage automatisch neben dem Past Service auch einen Teil der noch zu erdienenden Anwartschaft abbilden. Es müsste der Anteil der Zuführungen zur Pensionsrückstellung, die auf den verbleibenden Future Service entfallen, als nicht betrieblich veranlasste Aufwendungen über die Sonderbilanz des begünstigten Gesellschafters korrigiert werden. Folglich ist auch in Umwandlungsfällen auf die saubere Vereinbarung des Einfrierens auf die erdiente Pensionsanwartschaft zu achten. 1115

d) Entgeltumwandlung und beitragsorientierte Leistungszusage

Bei beitragsorientierten Leistungszusagen und Anwartschaften aus Entgeltumwandlung bestimmt sich im Falle des Einfrierens die erdiente Anwartschaft nach der gesetzlich vorgeschrieben Regelung des § 2 Abs. 5 BetrAVG, bei arbeitsrechtlich beherrschenden GGF nach der i. d. R. analog vertraglich vereinbarten Regelung. Hiernach entspricht die erdiente Anwartschaft der aus den bis zum Verzichtszeitpunkt umgewandelten Entgeltbestandteilen finanzierten Leistung. Die Ermittlung der erdienten Anwartschaft anhand der im BMF-Schreiben v. 14.8.2012 dargestellten m/n-tel-Regelung ist hier nicht anwendbar und würde zu falschen Ergebnissen führen. 1116

e) Verzicht bei einer auf den Dienstbeginn lautenden Unverfallbarkeitsregelung

Die für steuerrechtlich beherrschende GGF vom BMF erlaubte m/n-tel-Berechnung auf den Zusagezeitpunkt (dort als s/t-tel-Berechnung bezeichnet) erleichtert das Einfrieren der Versorgungsanwartschaft für die Fälle, in denen in der Direktzusage die Unverfallbarkeit der Anwartschaft ab dem Diensteintritt vereinbart worden ist. Ohne die Vereinfachungsregelung des BMF-Schreibens müsste für das Einfrieren auf den erdienten Teil der Anwartschaft auf den Dienstbeginn abgestellt werden, da insoweit eine Forderung des GGF rechtlich entstanden ist. 1117

Fraglich könnte sein, ob sich aus der Anwendung der Vereinfachungsregelung gesellschaftsrechtliche Folgewirkungen ergeben. Es könnte die Auffassung ver- 1118 treten werden, dass in diesen Fällen mit dem Einfrieren der Zusage auf den geringeren s/t-tel-Anteil dennoch ein Eingriff in den bereits erdienten Anteil vorgenommen wird, da zivilrechtlich zu dem Zeitpunkt die anteilige Anwartschaft, berechnet ab Dienstbeginn, bereits erdient ist, mit der Folge, dass der Differenzbetrag zwischen dem s/t-tel-Anteil und dem m/t-tel-Anteil ebenfalls bereits erdient ist. Eine solche Sichtweise könnte u. E. zutreffend sein, wenn es die Rz. 3 des BMF-Schreibens v. 14.8.2012 nicht gäbe. Da die FinVerw mit ihren Äußerungen aber ausdrücklich formuliert, dass mit dem Einfrieren auf den s/t-tel-Anteil beim beherrschenden GGF der Wert der verdeckten Einlage 0 € beträgt, hat sie sich hiermit eindeutig festgelegt mit der Folge, dass die Finanzämter hieran gebunden sind. Nicht ganz auszuschließen ist, dass Finanzgerichte oder der BFH diesbezüglich eine andere Auffassung vertreten könnten.

PRAXISHINWEIS:

Eine bei einem steuerrechtlich beherrschenden GGF auf den Dienstbeginn abstellende Unverfallbarkeitsregelung sollte unabhängig von einem geplanten Einfrieren der Anwartschaft an die steuerrechtlich zulässige Regelung (Erdienen ab dem Zusagezeitpunkt) angepasst werden, um im Fall eines späteren vorzeitigen Ausscheidens eine vGA zu vermeiden. Hierbei kann unter Bezugnahme auf die Verwaltungsmeinung[1] und die dieser folgenden BFH-Rechtsprechung[2] die Sorgfaltspflicht des GGF[3] als Begründung für die betriebliche Veranlassung der Änderung herangezogen werden.

BEISPIEL 1: Ein steuerrechtlich beherrschender GGF hat eine Direktzusage über 3.000 € Alters- und Invalidenrente. Diensteintritt war zum 1.1.1995, die Zusage wurde zum 1.1.2005 erteilt. Vereinbarter Beginn der Altersrente ist zum 1.1.2035. Zum 1.1.2020 soll die Zusage herabgesetzt/eingefroren werden. Unverfallbarkeit wurde in der Versorgungszusage ab Diensteintritt vereinbart.

LÖSUNG: Einfrieren ohne Berücksichtigung des BMF-Schreibens v. 14.8.2012:

Geleistete Dienstzeit: 1995 – 2020 = 25 Jahre

Mögliche Dienstzeit: 1995 – 2035 = 40 Jahre

Erdiente Anwartschaft = 62,5 % (1.875 € Alters- und Invalidenrente)

Hätte der GGF steuerrechtlich korrekt die Unverfallbarkeit ab dem Zusagezeitpunkt vereinbart, wäre zum Zeitpunkt des Einfrierens nur folgende Anwartschaft bestehen geblieben:

Geleistete Dienstzeit: 2005 – 2020 = 15 Jahre

Mögliche Dienstzeit: 2005 – 2035 = 30 Jahre

Erdiente Anwartschaft = 50,00 % (1.500 € Alters- und Invalidenrente)

---

1 BMF v. 9.12.2002 - IV A 2 - S 2742 68/02, BStBl 2002 I S. 1393.

2 BFH v. 20.8.2003 - I R 99/02, NWB IAAAB-15368.

3 § 43 Abs. 1 GmbHG.

Wird die Versorgungsanwartschaft – ohne Inanspruchnahme der Vereinfachungsregelung des BMF – eingefroren, indem die erdiente Anwartschaft auf den Dienstbeginn bezogen berechnet wird, konkretisiert sich der gesellschaftsrechtlich veranlasste Vorteil von 375 € Alters- und Invalidenrente, der steuerrechtliche Gewinn ist außerbilanziell um die Höhe der verdeckten Gewinnausschüttung von 20 % der Pensionsrückstellung (375/1875) zu erhöhen.

Durch die Inanspruchnahme der Vereinfachungsregelung des BMF-Schreibens erfolgt das Einfrieren auf den s/t-tel-Anteil (ab Zusagezeitpunkt). Da die nach Herabsetzung noch verbleibenden Versorgungsleistungen laut Verwaltungsauffassung genau dem bereits erdienten Anteil entsprechen, beträgt der Wert der verdeckten Einlage nach § 8 Abs. 3 Satz 3 KStG 0 €.

BEISPIEL 2: Der am 1.10.1963 geborene GGF B (Diensteintritt am 1.10.1998) ist im arbeits- und steuerrechtlichen Sinne beherrschend (100 % der Stimmrechte). Er besitzt eine betrieblich veranlasste Direktzusage seiner GmbH vom 1.10.2008 auf jeweils mtl. 5.000 € Altersrente (65. Lebensjahr) und Invalidenrente sowie 3.000 € Witwenrente mit einer jeweils 2 %-igen Anpassung laufender Rentenleistungen. In der Direktzusage ist ein Kapitalabfindungsrecht (i. H. d. zum Abfindungszeitpunkt aktuellen Heubeck-Barwertes) enthalten. Ratierlich unverfallbare Anwartschaften erdient der GGF B lt. Direktzusage ab dem Zusagezeitpunkt. Während einer lange überfälligen Überprüfung der Zusage im September 2020 wird klar, dass die bestehende Rückdeckungsversicherung (400.000 € Ablaufleistung) nicht ausreicht, die Versorgungsansprüche des B zu erfüllen. Da die GmbH zwar nicht überschuldet, eine Nachfinanzierung bis zum Rentenbeginn in 2028 aber wirtschaftlich nicht möglich ist, beschließt der GGF zusammen mit dem steuerlichen Berater und dem Versicherungsfachmann die Zusage zum 1. 10. 2020 auf den bereits erdienten Teil (Past Service) einzufrieren:

LÖSUNG: **Ermittlung Past Service zum 1.10.2020**

ab dem Zusagezeitpunkt 1.10.2008 geleistete Dienstzeit:	144 Monate
ab dem Zusagezeitpunkt bis zum vertraglichen Altersrentenbeginn 1.10.2028 mögliche Dienstzeit	240 Monate
erdiente Anwartschaft	60 %

Ermittlung Future Service zum 1.10.2020

bis zum vertraglichen Rentenbeginn 1.10.2028 noch zu leistende Dienstzeit	96 Monate
ab dem Zusagezeitpunkt bis zum vertraglichen Altersrentenbeginn 1.10.2028 mögliche Dienstzeit	240 Monate
noch zu erdienende Anwartschaft	40 %

Die Pensionsanwartschaft des GGF B könnte folglich ohne verdeckte Einlage eingefroren werden auf die bereits erdienten

3.000 € Altersrente

3.000 € BU-Rente

1.800 € Hinterbliebenenrente

(mit jeweils 2 %-iger Anpassung lfd. Rentenleistungen).

Der Verzicht auf den Future Service erschöpft sich in der Teilauflösung (40 %) der Pensionsrückstellungen in Handels- und Steuerbilanz. Mangels einlagefähigen Vermögensvorteils erfolgt weder ein lohnsteuerlicher Zufluss auf der Ebene des GGF noch eine verdeckte Einlage in die GmbH.

ABWANDLUNG BEISPIEL 2: Der GGF B besitzt eine beitragsorientierte Direktzusage. Die dem B bei Ausscheiden aus den Diensten der GmbH zustehende Leistung ist in der Direktzusage analog § 2 Abs. 5a BetrAVG definiert. Zum 1.10.2020 beträgt die aus der bisher erfolgten Beitragsleistung zur Rückdeckungsversicherung, der erteilten Garantieverzinsung und den bereits gut geschriebenen Überschussanteilen finanzierte Leistung 2.200 €.

Wird die Pensionsanwartschaft des GGF B per rechtswirksamen Gesellschafterbeschluss und Nachtrag zur Pensionszusage auf die Leistung eingefroren, die auf den bis zum 1.10.2020 geleisteten Beiträgen nebst Verzinsung beruht (2.200 € zzgl. aus künftigen Überschüssen zu bildenden Erhöhungen der Anwartschaft), ist keine verdeckte Einlage gegeben. Unabhängig von einem späteren vorzeitigen Ausscheiden erhält der GGF B zum in der Direktzusage vorgesehenen Leistungsbeginn, die bis zu diesem Zeitpunkt durch die weiter fortlaufende Verzinsung finanzierte Leistung.

1119 Für den Fall, dass die Zusage nachträglich erhöht worden ist und die Erhöhungsbeträge neu zu erdienen sind (keine Anpassung an gestiegene Lebenshaltungskosten), kann der zum Erhöhungszeitpunkt steuerrechtlich beherrschende GGF den Erhöhungsbestandteil steuerlich erst ab dem Erhöhungszeitpunkt erdienen. Die Rz. 3 des BMF-Schreibens v. 14.8.2012 ist u. E. daher so auszulegen, dass bei steuerrechtlich beherrschenden GGF hinsichtlich neu zu erdienender Erhöhungen und der Bestimmung des s/t-tel-Anteils nicht auf den Zusage-, sondern auf den Erhöhungszeitpunkt abzustellen ist. Somit ist als Grundlage für das „Einfrieren" der Versorgungsanwartschaft und für die Bestimmung der steuerlichen s/t-tel-Anwartschaft zwingend eine Baustein-Rechnung vorzunehmen. Dabei sind für die Erstzusage und die jeweiligen Erhöhungen die s/t-tel-Berechnungen separat vorzunehmen und anschließend zusammen zu rechnen. Stellt die Regelung der Zusage zur Unverfallbarkeit davon abweichend auf den Diensteintritt oder insgesamt auf den Zusagezeitpunkt ab, ist u. E. mit dem Einfrieren auf den niedrigeren steuerlich erdienten Wert – auf der Grundlage der Rz. 3 des BMF-Schreibens v. 14.8.2012 – kein gesellschaftsrechtlich veranlasster Verzicht und folglich keine verdeckte Einlage gegeben.

1120–1125 *(Einstweilen frei)*

7. Lösungsalternativen bei unterfinanzierten Direktzusagen

Ist die Direktzusage unzureichend rückgedeckt und die GmbH nicht (drohend) insolvenzrechtlich überschuldet, führt der Verzicht auf die bereits erdienten Anwartschaften zu einer verdeckten Einlage in die GmbH und zu den bereits ausführlich beschriebenen Folgen (vgl. Rz. 1021 ff.). Ausgehend von dieser Situation, sollten alternative Lösungsmöglichkeiten begutachtet werden. Dabei sollte neben den wirtschaftlichen Möglichkeiten der GmbH auch der Versorgungsstatus des GGF berücksichtigt werden. 1126

a) Ausfinanzierung

Ist die GmbH nicht insolvenzrechtlich überschuldet, ist zu überprüfen, ob unter Berücksichtigung der nicht betriebsnotwendigen Aktiva der GmbH eine Ausfinanzierung der Deckungslücke realisiert werden kann. 1127

Versicherer-Barwert: Ist die zugesagte lebenslange Rentenleistung elementarer Bestandteil der Altersversorgung des GGF, sollte zum vertraglich geplanten Rentenbeginn als Zielgröße der Nachfinanzierung das Kapital zur Verfügung stehen, dass zur Auslagerung der Altersrentenverpflichtung auf ein Lebensversicherungsunternehmen notwendig ist. Ein evtl. Erwerber der GmbH-Anteile ist in aller Regel nicht bereit, die Versorgungsverpflichtung mit zu übernehmen. Selbst der ggf. in die Fußstapfen des GGF tretende Nachwuchs ist aufgrund erschwerter Fremdkapitalbeschaffung i. d. R. daran interessiert, die Versorgung auszulagern oder ausfinanziert zu übernehmen. Und auch für den Fall, dass kein Nachfolger zur Verfügung steht und die GmbH liquidiert werden soll, ist der Einmalbeitrag von Nöten, den ein Versicherer für die Übernahme der lebenslangen Altersrentenverpflichtung verlangt. 1128

Heubeck-Barwert: Ist die lebenslange Altersrente für den GGF nicht oberste Priorität und/oder sind die für die Finanzierung des Versicherer-Barwertes notwendigen Finanzierungsmittel aus den nicht betriebsnotwendigen Aktiva nicht zu realisieren, sollte als Mindest-Zielgröße der Nachfinanzierung der in der Kapitalabfindungsklausel oder Kapitaloption der Zusage vereinbarte Kapitalwert angestrebt werden. Bei Bestandszusage ist dies zumeist der Heubeck-Barwert, der als Mindestwert notwendig ist, um gem. der Auffassung der FinVerw[1] eine Altersrentenzusage des GGF steuerlich wertäquivalent abfinden zu können.[2] 1129

1 BMF v. 6.4.2005, BStBl 2005 I S. 619.

2 Der Heubeck-Barwert als Abfindungswert ist in der Literatur umstritten (vgl. Rz. 1214 ff.).

Die in dem BMF-Schreiben v. 6.4.2005 geäußerte Rechtsauffassung gilt jedoch lediglich für die Vermeidung eines steuerschädlichen Vorbehaltes i. S. v. § 6a Abs. 1 Nr. 2 EStG.[1] Das Schreiben betrifft somit die steuerbilanziellen Voraussetzungen zur Pensionsrückstellungsbildung gem. § 6a EStG, ist aber keine unmittelbare Rechtsgrundlage für den Fremdvergleich i. S. v. § 8 Abs. 3 Sätze 2 ff. EStG sowie R 8.5 Abs. 1 und R 8.9 KStR 2015; immer mehr Finanzämter lassen daher mittlerweile zwar bzgl. der Vermeidung einer vGA einerseits und einer verdeckten Einlage andererseits die Zugrundlegung der Heubeckschen Richttafeln zu, verlangen jedoch einen Rechnungszins, der 6 % unterschreitet. Ist in der Versorgungszusage des GGF keine Abfindungsklausel enthalten, sollte die Nachfinanzierung einer zum Rentenbeginn angestrebten Abfindungsvereinbarung folglich über den Heubeck-Barwert hinausgehen (z. B. Heubeck-Richttafeln und 4 % Rechnungszins oder der zum Rentenbeginn prognostizierte handelsbilanzielle Barwert).

PRAXISHINWEIS:

Ist der Altersrentenbeginn erreicht und scheidet der GGF aus den Diensten der GmbH aus, stellt sich die Frage, ob die Zahlung der Abfindung zum Altersrentenbeginn ohne zuvor in der Zusage vereinbarte Abfindungsklausel eine vGA auslösen könnte. Dies ist zu verneinen.[2] Auch nach der neueren Rechtsprechung des BFH sollte eine erst zum Altersrentenbeginn getroffene Vereinbarung ausreichen. In dem entsprechenden Gesellschafter-Beschluss sollte die betriebliche Veranlassung der Abfindung deutlich zum Ausdruck kommen, indem z. B. auf die Beseitigung des Langlebigkeitsrisikos oder die Verbesserung der Fremdfinanzierungskonditionen für die GmbH verwiesen wird (vgl. aber Rz. 1141 ff.).

b) Einfrieren

1130 Ist die ursprünglich vereinbarte Zusage auch in Höhe der in der Zusage als Option vereinbarten oder ansonsten zum Rentenbeginn angestrebten Abfindung nicht (nach-)finanzierbar, ist der Verzicht auf den Future Service und somit das Einfrieren der Pensionsanwartschaft auf den erdienten Teil anzuraten. Die nach dem Einfrieren verbleibende Rentenzusage kann dann wiederum mit der Zielrichtung

- Versicherer-Barwert

1 BMF v. 6.4.2005, BStBl 2005 I S. 619, Tz. 1 und 2.

2 FG Münster v. 23.3.2009 - 9 K 319/02 KGF, rkr, DStZ 2009 S. 828; a. A. für den Fall der Abfindung im laufenden Dienstverhältnis ohne Abfindungsklausel: BFH v. 11.9.2013 - I R 28/13, BStBl 2014 II S. 726, unter Verweis auf BFH v. 14.3.2006 - I R 38/05, NWB JAAAB-88782; vgl. Rz. 1141 ff.

- Heubeck-Barwert (sofern in Zusage eine Kapitalabfindungsoption oder eine Kapitalwahlrecht in entsprechender Höhe vereinbart ist)
- eines Zwischenwertes (z. B. Heubeck-Richttafeln und 4 % Rechnungszins oder der zum Rentenbeginn prognostizierte handelsbilanzielle Barwert, sofern die Abfindung zu diesem Wert angestrebt wird)

nachfinanziert werden.

PRAXISHINWEIS:

Die Abfindung der auf die erdienten Pensionsanwartschaften reduzierten Zusage ist die notwendige Mindest-Pensionsleistung an den GGF ohne Gefahr einer verdeckten Einlage. Dieser Wert sollte die Mindest-Zielgröße einer Nachfinanzierung bilden. Dies auch zur Vermeidung einer schenkungsteuerlichen Bewertung der verdeckten Einlage (vgl. Rz. 1033).

c) Umwandlung in eine Kapitalzusage

Ist in der Zusage eine Kapitalabfindungsoption in Höhe des Heubeck-Barwer- 1131
tes enthalten und auch die Nachfinanzierung des Heubeck-Barwertes der bereits auf die erdiente Anwartschaft eingefrorenen Direktzusage nicht möglich oder unsicher, sollte eine Rentenzusage in eine Kapitalzusage umgewandelt werden. So kann der Wert der verdeckten Einlage bei einem späteren erneuten Verzicht von den Wiederbeschaffungskosten einer Rentenanwartschaft auf den Kapitalbetrag i. H. d. Heubeck-Barwerts reduziert werden. Die Wiederbeschaffungskosten einer Rentenanwartschaft wären aufgrund des Langlebigkeitsrisikos erheblich höher.

d) Verzicht auf die Direktzusage und Veräußerung der GmbH-Anteile

Nicht selten erfolgt mit dem Altersrentenbeginn des GGF oder dem vorzeiti- 1132
gen Ausscheiden aus den Diensten der GmbH auch die Veräußerung der GmbH-Anteile. Erfolgt nun der Verzicht auf die Gesamtzusage, also auch auf den erdienten Teil der Direktzusage, ist zu untersuchen, wie sich die durch die verdeckte Einlage ergebenden nachträglichen Anschaffungskosten der GmbH-Anteile in einer steuerlichen und liquiditätsbezogenen Gesamtbetrachtung auswirken.

BEISPIEL: Der GGF A (100 % der Anteile) wird zum 1.10.2020 65 Jahre alt und möchte mangels familieninternem Nachfolger seine GmbH-Anteile noch im Jahr 2020 verkaufen. Der potenzielle Käufer besteht aber auf vorheriger Befreiung der GmbH von der betrieblich veranlassten Pensionsverpflichtung (3.000 € Altersrente). Die GmbH hat ein positives Eigenkapital, die Zusage des GGF A ist also unzweifelhaft werthaltig.

Der Barwert beträgt nach steuerrechtlichen Berechnungsgrundlagen 385.000 €. In der Direktzusage ist ein Kapitalabfindungsrecht (i. H. d. zum Abfindungszeitpunkt aktuellen Heubeck-Barwertes) enthalten.

Verzichtet der GGF A zum 1.10.2020 auf seine Zusage, ist aufgrund der gesellschaftsrechtlichen Veranlassung (Zusage ist werthaltig, ein Fremdgeschäftsführer würde nicht verzichten) eine verdeckte Einlage der Lohnforderung des GGF in die GmbH gegeben. Der Wert der verdeckten Einlage i. H. d. Wiederbeschaffungskosten wird im Beispielfall anhand des Versicherer-Barwertes (720.000 €) ermittelt, also dem Betrag, der für die Auslagerung der Versorgung auf einen Versicherer notwendig wäre. Von diesem Wert wird zur Berücksichtigung der zu erwartenden höheren langfristigen Bonitätssicherheit des Versicherers ein Abschlag von 20 % vorgenommen: (Versicherbarwert 720.000 € ./. Abschlag 144.000 € = Wert der verdeckten Einlage 576.000 €).

Als Alternative zum Verzicht wird geprüft, wie sich die Abfindung des Pensionsanspruches i. H. d. Heubeck-Barwertes (385.000 €) auswirken würde.

Beide Alternativen führen beim GGF zum Zufluss von Arbeitslohn. Es wird eine bereits bestehende Ertragsteuer-Belastung auf der Ebene des GGF von 45 % ESt + 5,5 % SolZ = 47,48 % angenommen. Somit entfaltet sowohl für die verdeckte Einlage als auch für die Abfindung die Fünftelregelung keine Wirkung.

Für die GmbH wird ein Steuersatz (KöSt + SolZ + GewSt) von 29,83 % angenommen. Aufgrund des Wegfalls der Versorgungsverpflichtung wird ein Mehrerlös für den Verkauf der GmbH-Anteile i. H. d. verdeckten Einlage (also gleich dem Verkehrswert) unterstellt, der sich genauso wie die nachträglichen Anschaffungskosten der GmbH-Anteile nur zu 60 % steuerlich auswirkt.[1] Um eine Vergleichbarkeit von verdeckter Einlage und Abfindung herzustellen, werden Liquiditätserhöhungen auf der Ebene der GmbH durch Ausschüttungen auf die Ebene des GGF durchgereicht. Diese unterliegen auf der Ebene des GGF dem Teileinkünfteverfahren.[2] Letztlich kommt es also im Ergebnis darauf an, bei welcher der Alternativen Verzicht oder Abfindung der GGF einen höheren Liquiditätsüberschuss erzielt.

Alternative 1: Verzicht und verdeckte Einlage (vE)

	Gewinn/ z.V.E	ESt/KöSt	Liquidität
GmbH			
Steuerbilanz: Auflösung Pensionsrückstellung	+ 385.000 €		
außerbilanziell: vE	- 576.000 €		
	- 191.000 €	- 56.975 €	+ 56.975 €
			+ 56.975 €

1 § 3 Nr. 40 Buchst. a, § 3c Abs. 2 EStG.

2 § 3 Nr. 40 Buchst. d EStG; die Abgeltungsteuer kommt aufgrund Antragsstellung nach § 32d Abs. 2 Nr. 3 EStG nicht zum Tragen.

GGF			
fiktiver Lohnzufluss vE	+ 576.000 €	273.485 €	- 273.485 €
Anschaffungskosten GmbH-Anteile 576.000 €			
davon steuerrelevant 60 %	- 345.600 €		
Mehr-Verkaufspreis GmbH-Anteile 576.000 €			+ 576.000 €
davon steuerrelevant 60 %	+ 345.000 €	0 €	+ 0 €
Ausschüttung Liquiditätsüberschuss der GmbH	56.975 €		
davon steuerrelevant 60 %	34.1858 €	16.231 €	+ 40.744 €
Liquiditätsüberschuss GGF			**343.259 €**

Alternative 2: Abfindung zum Heubeck-Barwert

	Gewinn/ z.V.E	**ESt/KöSt**	**Liquidität**
GmbH			
Steuerbilanz: Auflösung Pensionsrückstellung	+ 385.000 €		
Auszahlung Abfindung	- 385.000 €		- 385.000 €
	0 €	0 €	0 €
			- 385.000 €
GGF			
Lohnzufluss Abfindung	+ 385.000 €	182.798 €	+ 202.202 €
Verkaufspreis GmbH-Anteile			
+ Wegfall Pensionsverpflichtung	576.000 €		
./. Abfluss Abfindung	385.000 €		
Steigerung	191.000 €		

davon steuerrelevant 60 %	+ 114.600 €	54.412 €	136.588 €
Liquiditätsüberschuss GGF			**338.790 €**

Der Verzicht mit der Auswirkung einer verdeckten Einlage ist für den GGF um 4.469 € günstiger als die Abfindung.

ABWANDLUNG: Der Wert der verdeckten Einlage beträgt 385.000 € (also Heubeck-Barwert).

Alternative 1: Verzicht und verdeckte Einlage (vE)

	Gewinn/ z.V.E	**ESt/KöSt**	**Liquidität**
GmbH			
Steuerbilanz: Auflösung Pensionsrückstellung	+ 385.000 €		
außerbilanziell: vE	- 385.000 €		
	0 €	0 €	+ 0 €
			0 €
GGF			
fiktiver Lohnzufluss vE	+ 385.000 €	182.798 €	- 182.798 €
Anschaffungskosten GmbH-Anteile 385.000 €			
davon steuerrelevant 60 %	- 231.000 €		
Mehr-Verkaufspreis GmbH-Anteile	385.000 €		
davon steuerrelevant 60 %	+ 231.000 €	0 €	+ 385.000 €
Liquiditätsüberschuss GGF			**202.202 €**

Alternative 2: Abfindung zum Heubeck-Barwert

	Gewinn/ z.V.E	ESt/KöSt	Liquidität
GmbH			
Steuerbilanz: Auflösung Pensionsrückstellung	+ 385.000 €		
Auszahlung Abfindung	- 385.000 €		- 385.000 €
	0 €	0 €	- 385.000 €
GGF			
Lohnzufluss Abfindung	+ 385.000 €	182.798 €	+ 202.202 €
Verkaufspreis GmbH-Anteile			
+ Wegfall Pensionsverpflichtung	385.000 €		
./. Abfluss Abfindung	385.000 €		
davon steuerrelevant 60 %	0 €	0 €	0 €
Liquiditätsüberschuss GGF			**202.202 €**

Verzicht und Abfindung führen bei Abfindung zum gleichen Liquiditätsüberschuss.

Es wird deutlich, dass die Entscheidung zwischen dem Verzicht auf die Versor- 1133
gungsanwartschaft und der Abfindung der Versorgungsansprüche bei Veräußerung der GmbH-Anteile im gleichen Veranlagungszeitraum von dem Wert der verdeckten Einlage abhängig ist. Vorbehaltlich weiterer Faktoren (Fünftelregelung, Verschiebung Fälligkeit Abfindungsbetrag) ist der Verzicht dann günstiger, wenn der Wert der verdeckten Einlage die Höhe des Heubeck-Barwertes übersteigt.

Läge der Wert der verdeckten Einlage unter dem Heubeck-Barwert, wäre theo- 1134
retisch die Abfindung günstiger. Es ist jedoch zu beachten, dass eine betrieblich veranlasste Abfindung der Höhe nach begrenzt ist auf die Werthaltigkeit der Anwartschaft und somit auf den Überhang der Aktiva über die Passiva einer insolvenzrechtlichen Überschuldungsbilanz. Wenn ein höherer Wert an den GGF abgefunden würde, wäre insoweit zum einen die GmbH insolvenzrechtlich überschuldet, zum anderen eine vGA an den GGF gegeben. Ein betrieblich veranlasster Abfindungswert kann folglich nicht höher sein, als der Wert der verdeckten Einlage bei Verzicht auf die Versorgungsanwartschaft.

1135 Ist der Wert der verdeckten Einlage höher als der Heubeck-Barwert, ist bei gleichzeitiger Veräußerung der GmbH-Anteile der Verzicht grds. günstiger als die Abfindung der Versorgungsanwartschaft. Die im Vergleich zur verdeckten Einlage i. d. R. niedrigere Abfindung zum Heubeck-Barwert kann jedoch dann im Vorteil sein, wenn sich durch eine Verschiebung der Fälligkeit der Abfindungszahlung, die Anwendung der progressionsmindernden Fünftelungsregelung auswirkt. Vereinbart der GGF mit der GmbH (mit dem Einverständnis des Käufers der GmbH-Anteile) die Verschiebung der Fälligkeit des Abfindungsbetrages auf den nächsten Veranlagungszeitraum, kann die Progressionsminderung aufgrund der dann nicht mehr vorhandenen Aktiveinkünfte aus der Geschäftsführertätigkeit ggf. (stärker) wirken. Diese Verschiebung der Fälligkeit führt nicht zu einem lohnsteuerlichen Zufluss und stellt auch keinen Gestaltungsmissbrauch dar[1] (vgl. Rz. 924).

ABWANDLUNG BEISPIEL RZ. 1032: Der mit seiner Gattin zusammenveranlagte GGF A und die GmbH vereinbaren die Abfindung, allerdings erfolgt vor dem 1.10.2020 die Verschiebung der Fälligkeit der Lohnzahlung auf den 1.1.2021. Das Ehepaar verfügt in 2021 im Übrigen über ein sonstiges zu versteuerndes Einkommen i. H. v. 60.000 €.

Berechnung Steuerbelastung in 2021	**zvE**	**ESt + SolZ**
zu versteuerndes Einkommen ohne Abfindung	60.000 €	10.200 €
+ 1/5 der Abfindung (385.000 €)	77.000 €	
	137.000 €	41.445 €
auf 1/5-tel Abfindung entfällt (nur ESt)		29.084 €
Belastung Abfindung insgesamt (ESt und SolZ)		153.979 €
Steuerbelastung der Abfindung ohne Fälligkeitsverschiebung		164.179 €

1136 Mit der Fälligkeitsverschiebung um drei Monate kann durch Nutzung der Fünftelregelung eine Verringerung der Steuerbelastung um 28.819 € (182.798 € zu 153.979 €) erreicht werden. Die Abfindung mit Fälligkeitsverschiebung ist in der gegebenen Fallkonstellation dem Verzicht vorzuziehen.

1 BFH v. 11.11.2009 - IX R 1/09, BStBl 2010 II S. 746.

Checkliste

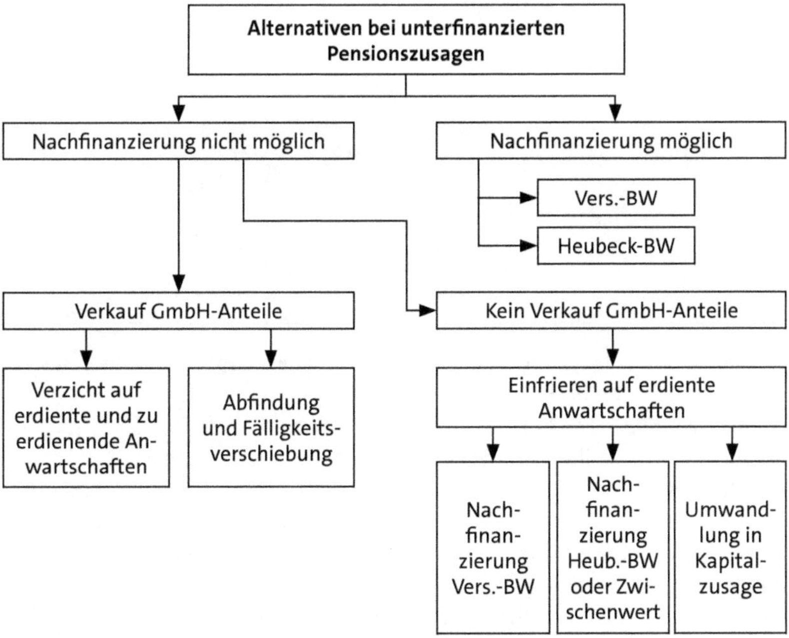

(Einstweilen frei) 1137–1140

8. Verzicht auf die Direktzusage und Schenkungsteuer

a) Verzicht durch den GGF und disquotale Einlage

Verzichtet der GGF auf den erdienten Teil seiner werthaltigen Pensionsanwart- 1141
schaft, führt dies zu einer verdeckten Einlage i. H. d. Wiederbeschaffungskosten der bereits entstandenen Lohnforderung. Die verdeckte Einlage durch den GGF in die GmbH führt damit zu einer Erhöhung des Wertes aller GmbH-Anteile. Ist der GGF nicht alleiniger Gesellschafter der GmbH, erhöht er durch die Einlage seiner Lohnforderung folglich auch den Wert der GmbH-Anteile der anderen Gesellschafter. Geht die Einlage über die Beteiligungsquote des Einlegenden hinaus, spricht man von einer disquotalen Einlage.

BEISPIEL: Der GGF A verzichtet zur Verbesserung der wirtschaftlichen Lage der GmbH durch Aufhebungsvertrag entschädigungslos auf die ihm erteilte Direktzusage. Die GmbH ist allerdings von einer insolvenzrechtlichen Überschuldung noch weit entfernt. Der gemeine Wert der GmbH-Anteile steigt gem. einer erfolgten Unternehmensbewertung infolge des Verzichts um 1.000.000 € an. Neben dem mit 60 % beteiligten A ist noch dessen Bruder B zu 40 % an der GmbH beteiligt.

Infolge der disquotalen verdeckten Einlage des A steigt auch der GmbH-Anteil des Bruders B um 400.000 € im Wert.

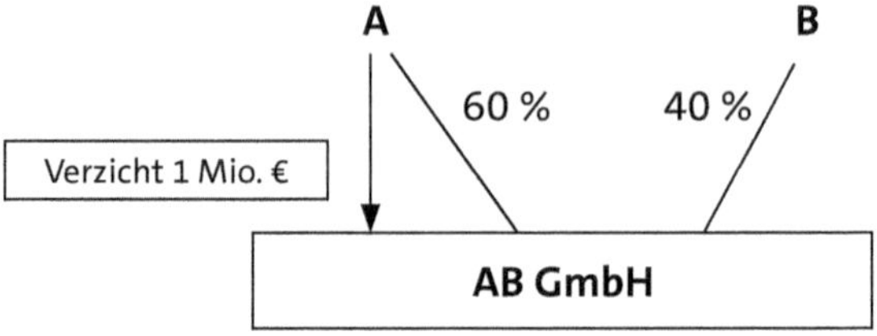

1142 Es stellt sich die Frage, ob die Werterhöhung der GmbH-Anteile eines Mitgesellschafters steuerrechtlich eine Schenkung des Verzichtenden darstellt. Der BFH verneint dies.[1] Die Schenkung im steuerlichen Sinne verlangt eine vom Schenker gewollte Vermögensminderung auf der Seite des Schenkers und eine Vermögensmehrung auf der Seite des Beschenkten. Dabei bestimmen sich die Beteiligten allein nach Zivilrecht, nicht nach einer wirtschaftlichen Betrachtungsweise. Aus wirtschaftlicher Sicht ist der Mitgesellschafter durch die Einlage des Verzichtenden in Form der Wertsteigerung seiner GmbH-Anteile klar bereichert. Zivilrechtlich erfolgt die Vermögensmehrung aufgrund des Verzichtes des GGF jedoch im Vermögen der rechtlich eigenständigen GmbH. Der für die Schenkungsteuer wesentliche Substanzübergang findet zwischen dem Vermögen des GGF und dem Vermögen der GmbH statt. Die Wertsteigerung der Anteile des Mitgesellschafters ist eine steuerrechtlich unbeachtliche Nebenfolge. Nach Auffassung des BFH ist daher keine Zuwendung des Verzichtenden an den Mitgesellschafter gegeben. Eine Ausnahme wäre eine in zeitlichem Zusammenhang mit der Einlage erfolgende (verdeckte) Gewinnausschüttung an den Mitgesellschafter. Auch eine schenkungsteuerlich relevante Zuwendung des einlegenden GGF an die GmbH ist nach Auffassung des BFH nicht gegeben. Die Einlage wertet der BFH nicht als freiwillige unentgeltliche Zuwendung, sondern als auf dem Gesellschaftsverhältnis beruhend.

1143 Die FinVerw[2] sah dies lange Zeit anders und wertete die disquotale Einlage als Schenkung des Einlegenden an seine Mitgesellschafter. Mit dem Erlass v.

1 BFH v. 17.4.1996 - II R 16/93, BStBl 1996 II S. 454; v. 17.10.2007 - II R 63/05, BStBl 2008 II S. 381; v. 9.12.2009 - II R 28/08, BStBl 2010 II S. 566.

2 R 18 Abs. 3 ErbStR.

20.10.2010[1] erkannte die FinVerw die Rechtsprechung des BFH zur fehlenden Steuerbarkeit disquotaler Einlagen schließlich an.

Mit dem Beitreibungsrichtlinie-Umsetzungsgesetz[2] ignoriert der Gesetzgeber jedoch die Rechtsprechung des BFH und schafft u. E. eine diesbzgl. „Nichtanwendungsvorschrift", die disquotale Einlagen der Schenkungsteuer unterwerfen soll.[3] Der neu geschaffene § 7 Abs. 8 Satz 1 ErbStG bestimmt: 1144

„Als Schenkung gilt auch die Werterhöhung von Anteilen an einer Kapitalgesellschaft, die eine an der Gesellschaft unmittelbar oder mittelbar beteiligte natürliche Person oder Stiftung (Bedachte) durch die Leistung einer anderen Person (Zuwendender) an die Gesellschaft erlangt."

Diese neue gesetzliche Regelung gilt für nach dem 13.12.2011 ausgeführte Schenkungen. Folge ist, dass eine disquotale Einlage eines Gesellschafters, aber auch die Zuwendung einer dem Gesellschafter nahe stehenden Person oder eines Dritten an die GmbH, als (mittelbare) Schenkung dieses Gesellschafters oder Dritten an den/die (Mit-)Gesellschafter gilt. Und zwar nach Auffassung der FinVerw in der Höhe des durch die Einlage gestiegenen gemeinen Wertes der GmbH-Anteile der (Mit-)Gesellschafter, maximal jedoch i. H. d. gemeinen Wertes des eingelegten Wirtschaftsgutes. Die FinVerw hat zu verschiedenen Auslegungsfragen der Vorschrift des § 7 Abs. 8 Satz 1 ErbStG mit dem koordinierte Ländererlass v. 14.3.2012,[4] abgelöst durch den inhaltsgleichen koordinierten Ländererlass v. 20.4.2018,[5] Stellung genommen.

Dabei sind sowohl die bisher für eine steuerbare Schenkung[6] notwendige (zivilrechtliche) Zuwendung an den/die (Mit-)Gesellschafter als auch die Freigebigkeit der Zuwendung keine Tatbestandsmerkmale des § 7 Abs. 8 Satz 1 ErbStG. Vielmehr wird das für eine Schenkung gem. § 7 Abs. 1 Nr. 1 ErbStG notwendige Tatbestandsmerkmal einer Steigerung des Vermögens auf der Seite des zivilrechtlichen Leistungsempfängers (hier die GmbH) für § 7 Abs. 8 Satz 1 ErbStG in das Tatbestandsmerkmal einer Wertsteigerung der GmbH-Anteile der (Mit-)Gesellschafter umgemünzt. 1145

1 FinVerw v. 20.10.2010, BStBl 2010 I S. 1207.

2 Beitreibungsrichtlinie-Umsetzungsgesetz, BGBl 2011 I S. 2592.

3 Ebenso Korezkij, Schenkung unter Beteiligung von Kapitalgesellschaften, DStR 2012 S. 163, 164.

4 Koordinierter Ländererlass v. 14.3.2012, BStBl 2012 I S. 331, aufgehoben durch koordinierten Ländererlass v. 20.4.2018, BStBl 2018 I S. 632.

5 Koordinierter Ländererlass v. 20.4.2018, BStBl 2018 I S. 632, weitere Anwendung für Steuertatbestände, die nach dem 31.12.2018 verwirklicht werden, bestätigt durch Oberste Finanzbehörden der Länder v. 11.3.2020, BStBl 2020 I S. 299.

6 § 7 Abs. 1 Nr. 1 ErbStG.

1146 Ziel des Gesetzgebers war es ursprünglich, Gestaltungen zur Vermeidung der Schenkungsteuer zu unterbinden und eine Besteuerungslücke zu schließen. Wollte z. B. der Vater dem Sohn eine Zuwendung ohne Belastung der Schenkungsteuer zukommen lassen, konnte dieser bisher zusammen mit dem Sohn eine GmbH gründen und anschließend eine entsprechend hohe Einlage in das Vermögen der GmbH leisten. Die durch die Einlage eintretende Wertsteigerung des GmbH-Anteiles des Sohnes unterlag mangels zivilrechtlicher Zuwendung des Vaters an den Sohn nicht der Schenkungsteuer. Lediglich im Falle bestimmter Sonderfälle, z. B. einer im zeitlichen Zusammenhang mit der Einlage des Vaters erfolgenden (verdeckten) Gewinnausschüttung an den Sohn, wurde im Sinne eines Gesamtplans eine Schenkung durch Weiterleitung des eingelegten Vermögens unterstellt.[1]

1147 Durch die pauschale Regelung des § 7 Abs. 8 Satz 1 ErbStG ergeben sich viele nicht bedachte und wohl anfänglich vom Gesetzgeber ungewollte Nebenwirkungen. So auch der Forderungsverzicht des Gesellschafters zu Sanierungsmaßnahmen außerhalb einer insolvenzrechtlichen Überschuldung. Werden im Vorfeld einer geplanten Einlage jedoch keine gestaltenden Vorkehrungen getroffen, die eine Einlage aller Gesellschafter gem. deren Beteiligungsquote ermöglichen, geht die FinVerw auch im Sanierungsfall von einem Schenkungsteuertatbestand aus.[2]

1148 Zu einer Schenkung können nach Auffassung der FinVerw nur Einlagen führen, die den gemeinen Wert der GmbH-Beteiligung erhöhen. Im Falle eines betrieblich veranlassten Verzichts des GGF zur Vermeidung einer insolvenzrechtlichen Überschuldung ist eine Wertsteigerung der GmbH-Anteile kritisch zu hinterfragen. Zunächst sind die Auswirkungen des Verzichtes auf den Substanzwert und die Ertragsaussichten der GmbH zu prüfen.[3] Dabei ist zu beachten, dass der betrieblich veranlasste Verzicht maximal bis zum Ausgleich der insolvenzrechtlichen Überschuldungsbilanz erfolgen kann (s. Rz. 1074 ff. und das abgewandelte Beispiel). Das Eigenkapital der Überschuldungsbilanz und somit i. d. R. auch der Substanzwert sind also vor dem Verzicht negativ und nach dem Verzicht des GGF auf dessen Lohnforderung immer noch negativ oder haben maximal den Wert Null. Somit führt der betrieblich veranlasste Verzicht auf die nicht werthaltige Lohnforderung zwar zu einem geringeren negativen Eigenkapital der Überschuldungsbilanz. Da der Substanzwert eines GmbH-An-

1 Vgl. auch das Beispiel unter Rz. 3.1 des koordinierten Ländererlasses v. 20.4.2018, BStBl 2018 I S. 632

2 Koordinierter Ländererlass v. v. 20.4.2018, BStBl 2018 I S. 632, Rz. 3.3.6

3 § 11 Abs. 2 BewG.

teils aber nicht negativ sein kann, ist der Substanzwert des GmbH-Anteils vor und nach dem Verzicht des GGF Null. Die Ertragsaussichten der GmbH verbessern sich im Zweifel durch den Wegfall der Pensionsverpflichtung um die zukünftig wegfallenden Zuführungen zur Pensionsrückstellung bzw. um die zukünftig wegfallenden Pensionszahlungen, so dass sich je nach Bewertungsverfahren des Ertragswertes eine Erhöhung des gemeinen Wertes der GmbH-Anteile ergeben könnte. Zu beachten ist allerdings, dass die FinVerw die zu berücksichtigende Werterhöhung der GmbH-Anteile auf den gemeinen Wert der bewirkten Leistung beschränkt, um die Kausalität des Verzichts für die Erhöhung der GmbH-Anteile sicherzustellen. Zudem verlangt das für eine schenkungssteuerliche Zuwendung erforderliche Tatbestandsmerkmal der Leistung eine rechtsgeschäftliche oder tatsächliche Handlung, die beim Leistenden eine entreichernde Vermögenshingabe bewirkt.[1] Die bewirkte Leistung könnte beim Verzicht auf die Pensionsanwartschaft nur die Einlage einer Lohnforderung sein. Eine Lohnforderung zählt zum Umlaufvermögen und ist für die Ermittlung eines eigenständigen gemeinen Wertes mit den Wiederbeschaffungskosten zu bewerten.[2] Die Wiederbeschaffungskosten der Lohnforderung Pensionsanwartschaft betragen im Falle eines betrieblich veranlassten Verzichts zur Vermeidung einer insolvenzrechtlichen Überschuldung 0 €.[3] Folglich ist nur der Verzicht des GGF auf eine (zumindest teilweise) werthaltige Direktzusage schenkungsteuerlich relevant.[4]

PRAXISHINWEIS 1 FÜR DEN STEUERBERATER:

Die Bewertung der Schenkung gem. der Wertsteigerung der GmbH-Beteiligung beruht auf der Annahme der FinVerw, dass § 7 Abs. 8 ErbStG einen eigenständigen Tatbestand schafft und es somit auf die weiteren Tatbestandsmerkmale des § 7 Abs. 1 Nr. 1 ErbStG nicht ankommt. In der Literatur[5] ist allerdings umstritten, ob § 7 Abs. 8 ErbStG nicht eine Ergänzung zu § 7 Abs. 1 Nr. 1 ErbStG in der Form sein soll, dass lediglich das von der Rechtsprechung entwickelte Erfordernis der (zivilrechtlich) unmittelbaren und freigebigen Zuwendung an einen (Mit-)Gesellschafter entfällt bzw. durch die einer wirtschaftlichen Betrachtung folgende Fiktion der Zuwendung an die Mitgesellschafter er-

1 Troll/Geber/Jülicher, Kommentar zum ErbStG, § 7 Rz. 415.

2 § 200 Abs. 4 BewG, R B 11.3 Abs. 8 ErbStR, § 266 Abs. 2 B. II HGB.

3 BFH v. 8.11.2000 - I R 70/99, BStBl 2005 II S. 653; v. 20.12.2000 - I R 15/00, BStBl 2005 II S. 657; v. 7.11.2001 - I R 79/00, BStBl 2005 II S. 659; v. 4.9.2002 - I R 7/01, BStBl 2005 II S. 662; v. 31.3.2004 - I R 65/03, BStBl 2005 II S. 664.

4 Ebenso Fuhrmann/Potsch, Disquotale Einlagen und verdeckte Gewinnausschüttungen im Schenkungsteuerrecht, NZG 2012 S. 681.

5 Bejahend: Potsch/Urbach, Leistungen zwischen Kapitalgesellschaften und ihren Gesellschaftern aus schenkungsteuerlicher Sicht, KÖSDI 2012 S. 17747, 17751; einen eigenständigen schenkungsteuerlichen Tatbestand bewertend: v. Lishaut/Ebbers/Schmitz, Die schenkungs- und ertragsteuerliche Behandlung disquotaler Einlagen und disquotaler Gewinnausschüttungen, Ubg 2012 S. 1, 4.

setzt wird. Folgt man dieser Auffassung, wäre bzgl. der Bewertung der Schenkung auf den Wert des geleisteten Gegenstandes aus Sicht des Zuwendenden, begrenzt auf die Bereicherung des Bedachten, abzustellen. Somit würde auch nach dieser Rechtsauffassung der Verzicht des GGF auf die nicht werthaltige Lohnforderung zu keiner Schenkung führen.

Ist die GmbH noch nicht insolvenzrechtlich überschuldet – die Überschuldungsbilanz ist noch nicht negativ oder es ist noch eine positive Fortführungsprognose gegeben – und soll durch den (teilweisen) Forderungsverzicht auf die Direktzusage die drohende insolvenzrechtliche Überschuldung abgewendet werden, ist die Lohnforderung des GGF gem. der Sichtweise des BFH zur Finanzierbarkeit einer Direktzusage[1] zumindest noch teilweise werthaltig, so dass durch den Verzicht sowohl eine Erhöhung des gemeinen Wertes der GmbH-Anteile als auch ein gemeiner Wert der Lohnforderung selbst gegeben sein könnte. In diesem Fall ist also hinsichtlich des werthaltigen Teils der Pensionsanwartschaft eine Schenkung i. S. d. § 7 Abs. 8 Satz 1 ErbStG an den oder die Mitgesellschafter zu befürchten.

Eine Gestaltungsmöglichkeit könnte der Verzicht gegen Besserungsschein sein (s. Rz. 1084 ff.). Hierin erkennt die FinVerw keinen schenkungsteuerbaren Vorgang, da der Verzichtende lediglich einen uneinbringlichen Wert gegen Erwerbsaussichten eintauscht.[2] Allerdings stellt die FinVerw hierbei auf den Verzicht auf eine wertlose Forderung mit Besserungsschein ab. Der Verzicht auf eine wertlose Forderung ist jedoch auch ohne Besserungsschein keine Schenkung i. S. d. § 7 Abs. 8 Satz 1 ErbStG (s. Rz. 1108). Daher stellt sich die Frage, ob die FinVerw in ihren Ausführungen von einem Forderungsverzicht gegen Besserungsschein tatsächlich auf den Fall der Vermeidung einer bereits vorliegenden insolvenzrechtlichen Überschuldung abzielt oder vielmehr von einer drohenden insolvenzrechtlichen Überschuldung (s. Rz. 1054 ff.) und einer nahezu wertlosen Forderung ausgeht. Dies würde auch der Praxis entsprechen, da zumeist schon vor einer insolvenzrechtlichen Überschuldung durch Forderungsverzicht ein Sanierungsplan realisiert wird.

Sollte in einem Fall drohender insolvenzrechtlicher Überschuldung der Verzicht auf die erdiente Anwartschaft einer Direktzusage geplant sein, sind neben den möglichen ertragsteuerlichen Folgen einer verdeckten Einlage im Fall einer disquotalen Einlage zudem die schenkungsteuerlichen Folgen zu berück-

1 BFH v. 8.11.2000 - I R 70/99, BStBl 2005 II S. 653; v. 20.12.2000 - I R 15/00, BStBl 2005 II S. 657; v. 7.11.2001 - I R 79/00, BStBl 2005 II S. 659; v. 4.9.2002 - I R 7/01, BStBl 2005 II S. 662; v. 31.3.2004 - I R 65/03, BStBl 2005 II S. 664.

2 Koordinierter Ländererlass v. 20.4.2018, BStBl 2018 I S. 632, Rz. 3.3.7.

sichtigen. Der Verzicht gegen Besserungsschein kann hier ein Mittel zur Vermeidung der Schenkungsteuerproblematik sein, sollte aber mit vorheriger verbindlicher Auskunft abgesichert werden. Zudem sind die weiteren Folgen eines Verzichtes mit Besserungsschein in die Überlegungen miteinzubeziehen.

Der Verzicht auf den Future Service stellt ertragsteuerlich keine verdeckte Einlage dar,[1] da insoweit mangels bereits erdienter Anwartschaft das einlagefähige Wirtschaftsgut Lohnforderung noch nicht entstanden ist. Da aufgrund des bilanzsteuerrechtlich zwingend anzuwendenden Teilwertverfahrens jedoch ein Teil der bisher bilanzierten Pensionsrückstellung aufzulösen ist und für den weggefallenen Zusageteil auch zukünftig keine Rückstellungszuführungen und Pensionszahlungen mehr entstehen, werden sowohl der Substanzwert als auch die Ertragsaussichten der GmbH erhöht. Erfolgt also das Einfrieren einer werthaltigen Zusage, ist eine Erhöhung des gemeinen Wertes der GmbH-Anteile gegeben. Dennoch liegt keine Schenkung i. S. d. § 7 Abs. 8 Satz 1 ErbStG vor, da die Steigerung des gemeinen Wertes auf den gemeinen Wert des eingelegten Wirtschaftsgutes begrenzt ist. Der Future Service der Direktzusage ist als Lohnforderung zu den Wiederbeschaffungskosten zu bewerten. Da das Wirtschaftsgut Lohnforderung allerdings mangels erbrachter Gegenleistung für den Future Service noch nicht entstanden ist, ist kein schenkungsteuerbarer Tatbestand gegeben. Das Recht, sich unter der aufschiebenden Bedingung des fortbestehenden Dienstverhältnisses weitere Anwartschaften erdienen zu können, stellt lediglich ein noch nicht erstarktes Anwartschaftsrecht dar. Die Hingabe dieses noch nicht erstarkten Anwartschaftsrechtes ist keine schenkungsteuerlich relevante Vermögenshingabe.[2]

Ist der Verzicht auf den erdienten Teil einer werthaltigen Direktzusage geplant, sind neben den ertragsteuerlichen Folgen auch mögliche Konsequenzen hinsichtlich der Schenkungsteuer zu bedenken, sofern neben dem verzichtenden GGF weitere Gesellschafter beteiligt sind. Neben der Ermittlung des gestiegenen gemeinen Wertes der GmbH-Anteile und ggf. des gemeinen Wertes des eingelegten Wirtschaftsgutes sind auch die für die Höhe der Schenkungsteuer relevanten Größen, vor allem der persönliche Freibetrag und der Steuersatz, entscheidend. Bei der Ermittlung des Freibetrags und des Steuersatzes ist das Verhältnis zwischen dem Schenker (Einlegender) und dem Beschenkten (Mitgesellschafter) zugrunde zu legen.

1 BMF v. 14.8.2012, BStBl 2012 I S. 874.
2 Troll/Geber/Jülicher, Kommentar zum ErbStG, § 7, Rz. 38.

BEISPIEL: Der GGF A verzichtet zur Verbesserung der wirtschaftlichen Lage der GmbH durch Aufhebungsvertrag entschädigungslos auf die ihm erteilte Direktzusage. Die GmbH ist allerdings von einer insolvenzrechtlichen Überschuldung noch weit entfernt. Der gemeine Wert der GmbH-Anteile steigt gem. einer erfolgten Unternehmensbewertung infolge des Verzichts um 1.000.000 € an. Neben dem mit 60 % beteiligten A ist noch dessen Bruder B zu 40 % an der GmbH beteiligt.

Infolge der disquotalen verdeckten Einlage des A steigt auch der GmbH-Anteil des Bruders B um 400.000 € im Wert.

Gemäß der Vorschrift des § 7 Abs. 8 Satz 1 ErbStG wird durch die disquotale Einlage des A eine Schenkung des A an den B fingiert. Der Wert der Schenkung bemisst sich nach dem gestiegenen gemeinen Wert der Anteile des B – hier 400.000 €. Unter Berücksichtigung des persönlichen Freibetrags i. H.v. 20.000 € und des Steuersatzes von 25 % ergibt sich eine Schenkungsteuer von 95.000 €.[1]

b) Verzicht durch einen Dritten/eine nahe stehende Person

1149 Auch der Verzicht auf eine werthaltige Pensionsanwartschaft durch einen nicht an der GmbH beteiligten Dritten kann zu einer Schenkung i. S. d. Schenkungsteuergesetzes führen. Ist der Dritte eine dem/den Gesellschaftern nahe stehende Person, hat der BFH[2] schon vor der Einführung des § 7 Abs. 8 Satz 1 ErbstG hierin einen möglichen Schenkungsteuertatbestand i. S. d. § 7 Abs. 1 Nr. 1 ErbStG erkannt. Zur Begründung des Nahestehens reicht jede Beziehung eines Gesellschafters der Kapitalgesellschaft zu einer anderen Person aus, die den Schluss zulässt, sie habe die Vorteilszuwendung der Kapitalgesellschaft an die andere Person beeinflusst. Beziehungen, die ein Nahestehen begründen, können familienrechtlicher, gesellschaftsrechtlicher, schuldrechtlicher oder auch rein tatsächlicher Art sein.[3]

1150 Der BFH sieht in dem Verzicht auf eine werthaltige Pensionsanwartschaft, der nicht im eigenwirtschaftlichen Interesse der verzichtenden nahe stehenden Person erfolgt, zwei steuerlich eigenständig zu bewertende Rechtsvorgänge. Zum einen die Vermögensübertragung der nahe stehenden Person auf den/die Gesellschafter, zum anderen die Vermögensübertragung vom Gesellschafter auf die GmbH. In der Zuwendung der nahe stehenden Person an den/die Gesellschafter erkennt der BFH als mögliche Rechtsbeziehung insbesondere die Schenkung. Da der BFH auf die tatsächliche Rechtsbeziehung und somit auf die Schenkungsabsicht abstellt, wäre auch im Falle mehrerer Gesellschafter

1 § 15 Abs. 1, § 16 Abs. 1 Nr. 5, § 19 Abs. 1 ErbStG.

2 BFH v. 9.6.1997 - GrS-1/94, BStBl 1998 II S. 307; v. 12.12.2000 - VIII R 62/93, BStBl 2001 II S. 234.

3 R 36 „Kreis der nahestehenden Personen" KStR.

eine Schenkung nur an den/die Gesellschafter anzunehmen, zu denen der Verzichtende nahe stehende Person ist.

Übersicht 1151

Verzicht Gesellschafter/Dritter/Nahe stehende Person	Verzicht Dritter/nahe stehende Person
Unterstellte Intention: Bereicherung (Mit-)Gesellschafter	Intention: Bereicherung GmbH/nahe stehender Gesellschafter
§ 7 Abs. 8 Satz 1 ErbStG	§ 7 Abs. 1 Nr. 1 ErbStG
Schenkung an **alle (Mit-)Gesellschafter**	Schenkung **an GmbH/ nahe stehenden Gesellschafter**
Vorrang **§ 7 Abs. 8 Satz 1** vor § 7 Abs. 1 Nr. 1 ErbStG	

(Einstweilen frei) 1152–1159

9. Ertragsteuerliche Folgen der Schenkungsteuer-Fiktion

Verzicht durch den GGF und disquotale Einlage

Es ist zu hinterfragen, ob sich aufgrund der Fiktion, dass der Verzicht eines GGF auf eine werthaltige Pensionszusage gem. § 7 Abs. 8 Satz 1 ErbStG zu einer Schenkung an die Mitgesellschafter führt, Folgen für die ertragsteuerliche Behandlung der verdeckten disquotalen Einlage ergeben. Bislang wurde davon ausgegangen, dass durch den Verzicht in vollem Umfang eine verdeckte Einlage der werthaltigen Lohnforderung durch den verzichtenden Gesellschafter erfolgt. Ihm allein sind folglich der fiktive Arbeitslohn und die nachträglichen Anschaffungskosten der verdeckten Einlage zuzurechnen. Diese ertragsteuerliche Sichtweise war vor Wirksamwerden des § 7 Abs. 8 Satz 1 ErbStG durch das Schenkungsteuerrecht flankiert, dass zivilrechtlich von einer unmittelbaren Vermögensmehrung bei der GmbH ausging. Die Einlage des verzichtenden Gesellschafters beruhte auf seiner Gesellschafterstellung. Der den Mitgesellschaftern dadurch erwachsende Vorteil des steigenden Wertes ihrer GmbH-Anteile war eine aus Sicht der Schenkungsteuer nicht wesentliche Folgeerscheinung. 1160

Aufgrund der Fiktion des § 7 Abs. 8 Satz 1 ErbStG erfolgt nunmehr eine Schenkung der Lohnforderung von dem auf die Direktzusage verzichtenden GGF an 1161 die Mitgesellschafter gem. deren Beteiligungshöhe. Dem könnte ertragsteuerlich zu folgen sein, indem in einer logischen Sekunde vor der Einlage die Verschiebung des Vermögensvorteils auf die Vermögensebene der Mitgesellschafter erfolgt. Die Einlage des Vermögensvorteils in die GmbH würde dann anschließend aus dem Vermögen der Mitgesellschafter erfolgen.

1162 Die Lohnversteuerung der werthaltigen Direktzusage in Folge der wirtschaftlichen Verfügung (hier Verzicht) würde weiterhin beim verzichtenden GGF erfolgen. Die nachträglichen Anschaffungskosten wären allerdings allen die Forderung einlegenden Mitgesellschaftern gem. ihrer Beteiligungsquote zuzuordnen. Diese Sichtweise entspräche dem Urteil des Großen Senats[1] hinsichtlich der Folgen eines Forderungsverzichts durch eine dem Gesellschafter nahe stehende Person mit der Absicht der Einlage durch den Gesellschafter.

1163 Dieser Auslegung der ertragsteuerlichen Folgen des § 7 Abs. 8 Satz 1 ErbStG für den Verzicht auf eine Forderung durch einen Gesellschafter einer GmbH folgt das FG Niedersachsen mit seiner rechtskräftigen Entscheidung v. 12.7.2012[2] für den Fall, dass die Mitgesellschafter nahe stehenden Personen des verzichtenden Gesellschafters sind. Es verweist dabei auf die Rechtsprechung des BFH[3] zum Verzicht durch eine nahe stehende Person. Auch das Finanzgericht unterteilt den Forderungsverzicht in eine Zuwendung des (nahe stehenden) Gesellschafters an die Mitgesellschafter gem. deren Beteiligungsquote und die anschließende ertragsteuerliche Einlage der Mitgesellschafter in die GmbH. Für die Zuwendung der verzichtenden nahe stehenden Person (hier Gesellschafter) auf die Forderung stellt das Finanzgericht im Fall verwandtschaftlicher Beziehungen eine unentgeltliche Zuwendung (Schenkung) als mögliche zugrunde liegende Rechtsbeziehung in den Raum. Die ertragsteuerliche Bewertung als Einlage der Mitgesellschafter gem. deren Beteiligungsquote trifft das Finanzgericht gem. Urteilsbegründung bewusst unabhängig von der (im Streitjahr 2007 noch auf die zivilrechtlichen Betrachtungsweise abstellenden) schenkungsteuerlichen Bewertung disquotaler Einlagen. Es muss daher umso mehr für Schenkungen nach dem 13.12.2011 gelten, die unter den § 7 Abs. 8 Satz 1 ErbstG fallen und die zivilrechtliche Betrachtungsweise bewusst ausblenden.

1164 Dem folgend wären durch die Fiktion des § 7 Abs. 8 Satz 1 ErbStG im Falle des Verzichts auf eine werthaltige Direktzusage durch einen Gesellschafter, der

1 BFH v. 9.6.1997 - GrS-1/94, BStBl 1998 II S. 307.

2 FG Niedersachsen v. 12.7.2012 - 5 K 200/10, EFG 2012 S. 1927.

3 BFH v. 9.6.1997 - GrS-1/94, BStBl 1998 II S. 307; v. 12.12.2000 - VIII R 62/93, BStBl 2001 II S. 234.

nicht Alleingesellschafter ist, neben den Konsequenzen für die Schenkungsteuer auch die ertragsteuerlichen Folgen zu berücksichtigen. Für die Schenkungsteuer ist der gemeine Wert,[1] für die Bewertung der verdeckten Einlage der Teilwert in Form der Wiederbeschaffungskosten zu ermitteln. Für das folgende Beispiel wird davon ausgegangen, dass gemeiner Wert der Schenkung und Teilwert der verdeckten Einlage identisch sind.

BEISPIEL: Der GGF A verzichtet zur Verbesserung der wirtschaftlichen Lage der GmbH durch Aufhebungsvertrag entschädigungslos auf die ihm erteilte Direktzusage. Die GmbH ist allerdings von einer insolvenzrechtlichen Überschuldung noch weit entfernt. Der gemeine Wert der GmbH-Anteile steigt gem. einer erfolgten Unternehmensbewertung infolge des Verzichts um 1.000.000 € an. Neben dem mit 60 % beteiligten A ist noch dessen Bruder B zu 40 % an der GmbH beteiligt.

Infolge der disquotalen verdeckten Einlage des A steigt auch der GmbH-Anteil des Bruders B um 400.000 € im Wert.

Durch den Verzicht des A auf die Direktzusage erfolgt gem. § 7 Abs. 8 Satz 1 ErbStG eine Schenkung des A an B i. H. d. gestiegenen GmbH-Anteilswertes des B von 400.000 €. Abzgl. des Freibetrages von 20.000 € ergibt sich eine Schenkungsteuer von 95.000 €.

Ertragsteuerlich hat A mit dem Verzicht 1.000.000 € (Wiederbeschaffungskosten wurden hier i. H. d. gemeinen Wertes angenommen) als Lohn zu versteuern. Nachträgliche Anschaffungskosten auf die GmbH-Beteiligung entstehen für A allerdings nur i. H. v. 600.000 €.

Die Einlage des übrigen Vermögensvorteils i. H. v. 400.000 € in die GmbH, den der A dem B gem. der Fiktion des § 7 Abs. 8 Satz 1 ErbStG zugewendet hat, erfolgt durch B. Dieser erhält nachträgliche Anschaffungskosten auf seine Beteiligung in Höhe seiner verdeckten Einlage i. H. v. 400.000 €.

Im Ergebnis verschieben sich also gem. der Rechtsprechung des Niedersächsischen FG die nachträglichen Anschaffungskosten aus der verdeckten Einlage i. H. d. Beteiligungsquote des B von A zu B.

Um neben den schenkungsteuerlichen Folgen auch die ertragsteuerlichen Folgen des § 7 Abs. 8 Satz 1 ErbStG zu vermeiden, könnten alle Gesellschafter im Verhältnis der Gesellschaftsbeteiligungen verdeckte Einlagen leisten. Dies wird allerdings schon dann nicht so einfach erfolgen können, wenn die Gesellschafter im Verhältnis zu ihren Beteiligungshöhen unterschiedliche hohe oder teilweise gar keine Zusagen besitzen. Nach Auffassung der FinVerw reicht in 1165

1 Der gemeine Wert entspricht dem Einzelveräußerungswert (Verkehrswert); als Teilwert eines Wirtschaftsguts gilt der Betrag, den ein Erwerber des ganzen Unternehmens im Rahmen des Gesamtkaufpreises für dieses einzelne Wirtschaftsgut ansetzen würde. Dabei ist davon auszugehen, dass der Erwerber das Unternehmen fortführt.

einer Gesamtbetrachtung auch ein zwischen den Gesellschaftern stattfindender Ausgleich aus.[1]

1166 Grafische Darstellung der schenkungsteuerlichen und ertragsteuerlichen Folgen des § 7 Abs. 8 Satz 1 ErbStG unter Berücksichtigung des Urteils des Niedersächsischen FG v. 12.7.2012.[2]

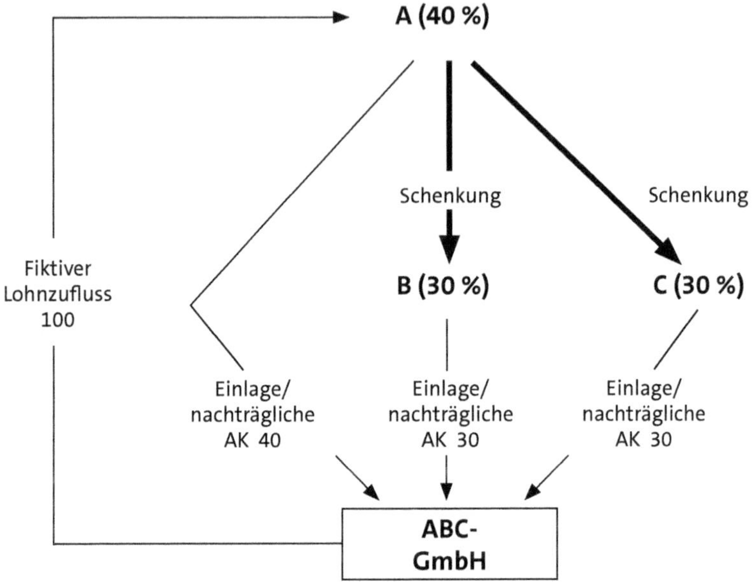

1167–1175 *(Einstweilen frei)*

VI. Abfindung der Pensionsanwartschaftsrechte aus einer Direktzusage

1. Grundlegende Begriffsabgrenzung zwischen Abfindung und Ausübung eines Kapitalwahlrechts

1176 Eine Abfindung stellt die Entschädigung des GGF für die Aufgabe seiner Rechte aus der Pensionsanwartschaft oder den laufenden Pensionsleistungen dar. Dabei können sowohl die Möglichkeit als auch die Rahmenbedingungen der Ab-

1 Koordinierter Ländererlass v. 14.3.2012, BStBl 2012 I S. 337, Rz. 3.3.4.

2 Niedersächsisches FG v. 12.7.2012 - 5 K 200/10, EFG 2012 S. 1927.

findung bereits in der ursprünglichen Direktzusage festgehalten werden (Abfindungsklausel). Das Abfindungsrecht kann einseitig der GmbH oder dem GGF zustehen. Ebenso ist die Vereinbarung eines beiderseitigen Abfindungsrechts möglich. Ist keine Abfindungsklausel in der Ursprungszusage enthalten, kann die Abfindungsklausel per Nachtrag mit Gesellschafterbeschluss in die Zusage aufgenommen werden. Zu den damit verbundenen steuerlichen Konsequenzen sind die Rz. 1201 zu beachten.

„Abfindung“[1] von Anwartschaften bzw. Leistungen der bAV ist ein arbeits- 1177
rechtlicher Begriff aus dem Betriebsrentengesetz (§ 3 BetrAVG). Sie stellt eine Entschädigung für die Aufgabe der Anwartschaft oder der Ansprüche auf bereits laufende Leistungen durch den Arbeitnehmer bzw. Leistungsempfänger dar und betrifft die vollständige oder teilweise Beendigung aller Versorgungsrechte (vgl. auch Rz. 1205).[2] Gemäß § 3 Abs. 6 BetrAVG ist die Abfindung einmalig zu zahlen, darf also nach dem Willen des Gesetzgebers nicht in Form von Raten über einen Zeitraum gestreckt werden. Eine Abfindung setzt einen Vertrag voraus, durch den der Versorgungsberechtigte auf seine Anwartschaft oder die laufenden Leistungen verzichtet und der Dienstherr sich verpflichtet, dafür eine Entschädigung zu bezahlen;[3] die Abfindung stellt somit die Liquidation einer Anwartschaft bzw. eines Anspruchs auf Leistungen der bAV dar. Typisch für die Abfindung i. S. d. § 3 BetrAVG ist die Liquidation der Anwartschaft bereits vor Rentenbeginn bzw. der laufenden Leistung nach Rentenbeginn. Davon zu unterscheiden ist das „Kapitalwahlrecht bei Eintritt des Versorgungsfalles“ und die damit verbundene Kapital- statt Rentenleistung: Es stellt nämlich keine Abfindung und damit Liquidation der Anwartschaft bzw. des Anspruchs dar, sondern dessen Erfüllung und unterliegt somit nicht den Beschränkungen des § 3 BetrAVG.[4] Während daher eine Abfindung i. S. v. § 3 BetrAVG eine Entschädigung für den Verlust des Rentenstammrechts vor oder nach Rentenbeginn darstellt, ist die sich aus der Ausübung jenes Kapitalwahlrechts ergebende einmalige Kapitalleistung eine andere Form der Leistungserbringung zum Zeitpunkt des Rentenbeginns. Im Gegensatz zur Abfindung i. S. v. § 3 BetrAVG darf die auf der Ausübung des Kapitalwahlrechts beruhende Kapitalleistung auch in Ratenform über einen längeren Zeitraum gezahlt wer-

1 Zum Begriff der Abfindung allgemein vgl. Blomeyer/Rolfs/Otto, 7. Aufl., § 3, Rz. 7 ff., m. w. N.

2 BAG v. 17.10.2000 - 3 AZR 7/00, AP BetrAVG § 3 Nr. 10.

3 BGH v. 23.5.2017 - II ZR 6/16, NWB 2017 S. 2249; Rz. 8.

4 Vgl. Blomeyer/Rolfs/Otto, 7. Aufl., Rz. 410 ff.; Doetsch/Lenz, Versorgungszusagen an Gesellschafter-Geschäftsführer und Vorstände, 11. Aufl., S. 152.

den.[1] Nachfolgend ist daher immer zwischen der „Abfindung i. S.v. § 3 BetrAVG“ und der auf der Ausübung des Kapitalwahlrechts beruhenden „Kapitalleistung“ (vgl. Rz. 1204 ff.) zu differenzieren. Wegen der möglichen Gefahr, ein Kapitalwahlrecht und dessen Ausübung als Umgehung des in § 3 BetrAVG kodifizierten Abfindungsverbotes (vgl. Rz. 1178) zu interpretieren, sollte jenes Recht nicht in letzter Minute per Nachtrag in eine Zusage auf bAV integriert werden, denn für Umgehungsgeschäfte gesetzlicher Verbote sieht § 134 BGB deren Nichtigkeit vor.[2]

2. Einfluss des arbeitsrechtlichen Status des GGF

1178 Arbeitsrechtlich nicht beherrschende GGF (vgl. Rz. 91 ff.) unterliegen grundsätzlich dem Schutz des Betriebsrentengesetzes, so wie Arbeitnehmer i. S.v. § 17 Abs. 1 Satz 1 BetrAVG auch. Bei Letzteren ist Voraussetzung für eine rechtlich wirksame Abfindung, dass diese nicht gegen das Abfindungsverbot des § 3 BetrAVG verstößt. Liegt ein Verstoß vor, kann die originäre Anwartschaft auf eine lebenslange Altersrente zum Altersrentenbeginn des Arbeitnehmers – trotz erfolgter Abfindung – eingefordert werden, da der Verstoß gegen das Abfindungsgebot die Nichtigkeit der Abfindungsvereinbarung gem. § 134 BGB zur Folge hat;[3] dasselbe gilt grundsätzlich auch für bereits laufende Leistungen. Von den Ausnahmefällen des § 3 Abs. 2 BetrAVG (Kleinstrente und neues Arbeitsverhältnis in einem anderen Mitgliedstaat der Europäischen Union), § 3 Abs. 3 BetrAVG (Erstattung Beiträge zur gesetzlichen Rentenversicherung) und § 3 Abs. 4 BetrAVG (Abfindung des Teils einer Anwartschaft, der während eines Insolvenzverfahrens erdient worden ist) abgesehen, ist die Abfindung von Anwartschaften gem. § 3 Abs. 1 BetrAVG nur mit Zustimmung des Anwärters sowie nur bei weiterhin aktivem Arbeits- bzw. Dienstverhältnis und von laufenden Leistungen gem. §§ 3 Abs. 1 und 30g Abs. 3 BetrAVG nur mit Zustimmung des Leistungsempfängers bei erstmaliger Zahlung vor dem 1.1.2005 möglich.[4] Dabei ist zu beachten, dass eine in zeitlicher Nähe mit einem ersichtlichen Ausscheiden des Arbeitnehmers erfolgende Abfindung der Versorgungsanwartschaft Gefahr läuft, gegen das Abfindungsverbot zu verstoßen. Im Falle

---

1 Vgl. Höfer/Küpper, DB 38/2006 S. 2064 ff; Estler, BZfSt, Bonn, aba-Forum Steuerrecht, Mannheim, 11.4.2013, BAV 5/2013; Höfer, DB 2020 S. 861; Höfer, BetrAV 2020 S. 295 (296).

2 Vgl. Doetsch/Lenz, Versorgungszusagen an Gesellschafter-Geschäftsführer und Vorstände, 11. Aufl., S. 152.

3 Vgl. Blomeyer/Rolfs/Otto, 7. Aufl., § 3, Rz. 40 ff.; Höfer/de Groot/Küpper/Reich, Betriebsrentenrecht, 24. Aufl. 2019, Bd. I, § 4 Rz. 13 ff. zum Übertragungsverbot gem. § 4 BetrAVG.

4 § 3 Abs. 1 BetrAVG; nur bei Renten, die vor dem 1.1.2005 zu laufen begannen, ist auch die Abfindung laufender Rentenleistungen zulässig.

des arbeitsrechtlich nicht beherrschenden GGF wäre die Abfindung bei Verstoß gegen jenes Verbot gesellschaftsrechtlich veranlasst und würde dadurch zur vGA führen.[1]

Die neuere Zivilrechtsprechung hat jedoch für arbeitsrechtlich nicht beherr- 1179
schende GGF zu einer alternativ gestaltbaren Rechtslage geführt. Grundlage dafür ist das Urteil des BGH v. 23.5.2017,[2] welches das in Rz. 1178 für Arbeitnehmer skizzierte Abfindungsverbot für Organmitglieder mit Hinweis auf § 17 Abs. 3 Sätze 1 und 3 BetrAVG – seit 1.1.2018: § 19 Abs. 1 und 3 BetrAVG[3] – aussetzt, wenn die Kapitalgesellschaft dies mit ihrem betreffenden GGF vereinbart. Da auch ein nicht beherrschender GGF zweifellos Organmitglied seiner Kapitalgesellschaft ist, muss dieses Judikat auch auf jene GGF-Gruppe angewandt werden. Demnach kann das gesetzliche Abfindungsverbot des § 3 BetrAVG in Analogie zu § 19 Abs. 1 BetrAVG (Abweichung zu § 3 BetrAVG per Tarifvertrag) durch eine Individualvereinbarung zwischen der Kapitalgesellschaft und dem nicht beherrschenden GGF – vgl. für den beherrschenden GGF Rz. 1180 – komplett ausgeschlossen werden[4]; dies gilt auch, wenn jene Vereinbarung in der ursprünglichen Pensionszusage oder einem späteren, durch Gesellschafterbeschluss flankierten Nachtrag enthalten ist, und entweder der Kapitalgesellschaft oder dem nicht beherrschenden GGF das Recht gewährt, die Abfindung vor oder nach Eintritt des Versorgungsfalles einseitig, d. h. ohne weitere Zustimmung des Vertragspartners zu beanspruchen.[5] Dies gelte für die Anwartschaftszeit ebenso wie für die Rentenphase.[6] Das Abfindungsverbot des § 3 BetrAVG findet daher bei entsprechender vertraglicher Regelung auf nicht beherrschende GGF ebenso wenig Anwendung wie auf beherrschende (vgl. Rz. 1180).

Für den arbeitsrechtlich beherrschenden und somit nicht den gesetzlichen Re- 1180
gelungen des Betriebsrentengesetzes unterliegenden GGF ist mangels Geltung des § 3 BetrAVG arbeitsrechtlich eine Abfindung daher grds. auch bei (vorzeitigem) Ausscheiden aus den Diensten der GmbH und zum Rentenbeginn bzw. in der Rentenphase zulässig.[7] Etwas anderes gilt nur dann, wenn die Vertrags-

1 Vgl. BFH v. 14.3.2006 - I R 38/05, NWB JAAAB-88782.

2 II ZR 6/16, NWB 2017 S. 2249.

3 Eingefügt durch Gesetz zur Stärkung der betrieblichen Altersversorgung und zur Änderung anderer Gesetze (Betriebsrentenstärkungsgesetz, kurz: BRSG) v. 17.8.2017, BGBl 2017 I S. 3214.

4 BGH v. 23.5.2017 - II ZR 6/16, NWB 2017 S. 2249; Rz. 8 und 12.

5 BGH v. 23.5.2017 - II ZR 6/16, NWB 2017 S. 2249; Rz. 2, 3, 8 und 12.

6 BGH v. 23.5.2017 - II ZR 6/16, NWB 2017 S. 2249; Rz. 8.

7 Vgl. BAG v. 21.4.2009 - 3 AZR 285/07, ZTR 2009 S. 657; Blomeyer/Rolfs/Otto, 7. Aufl., Rz. 414a.

parteien in der Versorgungszusage die analoge Anwendung des § 3 BetrAVG ausdrücklich vereinbart haben.

Das Kapitalwahlrecht unterliegt dem Verbot des § 3 BetrAVG ohnehin nicht, da die Kapitalleistung bei Eintritt des Versorgungsfalles keine arbeitsrechtliche Abfindung i. S. d. Vorschrift darstellt (vgl. Rz. 1177). Vgl. zur Gestaltung eines Kapitalwahlrechts Rz. 1204 ff.

1181–1185 *(Einstweilen frei)*

3. Steuerrechtliche Rahmenbedingungen für eine Abfindung

1186 Soll die Pensionsanwartschaft oder die bereits laufende Betriebsrente eines GGF abgefunden werden, ist ein Blick in die Direktzusagevereinbarung, den Leistungsplan der Unterstützungskasse oder die Vereinbarungen des jeweiligen versicherungsförmigen Durchführungsweges unerlässlich; nachfolgende Ausführungen beziehen sich auf eine Direktzusage, sind jedoch auf die anderen Durchführungswege analog anwendbar. Zuletzt hat der I. Senat des BFH mit Urteil v. 11.9.2013[1] entschieden, dass die Abfindung der Pensionsanwartschaftsrechte eines aus steuerrechtlicher Sicht beherrschenden GGF im lfd. Dienstverhältnis vor Eintritt des Versorgungsfalles ohne Abfindungsklausel in der Vereinbarung keine Leistung i. S. d. Versorgungszusage darstellt und damit eine vGA an den GGF hervorrufen kann, sofern keine tragfähigen betrieblichen Gründe für die Abfindung vorliegen. Im schlimmsten Fall kann der mit der Abfindung einhergehende Wegfall der Versorgungsanwartschaft für den GGF neben dem Bezug der vGA zusätzlich eine verdeckte Einlage an die GmbH bewirken (vgl. Rz. 1221 ff.).[2] Zur Klarstellung: Bei der jenem Judikat zugrundeliegenden Abfindung handelte es sich um eine Entschädigung für die Aufgabe der Anwartschaft vor Eintritt des Versorgungsfalles, wie in Rz. 1177 definiert, und keine Vereinbarung eines Kapitalwahlrechtes zum Zeitpunkt des Versorgungsfalles.

1187 Enthält die Direktzusage eine einseitige Abfindungsklausel zugunsten der GmbH, muss diese zudem die bilanzsteuerrechtlichen Vorgaben der Rechtsprechung und der FinVerw einhalten, um die Rückstellungsbildung gem. § 6a EStG nicht zu gefährden.[3]

---

1 BFH v. 11.9.2013 - I R 28/13, BStBl 2014 II S. 726.

2 BFH v. 11.9.2013 - I R 28/13, BStBl 2014 II S. 726, unter Verweis auf v. 14.3.2006 - I R 38/05, NWB JAAAB-88782.

3 BMF v. 6.4.2005, BStBl 2005 I S. 619; v. 1.9.2005, BStBl 2005 I S. 860; Bezug nehmend auf BFH v. 10.11.1998 - I R 49/97, BStBl 2005 II S. 61.

Da sich die Voraussetzungen für die Rückstellungsbildung nach § 6a EStG und die Vorgaben für die betriebliche Veranlassung einer Abfindung an den GGF hinsichtlich der Abfindungshöhe jedoch teilweise widersprechen, ist die für den jeweiligen Fall (Abfindung im lfd. Dienstverhältnis, bei vorzeitigem Ausscheiden oder zum Rentenbeginn/in der Rentenphase) steuerrechtlich zu empfehlende Verfahrensweise aufgrund der aktuellen BFH-Rechtsprechung abzuwägen. 1188

a) Abfindung im laufenden Dienstverhältnis

aa) Abfindung im laufenden Dienstverhältnis ohne Abfindungsklausel in der Versorgungszusage

Wird die Pensionsanwartschaft eines steuerrechtlich beherrschenden GGF im lfd. Dienstverhältnis vor Eintritt des Versorgungsfalles abgefunden und enthält die bisherige Versorgungsvereinbarung keine Abfindungsklausel, reicht eine nachträgliche Vereinbarung kurz vor der Abfindung für eine betriebliche Veranlassung i. d. R. wohl nicht aus. Der BFH hat eine nachträgliche Abfindungsvereinbarung jedenfalls dann nicht als ausreichend angesehen, wenn es sich um eine Abfindung der Anwartschaften vor Eintritt des Versorgungsfalles handelt (vgl. Rz. 1177) und der GGF mit der Abfindung lediglich ein Familienmitglied (im Urteilsfall seinen Sohn) als (Mit-)Gesellschafter von der „Sozialverbindlichkeit" einer Pensionsverpflichtung befreien möchte und kein anderer gewichtiger betrieblicher Grund vorgebracht werden kann.[1] Eine „ad-hoc"-Abfindungsvereinbarung stellt nach Auffassung des BFH dann einen Verstoß gegen das Erfordernis einer klaren und eindeutigen und vorherigen Abmachung zwischen der GmbH und dem beherrschenden Gesellschafter-Geschäftsführer i. S. v. R 8.5 Abs. 2 KStR 2015 dar, wodurch es zu einer vGA in Höhe des kompletten Abfindungsbetrages kommt. 1189

PRAXISHINWEIS 1:

Ob bei Vorliegen eines tragfähigen betrieblichen Grundes für die Abfindung eine andere Wertung des I. Senates erfolgen würde, bleibt offen. Ebenso bleibt offen, was nach Auffassung des BFH ein tragfähiger betrieblicher Grund für eine Abfindung der Versorgungsanwartschaft wäre. U. E. müsste die betriebliche Veranlassung der Abfindung zumindest im Rahmen eines internen Fremdvergleiches vorliegen, der in der Praxis aber oftmals nicht möglich sein dürfte. Außerdem müsste die betriebliche Veranlassung im Rahmen eines hypothetischen Fremdvergleiches möglich sein, z. B. im Falle einer geplanten Liquidation der GmbH aber auch, wenn ein (potenzieller) Erwerber der GmbH-

1 Vgl. BFH v. 11.9.2013 - I R 28/13, BStBl 2014 II S. 726, wonach die Abfindung ohne Abfindungsklausel bei steuerrechtlich beherrschenden GGF bei laufendem Dienstverhältnis zu einer verdeckten Gewinnausschüttung führt, sofern kein konkreter betrieblicher Grund vorliegt.

Anteile die Forderung aufstellt, dass die Versorgungsverpflichtung vor Erwerb eliminiert werden muss.[1] Diese Anlässe dürften allerdings i. d. R. mit dem Ausscheiden des GGF aus dem Dienstverhältnis zusammenfallen, mit der Folge, dass beim arbeitsrechtlich nicht beherrschenden GGF wieder das gesetzliche Abfindungsverbot zu beachten ist, es sei denn, die Anwendung des § 3 BetrAVG wurde in der Pensionsordnung oder einem späteren Nachtrag für dieses Organmitglied rechtzeitig abbedungen (vgl. Rz. 1179). Zum anderen hat der BFH mittels eines obiter dictum[2] in Frage gestellt, ob die Anteilsveräußerung bzw. Anteilsübertragung bei einem steuerrechtlich beherrschenden GGF im laufenden Dienstverhältnis einen tragfähigen betrieblichen Grund darstellt. Ohne dass sich an der Gesellschaftsstruktur etwas ändert, könnte u. E. ebenso der Nachweis bedeutend besserer Refinanzierungsmöglichkeiten am Markt für die GmbH als tragfähiger betrieblicher Grund ausreichen. Auch diesbezüglich ist jedoch derzeit nicht gesichert, wie die Rechtsprechung und die FinVerw die Veranlassung beurteilen.

PRAXISHINWEIS 2:

In der Begründung des Urteils v. 11.9.2013 verweist der I. Senat des BFH auf die fehlende vorherige, klare und eindeutige Vereinbarung über die Kapitalabfindung als Hauptgrund für die gesellschaftsrechtliche Veranlassung. Da dieser formelle Fremdvergleich[3] grds. nur für steuerrechtlich beherrschende GGF gilt, sollte bei steuerrechtlich nicht beherrschenden GGF eine Abfindungsvereinbarung kurz vor der Abfindung ausreichend sein, sofern die Abfindung einem materiellen Fremdvergleich standhält (z. B. Unverfallbarkeit der Anwartschaft, angemessene Höhe der Abfindung). Aber auch in diesen Fällen sollten tragfähige betriebliche Gründe für die Abfindung dokumentiert werden. Bei steuerrechtlich nicht beherrschenden GGF dürfte dies leichter gelingen, da der BFH hier eine niedrigere Messlatte auflegt.[4] Danach dürfte die erfolgende Liquidation der GmbH, die Forderung des (potenziellen) Erwerbers der GmbH-Anteile nach Eliminierung der Versorgungsverpflichtung, sowie der Nachweis bedeutend besserer Refinanzierungsmöglichkeiten für die GmbH hier als tragfähiger betrieblicher Grund ausreichend sein. Diese Anlässe dürften allerdings wiederum i. d. R. mit dem Ausscheiden des GGF aus dem Dienstverhältnis zusammenfallen, mit der Folge, dass beim arbeitsrechtlich nicht beherrschenden GGF wieder das gesetzliche Abfindungsverbot zu beachten ist, es sei denn, die Anwendung des § 3 BetrAVG wurde in der Pensionsordnung oder einem späteren Nachtrag für dieses Organmitglied rechtzeitig abbedungen (vgl. Rz. 1179).

1 Vgl. FG Münster v. 23.3.2009 - 9 K 319/02 KGF, DStZ 2009 S. 828: hier wurde auch ohne Abfindungsklausel die Abfindung bei Ausscheiden des GGF in der Anwartschaftsphase als betrieblich veranlasst angesehen, da der Erwerber auf die Befreiung der GmbH von der Versorgungsverpflichtung bestand.

2 Nicht entscheidungserhebliche Aussage in der Gesetzesbegründung zu BFH v. 11.9.2013 - I R 28/13, BStBl 2014 II S. 726, m. w. N.; für eine betriebliche Veranlassung: FG Münster v. 23.3.2009 - 9 K 319/02 KGF, DStZ 2009 S. 828; ebenso BFH v. 28.4.2010 - I R 78/08, BStBl 2013 II S. 41, wonach die betriebliche Veranlassung bei einem nicht beherrschenden GGF gegeben ist.

3 R 8.5 Abs. 2 KStR.

4 BFH v. 28.4.2010 - I R 78/08, BStBl 2013 II S. 41, wonach bei einem nicht beherrschenden GGF im Falle der Anteilsveräußerung und der Forderung des Erwerbers die betriebliche Veranlassung gegeben ist.

Letztlich bleibt die Abfindung im lfd. Dienstverhältnis vor Eintritt eines Versorgungsfalles ohne Abfindungsklausel aufgrund des BFH-Urteils v. 11.9.2013 ein „heißes Eisen" und sollte nur nach Erhalt einer positiven verbindlichen Auskunft durchgeführt werden.

bb) Abfindung im laufenden Dienstverhältnis mit Abfindungsklausel in der Versorgungszusage oder in einem rechtzeitigen Nachtrag

Gemäß BMF-Schreiben v. 6.4.2005[1] muss eine Abfindungsklausel, die der GmbH das einseitige Recht auf Abfindung einräumt,[2] die Abfindung der vollen, unquotierten (nicht m/n-tel bzw. s/t-tel) Anwartschaft[3] vorsehen, um die Vorgaben des § 6a Abs. 1 Nr. 2 EStG zu erfüllen und damit die Rückstellungsbildung nicht zu gefährden (1. Prüfschritt i. S.v. R 8.7 Sätze 1 bis 4 KStR 2015). In diesem Fall führt aber die Durchführung der Abfindung im laufenden Dienstverhältnis vor Eintritt des Versorgungsfalles grundsätzlich zu einer vGA (2. Prüfschritt i. S.v. R 8.7 Sätze 5 bis 6 KStR 2015) i. H. d. über den quotierten Wert hinausgehenden Abfindungswertes,[4] da einem weiterhin im Dienst befindlichen Fremdgeschäftsführer eine Abfindung der noch nicht erdienten Anwartschaften nicht gewährt werden würde. Enthielte die Klausel dagegen als Abfindungswert den Barwert der quotierten (m/n-tel bzw. s/t-el) Anwartschaft, wäre die Abfindungsklausel gem. o. g. BMF-Schreibens v. 6.4.2005 als steuerschädlicher Widerrufsvorbehalt auszulegen, der gem. § 6a Abs. 1 Nr. 2 EStG, die Bildung einer Pensionsrückstellung im 1. Prüfschritt verbietet. Als Folge würde bei einer Überprüfung durch die FinVerw – etwa im Rahmen einer Betriebsprüfung – eine bereits gebildete Pensionsrückstellung in der letzten offenen Steuerbilanz vollständig ertragswirksam aufgelöst werden, mit u.U. erheblichen Steuerzahlungen. Folglich ist eine einseitig der GmbH zustehende Abfindungsklausel, die sowohl bilanzsteuerrechtlich (1. Prüfschritt) als auch im Rahmen des gesellschaftsrechtlichen Fremdvergleiches (2. Prüfschritt) nicht beanstandet wird, für die Abfindung im laufenden Dienstverhältnis nicht darstellbar, da die Definition der aus steuerrechtlicher Sicht korrekten Abfindungshöhe beider Prüfschritte nicht aufeinander abgestimmt ist. 1190

1 BMF v. 6.4.2005, BStBl 2005 I S. 619; v. 1.9.2005, BStBl 2014 II S. 726; Bezug nehmend auf BFH v. 10.1.1998 - I R 49/97, BStBl 2005 II S. 61.

2 Die Voraussetzung, dass die Kapitalgesellschaft das einseitige Recht zur Abfindung hat, ergibt sich aus Satz 1 der Tz. 2 des BMF-Schreibens v. 6.4.2005, BStBl 2005 I S. 619.

3 Kritisch: Dommermuth in HHR, EStG, § 6a Anm. 34.

4 Vgl. Doetsch/Lenz, Versorgungszusagen an Gesellschafter-Geschäftsführer und Vorstände, 11. Aufl., S. 156.

1191 Sieht die Abfindungsklausel kein einseitiges Abfindungsrecht der Kapitalgesellschaft vor, sondern einen entsprechenden Abfindungsanspruch des GGF oder die entsprechende beiderseitige Vereinbarung, ist das BMF-Schreiben v. 6.4.2005 nicht wörtlich anwendbar, so dass der Barwert der unquotierten Anwartschaft im 1. Prüfschritt u. E. nicht angewendet werden muss und damit beide Prüfschritte harmonisiert werden können.

1192 Soll bei Neuzusagen trotzdem eine einseitig der GmbH zustehende Klausel in die Zusage aufgenommen werden, könnte die Installierung einer Abfindungsklausel zum unquotierten Barwert ins Auge gefasst werden, sofern im Abfindungsfall die vGA i. H. d. über den quotierten Wert hinausgehenden Abfindungsbetrages in Kauf genommen wird, weil die ertragsteuerliche Mehrbelastung einer vGA im Vergleich zu einer Betriebsausgabe je nach Höhe des gewerbesteuerlichen Hebesatzes und des persönlichen Einkommensteuersatzes des GGF im Veranlagungszeitraum des Einnahmenzuflusses gering sein kann.[1] Zusätzlich sollte, entweder schon als Bedingung für die Abfindung oder zumindest im Abfindungsfall, ein tragfähiger betrieblicher Grund für die Abfindung gegeben sein, um die Ernsthaftigkeit der Zusage auf bAV nicht in Frage zu stellen. Aufgrund der momentan großen Unsicherheit könnte die steuerliche Behandlung der Abfindung zuvor im Rahmen einer verbindlichen Auskunft mit dem zuständigen Finanzamt abgeklärt werden.

PRAXISHINWEIS:

Zusätzlich zu der Frage, ob die Kapitalabfindung im laufenden Dienstverhältnis an sich gesellschaftsrechtlich veranlasst ist, sollte die Auswirkung einer weiterhin bestehenden Aktivvergütung des GGF berücksichtigt werden. Der BFH hat für den Fall der Weiterarbeit nach Erreichen des Pensionsalters entschieden, dass der parallele Bezug von Pensionsleistung und Aktivvergütung – im Rahmen des hypothetischen Fremdvergleichs – insoweit zu einer vGA führt, als die Aktivvergütung nicht auf die Pensionsleistung angerechnet wird[2] (s. hierzu auch Rz. 1508 ff.).

Überträgt man diese Rechtsprechung auf den Fall einer Kapitalabfindung im laufenden Dienstverhältnis, müsste ein gesellschaftsrechtlich veranlasster Anteil auf der Basis versicherungsmathematischer Grundlagen und der vertraglichen Vereinbarungen über die Dauer der fortbestehenden Vergütung bzw. unter Schätzung der zukünftigen Aktivbezüge ermittelt und als vGA berücksichtigt werden (vgl. Rz. 1510, 1512 f. und 1515). Zur Vermeidung dieser steuerlichen Folge müsste der GGF auf zukünftige Aktivbezüge verzichten oder die Fälligkeit der Kapitalleistung müsste auf den späteren Ausscheidezeitpunkt verschoben werden.

---

1 Vgl. das Beispiel in Rz. 1534, das analog auf die Abfindung mit denselben Rahmenbedingungen Anwendung finden kann.

2 BFH v. 23.10.2013 - I R 60/12, BStBl 2015 II S. 413; v. 23.10.2013 - I R 89/12, BStBl 2014 II S. 729; v. 5.3.2008 - I R 12/07, BStBl 2015 II S. 409.

b) Abfindung vor Eintritt des Versorgungsfalles bei vorzeitigem Ausscheiden des GGF

aa) Abfindung bei vorzeitigem Ausscheiden des GGF ohne Abfindungsklausel in der Versorgungszusage

1193 Eine arbeitsrechtlich wirksame Abfindung der Versorgungsanwartschaft ist im Fall des vorzeitigen Ausscheidens des GGF in der Anwartschaftsphase nur bei arbeitsrechtlich beherrschenden (vgl. Rz. 1180) oder jenen nicht beherrschenden GGF möglich, deren Pensionszusage im Original oder per Nachtrag einen Ausschluss des § 3 BetrAVG für Organmitglieder vorsieht. Ist der GGF zudem auch aus steuerrechtlicher Sicht beherrschend (vgl. Rz. 99 ff.) und enthält die bisherige Direktzusagevereinbarung keine Abfindungsklausel, reicht eine „ad-hoc"-Abfindungsvereinbarung kurz vor der Abfindung für eine betriebliche Veranlassung – analog zur Abfindung im laufenden Dienstverhältnis – wohl nicht aus (vgl. Rz. 1189 ff.). Denn auch in diesem Fall dürfte nach Auffassung des BFH die Abfindung mangels eingetretenen Versorgungsfalls und mangels vorheriger, klarer und eindeutiger Abfindungsklausel keine Leistung im Sinne der Zusage darstellen und damit, sofern kein anderer gewichtiger betrieblicher Grund vorgebracht werden kann, gesellschaftsrechtlich veranlasst sein.[1] Hinsichtlich möglicher tragfähiger betrieblicher Gründe und der u. E. weniger strengen Sichtweise bei steuerrechtlich nicht beherrschenden GGF wird auf die Praxishinweise 1 und 2 (Rz. 1189) verwiesen.

bb) Abfindung bei vorzeitigem Ausscheiden des GGF mit Abfindungsklausel in der Versorgungszusage

1194 Soll die Abfindung der Versorgungsanwartschaft vor Eintritt des Versorgungsfalles für den Fall des vorzeitigen Ausscheidens des steuerrechtlich beherrschenden GGF ermöglicht werden, kann in Neuzusagen unter Berücksichtigung des BFH-Urteils v. 11.9.2013 eine Abfindungsklausel i. H. d. Barwerts der quotierten (s/t-tel) Anwartschaft aufgenommen werden, um sowohl dem formellen (vorherige, klare und eindeutige Vereinbarung, somit Vermeidung eines Verstoßes gegen das Nachzahlungsverbot des R 8.5 Abs. 2 KStR 2015) als auch dem materiellen Fremdvergleich (Höhe des Abfindungsbetrages gem. R 8.5 Abs. 1 KStR 2015) standzuhalten. Enthält jene Klausel kein einseitiges Abfindungsrecht zu Gunsten der Kapitalgesellschaft, wird mit dem Barwert der

1 Vgl. BFH v. 11.9.2013 - I R 28/13, BStBl 2014 II S. 726, wonach die Abfindung ohne Abfindungsklausel bei steuerrechtlich beherrschenden GGF bei laufendem Dienstverhältnis zu einer verdeckten Gewinnausschüttung führt, sofern kein konkreter betrieblicher Grund vorliegt.

quotierten Anwartschaft u. E. auch nicht gegen das BMF-Schreiben v. 6.4.2005 verstoßen (vgl. Rz. 1190). Da aktuell aufgrund der BFH-Rechtsprechung unsicher ist, ob das vorzeitige Ausscheiden des GGF alleine für eine betriebliche Veranlassung der Abfindung ausreicht, sollte die tatsächliche Abfindung nur im Zusammenhang mit einer (weiteren) tragfähigen betrieblichen Begründung durchgeführt werden (hinsichtlich möglicher tragfähiger betrieblicher Gründe s. Praxishinweis 1 in Rz. 1189). Gegebenenfalls kann auch bereits in der Abfindungsklausel die Möglichkeit der Abfindung von dem Vorliegen der potenziell betrieblichen Gründe abhängig gemacht werden. Alternativ sollte die steuerliche Behandlung im Rahmen einer verbindlichen Auskunft mit dem zuständigen Finanzamt abgeklärt werden.

PRAXISHINWEIS 1:

Die vorgeschlagene Abfindungsvereinbarung i. H. d. quotierten Anwartschaft kann dem teilweise auslegungsbedürftigen BMF-Schreiben v. 6.4.2005 zwar nicht entnommen werden. Systematisch betrachtet kann u. E. für den Fall des vorzeitigen Ausscheidens jedoch nur der Barwert der bis zu diesem Zeitpunkt quotierten Pensionsanwartschaft als Abfindungsbetrag vereinbart werden, da der GGF sich bei vorzeitigem Ausscheiden steuerlich nur diesen Wert erdient haben darf und mangels Weiterbeschäftigung auch keine weiteren Anwartschaften erdienen kann. Eine Beschneidung der potenziellen Anwartschaftsrechte des GGF tritt also durch eine solche Abfindungsklausel nicht ein.[1] Um das Risiko eines Verstoßes gegen § 6a EStG jedoch zu reduzieren, empfiehlt es sich, kein einseitiges Abfindungsrecht zu Gunsten der Kapitalgesellschaft zu vereinbaren (vgl. nachfolgenden Praxishinweis 2 und Rz. 1190).

PRAXISHINWEIS 2:

Wird in der Direktzusage eines arbeitsrechtlich beherrschenden GGF vereinbart, dass die Vorschrift des § 3 BetrAVG oder das gesamte Betriebsrentengesetz entsprechende Anwendung finden soll, wird damit eine Vereinbarung getroffen, die auch beim arbeitsrechtlich beherrschenden GGF eine steuerrechtlich zulässige Abfindung bei Ausscheiden des GGF ausschließt. Eine trotz des Verbotes durchgeführte Abfindung ist folglich gesellschaftsrechtlich veranlasst.[2] Steuerlich bewirkt der im Rahmen der vermeintlichen Abfindung an den GGF gezahlte Betrag damit eine vGA.[3]

Die aufgrund des Wegfalls der Versorgungsverpflichtung gewinnerhöhend aufzulösende Pensionsrückstellung kann nicht mit dem Wert der Abfindung verrechnet werden (geschäftsvorfallbezogene Betrachtungsweise[4]) und verhindert bzw. mindert die vGA nicht[5] (vgl. Praxishinweis unter Rz. 1196). Vielmehr bewirkt der Wegfall der Versor-

1 BFH v. 10.11.1998 - I R 49/97, BStBl 2005 II S. 61; v. 28.4.2010 - I R 78/08, BStBl 2013 II S. 41.

2 Sofern kein Ausnahmefall des § 3 Abs. 2 BetrAVG (Mindestgröße § 18 SGB IV nicht überschritten) oder § 3 Abs. 3 BetrAVG (Beiträge zur GRV werden erstattet) vorliegt.

3 BFH v. 14.3.2006 - I R 38/05, BFH/NV 2006 S. 1515.

4 Vgl. z. B. BFH, Urteil v. 11.11.2015 - I R 26/15, BFH/NV 2016 S. 856; v. 23.10.2013 - I R 89/12, BStBl 2014 II S. 729, Rz. 24; v. 11.9.2013 - I R 28/13, BStBl 2014 II S. 726, Rz. 20; v. 5.3.2008 - I R 12/07, BStBl 2015 II S. 409, unter II 2 a. a. E.

5 BFH v. 11.9.2013 - I R 28/13, BStBl 2014 II S. 726.

gungsanwartschaft zusätzlich eine verdeckte Einlage des GGF in das Vermögen der GmbH,[1] verbunden mit einer außerbilanziellen Korrektur bei der GmbH und einem (zusätzlichen) lohnsteuerpflichtigen fiktiven Lohnzufluss beim GGF.

Da die Abfindung der Versorgungsanwartschaft bzw. die Zahlung des Abfindungswertes an den GGF aufgrund des zu beachtenden Abfindungsverbots nicht der Zusage entspricht, erfolgt die Befreiung der GmbH von der Versorgungsverpflichtung ohne unmittelbare Gegenleistung an den GGF[2] und damit aus gesellschaftsrechtlicher Veranlassung. Die Bewertung der verdeckten Einlage – und damit auch des fiktiven Lohnzuflusses – hat i. H. d. Wiederbeschaffungskosten aus Sicht des GGF zu erfolgen (s. Rz. 1071 ff.).

c) Abfindung bei/nach Erreichen des Pensionsalters

aa) Abfindung bei/nach Erreichen des Pensionsalters ohne Abfindungsklausel in der Versorgungszusage

Ist der Versorgungsfall Alter bereits eingetreten, hat also der GGF das verein- 1195
barte Rentenalter erreicht und ist – sofern Voraussetzung für den Leistungsfall (vgl. Rz. 1465 ff.) – gem. der Direktzusage aus den Diensten der GmbH ausgeschieden, so sollte bei (ehemaligen) arbeitsrechtlich beherrschenden GGF u. E. die Abfindung des Rentenanspruches auch ohne vorher bereits bestehende Klausel mittels einer kurz vor der Abfindung getroffenen Abfindungsvereinbarung steuerrechtlich möglich sein, da das Nachzahlungsverbot des R 8.5 Abs. 2 KStR 2015 zu diesem Zeitpunkt grundsätzlich nicht mehr gilt. Zwar stellt die Abfindung in der Leistungsphase im Gegensatz zum Kapitalwahlrecht bei Eintritt des Versorgungsfalles (vgl. Rz. 1204) nicht lediglich eine andere Form der Leistungserbringung, sondern – wie in der Anwartschaftsphase – eine Entschädigung dar (vgl. Rz. 1177). Gemäß Satz 2 jener Vorschrift muss die beherrschende Stellung jedoch im Zeitpunkt der Vereinbarung oder des Vollzugs der Vermögensminderung oder verhinderten Vermögensmehrung vorliegen, was bezüglich der nachträglich vereinbarten Abfindung nicht gilt. Ein Verstoß gegen das Rückwirkungsverbot ist damit auch bei einer „ad-hoc"-Vereinbarung nicht gegeben. Liegen keine besonderen Umstände vor (z. B. schwere Krankheit des GGF), die eine Abfindung des Altersrentenanspruches als Bevor-

1 BFH v. 11.9.2013 - I R 28/13, BStBl 2014 II S. 726, unter Verweis auf BFH v. 14.3.2006 - I R 38/05, NWB JAAAB-88782.

2 BFH v. 14.3.2006 - I R 38/05, NWB JAAAB-88782.

teilung des GGF erscheinen lassen, liegt mangels Werterhöhung der Zusage auch kein Verstoß gegen einen noch ausreichenden Erdienbarkeitszeitraum vor.[1] Der BFH hat in der Begründung seines Urteils v. 11.9.2013 den Fall eines bereits vollständig entstandenen Altersrentenanspruchs bei der Frage nach der Notwendigkeit einer Abfindungsklausel in der Zusage ausdrücklich offen gelassen. Zudem wird auf die Praxishinweise 1 und 2 in Rz. 1189 verwiesen.

1196 Bei arbeitsrechtlich nicht beherrschenden GGF, bei denen der § 3 BetrAVG nicht vertraglich abbedungen wurde (vgl. Rz. 1179), ist eine Abfindung bei bzw. nach Erreichen des Pensionsalters nur noch dann zulässig, wenn die Rentenzahlungen bereits vor dem 1.1.2005 zu laufen begonnen haben.[2] Für später beginnende Rentenzahlungen hat der Gesetzgeber die Abfindungsmöglichkeit durch § 3 Abs. 1 BetrAVG ausgeschlossen. Kommt eine Abfindung arbeitsrechtlich in Betracht, gelten für die steuerrechtliche Anerkennung die gleichen Bedingungen wie beim arbeitsrechtlich beherrschenden GGF.

PRAXISHINWEIS:

Eine vGA bedingt u. a. eine Vermögensminderung bei der GmbH, die sich auf das steuerliche Ergebnis auswirkt. Der BFH führt mit dem Urteil v. 11.9.2013 aus, dass hier keine Verrechnung der gewinnmindernden Kapitalabfindung mit der gewinnerhöhenden aufzulösenden Pensionsrückstellung vorzunehmen ist. Vielmehr ist eine geschäftsvorfallbezogene Betrachtungsweise[3] an den Tag zu legen, also der Fokus allein auf den Geschäftsvorfall Kapitalabfindung zu richten. Das bedeutet z. B. für eine gesellschaftsrechtlich veranlasste Abfindung i. H. d. zuletzt gebildeten Pensionsrückstellung der Steuerbilanz, dass die GmbH hieraus insgesamt zwar in Summe keinen Vermögensnachteil erleidet, dies auf die Frage des Entstehens einer verdeckten Gewinnausschüttung und deren Höhe allerdings keine Auswirkung hat. Die Höhe der verdeckten Gewinnausschüttung richtet sich allein nach der durch die gesellschaftsrechtliche Handlung ausgelösten Vermögensminderung, im Beispiel nach der Höhe der Kapitalabfindung. Der I. Senat des BFH verweist auf seine hierzu bereits ergangene Rechtsprechung.[4]

1 Vgl. Höfer/Veit/Verhuven, Betriebsrentenrecht, 20. Aufl. 2019, Bd. II, Kap. 44, Rz. 392, nach dieser Auffassung ist im Falle der Abfindung trotz schwerer Erkrankung die gesellschaftsrechtliche Veranlassung abhängig von evtl. vorliegenden sozialen Gründen; Blomeyer/Rolfes/Otto, StR F, Rz. 417, der eine notwendige Erdienbarkeitsfrist erkennt.

2 § 3 Abs. 1 BetrAVG i. V. m. § 30g Abs. 3 BetrAVG.

3 Vgl. z. B. BFH, Urteil v. 11.11.2015 - I R 26/15, BFH/NV 2016 S. 856; v. 23.10.2013 - I R 89/12, BStBl 2014 II S. 729, Rz. 24; v. 11.9.2013 - I R 28/13, BStBl 2014 II S. 726, Rz. 20; v. 5.3.2008 - I R 12/07, BStBl 2015 II S. 409, unter II 2a. a. E.

4 BFH v. 14.3.2006 - I R 38/05, NWB JAAAB-88782; v. 5.3.2008 - I R 12/07, BStBl 2015 II S. 409.

bb) Abfindung bei/nach Erreichen des Pensionsalters mit Abfindungsklausel in der Versorgungszusage

Da nicht abschließend geklärt ist, ob die FinVerw und die Rechtsprechung die 1197
Vereinbarung einer Abfindung erst zum Rentenbeginn bzw. während der Rentenphase als ausreichend erachten, sollte bei Neuzusagen bereits in der Ursprungszusage eine entsprechende Kapitalabfindungsklausel in die Direktzusage aufgenommen werden, besser noch ein Kapitalwahlrecht, da dies auch beim arbeitsrechtlich nicht beherrschenden GGF unproblematisch ist (vgl. Rz. 1204 ff.). Bei bereits bestehenden Zusagen ist ein entsprechender rechtzeitiger Nachtrag inkl. Gesellschafterbeschluss zulässig; vgl. zur zeitlichen Definition des Begriffs „rechtzeitig“ Rz. 1201.

(Einstweilen frei) 1198–1200

4. Nachträgliche Aufnahme einer Abfindungsklausel

Enthält die ursprüngliche Versorgungszusage des steuerrechtlich beherrschen- 1201
den GGF keine Abfindungsklausel, sollte bei der nachträglichen Aufnahme einer solchen Klausel beachtet werden, dass das zuständige Finanzamt eine relativ kurz vor dem geplanten Abfindungstermin per Nachtrag und Gesellschafterbeschluss in die Zusage aufgenommene Abfindungsklausel möglicherweise beanstandet wird, wenn die Zeitspanne zwischen dem Datum des Nachtrags inkl. Gesellschafterbeschluss und der Fälligkeit der Abfindung als Verstoß gegen das Nachzahlungsverbot des R 8.5 Abs. 2 KStR 2015 gewertet würde. Je früher die Aufnahme der Klausel erfolgt, umso größer ist die Chance, dass die FinVerw diese nicht beanstandet. Unter Berücksichtigung des Risikos, dass das Finanzamt u. U. die Einhaltung der Erdienenbarkeitsfrist fordern wird, erscheint es ratsam, bei steuerrechtlich beherrschenden GGF die Aufnahme der Abfindungsklausel möglichst mindestens zehn Jahre vor dem gem. Zusage frühestmöglichen Altersrentenbeginn zu vereinbaren (s. auch Rz. 738 ff.).[1] Allerdings haben die Autoren in der Praxis auch schon zahlreiche Fälle beratend begleitet, bei denen die FinVerw weit kürzere Zeiträume – sogar weniger als ein Jahr – nicht beanstandet hat. Bei steuerrechtlich beherrschenden GGF ist zudem offen, ob die nachträgliche Aufnahme eines Kapitalabfindungswahlrechtes (vgl. Rz. 1204 ff.) zugunsten des GGF gegen das Nachzahlungsverbot des R 8.5 Abs. 2 KStR 2015 verstößt.[2] U. E. ist dies nicht der Fall, da der GGF mit

1 Vg. Blomeyer/Rolfs/Otto, 7. Aufl., Str F, Rz. 417a.

2 Bezugnehmend auf BFH v. 11.9.2013 - I R 28/13, BStBl 2014 II S. 726, wonach die Abfindung auf der Grundlage einer kurz vor der Abfindung geschlossenen Abfindungsvereinbarung gegen das Nachzahlungs- bzw. Rückwirkungsverbot verstößt.

dem Kapitalwahlrecht lediglich die Wahl einer anderen Auszahlungsform der von ihm zum Rentenbeginn vollständig erdienten Rentenanwartschaft erhält

1202–1203 *(Einstweilen frei)*

5. Kapitalwahlrecht statt Kapitalabfindung zum Rentenbeginn

1204 Da für den arbeitsrechtlich nicht beherrschenden GGF, für den die Anwendung des § 3 BetrAVG in der Pensionsordnung oder einem späteren Nachtrag nicht rechtzeitig abbedungen worden ist (vgl. Rz. 1179), bei Ausscheiden aus dem Dienstverhältnis eine Abfindung aufgrund des Abfindungsverbotes nach § 3 BetrAVG rechtlich wie steuerrechtlich nicht wirksam ist, scheidet die Vereinbarung einer Abfindungsklausel in der Zusage insoweit faktisch aus. Für den steuerrechtlich beherrschenden GGF sind die steuerlichen Folgen einer Abfindung ohne Abfindungsklausel sowie der nachträglichen Aufnahme einer Abfindungsklausel in die Zusage aufgrund der aktuellen Rechtsprechung des BFH,[1] die viele Fragen offengelassen hat, nicht verlässlich abzuschätzen (vgl. Rz. 1178 ff.). Daher erscheint es sinnvoll, in der Versorgungszusage auf den Zeitpunkt des Rentenbeginns die Kapitalisierung der Versorgungsleistung auf der Grundlage eines Kapitalwahlrechts bzw. einer Kapitaloption zugunsten des GGF (vgl. Rz. 1177) vorzusehen. Der entscheidende Unterschied besteht darin, dass hier kein Recht zur Abfindung des Anwartschafts- bzw. Rentenrechts, sondern nur das Recht[2] zur Wahl einer anderen Auszahlungsform in der Zusage vereinbart wird und dieses Recht nicht vor oder nach dem alternativen Rentenbeginn, sondern ausschließlich bei Eintritt des Versorgungsfalles wirksam wird.

1205 Das Verbot des § 3 BetrAVG bezieht sich ausschließlich auf die Abfindung. Unter einer „Abfindung" ist die Entschädigung für die Aufgabe einer Rechtsposition zu verstehen (vgl. ausführlich Rz. 1177). Rechtlich handelt es sich bei einer Abfindungsvereinbarung um einen Änderungsvertrag zwischen Arbeitgeber und Arbeitnehmer. Demgegenüber handelt es sich bei der Ausübung eines in der Versorgungszusage vereinbarten Kapitalwahlrechts um die Erfüllung einer – wahlweise geschuldeten – Versorgungsleistung. Dieses Wahlrecht kann folglich nur zum vereinbarten Leistungsbeginn wirken und im Gegensatz zur Abfindung keine vorzeitige bzw. nachträgliche Auszahlung während der Anwartschafts- bzw. der bereits laufenden Rentenphase ermöglichen. Im Gegensatz zur Abfindung i. S. v. § 3 BetrAVG darf die auf der Ausübung des Kapitalwahl-

1 BFH v. 11.9.2013 - I R 28/13, BStBl 2014 II S. 726.

2 § 262 BGB.

rechts beruhende Kapitalleistung auch in Ratenform über einen längeren Zeitraum gezahlt werden.[1] Das LAG Niedersachsen[2] geht daher richtigerweise davon aus, dass das Abfindungsverbot des § 3 BetrAVG im Falle der Ausübung einer Kapitaloption nicht greift.[3]

Das Urteil des LAG Niedersachsen führt aus, dass ein Kapitalwahlrecht nicht 1206
unter das Abfindungsverbot fällt, wenn es bereits in der Altersversorgungszusage enthalten war. Dabei wird auf die ursprüngliche Zusage abgestellt. Der BGH ergänzt mit Beschluss v. 28.9.2009,[4] dass es § 3 BetrAVG nicht entgegensteht, wenn der Arbeitnehmer ein ihm in der Direktzusage und somit während des Bestehens des Arbeitsverhältnisses eingeräumtes Recht nach Beendigung des Anstellungsverhältnisses, aber noch vor Eintritt des Versorgungsfalls, ausübt. Auch die Literatur[5] spricht in diesem Zusammenhang von einem mit der Versorgungszusage eingeräumten Kapitalwahlrecht.

Daraus kann geschlossen werden, dass das Kapitalwahlrecht nicht zwingend 1207
schon in der ursprünglichen Zusage vereinbart sein muss, sondern auch noch später (z. B. durch Nachtrag) vereinbart werden kann. Beim Kapitalwahlrecht kann der GGF einseitig erklären, dass er eine Kapitalauszahlung wünscht. Der Zustimmung des Arbeitgebers bedarf es dann nicht. Im Falle eines arbeitsrechtlich nicht beherrschenden GGF, für den die Anwendung des § 3 BetrAVG in der Pensionsordnung oder einem späteren Nachtrag nicht rechtzeitig abbedungen worden ist (vgl. Rz. 1179), scheint es allerdings erforderlich, dass die Zusage spätestens vor dem zeitlichen Eintritt des Abfindungsverbots mit einem Kapitalwahlrecht ausgestaltet sein muss.[6] Denn § 3 BetrAVG will die auf unverfallbaren Anwartschaften beruhenden Betriebsrentenansprüche als tatsächliche Leistungen insbesondere im Alter sichern. Es soll verhindert werden, dass der begünstigte Arbeitnehmer sich seinen Anspruch „ungünstig" vom Arbeitgeber abkaufen lässt. Je näher das Renteneintrittsalter rückt, umso größer ist sicherlich die Gefahr, dass der Arbeitgeber eine Abfindung wünscht und den Arbeitnehmer eventuell unter Druck setzt. Das Abfindungsverbot greift, sobald eine Kapitalzahlung (Abfindung) in einem eindeutigen sachlichen und

1 Vgl. Höfer/Küpper, DB 38/2006 S. 2064 ff; Estler, BZfSt, Bonn, aba-Forum Steuerrecht, Mannheim, 11.4.2013, BAV 5/2013; Höfer, DB 2020 S. 861; Höfer, BetrAV 2020 S. 295 (296).

2 LAG Niedersachsen v. 9.12.2008 - 11 Sa 1580/07 B.

3 Vgl. auch Blomeyer/Rolfs/Otto, 7. Aufl., Rz. 413; Doetsch/Lenz, Versorgungszusagen an Gesellschafter-Geschäftsführer und Vorstände, 11. Aufl., S. 152.

4 BGH v. 28.9.2009 - II ZR 12/09, ZIP 2010 S. 45.

5 Vgl. Blomeyer, Rz. 34 f.; Langohr-Plato, Rz. 492; Schlewing/Henssler/Schipp/Schnitker, Stand 2020, Teil 11 Rz. 35.

6 Vgl. Schlewing/Henssler/Schipp/Schnitker, Stand 2020, Teil 11 Rz. 35.

zeitlichen Zusammenhang zu dem Ausscheiden steht. Bis zu diesem Zeitpunkt sollte spätestens ein Kapitalwahlrecht vereinbart worden sein.

PRAXISHINWEIS:

Die Möglichkeit einer Kapitalleistung zum Rentenbeginn oder in der Rentenphase kann sowohl für steuerrechtlich beherrschende wie nicht beherrschende GGF durch Aufnahme einer Kapitaloption (= Kapitalwahlrecht) ermöglicht werden; diese kann wirtschaftlich Sinn machen (vgl. ausführlich Rz. 381 ff.).[1] Da in diesem Fall, sowohl rechtlich wie wirtschaftlich, lediglich die Zahlungsform geändert wird, ist u. E. bei nachträglicher Aufnahme in die Zusage, die Prüfung der Kriterien Erdienbarkeit und – für steuerrechtlich beherrschende GGF – Rückwirkungsverbot obsolet.[2] Die Erbringung der Versorgungsleistung in Kapitalform kann auch für arbeitsrechtlich nicht beherrschende GGF erreicht werden, da – wie oben dargestellt – die Ausübung der Kapitaloption keine Abfindung i. S. d. § 3 BetrAVG darstellt.

Zudem kann die ungeklärte steuerliche Rechtslage zu den Abfindungsklauseln umgangen werden. Da das Kapitalwahlrecht rechtlich keine Abfindung ist, kommt auch die einschlägige BFH-Rechtsprechung zur Abfindung nicht zur Anwendung.

1208–1210 *(Einstweilen frei)*

6. Umwandlung einer Rentenzusage in eine Kapitalzusage

1211 Enthält die Direktzusage eines steuerrechtlich beherrschenden GGF für den Rentenbeginn keine Abfindungsklausel, kann bei gewünschter Kapitalleistung neben der Aufnahme einer Kapitaloption bzw. eines Kapitalwahlrechts auch die Umwandlung in eine (reine) Kapitalzusage in Erwägung gezogen werden. Erfolgt diese wertgleich (vgl. nachfolgend Rz. 1214 ff.), stellt auch die Umwandlung lediglich eine Änderung der Auszahlungsmodalität dar; sie kann aus wirtschaftlicher und bilanzpolitischer Sicht und darüber hinaus im Zusammenhang mit dem Verkauf der Gesellschaftsanteile erheblichen Sinn machen (vgl. ausführlich Rz. 381 ff.).[3] Ein Verstoß gegen das Nachzahlungs- bzw. Rückwirkungsverbot ist nicht gegeben. Die Umwandlung in eine Kapitalzusage kann auch im Rahmen der geplanten Veräußerung der GmbH-Anteile eine Lösung sein, sofern sich der Erwerber mit der Umwandlung einer der Höhe nach ungewissen Rentenverpflichtung in eine zum Pensionsalter des GGF feststehende Kapitalleistung einverstanden erklärt.

1212–1213 *(Einstweilen frei)*

---

1 Vgl. Pradl, Pensionszusagen an GmbH-Geschäftsführer, 4. Aufl. 2019, Rz. 731 ff.

2 A. A. Otto in Blomeyer/Rolfs/Otto, StR F Rz. 111a, der auch hier für steuerlich beherrschende GGF eine neue Erdienbarkeitsfrist (10 Jahre) erkennt.

3 Vgl. Pradl, Pensionszusagen an GmbH-Geschäftsführer, 4. Aufl. 2019, Rz. 731 ff.

7. Höhe der Abfindung und der planmäßigen Kapitalleistung im Falle eines Kapitalwahlrechts

Soll die Versorgungszusage eine Abfindungsklausel oder ein Kapitalwahlrecht 1214
enthalten, stellt sich die Frage nach der angemessenen Höhe der Abfindung bzw. der einmaligen Kapitalleistung. Abgesehen davon, dass eine einseitig der GmbH zustehende Kapitalabfindungsklausel in Bezug auf die Höhe der Abfindung die Vorgaben des BMF-Schreibens v. 6.4.2005[1] erfüllen muss, um einen steuerschädlichen Widerrufsvorbehalt zu vermeiden und die Voraussetzungen des § 6a EStG im 1. Prüfschritt (vgl. Rz. 1190) zu erfüllen, ist für den GGF die korrekte Höhe der Abfindung bzw. der einmaligen Kapitalleistung zu hinterfragen, um im 2. Prüfschritt (vgl. Rz. 1190) die Gefahr einer vGA (Abfindung zu hoch) oder einer verdeckten Einlage (Abfindung zu niedrig) zu vermeiden.

In der Praxis wird die nach Auffassung des BMF[2] für § 6a EStG maßgebende 1215
Mindesthöhe einer Abfindung bzw. der einmaligen Kapitalleistung im Rahmen eines Kapitalwahlrechts i. d. R. auch als steuerrechtlich wertäquivalente Höhe der Kapitalabfindung bzw. Kapitaloption verwendet. Folglich wird der Barwert der Rentenanwartschaft bzw. der beginnenden oder schon laufenden Rentenleistung nach den für die Rückstellungsberechnung nach § 6a EStG maßgebenden Rechnungsgrundlagen und dem Rechnungszinssatz von 6 % berechnet.[3] Die in jenem BMF-Schreiben v. 6.4.2005 zum Ausdruck kommende Meinung der FinVerw ist der einzige konkrete Hinweis auf die Höhe einer wertgleichen Abfindung bzw. Kapitalleistung in einer Rechtsquelle. Gesetzlich ist die Wertäquivalenz – mit Ausnahme von Lebensversicherungsunternehmen und Pensionskassen im Verhältnis zu ihren Versicherten[4] – nicht exakt festgelegt, weder im Arbeits- und Bilanz-, noch im Steuerrecht. Die hierzu einschlägigen §§ 3 Abs. 5 und 4 Abs. 5 BetrAVG definieren den Abfindungsbetrag als Barwert der … künftigen Versorgungsleistungen im Zeitpunkt der Abfindungsentstehung unter Berücksichtigung der „Rechnungsgrundlagen sowie der anerkannten Regeln der Versicherungsmathematik", ohne den dafür grundlegenden Abzinsungssatz und die anzuwendende Sterbetafel zu konkretisieren. Die Bandbreite der nach diesen Vorschriften möglichen, zur abgefundenen Rente wertgleichen Abfindungsbeträge reicht daher vom Barwert der künftigen Pensionsleistungen i. S. v. § 6a Abs. 3 Satz 2 EStG unter Verwendung der jeweils aktuellen Heubeck-Richttafeln und dem Rechnungszinsfuß von 6 % gem. jenem BMF-

1 BMF v. 6.4.2005, BStBl 2005 I S. 619; v. 1.9.2005, BStBl 2005 I S. 860.

2 BMF v. 6.4.2005, BStBl 2005 I S. 619.

3 BMF v. 6.4.2005, BStBl 2005 I S. 619, Tz. 2.

4 Vgl. § 5 DeckRV.

Schreiben v. 6.4.2005 (Untergrenze) über den entsprechenden HGB-Barwert unter Anwendung des § 253 Abs. 2 HGB und dem jeweils aktuellen Abzinsungssatz nach der RückAbzinsV (Zehn-Jahresdurchschnitt Juli 2020: 2,47 % – Mittelwert) bis hin zum Versichererbarwert auf Basis der Sterbetafel DAV 2004 R und einem Rechnungszins von 0,9 % gem. § 2 DeckRV, evtl. sogar 0 % (Obergrenze); zz. übersteigt jene Ober- die Untergrenze um deutlich mehr als 100 %.[1]

1216 Die Sichtweise des BMF-Schreibens v. 6.4.2005 ist nur für den 1. Prüfschritt (vgl. Rz. 1190) und damit nur im Rahmen des § 6a EStG relevant. Ein geringerer Abfindungs- bzw. Kapitalbetrag als der vom BMF geforderte Barwert der künftigen Pensionsleistungen i. S. v. § 6a Abs. 3 Satz 2 Nr. 1 bzw. 2 EStG entspräche einem steuerschädlichen Vorbehalt i. S. v. § 6a Abs. 1 Nr. 2 EStG und hätte ein Rückstellungsverbot bzw. eine -auflösung in der Steuerbilanz zur Folge;[2] ein gleichhoher oder höherer Abfindungs- bzw. Kapitalbetrag als jener Barwert hingegen wäre eindeutig kein Verstoß gegen § 6a EStG und daher bilanzsteuerrechtlich unschädlich.[3]

Im Rahmen des 2. Prüfschritts (vgl. Rz. 1190) und damit dem Fremdvergleich i. S. v. R 8.5 Abs. 1, R 8.7 und R 8.9 KStR 2015 bzgl. der Prüfung einer vGA oder einer verdeckten Einlage hingegen fordern zahlreiche zuständige Finanzämter – im Falle von Ad-hoc-Abfindungsvereinbarungen zum Rentenbeginn (vgl. Rz. 1189 und 1192) – im Hinblick auf den anzuwendenden Abzinsungssatz mittlerweile höhere Abfindungs- bzw. Kapitalbeträge (vgl. das Beispiel in der Tabelle von Rz. 383 unter „Wirkungen auf die Steuerbilanz").[4] Sie begründen dies verständlicherweise mit dem Fremdgeschäftsführer, der eine Berechnung des Rentenbarwertes auf Basis des marktfernen Rechnungszinsfußes gem. § 6a Abs. 3 Satz 3 EStG in Höhe von 6 %[5] nicht akzeptieren und einen am Marktzins orientierten Abzinsungssatz fordern würde. Hierfür besteht eine erhebliche Bandbreite, deren Zinsuntergrenze bei 0,9 %, evtl. sogar 0 % liegt (vgl. Rz. 1215). Nach der Erfahrung der Autoren in der praktischen Beratung bzw. der Einholung verbindlicher Auskünfte i. S. v. § 89 AO geben sich die meisten jener gegenüber der Verwendung von 6 % kritischen Finanzämter mit dem Abzinsungssatz i. S. v. § 253 Abs. 2 HGB sowie § 1 Satz 2 und § 6a RückAbzinsV

1 Vgl. Dommermuth, GmbHR 2019 S. 1297.

2 BMF v. 6 4.2005, BStBl 2005 I S. 619, Tz. 1 und 2; Dommermuth in HHR, EStG, § 6a Anm. 34.

3 Vgl. Dommermuth, GmbHR 2019 S. 1297 (1298).

4 Vgl. Dommermuth, GmbHR 2019 S. 1297 (1299).

5 Vgl. Dommermuth in HHR, EStG, § 6a Anm. 3 zur Verfassungsmäßigkeit jenes Rechnungszinsfußes.

(Zehn-Jahresdurchschnitt August 2020: 2,45 %) als gutem Mittelwert zufrieden oft mit dem Hinweis, dass dieser gem. § 253 Abs. 2 Satz 1 HGB den der „Restlaufzeit entsprechenden durchschnittlichen Marktzinssatz“ verkörpert. Der BGH hat in seinem Beschluss v. 24.8.2016[1] i. Z. m. der Barwertberechnung im Rahmen eines Versorgungsausgleichs sogar den Abzinsungssatz nach dem Sieben-Jahresdurchschnitt i. S. v. § 1 Satz 2 und § 6 RückAbzinsV August 2020: 1,74 %) zugrunde gelegt und den Zehn-Jahresdurchschnittswert verworfen. Er begründet dies damit, dass der durch das Gesetz zur Umsetzung der Wohnimmobilienkreditrichtlinie und zur Änderung handelsrechtlicher Vorschriften v. 11.3.2016[2] erstmals auf Jahresabschlüsse für nach dem 31.12.2015 endende Geschäftsjahre anzuwendende Zehn-Jahresdurchschnittswert im Interesse der bilanzierenden Unternehmen allein der Abmilderung der Niedrigzinsphase und nicht dazu diene, das handelsrechtliche Vorsichtsprinzip oder die Fähigkeit der Unternehmen einzuschränken, die von ihnen eingegangenen Pensionsverpflichtungen erfüllen zu können.[3] Aus diesem Grunde dürfe das bilanzierende Unternehmen solche impliziten Erträge, die ihm aus dem geringeren Ansatz der Pensionsrückstellungen auf Basis des Zehn-Jahreszinssatzes nach der Neufassung des § 253 Abs. 2 Satz 1 HGB entstünden (sog. Unterschiedsbetrag nach § 253 Abs. 6 Satz 1 HGB), gem. § 253 Abs. 6 Satz 2 HGB auch nicht ausschütten. Die prüfenden Finanzämter sind i. d. R. indessen nicht so detailversessen, eine derartige Feinjustierung auf den Sieben- statt auf den Zehn-Jahreszinssatz zu fordern, weil beide Werte immer noch weit vom aktuell und mittlerweile langfristig geltenden Marktzins entfernt sind und daher eine Genauigkeit vortäuschen, die weder dem einen noch dem anderen innewohnt.[4] Man will von Seiten der FinVerw offenbar lieber ungefähr richtig liegen als exakt falsch. Daher haben die Vertragsparteien eine weitere Möglichkeit der Gestaltung: Ist man sich einig, kann man an Stelle des Zehn- auch den Sieben-Jahreszinssatz ansetzen, ohne dass nach unserer praktischen Erfahrung eine Beanstandung des zuständigen Finanzamtes zu befürchten ist. Folglich sollten Ad-hoc-Abfindungsvereinbarungen und auch in die Versorgungszusage aufzunehmende Kapitalabfindungsklauseln bzw. Kapitalwahlrechts der Höhe nach diesen Vorgaben entsprechen.

---

1 BGH v. 24.8.2016 - XII ZB 84/13, NWB JAAAF-84042, Rz. 32 f.

2 BGBl 2016 I S. 396.

3 BGH v. 24.8.2016 - XII ZB 84/13, NWB JAAAF-84042, Rz. 33; vgl. auch BT-Drucks. 18/7584 S. 149; Budinger/Wrobel, NZFam 2016 S. 420.

4 A. A. Pradl, Pensionszusagen an GmbH-Geschäftsführer, 4. Aufl. 2019, Rz. 731 ff.; wohl auch Budinger/Wrobel, NZFam 2016 S. 420.

PRAXISHINWEIS 1:

Für die Bestimmung der unter Berücksichtigung des Fremdvergleichs korrekten Höhe einer Kapitalabfindung bzw. Kapitaloption ist zwischen Bestandszusagen, die ein Kapitalabfindungs- bzw. Kapitaloptionsrecht enthalten und frei zu vereinbarenden Abfindungen zu trennen. Bestandszusagen, die vor vielen Jahren erteilt und in diese damals ein Kapitalabfindungs- bzw. Kapitalwahlecht in Höhe des Heubeck-Barwertes mit einem Rechnungszins von 6 % aufgenommen wurde, sind u. E. unkritisch, auch weil zum damaligen Zeitpunkt die Vereinbarung auch in Hinsicht auf den Fremdvergleich eher berechtigt war. Vielmehr ist bei diesen Bestandszusagen eine dann tatsächlich höhere Kapitalabfindung nicht der Vereinbarung entsprechend, hält dem Fremdvergleich nicht stand und verletzt bei steuerlich beherrschenden GGF zudem das Nachzahlungsverbot bzw. das Gebot der Durchführung von getroffenen Vereinbarungen gem. R 8.5 Abs. 2 KStR. Ein Nachtrag zur Versorgungszusage mit einem angepassten höheren Abfindungsbetrag muss neu erdient werden können. Ist dagegen in der Bestandszusage kein Kapitalabfindungs- bzw. Kapitaloptionsrecht enthalten und erfolgt z. B. zum Rentenbeginn die Abfindung auf der Grundlage einer erst zu diesem Zeitpunkt erfolgenden Abfindungsvereinbarung, steht die in Rz. 1215 definierte Bandbreite der Abfindungshöhe zur Disposition. Dies gilt ebenso bei Neuzusagen und Bestandszusagen hinsichtlich aufzunehmender Kapitalabfindungs- bzw. Kapitaloptionsrechten.

PRAXISHINWEIS 2:

Legt man der Berechnung des Abfindungs- bzw. Kapitalbetrages zur Minimierung des Risikos einer vGA bzw. verdeckten Einlage den Abzinsungssatz i. S. v. § 253 Abs. 2 HGB/RückAbzinsV in Form des Zehn- oder Sieben-Jahres-Durchschnittswertes zugrunde, stellt sich natürlich aufgrund dessen monatlicher Neuberechnung durch die Deutsche Bundesbank (§ 253 Abs. 2 Satz 4 HGB) die Frage, ob man den zum Zeitpunkt der Vereinbarung der Abfindungsklausel bzw. des Kapitalwahlrechts gültigen oder einen künftigen Prognosewert verwenden sollte. Da ein Prognosewert vom späteren tatsächlichen Zinssatz (deutlich) abweichen kann, empfiehlt sich die erstere Möglichkeit. Alternativ kann in der Zusage für die Berechnung des Abfindungsbetrages auf die zum Abfindungszeitpunkt gültigen Parameter verwiesen werden (vor allem Rechnungszins und Sterbetafel).

PRAXISHINWEIS 3:

Allerdings offenbaren die Äußerungen in Rz. 1215 f., dass die Vertragsparteien in der Praxis eine erhebliche Zins-Bandbreite nutzen können, die weit über den in Praxishinweis 2 sich durch den Zehn- bzw. Sieben-Jahreszinssatz ergebenden Korridor hinausgeht. Speziell im Falle von Ad-hoc-Abfindungsvereinbarungen sollte die Entscheidung zu einem tatsächlich anzusetzenden Abzinsungssatz daher im Rahmen einer verbindlichen Auskunft zur Vermeidung einer vGA bzw. einer verdeckten Einlage geklärt werden. Hier sei erwähnt, dass der BFH in dem aktuellen Beschluss v. 10.7.2019 die Verwendung des Rechnungszinsfußes i. H. v. 6 % nicht beanstandet hat.[1] Zwar äußerte sich der XI. Senat hierbei zur steuerbilanziellen Behandlung des § 6a EStG und damit zum 1. Prüfschritt, dennoch kann diesem Judikat u. E. Ausstrahlungswirkung auch auf den 2. Prüfschritt zugebilligt werden. Der Rechnungszinsfuß von 6 % markiert daher die ab-

1 XI R 47/17, BStBl 2019 II S. 760, Rz. 19.

solute Untergrenze im Rahmen des 1. und des 2. Prüfschritts. Diese kann in der Praxis dann relevant sein, wenn z. B. der GGF seine Firmenanteile verkaufen will, der potenzielle Erwerber seine Direktzusage nicht fortführen will, diese erheblich unterdotiert ist und sich die Kapitalgesellschaft Abfindungs- bzw. Kapitalzahlungen, die deutlich über den Wert des vorhandenen Rückdeckungsvermögens hinausgehen, nicht leisten kann. Eine derartige Bemessung an der Untergrenze käme, wenn das zuständige Finanzamt sie akzeptiert, einem wirtschaftlichen Verzicht gleich, der jedoch keinen juristischen Verzicht i. S. d. BMF-Schreibens v. 14.8.2012[1] darstellt und daher auch nicht zu einer verdeckten Einlage führen kann. Pocht der GGF hingegen auf eine Wertäquivalenz nach Marktgesichtspunkten und kann die Kapitalgesellschaft einen derart hohen Betrag auch finanzieren, kann man sich an der erwähnten Obergrenze orientieren. In vielen praktischen Fällen kann die in Praxishinweis 1 vorgeschlagene Verwendung des HGB-Zinses ein guter Kompromiss beider Seiten sein.

Allerdings sind neben dem anzuwendenden Zinssatz auch die biometrischen Grundlagen der Versicherungsmathematik für die Höhe des steuerunschädlichen Abfindungs- bzw. Kapitalbetrags entscheidend.[2] Hierfür sind die „anerkannten Regeln der Versicherungsmathematik" gem. § 6a Abs. 3 Satz 3 EStG anzuwenden, wobei es ausreicht, wenn die gesetzlich akzeptierte Sterbetafel eindeutig genannt wird und damit Grundlage der Vereinbarung ist.[3] An Stelle der Festlegung einer konkreten Sterbetafel darf die Abfindungsklausel neben der eindeutigen Festlegung des Rechnungszinsfußes allerdings auch lediglich auf „die anerkannten Regeln der Versicherungsmathematik" verweisen, da § 6a Abs. 3 Satz 3 EStG und § 3 Abs. 5 i. V. m. § 4 Abs. 5 BetrAVG diese Formulierung wählen und damit auf die zum jeweiligen Abfindungszeitpunkt geltenden Heubeck-Richttafeln als anzuwendende Sterbetafel Bezug genommen wird.[4] Verweist die Abfindungsklausel hingegen lediglich auf die „im Zeitpunkt der Abfindung gültigen Rechnungsgrundlagen für betriebliche Pensionsverpflichtungen", ohne einen konkreten Abzinsungssatz und eine eindeutige Sterbetafel zu definieren, so ist dies wegen der großen Bandbreite der dann möglichen Ergebnisse zunächst i. S. d. § 6a Abs. 1 Nr. 2 EStG (1. Prüfschritt), dann aber auch im 2. Prüfschritt zumindest auf Basis von R 8.5 Abs. 2 KStR 2015 steuerschädlich.[5] Selbst wenn jene Abfindungsklausel den Abzinsungssatz 1217

1 BStBl 2012 I S. 874.

2 Vgl. BFH v. 10.7.2019 - XI R 47/17, BStBl 2019 II S. 760; v. 23.7.2019 - XI R 48/17, BStBl 2019 II S. 763; § 3 Abs. 5, § 4 Abs. 5 BetrAVG.

3 Vgl. BFH v. 10.7.2019 - XI R 47/17, BStBl 2019 II S. 760; Rz. 19 und 21. Gemäß BMF-Schreiben v. 19.10.2018 (BStBl 2018 I S. 1107) gelten die Heubeck-Richttafeln als gesetzlich akzeptierter Bestandteil der „anerkannten Regeln der Versicherungsmathematik" i. S. v. § 6a Abs. 3 Satz 3 EStG.

4 Vgl. BFH v. 10.7.2019 - XI R 47/17, BStBl 2019 II S. 760; Rz. 19 bis 21; vgl. Dommermuth, GmbHR 2019 S. 1297 (1298).

5 Vgl. BFH v. 23.7.2019 - XI R 48/17, BStBl 2019 II S. 763, Rz. 14 bis 19.

festlegte, so ist die Formulierung der „gültigen Rechnungsgrundlagen für betriebliche Pensionsverpflichtungen“ noch nicht als Definition der neben dem Rechnungszinsfuß ebenfalls konkret anzuwendenden Sterbetafel auszulegen, da sie nicht mit der o. g. Gesetzesformulierung der „anerkannten Regeln der Versicherungsmathematik“ identisch ist; auch dann würde ein Verstoß gegen § 6a Abs. 1 Nr. 2 EStG und den Fremdvergleich vorliegen.[1]

1218–1220 *(Einstweilen frei)*

8. Mögliche Folge: verdeckte Einlage

1221 Erhält der GGF weniger als den nach Auffassung des zuständigen Finanzamtes wertäquivalenten Abfindungs- bzw. Kapitalbetrag (vgl. Rz. 1216 ff.), leistet er nicht nur einen wirtschaftlichen, sondern auch einen juristischen Verzicht (vgl. Praxishinweis 2 in Rz. 1216), der im Falle der Werthaltigkeit der bAV insoweit zu einer verdeckten Einlage i. S. v. § 8 Abs. 3 Satz 3 KStG und damit zu einem entsprechenden fiktiven Lohnzufluss i. H. d. im Verzichtszeitpunkt für die weggefallene Betriebsrente relevanten Wiederbeschaffungskosten[2] beim getroffenen GGF führt, wie sich der Verzicht auf den bereits zum Abfindungszeitpunkt erdienten Teil der ursprünglichen Betriebsrente erstreckt.[3] Dies kann bei frei zu vereinbarenden Ad-hoc-Abfindungen, ohne in der Zusage enthaltene Abfindungsklauseln oder Kapitalwahlrechten, insbesondere dann eintreten, wenn der Abfindungsbetrag mithilfe des Rechnungszinsfußes gem. § 6a Abs. 3 Satz 3 EStG i. H. v. 6 % berechnet wird oder der angewandte Zinssatz zwischen diesem und dem HGB-Zins liegt (vgl. Rz. 1216). Auch der Ansatz einer zum Berechnungsstichtag nicht mehr aktuellen Sterbetafel könnte eine verdeckte Einlage bewirken (vgl. Rz. 1217).

1222 Besonders gefürchtet ist indessen, dass eine gesellschaftsrechtlich veranlasste Abfindung einer Direktzusage eine vGA auslöst und zusätzlich, aufgrund des mit jener Abfindung verbundenen Wegfalls des Versorgungsanspruchs des GGF, noch eine verdeckte Einlage beim selben GGF. Mit Urteil v. 14.3.2006[4] hatte der BFH für einen ausscheidenden beherrschenden GGF genau so entschieden. In dem zugrunde liegenden Sachverhalt widersprach die Abfindung den eindeutigen Vorgaben der Direktzusage, die die analoge Anwendung von

1 Vgl. BFH v. 23.7.2019 - XI R 48/17, BStBl 2019 II S. 763, Rz. 16 und 19; vgl. Dommermuth, GmbHR 2019 S. 1297 (1298 f.).

2 BFH v. 9.6.1997- GrS-1/94, BStBl 1998 II S. 307.

3 Vgl. BMF, Schreiben v. 14.8.2012, BStBl 2012 I S. 874; H 8.9 „Verzicht auf Pensionsanwartschaftsrechte“ KStH 2015.

4 BFH v. 14.3.2006 - I R 38/05, BFH/NV 2006 S. 1515 = NWB JAAAB-88782.

§ 3 BetrAVG und damit das Abfindungsverbot bei Ausscheiden vertraglich vorsah, und war daher schon zivilrechtlich unwirksam. Infolge der Nichtigkeit der Konstruktion kann die Abfindung zivilrechtlich kein Ausgleich für die wegfallende Versorgungsleistung sein, womit beide Vorgänge – Verzicht und Abfindung – auch steuerrechtlich zwingend eigenständig zu bewerten sind und daher zu vGA und verdeckter Einlage gleichzeitig führen. Mit Urteil v. 5.3.2008[1] hat der BFH für den Fall, dass die Abfindung zwar zivilrechtlich wirksam war und den Vorgaben der Direktzusage entsprach, aber aufgrund der weiterhin bestehenden Aktivvergütung des GGF steuerrechtlich eine vGA darstellte, folgerichtig eine Verzichtshandlung verneint (vgl. Rz. 1510). Auch im Urteilsfall v. 11.9.2013[2] war die „ad-hoc"-Abfindungsvereinbarung zivilrechtlich zulässig, nach Auffassung des BFH aber keine Leistung im Sinne der Zusage, da es an einer vorherigen, klaren und eindeutigen Vereinbarung mangelte; eine verdeckte Einlage wird in der Urteilsbegründung allerdings auch nicht thematisiert.

U. E. muss daher wohl davon ausgegangen werden, dass in den Fällen, in denen die Kapitalabfindung zivilrechtlich unwirksam ist (z. B Verstoß gegen das Abfindungsverbot des § 3 BetrAVG durch Abfindung eines bereits ausgeschiedenen, arbeitsrechtlich nicht beherrschenden GGF, in dessen Pensionsordnung oder einem späteren Nachtrag § 3 BetrAVG nicht rechtzeitig abbedungen wurde [vgl. Rz. 1179]), eine vGA (Abfindung) und gleichzeitig eine verdeckte Einlage (Wegfall der Versorgungsverpflichtung) entsteht. Ist die Vereinbarung der Abfindung dagegen zivilrechtlich wirksam und entspricht sie der Zusage, ist aber gesellschaftsrechtlich veranlasst, liegt zwar eine vGA vor, aber nicht zusätzlich eine verdeckte Einlage. Ist die Abfindungsvereinbarung zivilrechtlich wirksam, stellt aber gem. Auffassung des BFH keine Leistung im Sinne der Zusage dar (z. B. „ad-hoc"-Abfindungsvereinbarung im laufenden Dienstverhältnis), ist die Thematisierung einer verdeckten Einlage nicht auszuschließen (vgl. Rz. 1222). Diese Folge wäre u. E. aber fehlgeleitet, da aufgrund der zivilrechtlichen Wirksamkeit des Rechtsgeschäfts letztlich ein Interessenausgleich stattfindet.[3] 1223

(Einstweilen frei) 1224–1226

1 BFH v. 5.3.2008 - I R 12/07, BStBl 2015 II S. 409.

2 BFH v. 23.10.2013 - I R 60/12, BStBl 2015 II S. 413.

3 Vgl. Rätke, Stub 11/2014 S. 404, der mit Hinweis auf die Grundsätze des Vorteilsausgleichs und das BFH v. 8.6.1977 - I R 95/75, BStBl 1977 II S. 104 in Höhe der aufgrund des Verzichts aufzulösenden Pensionsrückstellung schon die Entstehung einer vGA verneint (Ablehnung der geschäftsvorfallbezogenen Betrachtungsweise).

9. Fünftelungsregelung

1227 Erfolgt die Abfindung der Pensionsanwartschaft des GGF im Rahmen des Ausscheidens aus den Diensten der GmbH, ist der betrieblich veranlasste Teil der Abfindung für den GGF als Versorgungsbezug lohnsteuerpflichtig.[1] Hat der GGF zum Auszahlungszeitpunkt das 63. Lebensjahr vollendet, ist die Kapitalabfindung gem. § 19 Abs. 2 Satz 2 Nr. 2 EStG ein Versorgungsbezug, von dem gem. § 9a Satz 1 Nr. 1 Buchst. b EStG ein Werbungskostenpauschbetrag von 102 € abzuziehen ist und gem. § 19 Abs. 2 EStG der Versorgungsfreibetrag nebst Zuschlag zum Versorgungsfreibetrag steuerfrei bleibt.[2] Die Abfindung stellt als Vergütung für eine mehrjährige Tätigkeit außerordentliche Einkünfte dar, auf die progressionsmindernd die Fünftelungsregelung anwendbar ist.[3] Dabei wird für die Berechnung der Einkommensteuer nebst Zuschlagsteuern im Jahr des steuerlichen Zuflusses der Abfindung, dem sonstigen zu versteuernden Einkommen des GGF fiktiv nur ein Fünftel des Abfindungsbetrages hinzugerechnet. Der auf das Fünftel der Abfindung entfallende Anteil der Einkommensteuer wird mit fünf multipliziert und der auf das sonstige zu versteuernde Einkommen entfallenden Einkommensteuer hinzurechnet. Die Fünftelungsregelung wirkt sich jedoch nur aus, sofern die Steuerbelastung des hinzugerechneten Fünftels prozentual geringer ist, als die Steuerbelastung der kompletten Abfindung ohne Anwendung der Fünftelungsregelung. Dies ist nur dann der Fall, sofern der Grenzsteuersatz des sonstigen zu versteuernden Einkommens niedriger ist, als die Spitzensteuerbelastung von 42 % bzw. 45 %.

1228–1230 *(Einstweilen frei)*

VII. Übertragung auf „Rentner-Gesellschaft" oder anderes Unternehmen

1. Motive und Rechtliche Möglichkeiten

1231 In der Praxis kommt häufig, insbesondere im Vorfeld von Anteilsveräußerungen oder -übertragungen, die Überlegung auf, die Kapitalgesellschaft von der Versorgungsverpflichtung des GGF zu entlasten, indem diese i. d. R. inkl. De-

1 Einkünfte aus nichtselbständiger Arbeit gem. § 19 Abs. 1 Satz 1 Nr. 2 EStG.

2 Die Höhe des Versorgungsfreibetrages und des Zuschlages zum Versorgungsfreibetrag ist abhängig vom Jahr des Versorgungsbeginns bzw. bei einer Kapitalleistung vom Jahr des Zuflusses des Versorgungsbezugs, vgl. § 19 Abs. 2 Satz 3 EStG.

3 § 34 Abs. 1, Abs. 2 Nr. 4 EStG; BMF v. 6.12.2017, BStBl 2018 I S. 147, Rz. 147.

ckungsmittel auf eine andere Gesellschaft übertragen werden soll. Die Versorgungsverpflichtung soll auf diesem Wege vom operativen Geschäft isoliert oder auf ein anderes Unternehmen mit einem anderen operativen Geschäft übertragen werden; die Rechtsform des empfangenden muss mit derjenigen des abgebenden Unternehmens nicht identisch sein. Besteht der einzige Zweck des die Versorgungsverpflichtung und das Deckungsvermögen empfangenden Unternehmens darin, die Versorgungsleistungen zu erfüllen und das bereitgestellte Rückdeckungsvermögen zu verwalten, um z. B. die Unternehmensnachfolge für die abgebende Kapitalgesellschaft, die die Versorgungszusage erteilt hat, zu erleichtern, wird das empfangende Unternehmen als „Rentner-Gesellschaft“ (dieser Begriff wird nachfolgend für jenen Spezialfall verwendet) oder auch „Pensions-Gesellschaft“[1] bezeichnet.

Motive für eine derartige Übertragung der bAV des GGF auf eine andere Gesellschaft können sein:[2] 1232

- Ausscheiden des GGF aus dem abgebenden Unternehmen mit Beendigung seiner bisherigen Tätigkeit und Verlagerung derselben in ein anderes, ebenfalls operativ tätiges Unternehmen aus verschiedenen persönlichen oder/und sachlichen Gründen mit dem Ziel, das abgebende Unternehmen in Bezug auf die bAV des GGF zu entpflichten und zu enthaften oder/und die bereits bei der abgebenden Gesellschaft erdienten Anwartschaften zusammen mit den bei dem empfangenden Unternehmen noch zu erdienenden Anwartschaften zu bündeln.
- Erleichterung der Unternehmensnachfolge für die abgebende Kapitalgesellschaft im Vorfeld von Anteilsveräußerungen oder -übertragungen mit dem Ziel, dieses Unternehmen von einer Zusage auf lebenslang laufenden Leistungen zu entpflichten und zu enthaften, ohne gleichzeitig – im Gegensatz zur Abfindung (vgl. Rz. 1176 ff.) – auf den Charakter der lebenslangen Versorgungsleistungen und damit auf die biometrische Absicherung zu verzichten.
- Vermeidung einer u. U. hohen sofortigen Steuerbelastung beim betroffenen GGF im Veranlagungszeitraum des Zuflusses einer alternativen Abfindung trotz Anwendung der Fünftelregelung (vgl. Rz. 1227).
- Erhaltung der Dispositionsfreiheit über das Rückdeckungsvermögen; zwar könnte die alternative Abfindung auch durch den Transfer von Rück-

1 Vgl. BMF v. 6.12.2017, BStBl 2018 I S. 147, Rz. 64.

2 Vgl. auch Pradl, Pensionszusagen an GmbH-Geschäftsführer, 4. Aufl. 2019, Rz. 1822 ff. und Rz. 1871 ff.

deckungsvermögen in das Privatvermögen des GGF bewirkt werden, jedoch müsste dieser Sachbezug im Veranlagungszeitraum seines Zuflusses vom GGF sofort tarifbegünstigt gem. § 34 Abs. 1 EStG besteuert werden, ohne dass gleichzeitig die für die Steuerzahlung erforderliche Liquidität zufließt.

1233 Diesen Motiven stehen allerdings folgende Nachteile gegenüber, die im Falle der „Rentner-Gesellschaft“ i. d. R. als besonders unangenehm empfunden werden, weil das Unternehmen grundsätzlich keine aktive Tätigkeit mehr ausübt:

- Nicht unbedeutender Verwaltungsaufwand, insbesondere: Erstellung von Jahresabschlüssen, Beauftragung versicherungsmathematischer Gutachten, u. U. Beitragspflicht gegenüber dem PSVaG,
- hohe rechtliche Komplexität der Einrichtung einer solchen Konstruktion,
- verbunden mit rechtlichen, insbesondere steuerrechtlichen Risiken (vgl. Rz. 1232 ff.),
- emotionale Belastung bei der „Rentner-Gesellschaft“ mit fortschreitendem Alter, weil man das Konstrukt zunehmend als „Klotz am Bein“ empfindet; dies gilt umso mehr für Hinterbliebenenleistungen, da die Hinterbliebenen nicht unbedingt das Verständnis für die Fortführung des Konstruktes aufbringen.

1234 Wie bereits in Rz. 1233 erwähnt, ist bei einer derartigen Übertragung, die rechtlich auf sehr unterschiedlichen Wegen erfolgen kann, Vorsicht geboten, da sich im Zusammenhang damit vielfältige arbeitsrechtliche, lohnsteuerrechtliche, bilanzsteuerrechtliche und körperschaftsteuerrechtliche Fragen stellen und dementsprechende Risiken ergeben können. Um hier keine bösen Überraschungen zu erleben, müssen die Fragestellungen sorgfältig geprüft werden.

1235 Zunächst muss danach differenziert werden, ob die Übertragung im Wege der Einzelrechtsnachfolge (vgl. Rz. 1237 bis 1240) oder der partiellen Gesamtrechtsnachfolge (vgl. Rz. 1241 bis 1244) erfolgen soll. Instrumente der Einzelrechtsnachfolge sind

- die Schuldübernahme oder
- der Schuldbeitritt mit oder ohne Erfüllungsübernahme

Die Gesamtrechtsnachfolge hingegen vollzieht sich durch Vorgänge nach dem UmwG, wie z. B.

- die Aufspaltung,
- die Abspaltung oder
- die Ausgliederung,

welche u. U. steuerrechtlich durch das UmwStG flankiert werden.

Vielfach ist darüber hinaus entscheidend, ob das Arbeitsverhältnis auf den neuen Schuldner übergeht, oder ob es beim bisherigen Schuldner verbleibt und ob das Betriebsrentengesetz anwendbar ist oder nicht. Daraus ergeben sich sehr verästelnde Rechtsalternativen. Bereits an dieser Stelle sei gesagt, dass die partielle Gesamtrechtsnachfolge Konstruktionen ermöglichen kann, die die Instrumente der Einzelrechtsnachfolge aufgrund gesetzlicher Verbote und damit verbundener Nichtigkeit i. S.v. § 134 BGB verhindern (vgl. Rz. 1256) oder aufgrund ihres Charakters als Notlösungen verwässern. Dennoch wird in der Praxis u. E. meist die Einzelrechtsnachfolge gewählt, da sie die bis zu zehnjährige Nachhaftung des § 133 Abs. 3 UmwG (vgl. Rz. 1246 ff.) vermeidet.[1]

(Einstweilen frei) 1236

2. Zivilrechtliche Grundlagen einer Übertragung

a) Schuldübernahme (§§ 414 ff. BGB)

Gemäß § 414 BGB kann im Wege der Einzelrechtsnachfolge eine Schuld von 1237
einem Dritten durch Vertrag mit dem Gläubiger in der Weise übernommen werden, dass der Dritte an die Stelle des bisherigen Schuldners tritt (Schuldübernahme). Wird die Schuldübernahme vom Dritten direkt mit dem Schuldner vereinbart, so hängt ihre Wirksamkeit gem. § 415 BGB von der Genehmigung des Gläubigers ab. Zivilrechtlich besteht also bezogen auf Pensionsverbindlichkeiten eines Arbeitgebers die Möglichkeit, dass ein Dritter entweder mit dem Versorgungsberechtigten oder – mit anschließender Genehmigung durch diesen – mit dem Arbeitgeber als bisherigem Schuldner einen Vertrag schließt, wonach der Dritte den Arbeitgeber von den erteilten Versorgungsversprechen befreit und an dessen Stelle nunmehr als alleiniger Pensionsverpflichteter für die durch den Arbeitgeber eingegangenen Verpflichtungen einsteht (vgl. allerdings das Übertragungsverbot bei Geltung des Betriebsrentengesetzes für den Fall, dass kein Arbeitgeberwechsel stattfindet in Rz. 1257). Den Arbeitgeber trifft also nach der Schuldübernahme durch den Dritten keinerlei Haftung bzgl. der Pensionsverpflichtungen mehr.

1 Vgl. auch Schulenburg, FR 2019 S. 996; Doetsch/Lenz, Versorgungszusagen an Gesellschafter-Geschäftsführer und Vorstände, 11. Aufl., S. 180.

b) Schuldbeitritt (mit Erfüllungsübernahme)

1238 Zivilrechtlich besteht im Hinblick auf Pensionsverpflichtungen alternativ auch die Möglichkeit, eine Gesamtschuldnerschaft aus originär verpflichtetem Arbeitgeber und einem Dritten zu bilden. In diesem Fall schulden beide – Arbeitgeber und Dritter – die zugesagten Pensionsleistungen gem. § 421 BGB in der Weise, dass jeder die ganze Leistung zu bewirken verpflichtet ist, der Gläubiger (Versorgungsberechtigte) aber die Leistung nur einmal zu fordern berechtigt ist. Der Gläubiger kann dabei die Leistung nach seinem Belieben von jedem der Schuldner ganz oder zu einem Teil fordern. Bis zur Bewirkung der ganzen Leistung bleiben sämtliche Schuldner verpflichtet. Eine Zustimmung des Versorgungsberechtigten zur Begründung einer Gesamtschuldnerschaft ist nicht erforderlich, da es sich um einen Vertrag zugunsten Dritter i. S. d. § 328 BGB handelt, der dem Versorgungsberechtigten letztlich nur Vorteile in Form eines weiteren Schuldners einräumt, aber keine Nachteile birgt.

1239 Da die Variabilität der Leistungseinforderung durch den Versorgungsberechtigten bei einem Schuldbeitritt aus Sicht der Schuldner vielfach den mit der Begründung der Gesamtschuldnerschaft verbundenen Zielsetzungen nicht gerecht wird, wird der sog. Schuldbeitritt i. d. R. durch eine interne Erfüllungsübernahme gem. § 329 BGB ergänzt. In diesem Fall verpflichtet sich der Dritte im Innenverhältnis zusätzlich gegenüber dem Arbeitgeber zur alleinigen Erfüllung der Schuld. Dadurch erwirkt der Arbeitgeber als originär Verpflichteter einen Freistellungsanspruch gegen den Dritten, was zwar rechtlich gesehen die Haftung gegenüber dem Gläubiger (Versorgungsberechtigten) nicht tangiert, aber wirtschaftlich betrachtet ist aufgrund der internen Freistellung nicht mehr mit einer Zahlungsverpflichtung des Arbeitgebers zu rechnen.

1240 Als schwächste Form der Schuldfreistellung wäre auch die alleinige Erfüllungsübernahme durch einen Dritten gem. § 329 BGB vorstellbar – ohne das Schuldverhältnis zwischen Arbeitgeber und Versorgungsberechtigtem zu tangieren, die Schuld also zu übernehmen oder ihr beizutreten. Diese Variante dürfte in der Praxis im Zusammenhang mit Versorgungszusagen aber wohl nicht vorkommen, da sie i. d. R. den Zielvorstellungen der beteiligten Parteien nicht gerecht wird.

c) Umwandlungsrechtliche Möglichkeiten

1241 Das Umwandlungsrecht bietet verschiedene Möglichkeiten, um im Rahmen einer Spaltung einen neuen Rechtsträger in alle Rechte und Pflichten des bisherigen Rechtsträgers (partielle Gesamtrechtsnachfolge) eintreten zu lassen und zwar die

- Aufspaltung (§ 123 Abs. 1 UmwG),
- Abspaltung (§ 123 Abs. 2 UmwG) und
- Ausgliederung (§ 123 Abs. 3 UmwG).

Bei der Aufspaltung wird das gesamte Vermögen des übertragenden Rechts- 1242
trägers in zwei oder mehrere Teile aufgespalten, wobei der übertragende Rechtsträger aufgelöst wird. Übernehmende Rechtsträger können bestehende oder durch die Aufspaltung neu gegründete Rechtsträger sein. Diese Übertragungsform eignet sich für die Übertragung einer Versorgungsverpflichtung i. d. R. nicht, da in den meisten Fällen die operative GmbH bestehen bleiben und nur von den Pensionsverpflichtungen befreit werden soll. Bei der Aufspaltung geht jedoch auch die bisherige GmbH unter und es entstehen stattdessen zwei neue Rechtsträger (jeweils unter neuem Namen), wovon dann einer das operative Geschäft enthalten kann und der andere die Versorgungsverpflichtung und ggf. Deckungsmittel übernimmt.

Bei der Abspaltung werden bestimmte Teile des Vermögens des übertragen- 1243
den Rechtsträgers gegen Gewährung von Anteilen oder Mitgliedschaften an die Anteilsinhaber des übertragenden Rechtsträgers auf den aufnehmenden Rechtsträger abgespalten. Es entstehen somit Schwestergesellschaften – grds. mit den gleichen Gesellschafterstämmen. Auch die Abspaltung kann auf einen/mehrere bestehende(n) oder durch die Abspaltung neu gegründete(n) Rechtsträger erfolgen. Soll eine Trennung der Gesellschafterstämme zwischen der übertragenden GmbH und dem abgespaltenen Rechtsträger erfolgen, muss dies in einem zweiten Schritt erfolgen, indem die Anteile an der übertragenden GmbH an Dritte veräußert werden.

Die Ausgliederung ist ein Unterfall der Abspaltung. Es werden ebenfalls be- 1244
stimmte Teile des Vermögens des übertragenden Rechtsträgers auf den aufnehmenden Rechtsträger abgespalten. Allerdings erhält in diesem Fall der übertragende Rechtsträger selbst – also die ursprüngliche GmbH und nicht deren Anteilsinhaber – Anteile oder Mitgliedschaften an dem aufnehmenden Rechtsträger.[1] Die übernehmende Gesellschaft wird also Tochterunternehmen der ursprünglichen GmbH. Auch hier bedarf es weitergehender Schritte, um die Gesellschafterstämme, der an der Ausgliederung beteiligten Gesellschaften, endgültig zu trennen.

PRAXISHINWEIS:

Betrachtet man die gesellschaftsrechtlichen Folgen der unterschiedlichen Umwandlungsmöglichkeiten, kommt zwecks Trennung einer Versorgungszusage des GGF vom

1 Vgl. BMF v. 11.11.2011, BStBl 2011 I S. 1314, Rz. 01.13 ff.

operativen Geschäft prima facies die Abspaltung gem. § 123 Abs. 2 UmwG in Betracht kommt. Allerdings bewirken steuerbilanzielle Ziele häufig, dass man zunächst eine Ausgliederung gem. § 123 Abs. 3 UmwG vornimmt und die ursprüngliche Gesellschaft in einem zweiten Schritt ihre Anteile an der ausgegliederten Gesellschaft veräußert oder überträgt (vgl. Rz. 1247 f.).

Zu prüfen bleiben aber darüber hinaus die haftungsrechtlichen, lohnsteuerrechtlichen, bilanzsteuerrechtlichen und körperschaftsteuerrechtlichen Fragestellungen, um endgültig entscheiden zu können, ob die Auslagerung durch Abspaltung insgesamt zu einem sinnvollen Ergebnis führt. Dazu dienen die nachfolgenden Kapitel.

1245 *(Einstweilen frei)*

3. Haftungsrechtliche Aspekte einer Abspaltung oder Ausgliederung

1246 In Fällen der Abspaltung oder Ausgliederung (nachfolgend: Spaltung gem. der Überschrift des § 123 UmwG) sieht das Umwandlungsgesetz in mehrfacher Hinsicht einen Gläubigerschutz vor. Werden im Zuge einer Spaltung Pensionsverpflichtungen abgespalten oder ausgegliedert, so ist zu beachten, dass der übertragende Rechtsträger weiterhin einer befristeten Mithaftung neben der aufnehmenden Gesellschaft unterliegt (§ 133 Abs. 3 UmwG). Die Mithaftfrist beträgt bei Pensionsverpflichtungen gegenüber arbeitsrechtlich beherrschenden GGF, die nicht unter das BetrAVG fallen, gem. § 133 Abs. 3 Satz 1 UmwG fünf Jahre und umfasst die Ansprüche, die innerhalb dieser Frist fällig werden. Maßgebend ist insoweit die Fälligkeit der einzelnen Rentenzahlungen. Bei Versorgungsverpflichtungen von nicht beherrschenden GGF, die das BetrAVG erfasst, ist gem. Satz 2 jener Vorschrift ein zehnjähriger Haftungszeitraum maßgebend.

1247 Erfolgt eine Spaltung auf eine GmbH mit der Folge, dass neue Anteile ausgegeben werden, ist zu berücksichtigen, dass § 9 Abs. 1 Satz 1 GmbHG die Übertragung negativen Reinvermögens verbietet. Das heißt, bei einer Spaltung darf nur ein positiver Saldo an Vermögensgegenständen und Schulden auf den übernehmenden Rechtsträger abgespalten oder ausgegliedert werden. Dabei sind die Verkehrswerte des übertragenen Vermögens maßgeblich und nicht die Buchwerte. Pensionsverpflichtungen können folglich auf eine GmbH nur dann abgespalten oder ausgegliedert werden, wenn Deckungsvermögen mit übertragen wird, dass größer ist als der Verkehrswert der Pensionsverpflichtung.[1] Der steuerliche Rückstellungswert nach § 6a EStG ist hier also nicht maßgeblich, sondern eher der handelsrechtliche Barwert oder ein Versichererbarwert.

Darüber hinaus gilt bei haftungsbeschränkten Gesellschaften ein Kapitalerhal- 1248
tungsrecht mit der Folge, dass die Belastung der aufnehmenden Gesellschaft mit einem Verbindlichkeitsüberhang (Pensionsverpflichtung ohne zureichende Deckungsmittel) gegen das Auszahlungs- bzw. Einlagenrückgewährverbot (§ 30 Abs. 1 GmbHG, § 57 Abs. 1 AktG) verstößt. Dies hat zur Folge, dass die aufnehmende Gesellschaft bzw. im Insolvenzfall deren Insolvenzverwalter zehn Jahre nach Eintragung der Spaltung in das Handelsregister die objektive Unzulänglichkeit der mitgegebenen Deckungsmittel geltend machen können.[2]

Schließlich ist unter Fremdvergleichsgesichtspunkten zu beachten, dass auf- 1249
grund von BAG-Rechtsprechung bei unter den Schutzbereich des BetrAVG fallenden Arbeitnehmern zusätzlich noch ein arbeitsrechtlicher Gläubigerschutz greift. Das BAG hat mit Urteil v. 11.3.2008[3] die Spaltung von unverfallbaren Anwartschaften ausgeschiedener Mitarbeiter und von laufenden Versorgungsverpflichtungen zwar grds. ohne Zustimmung der ehemaligen Mitarbeiter für zulässig erklärt. Es hat aber gefordert, dass den versorgungspflichtigen Arbeitgeber grds. die arbeitsvertragliche Nebenpflicht trifft, die Gesellschaft, auf die Versorgungsverbindlichkeiten ausgegliedert werden, so auszustatten, dass sie nicht nur die laufenden Betriebsrenten zahlen kann, sondern auch zu den gesetzlich vorgesehenen Anpassungen in der Lage ist. Dabei gelte für die Bewertung der Versorgungsverbindlichkeiten ähnlich wie in der Versicherungswirtschaft ein gesteigertes Vorsichtsprinzip. Dementsprechend seien die Sterbetabellen der Versicherungswirtschaft – und nicht die Heubeck-Tabellen – zugrunde zu legen. Die steuerlichen Rechnungszinsfüße seien aus fiskalischen Gründen sehr hoch und nicht geeignet, für eine ausreichende Ausstattung der versorgungspflichtigen Gesellschaft zu sorgen. Es spreche viel dafür, von der auf einer vernünftigen kaufmännischen Beurteilung beruhenden Bandbreite der Zinssätze auszugehen und im Interesse der Rechtssicherheit und gemessen an der gebotenen Bewertungsvorsicht, die Untergrenze dieser Bandbreite

1 Vgl. Bula/Pernegger in Sagasser/Bula/Brünger, Umwandlungen § 19 Rz. 44; zur Abspaltung negativen Vermögens ohne Anteilsgewährung vgl. Janssen, „Rentner GmbH“ – neues Modell zur Beseitigung von Pensionszusagen?, NWB 2010 S. 1998.

2 Vgl. Wessels, ZIP 2010 S. 1417.

3 3 AZR 358/06, DB 2008 S. 2369.

zugrunde zu legen.[1] Zwar betont der BFH in Rz. 43 seines Urteils v. 12.12.2012,[2] dass der Übertragungswert der Pensionsverpflichtungen frei aushandelbar sei[3] und er daher auch in einem nicht marktgerechten Zinssatz keine Anhaltspunkte für eine Fehlbewertung erkennen könne. Die zuständigen Finanzämter neigen jedoch in der Praxis bei Betriebsprüfungen u. E. verstärkt dazu, in den Fällen Einzelrechtsnachfolge von Rentner-Gesellschaften diejenige Kapitalausstattung im Rahmen des Fremdvergleichs zu fordern, die als Einmalbeitrag an ein Lebensversicherungsunternehmen mit im Übertragungszeitpunkt identischer Versorgungsverpflichtung zu zahlen wäre.[4] Im Falle der partiellen Gesamtrechtsnachfolge und damit der Spaltung ist die FinVerw wegen der Nachhaftung i. d. R. weniger fordernd. Hier ist u. E. der Abzinsungssatz gem. § 253 Abs. 2 HGB eine geeignete Größe zur Bestimmung der erforderlichen Kapitalausstattung.[5] Dieser lag im August 2020 gem. § 253 Abs. 2 HGB bei 2,45 % (Zehn-Jahres-Durchschnitt) bzw. bei 1,74 % (Sieben-Jahres-Durchschnitt).

1250 Verstößt der übertragende Rechtsträger gegen diesen arbeitsrechtlichen Gläubigerschutz, können Schadensersatzansprüche entstehen;[6] zudem besteht ein Haftungsrisiko möglicherweise recht lange, denn der zehnjährige Haftungszeitraum beginnt nicht mit der Eintragung der Spaltung ins Handelsregister, sondern erst mit einer konkreten Verschlechterung der Vermögenslage bei der aufnehmenden GmbH, also erst dann, wenn die Aktiva die nach handelsrechtlichen Grundsätzen bewerteten Pensionsrückstellungen nicht mehr decken.[7]

1251 Geht es um die Spaltung von Versorgungsverpflichtungen an der Gesellschaft beherrschend beteiligter GGF, besteht zwar keine große Gefahr aus der arbeitsrechtlichen Gläubigerhaftung, da der Versorgungsberechtigte, als beherrschender GGF, nicht unter den Schutzbereich des BetrAVG fällt. Auch die umwandlungsrechtliche Haftung ließe sich sicherlich durch entsprechende Ver-

1 BAG v. 11.3.2008 - 3 AZR 358/06, DB 2008 S. 2369 unter B.II.4.d aa und bb der Entscheidungsgründe; vgl. auch Schulenburg, FR 2019 S. 996 (997); Willemsen in Kallmeyer, UmwG, 6. Aufl. 2017, § 134 Rz. 25.

2 BFH v. 12.12.2012 - I R 28/11, BStBl 2017 II S. 1265.

3 Mit Verweis auf Höfer, DB 2012 S. 2130 (2131 f.).

4 Vgl. auch Doetsch/Lenz, Versorgungszusagen an Gesellschafter-Geschäftsführer und Vorstände, 11. Aufl., S. 180.

5 Vgl. Schulenburg, FR 2019 S. 996 (997); Schnitker in Willemsen et al., Umstrukturierung und Übertragung von Unternehmen, 5. Aufl. 2016, Teil J, Rz. 596 f.; a. A. Kleffmann/Reich, BB 2009 S. 214 (216).

6 BAG v. 11.3.2008 - 3 AZR 358/06, DB 2008 S. 2369, unter B.II.4.d gg der Entscheidungsgründe; vgl. auch Schulenburg, FR 2019 S. 996 (997).

7 Vgl. Wessels, ZIP 2010 S. 1417.

einbarungen vertraglich minimieren (z. B. durch [teilweisen] Verzicht auf Pensionszahlungen durch den GGF für den Fall der Insolvenz einer der an der Spaltung beteiligten GmbHs). Gleichwohl könnte die FinVerw im Abspaltungs- bzw. Ausgliederungszeitraum die bestehenden haftungsrechtlichen Regelungen unter dem Blickwinkel des Fremdvergleichs für eine notwendige Kapitalausstattung der übernehmenden GmbH heranziehen und aus einer zu geringen Kapitalausstattung ggf. gesellschaftsrechtliche Konsequenzen in Form von verdeckten Einlagen (ggf. verbunden mit entsprechenden lohnsteuerrechtlichen Zuflüssen beim Gesellschafter-Geschäftsführer) ziehen.

Vor diesem Hintergrund und unter Beachtung der umwandlungsrechtlichen 1252
Kapitalerhaltungsregelungen müsste wohl sicherheitshalber das notwendige Deckungsvermögen auf der Basis der Sterbetabellen der Versicherungswirtschaft und einer am Abzinsungssatz gem. § 253 Abs. 2 HGB orientierten Verzinsung kalkuliert werden. Legt das BAG diesen Wert für die Ermittlung der arbeitsrechtlichen Versorgungsverpflichtung zugrunde, darf man wohl davon ausgehen, dass dieser Wert auch als Verkehrswert der Verpflichtung herangezogen werden kann. Es müsste also überlegt werden, welche Deckungsmittel ggf. zusätzlich zu bestehenden Rückdeckungsversicherungen mit abgespalten werden könnten.

(Einstweilen frei) 1253–1255

4. Arbeitsrechtliche Grundlagen einer Übertragung

Je nachdem, welche zivilrechtliche oder umwandlungsrechtliche Übertragung 1256
der Versorgungszusage gewählt wird und ob im Zuge dessen – automatisch oder durch vertragliche Vereinbarung – auch das Arbeits- bzw. Dienstverhältnis auf den neuen Rechtsträger übergeht, ergeben sich sehr unterschiedliche arbeitsrechtliche Folgewirkungen für den versorgungsberechtigten GGF und ggf. auch die übertragende GmbH.

a) Übertragungsverbot des § 4 BetrAVG

Erfolgt die Übertragung der Versorgungsverpflichtung im Rahmen der Einzel- 1257
rechtsnachfolge durch eine zivilrechtliche Schuldübernahme gem. §§ 414 ff. BGB (vgl. Rz. 1235), so ist zu beachten, dass § 4 BetrAVG aus arbeitsrechtlicher Sicht als lex specialis, die zivilrechtlichen Regelungen der §§ 414 ff. BGB verdrängt. Mit anderen Worten: Bei Versorgungsberechtigten, die unter den Schutzbereich des BetrAVG fallen, so auch der arbeitsrechtlich nicht beherrschend beteiligte GGF, in dessen Pensionszusage die Anwendung des § 4

BetrAVG nicht analog § 19 Abs. 1 BetrAVG abbedungen wurde[1] (vgl. Rz. 1179), ist eine Vereinbarung zur Schuldübernahme im Zusammenhang mit einer Versorgungsverpflichtung nur dann wirksam, wenn sie nicht gegen das indirekt in § 4 BetrAVG enthaltene Übertragungsverbot verstößt. Liegt ein Verstoß gegen diese Vorschrift vor, ist die Schuldübernahmevereinbarung gem. § 134 BGB nichtig mit der Folge, dass der Versorgungsberechtigte bei Eintritt des Versorgungsfalls den ursprünglichen Schuldner, also die übertragende GmbH in Anspruch nehmen kann.[2] Im Falle der partiellen Gesamtrechtsnachfolge (vgl. Rz. 1241 ff.) und des Betriebsübergangs gem. § 613a BGB findet § 4 BetrAVG keine Anwendung (vgl. Rz. 1260 f. und Rz. 1262 ff.).[3]

1258 Obwohl § 4 BetrAVG positiv formuliert ist, normiert die Vorschrift im Ergebnis ein grds. Übertragungsverbot, von dem nur die in § 4 BetrAVG ausdrücklich bezeichneten Ausnahmen vorgesehen sind. Danach ist die schuldbefreiende Übertragung von gesetzlich unverfallbaren Versorgungsanwartschaften oder laufenden Leistungen nur im Fall des Arbeitgeberwechsels (§ 4 Abs. 2 und 3 BetrAVG) sowie im Fall der Unternehmensliquidation (§ 4 Abs. 4 BetrAVG) zulässig. Außerdem ist der Kreis der möglichen Übernehmer begrenzt, denn im Fall des Arbeitgeberwechsels kommt nur der neue Arbeitgeber (§ 4 Abs. 2 BetrAVG) bzw. ein von diesem eingeschalteter Versorgungsträger (§ 4 Abs. 3 BetrAVG) in Betracht und im Fall der Liquidation eine Pensionskasse oder ein Unternehmen der Lebensversicherung (§ 4 Abs. 4 BetrAVG). Bei ausschließlich zivilrechtlicher Betrachtung einer Übertragung i. S. d. §§ 414 ff. BGB bestünde hingegen keine Einschränkung, d. h., die Übertragung könnte auch unabhängig von einem Arbeitgeberwechsel oder einer Liquidation der zusagenden GmbH erfolgen.

1259 Damit bleibt festzuhalten, dass eine Schuldübernahme nach §§ 414 ff. BGB, unter Einbeziehung der arbeitsrechtlichen Regelungen, nur hinsichtlich der einem im arbeitsrechtlichen Sinne beherrschenden GGF erteilten Versorgungszusage wirksam sein kann; dasselbe gilt für einen nicht beherrschenden GGF, in dessen Pensionszusage die Anwendung des § 4 BetrAVG analog § 19 Abs. 1 BetrAVG abbedungen wurde (vgl. Rz. 1179). Hinsichtlich der Versorgungszusagen an übrige nicht beherrschende GGF, Arbeitnehmer-Ehegatten und andere Arbeitnehmer sowie Personen i. S. v. § 17 Abs. 1 Satz 2 BetrAVG kommen im Rahmen der Einzelrechtsnachfolge nur ein Schuldbeitritt gem. § 421 BGB (vgl. Rz. 1238) und/oder eine interne Erfüllungsübernahme gem. § 329 BGB (vgl. Rz. 1240) in Betracht – und zwar ungeachtet dessen, ob die genannten Per-

1 BGH v. 23.5.2017 - II ZR 6/16, NWB 2017 S. 2249.

2 Vgl. Rolfs in Blomeyer/Rolfs/Otto, 7. Aufl., § 4 Rz. 42 bis 48.

3 Vgl. Blomeyer/Rolfs/Otto, 7. Aufl., § 4 Rz. 11.

sonen sich noch in der Anwartschaftsphase oder schon in der Leistungsphase befinden. Da der Schuldbeitritt und die Erfüllungsübernahme die rechtliche Verpflichtung des Arbeitgebers gegenüber dem Versorgungsberechtigten nicht tangieren, liegt insoweit kein Verstoß gegen § 4 BetrAVG vor. Allerdings erfüllen Schuldbeitritt und Erfüllungsübernahme häufig nicht die mit der Auslagerung zu erreichenden Zielvorstellungen der Beteiligten – nämlich die endgültige rechtliche Enthaftung des ursprünglich zusagenden Arbeitgebers, denn der Schuldbeitritt führt im Rahmen der Gesamtschuldnerschaft gem. § 421 BGB nur zu einer wirtschaftlichen, nicht jedoch juristischen Freistellung und die Erfüllungsübernahme berührt nur das Innenverhältnis zwischen der abgebenden Kapitalgesellschaft, die weiterhin Schuldnerin verbleibt, und dem aufnehmenden Unternehmen.

b) Betriebsübergang – § 613a BGB

Erfolgt eine Schuldübernahme bzgl. der Versorgungszusage im Fall des Be- 1260
triebsübergangs gem. § 613a BGB, findet § 4 BetrAVG keine Anwendung, soweit die Versorgungszusagen von aktiven Arbeitnehmern betroffen sind, denn insoweit ist vom Fortbestand des aktiven Arbeitsverhältnisses auszugehen mit der Folge, dass die Versorgungszusagen vom neuen Arbeitgeber fortzuführen sind. Damit handelt es sich nicht um eine Übertragung i. S. d. § 4 BetrAVG. Allerdings haftet der bisherige Arbeitgeber gem. § 613a Abs. 2 BGB neben dem neuen Inhaber für diese Versorgungsverpflichtungen, soweit sie vor dem Zeitpunkt des Übergangs entstanden sind und vor Ablauf von einem Jahr nach diesem Zeitpunkt fällig werden, als Gesamtschuldner. Versorgungszusagen bereits ausgeschiedener Arbeitnehmer und laufende Versorgungsverpflichtungen verbleiben im Fall des Betriebsübergangs beim bisherigen Arbeitgeber mit der Folge, dass insoweit für die Frage einer – anderweitig zu begründenden – Drittschuldnerschaft (z. B. ausdrücklich vereinbarte Schuldübernahme gem. §§ 414 ff. BGB) wieder die Einschränkungen des § 4 BetrAVG zu beachten sind.[1]

Ein Betriebsübergang i. S. d. § 613a BGB wird jedoch in den Fällen, in denen die 1261
Auslagerung der Versorgungsverpflichtung gewünscht wird, i. d. R. nicht vorliegen, da ja gerade das operative Geschäft und die Versorgungsverpflichtung getrennt werden sollen.

1 Vgl. Blomeyer/Rolfs/Otto, 7. Aufl., § 4 Rz. 13 und 31.

c) Umwandlungsrechtliche Abspaltung oder Ausgliederung

1262 Soll die Schuldübernahme im Wege einer umwandlungsrechtlichen Abspaltung oder Ausgliederung (§ 123 Abs. 2 und 3 UmwG) erfolgen, führt die damit verbundene Schuldübernahme zu einer partiellen Gesamtrechtsnachfolge. Da es sich – anders als bei einer zivilrechtlichen Schuldübernahme nach §§ 414 ff. BGB – nicht um eine vertraglich vereinbarte Einzelrechtsnachfolge handelt, gelten die Beschränkungen des § 4 BetrAVG nicht.[1] Die Rechtsfolgen der Übernahme treten vielmehr ausschließlich aufgrund der gesetzlichen Regelung des UmwG ein, das diesbezüglich keinen Verweis auf die Anwendung des § 4 BetrAVG enthält. Gemäß § 126 Abs. 1 Nr. 9 UmwG kann grds. frei bestimmt werden, zu welchem Rechtsträger die einzelnen Vermögensgegenstände gehören sollen mit der Folge, dass sämtliche Versorgungsverpflichtungen in arbeitsrechtlich zulässiger Weise in einer Gesellschaft gebündelt werden können. Nach Meinung des BAG gilt dies auch ohne Zustimmung des Versorgungsberechtigten[2] und wohl auch unabhängig davon, ob das Arbeitsverhältnis des Versorgungsberechtigten mit auf den neuen Rechtsträger übergeht.

1263 Allerdings ist zu beachten, dass bei einer Abspaltung und Ausgliederung von Pensionsverpflichtungen der übertragende Rechtsträger – also der Arbeitgeber – weiterhin einer befristeten Mithaftung neben dem aufnehmenden Rechtsträger unterliegt (vgl. Rz. 1246).

1264–1270 *(Einstweilen frei)*

5. Folgen für die Steuerbilanz

a) Steuerbilanzielle Behandlung der Einzel- und der Gesamtrechtsnachfolge

1271 Im Rahmen des AIFM-StAnpG vom 18.12.2013[3] hat der Gesetzgeber mit § 4f und § 5 Abs. 7 EStG gesetzliche Neuregelungen geschaffen. Diese sollen verhindern, dass es im Fall der Einzelrechtsnachfolge mit Hilfe von Schuldübernahme, Schuldbeitritt oder Erfüllungsübernahme mit ganzer oder teilweiser Schuldfreistellung (vgl. Rz. 1236 ff.) und im Falle der partiellen Gesamtrechtsnachfolge[4] (vgl. Rz. 1241 ff.) zur sofortigen steuerwirksamen Aufdeckung der z. B. in Pensionsrückstellungen schlummernden stillen Lasten kommt, wie es

1 Vgl. Blomeyer/Rolfs/Otto, 7. Aufl., § 4 Rz. 11 und 34 ff.

2 BGBl 2013 I S. 4318.

3 Vgl. Beschluss des BAG v. 22.2.2005 - 3 AZR 499/03, DB 2005 S. 954 und Blomeyer/Rolfs/Otto, 7. Aufl., § 4 Rz. 32.

4 BT-Drucks. 18/68 (neu) S. 73; BMF v. 30.11.2017, BStBl 2017 I S. 1619, Rz. 19; vgl. auch: Schulenburg, FR 2019 S. 996 (998), m. w. N.

die BFH-Rechtsprechung[1] zuvor entschieden hatte. Der I. Senat kam in beiden Judikaten zum Ergebnis, dass im Zuge einer Schuldübernahme bzw. einer Ausgliederung entgeltlich übernommene Pensionsverpflichtungen sowohl in der Eröffnungsbilanz als auch in den Folgebilanzen der übernehmenden Gesellschaft mit den Anschaffungskosten und nicht mit den Teilwerten nach Maßgabe des § 6a Abs. 3 EStG anzusetzen seien. Die Bewertungsregeln des § 6a Abs. 3 EStG würden den Ansatz mit den Anschaffungskosten weder in der Eröffnungsbilanz noch in der Schlussbilanz des Wirtschaftsjahres der Übernahme einschränken. Die Nichtanwendung dieses lex specialis resultiere aus dem übergeordneten Prinzip der bilanziellen Neutralität von Anschaffungsvorgängen. Das Gebot, Gewinne nur zu berücksichtigen, wenn sie am Abschlussstichtag realisiert seien, gehöre zu den wesentlichen Grundsätzen ordnungsgemäßer Buchführung (GoB). Nach der Gesetzesbegründung zu § 4f EStG führe jene Rechtsprechung des BFH zu Steuerausfallsrisiken in Milliardenhöhe und ermögliche insbesondere verbundenen Unternehmen erhebliches steuerliches Gestaltungspotenzial; zur Vermeidung sei eine gesetzliche Regelung geboten, die die Aufwandsrealisierung zeitlich streckt.[2]

aa) Beim übertragenden Unternehmen

Über § 4f EStG soll sichergestellt werden, dass die realisierten stillen Lasten 1272
sich beim übertragenden Unternehmen – von Ausnahmefällen abgesehen – nicht in voller Höhe im Wirtschaftsjahr der Übertragung, sondern über 15 Jahre verteilt gewinn- und damit steuermindernd auswirken.[3] Stille Lasten aus Pensionsverpflichtungen entstehen in der Steuerbilanz durch die Unterbewertung des § 6a Abs. 3 EStG; sie werden im Rahmen einer Übertragung der Pensionsverpflichtung beim übertragenden Unternehmen realisiert, wenn dieses dem übernehmenden/beitretenden Unternehmen einen Ausgleich für dessen Übernahme/Beitritt zahlt, der den Teilwert der bis zum vorangegangenen Bilanzstichtag gebildeten Pensionsrückstellungen i. S. v. § 6a Abs. 3 EStG übersteigt. Im Jahr der Schuldübernahme durch einen Dritten (z. B. eine Rentner-Gesellschaft) bzw. des Schuldbeitritts mit oder ohne Erfüllungsübernahme darf gem. § 4f Abs. 1 Satz 2 Halbsatz 1 EStG zunächst nur der Betrag betriebsausgabenwirksam abgezogen werden, der dem Betrag der aufzulösenden Pensionsrückstellung entspricht. Der übersteigende Teil des Entgelts für die

1 BFH v. 12.12.2012 - I R 69/11, BStBl 2017 II S. 1232 zum Betriebsübergang nach § 613a BGB und BFH v. 12.12.2012 - I R 28/11, BStBl 2017 II S. 1265 zur Ausgliederung nach § 123 Abs. 3 Nr. 2 UmwG.

2 Vgl. BR-Drucks. 740/13 S. 75 und BT-Drucks. 18/68 S. 73.

3 Vgl. ausführlich: Dommermuth in KKB, § 4f EStG Rz. 16 ff.

Schuldübernahme ist in 15 Teile aufzuteilen, wovon ein Teil noch im Jahr der Schuldübernahme gewinnwirksam wird und die restlichen 14 Teile gleichmäßig auf die nächsten 14 Wirtschaftsjahre zu verteilen sind (gem. § 4f Abs. 1 Satz 2 Halbsatz 2 EStG).

1273 Abweichend davon kommt gem. § 4f Abs. 1 Satz 3 EStG bereits im Jahr der Schuldübernahme der volle Betriebsausgabenabzug für das gezahlte Entgelt in Betracht, wenn die Schuldübernahme im Zusammenhang mit der Veräußerung oder Aufgabe eines ganzen Betriebes oder eines gesamten Mitunternehmeranteils erfolgt, im Zusammenhang mit einem Arbeitnehmerwechsel zu einem neuen Arbeitgeber unter Mitnahme der erworbenen Pensionsansprüche steht oder die Übertragung der Verbindlichkeit durch kleine oder mittlere Betriebe i. S. d. § 7g Abs. 1 Satz 2 Nr. 1 Buchst. a bis c EStG erfolgt.

1274 Gemäß § 4f Abs. 2 EStG kommen die Ausnahmetatbestände des Satzes 3 bei Schuldbeitritten und Erfüllungsübernahmen nicht zum Tragen. Hinsichtlich der ersten beiden Ausnahmetatbestände (Veräußerung oder Aufgabe eines ganzen Betriebes oder Mitunternehmeranteils und Arbeitgeberwechsel) ist dies auch nachvollziehbar, da beide Ausnahmetatbestände einen Schuldnerwechsel voraussetzen, der beim Schuldbeitritt und bei der Erfüllungsübernahme nicht gegeben ist. Warum allerdings die Regelung für kleine oder mittlere Betriebe nicht zur Anwendung kommen soll, ist nicht nachvollziehbar. Möglicherweise handelt es sich um ein redaktionelles Versehen im Gesetzgebungsverfahren.[1] Es bleibt abzuwarten, ob diesbezüglich in Zukunft eine Korrektur erfolgt. Das BMF-Schreiben v. 30.11.2017[2] hat sich dazu nicht geäußert.

1275 Der Ausnahmetatbestand (vgl. Rz. 1273) der Veräußerung oder Aufgabe eines ganzen Betriebes oder eines gesamten Mitunternehmeranteils (Ausnahme-Alternative 1) greift nur dann, wenn es sich um Veräußerungs- oder Aufgabevorgänge i. S. d. §§ 14, 16 Abs. 1, 3 und 3a sowie des § 18 Abs. 3 EStG handelt, nicht hingegen bei Share Deals und Umwandlungsvorgängen;[3] er greift daher für die Rentner-Gesellschaft nicht. Auch die Ausnahme-Alternative 2 (Arbeitgeberwechsel unter Mitnahme der Pensionsanwartschaften) geht im Zusammenhang mit einer Rentner-Gesellschaft ins Leere, da diese kein neuer Arbeitgeber in dem Sinne ist. Lediglich ein auf eine Rentner-Gesellschaft übertragendes Unternehmen, welches die Größenmerkmale des § 7g EStG für kleine und

1 In diesem Sinne Schindler, GmbHR 2014 S. 561.

2 BMF v. 30.11.2017, BStBl 2017 I S. 1619, Rz. 34.

3 Vgl. BR-Drucks. 740/13 S. 76; Dommermuth in KKB, § 4f EStG Rz. 33; Benz/Placke, DStR 2013 S. 2653; Pradl, Pensionszusagen an GmbH-Geschäftsführer, 4. Aufl. 2019, Rz. 1991; a. A.: Frotscher/Geurts, § 4f EStG Rz. 31 ff.

mittlere Betriebe am Schluss des dem Übertragungszeitpunkt vorangegangenen Wirtschaftsjahrs nicht überschreitet (Ausnahme-Alternative 3), kann die Ausnahme des § 4f Abs. 1 Satz 3 EStG nutzen.

bb) Beim übernehmenden/beitretenden Unternehmen

Pensionsverpflichtungen sind, da sie beim ursprünglich Verpflichteten zumin- 1276
dest dem Bewertungsvorbehalt des § 6a Abs. 3 Satz 3 EStG, u. U. zusätzlich den Ansatzbeschränkungen des § 6a Abs. 1 oder 2 EStG unterlegen haben,[1] gem. § 5 Abs. 7 Satz 1 EStG zu den auf die Übernahme folgenden Abschlussstichtagen beim Übernehmer und dessen Rechtsnachfolger so zu bilanzieren, wie sie beim ursprünglich Verpflichteten ohne Übernahme zu bilanzieren wären; dies gilt auch für den Betriebsübergang i. S. d. § 613a BGB[2] und – allerdings nur für den Fall der Ausgliederung i. S. v. § 123 Abs. 3 UmwG[3] (vgl. Rz. 1248) – die Gesamtrechtsnachfolge.[4] Erhält das übernehmende vom übertragenden Unternehmen Ausgleichszahlungen, sind die übernommenen Pensionsverpflichtungen im Zeitpunkt der Übernahme zunächst mit ihren Anschaffungskosten in Höhe jener Vermögenswerte in der Buchhaltung zu erfassen, am darauffolgenden Bilanzstichtag jedoch gewinnwirksam wieder auf den maßgebenden § 6a-EStG-Wert abzuschmelzen oder aufzustocken; ist die Ausgleichszahlung markt- und nicht am Teilwert des § 6a EStG orientiert, erfolgt regelmäßig eine gewinnerhöhende Abschmelzung. Erfolgte die Übernahme in einem Wirtschaftsjahr, das vor dem 29.11.2013 endete, durfte das übernehmende Unternehmen aufgrund der bis dahin gültigen BFH-Rechtsprechung[5] auf die Abschmelzung verzichten (vgl. Rz. 1283 ff.).[6] Allerdings ist der Teilwert der betreffenden Pensionsrückstellung bei Gewährung einer solchen Ausgleichszahlung gem. § 5 Abs. 7 Satz 4 EStG unter bestimmten Voraussetzungen (vgl. Rz. 1278) in modifizierter Weise zu berechnen, wodurch jene gewinnerhöhende Abschmelzung geringer ausfällt als bei unmodifizierter Anwen-

1 Vgl. Dommermuth in KKB, § 4f EStG Rz. 23.

2 Ergibt sich aus der Aussage in Rz. 27 des BMF-Schreibens v. 30.11.2017 (BStBl 2017 I S. 1619), dass lediglich die Sonderregel des § 5 Abs. 7 Satz 4 EStG bei Geltung des § 613a BGB nicht anzuwenden sei, da in diesem Falle ein Unternehmenswechsel nicht erfolge; vgl. auch: Schulenburg/Lüder, FR 2019 S. 213 (217).

3 Vgl. ausführlich: Schulenburg, FR 2019 S. 996 (998 f.), m. w. N.

4 BT-Drucks. 18/68 (neu), S. 73; BMF v. 30.11.2017, BStBl 2017 I S. 1619, Rz. 19; vgl. auch: Dommermuth in HHR, EStG, § 6a Anm. 109; Schulenburg, FR 2019 S. 996 (998), m. w. N.

5 BFH v. 12.12.2012 - I R 69/11, BStBl 2017 II S. 1232 zum Betriebsübergang nach § 613a BGB und BFH v. 12.12.2012 - I R 28/11, BStBl 2017 II S. 1265 zur Ausgliederung nach § 123 Abs. 3 Nr. 2 UmwG.

6 BMF v. 30.11.2017, BStBl 2017 I S. 1619, Rz. 6 f.

dung des § 6a Abs. 3 EStG (vgl. Rz. 1278). § 5 Abs. 7 Satz 2 EStG regelt für Fälle des Schuldbeitritts oder der Erfüllungsübernahme mit vollständiger oder teilweiser Schuldfreistellung für die sich aus diesem Rechtsgeschäft ergebenden Verpflichtungen, die sinngemäße Anwendung des Satzes 1.

1277 Der Gewinn, der sich bei jener Abschmelzung ergibt, kann gem. § 5 Abs. 7 Satz 5 EStG grundsätzlich auf das Jahr der Schuldübernahme/des Schuldbeitritts und die 14 Folgejahre verteilt werden, indem im Jahr der Schuldübernahme/des Schuldbeitritts eine steuerfreie Rücklage i. H.v. 14/15tel des Auflösungsgewinns gebildet wird, es sei denn, § 5 Abs. 7 Satz 4 EStG kommt zur Anwendung (vgl. Rz. 1278 und Rz. 1281). Anders als bei der Verteilung des Aufwands beim ursprünglichen Verpflichteten handelt es sich hier um ein Wahlrecht. Außerdem sieht das Gesetz vor, dass die Rücklage i. H.v. 14/15tel nicht zwingend gleichmäßig aufgelöst werden muss. Es muss je folgendem Wirtschaftsjahr nur mindestens ein 14tel aufgelöst werden. Sollte es bilanzpolitisch geboten sein – z. B. in Verlustjahren – darf auch ein höherer Anteil aufgelöst werden, so dass sich der Verteilzeitraum nachträglich verkürzt. Lediglich der Abzug im Jahr der Schuldübernahme/des Beitritts ist auf 1/15tel begrenzt. Fällt die übernommene Verpflichtung vor Ablauf des Verteilzeitraums weg, ist die verbleibende Rücklage in dem Jahr verpflichtend aufzulösen.

1278 Im Gegensatz zu § 4f Abs. 1 Satz 3 EStG (vgl. Rz. 1273) ermöglicht § 5 Abs. 7 EStG für nach dem 28.11.2013 erfolgte Übernahmen (vgl. Rz. 1276) keine Ausnahmeregelung, sodass es bei Erhalt von Ausgleichszahlungen und damit der Übernahme von Vermögenswerten grundsätzlich zu der in Rz. 1276 beschriebenen gewinnerhöhenden Abschmelzung kommt. Allerdings erfolgt in diesem Falle die Ermittlung des Teilwertes gem. § 5 Abs. 7 Satz 4 EStG in derart modifizierter Form (sog. „Teilwertsplitting“,[1] vgl. Rz. 1276), dass der Abschmelzungsbetrag möglichst geringgehalten wird. Satz 4 ist ausschließlich für den Fall der Übernahme von Pensionsverpflichtungen gegenüber Arbeitnehmern inkl. GGF anzuwenden, die bisher in einem anderen Unternehmen tätig waren und den Arbeitgeber unter gleichzeitiger Übernahme von Vermögenswerten bzw. Ausgleichszahlungen wechseln (Unternehmenswechsel).[2] Auf einen Betriebsübergang gem. § 613a BGB darf diese Sonderregel nach Meinung der FinVerw allerdings nicht angewandt werden, da dieser keinen Unternehmenswechsel i. S. jenes Satzes 4 darstellt;[3] in Bezug auf die Teilwertprämie knüpft die Teilwert-

1 Vgl. Bolik, StuB 2017 S. 156 (157); Bolik/Selig-Kraft, DStR 2017 S. 169 (171).

2 BMF v. 30.11.2017, BStBl 2017 I S. 1619, Rz 7; Tiedchen in HHR, EStG, § 5 Anm. 2460.

3 BMF v. 30.11.2017, BStBl 2017 I S. 1619, Rz. 27; a. A. Huth/Wittenstein, DStR 2015 S. 1088 (1091).

berechnung in diesem Falle jedoch weiterhin an den Zeitpunkt des Diensteintritts beim Betriebsveräußerer an,[1] wodurch das Problem reduziert wird. Da das BMF die Anwendung des § 5 Abs. 7 Satz 4 EStG explizit nur für den Betriebsübergang ausschließt, ist die Regelung bei Gesamtrechtsnachfolge u. E. anwendbar. Da eine Rentner-Gesellschaft kein neuer Arbeitgeber im Sinne jenes Unternehmenswechsels ist, gilt § 5 Abs. 7 Satz 4 EStG u. E. bei ihr nicht.

§ 5 Abs. 7 Satz 4 EStG entspricht der bereits seit 1975 ursprünglich in Abschn. 41 Abs. 12 EStR 1975 enthaltenen, später in R 6a Abs. 13 EStR 2012 fortgeführten modifizierten Teilwertberechnung bei Übernahme von Pensionsverpflichtungen und dem gleichzeitigen Erhalt von Vermögenswerten. Quintessenz jenes Teilwertsplittings (vgl. Rz. 1278) ist es, lediglich für den bereits beim übertragenden Arbeitgeber erdienten Past Service der übernommenen Pensionsverpflichtung den zur Teilwertberechnung in der Anwartschaftsphase gem. § 6a Abs. 3 Satz 2 Nr. 1 EStG erforderlichen Prämienbarwert[2] um den Wert des übernommenen Vermögens zu reduzieren und damit den auf jenen Past Service entfallenden Teilwert als Wertdifferenz[3] zu erhöhen. Auf diese Weise erhöht sich der Teilwert des Past Service einer Direktzusage in Höhe von 1.000 € erdienter monatlicher Alters- und Invalidenrente, der auf damaliger Basis der Heubeck-Richttafeln 2005G ohne Übertragung beim ehemaligen Arbeitgeber A zum 31.12.2016 45.588 € betragen hätte, beim neuen Arbeitgeber B auf 63.012 € (entspricht dem Anwartschaftsbarwert) zum selben Bilanzstichtag, wenn die Ausgleichszahlung für die Übernahme jenes Past Service 59.808 € (entspricht dem Anwartschaftsbarwert des Past Service zum vorangegangenen Bilanzstichtag) oder mehr betragen hätte.[4] 1279

Da der beim neuen Arbeitgeber erdienbare Future Service normal gem. § 6a Abs. 3 Satz 2 Nr. 1 EStG bewertet wird[5] und dabei dessen Teilwertprämie am Beginn des neuen Dienstverhältnisses ansetzt, setzt sich der gesamte Teilwert aus zwei Bereichen zusammen (daher „Teilwertsplitting“). 1280

Übersteigt das für den übernommenen Past Service erhaltene Entgelt den gem. Rz. 1279 ermittelten Teilwertanteil des Past Service, ist der beim übernehmenden Unternehmen insoweit entstehende Übernahmegewinn im Ver- 1281

1 H 6a Abs. 10 „Tatsächlicher Diensteintritt“ EStH; vgl. Dommermuth in HHR, EStG, § 6a Anm. 109; Höfer, BetrAV 2014 S. 134 (135); Schulenburg/Lüder, FR 2019 S. 213 (217).

2 Vgl. zum Begriff: Dommermuth in HHR, EStG, § 6a Anm. 102; Höfer/Veit/Verhuven, Betriebsrentenrecht, 20. Aufl. 2019, Bd. II, Kap. 2 Rz. 216 und 227.

3 Vgl. Dommermuth in HHR, EStG, § 6a, Anm. 101.

4 Vgl. zum Beispiel: Schulenburg/Lüder, FR 2019 S. 213 (215 f.); Kraft/Engelstädter, BetrAV 2018 S. 461 (462).

5 Vgl. Huth/Schulenburg, StuB 2015 S. 20 (21 f.); Tiedchen in HHR, EStG, § 5 Anm. 2460.

anlagungszeitraum der Übernahme in voller Höhe zu versteuern, da die in Rz. 1277 skizzierte Verteilungsregelung des § 5 Abs. 7 Satz 5 EStG aufgrund eindeutiger gesetzlicher Formulierung – Satz 5 verweist lediglich auf die Sätze 1 bis 3 – nicht anwendbar ist.[1] Erreicht das Entgelt den Barwert hingegen nicht, ist die insoweit unterdeckte Versorgungsverpflichtung vom Jahr des Übergangs des Arbeitsverhältnisses bis zum Eintritt des Versorgungsfalles nach den Regeln des § 6a Abs. 3 Satz 2 Nr. 1 EStG zu bewerten, indem unterstellt wird, dass das übernehmende Unternehmen kalkulatorisch in jedem Dienstjahr ab der Verpflichtungsübernahme eine gleichbleibende Prämie für den durch den Barwert nicht gedeckten Teil der Versorgungsverpflichtung aufwendet und dass sich hieraus ein „Deckungskapital" aufbaut, das jenen Teil der Pensionsrückstellung bestimmt. Dieser Pensionsrückstellungsteil wird zu dem Pensionsrückstellungsteil aus dem Barwertentgelt hinzuaddiert, das ebenfalls noch von Jahr zu Jahr versicherungsmathematisch fortentwickelt wird.[2]

1282 Bei Anwendung des § 5 Abs. 7 Satz 4 EStG bewegt sich der auf den Past Service entfallende und im Veranlagungszeitraum der Übertragung komplett steuerpflichtige Übernahmegewinn aufgrund der modifizierten Teilwertberechnung im Rahmen des Teilwertsplittings somit in „überschaubaren" Grenzen (vgl. Rz. 1279). Bei Rentner-Gesellschaften und Betriebsübergängen i. S. d. § 613a BGB, bei denen § 5 Abs. 7 Satz 4 EStG jedoch nicht anwendbar ist, darf der teilweise bedeutende Übernahmegewinn allerdings gem. § 5 Abs. 7 Satz 5 EStG mittels steuerfreier Rücklage über max. 15 Jahre verteilt werden (vgl. Rz. 1277).

cc) Anwendungsregelung

1283 Nach § 52 Abs. 8 und 9 EStG sind die neuen gesetzlichen Vorschriften des § 4f und § 5 Abs. 7 EStG erstmals für Wirtschaftsjahre anzuwenden, die nach dem 28.11.2013 enden. Die Anwendungsvorschrift orientiert sich dabei an dem Tag des Gesetzesbeschlusses im Bundestag. Folglich bleiben für das übertragende Unternehmen Schuldübertragungen oder vereinbarte Beitritte (ggf. mit Erfüllungsübernahme), die vor dem nach dem 28.11.2013 endenden Wirtschaftsjahr erfolgt sind, von der gesetzlichen Neuregelung unberührt. Erfolgte die Schuldübertragung, der Schuldbeitritt hingegen zu einem Datum vor dem

1 Vgl. Höfer, BetrAV 2014 S. 134 (135); Schulenburg/Lüder, FR 2019 S. 213 (214); a. A.: Dötsch/Pung/Möhlenbrock, KStG, § 8 Abs. 3 KStG, Teil B, Rz. 262; Pradl, Pensionszusagen an GmbH-Geschäftsführer, 4. Aufl. 2019, Rz. 2038 bis 2041.

2 Vgl. Höfer, BetrAV 2014 S. 134.

28.11.2013, aber in dem Wirtschaftsjahr, das erst nach diesem Datum endet, gilt hingegen bereits die gesetzliche Neuregelung (sog. unechte Rückwirkung).

Beim Übernehmer der Schuld hingegen treten die Wirkungen der gesetzlichen Neuregelung auch für Altfälle ein. Folglich kann auch viele Jahre nach einer Schuldübernahme oder einem Schuldbeitritt (ggf. mit Erfüllungsübernahme) ein Erwerbsgewinn entstehen, da die ursprünglichen Anschaffungskosten der Verbindlichkeit in der Steuerbilanz auf einen niedrigeren Wert abgeschmolzen werden müssen. Bei Schuldübertragungen, Schuldbeitritten und Erfüllungsübernahmen, die vor dem 14.12.2011 vereinbart wurden, ist § 5 Abs. 7 Satz 5 EStG allerdings mit der Maßgabe anzuwenden, dass für einen Gewinn, der sich daraus ergibt, jeweils i. H.v. 19/20steln (statt 14/15teln) eine gewinnmindernde Rücklage gebildet werden kann, die in den folgenden 19 Wirtschaftsjahren jeweils mit mindestens einem 19tel gewinnerhöhend aufzulösen ist. Darüber hinaus gilt, dass § 5 Abs. 7 EStG auf Antrag auch für frühere Wirtschaftsjahre angewendet werden kann, d. h., wenn z. B. für ein Wirtschaftsjahr vor 2013 bessere steuerliche Ergebnisse erzielt werden können und die Steuerfestsetzung verfahrensrechtlich noch änderbar ist, kann für eine vor 2013 erfolgte Schuldübernahme oder einen Beitritt, die Abschmelzung auf den nach § 5 Abs. 7 EStG maßgebenden Wert für ein beliebiges Wirtschaftsjahr ab dem Datum der Schuldübernahme/des Schuldbeitritts bis spätestens dem nach dem 28.11.2013 endenden Wirtschaftsjahr vorgenommen werden. 1284

Für die Zeit vor Inkrafttreten der gesetzlichen Neuregelungen in § 4f und § 5 Abs. 7 EStG kommt die BFH-Rechtsprechung in den noch offenen Fällen zur Anwendung, da die FinVerw die einschlägigen BFH-Urteile vom 12.12.2012 (vgl. Rz. 1276) im Bundessteuerblatt veröffentlicht[1] und die anderslautenden BMF-Schreiben v. 16.12.2005 und v. 24.6.2011 aufgehoben hat.[2] 1285

b) Umwandlungsrechtliche Abspaltung oder Ausgliederung

Geht Vermögen einer GmbH durch Abspaltung auf eine andere GmbH über, gelten die §§ 11 bis 13 UmwStG gem. § 15 Abs. 1 Satz 1 UmwStG entsprechend. Danach ist die abspaltende GmbH (übertragende Gesellschaft gem. Rz. 1272 ff.) zunächst gem. § 11 Abs. 1 Satz 1 UmwStG verpflichtet, eine steuerliche Schlussbilanz auf den steuerlichen Übertragungsstichtag zu erstellen. Dabei sind die übergehenden Wirtschaftsgüter grds. mit dem gemeinen Wert 1286

1 BFH v. 12.12.2012 - I R 69/11, BStBl 2017 II S. 1232, zum Betriebsübergang nach § 613a BGB und BFH v. 12.12.2012 - I R 28/11, BStBl 2017 II S. 1265, zur Ausgliederung nach § 123 Abs. 3 Nr. 2 UmwG.

2 BMF v. 30.11.2017, BStBl 2017 I S. 1619, Rz. 34.

anzusetzen; für den Ansatz von Pensionsrückstellungen sieht § 11 Abs. 1 Satz 2 UmwStG allerdings eine Sonderregelung vor, indem diese mit dem Teilwert nach § 6a EStG anzusetzen sind. Soweit das übergehende Deckungsvermögen aus Barmitteln in Eurowährung und nicht aus Wertpapieren oder Fremdwährung besteht, führt der Ansatz des gemeinen Werts insoweit nicht zu einer Gewinnwirkung beim übertragenden Unternehmen; ansonsten sind stille Reserven aufzudecken. Besteht das Deckungsvermögen aus einer Rückdeckungsversicherung, ergibt sich nur dann ein Übertragungsgewinn, wenn der bilanzierte Aktivwert nicht dem gemeinen Wert entspricht.

PRAXISHINWEIS:

Gemäß IDW RS HFA 30, Rz. 68[1] entspricht der beizulegende Zeitwert einer Rückdeckungsversicherung mangels Marktwert/bzw. allgemein anerkannter Bewertungsmodelle, den fortgeführten Anschaffungskosten (§ 253 Abs. 4. i. V. m. § 255 Abs. 4 Satz 3 HGB) und somit dem geschäftsplanmäßigen Deckungskapital einschließlich bzw. zuzüglich der unwiderruflich zugeteilten Überschussanteile. Also entspricht der beizulegende Zeitwert dem Aktivwert und somit Bilanzwert. Gemäß Urteil des BFH v. 25.2.2004[2] entspricht der Aktivwert auch dem Teilwert nach § 6 Abs. 1 EStG. Somit ist der gemeine Wert im Sinne eines Einzelveräußerungspreises nicht höher, sondern entspricht eher dem niedrigeren Rückkaufswert.

1287 Die im Rahmen der Abspaltung übernehmende GmbH hat gem. § 12 Abs. 1 UmwStG die auf sie übergegangenen Wirtschaftsgüter mit dem in der steuerlichen Schlussbilanz der übertragenden GmbH enthaltenen Wert i. S. d. § 11 UmwStG zu übernehmen, d. h. das übernommene Anlagevermögen ist mit dem gemeinen Wert auszuweisen und die Pensionsrückstellung mit dem Wert nach § 6a EStG. Zwar sind die Vorschriften des UmwStG gem. § 15 Abs. 1 Satz 1 i. V. m. §§ 11 bis 13 UmwStG auch bei nicht erfüllter Teilbetriebsvoraussetzung[3] grundsätzlich zu beachten; dies gilt jedoch nicht für das Bewertungswahlrecht gem. § 3 Abs. 2 UmwStG.[4] Daher erfolgt die Übertragung des Deckungsvermögens zwingend zum gemeinen Wert, während für die Bewertung der Pensionsrückstellungen aufgrund leges speciales (§ 15 Abs. 1 Satz 1 i. V. m. § 11 Abs. 1 Satz 1 UmwStG) § 6a EStG vorgeschrieben ist; über die korrespondierende Wertverknüpfung gilt dies auch für den übernehmenden Rechtsträger, so dass gem. § 15 Abs. 1 Satz 1 und § 12 Abs. 3 UmwStG § 4f und § 5 Abs. 7

1 IDW RS HFA 30, WPg 2/2017 S. 68.

2 BFH v. 25.2.2004 - I R 54/02, BStBl 2004 II S. 654.

3 Die Übertragung von Pensionsverpflichtungen und Deckungsvermögen bzw. Ausgleichszahlungen gilt nicht als Teilbetrieb i. S. d. UmwStG, vgl. Schulenburg, FR 2019 S. 996 (998). Vgl. auch: BFH v. 25.9.2018 - I B 11/18, BFH/NV 2019 S. 56; Hessisches FG v. 10.11.2017 - 4 K 2005/16, BeckRS 2017, 142022.

4 Vgl. ausführlich: Schulenburg, FR 2019 S. 996 (999).

EStG im Fall der Abspaltung nicht zur Anwendung kommen.[1] Damit kommt es durch den Schuldnerwechsel bei der abspaltenden GmbH gar nicht zur Aufdeckung von stillen Lasten, wohl aber – je nach Art des Rückdeckungsvermögens – zur steuererhöhenden Aufdeckung von stillen Reserven, was bei reinen nominellen Ausgleichszahlungen kein Problem ist. Das Verbot zur Anwendung des § 5 Abs. 7 EStG verhindert jedoch entweder die Anwendung der Sonderregel des Satzes 4 jener Vorschrift im Falle des Arbeitgeberwechsels auf die übernehmende Gesellschaft[2], wodurch im Falle des Beispiels in Rz. 1279 ein Gewinnminderungspotenzial in Höhe von 17.424 € (63.012 € abzgl. 45.588 €) verlorengeht, oder – bei Abspaltung auf eine Rentner-Gesellschaft, bei der jener Satz 4 nicht gilt (vgl. Rz. 1278) – die Verteilung des Übernahmegewinns gem. § 5 Abs. 7 Satz 5 EStG über max. 15 Jahre. Damit bewirkt die partielle Gesamtrechtsnachfolge in Form der Abspaltung gem. § 123 Abs. 2 UmwG auf einen übernehmenden neuen Arbeitgeber bzw. eine Rentner-Gesellschaft insoweit eine Schlechterstellung.

PRAXISHINWEIS:

In der Literatur wird daher der Vorschlag unterbreitet, die Schlechterstellung zu vermeiden, indem zunächst die Pensionsverpflichtungen entgeltlich unter Aufdeckung der stillen Lasten im Rahmen der Einzelrechtsnachfolge übertragen werden und erst in einem zweiten Schritt die Umwandlung vollzogen wird.[3] Dieser Vorschlag funktioniert dann nicht, wenn im Wege der Umwandlung nur die Pensionsverpflichtungen und die Deckungsmittel abgespalten werden sollen. Außerdem stehen der zivilrechtlichen Übertragung im Rahmen der Schuldübernahme gerade arbeitsrechtliche Gründe entgegen (vgl. Rz. 1257 ff.).

Sinnvoller erscheint es u. E., die partielle Gesamtrechtsnachfolge – statt mit ei- 1288
ner Abspaltung – im Wege der Ausgliederung i. S. v. § 123 Abs. 3 UmwG zu praktizieren. Im Unterschied zur Abspaltung werden die Anteile an der übernehmenden Gesellschaft im Falle der Ausgliederung nicht den Gesellschaftern des übertragenden Rechtsträgers gewährt, sondern letzterem selbst, wodurch ein Mutter-Tochter-Verhältnis entsteht.[4] Bei Anwendung der Ausgliederung auf eine Rentner-Kapitalgesellschaft ist § 20 Abs. 1 UmwStG nicht anwendbar,[5] da die Übertragung von Rentenverpflichtungen und Deckungsvermögen

1 Vgl. ausführlich: Schulenburg, FR 2019 S. 996 (998 f.).

2 U. E. ist auch R 6a Abs. 13 EStR 2012 in diesem Falle nicht anwendbar, da § 5 Abs. 7 Satz 4 EStG mit dieser Regelung deckungsgleich ist, und sich ansonsten eine Umgehung ergeben würde.

3 Vgl. Adrian/Fey, Verpflichtungsübernahme nach dem AIFM-Steuer-Anpassungsgesetz, StuB 2/2014 S. 53.

4 Vgl. Schnitker in Willemsen et al., Umstrukturierung und Übertragung von Unternehmen, 5. Aufl. 2016, Teil J, Rz. 596 f.; Mayer, GStB 2008 S. 174.

5 BFH v. 12.12.2012 - I R 28/11, BStBl 2017 II S. 1265 Rz. 14 ff.

kein Teilbetrieb i. S. d. Vorschrift ist. Da demnach auch nicht § 20 Abs. 2 Satz 1 Halbsatz 2 UmwStG angewandt werden kann, gelten die allgemeinen Vorschriften des § 4f und des § 5 Abs. 7 EStG.[1]

PRAXISHINWEIS:

Soll die partielle Gesamtrechtsnachfolge genutzt werden, um z. B. die Anwendung des Übertragungsverbotes des § 4 BetrAVG zu vermeiden (vgl. Rz. 1257), empfiehlt sich die Ausgliederung i. S.v. § 123 Abs. 3 UmwStG, da sie die Anwendung der §§ 4f und 5 Abs. 7 EStG und damit der Vorteile bei der zeitlichen Gestaltung der Steuerbelastungen (vgl. Rz. 1247) ermöglicht.

1289–1290 *(Einstweilen frei)*

6. Folgen für die Handelsbilanz

1291 Mit seiner Stellungnahme zur Bilanzierung von Altersversorgungsverpflichtungen IDW RS HFA 30[2] hat sich das IDW zur handelsbilanziellen Abbildung von Schuldübernahmen, Schuldbeitritten i. S. d. § 421 BGB mit Erfüllungsübernahme und reinen Erfüllungsübernahmen i. S. d. § 329 BGB geäußert.

a) Schuldübernahme (mit oder ohne Arbeitgeberwechsel)

1292 Am Beispiel des Betriebsübergangs nach § 613a BGB und dem damit verbundenen Schuldübergang bzgl. der Versorgungsverpflichtungen gegenüber noch aktiven Arbeitnehmern vertritt das IDW die Auffassung, dass die Schuldübernahme beim übernehmenden Unternehmen nach § 249 Abs. 1 Satz 1 HGB zu einer Rückstellungspflicht führt. Da die Übernahme der Versorgungsverpflichtungen regelmäßig im Rahmen eines entgeltlichen Rechtsgeschäfts erfolgt, ist grds. ein Verzicht auf die Passivierung von Altzusagen nach Art. 28 Abs. 1 Satz 1 EGHGB nicht möglich. Das übertragende Unternehmen wird insoweit von den Verpflichtungen frei und hat die Pensionsrückstellung dementsprechend aufzuheben.[3]

1293 Soweit im Fall der Betriebsübernahme der bisherige Arbeitgeber gem. § 613a Abs. 2 BGB eine begrenzte Zeit neben dem neuen Inhaber für die übertragenen Versorgungsverpflichtungen gesamtschuldnerisch mithaftet,[4] ist dies nach den allgemeinen Regeln zu berücksichtigen, d. h. jedes Unternehmen hat den

1 Vgl. Schulenburg, FR 2019 S. 996 (998).
2 IDW RS HFA 30, WPg 2/2017 S. 68.
3 IDW RS HFA 30, WPg 2/2017 S. 68, Rz. 97 f.
4 Vgl. hierzu Rz. 1220 f.

im Innenverhältnis bestimmten Teil der Verpflichtung zu passivieren[1] und den Restbetrag entsprechend seinem Charakter als Gewährleistungsverpflichtung nach §§ 252, 268 Abs. 7 HGB unter der Bilanz oder im Anhang anzugeben. Soweit die Inanspruchnahme aus der gesamtschuldnerischen Haftung wegen Ausfalls des Mitverpflichteten auch für dessen Teil droht, ist in entsprechender Höhe eine Rückstellung zu bilden.

b) Schuldbeitritt (mit Erfüllungsübernahme)

Besteht zwischen dem übertragenden und dem übernehmenden Unternehmen eine vertragliche Vereinbarung, die als Schuldbeitritt mit Erfüllungsübernahme im Innenverhältnis zu werten ist mit der Folge, dass eine gesamtschuldnerische Haftung der beiden Unternehmen begründet wird, ist beim übertragenden Unternehmen, das zwar rechtlich zur gesamten Leistung verpflichtet bleibt, die Pensionsrückstellung aufzulösen, sofern keine Inanspruchnahme aus der gesamtschuldnerischen Haftung droht. Ist diese Voraussetzung nicht erfüllt, sind die Verpflichtungen weiter zu bilanzieren und ein Freistellungsanspruch gegen das übernehmende Unternehmen zu aktivieren. 1294

Die vom übernehmenden Dritten eingegangene Freistellungsverpflichtung ist nach § 249 Abs. 1 Satz 1 HGB zu passivieren. Eine Rückstellungsbildung darf dabei nicht unter Bezugnahme auf Art. 28 Abs. 1 EGHGB unterbleiben, da es sich bei der Freistellungsverpflichtung nicht um eine Altersversorgungsverpflichtung oder pensionsähnliche Verpflichtung des übernehmenden Unternehmens handelt.[2] Hat das übertragende Unternehmen in Ausübung des Wahlrechts nach Art. 28 Abs. 1 EGHGB seine Altersversorgungsverpflichtungen nicht vollständig passiviert, darf der Freistellungsanspruch, soweit er sich auf nicht passivierte Versorgungsverpflichtungen bezieht, nicht erfolgswirksam vereinnahmt werden. Der erworbene Freistellungsanspruch ist vielmehr solange erfolgsneutral zu stellen, bis die Erfüllung der Versorgungsverpflichtungen erfolgswirksam geworden ist.[3] 1295

Der Freistellungsanspruch des übertragenden Arbeitgebers und die Freistellungsverpflichtung des übernehmenden Dritten sind nach allgemeinen Grundsätzen zu bewerten. Auch wenn sich die Bewertung an der auszugleichenden Versorgungsverpflichtung des Arbeitgebers orientieren wird, sind damit Ab- 1296

1 Beim Arbeitgeber verbleiben die Verpflichtungen gegenüber bereits ausgeschiedenen Arbeitnehmern und gegenüber Leistungsempfängern – vgl. hierzu unter Rz. 1220 f.

2 IDW RS HFA 30, WPg 2/2017 S. 68, Rz. 103.

3 IDW RS HFA 30, WPg 2/2017 S. 68, Rz. 102.

weichungen vom Wert der beim übertragenden Unternehmen bilanzierten Verpflichtung nicht ausgeschlossen.

1297 Bei einer Erfüllungsübernahme nur im Innenverhältnis zwischen dem Arbeitgeber und dem Dritten ohne Schuldbeitritt, bleibt es bei dem Verpflichtungsausweis beim Arbeitgeber, dem der Freistellungsanspruch gegen den Dritten – soweit dieser Anspruch werthaltig ist – gegenübergestellt wird.[1] Das übernehmende Unternehmen hat auch in diesem Fall die Freistellungsverpflichtung nach § 249 Abs. 1 Satz 1 HGB zu passivieren und zwar ohne Beachtung eines eventuellen Wahlrechts nach Art. 28 Abs. 1 EGHGB.

c) Umwandlungsrechtliche Abspaltung oder Ausgliederung

1298 Das UmwG enthält keine speziellen Regelungen für die handelsrechtliche Rechnungslegung bei Abspaltung bzw. Ausgliederung. § 125 Abs. 1 UmwG bestimmt vielmehr, dass die Vorschriften zur Verschmelzung (§ 17 UmwG für den übertragenden Rechtsträger, § 24 UmwG für den übernehmenden Rechtsträger) entsprechend anzuwenden sind. Danach muss die ursprünglich pensionsverpflichtete GmbH eine Schlussbilanz aufstellen, wobei gem. § 17 Abs. 2 Satz 2 UmwG die handelsrechtlichen Rechnungslegungsvorschriften anzuwenden sind, die auch für einen handelsrechtlichen Jahresabschluss gelten würden.[2] D. h., handelsrechtliche Ansatzgebote, Ansatzverbote und Ansatzwahlrechte gelten auch für die handelsrechtliche Schlussbilanz.

1299 Für den übernehmenden Rechtsträger ist eine spezielle Übernahmebilanz nicht vorgesehen. D. h., die Übernahme der Aktiva und Passiva erfolgt als laufender Geschäftsvorfall, wenn der übernehmende Rechtsträger vor der Abspaltung/Ausgliederung bereits bestand und als Ausweis in der Eröffnungsbilanz, wenn der übernehmende Rechtsträger durch die Abspaltung bzw. Ausgliederung neu gegründet worden ist. § 24 UmwG räumt dem übernehmenden Rechtsträger dabei ein Bewertungswahlrecht ein. Er kann die übernommenen Vermögensgegenstände und Schulden mit den tatsächlichen Anschaffungskosten ansetzen oder mit den in der Schlussbilanz des übertragenden Rechtsträgers angesetzten Werten (Buchwertfortführung).

1300 Gehen Pensionsverpflichtungen auf den übernehmenden Rechtsträger über, handelt es sich bei ihm nicht um eine Altzusage i. S. d. Art. 28 EGHGB, da die Verpflichtung durch die Anschaffung neu entsteht. Daher gilt nicht das Passivierungswahlrecht des übertragenden Rechtsträgers, vor dem 1.1.1987 erteilte

1 IDW RS HFA 30, WPg 2/2017 S. 68, Rz. 21.

2 Vgl. Sagasser/Bula/Brünger, Umwandlungen, § 10 Rz. 39 ff.

Altzusagen nicht zu bilanzieren. Er hat vielmehr sämtliche Pensionsverpflichtungen – entweder mit den Anschaffungskosten oder mit dem Buchwert des übertragenden Rechtsträgers anzusetzen.[1]

(Einstweilen frei) 1301–1305

7. Körperschaftsteuerliche Beurteilung und lohnsteuerliche Folgen für den GGF

a) Schuldübernahme mit oder ohne Arbeitgeberwechsel

aa) Lohnsteuerrechtliche Folgen

Wie in Rz. 1259 festgestellt, ist die Schuldübernahme (nach §§ 414 ff. BGB) der einem arbeitsrechtlich beherrschenden GGF gewährten Pensionszusage zivilrechtlich zwar wirksam, da die Einschränkungen des § 4 BetrAVG bei ihm nicht gelten; dasselbe gilt für einen nicht beherrschenden GGF, in dessen Pensionszusage die Anwendung des § 4 BetrAVG analog § 19 Abs. 1 BetrAVG abbedungen wurde[2] (vgl. Rz. 1179). Als problematisch können sich allerdings die steuerlichen Vorschriften erweisen. 1306

Wird das Arbeitsverhältnis mit der übertragenden Kapitalgesellschaft beendet, mit der neuen Kapitalgesellschaft ein neues Arbeitsverhältnis begründet und wird im Zuge dessen zwischen altem und neuem Arbeitgeber und Versorgungsberechtigtem einvernehmlich die (unveränderte) Übernahme der Versorgungszusage gem. § 4 Abs. 2 Nr. 1 BetrAVG vereinbart, kommt es lediglich zu einem Schuldnerwechsel, der für den Versorgungsberechtigten zu diesem Zeitpunkt zu keinem lohnsteuerbaren Vorgang führt, da der Durchführungsweg bei der neuen GmbH beibehalten wird.[3] Es bleibt aus Sicht des GGF also dabei, dass er eine Direktzusage seines Arbeitgebers auf bAV hat, deren rechtliche Grundlage sich durch die Schuldübernahme nicht geändert hat. Der steuerbare und -pflichtige Tatbestand entsteht erst bei Zufluss der späteren Leistung. 1307

Kommt es hingegen im Zuge des Arbeitgeberwechsels zu einer Übertragung i. S. d. § 4 Abs. 2 Nr. 2 BetrAVG mit Transfer eines Übertragungswertes an den neuen Arbeitgeber, führt dies beim Versorgungsberechtigten zu steuerbaren Einnahmen in Form des Übertragungswerts, da die ursprüngliche Direkt- oder 1308

1 Vgl. Sagasser/Bula/Brünger, Umwandlungen, § 10 Rz. 92 ff.

2 BGH v. 23.5.2017 - II ZR 6/16, NWB 2017 S. 2249.

3 BMF v. 6.12.2017, BStBl 2018 I S. 147, Rz. 62.

Unterstützungskassenzusage zugunsten einer durch das übernehmende Unternehmen neu zu erteilenden Zusage erlischt. Im Grunde wirkt die Zahlung des Übertragungswertes an den neuen Arbeitgeber hier wie ein abgekürzter Zahlungsweg. Ohne diese Abkürzung ergäbe sich folgendes Bild: Mit Beendigung des ursprünglichen Arbeitsverhältnisses flösse dem Versorgungsberechtigten zwecks Beendigung der ursprünglichen Versorgungszusage der Übertragungswert zu, den jener an den neuen Arbeitgeber weiterreicht, um eine neue Versorgungszusage zu begründen; dieser Zufluss ist beim Versorgungsberechtigten steuerbar i. S. d EStG. Um die Mitnahme auch im Fall der Übertragung des Übertragungswerts nicht zu erschweren, wird jener steuerbare Tatbestand beim Versorgungsberechtigten jedoch gem. § 3 Nr. 55 Satz 2 EStG steuerfrei gestellt, wenn die Versorgung beim neuen Unternehmen wiederum über eine Direktzusage oder über eine Unterstützungskassenzusage durchgeführt wird.[1] Denn damit wird das Besteuerungsregime der nachgelagerten Besteuerung über § 19 EStG nicht verlassen. Auch beim neuen Arbeitgeber kommt es dann nämlich gem. § 3 Nr. 55 Satz 3 EStG zur Besteuerung der späteren Versorgungsleistungen gem. § 19 EStG – so als hätte es die Übertragung nicht gegeben. Würde hingegen eine Übertragung auf einen Pensionsfonds, eine Pensionskasse oder eine Direktversicherung erfolgen, käme es zu einem Transfer auf einen Durchführungsweg, bei dem nicht der Arbeitgeber Versorgungsträger ist, sondern ein Dritter und der Versorgungsberechtigte diesem gegenüber – im Gegensatz zur Unterstützungskasse – einen Rechtsanspruch erwirbt; dieser führt bei seiner Entstehung im Transferzeitpunkt zur Steuerbarkeit beim Versorgungsberechtigten und kann lediglich im Rahmen des § 3 Nr. 63 EStG oder, im Sonderfalle des Pensionsfonds, des § 3 Nr. 66 EStG steuerfrei gestellt werden.[2]

1309 Unschädlich ist es sowohl in den Fällen des § 4 Abs. 2 Nr. 1 BetrAVG als auch in den Fällen des § 4 Abs. 2 Nr. 2 BetrAVG, wenn das Arbeitsverhältnis mit der neuen Kapitalgesellschaft bereits vor der Beendigung des Arbeitsverhältnisses bei der übertragenden GmbH bestand.[3] Eine zeitliche Grenze für die Übertragung der Versorgungsverpflichtung bzw. des Übertragungswerts besteht nicht. Wichtig ist nur, dass zuvor das ursprüngliche Arbeitsverhältnis beendet wurde. Folglich ist die Übertragung u. U. auch noch Jahre nach dem Ausscheiden aus dem ursprünglichen Dienstverhältnis möglich.

1 BMF v. 6.12.2017, BStBl 2018 I S. 147, Rz. 60 letzter Satz.

2 BMF v. 6.12.2017, BStBl 2018 I S. 147, Rz. 61.

3 BMF v. 6.12.2017, BStBl 2018 I S. 147, Rz. 58.

PRAXISHINWEIS:

Die arbeitsrechtlichen Möglichkeiten der Mitnahme der unveränderten Versorgungszusage zum neuen Arbeitgeber (§ 4 Abs. 2 Nr. 1 BetrAVG) oder der Übertragung des Übertragungswerts zwecks Erteilung einer wertgleichen Neuzusage durch den neuen Arbeitgeber (§ 4 Abs. 2 Nr. 2 BetrAVG) stehen gleichwertig nebeneinander.

Dies verschafft den Beteiligten die Möglichkeit, sich den gewünschten Weg auszusuchen. Möchte die übernehmende Kapitalgesellschaft etwa in der ursprünglichen Zusage enthaltene Risiken (z. B. Invaliditätsrisiko, Langlebigkeitsrisiko) nicht übernehmen, besteht die Möglichkeit, durch Erteilung einer Neuzusage z. B. lediglich eine Kapitalleistung mit oder ohne Ratenzahlung zur Vollendung des maßgebenden Pensionsalters zuzusagen – allerdings auf der Basis des Übertragungswerts (analog) des § 4 Abs. 5 BetrAVG. Damit besteht u. U. Potenzial, eine Versorgungszusage auch durch eine Übertragung im Rahmen eines Arbeitgeberwechsels mit Zustimmung des GGF zu „entschärfen“.

Erfolgt die Schuldübernahme durch die neue Gesellschaft unabhängig vom Übergang des Arbeitsverhältnisses, wie z. B. im Falle einer Rentner-Gesellschaft, war unklar, ob die Übertragung i. H. d. Ablösebetrages zu einem lohnsteuerpflichtigen Zufluss beim Versorgungsberechtigten im Veranlagungszeitraum des Transfers führt. Der BFH hat dies ausdrücklich mit Urteil v. 12.4.2007[1] für den Fall bejaht, dass die Ausgleichszahlung zur Übernahme der Versorgungsverpflichtung auf Verlangen des beherrschenden GGF an eine von ihm als Mehrheitsgesellschafter und Geschäftsführer neu gegründete GmbH gezahlt wurde. Dem entschiedenen Fall lag allerdings die Besonderheit zugrunde, dass dem GGF zuvor ein Wahlrecht eingeräumt wurde, anstelle der Übertragung der Versorgungsverpflichtung nebst Ablösebetrag an die neue GmbH die Auszahlung des Ablösebetrages an sich selbst fordern zu können. 1310

In den beiden Urteilen v. 18.8.2016[2] entscheidet der VI Senat anders als in jenem seinem eigenen Urteil v. 12.4.2007 und distanziert sich vom steuerpflichtigen Zufluss beim versorgungsberechtigten GGF im Veranlagungszeitraum des Transfers, wenn jener GGF kein Wahlrecht besitzt, den Ablösebetrag für sich selbst zu beanspruchen. Tatbestand des ersten, im Bundessteuerblatt veröffentlichten Judikats (VI 18/13) war die Schuldübernahme i. S. v. §§ 414 ff. BGB analog § 4 Abs. 2 Nr. 1 BetrAVG (unveränderte Fortführung) einer einem beherrschenden GGF von seiner A-GmbH gewährten Direktzusage durch eine von ihm gegründete Rentner-Gesellschaft gegen Zahlung eines Übertragungswertes analog § 4 Abs. 5 BetrAVG. Einziger Zweck jener übernehmenden Gesellschaft, deren alleiniger Gesellschafter und Geschäftsführer der GGF wurde, 1311

1 BFH v. 12.4.2007 - VI R 6/02, BStBl 2007 II S. 581.

2 BFH v. 18.8.2016 - VI R 18/13, BStBl 2017 II S. 730; v. 18.8.2016, - VI R 46/13, BFH/NV 2017 S. 16.

war es, die Pensionsverpflichtungen zu erfüllen und diese sowie das von der A-GmbH übernommene Deckungsvermögen zu verwalten. Dem GGF war kein Wahlrecht eingeräumt worden, den Übertragungswert selbst zu beanspruchen. Unter Bezugnahme auf § 4 Abs. 2 Nr. 1 BetrAVG und das BMF-Schreiben v. 24.7.2013[1] stellte der BFH fest, dass der Schuldnerwechsel für den Versorgungsbegünstigten nicht zu steuerbaren Einnahmen im Veranlagungszeitraum der Übernahme führt.[2] Weitere Kernpunkte der Urteilsbegründung sind (mit Verweis auf die jeweilige Rz. im Urteil VI R 18/13):[3]

- Unerheblich ist, ob die übernehmende Gesellschaft neue Arbeitgeberin wird – wie im Falle des § 4 Abs. 2 Nr. 1 BetrAVG – oder nicht (Rz. 21), so dass das festgestellte Ergebnis auf den Arbeitgeberwechsel ebenso anwendbar ist wie auf die Rentner-Gesellschaft.
- Die beherrschende Stellung des GGF und das damit einhergehende Gestaltungspotenzial ändern nichts an obiger Feststellung des erkennenden Senats, da das Trennungsprinzip zwischen der Kapitalgesellschaft als selbständigem Rechtsträger und ihrem Gesellschafter zu beachten ist (Rz. 25).
- Die Zustimmung des GGF zur Übertragung der Pensionsverpflichtung von der A-GmbH auf die Rentner-Gesellschaft stellt keine, einen steuerbaren Zufluss beim GGF auslösende Verfügungsmacht über den Ablösebetrag dar; weil sie lediglich Voraussetzung für die Befreiung der A-GmbH von der Pensionsverpflichtung ist (Rz. 26).
- Die Entscheidung steht im Einklang mit dem BFH-Urteil v. 12.4.2007, da in Ermangelung des dem damaligen Judikat zugrundeliegenden Wahlrechts des GGF, den Übertragungswert selbst zu beanspruchen, die Zahlung der Ablöse an die Rentner-Gesellschaft nicht „auf Verlangen" des GGF erfolgt (Rz. 27).
- Der Vergleich, den das BFH-Urteil v. 12.4.2007[4] zwischen der Übernahme einer Direktzusage durch eine andere Gesellschaft analog § 4 Abs. 2 Nr. 1 BetrAVG und der Auslagerung derselben Direktzusage auf einen Pensionsfonds zieht, wird weder im Urteil VI R 18/13 noch im Parallelurteil VI R 46/13 aufgegriffen. Das Urteil v. 12.4.2007 erweckte mit diesem Vergleich den Eindruck, die Übertragung einer Direktzusage auf eine andere Gesellschaft müsse beim GGF im Transferzeitpunkt zu steuerbaren und – in Er-

1 BMF v. 24.7.2013, BStBl 2013 I S. 1022, Rz. 328, aktualisiert durch BMF v. 6.12.2017, BStBl 2018 I S. 147, Rz. 62.

2 BFH v. 18.8.2016 - VI R 18/13, BStBl 2017 II S. 730, Rz. 20.

3 Vgl. Pradl, Pensionszusagen an GmbH-Geschäftsführer, 4. Aufl. 2019, Rz. 1858.

4 BFH v. 12.4.2007 - VI R 6/02, BStBl 2007 II S. 581, unter II.1.b der Entscheidungsgründe.

mangelung des § 3 Nr. 66 EStG – steuerpflichtigen Einnahmen führen, weil auch die Auslagerung auf den Pensionsfonds in diesem Sinne steuerbar, gleichzeitig jedoch wegen Geltung des § 3 Nr. 66 EStG steuerfrei sei. Das Nichtaufgreifen dieses Vergleichs in den beiden moderneren Urteilen v. 18.8.2016 ist konsequent, da der BFH mittlerweile klar zwischen der Verschaffung von Anwartschaften und Ansprüchen aus Direktzusagen und Unterstützungskassen einerseits und aus versicherungsförmigen Durchführungswegen andererseits trennt. Demnach führt das Innehaben von Ansprüchen oder Rechten aus Direktzusagen und Unterstützungskassen den Zufluss von Einnahmen regelmäßig noch nicht herbei und begründet damit auch noch keinen gegenwärtigen Zufluss von Arbeitslohn; der steuerbare Zufluss ist grundsätzlich vielmehr erst mit der Erfüllung des Anspruchs gegeben, d. h. wenn der Arbeitgeber die geschuldete Leistung tatsächlich erbringt.[1] Der Zufluss von steuerbaren Arbeitslohns ist ferner zu bejahen, wenn der Arbeitgeber mit seinen Leistungen dem Arbeitnehmer einen unmittelbaren und unentziehbaren Rechtsanspruch gegen einen externen Versorgungsträger (Versicherer, Pensionskasse oder Pensionsfonds, nicht hingegen Unterstützungskasse, da diese keinen derartigen Rechtsanspruch gewährt) verschafft; in diesem Fall entsteht der steuerbare Zufluss in Form des Rechtsanspruchs bereits durch die Leistung der Versicherungsbeiträge.[2] Im Falle der Übertragung von Direkt- oder Unterstützungskassenzusagen auf eine Rentner-Gesellschaft oder ein anderes Unternehmen mit oder ohne Arbeitgeberwechsel und der Frage nach den steuerlichen Folgen für den begünstigten GGF verbietet sich daher ein Vergleich mit § 3 Nr. 66 EStG.[3]

Das BMF-Schreiben v. 4.7.2017[4] nimmt zum Urteil VI 18/13 des BFH wie folgt 1312
Stellung:

- Unter Zugrundelegung der letzten, in Rz. 1311 geäußerten Erkenntnis des BFH stellt das BMF fest, dass die Übernahme einer Pensionsverpflichtung durch ein anderes Unternehmen beim beherrschenden GGF, der nicht unter das Betriebsrentengesetz fällt, erst dann zu steuerbarem Lohnzufluss führt, wenn die spätere Versorgungsleistung gezahlt wird. Die übernehmende Gesellschaft hat die Lohnsteuer dann einzubehalten und alle anderen lohnsteuerlichen Arbeitgeberpflichten zu erfüllen.

1 BFH v. 18.8.2016 - VI R 18/13, BStBl 2017 II S. 730, Rz. 15, m. w. N. zur ständigen Rspr.
2 BFH v. 18.8.2016 - VI R 18/13, BStBl 2017 II S. 730, Rz. 15 f., m. w. N. zur ständigen Rspr.
3 A. A. offenbar: Pradl, Pensionszusagen an GmbH-Geschäftsführer, 4. Aufl. 2019, Rz. 1854.
4 BMF v. 4.7.2017, BStBl 2017 I S. 883.

- Ein steuerbarer Zufluss entsteht jedoch im Übertragungszeitpunkt, wenn der Durchführungsweg nach dem Betriebsrentengesetz von einer Direkt- oder Unterstützungskassenzusage auf einen Pensionsfonds, eine Pensionskasse oder eine Direktversicherung gewechselt wird und der Arbeitgeber in diesem Zusammenhang einen Ablösungsbetrag zahlt (§ 19 EStG). Dieser kann nur unter den entsprechenden Voraussetzungen des § 3 Nr. 63 oder – beim Pensionsfonds – § 3 Nr. 66 EStG steuerfrei bleiben. Von einem insoweit steuerpflichtigen Ablösungsbetrag hat der Arbeitgeber Lohnsteuer einzubehalten (§ 38 EStG).

Zwar liegt den beiden BFH-Urteilen v. 18.8.2016 und jenem BMF-Schreiben v. 4.7.2017 der Fall eines jeweils beherrschenden GGF zugrunde, für den das Betriebsrentengesetz nicht gilt; die in jenen Rechtsquellen enthaltenen Leitgedanken sind u. E. jedoch in gleicher Weise auf alle übrigen GGF, Arbeitnehmer und sonstige Personen i. S. v. § 17 Abs. 1 Satz 2 BetrAVG anwendbar. Von entscheidender Bedeutung ist in diesem Zusammenhang die Erkenntnis, dass der reine Schuldnerwechsel nicht im Zusammenhang mit einem Arbeitgeberwechsel erfolgen muss, um die Steuerbarkeit der Übertragung im Veranlagungszeitraum des Transfers beim betreffenden GGF zu vermeiden, so dass auch i. Z. m. einer Rentner-Gesellschaft keine Steuerbarkeit im Übertragungszeitpunkt eintritt.

geplante Übertragungsvariante:	**Schuldnerwechsel (§ 4 Abs. 2 Nr. 1 BetrAVG)**	**Neuzusage und Übertragung des Übertragungswerts (§ 4 Abs. 2 Nr. 2 BetrAVG)**
Zufluss	• kein steuerbarer Arbeitslohn (BMF v. 4.7.2017, Tz. 1 und 6.12.2018, Rz. 62)	• lohnsteuerlicher Zufluss und damit Steuerbarkeit des Übertragungswertes beim GGF in Höhe des Übertragungswertes
Steuerbefreiungsnorm	• mangels Zuflusses und damit mangels Steuerbarkeit nicht notwendig	• § 3 Nr. 55 Satz 2 EStG, wenn Neuzusage über Direkt- oder Unterstützungskasse, egal, ob vorher Direkt- oder Unterstützungskassenzusage

steuerliche Voraussetzungen nach Auffassung FinVerw:	• Die bisherige Direkt- bzw. Unterstützungskassenzusage wird unverändert übernommen oder in eine Unterstützungskassen- bzw. Direktzusage überführt • GGF hat keinerlei Option, über den Übertragungswert im Übernahmezeitpunkt zu verfügen.	• Steuerfreiheit gem. § 3 Nr. 55 Satz 2 EStG nur, wenn Übertragung von Direkt- bzw. Unterstützungskassenzusage auf neue Direkt- bzw. Unterstützungskassenzusage, nicht hingegen auf Direktversicherung, Pensionskasse oder Pensionsfonds erfolgt; in letzterem Falle ergäbe sich Steuerfreiheit bei Pensionsfonds im Rahmen des § 3 Nr. 66 EStG, ansonsten gem. § 3 Nr. 63 EStG.

bb) Prüfung der körperschaftsteuerlichen Kriterien für eine GGF-Zusage

(1) Betriebliche Veranlassung bei übertragender und übernehmender Kapitalgesellschaft

Zunächst interessiert die betriebliche Veranlassung bei der übertragenden Gesellschaft. Dem Grunde nach ist sie u. E. gegeben, denn das jeweilige Motiv für die Übernahme (analog bzw. i. S.v. § 4 Abs. 2 Nr. 1 BetrAVG) bzw. die Übertragung (analog bzw. gem. § 4 Abs. 2 Nr. 2 BetrAVG) ist es jeweils regelmäßig, dieses Unternehmen von den Verpflichtungen i. Z. m. der bereits erdienten bAV zu entlasten, weil entweder ein Arbeitgeberwechsel stattgefunden hat und die Vertragsparteien eine Zersplitterung der erdienten und noch zu erdienenden Anwartschaften auf verschiedene Unternehmen vermeiden wollen, oder eine Rentner-Gesellschaft die Dekontaminierung der übertragenden Gesellschaft von Pensionsverpflichtungen aus unterschiedlichen Gründen – z. B. Anteilsverkauf an Dritte über -übertragung auf Kinder – bewirken soll. Grundsätzlich wird das zuständige Betriebstättenfinanzamt eine Prüfung im Rahmen eines Fremdvergleichs durchführen; regelmäßig wird diese die betriebliche Veranlassung gem. § 4 Abs. 4 EStG der Zahlung eines Übertragungswertes analog bzw. i. S.v. § 4 Abs. 5 BetrAVG dem Grunde nach nicht beanstanden, weil die betriebliche Veranlassung vorliegt.[1] 1313

Allerdings muss jene an die übernehmende Kapitalgesellschaft geleistete Ausgleichszahlung auch der Höhe nach betrieblich veranlasst sein. Ist sie jedoch im Vergleich zum im steuerrechtlichen Sinn angemessenen Betrag zu hoch, so kann das prüfende Betriebsstättenfinanzamt bei der übertragenden Kapitalge- 1314

1 Vgl. auch Pradl, Pensionszusagen an GmbH-Geschäftsführer, 4. Aufl. 2019, Rz. 1958.

sellschaft in dem unangemessen hohen Anteil eine mittelbare vGA i.S.v. § 8 Abs. 3 Satz 2 KStG der ersten Kapitalgesellschaft gegenüber dem betroffenen GGF erkennen,[1] der seinerseits den unangemessen hohen Betrag in die zweite Kapitalgesellschaft verdeckt einlegt.[2] Die von der Rspr. teilweise erhobene Forderung, dass an beiden Gesellschaften dieselben Personen beteiligt sind,[3] ist entbehrlich, wenn die übernehmende Kapitalgesellschaft „nahestehende Person" i.S.v. R 8.5 Abs. 1 Satz 3 KStR 2015 darstellt,[4] was der Regelfall ist; einer beherrschenden Stellung des GGF bedarf es dazu weder in der übertragenden, noch in der übernehmenden Kapitalgesellschaft.[5] Bei zu niedriger Ausgleichszahlung legt der betreffende GGF den Differenzbetrag verdeckt in die übertragende Kapitalgesellschaft ein, während bei der übernehmenden Kapitalgesellschaft insoweit eine verhinderte Vermögensmehrung i.S.v. R 8.5 Abs. 1 Satz 1 KStR 2015 stattfindet, die grundsätzlich im Verhältnis zwischen ihr und jenem GGF zu einer vGA führt.

1315 Zur Bestimmung jenes steuerrechtlich angemessenen Ausgleichsbetrages gilt bei im arbeitsrechtlichen Sinne nicht beherrschenden GGF (vgl. Rz. 91 ff.) § 4 Abs. 5 Satz 1 BetrAVG; bei demgemäß beherrschenden und jenen nicht beherrschenden GGF, in deren Pensionszusage die Anwendung des § 4 BetrAVG analog § 19 Abs. 1 BetrAVG abbedungen wurde (vgl. Rz. 1179), ist § 4 Abs. 5 Satz 1 BetrAVG analog anzuwenden. Daher haben die auf die übernehmende Kapitalgesellschaft übertragenen finanziellen Mittel dem Übertragungswert der erdienten Anwartschaft bzw. der bereits laufenden Listungen zu entsprechen, der gem. § 4 Abs. 5 Satz 1 BetrAVG als Barwert nach den Rechnungsgrundlagen sowie den anerkannten Regeln der Versicherungsmathematik zu berechnen ist. Da jener Übertragungswert aufgrund des Verweises des § 3 Abs. 5 auf § 4 Abs. 5 BetrAVG gleichzeitig dem im Falle einer Abfindung der Direkt- bzw. Unterstützungskassenzusage zu leistenden Abfindungsbetrag entspricht, gelten die in den Rz. 1214 ff. enthaltenen Ausführungen vollumfänglich auch für den steuerrechtlich angemessenen Ausgleichsbetrag, weshalb an dieser Stelle auf jene Passage verwiesen wird.

1316 Während also eine im Vergleich zum steuerrechtlich angemessenen Übertragungswert zu hohe bzw. zu niedrige Ausgleichszahlung in Höhe des jeweiligen

1 BFH v. 28.1.1992 - VIII R 207/85, BStBl 1992 II S. 605, unter 1.b der Entscheidungsgründe.

2 Vgl. zu derartigen „Dreiecksfällen" bzw. zur „Dreieckstheorie" ausführlich Watermeyer in HHR § 8 KStG Anm. 480 ff.

3 BFH v. 28.1.1992 - VIII R 207/85, BStBl 1992 II S. 605, unter 1.b der Entscheidungsgründe.

4 Vgl. ausführlich Wilk in HHR § 8 KStG Anm. 125.

5 BFH v. 22.10.2014 - I B 169/13, BFH/NV 2015 S. 234.

Differenzbetrages bei der übernehmenden Kapitalgesellschaft zu einer verdeckten Einlage bzw. einer vGA führen kann, stellt sich – wie im Falle der übertragenden Gesellschaft (vgl. Rz. 1313) – auch auf Seiten der übernehmenden Kapitalgesellschaft die Frage, unter welchen Voraussetzungen eine betriebliche Veranlassung dem Grunde nach bei ihr zu verneinen ist. Für den bis zur Übertragung bei der anderen Gesellschaft erdienten Teil der Zusage ist die betriebliche Veranlassung grundsätzlich gegeben, sofern von der übertragenden Kapitalgesellschaft finanzielle Mittel oder Sachwerte für sämtliche der übernommenen biometrischen Risiken Alter, Invalidität oder/und Tod zur Verfügung gestellt werden. In Bezug auf die Höhe dieser Mittel gelten die Ausführungen der Rz. 1314 f.

Soll die übertragene Versorgungszusage von der übernehmenden Kapitalgesellschaft nicht nur, wie bei der Rentner-Gesellschaft, erfüllt und verwaltet (vgl. Rz. 1231), sondern dergestalt fortgeführt werden, dass sich der GGF weitere Anwartschaften erdienen kann, sind die für die Erteilung einer unmittelbaren Direktzusage von der Rechtsprechung des BFH entwickelten Kriterien für eine betriebliche Veranlassung der Zusage zu berücksichtigen (vgl. Rz. 1318 ff.). Maßstab für den hiernach anzustellenden Fremdvergleich ist das Handeln eines ordentlichen und gewissenhaften Geschäftsleiters, der gem. § 43 Abs. 1 GmbHG die Sorgfalt eines ordentlichen Geschäftsmannes anwendet und somit aus Sicht der GmbH, die betriebliche Veranlassung zu prüfen hat. Folglich kann es in Bezug auf den future service keine Rolle spielen, ob der neu bestellte Geschäftsführer eine Neuzusage erhält oder eine übernommene Zusage fortgeführt wird. Sobald der GGF weitere Anwartschaften erdient, ist die betriebliche Veranlassung der daraus für die übernehmende GmbH erwachsenden Verpflichtung zu prüfen. 1317

(2) Probezeit

Im Falle einer Rentner-Gesellschaft, die die übernommene Versorgungszusage lediglich erfüllt und verwaltet (vgl. Rz. 1231), ist die personenbezogene Probezeit (vgl. Rz. 761 ff.) u. E. nicht anzuwenden, da die Eignung, Befähigung und fachliche Leistung des GGF (vgl. Rz. 761 und 764) bei dieser operativ nicht mehr tätigen Gesellschaft keine Rolle spielt und ein weiteres Erdienen der Versorgungszusage bei dieser Rentner-Gesellschaft nicht mehr möglich ist. Fraglich ist, ob dies auch für die unternehmensbezogene Probezeit (vgl. Rz. 765 ff.) zu gelten hat, weil jene Rentner-Gesellschaft noch nicht mindestens fünf Jahre 1318 existiert; diese Frage ist bislang ungeklärt.[1] Realisiert man allerdings, dass die FinVerw bei neu gegründeten Kapitalgesellschaften eine fünfjährige Probezeit deshalb fordert, weil ihrer Meinung nach ein ordentlicher und gewissenhafter Geschäftsleiter einem gesellschaftsfremden Geschäftsführer erst dann eine Pension zusagen wird, wenn er die künftige wirtschaftliche Entwicklung und damit die künftige wirtschaftliche Leistungsfähigkeit der Kapitalgesellschaft zuverlässig abschätzen kann (vgl. Rz. 765), muss man auch die Anwendung der unternehmensbezogenen Probezeit i. Z. m. einer Rentner-Gesellschaft konsequent verneinen. Da jenes Unternehmen nämlich von der übertragenden Kapitalgesellschaft ausreichende Mittel zur Erfüllung der von ihm übernommenen Pensionszusage zur Verfügung gestellt bekommt (vgl. Rz. 1314 f.) und außer den daraus resultierenden Erträgen ansonsten i. d. R. keine weiteren Einnahmen erzielt, sind die künftige wirtschaftliche Entwicklung und damit die künftige wirtschaftliche Leistungsfähigkeit nicht Zweck einer Rentner-Gesellschaft. Durch die Verfügungstellung der ausreichenden Mittel ist die künftige wirtschaftliche Entwicklung im Übernahmezeitpunkt bereits vorweggenommen, so dass jene Voraussetzungen bei diesem speziellen Unternehmen per se erfüllt sind.

PRAXISHINWEIS:

Bei Übertragung der Pensionsverpflichtungen auf eine Rentner-Gesellschaft sind u. E. weder die personenbezogene (vgl. Rz. 761 ff.) noch die unternehmensbezogene Probezeit (vgl. Rz. 765 ff.) beachtlich.

1319 Ist die übernehmende Firma keine Rentner-Gesellschaft, sondern ein operativ tätiges Betriebsunternehmen, gelten in Bezug auf den zu übernehmenden past service dieselben Erkenntnis wie im Falle der Rentner-Gesellschaft (vgl. Rz. 1318); daher sind die steuerrechtlichen Grundsätze zur Probezeit u. E. lediglich für den bei der übernehmenden Gesellschaft noch erdienbaren future service zu beachten. Insoweit ist die personenbezogene Probezeit des GGF (vgl. Rz. 761 ff.) für den Fall zu vernachlässigen, dass dieser bereits mindestens seit drei Jahren[2] Geschäftsführer der die Zusage aufnehmenden GmbH ist oder die Dienstzeit als Geschäftsführer der die Versorgungsverpflichtung übertragenen GmbH als Beleg für die Befähigung des GGF ausreicht;[3] im Falle des Management-Buy-Outs verkürzt sich dieser Zeitraum nach Meinung von Rspr. und

1 Vgl. auch Pradl, Pensionszusagen an GmbH-Geschäftsführer, 4. Aufl. 2019, Rz. 1969.

2 Das BMF-Scheiben v. 14.12.2012 (BStBl 2013 I S. 58) fordert in Tz. 1 eine Probezeit von zwei bis drei Jahren, so dass aus Vorsichtsgründen drei Jahre eingehalten werden sollten.

3 Vgl. BFH v. 18.2.1999 - I R 51/98, NWB CAAAA-63040.

FinVerw auf ein Jahr.[1] Die personenbezogene Probezeit kann bei sog. ersetzenden Zusagen entbehrlich sein (vgl. Rz. 778); ob sie es auch bei Entgeltumwandlung ist, kann nicht eindeutig bejaht werden.[2] Die unternehmensbezogene Probezeit zur Einschätzung und Abwägung einer ausreichenden wirtschaftlichen Tragkraft ist dann zu beachten, wenn die die Verpflichtung übernehmende Kapitalgesellschaft zu diesem Zweck neu gegründet wurde oder zum Übertragungszeitpunkt noch keine fünf Jahre besteht.

(3) Erdienbarkeit

Handelt es sich bei der übernehmenden GmbH um eine Rentner-Gesellschaft, 1320
ist das Kriterium der Erdienbarkeit u. E. nicht zu prüfen, da dieses Unternehmen die übernommene Versorgungszusage lediglich erfüllt und verwaltet (vgl. Rz. 1231) und ein Erdienen in Ermangelung einer operativen Tätigkeit und eines future services gar nicht in Betracht kommen kann. Ist die übernehmende Gesellschaft hingegen aktiv tätig, ist die Anwendung der Erdienbarkeit (vgl. Rz. 780 ff.) bei der übernehmenden Gesellschaft fraglich. Da der GGF einen Teil der Zusage (Past Service zum Übertragungszeitpunkt) bereits während der Dienstzeit für die übertragende Kapitalgesellschaft erdient hat und die diesen Teil übernehmende Gesellschaft hierfür einen finanziellen Ausgleich von dem sich entpflichtenden Unternehmen erhält, ist das Kriterium des Erdienens nur für den Future Service zu erfüllen, wobei u. E. die bereits für die übertragende Kapitalgesellschaft „abgeleistete“ Dienstzeit auf den erforderlichen Erdienenszeitraum für den Future Service bei der übernehmenden GmbH nicht angerechnet werden kann – und zwar auch nicht bei Übernahme einer inhaltlich unveränderten Zusage. Denn aus Sicht eines fiktiven ordentlichen Geschäftsleiters der übernehmenden GmbH kann bei der Prüfung der betrieblichen Veranlassung zwischen der Weiterführung einer übernommenen Zusage und einer Neuzusage in Bezug auf den Future Service kein Unterschied bestehen.

Zusätzlich darf der GGF, unabhängig, ob steuerrechtlich beherrschend oder 1321
nicht, zur Erfüllung der Erdienbarkeit des future services der Zusage zum Übertragungszeitpunkt das 60. Lebensjahr noch nicht vollendet haben (vgl. Rz. 780). Analog der Prüfung des erforderlichen Erdienenszeitraums ist auch für die Prüfung des erforderlichen Höchstalters des GGF die bereits für die übertragende GmbH geleistete Dienstzeit nicht einzubeziehen.

---

1 Vgl. BFH v. 24.4.2002 - I R 18/01, BStBl 2002 II S. 670; BMF-Scheiben v. 14.12.2012, BStBl 2013 I S. 58, Tz. 1 letzter Satz.

2 Unter bestimmten Voraussetzungen bejahend und ausführlich: Schiller/Veh, BetrAV 2020 S. 474 (479 f.).

1322 Werden diese Voraussetzungen der Erdienbarkeit der Versorgungszusage nicht eingehalten, kann es im Rahmen der Betriebsprüfung zu einer vGA i. Z. m. dem future service der übernommenen Zusage kommen.

(4) Finanzierbarkeit und Angemessenheit der Versorgungszusage

1323 Darüber hinaus ist aus Sicht der übernehmenden Kapitalgesellschaft zu überprüfen, ob sie sich die Übernahme der gegenüber dem betreffenden GGF bereits bestehenden Versorgungszusage überhaupt leisten kann. Diese Prüfung ist u. E. für die gesamte Zusage vorzunehmen und nicht nur für den future service, da eine Mittelunterdotierung von Seiten der übertragenden Gesellschaft bereits die Finanzierbarkeit des past service gefährdet (vgl. dazu die Überlegungen in Rz. 1314 ff.) und darüber hinaus auch die Finanzierbarkeit des future services sicherzustellen ist. Für die Prüfung der gesamten Zusage auf Seiten der übernehmenden Kapitalgesellschaft gelten daher die Ausführungen in Rz. 793 ff. Liegen die dort beschriebenen Voraussetzungen nicht vor, kann die Versorgungszusage vom zuständigen Finanzamt als gesellschaftsrechtlich veranlasst angesehen werden, mit der Folge, dass die Zuführungen zur Pensionsrückstellung bzw. der Betriebsausgabenabzug für die Beiträge/Zuwendungen außerhalb der Bilanz als vGA wieder zu korrigieren sind.

b) Schuldbeitritt (mit Erfüllungsübernahme)

1324 Die Ausführungen in den Rz. 1257 bis 1259 offenbaren, dass eine Schuldübernahme nach §§ 414 ff. BGB, unter Einbeziehung der arbeitsrechtlichen Regelungen, nur hinsichtlich der einem im arbeitsrechtlichen Sinne beherrschenden GGF erteilten Versorgungszusage wirksam sein kann, weil für ihn das Betriebsrentengesetz und daher die Einschränkungsvorschrift des § 4 BetrAVG nicht anwendbar ist; dasselbe gilt für einen nicht beherrschenden GGF, in dessen Pensionszusage die Anwendung des § 4 BetrAVG analog § 19 Abs. 1 BetrAVG abbedungen wurde (vgl. Rz. 1179 und Rz. 1257). Hinsichtlich der Versorgungszusagen an übrige nicht beherrschende GGF, Arbeitnehmer-Ehegatten und andere Arbeitnehmer sowie Personen i. S.v. § 17 Abs. 1 Satz 2 BetrAVG kommen im Rahmen der Einzelrechtsnachfolge nur ein Schuldbeitritt gem. § 421 BGB (vgl. Rz. 1238 und 1257) und/oder eine interne Erfüllungsübernahme gem. § 329 BGB (vgl. Rz. 1240 und Rz. 1257) in Betracht – und zwar ungeachtet dessen, ob die genannten Personen sich noch in der Anwartschaftsphase oder schon in der Leistungsphase befinden.

PRAXISHINWEIS:

Wenn daher in der Pensionszusage eines im arbeitsrechtlichen Sinne nicht beherrschenden GGF die Anwendung des § 4 BetrAVG analog § 19 Abs. 1 BetrAVG abbedungen wurde, ist für ihn die Schuldübernahme nach §§ 414 ff. BGB ebenso rechtswirksam anwendbar, wie für einen im arbeitsrechtlichen Sinne beherrschenden GGF, dessen Pensionszusage nicht die Anwendung des Betriebsrentengesetzes im Allgemeinen bzw. des § 4 BetrAVG im Besondere vertraglich vereinbart hat. Für sämtliche GGF ist es daher unabhängig von ihrem Status möglich, eine Schuldübernahme als Instrument der wirkungsvollen rechtlichen Enthaftung der übertragenden Kapitalgesellschaft von der zu Gunsten jenes betreffenden GGF erteilten Pensionszusage zu nutzen, statt mit dem Schuldbeitritt nur eine „halbseidene“ wirtschaftliche Enthaftung vorzunehmen. Dies gilt auch i. Z. m. einer Rentner-Gesellschaft, bei der ein Schuldbeitritt in Ermangelung einer juristisch wirkungsvollen Enthaftung kein wirklich zielführendes Instrument wäre.[1]

Aus lohnsteuerrechtlicher Sicht gilt gem. BMF-Schreiben v. 6.12.2017[2] beim entgeltlichen Schuldbeitritt (vgl. dazu Rz. 1294 ff.), dass es bei den für eine Direktzusage geltenden steuerlichen Regelungen bleibt, also erst bei Auszahlung der Versorgungsleistungen durch den Dritten anstelle des Arbeitgebers Einkünfte i. S. d. § 19 EStG vorliegen. Die Ausführungen in Rz. 1307 gelten entsprechend. Der Lohnsteuerabzug kann in diesem Fall im Rahmen des § 38 Abs. 3a Satz 2 EStG mit Zustimmung des Finanzamts anstelle vom Arbeitgeber auch von dem beitretenden Unternehmen vorgenommen werden.[3] 1325

Eine erneute Überprüfung der körperschaftsteuerlichen Prüfkriterien Probezeit, Erdienbarkeit, Finanzierbarkeit und Angemessenheit (vgl. Rz. 1318 bis 1323) findet beim Schuldbeitritt nicht statt, da die ursprüngliche Zusage bestehen bleibt, während die rechtliche Verpflichtung der zusagenden Kapitalgesellschaft nicht im Rahmen eines neuen Dienstverhältnisses entsteht. Allerdings sind im Falle einer Ausgleichzahlung der zusagenden an die beitretende Kapitalgesellschaft die Kriterien zur betrieblichen Veranlassung (vgl. Rz. 1313 bis 1317) bei beiden Unternehmen zu beachten. 1326

c) Umwandlungsrechtliche Möglichkeiten

Die Facetten der durch das Umwandlungsrecht flankierten partiellen Gesamtrechtsnachfolge wurden in den Rz. 1241 bis 1244, Rz. 1262 bis 1263, Rz. 1286 bis 1288 ausführlich dargestellt. Im Gegensatz zur Schuldübernahme im Rahmen der Einzelrechtsnachfolge (vgl. Rz. 1259 und 1306 ff.) gilt die Beschränkungsvorschrift des § 4 BetrAVG bei partieller Gesamtrechtsnachfolge nicht (vgl. Rz. 1262). Dafür aber ist bei Abspaltung oder Ausgliederung (vgl. den Pra- 1327

1 Die Literatur spricht teilweise von „abgeschwächter Form der Rentner-Gesellschaft“, vgl. Pradl, Pensionszusagen an GmbH-Geschäftsführer, 4. Aufl. 2019, Rz. 2093.

2 BStBl 2018 I S. 147, Rz. 64.

3 Vgl. BMF, Schreiben v. 6.12.2017, BStBl 2018 I S. 147, Rz. 64 Satz 3.

xishinweis in Rz. 1244) zu beachten, dass der übertragende Rechtsträger weiterhin einer befristeten Mithaftung neben der aufnehmenden Gesellschaft unterliegt (§ 133 Abs. 3 UmwG, vgl. Rz. 1246). Die Mithaftfrist beträgt bei Pensionsverpflichtungen gegenüber arbeitsrechtlich beherrschenden GGF, die nicht unter das BetrAVG fallen, gem. § 133 Abs. 3 Satz 1 UmwG fünf Jahre und umfasst die Ansprüche, die innerhalb dieser Frist fällig werden. Maßgebend ist insoweit die Fälligkeit der einzelnen Rentenzahlungen. Bei Versorgungsverpflichtungen von nicht beherrschenden GGF, die das BetrAVG erfasst, ist gem. Satz 2 jener Vorschrift ein zehnjähriger Haftungszeitraum maßgebend. Darüber hinaus verbietet § 9 Abs. 1 Satz 1 GmbHG bei Abspaltung oder Ausgliederung die Übertragung negativen Reinvermögens (vgl. Rz. 1247), was die partielle Gesamtrechtsnachfolge gegenüber der Einzelrechtsnachfolge erschwert. Darüber hinaus gilt bei haftungsbeschränkten Gesellschaften das in Rz. 1208 dargestellte Kapitalerhaltungsrecht mit der Folge, dass die aufnehmende Gesellschaft bzw. im Insolvenzfall deren Insolvenzverwalter zehn Jahre nach Eintragung der Spaltung in das Handelsregister die objektive Unzulänglichkeit der mitgegebenen Deckungsmittel geltend machen können.

PRAXISHINWEIS:

Da sämtliche GGF die Schuldübernahme als Instrument der wirkungsvollen rechtlichen Enthaftung der übertragenden Kapitalgesellschaft von der erteilten Pensionszusage unabhängig von ihrem Status nutzen können, ohne dass dabei § 4 BetrAVG im Wege steht (vgl. Praxishinweis in Rn. 1324), bedarf es einer partiellen Gesamtrechtsnachfolge in Form einer Abspaltung oder Ausgliederung verbunden mit erheblichen Nachhaftungsfolgen grundsätzlich nicht. Dies gilt auch i. Z. m. einer Rentner-Gesellschaft. Sollte man sich dennoch für die partielle Gesamtrechtsnachfolge entscheiden, ist die Ausgliederung regelmäßig vorzuziehen, da § 15 Abs. 1 Satz 1 und § 12 Abs. 3 UmwStG die Anwendung von § 4f und § 5 Abs. 7 EStG im Fall der Abspaltung verhindern, was zu steuerlicher Suboptimalität führt (vgl. Rz. 1287 f.).

1328 Wie im Falle des Schuldbeitritts, so handelt es sich gem. BMF-Schreiben v. 6.12.2017[1] auch bei der Ausgliederung und der Abspaltung[2] von Pensionsverpflichtungen – ohne inhaltliche Veränderung der Zusage – weiterhin um eine Direktzusage des Arbeitgebers. Aus lohnsteuerlicher Sicht bleibt es folglich bei den für eine Direktzusage geltenden steuerlichen Regelungen, d. h. es liegen erst bei Auszahlung der Versorgungsleistungen durch das ausgegliederte bzw. abgespaltene Unternehmen bzw. die Rentner-Gesellschaft Einkünfte i. S. d. § 19 EStG vor. Der Vorgang der partiellen Gesamtrechtsnachfolge selbst bewirkt keine steuerbaren Einnahmen beim betreffenden GGF.

1 BStBl 2018 I S. 147, Rz. 64.

2 Vgl. letzter Satz jener Rz. 64.

1329 Die Gesamtrechtsnachfolge verhindert eine einzelvertragliche Übertragung, so dass die besonderen körperschaftsteuerlichen Voraussetzungen einer betrieblichen Veranlassung der Zusage, sowie Probezeit, Erdienbarkeit Finanzierbarkeit und Angemessenheit im Gegensatz zur Schuldübernahme (vgl. Rz. 1313 ff.) nicht neu zu prüfen sind, da die ausgegliederte bzw. abgespaltene Kapitalgesellschaft Rechtsnachfolgerin des ursprünglichen Arbeitgebers ist und daher in deren Fußstapfen tritt.[1] Vielmehr zählen die vor der Abspaltung bzw. Ausgliederung im Ursprungsunternehmen abgeleisteten Dienstjahre (bei steuerrechtlich beherrschenden GGF ab dem Zusagedatum) mit.

PRAXISHINWEIS:

Sollte es bei der Schuldübernahme als Instrument der wirkungsvollen rechtlichen Enthaftung der übertragenden Kapitalgesellschaft von der gegenüber dem betreffenden GGF erteilten Pensionszusage (vgl. Praxishinweise in Rz. 1324 und 1327) zu körperschaftsteuerlichen Problemen i. Z. m. der betrieblichen Veranlassung bzw. den Kriterien Probezeit, Erdienbarkeit Finanzierbarkeit oder/und Angemessenheit kommen, kann die partielle Gesamtrechtsnachfolge – insbesondere in Form der Ausgliederung (vgl. Praxishinweise in Rz. 1327) – Sinn machen, da die Fußstapfen-Theorie eine erneute Prüfung jener Kriterien entbehrlich macht.

1330–1340 *(Einstweilen frei)*

VIII. Asset Deal

1341 Die Auslagerung der gegenüber dem GGF bestehenden Pensionsverpflichtung auf eine andere Kapital- bzw. Rentner-Gesellschaft verbunden mit dem anschließenden Verkauf der Anteile am ursprünglichen Unternehmen (Share Deal) erfordert – wie in Kapitel VII ausführlich beschrieben – einen komplexen Entscheidungsprozess, der wegen unterschiedlicher zivil-, haftungs-, bilanz- und steuerrechtlicher Effekte regelmäßig nicht zu eindeutig zufriedenstellenden Ergebnissen führt. Daher könnte alternativ darüber nachgedacht werden, den Geschäftsbetrieb der die bAV zusagenden Gesellschaft durch Einzelverkauf der Wirtschaftsgüter an einen interessierten Erwerber im Rahmen eines Asset Deals zu übertragen.[2] Ziel ist in diesem Fall der Verbleib der Versorgungsverpflichtung, des Rückdeckungsvermögens und des Veräußerungserlöses aus dem Verkauf jener übrigen Wirtschaftsgüter in der ursprünglichen Ka-

1 Vgl. Urteil des BFH v. 29.10.1997 - I R 52/97, BStBl 1999 II S. 318.

2 § 433 BGB i.V. m. §§ 929 ff., 873 ff., § 413 BGB.

pitalgesellschaft, die auf diesem Wege im Falle der Beendigung ihres operativen Geschäftsbetriebes zu einer reinen Rentner-GmbH[1] mutieren würde.

1342 Der Asset Deal kann betriebswirtschaftlich sinnvoll für den Veräußerer sein, wenn der Verkauf der Einzelwirtschaftsgüter einen höheren Veräußerungserlös bringt als der Share Deal oder wenn die Veräußerung der Anteile an der Kapitalgesellschaft aus irgendeinem Grunde nicht zu realisieren ist. Für den Erwerber können sich ebenfalls Vorteile ergeben, da die im Kaufpreis enthaltenen stillen Reserven und der entgeltlich erworbene Geschäfts- oder Firmenwert i. S. v. § 246 Abs. 1 Satz 4 HGB und § 7 Abs. 1 Satz 3 HGB im Gegensatz zum Anteilserwerb bei einem Share Deal sofortiges zusätzliches Abschreibungsvolumen und damit höheres Steuerersparnispotenzial auf Gesellschaftsebene generieren können. Dies kann sich wiederum positiv auf den Verkaufspreis auswirken.

1343 Steuerrechtlich fallen die aus der Aufdeckung der stillen Reserven entstehenden Veräußerungsgewinne bei der Veräußerung der einzelnen Wirtschaftsgüter dem laufenden Gewinn der veräußernden Kapitalgesellschaft zu und unterliegen bei ihr der üblichen Belastung mit Körperschaft- und Gewerbesteuer sowie SolZ. Bei Ausschüttung des nach Abzug jener Steuerlast verbleibenden Veräußerungsgewinns an den GGF fallen zudem die Abgeltungsteuer bzw. die Einkommensteuer nach dem Teileinkünfteverfahren an. Der Gewinn aus der Veräußerung der im Privat- oder – z. B. bei Betriebsaufspaltung – im Betriebsvermögendes GGF gehaltenen Gesellschafts-Anteile würde dagegen aufgrund des bei der Anteilsveräußerung gem. § 17 EStG i. V. m. § 3 Nr. 40 Buchst. c EStG anzuwendenden Teileinkünfteverfahrens i. H. v. 40 % einkommensteuerfrei bleiben.[2] Dies bedeutet jedoch nicht, dass der Share Deal auf Seiten des Veräußerers generell zur niedrigeren Steuerbelastung führt, weil die Bemessungsgrundlagen der Ertragsteuerberechnung bei Asset- (regelmäßig der Buchwert des auf Ebene des veräußernden Unternehmens im Veräußerungszeitpunkt vorhandenen Eigenkapitals zzgl. aufgedeckter stiller Reserven und Geschäfts- oder Firmenwert) und Share Deal (Differenz zwischen Veräußerungspreis und Anschaffungskosten der veräußerten Anteile) unterschiedlich sind.

1344 Ein wesentlicher Vorteil des Asset Deals gegenüber der in Kapitel VII dargestellten Auslagerung der Versorgungsverpflichtung auf eine andere Kapital-

1 Die Literatur spricht teilweise von „abgeleiteter Rentner-Gesellschaft", vgl. Pradl, Pensionszusagen an GmbH-Geschäftsführer, 4. Aufl. 2019, Rz. 2131 ff.

2 § 3 Nr. 40 Buchst. c EStG i. V. m. § § 17 Abs. 2 EStG; dies nur unter den Voraussetzungen des § 17 Abs. 1 EStG, insbesondere einer mindestens 1 %igen Beteiligung des GGF innerhalb der letzten fünf Jahre vor Veräußerung der GmbH-Anteile.

gesellschaft im Wege der Einzel- oder der partiellen Gesamtrechtsnachfolge ist die Tatsache, dass beim Asset Deal kein haftungs-, arbeits- und bilanzrechtliche Folgen und damit verbundene Suboptimalitäten eintreten, wie sie in den Rz. 1237 ff., Rz. 1246 ff., Rz. 1256 ff., Rz. 1271 ff und Rz. 1291 ff. beschrieben sind. Darüber hinaus kann der Asset Deal i. Z. m. der gegenüber dem betreffenden GGF bestehenden Pensionsverpflichtung und dem Rückdeckungsvermögen auch keinerlei negative steuerliche Effekte (vgl. Rz. 1306 und insbesondere Rz. 1313 ff.) entfalten, da beide Komponenten im ursprünglichen Unternehmen zurückbehalten werden und sich insoweit keine steuerrechtlichen Tatbestände entwickeln. Allerdings müssen Asset- und Share Deal auf ihre jeweilige steuerliche Gesamtbelastung und andere Wirkungen hin untersucht werden (vgl. Rz. 1343). Es macht keinen Sinn, einen Asset Deal wegen der Vermeidung von Nachteilen i. Z. m. der bAV des GGF zu praktizieren, die beim Share Deal eintreten würden, wenn ersterer per se zu erheblichen steuerlichen und/oder anderweitigen Nachteilen führen würde; diese Effekte sind gegeneinander abzuwägen.

Erschwert wird der Asset Deal in der Praxis darüber hinaus, wenn nicht nur 1345
mit dem betreffenden GGF, sondern auch noch mit weiteren Personen Dienst- bzw. Arbeitsverhältnisse bestehen und § 613a BGB und die arbeitsrechtlichen Folgen einer (Teil-)Betriebsübertragung zu beachten sind.[1]

Außerdem muss beachtet werden, wie sich die finanzielle Ausstattung der ver- 1346
bleibenden GmbH nach dem Asset Deal darstellt. Möglicherweise reichen die vorhandenen Rückdeckungsinstrumente und die Nettoerlöse aus dem Verkauf der übrigen Wirtschaftsgüter nicht aus, um die Versorgungsverpflichtung bis zum Tod des GGF und ggf. seiner begünstigten Hinterbliebenen zu bedienen. In diesem Fall kommt es möglicherweise auch zu einer Insolvenz der GmbH aufgrund eintretender Überschuldung. In diesem Zusammenhang sollten die Möglichkeiten geprüft werden, die Versorgungsverpflichtung im Zuge der Liquidation der Gesellschaft auf einen Lebensversicherer zu übertragen (vgl. Rz. 1351 ff.) oder eine Kapitalleistung als alternative Auszahlungsform zu vereinbaren (vgl. Rz. 1176 ff.).

PRAXISHINWEIS:

Gibt der GGF im Anschluss an einen Asset Deal Teile seiner Versorgungszusage auf, weil diese nicht mehr finanzierbar sind, stellt sich die Frage, ob der Verzicht zu einer gesellschaftsrechtlich veranlassten verdeckten Einlage führt. I. d. R. dürfte dies aufgrund der dann mangelnden Werthaltigkeit nicht der Fall sein.

1 So z. B. Widerspruchsrecht der Arbeitnehmer gem. § 613a Abs. 6 BGB; Mitbestimmung des Betriebsrats gem. § 111 BetrVG ab 20 Arbeitnehmern möglich.

Es kann aber nicht ausgeschlossen werden, dass die FinVerw argumentiert, dass es nicht fremdüblich war, die GmbH im Rahmen des Asset Deals so „auszuhungern", dass sie nicht mehr in der Lage ist, die Versorgungszusage vollständig zu erfüllen mit der Folge, dass die mangelnde Finanzierbarkeit bereits gesellschaftsrechtlich veranlasst herbeigeführt wurde und somit als Argument für einen betrieblichen Verzicht nicht herangezogen werden kann.

Letztlich werden die rechtlichen und betriebswirtschaftlichen Aspekte des Einzelfalls darüber entscheiden, ob der Asset Deals eine mögliche Alternative darstellen kann.

U. E. ist eine derartige Argumentation der FinVerw allerdings nur dann vorstellbar, wenn im Zuge des Asset Deals Ausschüttungen oder verbilligte Übertragungen an den GGF bzw. ihm nahestehende Personen vorgenommen wurden, nicht hingegen, wenn die vorhandenen Wirtschaftsgüter an fremde Dritte veräußert wurden.

1347 Ist der Asset Deal nicht praktikabel, weil der Unternehmenskäufer z. B. nicht zustimmt oder weitere Dienst- oder Arbeitsverhältnisse bestehen (vgl. Rz. 1345), bzw. sinnvoll (vgl. Rz. 1344), können die in Kapitel VII beschriebenen Probleme auch dadurch vermieden bzw. reduziert werden, dass in einem ersten Schritt im Vorfeld der Anteilsveräußerung nicht die Pensionsverpflichtung und das Rückdeckungsvermögen, sondern der operative Geschäftsbetrieb der ursprünglichen Kapitalgesellschaft ohne jene beiden Komponenten gem. § 123 Abs. 3 UmwG in eine Tochtergesellschaft ausgegliedert wird. Die Anteile an der auf diese Weise um jene Pensionsverpflichtung und das Rückdeckungsvermögen bereinigten Tochtergesellschaft werden anschließend in einem zweiten Schritt im Rahmen eines Share Deals an den Unternehmenskäufer veräußert.

PRAXISHINWEIS:

Der Asset Deal ist eine interessante Möglichkeit, die zu Gunsten eines GGF vereinbarte Pensionsverpflichtung und das bereits gebildete Rückdeckungsvermögen zu separieren, indem die ursprüngliche, jedoch um den operativen Geschäftsbetrieb entreicherte Betriebsgesellschaft in eine Rentner-Gesellschaft umgewidmet wird; der im Rahmen jenes Asset Deals übergehende operativen Geschäftsbetrieb wird dabei juristisch automatisch enthaftet, ohne dass eine Nachhaftung besteht.

Ist allerdings der Asset Deal entweder nicht praktikabel oder nicht wirtschaftlich sinnvoll, kann der operative Geschäftsbetrieb ohne Pensionsverpflichtung und Rückdeckungsvermögen statt durch Verkauf der Assets auch durch Ausgliederung i. S. v. § 123 Abs. 3 UmwG in eine bereits bestehende oder neu gegründete Tochtergesellschaft aus dem ursprünglichen Unternehmen entfernt und anschließend per Share Deal an den Käufer veräußert werden.

Im Endeffekt bleiben auch hier die Pensionsverpflichtung und das Rückdeckungsvermögen im ursprünglichen Unternehmen, welches nach jener Ausgliederung und anschließendem Share Deal in eine Rentner-Gesellschaft umgewidmet wird. Auch in diesem Falle kommt es in Bezug auf die Pensionsverpflichtungen nicht zu einer Nachhaftung.

1348–1350 *(Einstweilen frei)*

IX. Liquidationsversicherung

1. Rechtliche Hinweise zur Liquidation

Ist kein Familienmitglied gewillt, die GmbH-Geschäfte weiterzuführen und ist ein Verkauf der GmbH-Anteile keine Alternative, ist letztlich in vielen Fällen die Beendigung der Betriebstätigkeit und die Liquidation des Unternehmens die Folge. Oftmals schließt sich die Liquidation zeitlich an einen Asset Deal (vgl. Rz. 1341 ff.) bzw. den Spezialfall der Ausgliederung des operativen Geschäftsbetriebs (vgl. Rz. 1347) an, so dass der Pensionsverpflichtung oft nur noch ein sehr begrenztes Aktivvermögen gegenübersteht. 1351

Gesellschaftsrechtlich erfolgt die Auflösung einer GmbH durch Beschluss der Gesellschafter.[1] Daran schließt sich der Liquidations- bzw. Abwicklungszeitraum an. Ziel der Abwicklung ist die Herbeiführung der tatsächlichen Vermögenslosigkeit der GmbH, um die Beendigung der GmbH-Existenz durch Löschung im Handelsregister zu ermöglichen. Durch Liquidation kann eine solvente Gesellschaft sowohl regulär beendet werden, aber – bei Beachtung der komplexen Sondernormen der Insolvenzordnung – auch eine insolvente in Folge eines Insolvenzantrags. 1352

Zweck und Inhalt der Liquidation ist die Beendigung der laufenden Geschäfte mit dem Ziel, nach Erfüllung aller Verbindlichkeiten das verbleibende, ausschließlich in Geld bestehende Vermögen an die Gesellschafter zu verteilen.[2] Insofern hat sich die GmbH auch zwingend der Verpflichtung aus der bAV des GGF zu entledigen, um liquidiert werden zu können. Ist die Abfindung der Versorgungszusage keine Alternative, z. B. aufgrund der hohen Ertragssteuerbelastung oder des lebenslangen Rentenbedarfs des GGF, stellt sich die Frage nach weiteren Lösungswegen. 1353

PRAXISHINWEIS:

Die in der Praxis oftmals als schuldbefreiende Auslagerung einer unmittelbaren Pensionsverpflichtung bezeichneten Durchführungswegwechsel auf einen Pensionsfonds oder eine Unterstützungskasse stellen im Falle einer (geplanten) Liquidation im Regelfall keinen Lösungsweg dar. Unterliegt die Direktzusage des Versorgungsberechtigten den Vorschriften des BetrAVG, kann die GmbH aufgrund ihrer nach § 1 Abs. 1 Satz 3 BetrAVG weiterhin bestehenden Subsidiärhaftung nicht gelöscht werden. Hier führen nur die in § 4 BetrAVG eröffneten Wege der Auslagerung zu einer wirksamen schuldrechtlichen Befreiung von der Versorgungsverpflichtung. Im Falle eines arbeitsrechtlich

1 Gemäß § 60 Abs. 1 Nr. 2 GmbHG durch Beschluss der Gesellschafter oder gem. Nr. 4 durch die Eröffnung des Insolvenzverfahrens.

2 §§ 70, 72 GmbHG, für die AG § 268 Abs. 1 Satz 1 AktG.

beherrschenden GGF stehen der schuldrechtlich befreienden Übertragung als Voraussetzung für die Liquidation zwar keine arbeitsrechtlichen Gründe entgegen, dafür aber meist die auf ein vorhandenes Trägerunternehmen ausgerichteten Geschäftsordnungen des Pensionsfonds bzw. der Unterstützungskasse (vgl. Rz. 1001).

1354–1355 *(Einstweilen frei)*

2. Arbeits- und steuerrechtliche Flankierung

1356 Für den Fall der Einstellung der Betriebstätigkeit und Liquidation der GmbH ermöglicht § 4 Abs. 4 BetrAVG die schuldbefreiende Übernahme von laufenden Versorgungsleistungen oder unverfallbaren Versorgungsanwartschaften[1] durch ein Lebensversicherungsunternehmen oder eine Pensionskasse.[2] Steuerlich begleitet wird dieser Lösungsweg von § 3 Nr. 65 Satz 1 Buchst. b EStG, wonach die Übertragung ohne steuerlichen Zufluss für den Versorgungsberechtigten erfolgt. Diese Steuerbefreiung ist für den Lösungsweg der Liquidationsversicherung existenziell, da die Mittelübertragung an den Lebensversicherer oder die Pensionskasse für den Versorgungsberechtigen aufgrund des daran anknüpfenden Bezugsrechts grds. einen (lohn-)steuerbaren Zufluss auslöst (vgl. Rz. 1412 ff.). Dabei kann die Übernahme der Versorgungsverpflichtung durch den Lebensversicherer bzw. die Pensionskasse während des Liquidationsverfahrens jederzeit erfolgen.

1357 Diese Auslagerungsalternative für den Fall der Liquidation des Unternehmens steht grds. für bestehende Zusagen aller Durchführungswege offen, spielt aber in der Praxis aufgrund der für Direktversicherungs- und Pensionskassenzusagen zumeist möglichen versicherungsvertraglichen Lösung[3] nur für Direkt-, Unterstützungskassen und Pensionsfondszusagen eine Rolle.

1358 Bei den den Regeln des BetrAVG unterliegenden GGF sind für die Steuerfreistellung nach § 3 Nr. 65 Buchst. b EStG zwingend die Voraussetzungen des § 4 Abs. 4 BetrAVG einzuhalten. Danach ist sicherzustellen, dass die Verwendung der Überschussanteile ab Rentenbeginn gem. § 16 Abs. 3 Nr. 2 BetrAVG für die

1 Mangels Beschränkung auf § 1b BetrAVG werden auch vertraglich unverfallbare Anwartschaften erfasst, ebenso Prost/Rethmeier, Schuldbefreiende Übernahme von Zusagen auf bAV bei Einstellung der Betriebstätigkeit mit nachfolgender Liquidation – Grundlagen und praktische Erfahrungen, DB 2007 S. 1945 ff.

2 Die Vorschrift des § 4 Abs. 4 BetrAVG erfasst alle 5 Durchführungswege der bAV, aufgrund der praktischen Bedeutung hier allerdings die Begrenzung auf Direkt-, Unterstützungs- und Pensionsfondszusagen.

3 § 2 Abs. 2 Satz 2 BetrAVG, für die Pensionskasse § 2 Abs. 3 Satz 2 BetrAVG.

Erhöhung der laufenden Leistung verwendet werden. Zudem gelten für den GGF bzgl. des durch Beiträge der Kapitalgesellschaft bis zur Auslagerung finanzierten Teils des Vertragswertes, die Verfügungsbeschränkungen des § 2 Abs. 2 Sätze 4 bis 6 BetrAVG entsprechend. So führt z. B. eine Kündigung des Versorgungsberechtigten insoweit nur zu einer Beitragsfreistellung der Direktversicherung bzw. Pensionskassenversicherung. Aufgrund der Geltung von § 4 Abs. 4 BetrAVG ist entgegen § 415 BGB eine Zustimmung des arbeitsrechtlich nicht beherrschenden GGF zur Übertragung der Versorgungsleistung bzw. Anwartschaft im Rahmen der Liquidation nicht notwendig.

Ist der GGF arbeitsrechtlich beherrschend oder handelt es sich um einen im arbeitsrechtlichen Sinne nicht beherrschenden GGF, in dessen Pensionszusage die Anwendung des § 4 BetrAVG analog § 19 Abs. 1 BetrAVG abbedungen wurde (vgl. Rz. 1179 und Rz. 1257) und unterliegt deren jeweilige Zusage somit nicht den Vorschriften des BetrAVG, ist die Übertragung der Versorgungsverpflichtung auf den Lebensversicherer bzw. die Pensionskasse für den Fall der Liquidation der GmbH trotz fehlender Geltung des § 4 Abs. 4 BetrAVG über § 3 Nr. 65 Buchst. b EStG begleitet.[1] Mangels Geltung von § 4 Abs. 4 BetrAVG ist theoretisch zwar die Zustimmung des beherrschenden GGF zur Übertragung der Verpflichtung notwendig, in der Praxis aber unproblematisch. 1359

Mit Eintragung der Auflösung im Handelsregister und Beginn der Liquidation hat der Liquidator (i. d. R. der frühere GGF selbst[2]) eine Eröffnungsbilanz zu erstellen. Ab diesem Zeitpunkt bis zum Abschluss der Liquidation ist zudem auf den Schluss eines jeden Jahres handelsbilanziell und grds. auch steuerbilanziell ein Jahresabschluss zu erstellen. In diesem Zeitraum kann auch jederzeit die Übernahme der Versorgungszusage durch ein Lebensversicherungsunternehmen oder eine Pensionskasse i. S. d. § 4 Abs. 4 BetrAVG erfolgen. 1360

PRAXISHINWEIS FÜR DEN STEUERBERATER:

Das Unternehmen besteht im Liquidationsstadium auch steuerrechtlich fort. Abweichend von der handelsrechtlichen Pflicht zur Aufstellung von jährlichen Jahresabschlüssen während der Liquidationsphase besteht steuerrechtlich ein Wahlrecht, den Veranlagungszeitraum während der Liquidation auf bis zu drei Jahre auszudehnen.[3] Dies kann insofern von Vorteil sein, als dadurch eine Stundung möglicher Steuern und damit ein Liquiditätsvorteil während der Liquidationsphase erzielt werden kann.

1 R 3.65 Abs. 1 Satz 3 LStR.

2 § 66 Abs. 1 GmbHG, sofern nicht durch Gesellschaftsvertrag oder Beschluss ein anderer Liquidator bestimmt ist.

3 § 11 Abs. 1 Satz 2 KStG.

Fällt die Auflösung und somit der Beginn des Liquidationszeitraums in ein laufendes Wirtschaftsjahr, so ist laut BFH[1] ein Rumpfwirtschaftsjahr zu bilden, das nicht in die Liquidationsbesteuerung einbezogen werden kann. Dabei ist die steuerrechtliche Regelung identisch mit der handelsrechtlichen Regelung. Der sich für das Rumpfwirtschaftsjahr ergebende Gewinn aus laufender Geschäftstätigkeit ist im Rahmen der Ermittlung des zu versteuernden Einkommens des Veranlagungszeitraums des Rumpfwirtschaftsjahres der Besteuerung zu unterwerfen. Erst hieran schließt sich der Liquidationszeitraum an, der nunmehr an die Stelle des Veranlagungszeitraums tritt und bis zu drei Jahre betragen kann.

Abweichend von der Rechtsprechung des BFH räumt die FinVerw[2] dem liquidierenden Unternehmen ein Wahlrecht ein, für steuerrechtliche Zwecke auf die Bildung eines Rumpfwirtschaftsjahres zu verzichten. In diesem Fall kann auch der Gewinn des Zeitraums vom Beginn des Wirtschaftsjahres bis zum Auflösungs- bzw. Liquidationsbeginn in die Liquidationsbesteuerung einbezogen werden. Folglich tritt auch für einen evtl. Gewinn dieses Zeitraums eine Steuerstundung ein. Denn dieser wird endgültig erst im Rahmen der Liquidationsbeendigung, spätestens nach drei Jahren, der Besteuerung zugeführt.

1361–1365 *(Einstweilen frei)*

3. Steuerliche Folgen für die GmbH und den GGF

1366 Überträgt ein Unternehmen die Verpflichtung aus einer Direktzusage auf einen Lebensversicherer oder eine Pensionskasse, ist mit dem Wegfall der Verpflichtung die Pensionsrückstellung in Handels- und Steuerbilanz gewinnerhöhend aufzulösen. Die für die Auslagerung erforderlichen Leistungen an das Lebensversicherungsunternehmen bzw. die Pensionskasse sind in voller Höhe betriebsausgabenwirksam.

PRAXISHINWEIS FÜR DEN STEUERBERATER:

Der Saldo aus dem Beitragsaufwand und der aufzulösenden Pensionsrückstellung unterliegt zwar grds. der ab dem 28.11.2013 geltenden Vorschrift des § 4f Abs. 1 Satz 2 EStG, wonach eine Verteilung über 15 Jahre vorzunehmen ist. Aufgrund der Ausnahmeregelung des § 4f Abs. 1 Satz 3 EStG und der in aller Regel mit der Liquidation verbundenen Betriebsaufgabe i. S. d. § 16 Abs. 3 EStG ist der Saldo jedoch in voller Höhe abzugsfähig.[3]

1367 Für den versorgungsberechtigten GGF bleibt auch nach Übernahme der Versorgungsverpflichtung durch den Lebensversicherer bzw. die Pensionskasse die steuerliche Behandlung der späteren Leistungen unverändert. Denn nach

1 BFH v. 17.7.1974 - I R 233/71, BStBl 1974 II S. 692; bestätigt durch BFH v. 22.10.1998 - I R 15/98, NWB DAAAA-63031.

2 R 51 Abs. 1 KStR.

3 Vgl. Rätke in Herrmann/Heuer/Raupach, § 3 Nr. 65 EStG Rz. 32.

§ 3 Nr. 65 Satz 2 EStG gehören die Leistungen der Lebensversicherung bzw. der Pensionskasse zu den Einkünften, zu denen die Leistungen gehören würden, wenn die Übertragung nicht stattgefunden hätte. Wird also die Verpflichtung aus einer Direktzusage oder einer Unterstützungskassenzusage auf einen Lebensversicherer ausgelagert, stellen die Leistungen des Lebensversicherers für den GGF gem. § 19 Abs. 1 Satz 1 Nr. 2 EStG Einkünfte aus nichtselbständiger Arbeit dar. Erfolgt die Übertragung der Verpflichtung aus einer Pensionsfondszusage, hat der GGF die Leistungen gem. § 22 Abs. Nr. 5 Satz 1 EStG als sonstige Einkünfte im Rahmen seiner Einkommensteuererklärung anzugeben und zu versteuern (s. aber Rz. 1441 und 1463).

Mit der Übernahme der Verpflichtung aus einer Direkt- oder Unterstützungskassenzusage übernimmt der Lebensversicherer bzw. die Pensionskasse gem. § 3 Nr. 65 Satz 4 EStG auch die lohnsteuerlichen Pflichten des Arbeitgebers. Entsprechend ist von dem Arbeitslohn des GGF gem. § 38 Abs. 3 Satz 1, § 39b, § 41a EStG die Lohnsteuer einzubehalten und abzuführen. Erfolgt die Pensionsleistung als einmalige Kapitalleistung, ist schon bei der Berechnung der Lohnsteuer die Fünftelungsregelung gem. § 34 Abs. 1 EStG zu beachten.[1] Der Lebensversicherer bzw. die Pensionskasse haften gem. § 42d Abs. 1 Nr. 1 EStG für die einzubehaltende und abzuführende Lohnsteuer. 1368

Ebenso haben der Lebensversicherer bzw. die Pensionskasse ggf. anfallende Sozialversicherungsbeiträge einzubehalten und an die zuständige Krankenkasse abzuführen. Leistungen aus der bAV gelten als Versorgungsbezüge gem. § 229 SGB V und unterliegen damit grds. der Beitragspflicht. Mit Übernahme der Versorgungsverpflichtung vom Arbeitgeber fallen dem Lebensversicherer bzw. der Pensionskasse auch die Meldepflicht nach § 202 SGB V und die Zahlstellenfunktion nach § 256 SGB V zu. 1369

In der praktischen Umsetzung wird, da die übertragende GmbH gelöscht wird und das Versicherungsunternehmen bzw. die Pensionskasse nicht Vertragsinhaber sein kann, der versorgungsberechtigte GGF Versicherungsnehmer der Liquidationsversicherung. Die Sicherstellung der fehlenden Verfügungsmöglichkeit des Versorgungsberechtigten (z. B. Rückkauf, Beleihung) wird dabei durch vertragliche Verfügungsbeschränkungen sichergestellt. 1370

(Einstweilen frei) 1371–1375

1 § 39b Abs. 3 Satz 9 EStG.

4. Übernahme der bestehenden Versorgungszusage bzw. Versorgungsleistung

1376 Nach dem Wortlaut des § 4 Abs. 4 BetrAVG müssen der Lebensversicherer bzw. die Pensionskasse die bestehende Versorgungszusage übernehmen. § 3 Nr. 65 Satz 1 Buchst. b EStG formuliert mit dem Begriff „Übernahme", dass zur Erlangung der Einkommensteuerbefreiung die bestehende Versorgungsleistung oder unverfallbare Versorgungsanwartschaft übernommen werden muss. In der Praxis enthält die zu übernehmende Versorgungszusage nicht selten Bestandteile, die vom Lebensversicherer bzw. der Pensionskasse tariflich nicht abgebildet werden können. Dies können aus Gründen der Risikotragung des Versicherers im Zusammenhang mit dem Gesundheitszustand des Versorgungsberechtigten nicht versicherbare biometrische Risiken sein. Ebenso können, speziell bei Direktzusagen, Inhalte der Versorgungszusage tariflich nicht darstellbar sein, wie z. B. die Vereinbarung eines Sterbevierteljahres, wodurch den Hinterbliebenen des GGF bei dessen Todesfall für drei Monate Hinterbliebenenbezüge i. H. d. vorherigen Altersrente des Verstorbenen zustehen.

1377 Wird nun nicht die gesamte bzw. die um die tariflich nicht darstellbaren Bestandteile gekürzte Direktzusage vom Versicherer übernommen, stellt sich die Frage der Anwendbarkeit von § 3 Nr. 65 Buchst. b EStG i. V. m. § 4 Abs. 4 BetrAVG. Erhält der GGF keinen entsprechenden Ausgleich, ist bei Werthaltigkeit der Versorgungszusage hinsichtlich des erdienten Teils der Zusage zudem ein gesellschaftsrechtlich veranlasster Verzicht mit den entsprechenden steuerlichen Folgen zu prüfen (vgl. Rz. 1021 ff.).

1378 Soll im Rahmen der Übernahme der Versorgungsverpflichtung die verdeckte Einlage des GGF vermieden werden, muss eine inhaltliche Anpassung der Zusage an die Tarife des übernehmenden Versicherers bzw. der übernehmenden Pensionskasse vorgenommen werden. Nach h. M.[1] ist eine inhaltliche Änderung der übernommenen Versorgungszusage unbedenklich, wenn eine Wertäquivalenz zwischen der Verpflichtung vor und nach Übernahme besteht.[2] Ist z. B. ein Bestandteil der Zusage tariflich nicht abbildbar, kann die Wertäquivalenz im Wege der barwertgleichen Erhöhung eines anderen, tariflich abbildbaren Inhaltes der Versorgungszusage hergestellt werden. Die Direktzusage muss daher vor dem Durchführungswegwechsel bzw. im Rahmen des Durch-

1 Schlewing/Henssler/Schipp/Schnitker, Arbeitsrecht der bAV, Teil 14A, Rz. 541 mit Verweis auf Blomeyer/Rolfs/Otto, Betriebsrentengesetz, 7. Aufl., § 4 Rz. 117; Höfer/de Groot/Küpper/Reich, Betriebsrentenrecht, 24. Aufl. 2019, § 4 Rz. 2252; Ahrend/Förster/Rößler, 1. Teil Rz. 498.

2 Vgl. BFH v. 7.3.2018 - I R 89/15, BStBl 2019 II S. 70, wonach eine wertgleiche Umrechnung nicht zu einer Neuzusage und somit zu keiner neuen Erdienbarkeitsprüfung führt.

führungswechsels analysiert und alle nicht über den Versicherer bzw. die Pensionskasse abbildbaren Inhalte müssen in einen Barwert umgerechnet werden. Dabei muss der fiktive Barwertvergleich unter Anwendung der für die Bewertung von unmittelbaren Versorgungsverpflichtungen geltenden Voraussetzungen und des für die Pensionsrückstellungsberechnung in der Steuerbilanz gem. § 6a EStG maßgeblichen Rechnungszinsfußes i. H. v. derzeit 6 % vorgenommen werden.[1] Anschließend erfolgt die Erhöhung eines anderen Bestandteils oder mehrerer anderer Bestandteile der Zusage in Höhe genau dieses Barwertes. Auf diesem Weg kann ohne Verzichtshandlung des GGF und unter Einhaltung der Voraussetzungen des § 3 Nr. 65 Buchst. b EStG i. V. m. § 4 Abs. 4 BetrAVG, die Übernahme der Versorgungszusage durch den Lebensversicherer bzw. die Pensionskasse erfolgen.

Beinhaltet die Direktzusage eine Altersrente nebst Kapitalabfindungswahlrecht i. H. d. Heubeck-Barwertes, kann dieses vom Lebensversicherer bzw. der Pensionskasse abgebildet werden. Da die originäre und zu übertragende Leistung jedoch die lebenslange Altersrente ist, muss der Versicherer ein Deckungskapital bilden, das auf den ihn bindenden versicherungsmathematischen Rechnungsrundlagen einschließlich Rechnungszins beruht. Sofern nach der Liquidation der GmbH noch eine ihr verbundene Gesellschaft, z. B. die Muttergesellschaft vorhanden ist, kann die Auskehrung des im Falle der Kapitalabfindung verbleibenden Deckungskapitals an diese von vornherein mit dem Lebensversicherungsunternehmen vereinbart werden. Ist keine verbundene Gesellschaft vorhanden, wird i. d. R. mangels Alternativen die Kapitalauszahlung an den GGF i. H. d. zu diesem Zeitpunkt vorhandenen Deckungskapitals vereinbart. 1379

U. E. ist auch in diesem Fall aufgrund der Übereinstimmung der übernommenen originären Leistung (Altersrente) § 3 Nr. 65 Buchst. b EStG i. V. m. § 4 Abs. 4 BetrAVG anwendbar. Im Übertragungszeitpunkt ist auch durch den im Rahmen des Durchführungswechsels gestiegenen Wert des Kapitalwahlrechtes keine vGA gegeben, da der GGF in diesem Zeitpunkt keine zusätzliche Leistung erhält. Möglicherweise könnte jedoch – trotz fehlender Alternative – der gestiegene Wert des Kapitalwahlrechtes als gesellschaftsrechtlich veranlasst angesehen werden für den Fall, dass der GGF die höhere Kapitalauszahlung tatsächlich erhält. Allerdings bemisst der Lebensversicherer bzw. die Pensionskasse den zur Übernahme der Versorgungszusage notwendigen Einmalbeitrag al- 1380

1 Schlewing/Henssler/Schipp/Schnitker, Arbeitsrecht der bAV, Teil 14A, Rz. 543, 560, 561; ebenso BMF v. 10.7.2015, BStBl 2015 I S. 544, Rz. 4 für den Durchführungswegwechsel hin zu einer Pensionsfondszusage.

lein an der zu übernehmenden originären Leistung, also der Altersrente. Auch ein i. H. d. späteren Deckungskapitals vereinbartes Kapitalwahlrecht ändert an der Höhe des notwendigen Einmalbeitrages nichts. Folglich erhält der GGF zwar eine verbesserte Zusage in Form einer höheren möglichen Kapitalleistung, jedoch muss die GmbH hierfür keinen höheren Beitrag zahlen, als wenn ausschließlich die bestehende Rentenverpflichtung ausgelagert worden wäre. Eine für die vGA notwendige Vermögensminderung oder verhinderte Vermögensmehrung ist folglich nicht gegeben.

1381 Die Übertragung auf ein Lebensversicherungsunternehmen oder eine Pensionskasse erfordert von dem die Verpflichtung übertragenden Unternehmen einen auf den Rechnungsgrundlagen des Übernehmers beruhenden Liquiditätsbedarf. Speziell im Fall der Übernahme einer Direktzusage wird der auf den Sterbetafeln und dem Rechnungszinssatz des Versicherers bzw. der Pensionskasse beruhende Einmalbeitrag den in der letzten Steuerbilanz der GmbH gebildeten Rückstellungswert bei weitem übersteigen.

1382 Wurde die Versorgungsverpflichtung nicht kongruent rückgedeckt, wird der erforderliche Einmalbeitrag zur Liquidationsdirektversicherung neben dem Einsatz der bestehenden Rückdeckungsversicherung einen zusätzlichen Mittelaufwand erforderlich machen. Will bzw. kann die GmbH den erforderlichen Einmalbeitrag zur vollständigen Auslagerung der Versorgungsverpflichtung im Wege der Liquidationsdirektversicherung nicht aufbringen, muss die finanzielle bzw. bilanzielle Situation der GmbH für die Ermittlung des optimalen Lösungsweges analysiert werden, um gesellschaftsrechtliche Folgewirkungen wie z. B. eine verdeckte Einlage zu vermeiden.

PRAXISHINWEIS:

Da das Lebensversicherungsunternehmen bzw. die Pensionskasse im Rahmen der übernommenen Arbeitgeberfunktion für die Dauer der gesamten Leistungsphase die Einbehaltung der Lohnsteuer und ggf. der Sozialversicherungsbeiträge übernimmt, ist in der Praxis für die Übernahme dieser originären Arbeitgeberpflichten eine Entgelt zu entrichten. Da die GmbH als Träger der Versorgung gelöscht werden soll, muss das Entgelt bzw. der Barwert der Summe der voraussichtlich anfallenden Entgelte der Rentnerverwaltung im Voraus entrichtet werden. Als Lösung kann der Einmalbeitrag einer sofort beginnenden bzw. bei Anwärtern einer aufgeschobenen Rentenversicherung vereinbart werden, wobei die Rentenleistung die Kostenrate der Rentnerverwaltung abbildet. Dieser Einmalbeitrag für die Rentnerverwaltung ist in der Kostenplanung zu berücksichtigen und als notwendiger Beitrag zur Übernahme der Versorgungsverpflichtung gem. § 3 Nr. 65 Buchst. b EStG einkommensteuerfrei.

1383–1385 *(Einstweilen frei)*

5. Nur teilweise Übernahme der Versorgungszusage bzw. Versorgungsleistung

Ist die GmbH finanziell in der Lage, den erforderlichen Einmalbeitrag zur vollständigen Auslagerung im Wege der Liquidations-Direktversicherung zu erbringen, ohne dadurch insolvenzrechtlich überschuldet zu sein, würde der mit einer nur teilweisen Übertragung verbundene Verzicht des GGF auf den Differenzbetrag seiner Versorgungszusage einen gesellschaftsrechtlich veranlassten Verzicht mit den entsprechenden steuerlichen Folgen verursachen (vgl. Rz. 1021 ff.). In diesem Fall sollte alternativ die (teilweise) Abfindung[1] der Versorgungszusage des GGF i. H. d. niedrigeren Heubeck-Barwertes geprüft werden, um ggf. die verdeckte Einlage zu vermeiden. Unter Berücksichtigung der verfügbaren Mittel der GmbH könnte dabei eine Aufteilung zwischen Abfindung und Liquidationsdirektversicherung ermittelt werden. 1386

BEISPIEL: Der GGF A hat eine Direktzusage seiner GmbH, die ein Kapitalabfindungswahlrecht i. H. d. Heubeck-Barwertes der Altersrente beinhaltet. Der mögliche Abfindungsbetrag beträgt 100.000 €, der erforderliche Einmalbeitrag für eine Liquidationsversicherung 180.000 €. Die GmbH bzw. der GGF möchten nicht mehr als die vorhandenen Rückdeckungsmittel von 132.000 € für die Auslagerung der Versorgungsverpflichtung aufwenden. Die GmbH könnte die Mittel für die vollständige Auslagerung (180.000 €) ohne Probleme aufbringen.

FOLGE: Erfolgt allein die Übertragung auf einen Lebensversicherer bzw. eine Pensionskasse im Wege einer Liquidationsversicherung, können nur 132/180 der Versorgungsverpflichtung ausgelagert werden. Verzichtet der GGF auf den restlichen Teil seiner Pensionsansprüche, ist ein gesellschaftsrechtlicher Verzicht gegeben. Vereinbaren der GGF und die GmbH jedoch die teilweise (60 %) Abfindung der Direktzusage i. H. d. Heubeck-Barwertes, sind hierfür nur 60.000 € aufzuwenden. Der restliche Teil der Verpflichtung (40 %) kann mit den verbleibenden Mitteln von 72.000 € auf einen Lebensversicherer bzw. eine Pensionskasse ausgelagert werden.

Würde hingegen die vollständige Auslagerung im Wege der Liquidations-Direktversicherung zu einer insolvenzrechtlichen Überschuldung der GmbH führen, kann die Versorgungszusage vor der Auslagerung betrieblich veranlasst auf den finanzierbaren Teil herabgesetzt werden. Zur Begründung der betrieblichen Veranlassung kann Bezug auf die Urteile des BFH zur verdeckten Einlage[2] sowie zur Finanzierbarkeit[3] einer Pensionsverpflichtung und die daraus 1387

1 Vgl. Rz. 1176 ff. bzgl. der momentanen Unsicherheit der steuerlichen Würdigung von Abfindungszahlungen an GGF.

2 BFH v. 9.6.1997 - GrS-1/94, BStBl 1998 II S. 307.

3 BFH v. 8.11.2000 - I R 70/99, BStBl 2005 II S. 653; v. 20.12.2000 - I R 15/00, BStBl 2005 II S. 657; v. 7.11.2001 - I R 79/00, BStBl 2005 II S. 659; v. 4.9.2002 - I R 7/01, BStBl 2005 II S. 662; v. 31.3.2004 - I R 65/03, BStBl 2005 II S. 664.

abgeleitete Pflicht des Geschäftsführers zum (Teil-)Verzicht im Rahmen seiner Fürsorgepflicht genommen werden.[1] Die bilanziellen und steuerlichen Folgen des Teilverzichts erschöpfen sich im Falle der betrieblichen Veranlassung in der Teilauflösung der Pensionsrückstellung.

BEISPIEL: Der GGF A hat eine Direktzusage seiner GmbH, die ein Kapitalabfindungswahlrecht i. H. d. Heubeck-Barwertes der Altersrente beinhaltet. Der mögliche Abfindungsbetrag beträgt 100.000 €, der erforderliche Einmalbeitrag für eine Liquidationsversicherung 180.000 €. Nach bereits fortgeschrittenem Liquidationsprozess stehen für die Auslagerung der Versorgungsverpflichtung inkl. der vorhandenen Rückdeckungsmittel von 132.000 € insgesamt 150.000 € zur Verfügung. Weitere Aktiva besitzt die GmbH nicht mehr.

FOLGE: Die vollständige Übertragung der Versorgungsverpflichtung auf einen Lebensversicherer bzw. eine Pensionskasse ist mangels ausreichender Aktiva nicht möglich. Würde die GmbH mit dem Lebensversicherer bzw. der Pensionskasse den Vertrag über die Übernahme der vollständigen Versorgungsverpflichtung abschließen, wäre die GmbH zum Fälligkeitszeitpunkt der 180.000 € Beitragsleistung insolvenzrechtlich überschuldet. Verzichtet der GGF mit Bezugnahme auf die geplante Auslagerung auf den nicht finanzierbaren Teil seiner Pensionsansprüche (30/180), ist ein betrieblich veranlasster Verzicht gegeben.

1388–1390 *(Einstweilen frei)*

6. Übernahme einer (teilweise) gesellschaftsrechtlich veranlassten Direktzusage

1391 Ist die Direktzusage des GGF teilweise gesellschaftsrechtlich veranlasst, (vgl. Rz. 752 ff.) stellt sich die Frage, welche steuerlichen Folgen sich im Fall einer Auslagerung im Wege einer Liquidationsversicherung ergeben. Unstrittig dürfte der Beitragsaufwand der GmbH für die Liquidationsversicherung, der auf den nicht betrieblich veranlassten Teil der Zusage entfällt, dem Gewinn der GmbH außerbilanziell wieder hinzuzurechnen sein. Denn insoweit, wie auch der Anteil einer Rentenleistung oder einer Kapitalleistung der GmbH an den GGF als vGA zu werten wäre, muss auch der Beitragsaufwand für die Liquidationsversicherung mangels betrieblicher Veranlassung außerbilanziell korrigiert werden.

1392 Fraglich ist darüber hinaus, ob die Steuerbefreiung nach § 3 Nr. 65 Buchst. b EStG i. H. d. nicht betrieblich veranlassten Teils der Zusage zum Tragen kommt. Die Steuerbefreiungsvorschrift des § 3 Nr. 65 Buchst. b EStG nimmt unmittelbar Bezug auf das Tatbestandsmerkmal des § 4 Abs. 4 BetrAVG, der wiederum

1 BMF v. 6.9.2005, BStBl 2005 I S. 875.

auf die Übernahme der Zusage für den Fall der Liquidation des verpflichteten Unternehmens abstellt. Eine (teilweise) gesellschaftsrechtlich veranlasste Zusage stellt jedoch mangels Veranlassung durch das Arbeits- bzw. Dienstverhältnis insoweit keine bAV i. S. d. BetrAVG dar.[1] Ertragsteuerrechtlich liegt eine Gewinnverteilungsabrede bzw. Gewinnausschüttung vor, auf die § 3 Nr. 65 Buchst. b EStG nicht anwendbar ist.

Folge ist, dass der Teil des Beitrages der GmbH an den Versicherer bzw. die Pensionskasse, der auf den nicht betrieblich veranlassten Teil der Zusage des GGF entfällt, dem GGF im Zeitpunkt der Auslagerung als vGA und somit als Einkünfte aus Kapitalvermögen einkommensteuerlich zufließt. 1393

Vor Anwendung der Abgeltungsteuer oder des beantragungsbedürftigen Teileinkünfteverfahrens auf die Kapitaleinkünfte ist jedoch eine Prüfung der erfolgten außerbilanziellen Gewinnberichtigung auf Seiten der GmbH durchzuführen. Nur soweit der nicht betrieblich veranlasste Teil der Beitragszahlung an den Versicherer bzw. die Pensionskasse dem Gewinn der GmbH außerbilanziell wieder hinzugerechnet wurde (Teilbetrag II[2]) ist für den GGF eine Tarifvergünstigung möglich. Ansonsten sind die Kapitaleinkünfte dem individuellen Steuersatz des GGF zu unterwerfen.[3] 1394

Die späteren Versorgungsleistungen an den GGF aus der Liquidationsversicherung sind gem. der steuerlichen Behandlung der Beitragsleistung der GmbH aufzuteilen. Der Leistungsteil, der auf dem nach § 3 Nr. 65 Buchst. b EStG steuerfreien Beitrag beruht, ist nach Satz 2 dieser Vorschrift der Einkunftsart zuzuordnen, die ohne Auslagerung der Versorgung der originären Versorgungsleistung maßgebend gewesen wäre. Folglich stellen die Leistungen der Liquidationsversicherung für den GGF insoweit i. d. R. Einkünfte aus nichtselbständiger Tätigkeit gem. § 19 Abs. 1 Satz 1 Nr. 2 EStG dar. Der Liquidationsversicherer ist im Rahmen seiner fiktiven Arbeitgeberfunktion verpflichtet, die Lohnsteuer nebst Annexsteuern und ggf. Sozialversicherungsbeiträgen einzubehalten. Der Leistungsteil, der auf dem gesellschaftsrechtlich veranlassten und somit nicht nach § 3 Nr. 65 Buchst. b EStG steuerfrei gestellten Beitragsteil beruht, ist aufgrund der Finanzierung aus dem versteuerten Einkommen des GGF eine Leistung nach § 22 Nr. 5 Satz 2 EStG. Lebenslange Altersrentenleistungen sind demgemäß unter Anwendung von § 22 Nr. 1 Satz 3 Buchst. a Doppelbuchst. bb 1395

1 Höfer/de Groot/Küpper/Reich, Betriebsrentenrecht, 24. Aufl. 2019, Bd. I, § 17, Rz. 60.

2 BMF v. 28.5.2002, BStBl 2002 I S. 603.

3 § 3 Nr. 40 d Satz 2 EStG, § 32d Abs. 2 Nr. 4 EStG.

EStG mit dem Ertragsanteil, Alterskapitalleistungen unter Anwendung von § 20 Abs. 1 Nr. 6 EStG mit dem (ggf. hälftigen) Ertrag, steuerpflichtig.

BEISPIEL: Der GGF A möchte im Rahmen der Liquidation der GmbH seine Direktzusage i. S. d. § 4 Abs. 4 BetrAVG auf den Versicherer B übertragen. Die Pensionsrückstellung in der Steuerbilanz beträgt 300.000 €, der vom Versicherer geforderte Einmalbeitrag 500.000 €. Die Zusage des GGF A ist zu 20 % nicht betrieblich veranlasst (Teilbetrag I 60.000 €). Die Zuführungen zu den Pensionsrückstellungen wurden in den Vorjahren entsprechend der gesellschaftsrechtlichen Veranlassung außerbilanziell immer dem Gewinn wieder hinzugerechnet (Teilbetrag II 60.000 €). Mit Vollendung seines 65. Lebensjahres erhält der GGF A von dem Lebensversicherer B eine Jahresrente von 30.000 €.

LÖSUNG: Mit der Übertragung der Direktzusage auf den Versicherer B ist die Pensionsrückstellung der Steuerbilanz gewinnerhöhend aufzulösen (+300.000 €). Insoweit, wie der Gewinn aufgrund der gesellschaftsrechtlichen Veranlassung in den Jahren der Pensionsrückstellungszuführungen außerbilanziell berichtigt wurde (Teilbetrag II) ist der Gewinn im Übertragungsjahr außerbilanziell wieder zu mindern (-60.000 €). Der Beitrag an den Versicherer B mindert den Bilanzgewinn der GmbH um 500.000 €. Der nicht betrieblich veranlasste Teil der Beitragszahlung (100.000 €) ist dem Gewinn der GmbH außerbilanziell wieder hinzuzurechnen. Die Beitragszahlung der GmbH stellt für den GGF A, aufgrund dessen Bezugsrechts aus der Liquidationsversicherung gegenüber dem Versicherer B, steuerlichen Zufluss dar. Der betrieblich veranlasste Beitragsaufwand für die Auslagerung der Versorgungsverpflichtung i. H. v. 400.000 € ist gem. § 3 Nr. 65 Buchst. b EStG einkommensteuerfrei. In Höhe der (verdeckten) Gewinnausschüttung von 100.000 € greift die Steuerfreistellung nicht; dem GGF A fließen Einkünfte aus Kapitalvermögen zu. Da die vGA auf der Ebene der GmbH dem Gewinn außerbilanziell hinzugerechnet wurde, unterliegen die Kapitaleinkünfte des GGF der Abgeltungsteuer oder auf Antrag dem Teileinkünfteverfahren.

Die spätere Leistung des Liquidationsversicherers B von 30.000 € p. a. stellt für den GGF A gem. § 19 Abs. 1 Satz 1 Nr. 2 EStG i. H. v. 24.000 € Einkünfte aus nichtselbständiger Arbeit dar. Der Versicherer B hat aufgrund seiner fiktiven Arbeitgeberfunktion die Lohnsteuer nebst Annexsteuern einzubehalten und abzuführen. 6.000 € der Rentenleistung sind für den GGF i. H. d. Ertragsanteils von 18 % (1.080 €) sonstige Einkünfte nach § 22 Nr. 5 Satz 2 i. V. m. § 22 Nr. 1 Satz 3 Buchst. a Doppelbuchst. bb EStG, die dieser in seiner Einkommensteuererklärung anzugeben hat.

1396–1400 *(Einstweilen frei)*

7. Schaubild: Schritte zur Liquidationsversicherung

1401

1. ► Eintragung der Auflösung im Handelsregister und Beginn der Liquidation
2. ► Analyse der Zusage durch den Anbieter der Liquidationsversicherung
3. ► Ggf. wertgleiche Umrechnung bei nicht versicherbaren Risiken (Anbieter)
4. ► Ermittlung des Liquiditätsbedarfs einschließlich Rentnerverwaltung (Anbieter)
5. ► Ermittlung der verfügbaren Liquidität (GmbH)
6. ► Ggf. Teilabfindung/Teilverzicht, wenn Liquiditätsbedarf größer als verfügbare Liquidität
7. ► Abschluss Liquidationsversicherung

(Einstweilen frei) 1402–1410

X. Wechsel des Durchführungsweges

Da über einen Durchführungswegwechsel grds. eine rechtliche Enthaftung 1411
nicht möglich ist (vgl. Rz. 1001 ff.) und eine wirtschaftliche Enthaftung auch über die Aufstockung des Rückdeckungsvermögens bzw. den Neuabschluss eines solchen möglich wäre, stehen folglich als Motive für einen Durchführungswegwechsel meist ertragsteuerrechtliche und bilanzielle Aspekte im Vordergrund – z. B. die Befreiung der Handels- wie Steuerbilanz von den gebildeten Pensionsrückstellungen. Jedoch sind neben den unterschiedlichen Vorschriften für Handels- und Steuerbilanz auch die unterschiedlichen steuerrechtlichen Vorschriften die einzelnen Durchführungswege betreffend sowie die teilweise speziellen Vorschriften für den jeweiligen Durchführungswegwechsel zu beachten. Zusätzlich sind die für den GGF wesentlichen Kriterien einer gesellschaftsrechtlichen Veranlassung im Auge zu behalten.

1. Wechsel der Besteuerungssystematik

1412 Die Direktzusage als unmittelbare Verpflichtung des Arbeitgebers zur Erbringung von Leistungen der bAV stellt für den Versorgungsberechtigen eine Aussicht auf den künftigen Bezug von Arbeitslohn (Versorgungsbezüge) dar. Der Erwerb dieser hinsichtlich Eintritt und Höhe ungewissen Forderung des Versorgungsberechtigten führt in der Anwartschaftsphase einkommensteuerrechtlich noch nicht zu einem steuerlichen Zufluss von Arbeitslohn.[1] Erst die bei Eintritt des biometrischen Risikos vom Arbeitgeber tatsächlich erbrachte bzw. die beim steuerrechtlich beherrschenden GGF fällig gewordene[2] Leistung, ist für den Versorgungsberechtigten i. d. R. als Einkünfte aus nichtselbständiger Arbeit einkommensteuerpflichtig (nachgelagerte Besteuerung).[3]

1413 Die Einrichtung einer mittelbaren Zusage auf bAV über eine Direktversicherung, eine Pensionskasse oder einen Pensionsfonds ist ertragsteuerlich der vorgelagerten Besteuerung zuzuordnen. Der Arbeitnehmer erhält bei diesen Durchführungswegen der bAV gem. § 1b Abs. 2 BetrAVG (Direktversicherung) bzw. § 1b Abs. 3 BetrAVG (Pensionskasse, Pensionsfonds) mit Zusageerteilung, einen Rechtsanspruch auf die Leistung gegenüber der Versorgungseinrichtung. Die Beitragszahlung des Arbeitgebers an die Versorgungseinrichtung ist somit ein steuerbarer Sachbezug i. S. v. § 8 Abs. 1 EStG zugunsten des GGF und damit Zufluss von Arbeitslohn im Zeitpunkt der Zahlung der Beiträge.[4] Kommt eine steuerliche Freistellung nicht in Betracht, weil insoweit z. B. die Grenzen des § 3 Nr. 63 EStG überschritten sind oder die Voraussetzungen von § 3 Nr. 55, 65 oder 66 EStG nicht erfüllt sind, muss die Kapitalgesellschaft die Beiträge an den Versorgungsträger als lohnsteuerpflichtigen Arbeitslohn behandeln. Die auf diesen bereits lohnversteuerten Beiträgen beruhenden Leistungen sind später als lebenslange Rentenleistungen gem. § 22 Nr. 5 Satz 2 Buchst. a EStG i.V. m. § 22 Nr. 1 Satz 3 Buchst. a Doppelbuchst. bb EStG nur mit ihrem Ertragsanteil einkommensteuerpflichtig. Bei Kapitalleistungen gilt über § 22 Nr. 5 Satz 2 Buchst. b EStG i.V. m. § 20 Abs. 1 Nr. 6 Satz 1 und 2 EStG bei Altverträ-

1 BFH v. 31.10.1957 - VI 1/54 U, BStBl 1958 III S. 4; BMF v. 6.12.2017, BStBl 2018 I S. 147, Rz. 8 letzter Satz.

2 BFH v. 5.10.2004 - VIII R 9/03, NWB MAAAB-40857; v. 8.5.2007 - VIII R 13/06, NWB DAAAC-62186; v. 22.3.2007 - XI B 78/06, NWB IAAAC-45144.

3 § 19 Abs. 1 Satz 1 Nr. 2 EStG, sofern GGF steuerlich Arbeitnehmer und Leistung betrieblich veranlasst; ansonsten ggf. Einkünfte aus selbständiger Tätigkeit gem. § 18 Abs. 1 Nr. 1 EStG, Einkünfte aus Gewerbebetrieb gem. § 15 Abs. 1 Satz 1 Nr. 2 EStG oder vGA gem. § 20 Abs. 1 Nr. 1 Satz 2 EStG.

4 BFH v. 5.7.2007 - VI R 47/02, NWB WAAAC-53689; BMF v. 6.12.2017, BStBl 2018 I S. 145, Rz. 8.

gen[1] häufig das sog. Kapitallebensversicherungsprivileg, wonach die Erträge steuerfrei bleiben, ansonsten sind die Erträge i. H. d. (hälftigen) sog. Unterschiedsbetrages i. S. v. § 20 Abs. 1 Nr. 6 Satz 1[2] einkommensteuerpflichtig.

Ist eine einkommensteuerliche Freistellung der zugrundeliegenden Beitrags- 1414
zahlungen erfolgt, tritt insoweit die für die versicherungsförmigen Durchführungswege der bAV seit 2005[3] charakteristische nachgelagerte Besteuerung der Leistung ein. Für die laufende Beitragszahlung ist die in Frage kommende Steuerfreistellungsvorschrift der § 3 Nr. 63 Satz 1 EStG,[4] wonach die Beiträge bis zur Höhe von 8 % der Beitragsbemessungsgrenze in der gesetzlichen Rentenversicherung der Arbeiter und Angestellten (West)[5] abzüglich der tatsächlich nach § 40b EStG 2004 (R 40b.1 LStR 2015) pauschal besteuerten Beiträge (§ 52 Abs. 4 Satz 15 EStG)[6] lohnsteuerfrei gestellt werden. Somit können im Veranlagungszeitraum 2021 (2020) für den GGF von seiner Kapitalgesellschaft maximal 6.816 € (6.624 €) an Jahresbeiträgen für die Zusage über einen versicherungsförmigen Durchführungsweg gem. § 3 Nr. 63 Satz 1 EStG steuerfrei gestellt werden. Die auf derartigen steuerfrei gestellten Beiträgen beruhenden späteren Leistungen stellen für den Versorgungberechtigten in voller Höhe einkommensteuerpflichtige[7] sonstige Leistungen nach § 22 Nr. 5 Satz 1 EStG dar, unabhängig von der Auszahlungsform.

Für die individuell besteuerten Beiträge kann eine Förderung durch Sonderausgabenabzug nach § 10a und Zulage nach Abschnitt XI EStG („Riester-Förderung") in Betracht kommen;[8] auch insoweit kommt es zur nachgelagerten Besteuerung der späteren Leistungen i. S. v. § 22 Nr. 5 Satz 1 EStG. Bei Nutzung der Riester-Förderung für versicherungsförmige Durchführungswege der bAV[9] sorgt § 3 Nr. 63 Satz 2 EStG dafür, dass derselbe Beitragsteil nicht doppelt gefördert wird; die Vorschrift verhindert jedoch nicht, dass der Steuerpflichtige

1 § 52 Abs. 28 Satz 5 EStG i. V. m. § 20 Abs. 1 Nr. 6 EStG a. F., Vertragsabschluss vor dem 1.1.2005.

2 Unter den Voraussetzungen des § 20 Abs. 1 Nr. 6 Satz 2 i. V. m. § 52 Abs. 28 Satz 7 EStG (12 Jahre Vertragslaufzeit, Steuerpflichtiger hat das 60. bzw. 62. Lebensjahr vollendet) ist nur der halbe Unterschiedsbetrag steuerpflichtig.

3 Alterseinkünftegesetz v. 9.7.2004, BGBl 2004 I S. 1427 (Nr. 33); § 22 Nr. 5 Satz 1 EStG.

4 § 3 Nr. 63 Satz 1 und 2 EStG i. d. F. ab 1.1.2005.

5 § 159 SGB VI.

6 BMF v. 6.12.2017, BStBl 2018 I S. 147, Rz. 29.

7 Den Werbungskosten-Pauschbetrag i. S. v. § 9a Satz 1 Nr. 3 EStG i. H. v. 102 € p. a. teilen sich sämtliche (Renten-)Einnahmen, die unter § 22 Nr. 1, 1a und 5 EStG fallen.

8 BMF v. 6.12.2017, BStBl 2018 I S. 147, Rz. 29.

9 Der sozialversicherungspflichtige Arbeitnehmer und damit auch der im arbeitsrechtlichen Sinne nicht beherrschende GGF können diese Förderung gem. § 1a Abs. 3 i. V. m. § 17 Abs. 1 Satz 3 BetrAVG verlangen. Steuerrechtlich gilt § 82 Abs. 2 Satz 1 Buchst. b EStG.

die o. g. Höchstgrenze des § 3 Nr. 63 Satz 1 EStG voll ausschöpft und zusätzlich im selben Veranlagungszeitraum auch noch das Fördermaximum des §10a Abs. 1 Satz 1 Halbsatz 1 EStG ausnutzt. Auf diese Weise können im Jahr 2021 max. 8.916 € Jahresbeitrag in einem oder mehreren versicherungsförmigen Durchführungswegen der bAV staatlich gefördert werden, wodurch GGF die im Rahmen des Fremdvergleichs vom zuständigen Finanzamt regelmäßig geprüfte Probezeit (vgl. Rz. 760 ff., insb. Rz. 777) überbrücken können.

1415 Soll nun für die Versorgungsverpflichtung gegenüber dem GGF ein Durchführungswegwechsel von der Direktzusage hin zu einem versicherungsförmigen Durchführungsweg durchgeführt werden, ist der Systemwechsel von einer nachgelagerten Besteuerung (für den Versorgungsberechtigten in der Anwartschaftsphase steuerlich unbeachtlich) hin zu einer grds. vorgelagerten Besteuerung (die Beiträge der Kapitalgesellschaft an die Versorgungseinrichtung sind für den GGF grds. lohnsteuerpflichtig) zu beachten. Übersteigt die für die Übernahme der Versorgungsverpflichtung notwendige Beitragsleistung die betragsmäßige Grenze des § 3 Nr. 63 Satz 1 EStG, hat die Kapitalgesellschaft – sofern keine weitere spezielle steuerrechtliche Begleitvorschrift für den Durchführungswegwechsel in Betracht kommt – für den übersteigende Beitrag Lohnsteuer von einem sonstigen Bezug des GGF einzubehalten.

BEISPIEL: Der ledige 55-jährige GGF A hat von der A-GmbH (A hält 100 % der GmbH-Anteile) eine betrieblich veranlasste Direktzusage über 3.000 € Alters- und Berufsunfähigkeitsrente erteilt bekommen. Eine Fremdkapitalbeschaffungsmaßnahme kann aufgrund der bestehenden Direktzusage nur zu erschwerten Bedingungen erfolgen. A (Diensteintritt 1.7.2007, Zusageerteilung 1.7.2012) möchte daher die Direktzusage zum 1.7.2021 in eine Direktversicherungszusage überführen. A besitzt bisher keine Direktversicherungszusage. Das ausgewählte Lebensversicherungsunternehmen verlangt

a) einen lfd. Beitrag von 90.000 € jährlich (2021 bis 2030) oder

b) für den bereits erdienten Teil einen Einmalbeitrag von 380.000 € und einen lfd. Beitrag von 50.000 € für den Future Service.

In beiden Fallvarianten stellt der von der GmbH an den Lebensversicherer zu zahlende Beitrag aufgrund des erworbenen Rechtsanspruchs gegenüber dem externen Versorgungsträger für den GGF einen Lohnzufluss dar, der nur innerhalb der Grenzen des § 3 Nr. 63 Satz 1 EStG für den GGF A einkommensteuerfrei ist. In der Variante a) müsste die GmbH in 2021 83.184 € (90.000 € – 6.816 €) der Lohnsteuer unterwerfen und in den Folgejahren bei dynamischen Anstieg der relevanten Beitragsbemessungsgrenze einen geringfügig niedrigeren Betrag, da das Steuerfreistellungsvolumen geringfügig ansteigt. In der Variante b) liegt der steuerpflichtige Betrag in 2021 bei 373.184 € und in den Folgejahren bis 2030 bei jeweils im Durchschnitt ca. 40.000 €.

1416 Das Beispiel zeigt deutlich, dass eine Übertragung der unmittelbaren Versorgungsverpflichtung auf einen versicherungsförmigen Durchführungsweg regelmäßig an der Steuerlast scheitern bzw. nur für der Höhe nach sehr geringe Direktzusagen in Betracht kommen wird, wenn für den Durchführungswegwechsel keine besondere steuerrechtliche Begleitvorschrift vorhanden ist.

1417 Den Sonderfall der Liquidation der GmbH außer Acht lassend (vgl. Rz. 1351 ff.), ist der Wechsel des Durchführungsweges von einer Direktzusage (oder einer Unterstützungskassenzusage) hin zu einem versicherungsförmigen Durchführungsweg nur für den Pensionsfonds über § 3 Nr. 66 i.V.m. § 4e Abs. 3 EStG steuerrechtlich begleitet. Folglich kommt der Wechsel zu einer Direktversicherungs- oder Pensionskassenzusage nur für Kleinstzusagen in Frage und auch nur, soweit das Volumen des § 3 Nr. 63 Satz 1 EStG für das Übertragungsjahr noch nicht ausgeschöpft ist. Ein Sonderfall stellt die Verknüpfung von Durchführungswegwechsel und Vervielfältigung i. S.v. § 3 Nr. 63 Satz 3 EStG im Veranlagungszeitraum der Beendigung des Dienstverhältnisses dar, die hier jedoch nicht weiterverfolgt werden soll; dasselbe gilt für die Nachholungsregel des § 3 Nr. 63 Satz 4 EStG nach ruhendem Dienstverhältnis. Der Wechsel des Durchführungsweges von einer Direktzusage hin zu der Zusage über eine Unterstützungskasse stellt dagegen keinen ertragsteuerlichen Systemwechsel dar, da der Arbeitgeber dem GGF mit der Unterstützungskassenzusage im Gegensatz zu den anderen mittelbaren Durchführungswegen keinen unmittelbaren und unentziehbaren Rechtsanspruch gegen einen Dritten verschafft[1] und daher bei beiden Durchführungswegen erst die späteren Leistungen steuerlich relevant sind[2] (nachgelagerte Besteuerung). Folglich ist hier zwar keine Steuerfreistellungsvorschrift notwendig, dafür sind aber andere, durchführungswegspezifische Besonderheiten zu beachten (vgl. Rz. 1471 ff.).

Übersicht über mögliche Durchführungswegwechsel und deren steuerliche Prämissen 1418

Wechsel von	Wechsel zu	Beitrag bei Übertragung auf Seiten des GGF steuerbar	Spezielle Freistellungsvorschrift außer § 3 Nr. 63 EStG
Direktzusage oder Unterstützungskasse	Direktversicherung	ja	nein
	Pensionskasse	ja	nein

1 BFH v. 18.8.2016 - VI R 18/13, BStBl 2017 I S. 730, Rz. 15; v. 16.4.1999 - VI R 66/97, BStBl 2000 II S. 408.

2 BMF v. 6.12.2017, BStBl 2018 I S. 147, Rz. 8.

Pensionsfonds	ja	ja, § 3 Nr. 66 i.V.m. § 4e Abs. 3 Satz 1 EStG
Unterstützungskasse	nein	nicht erforderlich, da nicht steuerbar

1419–1420 *(Einstweilen frei)*

2. Wechsel von Direktzusage zu Pensionsfondszusage

a) Allgemeines zum Pensionsfonds

1421 Während für einen Durchführungswegwechsel von der Direktzusage hin zu einer Direktversicherungs- oder einer Pensionskassenzusage außerhalb der Liquidation der Kapitalgesellschaft[1] und jenseits von § 3 Nr. 63 EStG keine steuerbefreiende Begleitvorschrift existiert, kann die Übertragung der Versorgungsverpflichtung auf einen Pensionsfonds auch bei Fortführung des Unternehmens aufgrund § 3 Nr. 66 EStG ohne lohnsteuerpflichtigen Zufluss für den Versorgungsbegünstigten erfolgen.

1422 Der Pensionsfonds ist eine rechtsfähige Versorgungseinrichtung in Form einer AG, einer SE oder eines Pensionsfondsvereins auf Gegenseitigkeit (PVaG), die dem Versorgungsberechtigten im Wege des Kapitaldeckungsverfahrens einen Rechtsanspruch auf ihre Leistungen gewährt.[2] Er sichert als 5. Durchführungsweg der bAV die biometrischen Risiken Langlebigkeit, Invalidität und Hinterbliebenenversorgung ab und unterliegt der Aufsicht durch die BaFin. Im Unterschied zu einem Lebensversicherer oder einer Pensionskasse ist der Pensionsfonds in seiner Anlage freier und kann somit unter Inkaufnahme von Renditerisiken auch eine risikoreichere Anlagepolitik betreiben.[3] Dementsprechend bietet der Pensionsfonds dem Arbeitgeber neben der Zusage garantiert zumindest gleichbleibender Altersleistungen (versicherungsförmig garantierte Leistungen) gem. § 236 Abs. 1 Nr. 2 VAG auch die Möglichkeit der Zusage nicht versicherungsförmig garantierter Leistungen.[4] Sind die Versorgungsleistungen

1 § 4 Abs. 4 BetrAVG i.V. m. § 3 Nr. 65 Buchst. b EStG, vgl. Rz. 1351 ff.

2 § 1b Abs. 3 BetrAVG; § 236 Abs. 1 Nr. 3, § 237 Abs. 3 VAG; vgl. Dommermuth in HHR, § 4e Anm. 18 ff.

3 Vgl. Dommermuth in HHR, § 4e Anm. 17; Höfer/de Groot/Küpper/Reich, Betriebsrentenrecht, 24. Aufl. 2019, Bd. I, Kap. 3, Rz. 100.

4 Vgl. Dommermuth in HHR, § 4e Anm. 17. Die Vereinbarung nicht versicherungsförmiger Leistungen bedingt gem. § 236 Abs. 2 Satz 1 VAG die Inkaufnahme einer Beitragszahlung (Nachschuss) durch den Arbeitgeber auch in der Leistungsphase.

nicht versicherungsförmig garantiert, ist der Zinssatz für die Prämienkalkulation des Pensionsfonds der Höhe nach nicht unmittelbar gesetzlich beschränkt. Letztlich kann der Arbeitgeber also mit dem Pensionsfonds eine nicht garantierte Leistung vereinbaren, die zu einem umso niedrigeren (vorläufigen) Beitragsaufwand führt, je höher der (anvisierte) Zinssatz und somit je risikoreicher die Kapitalanlage des Pensionsfonds ist (liquiditätsschonende Variante). Demgemäß steigt mit dem Zinssatz aber auch das Risiko eines Nachschusses bzw. der Einstandspflicht des Arbeitgebers. Werden die Versorgungsleistungen versicherungsförmig garantiert, gilt gem. § 22 Abs. 1 Satz 3 PFAV, ein Zinssatz von 0,90 %.[1] Will der Arbeitgeber das Risiko einer Nachschusspflicht vermeiden, muss er dem Pensionsfonds demnach die höheren, weil versicherungsförmig kalkulierten, Deckungsmittel zu Verfügung stellen (sicherheitsorientierte Variante). Dies ist dann der Preis für die Leistungsgarantie des Pensionsfonds und das Vermeiden einer möglichen Nachschusspflicht des Unternehmens.[2]

Übersicht Pensionsfonds 1423

Pensionsfonds

Sicherheitsorientierte Variante
- Leistungen versicherungsförmig garantiert
- Garantiezins max. 0,90 %
- dem Garantiezins entsprechende sicherheitsorientierte Anlagepolitik
- kein Nachschussrisiko des Arbeitgebers

Liquiditätsschonende Variante
- Leistungen nicht garantiert
- Höchstzinssatz nicht gesetzlich bestimmt
- Anlagerisiko steigt mit beabsichtigtem zu erzielenden Zinssatz
- Nachschussrisiko des Arbeitgebers steigt mit Ziel-Zinssatz des Pensionsfonds

---

PRAXISHINWEIS FÜR DEN VERMITTLER:

Der mit der 7. VAG-Novelle neu eingefügte § 112 Abs. 1a VAG a. F. (seit 1.1.2016:[3] § 236 Abs. 2 VAG) ermöglichte erstmals die liquiditätsschonende Übertragung einer unmittelbaren Versorgungsverpflichtung auf einen Pensionsfonds und hat mit der Verringerung des notwendigen Finanzierungskapitals wohl den Hauptgrund für das Scheitern vieler zuvor angestrebter Übertragungen zumindest deutlich gemildert.

Der an einer (vollwertigen) Auslagerung seiner Versorgungsverpflichtung interessierte GGF und seine Kapitalgesellschaft sind jedoch zwingend darauf hinzuweisen, dass

---

1 Verordnung betreffend die Aufsicht über Pensionsfonds (Pensionsfonds-Aufsichtsverordnung – PFAV) v. 18.4.2016, BGBl 2016 I S. 842 (Nr. 18); zuletzt geändert durch Artikel 2 Verordnung. v. 7.7.2020, BGBl 2020 I S. 1688.

2 Vgl. Höfer/de Groot/Küpper/Reich, Betriebsrentenrecht, 24. Aufl. 2019, Bd. I, Kap. 3, Rz. 148 f.

3 Gesetz zur Modernisierung der Finanzaufsicht über Versicherungen v. 1.4.2015, BGBl 2015 I S. 434, anzuwenden ab 1.1.2016.

durch die Übertragung auf den Pensionsfonds zum einen i. d. R. keine schuldbefreiende Auslagerung und zudem bei der liquiditätsschonenden Variante, aufgrund der bestehenden Gefahr einer drohenden Nachschusspflicht, auch keine endgültige wirtschaftliche Auslagerung der Versorgungsverpflichtung erfolgt.

1424 Der Pensionsfonds konnte zunächst gem. § 112 Abs. 1 Nr. 4 VAG a. F. i. V. m. § 1 Abs. 1 Satz 1 Nr. 4a AltZertG Altersversorgungsleistungen nur in Form einer lebenslangen Leibrente oder in Form von Ratenzahlungen im Rahmen eines Auszahlungsplans mit einer anschließenden Teilkapitalverrentung spätestens ab dem 85. Lebensjahr vorsehen. Unschädlich war jedoch, wenn bei Eintreten des Altersrentenbeginns eine Kapitalleistung von bis zu 30 % des angesparten Kapitals als Einmalauszahlung erfolgte.[1] Durch das Finanzkonglomerate-Aufsichtsgesetz (FKAG)[2] wurde dem Pensionsfonds aufsichtsrechtlich mit Änderung des § 112 Abs. 1 Nr. 4 VAG a. F. (seit 1.1.2016:[3] § 236 Abs. 1 Satz 1 Nr. 4 und Satz 2 VAG) ermöglicht, für Rentenleistungen ein vollständiges oder teilweises Kapitalwahlrecht vorzusehen sowie die Abbildung einer reinen Einmalkapitalleistung darzustellen. Somit wird auch die Übernahme einer reinen Kapitalzusage aus einer ehemaligen Direkt- oder Unterstützungskassenzusage durch den Pensionsfonds möglich.

1425 Unterliegt der GGF den Bestimmungen des Betriebsrentengesetzes, ist die Kapitalgesellschaft gem. § 7 Abs. 1 Satz 2 Nr. 2 BetrAVG zur Insolvenzsicherung der vom Pensionsfonds zu erbringenden Versorgungsleistung über den PSV verpflichtet. Im Gegensatz zu einer unmittelbaren Versorgungsverpflichtung oder einer Unterstützungskassenzusage beträgt die Bemessungsgrundlage für die Insolvenzsicherungsprämie im Falle der Zusage über den Pensionsfonds gem. § 10 Abs. 3 Nr. 4 BetrAVG nur 20 %. Grund hierfür ist, dass der Pensionsfonds als Primärverpflichteter dem Versorgungsberechtigten einen eigenen Rechtsanspruch auf die Leistung gewährt und der Arbeitgeber nur als Subsidiärschuldner in eine Zahlungsverpflichtung geraten kann. Da der Insolvenzsicherungsbeitrag das Risiko der Insolvenz des Arbeitgebers abdecken soll, ist die Eintrittswahrscheinlichkeit folglich für den PSV entsprechend geringer.

1 Kapitalzahlungen bei einer Invaliden- und Hinterbliebenenversorgung waren auch bisher möglich.

2 Gesetz zur Umsetzung der Richtlinie 2001/89/EU des Europäischen Parlaments und des Rates v. 16.11.2011 zur Änderung der Richtlinien 98/78/EG, 2002/87/EG, 2006/48/EG und 2009/138/EG hinsichtlich der zusätzlichen Beaufsichtigung der Finanzunternehmen eines Finanzkonglomerats v. 27.6.2013, BGBl 2013 I S. 1862 (Nr. 33); Geltung ab 4.7.2013.

3 Gesetz zur Modernisierung der Finanzaufsicht über Versicherungen v. 1.4.2015, BGBl 2015 I S. 434, anzuwenden ab 1.1.2016.

PRAXISHINWEIS:

Stehen für die geplante Auslagerung einer unmittelbaren Versorgungsverpflichtung die Möglichkeit eines Durchführungswegwechsels auf einen Pensionsfonds oder eine Unterstützungskasse zur Auswahl und unterliegt die Zusage des GGF den Regelungen des BetrAVG, ist das Kriterium der Insolvenzsicherungskosten in die Überlegungen mit einzubeziehen. Obwohl jeweils mittelbare Durchführungswege gegeben sind und im Falle einer rückgedeckten Unterstützungskassenzusage ebenfalls die planmäßige Finanzierung der Versorgungszusage zum Rentenbeginn abgeschlossen ist, entstehen für die Alternative der Zusage über den Pensionsfonds nur 20 % der Aufwendungen für die Insolvenzsicherung. Dies gilt auch im Fall einer liquiditätsschonenden Variante.

Weiterhin ist zu beachten, dass für die Pensionsfondszusage keine versicherungsvertragliche Lösung vorgesehen ist. Während für Direktversicherungs- und Pensionskassenzusagen bei vorzeitigem Ausscheiden des GGF eine rechtliche Enthaftung der GmbH durch Übertragung der Versicherungsnehmerstellung auf den GGF möglich ist, steht der GmbH diese Möglichkeit bei einer Pensionsfondszusage nicht offen. Dies führt zudem für den Fall der Liquidation der GmbH i. d. R. zu der Notwendigkeit eines Durchführungswegwechsels zu einer Liquidationsdirektversicherung.[1]

b) Steuerrechtliche Flankierung über § 3 Nr. 66 i. V. m. § 4e Abs. 3 EStG auch beim GGF

1426 Nach Meinung der FinVerw gilt § 3 Nr. 66 EStG – wie § 3 Nr. 63 EStG – für alle Arbeitnehmer i. S. v. § 1 LStDV, unabhängig davon, ob sie in der gesetzlichen Rentenversicherung pflichtversichert sind oder nicht, so dass die Vorschrift auch für beherrschende GGF anzuwenden ist.[2] Der rechtskräftige Gerichtsbescheid des Thüringer FG v. 28.9.2017[3] stellt diese Auffassung der FinVerw u. E. nicht in Frage, da er i. Z. m. mit einer natürlichen Person i. S. d. § 17 Abs. 1 Satz 2 BetrAVG erging, zu der das Trägerunternehmen nicht in einem Arbeitgeberverhältnis gem. § 3 Nr. 66 EStG stand. Bei GGF hingegen liegt ein Dienstverhältnis i. S. v. § 1 Abs. 2 LStDV zwischen ihnen und ihrer Kapitalgesellschaft vor, sodass die Voraussetzungen des § 3 Nr. 66 EStG insoweit erfüllt sind.

1427 Einkommensteuerrechtlich wird die Übertragung auf den Pensionsfonds durch die Vorschrift des § 3 Nr. 66 EStG flankiert:

„Steuerfrei sind Leistungen eines Arbeitgebers oder einer Unterstützungskasse an einen Pensionsfonds zur Übernahme bestehender Versorgungsverpflichtungen

1 § 4 Abs. 4 BetrAVG; bei nicht dem BetrAVG unterliegenden Versorgungsberechtigten ist grds. auch eine schuldbefreiende Übernahme durch den Pensionsfonds selbst möglich.

2 BMF v. 6.12.2017, BStBl 2018 I S. 147, Rz. 56 letzter Satz i. V. m. Rz. 23; ebenso BMF v. 10.7.2015, BStBl 2015 I S. 544, Rz. 5.

3 2 K 266/16, NWB SAAAG-62532.

oder Versorgungsanwartschaften durch den Pensionsfonds, wenn ein Antrag nach § 4d Abs. 3 oder § 4e Abs. 3 gestellt worden ist."

Dies bedeutet, dass der für den Versorgungsberechtigten steuerbare und grundsätzlich lohnsteuerpflichtige einmalige oder laufende Beitrag der Kapitalgesellschaft an den Pensionsfonds nur dann nach § 3 Nr. 66 EStG in voller Höhe steuerfrei bleibt, wenn jenes Trägerunternehmen den unwiderruflichen Antrag gem. § 4e Abs. 3 Sätze 1 und 2 EStG gestellt hat. Die Antragstellung hat allerdings zur Folge, dass der im Veranlagungszeitraum der bewirkten Zahlung grundsätzlich gem. § 4e Abs. 1 EStG in voller Höhe als Betriebsausgaben abziehbare Beitrag an den Pensionsfonds maximal i. H. d. in diesem Veranlagungszeitraum aufzulösenden Pensionsrückstellung (Steuerbilanz) aufwandswirksam wird. Der die aufzulösende Pensionsrückstellung übersteigende Einmalbeitrag ist in den dem Wirtschaftsjahr der Übertragung folgenden zehn Wirtschaftsjahren gem. § 4e Abs. 1 Satz 3 EStG gleichmäßig verteilt als Betriebsausgabe abzugsfähig. Da der an den Pensionsfonds zu zahlende Einmalbeitrag die nach den Grundsätzen des § 6a EStG zu bilanzierende Pensionsrückstellung i. d. R. übersteigt, bewirkt jene Antragstellung somit eine Verteilung der steuermindernden Aufwandswirkung des Differenzbetrages auf die dem Übertragungsjahr folgenden zehn Wirtschaftsjahre.

PRAXISHINWEIS FÜR DEN STEUERBERATER:

Die Verteilung des steuerlichen Aufwandes ist nach Auffassung der FinVerw durch außerbilanzielle Hinzurechnungen und Minderungen des steuerlichen Gewinns vorzunehmen.[1] Im Wirtschaftsjahr der Übertragung ist der gezahlte Einmalbeitrag demnach als Aufwand zu verbuchen. Der die aufgelöste Pensionsrückstellung übersteigende Betrag ist dem Gewinn außerbilanziell wieder hinzuzurechnen. In den zehn folgenden Wirtschaftsjahren ist der Gewinn jeweils wieder um 1/10 dieses zuvor hinzugerechneten Betrages außerbilanziell zu mindern.[2] Der BFH hat die Frage der außerbilanziellen Hinzurechnung an Stelle eines steuerbilanziellen Rechnungsabgrenzungspostens ausdrücklich offengelassen.[3]

1 BMF v. 26.10.2006, BStBl 2006 I S. 709, Rz. 8, mittlerweile ergänzt und in Teilen korrigiert durch BMF v. 10.7.2015, BStBl 2015 I S. 544.

2 In der Literatur wird dagegen auch die steuerbilanzielle Korrektur in Form eines Rechnungsabgrenzungspostens (Bildung im Jahr der Übertragung und Auflösung in den 10 Folgejahren) für richtig gehalten, vgl. Ahrend/Förster/Rößler, Steuerrecht der betrieblichen Altersversorgung, Teil 5a Rz. 271; Briese, Übertragung von Pensionsanwartschaften und Pensionsverpflichtungen auf Pensionsfonds, DB 2006 S. 2424; Wellisch/Lüken, Bilanzierung und steuerliche Gewinnermittlung bei der Auslagerung von Direktzusagen auf Pensionsfonds – Update zu BB 2010 S. 623 ff., BB 18/2011 S. 1131.

3 BFH v. 20.11.2019 - XI R 52/17, BStBl 2020 II S. 264, Rz. 58. Ebenso: BFH v. 20.11.2019 - XI R 42/18, BStBl 2020 II S. 271, Rz. 20.

Wird der Antrag nach § 4e Abs. 3 EStG von der Kapitalgesellschaft nicht gestellt, ist der im Übertragungsjahr an den Pensionsfonds geleistete Einmalbeitrag bei dem Trägerunternehmen zwar in voller Höhe aufwandswirksam, jedoch mangels greifender steuerrechtlicher Freistellung über § 3 Nr. 66 EStG für den GGF in voller Höhe lohnsteuerpflichtig. Folglich stellt die durch die erfolgte Antragstellung nach § 4e Abs. 3 EStG bewirkte Aufwandsverteilung die „Prämie" für die Erlangung der Lohnsteuerfreiheit des Einmalbeitrages für den GGF dar. 1428

Der Antrag nach § 4e Abs. 3 EStG ist von der Kapitalgesellschaft beim zuständigen Betriebsstätten-Finanzamt zu stellen. Er hat lediglich informellen Charakter, eine Ablehnung durch die FinVerw ist bei Erfüllung der Voraussetzungen nicht möglich.[1] Die Antragstellung dürfte zwar grds. bis zum Zeitpunkt der Bestandskraft der Veranlagung der Aufwandsberücksichtigung möglich sein, sollte sicherheitshalber aber vor der Zahlung des Einmalbeitrages an den Pensionsfonds erfolgen.[2] Es ist zu beachten, dass die Antragstellung gem. § 4e Abs. 3 Satz 2 EStG unwiderruflich ist, auch für einen eventuellen Rechtsnachfolger der Kapitalgesellschaft. 1429

Findet § 3 Nr. 66 EStG Anwendung, sind die geleisteten Beiträge nicht nur lohnsteuerfrei, sondern gem. § 1 Abs. 1 Satz 1 Nr. 10 SvEV auch nicht dem sozialversicherungspflichtigen Arbeitsentgelt zuzurechnen. 1430

Wichtig zur korrekten Ermittlung des gem. § 4e Abs. 3 EStG auslagerungsfähigen Teils der Pensionsverpflichtung ist die Definition des in § 4e Abs. 3 EStG verwandten Begriffes einer „bestehenden" Versorgungsverpflichtung oder Versorgungsanwartschaft. Gemäß Auffassung des BMF[3] sind Versorgungsverpflichtungen gegenüber Leistungsempfängern und unverfallbare Anwartschaften gegenüber ausgeschiedenen Leistungsanwärtern in voller Höhe auf den Pensionsfonds übertragbar. Dagegen soll nach Auffassung der FinVerw bei aktiven Pensionsanwärtern nicht die gesamte Pensionsverpflichtung, sondern nur der (steuerrechtlich) erdiente Teil (past service) der Versorgungsanwartschaft von § 4e Abs. 3 EStG und somit § 3 Nr. 66 EStG erfasst sein.[4] 1431

1 Vgl. Dommermuth in HHR, § 4e Anm. 42.

2 Vgl. Dommermuth in Herrmann/Heuer/Raupach, 5a. Teil, Rz. 42, der die Antragstellung bis zur Bestandskraft der Aufwandsberücksichtigung für ausreichend hält; Höfer in Littmann/Bitz/Pust, § 4e EStG Rz. 47, der die Antragstellung vor Beitragszahlung für notwendig erachtet.

3 BMF v. 26.10.2006, BStBl 2006 I S. 709, Rz. 2 und 8; BMF v. 10.7.2015, BStBl 2015 I S. 544, Rz. 1.

4 BMF v. 26.10.2006, BStBl 2006 I S. 709, Rz. 2 und 8; BMF v. 10.7.2015, BStBl 2015 I S. 544, Rz. 1; BMF v. 6.12.2017, BStBl 2018 I S. 147, Rz. 56.

1432 Dies bedeutet, dass nach Auffassung der FinVerw bei aktiven Pensionsanwärtern nur der bereits erdiente Teil der Pensionsanwartschaft nach § 3 Nr. 66 EStG steuerrechtlich flankiert und somit ohne Lohnzufluss für den GGF auf den Pensionsfonds übertragen werden kann. Wird mehr als der erdiente Teil der Pensionsanwartschaft auf den Pensionsfonds übertragen, ist der auf diesen Teil der Pensionsanwartschaft entfallende Teil des Einmalbeitrages für den GGF grds. lohnsteuerpflichtig und nur in den engen Grenzen des § 3 Nr. 63 EStG steuerbefreit.[1] Aufgrund der für GGF meist hohen Versorgungzusagen übersteigen die für die Finanzierung des Future Services notwendigen laufenden Beitragsleistungen an den Pensionsfonds i. d. R. die Grenzen des § 3 Nr. 63 EStG. Zudem ist der Dotierungsrahmen des § 3 Nr. 63 EStG häufig schon durch eine bestehende Direktversicherungs- oder Pensionskassenzusage teilweise ausgeschöpft oder sogar verbraucht.[2]

1433 Dass gem. § 3 Nr. 66 i.V. m. § 4e Abs. 3 EStG nur die zum Übertragungszeitpunkt bereits erdiente Anwartschaft steuerfrei gestellt werden kann, ist Rechtsauffassung des BMF, obwohl sich weder dem Gesetzestext noch dem Gesetzeszweck eine solche Begrenzung zweifelsfrei entnehmen lässt und auch nicht ersichtlich ist, warum es den Unternehmen nicht möglich sein soll, sich auf diesem Weg insgesamt von einer unmittelbaren Versorgungsverpflichtung zu befreien.[3]

1434 U. E. befürchtet die FinVerw, dass die Inanspruchnahme des § 4e Abs. 3 i.V. m. § 3 Nr. 66 EStG zu einer Umgehung des der Höhe nach begrenzten Dotierungsrahmens des § 3 Nr. 63 EStG führen könnte, wenn auch der noch nicht erdiente Teil der Zusage (Future Service) davon erfasst würde. Wäre auch der noch nicht erdiente Teil einer Pensionsanwartschaft nach § 3 Nr. 66 EStG steuerfrei übertragbar, könnte in einem 1. Schritt eine Direktzusage erteilt und diese kurz nach Erteilung in einem 2. Schritt auf einen Pensionsfonds übertragen werden. Ein Einmalbeitrag an den Pensionsfonds, der in diesem Fall auch den Future Service mit abdecken würde, wären dann nach § 4e Abs. 3 i.V. m. § 3 Nr. 66 EStG ohne Begrenzung der Höhe nach für den GGF lohnsteuerfrei. Die Begrenzung des § 3 Nr. 63 EStG für laufende Beiträge würde ins Leere laufen. Zur Vermeidung einer solchen Umgehungsmöglichkeit beschränkt die FinVerw die nach § 3 Nr. 66 EStG steuerrechtlich flankierte Übertragung einer Direktzusage auf einen Pensionsfonds auf den erdienten Teil der Zusage. Folglich kann in

1 BMF v. 6.12.2017, BStBl 2018 I S. 147, Rz. 56.

2 Vgl. Rath, Aktuelles zur Vergütung von GmbH-Geschäftsführern, GmbHR 2013 R353 (Heft 23): Fast 92 % der Geschäftsführer mit Direktzusage besitzen eine Direktversicherungszusage.

3 Ebenso Höfer/Veit/Verhuven, Betriebsrentenrecht, 20. Aufl. 2019, Bd. II Kap. 30, Rz. 38.

der Praxis auch nur die Auslagerung dieses Teils angeraten werden, wenn Rechtssicherheit hinsichtlich der steuerlichen Behandlung gewünscht ist.

c) Ermittlung der erdienten Anwartschaft

Für Versorgungsanwartschaften, die nach dem 31.12.2015 auf einen Pensionsfonds übertragen werden, ist die erdiente aktive Anwartschaft für die Anwendung des § 3 Nr. 66 EStG zwingend nach § 2 BetrAVG zu ermitteln.[1] Dabei ist zum jeweiligen Übertragungszeitpunkt bei Leistungszusagen auf das m/n des § 2 Abs. 1 BetrAVG bzw., bei im steuerrechtlichen Sinne beherrschenden GGF, s/t[2] (vgl. zur Erläuterung von m/n und s/t Rz. 1064) abzustellen; im Falle von beitragsorientierten Leistungszusagen gilt § 2 Abs. 5 BetrAVG. Die sog. „Quotienten-Methode" ist nur auf Übertragungen auf Pensionsfonds anwendbar, die vor dem 1.1.2016 erfolgt sind.[3] Zudem stellt das BMF klar, dass die über die Direktzusage abgesicherten biometrischen Risiken im Rahmen der Übertragung auf den Pensionsfonds anders gewichtet werden können, sofern der Barwert der erdienten Verpflichtung unverändert bleibt.[4] Für den Barwertvergleich sind die zum Übertragungszeitpunkt aktuellen steuerlich anerkannten Rechnungsgrundlagen für die Bewertung der Pensionsverpflichtung nach § 6a EStG zu verwenden. 1435

PRAXISHINWEIS:

Für den Fall, dass die Zusage nachträglich erhöht worden ist und die Erhöhungsbeträge neu zu erdienen sind (keine Anpassung an gestiegene Lebenshaltungskosten), kann der zum Erhöhungszeitpunkt steuerrechtlich beherrschende GGF den Erhöhungsbestandteil steuerlich erst ab dem Erhöhungszeitpunkt erdienen. Hierauf verweist entsprechend das BMF-Schreiben v. 10.7.2015 unter Rz. 5 zur notwendigen Ermittlung des steuerlichen Past Service. Folglich ist für die Bestimmung der steuerlichen s/t-tel-Anwartschaft zwingend eine Baustein-Rechnung vorzunehmen. Dabei sind für die Erstzusage und die jeweiligen Erhöhungen die s/t-tel-Berechnungen separat vorzunehmen und anschließend zusammen zu rechnen.

Weicht die Regelung der Zusage zur Unverfallbarkeit von der steuerlichen s/t-tel-Anwartschaft ab und wird ein höherer Zusagewert auf den Pensionsfonds übertragen, ist der auf den Differenzwert entfallende Einmalbeitrag an den Pensionsfonds nicht nach den § 3 Nr. 66 i.V.m. § 4e Abs. 3 EStG steuerbefreit und fließt dem versorgungsberechtigten GGF im Zeitpunkt der Übertragung steuerlich zu.

Soll nur der steuerrechtlich erdiente Teil der Anwartschaft auf den Pensionsfonds übertragen werden, aber verhindert werden, dass ein Differenzbetrag aus der höheren zivil-

1 BMF v. 10.7.2015, BStBl 2015 I S. 544, Rz. 3.

2 BMF v. 10.7.2015, BStBl 2015 I S. 544, Rz. 5.

3 BMF v. 10.7.2015, BStBl 2015 I S. 544, Rz. 10 und 13.

4 BMF v. 10.7.2015, BStBl 2015 I S. 544, Rz. 4.

rechtlichen Verpflichtung bei der GmbH zurückbleibt, sollte die Anwartschaft gem. BMF-Schreiben v. 14.8.2012 zunächst auf den steuerlich erdienten Teil eingefroren werden (vgl. Rz. 1119).

d) Übertragung einer (teilweise) gesellschaftsrechtlich veranlassten Zusage auf den Pensionsfonds

1436 Ist die Direktzusage des GGF ganz (z. B. Probezeit nicht eingehalten, vgl. Rz. 760 ff.) oder teilweise (z. B. Gesamtvergütung nicht angemessen) gesellschaftsrechtlich veranlasst, stellt sich die Frage der Auswirkungen auf die Auslagerung der Versorgungsverpflichtung auf den Pensionsfonds hinsichtlich

- des Betriebsausgabenabzugs nach § 4e Abs. 3 EStG,
- des Gewinns der Kapitalgesellschaft,
- der Steuerfreistellung nach § 3 Nr. 66 EStG und
- der steuerlichen Behandlung der späteren Versorgungsleistungen.

1437 Auf Seiten der Kapitalgesellschaft ist zunächst die Auswirkung der (teilweisen) gesellschaftsrechtlichen Veranlassung der Direktzusage auf die Verteilung des Betriebsausgabenabzuges gem. § 4e Abs. 3 Satz 3 EStG zu beachten. U. E. ist nur insoweit, als die aufzulösende Pensionsrückstellung auch tatsächlich den Gewinn der Kapitalgesellschaft erhöht, der Beitrag an den Pensionsfonds bei Antragstellung gem. § 4e Abs. 3 EStG im Übertragungsjahr steuerlich abzugsfähig. Denn nur insoweit entsteht durch die Übertragung der Direktzusage auf den Pensionsfonds kein Steuerausfall.

Ist die Zusage jedoch ganz oder teilweise gesellschaftsrechtlich veranlasst (Teilbetrag I) und wurden in den Vorjahren aufgrund der verdeckten Gewinnausschüttung bereits die Zuführungen zur Pensionsrückstellung entsprechend außerbilanziell dem Gewinn wieder hinzugerechnet (Teilbetrag II),[1] ist zur Vermeidung einer doppelten ertragswirksamen Berücksichtigung der im Übertragungsjahr durch die Auflösung der Pensionsrückstellung entstehende Gewinn außerbilanziell zu mindern. Folglich entsteht i. H. d. im Übertragungsjahr erfolgenden außerbilanziellen Gewinnminderung durch die Auflösung der Pensionsrückstellung letztlich keine Gewinnerhöhung. Der im Übertragungsjahr gem. § 4e Abs. 3 Satz 3 EStG mögliche sofortige Betriebsausgabenabzug ist auf die verbleibende Gewinnerhöhung begrenzt.[2] Der diesen Betrag übersteigende an den Pensionsfonds geleistete Teil des Einmalbeitrages ist in den dem Wirt-

1 BMF v. 28.5.2002, BStBl 2002 I S. 603, Rz. 25 ff.

2 Vgl. Dommermuth in Herrmann/Heuer/Raupach, § 4e EStG Rz. 49.

schaftsjahr der Übertragung folgenden zehn Wirtschaftsjahren gleichmäßig verteilt als steuerlicher Aufwand abzugsfähig.

Fraglich ist, ob der Betriebsausgabenabzug unter Würdigung von § 4e Abs. 2 EStG auch für den gesellschaftsrechtlich veranlassten Teil der Direktzusage zu gewähren ist. Leistungen an den Pensionsfonds sind gem. § 4e Abs. 2 EStG keine Betriebsausgaben, soweit die Direktzusage nicht betrieblich veranlasst ist, wobei sich § 4e Abs. 2 EStG dabei explizit auf § 4e Abs. 1 EStG bezieht. In seinem Urteil v. 20.7.2016[1] sah der BFH die Auslagerung des future services einer Direktzusage auf eine kongruent rückgedeckte Unterstützungskasse als gesellschaftsrechtlich und damit nicht betrieblich veranlasst an, weil jener Wechsel des Durchführungsweges als Neuzusage zu interpretieren war und diese gegen die Erdienbarkeitsvoraussetzungen (vgl. Rz. 780 ff.) verstoßen hatte (vgl. ausführlich Rz. 792). Jene gesellschaftsrechtliche Veranlassung verhindere nach Meinung des erkennenden Senates gem. § 4d Abs. 1 Satz 1 EStG den steuermindernden Betriebsausgabenabzug der Zuwendungen an die Unterstützungskasse bereits auf der ersten Prüfebene (vgl. Rz. 621 ff.), da sie die betriebliche Veranlassung, die § 4d Abs. 1 Satz 1 EStG fordert, verhindere (vgl. ausführlich Rz. 623 und Rz. 704). In seinem Urteil vom 7.3.2018 kommt derselbe Senat zu dem Ergebnis, dass die Bewertung des ausgelagerten Future Services als Neuzusage insbesondere der insoweit gleichzeitig stattgefundenen Zusageerhöhung geschuldet war;[2] eine erneute Prüfung der Erdienbarkeit der Versorgungszusage sei jedoch nicht gerechtfertigt, wenn eine bereits bestehende Versorgungszusage ohne finanzielle Mehrbelastung für das Unternehmen geändert, indem sie wertgleich auf eine Unterstützungskasse ausgelagert werde[3] (vgl. ausführlich Rz. 792). Da der Wortlaut des Einleitungssatzes von § 4d Abs. 1 Satz 1 EStG – „soweit die Leistungen der Kasse, wenn sie vom Trägerunternehmen unmittelbar erbracht würden, bei diesem betrieblich veranlasst wären" – weitgehend mit § 4e Abs. 2 EStG übereinstimmen, würde eine gesellschaftsrechtliche Veranlassung der Übertragung des past services einer Direktzusage auf einen Pensionsfonds aufgrund eines Verstoßes gegen die Erdienbarkeit die steuerrechtliche Abzugsfähigkeit des an den Pensionsfonds gezahlten Beitrages folgerichtig verhindern. 1438

Fraglich ist zudem, ob der gesamte von der GmbH an den Pensionsfonds entrichtete Beitrag über § 3 Nr. 66 EStG für den GGF einkommensteuerfrei bleibt oder nur der auf einer betrieblichen Veranlassung beruhende Teil von der Be- 1439

1 BFH v. 20.7.2016 - I R 33/15, BStBl 2017 II S. 66.

2 Vgl. BFH v. 7.3.2018 - I R 89/15, BStBl 2019 II S. 70, Rz. 29 f.

3 Vgl. ebenda Rz. 30 f.

freiungsvorschrift erfasst wird. Gemäß dem Wortlaut des § 3 Nr. 66 EStG sollen Leistungen der GmbH an einen Pensionsfonds zur Übernahme bestehender Versorgungsverpflichtungen bzw. Versorgungsanwartschaften einkommensteuerfrei bleiben. Der gesellschaftsrechtlich veranlasste Teil der Direktzusage stellt steuerrechtlich eine Gewinnverwendungsabrede bzw. eine vGA, aber keine Versorgungsanwartschaft dar. Der Beitrag ist insoweit nicht nach § 3 Nr. 66 EStG steuerfrei.

1440 Folge ist, dass der Teil des Beitrages der GmbH an den Pensionsfonds, der auf den gesellschaftsrechtlich veranlassten Teil der Zusage des GGF entfällt, dem GGF im Zeitpunkt der Auslagerung als vGA und somit als Einkünfte aus Kapitalvermögen einkommensteuerlich zufließt. Vor Anwendung der Abgeltungsteuer oder des beantragungsbedürftigen Teileinkünfteverfahrens auf die Kapitaleinkünfte ist jedoch eine Prüfung der erfolgten außerbilanziellen Gewinnberichtigung auf Seiten der GmbH durchzuführen. Nur soweit der gesellschaftsrechtlich veranlasste Teil der Beitragszahlung an den Pensionsfonds den Gewinn der GmbH nicht gemindert hat, ist für den GGF eine Tarifvergünstigung möglich. Ansonsten sind die Kapitaleinkünfte dem individuellen Steuersatz des GGF zu unterwerfen.

1441 Die Leistungen des Pensionsfonds sind entsprechend der steuerlichen Behandlung der zugrunde liegenden Beitragsleistung aufzuteilen. Der Leistungsteil, der auf nach § 3 Nr. 66 EStG steuerfrei gestellten Beiträgen beruht, ist nach § 22 Nr. 5 Satz 1 EStG in voller Höhe nachgelagert steuerpflichtig. Die auf dem gesellschaftsrechtlich veranlassten und somit nicht nach § 3 Nr. 66 EStG steuerfrei gestellten Beitragsteil beruhende Leistung ist gem. § 22 Nr. 5 Satz 2 EStG aufgrund der Finanzierung aus dem versteuerten Einkommen des GGF wie eine Leistung aus einem privaten Lebensversicherungsvertrag zu behandeln. Lebenslange Altersrentenleistungen sind demgemäß unter Anwendung von § 22 Nr. 1 Satz 3 Buchst. a Doppelbuchst. bb EStG mit dem Ertragsanteil, Alterskapitalleistungen unter Anwendung von § 20 Abs. 1 Nr. 6 EStG mit dem (ggf. hälftigen) Ertrag steuerpflichtig. Allerdings ist zu bemerken, dass die Bezugnahme auf § 22 Nr. 1 bzw. § 20 Abs. 1 Nr. 6 EStG nur zur Ermittlung der Höhe der steuerpflichtigen Einkünfte erfolgt. Die Leistung des Pensionsfonds bleibt eine sonstige Leistung nach § 22 Nr. 5 EStG. Folge ist, dass mangels Kapitaleinkünften vom Pensionsfonds keine Kapitalertragsteuer einzubehalten ist und für den GGF weder die Abgeltungsteuer noch das Teileinkünfteverfahren zur Anwendung kommt.

BEISPIEL: Die Direktzusage des GGF A wurde in 2021 i. H. d. erdienten Past Service (60 %) gegen einen Einmalbeitrag von 100.000 € auf einen Pensionsfonds übertragen. Die Pensionsrückstellung beträgt in der letzten Steuerbilanz 60.000 €. Die

GmbH hat den Antrag gem. § 4 Abs. 3 EStG gestellt. Die Zusage des GGF A ist zu 10 % gesellschaftsrechtlich veranlasst. Für die Wirtschaftsjahre bis 2021 erfolgten keine außerbilanziellen Gewinnkorrekturen. Im Jahr 2036 erhält der GGF (65) vom Pensionsfonds als Altersleistung eine Leibrente von 20.000 € p. a.

LÖSUNG: ▸ Aufgrund des teilweisen Wegfalls der Pensionsverpflichtung (60 %) sind 36.000 € der Pensionsrückstellung (Steuerbilanz) in 2021 gewinnerhöhend aufzulösen. Mangels in den Wirtschaftsjahren bis 2021 erfolgter außerbilanzieller Gewinnhinzurechnungen (Teilbetrag II) ist der Ertrag aus der Auflösung der Pensionsrückstellung in 2021 außerbilanziell nicht zu berichtigen.

Von dem Einmalbeitrag an den Pensionsfonds sind aufgrund Antragstellung nach § 4e Abs. 3 EStG für 2021 36.000 € als Betriebsausgaben zu berücksichtigen (Höhe der aufzulösenden Pensionsrückstellung). Der verbleibende Teil des Einmalbeitrages an den Pensionsfonds i. H. v. 64.000 € ist gleichmäßig auf die folgenden zehn Wirtschaftsjahre zu verteilen. Aufgrund der zehnprozentigen gesellschaftsrechtlichen Veranlassung der Direktzusage ist der Gewinn der GmbH außerbilanziell in 2021 um 3.600 € (10 % von 36.000) und für die Jahre 2022 bis 2031 um jeweils 640 € (10 % von 6.400 €) zu berichtigen.

Der Beitrag an den Pensionsfonds i. H. v. 100.000 € ist für den GGF A zu 90 % nach § 3 Nr. 66 EStG von der Einkommensteuer befreit. 10.000 € fließen dem GGF A als Einkünfte aus Kapitalvermögen zu.

Die späteren Leistungen des Pensionsfonds sind für den GGF sonstige Einkünfte nach § 22 Nr. 5 EStG. Davon sind 18.000 € (90 %) gem. § 22 Nr. 5 Satz 1 EStG in voller Höhe der Einkommensteuer zu unterwerfen. 2.000 € (10 %) sind gem. § 22 Nr. 5 Satz 2 Buchst. a EStG i. V. m. § 22 Nr. 1 Satz 3 Buchst. a Doppelbuchst. bb EStG nur i. H. d. Ertragsanteils von 360 € (18 %) steuerpflichtig.

ABWANDLUNG BEISPIEL: ▸ Für die Wirtschaftsjahre bis 2021 erfolgten jeweils die außerbilanziellen Gewinnkorrekturen der Zuführungen zur Pensionsrückstellung der Steuerbilanz (Teilbetrag II, insgesamt 6.000 €).

LÖSUNG: ▸ Die Gewinnerhöhung aus der teilweisen Auflösung der Pensionsrückstellung (36.000 €) ist i. H. d. hierauf entfallenden, bereits erfolgten Gewinnberichtigungen der Vorjahre (60 % des Teilbetrag II von 6.000 € = 3.600 €) außerbilanziell wieder zu mindern. Somit ergibt sich für 2021 aus der Auflösung der Pensionsrückstellung lediglich eine Gewinnauswirkung von 32.400 €. Von dem Einmalbeitrag an den Pensionsfonds von 100.000 € sind aufgrund Antragstellung nach § 4e Abs. 3 EStG für 2021 somit nur 32.400 € zu berücksichtigen.

In den Jahren 2022 bis 2031 ist der verbleibende Teil des Einmalbeitrages von 67.600 € gleichmäßig auf die folgenden zehn Wirtschaftsjahre zu verteilen. Aufgrund der zehnprozentigen gesellschaftsrechtlichen Veranlassung der Direktzusage ist der Gewinn der GmbH außerbilanziell in 2021 um 3.240 € (10 % von 32.400) und für die Jahre 2022 bis 2031 um jeweils 676 € (10 % von 6.760 €) zu berichtigen.

Für die Besteuerung des GGF bleibt es bei den obigen Ausführungen.

e) Behandlung der Rentenanpassungsverpflichtung nach § 16 BetrAVG

1442 Aufgrund der in § 4e Abs. 3 EStG verwendeten Formulierung der Übernahme einer „bestehenden“ Versorgungsverpflichtung oder Versorgungsanwartschaft stellt sich zudem die Frage, ob auch die Aufwendungen für die Auslagerung der Prüfungspflicht einer Rentenanpassung gem. § 16 BetrAVG von der Vorschrift mit erfasst sind. Unterliegt der Versorgungsberechtigte und damit auch dessen Direktzusage dem BetrAVG, ist die Anpassungsprüfungspflicht als unselbständiger Bestandteil ein Element der Pensionsverpflichtung der GmbH. Soll nun die GmbH mittels § 4e Abs. 3 i.V.m. § 3 Nr. 66 EStG von dem Past Service der Versorgungsverpflichtung befreit werden, muss auch die auf diesen Teil der Versorgungsverpflichtung entfallende Pflicht zur Rentenanpassung nach § 16 Abs. BetrAVG erfasst sein.[1]

PRAXISHINWEIS:

Nach Auffassung der FinVerw[2] trifft dies allerdings nur auf eine zum Übertragungszeitpunkt bereits fest zugesagte künftige Rentenanpassung zu, nicht jedoch auf die Anpassungsprüfungspflicht gem. § 16 Abs. 1 BetrAVG. Aus Vereinfachungsgründen kann für Verpflichtungen, die einer Anpassungsprüfungspflicht nach § 16 Abs. 1 BetrAVG unterliegen, eine jährliche pauschale Erhöhung von bis zu 1 % berücksichtigt werden. Dem folgend, ist eine vollständige wirtschaftliche Enthaftung von der Rentenverpflichtung auch hinsichtlich des Past Service i. d. R. nicht möglich, wenn die Zusage des GGF den Vorschriften des BetrAVG unterliegt bzw. die entsprechende Anwendung des BetrAVG in der Zusage des arbeitsrechtlich beherrschenden GGF festgehalten ist und keine feste Anpassungsverpflichtung gem. § 16 Abs. 3 Nr. 1 BetrAVG enthält.

f) Gewinnwirksamkeit des Einmalbeitrags an den Pensionsfonds

1443 Erfolgt die Auslagerung der erdienten Anwartschaft auf den Pensionsfonds durch Antragstellung i. S.v. § 4e Abs. 3 EStG für den GGF gem. § 3 Nr. 66 EStG steuerneutral, ist der an den Pensionsfonds gezahlte Einmalbeitrag im Jahr der Übertragung beim Trägerunternehmen max. i. H. d. gewinnerhöhend aufzulösenden Pensionsrückstellung steuerlich wirksam. Der übersteigende Beitrag ist erst in den folgenden zehn Wirtschaftsjahren gleichmäßig verteilt steuerlich abziehbar (vgl. Rz. 1427).

1444 Wird der Past Service einer Direktzusage bei fortbestehendem aktivem Dienstverhältnis auf den Pensionsfonds übertragen und verbleibt die noch nicht erdiente Anwartschaft als unmittelbare Pensionsverpflichtung bei der Kapitalgesellschaft, wird im Jahr der Übertragung folglich nur der auf den Past Service

1 Ebenso Ahrend/Förster/Rössler, Kapitel 5a., Rz. 274.

2 BMF v. 10.7.2015, BStBl 2015 I S. 544, Rz. 2.

entfallende Teilbetrag der Pensionsrückstellung aufgelöst. Hier beschränkt sich im Falle der Antragstellung gem. § 4e Abs. 3 EStG der im Wirtschaftsjahr der Übertragung steuerlich abzugsfähige Anteil des an den Pensionsfonds entrichteten Einmalbeitrages auf diesen Betrag, weil die Rückstellung lediglich in dieser Höhe aufgelöst wird.

BEISPIEL: [1] ▸ Am 1.1.2021 wird der bis dahin erdiente Teil (60 %) einer Versorgungsanwartschaft eines aktiven Anwärters aus einer Direktzusage auf einen Pensionsfonds übertragen. Die am Bilanzstichtag zum 31.12.2020 passivierte Pensionsrückstellung betrug 100.000 €. Gemäß § 6a Abs. 3 Satz 2 Nr. 1 EStG ist unmittelbar nach der Übertragung des past services auf den Pensionsfonds eine Pensionsrückstellung für den nicht übertragenen future service der Versorgungsleistungen i. H. v. 40.000 € zu bilden.

LÖSUNG: ▸ Folglich ist ein sofortiger Betriebsausgabenabzug nach § 4e Abs. 3 Satz 3 EStG nur i. H. v. 60.000 € möglich.

Die Kernaussage des Beispiels in Rz. 1444 erscheint zwingend und logisch. 1445
Dennoch ist sie nur deshalb rechtlich – nicht mathematisch – auf Basis des geltenden Gesetzeswortlauts zulässig, weil § 6a Abs. 3 Satz 2 Nr. 1 EStG Reduzierungen der ursprünglichen Direktzusage bei der Berechnung von Pensionsrückstellungen vor Beendigung des Dienstverhältnisses des Pensionsberechtigten nicht versicherungsmathematisch korrekt verarbeiten kann. Aus versicherungsmathematischer Sicht kommt es daher zu Fehlbewertungen i. Z. m. der Rückstellung, wenn sich die Höhe der zugesagten Versorgungsleistung verringert, ohne dass das Dienstverhältnis beendet wird. Wird eine Direktzusage z. B. durch Verzicht des future services auf den bis dahin erdienten past service bei weiterbestehendem aktivem Dienstverhältnis eingefroren, muss infolge jener unzureichenden Verarbeitungsmöglichkeit von leistungsmindernden Eingriffen i. R. d. § 6a Abs. 3 Satz 2 Nr. 1 EStG derjenige Teil der Pensionsrückstellung aufgelöst werden, der auf den future service entfällt. Würde daher im Beispiel der Rz. 1444 keine Übertragung auf einen Pensionsfonds stattfinden, sondern der aktive Anwärter stattdessen auf die noch nicht erdienten 40 % seiner Anwartschaft verzichten, erforderte jener § 6a Abs. 3 Satz 2 Nr. 1 EStG anschließend eine Passivierung i. H. v. 60.000 € plus darauf entfallende Rückstellungszuführungen zum 31.12.2021. Auch diese Neubewertung ist zwar juristisch korrekt, da § 6a Abs. 3 Satz 2 Nr. 1 EStG bei weiterbestehendem Dienstverhältnis keine andere Rückstellungsberechnung zulässt, jedoch mathematisch falsch. Das Dilemma zeigt sich, wenn der aktive Anwärter unmittelbar nach dem Verzicht das Dienstverhältnis beendet und die eingefrorene als unverfall-

1 Angelehnt an das Beispiel in BMF v. 10.7.2015, BStBl 2015 I S. 544, Rz. 8.

bare Anwartschaft behält. Dann nämlich kommt es zur Neubewertung der Pensionsrückstellung gem. § 6a Abs. 3 Satz 2 Nr. 2 EStG in Höhe des Barwertes der unverfallbaren Anwartschaft, der nur knapp unter den ursprünglichen 100.000 € liegt. Aus versicherungsmathematischer Sicht sind daher im Rahmen des Verzichts 40.000 € zu viel an Rückstellungen aufgelöst worden, weil der past service im Verzichtszeitpunkt bereits mit 100.000 € Rückstellung zu bewerten gewesen wäre. Dasselbe gilt umgekehrt für die Übertragung des past services auf einen Pensionsfonds: Zwar bleibt der noch nicht erdiente Teil der Direktzusage i. H. v. 40 % beim Unternehmen zurück; die versicherungsmathematisch korrekte Rückstellungsauflösung hätte jedoch infolge obiger Zusammenhänge 100.000 € statt 60.000 € betragen müssen.

1446 Zunächst zweifelt man an dieser Erkenntnis, weil man denkt, der future service könne sich bei versicherungsmathematisch korrekter Rückstellungsauflösung i. H. v. 100.000 € doch nicht in Luft aufgelöst haben. Schnell wird aber doch klar, dass ein future service eben erst noch erdient werden muss und daher sein Beitrag zur Rückstellungsbildung nach der Übertragung des past services auf den Pensionsfonds bei versicherungsmathematisch korrekter Berücksichtigung bei 0 € zu beginnen hat. Dies bestätigt sich bei versicherungsmathematischer Analyse des Teilwertes vor Beendigung des Dienstverhältnisses: Dieser nämlich ist gem. § 6a Abs. 3 Satz 2 Nr. 1 EStG definiert als „Barwert der künftigen vollen Pensionsleistungen am Schluss des Wirtschaftsjahres" (Leistungsbarwert) „abzüglich des sich auf denselben Zeitpunkt ergebenden Barwerts betragsmäßig gleichbleibender Jahresbeträge" (Prämienbarwert). Der Prämienbarwert repräsentiert dabei die nach dem jeweiligen Bilanzstichtag noch zu erdienenden Anwartschaftsteile des Pensionsberechtigten (versicherungsmathematischer future service)[1] und muss daher vom versicherungsmathematischen Barwert der vollen Anwartschaft zum selben Stichtag (Leistungsbarwert) abgezogen werden.[2] Jener Teilwert entspricht damit der versicherungsmathematischen Definition des fiktiven Deckungskapitals eines fiktiven Versicherungsvertrags mit laufender konstanter fiktiver Prämienzahlung, die zu Beginn des Wirtschaftsjahres, in das der Diensteintritt fällt, ihren Anfang nimmt.[3] Die steuerbilanzielle Pensionsrückstellung einer aktiven An-

1 Vgl. BFH v. 20.11.2019 - XI R 52/17, BStBl 2020 II S. 264, Rz. 47; BFH v. 26.6.2013 - I R 39/12, BStBl 2014 II S. 174 = FR 2014 S. 114, m. Anm. Weber-Grellet, Rz. 10; Dommermuth in HHR, § 6a EStG Anm. 102.

2 Vgl. Dommermuth in HHR, § 6a EStG Anm. 102.

3 Vgl. Dommermuth in HHR, § 6a EStG, Anm. 100; Ahrend/Förster/Rößler, Steuerrecht der betrieblichen Altersversorgung, 43. Aufl. 2019, 2. Teil Rz. 636 ff.; Höfer/Veit/Verhuven, BetrAVG, 20. Aufl. 2019, Bd. II, Kap. 2, Rz. 227 ff.; Briese, FR 2020 S. 569 (570).

wartschaft zum jeweiligen Bilanzstichtag stellt somit den nach versicherungsmathematischen Grundsätzen exakten Barwert des past services vor Beendigung des Dienstverhältnisses des Pensionsberechtigten dar.[1] Die Behauptung, Pensionsrückstellungen aktiver Anwartschaften enthielten einen Anteil am future service,[2] ist daher aus mathematischer Sicht schlichtweg falsch.[3]

In diesem Zusammenhang fragt sich, wieso der Barwert einer unverfallbaren Anwartschaft (Anwartschaftsbarwert) i. S. v. § 6a Abs. 3 Satz 2 Nr. 2 EStG nach Beendigung des Dienstverhältnisses, der ja ebenfalls den past service einer bereits erdienten Versorgungszusage repräsentiert, nicht mit dem Teilwert des § 6a Abs. 3 Satz 2 Nr. 1 EStG übereinstimmt, sondern regelmäßig knapp unterhalb letzterem rangiert, wie die Tabelle in Rz. 1448 zeigt. Grund für diese Differenz ist die Unterscheidung zwischen der zum jeweiligen Bilanzstichtag bei weiterbestehendem Dienstverhältnis nach „versicherungsmathematischen Grundsätzen erdienten" und der bei bereits beendetem Dienstverhältnis nach „arbeitsrechtlichen Grundsätzen unverfallbaren Anwartschaft". Beide Größen sind nicht identisch.[4] Nach Beendigung des Dienstverhältnisses, jedoch vor Eintritt des Versorgungsfalles errechnet sich die steuerliche Pensionsrückstellung als „Barwert der künftigen Pensionsleistungen am Schluss des Wirtschaftsjahres" (Leistungsbarwert) ohne Abzug des Prämienbarwertes (vgl. Rz. 1446), da weitere Anwartschaften nicht mehr erdient werden; die „künftigen Pensionsleistungen" errechnen sich dabei unter Zugrundelegung des in § 2 Abs. 1 BetrAVG kodifizierten „m/n-tel-Wertes" – bei beherrschenden GGF „s/t-telWertes", wenn ihre Pensionszusage diesen tatsächlich auch vereinbart hat – oder des sich aus § 2 Abs. 5 BetrAVG bei beitragsorientierter Leistungszusage ergebenden Betrages, also auf Basis gesetzlicher Pauschalierungsverfahren, was mit der rein nach „versicherungsmathematischen Grundsätzen erdienten" Anwartschaft bei weiterbestehendem Dienstverhältnis naturgemäß nicht identisch sein kann. 1447

Ein Beispiel soll die Zusammenhänge verdeutlichen:[5] 1448

> Ein männlicher, nicht beherrschender GGF (geb. 6.5.1991), dessen Diensteintritt zum 1.4.2016 als „normaler" Arbeitnehmer erfolgte, erhielt am 1.4.2021 eine arbeitgeberfinanzierte Direktzusage (Leistungszusage) auf 2.000 € monatliche Alters- und Berufsunfähigkeitsrente sowie 60 % Witwenrente mit Pensionsalter 67. Die Rückstellungsverläufe sind in nachfolgender Tabelle dargestellt.

---

1 Vgl. auch BT-Drucks. 7/1281 S. 38 f.

2 BFH v. 20.11.2019 - XI R 52/17, BStBl 2020 II S. 264, Rz. 48.

3 Vgl. Dommermuth, FR 2020 S. 673 (677).

4 So auch Büchele, NWB 2020 S. 1610 (1613); Hainz, BB 2020 S. 1074.

5 Vgl. Dommermuth, FR 2020 S. 673 (678 f.).

Dabei enthält Spalte (3) die Teilwerte i. S. d. § 6a Abs. 3 Satz 2 Nr. 1 EStG unter der Annahme, dass das Dienstverhältnis am jeweiligen Bilanzstichtag noch nicht beendet ist. Spalte (4) beherbergt die Anwartschaftsbarwerte nach § 6a Abs. 3 Satz 2 Nr. 2 Alt. 1 EStG unter der Annahme, dass das Dienstverhältnis im jeweiligen Jahr beendet wird, so dass bei Beendigung im Jahr 2021 gem. „m/n" 5/42, im Jahr 2022 6/42 etc., im Jahr 2057 41/42 des Vollanspruchs und im Jahr 2058 der Vollanspruch im arbeitsrechtlichen Sinne unverfallbar geworden sind. Grundlage für die Berechnungen sind die Richttafeln *Heubeck* 2018G mit dem gesetzlichen Rechnungszinsfuß i. S. v. § 6a Abs. 3 Satz 3 EStG i. H. v. 6 %. Die Tabelle beschränkt sich auf einen Auszug aus dem Gesamtverlauf für 10 von insgesamt 38 Jahren:

(1)	(2)	(3)	(4)	(5)
		§ 6a Abs. 3 Satz 2 EStG		
Jahr	**Alter**	**Nr. 1**	**Nr. 2**	**Differenz**
2021	30	8.195 €	5.797€	2.398 €
2022	31	11.193 €	7.329 €	3.864 €
2023	32	14.339 €	9.006 €	5.334 €
2024	33	17.641 €	10.839 €	6.802 €
2025	34	21.099 €	12.838 €	8.261 €
...	...	...	...	...
2054	63	239.768 €	225.813 €	13.955 €
2055	64	256.749 €	245.484 €	11.264 €
2056	65	275.163 €	267.061 €	8.102 €
2057	66	294.997 €	290. 622 €	4.375 €
2058	67	316.285 €	316.285 €	0 €

1449 Beide Teilwerte in den Spalten (3) und (4) obiger Tabelle repräsentieren zweifellos den jeweiligen past service (vgl. Rz. 1446 und 1447), jedoch mit dem Unterschied, dass § 6a Abs. 3 Satz 2 Nr. 1 EStG zu der nach „versicherungsmathematischen Grundsätzen berechneten" Pensionsrückstellung vor Ausscheiden aus dem aktiven Dienstverhältnis führt und § 6a Abs. 3 Satz 2 Nr. 2 EStG den Barwert der nach arbeitsrechtlichen Grundsätzen pauschal ermittelten unverfallbaren Anwartschaft nach Beendigung des aktiven Dienstverhältnisses entstehen lässt. Die nicht unerhebliche Differenz in Spalte (5) stellt nicht etwa, wie der BFH behauptet,[1] den im Teilwert i. S. v. § 6a Abs. 3 Satz 2 Nr. 1 EStG enthaltenen future service dar (vgl. Rz. 1446), sondern ist das Ergebnis der Gegenüberstellung des nach versicherungsmathematischen Grundsätzen exakt berechneten past services der aktiven Anwartschaft und des past services in

1 BFH v. 20.11.2019 - XI R 52/17, BStBl 2020 II S. 264, Rz. 48.

Form der nach arbeitsrechtlichen Grundsätzen i. S. v. § 2 BetrAVG aufgrund der tatsächlichen Beendigung des Dienstverhältnisses ermittelten unverfallbaren Anwartschaft. Daher sind die Differenzen in der letzten Spalte hauptsächlich das Ergebnis von Zinswirkungen, die angesichts des hohen Rechnungszinsfußes i. S. v. § 6a Abs. 3 Satz 3 EStG von 6 % erheblich ausfallen.[1]

Jene Erkenntnis soll abschließend anhand vereinfachter Zahlen verdeutlicht 1450
werden, die zur leichteren Nachprüfung keine biometrischen Wahrscheinlichkeiten verwenden und in sämtlichen Spalten von (4) bis (9) der nachfolgenden Tabelle mit dem steuergesetzlichen Rechnungszinsfuß in Höhe von 6 % kalkuliert sind:[2]

						§ 6a Abs. 3 Satz 2		
Jahr		Alter	Kapital/BW	Beitrag	PrämienBW	Nr. 1	Nr. 2	TW mal m/n
(1)	(2)	(3)	(4)	(5)	(6)	(7)	(8)	(9)
2021	0	57	55.839 €	- 7157 €	- 55.839 €	0 €	0 €	0 €
2022	1	58	59. 190 €	- 7157 €	- 51.603 €	7.587 €	5.919 €	759 €
2023	2	59	62.741 €	- 7157 €	- 47.112 €	15.629 €	12.548 €	3.126 €
2024	3	60	66.506 €	- 7157 €	- 42.352 €	24.153 €	19.952 €	7.246 €
2025	4	61	70.496 €	- 7157 €	- 37.307 €	33.189 €	28.198 €	13.276 €
2026	5	62	74.726 e	- 7157 €	- 31.958 €	42.767 €	37.363 €	21.384 €
2027	6	63	79.209 €	- 7157 €	- 26.289 €	52.920 €	47.526 €	31.752 €
2028	7	64	83.962 €	- 7157 €	- 20.280 €	63.682 €	58.773 €	44.578 €
2029	8	65	89.000 €	- 7157 €	- 13.910 €	75.090 €	71.200 €	60.072 €
2030	9	66	94.340 €	- 7157 €	- 7.157 €	87.182 €	84.906 €	78.464 €
2031	10	67	100.000 €		0	100.000 €	100.000 €	100.000 €

Die hier zugrunde liegende arbeitgeberfinanzierte Direktzusage gewährt eine reine Alterskapitalleistung bei Vollendung des 67. Lebensjahres i. H. v. 100.000 €; Diensteintritt und Zusagedatum sind mit jeweils 2021 identisch (von der vGA-Problematik der Probezeit[3] eines GGF wird vereinfachend abgesehen). Spalte (4) enthält die zugesagte Kapitalleistung in der letzten Zeile und davor den Verlauf des mit 6 % diskontierten Leistungsbarwerts der Vollanwartschaft, d. h. der Summe aus past und future service. Aus Spalte (5) ist der Verlauf der betragsmäßig gleichbleibenden Jahresbeträge i. S. v. § 6a Abs. 3

1 Vgl. Dommermuth, FR 2020 S. 673 (678).

2 Vgl. Dommermuth, FR 2020 S. 673 (679).

3 Vgl. Rz. 760 ff.

Satz 2 Nr. 1 Satz 1 Alt. 1 EStG erkennbar. Diese errechnen sich als Annuität aus dem Leistungsbarwert des Wirtschaftsjahres 2021 unter Verwendung der 6 % und repräsentieren diejenigen Bausteine, die nach dem jeweiligen Jahr noch zu erdienen sind; zinst man sie ab 2021 mit 6 % auf, ergeben sie exakt 100.000 € und damit den vollen Leistungsbetrag. In Spalte (6) ist der Verlauf des Prämienbarwerts (vgl. Rz. 1446) enthalten, der sich aus der Diskontierung der Jahresbeträge aus Spalte (5) ab dem jeweiligen Jahr bis zum Eintritt des Versorgungsfalles ergibt und, wie in Rz. 1446 erläutert, den jeweiligen future service repräsentiert. Im Zeitpunkt der Zusageerteilung – vor dem ersten Bilanzstichtag – sind der Leistungs- und der Prämienbarwert identisch, da dann noch keine erdiente Anwartschaft vorhanden ist. Spalte (7) enthält die jeweiligen Pensionsrückstellungen vor Beendigung des Dienstverhältnisses. Wie in Rz. 1446 erläutert, errechnen sie sich auf Basis der Definition in § 6a Abs. 3 Satz 2 Nr. 1 Satz 1 Alt. 1 EStG als jeweilige Differenz der Werte aus den Spalten (4) und (6). Da jene in diesen beiden Spalten enthaltenen Leistungs- und Prämienbarwerte ausschließlich unter Einsatz des Diskontierungssatzes von 6% und damit nach finanzmathematischen Regeln errechnet wurden, entsteht auch deren jeweilige Differenz, der past service, vollständig auf Basis der Finanzmathematik.

1451 Der past service einer noch aktiven Anwartschaft darf gem. § 6a Abs. 3 Satz 2 Nr. 1 Satz 1 Alt. 1 EStG nicht wie der Anwartschaftsbarwert auf Basis der arbeitsrechtlichen Unverfallbarkeitsregeln errechnet werden, da das Dienstverhältnis noch nicht beendet ist. Die finanz- bzw. – bei Einbeziehung biometrischer Wahrscheinlichkeiten – versicherungsmathematische Berechnung ist die einzige exakte Methode zur Bestimmung jenes past services während der aktiven Anwartschaftsphase. Der Rückstellungsbetrag in Spalte (8) der Tabelle von Rz. 1450 ist der Anwartschaftsbarwert, der sich bei vorzeitigem Ausscheiden durch Diskontierung der ratierlichen Anwartschaft i. S. v. § 2 Abs. 1 BetrAVG gem. § 6a Abs. 3 Satz 2 Nr. 2 Alt. 1 EStG errechnet. Bei Beendigung des Dienstverhältnisses im Jahr 1 behält der Ausgeschiedene eine Anwartschaft in Höhe von 1/10 des Vollanspruchs und damit eine ratierliche Kapitalleistung von 10.000 €. Abgezinst mit 6 % ergibt dies 5.919 € zum Bilanzstichtag 2022. Für Ende 2023 errechnen sich in derselben Weise 2/10 von 100.000 € diskontiert mit 6% bis zu diesem Jahr etc. Während sich also der past service in Spalte (7) ausschließlich aus den finanzmathematisch errechneten Werten der Spalten (4) und (6) zusammensetzt und per se zu einem rein finanzmathematisch errechneten Betrag wird, muss der past service in Spalte (8) in einem ersten Schritt in einen ohne Zuhilfenahme der Finanzmathematik pauschalierten „m/n-Wert" umgerechnet werden, bevor er im zweiten Schritt mit ebenfalls

6 % diskontiert werden kann. Die Differenz zwischen den 7.587 € in Spalte (7) und den 5.919 € in Spalte (8) jeweils in 2022 ist daher das Ergebnis aus dem Zusammenspiel der Abzinsung der Beiträge in Spalte (5) auf den jeweiligen Prämienbarwert und der pauschalierenden, nicht abzinsenden „m/n-Umrechnung" im ersten Schritt der Werteermittlung von Spalte (8). Jene Differenz steigt im Lauf der Jahre an, erreicht 2026 ihr Maximum und ist bei Eintritt des Versorgungsfalles logischerweise 0 €, da dann sämtliche Ansprüche erdient sind und die past services nach beiden Berechnungsmethoden dann zum selben Ergebnis kommen müssen.

Ergebnis: Es lässt sich nachweisen (vgl. Rz. 1445 bis Rz. 1451), dass die vor Übertragung einer Direktzusage auf einen Pensionsfonds gebildete Pensionsrückstellung lediglich den nach versicherungsmathematischen Grundsätzen errechneten past service jener ausgelagerten Direktzusage repräsentiert und entgegen der Auffassung des BFH[1] definitiv keinen Anteil am noch zu erdienenden future service enthält. Wenn daher BFH und FinVerw zu dem Ergebnis kommen, dass der steuerliche Betriebsausgabensofortabzug des an den Pensionsfonds gezahlten Einmalbeitrags i. S. v. § 4e Abs. 3 Satz 3 Halbsatz 1 EStG lediglich in Höhe desjenigen Anteils an der Rückstellungsauflösung möglich sei, der auf die Übertragung der Versorgungsanwartschaft auf den Pensionsfonds und damit auf ihren past service entfalle,[2] so bedeutet dies, dass aus versicherungsmathematischer Sicht trotz Zurückbehaltung des future services in der Direktzusage die gesamte bis dahin gebildete Pensionsrückstellung aufzulösen ist, da diese im Übertragungszeitpunkt zweifellos keinen Anteil am future service enthält.[3] Leider steht jedoch § 6a Abs. 3 Satz 2 Nr. 1 Satz 1 Alt. 1 EStG einer derartigen korrekten vollständigen Auflösung der bis zur Auslagerung gebildeten Pensionsrückstellung bei Übertragung des past services und Zurückbehaltung des future services in der Direktzusage im Wege, wie das Beispiel in Rz. 1444 zeigt. Der Grund dafür besteht darin, dass jene Vorschrift für die Berechnung der Pensionsrückstellung bei Herabsetzung des Vollanspruchs auf den future service bei fortbestehendem Dienstverhältnis keine Sonderreglung vorsieht. Daher setzt § 6a Abs. 3 Satz 2 Nr. 1 Satz 1 Alt. 1 EStG den in Spalte (6) der Tabelle in Rz. 1450 enthaltenen Prämienbarwert zu niedrig an, weil er für dessen Berechnung die Zeit vom Diensteintritt bis zum Auslagerungszeitpunkt berücksichtigt, statt im Zeitpunkt der Übertragung mit seiner Berechnung zu 1452

1 BFH v. 20.11.2019 - XI R 52/17, BStBl 2020 II S. 264, Rz. 48.

2 Vgl. BFH v. 20.11.2019 - XI R 52/17, BStBl 2020 II S. 264, Rz. 37 f. und 40 sowie XI R 42/18, BStBl 2020 II S. 71, Rz. 30; BMF v. 10.7.2015, BStBl 2015 I S. 544, Rz. 7.

3 Vgl. Dommermuth, FR 2020 S. 673 (680).

beginnen. Da es sich aber um den future service handelt, der nun zu bewerten ist, und dessen Erdienung ja erst nach erfolgter Übertragung auf den Pensionsfonds beginnt, müsste diese vom Gesetzgeber in § 6a Abs. 3 Satz 2 Nr. 1 EStG neu zu schaffende Sonderregelung[1] jenen Prämienbarwert im Jahr der Übertragung in derselben Höhe ansetzen, wie den in Spalte (4) jener Tabelle enthaltenen Leistungsbarwert. Solange also eine solche Gesetzesänderung auf sich warten lässt, sind Rechtsprechung und FinVerw – trotz ihrer fachlich nicht korrekten Begründung – i. Z. m. der Feststellung des im Übertragungsjahr sofort abzugsfähigen Pensionsfonds-Einmalbeitrages leider die Hänge gebunden, sodass es in diesem Veranlagungszeitraum aus versicherungsmathematischer Sicht fälschlicherweise zu dem in Rz. 1444 beispielhaft ermittelten Ergebnis und damit zu einer Scheingewinnbesteuerung[2] kommt.

1453 Die in Rz. 1452 vorgeschlagene Gesetzesänderung ist auch für andere Sachverhalte vonnöten, bei denen ein Eingriff in eine bestehende Direktzusage vorgenommen wird, z. B. bei Verzicht auf den future service im Falle eines weiterbestehenden Dienstverhältnisses (vgl. Rz. 1445). In diesem Falle ist nämlich de lege lata aus versicherungsmathematischer Sicht zu Unrecht ein Teil der Pensionsrückstellungen aufzulösen, obwohl die bereits gebildete Rückstellungsposition gar keinen future service enthielt.

HINWEIS FÜR DEN GESETZGEBER:

Lex ferenda kann die in Rz. 1452 f. geschilderten Probleme durch Kodifizierung einer Sonderregelung in § 6a Abs. 3 Satz 2 Nr. 1 EStG berücksichtigen, die bei Verzicht auf den future service eine teilweise Auflösung der bis zum Verzichtszeitpunkt gebildeten Rückstellung vermeidet und bei Auslagerung des past services mit gleichzeitiger Zurückbehaltung des future services in der Direktzusage die bis dahin passivierte Pensionsrückstellung vollständig auflöst und gleichzeitig den im Wirtschaftsjahr der Auslagerung zu bildenden Prämienbarwert mit dem Leistungsbarwert des verbleibenden future services gleichsetzt.[3] In der Handelsbilanz ist diese Handhabung bei Anwendung der sog. PUC-Methode[4] bereits Realität; insoweit wäre eine Reform des § 6a EStG auch unter dem Gesichtspunkt der Annäherung beider Rechnungslegungsbereiche äußerst begrüßenswert.

1454 Die ausführliche Argumentation in den Rz. 1444 bis Rz. 1453 soll jedoch nicht nur einer notwendigen Gesetzesreform Vorschub leisten; sie dient vielmehr bereits in der Gegenwart als Begründung zur Ablehnung der Auffassungen,

1 Vgl. Dommermuth, FR 2020 S. 673 (680).

2 Vgl. Dommermuth, FR 2020 S. 673 (680).

3 In diesem Sinne auch: FG Hessen v. 7.11.2018 - 4 K 2332/15, EFG 2019 S. 904, unter 2.a. ee ccc (2) der Gründe = Rz. 52; ebenso Briese, FR 2020 S. 569 (570).

4 Vgl. zur PUC-Methode ((projected unit credit method i. S. d. IAS 19): IDW RS HFA 30, WPg 2/2017 S. 68, Rz. 61; Höfer/Veit/ Verhuven, Betriebsrentenrecht (BetrAVG), Band II, Kap. 48, Rz. 92 ff.

die Rspr. und FinVerw zum steuerlichen Betriebsausgabensofortabzug des an den Pensionsfonds gezahlten Einmalbeitrags i. S. v. § 4e Abs. 3 Satz 3 Halbsatz 1 EStG bei Anwendung des sog. Kombinationsmodells (vgl. Rz. 1501) geäußert haben.[1] Bei diesem Konstrukt werden der past service auf einen Pensionsfonds und die noch zu erdienenden Teile der Anwartschaft auf eine Unterstützungskasse übertragen, so dass die auf diese Weise auf zwei andere Durchführungswege transferierte ursprüngliche Direktzusage endgültig erlischt. Die bis dahin gebildeten Pensionsrückstellungen sind daher gem. § 249 Abs. 2 Satz 2 HGB i. V. m. § 5 Abs. 1 Satz 1 EStG vollständig aufzulösen.[2] Entgegen dem Wortlaut des § 4e Abs. 3 Satz 3 EStG – „ist eine Pensionsrückstellung nach § 6a gewinnerhöhend aufzulösen, ist Satz 1 mit der Maßgabe anzuwenden, dass die Leistungen an den Pensionsfonds im Wirtschaftsjahr der Übertragung *in Höhe der aufgelösten Rückstellung* als Betriebsausgaben abgezogen werden können" – soll nach Meinung der Rspr. und FinVerw auch bei jenem Kombinationsmodell im Falle der Übertragung einer aktiven Anwartschaft auf Pensionsfonds (past service) und Unterstützungskasse (furture service) nur derjenige übertragungsbedingt aufgelöste Pensionsrückstellungsteil, der dem past service jener Anwartschaft entspricht, dem sofortigen Betriebsausgabenabzug i. S. d. § 4e Abs. 3 Satz 3 Halbsatz 1 EStG zugrunde gelegt werden,[3] obwohl doch die gesamte Rückstellung gewinnerhöhend aufgelöst wird. Für eine einschränkende Auslegung des Gesetzeswortlauts, wie BFH und BMF sie praktizieren, geben weder der Gesetzestext noch die Gesetzesbegründung[4] noch der Förderzweck des § 4e EStG einen Anlass bzw. Spielraum;[5] sie ist auch fachlich nicht korrekt, da die gesamte aufgelöste Pensionsrückstellung, wie die Ausführungen in den Rz. 1446 bis Rz. 1452 beweisen, den past service und damit den auf den Pensionsfonds übertragenen Teil der Direktzusage repräsentiert. Im Gegensatz zu

1 Vgl. BFH v. 20.11.2019 - XI R 52/17, BStBl 2020 II S. 264, Rz. 47; BFH v. 26.6.2013 - I R 39/12, BStBl 2014 II S. 174; BMF v. 10.7.2015, BStBl 2015 I S. 544, Rz. 7 f.

2 Vgl. Dommermuth in HHR, § 6a EStG Anm. 160; Dommermuth, FR 2020 S. 673 (674); vgl. auch Büchele, NWB 2020 S. 1610 (1613).

3 Vgl. BFH v. 20.11.2019 - XI R 52/17, FR 2020 S. 563, Rz. 35 ff. und XI R 42/18, DB 2020 S. 819, Rz. 23 und 30 ff.; BMF v. 10.7.2015, BStBl 2015 I S. 544, Rz. 7 f. mit Beispiel; offenbar noch a. A.: BMF v. 26.10.2006, BStBl 2006 I S. 709, Rz. 8.

4 Vgl. BT-Drucks. 14/5150 S. 34 und 44 ff. Die Verteilungsregelung des § 4e Abs. 3 Satz 3 EStG ist im Rahmen des Gesetzgebungsverfahrens des Altersvermögensgesetzes v. 26.6.2001 (BGBl 2001 I S. 1310) erst im Vermittlungsausschuss auf Wunsch des Bundesrats (BR-Drucks. 331/01) mit dem Ziel eingefügt worden, unkalkulierbare Reduzierungen des Steueraufkommens zu vermeiden.

5 Vgl. FG München v. 4.10.2017 - 6 K 3285/14, EFG 2018 S. 1022, unter 1.c der Entscheidungsgründe; FG Hessen v. 7.11.2018 - 4 K 2332/15, EFG 2019 S. 904, unter 2.a.ee der Gründe; BT-Drucks. 14/5150 S. 34 und 44 ff.; Dommermuth, FR 2020 S. 673 (676); Büchele, NWB 2020 S. 1610.

dem im Beispiel von Rz. 1444 und anschließend in den Rz. 1445 bis Rz. 1452 geschilderten Fall der Zurückbehaltung des future services in der Direktzusage kommt es beim Kombinationsmodell zur Auflösung der gesamten Rückstellung. Da diese Vollauflösung gleichzeitig den past service repräsentiert, kann dem steuerlichen Betriebsausgabensofortabzug des an den Pensionsfonds gezahlten Einmalbeitrags i. S. v. § 4e Abs. 3 Satz 3 Halbsatz 1 EStG in Höhe der gesamten Rückstellungsauflösung nichts im Wege stehen. Die durch die BFH-Rspr. und beide BMF-Schreiben praktizierte Handhabung hingegen weicht von jener versicherungsmathematisch und rechtssystematisch fundierten Behandlung ab und führt daher zu nicht akzeptabler beträchtlicher Scheingewinnbesteuerung im Wirtschaftsjahr der Übertragung.

1455 Die in Rz. 1454 dargestellte Rechtsauffassung ist auch noch aus einem weiteren Blickwinkel zwingend: Wird nicht das dort thematisierte Kombinationsmodell aus Übertragung auf Pensionsfonds und Unterstützungskasse praktiziert, sondern eine Kombination aus Auslagerung des past services auf einen Pensionsfonds bei gleichzeitigem Verzicht des GGF auf den future service, kommt es ebenfalls zur Auflösung der gesamten bis dahin i. Z. m. jener ehemaligen Direktzusage gebildeten Pensionsrückstellungen. Auch in diesem Falle führt die gesamte Rückstellungsauflösung zur Sofortbetriebsausgabe i. S. v. § 4e Abs. 3 Satz 3 EStG, da der Gesetzeswortlaut zweifellos erfüllt ist, nicht gegen den Gesetzeszweck verstoßen wird[1] und die gesamte Rückstellung, die aufgelöst wurde, gem. den in Rz. 1445 bis Rz. 1452 gewonnen Erkenntnissen dem past service der erloschenen Direktzusage entspricht.

g) Löschung der GmbH innerhalb des 10-Jahres-Zeitraums des § 4e Abs. 3 EStG

1456 Hat das Unternehmen einen Antrag nach § 4e Abs. 3 EStG gestellt und verteilt den Betriebsausgabenabzug des die aufzulösende Pensionsrückstellung übersteigenden Einmalbeitrags auf die folgenden zehn Wirtschaftsjahre, stellt sich die Frage, welche ertragsteuerlichen Folgen sich ergeben, wenn die GmbH innerhalb des laufenden Zehn-Jahres-Zeitraums – z. B. aufgrund einer Insolvenz oder von Nachfolgeproblemen – aufgelöst und im Handelsregister gelöscht wird. Gesetzgeber und FinVerw haben für diese Fallgestaltung keine Lösung

1 Vgl. BT-Drucks. 14/5150 S. 34 und 44 ff.

vorgesehen. In der Literatur[1] wird – u. E. zu Recht – die Auffassung vertreten, dass die noch nicht geltend gemachten Aufwendungen im letzten Jahr des Bestehens als außerbilanzielle Korrektur zu berücksichtigen sind. Schließlich hat die GmbH den vollen Einmalbeitrag ja tatsächlich geleistet und die zeitliche Streckung der Aufwandsberücksichtigung war nur fiskalisch bedingt. Der schon beschriebenen fiskalischen Motivation des Gesetzgebers für § 4e Abs. 3 EStG folgend, dass zwar im Übertragungsjahr durch Begrenzung des steuerlich wirksamen Aufwandes auf die aufzulösende Pensionsrückstellung kein Verlust an Steuereinnahmen eintreten, die GmbH aber im Gesamtverlauf den gesamten Beitrag an den Pensionsfonds steuerwirksam abziehen können soll, darf nach dem Grundgedanken der Besteuerung nach der wirtschaftlichen Leistungsfähigkeit, die vorzeitige Auflösung der GmbH keine negative Auswirkung haben.

h) Auswirkung einer Nachschussverpflichtung auf den Antrag nach § 4e Abs. 3 EStG

Nach Auffassung der FinVerw[2] kann der Antrag nach § 4e Abs. 3 EStG nur einheitlich für sämtliche Leistungen zur Übernahme einer Versorgungsverpflichtung oder Versorgungsanwartschaft gestellt werden. Fallen also nach dem Wirtschaftsjahr der Auslagerung der Versorgungsverpflichtung weitere Beitragsleistungen für die Übernahme der Versorgungsverpflichtung durch den Pensionsfonds an – z. B. aufgrund einer nicht hinreichenden Deckung durch den zum Übernahmezeitpunkt geleisteten Einmalbeitrag (Nachschusspflicht bei nicht garantierter Altersrentenleistung des Pensionsfonds) – beginnt nach Auffassung der FinVerw für die Nachschusszahlungen jeweils in dem dem Wirtschaftsjahr des Entstehens der Nachschusspflicht folgenden Wirtschaftsjahr ein neuer Zehn-Jahres-Zeitraum zu laufen. Dies ist u. E. nach dem Gesetzeswortlaut nicht nachvollziehbar. Die Motivation für die Begrenzung des Betriebsausgabenabzugs im Übertragungsjahr auf die aufzulösende Pensionsrückstellung und die anschließende zehnjährige Verteilung des überschießenden Einmalbeitrages lag in der Vermeidung von hohen Steuerausfällen durch den Durchführungswegwechsel im Übertragungsjahr. Für den Beginn eines neuen Zehn-Jahres-Zeitraums bei einer später entstehenden Nachschussver- 1457

1 Bestätigend Ahrend/Förster/Rößler, Kapitel 5a. Rz. 271; Grögler/Urban, Die „Befreiung" einer Kapitalgesellschaft von lästig gewordenen Pensionsverpflichtungen – Überblick über Möglichkeiten und Maßnahmen, DStR 2006 S. 1389; die Autoren begründen ihre Auffassung mit der Analogie zu den Restbuchwerten von Wirtschaftsgütern des Anlagevermögens im Falle einer Betriebsaufgabe/Betriebsveräußerung.

2 BMF v. 26.10.2006, BStBl 2006 I S. 709, Rz. 6.

pflichtung ergibt sich weder aus dem Gesetz noch aus der zugrunde liegenden Intention ein Ansatzpunkt. Vertretbar erschiene es allenfalls einen Nachschuss innerhalb der ersten zehn Jahre nach der Auslagerung über die Restlaufzeit des ursprünglichen Zehn-Jahres-Zeitraumes mit zu verteilen.

1458 Allerdings erscheint die Verteilung eines Nachschusses auch insofern kritisch, als dass Nachschüsse, die in der Anwartschaftsphase gem. § 114 VAG und in der Rentenbezugszeit gem. § 112 Abs. 1a VAG erfolgen, gem. § 19 Abs. 1 Satz 1 Nr. 3 Satz 3 EStG[1] aufgrund des Charakters der Zahlungen[2] gar nicht als Arbeitslohn anzusehen sind. Wenn sie dem GGF aber steuerlich gar nicht zufließen, ist auch die Anwendung einer Steuerfreistellungsnorm – hier § 3 Nr. 66 EStG – nicht erforderlich. Damit entfällt die Verknüpfung zu § 4e Abs. 3 EStG, der die Inanspruchnahme der Steuerfreiheit von einem Antrag auf Verteilung der Betriebsausgaben abhängig macht. Da Nachschüsse in der Anwartschaftsphase aufgrund der gesetzlichen Verpflichtung des Pensionsfonds zur Bildung der Solvabilitätsspanne anfallen und nicht an Stelle eines regulär zu entrichtenden Beitrages treten und Nachschüsse in der Rentenbezugsphase nach § 112 Abs. 1a VAG als eine Art „durchlaufender Posten" dem Versorgungsberechtigten erst bei Leistungsbezug als Einkünfte nach § 22 Nr. 5 EStG zufließen, besteht grds. wohl auch kein Missbrauchspotenzial, wenn die Nachschüsse bei der Verteilung außen vor bleiben.

1459 Für die sofortige Abzugsfähigkeit des Nachschusses zumindest in der Rentenphase spricht neben dem fehlenden Bedarf der Steuerfreistellung nach § 3 Nr. 66 EStG auch der Vergleich mit dem Eintritt der Subsidiärhaftung des Arbeitgebers gem. § 1 Abs. 1 Satz 3 BetrAVG. Leistet der Pensionsfonds gem. § 112 Abs. 1a VAG keine versicherungsförmige Garantie und unterlässt der Arbeitgeber in der Rentenbezugsphase einen ggf. notwendigen Nachschuss, muss der Pensionsfonds auf eine versicherungsförmige Garantie umstellen und die Leistung entsprechend der vorhandenen Mittel reduzieren. Für den Differenzbetrag ist der Arbeitgeber Subsidiärschuldner. Die vom Arbeitgeber an den Versorgungsverpflichteten zu zahlenden Leistungen stellen für diesen Einkünfte nach § 19 EStG dar. Für den Arbeitgeber ist die Leistung gem. § 4 Abs. 4 EStG sofort als Betriebsausgabe abziehbar. Mangels Beitragsleistung an einen Pensionsfonds ist eine Aufwandverteilung gem. § 4e Abs. 3 EStG obsolet. Demgemäß könnte auch der Nachschuss an den Pensionsfonds in der Rentenphase sofort in voller Höhe aufwandswirksam sein.

1 Eingefügt durch das JStG 2007 v. 13.12.2006, BGBl 2006 I S. 2878.

2 Bericht des Finanzausschusses des dt. BT-Drucks. 16/3368 S. 17.

Für die Verteilung eines Nachschusses während der Ansparphase könnte allenfalls sprechen, dass das Unternehmen bei der Auslagerung auf einen kapitalmarktorientierten Pensionsfonds bewusst eine Zinserwartung gewählt hat, die nicht erfüllbar ist, um auf diese Weise eine kurzfristige Nachschussverpflichtung zu provozieren, die dann aus der Verteilung auszunehmen wäre. Hier könnte ggf. über den Hinweis auf Gestaltungsmissbrauch eine Einbeziehung des Nachschusses in den Verteilzeitraum gerechtfertigt sein, da ansonsten ein (erheblicher) ertragsteuerlicher Vorteil gegenüber der sicherheitsorientierten Auslagerung auf einen Pensionsfonds mit versicherungsförmiger Garantie erzielt werden könnte, wo der die im Übertragungsjahr aufzulösende Pensionsrückstellung übersteigende Beitrag zwingend steuerwirksam zu verteilen wäre. 1460

Gleichwohl ist bei der Beratung zu beachten, dass nach Auffassung der FinVerw mit der Entscheidung der GmbH für die Lohnsteuerfreiheit des GGF und für die Antragstellung nach § 4e Abs. 3 EStG, alle zukünftigen Beiträge an den Pensionsfonds für die Versorgung des GGF (oberhalb der aufzulösenden Pensionsrückstellung) einer jeweils neu beginnenden Zehn-Jahres-Verteilung unterliegen. Anderweitige Lösungen dürften somit nur auf dem Rechtsweg zu erzielen sein. 1461

i) Beachtung der Erdienbarkeit bei Durchführungswegwechsel

In seinem Urteil v. 20.7.2016[1] sah der BFH die Auslagerung des future services einer Direktzusage auf eine kongruent rückgedeckte Unterstützungskasse als gesellschaftsrechtlich und damit nicht betrieblich veranlasst an, weil jener Wechsel des Durchführungsweges als Neuzusage zu interpretieren war und diese gegen die Erdienbarkeitsvoraussetzungen (vgl. Rz. 780 ff.) verstoßen hatte (vgl. ausführlich Rz. 792). Jene gesellschaftsrechtliche Veranlassung verhindere nach Meinung des erkennenden Senates gem. § 4d Abs. 1 Satz 1 EStG den steuermindernden Betriebsausgabenabzug der Zuwendungen an die Unterstützungskasse bereits auf der ersten Prüfebene (vgl. Rz. 621 ff.), da sie die betriebliche Veranlassung, die § 4d Abs. 1 Satz 1 EStG fordert, verhindere (vgl. ausführlich Rz. 623 und Rz. 704). In seinem Urteil v. 7.3.2018 kommt derselbe Senat zu dem Ergebnis, dass die Bewertung des ausgelagerten Future Services als Neuzusage insbesondere der insoweit gleichzeitig stattgefundenen Zusageerhöhung geschuldet war;[2] eine erneute Prüfung der Erdienbarkeit der Versorgungszusage sei jedoch nicht gerechtfertigt, wenn eine bereits bestehende 1462

1 BFH v. 20.7.2016 - I R 33/15, BStBl 2017 II S. 66.

2 Vgl. BFH v. 7.3.2018 - I R 89/15, BStBl 2019 II S. 70, Rz. 29 f.

Versorgungszusage ohne finanzielle Mehrbelastung für das Unternehmen geändert, indem sie wertgleich auf eine Unterstützungskasse ausgelagert werde[1] (vgl. ausführlich Rz. 792). Da der Wortlaut des Einleitungssatzes von § 4d Abs. 1 Satz 1 EStG – „soweit die Leistungen der Kasse, wenn sie vom Trägerunternehmen unmittelbar erbracht würden, bei diesem betrieblich veranlasst wären" – weitgehend mit § 4e Abs. 2 EStG übereinstimmen, würde eine gesellschaftsrechtliche Veranlassung der Übertragung des past services einer Direktzusage auf einen Pensionsfonds aufgrund eines Verstoßes gegen die Erdienbarkeit die steuerrechtliche Abzugsfähigkeit des an den Pensionsfonds gezahlten Beitrages folgerichtig verhindern. Da aber lediglich der past service auf jenen externen Versorgungsträger ausgelagert wird, wodurch es gar nicht zu einer Neuzusage kommen kann, und die Übertragung wertgleich erfolgt, findet ein Verstoß gegen Erdienbarkeitsregeln nicht statt; das Urteil des BFH v. 7.3.2018 hat insoweit für Klarheit gesorgt.

j) Auswirkung des Durchführungswegwechsels auf die Besteuerung der Versorgungsleistungen

1463 Der Durchführungswegwechsel von der Direktzusage zur Pensionsfondszusage führt auch zum Wechsel der Einkunftsart der späteren Versorgungsleistung. Die späteren Leistungen des Pensionsfonds sind für den GGF sonstige Einkünfte gem. § 22 Nr. 5 Satz 1 EStG, soweit die den Leistungen zugrunde liegenden Beiträge gem. § 3 Nr. 66 EStG steuerfrei gestellt wurden. Demgemäß ist die GmbH mangels Arbeitslohnauszahlung nicht in die Rentenverwaltung involviert. Im Unterschied zu den Leistungen aus einer Direktzusage, die zu Einkünften aus nichtselbständiger Arbeit führen und von denen, wenn es sich um Versorgungsbezüge i. S. d. § 19 Abs. 2 EStG handelt, ein Versorgungsfreibetrag, ein Zuschlag zum Versorgungsfreibetrag[2] sowie ein besonderer Werbungskosten-Pauschbetrag[3] steuerfrei bleiben, ist bei sonstigen Einkünften maximal der (niedrigere) Altersentlastungsbetrag[4] abzugsfähig. Dies führt für den versorgungsberechtigten GGF im Falle des Versorgungsbeginns vor dem Jahr 2040 regelmäßig zu steuerrechtlichen Nachteilen.

1 Vgl. ebenda Rz. 30 f.

2 § 19 Abs. 1 Satz 1 Nr. 2, Abs. 2 EStG, nach dem Kohortenprinzip in abschmelzender Form nur für Leistungsbeginne bis 2039 relevant.

3 102 € p. a. gem. § 9 Satz 1 Nr. 1 Buchst. b EStG.

4 § 24a EStG, nach dem Kohortenprinzip in abschmelzender Form nur für Leistungsbeginne bis 2039 relevant.

Eine Ausnahme ist gem. § 22 Nr. 5 Satz 11 Halbsatz 1 EStG nur für den Fall gegeben, dass der GGF bereits vor der Übertragung auf den Pensionsfonds Leistungen bezogen hat, also keine Pensionsanwartschaft, sondern eine bereits laufende Pensionsleistung auf den Pensionsfonds übertragen wird. Auch in diesem Fall stellen die Leistungen des Pensionsfonds für den GGF zwar sonstige Einkünfte i. S. d. § 22 Nr. 5 EStG dar; dennoch sind die Vorschriften zum Versorgungsfreibetrag, zum Zuschlag zum Versorgungsfreibetrag und zum besonderen Werbungskosten-Pauschbetrag entsprechend anwendbar. 1464

PRAXISHINWEIS AN DEN STEUERBERATER:

Wird die Direktzusage genau zum Rentenbeginn des GGF auf den Pensionsfonds übertragen, ist also zuvor noch keine Rentenleistung aus der Direktzusage an den GGF erfolgt, stellt sich die Frage, ob dennoch der Versorgungsfreibetrag und der Zuschlag zum Versorgungsfreibetrag gewährt werden können. In der Praxis wird aufgrund dieser Zweifelsfrage oftmals noch vor der Übertragung auf den Pensionsfonds vom Arbeitgeber aus der Direktzusage eine Rentenleistung an den GGF gezahlt, um die Anwendung der Sonderregelung zu sichern. Gemäß der Gesetzesbegründung zu § 52 Abs. 34c EStG[1] zum JStG 2007[2] ist dies jedoch u. E. nicht zwingend notwendig. Liegen der Zeitpunkt der Übertragung der Versorgungsverpflichtung und der Zeitpunkt des erstmaligen Leistungsbezugs vom Pensionsfonds in ein und demselben Monat, wird aus Vereinfachungsgründen von der Übertragung einer laufenden Leistung ausgegangen. Es muss dem Arbeitgeber also keine erste Rentenzahlung zugemutet werden, um den Versorgungsfreibetrag für den GGF sicher zu stellen.

(Einstweilen frei) 1465–1470

3. Wechsel von Direktzusage zu Unterstützungskassenzusage

a) Allgemeines zur Unterstützungskasse

Die Unterstützungskasse ist eine rechtlich selbständige Versorgungsreinrichtung, die Ihren Versorgungsanwärtern aus versicherungsaufsichtsrechtlichen Gründen allerdings keinen Rechtsanspruch auf Ihre Leistungen gewährt.[3] Steuerrechtlich ist die Unterstützungskasse unbeschränkt körperschaftsteuerpflichtig,[4] aber von der Körperschaftsteuer und Gewerbesteuer befreit, wenn die Voraussetzung des § 5 Abs. 1 Nr. 3 KStG und § 3 Nr. 9 GewStG erfüllt sind. Die Zuwendungen des Arbeitgebers an die Unterstützungskasse berechtigen 1471

1 Vorgängervorschrift zu § 22 Nr. 5 Satz 11 Halbsatz 1 EStG.

2 BT-Drucks. 16/2712.

3 Hinsichtlich der weitgehend formalen Natur des Ausschlusses eines Rechtsanspruches und der hierzu ergangenen Rechtsprechung siehe Höfer/de Groot/Küpper/Reich, Betriebsrentenrecht, 24. Aufl. 2019, Bd. I, Kap. 3, Rz. 178 ff.

4 I. d. R. als Verein oder GmbH gem. § 1 Abs. 1 Nr. 5, 1 KStG.

nur dann zum Betriebsausgabenabzug, wenn die Voraussetzungen des § 4d EStG erfüllt sind. Insbesondere ist gem. § 4d Abs. 1 Satz 1 EStG erforderlich, dass die Leistungen der Unterstützungskasse an den GGF betrieblich veranlasst wären, wenn diese von der GmbH selbst erbracht würden (vgl. ausführlich Rz. 1438).

1472 Aus diesem Grund ist bei Einrichtung einer bAV für den GGF über eine Unterstützungskasse neben der Einhaltung der Vorschriften des § 5 Abs. 1 Nr. 3 KStG und des § 4d EStG zusätzlich zwingend auf die Einhaltung der für GGF geltenden besonderen Kriterien zur Vermeidung einer verdeckten Gewinnausschüttung zu achten (vgl. Rz. 752 ff.). Ist die Zusage bzw. wäre die unmittelbare Leistung der GmbH an den GGF (teilweise) gesellschaftsrechtlich veranlasst, ist bereits die Zuwendung der GmbH an die Unterstützungskasse insoweit gem. § 4d Abs. 1 Satz 1 EStG keine Betriebsausgabe.

Unterstützungskasse – Prüfebenen

§ 5 Abs. 1 Nr. 3 KStG	-	Körperschaftsteuerfreiheit Unterstützungskasse
§ 4d EStG	-	Betriebsausgabenabzug Trägerunternehmen unter
:	-	Prüfung der gesellschaftsrechtlichen Veranlassung der Zusage

PRAXISHINWEIS:

In der Praxis herrscht teilweise die Auffassung vor, dass die für GGF geltenden besonderen Kriterien zur Vermeidung einer gesellschaftsrechtlichen Veranlassung, wie z. B. Einhaltung der Probezeit, nur für den Durchführungsweg der Direktzusage zu beachten sind. Dies ist ggf. dem Umstand geschuldet, dass die Rechtsprechung zum Thema GGF und bAV zumeist die Direktzusage betrifft. Dieser Auffassung ist klar entgegenzutreten.

1473 Die Grundform der Unterstützungskassenzusage ist die pauschal dotierte Unterstützungskasse. Da mittels dieser Einrichtungsform die Zusage an den GGF jedoch während der Anwartschaftsphase nur unzureichend ausfinanziert werden kann und damit wohl die Altersversorgung des GGF nicht im Vordergrund steht, konzentrieren sich die folgenden Ausführungen zum Durchführungswegwechsel ausschließlich auf die rückgedeckte Unterstützungskasse.

1474 Unterstützungskassen können von dem die Zusage erteilenden Unternehmen (Trägerunternehmen) selbst als unternehmenseigene Unterstützungskasse gegründet werden. Für die Versorgung des GGF bzw. eines Vorstandes bedienen sich die Trägerunternehmen verwaltungs- und kostenbedingt jedoch meist sog. Gruppenunterstützungskassen, die als eigenständige Versorgungseinrichtung für eine Vielzahl (Gruppe) von Unternehmen zur Verfügung stehen.

Der Status einer sozialen Einrichtung als Voraussetzung für die Körperschaftsteuerfreiheit der Unterstützungskasse gem. § 5 Abs. 1 Nr. 3 KStG erfordert u. a., dass Unternehmer bzw. Gesellschafter und deren Angehörige nicht die Mehrzahl der Versorgungsempfänger bilden und die vorgegebenen maximalen Leistungshöhen nur für 4 % der versorgten Personen überschritten werden dürfen.[1] Da in der Praxis oftmals der GGF der einzige Versorgungsberechtigte der GmbH ist, der über die Unterstützungskasse versorgt werden soll, war eine Versorgung über eine sog. segmentierte Unterstützungskasse nicht bzw. oftmals nicht in der gewünschten Höhe möglich. 1475

PRAXISHINWEIS:

Während für den Betriebsausgabenabzug die Vorschrift des § 4d EStG eindeutig auf das einzelne Trägerunternehmen anzuwenden ist (segmentierte Betrachtungsweise), sind die körperschaftsteuerlichen Vorschriften hinsichtlich der Vermögensbindung[2] und der Definition der Unterstützungskasse als soziale Einrichtung[3] interpretationsfähig. Der I. Senat des BFH hat mit Urteil v. 26.11.2014[4] klargestellt, dass für die Prüfung der Körperschaftsteuerfreiheit der Unterstützungskasse ausschließlich eine unsegmentierte, kassenorientierte Sichtweise anzuwenden ist.[5]

Der Durchführungswegwechsel von der Direktzusage als unmittelbare Pensionsverpflichtung zu einer Unterstützungskassenzusage als mittelbare Versorgungsverpflichtung des Arbeitgebers stellt steuerrechtlich keinen Systemwechsel dar. In beiden Fällen besitzt der Versorgungsberechtigte lediglich ein Versprechen des Arbeitgebers, bei Eintritt eines der durch die betriebliche Versorgungszusage abgesicherten biometrischen Risiken Versorgungsbezüge zu erhalten. Im Falle der Direktzusage durch den Arbeitgeber selbst, im Falle der Unterstützungskassenzusage über die Unterstützungskasse, ohne dass formal jedoch ein Rechtsanspruch des Versorgungsberechtigten gegen die Unterstützungskasse bestünde. Beide Durchführungswege der bAV führen in der Anwartschaftsphase nicht zu einem steuerlichen Zufluss beim Versorgungsberechtigten (nachgelagerte Besteuerung). Daher ist, entgegen dem Durchführungswechsel auf einen versicherungsförmigen Durchführungsweg, keine gesonderte steuerrechtliche Vorschrift zur Steuerfreistellung notwendig. 1476

1 § 1 Nr. 1 KStDV 1994.

2 § 5 Abs. 1 Nr. 3 Buchst. c KStG.

3 § 5 Abs. 1 Nr. 3 Buchst. b KStG.

4 BFH v. 26.11.2014 - I R 37/13, BStBl 2015 II S. 813.

5 Vgl. ausführlich Höfer/Veit/Verhuven, Betriebsrentenrecht, 20. Aufl. 2019, Bd. II Steuerrecht/Sozialabgaben, HGB/IFRS, Kap. 35, Rz. 99 ff.

b) Betriebsausgabenabzug für die Zuwendungen an die Unterstützungskasse

1477 Für den Betriebsausgabenabzug der Zuwendungen an eine rückgedeckte Unterstützungskassenzusage sind die in § 4d Abs. 1 Satz 1 Nr. 1 Satz 1 Buchst. c EStG als lex speziales zu § 4 Abs. 4 EStG enthaltenen Vorschriften von entscheidender Bedeutung. Wesentliche Bedingung ist, dass die Zuwendungen des Trägerunternehmens und somit die Versicherungsbeiträge der Kasse für einen Leistungsanwärter bis zum voraussichtlichen Altersrentenbeginn gleichbleibend oder steigend sind. Fiskalischer Sinn dieser Regelung ist die Verhinderung einer möglichen Gewinnsteuerung durch das Trägerunternehmen[1] durch eine mögliche Vorabentrichtung von Zuwendungen. Erst zum Altersrentenbeginn des GGF besteht für die GmbH die Möglichkeit, die Unterstützungskasse mit einem Einmalbeitrag (nach-)zu finanzieren.

c) Auslagerung von Past- und Future Service auf die Unterstützungskasse

1478 Da die Auslagerung auf eine Unterstützungskasse nicht zu einem steuerrechtlichen Systemwechsel führt, weil mangels Rechtsanspruchs des GGF gegenüber der Unterstützungskasse kein Lohnzufluss anzunehmen ist, ist folglich keine spezielle steuerrechtliche Vorschrift zur Steuerfreistellung eines Zuflusses beim Versorgungsberechtigten zu beachten. Damit besteht aus lohnsteuerrechtlicher Sicht für den Durchführungswegwechsel von einer Direktzusage zu einer Unterstützungskassenzusage keine steuerrechtlich vorgegebene Reglementierung hinsichtlich der Übertragung von Past- und Future Service (vgl. Rz. 1413 und 1415 ff.). Anders als bei der Übertragung auf einen Pensionsfonds, wo die Vorschrift des § 3 Nr. 66 EStG einen steuerlichen Zufluss für den Versorgungsberechtigten nur für den bereits erdienten Teil der Direktzusage verhindert (vgl. Rz. 1431 ff.), kann beim Wechsel auf die Unterstützungskasse, auch eine Übertragung des Future Service ohne steuerlichen Zufluss für den GGF erfolgen. In diesem Fall übernimmt die Unterstützungskasse die zuvor unmittelbare Pensionsverpflichtung des Trägerunternehmens in voller Höhe. Allerdings kann die Dotierung der rückgedeckten Unterstützungskasse in der Anwartschaftsphase auch nur mit gleichbleibenden oder steigenden Beträgen erfolgen (vgl. Rz. 1477), so dass eine Einmaldotierung des Past Service nicht möglich ist.

1 Vgl. Höfer/Veit/Verhuven, Betriebsrentenrecht, 20. Aufl. 2019, Bd. II Steuerrecht/Sozialabgaben, HGB/IFRS, Kap. 9, Rz. 294.

PRAXISHINWEIS:

Der Durchführungsweg Direktzusage ermöglicht die individuellste Gestaltung der Zusage aller Durchführungswege der bAV. Daher sind in der Direktzusage teilweise Inhalte vorzufinden, die über den Durchführungsweg der rückgedeckten Unterstützungskasse tariflich nicht abbildbar sind.[1] Soll nun mit dem anvisierten Durchführungswegwechsel eine Verzichtshandlung des GGF vermieden werden, muss für den über die Unterstützungskasse nicht abbildbaren Teil der Direktzusage ein Ausgleich geschaffen werden. Dies kann im Wege der barwertgleichen Umrechnung in die Erhöhung eines anderen Inhaltes der Versorgungszusage erfolgen. Dafür ist notwendig, dass die Direktzusage vor dem Durchführungswegwechsel analysiert und alle nicht über die Unterstützungskassenzusage abbildbaren Inhalte unter den für die Pensionsrückstellungsbildung gem. § 6a EStG geltenden Rechnungsgrundlagen in einen Barwert umgerechnet werden. Anschließend erfolgt die Erhöhung eines anderen Bestandteils oder mehrerer anderer Bestandteile der Direktzusage in Höhe genau dieses Barwertes. Im Ergebnis kann so ohne Verzichtshandlung ein Durchführungswegwechsel von der Direktzusage auf die Unterstützungskasse erfolgen.

BEISPIEL: In der Direktzusage des A ist neben einer Altersrente, einer Berufsunfähigkeitsrente (100 % der Altersrente) und einer Hinterbliebenenrente (60 % der Altersrente) auch die Vereinbarung enthalten, dass im Todesfall des A die versorgungsberechtigte Ehefrau für drei Monate die Hinterbliebenenleistungen i. H. d. vereinbarten Altersrente des Verstorbenen erhält (sog. Sterbevierteljahr). Der Barwert dieses Bestandteils der Zusage beträgt 3.000 €. Geplant ist der Durchführungswegwechsel auf eine rückgedeckte Unterstützungskasse für Past- und Future Service.

LÖSUNG: Über eine rückgedeckte Unterstützungskasse kann der Bestandteil des „Sterbevierteljahrs" tariflich nicht abgedeckt werden. Folglich ist vor dem Durchführungswegwechsel die Direktzusage, unter Mithilfe eines Aktuars, barwertgleich umzustrukturieren. So kann z. B. die gesamte restliche Zusage (Alters-, Berufsunfähigkeits- und Hinterbliebenenrente) in gleichem Maße insgesamt um den Barwert von 3.000 € erhöht werden. Oder es kann ein einzelner Bestandteil der Zusage um den Betrag erhöht werden, der dem Barwert von 3.000 € entspricht.[2]

In der Praxis wird ein Durchführungswegwechsel für Past- und Future Service 1479
auf die Unterstützungskasse i. d. R. allerdings nicht durchgeführt. Grund sind die Folgen für die Handelsbilanz und die ertragsteuerliche Belastung im Jahr des Durchführungswegwechsels.

Die bis zum Durchführungswegwechsel entstandene unmittelbare Verpflich- 1480
tung ist in der Handelsbilanz i. H. d. Erfüllungsbetrages gem. § 253 Abs. 1 Satz 2 i. V. m. Abs. 2 HGB zu bilanzieren. Für mittelbare Verpflichtungen muss

1 Z. B. Vereinbarung Sterbevierteljahr – die Hinterbliebenen erhalten für drei Monate Hinterbliebenenbezüge in Höhe der vorherigen Altersrente des verstorbenen Versorgungsberechtigten.

2 Sofern die einzelne Leistung die in § 3 Abs. 3 i. V. m. § 2 KStDV 1994 genannten Höchstgrenzen nicht übersteigt; zudem ist die 75 %-Grenze für die zugesagte Altersleistung einzuhalten (Überversorgung).

in der Handelsbilanz zwar grds. gem. Art. 28 Abs. 1 Satz 2 EGHGB keine Rückstellung gebildet werden („...*braucht eine Rückstellung in keinem Fall gebildet zu werden.*"). Jedoch unterliegt die Auflösung einer aufgrund der Direktzusage bereits gebildeten Pensionsrückstellung dagegen strengeren Voraussetzungen. Deren Auflösung ist nur insoweit möglich, als sich der Bilanzierende seiner Verpflichtung tatsächlich entledigt hat.[1]

1481 Mit dem Durchführungswegwechsel zur Unterstützungskasse erlischt die eingegangene Altersversorgungsverpflichtung jedoch aus wirtschaftlicher Sicht nur insoweit, wie die Unterstützungskasse und somit die mittelbare Versorgungsverpflichtung der GmbH durch Dotierung des Arbeitgebers ausfinanziert ist. Sollte die Unterstützungskasse, z. B. aufgrund unzureichender Dotierung, im Versorgungsfall die versprochenen Leistungen an den GGF nicht erbringen können, würde nämlich die unmittelbare Verpflichtung der GmbH insoweit wiederaufleben.

1482 Zu beachten ist bei einem vollständigen Durchführungswegwechsel auf die rückgedeckte Unterstützungskasse für Leistungsanwärter, dass die Finanzierung der Zusage nur mit laufenden Beiträgen (vgl. Rz. 1477) und nur ab dem Zeitpunkt des erfolgten Durchführungswegwechsels erfolgen kann. Folglich beginnt das Vermögen der Unterstützungskasse in Form des Deckungskapitals der Rückdeckungsversicherung bei null und wächst bis zum Altersrentenbeginn bei stetiger Dotierung auf die notwendige Höhe an.

1483 Ist das auf die Versorgung des GGF entfallende Vermögen der Unterstützungskasse an dem der Auslagerung folgenden Bilanzstichtag geringer als der Erfüllungsbetrag gem. § 253 Abs. 1 Satz 2 i. V. m. Abs. 2 HGB, kann die Pensionsrückstellung in der Handelsbilanz i. H. d. Differenzbetrages mangels tatsächlichen Wegfalls der Verpflichtung nicht aufgelöst werden.[2] Das Vermögen der rückgedeckten Unterstützungskasse entspricht dem Deckungskapital der Rückdeckungsversicherung und somit der Summe der in den Zuwendungen enthaltenen Sparbeiträge zzgl. der ggf. bereits zugeteilten Überschussanteile. Da die Unterstützungskassenzusage für Leistungsanwärter nur mit laufenden Zuwendungen dotiert werden kann, unterschreitet das auf die Versorgung des GGF entfallende Vermögen der Unterstützungskasse zum dem dem Durchführungswegwechsel folgenden Bilanzstichtag den handelsrechtlichen Erfüllungsbetrag i. d. R. erheblich. Dieser Differenzbetrag wird in den Folgejahren durch die laufenden Zuwendungen an die Unterstützungskasse sukzessive ausgegli-

1 § 249 Abs. 2 Satz 2 HGB.

2 IDW RS HFA 30, WPg 2/2017 S. 68, Rz. 47.

chen, was schließlich zur vollständigen Auflösung der Pensionsrückstellung auch in der Handelsbilanz führt.

In der Steuerbilanz ergeben sich abweichende Ergebnisse, da diesbezüglich § 6a Abs. 1 Nr. 1 EStG[1] bestimmt, dass in der Steuerbilanz ein (unmittelbarer) Rechtsanspruch des Steuerpflichtigen Voraussetzung für die Rückstellungsbildung ist. 1484

Erfolgt der Durchführungswegwechsel von der Direktzusage hin zur rückgedeckten Unterstützungskasse sowohl für Past- als auch Future Service, ist die Pensionsrückstellung in der Steuerbilanz aufgrund des Wegfalls eines unmittelbaren Rechtsanspruchs des GGF im Jahr der Übertragung vollständig ertragswirksam aufzulösen.[2] Dass für Leistungsanwärter zwingend laufende Zuwendungen an die Unterstützungskasse erfolgen müssen, steht dem – anders als in der Handelsbilanz – nicht entgegen. 1485

Die laufenden Beiträge führen dagegen erst im Jahr des Durchführungswegwechsels sowie in den Folgejahren zu gleichmäßig verteiltem steuerlichem Aufwand der GmbH. Folglich ergibt sich im Jahr des Durchführungswegwechsels eine steuerliche Gewinnauswirkung i. H. d. aufzulösenden Pensionsrückstellung abzüglich der in diesem Wirtschaftsjahr zu entrichtenden Zuwendung an die Unterstützungskasse. Dieser Differenzbetrag ist aufgrund der für Leistungsanwärter zwangsweise nur laufenden Dotierung der Unterstützungskasse der Höhe nach nicht zu vernachlässigen und kann eine erhebliche Steuerbelastung für die GmbH mit sich bringen. 1486

BEIPIEL: ▶ Der ledige 52-jährige GGF A hat von der A-GmbH (A hält 100 % der GmbH-Anteile) eine betrieblich veranlasste Direktzusage auf 3.000 € monatlicher Alters- und Berufsunfähigkeitsrente erhalten (Rentenbeginn 1.1.2034). Eine Fremdkapitalbeschaffungsmaßnahme kann aufgrund der bestehenden Direktzusage nur zu erschwerten Bedingungen erfolgen. A möchte daher zum 1.7.2021 sowohl den bereits erdienten Teil (60 %) als auch den Future Service (40 %) seiner Pensionsanwartschaft auf eine Unterstützungskasse (lfd. Beitrag 6.000 € monatlich bis einschließlich 2033) übertragen. Der Wert der Pensionsrückstellung der letzten Steuerbilanz (31.12.2020)[3] beträgt 200.000 €. Die Übertragung soll für den GGF A ohne lohnsteuerliche Belastung im Übertragungszeitpunkt erfolgen.

1 § 6a EStG als lex specialis zu § 5 Abs. 1 Satz 1 EStG i. V. m. § 249 HGB.

2 Der unterschiedliche Bewertungsansatz in Handels- und Steuerbilanz führt zu aktiven latenten Steuern und kann handelsrechtlich gem. § 274 Abs. 1 HGB aktiviert werden.

3 Ebenso Höfer/Veit/Verhuven, BetrAVG, Rz. 2081.5; a. A. Dommermuth in Herrmann/Heuer/Raupach, § 4e EStG Rz. 49, der grds. die auf den Übertragungszeitpunkt fortzubildende Pensionsrückstellung als wesentlich erachtet.

LÖSUNG: ▸ Durch den Durchführungswegwechsel von der Direktzusage zur Unterstützungskassenzusage erlischt der unmittelbare Rechtsanspruch des A gegenüber der A-GmbH auf die versprochenen Versorgungsleistungen. Die Pensionsrückstellung ist in der folgenden Steuerbilanz (31.12.2021) ertragswirksam aufzulösen. Die lfd. Zuwendung an die Unterstützungskasse ist im jeweiligen Wirtschaftsjahr (2021 36.000 €, folgend 2022 – 2033 72.000 €) aufwandswirksam.

Folglich entsteht für die A-GmbH in Folge des Durchführungswegwechsels im Übertragungsjahr 2021 ein Ertrag von 164.000 €, in den Folgejahren bis einschließlich 2033 jeweils ein Aufwand von 72.000 €.

PRAXISHINWEIS FÜR DEN VERMITTLER:

Der Gewinnsprung und die darauf beruhende Steuerbelastung bei der GmbH sind oftmals ein k.o.-Kriterium für die Übertragung auch des Past Services auf die Unterstützungskasse per Durchführungswegwechsel. Verfügt die GmbH allerdings über einen ausreichend hohen Verlustvortrag, kann dieser Gewinnsprung u.U. vollständig ausgeglichen und eine zusätzliche Steuerbelastung vermieden werden. In diesem Fall kann ein entscheidendes Hindernis für die Übertragung auch des Past Service ausgeräumt sein, wenngleich dabei berücksichtigt werden muss, dass der entsprechende Verlust dann natürlich nicht mehr zur Verrechnung mit anderen Gewinnen zur Verfügung steht. Zusätzlich sollte angemerkt werden, dass aufgrund der unterschiedlichen Rechnungsgrundlagen für die Pensionsrückstellung und die Unterstützungskasse der im Übertragungsjahr entstehende Saldo aus aufzulösender Pensionsrückstellung und Zuwendungen an die Unterstützungskasse in den Folgejahren sehr schnell aufgeholt wird, so dass die u.U. im Übertragungsjahr entstehende Steuermehrbelastung relativ schnell wieder ausgeglichen wird. Dieser Aspekt sollte im Beratungsgespräch mit dem GGF und dessen Steuerberater thematisiert werden.

PRAXISHINWEIS FÜR DEN STEUERBERATER:

§ 4d Abs. 1 Satz 1 Nr. 1 Satz 1 Buchst. c Satz 2 EStG bestimmt als lex specialis zu § 4 Abs. 4 EStG, dass für Leistungsanwärter nur laufende Zuwendungen in gleichbleibender oder steigender Form erfolgen dürfen (vgl. Rz. 1477). In der Literatur[1] wird vereinzelt die Auffassung vertreten, dass eine vor dem Durchführungswegwechsel bereits bestehende Rückdeckungsversicherung von der GmbH auf die Unterstützungskasse übertragen und von dieser mit laufenden Beitragszahlungen fortgeführt werden könne, ohne das Verbot einer Einmalzahlung zu verletzen. Begründet wird diese Auffassung mit dem isolierten Blick auf die weitere laufende Beitragszahlung zu der Rückdeckungsversicherung durch die Unterstützungskasse. Dieser Sichtweise muss (leider) entschieden entgegengetreten werden. § 4d Abs. 1 Satz 1 Nr. 1 Satz 1 Buchst. c EStG beschränkt die steuerliche Abzugsfähigkeit von Zuwendungen des Trägerunternehmens an die Unterstützungskasse, nicht der Unterstützungskasse an das Versicherungsunternehmen. Zugelassen werden nur Zuwendungen des Trägerunternehmens i. H. d. Beiträge, die die Unterstützungskasse zu der (zum Zusagezeitpunkt beginnenden) Rückdeckungsversicherung leistet. § 4d EStG enthält keine Sondervorschrift, die für den Fall des Durch-

1 Vgl. Haas, DStR 2012 S. 987 ff.

führungswegwechsels und der Übernahme einer bereits beim Trägerunternehmen bestehenden Rückdeckungsversicherung die Durchbrechung des Grundsatzes laufender Zuwendungen gestattet. Eine isolierte Betrachtung nur der Folgebeiträge zu der übertragenen Rückdeckungsversicherung ist nicht möglich. Die Übertragung einer bestehenden Rückdeckungsversicherung wird somit von der Vorschrift des § 4d EStG nicht erfasst[1] bzw. muss als nicht erlaubte Zuwendung eines Einmalbeitrages i. H. d. Deckungskapitalwertes der Rückdeckungsversicherung gewertet werden.

Weiterhin ist zu beachten, dass Unterstützungskassenzusagen in der Praxis in aller Regel in Form einer beitragsorientierten Leistungszusage erteilt werden. In diesem Fall bestimmt sich bei vorzeitigem Ausscheiden des GGF[2] dessen unverfallbare Anwartschaft gem. § 2 Abs. 5 BetrAVG nach der aus den bis zu diesem Zeitpunkt aus den Zuwendungen finanzierten Leistung. Wird also der Durchführungswegwechsel auf die Unterstützungskasse mit der Einrichtung einer beitragsorientierten Leistungszusage und Vereinbarung einer bei vorzeitigem Ausscheiden unverfallbaren Anwartschaft gem. § 2 Abs. 5 BetrAVG umgesetzt, wird der GGF bei tatsächlichem vorzeitigem Ausscheiden aus den Diensten der GmbH im Vergleich zur zuvor bestehenden Direktzusage einen Vermögensverlust erleiden. 1487

BEISPIEL: Der arbeits- und steuerrechtlich beherrschende GGF A hat eine Direktzusage über 1.000 € Altersrente ab dem vollendeten 65. Lebensjahr. In der Direktzusage ist vorgesehen, dass sich die unverfallbare Anwartschaft bei vorzeitigem Ausscheiden i. H. d. s-/t-tel-Wertes berechnet – bezogen auf den Zusagezeitpunkt (1.12.2011, A war zu diesem Zeitpunkt 45 Jahre alt). Die Zusage soll zum 1.12.2021 in voller Höhe (Past- und Future Service) auf eine Unterstützungskasse übertragen werden. Die Unterstützungskassenzusage wird gem. der verwendeten Musterzusage als beitragsorientierte Leistungszusage, die Berechnung der unverfallbaren Anwartschaft bei vorzeitigem Ausscheiden gem. § 2 Abs. 5 BetrAVG, vereinbart. Zum 1.12.2026 scheidet der GGF A aus den Diensten der GmbH aus. Die erdiente Anwartschaft aus der Unterstützungskassenzusage (beitragsfreie Leistung der Rückdeckungsversicherung) beträgt 200 € Altersrente.

Ohne Durchführungswegwechsel hätte dem GGF A bei Ausscheiden zum 1.12.2026 folgende Anwartschaft zugestanden:

s: erdiente Jahre 15 (1.12.2011 – 1.12.2026)

t: zu erdienende Jahre 20 (1.12.2011 – 1.12.2031)

1.000 € Altersrente x 15/20 = 750 €.

1 Ebenso Alt/Stadlbauer, Überführung der Pensionszusage in eine Unterstützungskasse – Erwiderung auf Haas, DStR 2012 S. 987, DStR 2012 S. 1820.

2 Bei arbeitsrechtlich beherrschenden GGF wird bei boLZ i. d. R. die Geltung von § 2 Abs. 5 BetrAVG in der Zusage vereinbart.

Aufgrund des Durchführungswegwechsels bzw. der Vereinbarung der unverfallbaren Anwartschaft unter Bezugnahme auf § 2 Abs. 5 BetrAVG erleidet der GGF A einen Verlust von 500 € Altersrentenanwartschaft.

1488 Zusätzlich zu dem i. d. R. wohl nicht beabsichtigten Verlust an Altersversorgung des GGF A ist zu hinterfragen, ob die Minderung der Altersrentenanwartschaft durch abweichende Berechnung des erdienten Anteils zu einer verdeckten Einlage führt. U. E. ist dabei die zu hinterfragende Verzichtshandlung allerdings nicht erst im Jahr des vorzeitigen Ausscheidens des GGF anzunehmen, sondern im Jahr des Durchführungswegwechsels. Denn durch Vereinbarung der Unverfallbarkeitsregelung gem. § 2 Abs. 5 BetrAVG geht der GGF das Risiko ein, dass er im Fall des vorzeitigen Ausscheidens einen Teil seines im Zeitpunkt des Durchführungswegwechsels bereits erdienten Anteils einbüßt.

1489 Die gesellschaftsrechtliche Veranlassung einer solchen Vereinbarung dürfte zu bejahen sein, für den Fall, dass ein fremder Dritter sich auf einen Durchführungswechsel wohl grds. nicht einlassen würde, wenn er damit die Gefahr einginge, bei vorzeitigem Ausscheiden bereits erdiente Anwartschaften zu verlieren.

1490 U. E. mangelt es jedoch im Zeitpunkt des Durchführungswegwechsels an einem einlagefähigen Vermögensvorteil. Dieser ist nach gefestigter Rechtsprechung[1] gegeben, wenn Gegenstand des Verzichts ein aus Sicht der GmbH bilanzierungsfähiger Vermögensgegenstand ist, der in der Steuerbilanz der GmbH entweder zum Ansatz eines Aktivpostens oder zum Wegfall eines Passivpostens führt.[2] Im Jahr des Durchführungswegwechsels wird in der Steuerbilanz zwar die Pensionsrückstellung in voller Höhe aufgelöst, allerdings wäre dies auch der Fall, wenn die Versorgungsverpflichtung ohne Änderung der Unverfallbarkeitsregelung auf die Unterstützungskasse ausgelagert worden wäre. Das mit der geänderten Unverfallbarkeitsregelung einhergehende Risiko, beim vorzeitigen Ausscheiden Teile der erdienten Anwartschaft zu verlieren, führt also nicht zu einem zusätzlichen Ertrag für die GmbH. Folglich kann u. E. aus der reinen Möglichkeit, dass sich im Fall eines vorzeitigen Ausscheidens ein latenter Verzicht manifestieren könnte, für den Zeitpunkt des Durchführungswegwechsels kein einlagefähiger Vermögensvorteil und damit auch keine verdeckte Einlage angenommen werden.

1491 Darüber hinaus könnte noch zu prüfen sein, ob ein später tatsächlich vorzeitiges Ausscheiden des GGF A ein rückwirkendes Ereignis i. S. d. § 175 Abs. 1

1 BFH v. 24.5.1984 - I R 166/78, BStBl 1984 II S. 747.

2 H 8.9 „Einlagefähiger Vermögensvorteil" KStH.

Satz 1 Nr. 2 AO für das Jahr des Durchführungswegwechsels darstellen kann. Wäre dies der Fall, müsste für das Jahr des Durchführungswegwechsels – sofern verfahrensrechtlich noch möglich – eine verdeckte Einlage i. H. d. Wiederbeschaffungskosten der aufgegebenen Altersrentenanwartschaft rückwirkend vollzogen werden. Soweit könnte man allerdings u. E. nur gehen, wenn die geänderte Unverfallbarkeitsregelung als Gestaltungsmissbrauchs gem. § 42 AO anzusehen wäre, oder im Sinne der vom BFH entwickelten Gesamtplanrechtsprechung[1] davon ausgegangen werden müsste, dass das vorzeitige Ausscheiden des GGF im Zeitpunkt der Änderungsvereinbarung bereits beabsichtigt war mit der Folge, dass über die geänderte Unverfallbarkeitsregelung ein Verzicht verschleiert werden sollte. Es müsste also ergründet werden, welcher wirtschaftliche Gehalt (= substance over form) den zwar rechtlich getrennten, aber zeitlich und sachlich ineinandergreifenden Rechtsgeschäften zugrunde liegt und ob der Steuerpflichtige dadurch zweckwidrige steuergünstige Effekte erreichen will.

Bei Annahme einer verdeckten Einlage müsste der Kapitalgesellschafts-Gewinn des Wirtschaftsjahres des Durchführungswegwechsels außerbilanziell um den Wert der aufgegebenen Forderung erhöht werden. Bei der Bewertung der verdeckten Einlage müssten gem. der Rechtsprechung des BFH[2] die Wiederbeschaffungskosten der aufgegebenen Altersrentenanwartschaft des GGF ermittelt werden (vgl. Rz. 1071 ff).

Die Gefahr der ungewollten Kürzung der Altersrentenanwartschaft bei vorzeitigem Ausscheiden des GGF – ggf. i.V.m. der Gefahr einer verdeckten Einlage kann von vornherein vermieden werden, wenn der Durchführungswegwechsel auf eine Unterstützungskassenzusage im Wege der Leistungszusage erfolgt und die unverfallbare Anwartschaft des GGF als m/n-tel-Regelung weiterhin auf den ursprünglichen Zusagebeginn lautet. So verliert der GGF bei vorzeitigem Ausscheiden im Vergleich zur vor dem Durchführungswechsel bestehenden Direktzusage keinen Teil seiner bereits erdienten Pensionsanwartschaft. 1492

PRAXISHINWEIS:

Ist die Direktzusage unzureichend rückgedeckt, erscheint der Durchführungswegwechsel von der Direktzusage hin zu einer Unterstützungskassenzusage im Wege der beitragsorientierten Leistungszusage zunächst als geeignetes Mittel, um in Zusammenhang mit einem kurze Zeit später erfolgenden Ausscheiden des GGF die Reduzierung

1 BFH v. 6.9.2000 - IV R 18/99, BStBl 2001 II S. 229; den Rechtsgedanken des Gesamtplan einschränkend BFH v. 9.11.2011 - X R 60/09, BStBl 2012 II S. 638 und v. 2.8.2012 - IV R 41/11, DB 2012 S. 2375.

2 BFH v. 15.10.1997 - I R 58/93, BStBl 1998 II S. 305.

der Zusage ohne verdeckte Einlage zu erreichen. U. E. bestehen hier allerdings Risiken, dass die FinVerw über einen Gestaltungsmissbrauch bzw. über die Gesamtplanrechtsprechung dennoch zu einer verdeckten Einlage und damit verbunden zu einem lohnsteuerpflichtigen Zufluss kommt.

Alternativ sollte das frühzeitige Einfrieren der Pensionsanwartschaft des GGF auf den erdienten Anteil ins Auge gefasst werden. Durch die mittlerweile erfolgte Klarstellung des BMF[1] lässt sich die Verpflichtung der GmbH rechtssicher, ohne Folgen einer verdeckten Einlage, reduzieren. Allerdings sollten bei der Formulierung der Zusageänderung bestimmte Vorgaben berücksichtigt werden, um späteren steuerlichen Problemen vorzubeugen (vgl. Rz. 1099 ff.).

FORTFÜHRUNG DES BEISPIELS AUS RN. 1487: ▸ Mittels rechtzeitigen Einfrierens der Pensionsanwartschaft auf den zum 1.12.2021 erdienten Teil hätte die GmbH die Verpflichtung gegenüber dem GGF A auf eine monatliche Altersrente von 500 € reduzieren können. Diese verbleibende Altersrentenanwartschaft hätte dann in einem 2. Schritt per Durchführungswegwechsel als Leistungszusage auf die Unterstützungskasse übertragen werden können. So würde auch bei einem späteren vorzeitigen Ausscheiden des GGF A in 2026 weiterhin die Altersrentenanwartschaft von 500 € bestehen bleiben.

d) Beachtung der Erdienbarkeit bei Durchführungswegwechsel

1493 In seinem Urteil v. 20.7.2016[2] sah der BFH die Auslagerung des future services einer Direktzusage auf eine kongruent rückgedeckte Unterstützungskasse als gesellschaftsrechtlich und damit nicht betrieblich veranlasst an, weil jener Wechsel des Durchführungsweges als Neuzusage zu interpretieren war und diese gegen die Erdienbarkeitsvoraussetzungen (vgl. Rz. 780 ff.) verstoßen hatte (vgl. ausführlich Rz. 792 und Rz. 1462). Jene gesellschaftsrechtliche Veranlassung verhindere nach Meinung des erkennenden Senates gem. § 4d Abs. 1 Satz 1 EStG den steuermindernden Betriebsausgabenabzug der Zuwendungen an die Unterstützungskasse bereits auf der ersten Prüfebene (vgl. Rz. 621 ff.), da sie die betriebliche Veranlassung, die § 4d Abs. 1 Satz 1 EStG fordert, verhindere (vgl. ausführlich Rz. 623 und 704). In seinem Urteil v. 7.3.2018 kommt derselbe Senat zu dem Ergebnis, dass die Bewertung des ausgelagerten Future Services als Neuzusage insbesondere der insoweit gleichzeitig stattgefundenen Zusageerhöhung geschuldet war;[3] eine erneute Prüfung der Erdienbarkeit der Versorgungszusage sei jedoch nicht gerechtfertigt, wenn eine bereits bestehende Versorgungszusage ohne finanzielle Mehrbelastung für

1 BMF v. 14.8.2012, BStBl 2012 I S. 874.

2 BFH v. 20.7.2016 - I R 33/15, BStBl 2017 II S. 66.

3 Vgl. BFH v. 7.3.2018 - I R 89/15, BStBl 2019 II S. 70, Rz. 29 f.

das Unternehmen geändert, indem sie wertgleich auf eine Unterstützungskasse ausgelagert werde[1] (vgl. ausführlich Rz. 792).

(Einstweilen frei) 1494–1500

4. Wechsel von Direktzusage zu Pensionsfondszusage für den Past Service und zur Unterstützungskassenzusage für den Future Service

Wird die vollständige Auslagerung der unmittelbaren Versorgungsverpflichtung gewünscht, aber von der Übertragung des Past Service auf die Unterstützungskasse abgesehen, weil 1501

- die Differenz zwischen der im Jahr der Übertragung ertragswirksam aufzulösenden Pensionsrückstellung in der Steuerbilanz und der Jahreszuwendung an die Unterstützungskasse nicht mittels eines Verlustvortrages ausgeglichen werden kann oder soll und
- die vollständige Auflösung der Pensionsrückstellung in der Handelsbilanz so nicht erreicht werden kann,

verbleibt die Möglichkeit, ein Kombinationsmodell aus Pensionsfonds und Unterstützungskasse zu wählen. Dabei wird der schon erdiente Teil der Direktzusage auf den Pensionsfonds und der restliche, noch nicht erdiente Teil der Versorgungsanwartschaft auf eine Unterstützungskasse übertragen (zu den Folgen vgl. Rz. 1443 ff. und Rz. 1477 ff.).

Damit fällt die unmittelbare Versorgungsverpflichtung für die Kapitalgesellschaft insgesamt weg, mit der Folge, dass bei einer kombinierten Übertragung auf Pensionsfonds und Unterstützungskasse, die Pensionsrückstellung in der Steuerbilanz vollständig ertragswirksam aufgelöst werden kann. Gemäß dem Antrag nach § 4e Abs. 3 Sätze 1 und 2 EStG bleibt die Übertragung des Past Service auf den Pensionsfonds für den GGF gem. § 3 Nr. 66 EStG lohnsteuerfrei, bei der Kapitalgesellschaft kommt es zur Begrenzung und Verteilung des Betriebsausgabenabzugs gem. § 4e Abs. 3 Satz 3 EStG. Der Einmalbeitrag an den Pensionsfonds ist im Wirtschaftsjahr der Übertragung nur i. H. d. auf den Past Service entfallenden Anteils der aufzulösenden Pensionsrückstellung aufwandswirksam (vgl. kritisch Rz. 1454 und Rz. 1444 bis Rz. 1453). Der darüberhinausgehende Teil des Einmalbeitrages ist in den dem Wirtschaftsjahr der Übertragung folgenden zehn Wirtschaftsjahren gleichmäßig verteilt abzieh- 1502

1 Vgl. ebenda Rz. 30 f.

bar. Die laufenden Dotierungen an die Unterstützungskasse für die Übertragung des Future Service stellen im jeweiligen Jahr der Zahlung im Rahmen des § 4d EStG Betriebsausgaben der Kapitalgesellschaft dar.

1503 Für die Handelsbilanz ist das Auflösungsgebot für die Pensionsrückstellung gem. § 249 Abs. 2 Satz 2 HGB zu berücksichtigen. Der zum letzten Bilanzstichtag zu bildende Erfüllungsbetrag der Verpflichtung ist mit dem zum Folgebilanzstichtag in Unterstützungskasse und Pensionsfonds für die Zusage gebildeten Kapital (Unterstützungskasse Deckungskapital bzw. Zeitwert der Rückdeckungsversicherung; Pensionsfondszusage Wert Pensionsfondsvermögen) zu vergleichen. Nur eine ggf. bestehende Unterdeckung ist dann noch im Anhang der Bilanz auszuweisen.

1504 *(Einstweilen frei)*

XI. Weiterarbeit nach Vollendung des vereinbarten Pensionsalters

1. Behandlung als sog. technischer Rentner

1505 Ungeachtet dessen, ob der Arbeitnehmer, GGF oder eine andere Person i. S.v. § 17 Abs. 1 Satz 2 BetrAVG mit Erreichen des vertraglich vorgesehenen Renteneintrittsalters tatsächlich Versorgungsleistungen bezieht oder nicht, ist die FinVerw der Auffassung, dass ab diesem Zeitpunkt die Pensionsrückstellung in jedem Wirtschaftsjahr i. H. d. Unterschiedsbetrages zwischen dem versicherungsmathematischen Barwert der künftigen Pensionsleistungen am Schluss des Wirtschaftsjahres und der am Schluss des vorangegangenen Wirtschaftsjahres passivierten Pensionsrückstellung gewinnerhöhend aufzulösen ist.[1] Entsprechendes gilt, wenn für die Bildung der Pensionsrückstellung aufgrund des zweiten Wahlrechts in R 6a Abs. 11 Satz 3 EStR (vgl. hierzu unter Rz. 667und 669) ein früheres Renteneintrittsalter als das vertragliche zugrunde gelegt worden ist, ab diesem Zeitpunkt. Unabhängig davon, ob die Versorgungsleistungen fließen, sinkt der Teilwert in einem solchen Fall in aller Regel wegen des Älterwerdens ab.[2]

1506 Bleibt der Versorgungsbegünstigte trotz Eintritts des Versorgungsfalles (Erreichen der Altersgrenze bzw. Invalidität) weiter im Unternehmen beschäftigt, ohne dass die Leistung(en) bereits bezogen wird (werden), so bezeichnet man

1 Vgl. R 6a Abs. 22 Satz 2 EStR.

2 Vgl. Dommermuth in Herrmann/Heuer/Raupach, § 6a EStG Anm. 160. Etwas anderes kann nur dann gelten, wenn eine ungewöhnlich hohe Rentendynamik vertraglich vereinbart ist.

ihn als „technischen Rentner".[1] In diesem Falle werden die Pensionsrückstellungen infolge der Fortsetzung des Dienstverhältnisses gem. § 6a Abs. 3 Satz 2 Nr. 1 EStG berechnet, so dass nach wie vor der Prämienbarwert vom Anwartschaftsbarwert[2] subtrahiert werden muss. Da jedoch bei Erreichen des Versorgungsfalles sämtliche Anwartschaften erdient sind, beträgt der Prämienbarwert ab diesem Zeitpunkt 0 € und der Teilwert i. S.v. § 6a Abs. 3 Sätze 1 und 2 EStG ist identisch mit dem Anwartschaftsbarwert, der ohne oder bei nicht übermäßig hoher Rentendynamik von Wirtschaftsjahr zu Wirtschaftsjahr sinkt.

Bezieht der Versorgungsbegünstigte hingegen trotz seiner Weiterarbeit im 1507
Unternehmen bereits die im Rahmen der Direktzusage gewährte Betriebsrente[3] oder erfolgte eine einmalige Kapitalleistung bzw. mehrjährige Ratenzahlung, handelt es sich nicht um einen „technischen Rentner". Der Versorgungsfall gilt in diesem Falle nach Meinung der FinVerw bereits als eingetreten,[4] obwohl das Arbeitsverhältnis weiter bestehen bleibt, so dass ab diesem Zeitpunkt die Pensionsrückstellung nach § 6a Abs. 3 Satz 2 Nr. 2 EStG zu berechnen ist. Obwohl dadurch ein Prämienbarwert im Gegensatz zum Fall aus Rz. 1506 nicht relevant ist, unterscheidet sich die Höhe des Teilwertes nicht von derjenigen des „technischen Rentners", weil ab dem Wirtschaftsjahr der Gewährung der Versorgungsleistung der Barwert der künftigen Pensionsleistungen gem. § 6a Abs. 3 Satz 2 Nr. 2 EStG und der Anwartschaftsbarwert gem. Rz. 1506 identisch sind und der Prämienbarwert im Falle des „technischen Rentners" 0 € beträgt.

2. Vereinbarung von Gehalt und Versorgungsleistung gleichzeitig

Fraglich ist, welche Rechtsfolgen sich ergeben, wenn der GGF im Alter oder bei 1508
Eintritt von Invalidität Versorgungsleistungen und Gehalt gleichzeitig bezieht, weil das Dienstverhältnis trotz Eintritts des Versorgungsfalles nicht beendet, sondern gegen Entgelt fortgeführt wird. Ein Teil dieser Rechtsfolgen wurde bereits in Rz. 1507 kurz dargestellt. Weitere Konsequenzen werden nachfolgend analysiert.

1 Vgl. Dommermuth in Herrmann/Heuer/Raupach, § 6a EStG Anm. 120; Höfer/Veit/Verhuven, Betriebsrentenrecht, 20. Aufl. 2019, Bd. II, Kap. 2 Rz. 352 ff.

2 Vgl. ausführlich Dommermuth in Herrmann/Heuer/Raupach, § 6a EStG Anm. 102; Höfer/Veit/Verhuven, Betriebsrentenrecht, 20. Aufl. 2019, Bd. II, Kap. 2 Rz. 216, 219 und 227.

3 Vgl. ausführlich nachfolgendes Kapitel 2.

4 BMF v. 18.9.2017, BStBl 2017 I S. 1293, Rz. 3.

a) Sichtweise der Rechtsprechung und der Finanzverwaltung

1509 Das BMF[1] sah in einer Direktzusage zu Gunsten von Arbeitnehmern, GGF und anderen Personen i. S. v. § 17 Abs. 1 Satz 2 BetrAVG, die den Bezug der Versorgungsleistung lediglich vom Erreichen eines bestimmten Lebensalters oder der Invalidität, nicht jedoch vom Ausscheiden aus den Diensten des zusagenden Unternehmens abhängig macht, lange Zeit keine Zusage auf bAV. Als Folge sollte im Falle einer solchen Gestaltung die Rückstellungsbildung in der Steuerbilanz bereits in der Anwartschafts-, aber auch in der Leistungsphase nicht möglich sein. Bis heute hat die FinVerw allerdings das Fehlen eines entsprechenden Ausscheidepassus als unschädlich für den Betriebsausgabenabzug von Beiträgen zu Gunsten von versicherungsförmigen Durchführungswegen gem. § 4 Abs. 4, § 4b, § 4c und § 4e EStG angesehen; dasselbe gelte für Zuwendungen an Unterstützungskassen nach Maßgabe des § 4d EStG.[2]

Bei Zusagen auf lebenslänglich laufende Leistungen über pauschal dotierte Unterstützungskassen ist hingegen als Sonderregel zu beachten, dass das Deckungskapital nach § 4d Abs. 1 Satz 1 Nr. 1 Satz 1 Buchst. a EStG erst dann maßgebend ist, wenn der Berechtigte aus dem Dienstverhältnis ausgeschieden ist, da nur ehemalige Arbeitnehmer Leistungsempfänger im Sinne dieser Regelung sind;[3] vor Beendigung jenes Dienstverhältnisses muss das Trägerunternehmen daher nach wie vor die Reservepolsterregelung des § 4d Abs. 1 Satz 1 Nr. 1 Satz 1 Buchst. b EStG anwenden. Allerdings gilt als Leistungsempfänger i. S. d. § 4d EStG bereits ein noch im Dienstverhältnis befindlicher Arbeitnehmer, der betriebliche Teilrentenleistungen erhält (z. B. bei verringerter Erwerbstätigkeit des Versorgungsberechtigten aufgrund des Bezugs von gesetzlicher Teilrente).[4]

Zusammenfassend lässt sich daher feststellen, dass die FinVerw in der Vergangenheit der Meinung war, steuerbilanzielle Pensionsrückstellungen dürften nicht gebildet bzw. müssten aufgelöst werden, wenn die zugrundeliegende Direktzusage einen Ausscheidepassus des Versorgungsbegünstigten bei Eintritt des Versorgungsfalles nicht enthielt; da diese Auffassung zu § 6a EStG be-

1 BMF v. 11.11.1999, BStBl 1999 I S. 959, unter I.1.; BMF v. 25.4.1995, BStBl 1995 I S. 250; für beide BMF-Schreiben weitere Anwendbarkeit bestätigt für Steuertatbestände, die nach dem 31.12.2012 verwirklicht werden, durch BMF v. 24.3.2014, BStBl 2014 I S. 606 (koordinierter Ländererlass); H 6a Abs. 1 „Abgrenzung bei Arbeitsfreistellung" EStH 2016, geändert ab EStH 2017.

2 Vgl. BMF v. 6.12.2017, BStBl 2018 I S. 147, Rz. 3; v. 18.9.2017, BStBl 2017 I S. 1293, Rz. 5.

3 Vgl. BMF v. 18.9.2017, BStBl 2017 I S. 1293, Rz. 6.

4 Vgl. BMF v. 28.11.1996, BStBl 1996 I S. 1435 i. V. m. BMF v. 25.4.1995, BStBl 1995 I S. 250.

stand, galt sie für sämtliche Anwärter und Rentenempfänger, d. h. nicht nur (ehemalige) GGF.

Dieser Sichtweise der FinVerw hat der I. Senat des BFH erstmals mit Urteil v. 5.3.2008 - I R 12/07[1] widersprochen. Auch eine Direktzusage, die den Bezug einer Versorgungsleistung nicht von der Beendigung des Dienstverhältnisses abhängig mache, sei als Zusage auf bAV anzuerkennen und steuerlich in Form der Rückstellungsbildung zu berücksichtigen. Allerdings hat der BFH entschieden, dass in der Kapitalabfindung einer aus einer Direktzusage resultierenden Betriebsrente zum Zeitpunkt des alternativen Rentenbeginns insoweit eine gesellschaftsrechtlich (mit-)veranlasste vGA zu sehen sei, als bei der Ermittlung der dem beherrschenden GGF zustehenden Kapitalleistung (Anwartschaftsbarwert der vereinbarten Rentenleistung) die fortgezahlten laufenden Gehaltszahlungen unberücksichtigt geblieben sind; ein ordentlicher und gewissenhafter Geschäftsleiter einer Kapitalgesellschaft hätte eine solche Anrechnung des Gehaltes auf die Betriebsrente bzw. deren Kapitalabfindung verlangt und nur den entsprechend geminderten Kapitalbetrag ausgezahlt.[2] Die Altersrente sei zwar Teil des Entgelts für die geleistete Arbeit, sie solle aber in erster Linie zur Deckung des Versorgungsbedarfs beitragen, regelmäßig also erst beim Wegfall der Bezüge aus dem Arbeitsverhältnis einsetzen; durch das Nebeneinander von Altersversorgung und Gehalt erhalte die Kapitalabfindung den ihr wesensfremden Charakter einer Kapitallebensversicherung.[3] 1510

Mit Urteil v. 23.10.2013[4] hat der BFH diese Sichtweise auch für den nicht beherrschenden und damit für alle GGF[5] bestätigt, präzisiert und erweitert. Eine vGA entstünde demnach auch bei Zahlung einer laufenden Betriebsrente insoweit, wie die Aktivbezüge nicht auf die Versorgungsbezüge angerechnet würden.[6] Außerdem ändere es an der Annahme einer vGA nichts, wenn der GGF seine Arbeitszeit und sein Gehalt nach Eintritt des Versorgungsfalls reduziere.[7] Letztlich sei es die Weiterbeschäftigung über das Pensionsalter hinaus, die aus steuerrechtlicher Sicht Skepsis erwecke, nicht die erdiente Pension, und so gesehen würden sich die wechselseitig uneingeschränkten Zahlungen der Rente 1511

1 BFH v. 5.3.2008 - I R 12/07, BStBl 2015 II S. 409.

2 BFH v. 5.3.2008 - I R 12/07, BStBl 2015 II S. 409, unter II.2.a der Entscheidungsgründe.

3 BFH v. 5.3.2008 - I R 12/07, BStBl 2015 II S. 409, unter II.2.a der Entscheidungsgründe.

4 BFH v. 23.10.2013 - I R 60/12, BStBl 2015 II S. 413.

5 BFH v. 23.10.2013 - I R 60/12, BStBl 2015 II S. 413, Rz. 13. A. A. Blomeyer/Rolfs/Otto, StR F, Rz. 288b.

6 BFH v. 23.10.2013 - I R 60/12, BStBl 2015 II S. 413, Rz. 13 f.

7 BFH v. 23.10.2013 - I R 60/12, BStBl 2015 II S. 413, Rz. 14.

und des Gehalts für die aktive Tätigkeit jedenfalls aus der maßgeblichen Sicht des Leistenden grds. ausschließen.[1]

1512 Mit Veröffentlichung der Entscheidungen des BFH v. 5.3.2008 und 23.10.2013 im BStBl[2] ist die FinVerw der Auffassung des BFH unabhängig von der beherrschenden Stellung des GGF beigetreten; anschließend hat sie ihre geänderte Rechtsauffassung auch im BMF-Schreiben v. 18.9.2017[3] und in Abschnitt H 6a Abs. 1 „Pensionsleistungen ohne Ausscheiden aus dem Dienstverhältnis" EStH ab 2017 verankert. Dadurch besteht in folgenden Punkten Rechtssicherheit:

- Eine Direktzusage ist bei Vorliegen der sonstigen Voraussetzungen des § 6a EStG auch dann als Zusage auf bAV in der Steuerbilanz und der steuerlichen GuV zu berücksichtigen, wenn die Altersleistung vereinbarungsgemäß nicht von dem Ausscheiden des Versorgungsberechtigten aus den Diensten der GmbH abhängig ist.
- Werden bei Erreichen einer vereinbarten Altersgrenze (bzw. bei Eintritt der Invalidität) die schriftlich zugesagten Versorgungsleistungen gewährt, gilt der Versorgungsfall auch dann als eingetreten, wenn das Arbeitsverhältnis weiter bestehen bleibt; zur Berechnung der Pensionsrückstellung ab diesem Zeitpunkt und bezüglich der Rechtsfolgen auf Arbeitgeberseite bei den übrigen Durchführungswegen der bAV vgl. Rz. 1507 und Rz. 1509.
- Zwar würden durch den parallelen Bezug von Pension und Geschäftsführer-Vergütung weder die Üblichkeit[4] noch die Ernsthaftigkeit der ursprünglichen Zusage infrage gestellt.[5] In der Auszahlungsphase der Betriebsrente jedoch bewirke jener Parallelbezug eine vGA, soweit das Aktivgehalt nicht auf die Pensionsleistung angerechnet wird[6]; dies gelte sowohl für periodische Pensionsleistungen als auch bei Ausübung eines vereinbarten Kapitalwahlrechts bei Erreichen der vereinbarten Altersgrenze.[7] Hintergrund ist, dass die Leistung aus der bAV vor allem dem Versorgungsbedarf des GGF bei Wegfall des Gehaltes diene und dieser Zweck verfehlt werde, wenn Ge-

---

1 BFH v. 23.10.2013 - I R 60/12, BStBl 2015 II S. 413, Rz. 12.

2 BFH v. 5.3.2008 - I R 12/07, BStBl 2015 II S. 409; v. 23.10.2013 - I R 60/12, BStBl 2015 II S. 413.

3 BStBl 2017 I S. 1293.

4 Vgl. BFH v. 5.3.2008 - I R 12/07, BStBl 2015 II S. 409, unter II.2.a der Entscheidungsgründe.

5 Vgl. Doetsch/Lenz, Versorgungszusagen an Gesellschafter-Geschäftsführer und Vorstände, 11. Aufl., S. 190, 193.

6 BFH v. 23.10.2013 - I R 60/12, BStBl 2015 II S. 413; v. 5.3.2008 - I R 12/07, BStBl 2015 II S. 409; BMF v. 18.9.2017, BStBl 2017 I S. 1293, Rz. 10.

7 BMF v. 18.9.2017, BStBl 2017 I S. 1293, Rz. 10.

halt und Betriebsrente gleichzeitig bezogen würden.[1] Eine vGA in diesem Sinne wird darüber hinaus nicht dadurch ausgeschlossen, dass das Aktivgehalt und die Arbeitszeit nach Eintritt des Versorgungsfalls deutlich reduziert werden, da eine „Teilzeittätigkeit“ mit dem Aufgabenbild eines GGF nicht vereinbar sei.[2]

Rechtsprechung und FinVerw stellen schließlich klar, dass ohne jene Anrech- 1513
nung der Aktivbezüge die bei Rente teilweise, bei Kapitalleistung vollständige Auflösung der Pensionsrückstellung der Annahme einer vGA nicht entgegenstehe,[3] obwohl die Rückstellungsauflösung die unterm Strich eintretende und durch die Renten- bzw. Kapitalzahlung bewirkte Vermögensminderung[4] deutlich reduziert bzw. sogar konterkariert. Diese auch als „geschäftsvorfallbezogene Betrachtungsweise“[5] bezeichnete Sicht entspringt der Auffassung der höchstrichterlichen Rechtsprechung, wonach Zahlung jener Leistungen und Auflösung der Pensionsrückstellung zwei getrennte Geschäftsvorfälle sind, die es auseinanderzuhalten gilt und die steuerrechtlich eigenständig behandelt werden müssen.[6]

In seinem Urteil v. 25.7.2019,[7] das zur Rev. beim BFH anhängig ist,[8] verneinte 1514
das FG Münster die Entstehung einer vGA allerdings auch ohne Anrechnung des Aktivgehaltes auf die Betriebsrente; dem Judikat lag jedoch der besondere Sachverhalt zugrunde, dass der GGF vor Betriebsrentenbeginn als Geschäftsführer bereits ausgeschieden war, dann aber aufgrund einer Notsituation im Unternehmen wieder zum Geschäftsführer mit 26 % seiner ursprünglichen Bezüge berufen wurde und in dieser Phase seine Betriebsrente weiterbezog.

Zusammenfassend lässt sich daher feststellen, dass das Fehlen einer Ausschei- 1515
devoraussetzung in der Pensionsordnung oder dem Leistungsplan i. Z. m. Alters- bzw. Invaliditätsleistungen zugunsten von Arbeitnehmern, GGF und anderen Personen i. S. v. § 17 Abs. 1 Satz 2 BetrAVG nach neuerer Rspr. und Auf-

1 BFH v. 23.10.2013 - I R 60/12, BStBl 2015 II S. 413, Rz. 12; v. 5.3.2008 - I R 12/07, BStBl 2015 II S. 409.

2 BFH v. 23.10.2013 - I R 60/12, BStBl 2015 II S. 413, Rz. 14; BMF v. 18.9.2017, BStBl 2017 I S. 1293, Rz. 10.

3 BFH v. 23.10.2013 - I R 60/12, BStBl 2015 II S. 413, Rz. 15; BMF v. 18.9.2017, BStBl 2017 I S. 1293, Rz. 10.

4 Vgl. R 8.5 Abs. 1 Satz 1 KStR 2015.

5 Vgl. z. B. BFH, Urteil v. 11.11.2015 - I R 26/15, BFH/NV 2016 S. 856; v. 23.10.2013 - I R 89/12, BStBl 2014 II S. 729, Rz. 24; v. 11.9.2013 - I R 28/13, BStBl 2014 II S. 726, Rz. 20; v. 5.3.2008 - I R 12/07, BStBl 2015 II S. 409, unter II 2a. a. E.

6 BFH v. 23.10.2013 - I R 89/12, BStBl 2014 II S. 729, Rz. 23 f., m. w. N.

7 10 K 1583/19 K, EFG 2019 S. 1620.

8 Rev. BFH: I R 41/19.

fassung der FinVerw keinerlei negative Folgen für den steuerlichen Jahresabschluss mehr hat; dies gilt für sämtliche Durchführungswege der bAV. Beansprucht dabei allerdings ein GGF bei Eintritt des Versorgungsfalles Betriebsrente aus seiner Direktzusage, ohne aus seinem Dienstverhältnis auszuscheiden, kann es jedoch zu einer vGA insoweit kommen, wie das Aktivgehalt des GGF nicht auf seine Betriebsrente angerechnet wird, auch, wenn er Aktivgehalt und Arbeitszeit reduziert; dasselbe gilt im Falle einer einmaligen oder ratenweise geleisteten Kapitalzahlung.

PRAXISHINWEIS:

Es besteht daher kein Bedarf mehr an nachträglicher Einfügung eines Ausscheidepassus in eine bereits bestehende Pensionsordnung.

Andererseits kann es sogar Sinn machen, einen bereits vorhandenen derartigen Passus aus der bestehenden Zusage herauszunehmen, damit der betreffende GGF nicht gegen Zivilrecht verstößt, wenn er nach Eintritt des Versorgungsfalles im Unternehmen weiterarbeitet. Bezieht er in einem solchen Fall Gehalt und Betriebsrente – bzw. Kapitalleistung – gleichzeitig nebeneinander, entsteht eine vGA insoweit, wie die Aktivbezüge nicht auf die Leistungen aus der Direktzusage angerechnet werden. Zwar erhöht diese vGA die Steuerlast des Gesamtkreises aus Kapitalgesellschaft und GGF auch nach Berücksichtigung der nach Umqualifizierung der Einkünfte beim GGF regelmäßig eintretenden Steuerreduzierung, man kann jedoch mit jener Gesamtmehrbelastung „durchaus leben", da sie sich regelmäßig im erträglichen Rahmen hält (vgl. Rz. 1532 bis 1536).

Soll die vGA vermieden werden, kann alternativ die Vereinbarung eines Leistungsmoratoriums in die Zusage aufgenommen werden Rz. 1537 ff.).

1516 Zu derartigen und weiteren Gestaltungsfragen, zu Besonderheiten bei Unterstützungskassen, zu Aktivbezügen und Betriebsrenten aus unterschiedlichen Unternehmen sowie zu Ausscheiden aus dem Dienstverhältnis bei Erreichen der Altersgrenze und Weiterarbeit in einem anderen Rechtsverhältnis, wie z. B. als Berater oder Beiratsmitglied vgl. ausführlich Rz. 1532 ff.

b) Kritische Würdigung

1517 U. E. sind die Auffassungen der Rechtsprechung und der FinVerw nicht systematisch und werden den übrigen rechtlichen Rahmenbedingungen der bAV nicht gerecht.[1]

1 Auch im Schrifttum werden jene Meinungen überwiegend abgelehnt, vgl. z. B. Frotscher in Frotscher/Maas, Anh. zu § 8 KStG Rz. 302 „Pensionszusagen"; Janssen, Verdeckte Gewinnausschüttungen, 11. Aufl. 2013, S. 796; Hoffmann, GmbH-StB 2008 S. 313; Janssen, GStB 2008 S. 228; Schothöfer/Killat, DB 2011 S. 896; Otto, GmbHR 2014 S. 617 (620); a. A. Gosch, BFH-PR 2014 S. 196 (197).

Es ist zwar zutreffend, dass die bAV in erster Linie zur Deckung und Verbesserung des Versorgungsbedarfs nach dem Ausscheiden aus dem Berufs- und Erwerbsleben beitragen soll. Soweit die Rechtsprechung allerdings eine vGA allein aus dem Nebeneinander von Gehalt und Altersversorgung herleitet, muss dem entgegengehalten werden, dass der GGF seine Altersversorgung mit Vollendung des vereinbarten Lebensalters – wie ein Fremdarbeitnehmer – bereits erdient hat, wenn die mit ihm getroffene Versorgungsvereinbarung nicht zusätzlich für den Bezug der Altersversorgung das Ausscheiden aus dem Dienstverhältnis fordert;[1] die Anwartschaft hat sich mit dem Erreichen der Altersgrenze zu einem vertraglich garantierten Anspruch gewandelt, der zivilrechtlich auch eingefordert werden kann.[2] Die erdienten Ansprüche aus der Direktzusage sind ein Entgelt für Dienste, die ein Arbeitnehmer, ein GGF oder eine andere Person i. S. v. § 17 Abs. 1 Satz 2 BetrAVG während der Anwartschaftsphase bereits erbracht hat; jener Zeitraum ist durch das Erreichen der vereinbarten Altersgrenze oder des Invaliditätseintritts definiert.[3] Hinge die Fälligkeit der Versorgungsleistung von dem ungewissen Ereignis des Ausscheidens aus dem Dienstverhältnis ab, würde der bereits erreichte Wert der erdienten Ansprüche mit Fortbestehen der Beschäftigung laufend abnehmen; diese Kürzung bereits erworbener Rechtsansprüche ist weder einem Arbeitnehmer inkl. Fremdgeschäftsführer noch einer anderen Person i. S. v. § 17 Abs. 1 Satz 2 BetrAVG gegenüber zumutbar[4] und auch rechtlich ohne Zustimmung des Betroffenen nicht zulässig. Im Ergebnis verlangt der BFH mit den in den Rz. 1470 f. besprochenen Urteilen daher einen Teilverzicht des betreffenden GGF auf bereits erdiente Betriebsrenten.[5] Man führe sich das dadurch ausgelöste steuerrechtliche Kuriosum vor Augen: Um eine vGA und damit einen durch das Gesellschaftsverhältnis veranlassten Verstoß gegen den Fremdvergleich i. S. d. R 8.5 KStR 2015 zu verhindern, soll der betreffende GGF einen Verzicht bereits erdienter Betriebsrenten aussprechen, wodurch eine verdeckte Einlage i. S. d. § 8 Abs. 3 Satz 3 KStG und somit ebenfalls ein durch das Gesellschaftsverhältnis veranlasster Verstoß gegen den Fremdvergleich i. S. d. R 8.9 KStR 2015 bewirkt werden kann; das ist wie die Wahl zwischen Pest und Corona. Die Argumentation des BFH und der FinVerw ist daher u. E. abzulehnen.[6] 1518

1 Vgl. Höfer/Veit/Verhuven, Betriebsrentenrecht, 20. Aufl. 2019, Bd. II, Kap. 44 Rz. 27.1; Neumann in Rödder/Herlinghaus/Neumann, KStG, § 8 Rz. 1037.

2 Vgl. Neumann in Rödder/Herlinghaus/Neumann, KStG, § 8 Rz.1037.

3 Vgl. Blomeyer/Rolfs/Otto, StR F, Rz. 67.

4 Vgl. Blomeyer/Rolfs/Otto, StR F, Rz. 67.

5 Vgl. Blomeyer/Rolfs/Otto, StR F, Rz. 288b.

6 Vgl. Blomeyer/Rolfs/Otto, StR F, Rz. 288b; Höfer/Veit/Verhuven, Betriebsrentenrecht, 20. Aufl. 2019, Bd. II, Kap. 44 Rz. 27.2 und 179; Uckermann/Pradl, BB 2009 S. 1331; Otto, GmbHR 2014 S. 617.

1519 Dies gilt umso mehr, als keine sachlichen Gründe dafür bestehen, den Aufwand der Kapitalgesellschaft aus der Direktzusage, der sich auf Basis der vertraglichen Vereinbarung in Jahresabschlüssen der Vergangenheit bereits niedergeschlagen hat, im Nachhinein zu verringern, die Gesellschaft damit ungerechtfertigt besser zu stellen und den GGF korrespondierend zu benachteiligen.[1] Schließlich würde ein Fremdgeschäftsführer einen derartigen Aufschub seiner Leistungen aus der bAV bis zum endgültigen Ausscheidezeitpunkt weder akzeptieren,[2] noch könnte man ihn dazu aufgrund irgendeiner Rechtsnorm zwingen, sodass im Falle des GGF keine Unüblichkeit vorliegt, wenn die Anrechnung der Aktivbezüge auf die parallel dazu bezogene Betriebsrente nicht erfolgt. Somit stellt jene Anrechnung eine sachlich nicht gerechtfertigte Benachteiligung des GGF dar, so dass die o. g. Urteile des BFH v. 5.3.2008 und v. 23.10.2013 und das BMF-Schreiben v. 18.9.2017 insoweit einen Verstoß gegen den „doppelten Fremdvergleich"[3] darstellen.[4]

1520 Betrachtet man darüber hinaus den Umstand, dass auch der GGF sich durch Entgeltumwandlung an der Finanzierung der bAV beteiligen kann, stellt sich umso mehr die Frage, ob bei einer Weiterbeschäftigung die Annahme einer vGA bezüglich der Pensionsleistungen gerechtfertigt sein kann. Denn die Beträge, die der GGF für die Entgeltumwandlung verwendet, hat er bereits im Zeitpunkt jener Umwandlung erdient – sie stehen ihm schon ab diesem Ereignis unentziehbar zu.[5] Er könnte sie auch in eine private Kapitallebensversicherung investieren – ohne dass irgendjemand auf die Idee käme, aus seiner Weiterarbeit nach Vollendung des 65. Lebensjahres bei gleichzeitigem Bezug der Leistungen aus der Kapitallebensversicherung eine vGA herzuleiten.

1521 Bezieht der GGF Aktivbezüge von Gesellschaft A, für die er noch als Geschäftsführer tätig ist, und gleichzeitig Betriebsrente von Gesellschaft B, für die er bis zum Rentenbeginn aktiv tätig war, soll die Betriebsrente nach Auffassung der Rechtsprechung nicht zu einer vGA führen, obwohl ansonsten dieselben Rahmenbedingungen gegeben sind wie bei Bezug beider Einnahmen aus ein und demselben Unternehmen (vgl. Rz. 1546). Diese Ungleichbehandlung gleicher Sachverhalte ist als Verstoß gegen die horizontale Steuergerechtigkeit einzustufen, die sich aus Art. 3 Abs. 1 GG ableitet.

1 Vgl. Blomeyer/Rolfs/Otto, StR F, Rz. 288c.

2 Vgl. Pflieger/Veh, BetrAV 2/2020 S. 121 (125).

3 Vgl. zum „doppelten Fremdvergleich": Neumann in Rödder/Herlinghaus/Neumann, KStG, § 8 Rz. 236.

4 Vgl. auch: Blomeyer/Rolfs/Otto, StR F, Rz. 288c.

5 So auch Janssen, GStB 2008 S. 228.

Letztlich ist noch die Frage zu stellen, worin eigentlich die gesellschaftsrechtlich bedingte Vermögensminderung oder verhinderte Vermögensmehrung begründet liegt, wenn man den gleichzeitigen Bezug von Aktivbezügen und Betriebsrente des GGF mit der Alternative des tatsächlichen Ausscheidens des GGF vergleicht. Fakt ist dabei: der GGF bekommt nicht deshalb ab dem Zeitpunkt der Weiterarbeit über das vereinbarte Pensionsalter hinaus ein Gehalt, weil künstlich eine Stelle geschaffen wurde, um dem GGF eine zusätzliche Entlohnung zukommen zu lassen, sondern weil die Tätigkeit des Geschäftsführers wahrgenommen werden muss und i. d. R. ein geeigneter anderer Kandidat nicht zur Verfügung steht. Würde jemand anderes diese Position bekleiden, würde dieser ein – i. d. R. vergleichbares – Entgelt erhalten, auch wenn es sich um einen fremden Dritten handeln würde. D. h., der Kapitalgesellschaft würde in jedem Fall Aufwand in Form von Gehalt und Pension entstehen.[1] 1522

c) Bisher ungeklärte Rechtsfragen

Wenn die Betriebsrente – wie in der Praxis üblich – geringer ausfällt als die Aktivbezüge des betreffenden GGF, führt die Anrechnung letzterer auf erstere zu einer tatsächlich zahlbaren Pension von 0 €, solange der GGF noch nicht aus dem Dienstverhältnis ausgeschieden ist. Bei Ausübung eines Kapitalwahlrechtes, im Falle einer Kapitalabfindung und bei reinen Kapitalzusagen ist unter Berücksichtigung und Bewertung der vertraglichen und sonstigen Rahmenbedingungen die voraussichtliche Dauer der Weiterarbeit des GGF zu ermitteln bzw. zu schätzen. Anhand dieses Wertes ist gemäß der für die Rückstellungsberechnung der Steuerbilanz zu Grunde gelegten Rechnungsgrundlagen der durch nicht erfolgte Anrechnung gesellschaftsrechtlich veranlasste Teil der Kapitalzahlung zu ermitteln. 1523

Das BMF-Schreiben v. 18.9.2017[2] geht nicht auf die Frage ein, ob die in den obigen Rz. 1512 ff. dargestellte Rechtslage auch für den Fall zu gelten hat, dass ein GGF seine Aktivbezüge aus dem Unternehmen A, seine Betriebsrente jedoch gleichzeitig aus dem Unternehmen B erhält, mit dem er sein Dienstverhältnis bei Eintritt des Versorgungsfalles beendet hat. Eine vGA kann bei dieser Konstellation insoweit u. E. nicht vorliegen, da die durch die Betriebsrente entstehende Vermögensminderung, welche neben der verhinderten Ver- 1524

1 Vgl. in diesem Sinne auch Pradl, GStB 2009 S. 431.
2 BStBl 2017 I S. 1293.

mögensmehrung gem. R 8.5 Abs. 1 Satz 1 KStR 2015 Grundvoraussetzung für das Vorhandensein einer vGA ist, in einem anderen Unternehmen als demjenigen eintritt, aus dem die aktuell noch fließenden Aktivbezüge stammen. Der BFH ist offenbar derselben Meinung, wie sich aus seinem obiter dictum im Urteil v. 23.10.2013[1] schließen lässt.

1525 Erhält der GGF seine Betriebsrente bzw. seine Kapitalleistung vor Ausscheiden aus dem Dienstverhältnis unter Inanspruchnahme von § 38 Abs. 3a Satz 2, 3 EStG ohne Anrechnung der Aktivbezüge unmittelbar von einer Unterstützungskasse, kann eine vGA u. E. technisch gesehen nicht entstehen, da die an jenen GGF auf direktem Wege von der Unterstützungskasse erbrachten Leistungen nicht zu einer Vermögensminderung i. S. v. R 8.5 Abs. 1 Satz 1 KStR 2015 im Veranlagungszeitraum ihrer jeweiligen Zahlung auf Seiten des Trägerunternehmens führen können, wodurch es an der Grundvoraussetzung für das Entstehen einer vGA fehlt.

PRAXISHINWEIS:

Soll die Leistungserbringung durch die Unterstützungskasse erfolgen, ist § 38 Abs. 3a Satz 2 ff. EStG zu beachten.[2] Danach ist die Auslagerung der Arbeitgeberpflichten (Einbehalt und Abführung der Lohn- und Annexsteuern gem. § 38 Abs. 3 Satz 1 EStG) auf einen Dritten, also z. B. die Unterstützungskasse bzw. einen zwischengeschalteten Dienstleister, nur mit Zustimmung sowohl des Betriebsstätten- als auch des Wohnsitzfinanzamtes möglich. Gemäß R 38.5 LStR 2015 kann die Zustimmung nur unter der Voraussetzung erteilt werden, dass der Dritte für den gesamten Arbeitslohn des (ehemaligen) Arbeitnehmers die Lohnsteuerabzugsverpflichtung übernimmt. Bezieht der noch aktiv tätige GGF also neben der Unterstützungskassenleistung von der GmbH weiteren Arbeitslohn, z. B. Aktivbezüge oder Versorgungsbezüge aus einer Direktzusage, ist die separate Übertragung der Arbeitgeberpflichten nur für die Unterstützungskassenleistungen auf einen Dritten nicht gestattet. Übernimmt die Unterstützungskasse die Arbeitgeberpflichten für mehrere Arbeitslohnbezüge des Versorgungsberechtigten, kann die Unterstützungskasse gem. § 39e Abs. 5a EStG die Lohnersteuer für den zweiten und jeden weiteren Lohnbezug der Einfachheit halber in Lohnsteuerklasse VI abrechnen.

d) Rechtliche Folgen bei Anwendung der BFH-Rechtsprechung

1526 Hinsichtlich der konkreten steuerlichen Folgen der in Rz. 1509 ff. besprochenen BFH-Entscheidungen und des BMF-Schreibens und vorhandener Gestaltungsoptionen sind bei gleichzeitigem Bezug von Aktivvergütung und Betriebsrente

1 BFH v. 23.10.2013 - I R 89/12, BStBl 2014 II S. 729, Rz. 13; vgl. auch: Höfer/Veit/Verhuven, Betriebsrentenrecht, 20. Aufl. 2019, Bd. II, Kap. 44 Rz. 27.1.

2 Vgl. auch Höfer/Veit/Verhuven, Betriebsrentenrecht, 20. Aufl. 2019, Bd. II, Kap. 12 Rz. 4 f.

aus demselben Unternehmen[1] zwei verschiedene Ausgangssachverhalte zu unterscheiden:

- Fallgruppe 1: Ist in der Direktzusage vereinbart, dass die Pension neben dem Erreichen der Altersgrenze auch an das Ausscheiden aus den Diensten der Gesellschaft geknüpft ist, besteht allein mit dem Erreichen der Altersgrenze zivilrechtlich kein Anspruch auf die Pensionszahlungen. Einem fremden Dritten würde ein ordentlicher und gewissenhafter Geschäftsleiter nur bei Bestehen eines zivilrechtlichen Anspruchs Pensionszahlungen leisten, so dass bereits der materielle Fremdvergleich[2] misslingt.[3] Daneben ist bei beherrschenden GGF davon auszugehen, dass in diesem Fall auch der formelle Fremdvergleich[4] nicht gegeben ist, da die Pensionszusage nicht – wie zivilrechtlich vereinbart – vertragsgemäß durchgeführt würde.
- Fallgruppe 2: Ist die Pensionszahlung nach dem Wortlaut der Versorgungsvereinbarung nur an das Erreichen der Altersgrenze gebunden, hat der GGF bei Weiterbeschäftigung über diese Altersgrenze hinaus zivilrechtlich Anspruch sowohl auf Zahlung der Pension als auch auf Zahlung des Gehalts. Es ist kein Verstoß gegen den formellen Fremdvergleich feststellbar; die zivilrechtlich wirksamen Vereinbarungen werden tatsächlich wie vereinbart durchgeführt. Gleichwohl nimmt der BFH auch hier – wie oben dargelegt – wegen Verstoßes gegen den materiellen Fremdvergleich eine vGA an.

aa) Rechtliche Folgen bei der Kapitalgesellschaft

Bei Fällen der Fallgruppe 1 darf sich die Pensionszahlung als solche steuerlich nicht einkommensmindernd auswirken, was dadurch erreicht wird, dass die vollständige Betriebsrente dem Ergebnis der Gesellschaft gem. § 8 Abs. 3 Satz 2 KStG i.V.m. R 7.1 Abs. 1 Satz 2 Nr. 7 KStR 2015 außerbilanziell als vGA wieder hinzugerechnet wird. Bei Fällen der Fallgruppe 2 gilt dies nur insoweit, als die weiterhin vom GGF bezogene Aktivvergütung nicht auf die Pensionsleistung angerechnet worden ist (s. Praxishinweis Rz. 1515). 1527

Für die Fallgruppe 1 ist zusätzlich zu berücksichtigen, dass aufgrund des Verstoßes gegen den formellen Fremdvergleich, die Pensionszusage auf der Prüf- 1528

1 Vgl. zum Fall des Rentenbezugs aus einem anderen Unternehmen Rz. 1546.

2 Der materielle Fremdvergleich betrifft den Inhalt und im Regelfall nicht das Zustandekommen des Rechtsgeschäfts, vgl. Wilk in Herrmann/Heuer/Raupach, § 8 KStG Rz. 132.

3 BFH v. 23.10.2013 - I R 89/12, BStBl 2014 II S. 729.

4 Neben dem materiellen Fremdvergleich steht der formelle Fremdvergleich bei beherrschenden Gesellschaftern, der auf das Zustandekommen und die Durchführung des Vertrags abstellt, vgl. Wilk in Herrmann/Heuer/Raupach, § 8 KStG Rz. 132.

ebene der vGA insgesamt steuerlich nicht anerkannt wird, so dass auch eventuelle Zuführungen zur Pensionsrückstellung nach § 6a EStG außerbilanziell dem Ergebnis der Kapitalgesellschaft wieder hinzuzurechnen sind. Derartige Zuführungen sind jedoch nach Erreichen der vereinbarten Altersgrenze die Ausnahme, da ohne oder bei nicht übermäßig hoher Rentendynamik die Teilwerte i. S.v. § 6a EstG im Zeitablauf sinken (vgl. Rz. 1506). Außerdem kommt eine diesbezügliche Korrektur nur für die Jahre in Betracht, die noch nicht bestandskräftig veranlagt sind.[1] Soweit Zuführungen zur Pensionsrückstellung nach Erreichen der Altersgrenze tatsächlich entstehen und als vGA steuerlich wieder hinzugerechnet werden, ergibt sich bei der gewinnerhöhenden Auflösung der Rückstellung im Zeitablauf der Pensionszahlung eine entsprechende gegenläufige Gewinnkorrektur.[2]

bb) Rechtliche Folgen beim GGF

1529 Beim GGF sind die betrieblich veranlassten Pensionszahlungen unter Berücksichtigung eines Versorgungsfreibetrags und eines Zuschlags zum Versorgungsfreibetrag[3] als Einkünfte aus nichtselbständiger Tätigkeit i. S. d. § 19 Abs. 1 Nr. 2 und Abs. 2 Satz 2 EStG mit dem individuellen Steuersatz der Einkommensteuer zu unterwerfen. Bei Annahme einer vGA führen die Zahlungen beim Gesellschafter zu Einkünften aus Kapitalvermögen i. S. d. § 20 Abs. 1 Nr. 1 Satz 2 EStG, die unter den Voraussetzungen des § 32d Abs. 2 Nr. 3 EStG wahlweise dem Teileinkünfteverfahren bzw. der Abgeltungsteuer i. S. v. § 32d Abs. 1 EstG unterliegen, soweit auf der Ebene der Kapitalgesellschaft eine Korrektur der vGA außerhalb der Bilanz tatsächlich erfolgt ist. Der betroffene GGF wird durch die vGA damit trotz des Verlustes des Versorgungsfreibetrages und dessen Zuschlags sogar i. d. R. bessergestellt, weil die Betriebsrente insoweit nur mit 25 % zzgl. ggf. SolZ und Kirchensteuer belastet wird, statt mit dem persönlichen Steuersatz gem. § 32a EStG. Sowohl bei Annahme von Einkünften aus nichtselbständiger Tätigkeit als auch bei Annahme einer vGA gilt nach § 11 Abs. 1 Satz 1 EStG das Zuflussprinzip, d. h., in zeitlicher Hinsicht findet die Besteuerung beim steuerlich nicht beherrschenden Gesellschafter in beiden Fällen erst mit Zufluss – also i. d. R. mit Auszahlung der Versorgungsbezüge – statt, beim steuerlich beherrschenden GGF mit Fälligkeit der Bezüge.

1 BMF v. 28.5.2002, BStBl 2002 I S. 603, Rz. 7.

2 Zu dem Berechnungsverfahren vgl. BMF v. 28.5.2002, BStBl 2002 I S. 603, Rz. 8 ff.

3 Siehe zu beiden § 19 Abs. 2 Satz 3 EStG.

cc) Rechtliche Folgen bei anderen Gesellschaftern

Die vgA-bedingte Steuermehrbelastung auf Ebene der Gesellschaft, deren Höhe erheblich vom gewerbesteuerlichen Hebesatz bestimmt wird, mindert das Eigenkapital des Unternehmens und daher das Ausschüttungspotenzial für alle Gesellschafter. Die Leidtragenden sind daher insoweit sämtliche Anteilseigner, auch anteilsmäßig der betroffene GGF, dessen Vorteil aus der Einkünfteumqualifizierung (vgl. Rz. 1529) auf diese Weise reduziert wird. Je geringer die Anteile jenes betroffenen GGF, desto größer daher sein Gesamtvorteil. Diese Vermögensverschiebung kann für Unruhe unter den Gesellschaftern sorgen. 1530

dd) Rechtliche Folgen auf beiden Ebenen

Der vgA-bedingten Steuermehrbelastung auf Ebene der Gesellschaft steht somit auf Ebene des betroffenen GGF ein Steuervorteil gegenüber, der regelmäßig geringer ausfällt als der Nachteil auf Gesellschaftsebene (vgl. Rz. 1534). Da die Steuermehrbelastung der Kapitalgesellschaft über das Ausschüttungspotenzial an alle Gesellschafter weitergegeben wird, erleiden alle, außer dem betroffenen GGF, einen Nachteil. Allein-Gesellschafter hingegen vereinigen jene Wirkungen auf sich. 1531

e) Gestaltungsüberlegungen

aa) Allgemeines zur verdeckten Gewinnausschüttung und zur verdeckten Einlage bei Verzicht auf bereits erdiente Pensionsansprüche

Geht es um die Beurteilung der Direktzusage eines Allein-Gesellschafter, der gleichzeitig GGF ist, sollte zunächst die Frage gestellt werden, ob überhaupt Handlungsbedarf für eine Ausweichgestaltung besteht. Die Begründung für diese Aussage liegt in der teilweise geringen Mehrbelastung, die eine vGA bei jenem betroffenen GGF mit sich bringt; mitunter bewirkt sie bei ihm sogar eine Minderbelastung (vgl. Rz. 1529 und 1534). 1532

Auf Ebene der Kapitalgesellschaft führt die Annahme einer vGA wegen der außerbilanziellen Hinzurechnung bei einem Gewerbesteuerhebesatz von 400 % zu einer Steuermehrbelastung von 29,825 %. 1533

Beim betroffenen GGF bewirkt die vGA wegen der in diesem Fall anwendbaren Abgeltungsteuer (vgl. Rz. 1529) insoweit eine Steuerentlastung, wie sein persönlicher Einkommensteuersatz zzgl. ggf. SolZ und Kirchensteuer höher ist als 25 % ggf. SolZ und Kirchensteuer. Gegebenenfalls kommt auch die Anwendung des Teileinkünfteverfahrens gem. § 3 Nr. 40 Buchst. d und § 32a EStG 1534 i.V.m. § 32d Abs. 2 Nr. 3 EStG in Betracht. Wie hoch bei einer Gesamtbetrachtung von Gesellschafts- und Gesellschafterebene die steuerliche Mehrbelastung auf die laufenden Zahlungen ist, lässt sich nur anhand der konkreten steuerlichen Situation der Beteiligten ermitteln. Um insoweit Vergleichbarkeit herzustellen, muss bei Vergleichsrechnungen in dem Nicht-vGA-Fall noch eine Ausschüttung der im Vergleich zum vGA-Fall bestehenden Steuerentlastung auf Ebene der Gesellschaft an den Gesellschafter unterstellt werden, da jene Steuerersparnis das Eigenkapital des Unternehmens vermehrt und somit im Gegensatz zum vGA-Fall Ausschüttungspotenzial für die Zukunft für sämtliche Gesellschafter bildet. Diese wiederum werden jene künftigen Ausschüttungen annahmegemäß zum Abgeltungsteuersatz versteuern. Unter Berücksichtigung dieses letztgenannten Aspekts ergibt sich – aus Vereinfachungsgründen ohne Versorgungsfreibetrag gem. § 19 Abs. 2 EStG – bei einem Gewerbesteuerhebesatz von 400 % und ohne Kirchensteuer sowie ab 2021 ohne SolZ folgende Steuergesamtbelastung mit und ohne vGA, wenn der persönliche Einkommensteuersatz des GGF i. S. v. § 32a EStG 42 % beträgt:

Hebesatz der GewSt		400 %		
		Nicht-vGA	**vGA**	**Differenz**
Ebene KapGes				
Rente		60.000 €	60.000 €	
Steuer	29,825 %	– €	17.895 €	17.895 €
Ebene GGF				
Rente/vGA		60.000 €	60.000 €	
	42 %	25.200 €		
	25 %		15.000 €	- 10.200 €
	25 %	4.474 €		- 4.474 €
Steuerbelastung insgesamt		29.674 €	32.895 %	3.221 €
				5,37 %

Obige Tabelle zeigt in der ersten Spalte, dass bei Ausschüttung der im Nicht-vGA-Fall ersparten Steuer (17.895 €) an alle Gesellschafter insgesamt 4.474 € Abgeltungsteuer anfallen. Unter Einbeziehung dieser wirtschaftlich nicht vernachlässigbaren Zusatzwirkung führt der vGA-Fall zu einer Steuermehrbelastung auf Gesellschafts- und Gesellschafter-Ebene von insgesamt 3.221 € und damit 5,37 % in Bezug auf die Rente bzw. vGA. Damit „kann man durchaus leben", wenn man auf seinen erdienten Rentenanspruch nicht verzichten möchte.

Verändern sich die Rahmenbedingungen, ergeben sich andere Folgewirkungen: 1535

Hebesatz	ESt-Satz	Ergebnis
300 %	25 %	19,74 %
	35 %	9.74 %
	42 %	2,74 %
	45 %	-0,26 %
310 %	25 %	20,00 %
	35 %	10,00 %
	42 %	3,00 %
	45 %	0,00 %
400 %	25 %	22,37 %
	35 %	12,37 %
	42 %	5,37 %
	45 %	2,37 %
450 %	25 %	23,68 %
	35 %	13,68 %
	42 %	6,68 %
	45 %	3,68 %

Bei sehr niedrigen gewerbesteuerlichen Hebesätzen kann eine vGA sogar zu besseren oder gleichguten Ergebnissen führen (graue Ergebnisfelder) als der Nicht-vGA-Fall. Steigende Einkommensteuersätze reduzieren die Problematik; bei 42 %, was für den Veranlagungszeitraum 2021 einem zu versteuernden Einkommen in Höhe von zwischen 57.919 € bis 274.612 € (bei Zusammenveranlagung jeweils doppelt) entspricht, und mehr sind die vGA-bedingten Mehrbelastungen gem. obiger Tabelle vergleichsweise bescheiden. Ist der betroffene GGF Allein-Gesellschafter, vereinigen sich die in den Rz. 1529 bis Rz. 1532 beschriebenen Vor- und Nachteile, deren Saldo in der rechten Spalte obiger Tabelle ausgewiesen ist, bei ihm. Handelt es sich hingegen um eine mehrgliedrige Kapitalgesellschaft, zahlen andere Gesellschafter die Zeche, während der betroffene GGF unterm Strich grundsätzlich profitiert. Ein Finanzausgleich der 1536

Gesellschafter untereinander könnte dann eine Lösung des Problems sein, so dass man auch bei dieser Konstellation „mit der vGA leben könnte".

PRAXISHINWEIS:

Ist in der ursprünglichen Direktzusage oder einem rechtzeitig vor Erreichen der Altersgrenze mit Gesellschafterbeschluss vereinbarten Nachtrag enthalten, dass die Pension neben dem Erreichen der Altersgrenze an das Ausscheiden aus den Diensten der Gesellschaft geknüpft ist, besteht allein mit dem Erreichen der Altersgrenze zivilrechtlich kein Anspruch auf die Pensionszahlungen. Ist die GmbH zur Ausfinanzierung der Versorgungsverpflichtung wirtschaftlich nicht in der Lage, kann die Weiterbeschäftigung des GGF ein Gestaltungsmittel sein, um die GmbH zu entlasten. Der im Fall einer Rentenzusage im Zeitverlauf der Weiterbeschäftigung sinkende Barwert der Zusage vermindert nicht nur die Pensionsrückstellung, sondern auch den Wert der Verpflichtung der GmbH.

Eine Verzichtshandlung, die u.U. zu einer verdeckten Einlage führt,[1] ist dadurch u. E. nicht gegeben, da der Entschluss zur weiteren Erwerbstätigkeit des GGF nicht pauschal als gesellschaftsrechtlich motiviert interpretiert werden kann. Zudem ist mangels Eintritts des Versorgungsfalles auch kein Rechtsanspruch des GGF entstanden, auf den dieser verzichten könnte.

Fehlt jener Ausscheidepassus hingegen in der ursprünglichen Direktzusage und wurde er auch nicht durch einen rechtzeitigen Nachtrag vereinbart, entsteht der zivilrechtliche Rechtsanspruch des GGF mit Erreichen der Altersgrenze. Der betroffene GGF hat nun zwei Möglichkeiten: Er kann zum einen die Betriebsrente vertragsgemäß parallel zu den Aktivbezügen vereinnahmen und damit eine vGA in Höhe der Rente hervorrufen; deren steuerschädliche Wirkung ist – je nach gewerbesteuerlichem Hebesatz – überschaubar (vgl. Rz. 1534). Zum zweiten können im Falle der Fortführung des bisherigen Dienstverhältnisses die Aktivbezüge auf den Betriebsrentenanspruch angerechnet werden, sodass dieser bis zum tatsächlichen Ausscheiden i. d. R. 0 € beträgt. Bei dieser Variante könnte die FinVerw bei werthaltigen Pensionsansprüchen eine verzichtsbedingte verdeckte Einlage i. S. v. § 8 Abs. 3 Satz 3 KStG erkennen. Die Vermeidung jener verdeckten Einlage ist u. E. durch schriftliche Vereinbarung eines Leistungsmoratoriums verbunden mit einem Barwertausgleich bzw. einer 0,5%-Erhöhung möglich; vgl. dazu ausführlich Rz. 1537 f.

Unabhängig vom Bestehen oder Nichtbestehen eines Ausscheidepassus: Ein Hinausschieben des Leistungsbeginns über das 75. Lebensjahr des GGF hinaus ist problematisch (vgl. den Praxishinweis in Rz. 1540). Zur Frage der Erdienbarkeit im Falle eines Leistungsmoratoriums vgl. den Praxishinweis in Rz. 1541.

bb) Leistungsmoratorium

1537 Für Direktzusagen, die neben dem Erreichen der Altersgrenze ein Ausscheiden aus dem aktiven Dienst zur weiteren Bedingung für die Pensionszahlung ma-

1 Vgl. BMF v. 14.8.2012, BStBl 2012 I S. 874; H 8.9 „Verzicht auf Pensionsanwartschaftsrechte" KStH 2015.

chen, gebietet schon die Versorgungsvereinbarung selbst, den Leistungsbeginn für die Pensionszahlungen bis zur tatsächlichen Beendigung der aktiven Tätigkeit und somit bis zum Eintritt des Versorgungsfalls hinauszuschieben.[1]

Für Versorgungszusagen, die nur an die Altersgrenze anknüpfen, kann die in- 1538
folge des Parallelbezugs von Aktivgehalt und Versorgungsbezügen eintretende vGA durch Vereinbarung eines Leistungsmoratoriums vermieden werden. Hierzu sollte vor Eintritt des vereinbarten Pensionsalters als Nachtrag zur Pensionszusage inkl. Gesellschafterbeschluss schriftlich vereinbart werden, dass sich die Pensionsanwartschaft während der Weiterbeschäftigung für jeden Monat des Hinausschiebens erhöht.[2] Nach wohl einhelliger Auffassung im Schrifttum ist als Erhöhungsbetrag ein Zuschlag von 0,2 % bis 0,5 % für jeden Monat der späteren Inanspruchnahme zulässig.[3] Für einen Zuschlag von 0,5 % pro Monat kann argumentativ auf § 77 Abs. 2 Nr. 2 Buchst. b SGB VI zurückgegriffen werden, der eine entsprechende Erhöhung der gesetzlichen Rente im Falle der Weiterarbeit über das Erreichen des Rentenalters hinaus regelt.[4] Zwar besteht die exaktere Methode darin, die verschobene Betriebsrente derart zu steigern, dass ihr versicherungsmathematisch ermittelter Barwert demjenigen in gleicher Weise errechneten Barwert entspricht, der sich bei Rentenbeginn mit Erreichen der Altersgrenze ergeben hätte[5] (Barwertausgleich); die pauschale Erhöhung um 0,5 % p.m. ist aufgrund ihrer Anlehnung an das Sozialversicherungsrecht und ihrer Praktikabilität u. E. jedoch ausreichend.

Teilweise wird eine entsprechende Aufstockung der Anwartschaft sogar für er- 1539
forderlich gehalten, um der Annahme eines Verzichts des Gesellschafters – verbunden mit einer verdeckten Einlage – vorzubeugen.[6] Diese Sichtweise ist positiv zu bewerten, da man u. E. mit einem derartigen Barwertausgleich oder

1 Vgl. auch Lenz/Teckentrup, StC 8.2008 S. 26 (29); Gosch, KStG-Kommentar, Rz. 1133 zu § 8; BFH v. 23.10.2013 - I R 89/12, BStBl 2014 II S. 729.

2 Vgl. BFH v. 23.10.2013 - I R 60/12, BStBl 2015 II S. 413, Rz. 12; Blomeyer/Rolfs/Otto, StR F, Rz. 288d; Otto, DStR 2018 S. 53; Lenz/Teckentrup, StC 8.2008 S. 26 (29); Gosch, KStG-Kommentar, Rz. 1133 zu § 8; Janssen, Verdeckte Gewinnausschüttungen, S. 1798; ders., GStB 2008 S. 228 (230); Keil/Prost, Pensions- und Unterstützungskassenzusagen an GGF von Kapitalgesellschaften, Rz. 603; Hoffmann, GmbH-StB 2007 S. 357 (358), der wohl sogar von der Möglichkeit einer „automatischen" Erhöhung auch ohne Vereinbarung ausgeht.

3 Lenz/Teckentrup, StC 8.2008 S. 26 (29); Janssen, Verdeckte Gewinnausschüttungen, Rz. 1798; ders., GStB 2008 S. 228 (230).

4 Lenz/Teckentrup, INF 2006 S. 907 (909).

5 Vgl. BFH v. 23.10.2013 - I R 60/12, BStBl 2015 II S. 413, Rz. 12; Blomeyer/Rolfs/Otto, StR F, Rz. 288d.

6 Blomeyer/Rolfs/Otto, StR F, Rz. 288d; Lenz/Teckentrup, StC 8.2008 S. 26 (29); Gosch, KStG-Kommentar, Rz. 1133 zu § 8.

der 0,5 %-Erhöhung das Risiko der Beurteilung eines Leistungsmoratoriums durch die FinVerw als Teilverzicht und damit im Fall der Werthaltigkeit als verdeckten Einlage[1] grundsätzlich vermeiden kann. Der BFH selbst führt auf diese Spur: Zwar spricht er die Thematik der verdeckten Einlage i. Z. m. dem Leistungsmoratorium nicht tatsächlich an, erachtet jedoch die Möglichkeit des Aufschubs des vertraglichen Eintritts der Versorgungsfälligkeit „ggf. unter Vereinbarung eines nach versicherungsmathematischen Maßstäben berechneten Barwertausgleichs" als gangbaren Weg zur Vermeidung der vGA aufgrund eines Parallelbezugs von Aktiveinkommen und Betriebsrente.[2] Wenn der BFH damit bei einer derartigen Gestaltung die Veranlassung durch das Gesellschaftsverhältnis gem. R 8.5 Abs. 1 Satz 1 KStR 2015 i. Z. m. einer vGA verneint, sollte der Barwertausgleich auch die Veranlassung durch das Gesellschaftsverhältnis gem. R 8.9 Abs. 1 KStR 2015 i. Z. m. einer verdeckten Einlage vermeiden können, da wohl auch ein Fremdgeschäftsführer einer derartigen Kompensation seiner während des Moratoriums eintretenden Rentenausfälle zugestimmt hätte.

1540 Aus einem Hinausschieben der Pensionszahlungen aufgrund der Weiterarbeit über die vorgesehene Altersgrenze hinaus kann auch nicht auf eine mangelnde Ernsthaftigkeit der Direktzusage geschlossen werden (vgl. Rz. 1512), die wiederum eine Qualifikation als vGA zur Folge hätte.[3] Denn eine Direktzusage enthält keine konkludente Verpflichtung des Inhalts, dass das Dienstverhältnis bei Erreichen der vereinbarten Altersgrenze beendet werden muss. Es ist auch nicht unüblich, dass fremde Dritte gerade in Führungspositionen über das Erreichen des Pensionsalters hinaus weiterarbeiten. Insbesondere, wenn als Kompensation für die spätere Zahlung der vorgenannte Zuschlag vereinbart wird, demonstrieren die Parteien zudem, dass sie die Direktzusage trotz der Weiterbeschäftigung weiterhin ernst nehmen. Etwas anderes könnte sich nur dann ergeben, wenn es ausnahmsweise klare Anhaltspunkte dafür gäbe, dass der Geschäftsführer zu keinem Zeitpunkt die Inanspruchnahme seiner Pension beabsichtigt, etwa weil er in jedem Fall bis zu seinem Ableben weiterarbeiten möchte.[4]

PRAXISHINWEIS:

Ein Hinausschieben des Pensionsbeginns aufgrund Weiterarbeit über das 75. Lebensjahr des GGF hinaus ist nur mit Vorbehalt zu empfehlen. Die Praxis zeigt, dass die

1 Vgl. BMF v. 14.8.2012, BStBl 2012 I S. 874, Rz. 1.

2 Vgl. BFH v. 23.10.2013 - I R 60/12, BStBl 2015 II S. 413, Rz. 12.

3 Lenz/Teckentrup, INF 2006 S. 907 (908), a. A. wohl Wochinger in Ernst & Young, Verdeckte Gewinnausschüttungen und Verdeckte Einlagen, Stand 07.10, Rz. 95 zu Fach 4, Stichwort: Pensionszusagen.

4 Lenz/Teckentrup, INF 2006 S. 907 (908).

FinVerw in diesem Fall ggf. die Ernsthaftigkeit der Versorgungszusage in Frage stellt. Hier sollten dann einzelfallabhängig gute Argumente für die Weiterarbeit, aber auch die Aussicht auf deren baldige Beendigung und somit den fortwährenden Versorgungscharakter der Zusage vorgebracht werden können.

Die Vereinbarung eines Leistungsmoratoriums – ggf. mit Erhöhung der Anwartschaft – erscheint daher als steuerlich relativ sicherer gangbarer Weg, der allerdings für den betroffenen GGF mit dem Nachteil verbunden ist, auf die Auszahlung seiner an sich schon durch die Tätigkeit bis zum Erreichen der Altersgrenze verdienten Pension zunächst verzichten zu müssen. 1541

PRAXISHINWEIS:

U. E. ist für die nachträgliche Vereinbarung eines Leistungsmoratoriums keine neue Erdienbarkeitsfrist einzuhalten, da es sich hierbei weder um eine Neuzusage noch um eine erhebliche nachträgliche Verbesserung der ursprünglichen Vereinbarung handelt. Soll die Direktzusage des GGF allerdings frühzeitig für den möglichen Fall der späteren Weiterarbeit „vorbereitet" werden, sollte dies aus Sicherheitsgründen möglichst vor Vollendung des 60. Lebensjahres und bei beherrschenden GGF zehn Jahre vor dem vorgesehenen Altersrentenbeginn erfolgen.

cc) Beendigung des bisherigen Anstellungsverhältnisses und Begründung eines neuen Rechtsverhältnisses bei derselben Gesellschaft, z. B. als Berater

Beendet der GGF seinen bisherigen Geschäftsführeranstellungsvertrag und wird für die Gesellschaft auf der Basis eines neuen Rechtsverhältnisses – i. d. R. eines selbständigen Beratervertrags – tätig, darf er u. E. ohne Annahme einer gesellschaftsrechtlichen Veranlassung und damit ohne Entstehung einer vGA seine ungekürzte Pension parallel zu seiner im Rahmen des neuen Rechtsverhältnisses gezahlten Vergütung beziehen.[1] Eine Anrechnung der Tätigkeitsvergütung aus dem neuen Rechtsverhältnis auf die Pension oder umgekehrt, entsprechend den Grundsätzen der BFH-Urteile v. 5.3.2008[2] und v. 23.10.2013,[3] 1542

1 Für die Fallgruppe 2 vgl. auch Gosch, KStG-Kommentar, Rz. 1133 zu § 8; ders., BFH-PR 2008 S. 312; Janssen, Verdeckte Gewinnausschüttungen, Rz. 1798; ders., GStB 2008 S. 228 (230); im Ausgangspunkt wohl auch FG München v. 19.7.2010 - 7 K 2384/07, rkr., GmbHR 2010 S. 1113.

2 BFH v. 5.3.2008 - I R 12/07, BStBl 2015 II S. 409.

3 BFH v. 23.10.2013 - I R 60/12, BStBl 2015 II S. 413.

wird in diesen Fällen nicht für erforderlich gehalten.[1] Der BFH selbst stellt die Steuerunschädlichkeit jener Gestaltung im Rahmen eines obiter dictum im Urteil v. 23.10.2013[2] heraus.[3]

1543 Allerdings sollte sich das neue Rechtsverhältnis von dem bisherigen möglichst deutlich unterscheiden. *Gosch*[4] sagt dazu, dass die neue Tätigkeit „nach Art und Umfang nicht der eines Geschäftsführers entsprechen sollte“. Ein Beratervertrag darf nicht dazu dienen, dass er die Fortführung der bisherigen Geschäftsführungstätigkeit unter einem anderen rechtlichen Gewand ermöglicht.[5] Je ähnlicher also Art und Umfang des alten Anstellungsverhältnisses und des neuen Rechtsverhältnisses sind, desto eher besteht die Gefahr, dass steuerlich letztlich kein wirklich neues Rechtsverhältnis anzunehmen ist, sondern lediglich die Modifikation des bisherigen Geschäftsführeranstellungsvertrags. Auch der BFH stellt – wenn auch in anderem Zusammenhang – auf die konkret vereinbarte neue Tätigkeit ab. Wenn sich diese deutlich von der bisherigen Geschäftsführertätigkeit unterscheide, könne nicht von einer Fortsetzung des ursprünglichen Dienstverhältnisses ausgegangen werden.[6] Die Kapitalgesellschaft trägt für die Beschäftigung als Berater die Beweislast.[7]

1544 Erforderlich ist es somit, die Organstellung und die Funktion als Geschäftsführer aufzugeben.[8] An sich ist die reine Organstellung als Geschäftsführer von der Frage des Anstellungsverhältnisses zu trennen, insbesondere kann jemand Geschäftsführer sein, ohne dass dem ein entsprechender Dienstvertrag zugrunde liegt. Auch ist es möglich, einen Geschäftsführer außerhalb seines eigentlichen Geschäftsführeranstellungsvertrags mit einzelnen Dienstleistungen für die Gesellschaft aufgrund gesonderter Vereinbarungen zu beauftra-

1 Gosch, KStG-Kommentar, Rz. 1133 zu § 8; ders., BFH-PR 2008 S. 312, wo es ausdrücklich heißt: „Tipp: Will man einer solchen Anrechnung ausweichen...“; zweifelnd Janssen, Verdeckte Gewinnausschüttungen, Rz. 1798.

2 BFH v. 23.10.2013 - I R 60/12, BStBl 2015 II S. 413, Rz. 13. Otto weist in Blomeyer/Rolfs/Otto, StR F, Rz. 288e darauf hin, dass jene Gestaltungsmöglichkeit, auf die der BFH hinweist, nicht aus dem Gesetz ableitbar sei.

3 Vgl. mit ausführlicher Analyse des Urteils des FG Berlin-Brandenburg v. 6.9.2016 (6 K 6168/13, rkr., EFG 2016 S. 191) Pflieger/Veh, BetrAV 2020 S. 121 (124).

4 Gosch, BFH-PR 2008 S. 312.

5 FG Berlin-Brandenburg v. 6.9.2016 - 6 K 6168/13, rkr., EFG 2016 S. 1916, unter 3.b cc der Entscheidungsgründe.

6 BFH v. 10.4.2003 - XI R 4/02, BStBl 2003 II S. 748.

7 FG Berlin-Brandenburg v. 6.9.2016 - 6 K 6168/13, rkr., EFG 2016 S. 1916 unter 3.b cc der Entscheidungsgründe.

8 Blomeyer/Rolfs/Otto, StR F, Rz. 288e.

gen.[1] Daher ist es zumindest rechtlich vorstellbar, einem Geschäftsführer im Anschluss an die Beendigung seines Geschäftsführeranstellungsverhältnisses weiterhin formal seine Organstellung zu belassen, ohne dass der mit ihm dann abgeschlossene Vertrag als bloße modifizierte Fortsetzung seines bisherigen Geschäftsführeranstellungsverhältnisses, sondern als neues selbständiges Rechtsverhältnis anzusehen ist. Allerdings sollte in diesem Fall eine eindeutige Abgrenzung der Tätigkeiten erfolgen, die der Geschäftsführer trotz seines Ruhestands als Geschäftsführer weiter und dann ohne Entgelt erbringt, und den Tätigkeiten, die er aufgrund des neu abgeschlossenen Rechtsverhältnisses gegen Entgelt zu erbringen hat.[2] Beim Abschluss einer neuen Rechtsverhältnisses ist zudem darauf zu achten, dass dieses als solches einem Fremdvergleich standhält, um eine vGA zu vermeiden. So hat z. B. das FG München[3] einem Beratervertrag mit einem ehemaligen GGF wegen fehlender Fremdüblichkeit die Anerkennung versagt, weil der Beratervertrag mit einer festen sechsjährigen Laufzeit abgeschlossen worden war, die vom ehemaligen Geschäftsführer zu erbringenden Dienstleistungen nicht hinreichend bestimmt waren und ein relativ hohes pauschales und nicht am konkreten Umfang der Dienstleistung bemessenes Entgelt vereinbart worden war.[4]

Knüpft die Versorgungsvereinbarung die Pensionszahlung zusätzlich an das 1545
Ausscheiden aus dem Dienst der Gesellschaft, kommt der Beendigung des ursprünglichen Dienstverhältnisses eine noch stärkere Bedeutung zu, da erst dadurch zivilrechtlich die Voraussetzungen für die betriebliche Veranlassung der Pensionszahlungen geschaffen werden. U. E. ist es aber auch in diesen Fallgestaltungen unschädlich, wenn der GGF anschließend auf einer anderen rechtlichen Grundlage für die Gesellschaft tätig wird. Enger sehen dies hingegen Lenz/Teckentrup,[5] die grds. insgesamt ein „Ausscheiden aus dem Erwerbsleben“ verlangen und allenfalls noch eine geringfügige Tätigkeit zulassen wollen. Diese Sichtweise ist u. E. jedoch zu eng, denn die Direktzusage stellt eine Nebenvereinbarung zum Geschäftsführeranstellungsverhältnis dar und darin enthaltene Aussagen zum „Dienst“ beziehen sich damit nur auf das

1 FG Baden-Württemberg v. 8.3.2001 - 6 K 44/98, EFG 2001 S. 777; BFH v. 12.10.1995 - I R 127/94, NWB DAAAA-96759; BFH v. 8.4.1997 - I R 39/96, BFH/NV 1997 S. 902.

2 An dieser Abgrenzung ist etwa der Kläger in dem dem FG Baden-Württemberg v. 8.3.2001 - 6 K 44/98, EFG 2001 S. 777 zugrundeliegenden Fall gescheitert.

3 FG München v. 19.7.2010 - 7 K 2384/07, rkr., GmbHR 2010 S. 1113.

4 Ebenso sollte bei der Fassung des Beratervertrags darauf geachtet werden, dass keine Sozialversicherungspflicht aufgrund Scheinselbständigkeit (vgl. § 7 SGB IV) oder eine Rentenversicherungspflicht aufgrund arbeitnehmerähnlicher Selbständigkeit (vgl. § 2 Nr. 9 SGB VI) vermutet werden kann.

5 Lenz/Teckentrup, INF 2006 S. 907 (911).

Geschäftsführeranstellungsverhältnis. Es kann daher auch insoweit nur darauf ankommen, ob das bisherige Geschäftsführeranstellungsverhältnis beendet oder – lediglich modifiziert – fortgeführt wird.

PRAXISHINWEIS:

Will der GGF über den in der Direktzusage vereinbarten Altersrentenbeginn hinaus weiter als Geschäftsführer agieren, wird in der Beratung das Augenmerk zumeist auf die Möglichkeiten des gleichzeitigen Bezuges von Pension und Aktivvergütung gerichtet. Hier sollte zunächst die Intention des GGF hinterfragt werden. Soll bzw. muss die Weiterbeschäftigung als Geschäftsführer lediglich aufgrund eines fehlenden Nachfolgers erfolgen, ist zu hinterfragen, ob der GGF auch weiterhin die mit seinem Dienstvertrag verbundenen Aktivbezüge beziehen möchte. Will der GGF zwar weiter als Geschäftsführer agieren, aber nicht mehr die Aktivvergütung, sondern seine bereits erdiente Pensionsleistung beziehen, ist dies durch eine Beendigung des Dienstvertrags unter Beibehaltung seiner Organstellung als Geschäftsführer möglich.[1] Sieht die Direktzusage des GGF lediglich das Erreichen eines bestimmten Pensionsalters, nicht aber das Ausscheiden aus dem Dienstverhältnis vor, kann die Beibehaltung der Geschäftsführerfunktion bei gleichzeitigem Bezug von Versorgungsbezügen bereits durch den Verzicht auf eine künftige Aktivvergütung als Geschäftsführer erreicht werden. Eine Beendigung des Geschäftsführerdienstvertrags ist dann nicht notwendig.

dd) Weiterbeschäftigung bei einer anderen Gesellschaft

1546 Ist der GGF für eine Konzerngesellschaft tätig oder hat die Kapitalgesellschaft Schwester- und/oder Tochtergesellschaften, kann auch daran gedacht werden, das bestehende Anstellungsverhältnis mit der Kapitalgesellschaft zu beenden und stattdessen ein neues Anstellungsverhältnis zu einer der anderen Gesellschaften zu begründen (vgl. Rz. 1524).[2] Erreicht würde mit dieser Gestaltung zweierlei: Zum einen würde der Geschäftsführer formal aus dem Dienst der pensionsverpflichteten Gesellschaft ausscheiden, so dass zivilrechtlich die Voraussetzungen für die Pensionszahlungen auch dann sicher geschaffen werden können, wenn die Pensionszusage neben dem Erreichen der Altersgrenze das Ausscheiden aus dem Dienst zur weiteren Voraussetzung für die Pensionszahlungen macht. Zum anderen läge der Fall außerhalb des unmittelbaren Anwendungsbereichs der BFH-Urteile v. 5.3.2008 und v. 23.10.2013.[3] Janssen äußert zwar die Befürchtung, dass der BFH seine Rechtsprechung auch auf solche indirekten Fälle erstrecken könnte.[4] Gegen eine solche Erstreckung spricht u. E. allerdings, dass – wie dargelegt – eine Anrechnung bei einer Weiterbeschäfti-

1 Dötsch/Jost/Pung, § 8 KStG Rz. 3.4.6.1.

2 So auch Janssen, Verdeckte Gewinnausschüttungen, Rz. 1798.

3 BFH v. 23.10.2013 - I R 89/12, BStBl 2014 II S. 729, Rz. 13.

4 Janssen, Verdeckte Gewinnausschüttungen, Rz. 1798.

gung bei der pensionsverpflichteten Gesellschaft selbst nicht zu befürchten ist, wenn diese auf Basis eines neuen Rechtsverhältnisses erfolgt.[1] Damit kann es erst recht nicht zu einer Anrechnung kommen, wenn nicht nur ein neues, auf eine andere Tätigkeit gerichtetes Dienstverhältnis (Geschäftsführung bei einer anderen GmbH) abgeschlossen wird, sondern zusätzlich auch noch ein anderer Vertragspartner gewählt wird.

Allerdings muss auch der mit der anderen Gesellschaft abzuschließende Anstellungsvertrag dem Fremdvergleich standhalten, also insbesondere ein im Verhältnis zur Tätigkeit und zur Größe der Gesellschaft angemessenes Gehalt vorsehen.[2] Rein praktisch sollte daher nicht einfach das bisherige Gehalt ohne Überprüfung übernommen werden. Um einen nach § 42 AO steuerlich nicht anzuerkennenden Gestaltungsmissbrauch dürfte es sich insbesondere dann handeln, wenn sich die Geschäftstätigkeit der neuen Gesellschaft, auf die das Anstellungsverhältnis „ausgelagert" wird, darin erschöpft, dass sie ihrerseits die Geschäftsführung in der pensionsverpflichteten Kapitalgesellschaft gegen Entgelt übernimmt.[3] Durch eine solche künstliche Gestaltung wird man die Anwendung der Grundsätze der BFH-Rechtsprechung kaum vermeiden können. 1547

(Einstweilen frei) 1548–1550

XII. Einrichtung von Zeitwertkonten beim GGF

1. Wesentliche Rahmenbedingungen eines Zeitwertkontos

Bei der Einrichtung eines Zeitwertkontos vereinbaren Arbeitgeber und Arbeitnehmer, dass noch nicht fälliger Arbeitslohn des Arbeitnehmers nicht zum vereinbarten, sondern zu einem späteren Zeitpunkt im Zusammenhang mit einer vollen oder teilweisen Freistellung von der Arbeitsleistung während des noch aktiven Dienstverhältnisses ausgezahlt wird. Anstelle einer Auszahlung im Rahmen einer Freistellung kann das Guthaben vor Fälligkeit ganz oder teilweise zugunsten einer Zusage auf bAV verwendet werden (Entgeltumwandlung). Der Arbeitgeber verwaltet den Betrag des aufgeschobenen Arbeitslohns auf einem Zeitwertkonto. Dabei entspricht der steuerliche Begriff des Zeitwertkontos insoweit dem Begriff der Wertguthabenvereinbarungen i. S. v. § 7b SGB IV 1551

1 Vgl. BFH v. 10.4.2003 - XI R 4/02, BStBl 2003 II S. 748.

2 Vgl. dazu BMF v. 14.12.2002, BStBl 2002 I S. 972.

3 So der von Janssen im Ergebnis zu Recht als kritisch angesehene eigene Gestaltungsvorschlag in Janssen, Verdeckte Gewinnausschüttungen, Rz. 1798.

(sog. Lebensarbeitszeit- bzw. Arbeitszeitkonto).[1] Der Arbeitnehmer kann über den Wert des Zeitwertkontos nicht frei verfügen. Lediglich in den vertraglich klar und eindeutig zu definierenden Fällen (Freistellung, bAV) ist ein Einsetzen des Zeitwertguthabens möglich.

1552 Einkommensteuerlich führt die Wertgutschrift auf dem Zeitwertkonto und somit die Verschiebung der Fälligkeit des Arbeitslohns nicht zum steuerlichen Zufluss i. S. v. § 11 Abs. 1 EStG.[2] Erst die Auszahlung des Guthabens im Rahmen der Freistellung führt zu steuerbaren Einnahmen i. S. d. EStG. Im Falle der Entgeltumwandlung in eine bAV richtet sich der steuerliche Zufluss nach dem gewählten Durchführungsweg. Bei versicherungsförmigen Durchführungswegen stellt die Umwandlung des Guthabens des Zeitwertkontos einen steuerlichen Zufluss dar, der in den Dotierungsgrenzen des § 3 Nr. 63 EStG steuerfrei bleibt. Bei Entgeltumwandlung zugunsten einer Direktzusage oder einer Unterstützungskassenzusage ist erst die später zufließende Versorgungsleistung als Arbeitslohn steuerpflichtig.

1553–1555 *(Einstweilen frei)*

2. Steuerliche Behandlung eines Zeitwertkontos beim GGF

1556 Ein Zeitwertkonto kann für alle Arbeitnehmer im lohnsteuerlichen Sinne[3] im Rahmen eines aktiven Dienstverhältnisses eingerichtet werden. Allerdings führte die Gutschrift auf dem Zeitwertkonto bei Arbeitnehmern, die zugleich Organ einer Körperschaft waren, nach mittlerweile überholter Auffassung der FinVerw[4] zu einem steuerbaren Zufluss. Gleiches galt für Arbeitnehmer, die zwar nicht Organ einer Körperschaft waren, diese aber als Anteilseigner beherrschten.[5] Folglich wurde die Einrichtung eines Zeitwertkontos für Fremd-Geschäftsführer, Fremd-Vorstände einer AG und GGF nach jener überholten Auffassung der FinVerw steuerlich nicht anerkannt. Lediglich bei vor dem 31.1.2009 eingerichteten Zeitwertkonten wurde insoweit ein Zugeständnis gemacht, als erst die nach dem 31.1.2009 erfolgenden Zuführungen bei jener Personengruppe zum steuerlichen Zufluss führten.[6] Für davor eingebuchte Zeiten konnte das Zeitwertkonto bestehen bleiben.

1 BMF v. 17.6.2009, BStBl 2009 I S. 1286, A.I.

2 BFH Urteil v. 22.2.2018 - VI R 17/16, BStBl 2019 II S. 496, Rz. 24 ff.; BFH v. 11.11.2009 - IX R 1/09, BStBl 2010 II S. 746, auch kein Gestaltungsmissbrauch nach § 42 AO.

3 Arbeitnehmer i. S. d. § 1 LStDV.

4 BMF v. 17.6.2009, BStBl 2009 I S. 1286, A.IV.2.b.

5 BMF v. 17.6.2009, BStBl 2009 I S. 1286, A.IV.2.c.

6 BMF v. 17.6.2009, BStBl 2009 I S. 1286, F.II.

Als Begründung für ihre Zuflusstheorie führte die FinVerw. an, dass Vereinbarungen über die Führung eines Arbeitszeitkontos mit dem Aufgabenbild eines Organs nicht vereinbar seien.[1] Gründe oder Rechtsgrundlagen, warum das so sein soll, nannte das BMF allerdings nicht. U. E. existierten für diese Sichtweise auch keinerlei gesetzliche Grundlagen. 1557

Wurde der Arbeitnehmer erst nach Einrichtung des Zeitwertkontos Organ der Körperschaft bzw. erlangte er erst danach die beherrschende Stellung (Statuswechsel), hatte dies keinen steuerschädlichen Einfluss auf das bis zu diesem Zeitpunkt aufgebaute Guthaben eines Zeitwertkontos; nach Erwerb der Organ- bzw. beherrschenden Stellung führten alle weiteren Zuführungen zu dem Konto steuerlich zu Zufluss von Arbeitslohn.[2] Nach Beendigung der Organ- bzw. beherrschenden Stellung und Fortbestehen des Dienstverhältnisses konnte der Arbeitnehmer das Guthaben weiter aufbauen oder das aufgebaute Guthaben für Zwecke der Freistellung verwenden.[3] 1558

(Einstweilen frei) 1559–1560

3. Aktuelle Rechtsentwicklung

Das im BStBl.veröffentlichte Urteil des BFH v. 22.2.2018 behandelt im Falle einer zwischen einem Fremd-Geschäftsführer (GF) und seiner GmbH zivilrechtlich wirksam geschlossenen Wertguthabenvereinbarung die Zuführung zum Wertguthabenkonto des GF entgegen dem BMF-Schreiben v. 17.6.2009 als im Zuführungsjahr beim GF nicht einkommensteuerbar,[4] weil der GF bei Zuführung noch kein wirtschaftliches Eigentum erlangt hat.[5] Zwar könne in Ausnahmefällen auch die Zuführung und damit Gutschrift in den Büchern der Verpflichteten (hier: GmbH) einen beim Arbeitnehmer (hier: GF) steuerbaren Zufluss bewirken,[6] derartige Ausnahmefälle lägen jedoch in dem Urteilsfall nicht vor[7] und würden auch nicht aus der Organstellung als (Fremd-)Geschäftsführer resultieren.[8] Im Übrigen stelle die Wertguthabenvereinbarung keine Vorausverfügung beim GF dar[9] und darüber hinaus sei in der zur Finanzierung 1561

1 BMF v. 17.6.2009, BStBl 2009 I S. 1286, A.IV.2.b.
2 BMF v. 17.6.2009, BStBl 2009 I S. 1286, A.IV.2.b.
3 BMF v. 17.6.2009, BStBl 2009 I S. 1286, A.IV.2.b.
4 BFH v. 22.2.2018 - IV R 17/16, BStBl 2019 II S. 496, Rz. 24 ff.
5 Ebenda Rz. 29, m. w. N.
6 Ebenda Rz. 30 bis 33.
7 Ebenda Rz. 34 und 36 bis 38.
8 Ebenda Rz. 42, 43 und 45.
9 Ebenda Rz. 39.

und zur privatrechtlichen Insolvenzsicherung der Leistungspflicht der GmbH gegenüber jenem GF abgeschlossenen Rückdeckungsversicherung und deren Verpfändung zu Gunsten des GF kein den Lohnzufluss begründender eigener unentziehbarer Anspruch des GF gegenüber einem Dritten zu sehen.[1]

1562 Das BMF nahm jenes BFH-Urteil zum Anlass, Abschnitt A.IV.2.b) seines Schreibens v. 17.6.2009 (vgl. Rz. 1516 ff.) mit BMF-Schreiben v. 8.8.2019[2] entsprechend zu ändern, wobei er ausdrücklich erwähnt, dass diese Grundsätze auch für andere Organe von Körperschaften (z. B. Vorstände einer Aktiengesellschaft) gelten, die nicht am Unternehmen beteiligt sind. Darüber hinaus wendet das BMF-Schreiben vom 8.8.2019 jene neuen Rechtsgrundsätze auch auf Arbeitnehmer an, die an der Körperschaft beteiligt sind, diese aber nicht beherrschen (z. B. Minderheits-GGF); der BFH hatte dies bereits in jenem Urteil im Rahmen eines obiter dictum zum Ausdruck gebracht.[3] Bei diesem Personenkreis sei nach Auffassung des BMF allerdings nach den allgemeinen Grundsätzen zu prüfen, ob eine vGA vorliege.[4] Ist dies zu verneinen, seien Vereinbarungen über die Einrichtung von Zeitwertkonten lohn- bzw. einkommensteuerlich grundsätzlich anzuerkennen.[5] Ist die zu bejahen, kommt es beim nicht beherrschenden GGF zwar nicht zum steuerbaren Lohnzufluss, jedoch zu den Steuerfolgen der vGA.

1563 Handelt es sich jedoch um einen beherrschenden GGF, führt die Bildung bzw. Erhöhung eines Zeitwertkontos zu einer vGA.[6] Bei diesen Personen wird nämlich angenommen, dass sie über eine von der Gesellschaft geschuldete Vergütung bereits im Zeitpunkt der Fälligkeit verfügen können und ihnen damit entsprechende Einnahmen zugeflossen sind.[7] Der Erwerb einer Organstellung hat weiterhin keinen Einfluss auf das bis zu diesem Zeitpunkt aufgebaute Guthaben eines Zeitwertkontos; nach Erwerb der Organstellung ist hinsichtlich der weiteren Zuführungen zu dem Konto eine vGA nach obigen Grundsätzen zu prüfen.[8] Nach Beendigung der Organstellung und Fortbestehen des Dienst-

1 Ebenda Rz. 40.

2 BMF v. 8.8.2019, BStBl 2019 I S. 874.

3 BFH v. 22.2.2018 - IV R 17/16, BStBl 2019 II S. 496, Rz. 44.

4 BMF v. 8.8.2019, BStBl 2019 I S. 874.

5 BMF v. 8.8.2019, BStBl 2019 I S. 874.

6 BMF v. 8.8.2019, BStBl 2019 I S. 874.

7 BFH v. 22.2.2018 - IV R 17/16, BStBl 2019 II S. 496, Rz. 44. Das BFH-Urt. v. 11.11.2015 (I R 26/15, BStBl 2016 II S. 489) begründete die vGA beim beherrschenden GGF in Rz. 14 noch damit, dass sich dessen Aufgabenbild nicht mit einer Vereinbarung vertrage, in der auf die unmittelbare Entlohnung zu Gunsten von späterer (vergüteter) Freizeit verzichtet wird; diese entspräche nämlich – zeitversetzt – der mit der Organstellung unvereinbaren Abgeltung von Überstunden

8 BMF v. 8.8.2019, BStBl 2019 I S. 874.

verhältnisses kann der Arbeitnehmer das Guthaben weiter aufbauen oder das aufgebaute Guthaben für Zwecke der Freistellung verwenden.[1] Die Neufassung ist in allen offenen Fällen anzuwenden.[2]

1 BMF v. 8.8.2019, BStBl 2019 I S. 874.

2 BMF v. 8.8.2019, BStBl 2019 I S. 874.

STICHWORTVERZEICHNIS

Die Ziffern verweisen auf die Randnummern.

B

C

D

G

H

I

O

P

R

S

V

W

Z